MACROECONOMIA
7ª EDIÇÃO

OLIVIER BLANCHARD
MACROECONOMIA
7ª EDIÇÃO

Tradução
Sonia Midori Yamamoto

Revisão técnica: Fernando Rugitsky
Doutor em economia pela New School for Social Research
Mestre em direito econômico e bacharel em direito e em economia pela USP
Pesquisador associado do Centro Brasileiro de Análise e Planejamento (Cebrap)
Professor da Faculdade de Economia, Administração e Contabilidade da
Universidade de São Paulo (FEA/USP)

©2018 by Pearson Education do Brasil Ltda.
Copyright © 2017, 2013, 2011 by Pearson Education, Inc. or its affiliates.

Todos os direitos reservados. Nenhuma parte desta publicação poderá ser reproduzida ou transmitida de qualquer modo ou por qualquer outro meio, eletrônico ou mecânico, incluindo fotocópia, gravação ou qualquer outro tipo de sistema de armazenamento e transmissão de informação sem prévia autorização por escrito da Pearson Education do Brasil.

GERENTE DE PRODUTOS Alexandre Mattioli
SUPERVISORA DE PRODUÇÃO EDITORIAL Silvana Afonso
COORDENADOR DE PRODUÇÃO EDITORIAL Jean Xavier
EDITORA DE TEXTO Sabrina Levensteinas
EDITORAS ASSISTENTES Karina Ono
Mariana Rodrigues
PREPARAÇÃO Gisele Gonçalves e Renata Siqueira Campos
REVISÃO Isabel Costa
CAPA Natália Gaio, sobre o projeto original (imagem de capa: Paul Hardy/Corbis)
DIAGRAMAÇÃO E PROJETO GRÁFICO Casa de Ideias

Dados Internacionais de Catalogação na Publicação (CIP)
(Câmara Brasileira do Livro, SP, Brasil)

Blanchard, Olivier
Macroeconomia / Olivier Blanchard; tradução Sônia Midori Yamamoto. -- 7. ed. -- São Paulo: Pearson Education do Brasil, 2017.

Título original: Macroeconomics.
ISBN 978-85-430-2054-9

1. Macroeconomia I. Título.

17-04069   CDD-339

Índice para catálogo sistemático:
1. Macroeconomia 339

Printed in Brazil by Reproset RPPZ 216272

Direitos exclusivos cedidos à
Pearson Education do Brasil Ltda.,
uma empresa do grupo Pearson Education
Avenida Francisco Matarazzo, 1400
Torre Milano – 7o andar
CEP: 05033-070 -São Paulo-SP-Brasil
Telefone 19 3743-2155
pearsonuniversidades@pearson.com

Distribuição
Grupo A Educação
www.grupoa.com.br
Fone: 0800 703 3444

A Noelle

Sobre o autor

Cidadão francês, **Olivier Blanchard** passou a maior parte da sua vida profissional em Cambridge, nos Estados Unidos. Após obter seu Ph.D. em Economia no Massachusetts Institute of Technology em 1977, lecionou na Universidade de Harvard e retornou ao MIT em 1982. Foi chefe do Departamento de Economia de 1998 a 2003, de onde se licenciou em 2008 para atuar como conselheiro econômico e diretor do Departamento de Pesquisas do Fundo Monetário Internacional. Desde outubro de 2015, é colaborador sênior do Peterson Institute for International Economics, em Washington. Também permanece como professor emérito de economia no MIT.

O. Blanchard

Blanchard trabalhou em um amplo conjunto de questões macroeconômicas, abordando desde o papel da política monetária até a natureza das bolhas especulativas, a natureza do mercado de trabalho e os fatores determinantes do desemprego, a transição nos antigos países comunistas e as forças por trás da crise global recente. Nesse processo, trabalhou com vários países e organizações internacionais. É autor de muitos livros e artigos, incluindo um livro-texto de pós-graduação com Stanley Fischer.

Foi editor do *Quarterly Journal of Economics* e do *NBER Macroeconomics Annual*, além de editor fundador da *AEJ Macroeconomics*. É colaborador e ex-membro do conselho da Econometric Society, ex-vice-presidente da American Economic Association e membro da American Academy of Sciences.

Sumário

Prefácio XV

Os fundamentos

INTRODUÇÃO   1

Capítulo 1   UM GIRO PELO MUNDO 3

1.1   A crise 3
1.2   Os Estados Unidos... 6
    Taxas de juros baixas e o limite inferior zero 8
    Até que ponto um baixo crescimento de produtividade é preocupante? 9
1.3   A área do euro 10
    Como reduzir o desemprego europeu? 12
    O que o euro tem feito pelos países que o adotaram? 13
1.4   China... 14
1.5   O futuro 16

Capítulo 2   UM GIRO PELO LIVRO 21

2.1   Produto agregado 21
    PIB: produção e renda.. 22
    PIB nominal e real.. 24
    PIB: nível versus taxa de crescimento 26
2.2   Taxa de desemprego.. 27
    Por que os economistas se preocupam com o desemprego? 29
2.3   Taxa de inflação 31
    Deflator do PIB 31
    Índice de preços ao consumidor... 31
    Por que os economistas se preocupam com a inflação? 33
2.4   Produto, desemprego e taxa de inflação: lei de Okun e curva de Phillips 34
    Lei de Okun 34
    A curva de Phillips 35
2.5   Curto prazo, médio prazo e longo prazo 36
2.6   Um giro pelo livro 37
    Fundamentos 37
    Extensões... 38
    De volta à política econômica 38
    Epílogo 39

O CURTO PRAZO   47

Capítulo 3   O MERCADO DE BENS.. 49

3.1   A composição do PIB 50
3.2   Demanda por bens.. 52
    Consumo (C).. 52
    Investimento (I) 54
    Gastos do governo (G)... 55
3.3   Determinação do produto de equilíbrio 55
    Usando a álgebra 56
    Utilizando um gráfico 57

VIII Macroeconomia

		Usando palavras...	60
		Quanto demora o ajuste do produto?..	60
	3.4	Investimento igual a poupança: um modo alternativo de pensar sobre o equilíbrio do mercado de bens	63
	3.5	O governo é mesmo onipotente? Uma advertência......................................	65
Capítulo 4	**MERCADOS FINANCEIROS I**		**72**
	4.1	Demanda por moeda	72
		Derivação da demanda por moeda...	74
	4.2	Determinação da taxa de juros: I	76
		Demanda por moeda, oferta de moeda e taxa de juros de equilíbrio...............	77
		Política monetária e as operações de mercado aberto....................................	79
		Escolher a oferta de moeda ou a taxa de juros?	81
	4.3	Determinação da taxa de juros: II	81
		O que os bancos fazem...	82
		A oferta e a demanda por moeda do Banco Central..	83
		O mercado de fundos federais e a taxa dos fundos federais............................	85
	4.4	A armadilha da liquidez...	85
Capítulo 5	**MERCADOS DE BENS E MERCADOS FINANCEIROS: O MODELO *IS-LM***		**95**
	5.1	O mercado de bens e a relação *IS*..	95
		Investimento, vendas e taxa de juros	96
		Determinação do produto	97
		Derivação da curva IS...	98
		Deslocamentos da curva IS	98
	5.2	Mercados financeiros e a relação *LM*	100
		Moeda real, renda real e taxa de juros	100
		Derivação da curva LM	101
	5.3	Combinação das relações *IS* e *LM*..	102
		Política fiscal	102
		Política monetária	104
	5.4	Uso de uma combinação de políticas...	105
	5.5	Como o modelo *IS-LM* se ajusta aos fatos?..	111
Capítulo 6	**MERCADOS FINANCEIROS II: O MODELO *IS-LM* AMPLIADO**		**119**
	6.1	Taxas de juros nominal e real	119
		Taxas de juros nominais e reais nos Estados Unidos desde 1978...................	122
		Taxas de juros nominais e reais: o limite inferior zero e a deflação................	123
	6.2	Prêmio de risco e risco	124
	6.3	O papel dos intermediários financeiros	125
		A escolha da alavancagem	126
		Alavancagem e empréstimos..	127
	6.4	Estendendo o IS-LM	130
		Choques financeiros e políticas...	131
	6.5	De um problema imobiliário a uma crise financeira	132
		Preços de imóveis residenciais e hipotecas subprime....................................	132
		O papel dos intermediários financeiros	134
		Implicações macroeconômicas...	136
		Respostas políticas...	137

O MÉDIO PRAZO   145

Capítulo 7	**MERCADO DE TRABALHO**..		**147**
	7.1	Um giro pelo mercado de trabalho...	147
		Grandes fluxos de trabalhadores	148

7.2	Movimentos do desemprego	151
7.3	Determinação de salários	154
	Negociação	155
	Salários-eficiência	156
	Salários, preços e desemprego	157
	Nível esperado de preços	157
	Taxa de desemprego	158
	Outros fatores	158
7.4	Determinação de preços	159
7.5	Taxa natural de desemprego	160
	Relação de fixação de salários	160
	Relação de fixação de preços	160
	Salários reais e desemprego em equilíbrio	161
7.6	Para onde iremos	163

Capítulo 8 Curva de Phillips, taxa natural de desemprego e inflação 170

8.1	Inflação, inflação esperada e desemprego	171
8.2	Curva de Phillips e suas mutações	173
	A primeira encarnação	173
	O trade-off *aparente e seu desaparecimento*	173
8.3	A curva de Phillips e a taxa natural de desemprego	177
8.4	Um resumo e muitas advertências	179
	Mudanças na taxa natural de um país para outro	179
	Mudanças na taxa natural ao longo do tempo	180
	Inflação alta e a relação da curva de Phillips	182
	Deflação e a relação da curva de Phillips	185

Capítulo 9 Do curto ao médio prazo: o modelo *IS-LM-PC* 192

9.1	O modelo IS-LM-PC	192
9.2	Dinâmica e equilíbrio de médio prazo	197
	O papel das expectativas revisitado	198
	O limite inferior zero e as espirais de dívida	199
9.3	Consolidação fiscal revisitada	202
9.4	Efeitos de um aumento no preço do petróleo	204
	Efeitos sobre a taxa natural de desemprego	205
9.5	Conclusões	209
	Curto prazo versus médio prazo	209
	Choques e mecanismos de propagação	209

O longo prazo   **215**

Capítulo 10 Os fatos do crescimento 217

10.1	Avaliando o padrão de vida	217
10.2	Crescimento nos países ricos desde 1950	221
	O grande aumento do padrão de vida desde 1950	224
	A convergência do produto por pessoa	224
10.3	Uma visão mais ampla do crescimento ao longo do tempo e do espaço	226
	Visão ao longo de dois milênios	226
	Visão do crescimento pelos países	226
10.4	Refletindo sobre crescimento: uma introdução	228
	Função de produção agregada	228
	Retornos de escala e rendimentos dos fatores	229
	Produto por trabalhador e capital por trabalhador	230
	Fontes do crescimento	231

X Macroeconomia

Capítulo 11 Poupança, acumulação de capital e produto 236

    11.1 Interações entre produto e capital 236

        Efeitos do capital sobre o produto 237

        Efeitos do produto sobre a acumulação de capital 238

        Produto e investimento 238

        Investimento e acumulação de capital 239

    11.2 Implicações de taxas de poupança diferentes 240

        Dinâmica do capital e do produto 240

        Taxa de poupança e·produto 243

        Taxa de poupança e consumo 246

    11.3 Uma ideia das grandezas 250

        Efeitos da taxa de poupança sobre o produto no estado estacionário 251

        Efeitos dinâmicos de um aumento na taxa de poupança 252

        A taxa de poupança dos Estados Unidos e a regra de ouro 254

    11.4 Capital físico *versus* capital humano 255

        Ampliando a função de produção 255

        Capital humano, capital físico e produto 256

        Crescimento endógeno 257

Capítulo 12 Progresso tecnológico e crescimento 263

    12.1 Progresso tecnológico e taxa de crescimento 263

        Progresso tecnológico e a função de produção 263

        Interações entre produto e capital 265

        Dinâmica do capital e do produto 267

        Efeitos da taxa de poupança 269

    12.2 Determinantes do progresso tecnológico 270

        Fertilidade do processo de pesquisa 271

        Apropriabilidade dos resultados de pesquisa 272

        Gestão, inovação e imitação 275

    12.3 Instituições, progresso tecnológico e crescimento 275

    12.4 Os fatos do crescimento revisitados 279

        Acumulação de capital versus progresso tecnológico nos países ricos desde 1985 279

        Acúmulo de capital versus progresso tecnológico na China 280

Capítulo 13 Progresso tecnológico: curto, médio e longo prazos 287

    13.1 Produtividade, produto e desemprego no curto prazo 287

        Evidência empírica 289

    13.2 Produtividade e a taxa natural de desemprego 291

        Fixação de preços e de salários revisitada 291

        Taxa natural de desemprego 292

        Evidência empírica 294

    13.3 Progresso tecnológico, transformação e desigualdade 296

        Aumento da desigualdade salarial 299

        Causas do aumento na desigualdade salarial 300

        Desigualdade e o 1% no topo 302

Extensões

Expectativas   309

Capítulo 14 Mercados financeiros e expectativas 311

    14.1 Valor presente descontado esperado 311

        Cálculo do valor presente descontado esperado 312

Fórmula geral 313
Usando o valor presente: exemplos 313
Taxas de juros constantes 314
Taxas de juros e pagamentos constantes 314
Taxas de juros e pagamentos constantes para sempre 315
Taxas de juros nulas 315
Taxa nominal de juros versus taxa real de juros e o valor presente 315

14.2 Preços e rendimentos dos títulos 316
Preços dos títulos como valores presentes 319
Arbitragem e preços dos títulos 320
Dos preços aos rendimentos dos títulos 321
Reintrodução de risco 322
Interpretando a curva de rendimento 323

14.3 Bolsa de valores e variações nos preços das ações 324
Preços das ações como valores presentes 325
Bolsa de valores e atividade econômica 328
Expansão monetária e a bolsa de valores 329
Aumento dos gastos com consumo e bolsa de valores 329

14.4 Risco, bolhas, modismos e os preços das ações 332
Preços das ações e risco 332
Preços de ativos, fundamentos e bolhas 332

Capítulo 15 EXPECTATIVAS, CONSUMO E INVESTIMENTO 341

15.1 Consumo 341
O consumidor com grande capacidade de previsão 342
Exemplo 343
Rumo a uma descrição mais realista 344
Juntando as peças: renda corrente, expectativas e consumo 347

15.2 Investimento 349
Investimento e expectativas de lucro 349
Depreciação 349
Valor presente dos lucros esperados 349
Decisão de investimento 350
Um caso especial conveniente 352
Lucro corrente versus lucro esperado 353
Lucro e vendas 356

15.3 Volatilidade do consumo e do investimento 357

Capítulo 16 EXPECTATIVAS, PRODUTO E POLÍTICA ECONÔMICA 364

16.1 Expectativas e decisões: fazendo o balanço 364
Expectativas, consumo e decisões de investimento 364
As expectativas e a relação IS 365

16.2 Política monetária, expectativas e produto 368
Política monetária revisada 368

16.3 Redução no déficit, expectativas e produto 372
O papel das expectativas sobre o futuro 374
De volta ao período atual 375

ECONOMIA ABERTA   383

Capítulo 17 ABERTURA DOS MERCADOS DE BENS E DOS MERCADOS FINANCEIROS 385

17.1 Abertura dos mercados de bens 386
Exportações e importações 386

XII Macroeconomia

Escolha entre bens domésticos e bens estrangeiros 388
Taxas de câmbio nominais 389
Da taxa de câmbio nominal para a taxa de câmbio real 390
De taxas de câmbio bilaterais para multilaterais 393
17.2 Abertura dos mercados financeiros 394
Balanço de pagamentos 396
Escolha entre ativos domésticos e ativos estrangeiros 399
Taxas de juros e taxas de câmbio 401
17.3 Conclusões e os próximos passos 403

Capítulo 18 O MERCADO DE BENS EM UMA ECONOMIA ABERTA 408

18.1 A relação *IS* na economia aberta 408
Demanda por bens domésticos 408
Determinantes de C, I e G 409
Determinantes das importações 409
Determinantes das exportações 410
Juntando os componentes 410
18.2 Produto de equilíbrio e balança comercial 412
18.3 Aumentos na demanda doméstica ou estrangeira 413
Aumentos na demanda doméstica 414
Aumentos na demanda estrangeira 415
Política fiscal revisitada 417
18.4 Depreciação, balança comercial e produto 419
Depreciação e a balança comercial: a condição de Marshall-Lerner 420
Efeitos de uma depreciação real 420
Combinando as políticas cambial e fiscal 421
18.5 Examinando a dinâmica: curva J 424
18.6 Poupança, investimento e balança comercial 426

Capítulo 19 PRODUTO, TAXA DE JUROS E TAXA DE CÂMBIO 433

19.1 Equilíbrio no mercado de bens 433
19.2 Equilíbrio nos mercados financeiros 435
Títulos domésticos versus títulos estrangeiros 435
19.3 Colocando o mercado de bens e os mercados financeiros juntos 439
19.4 Efeitos da política econômica em uma economia aberta 441
Os efeitos da política monetária em uma economia aberta 441
Efeitos da política fiscal em uma economia aberta 442
19.5 Taxas de câmbio fixas 446
Atrelamentos, minidesvalorizações, bandas, o SME e o euro 446
Política monetária quando a taxa de câmbio é fixa 447
Política fiscal quando a taxa de câmbio é fixa 448

Capítulo 20 REGIMES DE TAXA DE CÂMBIO 456

20.1 O médio prazo 457
A relação IS sob taxas de câmbio fixas 458
Equilíbrio no curto e no médio prazos 458
Argumentos a favor e contra a desvalorização 459
20.2 Crises cambiais sob taxas de câmbio fixas 461
20.3 Variações na taxa de câmbio sob taxas flexíveis 464
Taxas de câmbio e as transações correntes 466
Taxas de câmbio e taxas de juros correntes e futuras 466
Volatilidade da taxa de câmbio 466
20.4 Escolha entre regimes de taxa de câmbio 468
Áreas monetárias comuns 468
Atrelamentos rígidos, comitês cambiais e dolarização 471

DE VOLTA À POLÍTICA ECONÔMICA — 481

Capítulo 21 OS FORMULADORES DE POLÍTICA ECONÔMICA DEVERIAM SOFRER RESTRIÇÕES? ... 483

21.1 Incerteza e política econômica ... 484
 Quanto os macroeconomistas efetivamente sabem? ... 484
 A incerteza deve levar os formuladores de política econômica a fazer menos? ... 486
 A incerteza e as restrições aos formuladores de política econômica ... 486

21.2 Expectativas e política econômica ... 487
 Sequestros e negociações ... 488
 Inflação e desemprego revisitados ... 488
 Conquistando credibilidade ... 489
 Consistência temporal e restrições aos formuladores de política econômica ... 492

21.3 Política e política econômica ... 492
 Jogos entre os formuladores de política econômica e os eleitores ... 492
 Jogos entre formuladores de política econômica ... 494
 Política e restrições fiscais ... 496

Capítulo 22 POLÍTICA FISCAL: UM RESUMO ... 504

22.1 O que aprendemos ... 504

22.2 Restrição orçamentária do governo: déficits, dívida, gastos e impostos ... 506
 A aritmética dos déficits e da dívida ... 506
 Impostos correntes versus impostos futuros ... 508
 Evolução da razão dívida-PIB ... 511

22.3 Equivalência ricardiana, déficits ciclicamente ajustados e finanças em guerras ... 514
 Equivalência ricardiana ... 514
 Déficits, estabilização do produto e déficit ciclicamente ajustado ... 515
 Guerras e déficits ... 516

22.4 Os riscos de uma dívida muito alta ... 518
 Dívida alta, risco de inadimplência e ciclos viciosos ... 519
 Inadimplência ... 521
 Financiamento monetário ... 521

Capítulo 23 POLÍTICA MONETÁRIA: UM RESUMO ... 530

23.1 O que aprendemos ... 531

23.2 Das metas de agregados monetários ao regime de metas de inflação ... 532
 Metas de agregados monetários ... 532
 Regimes de metas de inflação ... 534
 A regra da taxa de juros ... 535

23.3 Taxa de inflação ótima ... 536
 Custos da inflação ... 536
 Benefícios da inflação ... 540
 Taxa de inflação ótima: o debate atual ... 541

23.4 Política monetária não convencional ... 542

23.5 Política monetária e estabilidade financeira ... 544
 Provisão de liquidez e emprestador em última instância ... 544
 Ferramentas macroprudenciais ... 544

Capítulo 24 EPÍLOGO: A HISTÓRIA DA MACROECONOMIA ... 552

24.1 Keynes e a Grande Depressão ... 552

24.2 A síntese neoclássica ... 553
 Progresso em todas as frentes ... 553
 Keynesianos versus monetaristas ... 555

24.3 A crítica das expectativas racionais ... 556
 Integração das expectativas racionais ... 558

XIV Macroeconomia

24.4 Desenvolvimentos da teoria macroeconômica até a crise de 2009 560
A teoria econômica novo-clássica e a teoria dos ciclos econômicos reais 560
Teoria econômica novo-keynesiana 561
Nova teoria do crescimento 562
Rumo à integração 563
24.5 Primeiras lições para a macroeconomia após a crise..564

Apêndices 568

Apêndice 1 Introdução às contas de renda e produto nacional 568
O lado da renda..568
O lado do produto 570
O governo federal nas contas de renda nacional 572
Atenção..573
Apêndice 2 Revisão matemática 575
Série geométrica...575
Aproximações úteis 575
Funções 577
Escalas logarítmicas 578
Apêndice 3 Introdução à econometria 580
Variações no consumo e variações na renda disponível....................580
Correlação versus causalidade..581

Glossário 585

Índice 595

Prefácio

Pensei em escrever este livro com dois objetivos principais:

- Proporcionar um contato com eventos macroeconômicos atuais. O que torna a macroeconomia empolgante é a luz que ela lança sobre o que ocorre no mundo, desde a grande crise econômica global que se iniciou em 2008 até a política monetária nos Estados Unidos, os problemas na área do euro e o crescimento econômico da China. Esses eventos, e muitos outros, estão descritos no livro — não em notas de rodapé, mas no texto, ou, mais detalhadamente, nas seções "Foco". Cada uma dessas seções mostra como aplicar o que se aprendeu para obter melhor compreensão desses eventos. Acredito que essas seções não só expressam a "vida" da macroeconomia, mas também reforçam as lições dos modelos, tornando-os mais concretos e fáceis de ser assimilados.

- Fornecer uma visão integrada da macroeconomia. O livro está estruturado em um modelo subjacente, que baseia suas conclusões nas implicações das condições de equilíbrio em três tipos de mercado: de bens, financeiro e de trabalho. Dependendo do tema em questão, as partes do modelo que lhes são relevantes são desenvolvidas em mais detalhes, ao passo que as outras são simplificadas ou ficam em segundo plano. No entanto, o modelo subjacente é sempre o mesmo. Assim, você verá a macroeconomia como um todo coerente, não como uma coletânea de modelos, e será capaz de entender não apenas eventos macroeconômicos passados, mas também os que se desdobrarão no futuro.

Novidades desta edição

A crise que começou em 2008, e ainda persiste, forçou os economistas a repensarem grande parte da macroeconomia. Era evidente que eles haviam subestimado o papel do sistema financeiro. Também tinham uma visão muito otimista de como a economia retorna ao equilíbrio. Oito anos mais tarde, creio que as principais lições foram aprendidas, e esta edição revela a reavaliação que se deu. Quase todos os capítulos foram reescritos, e as principais mudanças são as seguintes:

- O Capítulo 5 foi modificado, assim como a apresentação do modelo *IS-LM*. O tratamento tradicional da política monetária assume que o Banco Central escolhia a oferta de moeda e depois deixava que a taxa de juros se ajustasse. Na realidade, os Bancos Centrais modernos escolhem a taxa de juros e depois deixam a oferta de moeda se ajustar. No que se refere ao modelo *IS-LM* usado para descrever o curto prazo, a curva *LM*, em vez de ascendente, deve ser tratada como plana. Isso resulta em um modelo mais realista e simples.

- O novo Capítulo 6 aborda o papel do sistema financeiro na economia. Amplia o modelo *IS-LM* para permitir duas taxas de juros: a determinada pela política monetária e o custo do crédito para pessoas físicas e jurídicas, com o estado do sistema financeiro determinando a relação entre as duas.

- Um novo Capítulo 9. O modelo tradicional de oferta agregada-demanda agregada era complicado e dava uma visão demasiado otimista do retorno do produto ao potencial. Ele foi substituído pelo modelo *IS-LM-PC* (em que *PC* significa curva de Phillips), que resulta em uma descrição mais simples e precisa do papel da política monetária e da dinâmica do produto e da inflação.

- As restrições à política econômica, decorrentes do limite inferior zero, e as restrições à política fiscal, decorrentes dos altos níveis de dívida pública, são temas recorrentes no livro.

- Muitas seções "Foco" são novas ou ampliadas. Entre elas: "Desemprego e felicidade", no Capítulo 2; "A armadilha da liquidez em ação", no Capítulo 4; "Corridas bancárias", no Capítulo 6; "Mudanças na taxa natural de desemprego dos Estados Unidos desde 1990", no Capítulo 8; "A lei de Okun ao longo do tempo e entre países" e "Deflação na Grande Depressão", no Capítulo 9; "A obtenção dos números da PPC", no Capítulo 10; "A visão de longo prazo: tecnologia, educação e desigualdade", no Capítulo 13; "Curva de rendimento, limite inferior zero e decolagem", no Capítulo 14; "O desaparecimento dos déficits em transações correntes nos países periféricos da área do euro: boa ou má notícia?", no Capítulo 18; "Regras fiscais da área do euro: um breve histórico", no Capítulo 21; e "Financiamento monetário e hiperinflações" e "Devemos nos preocupar com a dívida pública dos Estados Unidos?", no Capítulo 22.

- As figuras e tabelas foram atualizadas usando-se os dados mais recentes disponíveis.

Em suma, considero esta edição como o primeiro manual de macroeconomia pós-crise. Espero que sirva

Organização

O livro está estruturado em duas partes principais: os fundamentos e um conjunto de duas extensões principais. Uma introdução precede os fundamentos, e o conjunto de extensões é seguido por uma resenha do papel da política econômica. O livro termina com um epílogo. Um diagrama logo após o prefácio facilita o entendimento de como os capítulos estão organizados e como se encaixam na estrutura geral do livro.

♦ Os capítulos 1 e 2 introduzem os fatos básicos e as principais questões acerca da macroeconomia. O Capítulo 1 aborda primeiro a crise e depois oferece um giro pelo mundo, dos Estados Unidos à Europa e à China. Alguns professores podem preferir apresentá-lo mais adiante — talvez depois do Capítulo 2, que introduz os conceitos básicos e expõe as noções de curto, médio e longo prazos, além de apresentar um panorama do livro.

Embora o Capítulo 2 apresente os conceitos básicos da contabilidade de renda nacional, incluímos uma abordagem detalhada deste tópico no Apêndice 1, no fim do livro. Isto não só reduz a complexidade para o leitor principiante, mas também possibilita uma exposição mais aprofundada.

♦ Os capítulos 3 a 13 constituem os **fundamentos**.

Os capítulos 3 a 6 concentram-se no **curto prazo**, descrevendo o equilíbrio no mercado de bens e nos mercados financeiros e derivando o modelo básico usado para estudar os movimentos de curto prazo do produto, o modelo *IS-LM*. O Capítulo 6 é novo e amplia o modelo básico de *IS-LM* de modo a abranger o papel do sistema financeiro para, então, descrever o que aconteceu na fase inicial da crise.

Os capítulos 7 a 9 focam o **médio prazo**. O Capítulo 7 trata do equilíbrio no mercado de trabalho e introduz a noção de taxa natural de desemprego. O Capítulo 8 deriva e discute a relação entre desemprego e inflação, conhecida como curva de Phillips. O Capítulo 9 desenvolve o modelo *IS-LM-PC* (*PC* para curva de Phillips), que leva em conta o equilíbrio nos mercados de bens, financeiros e de trabalho, e mostra como esse modelo pode ser usado na compreensão das variações da atividade e da inflação, tanto no curto quanto no médio prazo.

Os capítulos 10 a 13 concentram-se no **longo prazo**. O Capítulo 10 descreve os fatos, mostrando a evolução do produto em vários países por longos períodos. Os capítulos 11 e 12 desenvolvem um modelo de crescimento e descrevem como a acumulação de capital e o progresso tecnológico determinam o crescimento. O Capítulo 13 foca os efeitos do progresso tecnológico sobre o desemprego e a desigualdade, não somente no longo prazo, mas também no curto e no médio prazos.

♦ Os capítulos 14 a 20 abrangem as duas principais **extensões**.

Do Capítulo 14 ao Capítulo 16, o estudo se concentra no papel das **expectativas** no curto e no médio prazos. As expectativas desempenham um papel importante na maioria das decisões econômicas e, consequentemente, cumprem um papel relevante na determinação do produto.

Os capítulos 17 a 20 focalizam as implicações da **abertura** nas economias modernas. O Capítulo 20 concentra-se nas implicações de diferentes regimes de taxa de câmbio, desde as taxas flexíveis até as fixas, comitês cambiais e dolarização.

♦ Os capítulos 21 a 23 retomam a política **macroeconômica**. Embora a maior parte dos 20 primeiros capítulos discuta constantemente a política macroeconômica de uma forma ou outra, o objetivo desses capítulos é reunir tudo isso. O Capítulo 21 examina o papel e os limites da política macroeconômica em geral. Os capítulos 22 e 23 apresentam uma revisão das políticas monetária e fiscal. Alguns professores podem querer usar partes desses capítulos antes. Por exemplo, é fácil antecipar a discussão sobre restrição orçamentária do governo no Capítulo 22 ou sobre meta de inflação no Capítulo 23.

♦ O Capítulo 24 é um **epílogo**; apresenta a macroeconomia sob uma perspectiva histórica, mostrando sua evolução nos últimos 70 anos e discutindo o rumo atual da pesquisa e as lições deixadas pela crise para a macroeconomia.

Cursos alternativos

A estrutura ampla do livro permite a organização de cursos alternativos. Elaborei capítulos mais curtos em relação ao padrão dos manuais convencionais e, segundo minha experiência, a maior parte deles pode ser ministrada em uma hora e meia. Alguns poucos (os capítulos 5 e 7, por exemplo) podem necessitar de duas aulas para serem assimilados.

♦ Cursos de curta duração (15 aulas ou menos)

Um curso de curta duração pode ser organizado em torno dos dois capítulos introdutórios e dos fundamentos (o Capítulo 13 pode ser omitido sem prejuízo à continuidade). Apresentações informais de uma ou duas extensões, com base, por exemplo, no Capítulo 16, sobre expectativas (que pode ser ministrado de forma independente), e no Capítulo 17, sobre economia aberta, podem se seguir, perfazendo um total de 14 aulas.

Um curso de curta duração pode deixar de fora o estudo do crescimento (o longo prazo). Neste caso, o curso pode ser organizado em torno dos capítulos introdutórios e dos capítulos 3 a 9 nos fundamentos; isto totalizará 9 aulas, deixando tempo suficiente para cobrir, por exemplo, o Capítulo 16, sobre expectativas, e os capítulos 17 a 19, sobre economia aberta, resultando em um total de 13 aulas.

- Cursos mais longos (20 a 25 aulas)

Um curso de um semestre é mais do que suficiente para a discussão dos fundamentos, além de uma ou ambas as extensões e da revisão da política econômica.

As extensões pressupõem um conhecimento dos fundamentos, mas, sob os demais aspectos, podem ser ministradas de forma independente. Dada a possibilidade de escolha, a ordem em que serão mais bem ministradas provavelmente é a sequência na qual são apresentadas no livro. Estudar o papel das expectativas em primeiro lugar ajuda os alunos a entender a condição da paridade de juros e a natureza das crises cambiais.

Características

Tive o cuidado de não apresentar qualquer resultado teórico sem relacioná-lo com o mundo real. Além das discussões de fatos no próprio texto, incluí um grande número de seções "Foco", que discutem determinados eventos ou fatos macroeconômicos nos Estados Unidos ou em outra parte do mundo.

Tentei recriar algumas das interações entre professor e estudante que ocorrem em sala de aula por meio do uso de hipertextos na lateral que correm paralelamente ao texto. Os hipertextos criam um diálogo com o leitor, para facilitar o entendimento das passagens mais difíceis e proporcionar uma compreensão mais profunda dos conceitos e resultados derivados ao longo do livro.

Para estudantes que desejem explorar a macroeconomia mais profundamente, introduzi as seguintes características:

- Apêndices curtos, em alguns capítulos, que detalham observações feitas dentro do capítulo.

- Uma seção de leitura adicional no final da maior parte dos capítulos, indicando onde encontrar mais informações, incluindo vários endereços úteis na Internet.

Cada capítulo termina com três formas de garantir que seu conteúdo foi assimilado:

- Um resumo dos principais pontos do capítulo.
- Uma lista de palavras-chave.
- Uma série de exercícios de fim de capítulo. As atividades "Teste rápido" são fáceis. Os exercícios "Aprofundando" apresentam grau de dificuldade um pouco maior, e os "Explorando mais" normalmente necessitam ou de acesso à internet, ou uso de um programa de planilha eletrônica para ser resolvidos.
- Uma lista nas páginas finais a lembrar o significado dos símbolos usados no texto.

Agradecimentos

Este livro deve muito a muitos. Agradeço a Adam Ashcraft, Peter Berger, Peter Benczur, Efe Cakarel, Francesco Furno, Harry Gakidis, Ava Hong, David Hwang, Kevin Nazemi, David Reichsfeld, Jianlong Tan, Stacy Tevlin, Gaurav Tewari, Corissa Thompson, John Simon e Jeromin Zettelmeyer pela assistência na pesquisa ao longo dos anos. Sou grato às gerações de alunos do curso 14.02 no MIT, que compartilharam livremente suas opiniões a respeito do livro.

Comentários de colegas e amigos também muito beneficiaram este trabalho. Entre eles estão John Abell, Daron Acemoglu, Tobias Adrian, Chuangxin An, Roland Benabou, Samuel Bentolila e Juan Jimeno (que adaptaram o livro para a edição espanhola); François Blanchard, Roger Brinner, Ricardo Caballero, Wendy Carlin, Martina Copelman, Henry Chappell, Ludwig Chincarini e Daniel Cohen (que adaptaram para a edição francesa); Larry Christiano, Bud Collier, Andres Conesa, Peter Diamond, Martin Eichenbaum, Gary Fethke, David Findlay, Francesco Giavazzi e Alessia Amighini (que primeiro adaptaram para a edição italiana e depois para a europeia); Andrew Healy, Steinar Holden e Gerhard Illing (que adaptaram o livro para a edição alemã); Yannis Ioannides e Angelo Melino (que adaptaram para a edição canadense); P. N. Junankar, Sam Keeley, Bernd Kuemmel, Paul Krugman, Antoine Magnier, Peter Montiel, Bill Nordhaus, Tom Michl, Dick Oppermann, Athanasios Orphanides e Daniel Pirez Enri (que adaptaram para a edição latino-americana); Michael Plouffe, Zoran Popovic, Jim Poterba e Jeff Sheen (que adaptaram o livro para a edição australasiana); Ronald

Schettkat e Watanabe Shinichi (que adaptaram o livro para a edição japonesa); Francesco Sisci, Brian Simboli, Changyong Rhee, Julio Rotemberg, Robert Solow, Andre Watteyne (que gentilmente aceitaram fazer a primeira leitura desta edição) e Michael Woodford. Agradeço em especial a David Johnson, responsável pela coautoria da 6ª edição, enquanto eu trabalhava como economista-chefe do FMI, e portanto, não dispunha de tempo para fazer isso sozinho, e escreveu os exercícios de final de capítulo desta edição, e a Francesco Giavazzi, com quem trabalhei proximamente na preparação desta edição.

Também me beneficiei de comentários de diversos leitores, revisores e professores que testaram o livro em sala de aula, entre eles:

- John Abell — Randolph Macon Woman's College
- Carol Adams — Cabrillo College
- Gilad Aharonovitz — School of Economic Sciences
- Terence Alexander — Iowa State University
- Roger Aliaga-Diaz — Drexel University
- Robert Archibald — College of William & Mary
- John Baffoe-Bonnie — La Salle University
- Fatolla Bagheri — University of North Dakota
- Stephen Baker — Capital University
- Erol Balkan — Hamilton College
- Jennifer Ball — Washburn University
- Richard Ballman — Augustana College
- King Banaian — St. Cloud State University
- Charles Bean — London School of Economics and Political Science
- Scott Benson — Idaho State University
- Gerald Bialka — University of North Florida
- Robert Blecker — American University
- Scott Bloom — North Dakota State University
- Pim Borren — University of Canterbury, Nova Zelândia
- LaTanya Brown-Robertson — Bowie State University
- James Butkiewicz — University of Delaware
- Colleen Callahan — American University
- Bruce Carpenter — Mansfield University
- Kyongwook Choi — Ohio University College
- Michael Cook — William Jewel College
- Nicole Crain — Lafayette College
- Rosemary Cunningham — Agnes Scott College
- Evren Damar — Pacific Lutheran University
- Dale DeBoer — University of Colorado at Colorado Springs
- Adrian de Leon-Arias — Universidad de Guadalajara
- Brad Delong — UC Berkeley

- Firat Demir — University of Oklahoma
- Wouter Denhaan — UC San Diego
- John Dodge — King College
- F. Trenery Dolbear — Brandeis University
- Patrick Dolenc — Keene State College
- Brian Donhauser — University of Washington
- Michael Donihue — Colby College
- Vincent Dropsy — California State University
- Justin Doubas — St. Norbert College
- Amitava Dutt — University of Notre Dame
- John Edgren — Eastern Michigan University
- Eric Elder — Northwestern College
- Sharon J. Erenburg — Eastern Michigan University
- Antonina Espiritu — Hawaii Pacific University
- J. Peter Federer — Clark University
- Rendigs Fels — Vanderbilt University
- John Flanders — Central Methodist University
- Marc Fox — Brooklin College
- Yee-Tien (Ted) Fu — Stanford University
- Yee-Tien Fu — National Cheng-Chi University, Taiwan
- Scott Fullwiler — Wartburg College
- Julie Gallaway — University of Missouri-Rolla
- Bodhi Ganguli — Rutgers, The State University of NJ
- Fabio Ghironi, Boston College
- Alberto Gomes-Rivas — University of Houston-Downtown
- Fidel Gonzalez — Sam Houston State University
- Harvey Gram — Queen College, City University of New York
- Randy Grand — Linfield College
- Alan Gummerson — Florida International University
- Reza Hamzaee — Missouri Western State College
- Michael Hannan — Edinboro University
- Kennet Harrison — Richard Stockton College
- Mark Hayford — Loyola University
- Thomas Havrilesky — Duke University
- George Heitmann — Muhlenberg College
- Ana Maria Herrera — Michigan State University
- Peter Hess — Davidson College
- Eric Hilt — Wellesley College
- John Holland — Monmouth College
- Mark Hopkins — Gettysburg College
- Takeo Hoshi — University of California, San Diego
- Ralph Husby — University of Illinois, Urbana-Champaign
- Yannis Ioannides — Tufts University

- Aaron Jackson — Bentley College
- Bonnie Johnson — California Lutheran University
- Louis Johnston — College of St. Benedict
- Barry Jones — SUNY Binghamton
- Fred Joutz — George Washington University
- Cem Karayalcin — Florida International University
- Okan Kavuncu — University of California
- Miles Kimbal — University of Michigan
- Paul King — Denison University
- Michael Klein — Tufts University
- Mark Klinedinst — University of Southern Mississippi
- Shawn Knabb — Western Washington University
- Todd Knoop — Cornell College
- Paul Koch — Olivet Nazarene University
- Ng Beoy Kui— Nanyang Technical University Singapore
- Leonard Lardaro — University of Rhode Island
- James Leady — University of Notre Dame
- Charles Leathers — University of Alabama
- Hsien-Fend Lee — National Taiwan University
- Jim Lee — Texas A&M University-Corpus Christi
- John Levendis — Loyola University New Orleans
- Frank Lichtenberg — Columbia University
- Mark Lieberman — Princeton University
- Shun Lin — Florida Atlantic University
- Maria Luengo-Prado — Northeastearn University
- Mathias Lutz — University of Sussex
- Bernard Malamud — University of Nevada, Las Vegas
- Ken McCormick — University of Northern Iowa
- William McLean — Oklahoma State University
- B. Starr McMullen — Oregon State University
- Mikhail Melnik — Niagara University
- O. Mikhail — University of Central Florida
- Fabio Milani — University of California, Irvine
- Rose Milbourne — University of New South Wales
- Roger Morefield — University of Saint Thomas
- Shahriar Mostashari — Campbell University
- Eshrag Motahar — Union College
- Nick Noble — Miami University
- Ilan Noy — University of Hawaii
- John Olson — College of St. Benedict
- Brian O'Roark — Robert Morris University
- Jack Osman — San Francisco State University
- Emiliano Pagnotta — Northwestern University
- Biru Paksha Paul — SUNY Cortland
- Andrew Parkes — Mesa State College
- Allen Parkman — University of Mexico
- Jim Peach — New Mexico State University
- Gavin Peebles — National University of Singapore
- Michael Quinn — Bentley College
- Charles Revier — Colorado State University
- Jack Richards — Portland State University
- Raymond Ring — University of South Dakota
- Monica Robayo — University of North Florida
- Malcolm Robinson — Thomas Moore College
- Brian Rosario — University of California, Davis
- Kehar Sangha — Old Dominion University
- Ahmad Saranjam — Bridgewater State College
- Carol Scotese — Virginia Commonwealth University
- John Seater — North Carolina State University
- Peter Sephton — University of New Brunswick
- Ruth Shen — San Francisco State University
- Kwanho Shin — University of Kansas
- Tara Sinclair — The George Washington University
- Aaron Smallwood — University of Texas, Arlington
- David Sollars — Auburn University
- Liliana Stern — Auburn University
- Edward Stuart — Northeastern Illinois University
- Abdulhanid Sukaar — Cameron University
- Peter Summers — Texas Tech University
- Mark Thomas — University of Maryland Baltimore County
- Brian Trinque — The University of Texas, Austin
- Marie Truesdell — Marian College
- David Tufte — Southern Utah University
- Abdul Turay — Radford University
- Frederick Tyler — Fordham University
- Pinar Uysal — Boston College
- Evert Van Der Heide — Calvin College
- Kristin Van Gaasbeck — California State University, Sacramento
- Lee Van Scyoc — University of Winsconsin, Oshkosh
- Paul Wachtel — New York University Stern Business School
- Susheng Wang — Hong Kong University
- Donald Westerfield — Webster University
- Christopher Westley — Jacksonville State University
- David Wharton — Washington College
- Jonathan Willner — Oklahoma City University
- Mark Wohar — University of Nebraska, Omaha
- Steven Wood — University of California, Berkeley
- Michael Woodford — Princeton University
- Ip Wing Yu — University of Hong Kong

- Chi-Wa Yuen — Hong Kong University of Science and Technology
- Christian Zimmermann — University of Connecticut
- Liping Zheng, Drake University

Todos me ajudaram com muito mais do que lhes foi pedido, e cada um deles fez diferença para o livro.

Devo meu agradecimento a muitos na Pearson norte-americana: Christina Masturzo, editora sênior de aquisições; Nancy Freihofer, gerente de programa; Diana Tetterton, assistente editorial; Heather Pagano, gerente de projeto; e Maggie Moylan, VP, marketing de produto.

Por fim, quero destacar Steve Rigolosi, editor da primeira edição, e Michael Elia, editor da segunda e terceira edições. Steve obrigou-me a tornar as coisas mais claras. Michael obrigou-me a tornar as coisas mais simples. Juntos, fizeram toda a diferença, não só no processo de edição, mas também no livro. Sou profundamente grato a ambos. Agradeço a John Arditi por sua absoluta confiança e colaboração, desde a primeira edição até esta. Também me beneficiei das sugestões comumente estimulantes das minhas filhas, Serena, Giulia e Marie: não as segui, porém, na totalidade. Em casa, continuo a agradecer a Noelle por preservar minha sanidade.

Olivier Blanchard
Washington
Dezembro de 2015

Site de apoio do livro

Na Sala Virtual deste livro (<sv.pearson.com.br>), professores e estudantes podem acessar os seguintes materiais adicionais:

Para professores:

- Apresentações em PowerPoint;
- Exercícios adicionais (em inglês)
- Manual do professor (em inglês).

Para estudantes:

- Questões de múltipla escolha.

Esse material é de uso exclusivo para professores e está protegido por senha. Para ter acesso a ele, os professores que adotam o livro devem entrar em contato com seu representante Pearson ou enviar e-mail para professoraluno.atendimento@pearson.com.

Organização flexível

Macroeconomia, 7ª edição, está organizado em torno de duas partes principais: os fundamentos e um conjunto de duas extensões centrais. A **organização flexível** do texto enfatiza uma visão integrada da macroeconomia, ao mesmo tempo em que permite aos professores se concentrarem nas teorias, modelos e aplicações que considerem essenciais ao seu curso em particular.

O fluxograma a seguir ilustra rapidamente como os capítulos são organizados e se encaixam na estrutura geral do livro. Para obter uma explicação mais detalhada da **Organização** e uma lista de **Cursos Alternativos**, consulte as páginas **XVI-XVII** no prefácio.

INTRODUÇÃO
Um giro pelo mundo **Capítulo 1**
Um giro pelo livro **Capítulo 2**

OS FUNDAMENTOS

O curto prazo
O mercado de bens **Capítulo 3**
Mercados financeiros I **Capítulo 4**
Mercados de bens e mercados financeiros: o modelo *IS-LM* **Capítulo 5**
Mercados financeiros II: o modelo *IS-LM* ampliado **Capítulo 6**

O médio prazo
Mercado de trabalho **Capítulo 7**
Curva de Phillips, taxa natural de desemprego e inflação **Capítulo 8**
Do curto ao médio prazo: o modelo *IS-LM-PC* **Capítulo 9**

O longo prazo
Os fatos do crescimento **Capítulo 10**
Poupança, acumulação de capital e produto **Capítulo 11**
Progresso tecnológico e crescimento **Capítulo 12**
Progresso tecnológico: curto, médio e longo prazos **Capítulo 13**

EXTENSÕES

EXPECTATIVAS
Mercados financeiros e expectativas **Capítulo 14**
Expectativas, consumo e investimento **Capítulo 15**
Expectativas, produto e política econômica **Capítulo 16**

ECONOMIA ABERTA
Abertura dos mercados de bens e dos mercados financeiros **Capítulo 17**
O mercado de bens em uma economia aberta **Capítulo 18**
Produto, taxa de juros e taxa de câmbio **Capítulo 19**
Regimes de taxas de câmbio **Capítulo 20**

DE VOLTA À POLÍTICA ECONÔMICA
Os formuladores de política econômica deveriam sofrer restrições? **Capítulo 21**
Política fiscal: um resumo **Capítulo 22**
Política monetária: um resumo **Capítulo 23**

EPÍLOGO
A história da macroeconomia **Capítulo 24**

Os fundamentos

Introdução

Os dois primeiros capítulos deste livro apresentam as questões e o enfoque da macroeconomia.

Capítulo 1

O Capítulo 1 leva você a um giro macroeconômico pelo mundo. Começa com uma análise da crise econômica que modelou a economia mundial desde o final da década de 2000. O giro para, então, em cada uma das principais potências econômicas globais: os Estados Unidos, a área do euro e a China.

Capítulo 2

O Capítulo 2 leva você a um giro pelo livro. Definem-se as três principais variáveis da macroeconomia: produto, desemprego e inflação, e, a seguir, apresentam-se os três conceitos em torno dos quais o livro está estruturado — o curto, o médio e o longo prazos.

CAPÍTULO 1

Um giro pelo mundo

O que é macroeconomia? A melhor resposta para esta pergunta não é uma definição formal, mas um giro pelo mundo da economia, para descrever tanto as principais evoluções econômicas quanto as questões que tiram o sono dos macroeconomistas e dos formuladores de política macroeconômica toda noite.

No momento da redação deste texto (outono de 2015), esses formuladores estão dormindo melhor do que há apenas alguns anos. Em 2008, a economia mundial entrou em uma grande crise macroeconômica, a mais profunda desde a Grande Depressão. O crescimento do produto mundial, normalmente entre 4% e 5% ao ano, foi negativo em 2009. Desde então, o crescimento tornou-se positivo e a economia global recupera-se lentamente. Mas a crise deixou uma série de cicatrizes e algumas preocupações persistem.

Meu objetivo neste capítulo é passar uma noção desses eventos e de alguns dos aspectos macroeconômicos da atualidade. Começarei com uma visão geral da crise e, em seguida, enfocarei as três principais potências econômicas do mundo: os Estados Unidos, a área do euro e a China.

A Seção 1.1 analisa a crise.

A Seção 1.2 examina os Estados Unidos.

A Seção 1.3 examina a área do euro.

A Seção 1.4 examina a China.

A Seção 1.5 apresenta a conclusão e uma visão de futuro.

Leia este capítulo como se fosse um artigo de jornal. Não se preocupe com o significado exato das palavras, nem tente entender os argumentos em detalhes: os termos serão definidos, e os argumentos desenvolvidos mais adiante. Considere este capítulo um pano de fundo que apresentará as principais questões da macroeconomia. Se você gostar dele, provavelmente vai gostar do livro inteiro. Na verdade, ao concluir a leitura do livro, volte a este capítulo, analise sua compreensão das questões e avalie seu progresso no estudo da macroeconomia.

1.1 A crise

▲ Se não gostar, aceite minhas desculpas...

A Figura 1.1 mostra as taxas de crescimento do produto da economia mundial, das economias avançadas e das outras, separadamente, desde 2000. Como se poderá ver, de 2000 a 2007 a economia global teve uma expansão sustentada. O crescimento médio anual do produto foi de 4,5%, com as economias avançadas (o grupo dos 30 ou mais países mais ricos do mundo) crescendo a 2,7% ao ano, e as demais (os outros 150 países do mundo) crescendo a um ritmo ainda mais acelerado, de 6,6% ao ano.

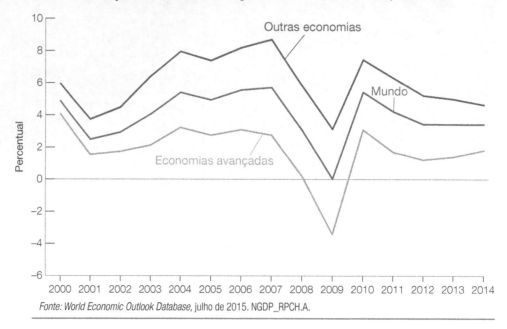

▶ Figura 1.1 Taxas de crescimento de produto para a economia mundial, economias avançadas e economias emergentes e em desenvolvimento, 2000-2014.

Fonte: World Economic Outlook Database, julho de 2015. NGDP_RPCH.A.

Em 2007, no entanto, os sinais de que a expansão chegava ao fim começaram a surgir. Os preços dos imóveis residenciais nos Estados Unidos, que haviam dobrado desde 2000, passaram a cair. Os economistas começaram a se preocupar. Os otimistas acreditavam que, embora os preços mais baixos dos imóveis pudessem levar a um nível menor de construção de habitações e a um gasto menor dos consumidores, o Fed (abreviatura do nome do banco central dos Estados Unidos, formalmente conhecido como *Federal Reserve Board*) poderia baixar as taxas de juros para estimular a demanda e evitar uma recessão. Já os pessimistas receavam que a redução das taxas de juros poderia não ser suficiente para sustentar a demanda e que os Estados Unidos poderiam passar por uma curta recessão.

Mesmo os pessimistas não se mostraram tão pessimistas assim. À medida que os preços dos imóveis residenciais continuavam a declinar, ficou claro que os problemas eram mais sérios. Muitas das hipotecas concedidas durante a expansão anterior eram de má qualidade. Muitos dos mutuários tomaram um empréstimo demasiado alto e se viam cada vez mais impossibilitados de honrar os pagamentos mensais de suas hipotecas. Com a queda dos preços de imóveis residenciais, o valor da dívida imobiliária muitas vezes excedia o da casa, assim estimulando a inadimplência. Isso não era o pior: os bancos que haviam emitido as hipotecas juntavam-nas e as transformavam em novos títulos, que depois eram vendidos a outros bancos e investidores. Esses títulos foram muitas vezes transformados em novos títulos, e assim por diante. O resultado é que muitos bancos, em vez de detentores das hipotecas em si, mantinham esses títulos, tão complexos que seu valor era quase impossível de avaliar.

Essa complexidade e obscuridade transformaram a queda dos preços de imóveis residenciais em uma crise, um desdobramento que poucos economistas anteciparam. Sem conhecer a qualidade dos ativos que outros bancos mantinham em seus balanços, essas instituições financeiras passaram a relutar em fazer empréstimos mútuos por recear que o banco tomador do empréstimo não tivesse como pagar. Incapazes de contrair empréstimos, e com ativos de valor incerto, muitos bancos viram-se em apuros. Em 15 de setembro de 2008, um dos grandes, o Lehman Brothers, entrou em

"Bancos" significa aqui "bancos e outras instituições financeiras". Mas isso é longo demais para escrever e eu não quero entrar nessas complicações no Capítulo 1.

falência. As consequências foram drásticas. Visto que as conexões entre o Lehman e outros bancos eram muito obscuras, muitas outras instituições financeiras pareciam sob risco de falir também. Por algumas semanas, pareceu que todo o sistema financeiro poderia entrar em colapso.

Essa crise financeira rapidamente se transformou em uma grande crise econômica. Os preços das ações desabaram. A Figura 1.2 traça a evolução de três índices de mercado de ações dos Estados Unidos, da área do euro e das economias emergentes, desde o início de 2007 até o final de 2010. Os índices foram definidos como 1 para janeiro de 2007. Note que, ao final de 2008, os preços das ações haviam perdido metade ou mais do seu valor em relação ao pico anterior. Note também que, apesar de a crise se originar nos Estados Unidos, os preços das ações nos mercados europeu e emergentes caíram tanto quanto seus pares norte-americanos. Voltarei a isto mais tarde.

Atingidas pela queda nos preços no mercado imobiliário e pelo colapso dos preços das ações, além de apreensivas de que isso poderia ser o início de outra Grande Depressão, as pessoas cortaram radicalmente seu consumo. Preocupadas com as vendas e inseguras quanto ao futuro, as empresas cortaram radicalmente seus investimentos. Com a queda dos preços imobiliários e muitas casas vagas no mercado, poucas novas construções foram erguidas. Apesar das fortes ações do Fed, que cortou as taxas de juros a zero, e do governo dos Estados Unidos, que reduziu impostos e aumentou gastos, a demanda diminuía, assim como a produção. No terceiro trimestre de 2008 o crescimento do produto dos Estados Unidos tornou-se negativo e permaneceu assim em 2009.

Seria de esperar que a crise se restringisse aos Estados Unidos, mas, como mostram as figuras 1.1 e 1.2, não foi o caso. Essa crise logo assumiu dimensões globais. Outros países foram afetados por dois canais. O primeiro deles foi o comércio. À medida que os consumidores e as empresas dos EUA reduziram gastos, parte

▶ **Figura 1.2** Preços das ações nos EUA, na área do euro e nas economias emergentes, 2007-2010.

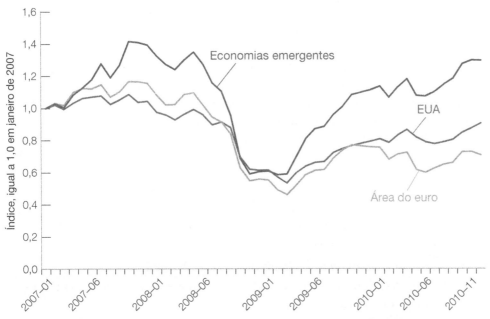

Fonte: Haver Analytics USA (S111ACD), Eurogroup (S023ACD), todos os mercados emergentes (S200ACD), todas as médias mensais.

da queda recaiu sobre as importações de bens estrangeiros. Do ponto de vista dos países que exportavam para os Estados Unidos, suas exportações caíram, e, por conseguinte, sua produção. O segundo canal foi o financeiro. Os bancos dos Estados Unidos, muito necessitados de fundos em seu país, repatriaram fundos de outros países, criando problemas para os bancos nesses países também. À medida que esses bancos se viram com problemas, os empréstimos cessaram, diminuindo os gastos e a produção. Além disso, em vários países europeus os governos haviam acumulado elevados níveis de endividamento e passaram a registrar grandes déficits. Os investidores começaram a se preocupar se a dívida poderia ser paga e a cobrar taxas de juros muito mais elevadas. Confrontados com essas altas taxas de juros, os governos reduziram drasticamente seus déficits por meio de uma combinação de gastos mais baixos e impostos mais altos. Isto levou, por sua vez, a uma nova redução na demanda e na produção. Na Europa, o declínio no produto foi tão severo que este aspecto particular da crise adquiriu nome próprio, a *crise do euro*. Em suma, a recessão dos Estados Unidos transformou-se em uma recessão mundial. Em 2009, o crescimento médio nas economias avançadas foi de –3,4%, de longe a menor taxa de crescimento anual desde a Grande Depressão. O crescimento das economias em desenvolvimento manteve-se positivo, apesar de 3,5 pontos percentuais inferior à média do período de 2000 a 2007.

Desde então, devido a políticas monetárias e fiscais fortes e à recuperação lenta do sistema financeiro, a maioria das economias reverteu a situação. Como se pode ver na Figura 1.1, o crescimento nos países avançados tornou-se positivo em 2010 e assim se manteve desde então. A recuperação é, no entanto, inexpressiva e irregular. Em alguns países avançados, em especial nos Estados Unidos, o desemprego quase voltou ao nível pré-crise. A área do euro, porém, ainda enfrenta dificuldades: seu crescimento é positivo, mas baixo, e o nível de desemprego permanece elevado. O crescimento nas economias emergentes e em desenvolvimento também se recuperou, mas, como mostra a Figura 1.1, é menor que antes da crise e vem diminuindo desde 2010.

Agora que já temos um cenário definido, vamos dar um giro pelas três principais potências econômicas mundiais: Estados Unidos, área do euro e China.

> Você pode citar alguns países com padrão de vida mais elevado do que os Estados Unidos?
> *Dica:* pense nos produtores de petróleo e centros financeiros. Para obter a resposta, consulte "Gross Domestic Product per capita, in current prices", em <http://www.imf.org/external/pubs/ft/weo/2015/01/weodata/weoselgr.aspx>. Acesso em 19 de maio de 2017.

1.2 Os Estados Unidos

Quando os economistas analisam um país, as duas primeiras perguntas que fazem são: Qual é seu tamanho do ponto de vista econômico? E qual é seu padrão de vida? Para responder à primeira, eles examinam o produto — o nível de produção do país como um todo. Para responder à segunda, examinam o produto por pessoa. As respostas, para os Estados Unidos, são dadas na Figura 1.3: é um país grande, com produção de US$ 17,4 trilhões em 2014, o que representa 23% da produção mundial e o torna o maior do mundo em termos econômicos. O padrão de vida nos Estados Unidos também é alto, com produto por pessoa de US$ 54.600; não é o maior do mundo, mas está perto do topo.

Quando querem aprofundar sua análise e conhecer o estado de saúde do país, os economistas analisam três variáveis básicas:

- ◆ *Crescimento do produto* — a taxa de variação do produto.
- ◆ *Taxa de desemprego* — a parcela de trabalhadores na economia que não estão empregados e procuram emprego.
- ◆ *Taxa de inflação* — a taxa em que o preço médio dos bens na economia aumenta ao longo do tempo.

▶ **Figura 1.3** Estados Unidos, 2014.

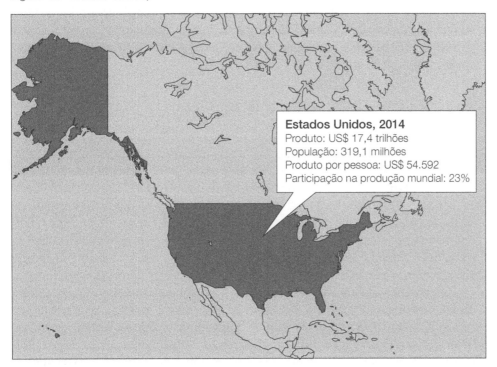

Estados Unidos, 2014
Produto: US$ 17,4 trilhões
População: 319,1 milhões
Produto por pessoa: US$ 54.592
Participação na produção mundial: 23%

Essas três variáveis são quantificadas para a economia dos Estados Unidos na Tabela 1.1. Para colocar os números atualizados em perspectiva, a primeira coluna apresenta o valor médio de cada variável no período de 1990 a 2007, o ano anterior à crise. A segunda coluna mostra os números referentes à parte aguda da crise, os anos de 2008 e 2009. A terceira coluna apresenta os números para 2010 a 2014, e a última para 2015 (ou, mais precisamente, as previsões para 2015 feitas no outono desse ano).

Ao analisarmos os números de 2015, podemos observar por que os economistas estão razoavelmente otimistas em relação à economia dos EUA no momento. O crescimento foi estimado em acima de 2,5%, um pouco abaixo da média de 1990-2007. O desemprego, que aumentou durante a crise e no período subsequente (atingiu 10% em 2010), diminuiu e, a 5,4%, voltou à média de 1990-2007. A inflação ficou baixa, substancialmente inferior à média de 1990-2007. Em suma, a economia dos Estados Unidos parecia estar em razoável forma, deixando para trás grande parte dos efeitos da crise.

▶ **Tabela 1.1** Crescimento, desemprego e inflação nos Estados Unidos, 1990-2015.

Percentual	1990–2007 (média)	2008–2009 (média)	2010–2014 (média)	2015
Taxa de crescimento do produto	3,0	−1,5	2,2	2,5
Taxa de desemprego	5,4	7,5	8,0	5,4
Taxa de inflação	2,3	1,4	1,6	0,7
Taxa de crescimento do produto: taxa de crescimento anual do produto (PIB). Taxa de desemprego: média ao longo do ano. Taxa de inflação: taxa anual de variação do nível de preços (deflator do PIB).				

Fonte: FMI, *World Economic Outlook*, julho de 2015.

Mas nem tudo estava bem. A fim de garantir que a demanda fosse forte o suficiente para sustentar o crescimento, o Fed viu-se obrigado a manter as taxas de juros muito baixas; na realidade, mais baixas do que gostaria. O aumento da produtividade parece ter desacelerado, implicando um crescimento medíocre no futuro. Vamos analisar essas questões, uma de cada vez.

Taxas de juros baixas e o limite inferior zero

Quando a crise começou, o Fed tentou refrear a redução dos gastos baixando a taxa de juros sob seu controle, a chamada *taxa dos fundos federais*. Como se pode ver na Figura 1.4, a taxa dos fundos federais passou de 5,2% em julho de 2007 para quase 0% (0,16% para ser exato) em dezembro de 2008.

Por que o Fed parou em zero? Porque a taxa de juros não pode ser negativa. Se isto acontecesse, ninguém manteria títulos e todos prefeririam manter moeda — porque moeda paga taxa de juros zero. Em macroeconomia, esta restrição é conhecida como *limite inferior zero* (*zero lower bound*), e este é o limite a que o Fed chegou em dezembro de 2008.

Essa redução acentuada da taxa de juros, que barateou o crédito aos consumidores e o investimento por parte das empresas, certamente limitou a queda tanto na demanda quanto na produção. Mas, como já discutimos e pode ser visto na Tabela 1.1, isto não bastou para evitar uma profunda recessão: o crescimento dos Estados Unidos foi negativo em 2008 e 2009. Para ajudar a recuperação da economia, o Fed manteve a taxa de juros próxima de zero, ponto no qual permaneceu até aqui (outono de 2015). Os planos do Fed são de começar a elevar a taxa de juros em breve, de modo que, por ocasião da leitura deste livro, é provável que essa taxa tenha aumentado, mas ainda será muito baixa se comparada com os padrões históricos.*

> Visto que manter grande montante de moeda é inconveniente e arriscado, as pessoas podem aceitar manter alguns títulos, ainda que paguem uma taxa de juros ligeiramente negativa. Mas há um limite claro do quanto uma taxa de juros pode ser negativa antes que as pessoas encontrem meios de trocar títulos por moeda.

▶ **Figura 1.4** A taxa dos fundos federais dos EUA desde 2000.

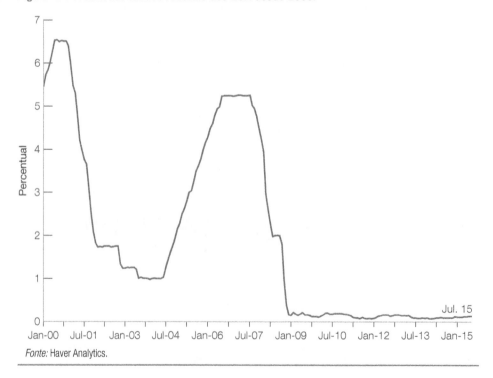

Fonte: Haver Analytics.

---

* N. do RT: a taxa de juros foi elevada três vezes desde então: em dezembro de 2015, em dezembro de 2016 e em março de 2017, mas segue abaixo de 1,0%.

Por que taxas de juros baixas são um problema em potencial? Por duas razões: a primeira é que taxas de juros baixas limitam a capacidade do Fed de reagir a novos choques negativos. Se a taxa de juros é igual ou próxima de zero e a demanda diminui ainda mais, há pouco que o Fed possa fazer para aumentar a demanda. A segunda é que taxas de juros baixas parecem levar à tomada de risco excessivo por parte dos investidores. Quando o retorno de manter títulos é muito baixo, os investidores ficam tentados a assumir risco em demasia para aumentar seus retornos. Muito risco assumido pode, por sua vez, dar origem a crises financeiras do tipo da que acabamos de vivenciar. Certamente não queremos passar por outra crise como essa.

> Como veremos mais adiante no livro, bancos centrais como o Fed podem lançar mão de alguns outros recursos para aumentar a demanda. Esses recursos são conhecidos como "política monetária não convencional". Mas não funcionam tão bem quanto a taxa de juros.

Até que ponto um baixo crescimento de produtividade é preocupante?

Embora o Fed deva se preocupar em manter demanda suficiente para atingir crescimento no curto prazo, durante períodos mais longos o crescimento é determinado por outros fatores, sendo que o principal deles é o crescimento da produtividade: sem ele, não há aumento sustentado da renda por pessoa. Neste caso, as notícias são preocupantes. A Tabela 1.2 mostra o crescimento médio da produtividade nos Estados Unidos, década a década desde 1990, para o setor privado como um todo e para o setor industrial. Como se pode ver, o crescimento da produtividade nos anos 2010 tem se revelado até aqui cerca de metade do registrado na década de 1990.

O quanto isso é preocupante? O crescimento da produtividade varia muito de um ano para o outro, e alguns economistas acreditam que podem ser apenas alguns anos ruins e que não há muito com que se preocupar. Outros acreditam que há problemas na medição do produto e que o crescimento da produtividade pode ser subestimado. Por exemplo, como medir o real valor de um smartphone novo em relação a outro mais antigo? Seu preço pode ser mais alto, mas ele provavelmente faz muitas coisas que o modelo anterior não fazia. Outros ainda acreditam que os Estados Unidos realmente entraram em um período de menor crescimento da produtividade, que importantes ganhos com as atuais inovações de TI já foram obtidos e que o progresso deverá ser menos acelerado, ao menos por algum tempo.

> TI significa tecnologia da informação.

Razão especial de preocupação é que essa desaceleração no crescimento da produtividade está acontecendo no contexto de uma desigualdade crescente. Quando o crescimento da produtividade é alto, pode ser que quase todos se beneficiem, ainda que a desigualdade aumente. Os pobres podem se beneficiar menos que os ricos, mas eles ainda veem seu padrão de vida melhorar. Não é este o caso atualmente nos Estados Unidos. Desde 2000, os ganhos reais dos trabalhadores com ensino médio completo ou menos têm, na verdade, diminuído. Se os formuladores de política econômica

▶ Tabela 1.2 **Crescimento da produtividade do trabalho por década.**

Mudança percentual, ano a ano (média)	década de 1990	década de 2000	2010–2014
Setor privado não agrícola	2,0	2,6	1,2
Setor privado	2,1	2,6	1,2
Indústria	4,0	3,1	2,4

Fonte: Haver Analytics.

10 Macroeconomia

pretendem inverter esta tendência, devem impulsionar o crescimento da produtividade ou restringir o aumento da desigualdade, ou ambos. Estes são os dois grandes desafios que se impõem na atualidade a esses formuladores nos Estados Unidos.

1.3 A área do euro

Até alguns anos atrás, o nome oficial era Comunidade Europeia, ou CE. Ainda se pode encontrar este nome. ▶

Em 1957, seis países europeus decidiram formar um mercado comum europeu — uma área econômica em que pessoas e bens poderiam transitar livremente. Desde então, 22 outros países se juntaram ao grupo, elevando o total para 28. Esse grupo é conhecido como **União Europeia**, ou UE.

Em 1999, a UE decidiu dar um passo à frente e deu início ao processo de substituição das moedas nacionais por outra comum, denominada *euro*. Inicialmente, apenas 11 países aderiram; desde então, mais oito se juntaram. Algumas nações, em especial o Reino Unido, decidiram não aderir, ao menos naquele momento. O nome oficial para o grupo de países-membros é **área do euro**. A transição ocorreu em etapas. Em 1º de janeiro de 1999, cada um dos 11 países fixou o valor de sua moeda em relação ao euro. Por exemplo, 1 euro foi fixado em 6,56 francos franceses, 166 pesetas espanholas, e assim por diante. De 1999 a 2002, os preços foram cotados em unidades monetárias nacionais e em euros, mas o euro ainda não era usado como moeda. Isto ocorreu em 2002, quando notas e moedas em euro substituíram as moedas nacionais. Dezenove países pertencem atualmente a essa *área monetária comum*.

Essa área também tem outros nomes, como "zona do euro" ou "eurolândia". O primeiro soa muito tecnocrático, e o segundo lembra a Disneylândia. Serão evitados aqui. ▶

Como mostra a Figura 1.5, a área do euro também é uma grande potência econômica. Seu produto quase equivale ao dos Estados Unidos, e seu padrão de vida não fica atrás. (A UE como um todo tem um produto que excede o dos Estados Unidos.) Mas, como os números na Tabela 1.3 demonstram, a situação não vai muito bem por lá.

Assim como nos Estados Unidos, a fase aguda da crise, 2008 e 2009, foi caracterizada por um crescimento negativo. Enquanto os Estados Unidos se recuperaram, o crescimento na área do euro permaneceu anêmico, próximo de zero de 2010 a 2014 (na realidade, em dois desses anos houve novamente crescimento negativo). Mesmo em 2015 prevê-se um crescimento de apenas 1,5%, inferior ao dos Estados Unidos e à média antes da crise. O desemprego, que aumentou a partir de 2007, está em elevados 11,1%, quase o dobro dos Estados Unidos. A inflação é baixa, aquém da meta do Banco Central Europeu, o BCE.*

▶ Tabela 1.3 **Crescimento, desemprego e inflação na área do euro, 1990-2015.**

Percentual	1990–2007 (média)	2008–2009 (média)	2010–2014 (média)	2015
Taxa de crescimento do produto	2,1	−2,0	0,7	1,5
Taxa de desemprego	9,4	8,6	11,1	11,1
Taxa de inflação	2,1	1,5	1,0	1,1

Taxa de crescimento do produto: taxa de crescimento anual do produto (PIB). Taxa de desemprego: média ao longo do ano. Taxa de inflação: taxa anual de variação do nível de preços (deflator do PIB).

Fonte: FMI, World Economic Outlook, julho de 2015.

---

* N. do RT: o crescimento do produto da área do euro, em 2015, foi 2,4%, mas em 2016 ele caiu novamente para 1,73%, abaixo da média antes da crise.

▶ Figura 1.5 A área do euro, 2014.

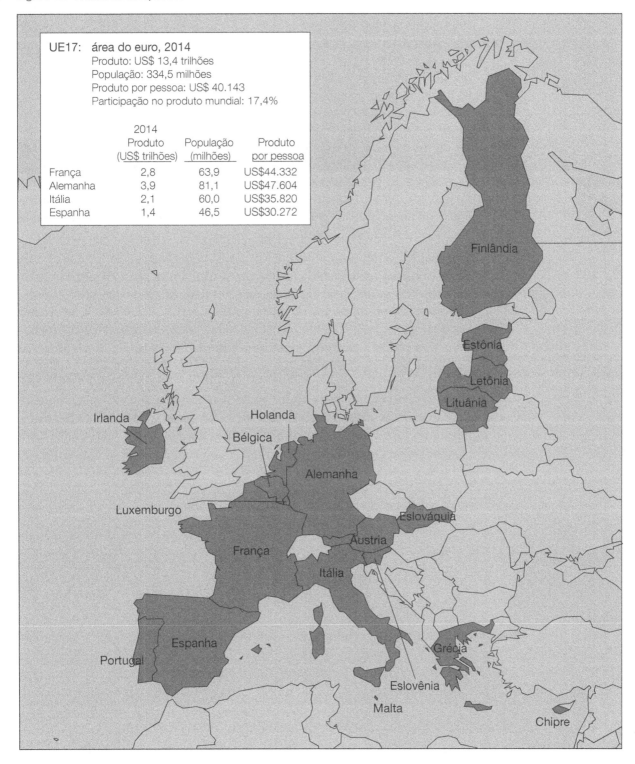

Atualmente a área do euro enfrenta duas principais questões. A primeira é como reduzir o desemprego. A segunda é saber se e como poderá funcionar eficientemente como uma **área monetária comum**. Vamos abordar cada uma delas.

Como reduzir o desemprego europeu?

A elevada taxa média de desemprego na área do euro, 11,1% em 2015, esconde muita variação entre os países da União Europeia. De um lado, Grécia e Espanha têm taxas de 25% e 23%, respectivamente. Do outro, a taxa de desemprego na Alemanha é inferior a 5%. No meio, estão países como França e Itália, com taxas de 10% e 12%, respectivamente. Assim, fica claro que a forma de reduzir o desemprego deve ser adaptada às especificidades de cada país.

Para entender a complexidade das questões, é útil analisar um país com alto nível de desemprego. A Figura 1.6 mostra a impressionante evolução da taxa de desemprego espanhola desde 1990. Após um prolongado *boom* que teve início em meados dos anos 1990, a taxa de desemprego baixou de um pico de quase 25% em 1994 para 9% em 2007. Mas, com o advento da crise, o desemprego explodiu novamente, superando os 25% em 2013. Só agora começa a declinar, mas ainda é alto. O gráfico sugere duas conclusões:

* Grande parte dos altos índices de desemprego da atualidade é resultante da crise e do súbito colapso na demanda, que discutimos na primeira seção. O *boom* imobiliário transformado em fiasco, mais um súbito aumento das taxas de juros, desencadearam o aumento do desemprego a partir de 2008. Pode-se esperar que, mais cedo ou mais tarde, a demanda vá crescer e o desemprego diminuir.

* Até onde pode baixar? Mesmo no pico do *boom*, a taxa de desemprego na Espanha era de cerca de 9%, quase o dobro daquela nos Estados Unidos de hoje. Isto sugere que há mais em jogo do que a crise e a queda na demanda. O fato de que, durante a maior parte dos últimos 20 anos, o desemprego ultrapassou os 10% indica problemas no mercado de trabalho. O desafio é, portanto, identificar exatamente quais são esses problemas, na Espanha e em outros países europeus.

▶ Figura 1.6 **Desemprego na Espanha desde 1990.**

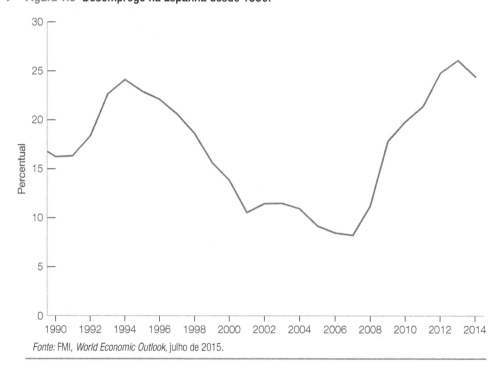

Fonte: FMI, *World Economic Outlook*, julho de 2015.

Alguns economistas acreditam que o principal problema é que os estados europeus protegem demais os trabalhadores. Para evitar que eles percam o emprego, tornam as demissões um processo oneroso para as empresas. Uma das consequências não intencionais desta política, entretanto, é impedir as empresas de contratar novos empregados para começo de conversa, o que aumenta o desemprego. Além disso, para proteger os trabalhadores que ficam desempregados, os governos europeus oferecem generosos seguros-desemprego. Com tal atitude, desmotivam uma busca rápida por um novo emprego, o que também aumenta o desemprego. A solução, segundo esses economistas, é ser menos protetor, eliminar a *rigidez do mercado de trabalho* e adotar instituições do mercado de trabalho no estilo dos Estados Unidos. Foi o que fez o Reino Unido, e sua taxa de desemprego é baixa.

Outros economistas são mais céticos e apontam para o fato de que o desemprego não é alto em toda a Europa. No entanto, a maioria dos países oferece proteção e um generoso seguro social para os trabalhadores. Isto sugere que o problema pode não ser o grau de proteção, mas a forma como esta proteção é posta em prática. O desafio, segundo esses economistas, é compreender o que os países com baixo índice de desemprego vêm fazendo certo e se o que fazem certo pode ser exportado para outras nações europeias. Encontrar respostas para essas questões é atualmente uma das principais tarefas dos macroeconomistas e formuladores de política econômica europeus.

O que o euro tem feito pelos países que o adotaram?

Aqueles que apoiam o euro destacam em primeiro lugar sua enorme importância simbólica. À luz das muitas guerras travadas no passado entre países europeus, existe melhor prova do fim permanente dos conflitos do que a adoção de uma moeda comum? Esses apoiadores também ressaltam as vantagens econômicas de uma moeda comum: as empresas europeias não precisam mais se preocupar com mudanças nas taxas de câmbio; também não será preciso trocar de moeda ao cruzar fronteiras. Além da eliminação de outros obstáculos ao comércio entre países europeus, o euro contribuirá, argumentam eles, para a criação de uma grande potência econômica mundial. Resta pouca dúvida de que a transição para o euro é um dos principais eventos econômicos do início do século XXI.

Outros receiam, porém, que o simbolismo do euro traga substanciais custos econômicos. Mesmo antes da crise, destacavam que uma moeda comum implica uma política monetária comum, e que isto significa taxas de juros iguais em todos os países do euro. E se, argumentam eles, um país mergulhar em uma recessão enquanto outro estiver em expansão econômica? O primeiro precisará de taxas de juros menores para aumentar o gasto e o produto; o segundo precisará de taxas de juros mais altas para desacelerar sua economia. Se as taxas de juros devem ser as mesmas em ambos os países, o que acontecerá? Não existe o risco de um país passar por um longo período de recessão ou de outro não conseguir desacelerar a expansão de sua economia? Uma moeda comum também significa a perda da taxa de câmbio como um instrumento de ajustamento na área do euro. E se, argumentam eles, um país tem um grande déficit comercial e precisa se tornar mais competitivo? Se não puder ajustar sua taxa de câmbio, deverá ajustar-se baixando preços em relação a seus concorrentes. É provável que esse processo seja longo e doloroso.

Até a crise do euro, o debate permaneceu um tanto abstrato. Não é mais. Como consequência da crise, vários membros da área do euro, de Irlanda e Portugal até a Grécia, passaram por profundas recessões. Se tivessem sua própria moeda, poderiam tê-la depreciado em relação a dos outros membros para aumentar a demanda por suas exportações. Visto que a compartilhavam com seus vizinhos, isto não foi possível. Assim, alguns economistas concluem que alguns países devem abandonar o euro e recuperar o controle de sua política monetária e sua taxa de câmbio. Outros argumentam que tal saída seria imprudente, porque significaria abrir mão das outras vantagens da adesão ao euro, além de ser extremamente perturbador, levando a problemas ainda mais profundos ao país que sair. Este debate tem tudo para permanecer caloroso por algum tempo ainda.

1.4 China

A China está diariamente nos noticiários e é cada vez mais vista como uma das principais potências econômicas no mundo. Esta atenção se justifica? Uma olhada nos números da Figura 1.7 sugere que talvez não. É verdade que a população chinesa é enorme, mais do que o quádruplo da dos EUA, mas seu produto, expresso em dólares multiplicando-se o número de yuans (a moeda chinesa) pela taxa de câmbio dólar-yuan, é de somente US$ 10,4 trilhões, cerca de 60% daquele dos Estados Unidos. O produto por pessoa é de cerca de US$ 7.600, aproximadamente apenas 15% do norte-americano.

Então, por que dar tanta atenção à China? Por duas razões principais. Para compreender a primeira delas, vamos voltar ao número do produto por pessoa. Na comparação desta variável de um país rico, como os Estados Unidos, com a de um país pobre, como a China, é preciso ter cuidado, porque muitos bens são mais baratos nas economias mais pobres. Por exemplo, o preço médio de uma refeição na cidade de Nova York é de US$ 20. Em Pequim, é de 25 yuans, que, à taxa de câmbio corrente, fica em torno de US$ 4. Em outras palavras, a mesma renda (expressa em dólares) permite a um consumidor comprar muito mais em Pequim do que em Nova York. Se quisermos comparar padrões de vida, precisaremos compensar essas diferenças, e as ferramentas de medição que permitem isto são denominadas indicadores PPC (*paridade do poder de compra*). Por meio deles, estima-se que o produto por pessoa na China seja cerca de US$ 12.100, aproximadamente ¼ daquele dos Estados Unidos. Isto nos dá uma ideia mais precisa do padrão de vida chinês, que é, obviamente, inferior ao norte-americano ou de outras economias ricas. Este padrão, entretanto, é mais alto do que mostram os números da Figura 1.7.

> Essa questão perde relevância quando se comparam dois países ricos. Por isso, não foi um grande problema quando comparamos anteriormente os padrões de vida nos Estados Unidos e na área do euro.

▶ **Figura 1.7** China, 2014.

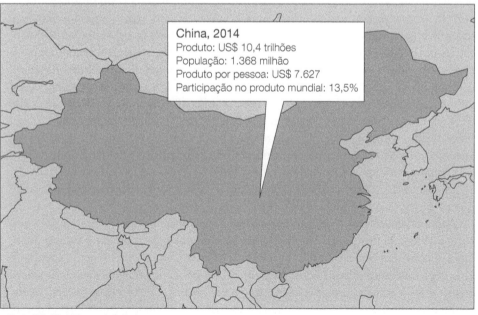

Fonte: FMI, *World Economic Outlook.*

A segunda razão, e a mais importante, é que a China vem crescendo aceleradamente por mais de três décadas, fato demonstrado na Tabela 1.4, que, assim como as anteriores para os Estados Unidos e a área do euro, traz o crescimento do produto, o desemprego e a inflação para os períodos de 1990-2007, 2008-2009, 2010-2014 e a projeção para 2015.*

A primeira linha da tabela conta a história básica. Desde 1990 (na verdade, desde 1980, se retrocedermos os dados por mais 10 anos), a China cresceu perto de 10% ao ano. Isto representa uma duplicação do produto a cada 7 anos. Se compararmos este número com o dos Estados Unidos e o da Europa vistos anteriormente, entenderemos por que o peso das economias emergentes na economia mundial, sendo a China a principal delas, aumenta tão rapidamente.

Destacamos outros dois aspectos interessantes na Tabela 1.4. O primeiro deles é o grau de dificuldade de enxergar os efeitos da crise nesses dados. O crescimento pouco diminuiu entre 2008 e 2009, enquanto o desemprego pouco aumentou. A razão disto não é que a China esteja fechada ao restante do mundo. As exportações chinesas desaceleraram durante a crise. Mas o efeito adverso sobre a demanda foi quase inteiramente contrabalançado por uma considerável expansão fiscal pelo governo chinês, particularmente com um grande aumento do investimento público. O resultado disso foi um crescimento sustentado da demanda, e, por sua vez, do produto.

O segundo aspecto é o declínio das taxas de crescimento de 10% antes da crise para menos de 9% após a crise e a previsão de 6,8% para 2015. Isto suscita questões sobre como a China manteve uma taxa de crescimento tão elevada por tanto tempo e se ela entra agora em um período de desaceleração.

Uma questão preliminar é se os números são reais. É possível que o crescimento chinês tenha sido e ainda seja superestimado? Afinal, a China ainda é um país oficialmente comunista, e os funcionários do governo podem ter incentivos para exagerar o desempenho de seu setor ou sua província. Economistas que analisaram cuidadosamente esta questão concluíram que este não parece ser o caso. As estatísticas não são tão confiáveis quanto em países mais ricos, mas não há viés importante. O crescimento do produto é realmente alto na China. De onde ele vem? De duas fontes: a primeira foi a elevada acumulação de capital. A taxa de investimento (razão investimento-produto) na China é de 48%, um número muito elevado. A título de comparação, a taxa de investimento nos Estados Unidos é de apenas 19%. Mais capital significa maior produtividade e maior produção. A segunda fonte é o rápido progresso tecnológico. Uma das estratégias seguidas pelo governo chinês tem sido incentivar empresas estrangeiras a se realocar na China e produzir lá. Como as empresas estrangeiras costumam ser muito mais produtivas do que as

▶ Tabela 1.4 **Crescimento, desemprego e inflação na China, 1990-2015.**

Percentual	1990–2007 (média)	2008–2009 (média)	2010–2014 (média)	2015
Taxa de crescimento do produto	10,2	9,4	8,6	6,8
Taxa de desemprego	3,3	4,3	4,1	4,1
Taxa de inflação	5,9	3,7	4,2	1,2

Taxa de crescimento do produto: taxa de crescimento anual do produto (PIB). Taxa de desemprego: média ao longo do ano. Taxa de inflação: taxa anual de variação do nível de preços (deflator do PIB).

Fonte: FMI, *World Economic Outlook*, julho de 2015.

---

* N. do RT: o crescimento do produto em 2015 foi de 6,9%, 0,1 ponto percentual acima da previsão.

16 Macroeconomia

chinesas, isto aumenta a produtividade e o produto. Outro aspecto da estratégia tem sido incentivar *joint ventures* entre empresas estrangeiras e chinesas. Ao levar as empresas locais a trabalhar com as de fora e aprender com elas, a produtividade das chinesas aumentou drasticamente.

Quando descrevemos desta forma, parece fácil alcançar uma alta produtividade e um alto crescimento do produto e a estratégia chinesa parece uma receita que todo país pobre poderia e deveria seguir. Na verdade, as coisas não são tão óbvias: a China é um dos muitos países que realizaram a transição do planejamento central para uma economia de mercado. A maioria deles, da Europa Central à Rússia e outras antigas repúblicas soviéticas, sofreu acentuada queda no produto na fase de transição, e muitos ainda apresentam taxa de crescimento bastante inferior à chinesa. Em diversos países, o alastramento da corrupção e a fragilidade dos direitos de propriedade fazem que as empresas se sintam desestimuladas a investir. Então, por que a China se saiu tão bem? Alguns economistas acreditam que esta situação é resultado de uma transição lenta: as primeiras reformas chinesas aconteceram em 1980, na agricultura, e, ainda hoje, muitas empresas são estatais. Outros argumentam que o fato de o partido comunista ter permanecido no poder acabou ajudando a transição econômica: um rígido controle político foi positivo na proteção dos direitos de propriedade, ao menos para empresas novas, dando-lhes incentivos para investir. Encontrar a resposta para essas perguntas — e, portanto, descobrir o que outros países pobres podem aprender com a China — pode fazer uma grande diferença não somente para a China, mas também para o resto do mundo.

> Um controle político rigoroso também permitiu que a corrupção se desenvolvesse, o que é um fator de ameaça ao investimento. A China está atualmente em meio a uma forte campanha anticorrupção.

Ao mesmo tempo, o recente abrandamento do crescimento suscita um novo conjunto de questões: de onde vem a desaceleração? O governo chinês deveria tentar manter o alto crescimento ou aceitar uma taxa menor? A maioria dos economistas e, na verdade, as próprias autoridades chinesas acreditam que um menor crescimento passou a ser desejável e que o povo chinês se beneficiará mais se a taxa de investimento baixar, permitindo que uma parte maior da produção vá para o consumo. A transição do investimento para o consumo é o principal desafio atual das autoridades chinesas.

1.5 O futuro

Nosso giro pelo mundo está concluído. Poderíamos ter visto muitas outras regiões do mundo:

- A Índia, outro país grande e pobre, com população de 1,270 milhão de pessoas, e que, como a China, está crescendo de maneira acelerada e se tornando uma potência econômica mundial.

- O Japão, cujo crescimento nos 40 anos que sucederam a Segunda Guerra Mundial foi tão impressionante que ficou conhecido como um milagre econômico, mas apresentou fraco desempenho nas duas últimas décadas. Desde a crise na bolsa de valores no início da década de 1990, o país tem vivido uma queda prolongada, com crescimento médio do produto abaixo de 1% ao ano.

- A América Latina, que conseguiu substancial redução da inflação na década de 1990 e então manteve um forte crescimento. Recentemente, porém, o crescimento desacelerou, em parte como consequência de um declínio no preço das commodities.

- A Europa Central e a Oriental, que passaram de um sistema de planejamento centralizado para outro de mercado no começo da década de 1990. Na maioria dos países dessas regiões esta mudança foi marcada por um acentuado declínio no produto no início da transição. Alguns países, como a Polônia, passaram a apresentar altas taxas de crescimento, mas outros, como a Bulgária, continuam em dificuldades.

* A África, que viveu décadas de estagnação econômica, mas onde, contrariando-se as expectativas, o crescimento tem sido elevado desde 2000, atingindo uma média de 5,5% por ano e refletindo o crescimento da maioria dos países do continente.

Mas há um limite ao que pode ser absorvido neste primeiro capítulo. Pense nas questões abordadas:

* Os grandes problemas desencadeados pela crise: o que causou a crise? Por que ela se alastrou tão rapidamente dos Estados Unidos para o resto do mundo? Em retrospectiva, o que poderia e deveria ter sido feito para evitar isso? As respostas monetárias e fiscais foram apropriadas? Por que a recuperação é tão lenta na Europa? Como a China conseguiu manter um alto crescimento durante a crise?
* As políticas monetárias e fiscais podem ser usadas para evitar recessões? O quão problemático é o limite inferior zero das taxas de juros? Quais são os prós e os contras de aderir a uma área monetária comum, como a área do euro? Que medidas poderiam ser tomadas na Europa para reduzir o nível de desemprego persistentemente elevado?
* Por que as taxas de crescimento diferem tanto entre os países, mesmo por períodos prolongados? Outros países podem copiar a China e crescer na mesma proporção? A China deveria desacelerar?

O objetivo deste livro é oferecer a você um modo de refletir sobre essas questões. À medida que examinarmos as ferramentas necessárias, mostrarei como usá-las retomando essas questões e revelando as respostas que essas ferramentas sugerem.

Palavras-chave

* Área do euro, 10
* Área monetária comum, 11
* União Europeia (UE), 10

Questões e problemas

Teste rápido

1. **Usando as informações contidas neste capítulo, diga se cada afirmação a seguir é verdadeira, falsa ou incerta. Explique sucintamente.**
   a. O crescimento do produto foi negativo tanto nos países avançados quanto naqueles emergentes e em desenvolvimento em 2009.
   b. O crescimento do produto mundial retomou seu nível anterior à recessão após 2009.
   c. Os preços das ações em todo o mundo caíram entre 2007 e 2010 e depois voltaram ao nível anterior à recessão.
   d. A taxa de desemprego no Reino Unido é bem inferior à de grande parte do restante da Europa.
   e. A taxa de crescimento aparentemente alta da China é um mito; resulta exclusivamente de estatísticas oficiais enganosas.
   f. A elevada taxa de desemprego na Europa teve início quando um grupo de importantes países europeus adotou uma moeda única.
   g. O Fed baixa as taxas de juros para evitar a recessão e as eleva para desacelerar a taxa de crescimento na economia.
   h. O produto por pessoa é diferente na área do euro, nos Estados Unidos e na China.
   i. As taxas de juros nos Estados Unidos foram iguais a zero ou próximas de zero de 2009 a 2015.

2. **Política macroeconômica na Europa**

   Cuidado com respostas simples para questões macroeconômicas complexas. Analise cada uma das afirmações a seguir e comente se há outro lado para a história.
   a. Existe uma solução simples para o problema do alto nível de desemprego europeu: reduzir a rigidez do mercado de trabalho.

18   Macroeconomia

b. O que pode haver de errado em unir as forças e criar uma moeda comum? É óbvio que a adoção do euro é vantajosa para a Europa.

Aprofundando

3. **O crescimento econômico chinês é a característica marcante do cenário econômico mundial nas duas últimas décadas.**

   a. Em 2014, o produto dos EUA foi de US$ 17,4 trilhões e o chinês atingiu US$ 10,4 trilhões. Suponhamos que, a partir de agora, a China cresça a uma taxa anual de 6,5%, ao passo que os Estados Unidos, a uma taxa anual de 2,2%. Esses são os valores de cada país para o período de 2010-2014, como indicado no texto. Usando essas suposições e uma planilha, calcule e trace um gráfico do produto dos Estados Unidos e da China pelos próximos 100 anos a partir de 2014. Quantos anos serão necessários para a China alcançar um nível total de produção igual ao dos Estados Unidos?

   b. Quando a China alcançar os Estados Unidos em produto total, a população chinesa terá o mesmo padrão de vida que a dos EUA? Explique.

   c. Outro termo para *padrão de vida é produto por pessoa*. Como a China elevou seu produto por pessoa nas últimas duas décadas? Esses métodos são aplicáveis aos Estados Unidos?

   d. Você acha que a experiência da China em elevar seu padrão de vida (produto por pessoa) é um modelo a ser seguido pelos países em desenvolvimento?

4. **A taxa de crescimento do produto por pessoa foi identificada como a principal questão enfrentada pelos Estados Unidos no momento da redação deste capítulo. Acesse o *Economic Report of the President* de 2015 e localize uma tabela intitulada "*Productivity and Related Data*" (Tabela B.16). É possível baixá-la como um arquivo do Excel.**

   a. Encontre a coluna com números que descrevem o nível de produto por hora trabalhada de todas as pessoas no setor econômico não agrícola. Esse valor é apresentado como um índice igual a 100 em 2009. Calcule o aumento percentual no produto por hora trabalhada entre 2009 e 2010. O que esse valor significa?

   b. Agora use a planilha para calcular o aumento percentual médio do produto por hora trabalhada para as décadas de 1970-1979, 1980-1989, 1990-1999, 2000-2009 e 2010-2014. Como o crescimento da produtividade na última década se compara com as outras décadas?

   c. Você pode encontrar um *Economic Report of the President* mais recente. Neste caso, atualize sua estimativa da taxa de crescimento médio do produto por hora trabalhada de modo a incluir anos posteriores a 2014. Existe alguma evidência de um aumento no crescimento da produtividade?

Explorando mais

5. **Recessões nos Estados Unidos pós-guerra**

   Esta questão examina as recessões nos últimos 40 anos. Para solucionar este problema, obtenha dados trimestrais do crescimento do produto dos EUA no período de 1960 até a data mais recente disponível em <http://www.bea.gov>. A Tabela 1.1.1 apresenta a mudança percentual no produto interno bruto (PIB) real. Esses dados podem ser baixados para uma planilha. Trace um gráfico das taxas de crescimento trimestrais do PIB de 1960:1 para as últimas observações. Algum trimestre apresentou crescimento negativo? Usando a definição de recessão como dois ou mais trimestres consecutivos de crescimento negativo, responda às seguintes questões:

   a. Quantas recessões a economia dos Estados Unidos enfrentou desde o 2º trimestre de 1960?

   b. Quantos trimestres cada recessão durou?

   c. Em termos de duração e magnitude, quais foram as duas recessões mais graves?

6. **Com base na questão 5, enumere os trimestres em que as seis recessões tradicionais tiveram início. Consulte no banco de dados do Federal Reserve Bank of St. Louis (FRED) as séries mensais da taxa de desemprego ajustada. Recupere a série de dados mensais sobre a taxa de desemprego para o período de 1969 até os últimos dados. Atente para que todas as séries de dados estejam ajustadas sazonalmente.**

   a. Examine cada recessão a partir de 1969. Qual era a taxa de desemprego no primeiro mês do primeiro trimestre de crescimento negativo? Qual era a taxa de desemprego no último mês do último trimestre de crescimento negativo? Em quanto cresceu?

   b. Qual recessão apresentou maior aumento na taxa de desemprego? Comece com o mês anterior ao trimestre em que o produto cai pela primeira vez e mensure até o nível mais alto na taxa de desemprego antes da próxima recessão.

Leitura adicional

- A melhor maneira de acompanhar os eventos e debates econômicos atuais é ler a *The Economist*, revista semanal publicada na Inglaterra. Seus artigos são atualizados, bem escritos, espirituosos e pertinazes. Não deixe de ler essa publicação com regularidade.

Apêndice

Onde encontrar os números

Suponhamos que você queira encontrar os números da inflação na Alemanha nos últimos cinco anos. Há 50 anos, a resposta seria aprender alemão, encontrar uma biblioteca com publicações alemãs e a página nas quais constam os dados da inflação, anotá-los e traçar um gráfico à mão em uma folha de papel. Hoje em dia, a melhoria na coleta de dados e o desenvolvimento de computadores e bases de dados eletrônicas, bem como o acesso à internet facilitaram muito essa tarefa. Este apêndice vai ajudar a encontrar os números que se esteja buscando, seja a inflação da Malásia no ano passado ou o consumo nos Estados Unidos em 1959, ou, ainda, o índice de desemprego na Irlanda na década de 1980. Na maioria dos casos, os dados podem ser baixados para planilhas e trabalhados posteriormente.

Para uma visão rápida dos números atuais

- A melhor fonte de números mais recentes sobre produto, desemprego, inflação, taxas de câmbio, taxas de juros e preços de ações de um grande número de países são as últimas quatro páginas da *The Economist*, publicada semanalmente (<http://www.economist.com>). O site da revista, assim como outros mencionados no livro, contém tanto informações disponíveis gratuitamente a qualquer pessoa quanto aquelas acessíveis somente por assinantes.

- Uma boa fonte de dados recentes sobre a economia dos EUA é o *National Economic Trends*, publicado mensalmente pelo Federal Reserve Bank of Saint Louis (<http://www.research.stlouisfed.org/datatrends/net/>).

Mais informações sobre a economia dos Estados Unidos

- Uma base de dados conveniente, com números que muitas vezes remontam à década de 1960, tanto para os Estados Unidos quanto para outros países, é o *Federal Reserve Economic Database* (chamado FRED), mantido pelo Federal Reserve Bank of Saint Louis. O acesso é gratuito e muitos dos dados dos Estados Unidos usados neste livro provêm desse banco de dados (<http://www.research.stlouisfed.org/fred2/>).

- Uma vez ao ano o *Economic Report of the President*, preparado pelo Council of Economic Advisers e publicado pelo U.S. Government Printing Office, em Washington, D. C., apresenta uma descrição da evolução atual da economia norte-americana, bem como dados relativos às principais variáveis macroeconômicas, com frequência remontando à década de 1950. (Contém duas partes, um relatório sobre a economia e uma série de tabelas estatísticas, que podem ser encontradas em <http://www.gpo.gov/erp/>.)

- Uma apresentação detalhada dos números mais recentes das contas nacionais pode ser encontrada na *Survey of Current Business*, publicada mensalmente pelo U.S. Department of Commerce, Bureau of Economic Analysis (<http://www.bea.gov>). Um guia do usuário para as estatísticas publicadas pelo Bureau of Economic Analysis é fornecido na *Survey of Current Business*, abril de 1996.

- A referência padrão para as contas nacionais é a *National Income and Product Accounts of the United States*. O Volume 1, 1929-1958, e o Volume 2, 1959-1994, são publicados pelo U.S. Department of Commerce, Bureau of Economic Analysis (<http://www.bea.gov>).

- Para obter dados sobre quase tudo, incluindo os econômicos, uma fonte preciosa é o *Statistical Abstract of the United States*, publicado anualmente pelo U.S. Department of Commerce, Bureau of the Census (<http://www.census.gov/library/publications/2011/compendia/statab/131ed.html>).

Dados de outros países

A **Organização para Cooperação e Desenvolvimento Econômico** (OCDE), localizada em Paris, França (<http://www.oecd.org>), congrega a maioria dos países ricos do mundo (Austrália, Áustria, Bélgica, Canadá, Chile, república Tcheca, Dinamarca, Estônia, Finlândia, França,

Alemanha, Grécia, Hungria, Islândia, Israel, Itália, Japão, Coreia, Luxemburgo, México, Holanda, Nova Zelândia, Noruega, Polônia, Portugal, Eslováquia, Eslovênia, Espanha, Suécia, Suíça, Turquia, Reino Unido e Estados Unidos). Juntos, esses países representam cerca de 70% do produto mundial. Um dos pontos fortes desses dados é que, no caso de muitas variáveis, a OCDE tenta torná-los comparáveis entre países (ou informa quando não são comparáveis). A entidade divulga três publicações úteis, todas disponíveis em seu site.

- A primeira é *OECD Economic Outlook*, uma publicação semestral. Além de apresentar questões macroeconômicas atuais e evoluções, inclui um apêndice com dados relativos a muitas variáveis macroeconômicas. De modo geral, os dados remontam à década de 1980 e são apresentados de modo consistente tanto ao longo do tempo quanto entre países.

- A segunda é *OECD Employment Outlook*, editado anualmente, que trata mais especificamente de questões e números relativos ao mercado de trabalho.

- Ocasionalmente, a OCDE reúne dados atuais e históricos e publica a série *OECD Historical Statistics*, em que vários anos são agrupados.

A principal vantagem das publicações do **Fundo Monetário Internacional** (ou FMI, localizado em Washington, D.C.) é que elas cobrem quase todos os países do mundo. O FMI conta com 187 países-membros e fornece dados de cada um deles (<http://www.imf.org>).

- Uma publicação particularmente útil é a *World Economy Outlook* (WEO), publicada duas vezes ao ano e que descreve os principais eventos econômicos no mundo e em países-membros específicos. Séries selecionadas associadas à publicação estão disponíveis no banco de dados da WEO, disponível no site do FMI (<http://www.imf.org/external/data.htm>). A maioria dos dados apresentados neste capítulo foi extraída desse banco de dados.

- Duas outras publicações úteis são o *Global Financial Stability Report* (GFSR), que enfoca os desenvolvimentos financeiros, e o *Fiscal Monitor*, que se concentra nos desenvolvimentos fiscais. As três publicações estão disponíveis no site do FMI (<http://www.imf.org/external/index.htm>).

O Banco Mundial também mantém uma grande base de dados (<http://data.worldbank.org/>), com um amplo conjunto de indicadores, de mudança climática a proteção social.

Estatísticas históricas

- Para estatísticas históricas de longo prazo relativas aos Estados Unidos, a fonte oficial é o *Historical Statistics of the United States, Colonial Times to 1970*, partes 1 e 2, publicado pelo U.S. Department of Commerce, Bureau of the Census (<https://www.census.gov/library/publications/1975/compendia/hist_stats_colonial-1970.html>).

- Para estatísticas históricas de longo prazo relativas a vários países, uma fonte de dados preciosa é o livro de Angus Maddison, *Monitoring the world economy, 1820–1992* (Development Centre Studies, OECD, Paris, 1995). Esse estudo apresenta dados que remontam a 1820 e abrangem 56 países. Duas outras perspectivas mais longas e abrangentes são dadas em *The world economy: a millenial perspective* (Development Centre Studies, OCDE, 2001) e *The world economy: historical statistics* (Development Centre Studies, OCDE, 2004), ambas de Angus Maddison.

Questões macroeconômicas atuais

A internet é uma vasta fonte de informações e comentários sobre questões macroeconômicas atuais. Além do site da *The Economist* mencionado anteriormente, o mantido por Nouriel Roubini (<http://www.roubini.com>) oferece um amplo conjunto de links para artigos e discussões sobre questões macroeconômicas (é necessário fazer assinatura). Outro site interessante é vox.eu (<http://www.voxeu.org>), no qual economistas postam blogs sobre temas e acontecimentos atuais.

Se com tudo isso você ainda não encontrar aquilo que procura, um site mantido por Bill Goffe, da State University of New York (SUNY, em <http://www.rfe.org>), disponibiliza não só muito mais fontes de dados, mas também notícias econômicas em geral, desde artigos a piadas, além de anúncios de emprego para economistas e blogs.

E, finalmente, o site chamado Gapminder (<http://www.gapminder.org/>) apresenta uma série de gráficos animados, muitos deles sobre questões relacionadas à macroeconomia.

Termos-chave

- Fundo Monetário Internacional (FMI), 20
- Organização para Cooperação e Desenvolvimento Econômico (OCDE), 19

CAPÍTULO 2

Um giro pelo livro

Termos como produto, desemprego e inflação aparecem todos os dias nos jornais e noticiários da televisão. Portanto, quando foram mencionados no Capítulo 1, você já tinha ideia do que se trata. Agora, precisamos defini-los melhor, e é o que faremos nas três primeiras seções deste capítulo.

A Seção 2.1 enfoca o produto.

A Seção 2.2 enfoca a taxa de desemprego.

A Seção 2.3 enfoca a taxa de inflação.

A Seção 2.4 apresenta duas importantes relações entre essas três variáveis: a lei de Okun e a curva de Phillips.

A Seção 2.5 apresenta os três conceitos centrais em torno dos quais este livro está organizado:
- O *curto prazo* — o que acontece na economia de um ano para o outro.
- O *médio prazo* — o que acontece na economia em aproximadamente uma década.
- O *longo prazo* — o que acontece na economia em meio século ou mais.

A partir destes três conceitos, a Seção 2.6 descreve um mapa para o restante do livro.

2.1 Produto agregado

Os economistas que estudavam a atividade econômica no século XIX ou durante a Grande Depressão não dispunham de um indicador de atividade agregada (*agregada* é a palavra que os macroeconomistas usam para se referir a um *total*) em que se basear. Tinham de compilar informações dispersas, como os carregamentos de minério de ferro ou as vendas das lojas de departamento, para tentar inferir o que estava acontecendo na economia como um todo.

Somente após o fim da Segunda Guerra Mundial as **contas de renda e produto nacional** (ou simplesmente contas nacionais) foram criadas. Indicadores de produto agregado são publicados regularmente nos Estados Unidos desde outubro de 1947 (podem ser encontradas medidas de produto agregado para períodos anteriores, mas elas foram calculadas em retrospectiva).

Como qualquer sistema contábil, as contas nacionais primeiro definem os conceitos e depois desenvolvem indicadores correspondentes a esses conceitos. Basta examinar as estatísticas de países que ainda não desenvolveram essas contas para entender como são cruciais para a precisão e a consistência. Na falta delas, números que deveriam equivaler não o fazem; tentar entender o que está acontecendo é como calcular o saldo do talão de cheques dos outros. Não é a intenção aqui detalhar a contabilidade nacional,

> Dois economistas, Simon Kuznets, da Universidade de Harvard, e Richard Stone, da Universidade de Cambridge, receberam o Prêmio Nobel por suas contribuições ao desenvolvimento das contas nacionais — uma gigantesca realização intelectual e empírica.

22 Macroeconomia

Pode-se encontrar às vezes outra expressão, **produto nacional bruto**, ou **PNB**. Existe uma diferença sutil entre "interno" e "nacional" e, portanto, entre PIB e PNB. Examinaremos essa diferença no Capítulo 18 (e também no Apêndice 1, ao final do livro). Por ora, vamos ignorá-la.

mas, como às vezes é preciso saber a definição de uma variável e como as variáveis se relacionam entre si, o Apêndice 1, ao final do livro, oferece a estrutura contábil básica utilizada atualmente nos Estados Unidos (e, com pequenas variações, na maioria dos outros países). Esse apêndice será útil sempre que se quiser examinar dados econômicos.

PIB: produção e renda

A medida do **produto agregado** nas contas nacionais é o **produto interno bruto**, ou **PIB**. Para entender como se calcula o PIB, o melhor é utilizar um exemplo simples. Consideremos uma economia composta apenas por duas empresas:

Na verdade, a produção de aço requer não apenas operários e máquinas, mas também eletricidade, minério de ferro e outros materiais. Vamos ignorar esses outros insumos para simplificar o exemplo.

- ◆ A empresa 1 produz aço empregando operários e utilizando máquinas para produzi-lo. Ela vende o aço por US$ 100 para a empresa 2, que fabrica automóveis. A empresa 1 paga um salário de US$ 80 a seus trabalhadores, e os US$ 20 restantes são seu lucro.

- ◆ A empresa 2 compra o aço e o utiliza, com trabalhadores e máquinas, para produzir automóveis. As receitas de vendas de automóveis são de US$ 200. Desse total, US$ 100 destinam-se ao pagamento do aço e US$ 70 aos trabalhadores, restando US$ 30 de lucro.

Podemos resumir todas essas informações em uma tabela:

Siderúrgica (Empresa 1)		Montadora (Empresa 2)	
Receitas de vendas	US$ 100	Receitas de vendas	US$ 200
Despesas	US$ 80	Despesas	US$ 170
Salários	US$ 80	Salários	US$ 70
		Compras de aço	US$ 100
Lucro	US$ 20	Lucro	US$ 30

Produto intermediário é um bem empregado na produção de outro. Alguns bens podem ser tanto finais como intermediários. Batatas vendidas diretamente aos consumidores são bens finais. Batatas utilizadas para produzir batatinhas fritas são bens intermediários. Você consegue pensar em outros exemplos?

Como se poderia definir produto agregado nessa economia? Seria como a soma dos valores de todos os bens produzidos nela — US$ 100 da produção de aço e US$ 200 da produção de automóveis, totalizando US$ 300? Ou apenas como o valor dos automóveis, que é igual a US$ 200?

Pensando um pouco, a resposta certa parece ser US$ 200. Por quê? Porque o aço é um **bem intermediário** utilizado na montagem de carros. Uma vez que contabilizamos a produção dos automóveis, não queremos contabilizar também a produção dos bens utilizados para fabricar esses automóveis.

Isso motiva a primeira definição de PIB:

1. **O PIB é o valor dos bens e serviços finais produzidos em uma economia em um dado período.**

A palavra importante aqui é *finais*. Queremos contabilizar apenas a produção de **bens finais**, e não de bens intermediários. Podemos examinar esse exemplo de outra maneira. Suponha que tenha havido a fusão das duas empresas e que agora a venda de aço ocorra dentro da nova empresa e não seja mais registrada. A tabela a seguir mostra a contabilidade dessa nova empresa:

Companhia siderúrgica e montadora	
Receitas de vendas	US$ 200
Despesas (salários)	US$ 150
Lucro	US$ 50

Tudo o que vemos é uma única empresa que vende automóveis por US$ 200, paga aos trabalhadores US$ 80 + US$ 70 = US$ 150 e aufere US$ 20 + US$ 30 = US$ 50 de lucro. A medida de US$ 200 permaneceria inalterada. Não queremos que nossa medida de produto agregado dependa da decisão de fusão das empresas.

Esta primeira definição apresenta uma forma de calcular o PIB: pelo registro e soma da produção de bens finais — e é este aproximadamente o modo como são coletados hoje em dia os números reais do PIB. Mas a definição também sugere uma segunda forma de pensar e calcular o PIB.

2. O PIB é a soma dos valores adicionados na economia em um dado período.

O termo **valor adicionado** significa exatamente o que sugere. O valor adicionado por uma empresa é definido como o valor de sua produção menos o valor dos bens intermediários que ela utiliza na produção.

Em nosso exemplo de duas empresas, a siderúrgica não utiliza bens intermediários. Seu valor adicionado é simplesmente igual ao valor do aço que produz, US$ 100. A montadora, entretanto, usa o aço como um bem intermediário. Portanto, o valor adicionado pela montadora é igual ao dos automóveis que produz menos o valor do aço utilizado na produção, US$ 200 – US$ 100 = US$ 100. O valor adicionado total da economia, ou PIB, é US$ 100 + US$ 100 = US$ 200. (Note que o valor adicionado agregado permaneceria o mesmo se houvesse a fusão da siderúrgica e da montadora em uma única empresa. Neste caso, não veríamos nenhum bem intermediário produzido — o aço seria produzido e utilizado na fabricação dos automóveis dentro da única empresa —, e o valor adicionado por essa empresa seria simplesmente o valor dos carros produzidos, ou seja, US$ 200.)

Essa definição nos dá uma segunda forma de pensar sobre o PIB. Juntas, as duas definições implicam que o valor dos bens e serviços finais (a primeira definição do PIB) pode também ser considerado como a soma dos valores adicionados por todas as empresas na economia (a segunda definição do PIB).

Até aqui, vimos o PIB sob a *perspectiva da produção*. Outro modo de examiná-lo é sob a *perspectiva da renda*. Voltemos a nosso exemplo e pensemos sobre a receita que sobra para uma empresa depois que ela pagou pelos seus bens intermediários. Parte da receita é destinada ao pagamento dos trabalhadores — esse componente é chamado de *renda do trabalho*. O restante vai para a empresa — esse componente é chamado de *renda do capital* ou *lucro* (a razão para se denominar renda do capital é que se pode pensar nele como uma remuneração para os detentores do capital utilizado na produção).

Dos US$ 100 de valor adicionado pela siderúrgica, US$ 80 vão para os trabalhadores (renda do trabalho) e os US$ 20 restantes para a empresa (renda do capital). Dos US$ 100 de valor adicionado pela montadora, US$ 70 vão para renda do trabalho e US$ 30 para a renda do capital. Para a economia como um todo, a renda do trabalho é igual a US$ 150 (US$ 80 + US$ 70) e a renda do capital é igual a US$ 50 (US$ 20 + US$ 30). O valor adicionado é igual à soma da renda do trabalho com a renda do capital, isto é, US$ 200 (US$ 150 + US$ 50).

> A participação do trabalho no exemplo é, portanto, de 75%. Em países avançados, esta porcentagem fica tipicamente entre 60% e 75%.

Isso leva à terceira definição do PIB.

3. O PIB é a soma das rendas na economia em um dado período.

Resumindo: pode-se pensar no produto agregado — o PIB — de três maneiras diferentes, mas equivalentes:

> Duas lições a lembrar: 1. O PIB é a medida do produto agregado, que podemos considerar sob a perspectiva da produção (produto agregado) ou sob a perspectiva da renda (renda agregada).
> 2. O produto agregado e a renda agregada são sempre iguais.

* Sob a *perspectiva da produção* — o PIB é igual ao valor dos bens e serviços finais produzidos na economia em dado período.
* Ainda sob a *perspectiva da produção* — o PIB é a soma dos valores adicionados na economia em um dado período.
* Sob a *perspectiva da renda* — o PIB é a soma das rendas na economia em um dado período.

PIB nominal e real

Em 2014, o PIB dos Estados Unidos foi de US$ 17.400 bilhões, comparado aos US$ 543 bilhões em 1960. Será que o produto no país foi 32 vezes maior em 2014 do que em 1960? Obviamente não: grande parte desse aumento refletiu uma alta nos preços, em vez de um aumento das quantidades produzidas. Isso nos leva à distinção entre PIB nominal e PIB real.

O **PIB nominal** é a soma das quantidades de bens finais multiplicada por seus preços correntes. Esta definição deixa claro que o PIB nominal aumenta ao longo do tempo por dois motivos:

◆ Primeiro, a produção da maioria dos bens aumenta ao longo do tempo.

◆ Segundo, o preço da maioria dos bens também aumenta ao longo do tempo.

Se nossa intenção é medir a produção e sua variação ao longo do tempo, precisamos eliminar o efeito do aumento de preços em nossa medição do PIB. É por isso que se calcula o **PIB real** como a soma das quantidades de bens finais multiplicada por preços *constantes* (em vez de preços *correntes*).

Se a economia produzisse apenas um tipo de bem final — por exemplo, um modelo específico de automóvel — seria fácil calcular o PIB real: usaríamos o preço do veículo em um dado ano e, então, multiplicaríamos esse valor pela quantidade de veículos produzidos a cada ano. Um exemplo nos ajudará a compreender melhor isso. Consideremos uma economia que produz somente carros — e, para evitar questões sobre as quais falaremos mais adiante, consideremos que o mesmo modelo é produzido todos os anos. Suponhamos, por exemplo, que o número de automóveis produzidos e seus preços em três anos sucessivos fossem:

> A explicação sobre por que escolhemos estes três anos específicos será dada quando analisarmos os números reais para os Estados Unidos.

O PIB nominal, que é igual à quantidade de carros vezes seu preço, sobe de US$ 200.000 em 2008 para US$ 288.000 em 2009 — um aumento de 44% — e de US$ 288.000 em 2009 para US$ 338.000 em 2010 — um aumento de 16%.

Ano	Quantidade de automóveis	Preço dos automóveis	PIB nominal	PIB real (em dólares de 2009)
2008	10	US$20.000	US$200.000	US$240.000
2009	12	US$24.000	US$288.000	US$288.000
2010	13	US$26.000	US$338.000	US$312.000

◆ Para calcular o PIB real, precisamos multiplicar o número de automóveis produzidos a cada ano por um preço *comum*. Suponhamos que utilizamos o preço do automóvel em 2009 como o preço comum. Esse enfoque resulta, na verdade, no *PIB real em dólares de 2009*.

◆ Usando esse enfoque, o PIB real de 2008 (em dólares de 2009) é igual a 10 automóveis × US$ 24.000 por automóvel = US$ 240.000. O PIB real de 2009 (em dólares de 2009) é igual a 12 veículos × US$ 24.000 por veículo = US$ 288.000, o mesmo que o PIB nominal em 2009. O PIB real em 2010 (em dólares de 2009) é igual a 13 × US$ 24.000 = US$ 312.000. Logo, o PIB real aumentou de US$ 240.000 em 2008 para US$ 288.000 em 2009 — um aumento de 20% — e de US$ 288.000 em 2009 para US$ 312.000 em 2010 — um aumento de 8%.

> Para confirmar isso, calcule o PIB real em dólares de 2010 e depois calcule a taxa de crescimento entre 2008 e 2009 e entre 2009 e 2010.

◆ Qual seria a diferença nos resultados se tivéssemos decidido calcular o PIB real usando o preço de um automóvel em, por exemplo, 2010 em vez de 2009? Obviamente, o nível do PIB real em cada ano seria diferente (porque os preços de 2010 não são os mesmos de 2009), mas sua taxa de variação ano a ano seria a mesma.

O problema do cálculo do PIB real na prática é que há, obviamente, mais de um bem final. O PIB real deve ser definido como uma média ponderada da produção de todos os bens finais, o que nos leva à questão de quais pesos atribuir para esse cálculo.

Os *preços relativos* dos bens poderiam parecer seus pesos naturais. Se um bem custa duas vezes mais por unidade que outro, esse bem deveria obviamente contar duas vezes mais do que o outro no cálculo do PIB real. Mas isto levanta a seguinte questão: e se, como frequentemente ocorre, os preços relativos mudassem ao longo do tempo? Deveríamos escolher os preços relativos em um dado ano como peso ou deveríamos mudar o peso ao longo do tempo? Uma discussão mais aprofundada dessas questões e da forma como se calcula o PIB real nos Estados Unidos foi incluída no Apêndice ao final deste capítulo. O que se deve saber neste momento é que a medida do PIB real nas contas nacionais dos Estados Unidos utiliza pesos que refletem os preços relativos que mudam ao longo do tempo. A medida é denominada **PIB real em dólares encadeados (de 2009)** — usamos 2009 porque, como em nosso exemplo anterior, este é o ano em que, por construção, o PIB real equivale ao PIB nominal. É a melhor medida do produto da economia dos Estados Unidos, e sua trajetória mostra como o produto do país cresceu ao longo do tempo.

> O ano usado para calcular preços, neste momento o de 2009, é chamado *ano-base*. O ano-base é alterado de tempos em tempos e, no momento da leitura deste livro, pode ter mudado novamente.

A Figura 2.1 traz a representação gráfica da evolução tanto do PIB real quanto do PIB nominal nos Estados Unidos desde 1960. Por construção, os dois são iguais em 2009. Como mostra a figura, o nível do PIB real de 2014 foi cerca de 5,1 vezes o nível de 1960 — um aumento considerável, porém muito menor do que o aumento de 32 vezes do PIB nominal no mesmo período. A diferença entre os dois resultados se deve ao aumento de preços no período.

> Suponhamos que o PIB real fosse medido em dólares de 2000, em vez de dólares de 2009. Onde seria a interseção no gráfico das curvas de PIB nominal e PIB real?

Ambos os termos — *PIB nominal* e *PIB real* — têm muitos sinônimos, que podem ser encontrados em suas leituras:

♦ O PIB nominal também é chamado de **PIB em dólares** ou **PIB em dólares correntes** (ou, ainda, **PIB em moeda corrente**).

♦ O PIB real também é chamado de **PIB em termos de bens**, **PIB em dólares constantes** (ou **PIB em moeda constante**), **PIB ajustado pela inflação** ou **PIB em dólares encadeados (2009)** (ou **PIB em dólares de 2009**) — se o ano em que o PIB real é igualado ao PIB nominal for 2009, como acontece nos Estados Unidos neste momento.

Nos próximos capítulos, a menos que especificado de outro modo,

♦ PIB se referirá ao *PIB real*, e Y_t representará o *PIB real no ano t*.

♦ PIB nominal e as variáveis medidas em dólares correntes serão representados por um cifrão na frente do valor — por exemplo, $\$Y_t$ representará o PIB nominal no ano *t*.

▶ **Figura 2.1 PIB nominal e real dos Estados Unidos de 1960 a 2014.**

De 1960 a 2014, o PIB nominal aumentou 32 vezes. O PIB real aumentou cerca de 5 vezes.

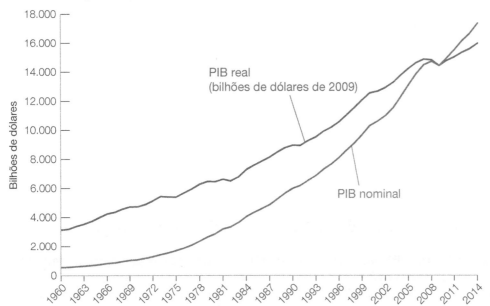

Fonte: Série GDPCA, GDPA: Federal Reserve Economic Data (FRED). Disponível em: <http://research.stlouisfed.org/fred2/>. Acesso em 16 out. 2017.

Atenção! É preciso tomar cuidado com o procedimento de comparação: lembre-se da discussão no Capítulo 1 sobre o padrão de vida na China. Você vai aprender mais sobre isso no Capítulo 10.

PIB: nível *versus* taxa de crescimento

Até aqui, nosso foco recaiu sobre o *nível* de PIB real. Trata-se de um número importante, pois reflete o tamanho da economia de um país. Um país cujo PIB é o dobro do de outro é economicamente duas vezes maior do que o outro país. Tão importante quanto é o nível do **PIB real por pessoa**, a razão entre o PIB real e a população do país, porque fornece o padrão de vida médio do país.

Ao avaliar o desempenho de uma economia de ano para ano, os economistas se concentram na taxa de crescimento do PIB real, ou seja, no **crescimento do PIB**. Períodos de crescimento positivo do PIB são chamados de **expansão**, e os de crescimento negativo, de **recessão**.

A Figura 2.2 mostra a evolução do crescimento do PIB nos Estados Unidos a partir de 1960. O crescimento do PIB no ano t é igual a $(Y_t - Y_{t-1})/Y_{t-1}$ e é expresso em porcentagem. A figura mostra como a economia do país passou por uma série de expansões, interrompidas por curtas recessões. Novamente, pode-se ver os efeitos da recente crise: crescimento zero em 2008 e um alto crescimento negativo em 2009.

▶ **Figura 2.2** Taxa de crescimento do PIB dos Estados Unidos de 1960 a 2014.

Desde 1960, a economia dos EUA passou por uma série de expansões interrompidas por curtas recessões. A recessão de 2008-2009 foi a mais grave no período de 1960 a 2014.

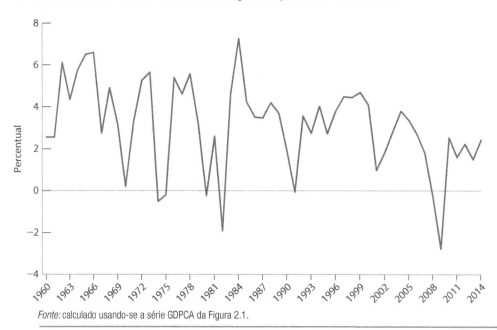

Fonte: calculado usando-se a série GDPCA da Figura 2.1.

FOCO

PIB real, progresso tecnológico e o preço dos computadores

Um problema complexo no cálculo do PIB real está em como lidar com as mudanças na qualidade de bens existentes. Um dos casos mais difíceis é o dos computadores. Seria claramente um absurdo supor que a qualidade de um computador pessoal em 2015 é a mesma de outro produzido 20 anos atrás: é evidente que a versão de 2015 pode fazer muito mais do que a de 1995. Mas, quanto mais? Como levar em conta as melhorias na velocidade interna e nos tamanhos da memória RAM e do disco rígido, sem falar na rapidez de acesso à internet, e assim por diante?

O enfoque utilizado pelos economistas para fazer ajustes tendo em vista essas melhorias é examinar o mercado de computadores e como ele avalia equipamentos com diferentes características em um dado ano. Por exemplo, suponhamos que a evidência de preços de diferentes modelos no mercado revele que os consumidores estão dispostos a pagar 10% a mais por um computador com velocidade de 4 GHz (4.000 megahertz) do que outro com 3 GHz. A primeira edição deste livro, publicada em 1996, comparou dois computadores com velocidades de 50 e 16 megahertz, respectivamente. É um bom exemplo de avanço tecnológico. (Outra indicação da complexidade do progresso tecnológico é que, nos últimos anos, o progresso não se deu tanto pelo aumento da velocidade dos processadores, mas sim pelo uso de processadores multicore. Vamos deixar este aspecto de lado aqui, mas os responsáveis pelas contas nacionais não podem fazer isso; eles têm de computar essa mudança também.) Suponhamos que todos os computadores novos neste ano tenham velocidade de 4 GHz, comparados aos 3 GHz do ano passado. Suponhamos, ainda, que o preço em dólares dos computadores novos deste ano seja igual ao dos computadores novos do ano passado. Assim sendo, os economistas encarregados do cálculo do preço ajustado dos computadores chegarão à conclusão de que os novos estão, na verdade, 10% mais baratos neste ano do que no ano passado.

Esta abordagem, que trata os bens como um conjunto de características — neste caso, velocidade, memória etc. —, cada qual com um preço implícito, é chamado de **precificação hedônica** (*hedone* significa "prazer" em grego). Esse tipo de precificação é usado pelo Departamento de Comércio dos Estados Unidos, que calcula o PIB real, para estimar as alterações nos preços de bens complexos e de mudança rápida, tais como automóveis e computadores. Com base nesse enfoque, o Departamento de Comércio estima que, para um dado preço, a qualidade dos computadores novos aumentou em média 18% ao ano desde 1995. Em outras palavras, um laptop padrão em 2015 oferece **1,18**[21] = 32 vezes os serviços computacionais que um laptop padrão oferecia em 1995. (Curiosamente, à luz da discussão do Capítulo 1 sobre a desaceleração do crescimento da produtividade nos Estados Unidos, a taxa de melhoria da qualidade diminuiu substancialmente no passado recente, para mais perto de 10%.)

Os laptops não só oferecem mais serviços como também ficaram mais baratos, pois o preço em dólares caiu cerca de 7% ao ano desde 1995. Juntando as informações deste parágrafo às do anterior, implica-se que o preço ajustado pela qualidade vem caindo a uma taxa média de **18%** + **7%** = **25%** ao ano. Em outras palavras, cada dólar gasto em um laptop compra nos dias de hoje **1,25**[21] = 108 vezes mais serviços computacionais do que um dólar gasto em um laptop em 1995.

2.2 Taxa de desemprego

Por ser um indicador da atividade agregada, o PIB é, obviamente, a principal variável macroeconômica. Duas outras — desemprego e inflação — revelam outros aspectos importantes do desempenho de uma economia. Esta seção enfoca a taxa de desemprego.

Vamos começar com duas definições. **Nível de emprego** é o número de pessoas que têm trabalho. **Nível de desemprego** é o número de pessoas que não têm trabalho, mas estão à procura de um. **Força de trabalho** é a soma dos níveis de emprego e desemprego:

$$L \quad = \quad N \quad + \quad U$$

Força de trabalho = nível de emprego + nível de desemprego

A **taxa de desemprego** é a razão entre o número de pessoas desempregadas e o número de pessoas na força de trabalho:

$$u = \frac{U}{L}$$

Taxa de desemprego = nível de desemprego/força de trabalho

O cálculo da taxa de desemprego é menos óbvio do que se imagina. Não obstante a história em quadrinhos, determinar se alguém está empregado é fácil; entretanto, determinar se alguém está desempregado é mais difícil. De acordo com a definição anterior, para ser considerada desempregada uma pessoa deve atender a duas condições: estar sem trabalho e estar procurando emprego. Esta segunda condição é mais difícil de avaliar.

Até a década de 1940 nos Estados Unidos — e até mais recentemente na maioria dos países —, o número de pessoas registradas nas agências oficiais constituía a única fonte disponível de dados sobre o desemprego, e, portanto, apenas elas eram computadas como desempregadas. Esse sistema levou a uma medida ineficiente do desemprego. O número de pessoas procurando por emprego que efetivamente se registraram nessas agências variou tanto entre os países quanto ao longo do tempo. Os que não tinham nenhum incentivo para se registrar — por exemplo, os que já haviam recebido o seguro-desemprego a que tinham direito — dificilmente perdiam tempo indo às agências oficiais e, portanto, não entravam na contagem. Países com seguro-desemprego menos generoso provavelmente possuem menos pessoas desempregadas se registrando e, portanto, uma menor taxa de desemprego medida.

> Os 60.000 domicílios são escolhidos como amostra representativa de toda a população dos EUA. Assim, a amostra fornece estimativas confiáveis sobre o que está acontecendo à população como um todo.

Hoje em dia, a maioria dos países ricos se apoia em amplas pesquisas domiciliares para calcular a taxa de desemprego. Nos Estados Unidos, essa pesquisa é chamada de **Current Population Survey (CPS)** e baseia-se em uma entrevista mensal realizada com 60.000 domicílios. A pesquisa classifica uma pessoa como empregada se estiver trabalhando no momento da entrevista, e como desempregada se não tiver trabalho mas *estiver procurando uma vaga nas últimas quatro semanas*. A maioria dos países adota uma definição semelhante de desemprego. Nos Estados Unidos, estimativas baseadas na pesquisa CPS mostram que, em julho de 2015, uma média de 148,9 milhões de pessoas estavam empregadas, ao passo que 8,3 milhões desempregadas. Portanto, a taxa de desemprego era de $8,3/(148,9 + 8,3) = 5,3\%$.

Note que apenas aqueles que estão *procurando emprego* são computados como desempregados; os que não têm trabalho e não procuram uma vaga são considerados **fora da força de trabalho**. Quando o nível de desemprego é alto, alguns desempregados desistem de procurar emprego e, por isso, não são mais contados como tal. Estas pessoas são conhecidas como **trabalhadores desalentados**. Um exemplo extremo: se todos os trabalhadores sem emprego desistissem de procurar uma vaga, a taxa de desemprego seria igual a zero e se tornaria um indicador muito ruim do que está acontecendo no mercado de trabalho. Este exemplo é demasiadamente extremo; na prática, quando há desaceleração da economia, normalmente se observam tanto um aumento do desemprego quanto um aumento do número de pessoas que deixam a força de trabalho. De modo análogo, uma taxa de desemprego mais alta geralmente está associada a uma **taxa de participação** mais baixa, definida como a razão entre a força de trabalho e a população total em idade ativa.

> Durante a crise, enquanto a taxa de desemprego nos Estados Unidos subia, a taxa de participação caía de 66% para 63%. Mas, surpreendentemente, à medida que o desemprego baixava, a taxa de participação não se recuperava. Não se sabe bem por que isso ocorreu. Uma hipótese é que a recessão foi tão profunda que alguns trabalhadores, que haviam perdido o emprego, desistiram de recuperá-lo.

A Figura 2.3 mostra a evolução do desemprego nos Estados Unidos a partir de 1960. Desde então, a taxa de desemprego nos EUA tem flutuado entre 3% e 10%, subindo durante recessões e declinando durante expansões. Novamente, pode-se ver o efeito da

▶ **Figura 2.3** **Taxa de desemprego nos EUA, 1960-2014.**

Desde 1960, a taxa de desemprego nos EUA flutuou entre 3% e 10%, declinando durante as expansões e subindo durante as recessões. O efeito da recente crise é altamente visível, com o nível de desemprego aproximando-se de 10% em 2010, o maior desde o início dos anos 1980.

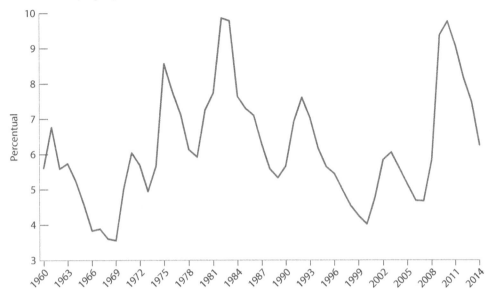

Fonte: Organization for Economic Co-operation and Development, Unemployment Rate: Aged 15-64: All Persons for the United States© [LRUN64TTUSA156N], extraído do FRED, Federal Reserve Bank of St. Louis. Disponível em:<https://research.stlouisfed.org/fred2/series/LRUN64TTUSA156N/>. Acesso em 13 de jan. de 2016.

recente crise com a taxa de desemprego atingindo um pico de 10% em 2010, a maior desde a década de 1980.

Por que os economistas se preocupam com o desemprego?

Os economistas se preocupam com o desemprego por dois motivos. O primeiro deles é por causa de seus efeitos diretos sobre o bem-estar dos desempregados. Embora o seguro-desemprego seja mais generoso hoje em dia do que durante a Grande Depressão, a perda do emprego ainda está associada com frequência a um sofrimento financeiro e psicológico. A intensidade desse sofrimento depende da natureza do desemprego. Uma imagem do desemprego é a de uma poça estagnada, com pessoas que permanecem nessa condição por longos períodos. Em tempos normais, essa imagem não reflete o que acontece nos Estados Unidos: todos os meses, muitos ficam desempregados e muitos dos que estavam desempregados conseguem recolocação. Quando a taxa de desemprego sobe, porém (atualmente está em 5,3%, portanto não está em alta), a imagem condiz mais com a realidade. Não só mais pessoas ficam desempregadas, mas também muitas delas permanecem assim por muito tempo. Por exemplo, a duração média do desemprego, que era de 16 semanas em média no período de 2000 a 2007, subiu para 40 semanas em 2011; desde então, houve uma queda, mas, no momento da produção deste livro, permanece com uma duração relativamente alta de 30 semanas. Em resumo, quando o desemprego aumenta, ele se torna tanto mais disseminado quanto mais doloroso para aqueles que estão desempregados.

O segundo motivo pelo qual os economistas se preocupam com a taxa de desemprego é que ela sinaliza que a economia pode não estar usando alguns de seus recursos. Quando o nível de desemprego é elevado, muitas pessoas que querem trabalhar não encontram ocupação; a economia não está usando de forma eficiente seus recursos humanos. E quando é baixo? Isso também pode representar um problema? Sim. Assim como um motor funcionando a uma velocidade muito alta, uma economia com desemprego muito baixo pode estar sobreutilizando seus recursos humanos e vir a experimentar escassez de mão de

◀ É provavelmente por causa desse tipo de declaração que a economia é conhecida como "ciência lúgubre".

obra. O que se pode considerar "muito baixo"? É uma pergunta difícil de responder, que retomaremos mais adiante no livro. Essa questão surgiu em 2000, nos Estados Unidos. No final daquele ano, alguns economistas se preocupavam porque a taxa de desemprego, de 4% na época, estava na realidade extremamente baixa. Portanto, embora não defendessem que se provocasse uma recessão, eram a favor de um crescimento do produto menor (mas positivo) durante algum tempo para permitir um aumento da taxa de desemprego. No final das contas, conseguiram mais do que queriam: uma recessão, em vez de uma desaceleração.

FOCO

Desemprego e felicidade

O desemprego é muito doloroso? Para responder à pergunta é preciso conhecer cada indivíduo em particular e como sua felicidade varia à medida que ficam desempregados. Essa informação está disponível na pesquisa German Socioeconomic Panel, que monitorou cerca de 11.000 famílias ano a ano desde 1984, fazendo a cada membro uma série de perguntas sobre seus status de emprego, renda e felicidade. A pergunta específica sobre felicidade foi: "Qual é seu nível de satisfação atual com sua vida como um todo?", com a resposta classificada de 0 (completamente insatisfeito) a 10 (completamente satisfeito).

O efeito do desemprego sobre a felicidade (tal qual definida por essa pesquisa) é mostrado na Figura 1, que traça a média da satisfação com a vida daqueles indivíduos que ficaram desempregados por um ano e empregados nos quatro anos anteriores e nos quatro posteriores. O ano 0 é o do desemprego. Os anos −1 a −4 são os que antecedem o desemprego, ao passo que os de 1 a 4 os que vêm a seguir.

A figura sugere três conclusões. A primeira e principal delas é a de que, realmente, o fato de ficar desempregado leva a uma diminuição significativa da felicidade. Para termos uma noção de escala, outros estudos sugerem que essa redução está próxima daquela desencadeada por um divórcio ou uma separação. A segunda é que a felicidade diminui antes do efetivo período de desemprego. Isso sugere que ou os trabalhadores sabem que estão prestes a perder o emprego ou gostam cada vez menos do que fazem. A terceira é que a felicidade não é totalmente recuperada mesmo quatro anos após o período de desemprego. Isso sugere que a perda do emprego pode causar algum dano permanente, seja pela experiência em si, seja porque o novo emprego não é tão satisfatório quanto o antigo.

Ao pensar em como lidar com o desemprego, é essencial compreender os canais pelos quais essa situação afeta a felicidade. Uma descoberta importante a esse respeito é a de que o comprometimento da felicidade não depende tanto assim da generosidade do seguro-desemprego. Em outras palavras, o desemprego afeta a felicidade não só pelos canais financeiros, mas também pelos psicológicos. Citando George Akerlof, ganhador do Prêmio Nobel, "uma pessoa sem emprego não perde apenas sua renda, mas com frequência a sensação de que está cumprindo os deveres esperados dela como ser humano."

◄ O conteúdo deste quadro, e em particular da figura, foi extraído em parte de "Unemployment and happiness", por Rainer Winkelmann, *IZA World of Labor*, 94, p. 1-9, 2014.

▶ Figura 1 Efeitos do desemprego na felicidade.

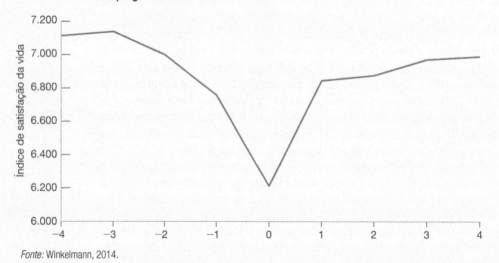

Fonte: Winkelmann, 2014.

2.3 Taxa de inflação

A **inflação** é uma elevação sustentada do nível geral de preços da economia — conhecido como **nível de preços**. A **taxa de inflação** é a taxa em que o nível de preços aumenta. (Simetricamente, **deflação** é uma queda sustentada do nível de preços e corresponde a uma taxa de inflação negativa.)

A questão prática é como definir o nível de preços. Os macroeconomistas geralmente examinam duas medidas do nível de preços, ou seja, dois *índices de preços*: o deflator do PIB e o índice de preços ao consumidor.

> A deflação é rara, mas acontece. Os Estados Unidos passaram por deflação sustentada na década de 1930, durante a Grande Depressão (ver quadro Foco no Capítulo 9). O Japão teve deflação, de tempos em tempos, desde o final dos anos 1990. Mais recentemente, a área do euro teve períodos curtos de deflação.

Deflator do PIB

Vimos anteriormente como aumentos no PIB nominal podem resultar tanto de um aumento no PIB real quanto de um aumento nos preços. Posto de outra forma, se o PIB nominal aumenta mais rapidamente que o PIB real, a diferença resulta de um aumento nos preços.

Isso nos leva à definição do **deflator do PIB**, que, no ano t, é definido como a razão entre o PIB nominal e o PIB real no ano t, P_t:

$$P_t = \frac{\text{PIB nominal}_t}{\text{PIB real}_t} = \frac{\$ Y_t}{Y_t}$$

Note que, no ano em que, por definição, o PIB real é igual ao PIB nominal (2009, nos Estados Unidos), o nível de preços é igual a 1. Trata-se de um aspecto que vale a pena enfatizar: o deflator do PIB é o que se chama de **número índice**. Seu nível é escolhido arbitrariamente — aqui é igual a 1 em 2009 — e não tem nenhuma interpretação econômica. Mas sua taxa de variação $(P_t - P_{t-1})/P_{t-1}$ (que denotaremos como π_t ao longo do livro) possui uma interpretação econômica clara: ela fornece a taxa pela qual o nível geral de preços aumenta ao longo do tempo — a taxa de inflação.

> Os números índice costumam ser definidos como iguais a 100 (no ano-base) em vez de 1. Ao analisarmos o Economic Report of the President (ver Capítulo 1), veremos que o deflator do PIB relatado na Tabela B3 é igual a 100 em 2009 (o ano-base), 102,5 em 2010 e assim por diante.

Uma vantagem da definição do nível de preços em termos do deflator do PIB está no fato de ela implicar uma relação simples entre *PIB nominal*, *PIB real* e *deflator do PIB*. Para verificar isso, reorganize a equação anterior para obter:

$$\$ Y_t = P_t Y_t$$

O PIB nominal é igual ao deflator do PIB multiplicado pelo PIB real. Ou, colocando a expressão em termos de taxas de variação, a taxa de crescimento do PIB nominal é igual à taxa de inflação somada à taxa de crescimento do PIB real.

> Calcule o deflator do PIB e a taxa associada de inflação no período de 2008 a 2009 e de 2009 a 2010 em nosso exemplo do carro na Seção 2.1, em que o PIB real é calculado usando-se o preço dos veículos em 2009 como o preço comum.

> Para uma atualização sobre como passar de níveis para taxas de variação, ver Apêndice 2, Proposição 7.

Índice de preços ao consumidor

O deflator do PIB fornece o preço médio do produto — os bens finais *produzidos* na economia. Entretanto, os consumidores se preocupam com o preço médio do consumo — os bens que eles *consomem*. Esses dois preços não precisam ser iguais: o conjunto de bens produzidos na economia não é igual ao conjunto de bens adquiridos pelos consumidores por dois motivos:

- Alguns dos bens no PIB são vendidos não para consumidores, mas para empresas (máquinas-ferramenta, por exemplo), governo ou mercado externo.
- Alguns dos bens comprados pelos consumidores não são produzidos domesticamente, mas importados.

Para medir o preço médio do consumo ou, de modo equivalente, o **custo de vida**, os macroeconomistas examinam outro índice, o **índice de preços ao consumidor, ou IPC**. Nos Estados Unidos, o IPC, conhecido como CPI, existe desde 1917 e é

> Não confunda IPC com IPP, *índice de preços ao produtor*, que é um índice de preços de bens produzidos nacionalmente na indústria de transformação, na mineração, na agricultura, na pesca, na silvicultura e no setor elétrico.

publicado mensalmente (ao passo que os números do PIB e do deflator do PIB são calculados e divulgados apenas trimestralmente).

O IPC fornece o custo em moeda corrente de uma lista específica de bens e serviços ao longo do tempo. A lista, baseada em um estudo detalhado dos gastos do consumidor, procura representar a cesta de consumo de um consumidor urbano típico e é atualizada, nos Estados Unidos, a cada dois anos.

Todo mês, funcionários do Bureau of Labor Statistics (BLS) visitam lojas para constatar o que ocorreu com os preços dos bens constantes da lista. A coleta é feita para 211 itens em 38 cidades, e esses preços são então utilizados para calcular o índice.

A exemplo do deflator do PIB (o nível de preços associado ao produto agregado, PIB), o IPC é um índice. Fixado em 100 no período escolhido como período-base, seu nível não tem nenhum significado especial. Nos Estados Unidos, o período-base atual é 1982–1984; portanto, a média desse período é igual a 100. Em 2014, o IPC foi 236,7; desse modo, ficou mais de duas vezes mais caro, em dólares, adquirir a mesma cesta de consumo em relação a 1982–1984.

> Não pergunte por que se escolheu um período de base tão estranho. Ninguém parece se lembrar.

Você pode se perguntar o que muda na taxa de inflação dependendo do uso do deflator do PIB ou do IPC para seu cálculo. A resposta está na Figura 2.4, cujo gráfico compara as duas taxas de inflação nos Estados Unidos desde 1960. O gráfico leva a duas conclusões:

- O IPC e o deflator do PIB caminham juntos na maior parte do tempo. Na maioria dos anos, as duas taxas de inflação diferem em menos de 1%.
- Entretanto, existem exceções evidentes relacionadas à primeira conclusão. Em 1979 e 1980, o aumento do IPC foi significativamente maior do que o aumento do deflator do PIB. Não é difícil descobrir o motivo. Lembre-se de que o deflator do PIB é o preço dos bens *produzidos* nos EUA, ao passo que o IPC é o preço dos bens *consumidos* no país. Isso significa que, quando o preço dos bens importados aumenta em relação aos preços dos bens produzidos nos Estados Unidos, o IPC aumenta mais rapidamente do que o deflator do PIB.

▶ **Figura 2.4** Taxa de inflação usando IPC e deflator do PIB, 1960-2014.

As taxas de inflação, calculadas com IPC ou deflator do PIB, são em grande parte similares.

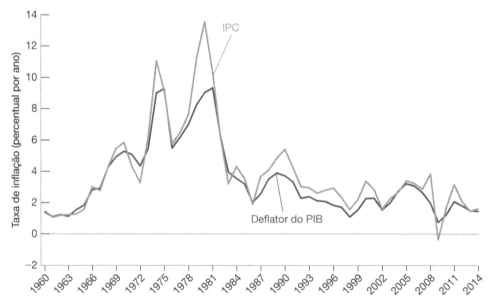

Fonte: Calculado com a série USAGDPDEFAISMEI, CPALTT01USA659N Federal Reserve Economic Data (FRED). Disponível em: <http://research.stlouisfed.org/fred2/>. Acesso em 23 maio 2017.

Foi exatamente isso que ocorreu em 1979 e 1980. O preço do petróleo dobrou e, embora os Estados Unidos sejam produtores de petróleo, o país produz muito menos do que consome. Ele era e continua sendo um grande importador de petróleo. O resultado foi um grande aumento no IPC comparado ao deflator do PIB.

Nas seções a seguir, vamos supor que os dois índices se movem juntos e, portanto, não precisaremos fazer distinção entre eles. Mencionaremos apenas o *nível de preço*s, representado por P_t, sem indicar se estamos nos referindo ao IPC ou ao deflator do PIB.

Por que os economistas se preocupam com a inflação?

Se uma taxa de inflação mais elevada significasse apenas um aumento mais rápido, porém proporcional, de todos os preços e salários — um caso conhecido como *inflação pura* —, a inflação não passaria de um pequeno inconveniente, pois os preços relativos não seriam afetados.

Tome, por exemplo, o *salário real* dos trabalhadores — o salário medido em termos de bens, em vez de moeda. Em uma economia com 10% de inflação, os preços aumentariam 10% ao ano, e os salários também. Portanto, os salários reais não seriam afetados pela inflação. A inflação não seria de todo irrelevante; as pessoas ainda precisariam acompanhar o aumento dos preços e dos salários para tomar suas decisões. Mas isso seria um ônus pequeno, não justificaria tornar o controle da taxa de inflação um dos principais objetivos da política macroeconômica.

Por que, então, os economistas se preocupam com a inflação? Exatamente porque não existe algo como inflação pura:

- Em períodos de inflação, nem todos os preços e salários sobem proporcionalmente. Em consequência, a inflação afeta a distribuição de renda. Por exemplo, em muitos países os aposentados recebem pensões que não acompanham os aumentos de preços e salários. Logo, eles perdem em relação a outros grupos quando a inflação está alta. Esse não é o caso dos Estados Unidos, porque os benefícios da previdência social são reajustados automaticamente com base no IPC, protegendo os aposentados da inflação. No entanto, durante o período de inflação muito elevada ocorrido na Rússia na década de 1990, as aposentadorias não acompanharam a inflação e muitos pensionistas quase morreram de fome.

- A inflação provoca outras distorções. Variações nos preços relativos também levam a uma maior incerteza, dificultando a tomada de decisões pelas empresas com relação ao futuro — incluindo novos investimentos. Alguns preços, fixados por lei ou por regulamentação, ficam defasados em relação a outros, resultando em mudanças nos preços relativos. A tributação interage com a inflação para criar mais distorções. Se as faixas salariais da tabela do imposto de renda não são corrigidas pela inflação, por exemplo, as pessoas passam para faixas salariais cada vez mais elevadas à medida que sua renda nominal aumenta, mesmo que sua renda real permaneça a mesma.

Se a inflação é algo tão ruim, isso implica que a deflação (inflação negativa) é boa?

A resposta é não. Em primeiro lugar, uma deflação alta (uma taxa alta de inflação negativa) cria muitos dos mesmos problemas que a inflação alta — de distorções a aumento da incerteza. O outro motivo, como veremos mais adiante, está no fato de que até mesmo uma taxa de deflação baixa limita a capacidade de uma política monetária afetar o produto. Portanto, qual é a "melhor" taxa de inflação? A maioria dos macroeconomistas acredita que seja uma taxa de inflação baixa e estável, algo entre 1% e 4%.

Você pode se perguntar por que o efeito da redução de 50% no preço do petróleo na segunda metade de 2014 não aparece de modo análogo com um declínio maior do IPC em relação ao do deflator do PIB. O motivo é que, embora a inflação do IPC tenha sido negativa durante o segundo semestre de 2014, isso foi compensado pela inflação positiva no primeiro semestre do ano, por isso não aparece em dados anuais.

Isso é conhecido como *bracket creep* (arrastamento das faixas de tributação). Nos Estados Unidos, as faixas de imposto são ajustadas automaticamente pela inflação: se ela for de 5%, todas as faixas também aumentarão em 5% – em outras palavras, não há *bracket creep*. Em contraste, na Itália, onde a inflação foi de 17% ao ano no segundo semestre da década de 1970, o *bracket creep* levou a um aumento de quase 9 pontos percentuais na taxa de tributação de renda.

Os jornais às vezes confundem deflação e recessão. Elas podem acontecer juntas, mas não são a mesma coisa. A deflação é uma redução no nível de preço. A recessão é uma redução no produto real.

Examinaremos os prós e os contras de diferentes taxas de inflação no Capítulo 23.

2.4 Produto, desemprego e taxa de inflação: lei de Okun e curva de Phillips

Examinamos separadamente as três principais dimensões da atividade econômica agregada: o crescimento do produto, a taxa de desemprego e a taxa de inflação. Claramente não são independentes, e grande parte deste livro será dedicada a analisar as relações entre eles em detalhes. Mas será útil fazer uma primeira análise agora.

Lei de Okun

> Arthur Okun foi conselheiro do presidente John F. Kennedy na década de 1960. A lei de Okun não é, evidentemente, uma lei, mas uma regularidade empírica.

A intuição sugere que, se o crescimento do produto for elevado, o desemprego será reduzido, o que é realmente verdadeiro. Essa relação foi examinada pela primeira vez pelo economista estadunidense Arthur Okun, por isso ficou conhecida como a **lei de Okun**. A Figura 2.5 representa a variação da taxa de desemprego no eixo vertical contra a taxa de crescimento do produto no eixo horizontal para os Estados Unidos desde 1960. Também traça a linha que melhor se ajusta à nuvem de pontos na figura. Uma análise da figura e da linha sugere duas conclusões:

> Esse gráfico, que representa uma variável em relação a outra, é chamado de *gráfico de dispersão*. A linha é denominada *linha de regressão*. Para mais informações sobre regressões, ver Apêndice 3.

- A linha é inclinada para baixo e se ajusta bem à nuvem de pontos. Em termos econômicos, há uma estreita relação entre as duas variáveis: maior crescimento do produto leva a uma diminuição do desemprego. A inclinação da linha é −0,4. Isso implica que, em média, um aumento de 1% na taxa de crescimento reduz a de desemprego em cerca de −0,4%. É por isso que o desemprego aumenta nas recessões e diminui nas expansões. Essa relação tem uma implicação simples, porém importante: a chave para reduzir o desemprego é uma taxa de crescimento suficientemente elevada.

- Essa linha atravessa o eixo horizontal no ponto em que o crescimento do produto é aproximadamente igual a 3%. Em termos econômicos, é necessária uma taxa de crescimento de cerca de 3% para manter o desemprego constante. Isso ocorre por duas razões. A primeira é que a população, e assim a força de trabalho,

▶ **Figura 2.5** Variações na taxa de desemprego *versus* crescimento nos Estados Unidos, 1960-2014.

Um crescimento do produto mais elevado do que o usual está associado a uma redução da taxa de desemprego; um crescimento do produto inferior ao usual está associado a uma elevação na taxa de desemprego.

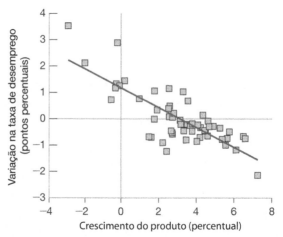

Fonte: Série GDPCA, GDPA: Federal Reserve Economic Data (FRED). Disponível em: <http://research.stlouisfed.org/fred2/>. Acesso em 12 jun. 2016.

aumenta ao longo do tempo, de modo que o emprego deve crescer ao longo do tempo apenas para manter constante a taxa de desemprego. A segunda é que o produto por trabalhador também se eleva com o tempo, o que implica que o crescimento do produto é superior ao crescimento do emprego. Suponhamos, por exemplo, que a força de trabalho cresça a 1% e que o produto por trabalhador cresça a 2%. Então, o crescimento do produto deve ser igual a 3% (1% + 2%) apenas para manter constante a taxa de desemprego.

> Nos últimos anos, a taxa de crescimento que mantém a taxa de desemprego constante tem sido menor, em torno de 2,5%. Isso reflete novamente a diminuição do crescimento da produtividade (taxa de crescimento do produto por trabalhador), discutida no Capítulo 1.

A curva de Phillips

A lei de Okun implica que, com um crescimento suficientemente forte, pode-se reduzir o desemprego a níveis muito baixos. Mas a intuição sugere que, quando o desemprego baixa muito, a economia tende a superaquecer, provocando uma pressão ascendente sobre a inflação. Em grande medida, isso é verdade. Essa relação foi explorada pela primeira vez em 1958 pelo economista da Nova Zelândia, A. W. Phillips e tornou-se conhecida como a **curva de Phillips**, que traça a taxa de inflação contra a de desemprego. Desde então, a curva de Phillips foi redefinida como uma relação entre *a variação da taxa de inflação* e a taxa de desemprego. A Figura 2.6 representa a variação da taxa de inflação (medida usando-se o IPC) no eixo vertical contra a taxa de desemprego no eixo horizontal, juntamente com a linha que se ajusta melhor à nuvem de pontos para os Estados Unidos desde 1960. A análise da figura sugere novamente duas conclusões:

> Provavelmente deveria ser conhecida como a relação de Phillips, mas é tarde demais para mudar isso.

♦ A linha é inclinada para baixo, embora o ajuste não seja tão bom quanto no caso da lei de Okun: o desemprego mais elevado leva, em média, a uma diminuição da inflação; menor desemprego leva a um aumento da inflação. Mas isso só é verdade na média. Às vezes, uma alta taxa de desemprego está associada a uma elevação da inflação.

♦ A linha atravessa o eixo horizontal no ponto em que a taxa de desemprego é de aproximadamente 6%. Quando o desemprego fica abaixo dos 6%, a inflação

> Como veremos mais adiante no Capítulo 8, a relação da curva de Phillips evoluiu ao longo do tempo de formas que não podem ser apreendidas na Figura 2.6. Isso explica por que o ajuste não é tão bom quanto, digamos, para a lei de Okun.

▶ **Figura 2.6** **Variações na taxa de inflação *versus* a taxa de desemprego nos Estados Unidos, 1960-2014.**

Uma baixa taxa de desemprego leva a uma alta na taxa de inflação; uma alta taxa de desemprego leva a uma baixa na taxa de inflação.

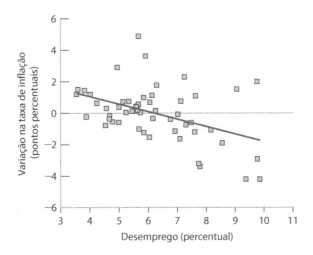

Fonte: Série GDPCA, GDPA: Federal Reserve Economic Data (FRED). Disponível em: <http://research.stlouisfed.org/fred2/>. Acesso em: 12 jun. 2016.

tem aumentado, sugerindo que a economia estava superaquecendo, operando acima de seu potencial. Quando o desemprego fica acima de 6%, a inflação tem diminuído, sugerindo que a economia operava abaixo do potencial. Mas, também aqui, a relação não é suficientemente firme para que a taxa de desemprego em que a economia sofre superaquecimento seja fixada precisamente. Isso explica por que alguns economistas acreditam que devemos tentar manter uma taxa de desemprego menor, digamos 4% ou 5%, e outros acreditam que isso pode ser arriscado, levando a superaquecimento e inflação em alta.

Claramente, uma economia bem-sucedida é aquela que combina alto crescimento do produto, baixo desemprego e baixa inflação. Todos esses objetivos podem ser atingidos simultaneamente? Um desemprego baixo é compatível com uma inflação baixa e estável? Os formuladores de políticas têm as ferramentas para sustentar o crescimento e atingir baixo desemprego enquanto a inflação se mantém baixa? São questões que abordaremos ao longo do livro. As duas próximas seções apresentam o roteiro.

2.5 Curto prazo, médio prazo e longo prazo

O que determina o nível do produto agregado em uma economia? Pense nestas respostas:

- A leitura dos jornais sugere uma primeira resposta: as variações no produto originam-se das variações na demanda por bens. Você provavelmente já leu notícias que começam assim: "A produção e as vendas de automóveis foram maiores no mês passado em função da maior confiança do consumidor, que levou um número recorde de pessoas às concessionárias". Notícias como esta destacam o papel desempenhado pela demanda na determinação do produto agregado; apontam para fatores que afetam a demanda, que vão da confiança do consumidor às taxas de juros.

- Mas, sem dúvida, mesmo se todos os consumidores indianos corressem às concessionárias indianas, ainda assim não conseguiriam fazer que o produto da Índia crescesse e alcançasse o dos Estados Unidos. Essa observação sugere uma segunda resposta: o que importa para o produto agregado é o lado da oferta — o quanto a economia pode produzir. Isso depende do grau de avanço da tecnologia do país, de quanto capital está sendo usado e do tamanho e da qualificação de sua força de trabalho. Esses fatores — e não a confiança do consumidor — são os determinantes fundamentais do nível de produto de um país.

- O argumento anterior nos permite ir um passo além: nem a tecnologia, nem o capital, nem a qualificação são dadas. A sofisticação tecnológica de um país depende de sua capacidade de inovar e introduzir novas tecnologias. O tamanho de seu estoque de capital depende do quanto as pessoas poupam. A qualificação dos trabalhadores depende da qualidade do sistema de ensino do país. Outros fatores também são importantes: se se quiser que as empresas operem de maneira eficiente, por exemplo, elas precisarão de um sistema de leis claro que regulamente sua operação e de um governo honesto, para que essas leis sejam cumpridas. Isso sugere uma terceira resposta: os verdadeiros determinantes do produto são fatores como o sistema educacional de um país, a taxa de poupança e a qualidade do governo. Se quisermos entender o que determina o nível do produto, deveremos examinar esses fatores.

A essa altura você deve estar pensando: qual das três respostas está correta? Todas as três. Mas cada uma se aplica a um prazo diferente:

- No **curto prazo** — alguns poucos anos — a primeira resposta é a correta. Variações ano a ano no produto decorrem principalmente de movimentos na demanda. Mudanças na demanda — talvez provocadas por mudanças na confiança do consumidor ou por outros fatores — podem levar a uma diminuição no produto (uma recessão) ou a um aumento no produto (uma expansão).
- No **médio prazo** — digamos, uma década — a segunda resposta é a correta. Ao longo do médio prazo, a economia tende a voltar ao nível de produto determinado por fatores de oferta: o estoque de capital, o nível de tecnologia e o tamanho da força de trabalho. Ao longo de uma década, esses fatores variam em um ritmo lento o suficiente a ponto de podermos tomá-los como dados.
- No **longo prazo** — digamos, algumas décadas ou mais — a terceira resposta é a correta. Para entender por que a China conseguiu alcançar uma taxa de crescimento tão alta desde 1980, precisamos explicar por que o capital e o nível de tecnologia chineses cresceram tão rápido. Para isso, examinamos fatores como sistema educacional, taxa de poupança e o papel do governo.

Essa maneira de pensar sobre os determinantes do produto é a base da macroeconomia e da organização deste livro.

2.6 Um giro pelo livro

O livro está organizado em três partes: fundamentos, duas extensões e, por fim, uma visão abrangente do papel da política macroeconômica. A Figura 2.7 mostra esta organização. Vamos descrevê-la com mais detalhes.

Fundamentos

Os fundamentos estão divididos em três partes: curto, médio e longo prazos.

- Os capítulos 3 a 6 examinam como o produto é determinado no curto prazo. Para enfocar o papel da demanda, presumimos que as empresas estão dispostas

▶ Figura 2.7 **A organização do livro.**

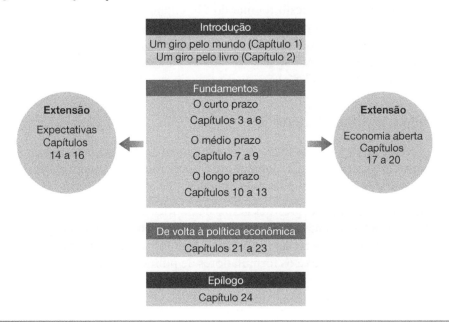

a ofertar qualquer quantidade a um dado preço. Em outras palavras, ignoramos as restrições à oferta. O Capítulo 3 examina como a demanda por bens determina o produto. O Capítulo 4 apresenta como a política monetária determina a taxa de juros. O Capítulo 5 reúne esses dois mercados, permitindo que a demanda dependa da taxa de juros e, então, mostrando o papel das políticas monetária e fiscal na determinação do produto. O Capítulo 6 amplia o modelo introduzindo um sistema financeiro mais rico e usando-o para explicar o que aconteceu durante a crise recente.

◆ Os capítulos 7 a 9 desenvolvem o lado da oferta e examinam a determinação do produto no médio prazo. O Capítulo 7 apresenta o mercado de trabalho e o Capítulo 8 deriva a relação entre inflação e desemprego. O Capítulo 9 reúne todas as partes e mostra a determinação de produto, desemprego e inflação tanto no curto quanto no médio prazo.

◆ Os capítulos 10 a 13 concentram-se no longo prazo. O Capítulo 10 apresenta os fatos relevantes, examinando o crescimento do produto tanto entre países quanto por longos períodos. Os capítulos 11 e 12 discutem como a acumulação de capital e o progresso tecnológico determinam o crescimento. O Capítulo 13 dedica-se à interação entre progresso tecnológico, salários, desemprego e desigualdade.

Extensões

Os capítulos relativos aos fundamentos apresentam uma forma de pensar sobre a determinação do produto (e do desemprego e da inflação) no curto, médio e longo prazos. Entretanto, não incluem vários elementos, explorados em duas extensões.

◆ As expectativas desempenham um papel essencial na macroeconomia. Praticamente todas as decisões econômicas tomadas por pessoas e empresas dependem de suas expectativas quanto a rendimentos futuros, lucros futuros, taxas de juros futuras, e assim por diante. As políticas fiscal e monetária afetam a atividade econômica não só por meio de seus efeitos diretos, mas também por seus efeitos sobre as expectativas de pessoas e empresas. Os capítulos 14 a 16 apresentam uma abordagem mais detalhada e extraem as implicações para as políticas fiscal e monetária.

◆ Os capítulos sobre fundamentos tratam a economia como *fechada*, ignorando suas interações com o resto do mundo. No entanto, as economias estão cada vez mais *abertas*, comercializando bens e serviços ou ativos financeiros entre si. Como resultado, os países estão mais e mais interdependentes. A natureza dessa interdependência e suas implicações para as políticas fiscal e monetária são os tópicos dos capítulos 17 a 20.

De volta à política econômica

Praticamente todos os capítulos do livro discutem as políticas monetária e fiscal. Mas, uma vez abordados os fundamentos e as extensões, vale a pena voltar, juntar as peças e avaliar o papel da política econômica:

◆ O Capítulo 21 trata de questões gerais de política econômica — se os macroeconomistas realmente sabem o suficiente sobre como a economia funciona para aplicar políticas econômicas como uma ferramenta de estabilização, e se é possível confiar que os formuladores de política econômica fazem o que é certo.

◆ Os capítulos 22 e 23 avaliam o papel das políticas monetária e fiscal.

Epílogo

A macroeconomia não é um conjunto fixo de conhecimentos; ela evolui ao longo do tempo. O Capítulo 24 examina a história recente da macroeconomia e como os macroeconomistas passaram a acreditar naquilo em que acreditam atualmente. Vista de fora, a macroeconomia passa a ideia de uma área dividida em escolas — keynesianos, monetaristas, novos clássicos, economistas do lado da oferta (*"supply-siders"*, em inglês) e assim por diante — bradando argumentos umas contra as outras. O processo efetivo de pesquisa é mais ordenado e produtivo do que essa imagem sugere. Identificamos o que consideramos as principais diferenças entre os macroeconomistas, o conjunto de proposições que definem os fundamentos da macroeconomia atual e os desafios impostos pela crise aos macroeconomistas.

Resumo

- Podemos pensar no PIB, a medida do produto agregado, de três maneiras equivalentes: (1) o PIB é o valor dos bens e serviços finais produzidos na economia em um dado período; (2) o PIB é a soma dos valores adicionados na economia em um dado período; (3) o PIB é a soma das rendas na economia em um dado período.

- O PIB nominal é a soma das quantidades de bens finais produzidos multiplicadas por seus preços correntes. Isto implica que variações do PIB nominal refletem tanto variações nas quantidades quanto nos preços. O PIB real é uma medida do produto. As variações do PIB real refletem unicamente as variações das quantidades.

- Classifica-se uma pessoa como desempregada quando ela está sem trabalho, mas procurando por um. Taxa de desemprego é definida como a razão entre o número de desempregados e o número de pessoas na força de trabalho. Força de trabalho é a soma dos empregados e dos desempregados.

- Os economistas se preocupam com o desemprego por causa do custo humano que ele implica. Também analisam o desemprego porque é um sinal da eficiência com que a economia usa seus recursos. Um desemprego elevado indica que a economia não vem utilizando seus recursos humanos de modo eficiente.

- Inflação é um aumento do nível geral de preços (ou nível de preços). A taxa de inflação é aquela em que o nível de preços aumenta. Os macroeconomistas examinam dois indicadores do nível de preços. O primeiro é o deflator do PIB, que fornece o preço médio dos bens produzidos na economia. O segundo, o índice de preços ao consumidor (IPC), que é o preço médio dos bens consumidos na economia.

- A inflação provoca mudanças na distribuição de renda, distorções e maior incerteza.

- Existem duas relações importantes entre produção, desemprego e inflação. A primeira, chamada lei de Okun, é a relação entre o crescimento do produto e a variação do desemprego: um elevado crescimento do produto costuma levar a uma diminuição na taxa de desemprego. A segunda, chamada curva de Phillips, é uma relação entre desemprego e inflação: uma taxa de desemprego baixa leva normalmente a um aumento da taxa de inflação.

- Os macroeconomistas fazem distinção entre curto prazo (poucos anos), médio prazo (uma década) e longo prazo (algumas décadas ou mais). Segundo eles, no curto prazo o produto é determinado pela demanda; no médio prazo, pelo nível de tecnologia, pelo estoque de capital e pela força de trabalho; no longo prazo, o produto é determinado por fatores como educação, pesquisa, poupança e qualidade do governo.

Palavras-chave

- bens finais, 22
- bens intermediários, 22
- contas de renda e produto nacional, 21
- crescimento do PIB, 26
- Current Population Survey (CPS), 28
- curto prazo, 37

- curva de Phillips, 35
- custo de vida, 31
- deflação, 31
- deflator do PIB, 31
- expansão, 26
- fora da força de trabalho, 28
- força de trabalho, 27
- inflação, 31
- índice de preços ao consumidor ou IPC, 31
- lei de Okun, 34
- longo prazo, 37
- médio prazo, 37
- nível de desemprego, 27
- nível de emprego, 27
- nível de preços, 31
- número índice, 31
- PIB em dólares, ou PIB em dólares correntes, 25
- PIB em termos de bens, PIB em dólares constantes (ou PIB em moeda constante), ou PIB ajustado pela inflação ou PIB em dólares encadeados (2009) ou PIB em dólares de 2009, 25
- PIB nominal, 24
- PIB real, 24
- PIB real por pessoa, 26
- precificação hedônica, 27
- produto agregado, 22
- produto interno bruto (PIB), 22
- produto nacional bruto (PNB), 22
- recessão, 26
- trabalhadores desalentados, 28
- taxa de participação, 28
- taxa de inflação, 31
- valor adicionado, 23

Questões e problemas

Teste rápido

1. Usando as informações contidas neste capítulo, diga se cada afirmação a seguir é verdadeira, falsa ou incerta. Explique brevemente.

   a. O PIB dos Estados Unidos foi 32 vezes maior em 2014 do que era em 1960.

   b. Quando a taxa de desemprego é alta, a taxa de participação também deve ser alta.

   c. A taxa de desemprego tende a cair durante as expansões e aumentar durante as recessões.

   d. Se o IPC do Japão estiver atualmente em 108 e o dos Estados Unidos em 104, então a taxa de inflação japonesa é mais alta do que a dos EUA.

   e. A taxa de inflação calculada com base no IPC é um índice de inflação melhor do que a taxa de inflação calculada usando-se o deflator do PIB.

   f. A lei de Okun mostra que, quando o crescimento do produto é menor do que o normal, a taxa de desemprego tende a subir.

   g. Períodos de crescimento negativo do PIB são chamados de recessões.

   h. Quando a economia está funcionando normalmente, o desemprego é igual a zero.

   i. A curva de Phillips é uma relação entre o nível de preços e o nível de desemprego.

2. Suponha que você esteja calculando o PIB anual dos Estados Unidos somando o valor final de todos os bens e serviços produzidos na economia. Determine o impacto de cada uma das seguintes transações sobre o PIB.

   a. Um restaurante de frutos do mar compra US$ 100 de peixe de um pescador.

   b. Uma família gasta o equivalente a US$ 100 em um jantar cujo prato principal é peixe em um restaurante de frutos do mar.

   c. A Delta Airlines compra um novo jato da Boeing por US$ 200 milhões.

   d. A empresa aérea nacional grega compra um novo jato da Boeing por US$ 200 milhões.

   e. A Delta Airlines vende um de seus jatos para Jennifer Lawrence por US$ 100 milhões.

3. Durante dado ano ocorrem as seguintes atividades:

   i. Uma companhia de mineração paga a seus trabalhadores US$ 200 mil pela extração de 32 kg de prata, que é então vendida a um fabricante de joias por US$ 300 mil.

   ii. O fabricante de joias paga a seus trabalhadores US$ 250 mil para produzir colares de prata que são vendidos diretamente aos consumidores por US$ 1 milhão.

   a. Usando o enfoque da produção de bens finais, qual é o PIB dessa economia?

b. Qual é o valor adicionado em cada etapa da produção? Usando o enfoque do valor adicionado, qual é o PIB?

c. Qual é o total de salários e lucros ganhos? Usando o enfoque da renda, qual é o PIB?

4. **Uma economia produz três bens: automóveis, computadores e laranjas. As quantidades produzidas e os preços por unidade em 2009 e 2010 são os seguintes:**

	2009		2010	
	Quantidade	Preço	Quantidade	Preço
Carros	10	US$2.000	12	US$3.000
Computadores	4	US$1.000	6	US$500
Laranjas	1.000	US$1	1.000	$1

a. Qual é o PIB nominal de 2009 e de 2010? Qual é a variação percentual do PIB nominal de 2009 a 2010?

b. Usando os preços de 2009 como o conjunto de preços comuns, qual é o PIB real de 2009 e 2010? Qual é a variação percentual do PIB real de 2009 a 2010?

c. Usando os preços de 2010 como o conjunto de preços comuns, qual é o PIB real de 2009 e 2010? Qual é a variação percentual do PIB real de 2009 a 2010?

d. Por que as duas taxas de crescimento do produto calculadas em (b) e (c) são diferentes? Qual delas está correta? Explique.

5. **Considere a economia descrita no Problema 4.**

a. Use os preços de 2009 como o conjunto de preços comuns para calcular o PIB real de 2009 e 2010. Calcule o deflator do PIB para 2009 e para 2010 e a taxa de inflação de 2009 a 2010.

b. Use os preços de 2010 como o conjunto de preços comuns para calcular o PIB real de 2009 e de 2010. Calcule o deflator do PIB para 2009 e para 2010 e a taxa de inflação de 2009 a 2010.

c. Por que as duas taxas de inflação são diferentes? Qual delas está correta? Explique.

6. **Considere a economia descrita no Problema 4.**

a. Construa o PIB real para os anos de 2009 e 2010 usando o preço médio de cada um dos bens ao longo de dois anos.

b. Qual é a variação percentual do PIB de 2009 a 2010?

c. Qual é o deflator do PIB em 2009 e 2010? Usando este deflator, qual é a taxa de inflação de 2009 a 2010?

d. Esta seria uma solução atraente para o ressaltado nos problemas 4 e 5 — isto é, duas taxas de crescimento diferentes e duas taxas de inflação diferentes, dependendo do conjunto de preços utilizado? (A resposta é sim e constitui a base para a construção de deflatores encadeados. Veja o Apêndice deste capítulo para uma discussão mais detalhada.)

7. O Índice de Preços ao Consumidor

O Índice de Preços ao Consumidor representa o preço médio dos bens que as famílias consomem. Milhares de itens são incluídos neste índice. Aqui os consumidores são representados apenas como compradores de alimentos (pizza) e gasolina em sua cesta de mercadorias. Trata-se de uma representação do tipo de dados coletados pelo Bureau of Economic Analysis para calcular um Índice de Preços ao Consumidor. No ano-base de 2008, tanto os preços das mercadorias adquiridas quanto a quantidade de bens adquiridos são coletados. Nos anos seguintes, coletam-se apenas os preços. A cada ano, a agência coleta o preço do bem e constrói um índice de preços que representa dois conceitos exatamente equivalentes. Quanto custa a mais para comprar a mesma cesta de mercadorias no ano corrente em relação ao ano-base? Quanto o poder de compra do dinheiro diminuiu, medido em cestas de mercadorias, no ano corrente em relação ao ano-base?

Os dados: em uma semana média de 2008, o Bureau of Economic Analysis pesquisa muitos consumidores e determina que o consumidor médio compra 2 pizzas e 6 galões de gasolina em uma semana. O preço por pizza e por galão em anos subsequentes são encontrados a seguir. Os preços variam ao longo do tempo.

Ano	Preço das pizzas	Preço da gasolina
2008	US$10	US$3
2009	US$11	US$3,30
2010	US$11,55	US$3,47
2011	US$11,55	US$3,50
2012	US$11,55	US$2,50
2013	US$11,55	US$3,47

a. Qual é o custo da cesta de consumo em 2008?

b. Qual é o custo da cesta de consumo em 2009 e nos anos subsequentes?

c. Represente o custo da cesta de consumo como um número índice nos anos de 2008 a 2013. Defina o valor do número índice igual a 100 em 2008.

d. Calcule uma taxa anual de inflação usando a variação percentual do valor do número índice entre cada ano de 2009 a 2013.

Será útil preencher a tabela a seguir.

Ano	Índice de Preços ao Consumidor 2008 = 100	Taxa de inflação
2008	100	
2009		
2010		
2011		
2012		
2013		

e. Há um ano em que a inflação é negativa? Por que isso acontece?

f. Qual é a fonte da inflação no ano de 2011? Como difere da inflação nos anos de 2009 e 2010?

g. Tenho US$ 100 em 2008. Quantas cestas de mercadorias posso comprar com US$ 100 em 2008? Se eu tenho US$ 100 em 2013, quantas cestas poderei comprar com esse dinheiro em 2013? Qual é o declínio percentual no poder de compra do meu dinheiro? Como o declínio percentual no poder de compra do dinheiro se relaciona com a variação no valor do índice de preços entre 2008 e 2013?

h. De 2009 a 2011, o preço de uma pizza permanece o mesmo. O preço da gasolina sobe. Como os consumidores reagem a tal mudança? Em 2012, o preço da gasolina cai. Quais são as implicações dessas mudanças nos preços relativos para a construção do Índice de Preços ao Consumidor?

i. Suponha que o Bureau of Economic Analysis determine que, em 2013, o consumidor médio compre 2 pizzas e 7 galões de gasolina em uma semana. Use uma planilha para calcular o Índice de Preços ao Consumidor igual a 100 em 2013 e retrocedendo no tempo, usando a cesta de 2013 nos anos de 2008 a 2013. Preencha o quadro a seguir:

Ano	Índice de Preços ao Consumidor 2013 = 100	Taxa de inflação
2008		
2009		
2010		
2011		
2012		
2013	100	

Por que as taxas de inflação são (ligeiramente) diferentes nos itens (d) e (i)?

8. **Usando as relações macroeconômicas:**

a. Segundo a lei de Okun, quando o crescimento da produção é mais alto do que o normal, a taxa de desemprego tende a cair. Explique por que o crescimento normal do produto é positivo.

b. Em que ano — naquele em que o crescimento do produto é 2% ou naquele em que o crescimento é –2% — a taxa de desemprego sobe mais?

c. A curva de Phillips é uma relação entre a variação na taxa de inflação e o nível da taxa de desemprego. Usando a curva de Phillips, a taxa de desemprego é igual a zero quando a taxa de inflação não está nem subindo nem caindo?

d. A curva de Phillips costuma ser retratada como uma reta com inclinação negativa. No texto, a inclinação é de cerca de –0,5. Em sua opinião, a economia seria "melhor" se a reta tivesse maior inclinação, digamos –0,8, ou menor inclinação, digamos –0,2?

Aprofundando

9. **Precificação hedônica**

Como explicado na primeira seção "Foco" deste capítulo, é difícil medir o verdadeiro aumento dos preços de bens cujas características variam ao longo do tempo. Para esses bens, parte de qualquer elevação de preço pode ser atribuída a uma melhoria de qualidade. A precificação hedônica apresenta um método para o cálculo do aumento de preços ajustados pela qualidade.

a. Considere o caso de um check-up médico de rotina. Cite alguns motivos pelos quais você desejaria usar a precificação hedônica para medir a variação do preço deste serviço.

Pense agora no caso de um exame pré-natal. Suponhamos que um novo método de ultrassonografia seja lançado. No primeiro ano em que está disponível, esse método é adotado por metade dos médicos, enquanto a outra metade continua utilizando o antigo. Um exame com o procedimento novo custa 10% mais do que o antigo.

b. Em termos percentuais, quanto o novo método representa de aumento de qualidade em relação ao antigo? (*Dica:* leve em conta o fato de que algumas mulheres *preferem* visitar um médico que ofereça o método novo em vez de procurar outro que oferece o antigo.)

Agora, suponhamos também que, no primeiro ano em que o novo método está disponível, o preço do exame seja 15% maior do que o do ano anterior (quando todos usavam o procedimento antigo).

c. Quanto do aumento do preço do exame usando o método novo (se comparado ao do ano anterior) reflete um real aumento de preço do exame e quanto representa um aumento de qualidade? Em outras palavras, qual foi o aumento do preço ajustado pela qualidade do exame usando o método novo em relação ao preço do exame no ano anterior?

Em muitos casos, o tipo de informação que usamos nos itens (b) e (c) não está disponível. Por exemplo, vamos supor que todos os médicos adotem o novo método de ultrassom assim que é introduzido, de tal modo que o anterior não seja mais usado. Além disso, continuemos a supor que o preço do exame no ano em que o novo método é lançado seja 15% maior do que o do ano anterior (quando todos usavam o procedimento antigo). Sendo assim, observamos uma elevação de 15% no preço do exame, mas entendemos que a qualidade dele melhorou.

d. Com base nessas hipóteses, que informações necessárias para calcular o aumento do preço do exame ajustado pela qualidade estão faltando? Mesmo sem essas informações, podemos dizer alguma coisa sobre o aumento do preço do exame ajustado pela qualidade? É mais de 15%? É menos de 15%? Explique.

10. PIB medido e PIB real

Suponhamos que, em vez de gastar uma hora preparando o jantar, você decida trabalhar uma hora a mais e ganhar um adicional de US$ 12. Então, pede comida chinesa entregue em domicílio, o que lhe custa US$ 10.

a. Em quanto o PIB medido aumenta?

b. Você acha que o aumento verificado no PIB reflete com precisão o efeito sobre o produto da sua decisão de trabalhar? Explique.

Explorando mais

11. Comparação das recessões de 2001 e 2009. Uma fonte de fácil acesso é o banco de dados do Federal Reserve Bank of St. Louis (FRED). A série que mede o PIB real é a GDPC1, em bases trimestrais e expressa em uma taxa anual ajustada sazonalmente (denominada SAAR). A série mensal da taxa de desemprego é a UNRATE. Pode-se fazer o download dessas séries de diversas formas a partir desse banco de dados.

a. Analise os dados sobre o crescimento trimestral do PIB real de 1999 a 2001 e, em seguida, de 2007 a 2009. Qual recessão tem valores negativos maiores para o crescimento do PIB: a recessão centrada em 2000 ou a recessão centrada em 2008?

b. A taxa de desemprego é a série UNRATE. Ela é mais elevada na recessão de 2001 ou na de 2009?

c. O National Bureau of Economic Research (NBER), que identifica recessões, apontou uma iniciada em março de 2001 e finalizada em novembro do mesmo ano. As datas equivalentes para a próxima e mais longa recessão foram de dezembro de 2007 a junho de 2009. Em outras palavras, segundo o NBER, a economia começou a se recuperar em novembro de 2001 e junho de 2009. Com base em suas respostas aos itens (a) e (b), você acredita que a recuperação do mercado de trabalho foi tão rápida quanto a do PIB? Explique.

Para obter mais detalhes sobre identificação de recessões, visite o site do NBER (<http://www.nber.org>), que disponibiliza um histórico sobre períodos de recessões e algumas discussões sobre a metodologia utilizada.

Leitura adicional

◆ Se você quiser aprender mais sobre as definições e os cálculos de muitos indicadores econômicos publicados regularmente na imprensa — do índice de anúncios de vagas de trabalho ao índice de vendas no varejo —, duas obras de referência de leitura acessível são: FRUMKIN, Norman. *The guide to economic indicators*, 3. ed., M. E. Sharpe, 4. ed. Nova York, 2005. *The Economist guide to economic indicators*. 6. ed. Nova York: Bloomberg, 2007.

◆ Em 1995, o Senado dos Estados Unidos criou uma comissão para estudar o cálculo do IPC e recomendar possíveis mudanças. Esta comissão concluiu que a taxa de inflação calculada por meio do IPC era, em média, cerca de 1% maior do que a efetivamente ocorrida. Se esta conclusão estiver correta, isso implicará, em particular, que os salários reais (salários nominais divididos pelo IPC) aumentaram 1% a mais ao ano do que o divulgado. Para obter mais informações sobre as conclusões da comissão e sobre algumas discussões que se seguiram, leia BOSKIN, Michael, et al. Consumer Prices, the consumer price index and the cost of living. *Journal of Economic Perspectives*, v. 12, n. 1, p. 3-26, 1998.

- Para um breve histórico sobre o cálculo das contas nacionais, leia: GDP: One of the Great Inventions of the 20th Century. *Survey of Current Business*, janeiro de 2000, p. 1-9. (<http://www.bea.gov/scb/pdf/BEAWIDE/2000/0100od.pdf>)
- Para conhecer uma discussão de alguns dos problemas envolvidos na atividade de mensuração, leia ABRAHAM, Katherine. What we don't know could hurt us; some reflections on the measurement of economic activity. *Journal of Economic Perspectives*, v. 19, n. 3: p. 3-18, 2005.
- Para ver por que é difícil medir o nível de preços e o produto corretamente, leia KRUGMAN, Paul. Viagra and the wealth of nations, 1998. (<http://www.pkarchive.org/theory/viagra.html>) (Paul Krugman é um economista ganhador do Prêmio Nobel e colunista do *New York Times*. Seus artigos são enfáticos, perspicazes e divertidos de ler.)

Apêndice

O cálculo do PIB real e índices encadeados

O exemplo que usamos no capítulo teve apenas um bem final — automóveis —, por isso foi fácil calcular o PIB real. Mas como calcular este indicador quando há vários bens finais? Este apêndice traz a resposta.

Para entender o cálculo do PIB real em uma economia com muitos bens finais, basta examinar uma economia com apenas dois bens finais. O que vale para dois vale também para milhões deles.

Suponhamos, então, uma economia que produza dois bens finais: vinho e batatas.

- No ano 0 ela produz 10 kg de batatas ao preço de US$ 1 o quilo, e cinco garrafas de vinho ao preço de US$ 2 por garrafa.
- No ano 1, são 15 kg de batatas ao preço de US$ 1 o quilo, e cinco garrafas de vinho ao preço de US$ 3 a garrafa.
- O PIB nominal no ano 0 é, portanto, igual a US$ 20. O PIB nominal no ano 1 é igual a US$ 30.

Essa informação está resumida na tabela a seguir.

PIB nominal no ano 0 e no ano 1		
Ano 0			
	Quantidade	Preço (US$)	Valor (US$)
Batatas (kg)	10	1	10
Vinho (garrafas)	5	2	10
PIB nominal			20
Ano 1			
	Quantidade	Preço (US$)	Valor (US$)
Batatas (kg)	15	1	15
Vinho (garrafas)	5	3	15
PIB nominal			30

A taxa de crescimento do PIB nominal do ano 0 para o ano 1 é de (US$ 30 − US$ 20)/(US$ 20) = 50%. Mas qual é a taxa de crescimento do PIB real?

Para responder a esta pergunta, devemos calcular o PIB real para cada um dos dois anos. A ideia básica por trás do cálculo do PIB real é avaliar as quantidades em cada ano usando o *mesmo conjunto de preços*.

Suponhamos que escolhemos os preços do ano 0. Este ano será, então, chamado de **ano-base**. Neste caso, o cálculo é o seguinte:

- O PIB real do ano 0 é a soma da quantidade do ano 0 multiplicada pelo preço do ano 0 de cada produto: (10 × US$ 1) + (5 × US$ 2) = US$ 20.
- O PIB real do ano 1 é a soma da quantidade do ano 1 multiplicada pelo preço do ano 0 de cada produto: (15 × US$ 1) + (5 × US$ 2) = US$ 25.
- A taxa de crescimento do PIB real do ano 0 ao ano 1 é de (US$ 25 − US$ 20)/(US$ 20), ou 25%.

Esta resposta levanta, contudo, uma questão importante: em vez de usar o ano 0 como ano-base, poderíamos ter usado o ano 1 ou qualquer outro. Se, por exemplo, tivéssemos utilizado o ano 1 como ano-base, então:

- O PIB real do ano 0 seria igual a (10 × US$ 1 + 5 × US$ 3) = US$ 25.
- O PIB real do ano 1 seria igual a (15 × US$1 + 5 × US$ 3) = US$ 30.
- A taxa de crescimento do PIB real do ano 0 ao ano 1 seria de US$ 5/US$ 25, ou 20%.

A resposta utilizando-se o ano 1 como ano-base seria, portanto, diferente da resposta utilizando-se o ano 0. Logo, se a escolha do ano-base afeta a taxa percentual de variação do produto, que ano-base deveríamos escolher?

Até meados da década de 1990, a prática dos Estados Unidos — e a da maioria dos países atualmente — era escolher um ano-base e mudá-lo com pouca frequência, geralmente a cada cinco anos. Nos Estados Unidos, por exemplo, 1987 foi o ano-base usado entre dezembro de 1991 e dezembro de 1995. Isto é, os números do PIB real publicados em 1994, tanto para 1994 como para todos os anos anteriores, eram calculados utilizando-se os preços de 1987. Em dezembro de 1995, as contas nacionais mudaram o ano-base para 1992; os números do PIB real para todos os anos anteriores foram recalculados usando-se os preços de 1992.

Esta prática era, sem dúvida, pouco atraente. Cada vez que se alterava o ano-base e passava a ser utilizado um novo conjunto de preços, todos os números do PIB real do passado — e todas as taxas de crescimento do PIB real do passado — eram recalculados. A história econômica era, na verdade, reescrita a cada cinco anos! A partir de 1995, o Bureau of Economic Analysis (BEA) — órgão governamental que calcula os números do PIB — adotou um novo método que não é afetado por este problema.

Este método requer quatro etapas:

◆ Calcula-se a taxa de variação do PIB real do ano t para o ano $t + 1$ de duas formas diferentes: primeiro, usando os preços do ano t como o conjunto de preços comuns; segundo, usando os preços do ano $t + 1$ como o conjunto de preços comuns. Por exemplo, o cálculo da taxa de variação do PIB de 2006 a 2007 é assim determinado:

(1) Calculando-se o PIB real de 2006 e o PIB real de 2007 usando os preços de 2006 como o conjunto de preços comuns e calculando uma primeira medida da taxa de crescimento do PIB de 2006 a 2007.

(2) Calculando-se o PIB real de 2006 e de 2007 usando os preços de 2007 como o conjunto de preços comuns e calculando uma segunda medida da taxa de crescimento do PIB de 2006 a 2007.

◆ Calcula-se a taxa de variação do PIB real como a média dessas duas taxas de variação.

◆ Calcula-se um índice para o nível do PIB real encadeando as taxas de variação calculadas para cada ano. O índice é definido como 1 em algum ano arbitrário.

Quando este livro estava sendo redigido, o ano arbitrário era 2009. Dado que a taxa de variação calculada de 2009 a 2010 pelo Bureau of Economic Analysis foi 2,5%, o índice de 2010 foi igual a $(1 + 2,5\%) = 1,025$. O índice para 2010 foi obtido multiplicando-se o índice de 2009 pela taxa de variação entre 2009 e 2010, e assim por diante. (Você encontrará o valor deste índice — multiplicado por 100 — na segunda coluna da Tabela B3 do relatório *Economic Report of the President*. Confira que ele é de fato igual a 100 em 2009 e igual a 102,6 em 2010, e assim por diante.)

◆ Multiplica-se este índice pelo PIB nominal de 2009 para se obter o *PIB real em dólares encadeados (2009)*. Visto que o índice é igual a 1 em 2009, isto implica que o PIB real em 2009 é igual ao PIB nominal em 2009.

Encadeado refere-se ao encadeamento das taxas de variação descrito anteriormente. O ano entre parênteses (*2009*) refere-se ao ano em que, por construção, o PIB real é igual ao PIB nominal. (Você encontrará o valor do PIB real em dólares encadeados, de 2009, na primeira coluna da Tabela B2 do relatório *Economic Report of the President*.)

O cálculo deste índice é mais complicado do que o dos índices usados antes de 1995. (Para ter certeza de que você entendeu as etapas, calcule o PIB real em dólares encadeados do ano 0 para o ano 1 de nosso exemplo.) Mas, sem dúvida alguma, é um método conceitualmente melhor. Os preços utilizados para avaliar o PIB real de dois anos sucessivos são os preços corretos — a saber, os preços médios para esses dois anos. Como a taxa de variação de um ano para outro é calculada usando-se os preços desses dois anos, em vez do conjunto de preços de um ano-base arbitrário, a história não será reescrita a cada cinco anos, como costumava ocorrer no método anterior, quando o ano-base era mudado no cálculo do PIB real.

(Para mais detalhes, visite o site <http://www.bea.gov/scb/pdf/NATIONAL/NIPA/1995/0795od.pdf>.)

Palavra-chave

◆ ano-base, 44

Os fundamentos

O curto prazo

No curto prazo, a demanda determina o produto. Muitos fatores afetam a demanda, desde a confiança do consumidor até as condições do sistema financeiro e as políticas monetária e fiscal.

Capítulo 3

O Capítulo 3 examina o equilíbrio no mercado de bens e a determinação do produto. Seu foco é a interação entre demanda, produção e renda. Mostra como a política fiscal afeta o produto.

Capítulo 4

O Capítulo 4 examina o equilíbrio nos mercados financeiros e a determinação da taxa de juros. Mostra como a política monetária afeta a taxa de juros.

Capítulo 5

O Capítulo 5 examina em conjunto o mercado de bens e os mercados financeiros. Mostra o que determina o produto e a taxa de juros no curto prazo. Examina o papel das políticas monetária e fiscal.

Capítulo 6

O Capítulo 6 amplia o modelo apresentando um sistema financeiro mais complexo, que é utilizado para explicar o que aconteceu durante a recente crise.

CAPÍTULO 3

O mercado de bens

Quando os economistas pensam nas variações anuais da atividade econômica, sua atenção se volta para a interação entre *produção*, *renda* e *demanda*:
* Mudanças na demanda por bens levam a mudanças na produção.
* Mudanças na produção levam a mudanças na renda.
* Mudanças na renda levam a mudanças na demanda por bens.

Este *cartoon* retrata muito bem esta questão:

50 Macroeconomia

Este capítulo examina essas interações e suas implicações.

A Seção 3.1 analisa a composição do PIB e as diversas fontes de demanda por bens.

A Seção 3.2 examina os determinantes da demanda por bens.

A Seção 3.3 mostra como o produto de equilíbrio é determinado pela condição segundo a qual a produção de bens deve ser igual à demanda por bens.

A Seção 3.4 apresenta um meio alternativo de pensar sobre o equilíbrio com base na igualdade entre investimento e poupança.

A Seção 3.5 faz uma primeira abordagem aos efeitos da política fiscal sobre o produto de equilíbrio.

3.1 A composição do PIB

A compra de uma máquina por uma empresa, a decisão de ir a um restaurante por um consumidor e a aquisição de aviões de combate pelo governo federal são claramente decisões muito diferentes, que dependem de fatores muito diferentes. Portanto, se quisermos entender o que determina a demanda por bens, faz sentido decompor o produto agregado (PIB) do ponto de vista dos diversos bens produzidos e dos diversos tipos de compradores desses bens.

Os termos produto e produção são sinônimos. Não existe uma regra para usar um ou outro. Escolha aquele que soar melhor. ▸

A Tabela 3.1 mostra a decomposição do PIB que os macroeconomistas costumam utilizar. Uma versão mais detalhada, com definições mais precisas, pode ser encontrada no Apêndice 1, ao final do livro.

Atenção! Para a maioria das pessoas, investimento refere-se à compra de ativos, como ouro ou ações da General Motors. Os economistas usam o termo investimento quando se referem à aquisição de bens de capital novos, como (novas) máquinas, (novos) imóveis comerciais ou (novas) casas. Para os economistas, a compra de ouro ou de ações da General Motors ou de outros ativos financeiros representa um investimento financeiro.

- ◆ O primeiro componente do PIB é o **consumo** (que será representado pela letra C nas equações ao longo do livro). São os bens e serviços adquiridos pelos consumidores, que variam de alimentos a passagens aéreas, automóveis novos, e assim por diante. O consumo, que em 2014 representou 68% do PIB dos EUA, é, de longe, seu maior componente.
- ◆ O segundo componente é o **investimento** (I), às vezes chamado de **investimento fixo**, para distingui-lo do investimento em estoques (que discutiremos em breve). O investimento é a soma do **investimento não residencial**, a compra de novas instalações ou novas máquinas (de turbinas a computadores) pelas empresas, com o **investimento residencial**, a compra de novas casas ou apartamentos pelas pessoas.

O investimento não residencial e o investimento residencial — bem como as decisões por trás deles — têm mais em comum do que pode parecer à primeira

▸ Tabela 3.1 Composição do PIB dos EUA, 2014.

		Bilhões de dólares	% do PIB
	PIB (Y)	17.348	100,0
1	Consumo (C)	11.865	68,3
2	Investimento (I)	2.782	16,0
	Não residencial	2.233	12,9
	Residencial	549	3,1
3	Gastos do governo (G)	3.152	18,1
4	Exportações líquidas	−530	−3,1
	Exportações (X)	2.341	13,5
	Importações (IM)	−2.871	−16,6
5	Investimento em estoques	77	0,4

Fonte: Survey of Current Business, julho de 2015, Tabela 1.1.5.

vista. As empresas compram máquinas ou instalações para produzir no futuro. As pessoas compram casas ou apartamentos para obter *serviços de moradia* no futuro. Em ambos os casos, a decisão de compra depende dos serviços que esses bens proporcionarão no futuro. Portanto, faz sentido tratá-los em conjunto. Somados, os dois tipos de investimento foram responsáveis por 16% do PIB dos EUA em 2014.

◆ O terceiro componente são os **gastos do governo** (G). Trata-se dos bens e serviços adquiridos pelos governos federal, estadual e municipal. Esses bens variam de aviões a suprimentos de escritório. Os serviços incluem os prestados pelos funcionários públicos. Na verdade, para as contas nacionais, o governo compra os serviços prestados por seus funcionários e, em seguida, fornece esses serviços gratuitamente à população.

Observe que G não inclui as **transferências do governo**, como os benefícios da previdência social, nem os pagamentos de juros sobre a dívida pública. Embora sejam claramente gastos do governo, não constituem aquisição de bens e serviços. É por isso que o dado referente a gastos do governo com bens e serviços na Tabela 3.1, 18,1% do PIB dos Estados Unidos, é menor do que o dado referente aos gastos totais do governo, incluindo as transferências e o pagamento de juros. Em 2014, esse dado foi de 33% do PIB, somadas as transferências e o pagamento de juros dos governos federal, estadual e municipal.

◆ A soma das linhas 1, 2 e 3 representa as *compras de bens e serviços pelos consumidores, pelas empresas e pelo governo dos Estados Unidos*. Para determinar as *compras de bens e serviços no país*, duas etapas adicionais são necessárias.

Primeiro, devemos somar as **exportações** (X), ou seja, as compras de bens e serviços do país (no exemplo, os Estados Unidos) por estrangeiros.

Segundo, devemos subtrair as **importações** (IM), isto é, as compras de bens e serviços estrangeiros pelos consumidores, pelas empresas e pelo governo dos Estados Unidos.

> Exportações > importações ⇔ superávit comercial
> Importações > exportações ⇔ déficit comercial

A diferença entre exportações e importações é chamada de **exportações líquidas** ($X - IM$) ou **saldo da balança comercial**. Se as exportações excedem as importações, diz-se que o país tem um **superávit comercial**. Se as importações excedem as exportações, diz-se que o país tem um **déficit comercial**. Em 2014, as exportações dos Estados Unidos representaram 13,5% do PIB. Já as importações foram de 16,6% do PIB, logo, os Estados Unidos tiveram um déficit comercial de 3,1% do PIB.

◆ Até agora, examinamos diversas fontes de compras (vendas) de bens e serviços dos Estados Unidos em 2014. Para determinar a produção dos Estados Unidos nesse ano, precisaremos dar um último passo:

A produção e as vendas em um dado ano não precisam ser iguais. Alguns dos bens produzidos em um dado ano não são vendidos naquele ano, mas em anos posteriores. Alguns dos bens vendidos em um dado ano podem ter sido produzidos em um ano anterior. A diferença entre bens produzidos e bens vendidos em um dado ano — ou, em outras palavras, a diferença entre produção e vendas — é chamada de **investimento em estoques**.

> Embora seja chamado de "investimento em estoques", a palavra *investimento* é capciosa. Em contraste com o investimento fixo, que representa decisões tomadas por empresas, o investimento em estoques é até certo ponto involuntário, refletindo o fato de as empresas não terem antecipado as vendas com precisão ao fazer planos de produção.

Se a produção exceder as vendas e, como resultado, as empresas acumularem estoques, então o investimento em estoques será considerado positivo. Se a produção for menor do que as vendas e os estoques de uma empresa caírem, então o investimento em estoques será considerado negativo. O investimento em estoques normalmente é pequeno — positivo em alguns anos, negativo em outros. Em 2014, o investimento em estoques nos Estados Unidos foi positivo, igual a US$ 77 bilhões. Dito de outra maneira, a produção foi maior do que as vendas em um montante igual a US$ 77 bilhões.

Agora, temos o que precisamos para desenvolver nosso primeiro modelo de determinação do produto.

> Certifique-se de que entendeu cada uma destas três maneiras equivalentes de definir a relação entre produção, vendas e investimento em estoques:
>
> Investimento em estoques = produção – vendas
> Produção = vendas + investimento em estoques
> Vendas = produção – investimento em estoques

52 Macroeconomia

3.2 Demanda por bens

Represente a demanda total por bens por Z. Usando a decomposição do PIB que acabamos de ver na Seção 3.1, podemos escrever Z como

$$Z \equiv C + I + G + X - IM$$

> Lembre-se de que investimento em estoque não faz parte da demanda.

Esta equação é uma **identidade** (motivo pelo qual ela é escrita com o símbolo "$\equiv$" em vez do sinal de igual). Ela *define* Z como uma soma de consumo mais investimento, mais gastos do governo, mais exportações, menos importações.

Agora, precisamos pensar nos determinantes de Z. Para facilitar nossa tarefa, primeiro façamos algumas simplificações:

> Quase sempre os modelos começam pela palavra *suponha*. Isto é uma indicação de que a realidade será simplificada para podermos nos concentrar na questão a ser tratada.

- Suponha que todas as empresas produzam o mesmo bem, que pode então ser utilizado pelos consumidores para consumo, pelas empresas para investimento ou pelo governo. Essa (grande) simplificação nos permite examinar apenas um mercado — o de um "único" bem — e pensar no que determina a oferta e a demanda nesse mercado.

- Suponha que as empresas estejam dispostas a ofertar qualquer montante do bem a um dado preço, P. Esta hipótese permite que nos concentremos no papel desempenhado pela demanda na determinação do produto. Como veremos mais adiante, esta hipótese é válida apenas no curto prazo. Quando estudarmos o médio prazo (a partir do Capítulo 7) abandonaremos esta hipótese. Mas, por enquanto, ela simplificará nossa discussão.

- Suponha que a economia seja *fechada*, isto é, que não comercialize com o resto do mundo; portanto, exportações e importações são iguais a zero. Esta hipótese vai claramente contra os fatos: economias modernas comercializam com o resto do mundo. Mais adiante (a partir do Capítulo 17) abandonaremos também esta hipótese e veremos o que acontece quando a economia é aberta. Mas, por enquanto, esta premissa também simplificará nossa discussão, pois não teremos de pensar no conjunto de variáveis que determina as exportações e as importações.

Sob a hipótese de que a economia seja fechada, $X = IM = 0$, a demanda por bens Z é simplesmente a soma de consumo, investimento e gastos do governo:

$$Z \equiv C + I + G$$

Vamos agora discutir cada um desses três componentes.

Consumo (C)

As decisões de consumo dependem de muitos fatores. O principal é a renda ou, mais precisamente, a **renda disponível** (Y_D), a renda que resta depois que os consumidores receberam transferências do governo e pagaram seus impostos. Quando a renda disponível sobe, as pessoas compram mais bens; quando diminui, compram menos.

Podemos, então, escrever:

$$C = C(Y_D) \qquad (3.1)$$
$$(+)$$

Esse é um modo formal de afirmar que o consumo (C) é uma função da renda disponível (Y_D). A função $C(Y_D)$ é chamada **função consumo**. O sinal positivo embaixo de Y_D reflete o fato de que, quando a renda disponível aumenta, o consumo também aumenta. Os economistas chamam este tipo de equação de **equação**

comportamental, para indicar que a equação capta algum aspecto do comportamento — no caso, o comportamento dos consumidores.

Utilizaremos as funções neste livro como uma forma de representar relações entre variáveis. O que você precisa saber sobre funções — que é muito pouco — está descrito no Apêndice 2, ao final do livro. Esse apêndice desenvolve a matemática de que se necessita para percorrer este livro. Não se preocupe: descreveremos a função em palavras sempre que ela aparecer pela primeira vez.

De modo geral, é útil ser mais específico sobre a forma da função. Este é o caso aqui. É razoável supor que a relação entre consumo e renda disponível seja dada pela relação mais simples:

$$C = c_0 + c_1 Y_D \qquad (3.2)$$

Em outras palavras, é razoável supor que a função seja uma **relação linear**. A relação entre consumo e renda disponível é então caracterizada por dois **parâmetros**, c_0 e c_1:

> Pense em seu próprio comportamento de consumo. Quais são seus valores de c_0 e c_1?

- O parâmetro c_1 é chamado de **propensão a consumir** (também chamado de *propensão marginal a consumir* — para simplificar, eliminaremos a palavra "marginal"). Ele mostra o efeito de um dólar adicional de renda disponível sobre o consumo. Se c_1 for igual a 0,6, então um dólar adicional de renda disponível aumentará o consumo em US$ $1 \times 0{,}6 =$ US$ 0,60.

  Uma restrição natural sobre c_1 é que ele seja positivo. Um aumento da renda disponível provavelmente leva a um aumento do consumo. Outra restrição natural é que c_1 seja menor do que 1. As pessoas provavelmente consomem apenas uma parte de qualquer aumento da renda disponível e poupam o restante.

- O parâmetro c_0 tem uma interpretação literal. É o que as pessoas consumiriam se sua renda disponível no ano corrente fosse igual a zero: se Y_D for igual a zero na Equação 3.2, então $C = c_0$. Se usarmos esta interpretação, uma restrição natural é que, se a renda corrente for igual a zero, o consumo ainda será positivo: com ou sem renda, as pessoas precisam comer! Isso implica que c_0 é positivo. Como as pessoas podem ter um consumo positivo se sua renda é igual a zero? Resposta: elas despoupam, isto é, consomem vendendo alguns de seus ativos ou contraindo algum empréstimo.

- O parâmetro c_0 tem também uma interpretação menos literal e mais frequentemente usada. Alterações em c_0 refletem mudanças no consumo para um determinado nível de renda disponível. Aumentos em c_0 refletem um aumento no consumo para uma dada renda; diminuições em c_0, uma diminuição. Há muitas razões pelas quais as pessoas podem decidir consumir mais ou menos, dado seu rendimento disponível. Podem, por exemplo, achar mais fácil ou mais difícil pedir emprestado, ou tornar-se mais ou menos otimista sobre o futuro. Um exemplo de uma diminuição em c_0 é dado no quadro Foco "A falência do Lehman, temores de outra grande depressão e deslocamentos da função consumo".

A Figura 3.1 mostra graficamente a relação entre consumo e renda disponível definida na Equação 3.2. Por se tratar de uma relação linear, ela é representada por uma linha reta que cruza o eixo vertical no ponto c_0; sua inclinação é c_1. Como c_1 é menor do que 1, a inclinação da reta é menor do que 1. Ou, de forma equivalente, a reta é menos inclinada que uma de 45 graus. Se o valor de c_0 aumenta, a linha se desloca para cima pelo mesmo montante. (O Apêndice 2 fornece uma breve revisão sobre gráficos, inclinações e interceptos.)

> **Figura 3.1 Consumo e renda disponível.**
> O consumo cresce junto com a renda disponível, porém em uma proporção menor do que um para um. Um valor menor de c_0 deslocará toda a linha para baixo.

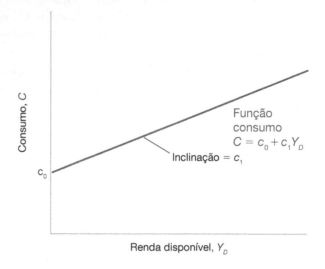

Agora, precisamos definir a renda disponível Y_D. A renda disponível é dada por

$$Y_D \equiv Y - T$$

em que Y é a renda e T os impostos pagos menos as transferências do governo recebidas pelos consumidores. Para simplificar, chamaremos T de impostos — mas lembre-se de que é igual a impostos menos transferências. Note que a equação é uma identidade, indicada pelo símbolo "≡".

Substituindo Y_D na Equação 3.2, obtemos

$$C = c_0 + c_1(Y - T) \tag{3.3}$$

A Equação 3.3 nos diz que o consumo, C, é uma função da renda, Y, e dos impostos, T. Uma renda mais elevada aumenta o consumo, embora em uma proporção menor do que um para um. Impostos mais altos retraem o consumo, embora também em uma proporção inferior a um para um.

Investimento (*I*)

Os modelos têm dois tipos de variáveis. Algumas delas dependem de outras variáveis do modelo e, portanto, são explicadas pelo próprio modelo. Essas são chamadas de **variáveis endógenas**. Este foi o caso do consumo visto anteriormente. Outras variáveis não são explicadas pelo próprio modelo, mas tomadas como dadas. Essas são chamadas de **variáveis exógenas**. É assim que trataremos o investimento aqui. Vamos tomar o investimento como dado e escrever:

$$I = \bar{I} \tag{3.4}$$

A colocação de uma barra sobre o investimento é uma forma tipográfica simples de lembrar que tomamos o investimento como dado.

Tomamos o investimento como dado para simplificar nosso modelo, mas a hipótese não é inócua. Ela implica que, quando examinarmos mais adiante os efeitos de mudanças na produção, estaremos supondo que o investimento não responde a elas. Não é difícil perceber que essa implicação pode ser uma descrição

---

Nos Estados Unidos, os dois principais impostos pagos pelos indivíduos são o imposto de renda e as contribuições previdenciárias. As principais fontes de transferências do governo são as aposentadorias, a assistência médica para os aposentados (Medicare) e a assistência médica para os carentes (Medicaid). Em 2014, os impostos pagos pelos indivíduos somaram US$ 2.900 bilhões e as transferências para indivíduos totalizaram US$ 2.500 bilhões.

Variáveis endógenas — explicadas pelo próprio modelo; variáveis exógenas — tomadas como dadas.

ruim da realidade. Empresas que experimentam um aumento da produção podem justamente decidir que precisam de mais máquinas e, por isso, aumentam seu investimento. Por enquanto, deixaremos esse mecanismo fora do modelo. No Capítulo 5 apresentaremos um tratamento mais realista do investimento.

Gastos do governo (G)

O terceiro componente da demanda em nosso modelo são os gastos do governo, G. Junto com os impostos T, G descreve a **política fiscal** — a escolha de impostos e gastos pelo governo. Exatamente como acabamos de fazer para o investimento, tomaremos G e T como variáveis exógenas. Mas o motivo pelo qual supomos que G e T são exógenas é diferente daquele pelo qual presumimos que o investimento é exógeno. O motivo se baseia em dois argumentos distintos:

Lembre-se de que o termo "impostos" no texto significa impostos menos transferências do governo.

* Primeiro, os governos não se comportam com a mesma regularidade dos consumidores ou das empresas, de modo que não há nenhuma regra confiável que possamos escrever para G ou T análoga à regra que escrevemos, por exemplo, para o consumo. (De qualquer maneira, esse argumento não é rígido. Mesmo que os governos não sigam equações comportamentais simples, como fazem os consumidores, boa parte de seu comportamento é previsível. Examinaremos essas questões mais adiante, em especial nos capítulos 22 e 23; até lá, elas serão deixadas de lado.)
* Segundo — e mais importante —, uma das tarefas dos macroeconomistas é pensar nas implicações de decisões alternativas de gastos e de tributação. Queremos poder dizer: "Se o governo escolher esses valores para G e T, isto é o que acontecerá". O enfoque deste livro normalmente tratará G e T como variáveis escolhidas pelo governo e não tentará explicá-las pelo modelo.

Como (quase sempre) tomaremos G e T como variáveis exógenas, não usaremos uma barra para representar seus valores. Isso tornará a notação mais leve.

3.3 Determinação do produto de equilíbrio

Vamos juntar as peças que apresentamos até aqui.

Supondo que as exportações e as importações sejam iguais a zero, a demanda por bens é a soma de consumo, investimento e gastos do governo:

$$Z \equiv C + I + G$$

Substituindo C e I pelas equações 3.3 e 3.4, temos

$$Z = c_0 + c_1(Y - T) + \bar{I} + G \tag{3.5}$$

A demanda por bens Z depende da renda Y, dos impostos T, do investimento I $\bar{I}$ e dos gastos do governo G.

Vejamos agora o **equilíbrio** no mercado de bens e a relação entre produção e demanda. Se as empresas mantiverem estoques, a produção não precisará ser igual à demanda. Por exemplo, as empresas podem atender a um aumento da demanda utilizando seus estoques, isto é, com um investimento negativo em estoques. As empresas podem responder a uma redução na demanda continuando a produzir e a acumular estoques, isto é, com um investimento positivo em estoques. Mesmo assim, vamos ignorar inicialmente essa complicação e começar supondo que as empresas não mantenham estoques. Neste caso, o investimento em estoques é sempre igual a zero, e o **equilíbrio no mercado de bens** requer que a produção Y seja igual à demanda por bens Z:

Pense em uma economia que produza somente cortes de cabelo. Não pode haver estoques deste tipo de produto — cortes produzidos, mas não vendidos —, logo, a produção deve sempre ser igual à demanda.

$$Y = Z \tag{3.6}$$

56 Macroeconomia

Há três tipos de equação: identidades, equações comportamentais e condições de equilíbrio.

Esta equação é denominada **condição de equilíbrio**. Modelos incluem três tipos de equação: identidades, equações comportamentais e condições de equilíbrio. Já vimos exemplos de cada um desses tipos: a equação que define a renda disponível é uma identidade; a função consumo é uma equação comportamental; e a condição de que produção é igual à demanda representa uma condição de equilíbrio.

Substituindo a demanda Z na Equação 3.6 por sua expressão na Equação 3.5 temos

$$Y = c_0 + c_1(Y - T) + \bar{I} + G \tag{3.7}$$

A Equação 3.7 representa algebricamente o que afirmamos de maneira informal no início do capítulo.

Você consegue associar esta afirmação ao *cartoon* no início do capítulo?

Em equilíbrio, a produção, Y (o lado esquerdo da equação), é igual à demanda (o lado direito). A demanda, por sua vez, depende da renda, Y, que é igual à produção.

Note que empregamos o mesmo símbolo Y para a produção e para a renda. Isto não ocorre por acaso! Como vimos no Capítulo 2, podemos examinar o PIB sob a perspectiva da produção ou da renda. O produto e a renda são idênticos.

Construído o modelo, podemos resolvê-lo para examinar o que determina o nível de produto — como o produto muda em resposta a, por exemplo, uma mudança nos gastos do governo. A solução de um modelo significa não só resolvê-lo algebricamente, mas também compreender por que os resultados são como são. Neste livro, a solução de um modelo também significa a descrição dos resultados por meio de gráficos — às vezes deixando a álgebra completamente de lado — e a descrição dos resultados e dos mecanismos com palavras. Os macroeconomistas sempre utilizam essas três ferramentas:

1. Álgebra, para assegurar que a lógica está correta.

2. Gráficos, para refinar a intuição.

3. Palavras, para explicar os resultados.

Tenha o hábito de fazer o mesmo.

Usando a álgebra

Reescreva a equação de equilíbrio 3.7:

$$Y = c_0 + c_1 Y - c_1 T + \bar{I} + G$$

Passe $c_1 Y$ para o lado esquerdo e reorganize o lado direito:

$$(1 - c_1)Y = c_0 + \bar{I} + G - c_1 T$$

Divida ambos os lados por $(1 - c_1)$:

$$Y = \frac{1}{1 - c_1}[c_0 + \bar{I} + G - c_1 T] \tag{3.8}$$

A Equação 3.8 caracteriza o produto de equilíbrio, o nível de produto em que a produção é igual à demanda. Examinemos ambos os termos do lado direito, começando pelo segundo termo:

"Autônomo" significa independente — nesse caso, independente do produto.

◆ O termo $[c_0 + \bar{I} + G - c_1 T]$ é aquela parte da demanda por bens que não depende do produto. Por isso, é chamado de **gasto autônomo**.

Podemos ter certeza de que o gasto autônomo é positivo? Não, mas é bem provável que seja. Os dois primeiros termos entre colchetes, c_0 e $\bar{I}$, são positivos. E os dois últimos, $G - c_1 T$? Suponha que o governo tenha um **orçamento**

equilibrado — impostos iguais a gastos governamentais. Se $T = G$ e a propensão a consumir (c_1) é menor do que 1 (de acordo com nossa hipótese), então $(G - c_1 T)$ é positivo e assim também será o gasto autônomo. Apenas se o governo tivesse um superávit orçamentário muito grande — se os impostos fossem muito maiores do que os gastos do governo — é que o gasto autônomo poderia ser negativo. Podemos seguramente ignorar este caso aqui. Se $T = G$, então

$$(G - c_1 T) = (T - c_1 T) = (1 - c_1)T > 0$$

◆ Consideremos agora o primeiro termo, $1/(1 - c_1)$. Como a propensão a consumir (c_1) está entre zero e 1, $1/(1 - c_1)$ é um número maior do que 1. Por este motivo, esse número, que *multiplica* o gasto autônomo, é chamado de **multiplicador**. Quanto mais próximo c_1 estiver de 1, maior será o multiplicador.

O que implica o multiplicador? Suponhamos que, para um dado nível de renda, os consumidores decidam consumir mais. Especificando, suponhamos que c_0 na Equação 3.3 aumente em US\$ 1 bilhão. A Equação 3.8 nos diz que o produto aumentará em mais de US\$ 1 bilhão. Por exemplo, se c_1 é igual a 0,6, o multiplicador é igual a $1/(1 - 0,6) = 1/0,4 = 2,5$, de modo que o produto aumenta em $2,5 \times$ US\$ 1 bilhão = US\$ 2,5 bilhões.

Examinamos um aumento do consumo, mas a Equação 3.8 deixa claro que qualquer mudança no gasto autônomo — seja no investimento, seja nos gastos do governo ou nos impostos — terá o mesmo efeito qualitativo: mudará o produto em mais do que seu efeito direto sobre o gasto autônomo.

De onde vem o efeito multiplicador? A Equação 3.7 nos dá uma pista. Um aumento de c_0 aumenta a demanda. O aumento da demanda, então, leva a um aumento da produção. O aumento da produção leva a um aumento equivalente da renda (lembre-se de que as duas são idênticas). O aumento da renda aumenta o consumo, o que aumenta a demanda, e assim por diante. A melhor forma de descrever este fenômeno é representar o equilíbrio utilizando um gráfico. Vamos fazer isto.

Utilizando um gráfico

Vamos descrever o equilíbrio graficamente.

◆ Primeiro, mostre graficamente a produção como função da renda.

Na Figura 3.2, vamos medir a produção no eixo vertical e a renda no eixo horizontal. Mostrar graficamente a produção como função da renda é simples. Lembre-se de que a produção e a renda são sempre iguais. Assim, a relação entre ambas é a reta de 45 graus, isto é, a reta com inclinação igual a 1.

◆ Segundo, mostre graficamente a demanda como função da renda.

A relação entre demanda e renda é dada pela Equação 3.5. Vamos reescrever a equação por conveniência, reagrupando os termos do gasto autônomo no termo entre parênteses:

$$Z = (c_0 + \bar{I} + G - c_1 T) + c_1 Y \tag{3.9}$$

A demanda depende do gasto autônomo e da renda, por meio do seu efeito sobre o consumo. A relação entre demanda e renda é representada por ZZ no gráfico. O intercepto no eixo vertical — o valor da demanda quando a renda é igual a zero — corresponde ao gasto autônomo. A inclinação da reta é a propensão a consumir, c_1. Quando a renda aumenta em 1, a demanda aumenta em c_1. Sob a

▶ **Figura 3.2** Equilíbrio no mercado de bens.

O produto de equilíbrio é determinado pela condição de que a produção seja igual à demanda.

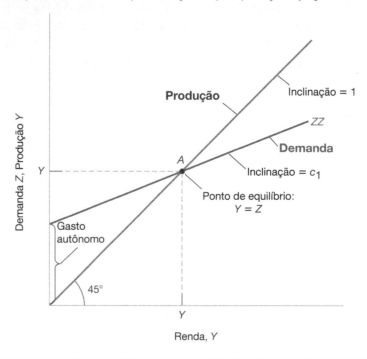

restrição de que c_1 é positiva, mas menor do que 1, a reta é inclinada para cima, porém, tem inclinação menor do que 1.

♦ Em equilíbrio, a produção é igual à demanda.

O produto de equilíbrio, Y, ocorre, portanto, na interseção da reta de 45 graus com a função demanda. Isto se dá no ponto A. À esquerda de A, a demanda excede a produção; à direita, a produção excede a demanda. Demanda e produção só são iguais em A.

Suponhamos que a economia esteja no equilíbrio inicial, representado pelo ponto A no gráfico, com produção igual a Y.

Agora, suponhamos que c_0 aumente em US$ 1 bilhão. No nível inicial de renda (o nível de renda disponível associado ao ponto A, uma vez que T é inalterado neste exemplo), os consumidores aumentam seu consumo em US$ 1 bilhão. A Figura 3.3, que parte da Figura 3.2, mostra o que acontece.

A Equação 3.9 nos diz que, para qualquer valor de renda, se c_0 é mais alto em US$ 1 bilhão, a demanda é mais alta em US$ 1 bilhão. Antes do aumento em c_0, a relação entre a demanda e a renda era dada pela reta ZZ. Depois do aumento em c_0 de US$ 1 bilhão, a relação entre demanda e renda é dada pela reta ZZ', que é paralela a ZZ, porém mais alta em US$ 1 bilhão. Em outras palavras, a curva de demanda se desloca para cima em US$ 1 bilhão. O novo equilíbrio situa-se agora na interseção da reta de 45 graus com a nova relação de demanda no ponto A'.

▶ Veja o eixo vertical. A distância entre Y e Y' no eixo vertical é maior do que aquela entre A e B — que é igual a US$ 1 bilhão.

O produto de equilíbrio aumenta de Y para Y'. O aumento do produto, $(Y' - Y)$, que podemos medir tanto no eixo horizontal como no vertical, é maior do que o aumento inicial do consumo de US$ 1 bilhão. Este é o efeito multiplicador.

Com a ajuda do gráfico, fica fácil dizer como e por que a economia se desloca de A para A'. O aumento inicial do consumo leva a um aumento da demanda de US$ 1 bilhão. No nível inicial de renda, Y, o nível de demanda é mostrado pelo ponto

▶ **Figura 3.3** Efeitos de um aumento do gasto autônomo sobre o produto.

O aumento do gasto autônomo tem um efeito mais do que proporcional sobre o produto de equilíbrio.

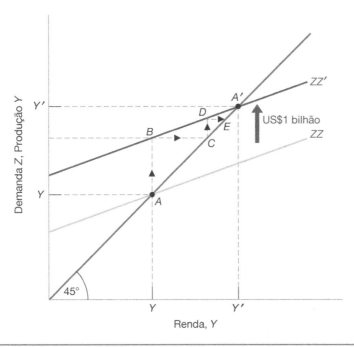

B: a demanda é mais alta em US$ 1 bilhão. Para satisfazer esse nível mais alto de demanda, as empresas aumentam a produção em US$ 1 bilhão. Esse aumento da produção de US$ 1 bilhão implica que a renda aumenta em US$ 1 bilhão (lembre-se: renda = produção), logo, a economia se move para o ponto *C*. (Em outras palavras, tanto a produção como a renda estão mais altas em US$ 1 bilhão.) Mas a história não termina aqui. O aumento da renda leva a um aumento adicional da demanda. A demanda agora é mostrada pelo ponto *D*. O ponto *D* leva a um nível mais alto de produção, e assim por diante, até que a economia esteja em *A'*, onde a produção e a demanda são novamente iguais. Este é, portanto, o novo equilíbrio.

Podemos seguir um pouco mais esta linha de raciocínio, o que nos dá outra forma de pensar no multiplicador:

- O aumento da demanda na primeira rodada, mostrado pela distância *AB* na Figura 3.3, é igual a US$ 1 bilhão.
- Esse aumento da demanda na primeira rodada leva a um aumento igual da produção, de US$ 1 bilhão, que também é mostrado pela distância *AB*.
- Esse aumento da produção na primeira rodada leva a um aumento igual da renda, mostrado pela distância *BC*, também igual a US$ 1 bilhão.
- O aumento da demanda na segunda rodada, mostrado pela distância *CD*, é igual a US$ 1 bilhão (o aumento da renda na primeira rodada) multiplicado pela propensão a consumir c_1, ou seja, $\$c_1$ bilhão.
- Esse aumento da demanda na segunda rodada leva a um aumento igual da produção, também mostrado pela distância *CD*, e, desta maneira, a um aumento igual da renda, mostrado pela distância *DE*.
- O aumento da demanda na terceira rodada é igual a $\$ c_1$ bilhão (o aumento de renda da segunda rodada) multiplicado por c_1, a propensão marginal a consumir é igual a $\$ c_1 \times c_1 = \$ c_1^2$ bilhão, e assim por diante.

Seguindo esta lógica, o aumento total da produção após, digamos, $n + 1$ rodadas, é igual a US\$ 1 bilhão vezes a soma:

$$1 + c_1 + c_1{}^2 + ... + c_1{}^n$$

Essa soma é chamada de **progressão geométrica**, que aparecerá com frequência neste livro. Uma revisão deste tópico é feita no Apêndice 2, ao final do livro. Uma propriedade importante da progressão geométrica é que, quando c_1 é menor do que 1 (como é o caso aqui) e à medida que n se torna cada vez maior, a soma continua crescendo, mas se aproxima de um limite. Esse limite é $1/(1 - c_1)$, o que torna o aumento final do produto igual a \$ $1/(1 - c_1)$ bilhão.

> Uma questão difícil: pense no multiplicador como resultado dessas rodadas sucessivas. O que aconteceria a cada rodada se c_1, a propensão a consumir, fosse maior do que 1?

A expressão $1/(1 - c_1)$ deveria ser familiar: é o multiplicador, derivado de outra maneira. Isto nos oferece um modo equivalente, porém mais intuitivo, de pensar no multiplicador. Podemos pensar no aumento original da demanda como desencadeando aumentos sucessivos da produção, com cada aumento da produção levando a um aumento da renda, o que leva a um aumento da demanda, o que leva a um aumento adicional da produção, o que leva a... e assim por diante. O multiplicador é a soma de todos esses aumentos sucessivos da produção.

Usando palavras

Como podemos resumir nossas descobertas em palavras?

A produção depende da demanda, que depende da renda, que é igual à produção. Um aumento da demanda, como um aumento dos gastos do governo, leva a um aumento da produção e a um aumento correspondente da renda. Este aumento da renda leva a um aumento adicional da demanda, que leva a um aumento adicional da produção, e assim por diante. O resultado final é um aumento do produto maior do que o deslocamento inicial da demanda, por um fator igual ao multiplicador.

> A evidência empírica sugere que os multiplicadores são tipicamente menores do que isto. Isso ocorre porque o modelo simples desenvolvido neste capítulo deixa de fora uma série de importantes mecanismos, como a resposta da política monetária a mudanças nos gastos, ou o fato de que parte da demanda recai sobre bens estrangeiros. Deveremos retomar o assunto no decorrer do livro.

O tamanho do multiplicador está relacionado diretamente ao valor da propensão a consumir. Quanto maior a propensão a consumir, maior o multiplicador. Qual é, atualmente, o valor da propensão a consumir nos Estados Unidos? Para responder a esta questão — e, de modo mais geral, para estimar equações comportamentais e seus parâmetros — os economistas recorrem à **econometria**, o conjunto de métodos estatísticos aplicados à economia. Para ter uma noção sobre econometria e como ela é usada, leia o Apêndice 3, ao final do livro. Este apêndice fornece uma rápida introdução, junto com uma aplicação referente à estimativa da propensão a consumir. A conclusão do apêndice é de que atualmente nos Estados Unidos a propensão a consumir está em torno de 0,6 (as regressões no Apêndice 3 produzem duas estimativas, 0,5 e 0,8). Em outras palavras, um dólar adicional de renda leva, em média, a um aumento do consumo de 60 centavos. Isso implica que o multiplicador é igual a $1/(1 - c_1) = 1/(1 - 0{,}6) = 2{,}5$.

Quanto demora o ajuste do produto?

Voltemos ao nosso exemplo por uma última vez. Suponha que c_0 aumente em US\$ 1 bilhão. Sabemos que o produto aumentará em um montante igual ao multiplicador $1/(1 - c_1)$ vezes US\$ 1 bilhão. Mas quanto tempo será necessário para que o produto alcance esse valor mais alto?

> No modelo que vimos anteriormente eliminamos esta possibilidade ao supor que as empresas não mantivessem estoques e, portanto, não poderiam recorrer a eles para atender a um aumento de demanda.

Sob as hipóteses feitas até agora, a resposta é: imediatamente! Ao definir a condição de equilíbrio da Equação 3.6, assumimos que a produção é sempre igual à demanda. Em outras palavras, presumimos que a produção responde instantaneamente à demanda. Na função consumo da Equação 3.2, presumimos que o consumo responde instantaneamente a mudanças na renda disponível. Sob essas duas hipóteses, a economia vai instantaneamente do ponto A para o ponto A' na Figura 3.3. O aumento da demanda leva a um aumento imediato da produção, o aumento da renda associado ao aumento da produção leva a um aumento imediato da demanda, e assim por diante. Não há nada de errado em pensar no ajuste em termos de rodadas sucessivas, como fizemos anteriormente, mesmo que as equações indiquem que todas essas rodadas ocorram de uma só vez.

Esse ajuste instantâneo não é realmente plausível. Uma empresa que contempla um aumento da demanda pode resolver esperar antes de ajustar a produção, recorrendo enquanto isso a estoques para atender à demanda. Um trabalhador que obtém um aumento salarial pode não ajustar seu consumo imediatamente. Essas demoras implicam que o ajuste do produto levará tempo.

A descrição formal do ajuste do produto ao longo do tempo — isto é, a formalização de equações para o que os economistas denominam **dinâmica** do ajuste e a solução deste modelo mais complicado — seria difícil em demasia para ser feita aqui. Mas é fácil fazê-la com palavras:

◆ Suponhamos, por exemplo, que as empresas tomem decisões sobre o nível de produção no início de cada trimestre. Uma vez tomadas as decisões, a produção não pode ser ajustada no restante do trimestre. Se as compras pelos consumidores forem maiores do que a produção, as empresas reduzirão seus estoques para atender à demanda. Por outro lado, se as vendas forem menores do que a produção, as empresas acumularão estoques.

◆ Agora, suponhamos que os consumidores decidam gastar mais, isto é, que eles aumentem c_0. Durante o trimestre em que isso ocorre a demanda aumenta, mas a produção — como supusemos que tenha sido fixada no início do trimestre — não mudou ainda. Portanto, a renda também não se altera.

◆ Tendo observado um aumento da demanda, as empresas provavelmente fixam um nível mais alto de produção no trimestre seguinte. Esse aumento da produção leva a um aumento correspondente da renda e a um aumento adicional da demanda. Se as compras ainda excedem a produção, as empresas aumentam ainda mais a produção do trimestre seguinte, e assim por diante.

◆ Resumindo, em resposta a um aumento dos gastos do consumidor, o produto não salta para o novo equilíbrio, mas aumenta ao longo do tempo de Y para Y'.

Quanto tempo demora o ajuste depende de como e com que frequência as empresas corrigem seus planos de produção. Se elas ajustarem seus planos de produção mais frequentemente em resposta a aumentos passados das compras, então o ajuste ocorrerá mais rapidamente.

Frequentemente faremos ao longo do livro o que acabamos de fazer aqui. Após examinar mudanças no produto de equilíbrio, descreveremos de modo informal como a economia se move de um equilíbrio para outro. Isso não só tornará a descrição do que ocorre na economia mais realista como também, em muitos casos, reforçará sua intuição sobre os motivos pelos quais o equilíbrio muda.

Nesta seção, concentramo-nos nos aumentos da demanda. Mas o mecanismo, obviamente, funciona nas duas direções: diminuições da demanda levam a diminuições do produto. A recente recessão nos Estados Unidos deveu-se a uma diminuição repentina de dois dos quatro componentes do gasto autônomo ao mesmo tempo. A título de lembrete, a equação para o gasto autônomo é $[c_0 + I + G - c_1 T]$. O quadro Foco "A falência do Lehman, temores de outra grande depressão e deslocamentos da função consumo" mostra como e quando a crise começou, preocupações com o futuro levaram os consumidores a cortar gastos apesar de sua renda disponível ainda não ter diminuído; ou seja, c_0 diminuiu acentuadamente. À medida que os preços das casas caíram, construir casas novas tornou-se muito menos desejável. Novas residências são parte dos gastos de investimento autônomo, então I também caiu drasticamente. À medida que os gastos autônomos diminuíram, a demanda total por bens caiu, assim como a produção. Em muitos pontos no livro vamos retomar os fatores e mecanismos por trás da crise e enriquecer constantemente nossa história. Mas este efeito sobre os gastos autônomos continuará a ser um elemento central da história.

FOCO

A falência do Lehman, temores de outra grande depressão e deslocamentos da função consumo

Por que os consumidores reduziriam o consumo se sua renda não se alterou? Ou, nos termos da Equação 3.2, por que c_0 poderia diminuir, levando, por sua vez, a uma diminuição na demanda, no produto, e assim por diante?

Uma das primeiras razões que nos vêm à mente é que, mesmo que sua renda atual não tenha mudado, eles começam a se preocupar com o futuro e decidem economizar mais. Foi precisamente isto que aconteceu no início da crise, no final de 2008 e início de 2009. Os fatos básicos são mostrados na Figura 1 a seguir. Ela representa graficamente, do primeiro trimestre de 2008 até o terceiro trimestre de 2009, o comportamento de três variáveis: renda disponível, consumo total e consumo de bens duráveis — a parte do consumo que recai sobre bens como carros, computadores e assim por diante (o Apêndice 1 no final do livro oferece uma definição mais precisa). Para tornar as coisas visualmente simples, as três variáveis são normalizadas para 1 no primeiro trimestre de 2008.

Notam-se duas coisas sobre a figura. Primeiro, apesar do fato de que a crise levou a uma acentuada queda do PIB, durante esse período a renda disponível não se alterou muito de início. Ela até aumentou no primeiro trimestre de 2008, mas o consumo se manteve inalterado do primeiro ao segundo trimestre desse ano e depois caiu antes que a renda disponível caísse. A queda foi de 3% em 2009 se comparada a 2008 mais do que a redução da renda disponível. Em termos da Figura 1, a distância entre a linha de renda disponível e a linha de consumo aumentou. Segundo, durante o terceiro e especialmente o quarto trimestre de 2008, o consumo de bens duráveis caiu drasticamente. No quarto trimestre, baixou 10% em relação ao primeiro trimestre, antes de se recuperar no início de 2009 e baixar de novo mais tarde.

Por que o consumo, e especialmente o consumo de bens duráveis, diminuiu ao final de 2008, apesar de mudanças relativamente pequenas na renda disponível? Vários fatores estavam em jogo, mas o principal deles foi o baque psicológico da crise financeira. Lembre-se do Capítulo 1 que, em 15 de setembro de 2008, o grande banco Lehman Brothers faliu e, nas semanas seguintes, pareceu que muitos mais bancos poderiam seguir o mesmo caminho e o sistema financeiro poderia entrar em

▶ Figura 1 Renda disponível, consumo total e consumo de bens duráveis nos EUA, 2008:1 a 2009:3.

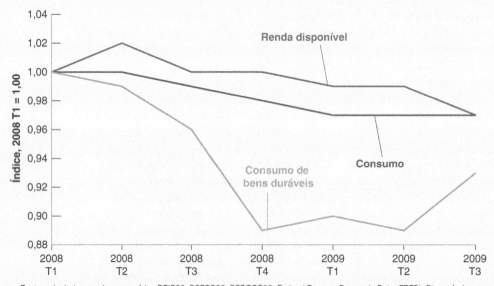

Fonte: calculado usando-se as séries DPIC96, PCECC96, PCDGCC96: Federal Reserve Economic Data (FRED). Disponível em: <http://research.stlouisfed.org/fred2/>. Acesso em 24 maio 2017.

colapso. Para a maioria das pessoas, o principal sinal de problema era o que liam nos jornais; embora ainda tivessem emprego e recebessem seus contracheques mensais, os eventos os faziam lembrar das histórias da Grande Depressão e do sofrimento que veio a reboque. Uma maneira de analisar isto é examinar a série Google Trends que fornece o número de pesquisas sobre a "Grande Depressão", de janeiro de 2008 a setembro de 2009, representada na Figura 2. A série é normalizada para que seu valor médio seja igual a 1 ao longo dos dois anos. Note o acentuado pico da série em outubro de 2008 e depois sua lenta redução no curso de 2009, quando ficou claro que, embora a crise fosse séria, os formuladores de política econômica fariam o que estivesse a seu alcance para evitar uma repetição da Grande Depressão.

Se você receasse que a economia pudesse cair em outra Grande Depressão, o que faria? Preocupado com o desemprego ou com a diminuição da renda no futuro, você provavelmente cortaria o consumo, mesmo que sua renda disponível ainda não tivesse sido afetada. E, diante da incerteza sobre os acontecimentos, você também poderia adiar compras que pudessem esperar; por exemplo, a compra de um carro ou de um televisor novos. Como mostra a Figura 1 neste quadro, foi exatamente o que os consumidores fizeram no final de 2008: o consumo total diminuiu e o de bens duráveis desabou. Em 2009, à medida que a nebulosidade clareava lentamente e os piores cenários se tornaram cada vez mais improváveis, o consumo de bens duráveis aumentou. Mas, nesse momento, muitos outros fatores estavam contribuindo para a crise.

▶ **Figura 2** Número de pesquisas do Google para "Grande Depressão", janeiro de 2008 a setembro de 2009.

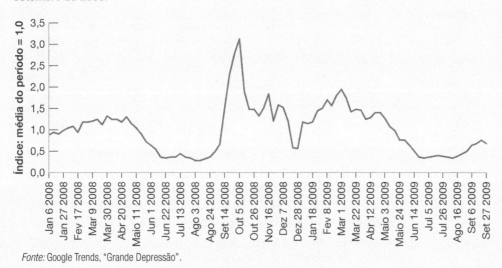

Fonte: Google Trends, "Grande Depressão".

3.4 Investimento igual a poupança: um modo alternativo de pensar sobre o equilíbrio do mercado de bens

Até agora, pensamos no equilíbrio do mercado de bens em termos da igualdade entre produção e demanda. Um modo alternativo, embora equivalente, de pensar sobre o equilíbrio é em termos de investimento e poupança. Foi assim que John Maynard Keynes articulou pela primeira vez seu modelo em 1936, em *A teoria geral do emprego, dos juros e da moeda*.

Vamos começar examinando a poupança — a soma das poupanças privada e pública.

A poupança privada também é feita pelas empresas, que não distribuem todo o lucro e usam os lucros retidos para financiar investimentos. Para simplificar, ignoramos a poupança das empresas aqui. Mas o resultado, ou seja, a igualdade entre investimento e poupança na Equação 3.10 não depende dessa simplificação.

Poupança pública > 0
⇔ Superávit orçamentário

◆ Por definição, **poupança privada** (S), a poupança dos consumidores, é igual a sua renda disponível menos o seu consumo:

$$S \equiv Y_D - C$$

Usando a definição de renda disponível, podemos reescrever a poupança privada como renda menos impostos menos consumo:

$$S \equiv Y - T - C$$

◆ Por definição, **poupança pública** ($T - G$) é igual a impostos (líquidos de transferências) menos gastos do governo. Se os impostos excedem os gastos do governo, este apresenta um **superávit orçamentário**, logo, a poupança pública é positiva. Se os impostos são inferiores aos gastos do governo, este apresenta um **déficit orçamentário**, logo, a poupança pública é negativa.

◆ Voltemos agora à equação de equilíbrio do mercado de bens que derivamos anteriormente. A produção deve ser igual à demanda, que, por sua vez, é a soma de consumo, investimento e gastos do governo:

$$Y = C + I + G$$

Subtraia os impostos (T) de ambos os lados e passe o consumo para o lado esquerdo:

$$Y - T - C = I + G - T$$

O lado esquerdo dessa equação é simplesmente a poupança privada (S), logo:

$$S = I + G - T$$

ou, de modo equivalente,

$$I = S + (T - G) \tag{3.10}$$

No lado esquerdo está o investimento. No lado direito está a soma da *poupança privada* e da *poupança pública*.

A Equação 3.10 nos dá outra forma de pensar no equilíbrio do mercado de bens. Ela diz que o equilíbrio do mercado de bens requer que o investimento seja igual à **poupança** — a soma das poupanças privada e pública. Essa maneira de examinar o equilíbrio explica por que a condição de equilíbrio para o mercado de bens é chamada de **relação *IS*** (que representa "investimento é igual à poupança" — dos termos em inglês *Investment* e *Saving*). O que as empresas desejam investir deve ser igual ao que as pessoas e o governo desejam poupar.

Para entender a Equação 3.10, imagine uma economia em que haja só uma pessoa, que precisa decidir quanto consumir, investir e poupar — uma economia estilo Robinson Crusoé, por exemplo. Para Crusoé, as decisões de poupança e investimento são uma só: o que ele investe (por exemplo, mantendo os coelhos para reprodução em vez de servi-los em uma refeição) ele automaticamente poupa. Em uma economia moderna, contudo, as decisões de investimento são tomadas pelas empresas, ao passo que as decisões de poupança são tomadas pelos consumidores e pelo governo. No equilíbrio, como mostra a Equação 3.10, todas essas decisões precisam ser consistentes: o investimento deve ser igual à poupança.

Resumindo, há duas formas equivalentes de apresentar a condição de equilíbrio do mercado de bens:

Produção = Demanda
Investimento = Poupança

Já caracterizamos o equilíbrio usando a primeira condição, a Equação 3.6. Agora faremos o mesmo usando a segunda condição, a Equação 3.10. Os resultados serão os mesmos, mas a derivação lhe dará outra forma de pensar no equilíbrio.

◆ Note, em primeiro lugar, que *as decisões de consumo e de poupança são iguais*. Dada sua renda disponível, uma vez que os consumidores tenham escolhido o consumo, sua poupança está determinada, e vice-versa. A forma como especificamos o comportamento do consumo implica que a poupança privada seja dada por:

$$S = Y - T - C$$
$$= Y - T - c_0 - c_1(Y - T)$$

Rearranjando, temos

$$S = -c_0 + (1 - c_1)(Y - T) \tag{3.11}$$

◆ Assim como chamamos c_1 de propensão a consumir, podemos chamar $(1 - c_1)$ de **propensão a poupar**. Essa propensão nos diz quanto de uma unidade adicional de renda as pessoas poupam. A hipótese que fizemos anteriormente — de que a propensão a consumir (c_1) varia entre zero e um — implica que a propensão a poupar $(1 - c_1)$ também está entre zero e um. A poupança privada aumenta com a renda disponível, mas em menos de um dólar para cada dólar adicional de renda disponível.

No equilíbrio, o investimento deve ser igual à poupança, a soma das poupanças privada e pública. Substituindo a poupança privada na Equação 3.10 por sua expressão temos

$$I = -c_0 + (1 - c_1)(Y - T) + (T - G)$$

Resolvendo para o produto, temos

$$Y = \frac{1}{1 - c_1}[c_0 + \bar{I} + G - c_1 T] \tag{3.12}$$

A Equação 3.12 é exatamente igual à 3.8. Isto não deveria surpreender. Estamos examinando a mesma condição de equilíbrio, porém de maneira diferente. Essa forma alternativa será útil em várias aplicações mais à frente no livro. O quadro Foco "O paradoxo da poupança" examina uma dessas aplicações, que foi enfatizada pela primeira vez por Keynes e é frequentemente chamada de paradoxo da poupança.

3.5 O governo é mesmo onipotente? Uma advertência

A Equação 3.8 implica que o governo, ao escolher o nível de gastos (G) ou o nível de impostos (T), pode escolher o nível de produto que deseja. Se quiser que o produto aumente, por exemplo, em \$ 1 bilhão, tudo o que precisa fazer é aumentar G em \$$(1 - c_1)$ bilhão; esse aumento dos gastos do governo, teoricamente, levará a um aumento do produto de \$$(1 - c_1)$ bilhão vezes o multiplicador, $1/(1 - c_1)$, ou \$ 1 bilhão.

Os governos podem, realmente, escolher o nível de produto que quiserem? Obviamente não. Se pudessem, e se fosse tão fácil quanto parece no parágrafo anterior, por que o governo dos EUA permitiria que o crescimento estagnasse em 2008 e a produção caísse efetivamente em 2009? Por que o governo não aumentaria a taxa de crescimento de imediato para reduzir o desemprego mais rapidamente? Existem muitos aspectos da realidade que ainda não incorporamos ao nosso modelo, e todos eles complicam a tarefa do governo. Faremos isso no devido tempo. É útil, porém, relacionar esses aspectos aqui de maneira sucinta:

> Para dar uma olhada na lista mais longa, consulte a Seção 22.1, "O que aprendemos", no Capítulo 22.

- Uma mudança de gastos do governo ou de impostos pode ser difícil. A aprovação de projetos de lei no Congresso sempre leva tempo e pode com frequência se transformar em um pesadelo para o presidente (capítulos 21 e 22).
- Presumimos que o investimento permaneceria constante. Mas o investimento provavelmente também deve responder. O mesmo vale para as importações: parte do aumento da demanda pelos consumidores e pelas empresas não será pelos bens domésticos, mas pelos bens estrangeiros. Todas essas respostas provavelmente estão associadas a efeitos dinâmicos complexos, dificultando sua avaliação precisa pelos governos (capítulos 5 e 9, 18 a 20).
- Expectativas são importantes. Por exemplo, a reação dos consumidores a um corte nos impostos provavelmente depende muito de como eles o veem: como transitório ou permanente. Quanto maior a percepção do corte de impostos como algo permanente, maior será a resposta do consumo. De modo análogo, a reação dos consumidores a um aumento nos gastos deve depender de quando acham que o governo elevará impostos para cobrir os gastos (capítulos 14 a 16).
- Atingir um dado nível de produto pode vir junto com efeitos colaterais desagradáveis. Por exemplo, a tentativa de alcançar um nível muito alto de produto pode levar a uma inflação crescente, e, por este motivo, tornar-se insustentável no médio prazo (Capítulo 9).
- O corte de impostos ou o aumento dos gastos do governo podem levar a grandes déficits orçamentários e a um aumento do estoque de dívida pública. Uma dívida elevada pode ter efeitos adversos no longo prazo. Este é um tema importante de pesquisa em quase todo país avançado no mundo (capítulos 9, 11, 16 e 22).

Resumindo, a proposição de que, ao utilizar uma política fiscal, o governo pode afetar a demanda e o produto no curto prazo é importante e correta. Mas, à medida que refinarmos nosso modelo, veremos que o papel do governo de modo geral e, principalmente, o uso bem-sucedido da política fiscal se tornarão cada vez mais difíceis: as coisas nunca serão tão tranquilas para os governos como foram neste capítulo.

FOCO

O paradoxo da poupança

À medida que crescemos, aprendemos sobre as virtudes da parcimônia. Quem gasta tudo o que ganha está condenado a morrer na pobreza. Quem poupa tem a promessa de uma vida feliz. Do mesmo modo, dizem os governos, uma economia que poupa é uma economia que crescerá forte e próspera. O modelo que vimos neste capítulo, contudo, conta uma história diferente e surpreendente.

Suponhamos que, a um dado nível de renda disponível, os consumidores decidam poupar mais. Em outras palavras, suponhamos que os consumidores diminuam c_0, assim reduzindo o consumo e aumentando a poupança a um dado nível de renda disponível. O que acontece com o produto e a poupança?

A Equação 3.12 deixa claro que o produto de equilíbrio diminui. À medida que as pessoas poupam mais em seu nível inicial de renda, elas diminuem seu consumo. Mas esse consumo menor diminui a demanda, que, por sua vez, diminui a produção.

É possível dizer o que acontece com a poupança? Vamos voltar à equação da poupança privada, isto é, à Equação 3.11. Lembre-se de que presumimos que não exista mudança na poupança pública, logo, a poupança pública e a poupança privada movem-se juntas.

$$S = -c_0 + (1 - c_1)(Y - T)$$

Por um lado, $-c_0$ é maior (menos negativo): os consumidores estão poupando mais a qualquer nível de renda; isso tende a aumentar a poupança. Mas, por outro lado, a renda, Y, é menor, e isso diminui a poupança. O efeito líquido parece ambíguo. Na verdade, podemos dizer o sentido para o qual ele vai.

Para ver como, voltemos à Equação 3.10, a condição de equilíbrio em que o investimento e a poupança devem ser iguais:

$$I = S + (T - G)$$

Por hipótese, o investimento não varia: $\bar{I} = I$. Nem T nem G variam. Portanto, a condição de equilíbrio nos diz que, em equilíbrio, a poupança privada S também não pode mudar. Embora as pessoas queiram poupar mais a um dado nível de renda, a renda diminui em um montante tal que sua poupança se mantém inalterada.

Isso significa que, à medida que as pessoas tentam poupar mais, o resultado é tanto uma diminuição do produto quanto uma poupança inalterada. Esse surpreendente par de resultados é conhecido como o **paradoxo da poupança** (ou o *paradoxo da parcimônia*). Note que o mesmo resultado seria obtido se analisássemos a poupança pública em vez da poupança privada: a redução do déficit orçamentário também levaria a uma redução do produto e uma poupança geral (pública e privada) inalterada.

Note também que, se ampliássemos nosso modelo para permitir que o investimento baixe com o produto (faremos isto no Capítulo 5) em vez de assumir que seja constante, o resultado seria ainda mais dramático: uma tentativa de poupar mais, quer pelos consumidores, quer pelo governo, levaria a um produto menor, a um investimento menor e, consequentemente, a uma poupança menor!

Sendo assim, devemos esquecer a sabedoria popular? O governo deveria dizer às pessoas que sejam menos econômicas? Não. Os resultados desse modelo simples são muito relevantes no curto prazo. O desejo dos consumidores de poupar mais é um fator importante em muitas das recessões nos EUA, como vimos no quadro Foco anterior. Mas — como veremos mais adiante neste livro, quando examinarmos o médio e o longo prazos — outros mecanismos entram em jogo ao longo do tempo, e um aumento da taxa de poupança provavelmente leva, no decorrer do tempo, a uma poupança mais alta e a uma renda mais elevada. Entretanto, fica uma advertência: as políticas econômicas que incentivam a poupança podem ser boas no médio e no longo prazos, mas podem levar a uma redução da demanda e do produto, e talvez até a uma recessão, no curto prazo.

Resumo

A seguir, o que se deve lembrar sobre os componentes do PIB:

- PIB é a soma de consumo, investimento, gastos do governo, investimento em estoques e exportações menos importações.

- Consumo (C) é a compra de bens e serviços pelos consumidores. É o maior componente da demanda.

- Investimento (I) é a soma do investimento não residencial — a compra de novas instalações e novas máquinas pelas empresas — e do investimento residencial — a compra de novas casas ou apartamentos pelas pessoas.

- Gastos do governo (G) são a compra de bens e serviços pelos governos federal, estadual e municipal.

- Exportações (X) são compras pelos estrangeiros de bens produzidos no país. Importações (IM) são compras de bens estrangeiros por consumidores, empresas e governo de um país.

- Investimento em estoques é a diferença entre produção e vendas. Pode ser positivo ou negativo.

A seguir, o que se deve lembrar sobre nosso primeiro modelo de determinação do produto:

- No curto prazo, a demanda determina a produção. A produção é igual à renda, e a renda, por sua vez, afeta a demanda.

- A função consumo mostra como o consumo depende da renda disponível. A propensão a consumir descreve quanto o consumo aumenta para um dado aumento da renda disponível.

- O produto de equilíbrio é o nível de produto em que a produção é igual à demanda. Em equilíbrio, o produto é igual ao gasto autônomo vezes o multiplicador. O gasto autônomo é a parte da demanda que não depende da renda. O multiplicador é igual a $1/(1 - c_1)$, em que c_1 é a propensão a consumir.

- Aumentos da confiança do consumidor, da demanda por investimento e dos gastos do governo ou a diminuição dos impostos levam a um aumento do produto de equilíbrio no curto prazo.

- Uma forma alternativa de expressar a condição de equilíbrio do mercado de bens é que o investimento deve ser igual à poupança — a soma das poupanças privada e pública. Por isso, a condição de equilíbrio é chamada de *relação IS* (I de investimento e S de poupança, em inglês).

Palavras-chave

- balança comercial, 51
- condição de equilíbrio, 56
- consumo (C), 50
- déficit comercial, 51
- déficit orçamentário, 64
- dinâmica, 61
- econometria, 60
- equação comportamental, 52
- equilíbrio, 55
- equilíbrio no mercado de bens, 55
- exportações (X), 51
- exportações líquidas ($X - IM$), 51
- função consumo, 52
- gasto autônomo, 56
- gastos do governo (G), 51
- identidade, 52
- importações (IM), 51
- investimento (I), 50
- investimento em estoques, 51
- investimento fixo, 50
- investimento não residencial, 50
- investimento residencial, 50
- multiplicador, 57
- orçamento equilibrado, 56
- paradoxo da poupança, 67
- parâmetros, 53
- política fiscal, 55
- poupança, 64
- poupança privada (S), 64
- poupança pública ($T - G$), 64
- progressão geométrica, 60
- propensão a consumir (c_1), 53
- propensão a poupar, 65
- relação IS, 64
- relação linear, 53
- renda disponível (Y_D), 52
- superávit comercial, 51
- superávit orçamentário, 64
- transferências do governo, 51
- variáveis endógenas, 54
- variáveis exógenas, 54

Questões e problemas

Teste rápido

1. **Usando as informações contidas neste capítulo, diga se cada afirmação a seguir é verdadeira, falsa ou incerta. Explique brevemente.**

    a. O maior componente do PIB é o consumo.

    b. Os gastos do governo, incluindo as transferências, eram iguais a 18,1% do PIB dos Estados Unidos em 2014.

    c. A propensão a consumir tem de ser positiva, mas, por outro lado, pode adotar qualquer valor positivo.

    d. Um fator da recessão de 2009 foi uma queda no valor do parâmetro c_0.

    e. A política fiscal descreve a escolha do governo sobre gastos e impostos e é tratada como exógena em nosso modelo do mercado de bens.

    f. A condição de equilíbrio do mercado de bens afirma que o consumo é igual ao produto.

    g. Um aumento de uma unidade nos gastos do governo leva a um aumento de uma unidade no produto de equilíbrio.

    h. Um aumento da propensão a consumir leva a uma queda no produto.

2. **Suponhamos que a economia seja caracterizada pelas seguintes equações comportamentais:**

    $$C = 160 + 0,6\,Y_D$$
    $$I = 150$$
    $$G = 150$$
    $$T = 100$$

    Resolva para as seguintes variáveis:

    a. O PIB de equilíbrio (Y).

    b. A renda disponível (Y_D).

    c. Os gastos de consumo (C).

3. **Para a economia descrita na questão 2:**

    a. Resolva para o produto de equilíbrio. Calcule a demanda total. É igual à produção? Explique.

    b. Suponhamos que G agora seja igual a 110. Resolva para o produto de equilíbrio. Calcule a demanda total. É igual à produção? Explique.

c. Suponhamos que G seja igual a 110, logo, o produto é dado por sua resposta em (b). Calcule a soma das poupanças privada e pública. A soma dessas poupanças é igual ao investimento? Explique.

Aprofundando

4. Multiplicador do orçamento equilibrado.

Por motivos tanto políticos quanto macroeconômicos, os governos frequentemente relutam em incorrer em déficits orçamentários. Aqui examinamos se mudanças de política econômica em G e T que mantêm um orçamento equilibrado são neutras do ponto de vista macroeconômico. Dito de outro modo, verificamos se é possível afetar o produto por meio de mudanças em G e T de modo que o orçamento do governo se mantenha equilibrado.

Comece pela Equação 3.8.

a. Quanto Y aumenta quando G aumenta em uma unidade?

b. Quanto Y diminui quando T aumenta em uma unidade?

c. Por que as respostas de (a) e (b) são diferentes?

Suponhamos que a economia comece com um orçamento equilibrado: T = G. Se o aumento de G for igual ao aumento de T, então o orçamento se mantém em equilíbrio. Calculemos agora o multiplicador do orçamento equilibrado.

d. Suponhamos que tanto G quanto T aumentem exatamente em uma unidade. Com base em suas respostas aos itens (a) e (b), qual é a mudança do PIB de equilíbrio? As mudanças em G e T, mantendo o orçamento equilibrado, são neutras do ponto de vista macroeconômico?

e. Como o valor específico da propensão a consumir afeta sua resposta de (a)? Por quê?

5. Estabilizadores automáticos.

Até aqui, neste capítulo, presumimos que as variáveis da política fiscal G e T sejam independentes do nível de renda. Entretanto, no mundo real não é este o caso. Os impostos normalmente dependem do nível de renda e, desse modo, tendem a ser mais elevados quando a renda é maior. Neste problema examinaremos como esta resposta automática dos impostos pode ajudar a reduzir o impacto de mudanças dos gastos autônomos sobre o produto.

Considere as seguintes equações comportamentais:

$$C = c_0 + c_1 Y_D$$
$$T = t_0 + t_1 Y$$
$$Y_D = Y - T$$

G e I são constantes. Suponha que t_1 esteja entre 0 e 1.

a. Resolva para o produto de equilíbrio.

b. Qual é o multiplicador? A economia responde mais a mudanças do gasto autônomo quando t_1 é igual a zero ou quando t_1 é positivo? Explique.

c. Por que a política fiscal é chamada neste caso de "estabilizador automático"?

6. Orçamento equilibrado *versus* estabilizadores automáticos.

Argumenta-se frequentemente que uma lei de orçamento equilibrado seria, na verdade, desestabilizadora. Para entender este argumento, considere a economia da questão 5.

a. Resolva para o produto de equilíbrio.

b. Resolva para os impostos no equilíbrio.

Suponhamos que o governo comece com um orçamento equilibrado e que haja uma queda de c_0.

c. O que acontece com Y? O que acontece com os impostos?

d. Suponhamos que o governo corte os gastos a fim de manter o orçamento equilibrado. Qual será o efeito sobre Y? O corte dos gastos necessário para equilibrar o orçamento atenuará ou reforçará o efeito da queda de c_0 sobre o produto? (Não utilize álgebra. Use sua intuição e responda com suas palavras.)

7. Impostos e transferências.

Lembre-se de que definimos impostos, T, como líquidos de transferências. Em outras palavras,

$$T = impostos - transferências.$$

a. Suponhamos que o governo aumente as transferências para famílias, mas que esse aumento não seja financiado por aumentos de impostos. Em vez disso, o governo toma emprestado para pagar as transferências. Mostre em um gráfico (como o da Figura 3.2) como essa política afeta o produto de equilíbrio. Explique.

b. Suponhamos, por outro lado, que o governo pague pelo aumento das transferências com um aumento equivalente dos impostos. Neste caso, como o aumento das transferências afeta o produto de equilíbrio?

70 Macroeconomia

c. Agora suponhamos que a população inclua dois tipos de pessoa: aquelas com alta propensão a consumir e aquelas com baixa propensão a consumir. Suponhamos que a política de transferências aumente os impostos daqueles com baixa propensão a consumir para pagar as transferências às pessoas com alta propensão a consumir. Como esta política econômica afeta o produto de equilíbrio?

d. Como você acha que a propensão a consumir pode variar entre os indivíduos de acordo com a renda? Em outras palavras, como você pensa que é a propensão a consumir para pessoas com alta renda e para pessoas com baixa renda? Explique. Dada sua resposta, você acha que cortes de impostos são mais eficazes para estimular o produto quando esses cortes são direcionados para contribuintes de alta renda ou para contribuintes de baixa renda?

8. Investimento e renda.

Este problema examina as implicações de permitir que o investimento dependa do produto. O Capítulo 5 estende esta análise muito além e introduz uma relação fundamental — o efeito da taxa de juros sobre o investimento — não examinada neste problema.

a. Suponhamos que a economia seja caracterizada pelas equações comportamentais a seguir:

$$
\begin{aligned}
C &= c_0 + c_1 Y_D \\
Y_D &= Y - T \\
I &= b_0 + b_1 Y
\end{aligned}
$$

Os gastos e impostos do governo são constantes. Note que o investimento agora cresce com o produto. (O Capítulo 5 discutirá os motivos para esta relação.) Resolva para o produto de equilíbrio.

b. Qual é o valor do multiplicador? Como a relação entre investimento e produto afeta o valor do multiplicador? Para que o multiplicador seja positivo, que condição $(c_1 + b_1)$ deve satisfazer? Justifique suas respostas.

c. O que aconteceria se $(c_1 + b_1) > 1$? (Pergunta desafiadora: pense no que acontece em cada rodada de gastos.)

d. Suponhamos que o parâmetro b_0, às vezes chamado de *confiança das empresas*, aumente. Como o produto de equilíbrio será afetado? O investimento mudará mais ou menos do que a mudança de b_0? Por quê? O que acontecerá com a poupança nacional?

Explorando mais

9. Revendo o paradoxo da poupança.

Você deve conseguir responder às questões a seguir sem fazer nenhum cálculo, embora um diagrama possa ajudar na parte (a). Para este problema, não será necessário calcular as magnitudes das mudanças nas variáveis econômicas — somente a direção da mudança.

a. Consideremos a economia descrita na questão 8. Suponhamos que os consumidores decidam consumir menos (e, portanto, poupar mais) para determinada quantidade de renda disponível. Suponhamos, especificamente, que a confiança do consumidor (c_0) caia. O que acontecerá ao produto?

b. Como resultado do efeito sobre o produto que você determinou na parte (a), o que acontecerá ao investimento? E à poupança pública? E à poupança privada? Explique. (*Dica:* considere a caracterização de equilíbrio na qual "investimento é igual à poupança".) Qual é o efeito sobre o consumo?

c. Suponhamos que os consumidores decidiram aumentar os gastos de forma que c_0 aumentou. Qual teria sido o efeito sobre o produto, o investimento e a poupança privada neste caso? Explique. Qual teria sido o efeito sobre o consumo?

d. Comente a seguinte lógica: "Quando o produto é muito baixo, é necessário um aumento na demanda por bens e serviços. O investimento é um dos componentes da demanda e é igual à poupança. Assim, se o governo conseguisse convencer as famílias a tentarem poupar mais, então o investimento e o produto aumentariam".

O produto não é a única variável que afeta o investimento. À medida que desenvolvermos nosso modelo de economia, retomaremos o paradoxo da poupança nos próximos capítulos.

10. Usando a política fiscal neste primeiro (e mais simples) modelo para evitar a recessão de 2009:

O PIB em 2009 foi de aproximadamente US\$ 15.000 bilhões. Vimos no Capítulo 1 que o PIB caiu cerca de 3 pontos percentuais em 2009.

a. Quantos bilhões de dólares representam 3 pontos percentuais de US\$ 15.000 bilhões?

b. Se a propensão para consumir fosse 0,5, em quanto os gastos do governo teriam de aumentar para evitar uma redução no produto?

c. Se a propensão para consumir fosse de 0,5, quanto os impostos deveriam ser cortados para evitar qualquer redução no produto?

d. Suponha que o Congresso tivesse decidido tanto aumentar os gastos quanto elevar os impostos pelo mesmo montante em 2009. Que aumento nos gastos do governo e nos impostos teria sido necessário para evitar o declínio do produto em 2009?

11. O problema da "estratégia de saída".

No combate à recessão associada à crise, impostos foram cortados e os gastos do governo aumentados. O resultado foi um grande déficit público. Para reduzir este déficit, os impostos devem ser elevados ou os gastos do governo cortados. Essa é a "estratégia de saída" do grande déficit.

a. Como a redução do déficit de qualquer das duas formas afetará o nível de equilíbrio do produto no curto prazo?

b. O que altera mais o equilíbrio de produto: (i) cortar G em US\$ 100 bilhões; (ii) aumentar T em US\$ 100 bilhões?

c. Como sua resposta à questão (b) depende do valor da propensão marginal para consumir?

d. Você ouve dizer que uma redução do déficit aumenta a confiança dos consumidores e das empresas, reduzindo o declínio no produto, que, de outra forma, ocorreria com a redução do déficit. Este argumento é válido?

CAPÍTULO 4

Mercados financeiros I

Os mercados financeiros são intimidadores. Envolvem uma rede intrincada de instituições, que abrange desde bancos até fundos do mercado monetário, fundos mútuos, fundos de investimento e fundos *hedge*. As transações envolvem títulos, ações e outros créditos financeiros com nomes exóticos, tais como *swaps* e opções. As páginas de finanças dos jornais citam taxas de juros de muitos títulos do governo, diversos títulos corporativos, títulos de curto prazo e títulos de longo prazo, gerando confusão. Mas os mercados financeiros desempenham papel essencial na economia. Determinam o custo dos fundos para empresas, famílias e governo, por conseguinte afetando suas decisões de gastos. Para entender seu papel, devemos proceder em etapas.

Neste capítulo, focalizamos o papel do Banco Central em afetar essas taxas de juros. Para isso, simplificamos drasticamente a realidade e consideramos que a economia tem apenas ***dois*** ativos: dinheiro, que não paga juros, e títulos, que pagam. Isso nos permitirá entender como a taxa de juros dos títulos é determinada e o papel do Banco Central (nos Estados Unidos, o **Fed**, abreviação de Federal Reserve Bank) nesta determinação.

No Capítulo 5, vamos combinar o modelo do mercado de bens que desenvolvemos no Capítulo 3 com o modelo de mercados financeiros que desenvolvemos neste capítulo, e ter outra perspectiva do produto de equilíbrio. Feito isto, no entanto, retomaremos os mercados financeiros no Capítulo 6, levando em consideração mais ativos financeiros e mais taxas de juros, além de enfocar o papel dos bancos e outras instituições financeiras. Isto nos dará um modelo mais complexo e nos permitirá entender melhor o que aconteceu na recente crise.

O capítulo tem quatro seções:

A Seção 4.1 examina a demanda por moeda.

A Seção 4.2 supõe que o Banco Central controle diretamente a oferta de moeda e mostra como a taxa de juros é determinada pela condição de que a demanda seja igual à oferta de moeda.

A Seção 4.3 apresenta os bancos como responsáveis pela oferta de moeda, revisita as taxas de juros e sua determinação e descreve o papel do Banco Central neste contexto.

A Seção 4.4 trata da restrição da política monetária decorrente do fato de que a taxa de juros dos títulos não pode ser negativa, uma restrição que desempenhou um papel importante na crise.

4.1 Demanda por moeda

Esta seção examina os determinantes da *demanda por moeda*. Uma advertência antes de começarmos: palavras como *moeda* ou *riqueza* têm significados muito específicos em economia que frequentemente diferem daqueles das conversas cotidianas. O objetivo do quadro Foco "Armadilhas semânticas: moeda, renda e riqueza" é ajudar a evitar algumas dessas armadilhas. Leia-o atentamente e retorne a ele de vez em quando.

Suponhamos que, por ter poupado regularmente parte de sua renda no passado, sua riqueza financeira atual seja de US$ 50.000. Talvez você pretenda continuar poupando no futuro e aumentar sua riqueza, mas seu valor atual já está determinado. Suponhamos, também, que você só pode escolher entre dois ativos, moeda e títulos:

> *Certifique-se de saber a diferença entre a decisão sobre quanto poupar (que determina como sua riqueza muda ao longo do tempo) e a decisão sobre como alocar determinado estoque de riqueza entre moeda e títulos.*

* A *moeda*, que se pode usar para transações, não paga juros. No mundo real há dois tipos de moeda: **papel-moeda** — as moedas e notas em espécie — e **depósitos à vista** — os depósitos bancários sobre os quais você pode emitir cheques ou utilizar o cartão de débito. A distinção entre os dois será importante quando examinarmos a oferta de moeda. Por ora, porém, não precisamos nos preocupar com ela.
* Os **títulos** pagam uma taxa de juros positiva, i, mas não podem ser usados para transações. No mundo real há muitos tipos de título, cada qual associado a uma taxa de juros específica. Por enquanto, vamos ignorar este aspecto da realidade e considerar que haja apenas um tipo de título que pague i, a taxa de juros.

Suponhamos que a compra e a venda de títulos implique algum custo — por exemplo, o de dar um telefonema para o corretor e o de pagar uma taxa de corretagem. Quanto de seus US$ 50.000 você deveria reter em moeda e quanto em títulos? Por um lado, manter toda sua riqueza em forma de moeda é obviamente muito conveniente. Evita a necessidade de ligar para o corretor ou arcar com uma taxa de corretagem. Mas isto também significa não receber nenhuma renda de juros. Por outro lado, se retiver toda sua riqueza na forma de títulos, receberá juros sobre o montante total, mas terá de contatar seu corretor frequentemente — quando precisar de dinheiro para andar de metrô, pagar um cafezinho e assim por diante. É uma maneira bastante inconveniente de viver.

> *Você pode fazer pagamentos com cartão de crédito e evitar carregar dinheiro. Mas ainda terá que ter dinheiro em sua conta-corrente para pagar a administradora do cartão de crédito.*

Portanto, é claro que você deveria reter tanto moeda quanto títulos. Em que proporção? Isso dependerá principalmente de duas variáveis:

* Seu *nível de transações*. Você desejará ter moeda suficiente à disposição para evitar a venda frequente de títulos em troca de moeda. Digamos, por exemplo, que você normalmente gasta US$ 3.000 por mês. Neste caso, você pode desejar ter à disposição, em média, o equivalente a dois meses de gastos — ou US$ 6.000 — em moeda, e o restante — US$ 50.000 – US$ 6.000 = US$ 44.000 —, em títulos. Se, em vez disso, você normalmente gasta US$ 4.000 por mês, você pode desejar ter US$ 8.000 em moeda e apenas US$ 42.000 em títulos.
* A *taxa de juros dos títulos*. O único motivo para reter parte de sua riqueza em títulos é que eles pagam juros. Quanto mais alta for a taxa de juros, mais você estará disposto a enfrentar o trabalho e os custos associados à compra e à venda de títulos. Se a taxa de juros for muito elevada, você poderá decidir pela redução de seus saldos monetários para uma média equivalente a apenas duas semanas de gastos, ou US$ 1.500 (supondo que seus gastos mensais sejam de US$ 3.000). Dessa maneira, você poderá reter uma média de US$ 48.500 em títulos e, como resultado, receber mais juros.

Vamos esclarecer melhor este último aspecto. Muitos de vocês provavelmente não retêm títulos; suspeito que poucos têm um corretor. Alguns de vocês, contudo, retêm títulos indiretamente se possuírem uma conta de investimento em uma instituição financeira. Os **fundos do mercado monetário** (o nome completo é *fundos mútuos do mercado monetário*) agrupam os fundos de muitos investidores. Esses fundos são, então, usados para comprar títulos — normalmente, títulos públicos. Os fundos do mercado monetário pagam uma taxa de juros próxima, mas ligeiramente inferior, à taxa de juros dos títulos que retêm — a diferença vem dos custos administrativos dos fundos e de suas margens de lucro.

No início da década de 1980, quando a taxa de juros dos fundos chegou a 14% ao ano (uma taxa de juros muito elevada para os padrões atuais), muitas pessoas que

FOCO

Armadilhas semânticas: moeda, renda e riqueza

No dia a dia, empregamos a palavra *dinheiro* para representar muitas coisas. Usamos como sinônimo de renda: "ganhar dinheiro". Como sinônimo de riqueza: "ela tem muito dinheiro". Em economia, é preciso ter mais cuidado. Veja um guia básico de alguns termos e seu significado preciso em economia:

Moeda é o que se pode usar para pagar transações e pode ser papel-moeda ou depósitos à vista em bancos. **Renda** é o que você ganha com seu trabalho mais o que recebe de juros e dividendos. É um **fluxo** — algo expresso em unidades de tempo: renda semanal, renda mensal ou renda anual, por exemplo. Certa vez perguntaram a J. Paul Getty qual era sua renda. Getty respondeu: "US$ 1.000". O que ele pensou, mas não disse: "US$ 1.000 por minuto".

Poupança é a parte da renda líquida de impostos que não se gasta. Também é um fluxo. Se você poupar 10% de sua renda e ela for de US$ 3.000 por mês, então poupará US$ 300 por mês. Pode às vezes ser usada como sinônimo de riqueza — o valor que se acumulou ao longo do tempo. Para evitar confusões, não utilizaremos o termo *poupança* nesta segunda acepção.

Sua **riqueza financeira** (ou simplesmente riqueza) é o valor de todos os seus ativos financeiros menos todos os seus passivos financeiros. Ao contrário da renda e da poupança, que são variáveis de fluxo, a riqueza financeira é uma variável de **estoque**. É o valor da riqueza em dado instante no tempo.

Em dado instante do tempo você não pode alterar o montante total de sua riqueza financeira. Só pode fazer isso ao longo do tempo, à medida que poupa ou despoupa, ou à medida que os valores de seus ativos e passivos variam. Mas é possível mudar a composição de sua riqueza; você pode, por exemplo, decidir pagar parte de sua hipoteca emitindo um cheque de sua conta-corrente. Isto leva a uma diminuição de seus passivos (uma hipoteca menor) e a uma diminuição equivalente de seus ativos (um saldo menor em sua conta-corrente); mas isto não muda sua riqueza.

Os ativos financeiros que podem ser usados diretamente para comprar bens são chamados de *moeda* e incluem o papel-moeda e os depósitos à vista, ou seja, depósitos contra os quais se pode emitir cheques. Moeda também é um estoque. Alguém que é rico pode ter um saldo monetário pequeno — por exemplo, US$ 1 milhão em ações, mas apenas US$ 500 em conta-corrente. Ou alguém pode ter uma renda elevada, mas um saldo monetário pequeno; por exemplo, uma renda de US$ 10.000 por mês, mas somente US$ 1.000 em conta-corrente.

Investimento é um termo que os economistas reservam para a compra de novos bens de capital, de máquinas a fábricas e edifícios comerciais. Quando você se referir à compra de ações ou de outros ativos financeiros, deve se referir a eles como um **investimento financeiro**.

Aprenda a ser economicamente correto:

Não diga "Maria ganha muito dinheiro"; em vez disso, diga "Maria tem uma renda elevada".
Também não diga "João tem muito dinheiro"; diga que "João é muito rico".

---

antes mantinham toda a riqueza em contas-correntes (que pagavam juros baixos ou iguais a zero) entenderam o quanto poderiam ganhar de juros transferindo parte da riqueza para contas de investimento. Agora que as taxas de juros diminuíram, as pessoas são mais displicentes quanto a colocar o máximo possível em seus fundos de investimento. Dito de outra maneira, para um dado nível de transações, as pessoas mantêm agora mais de sua riqueza em contas-correntes do que faziam no início da década de 1980.

Derivação da demanda por moeda

Vamos passar dessa discussão para uma equação que descreve a demanda por moeda. Seja o montante de moeda que as pessoas desejam reter — sua *demanda por moeda* — dado por M^d (o *d* sobrescrito representa *demanda*). A demanda por moeda na economia como um todo é simplesmente a soma de todas as demandas por moeda de cada pessoa nessa economia. Portanto, ela depende do nível total de transações na economia e da taxa de juros. O nível total de transações na economia é difícil de ser medido, mas é provável que seja aproximadamente proporcional à renda nominal (a renda medida na moeda do país). Se a renda nominal aumentasse em 10%, seria razoável pensar que o montante de transações na economia também aumentaria aproximadamente em 10%. Portanto, podemos escrever a relação entre a demanda por moeda, a renda nominal e a taxa de juros como:

$$M^d = \$Y\, L(i) \quad (4.1)$$
$$(-)$$

em que $\$Y$ representa a renda nominal. Leia esta equação do seguinte modo: *a demanda por moeda, M^d, é igual à renda nominal, $\$Y$, multiplicada por uma função da taxa de juros, i, representada por $L(i)$*. O sinal negativo sob o i em $L(i)$ reflete o fato de que a taxa de juros tem um efeito negativo sobre a demanda por moeda: um aumento da taxa de juros *reduz* a demanda por moeda à medida que as pessoas colocam mais de sua riqueza em títulos.

A Equação 4.1 resume o que dissemos até agora:

* Primeiro, a demanda por moeda aumenta em proporção à renda nominal. Se a renda nominal dobra, aumentando de $\$Y$ para $\$2Y$, a demanda por moeda também dobra, aumentando de $\$Y\, L(i)$ para $\$2Y\, L(i)$.
* Segundo, a demanda por moeda depende negativamente da taxa de juros. Isto é refletido pela função $L(i)$ e pelo sinal negativo sob a taxa de juros: um aumento na taxa de juros diminui a demanda por moeda.

A relação entre a demanda por moeda, a renda nominal e a taxa de juros contida na Equação 4.1 é mostrada na Figura 4.1. A taxa de juros, i, é medida no eixo vertical. A moeda, M, é medida no eixo horizontal.

> Volte ao exemplo do Capítulo 2 de uma economia composta por uma siderúrgica e uma montadora. Calcule o volume total de transações nessa economia e sua relação com o PIB. Se ambas as empresas dobrassem de tamanho, o que aconteceria com as transações e com o PIB?

> O que importa aqui é a renda nominal — a renda na moeda do país — e não a renda real. Se a renda real não variar, mas os preços dobrarem, levando a renda nominal a dobrar, as pessoas precisarão ter o dobro de moeda para comprar a mesma cesta de consumo.

▶ **Figura 4.1 Demanda por moeda.**
Para dado nível de renda nominal, uma taxa de juros menor aumenta a demanda por moeda. A dada taxa de juros, um aumento da renda nominal desloca a demanda por moeda para a direita.

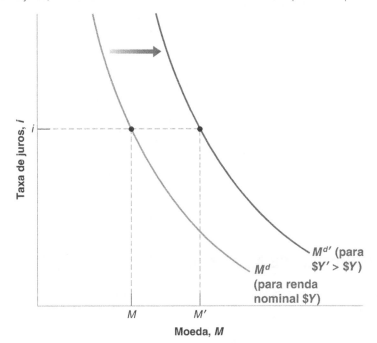

FOCO

Nas mãos de quem está a moeda dos Estados Unidos?

Segundo pesquisas realizadas em 2006, a família média dos EUA possuía US$ 1.600 em espécie (notas e moedas). Multiplicando-se este valor pelo número de famílias na economia dos Estados Unidos (cerca de 110 milhões), o montante total de moeda pertencente às famílias estaria em torno de US$ 170 bilhões.

De acordo com o Federal Reserve Board — que é o responsável pela distribuição das notas e, portanto, sabe quanto está em circulação —, o montante seria muito mais alto: US$ 750 bilhões. A questão é: se este valor não está com as famílias, com quem está?

Uma parte deste valor certamente pertence às empresas, e não às famílias. Outra parte está nas mãos dos envolvidos com a economia informal ou com as atividades ilegais. No tráfico de drogas, são as notas de dólar, e não os cheques, que viabilizam os acertos de contas. Pesquisas sobre as empresas e estimativas do IRS (Institute of Revenue Service — receita federal dos EUA) sobre a economia informal sugerem, contudo, que isso pode explicar, no máximo, US$ 80 bilhões adicionais. Assim, fica ainda de fora da contabilidade cerca de US$ 500 bilhões, ou 66% do total. Então, onde está este dinheiro? A resposta é: fora do país, nas mãos de estrangeiros.

Alguns países, como Equador e El Salvador, adotaram o dólar como sua moeda. As pessoas nesses países, portanto, usam notas de dólar em suas transações. Mas esses dois países são pequenos demais para explicar a incógnita.

Em diversos países que sofreram com inflação alta no passado, as pessoas aprenderam que sua moeda interna pode rapidamente se desvalorizar e, assim, veem no dólar um ativo seguro e conveniente. É o caso, por exemplo, da Argentina e da Rússia. Estimativas do Tesouro dos EUA sugerem que a Argentina detém mais de US$ 50 bilhões em notas de dólar, e a Rússia mais de US$ 80 bilhões — juntos, portanto, esses países possuem quase tanta moeda em espécie quanto as famílias dos Estados Unidos.

Há ainda outros países para os quais as pessoas que emigraram para os Estados Unidos levam as notas de dólar, ou onde os turistas pagam suas transações com notas de dólar, e as notas ficam no país. É o que acontece, por exemplo, no México ou na Tailândia.

O fato de os estrangeiros possuírem uma proporção tão alta das notas de dólar em circulação traz duas implicações macroeconômicas principais. Primeiro, o restante do mundo, ansioso para colocar as mãos na moeda dos EUA, está fazendo um empréstimo, livre de juros, de US$ 500 bilhões dos Estados Unidos. Segundo, embora pensemos na demanda por moeda (que inclui tanto papel-moeda quanto os depósitos à vista) como sendo determinada pela taxa de juros e pelo nível de transações no país, está claro que a demanda pela moeda dos EUA também depende de outros fatores. Você consegue imaginar, por exemplo, o que aconteceria à demanda pelo dólar se o nível de agitação política aumentasse no restante do mundo?

A relação entre a demanda por moeda e a taxa de juros *para dado nível de renda nominal $\$Y$* é representada pela curva M^d, que é negativamente inclinada: quanto menor a taxa de juros (quanto menor for i), maior o montante de moeda que as pessoas desejam reter (maior será M).

Para dada taxa de juros, um aumento da renda nominal aumenta a demanda por moeda. Em outras palavras, um aumento da renda nominal desloca a demanda por moeda para a direita, de M^d para $M^{d'}$. Por exemplo, à taxa de juros i, um aumento da renda nominal de $\$Y$ para $\$Y'$ aumenta a demanda por moeda de M para M'.

4.2 Determinação da taxa de juros: I

Tendo examinado a demanda por moeda, agora examinaremos a oferta de moeda e, a seguir, o equilíbrio.

No mundo real há dois tipos de moeda: depósitos à vista, que são ofertados pelos bancos, e papel-moeda, que é ofertado pelo Banco Central. Nesta seção, vamos supor que os depósitos à vista não existam — que a única moeda na economia seja o papel-moeda, do Banco Central. Claramente isto não é realista, mas tornará os mecanismos básicos mais transparentes. Na próxima seção, reintroduziremos os depósitos à vista e examinaremos o papel desempenhado pelos bancos.

Demanda por moeda, oferta de moeda e taxa de juros de equilíbrio

Suponhamos que o Banco Central decida ofertar um montante de moeda igual a M, de modo que

$$M^s = M$$

O sobrescrito s representa a *oferta* (s é a inicial de *supply*, que, em inglês, significa "oferta"). Vamos desconsiderar, por enquanto, a questão de como exatamente o Banco Central oferta esse montante de moeda. Retornaremos a ela alguns parágrafos adiante.

O equilíbrio nos mercados financeiros requer que a oferta de moeda seja igual à demanda por moeda, ou seja, $M^s = M^d$. Portanto, usando $M^s = M$ e a Equação 4.1 para a demanda por moeda, a condição de equilíbrio é

> Nesta seção, o termo *moeda* significa moeda do Banco Central ou papel-moeda.

$$\text{Oferta de moeda} = \text{Demanda por moeda}$$
$$M = \$Y\, L(i) \tag{4.2}$$

Esta equação nos diz que a taxa de juros i deve ser tal que, dada sua renda $\$Y$, as pessoas estejam dispostas a ter um montante de moeda igual à oferta de moeda existente M.

Esta relação de equilíbrio é representada graficamente na Figura 4.2. Como na Figura 4.1, a moeda é medida no eixo horizontal, e a taxa de juros no vertical. A demanda por moeda, M^d, desenhada para um dado nível de renda nominal $\$Y$, é negativamente inclinada: uma taxa de juros maior implica uma demanda por moeda menor. A oferta de moeda é desenhada como a linha vertical representada por M^s. A oferta de moeda é igual a M e independe da taxa de juros. O equilíbrio ocorre no ponto A, e a taxa de juros de equilíbrio é dada por i.

Com essa caracterização do equilíbrio, podemos examinar como as mudanças na renda nominal ou na oferta de moeda pelo Banco Central afetam a taxa de juros de equilíbrio:

* A Figura 4.3 mostra os efeitos de um aumento da renda nominal sobre a taxa de juros.

Essa figura reproduz a Figura 4.2, e o equilíbrio inicial está no ponto A. Um aumento da renda nominal de $\$Y$ para $\$Y'$ aumenta o nível de transações, que aumenta a demanda por moeda a qualquer taxa de juros. A curva de demanda por moeda *se desloca* para a direita, de M^d para $M^{d'}$. O equilíbrio se move para cima, de A para A', e a taxa de juros de equilíbrio aumenta de i para i'.

Verbalmente: para dada oferta de moeda, *um aumento da renda nominal leva a um aumento da taxa de juros*. O motivo é que, à taxa de juros inicial, a demanda por moeda excede a oferta. Um aumento da taxa de juros é necessário para diminuir o montante de moeda que as pessoas desejam reter e para restabelecer o equilíbrio.

* A Figura 4.4 mostra os efeitos de um aumento na oferta de moeda sobre a taxa de juros.

O equilíbrio inicial está no ponto A, com taxa de juros i. Um aumento na oferta de moeda, de $M^s = M$ para $M^{s'} = M'$, leva a um deslocamento da curva da oferta de moeda para a direita, de M^s para $M^{s'}$. O equilíbrio se move para baixo, de A para A', e a taxa de juros de equilíbrio diminui de i para i'.

▶ **Figura 4.2** Determinação da taxa de juros.

A taxa de juros deve ser tal que a oferta de moeda (que independe da taxa de juros) seja igual à demanda por moeda (que depende da taxa de juros).

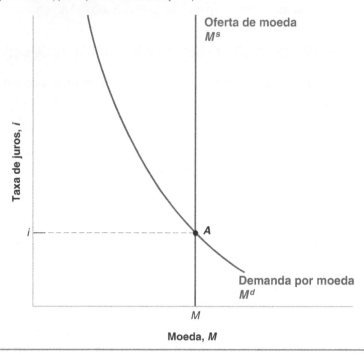

▶ **Figura 4.3** Efeitos de um aumento da renda nominal sobre a taxa de juros.

Dada a oferta de moeda, um aumento da renda nominal leva a um aumento da taxa de juros.

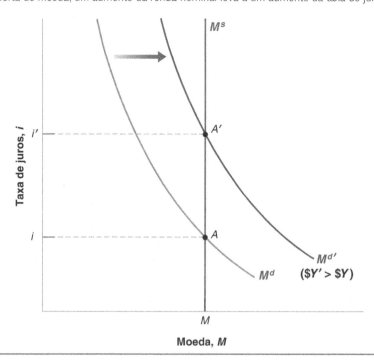

Verbalmente: *um aumento da oferta de moeda pelo Banco Central leva a uma redução da taxa de juros.* A redução da taxa de juros aumenta a demanda por moeda de modo que ela seja igual à maior oferta de moeda.

▶ **Figura 4.4** Efeitos de um aumento da oferta de moeda sobre a taxa de juros.

Um aumento da oferta de moeda leva a uma diminuição da taxa de juros.

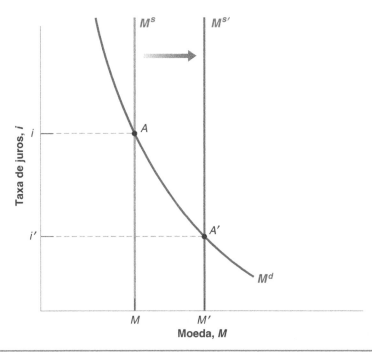

Política monetária e as operações de mercado aberto

Podemos entender melhor os resultados das figuras 4.3 e 4.4 examinando mais detalhadamente como o Banco Central efetivamente altera a oferta de moeda e o que acontece quando ele faz isto.

Nas economias modernas, o modo como o Banco Central altera a oferta de moeda consiste na compra ou venda de títulos no mercado de títulos. Se um Banco Central deseja aumentar o montante de moeda na economia, compra títulos e paga por eles por meio da criação de moeda. Se deseja diminuir o montante de moeda na economia, vende títulos e retira de circulação a moeda que recebe em troca desses títulos. Essas ações são chamadas **operações de mercado aberto**, porque ocorrem no "mercado aberto" títulos.

O balancete do Banco Central

Para compreender o que são as operações de mercado aberto, é útil começarmos com o balancete patrimonial do Banco Central, dado na Figura 4.5. Os ativos do Banco Central são a soma de títulos que ele retém em sua carteira, e seu passivo é o estoque de moeda da economia. As operações de mercado aberto levam a mudanças iguais do ativo e do passivo.

Se o Banco Central compra, por exemplo, US$ 1 milhão em títulos, o montante de títulos que ele retém aumenta em US$ 1 milhão, e, da mesma forma, o montante de moeda na economia também aumenta. Esta operação é chamada **operação de mercado aberto expansionista**, porque o Banco Central aumenta (*expande*) a oferta de moeda.

Se o Banco Central vende US$ 1 milhão em títulos, tanto o montante de títulos possuídos pelo Banco Central como o montante de moeda na economia diminuem em US$ 1 milhão. Esta operação é chamada **operação de mercado aberto contracionista**, porque o Banco Central diminui (*contrai*) a oferta de moeda.

O balancete patrimonial de um banco (ou de uma empresa, ou de um indivíduo) é uma lista de seus ativos e passivos em um instante no tempo. O ativo é a soma do que o banco possui e do que lhe é devido nesse instante. O passivo é tudo o que o banco deve a terceiros nesse mesmo instante. Desnecessário dizer que a Figura 4.5 apresenta uma versão muito simplificada de um balancete patrimonial real de um Banco Central, mas atende aos nossos propósitos.

80 Macroeconomia

▶ **Figura 4.5 Balancete patrimonial do Banco Central e os efeitos de uma operação de mercado aberto expansionista.**

Os ativos do Banco Central são a soma dos títulos que ele possui. O passivo é o estoque de moeda da economia. Uma operação de mercado aberto na qual o Banco Central compra títulos e emite moeda aumenta o ativo e o passivo no mesmo montante.

Balancete do Banco Central

Ativos	Passivos
Títulos	Moeda (papel-moeda)

Efeitos de uma operação de mercado aberto expansionista

Ativos	Passivos
Mudança na carteira de títulos +US$1 milhão	Mudança no estoque de moeda +US$1 milhão

Preço de títulos e rendimento de títulos

Até aqui nos concentramos na taxa de juros dos títulos. Na realidade, o que é determinado nos mercados de títulos não são as taxas de juros, mas os *preços* dos títulos. Ambos estão, contudo, diretamente relacionados. Entender esta relação será útil ao longo do livro.

◆ Suponhamos que os títulos em nossa economia sejam de um ano — títulos que prometem pagar dada quantidade de moeda, por exemplo US$ 100, daqui a um ano. Nos Estados Unidos, títulos emitidos pelo governo com promessa de pagamento em um ano ou menos são chamados de **letras do Tesouro** ou, simplesmente, *T-bills* (de *Treasury bills*, que significa "letras do Tesouro" em inglês). Seja o preço de um título hoje igual a $\$P_B$, em que o B subscrito representa os "títulos" (da palavra em inglês *bonds*). Se você comprar um título hoje e o mantiver por um ano, a taxa de retorno da posse do título por um ano será igual a $(\$100 - \$P_B)/\$P_B$. Portanto, a taxa de juros do título é dada por:

$$i = \frac{\$100 - \$P_B}{\$P_B}$$

A taxa de juros é o que você recebe pelo título daqui a um ano (US$100) menos o que você paga pelo título hoje ($\$P_B$), dividido pelo preço do título hoje ($\$P_B$).

Se $\$P_B$ é US$ 99, a taxa de juros é igual a $\$1/\$99 = 0{,}010$, ou 1,0% ao ano. Se $\$P_B$ é US$ 90, então a taxa de juros é $\$1/\$90 = 11{,}1\%$ ao ano. *Quanto maior for o preço do título, menor será a taxa de juros.*

◆ Se soubermos a taxa de juros, poderemos descobrir o preço do título usando a mesma fórmula. Reorganizando a fórmula anterior, o preço de hoje do título de um ano que paga US$ 100 daqui a um ano é dado por

$$\$P_B = \frac{100}{1 + i}$$

O preço do título hoje é igual ao pagamento final dividido por 1 mais a taxa de juros. Se a taxa de juros é positiva, o preço do título é menor do que o pagamento final. *Quanto maior a taxa de juros, menor o preço atual.* Quando os jornais anunciam que "os mercados de títulos fecharam em alta hoje", querem dizer que *os preços dos títulos subiram* e que, portanto, *as taxas de juros caíram.*

De volta às operações de mercado aberto

Agora estamos prontos para retornar aos efeitos de uma operação de mercado aberto e seu efeito no equilíbrio do mercado monetário.

Consideremos primeiro uma operação de mercado aberto expansionista, na qual o Banco Central compra títulos no mercado de títulos e paga por eles por meio da criação de moeda. À medida que o Banco Central compra títulos, a demanda por títulos cresce, aumentando seus preços. Reciprocamente, a taxa de juros dos títulos cai. Note que, ao comprar títulos em troca do dinheiro que criou, o Banco Central aumentou a oferta de dinheiro.

Consideremos, em vez disso, uma operação de mercado aberto contracionista, na qual o Banco Central diminui a oferta de moeda. Isto leva a uma diminuição em seus preços. Reciprocamente, a taxa de juros sobe. Note que, ao vender títulos em troca de dinheiro anteriormente detido pelas famílias, o Banco Central reduziu a oferta monetária.

Essa maneira de descrever como a política monetária afeta as taxas de juros é mais intuitiva. Ao comprar ou vender títulos em troca de dinheiro, o Banco Central afeta o preço dos títulos e, por implicação, a taxa de juros sobre os títulos.

Vamos resumir o que aprendemos até aqui:

- A taxa de juros é determinada pela igualdade entre oferta de moeda e demanda por moeda.
- Ao alterar a oferta de moeda, o Banco Central pode afetar a taxa de juros.
- O Banco Central altera a oferta de moeda por meio de operações de mercado aberto, que são compras ou vendas de títulos em troca de moeda.
- As operações de mercado aberto nas quais o Banco Central aumenta a oferta de moeda por meio da compra de títulos levam a um aumento no preço dos títulos e a uma diminuição na taxa de juros. Na Figura 4.4, a aquisição de títulos pelo Banco Central desloca a oferta de moeda para a direita.
- As operações de mercado aberto nas quais o Banco Central diminui a oferta de moeda por meio da venda de títulos levam a uma diminuição no preço dos títulos e a um aumento da taxa de juros. A venda de títulos pelo Banco Central desloca a oferta de moeda para a esquerda.

Escolher a oferta de moeda ou a taxa de juros?

Vamos abordar mais um tópico antes de prosseguirmos. Descrevemos que o Banco Central escolhe a oferta de moeda e deixa a taxa de juros ser determinada no ponto em que a oferta de moeda iguala a demanda por moeda. Poderíamos, em vez disso, ter descrito que o Banco Central escolhe a taxa de juros e, então, ajusta a oferta de moeda de modo a atingir essa taxa de juros.

Para entender isso, voltemos à Figura 4.4, que mostrou o efeito de uma decisão do Banco Central de aumentar a oferta de moeda de M^s para $M^{s'}$, causando uma queda da taxa de juros de i para i'. No entanto, poderíamos ter descrito a figura em termos de uma decisão do Banco Central de diminuir a taxa de juros de i para i' por meio de um aumento da oferta de moeda de M^s para $M^{s'}$.

Por que é útil pensar na escolha da taxa de juros? Porque é o que os bancos centrais modernos, incluindo o Fed, normalmente fazem. Eles normalmente pensam na taxa de juros que desejam atingir e, então, alteram a oferta de moeda de modo a atingir essa taxa. É por esse motivo que no noticiário você não ouve: "O Banco Central decidiu elevar a oferta de moeda hoje". Em vez disso, você ouve: "O Banco Central decidiu baixar a taxa de juros hoje". O Banco Central fez isso por meio do aumento adequado da oferta de moeda.

> Suponhamos que a renda nominal aumente, como na Figura 4.3, e que o Banco Central resolva não alterar a taxa de juros. Como ele precisará ajustar a oferta de moeda?

4.3 Determinação da taxa de juros: II

Tomamos um atalho na Seção 4.2 ao assumir que todo o dinheiro na economia consistia no papel-moeda fornecido pelo Banco Central. No mundo real, a moeda inclui não só dinheiro, mas também depósitos à vista. Estes não são ofertados pelo Banco Central, mas pelos bancos privados. Nesta seção, reintroduziremos os depósitos à vista e examinaremos como isto muda nossas conclusões. O ponto fundamental é o seguinte: mesmo neste caso mais complicado, ao mudar o montante de moeda, o Banco Central pode controlar a taxa de juros, e assim o faz.

Para entender o que determina a taxa de juros de uma economia com papel-moeda e depósitos à vista, precisamos examinar primeiro o que os bancos fazem.

O que os bancos fazem

As economias modernas se caracterizam pela existência de muitos tipos de **intermediários financeiros** — instituições que recebem fundos de pessoas e empresas e os usam para comprar ativos financeiros ou para fazer empréstimos a outras pessoas e empresas. O ativo dessas instituições é composto de ativos financeiros que possuem e de empréstimos que fizeram. O passivo é o que devem a pessoas e empresas de quem receberam fundos.

Os bancos são um tipo de intermediário financeiro. O que os torna especiais — e o motivo pelo qual nos concentramos aqui nos bancos e não nos intermediários financeiros em geral — é o fato de seu passivo ser moeda: as pessoas podem pagar por transações emitindo cheques até o montante de seu saldo em conta. Vamos examinar mais detalhadamente o que os bancos fazem.

A metade inferior da Figura 4.6, a parte b, mostra o balancete patrimonial dos bancos.

> Os bancos têm outros tipos de passivo, além de depósitos à vista, e estão envolvidos em mais atividades do que apenas manter títulos ou conceder empréstimos. Essas complicações serão ignoradas por enquanto e retomadas no Capítulo 6.

◆ Os bancos recebem fundos de pessoas e empresas, que ou os depositam diretamente ou solicitam que os fundos sejam enviados às suas contas-correntes (por meio do depósito direto de seus salários, por exemplo). Pessoas e empresas podem emitir cheques ou fazer retiradas até o montante total de seus saldos em conta a qualquer momento. Consequentemente, o passivo dos bancos é igual ao valor desses *depósitos à vista*.

◆ Os bancos mantêm como **reservas** parte dos fundos que recebem. Essas reservas são mantidas parcialmente em dinheiro e parcialmente em uma conta mantida no Banco Central, da qual podem fazer retiradas quando necessário. Os bancos têm reservas por três motivos:

Se tomarmos qualquer dia, alguns correntistas retiram dinheiro de suas contas-correntes, enquanto outros depositam dinheiro nelas. Não há motivo para que as

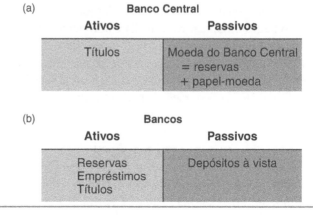

▶ Figura 4.6 Balancete patrimonial dos bancos e balancete patrimonial do Banco Central revisitado.

entradas e as saídas de dinheiro sejam equivalentes, de modo que o banco deve manter algum dinheiro à disposição.

Do mesmo modo, se tomarmos qualquer dia, as pessoas com contas no banco emitem cheques para pessoas com contas em outros bancos, e pessoas com contas em outros bancos emitem cheques para pessoas com contas no banco. Como resultado dessas transações, o montante que um banco deve a outros bancos pode ser maior ou menor do que o montante que os outros bancos lhe devem. Também por este motivo o banco precisa manter reservas.

Os dois primeiros motivos implicam que os bancos desejariam manter algumas reservas mesmo que não fossem obrigados a fazê-lo. Mas, além disso, os bancos são sujeitos a recolhimentos compulsórios que os obrigam a manter reservas em alguma proporção de seus depósitos à vista. Nos Estados Unidos, os recolhimentos compulsórios são determinados pelo Fed e os bancos dos EUA devem reter pelo menos 10% do valor dos depósitos à vista. Os 90% restantes podem ser usados para fazer empréstimos ou comprar títulos.

* Os empréstimos representam cerca de 70% do ativo dos bancos excluindo-se as reservas. Os títulos respondem pelo restante (30%). A distinção entre títulos e empréstimos não é importante para nosso objetivo — compreender como a oferta de moeda é determinada. Portanto, para simplificar a discussão, vamos supor que os bancos não fazem empréstimos e que retêm como ativo apenas reservas e títulos.

A Figura 4.6a retoma o balancete patrimonial do Banco Central em uma economia em que existem bancos. É semelhante ao que vimos na Figura 4.5. O lado do ativo é o mesmo de antes: o ativo do Banco Central é a soma dos títulos que ele retém. O passivo do Banco Central é a moeda emitida, a **moeda do Banco Central**. A nova característica é que nem toda moeda do Banco Central emitida é mantida como papel-moeda pelo público. Uma parte dela é mantida como reservas pelos bancos.

> A distinção entre empréstimos e títulos é importante para outros efeitos, desde a possibilidade de "corridas bancárias" até o papel do seguro de depósito federal no caso dos EUA (o equivalente no Brasil é o Fundo Garantidor de Créditos). Abordaremos mais a este respeito no Capítulo 6.

A oferta e a demanda por moeda do Banco Central

Então, como considerar o equilíbrio nesse cenário mais realista? Praticamente do mesmo modo que antes, em termos da oferta e da demanda por moeda do Banco Central.

* A demanda por moeda do Banco Central é igual à demanda por papel-moeda pelas pessoas mais a demanda por reservas pelos bancos.
* A oferta de moeda do Banco Central está sob o controle direto do Banco Central.
* A taxa de juros de equilíbrio é tal que a demanda por e a oferta de moeda do Banco Central sejam iguais.

Demanda por moeda do Banco Central

A demanda por moeda do Banco Central tem dois componentes. O primeiro é a demanda por moeda por parte das pessoas; o segundo é a demanda por reservas por parte dos bancos. Para simplificar, assumiremos aqui que as pessoas preferem ter moeda na forma de depósitos à vista e não possuem papel-moeda. O caso mais geral, em que as pessoas mantêm tanto depósitos à vista quanto papel-moeda, será tratado no apêndice deste capítulo e, apesar de envolver mais álgebra, leva às mesmas conclusões básicas.

Neste caso, a demanda por moeda do Banco Central é simplesmente aquela por reservas pelos bancos. Esta demanda depende, por sua vez, daquela por depósitos à vista por parte das pessoas. Assim, vamos começar por aí. Sob nossa

84 Macroeconomia

suposição de que as pessoas não têm papel-moeda, a demanda por depósitos à vista, por sua vez, é igual à por moeda por parte das pessoas. Então, para descrever a demanda por depósitos à vista, podemos usar a mesma equação de antes (Equação 4.1):

$$M^d = \$Y\, L(i) \qquad (4.3)$$
$$(-)$$

O uso da letra H vem do fato de que a moeda do Banco Central é às vezes chamada **moeda de alta potência** (*high-powered money*, em inglês), para refletir seu papel na determinação da taxa de juros de equilíbrio. Outro nome dado à moeda do Banco Central é **base monetária**.

As pessoas querem manter mais depósitos à vista quanto maior for seu nível de transações e menor a taxa de juros sobre os títulos.

Agora, retomemos a demanda por reservas por parte dos bancos. Quanto maior o montante de depósitos à vista, maior o montante de reservas que os bancos devem deter, tanto por precaução quanto para fins regulatórios. Seja θ (a letra minúscula grega teta) a **razão das reservas**, o montante de reservas que os bancos possuem por dólar de depósitos à vista. Então, usando a Equação 4.3, a demanda por reservas por parte dos bancos, denominada H^d, é dada por:

$$H^d = \theta M^d = \theta \$Y\, L(i) \qquad (4.4)$$

A primeira igualdade reflete o fato de que a demanda por reservas é proporcional à demanda por depósitos à vista. A segunda igualdade reflete o fato de que a demanda por depósitos à vista depende da renda nominal e da taxa de juros. Assim, a demanda por moeda do Banco Central, equivalente à demanda por reservas por parte dos bancos, é igual a θ vezes a demanda por moeda por parte das pessoas.

Equilíbrio no mercado de moeda do Banco Central

Tal como anteriormente, a oferta de moeda do Banco Central — equivalente à oferta de reservas pelo Banco Central — está sob controle dele. Seja H a oferta de moeda do Banco Central. E, assim como antes, o Banco Central pode alterar a quantidade de H através de operações de mercado aberto. A condição de equilíbrio é que a oferta de moeda do Banco Central seja igual à sua demanda por moeda:

$$H = H^d \qquad (4.5)$$

Ou, usando a Equação 4.4:

$$H = \theta \$Y\, L(i) \qquad (4.6)$$

Podemos representar graficamente a condição de equilíbrio, Equação 4.6, e fazemos isto na Figura 4.7. Ela se parece com a Figura 4.2, mas com a moeda do Banco Central em vez de moeda no eixo horizontal. A taxa de juros é medida no eixo vertical. A demanda por moeda do Banco Central, H^d, é traçada para um dado nível de renda nominal. Uma taxa de juros mais alta implica uma demanda mais baixa por moeda do Banco Central à medida que diminuem a demanda por depósitos à vista por parte das pessoas, e, assim, a demanda por reservas por bancos. A oferta de moeda é fixa e representada por uma linha vertical em H. O equilíbrio está no ponto A, com taxa de juros i.

Os efeitos tanto das variações da renda nominal quanto das variações da oferta de moeda do Banco Central são qualitativamente os mesmos da seção anterior. Em particular, um aumento da oferta de moeda do Banco Central leva a um deslocamento para a direita da linha vertical de oferta. Isto leva a uma menor taxa de juros. Como anteriormente, um aumento da moeda do Banco Central leva a uma redução da taxa de juros. Inversamente, uma redução da moeda do Banco Central leva a um aumento na taxa de juros. Assim, a conclusão básica é a mesma da Seção 4.2: ao controlar a oferta de moeda do Banco Central, este pode determinar a taxa de juros sobre títulos.

▶ **Figura 4.7** Equilíbrio no mercado de moeda do Banco Central e a determinação da taxa de juros.

A taxa de juros de equilíbrio é tal que a oferta de moeda do Banco Central é igual à demanda.

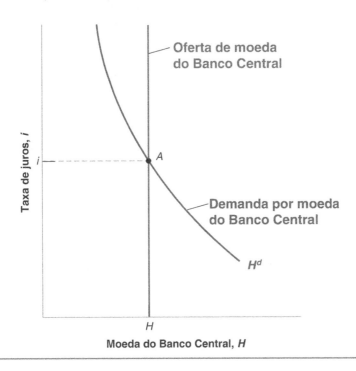

O mercado de fundos federais e a taxa dos fundos federais

Você pode estar se perguntando se existe um mercado real no qual a demanda por e a oferta de reservas determinam a taxa de juros. Na verdade, nos Estados Unidos há um mercado real de reservas bancárias em que a taxa de juros se ajusta para equilibrar a oferta de e a demanda por reservas. Esse mercado é chamado de **mercado de fundos federais**. A taxa de juros determinada neste mercado é chamada **taxa dos fundos federais**. Visto que o Fed pode escolher a taxa dos fundos federais que desejar, alterando a oferta de moeda do Banco Central, H, a taxa dos fundos federais costuma ser considerada como o principal indicador da política monetária nos EUA. É por isso que se dá tanta atenção a ela e que as variações na taxa dos fundos federais normalmente viram notícia de primeira página.

4.4 A armadilha da liquidez

A principal conclusão das três primeiras seções deste capítulo foi que o Banco Central pode, ao escolher sua oferta de moeda, determinar a taxa de juros que deseja. Se ele quiser aumentar a taxa de juros, reduz seu montante de moeda. Se quiser reduzir a taxa de juros, aumenta o montante de moeda. Esta seção demonstra que esta conclusão vem com uma importante ressalva: a taxa de juros não pode ir abaixo de zero, uma restrição conhecida como **limite inferior zero**. Quando a taxa de juros baixa a zero, a política monetária não pode reduzi-la ainda mais. A política monetária deixa de agir, e diz-se que a economia está em uma **armadilha da liquidez**.

Dez anos atrás, o limite inferior zero era considerado uma questão menor. A maioria dos economistas acreditava que os bancos centrais não teriam nenhum

◀ O conceito de armadilha da liquidez (isto é, a situação em que aumentar o montante de moeda [liquidez] não tem efeito sobre a taxa de juros [a liquidez fica "presa"]) foi desenvolvido por Keynes na década de 1930, embora a expressão em si tenha surgido mais tarde.

86 Macroeconomia

Se você observar a Figura 4.1, verá que evitamos a questão ao não traçar a demanda por moeda para taxas de juros próximas a zero.

Na realidade, por causa da inconveniência e dos riscos de manter moeda em montantes muito altos, pessoas e empresas preferem deter títulos, mesmo quando a taxa de juros é um pouco negativa. Vamos ignorar esta complicação aqui.

interesse em taxas de juro negativas, de modo que seria improvável que a restrição se mostrasse efetiva. A crise, no entanto, mudou essas percepções. Muitos bancos centrais baixaram as taxas de juro a zero, e teriam gostado de reduzi-las ainda mais. Mas o limite inferior zero estava no caminho e acabou se tornando uma séria restrição à política econômica.

Vamos analisar mais profundamente este argumento. Quando derivamos a demanda por moeda na Seção 4.1, não perguntamos o que acontece quando a taxa de juros se torna igual a zero. Agora devemos fazer esta pergunta. A resposta é que, quando as pessoas têm moeda suficiente retida para realizar transações, elas ficam indiferentes quanto a manter o restante de suas riquezas sob a forma de moeda ou sob a forma de títulos. A razão desta indiferença é que tanto a moeda quanto os títulos pagam a mesma taxa de juros, ou seja, zero. Assim, a demanda por moeda é como a mostrada na Figura 4.8:

- À medida que a taxa de juros diminui, as pessoas querem ter mais moeda (e, assim, menos títulos): a demanda por moeda aumenta.

▶ **Figura 4.8 Demanda por moeda, oferta de moeda e armadilha da liquidez.**

Quando a taxa de juros é igual a zero, e as pessoas têm moeda suficiente para realizar transações, elas ficam indiferentes quanto a manter moeda ou manter títulos. A demanda por moeda torna-se horizontal. Isto implica que, quando a taxa de juros é igual a zero, aumentos adicionais da oferta de moeda não surtem efeito sobre a taxa de juros, que permanece igual a zero.

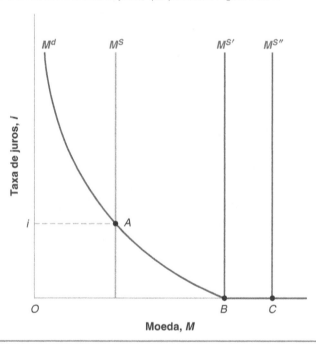

FOCO

A armadilha da liquidez em ação

Vimos no Capítulo 1 como, quando a crise financeira começou, o Fed baixou a taxa dos fundos federais de 5% em meados de 2007 para 0% até o final de 2008, quando atingiu o limite inferior zero. Sete anos depois, no momento da redação (segundo semestre de 2015), a taxa dos fundos federais permanece igual a zero, embora a previsão seja de aumento no futuro próximo.

Nesse período, apesar de ter atingido o limite inferior zero, o Fed continuou a aumentar a oferta de moeda através de operações de mercado aberto nas quais adquiriu títulos em troca de moeda. A análise do texto sugere que, apesar de uma taxa de juros inalterada, deveríamos ter verificado uma elevação dos depósitos à vista por parte das famílias, bem como uma elevação das reservas por parte dos bancos. E como mostra a Figura 1, foi realmente isso que ocorreu. Depósitos à vista tanto das famílias quanto das empresas que estavam baixando antes de 2007, refletindo o uso crescente de cartões de crédito, subiram de US$ 740 bilhões em 2007 para US$ 880 bilhões em 2008 e US$ 2.020 bilhões em 2014. As reservas bancárias e o dinheiro nos cofres (dinheiro que os bancos mantêm disponível) subiram de US$ 76 bilhões em 2007 para US$ 910 bilhões em 2008 (um aumento de mais de 12 vezes) e US$ 2.450 bilhões em 2014. Em outras palavras, o elevado aumento da oferta de moeda do Banco Central foi absorvido pelas famílias e pelos bancos sem que houvesse qualquer variação da taxa de juros, que permaneceu igual a zero.

▶ Figura 1 Depósitos à vista e reservas bancárias, 2005-2014.

Fonte: Flow of Funds.

- À medida que a taxa de juros se iguala a zero, as pessoas querem manter um montante de moeda pelo menos igual à distância OB. É o que precisam para fins de transação. Mas elas estão dispostas a manter ainda mais moeda (e, portanto, menos títulos) porque não lhes faz diferença ter um ou outro. Portanto, a demanda por moeda torna-se horizontal além do ponto B.

Agora consideremos os efeitos de um aumento na oferta de moeda. (Vamos ignorar os bancos por enquanto e assumir, como na Seção 4.2, que toda moeda é papel-moeda, de tal modo que podemos usar o mesmo diagrama da Figura 4.2 ampliado para incluir a parte horizontal da demanda por moeda. Mais adiante retornaremos aos bancos e à moeda bancária.)

- Consideremos o caso em que a oferta de moeda é M^s, de modo que a taxa de juros compatível com o equilíbrio do mercado financeiro é positiva e igual a i. (É o caso que levamos em conta na Seção 4.2.) A partir desse equilíbrio, um aumento da oferta de moeda — um deslocamento para a direita da linha M^s — leva a uma redução da taxa de juros.

* Agora, consideremos o caso em que a oferta de moeda é $M^{s'}$, de modo que o equilíbrio está no ponto B; ou o caso em que a oferta de moeda é $M^{s'}$, de modo que o equilíbrio é dado pelo ponto C. Em ambos os casos, a taxa de juros inicial é igual a zero. E, em ambos os casos, um aumento da oferta de moeda não surte qualquer efeito sobre a taxa de juros. Pensemos nisso da maneira descrita a seguir.

Suponhamos que o Banco Central aumente a oferta de moeda. Ele faz isso por uma operação de mercado aberto em que compra títulos e paga por eles criando moeda. Como a taxa de juros é igual a zero, as pessoas são indiferentes quanto ao montante de moeda ou títulos que possuem, e, por isso, estão dispostas a manter menos títulos e mais moeda à mesma taxa de juros, ou seja, zero. A oferta de moeda aumenta, mas sem efeito sobre a taxa de juros — que permanece igual a zero.

O que acontece quando reintroduzimos os depósitos à vista e um papel para os bancos seguindo as linhas da Seção 4.3? Tudo o que acabamos de afirmar ainda se aplica à demanda por moeda por parte das pessoas: se a taxa de juros for igual a zero, elas serão indiferentes a ter moeda ou títulos, pois ambos pagam juros zero. Entretanto, um raciocínio semelhante também se aplica aos bancos e sua decisão de manter reservas ou comprar títulos. Se a taxa de juros for igual a zero, eles também serão indiferentes quanto a manter reservas ou comprar títulos: ambos pagam juros zero. Assim, quando a taxa de juros é reduzida a zero e o Banco Central eleva a oferta de moeda, é provável que se verifique um aumento dos depósitos à vista e um aumento das reservas bancárias, mantendo-se a taxa de juros em zero. Como mostra o quadro "A armadilha da liquidez em ação", é exatamente o que se viu durante a crise. Como o Fed baixou a taxa de juros a zero e continuou a expandir a oferta de moeda, tanto os depósitos à vista por parte das pessoas quanto as reservas por parte dos bancos subiram continuamente.

> Você pode perguntar por que o Fed continuou a aumentar a oferta de moeda apesar de a taxa dos fundos federais cair a zero. Veremos a razão no Capítulo 6: com efeito, em uma economia com mais de um tipo de títulos, operações de mercado aberto podem afetar as taxas de juros em outros títulos relativos e afetar a economia.

Resumo

* A demanda por moeda depende positivamente do nível de transações na economia e negativamente da taxa de juros.
* A taxa de juros é determinada pela condição de equilíbrio de que a oferta de moeda seja igual à demanda por moeda.
* Para dada oferta de moeda, um aumento da renda leva a um aumento da demanda por moeda e a um aumento da taxa de juros. Um aumento da oferta de moeda, para dada renda, leva a uma diminuição da taxa de juros.
* A forma como o Banco Central altera a oferta de moeda consiste nas operações de mercado aberto.
* As operações de mercado aberto expansionistas, nas quais o Banco Central aumenta a oferta de moeda pela compra de títulos, levam a um aumento do preço dos títulos e a uma diminuição da taxa de juros.
* As operações de mercado aberto contracionistas, nas quais o Banco Central diminui a oferta de moeda pela venda de títulos, levam a uma diminuição do preço dos títulos e a um aumento da taxa de juros.
* Quando a moeda inclui tanto papel-moeda como depósitos à vista, podemos pensar na taxa de juros como determinada pela condição de que a oferta de moeda do Banco Central seja igual à demanda por sua moeda.
* A oferta de moeda do Banco Central está sob o controle do Banco Central. No caso especial em que as pessoas retêm apenas depósitos à vista, a demanda por moeda do Banco Central é igual à demanda por reservas pelos bancos, que é por sua vez igual à demanda total por moeda vezes a razão das reservas escolhida pelos bancos.
* O mercado das reservas bancárias é chamado *mercado de fundos federais* nos Estados Unidos. A taxa de juros determinada neste mercado é chamada *taxa dos fundos federais*.

Capítulo 4 Mercados financeiros | 89

♦ A taxa de juros escolhida pelo Banco Central não pode baixar além de zero. Quando a taxa de juros é igual a zero, as pessoas e os bancos não veem diferença entre manter moeda ou títulos. Um aumento na oferta de moeda leva a um aumento na demanda por moeda, a um aumento nas reservas pelos bancos e a nenhuma variação na taxa de juros. Este caso é conhecido como armadilha da liquidez, em que a política monetária perde a capacidade de afetar a taxa de juros.

Palavras-chave

- ♦ armadilha da liquidez, 85
- ♦ base monetária, 84
- ♦ depósitos à vista, 73
- ♦ estoque, 74
- ♦ Fed (*Federal Reserve Bank*), 72
- ♦ fluxo, 74
- ♦ fundos do mercado monetário, 73
- ♦ intermediários financeiros, 82
- ♦ investimento, 74
- ♦ investimento financeiro, 74
- ♦ letras do Tesouro (*T-bill*), 80
- ♦ limite inferior zero, 85
- ♦ mercado de fundos federais, 85
- ♦ moeda, 74

- ♦ moeda de alta potência, 84
- ♦ moeda do Banco Central, 83
- ♦ operação de mercado aberto contracionista, 79
- ♦ operação de mercado aberto expansionista, 79
- ♦ operações de mercado aberto, 79
- ♦ papel-moeda, 73
- ♦ poupança, 74
- ♦ razão das reservas, 84
- ♦ renda, 74
- ♦ reservas (bancárias), 82
- ♦ riqueza financeira, 74
- ♦ taxa dos fundos federais, 85
- ♦ títulos, 73

Questões e problemas

Teste rápido

1. **Usando as informações contidas neste capítulo, diga se cada afirmação a seguir é verdadeira, falsa ou incerta. Explique brevemente.**

   a. Renda e riqueza financeira são exemplos de variáveis de estoque.

   b. O termo *investimento*, conforme empregado pelos economistas, faz referência à aquisição de títulos e ações.

   c. A demanda por moeda não depende da taxa de juros porque somente os títulos rendem juros.

   d. Uma grande parcela da moeda dos EUA está fora do país.

   e. O Banco Central pode aumentar a oferta de moeda pela venda de títulos no mercado de títulos.

   f. O Federal Reserve pode determinar a oferta de moeda, mas não alterar as taxas de juros.

   g. O preço dos títulos e as taxas de juros sempre se movem em direções opostas.

   h. Um aumento na renda (PIB) sempre será acompanhado por um aumento na taxa de juros quando a oferta de moeda não é aumentada.

2. **Suponhamos que a renda anual de uma pessoa seja de US$ 60.000. Suponhamos também que sua função de demanda por moeda seja dada por:**

$$M^d = \$Y\,(0{,}35 - i\,)$$

   a. Qual é sua demanda por moeda quando a taxa de juros é de 5%? E de 10%?

   b. Explique o efeito da taxa de juros sobre a demanda por moeda.

   c. Suponhamos que a taxa de juros seja de 10%. Em termos percentuais, o que acontece com sua demanda por moeda se a renda anual é reduzida em 50%?

   d. Suponhamos que a taxa de juros seja de 5%. Em termos percentuais, o que acontece com sua demanda por moeda se a renda anual é reduzida em 50%?

   e. Resuma o efeito da renda sobre a demanda por moeda. Em termos percentuais, como ele depende da taxa de juros?

3. **Considere um título que promete pagar US$ 100 em um ano.**

   a. Qual é a taxa de juros sobre o título se seu preço hoje é de US$ 75? US$ 85? US$ 95?

b. Qual é a relação entre o preço do título e a taxa de juros?

c. Se a taxa de juros é de 8%, qual é o preço do título hoje?

4. **Suponhamos que a demanda por moeda seja dada por:**

$$M^d = \$Y\,(0{,}25 - i)$$

em que \$Y é igual a US\$ 100. Suponhamos também que a oferta de moeda é de US\$ 20.

a. Qual é a taxa de juros de equilíbrio?

b. Se o Fed deseja aumentar a taxa de juros de equilíbrio i em 10 pontos percentuais de seu valor no item (a), em que nível deve fixar a oferta de moeda?

Aprofundando

5. **Suponhamos que a riqueza de uma pessoa seja de US\$ 50.000 e que sua renda anual seja de US\$ 60.000. Suponhamos também que sua função de demanda por moeda seja dada por:**

$$M^d = \$Y\,(0{,}35 - i)$$

a. Derive a demanda por títulos. Suponhamos que a taxa de juros aumente em 10 pontos percentuais. Qual é o efeito sobre a demanda por títulos?

b. Quais são os efeitos de um aumento da riqueza sobre a demanda por moeda e sobre a demanda por títulos? Explique.

c. Quais são os efeitos de um aumento da renda sobre a demanda por moeda e sobre a demanda por títulos? Explique.

d. Considere o seguinte: "Quando as pessoas ganham mais dinheiro, obviamente retêm mais títulos". O que há de errado nesta afirmação?

6. A demanda por títulos

Neste capítulo você aprendeu que um aumento da taxa de juros torna os títulos mais atraentes; portanto, leva as pessoas a reter mais de sua riqueza em títulos em vez de moeda. No entanto, você também aprendeu que um aumento da taxa de juros reduz o preço dos títulos.

Como um aumento da taxa de juros pode tornar os títulos mais atraentes e reduzir seus preços?

7. Caixas automáticos e cartões de crédito

Este problema examina o efeito da introdução de caixas automáticos e cartões de crédito sobre a demanda por moeda. Para simplificar, vamos examinar a demanda por moeda de uma pessoa ao longo de quatro dias. Suponhamos que antes dos caixas automáticos e dos cartões de crédito ela fosse ao banco no início de cada período de quatro dias e retirasse de sua conta poupança todo o dinheiro necessário por quatro dias. Ela gasta US\$ 4 por dia.

a. Quanto ela retira cada vez que vai ao banco? Calcule os saldos monetários da pessoa do dia 1 ao dia 4 (pela manhã, antes de gastar qualquer quantia do dinheiro que retirou).

b. Qual é o montante de moeda que ela retém em média?

Suponhamos agora que, com o surgimento dos caixas automáticos, a pessoa passe a fazer retiradas uma vez a cada dois dias.

c. Recalcule sua resposta à parte (a).

d. Recalcule sua resposta à parte (b).

Finalmente, com o surgimento dos cartões de crédito, essa pessoa passa a usar este meio de pagamento para quitar todas as suas compras. Ela não faz retiradas de dinheiro até o quarto dia, quando retira o necessário para pagar as compras feitas com cartão de crédito nos quatro dias anteriores.

e. Recalcule sua resposta à parte (a).

f. Recalcule sua resposta à parte (b).

g. Com base nas respostas anteriores, qual foi o efeito dos caixas automáticos e dos cartões de crédito sobre a demanda por moeda?

8. A moeda e o sistema bancário

Na Seção 4.3 descrevemos um sistema monetário que inclui bancos simples. Suponhamos que as seguintes hipóteses sejam válidas:

i. O público não retém papel-moeda.

ii. A razão entre reservas e depósitos é de 0,1.

iii. A demanda por moeda é dada por:

$$M^d = \$Y\,(0{,}8 - 4i)$$

Inicialmente, a base monetária é de US\$ 100 bilhões e a renda nominal é de US\$ 5 trilhões.

a. Qual é a demanda por moeda do Banco Central?

b. Descubra a taxa de juros de equilíbrio fazendo que a demanda por moeda do Banco Central seja igual à oferta da sua moeda.

c. Qual é a oferta total de moeda? É igual à demanda total por moeda à taxa de juros que você encontrou em (b)?

d. Qual é o efeito de um aumento da moeda do Banco Central para US\$ 300 bilhões sobre a taxa de juros?

e. Se a oferta total de moeda aumenta para US$ 3 bilhões, qual será o efeito sobre *i*? [*Dica:* use o que você aprendeu em (c)].

9. **Escolhendo a quantidade de moeda ou a taxa de juros**

   Suponhamos que a demanda por moeda seja dada por

   $$M^d = \$Y(0{,}25 - i)$$

   em que $Y é $ 100.

   a. Se o Federal Reserve Bank fixar uma meta de taxa de juros de 5%, qual será a oferta de moeda que o Federal Reserve deve criar?
   b. Se o Federal Reserve Bank quer aumentar *i* de 5% para 10%, qual é o novo nível da oferta de moeda que o Federal Reserve deve definir?
   c. Qual é o efeito no balanço patrimonial do Federal Reserve do aumento da taxa de juros de 5% para 10%?

10. **Política monetária em uma armadilha da liquidez**

    Suponhamos que a demanda por moeda seja dada por

    $$M^d = \$Y(0{,}25 - i)$$

    desde que as taxas de juros sejam positivas. As perguntas a seguir referem-se a situações em que a taxa de juros é igual a zero.

    a. Qual é a demanda por moeda quando as taxas de juros são iguais a zero e $Y = 80?
    b. Se $Y = 80, qual é o menor valor da oferta de moeda em que a taxa de juros é igual a zero?
    c. Quando a taxa de juros é igual a zero, o Banco Central pode continuar a aumentar a oferta de moeda?
    d. Os Estados Unidos passaram por um longo período de taxas de juros iguais a zero depois de 2009. Você pode encontrar evidências no texto de que a oferta de moeda continuou a aumentar nesse período?
    e. Consulte o banco de dados do Federal Reserve Bank of St. Louis, conhecido como FRED. Encontre a série BOGMBASE (base monetária) e analise seu comportamento de 2010 a 2015. O que aconteceu com a base monetária? O que aconteceu com a taxa dos fundos federais no mesmo período?

Explorando mais

11. **Política monetária atual.**

    Visite o site do Federal Reserve Board of Governors (<http://www.federalreserve.gov>) e faça o download do press release *mais recente sobre política monetária do Comitê Federal de Mercado Aberto (FOMC, do inglês* Federal Open Market Committee). *Certifique-se de que seja o* press release *mais recente do FOMC e não do Fed.*

    a. Qual é a postura atual da política monetária? (Note que a política monetária será descrita em termos de aumento ou redução da taxa dos fundos federais, e não de aumento ou redução da oferta de moeda ou da base monetária.)
    b. Encontre um *press release* em que a taxa dos fundos federais foi realmente alterada pelo FOMC. Como o Federal Reserve explicou a necessidade dessa mudança na política monetária?

    Por fim, você pode visitar o site do Fed e encontrar várias declarações explicando sua política atual de taxas de juros. Essas declarações formam a base da análise no Capítulo 5. Algumas partes desta declaração devem fazer mais sentido ao final do Capítulo 5.

Leitura adicional

- Vamos retomar muitos aspectos do sistema financeiro no decorrer do livro, mas você pode querer aprofundar seus conhecimentos e ler algo sobre moeda e serviços bancários. Aqui estão quatro indicações: BALL, Laurence. *Money, banking, and financial markets.* Worth, 2011; CECCHETTI, Stephen e SCHOENHOLTZ, Kermit. *Money, banking, and financial markets.* McGraw-Hill/Irwin, 2015; HUBBARD, R. Glenn. *Money, the financial system and the economy.* Addison-Wesley, 2013; MISHKIN, Frederic. *The economics of money, banking, and the financial system.* Pearson, 2012.

- O Fed mantém um site útil (<http://www.federalreserve.gov>), que possui dados relativos aos mercados financeiros, bem como informações sobre o que o Fed faz, declarações recentes do presidente da instituição, e assim por diante.

Apêndice

Determinação da taxa de juros quando as pessoas mantêm papel-moeda e depósitos à vista

Na Seção 4.3, partimos da premissa simplificadora de que as pessoas mantinham apenas depósitos à vista e não papel-moeda. Agora, vamos flexibilizar esta premissa e derivar a taxa de juros de equilíbrio supondo que as pessoas tenham depósitos à vista e papel-moeda.

A maneira mais fácil de considerar como a taxa de juros nessa economia é determinada ainda é em termos de oferta e demanda por *moeda do Banco Central*:

◆ A demanda por moeda do Banco Central é igual à demanda por moeda por parte das pessoas mais a demanda por reservas por parte dos bancos.
◆ A oferta de moeda do Banco Central está sob controle direto do Banco Central.
◆ A taxa de juros de equilíbrio é tal que a demanda por e a oferta de moeda do Banco Central são equivalentes.

A Figura 4A.1 mostra em detalhes a estrutura da demanda e da oferta de moeda do Banco Central. (Ignore as equações por ora; concentre-se nos quadros.) Comece pelo lado esquerdo. A demanda por moeda por parte das pessoas é tanto por depósitos à vista quanto por papel-moeda. Considerando que os bancos têm de manter reservas para depósitos à vista, e a demanda por este tipo de depósito leva a uma demanda por reservas por parte dos bancos. Consequentemente, a demanda por moeda do Banco Central é igual à demanda por reservas por parte dos bancos mais a demanda por papel-moeda. Vá para o lado direito: a oferta de moeda do Banco Central é determinada pelo Banco Central. Observe o sinal de igualdade: a taxa de juros deve ser tal que a demanda por e a oferta de moeda do Banco Central sejam iguais.

Passamos agora por cada um dos quadros da Figura 4.A1 e perguntamos:

◆ O que determina a demanda por depósitos à vista e a demanda por papel-moeda?
◆ O que determina a demanda por reservas pelos bancos?
◆ O que determina a demanda por moeda do Banco Central?
◆ Como a condição de que a demanda por e a oferta de moeda do Banco Central sejam equivalentes determina a taxa de juros?

Demanda por moeda

Quando as pessoas podem manter tanto depósitos à vista quanto papel-moeda, a demanda por moeda envolve *duas* decisões. Primeiro, elas devem decidir quanta moeda deter. Em segundo, devem decidir quanto desse montante manter em papel-moeda e quanto em depósitos à vista.

É razoável supor que a demanda geral por moeda (papel-moeda mais depósitos à vista) é dada pelos mesmos fatores de antes. As pessoas manterão mais dinheiro quanto maior for o nível das transações e menor a taxa de juros dos títulos. Assim, podemos supor que a demanda geral por moeda é dada pela mesma equação vista anteriormente (Equação 4.1):

$$M^d = \$Y\, L(i) \qquad (4.A1)$$
$$(-)$$

Isto nos leva à segunda decisão. Como as pessoas decidem quanto manter em papel-moeda e quanto em depósitos à vista? Papel-moeda é mais conveniente para pequenas transações (também para as ilegais). Os cheques são mais convenientes para transações de vulto. Manter moeda em conta-corrente é mais seguro do que portar dinheiro.

Vamos supor que as pessoas detenham uma proporção fixa de sua moeda em papel-moeda — chamemos essa proporção de c — e, por implicação, mantenham uma proporção fixa $(1 - c)$ em depósitos à vista. Chamemos a demanda por papel-moeda de CU^d (CU para papel-moeda — *currency*, em inglês — e d para demanda). Chamemos a demanda por depósitos à vista de D^d (D para depósitos e d para demanda). As duas demandas são dadas por

$$CU^d = cM^d \qquad (4.A2)$$
$$D^d = (1 - c)M^d \qquad (4.A3)$$

A Equação 4.A2 mostra o primeiro componente da demanda por moeda do Banco Central — a demanda por papel-moeda pelo público. A Equação 4.A3 mostra a demanda por depósitos à vista.

Agora temos uma descrição do primeiro quadro, "Demanda por moeda", na parte inferior da Figura 4.A1: a Equação 4.A1 mostra a demanda geral por moeda. As equações 4.A2 e 4.A3 mostram as demandas por depósitos à vista e por papel-moeda, respectivamente.

A demanda por depósitos à vista leva a uma demanda por reservas por parte dos bancos, o segundo componente da demanda por moeda do Banco Central. Seja θ (a letra minúscula grega teta) a razão das reservas, o montante

▶ **Figura 4.A1** Determinantes da demanda por e da oferta de moeda do Banco Central.

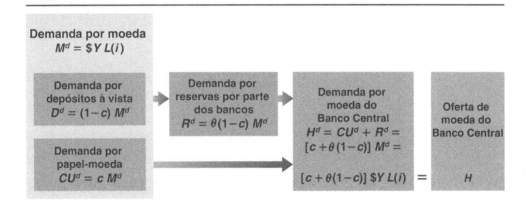

de reservas que os bancos detêm por dólar de depósitos à vista. Seja R as reservas dos bancos. Seja D o montante em dólares dos depósitos à vista. Então, pela definição de θ, a relação entre R e D é a seguinte:

$$R = \theta D \qquad (4.A4)$$

Vimos que, atualmente nos Estados Unidos, a razão das reservas é aproximadamente igual a 10%. Assim, θ é aproximadamente igual a 0,1.

Se as pessoas querem manter D^d em depósitos, então, a partir da Equação 4.A4, os bancos devem deter θD^d em reservas. Combinando-se as equações 4.A2 e 4.A4, o segundo componente da demanda por moeda do Banco Central — a demanda por reservas por parte dos bancos — é dado por

$$R^d = \theta(1-c)M^d \qquad (4.A5)$$

Temos agora a equação correspondente ao segundo quadro, "Demanda por reservas por parte dos bancos", na parte inferior da Figura 4.A1.

Demanda por moeda do Banco Central

Chamemos H^d a demanda por moeda do Banco Central. Essa demanda é igual à soma das demandas por papel-moeda e por reservas:

$$H^d = CU^d + R^d \qquad (4.A6)$$

Substitua CU^d e R^d por suas expressões das equações 4.A2 e 4.A5 para obter

$$H^d = cM^d + \theta(1-c)M^d = [c + \theta(1-c)]M^d$$

Por fim, substitua a demanda geral por moeda, M^d, por sua expressão da Equação 4.A1 para obter:

$$H^d = [c + \theta(1-c)]\,\$Y\,L(i) \qquad (4.A7)$$

Isto nos dá a equação correspondente ao terceiro quadro, "Demanda por moeda do Banco Central", na parte inferior da Figura 4.A1.

Determinação da taxa de juros

Estamos prontos para caracterizar o equilíbrio. Seja H a oferta de moeda do Banco Central; H é controlado diretamente pelo Banco Central; como na seção anterior, o Banco Central pode alterar o montante de H através de operações de mercado aberto. A condição de equilíbrio é que a oferta de moeda seja igual à demanda por moeda do Banco Central:

$$H = H^d \qquad (4.A8)$$

Ou, usando a Equação 4.9:

$$H = [c + \theta(1-c)]\,\$YL(i) \qquad (4.A9)$$

A oferta de moeda do Banco Central (o lado esquerdo da Equação 4.A9) é igual à demanda por moeda do Banco

Central (o lado direito da Equação 4.A9), que é igual ao termo entre colchetes multiplicado pela demanda geral por moeda.

Observe mais atentamente o termo entre colchetes.

Suponha que as pessoas mantenham apenas papel-moeda, $c = 1$.

Assim, o termo entre colchetes seria igual a 1, e a equação seria exatamente a mesma que a Equação 4.2 na Seção 4.2 (com a letra H substituindo a letra M no lado esquerdo, mas ambas representando a oferta de moeda do Banco Central). Neste caso, as pessoas manteriam apenas papel-moeda, e os bancos não desempenhariam qualquer papel na oferta de moeda. Voltaríamos ao caso analisado na Seção 4.2.

Suponhamos, em vez disso, que as pessoas não tenham nenhuma moeda, mas somente depósitos à vista, $c = 0$. Assim, o termo entre parênteses seria igual a θ, e a equação seria a mesma que a Equação 4.6 na Seção 4.3.

Deixando de lado esses dois casos extremos, note que a demanda por moeda do Banco Central é, tal como na Seção 4.2, proporcional à demanda geral por moeda, com o fator de proporcionalidade sendo $[c + \theta(1 - c)]$ em vez de apenas θ. Portanto, as implicações são praticamente as mesmas de antes. Uma redução na moeda do Banco Central leva a um aumento na taxa de juros, ao passo que um aumento da moeda do Banco Central leva a uma redução na taxa de juros.

CAPÍTULO 5

Mercados de bens e mercados financeiros: o modelo *IS-LM*

No Capítulo 3, examinamos o mercado de bens. No Capítulo 4, os mercados financeiros. Agora, examinaremos esses mercados em conjunto. Até o final deste capítulo, teremos uma estrutura para analisar como o produto e a taxa de juros são determinados no curto prazo.

Para desenvolver essa estrutura, seguimos um caminho traçado por dois economistas, John Hicks e Alvin Hansen, no final da década de 1930 e início da de 1940. Quando John Maynard Keynes publicou sua *Teoria geral*, em 1936, houve consenso de que seu livro era fundamental, porém, ao mesmo tempo, praticamente impenetrável. (Experimente ler e você concordará.) Houve, e continua havendo, muitas discussões sobre o que Keynes "realmente queria dizer". Em 1937, Hicks resumiu o que considerava uma das principais contribuições de Keynes: a descrição conjunta do mercado de bens e dos mercados financeiros. Sua análise foi posteriormente ampliada por Alvin Hansen. Hicks e Hansen chamaram sua formalização de modelo *IS-LM*.

A macroeconomia progrediu bastante desde o início da década de 1940. É por isso que o modelo *IS-LM* é tratado nos capítulos 5 e 6, e não no Capítulo 24 deste livro. (Se você tivesse feito este curso há 40 anos, já estaria quase no final!) Entretanto, para a maioria dos economistas o modelo *IS-LM* ainda representa um fundamento essencial — que, apesar de sua simplicidade, capta grande parte do que ocorre na economia no *curto prazo*. É por isso que o modelo *IS-LM* é ensinado e utilizado até os dias de hoje.

Este capítulo desenvolve a versão básica do modelo *IS-LM* em cinco seções:

◀ A versão do *IS-LM* apresentada neste livro é um pouco diferente (e, você vai ficar satisfeito em saber, mais simples) do que o modelo desenvolvido por Hicks e Hansen. Isso reflete uma mudança no modo como os bancos centrais passaram a conduzir a política monetária, transferindo o foco do controle do estoque de moeda no passado para o controle da taxa de juros no presente. Saiba mais a respeito na Seção 5.2.

A Seção 5.1 examina o equilíbrio do mercado de bens e deriva a relação *IS*.
A Seção 5.2 examina o equilíbrio dos mercados financeiros e deriva a relação *LM*.
As seções 5.3 e 5.4 combinam as relações *IS* e *LM* e utilizam o modelo *IS-LM* resultante para estudar os efeitos das políticas fiscal e monetária — primeiro separadamente; depois, em conjunto.
A Seção 5.5 introduz a dinâmica e explora como o modelo *IS-LM* capta o que ocorre na economia no curto prazo.

5.1 O mercado de bens e a relação *IS*

Vamos primeiro resumir o que aprendemos no Capítulo 3:

♦ Descrevemos o equilíbrio do mercado de bens como a condição de que a produção, *Y*, seja igual à demanda por bens, *Z*. Chamamos esta condição de relação *IS*.
♦ Definimos a demanda como a soma de consumo, investimento e gastos do governo. Assumimos que o consumo era função da renda disponível (renda menos impostos) e tomamos gastos com investimento, gastos do governo e impostos como dados:

$$Z = C(Y - T) + \bar{I} + G$$

(No Capítulo 3, para simplificar a álgebra, admitimos que a relação entre consumo, C, e renda disponível, $Y - T$, fosse linear. Aqui não partiremos desta premissa e, em vez disso, usaremos a forma mais geral, $C = C(Y - T)$.)

♦ Assim, a condição de equilíbrio era dada por:

$$Y = C(Y - T) + \bar{I} + G$$

♦ Usando esta condição de equilíbrio, examinamos os fatores que movimentaram o produto de equilíbrio. Examinamos, em particular, os efeitos de mudanças nos gastos do governo e de deslocamentos da demanda por consumo.

A principal simplificação deste primeiro modelo foi a de que a taxa de juros não afeta a demanda por bens. Nossa primeira tarefa neste capítulo é remover esta simplificação para introduzir a taxa de juros em nosso modelo de equilíbrio do mercado de bens. Por enquanto, nos concentramos apenas no efeito da taxa de juros sobre o investimento e deixamos para depois a discussão de seus efeitos sobre os demais componentes da demanda.

> Veja no Capítulo 15 mais detalhes sobre os efeitos das taxas de juros sobre o consumo e o investimento.

Investimento, vendas e taxa de juros

No Capítulo 3, assumimos o investimento como constante para simplificar a análise. O investimento está, na verdade, longe de ser constante, e depende basicamente de dois fatores:

♦ Nível de vendas. Consideremos uma empresa que se vê diante de um aumento das vendas e precisa ampliar a produção. Para isso, pode precisar comprar máquinas ou construir outra fábrica. Em outras palavras, ela precisa investir. Uma empresa que se depara com um baixo volume de vendas não sentirá esta necessidade e gastará pouco em investimento — se gastar.

♦ Taxa de juros. Consideremos uma empresa que precisa decidir se compra ou não uma nova máquina. Suponhamos que, para fazer esta aquisição, ela deva tomar um empréstimo. Quanto maior a taxa de juros menos atraente é tomar empréstimo e comprar a máquina. (Por enquanto e para facilitar faremos duas simplificações. Em primeiro lugar, assumiremos que todas as empresas podem tomar empréstimo à mesma taxa de juros — ou seja, a taxa de juros dos títulos conforme determinada no Capítulo 4. Na realidade, muitas empresas tomam empréstimo de bancos possivelmente a uma taxa diferente. Também deixamos de lado a distinção entre taxa de juros nominal — a taxa de juros em termos de dólares — e taxa de juros real — a taxa de juros em termos de bens. Retomaremos ambas as questões no Capítulo 6.) A uma taxa de juros suficientemente elevada, os lucros adicionais gerados pelo uso da nova máquina não cobrirão os pagamentos de juros, e não valerá a pena comprar a nova máquina.

> O argumento ainda se sustenta se a empresa usa fundos próprios. Quanto maior for a taxa de juros, mais atraente será emprestar os fundos a alguém em vez de usá-los para comprar a nova máquina.

Para captar esses dois efeitos, escrevemos a relação de investimento do seguinte modo:

$$I = I(Y, i)$$
$$(+, -) \tag{5.1}$$

A Equação 5.1 afirma que o investimento, I, depende da produção, Y, e da taxa de juros, i. (Continuamos a supor que o investimento em estoques seja igual a zero, de modo que vendas e produção sejam sempre iguais. Como resultado, Y representa vendas e também produção.) O sinal positivo sob Y indica que um aumento da produção (ou, de forma equivalente, um aumento das vendas) leva a um aumento do investimento. O sinal negativo sob a taxa de juros, i, indica que um aumento da taxa de juros leva a uma redução do investimento.

> Um aumento do produto leva a um aumento do investimento. Um aumento da taxa de juros leva a uma redução do investimento.

Determinação do produto

Se levarmos em consideração a relação de investimento da Equação 5.1, a condição de equilíbrio do mercado de bens será:

$$Y = C(Y - T) + I(Y, i) + G \tag{5.2}$$

A produção (o lado esquerdo da equação) deve ser igual à demanda por bens (o lado direito). A Equação 5.2 é nossa *relação IS* expandida. Podemos agora examinar o que ocorre com o produto quando a taxa de juros muda.

Comecemos pela Figura 5.1. Mede-se a demanda por bens no eixo vertical. Mede-se o produto no eixo horizontal. Para dado valor da taxa de juros, i, a demanda é uma função crescente do produto por dois motivos:

♦ Um aumento do produto leva a um aumento da renda e também a um aumento da renda disponível. O aumento da renda disponível leva a um aumento do consumo. Esta relação já foi estudada no Capítulo 3.

♦ Um aumento do produto também leva a um aumento do investimento. Esta é a relação entre investimento e produção que introduzimos neste capítulo.

Em resumo, um aumento do produto leva, por meio de seus efeitos sobre o consumo e o investimento, a um aumento da demanda por bens. Esta relação entre demanda e produto, para dada taxa de juros, é representada pela curva positivamente inclinada ZZ. Observemos duas características de ZZ na Figura 5.1:

♦ Como não supusemos que as relações consumo e investimento na Equação 5.2 sejam lineares, ZZ costuma ser uma curva em vez de uma reta. Assim, foi desenhada como uma curva na Figura 5.1. Todos os argumentos que seguem seriam aplicáveis se admitíssemos que as relações consumo e investimento fossem lineares e que ZZ fosse uma linha reta.

♦ Desenhamos ZZ de modo que fosse menos inclinada que a reta de 45 graus. Em outras palavras, assumimos que um aumento do produto leva a um aumento da

▶ **Figura 5.1 Equilíbrio do mercado de bens.**

A demanda por bens é uma função crescente do produto. O equilíbrio requer que a demanda por bens seja igual ao produto.

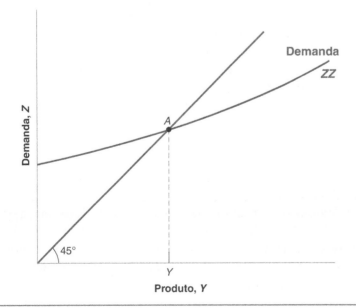

98 Macroeconomia

> Certifique-se de compreender por que as duas afirmações têm o mesmo significado. ▶

demanda inferior a um para um. No Capítulo 3, em que o investimento era constante, esta restrição seguiu naturalmente da hipótese de que os consumidores gastam apenas parte de sua renda adicional com consumo. No entanto, agora que permitimos que o investimento responda à produção, esta restrição pode não ser mais válida. Quando o produto aumenta, a soma do aumento do consumo e do aumento do investimento pode exceder o aumento inicial do produto. Embora seja uma possibilidade teórica, a evidência empírica sugere que este não é o caso na realidade. É por isso que vamos supor que a resposta da demanda ao produto seja inferior a um para um e desenhar ZZ menos inclinada do que a reta de 45 graus.

O equilíbrio do mercado de bens é atingido no ponto em que a demanda por bens se iguala ao produto, isto é, no ponto A, a interseção de ZZ com a reta de 45 graus. O nível de produto de equilíbrio é dado por Y.

Até o momento, o que fizemos foi ampliar de maneira simples a análise do Capítulo 3. Mas agora estamos prontos para derivar a curva IS.

Derivação da curva *IS*

Desenhamos a relação de demanda, ZZ, na Figura 5.1, para um dado valor da taxa de juros. Vamos agora derivar na Figura 5.2 o que acontece se a taxa de juros muda.

Suponhamos que, na Figura 5.2(a), a curva de demanda seja dada por ZZ e que o equilíbrio inicial esteja no ponto A. Suponhamos agora que a taxa de juros aumente de seu valor inicial, i, para um valor maior, i'. Para qualquer nível de produto, a taxa de juros mais elevada leva a um investimento mais baixo e a uma demanda mais baixa. A curva de demanda ZZ desloca-se para baixo, para ZZ': a determinado nível de produto, a demanda é mais baixa. O novo equilíbrio está na interseção da curva de demanda mais baixa ZZ' com a reta de 45 graus, ou seja, no ponto A'. O nível de produto de equilíbrio é agora igual a Y'.

> Você pode demonstrar graficamente qual é o tamanho do multiplicador? (*Dica*: analise a razão entre a diminuição do produto de equilíbrio e a diminuição inicial no investimento.) ▶

Resumindo: o aumento da taxa de juros diminui o investimento. A diminuição do investimento leva a uma diminuição do produto, que diminui ainda mais o consumo e o investimento por meio do efeito multiplicador.

Com o auxílio da Figura 5.2(a) podemos encontrar o valor do produto de equilíbrio associado a *qualquer* valor da taxa de juros. A relação entre o produto de equilíbrio e a taxa de juros está derivada na Figura 5.2(b).

A Figura 5.2(b) mostra o produto de equilíbrio Y no eixo horizontal contra a taxa de juros no eixo vertical. O ponto A na Figura 5.2(b) corresponde ao ponto A da Figura 5.2(a). O ponto A' da Figura 5.3(b) corresponde ao A' da Figura 5.2(a). A taxa de juros mais alta está associada a um nível de produto mais baixo.

> O equilíbrio do mercado de bens implica que um aumento da taxa de juros leva a uma diminuição do produto. Essa relação é representada pela curva *IS* negativamente inclinada. ▶

Essa relação entre a taxa de juros e o produto é representada pela curva negativamente inclinada da Figura 5.2(b), chamada de **curva *IS***.

Deslocamentos da curva *IS*

Desenhamos a curva *IS* da Figura 5.2 tomando como dados os valores de impostos, T, e os gastos do governo, G. Mudanças tanto em T quanto em G deslocarão a curva *IS*.

Para ver como isso ocorre, consideremos a Figura 5.3, na qual a curva *IS* dá o nível de produto de equilíbrio como função da taxa de juros. Ela é desenhada para níveis dados de impostos e gastos governamentais. Consideremos agora um aumento dos impostos de T para T'. Para dada taxa de juros, por exemplo, i, a renda disponível diminui, levando a uma diminuição do consumo, o que leva, por sua vez, a uma diminuição da demanda por bens e a uma diminuição do produto

▶ **Figura 5.2** A curva *IS*.

(a) Um aumento da taxa de juros diminui a demanda por bens a qualquer nível de produto, levando a uma diminuição no nível de equilíbrio do produto.

(b) O equilíbrio do mercado de bens implica que um aumento da taxa de juros leva a uma diminuição do produto. Portanto, a curva *IS* é negativamente inclinada.

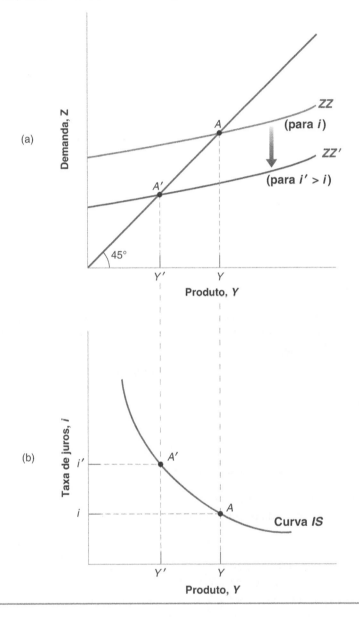

de equilíbrio. O nível de produto de equilíbrio diminui de Y para Y'. Dito de outra maneira, a curva *IS* desloca-se para a esquerda. A dada taxa de juros, o nível de produto de equilíbrio é mais baixo do que era antes do aumento dos impostos.

Generalizando, qualquer fator que, para dada taxa de juros, diminua o nível de equilíbrio do produto faz que a curva *IS* se desloque para a esquerda. Examinamos o aumento dos impostos, mas o mesmo vale para uma redução dos gastos do governo ou uma diminuição da confiança do consumidor (que diminui o consumo dada a renda disponível). Simetricamente, qualquer fator que, para dada taxa de juros, aumente o nível de produto de equilíbrio — uma diminuição dos impostos, um aumento dos gastos do governo, um aumento da confiança do consumidor — faz que a curva *IS* se desloque para a direita.

◀ Para dada taxa de juros, um aumento dos impostos leva a uma diminuição do produto. Em outras palavras, um aumento dos impostos desloca a curva *IS* para a esquerda.

◀ Suponhamos que o governo anuncie que o sistema da Previdência Social está ameaçado e que, no futuro, pode precisar cortar benefícios da aposentadoria. Como os consumidores devem reagir? O que pode acontecer à demanda e ao produto no presente?

▶ **Figura 5.3** Deslocamentos da curva *IS*.
Um aumento de impostos desloca a curva *IS* para a esquerda.

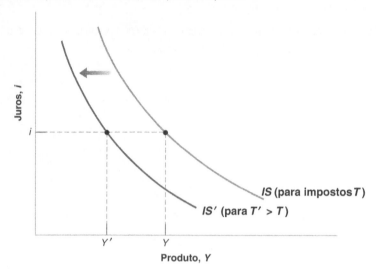

Resumindo:

- O equilíbrio do mercado de bens implica que um aumento da taxa de juros leva a uma diminuição do produto. Esta relação é representada pela curva *IS* negativamente inclinada.
- Mudanças em fatores que diminuem a demanda por bens, dada a taxa de juros, deslocam a curva *IS* para a esquerda. Mudanças em fatores que aumentam a demanda por bens, dada a taxa de juros, deslocam a curva *IS* para a direita.

5.2 Mercados financeiros e a relação *LM*

Vamos agora nos voltar para os mercados financeiros. Vimos no Capítulo 4 que a taxa de juros é determinada pela igualdade entre oferta e demanda por moeda:

$$M = \$Y \, L(i)$$

A variável M do lado esquerdo é o estoque nominal de moeda. Vamos ignorar aqui os detalhes do processo de oferta de moeda que discutimos na Seção 4.3 e pensar apenas que o Banco Central controla M diretamente.

O lado direito nos dá a demanda por moeda, que é função da renda nominal, $\$Y$, e da taxa nominal de juros, i. Como vimos na Seção 4.1, um aumento da renda nominal aumenta a demanda por moeda; um aumento da taxa de juros diminui a demanda por moeda. O equilíbrio requer que a oferta de moeda (o lado esquerdo da equação) seja igual à demanda por moeda (o lado direito da equação).

Moeda real, renda real e taxa de juros

A equação $M = \$Y \, L(i)$ nos dá a relação entre moeda, renda nominal e taxa de juros. Será mais conveniente aqui reescrevê-la como uma relação entre moeda real (ou seja, moeda em termos de bens), renda real (ou seja, renda em termos de bens) e taxa de juros.

Lembre-se de que a renda nominal dividida pelo nível de preços é igual à renda real, Y. Dividindo ambos os lados da equação pelo nível de preços, P, temos:

$$\frac{M}{P} = Y L(i) \tag{5.3}$$

Assim, podemos redefinir nossa condição de equilíbrio como a condição de que a *oferta real de moeda* — isto é, o estoque de moeda em termos de bens, e não de dólares — seja igual à *demanda real por moeda*, que depende da renda real, Y, e da taxa de juros, i.

A noção de demanda "real" por moeda pode parecer um pouco abstrata; portanto, um exemplo pode ajudar. Não pensemos em sua demanda por moeda em geral, mas somente em sua demanda por papel-moeda na forma de moedas metálicas. Suponhamos que você goste de ter moedas no bolso para tomar dois cafezinhos durante o dia. Se um cafezinho custa US\$ 1,20, você precisará de US\$ 2,40 em moedas: esta é sua demanda nominal por moedas. De modo análogo, você deseja ter no bolso moedas em número suficiente para tomar dois cafezinhos. Esta é sua demanda por moedas em termos de bens — aqui em termos de cafezinhos.

Daqui em diante, vamos nos referir à Equação 5.3 como *relação LM*. A vantagem de descrever as coisas desta maneira é que a *renda real*, Y, aparece do lado direito da equação, em vez da *renda nominal*, $\$Y$. E a renda real (ou, de forma equivalente, o produto real) é a variável em que nos concentramos quando examinamos o mercado de bens. Para tornar a leitura mais leve, vamos nos referir aos lados esquerdo e direito da Equação 5.3 simplesmente como "oferta de moeda" e "demanda por moeda", em vez das expressões mais precisas, porém mais pesadas, "oferta real de moeda" e "demanda real por moeda". Do mesmo modo, utilizaremos o termo "renda" em vez de "renda real".

> Do Capítulo 2:
> PIB nominal = PIB real multiplicado pelo deflator do PIB: $\$Y = YP$.
> De modo equivalente:
> PIB real = PIB nominal dividido pelo deflator do PIB: $\$Y/P = Y$.

Derivação da curva *LM*

Ao derivar a curva *IS*, tomamos as duas variáveis da política como gastos governamentais, G, e impostos, T. Ao derivar a curva *LM*, temos de decidir como caracterizar a política monetária, como a escolha de M — o estoque de moeda — ou como a de i — a taxa de juros.

Se pensarmos na política monetária como a escolha da oferta nominal de moeda (M) e, por implicação, dado o nível de preços que vamos tomar como fixo no curto prazo, a escolha de M/P, o estoque real de moeda, a Equação 5.3 nos diz que a demanda real por moeda, o lado direito da equação, deve ser igual à *dada* oferta real de moeda, o lado esquerdo da equação. Assim, se, por exemplo, a renda real aumentar, aumentando a demanda por moeda, a taxa de juros deve aumentar de modo que a demanda por moeda permaneça igual ao estoque de moeda. Em outras palavras, para dada oferta de moeda, um aumento na renda leva automaticamente a um aumento na taxa de juros.

> Consulte a Figura 4.3 no capítulo anterior.

Esta é a maneira tradicional de derivar a relação *LM* e a curva *LM* resultante. A premissa de que o Banco Central escolhe o estoque de moeda e depois apenas deixa que a taxa de juros se ajuste está, contudo, em desacordo com a realidade atual. Embora, no passado, os bancos centrais considerassem a oferta de moeda como a variável da política monetária, eles agora enfocam diretamente a taxa de juros. Escolhem uma taxa de juros, que podemos chamar de $\bar{i}$, e ajustam a oferta de moeda para alcançá-la. Assim, no restante do livro, pensaremos que o Banco Central escolhe a taxa de juros (e faz o que for preciso com a oferta de moeda para atingi-la). Isto resultará em uma **curva LM** extremamente simples, ou seja, uma linha horizontal na Figura 5.4, ao valor da taxa de juros, $\bar{i}$, escolhido pelo Banco Central.

> Curva *LM* é uma nomenclatura de certa maneira equivocada, visto que, sob nossa suposição, a relação *LM* é uma simples linha horizontal. Mas o uso do termo *curva* é tradicional, e seguiremos a tradição.

▶ **Figura 5.4** Curva *LM*.

O Banco Central escolhe a taxa de juros (e ajusta a oferta de moeda para atingi-la).

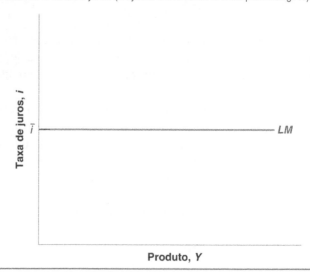

5.3 Combinação das relações *IS* e *LM*

A relação *IS* decorre do equilíbrio do mercado de bens. A relação *LM* decorre do equilíbrio do mercado financeiro. Ambas devem valer.

Relação IS: $Y = C(Y - T) + I(Y, i) + G$
Relação LM: $i = \bar{i}$

Juntas, determinam o produto. A Figura 5.5 mostra as curvas *IS* e *LM* no mesmo gráfico. O produto — de modo análogo, a produção ou a renda — é medido no eixo horizontal. A taxa de juros é medida no eixo vertical.

Qualquer ponto da curva *IS* negativamente inclinada corresponde ao equilíbrio do mercado de bens. *Qualquer ponto* da curva *LM* horizontal corresponde ao equilíbrio dos mercados financeiros. *Somente no ponto A* ambas as condições de equilíbrio são satisfeitas. Isto significa que o ponto *A*, com os níveis correspondentes de produto *Y* e de taxa de juros $\bar{i}$, constitui o equilíbrio global — o ponto em que há equilíbrio tanto do mercado de bens quanto dos mercados financeiros.

As relações *IS* e *LM* mostradas pela Figura 5.5 contêm muitas informações sobre consumo, investimento e condições de equilíbrio. Mas você deve estar se perguntando: e daí que o equilíbrio esteja no ponto *A*? Como isto se traduz em algo útil sobre o mundo? Não se desespere. A Figura 5.5 tem resposta para muitas questões da macroeconomia. Utilizada de maneira apropriada, ela nos permite estudar o que acontece com o produto quando o Banco Central decide reduzir a taxa de juros, ou quando o governo decide aumentar os impostos, ou quando os consumidores se tornam mais pessimistas sobre o futuro, e assim por diante.

▶ Nos próximos capítulos veremos como ampliá-la para refletirmos sobre a crise financeira, o papel das expectativas ou, ainda, o papel das políticas em uma economia aberta.

Vejamos agora o que o modelo *IS-LM* nos diz, analisando separadamente os efeitos da política fiscal e monetária.

Política fiscal

Suponhamos que o governo decida reduzir o déficit orçamentário e faça isto por meio do aumento de impostos, sem alterar seus gastos. Tal redução no déficit orçamentário é frequentemente chamada de **contração fiscal** ou **consolidação**

▶ **Figura 5.5** O modelo *IS-LM*.

O equilíbrio do mercado de bens implica que um aumento da taxa de juros leva a uma diminuição do produto. Isto é representado pela curva *IS*. O equilíbrio dos mercados financeiros é representado pela curva *LM* horizontal. Somente no ponto A, que está nas duas curvas, ambos os mercados de bens e financeiros estão em equilíbrio.

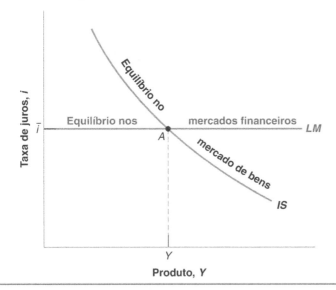

fiscal. (Um *aumento* do déficit — seja devido a um aumento dos gastos do governo, seja devido a uma diminuição dos impostos — é chamado de **expansão fiscal**.) Quais são os efeitos dessa contração fiscal sobre o produto, sua composição e a taxa de juros?

Ao responder a esta ou a qualquer outra pergunta sobre os efeitos das mudanças da política econômica (ou, de forma mais geral, das mudanças nas variáveis exógenas), devemos seguir sempre estes três passos:

1. Pergunte como a mudança afeta o equilíbrio do mercado de bens e dos mercados financeiros. Posto de outra forma, ela desloca a curva *IS* ou a curva *LM*? Se desloca, como?
2. Descreva os efeitos desses deslocamentos sobre o cruzamento das curvas *IS* e *LM*. Como isto afeta o produto de equilíbrio e a taxa de juros de equilíbrio?
3. Descreva os efeitos com palavras.

Com o tempo e a experiência, com frequência você será capaz de ir direto para o passo 3. Então, estará preparado para fazer um comentário rápido sobre os eventos econômicos do dia. Mas, até chegar lá, siga o passo a passo a seguir. Nesse caso, os três passos são fáceis, mas siga-os até adquirir prática.

◆ Comecemos pelo passo 1. A primeira pergunta é como o aumento dos impostos afeta o equilíbrio do mercado de bens, isto é, como ele afeta a relação entre produto e a taxa de juros capturada na curva *IS*. Derivamos a resposta na Figura 5.3 anteriormente: a dada taxa de juros, o aumento nos impostos reduz o produto. A curva *IS* desloca-se para a esquerda, de *IS* para *IS'*, na Figura 5.6.

A seguir, vamos ver se acontece alguma coisa com a curva *LM*. Por hipótese, como estamos procurando uma mudança somente na política fiscal, o Banco Central não muda a taxa de juros. Assim, a curva *LM*, isto é, a linha horizontal em $i = \bar{i}$ permanece inalterada. A curva *LM* não se desloca.

◀ Diminuição de $G - T \Leftrightarrow$ contração fiscal $\Leftrightarrow$ consolidação fiscal. Aumento de $G - T \Leftrightarrow$ expansão fiscal.

◀ E quando se sentir bastante confiante, coloque uma gravata borboleta e vá explicar as coisas na televisão. (A razão para tantos economistas televisivos gostarem desse tipo de gravata é um mistério.)

> **Figura 5.6 Efeitos de um aumento de impostos.**
> Um aumento de impostos desloca a curva IS para a esquerda e leva a uma diminuição do nível de produto de equilíbrio.

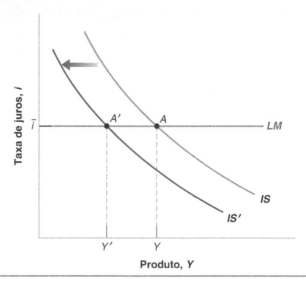

- Consideremos agora o passo 2, a determinação do equilíbrio.
  Antes do aumento nos impostos, o equilíbrio é dado no ponto A, na interseção entre as curvas IS e LM. Após o aumento dos impostos e o deslocamento para a esquerda da curva IS, de IS para IS', o novo equilíbrio é dado pelo ponto A'. O produto diminui de Y para Y'. Por hipótese, a taxa de juros não varia. Assim, à medida que a curva IS se *desloca*, a economia se *move sobre* a curva LM, de A para A'. Essas palavras estão em itálico porque é importante sempre distinguir o *deslocamento* de uma curva (aqui, o deslocamento da curva IS) e o *movimento sobre* uma curva (aqui, o movimento sobre a curva LM). Muitos erros vêm da falta de distinção entre os dois.

> O aumento dos impostos desloca a curva IS. A curva LM não se desloca. A economia se move sobre a curva LM.

- O passo 3 consiste em contar a história em palavras:
  O aumento dos impostos leva a uma renda disponível menor, o que faz que as pessoas diminuam seu consumo. Esta diminuição da demanda leva, por sua vez, através de um multiplicador, a uma diminuição do produto e da renda. A dada taxa de juros, o aumento nos impostos leva, portanto, a uma diminuição no produto. Analisando-se os componentes do produto: a diminuição da renda disponível e o aumento dos impostos contribuem para a diminuição da renda disponível e, por sua vez, uma diminuição do consumo. A diminuição da produção leva a uma diminuição do investimento. Assim, tanto o consumo quanto o investimento diminuem.

> Note que acabamos de dar um tratamento formal à discussão informal dos efeitos de um aumento da poupança pública dados no quadro Foco "O paradoxo da poupança" no Capítulo 3.

Política monetária

Agora tratamos da política monetária. Suponhamos que o Banco Central baixe a taxa de juros. Como já vimos, para isto o banco aumenta a oferta de moeda, de tal modo que a mudança na política monetária é chamada de **expansão monetária**. (Por outro lado, um aumento na taxa de juros, obtida pela diminuição da oferta de moeda, é chamado de **contração monetária** ou **aperto monetário**.)

> Diminuição de i ⇔ aumento de M ⇔ expansão monetária.
> Aumento de i ⇔ diminuição de M ⇔ contração monetária ⇔ aperto monetário.

- Novamente, o passo 1 consiste em verificar se e como as curvas IS e LM se deslocam.

Vamos examinar primeiro a curva *IS*. A alteração na taxa de juros não altera a relação entre a produção e a taxa de juros. Não desloca a curva *IS*.

A mudança na taxa de juros, no entanto, leva (trivialmente) a um deslocamento da curva *LM*. Esta curva desloca-se para baixo, da linha horizontal em $i = \bar{i}$ para a linha horizontal $i = \bar{i}'$.

* O passo 2 é verificar como esses deslocamentos afetam o equilíbrio. O equilíbrio é representado na Figura 5.7. A curva *IS* não se desloca, e a curva *LM* desloca-se para baixo. A economia move-se para baixo ao longo da curva *IS*, e o equilíbrio se move do ponto *A* para o ponto *A'*. A produção aumenta de *Y* para *Y'*, e a taxa de juros diminui de $\bar{i}$ para $\bar{i}'$.

* O passo 3 consiste em descrever isto em palavras: uma menor taxa de juros leva a um aumento do investimento e, por sua vez, a um aumento da demanda e do produto. Analisando-se os componentes do produto: o aumento do produto e a diminuição da taxa de juros levam, ambos, a um aumento do investimento. O aumento da renda leva a um aumento da renda disponível e, por sua vez, do consumo. Assim, tanto o consumo quanto o investimento se elevam.

▶ **Figura 5.7 Os efeitos de uma diminuição na taxa de juros.**
Uma expansão monetária desloca a curva *LM* para baixo e leva a um maior produto.

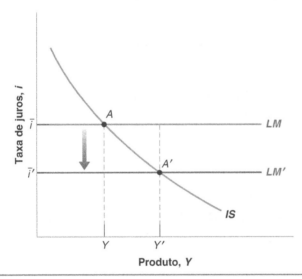

5.4 Uso de uma combinação de políticas

Até agora, examinamos a política fiscal e a política monetária isoladamente. Nosso objetivo era mostrar como cada uma delas funcionava. Na prática, ambas são frequentemente usadas em conjunto. O uso simultâneo de políticas monetária e fiscal é conhecido como **combinação de políticas monetária e fiscal** ou, simplesmente, *combinação de políticas* (*policy mix*).

Às vezes, a combinação correta significa utilizar as políticas monetária e fiscal no mesmo sentido. Suponhamos, por exemplo, que a economia esteja em recessão e que o produto seja muito baixo. Então, ambas as políticas podem ser usadas para aumentar o produto. Essa combinação é representada na Figura 5.8. O equilíbrio inicial é dado pela interseção de *IS* e *LM* no ponto *A*, com o produto correspondente *Y*. A política fiscal expansionista, digamos que por meio de uma redução dos impostos, desloca a curva *IS* para a direita, de *IS* para *IS'*. A política monetária expansionista desloca a curva LM de LM para LM'. O novo equilíbrio está em A', com o produto correspondente Y'. Assim, as políticas fiscal e monetária contribuem para o aumento do produto. Mais renda e menos impostos implicam que o consumo também é maior. Um produto mais alto e uma taxa de juros mais baixa implicam que o investimento também é maior.

Essa combinação de políticas fiscal e monetária costuma ser aplicada para combater recessões, como foi o caso durante a de 2001 nos Estados Unidos. A história da recessão e o papel das políticas monetária e fiscal estão descritos no quadro Foco "A recessão de 2001 nos Estados Unidos". Você pode estar se perguntando por que usar ambas as políticas quando uma delas por si só poderia alcançar o aumento desejado no produto? Como vimos na seção anterior, o aumento no produto poderia, em princípio, ser alcançado apenas por meio da política fiscal — digamos que por um aumento suficientemente grande dos gastos públicos, ou uma diminuição suficientemente grande dos impostos — ou simplesmente usando-se a política monetária, por meio de uma redução suficientemente alta na taxa de juros? A resposta é que há uma série de razões pelas quais os formuladores de políticas preferem usar uma combinação de políticas:

◆ Uma expansão fiscal significa um aumento nos gastos do governo ou uma redução nos impostos, ou, ainda, ambos. Isto significa uma elevação do déficit orçamentário (ou, se o orçamento era inicialmente superavitário, um superávit menor). Como veremos mais adiante, mas você certamente já pode adivinhar o motivo, provocar um grande déficit e aumentar a dívida do governo pode ser arriscado. Neste caso, é melhor confiar, ao menos em parte, na política monetária.

> Veremos mais a este respeito no Capítulo 22.

◆ Uma expansão monetária significa uma diminuição na taxa de juros. Se a taxa de juros for muito baixa, a margem para utilizar a política monetária poderá ser limitada. Neste caso, a política fiscal tem mais trabalho a fazer. Se a taxa de juros já for igual a zero, o caso do *limite inferior zero* que vimos no capítulo anterior, a política fiscal terá de fazer todo o trabalho.

▶ **Figura 5.8** Os efeitos de uma combinação de expansões monetária e fiscal.

A expansão fiscal desloca a curva *IS* para a direita. Uma expansão monetária desloca a curva *LM* para baixo. Ambas levam a um maior produto.

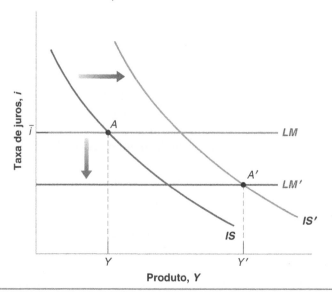

FOCO

A recessão de 2001 nos Estados Unidos

Em 1992, a economia dos EUA ingressou em uma longa expansão. Pelo restante da década, o crescimento do PIB foi positivo e alto. Em 2000, entretanto, a expansão chegou ao fim. Do terceiro trimestre de 2000 ao quarto trimestre de 2001, o crescimento do PIB ou foi positivo e próximo a zero, ou negativo. Com base nos dados disponíveis na época, considerou-se que o crescimento foi negativo nos três primeiros trimestres de 2001. Com base em dados revisados, mostrados na Figura 1, que apresenta a taxa de crescimento para cada trimestre de 1999-1 a 2002-4 e medida à taxa anual, parece que o crescimento foi pequeno, porém positivo no segundo trimestre. (Essas revisões de dados ocorrem com frequência, de modo que o que vemos quando analisamos o passado nem sempre é o que os estatísticos e os formuladores de política econômica percebiam na época.) O National Bureau of Economic Research (conhecido como NBER), uma organização acadêmica que tradicionalmente data recessões e expansões nos Estados Unidos, concluiu que a economia desse país realmente passou por uma recessão em 2001, que se iniciou em março e terminou em dezembro, período este retratado em cinza na figura.

O que desencadeou a recessão foi um forte declínio da demanda por investimento. O investimento não residencial — a demanda por fábricas e equipamentos pelas empresas — diminuiu 4,5% em 2001. A causa foi o final daquilo que Alan Greenspan chamou de período de "exuberância irracional". Durante a segunda parte da década de 1990, as empresas estavam extremamente otimistas quanto ao futuro, e a taxa de investimento subiu muito. A taxa média anual de crescimento do investimento de 1995 a 2000 excedeu 10%. Em 2001, entretanto, ficou claro para as empresas que seu otimismo fora exagerado e que haviam investido demais. Isto as levou a cortar investimentos, resultando em uma diminuição da demanda e, por meio do multiplicador, em uma diminuição do PIB.

A recessão poderia ter sido muito pior. Mas teve como resposta uma forte política macroeconômica, que certamente limitou sua magnitude e duração.

Consideremos primeiro a política monetária. No início de 2001, o Fed vislumbrou uma desaceleração na economia e começou a aumentar a oferta de moeda e a diminuir agressivamente a taxa de juros. (A Figura 2 mostra o comportamento da taxa dos fundos federais de 1999–1 a 2002–4.) E continuou assim ao longo do ano. A taxa dos fundos, que era de 6,5% em janeiro, passou para menos de 2% no final do ano.

▶ **Figura 1** Taxa de crescimento dos EUA, 1999-1 a 2002-4.

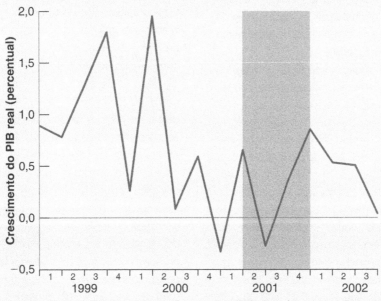

Fonte: calculado usando-se Series GDPC1, Federal Reserve Economic Data (FRED). Disponível em: <http://research.stlouisfed.org/fred2/>. Acesso em 31 maio 2017.

▶ Figura 2 Taxa dos fundos federais, 1999-1 a 2002-4.

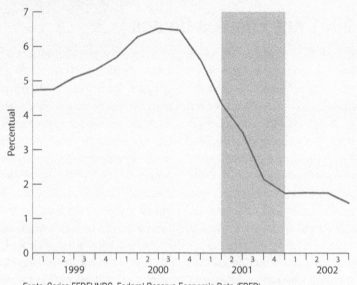

Fonte: Series FEDFUNDS, Federal Reserve Economic Data (FRED)
Disponível em: <http://research.stlouisfed.org/fred2/>. Acesso em 31 maio 2017.

Vejamos agora a política fiscal. Durante a campanha presidencial de 2000, a plataforma do então candidato George W. Bush era de impostos mais baixos. Seu argumento era de que o orçamento federal estava superavitário; portanto, havia espaço para reduzir alíquotas de impostos e manter o orçamento equilibrado. Quando o presidente Bush tomou posse em 2001, a evidente desaceleração da economia lhe deu uma justificativa adicional para cortar impostos; a saber: o uso de impostos mais baixos para aumentar a demanda e combater a recessão. Tanto o orçamento de 2001 como o de 2002 incluíram reduções substanciais nas alíquotas de impostos. No lado dos gastos, os ataques terroristas de 11 de setembro de 2001 levaram a um aumento dos gastos, principalmente com defesa e segurança nacional.

A Figura 3 mostra a evolução das receitas e dos gastos do governo federal dos Estados Unidos durante 1999–1 a 2002–4, ambos expressos como porcentagens do PIB. Observe a diminuição expressiva das receitas a partir do terceiro trimestre de 2001. Mesmo sem as diminuições das alíquotas de impostos, as receitas teriam caído durante a recessão: produto mais baixo e renda mais baixa implicam mecanicamente receita menor de impostos. Mas, em função do corte de impostos, a diminuição das receitas em 2001 e 2002 foi muito maior do que pode ser explicado pela recessão. Observe também o menor, porém consistente, aumento dos gastos, iniciado aproximadamente na mesma época. Como resultado, o superávit orçamentário — a diferença entre receitas e gastos — passou de positivo, até 2000, para negativo, em 2001, e mais negativo ainda, em 2002.

Vamos terminar respondendo a quatro perguntas que você deve estar se fazendo a esta altura:

♦ Por que as políticas fiscal e monetária não foram usadas para evitar a recessão em vez de limitá-la? O motivo é que mudanças na política afetam a demanda e o produto apenas ao longo do tempo (veja mais sobre isto na Seção 5.5). Portanto, quando ficou claro que a economia dos Estados Unidos estava entrando em uma recessão, era tarde demais para usar a política visando evitá-la. O que a política fez foi reduzir a magnitude e a duração da recessão.

♦ Os acontecimentos de 11 de setembro de 2001 também foram uma das causas da recessão? A resposta, de forma sucinta, é não. Como vimos, a recessão começou muito antes de 11 de setembro e terminou logo depois. De fato, o crescimento do PIB foi positivo no último trimestre de 2001. Seria de esperar — e, de fato, muitos economistas esperaram — que os acontecimentos de 11 de setembro tivessem grandes efeitos adversos sobre o produto, levando, em particular, os consumidores e as empresas a postergarem decisões de gastos até que o panorama estivesse mais claro. Na realidade, a queda nos gastos foi curta e limitada. Acredita-se que as diminuições das taxas dos fundos federais após 11 de setembro — e os grandes descontos dos fabricantes de automóveis no último trimestre de 2001 — tenham sido cruciais para a manutenção da confiança do consumidor e dos gastos do consumidor naquele período.

▶ Figura 3 Receitas e gastos do governo federal dos EUA (como percentual do PIB), 1999-1 a 2002-4.

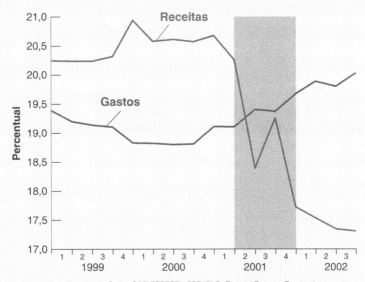

Fonte: calculado usando Series GDP, FGRECPY, FGEXPND, Federal Reserve Economic Data (FRED). Disponível em: <http://research.stlouisfed.org/fred2/>. Acesso em 31 maio 2017.

◆ A combinação de políticas monetária e fiscal usada para combater a recessão é um exemplo de como a política deveria ser conduzida?

Os economistas discordam em relação a isto. A maioria deles aprova a decisão do Fed de reduzir acentuadamente as taxas de juros assim que a economia entrou em desaceleração. Mas a maioria dos economistas preocupa-se com o fato de que o corte de impostos, introduzido em 2001 e 2002, levou a déficits orçamentários grandes e persistentes. Eles argumentam que o corte de impostos deveria ter sido temporário — o suficiente para ajudar a economia dos Estados Unidos a sair da recessão, sendo interrompido depois disso.

◆ Por que as políticas monetária e fiscal não conseguiram evitar a recessão de 2009? A resposta, em suma, é dupla. Os choques foram muito maiores e muito mais difíceis de combater. E a margem para a reação das políticas era mais limitada. Retornaremos a esses dois aspectos no Capítulo 6.

◆ As políticas fiscais e monetárias exercem efeitos diferentes sobre a composição do produto. Por exemplo, uma redução do imposto de renda tenderá a aumentar o consumo em relação ao investimento. Uma redução da taxa de juros afetará o investimento mais do que o consumo. Assim, dependendo da composição inicial do produto, os formuladores de política econômica podem querer depender mais da política fiscal ou mais da política monetária.

◆ Por fim, nem a política fiscal nem a política monetária funcionam perfeitamente. Uma diminuição dos impostos pode não aumentar o consumo. Uma diminuição da taxa de juros pode não aumentar o investimento. Assim, no caso de uma política não funcionar tão bem como se esperava, é melhor usar ambas.

Às vezes, a combinação certa de políticas é, em vez disso, usar as duas políticas em direções opostas; por exemplo, combinando uma consolidação fiscal com uma expansão monetária. Suponhamos, por exemplo, que o governo tenha um grande déficit orçamentário e pretenda reduzi-lo, mas sem desencadear uma recessão. Em termos da Figura 5.9, o equilíbrio inicial é dado pela interseção das curvas *IS* e *LM* no ponto *A*, com o produto associado *Y*. Supõe-se que o produto esteja no nível certo, mas o déficit orçamentário, $G - T$, é muito grande.

110 Macroeconomia

FOCO

Redução do déficit: bom ou ruim para o investimento?

Talvez você já tenha ouvido este argumento: "A poupança privada serve ou para financiar o déficit orçamentário ou para financiar o investimento. Não é preciso ser um gênio para concluir que a redução do déficit orçamentário deixa mais poupança disponível para o investimento; portanto, o investimento aumenta".

Este argumento parece convincente. Mas, como vimos no texto, pode ser equivocado. Se, por exemplo, a redução do déficit não for acompanhada por uma redução na taxa de juros, sabemos que o produto diminui (veja a Figura 5.7) e, por implicação, também o investimento — visto que ele depende do produto. Então, o que está acontecendo neste caso?

Para avançar na discussão, primeiro voltemos à Equação 3.10, do Capítulo 3. Lá aprendemos que também podemos pensar na condição de equilíbrio do mercado de bens como:

$$Investimento = Poupança\ privada + Poupança\ pública$$
$$I = S + (T - G)$$

No equilíbrio, o investimento é igual a poupança privada mais poupança pública. Se a poupança pública é positiva, diz-se que o governo está com superávit orçamentário; se a poupança pública é negativa, diz-se que o governo está com déficit orçamentário. Portanto, é verdade que, *dada a poupança privada,* se o governo reduz seu déficit — seja pela elevação dos impostos, seja pela redução dos gastos do governo de modo que $T - G$ suba —, o investimento

deve aumentar. Dado S, um aumento de $T - G$ implica que I suba.

A parte crucial desta afirmação, no entanto, é "dada a poupança privada". O fato é que uma contração fiscal também afeta a poupança privada. A contração leva a um produto mais baixo e, portanto, a uma renda mais baixa; à medida que o consumo diminui menos do que a renda, a poupança privada também diminui. E ela pode diminuir mais do que a redução do déficit orçamentário, levando a uma diminuição, em vez de um aumento, do investimento. Em termos da equação anterior, S diminui mais do que $T - G$ aumenta, então I diminui. (Você pode querer fazer a álgebra e convencer-se de que a poupança diminui efetivamente *mais* do que $T - G$ aumenta. Consulte o problema 3 na seção de Questões e problemas.)

Isto significa que a redução do déficit sempre diminui o investimento? A resposta é claramente *não*, como vimos na Figura 5.9. Se, quando o déficit é reduzido, o Banco Central também reduz a taxa de juros de modo a manter o produto constante, então o investimento necessariamente sobe. Apesar de inalterado o produto, a taxa de juros mais baixa conduz a uma taxa de investimento mais alta.

Em suma, a redução do déficit leva a um aumento do investimento está longe de ser automático. Isto pode ou não acontecer, dependendo da resposta da política monetária.

Se o governo reduzir o déficit, digamos aumentando T ou diminuindo G (ou ambos), a curva IS se deslocará para a esquerda, de IS para IS'. O equilíbrio estará no ponto A', com nível de produto Y'. A determinada taxa de juros, impostos mais altos ou gastos mais baixos vão diminuir a demanda e, através do multiplicador, diminuir o produto. Assim, a redução do déficit levará a uma recessão.

A recessão poderá ser evitada, no entanto, se a política monetária também for usada. Se o Banco Central reduz a taxa de juros a $\bar{i}'$, o equilíbrio é dado pelo ponto A'', com o produto correspondente $Y'' = Y$. A combinação de ambas as políticas permite, assim, a redução no déficit, mas sem recessão.

O que acontece com o consumo e o investimento neste caso? No caso do consumo, isto depende da forma como o déficit é reduzido. Se a redução tomar a forma de uma diminuição dos gastos do governo, em vez de um aumento dos impostos, a renda permanece inalterada, a renda disponível permanece inalterada e, assim, o consumo permanece inalterado. Se a redução tomar a forma de um aumento de impostos, a renda disponível é mais baixa, bem como o consumo. O que acontece com o investimento não é ambíguo: um produto inalterado e uma menor taxa de juros

▶ **Figura 5.9** Os efeitos de uma consolidação fiscal e uma expansão monetária combinadas.

A consolidação fiscal desloca a curva *IS* para a esquerda. Uma expansão monetária desloca a curva *LM* para baixo.

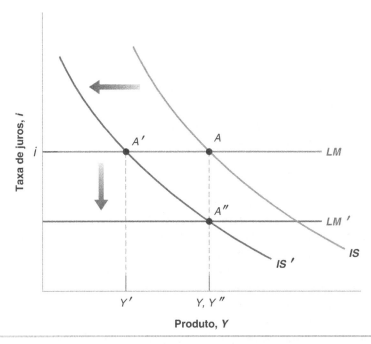

implica um maior investimento. A relação entre redução do déficit e investimento é discutida no quadro Foco "Redução do déficit: bom ou ruim para o investimento?".

Acabamos de ver um segundo exemplo de combinação de políticas. Esta foi usada no início dos anos 1990 nos Estados Unidos. Quando Bill Clinton foi eleito presidente em 1992, uma de suas prioridades era reduzir o déficit orçamentário com uma combinação de cortes de gasto e aumentos de imposto. Clinton estava preocupado, contudo, que, por si só, tal contração fiscal levaria a uma diminuição da demanda e desencadearia outra recessão. A estratégia certa era combinar uma contração fiscal (para se livrar do déficit) com uma expansão monetária (para garantir que a demanda e o produto permanecessem elevados). Esta foi a estratégia adotada e executada por Bill Clinton (responsável pela política fiscal) e Alan Greenspan (responsável pela política monetária). O resultado desta estratégia — e um pouco de sorte econômica — foi uma redução constante do déficit orçamentário (que se transformou em superávit orçamentário no final da década de 1990) e um aumento constante do produto durante o restante da década.

5.5 Como o modelo *IS-LM* se ajusta aos fatos?

Até agora ignoramos a dinâmica. Por exemplo, quando examinamos os efeitos de um aumento dos impostos na Figura 5.6 — ou os efeitos de uma expansão monetária na Figura 5.7 —, fizemos como se a economia se movesse instantaneamente de *A* para *A'*; em outras palavras, como se o produto fosse instantaneamente de *Y* para *Y'*. Isto certamente não é realista. O ajuste do produto leva algum tempo. Para captar essa dimensão temporal, precisamos reintroduzir a dinâmica.

112   Macroeconomia

A introdução formal da dinâmica seria difícil. Mas, como fizemos no Capítulo 3, podemos descrever os mecanismos básicos com palavras. Alguns deles já foram abordados no Capítulo 3; outros são novos:

◆ É provável que os consumidores levem algum tempo para ajustar seu consumo após uma mudança em sua renda disponível.

◆ É provável que as empresas levem algum tempo para ajustar os gastos com investimentos após uma mudança em suas vendas.

◆ É provável que as empresas levem algum tempo para ajustar os gastos com investimentos após uma mudança na taxa de juros.

◆ É provável que as empresas levem algum tempo para ajustar a produção após uma mudança em suas vendas.

Portanto, em resposta a um aumento dos impostos, leva algum tempo para que os gastos de consumo respondam à diminuição da renda disponível, mais algum tempo para que a produção diminua em resposta à diminuição dos gastos de consumo, mais tempo ainda para que o investimento diminua em resposta a vendas mais baixas, para que o consumo diminua em resposta à mudança induzida na renda, e assim por diante.

Em resposta a uma redução na taxa de juros, leva algum tempo para que os gastos de investimento respondam à diminuição da taxa de juros, mais algum tempo para que a produção aumente em resposta a um aumento da demanda, e mais tempo ainda para que o consumo e o investimento aumentem em resposta à mudança induzida no produto, e assim sucessivamente.

É obviamente complicado descrever o processo de ajuste resultante de todas essas fontes de dinâmica. Mas a implicação básica é simples. É necessário algum tempo para que o produto se ajuste a mudanças das políticas fiscal e monetária. Quanto tempo? Esta pergunta só pode ser respondida ao examinarmos os dados e utilizarmos a econometria. A Figura 5.10 mostra os resultados desse estudo econométrico, que usa dados dos Estados Unidos de 1960 a 1990.

> Discutimos o mercado dos fundos federais e a taxa dos fundos federais no Capítulo 4, Seção 4.3.

O estudo examina os efeitos de uma decisão do Fed de aumentar a taxa dos fundos federais em 1%. Ele descreve os efeitos normais dessa mudança sobre diversas variáveis macroeconômicas.

Cada quadro na Figura 5.10 representa os efeitos da mudança na taxa de juros sobre dada variável. Cada quadro mostra três linhas. A linha cheia no centro de uma banda fornece a melhor estimativa do efeito da mudança na taxa de juros sobre a variável que examinamos no quadro. As duas linhas tracejadas e o espaço sombreado entre elas representam o **intervalo de confiança**, uma faixa dentro da qual, com uma probabilidade de 60%, deve se encontrar o valor verdadeiro do efeito.

> Não existe em econometria algo como saber o valor exato de um coeficiente ou o efeito exato de uma variável sobre outra. Em vez disso, o que a econometria faz é fornecer a melhor estimativa — na figura, a linha cheia — e uma medida da confiança que podemos ter na estimativa — na figura, o intervalo de confiança.

◆ A Figura 5.10(a) mostra os efeitos de um aumento de 1% da taxa dos fundos federais sobre as vendas no varejo ao longo do tempo. A variação percentual das vendas no varejo é mostrada no eixo vertical; o tempo, medido em trimestres, está no eixo horizontal.

Ao nos concentrarmos na melhor estimativa — a linha cheia —, vemos que um aumento de 1% da taxa dos fundos federais leva a um declínio das vendas no varejo. A maior diminuição das vendas no varejo, –0,9%, ocorre após cinco trimestres.

◆ A Figura 5.10(b) mostra como vendas mais baixas levam a um produto mais baixo. Em resposta à diminuição das vendas, as empresas cortam sua produção, mas menos do que a diminuição das vendas. Dito de outro modo, as empresas acumulam estoques por algum tempo. O ajuste da produção é mais suave e lento do que o das vendas. A maior queda, de –0,7%, é alcançada ao fim de oito trimestres. Em outras palavras, a política monetária funciona, porém com longas

▶ **Figura 5.10** Efeitos empíricos de um aumento na taxa dos fundos federais.

No curto prazo, um aumento da taxa dos fundos federais leva a uma diminuição do produto e a um aumento do desemprego, mas tem pouco efeito sobre o nível de preços.

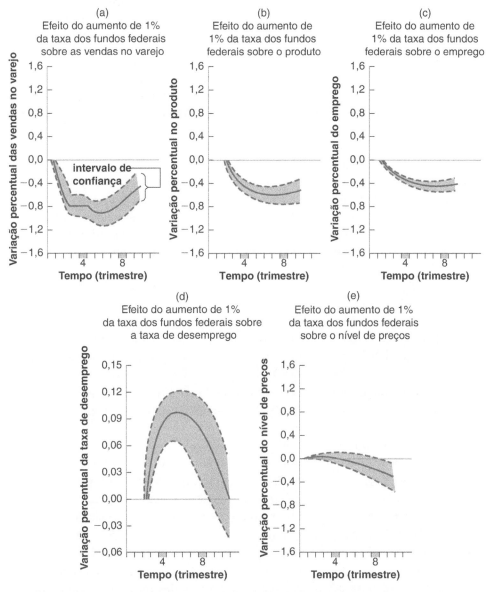

Fonte: CHRISTIANO, Lawrence; EICHENBAUM, Martin; EVANS, Charles. The effects of monetary policy shocks: evidence from the flow of funds. *Review of Economics and Statistics*, 78, p. 16–34, fev. 1996.

defasagens. São necessários cerca de dois anos para que a política monetária tenha seu efeito total sobre o produto.

◆ A Figura 5.10(c) mostra como o produto mais baixo leva a um emprego mais baixo. Quando as empresas cortam a produção, também cortam o emprego. Como ocorre com o produto, a diminuição do emprego é lenta e contínua, alcançando –0,5% depois de oito trimestres. A diminuição do emprego é refletida em um aumento da taxa de desemprego, mostrado na Figura 5.10(d).

◆ A Figura 5.10(e) examina o comportamento do nível de preços. Lembre-se de que uma das *hipóteses* do modelo *IS-LM* é que o nível de preços é dado, portanto, não se altera em resposta a mudanças na demanda. A Figura 5.10(e) mostra que esta

É por esse motivo que a política monetária não pôde evitar a recessão de 2001 (veja o quadro Foco "A recessão de 2001 nos Estados Unidos"). Quando, no início de 2001, o Fed começou a diminuir a taxa dos fundos federais, já era tarde demais para que esses cortes tivessem um efeito substancial em 2001.

hipótese não é uma aproximação ruim da realidade no curto prazo. O nível de preços praticamente não se altera nos primeiros seis trimestres. Somente após os primeiros seis trimestres é que o nível de preços parece diminuir. Isto nos dá uma pista importante do motivo pelo qual o modelo *IS-LM* torna-se menos confiável quando examinamos o médio prazo. No médio prazo, não podemos mais supor que o nível de preços seja dado, e as mudanças nele tornam-se importantes.

A Figura 5.10 fornece duas lições importantes. Primeiro, nos dá uma ideia da dinâmica do ajuste do produto e de outras variáveis em resposta à política monetária.

Segundo — e mais fundamental —, ela nos mostra que o que observamos na economia é consistente com as implicações do modelo *IS-LM*. Isto não *prova* que o modelo *IS-LM* seja o correto. O que observamos na economia pode ser o resultado de um mecanismo completamente diferente, e o fato de o modelo *IS-LM* ajustar-se bem pode ser uma coincidência. Mas isto parece improvável. O modelo *IS-LM* parece ser uma base sólida para nos apoiarmos quando examinamos mudanças no nível de atividade no curto prazo. Mais adiante, estenderemos o modelo para examinar o papel das expectativas (capítulos 14 a 16) e as implicações da abertura tanto dos mercados de bens quanto dos mercados financeiros (capítulos 17 a 20). Mas primeiro devemos entender o que determina o produto no médio prazo. Este é o tema dos capítulos 7 a 9.

Resumo

- O *modelo IS-LM* descreve as implicações do equilíbrio simultâneo do mercado de bens e dos mercados financeiros.
- A relação *IS* e a curva *IS* mostram as combinações de taxa de juros e nível de produto consistentes com o equilíbrio do mercado de bens. Um aumento da taxa de juros leva a uma diminuição do produto. Em consequência, a curva *IS* é negativamente inclinada.
- A relação *LM* e a curva *LM* mostram as combinações de taxa de juros e nível de produto consistentes com o equilíbrio dos mercados financeiros. Sob o pressuposto de que o Banco Central escolhe a taxa de juros, a curva *LM* é uma linha horizontal à taxa de juros escolhida pelo Banco Central.
- Uma expansão fiscal desloca a curva *IS* para a direita, levando a um aumento do produto. Uma contração fiscal desloca a curva *IS* para a esquerda, levando a uma diminuição do produto.
- Uma expansão monetária desloca a curva *LM* para baixo, levando a um aumento do produto e a uma diminuição da taxa de juros. Uma contração monetária desloca a curva *LM* para cima, levando a uma diminuição do produto e a um aumento da taxa de juros.
- A combinação das políticas monetária e fiscal é também conhecida simplesmente como combinação de políticas. Às vezes, as políticas monetária e fiscal são utilizadas no mesmo sentido; outras vezes, em sentidos opostos. A contração fiscal e a expansão monetária podem, por exemplo, atingir uma diminuição do déficit orçamentário e, ao mesmo tempo, evitar uma diminuição do produto.
- O modelo *IS-LM* parece descrever bem o comportamento da economia no curto prazo. Em particular, os efeitos da política monetária parecem ser semelhantes àqueles indicados pelo modelo *IS-LM* caso a dinâmica seja introduzida. Um aumento da taxa de juros devido a uma contração monetária leva a uma diminuição consistente do produto, cujo efeito máximo ocorre após cerca de oito trimestres.

Palavras-chave

- aperto monetário, 104
- combinação de políticas monetária e fiscal, 105
- consolidação fiscal, 102
- contração fiscal, 102
- contração monetária, 104
- curva *IS*, 98
- curva *LM*, 101
- expansão fiscal, 103
- expansão monetária, 104
- intervalo de confiança, 112

Questões e problemas

Teste rápido

1. **Usando as informações contidas neste capítulo, diga se cada afirmação a seguir é verdadeira, falsa ou incerta. Explique brevemente.**

   a. Os principais determinantes do investimento são o nível de vendas e a taxa de juros.

   b. Se todas as variáveis exógenas da relação *IS* forem constantes, então um nível de produto mais alto só poderá ser atingido pela diminuição da taxa de juros.

   c. A curva *IS* é negativamente inclinada porque o equilíbrio do mercado de bens implica que um aumento dos impostos leve a um nível de produto mais baixo.

   d. Se os gastos do governo e os impostos aumentarem no mesmo montante, a curva *IS* não se deslocará.

   e. A curva *LM* é horizontal no nível da taxa de juros escolhido pela política do Banco Central.

   f. A oferta real de moeda é constante ao longo da curva *LM*.

   g. Se a oferta nominal de moeda é de US$ 400 bilhões e o nível de preço sobe de um valor de índice de 100 para um valor de índice de 103, a oferta real de moeda sobe.

   h. Se a oferta nominal de moeda aumenta de US$ 400 bilhões para US$ 420 bilhões, e o nível de preços sobe de um valor de índice de 100 para 102, a oferta real de moeda sobe.

   i. Um aumento dos gastos governamentais leva à diminuição do investimento no modelo *IS-LM*.

2. **Consideremos inicialmente o modelo do mercado de bens com investimento constante que vimos no Capítulo 3. O consumo é dado por:**

$$C = c_0 + c_1 (Y - T),$$
$$\text{sendo } I, G \text{ e } T \text{ dados.}$$

   a. Resolva para encontrar o produto de equilíbrio. Qual é o valor do multiplicador para uma mudança no gasto autônomo?

   Agora, deixemos o investimento depender tanto das vendas como da taxa de juros:

$$I = b_0 + b_1 Y - b_2 i$$

   b. Resolva para encontrar o produto de equilíbrio usando os métodos vistos no Capítulo 3. A dada taxa de juros, o efeito de uma mudança do gasto autônomo é maior do que era em (a)? Por quê? (Suponhamos $c_1 + b_1 < 1$.)

   c. Suponhamos que o Banco Central escolha uma taxa de juros de $\bar{i}$. Resolva para o produto de equilíbrio a esta taxa de juros.

   d. Desenhe o equilíbrio dessa economia usando um diagrama *IS-LM*.

3. **Resposta da economia à política fiscal.**

   a. Usando o diagrama de *IS-LM*, mostre os efeitos de uma diminuição dos gastos do governo sobre o produto. Você pode explicar o que acontece com o investimento? Por quê?

   Agora, consideremos o seguinte modelo IS-LM:

$$C = c_0 + c_1 (Y - T)$$
$$I = b_0 + b_1 Y - b_2 i$$
$$Z = C + I + G$$
$$i = \bar{i}$$

   b. Resolva para encontrar o produto de equilíbrio quando a taxa de juros é $\bar{i}$. Suponhamos $c_1 + b_1 < 1$. (*Dica*: se tiver problemas com este passo, volte à questão 2.)

   c. Resolva para encontrar o nível de equilíbrio do investimento.

   d. Vamos para os bastidores do mercado monetário. Use o equilíbrio no mercado monetário $M/P = d_1 Y - d_2 i$ para resolver o nível de equilíbrio da oferta real de moeda quando $i = \bar{i}$. Como a oferta real de moeda varia de acordo com os gastos públicos?

4. **Consideremos o mercado monetário para compreender melhor a curva *LM* horizontal neste capítulo.**

   A relação do mercado monetário (Equação 5.3) é $\frac{M}{P} = Y L(i)$.

   a. O que está no lado esquerdo da Equação 5.3?

   b. O que está no lado direito da Equação 5.3?

   c. Volte à Figura 4.3 no capítulo anterior. Como está a função $L(i)$ representada nessa figura?

   d. Você precisa modificar a Figura 4.3 para representar a Equação 5.3 de duas maneiras. Como o eixo horizontal deve ser renomeado? Qual é a variável que desloca a função de demanda da moeda? Desenhe uma Figura 4.3 modificada com as legendas apropriadas.

   e. Use sua Figura 4.3 modificada para mostrar que (1) à medida que o produto aumenta, para manter constante a taxa de juros, o Banco Central deve aumentar a oferta real de moeda; (2) à medida que o produto diminui, para manter constante a taxa de juros, o Banco Central deve diminuir a oferta real de moeda.

116 Macroeconomia

5. Consideremos o seguinte exemplo numérico do modelo *IS-LM*:

$$C = 200 + 0{,}25Y_D$$
$$I = 150 + 0{,}25Y - 1000i$$
$$G = 250$$
$$T = 200$$
$$\bar{i} = 0{,}05$$

a. Derive a relação *IS*. (*Dica:* você deseja uma equação com *Y* do lado esquerdo e tudo o mais do lado direito.)

b. O Banco Central fixa uma taxa de juros de 5%. Como esta decisão é representada nas equações?

c. Qual é o nível de oferta real de moeda quando a taxa de juros é de 5%? Use a expressão:

$$(M/P) = 2Y - 8000i$$

d. Resolva para encontrar os valores de equilíbrio de *C* e *I* e verifique o valor obtido para *Y* adicionando *C*, *I* e *G*.

e. Suponhamos agora que o Banco Central baixe a taxa de juros para 3%. Como isso muda a curva *LM*? Resolva para encontrar *Y*, *I* e *C* e descreva os efeitos de uma política monetária expansionista. Qual é o novo valor de equilíbrio da oferta *M/P*?

f. Retorne à situação inicial em que a taxa de juros determinada pelo Banco Central é de 5%. Suponhamos agora que os gastos do governo aumentem para *G* = 400. Resuma os efeitos de uma política fiscal expansionista sobre *Y*, *I* e *C*. Qual é o efeito da política fiscal expansionista sobre a oferta real de moeda?

Aprofundando

6. Investimento e taxa de juros.

O capítulo argumenta que o motivo pelo qual o investimento depende negativamente da taxa de juros é que, quando a taxa de juros aumenta, o custo de tomar empréstimos também aumenta, e isso desencoraja os investimentos. Contudo, as empresas frequentemente financiam seus projetos de investimento com recursos próprios.

Se uma empresa estiver considerando utilizar seus próprios fundos (em vez de realizar um empréstimo) para financiar projetos de investimento, as taxas de juros mais altas vão desencorajá-la na realização dos projetos? Explique. (*Dica:* pense em você mesmo como proprietário de uma empresa que auferiu lucros e imagine que vai usar os lucros ou para financiar novos projetos de investimento, ou para comprar títulos. Sua decisão de investir em novos projetos para sua empresa será afetada pela taxa de juros?)

7. Combinação de políticas Bush–Greenspan

Em 2001, o Fed buscou uma política monetária expansionista e baixou as taxas de juros. Ao mesmo tempo, o presidente George W. Bush pressionou pela redução dos impostos de renda por meio de leis.

a. Mostre o efeito dessa combinação de políticas sobre o produto.

b. Em que difere essa combinação de políticas da combinação Clinton–Greenspan?

c. O que aconteceu com o produto em 2001? Como você concilia o fato de ambas as políticas, fiscal e monetária, terem sido expansionistas com o fato de o crescimento ter sido tão baixo em 2002? (*Dica:* o que mais ocorreu?)

8. Qual combinação de políticas é necessária para atingir os seguintes objetivos?

a. Aumentar *Y* mantendo $\bar{i}$ constante. O investimento (*I*) seria alterado?

b. Diminuir o déficit fiscal mantendo *Y* constante. Por que $\bar{i}$ também deve mudar?

9. O paradoxo (menos paradoxal) da poupança

No final do Capítulo 3, um problema considerou o efeito da queda da confiança do consumidor na poupança privada e nos investimentos quando estes dependiam do produto, mas não das taxas de juros. Aqui, consideramos o mesmo caso com base no modelo IS-LM, no qual o investimento depende tanto do produto quanto das taxas de juros, mas o Banco Central altera as taxas de juros para manter constante o produto.

a. Suponhamos que as famílias tentem poupar mais de modo que a confiança do consumidor caia. Utilizando um diagrama *IS-LM*, no qual o banco central altera as taxas de juros para manter o produto constante, mostre o efeito da queda na confiança do consumidor sobre o equilíbrio da economia.

b. Como a queda da confiança do consumidor afetará o consumo, o investimento e a poupança privada? A tentativa de poupar mais efetivamente levará a uma poupança maior? Esta tentativa necessariamente levará uma poupança menor?

Explorando mais

10. Combinação de políticas Clinton–Greenspan

Conforme descrito ao longo do capítulo, durante a administração Clinton a combinação de políticas mudou em direção a uma política fiscal mais contracionista e uma política monetária mais expansionista. Esta questão explora as implicações dessa mudança na combinação de políticas, na teoria e na prática.

a. O que o Federal Reserve deve fazer para garantir que uma queda em G e um aumento em T não tenham efeito sobre o produto? Mostre o efeito dessas políticas em um diagrama *IS-LM*. O que acontece com a taxa de juros? O que acontece com o investimento?

b. Visite o site do *Economic Report of the President* (<https://www.govinfo.gov/app/collection/ERP>). Examine a Tabela B-79 no apêndice estatístico. O que aconteceu com as receitas federais (receita de impostos), as despesas federais e o déficit orçamentário como porcentagem do PIB no período 1992–2000? (Note que as despesas federais incluem as transferências, que seriam excluídas da variável G, conforme definimos em nosso modelo *IS-LM*. Ignore a diferença.)

c. O Federal Reserve Board of Governors publica o histórico recente da taxa dos fundos federais no site <http://www.federalreserve.gov/releases/h15/data.htm>. Você deve escolher examinar a taxa em um intervalo diário, semanal, mensal ou anual. Analise o período entre 1992 e 2000. Quando a política monetária se tornou mais expansionista?

d. Vá para a tabela B.2 do *Economic Report of the President* e obtenha dados sobre o PIB real e sobre o investimento interno bruto real no período 1992–2000. Calcule o investimento como uma percentagem do PIB para cada ano. O que aconteceu com o investimento ao longo do período?

e. Por fim, vá para a Tabela B.31 e obtenha dados sobre o PIB real *per capita* (em dólares encadeados de 2005) para o período. Calcule a taxa de crescimento para cada ano. Qual foi a taxa média anualizada de crescimento no período 1992–2000? No Capítulo 10, você aprenderá que a taxa média anualizada de crescimento do PIB real *per capita* dos Estados Unidos foi de 2,6% entre 1950 e 2004. Como se comparou o crescimento entre 1992 e 2000 à média no pós-guerra?

11. Consumo, investimento e a recessão de 2001.

Esta questão pede que você examine as variações do investimento e do consumo antes, durante e depois da recessão de 2001. Pede também que considere a resposta do investimento e do consumo aos eventos de 11 de setembro de 2001.

Visite o site do Bureau of Economic Analysis (<http://www.bea.gov>). Localize as tabelas do Nipa, em particular as versões trimestrais da Tabela 1.1.1, que mostram a variação percentual do PIB real e de seus

componentes, e a Tabela 1.1.2, que mostra a contribuição dos componentes do PIB à variação percentual total. A Tabela 1.1.2 pesa a variação percentual dos componentes pelo seu tamanho. O investimento é mais variável do que o consumo, mas o consumo é muito maior do que o investimento; portanto, variações percentuais menores do consumo podem ter o mesmo impacto sobre o PIB de variações percentuais muito maiores do investimento. Observe que as variações percentuais trimestrais são anualizadas, isto é, expressas como taxas anuais. Obtenha dados trimestrais em termos reais sobre PIB, consumo, investimento privado interno bruto e investimento fixo não residencial para o período de 1999 a 2002 nas tabelas 1.1.1 e 1.1.2.

a. Identifique os trimestres de crescimento negativo em 2000 e 2001.

b. Examine o consumo e o investimento em 2000 e 2001. Qual variável na Tabela 1.1.1 teve a maior variação percentual nesse período? Compare o investimento fixo não residencial com o investimento total. Qual variável teve a maior variação percentual?

c. Na Tabela 1.1.2, obtenha a contribuição do consumo e do investimento para o crescimento do PIB de 1999 a 2001. Calcule a média das contribuições trimestrais de cada variável para cada ano. Agora, calcule a variação da contribuição de cada variável para 2000 e 2001 (isto é, subtraia a contribuição média do consumo em 1999 da contribuição média do consumo em 2000, subtraia a contribuição média do consumo em 2000 da contribuição média do consumo em 2001, e faça o mesmo para o investimento nos dois anos). Qual variável teve a maior queda na contribuição para o crescimento? Em sua opinião, qual foi a causa aproximada da recessão em 2001? (Foi uma queda na demanda por investimento ou uma queda na demanda por consumo?)

d. Agora veja o que aconteceu com o consumo e o investimento no terceiro e no quarto trimestres de 2001 e nos dois primeiros trimestres de 2002, após os acontecimentos de 11 de setembro. A queda no investimento ao final de 2001 faz sentido para você? Quanto durou essa queda no investimento? O que aconteceu com o consumo nesse período? Como você explica, em particular, a variação no consumo no quarto trimestre de 2001? Os ataques terroristas de 11 de setembro de 2001 causaram recessão de 2001? Use a discussão no capítulo e sua intuição como guias para responder às perguntas desta parte.

Leitura adicional

Uma descrição sobre a economia dos Estados Unidos do período da "exuberância irracional" até a recessão de 2001 e o papel das políticas fiscal e monetária está em

KRUGMAN, Paul. *The great unraveling.* W. W. Norton: Nova York, 2003. (*Advertência*: Krugman não gosta da administração Bush nem de suas políticas!)

CAPÍTULO 6

Mercados financeiros II: o modelo *IS-LM* ampliado

Até agora assumimos a existência de apenas dois ativos financeiros — moeda e títulos — e somente uma taxa de juros — a taxa sobre títulos — determinada pela política monetária. Como se sabe, o sistema financeiro é bem mais complexo que isso. São diversas as taxas de juros e as instituições financeiras. O sistema financeiro desempenha um papel importante na economia; nos Estados Unidos, esse sistema como um todo responde por 7% do PIB, um número considerável.

Antes da crise de 2008, a importância do sistema financeiro era minimizada em macroeconomia. Era comum admitir-se que todas as taxas de juros oscilavam de acordo com a taxa determinada pela política monetária, de modo que se podia enfocar apenas a taxa determinada pela política monetária e assumir que outras taxas oscilariam com ela. A crise deixou dolorosamente claro que esta suposição era demasiado simplista e que o sistema financeiro pode ser sujeito a crises com grandes implicações macroeconômicas. O objetivo deste capítulo é analisar mais de perto o papel do sistema financeiro e suas implicações macroeconômicas e, com isso, dar conta do que aconteceu no final dos anos 2000.

> Não se iluda, porém. Este capítulo não substitui um livro de finanças, mas apresentará o suficiente para se saber por que a compreensão do sistema financeiro é fundamental para a macroeconomia.

A Seção 6.1 introduz a distinção entre as taxas de juros nominal e real.

A Seção 6.2 apresenta a noção de risco e como ele afeta as taxas de juros cobradas de diferentes devedores.

A Seção 6.3 analisa o papel dos intermediários financeiros.

A Seção 6.4 amplia o modelo *IS-LM* para integrar o que acabamos de aprender.

A Seção 6.5 aplica este modelo ampliado para descrever a recente crise financeira e suas implicações macroeconômicas.

6.1 Taxas de juros nominal e real

Em janeiro de 1980, a taxa do *T-bill* com vencimento de um ano nos Estados Unidos — ou seja, a taxa de juros sobre títulos do governo com vencimento de um ano — era de 10,9%. Em janeiro de 2006, essa mesma taxa era de apenas 4,2%, e, portanto, tomar empréstimo era claramente mais barato em 2006 do que em 1981.

Era mesmo? Em janeiro de 1980 a inflação esperada girava em torno de 9,5%. Em janeiro de 2006 a inflação esperada era de cerca de 2,5%. Isso parece relevante. A taxa de juros nos diz quantos dólares teremos de pagar no futuro em troca de ter mais um dólar no presente. Mas não consumimos dólares. Consumimos bens.

Quando tomamos um empréstimo, o que realmente queremos saber é de quantos bens teremos de abrir mão no futuro em troca dos bens que obtemos no presente. Da mesma forma, quando concedemos um empréstimo, queremos saber quantos bens

> No momento da produção deste livro, a taxa do *T-bill* com vencimento de um ano era ainda menor e estava próxima de zero. Para os nossos propósitos, comparar 1981 com 2006 é a melhor maneira de transmitir essa noção.

120 Macroeconomia

— e não dólares — teremos no futuro pelos bens de que abrimos mão no presente. O nível de inflação torna essa distinção importante. Qual é o sentido de receber pagamentos de juros altos no futuro, se a inflação até lá for tão elevada que, com o que receberemos depois, não poderemos adquirir mais bens?

É aqui que entra a distinção entre taxas de juros nominais e taxas de juros reais.

Taxa de juros nominal é a taxa de juros em dólares.

- Taxas de juros expressas em dólares (ou, de modo mais geral, em unidades da moeda nacional) são denominadas **taxas de juros nominais**. As taxas de juros impressas nas páginas de finanças dos jornais são normalmente as nominais. Por exemplo, quando dizemos que a taxa de um *T-bill* com vencimento de um ano é de 4,2%, queremos dizer que, para cada dólar que o governo toma emprestado ao emitir esses títulos, ele promete pagar US$ 1,042 daqui a um ano. De modo mais geral, se a taxa de juros nominal para o ano t for i_t, tomar emprestado US$ 1 neste ano exigirá que se pague $1 + i_t$ dólares no próximo ano. (Usaremos indistintamente "neste ano" para "hoje" e "no próximo ano" para "daqui a um ano".)

Taxa de juros real é a taxa de juros em termos de uma cesta de bens.

- Taxas de juros expressas em termos de uma cesta de bens são chamadas de **taxas de juros reais**. Se denotarmos a taxa de juros real do ano t por r_t, então, por definição, tomar emprestado o equivalente a uma cesta de bens neste ano exige que se pague o equivalente a $1 + r_t$ cestas de bens no próximo ano.

Qual é a relação entre as taxas de juros nominal e real? Como passamos de taxas de juros nominais — observáveis — para taxas de juros reais — normalmente não observáveis? A resposta intuitiva é que devemos ajustar a taxa de juros nominal levando-se em conta a inflação esperada.

Vamos seguir a derivação passo a passo.

Suponhamos que exista apenas um bem na economia: o pão (vamos acrescentar geleia e outros bens mais adiante). Denote a taxa de juros nominal de um ano, em termos de dólares, por i_t. Se tomarmos emprestado US$ 1 neste ano, teremos de pagar $1 + i_t$ dólares no próximo ano. Mas não estamos interessados em dólares. O que realmente queremos saber é: se tomarmos emprestado o suficiente para comer mais 500 g de pão neste ano, quanto teremos de pagar, em termos de gramas de pão, no próximo ano?

A Figura 6.1 nos ajuda a derivar a resposta. A parte superior repete a definição da taxa de juros real de um ano. A parte inferior mostra como podemos derivar a taxa de juros real de um ano a partir das informações sobre a taxa de juros nominal de um ano e sobre o preço do pão.

- Comecemos com a seta apontando para baixo no canto inferior esquerdo da Figura 6.1. Suponhamos que queremos comer mais 500 g de pão neste ano. Se o preço de 500 g de pão neste ano for P_t dólares, para comer mais 500 g de pão deveremos tomar emprestados P_t dólares.

- Se i_t for a taxa de juros nominal de um ano — a taxa de juros em dólares — e se tomarmos emprestados P_t dólares, teremos de pagar $(1 + i_t)P_t$ dólares no próximo ano. Isso é representado pela seta da esquerda para a direita na parte inferior da Figura 6.1.

Se tivermos de pagar US$ 10 no próximo ano e esperamos que o preço do pão no próximo ano seja US$ 2 por unidade, devemos ter de pagar o equivalente a 10/2 = 5 pães no próximo ano. É por isso que dividimos o montante de dólares $(1 + i_t)P_t$ pelo preço esperado do pão no próximo ano, P^e_{t+1}.

- O que nos interessa, no entanto, não são os dólares, mas os gramas de pão. Assim, o último passo envolve a reconversão de dólares a gramas de pão no próximo ano. Vamos assumir P^e_{t+1} como o preço do pão que esperamos pagar no próximo ano. (O sobrescrito e indica que se trata de uma expectativa; ainda não sabemos qual será o preço do pão no próximo ano.) O montante que se espera pagar no próximo ano, em termos de gramas de pão, é, portanto, igual a $(1 + i_t)P_t$ (a quantidade de dólares que teremos de pagar no próximo ano) dividido por P^e_{t+1} (o preço do pão em termos de dólares esperados para o próximo ano), então $(1 + i_t)P_t/P^e_{t+1}$. Isso é representado pela seta apontando para cima na parte inferior direita da Figura 6.1.

▶ **Figura 6.1** Definição e derivação da taxa de juros real.

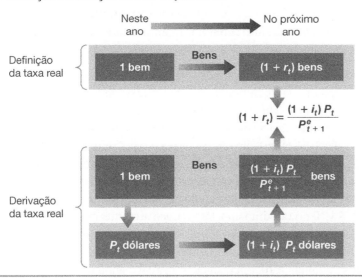

Juntando o que se vê nas partes superior e inferior da Figura 6.1, tem-se que a taxa de juros real de um ano, r_t, é dada por:

$$1 + r_t = (1 + i_t)\frac{P_t}{P^e_{t+1}} \quad (6.1)$$

Essa relação parece intimidante. Duas manipulações simples a deixam bem mais amigável:

♦ Denote a inflação esperada entre t e $t+1$ por π^e_{t+1}. Considerando-se que há apenas um bem — o pão —, a taxa esperada de inflação é igual à variação esperada no preço do pão entre este e o próximo ano dividida pelo preço do pão neste ano:

$$\pi^e_{t+1} = \frac{(P^e_{t+1} - P_t)}{P_t} \quad (6.2)$$

Usando a Equação 6.2, reescreva P_t/P^e_{t+1} na Equação 6.1 como $1/(1 + \pi^e_{t+1})$. Substitua na Equação 6.1 para obter

$$(1 + r_t) = \frac{1 + i_t}{1 + \pi^e_{t+1}} \quad (6.3)$$

Um mais a taxa de juros real é igual à razão de um mais a taxa de juros nominal, dividida por um mais a taxa esperada de inflação.

♦ A Equação 6.3 nos dá a relação exata da taxa de juros real com a taxa de juros nominal e a inflação esperada. Contudo, quando a taxa de juros nominal e a inflação esperada não são muito elevadas — digamos, menos de 20% ao ano — uma aproximação a essa equação é dada por uma relação mais simples:

$$r_t \approx i_t - \pi^e_{t+1} \quad (6.4)$$

Lembre-se da Equação 6.4, segundo a qual a taxa de juros real é (aproximadamente) igual à taxa de juros nominal menos a inflação esperada. (No decorrer do livro trataremos frequentemente a relação na Equação 6.4 como uma igualdade. Tenha em mente, no entanto, que se trata apenas de uma aproximação.)

Observemos algumas das implicações da Equação 6.4:

♦ Quando a inflação esperada é igual a zero, as taxas de juros nominal e real são iguais.

Adicione 1 a ambos os lados da Equação 6.2:

$$1 + \pi^e_{t+1} = 1 + \frac{(P^e_{t+1} - P_t)}{P_t}$$

Reorganize:

$$1 + \pi^e_{t+1} = \frac{P^e_{t+1}}{P_t}$$

Tome o inverso em ambos os lados:

$$\frac{1}{1 + \pi^e_{t+1}} = \frac{P_t}{P^e_{t+1}}$$

◀ Substitua na Equação 6.1 para obter a Equação 6.3.

Veja a Proposição 6 do Apêndice 2 no final do livro. Suponhamos $i = 10\%$ e $\pi^e = 5\%$. A relação exata na Equação 6.3 dá $r_t = $ ◀ 4,8%. A aproximação dada pela Equação 6.4 resulta em 5% — próxima o suficiente. A aproximação pode ser ruim, no entanto, quando i e π^e são altos. Se $i = 100\%$ e $\pi^e = 80\%$, a relação exata dá $r = 11\%$; mas a aproximação resulta em $r = 20\%$ — uma grande diferença.

- Visto que a inflação esperada é normalmente positiva, a taxa de juros real é normalmente mais baixa do que a taxa de juros nominal.
- Para uma dada taxa de juros nominal, quanto maior a taxa esperada de inflação, menor a taxa de juros real.

O caso em que a inflação esperada é igual à taxa de juros nominal merece uma análise mais aprofundada. Suponhamos que a taxa de juros nominal e a inflação esperada sejam, ambas, iguais a 10%, e você é o devedor. Para cada dólar que tomar emprestado neste ano, terá de pagar US$ 1,10 no próximo ano. Isso parece caro, mas os dólares vão valer 10% menos em termos de pão no próximo ano. Assim, se você tomar emprestado o equivalente a 500 g de pão, terá de pagar o equivalente a 500 g de pão no próximo ano. O custo real do empréstimo — a taxa de juros real — é igual a zero. Agora, suponhamos que você seja o credor: para cada dólar que emprestar neste ano, receberá US$ 1,10 no próximo ano. Isso parece atraente, mas os dólares no próximo ano vão valer 10% a menos em termos de pão. Se você emprestar o equivalente a 500 g de pão neste ano, receberá o equivalente a 500 g de pão no próximo ano: apesar da taxa de juros nominal de 10%, a taxa de juros real é igual a zero.

Até aqui assumimos que há apenas um bem: o pão. Mas o que fizemos pode ser facilmente generalizado para muitos bens. Tudo o que precisamos fazer é substituir o nível de preço — o preço de uma cesta de bens — pelo preço do pão na Equação 6.1 ou 6.3. Se usarmos o Índice de Preços ao Consumidor (IPC) para medir o nível de preços, a taxa de juros real nos dirá de quanto consumo devemos abrir mão no próximo ano para consumir mais neste ano.

Taxas de juros nominais e reais nos Estados Unidos desde 1978

Voltemos à questão no início desta seção. Podemos agora reformulá-la da seguinte forma: a taxa de juros real em 2006 foi menor do que em 1981? Mais genericamente, o que aconteceu com a taxa de juros real nos Estados Unidos desde o início dos anos 1980?

A resposta é mostrada na Figura 6.2, que representa as taxas de juros nominais e reais desde 1978. Para cada ano, a taxa de juros nominal é a taxa de um ano do *T-bill* no início do ano. Para construir a taxa de juros real precisamos de um indicador da inflação esperada — mais precisamente, a taxa de inflação esperada a partir do início de cada ano. Utilizamos, para cada ano, a previsão de inflação usando o deflator do PIB para esse ano publicado no final do ano anterior pela OCDE. Por exemplo, a previsão de inflação considerada para construir a taxa de juros real de 2006 é a previsão de inflação de 2006 publicada pela OCDE em dezembro de 2005, ou seja, 2,5%.

Observe que a taxa de juros real $(i - \pi^e)$ é baseada na inflação esperada. Se a inflação real for diferente da esperada, a taxa de juros real realizada $(i - \pi)$ será diferente da taxa de juros real. Por essa razão, a taxa de juros real é às vezes denominada *taxa de juros real ex-ante* (*ex-ante* significa "antes do fato"; neste caso, antes que a inflação seja conhecida). E a taxa de juros real realizada é denominada *taxa de juros real ex-post* (*ex-post* significa "depois do fato"; neste caso, depois que a inflação seja conhecida).

A Figura 6.2 mostra a importância do ajuste para a inflação. Embora a taxa nominal tenha sido muito menor em 2006 do que em 1981, a taxa de juros real foi mais elevada nesse período. A taxa real foi de cerca de 1,7% em 2006 e 1,4% em 1981. Dito de outra forma, apesar do acentuado declínio nas taxas de juros nominais, tomar crédito custou efetivamente mais caro em 2006 do que em 1981. Isso se deve ao fato de que a inflação (e, com ela, a inflação esperada) tem baixado regularmente desde o início dos anos 1980.

▶ **Figura 6.2** **Taxas de juros nominal e real de *T-bill* com vencimento em um ano nos Estados Unidos desde 1978.**

A taxa nominal baixou consideravelmente desde o início da década de 1980, mas, visto que a inflação esperada também caiu, a taxa real diminuiu muito menos do que a nominal.

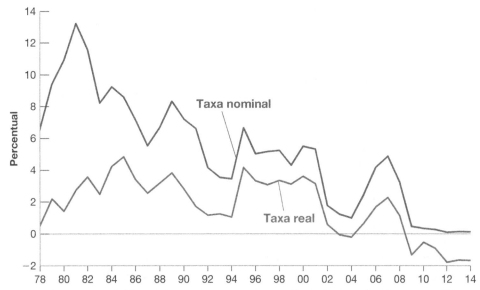

Fonte: a taxa de juros nominal é a letra do Tesouro de 1 ano em dezembro do ano anterior: Series TB1YR, Federal Reserve Economic Data (FRED). Disponível em: <http://research.stlouisfed.org/fred2/>. Acesso em 30 jun. 2017. (Series TB6MS em dezembro de 2001, 2002, 2003 e 2004.) A inflação esperada é a previsão de 12 meses, usando-se o deflator do PIB, do Panorama Econômico da OCDE de dezembro do ano anterior.

Taxas de juros nominais e reais: o limite inferior zero e a deflação

Qual taxa de juros deve entrar na relação *IS*? Certamente, ao pensar em consumo ou decisões de investimento, o que mais importa para as pessoas ou empresas é a taxa de juros real, aquela em termos de bens. Isso tem uma implicação direta para a política monetária. Embora o Banco Central escolha a taxa nominal (como vimos no Capítulo 3), ele se preocupa com a taxa de juros real porque é a que afeta decisões de gastos. Para determinar a taxa de juros real de sua escolha, o Banco Central deve levar em conta a inflação esperada. Se, por exemplo, ele quer colocar a taxa de juros real no nível r, deverá escolher a taxa nominal i de modo que, dada a inflação esperada, π^e, a taxa de juros real, $r = i - \pi^e$, esteja no nível desejado. Por exemplo, se quiser que a taxa de juros real seja de 4%, e a inflação esperada for 2%, a taxa de juros nominal, i, será fixada em 6%. Assim, podemos pensar que o Banco Central escolhe a taxa de juros real.

Essa conclusão traz, contudo, uma importante advertência que discutimos no Capítulo 4, no contexto da armadilha da liquidez. Como vimos lá, o limite inferior zero implica que a taxa de juros nominal não pode ser negativa; caso contrário, as pessoas não vão manter títulos. Isso implica que a taxa de juros real não pode ser inferior à inflação multiplicada por menos um. Assim, se a inflação esperada for de 2%, por exemplo, a taxa real mais baixa poderá ser 0% – 2% = –2%. Enquanto a inflação esperada for positiva, poderemos ter taxas de juros reais negativas. Mas, se a inflação esperada se tornar negativa, se as pessoas anteciparem a deflação, o limite inferior da taxa real será positivo e poderá se revelar elevado. Se, por exemplo, a deflação esperada for de 2%, a taxa real não poderá ser inferior a 2%. Isso pode não ser baixo o suficiente para aumentar significativamente a demanda de bens, e a economia poderá permanecer em recessão. Como veremos na Seção 6.5, o limite inferior zero tornou-se um problema sério durante a crise de 2008.

124 Macroeconomia

6.2 Prêmio de risco e risco

Até aqui assumimos que há apenas um tipo de título. No entanto, existem diversos tipos. Eles diferem em termos de vencimento, isto é, o período no qual prometem efetuar pagamentos. Por exemplo, os títulos públicos com vencimento de um ano prometem um pagamento por ano. Os de dez anos prometem um fluxo de pagamentos em dez anos. Também diferem quanto ao risco. Alguns títulos são quase desprovidos de risco; a probabilidade de que o devedor não pague é desprezível. Outros títulos são arriscados, com uma probabilidade não negligenciável de que o devedor não possa ou não queira quitar. Neste capítulo, enfocaremos o risco deixando de lado a questão do vencimento.

> Retomaremos a discussão sobre o vencimento e a relação entre taxas de juros sobre títulos de diferentes vencimentos após apresentarmos um tratamento mais formal das expectativas no Capítulo 14.

Nenhum de nós pode pedir empréstimo à taxa de fundos federais definida pelo Fed. Nem à mesma taxa que o governo dos EUA. Há uma boa razão para isso: quem quer que seja, nosso credor sabe que há uma chance de não sermos capazes de quitar. O mesmo se aplica às empresas que emitem títulos. Algumas empresas apresentam pouco risco e outras mais. Para compensar o risco, os portadores de títulos exigem um **prêmio de risco**.

O que determina esse prêmio de risco?

◆ O primeiro fator é a probabilidade de inadimplência. Quanto maior ela for, maior será a taxa de juros que os investidores vão pedir. Mais formalmente, seja i a taxa nominal sobre um título isento de risco e $i + x$ a taxa nominal sobre um título de risco, com probabilidade, p, de inadimplência. Chamamos x o prêmio de risco. Em seguida, para obter o mesmo retorno esperado nos títulos isentos de risco e nos que apresentam risco, a relação a seguir deve ser válida:

$$(1 + i) = (1 - p)(1 + i + x) + (p)(0)$$

O lado esquerdo dá o retorno sobre títulos isentos de risco; o lado direito, o retorno esperado sobre títulos de risco. Com probabilidade $(1 - p)$ não há inadimplência, e o título pagará $(1 + i + x)$. Com probabilidade p há inadimplência, e o título não pagará nada. Uma reorganização resulta em:

$$x = (1 + i)p/(1 - p)$$

> Para valores baixos de i e p uma boa aproximação para essa fórmula é simplesmente $x = p$.

Assim, por exemplo, se a taxa de juros de um título isento de risco for de 4% e a probabilidade de inadimplência for de 2%, o prêmio de risco exigido para produzir a mesma taxa esperada de retorno sobre o título isento de risco é igual a 2,1%.

◆ O segundo fator é o grau de **aversão ao risco** dos portadores de títulos. Mesmo que o retorno esperado do título de risco seja o mesmo que o de um título isento de risco, o risco em si os deixará relutantes em manter o título de risco. Assim, vão pedir um prêmio ainda mais alto para compensar o risco; o quanto a mais dependerá de seu grau de aversão ao risco. E, caso se tornem mais avessos ao risco, o prêmio de risco aumentará ainda que a probabilidade de inadimplência não tenha mudado.

> As agências de classificação de risco usam sistemas diferentes. A escala usada aqui é a da Standard and Poor's e varia de AAA (quase sem risco) e BBB a C (títulos com alta probabilidade de inadimplência).

Para mostrar por que isso importa, a Figura 6.3 representa as taxas de juros de três tipos de título desde 2000. Primeiro, os títulos do governo dos Estados Unidos, que são considerados quase sem risco. Segundo e terceiro, títulos corporativos avaliados respectivamente como seguros (AAA) e menos seguros (BBB) por agências de classificação de risco. Observe três coisas sobre a figura. Em primeiro lugar, a taxa dos títulos corporativos mais bem avaliados (AAA) é maior do que a dos títulos do governo dos EUA por um prêmio de cerca de, em média, 2%. O governo pode tomar empréstimos a taxas mais baixas do que as empresas. Em segundo lugar, a taxa dos títulos corporativos de classificação inferior (BBB) supera a dos títulos mais

▶ **Figura 6.3** **Rendimentos de títulos corporativos AAA e BBB e do Tesouro dos EUA com vencimento em 10 anos, desde 2000.**

Em setembro de 2008, a crise financeira levou a um acentuado aumento das taxas às quais as empresas poderiam tomar empréstimo.

Fonte: para os títulos corporativos AAA e BBB, Bank of America Merrill Lynch; para o rendimento de títulos do Tesouro dos EUA de 10 anos, Federal Reserve Board.

bem avaliados por um prêmio muitas vezes superior a 5%. Terceiro, observemos o que aconteceu durante 2008 e 2009 à medida que a crise financeira se desenrolou. Embora a taxa sobre títulos do governo tenha baixado, refletindo a decisão do Fed de reduzir a taxa básica, a taxa de juros sobre títulos com menor *rating* subiu acentuadamente, atingindo 10% no pico da crise. Em outras palavras, apesar do fato de que o Fed baixava a taxa básica a zero, a taxa na qual as empresas de menor *rating* poderiam tomar empréstimos tornou-se muito maior, ficando extremamente pouco atraente para essas empresas investirem. Em termos do modelo *IS-LM*, isso demonstra por que temos de relaxar nossa suposição de que é a taxa básica que entra na relação *IS*. A taxa a que muitos devedores podem contrair empréstimos pode ser muito mais elevada do que a taxa básica.

Resumindo: nas duas últimas seções, introduzimos os conceitos de taxas reais e nominais e o conceito de prêmio de risco. Na Seção 6.4, ampliaremos o modelo *IS-LM* para abranger ambos os conceitos. Antes disso, vamos nos voltar ao papel dos intermediários financeiros.

6.3 O papel dos intermediários financeiros

Até aqui examinamos a questão das **finanças diretas**, isto é, o empréstimo tomado diretamente dos credores. Na realidade, boa parte da tomada e da concessão de empréstimos ocorre através dos intermediários financeiros, ou seja, instituições financeiras que recebem fundos de alguns investidores e emprestam esses fundos a terceiros. Entre essas instituições estão os bancos, mas também, e cada vez mais, os "não bancos", como corretores de hipoteca, fundos do mercado monetário, fundos *hedge* e similares.

Os intermediários financeiros exercem uma função importante. Desenvolvem *expertise* sobre clientes específicos e podem adaptar os empréstimos às suas

◀ Por ter crescido à "sombra" dos bancos, a parte não bancária do sistema financeiro é chamada de **shadow banking**. Mas este segmento cresceu e saiu das sombras.

126 Macroeconomia

Que bom seria se os balancetes dos bancos fossem tão simples e transparentes. Se assim fosse, a crise teria sido muito mais limitada.

necessidades específicas. Em condições normais, atuam sem problemas. Tomam e concedem empréstimos, cobrando uma taxa de juros ligeiramente mais alta que aquela à qual tomam empréstimo, para obter lucro. De vez em quando, no entanto, eles se veem em apuros, e foi isso o que aconteceu na recente crise. Para entender o por que, vamos primeiro nos concentrar nos bancos e começar, na Figura 6.4, com um balancete bastante simplificado (os argumentos também se aplicam aos não bancos, devemos voltar a eles mais adiante).

Consideremos um banco que tenha ativos de 100, passivos de 80 e capital de 20. Você pode pensar que os donos do banco investiram diretamente 20 dos seus fundos próprios, em seguida tomaram emprestado 80 de outros investidores, e então compraram vários ativos de 100. Os passivos podem ser depósitos à vista, depósitos com juros a pagar, ou empréstimos de investidores e outros bancos. Os ativos podem ser reservas (moeda do Banco Central), empréstimos a consumidores, empréstimos a empresas, empréstimos a outros bancos, hipotecas, títulos do governo ou outros tipos de título.

Ao apresentar um balancete no Capítulo 4, ignoramos o capital (nos concentramos na distinção entre reservas e outros ativos). Ignorar o capital não foi importante naquele caso, mas é relevante aqui. Vejamos por quê.

A escolha da alavancagem

Vamos começar com duas definições. A **razão de capital** de um banco é definida como a razão entre seu capital e seus ativos; portanto, para o banco na Figura 6.4, 20/100 = 20%. A **razão de alavancagem** de um banco é definida como a razão entre ativos e capital, então o inverso da razão de capital, neste caso 100/20 = 5. É tradicional pensar em termos de alavancagem e enfocar a razão de alavancagem. Vamos seguir a tradição. Mas, dada a relação simples entre ambas, a discussão poderia ser de modo equivalente em termos de razão de capital.

Ao pensar em qual razão de alavancagem escolher, o banco deve equilibrar dois fatores. Uma razão de alavancagem mais alta implica uma taxa de retorno esperado maior. Mas uma alavancagem mais alta também implica um risco de falência maior. Analisemos um fator por vez.

Qual seria o lucro esperado por unidade de capital se o banco optasse por ter alavancagem zero? E se o banco optasse por alavancagem total (sem capital)? (A segunda pergunta é capciosa.)

- ◆ Suponhamos que a taxa de retorno esperado dos ativos seja de 5% e a taxa de retorno esperado sobre o passivo, de 4%. Então, o lucro esperado do banco é igual a $(100 \times 5\% - 80 \times 4\%) = 1,8$. Considerando-se que os proprietários do banco colocaram 20 de fundos próprios, o lucro esperado por unidade de capital é igual a $1,8/20 = 9\%$. Agora suponhamos que os proprietários do banco decidiram, em vez disso, colocar apenas 10 de seus próprios fundos e tomaram 90 emprestados. A razão de capital do banco seria igual a $10/100 = 10\%$, e sua alavancagem, 10. Seu lucro esperado seria igual a $(100 \times 5\% - 90 \times 4\%) = 1,4$; seu lucro esperado por unidade, $1,4/10 = 14\%$, portanto substancialmente mais elevado. Aumentando sua alavancagem e diminuindo seus recursos próprios, o banco elevaria seu lucro esperado por unidade de capital.

▶ Figura 6.4 **Ativos, capital e passivos de bancos.**

Balancete de um banco

| Ativos 100 | Passivos 80 |
| | Capital 20 |

Capítulo 6   Mercados financeiros II: o modelo *IS-LM* ampliado   127

◆ Então, por que o banco não deveria escolher um índice alto de alavancagem? Porque uma alavancagem maior também implica um risco maior de que o valor dos ativos se torne inferior ao valor de seu passivo, o que, por sua vez, implica um risco de **insolvência** maior. Para o banco na Figura 6.4, seus ativos podem ter o valor reduzido a 80 sem que a instituição se torne insolvente e falida. Mas, se escolhesse uma razão de alavancagem de 10, qualquer redução no valor dos ativos abaixo de 90 levaria o banco à insolvência. O risco de falência seria muito mais alto.

> Um banco é solvente se o valor de seus ativos excede o valor de seus passivos. Caso contrário, é insolvente.

Assim, o banco deve escolher uma razão de alavancagem que leve em conta ambos os fatores. Uma razão de alavancagem muito baixa implica menos lucro. Uma razão de alavancagem muito alta implica um risco de falência demasiado alto.

Alavancagem e empréstimos

Suponhamos que um banco tenha escolhido sua alavancagem preferida e que o valor de seus ativos esteja em declínio. Por exemplo, os ativos do banco na Figura 6.4 têm o valor reduzido de 100 para 90, em decorrência de empréstimos duvidosos. O capital do banco baixou para 90 – 80 = 10, e sua razão de alavancagem aumentou de 5 para 9. O banco ainda é solvente, mas está claramente mais em risco do que antes. O que ele pretenderá fazer? Pode aumentar o capital, por exemplo, pedindo a outros investidores que forneçam fundos. Mas também pode diminuir o tamanho de seu balanço. Por exemplo, se puder recuperar alguns empréstimos por um montante de 40, assim reduzindo seus ativos a 90 – 40 = 50, e então usar os 40 para reduzir seu passivo para 80 – 40 = 40, sua razão de capital será 10/50 = 20%, retornando ao seu valor original. Mas, embora a razão de capital do banco esteja de volta ao nível desejado, o efeito será uma redução acentuada nos empréstimos pelo banco.

Vamos dar mais um passo adiante. Suponhamos que, a partir do balanço na Figura 6.4, o declínio no valor dos ativos seja acentuado, por exemplo baixando de 100 para 70. Então, o banco torna-se insolvente e vai à falência. Os devedores que dependiam do banco podem ter dificuldade em encontrar outro credor.

Por que isso é relevante para nós? Porque se os bancos permanecem solventes, mas reduzem os empréstimos, ou se se tornam insolventes, a redução dos empréstimos que isso desencadeia pode muito bem ter grandes impactos macroeconômicos. Novamente, vamos deixar uma discussão das implicações macroeconômicas para a próxima seção. E, antes de chegarmos lá, vamos aprofundar nossa análise.

Liquidez

Analisamos o caso em que os ativos bancários tiveram seu valor reduzido e constatamos que isso levou os bancos a reduzir empréstimos. Agora, vamos considerar um caso em que os investidores não têm certeza do valor dos ativos do banco e acreditam, estejam certos ou não, que o valor desses ativos pode ter baixado. Então, a alavancagem pode ter efeitos desastrosos. Vejamos por quê.

◆ Se os investidores tiverem dúvidas sobre o valor dos ativos bancários, o mais seguro para eles será sacar seus fundos do banco. Mas isso cria sérios problemas para a instituição, que precisa encontrar fundos para pagar os investidores. Os empréstimos que ele possui não podem ser recuperados facilmente. Normalmente, os devedores não têm fundos disponíveis; eles foram usados para pagar contas, comprar um carro, adquirir uma máquina etc. Vender os empréstimos para outro banco provavelmente será difícil também. Avaliar o valor dos empréstimos não é tarefa fácil para outros bancos, que não detêm o conhecimento específico sobre os clientes que o banco original possui. De

128 Macroeconomia

modo geral, quanto mais difícil for para os outros avaliarem o valor dos ativos do banco, mais provável será que o banco seja simplesmente incapaz de vendê-los ou que tenham de fazer isso a **preços de queima de estoque**, que são preços muito inferiores ao valor real dos empréstimos. Tais vendas, no entanto, só pioram as coisas para o banco. À medida que o valor dos ativos diminui, o banco pode muito bem tornar-se insolvente e ir à falência. Por sua vez, à medida que os investidores percebem que isso pode acontecer, isso lhes dá ainda mais razão para querer sacar seus fundos, forçando mais vendas apressadas e piorando o problema. Note que isso pode acontecer mesmo que as dúvidas iniciais dos investidores fossem totalmente infundadas, mesmo que o valor dos ativos bancários não tenha diminuído para início de conversa. A decisão dos investidores de recuperar seus fundos, e as queimas de estoque que isso desencadeia, pode tornar o banco insolvente mesmo que fosse totalmente solvente de início.

◆ Observe também que o problema será pior se os investidores quiserem sacar seus fundos em um curto prazo. Trata-se claramente do caso dos depósitos à vista nos bancos, também chamados **depósitos sob demanda**, precisamente porque as pessoas podem resgatar seus fundos sob demanda. O fato de os ativos dos bancos serem em grande parte compostos de empréstimos e de seus passivos serem em grande parte constituídos por depósitos sob demanda torna-os particularmente expostos ao risco de **corridas bancárias**, e a história do sistema financeiro está cheia de exemplos disso, quando preocupações com os ativos de uma instituição levaram a uma corrida aos bancos, forçando-os a fechar. Essa corridas foram uma característica importante da Grande Depressão, e como discutido no quadro Foco "Corridas bancárias", os bancos centrais tomaram medidas para limitá-las. Contudo, como veremos mais adiante neste capítulo, isso não resolveu totalmente o problema, e uma forma moderna de corridas — desta vez, não aos bancos, mas a outros intermediários financeiros — desempenhou novamente um papel importante na recente crise financeira.

FOCO

Corridas bancárias

Consideremos um banco saudável, isto é, um banco com uma carteira de bons empréstimos. Suponhamos agora que surjam rumores de que o banco não anda bem e de que alguns empréstimos não serão quitados. Acreditando que a instituição possa falir, as pessoas que possuem depósitos no banco desejarão fechar suas contas e fazer a retirada do dinheiro. Se um número suficiente de pessoas fizer isso, o banco ficará sem reservas. Dado que os empréstimos não podem ser recuperados, o banco não conseguirá satisfazer à demanda por papel-moeda e, efetivamente, terá de fechar.

Conclusão: o receio de que um banco fechará pode mesmo fazer que ele feche — ainda que todos os seus empréstimos sejam bons. A história financeira dos Estados Unidos até a década de 1930 está repleta dessas corridas bancárias. Um banco pode ir à falência pelo motivo certo (porque fez empréstimos duvidosos). Isso, então, faz que

os correntistas de outros bancos entrem em pânico e saquem dinheiro de seus bancos, forçando-os a fechar as portas. Talvez você já tenha assistido *A felicidade não se compra*, um filme antigo com James Stewart. Por causa da falência de outro banco na cidade de Stewart, os correntistas da instituição financeira da qual ele é gerente entram em pânico e também desejam fazer a retirada de seu dinheiro. Stewart consegue convencê-los de que não é uma boa ideia. O filme tem um final feliz. Mas, na vida real, este não foi o caso na maioria das corridas aos bancos. (Outro filme famoso sobre corridas bancárias e como podem começar é *Mary Poppins*.)

O que se pode fazer para evitar as corridas bancárias? Uma solução possível é a chamada **atividade bancária limitada** (*narrow banking*). Essa prática obrigaria os bancos a reter títulos públicos líquidos e certos, como as letras do Tesouro (*T-bills*). Os empréstimos teriam de ser feitos por outros intermediários financeiros que não os bancos. Isso provavelmente eliminaria as corridas bancárias. Algumas alterações recentes nas leis dos Estados Unidos seguiram nesse sentido, restringindo os bancos que dependem de depósitos a se engajarem em determinadas operações financeiras, mas não vão às últimas consequências para impor a atividade bancária limitada. Uma preocupação com essa prática é que, embora possa realmente eliminar as corridas bancárias, o problema pode migrar para o *shadow banking* e provocar corridas nessa área.

Na prática, o problema tem sido abordado de duas maneiras. Primeiro, tentando-se limitar as corridas bancárias de início; segundo, se elas vierem a ocorrer, fazendo o Banco Central prover fundos aos bancos para que eles não tenham de recorrer a queimas de estoque.

Para limitar as corridas aos bancos, governos dos países mais avançados têm implementado um sistema de seguro de depósitos. Os Estados Unidos, por exemplo, introduziram o **seguro federal de depósitos** em 1934. O governo norte-americano garante os depósitos de cada conta até um teto que, desde 2008, é de US$ 250 mil. Consequentemente, não há motivo para que os correntistas corram para sacar seu dinheiro.

Contudo, o seguro de depósitos acarreta alguns problemas. Como não precisam mais se preocupar com seus depósitos, os correntistas não acompanham as atividades dos bancos em que mantêm conta. Os bancos podem, então, se comportar inadequadamente, fazendo empréstimos que não fariam se não houvesse o seguro de depósitos. Podem assumir risco demais, alavancagem demais.

Além disso, como a crise infelizmente mostrou, o seguro de depósito já não é suficiente. Em primeiro lugar, os bancos dependem de outras fontes de fundos que não os depósitos, muitas vezes contraindo empréstimos de outras instituições financeiras e investidores. Esses outros fundos não são segurados, e durante a crise houve, na verdade, uma corrida a muitos bancos; dessa vez, não

dos tradicionais correntistas, mas de financiadores no atacado. Em segundo lugar, as instituições financeiras que não são bancos podem estar sujeitas ao mesmo problema, com investidores querendo seus fundos de volta rapidamente e com ativos difíceis de alienar ou vender rapidamente.

Assim, na medida em que as corridas não podem ser totalmente impedidas, os bancos centrais criaram programas para prover fundos aos bancos no caso de enfrentarem uma corrida. Em tais circunstâncias, o Banco Central concederá empréstimo a um banco aceitando como contrapartida o valor de seus ativos. Dessa forma, o banco não precisa vender seus ativos e pode evitar uma queima de estoque. Tradicionalmente, o acesso a essa provisão era restrito aos bancos. Entretanto, mais uma vez, a recente crise mostrou que outras instituições financeiras podem estar sujeitas às corridas e também necessitar desse acesso.

Assim como o seguro de depósito, tal **provisão de liquidez** (denominação pela qual a prática é conhecida) pelo Banco Central não é uma solução perfeita. Na prática, os bancos centrais podem enfrentar uma escolha difícil. Avaliar quais instituições financeiras além dos bancos podem ter acesso à provisão de liquidez é uma tarefa delicada. Avaliar o valor dos ativos e, portanto, decidir quanto pode ser emprestado a uma instituição também não deve ser nada fácil. O Banco Central não vai querer fornecer fundos a uma instituição que esteja realmente insolvente; mas, no meio de uma crise financeira, a diferença entre insolvência e iliquidez pode ser difícil de estabelecer.

Para assistir a um trecho de *It's a wonderful life* (*A felicidade não se compra*), acesse <https://www.youtube.com/watch? v=IbwjS9iJ2Sw>.

Para assistir a um trecho de *Mary Poppins*, acesse <https://www.youtube.com/watch?v=C6DGs3qjRwQ>.

Podemos resumir o que acabamos de aprender sobre **liquidez** de ativos e passivos. Quanto menor a liquidez dos ativos (ou seja, quanto mais difícil for vendê-los), maior o risco de queimas de estoque, além do risco de que o banco se torne insolvente e vá à falência. Quanto maior a liquidez dos passivos (ou seja, quanto mais fácil for para os investidores resgatarem seus fundos em curto prazo), maior o risco de queimas de estoque, bem como o risco de que o banco se torne insolvente e vá à falência. Repetindo, a razão por que isso é relevante para nós é que tais falências, se ocorrerem, podem ter graves consequências macroeconômicas. Esse é o tópico da próxima seção.

6.4 Estendendo o IS-LM

O modelo IS-LM que apresentamos no Capítulo 5 tinha apenas uma taxa de juros. Essa taxa de juros era determinada pelo Banco Central e entrava nas decisões de gastos. Aparecia tanto na relação LM quanto na relação IS. As primeiras três seções deste capítulo revelam de modo convincente que, embora esse tenha sido um primeiro passo útil, a realidade é consideravelmente mais complexa, e devemos ampliar nosso modelo inicial.

Primeiro, devemos fazer a distinção entre taxa de juros nominal e taxa de juros real. Em segundo lugar, devemos distinguir a taxa básica fixada pelo Banco Central e as taxas de juros cobradas dos devedores. Como vimos, essas taxas de juros dependem tanto do risco associado aos devedores quanto da saúde dos intermediários financeiros. Quanto maior os riscos, ou quanto maior a razão de alavancagem dos intermediários, maior será a taxa de juros a pagar. Capturamos esses dois aspectos reescrevendo o IS-LM da seguinte maneira:

$$\text{Relação IS:} \quad Y = C(Y - T) + I(Y, i - \pi^e + x) + G$$
$$\text{Relação LM:} \quad i = \bar{i}$$

> A maneira pela qual o Banco Central controla a taxa de juros nominal é ajustando o estoque de moeda. Se precisar recapitular o tema, volte ao Capítulo 4.

A relação LM permanece a mesma. O Banco Central ainda controla a taxa de juros nominal, mas há duas mudanças na relação IS: a presença da inflação esperada, π^e, e um novo termo que vamos chamar de *prêmio de risco* e indicar por x.

- O termo inflação esperada reflete o fato de que as decisões de gastos dependem, mantidas as demais condições inalteradas, da taxa de juros real, $r = i - \pi^e$, e não da taxa nominal.

- O prêmio de risco, x, capta, de forma simplista, os fatores que discutimos anteriormente. Pode ser alto porque os credores percebem um risco maior de inadimplência ou porque são mais avessos ao risco. Ou pode ser alto porque os intermediários financeiros estão reduzindo os empréstimos por preocupações de solvência ou de liquidez.

As duas equações deixam claro que a taxa de juros que entra na equação LM, i, não é mais a mesma que a taxa de juros que entra na relação IS, $r + x$. Vamos chamar a que entra na equação LM de **taxa básica** (nominal) (que é determinada pela política monetária), e a taxa que entra na equação IS de **taxa de empréstimo** (real) (visto que é a taxa à qual consumidores e empresas contraem empréstimos).

> Duas distinções importantes: taxas de juros reais e nominais; taxa básica e taxa de empréstimo.

Uma simplificação: como discutimos na Seção 6.2, embora o Banco Central escolha formalmente a taxa de juro nominal, ele pode fazer isso de modo a atingir a taxa de juros real que almeja (isso ignora a questão do limite inferior zero ao qual deveremos voltar). Assim, podemos pensar nos bancos centrais escolhendo a taxa básica real diretamente e reescrever as duas equações como:

$$\text{Relação IS:} \quad Y = C(Y - T) + I(Y, r + x) + G \tag{6.5}$$
$$\text{Relação LM:} \quad r = \bar{r} \tag{6.6}$$

O Banco Central escolhe a taxa básica real, r, mas a taxa de juros real relevante para as decisões de gastos é a taxa de empréstimo, $r + x$, que depende não somente da taxa básica, mas também do prêmio de risco.

Ambas as equações estão representadas na Figura 6.5. A taxa básica é medida no eixo vertical e o produto no eixo horizontal. A curva IS é traçada para valores dados de G, T e x. Se todas as outras condições permanecerem inalteradas, um aumento na taxa básica real reduz gastos e, por sua vez, o produto: a curva IS é inclinada para baixo. A LM é apenas uma linha horizontal na taxa básica, a taxa de juros real implicitamente escolhida pelo Banco Central. O equilíbrio é dado pelo ponto A, com o nível associado de produto Y.

▶ **Figura 6.5** Choques financeiros e o produto.

Um aumento em *x* leva a um deslocamento da curva IS para a esquerda e a uma diminuição no produto de equilíbrio.

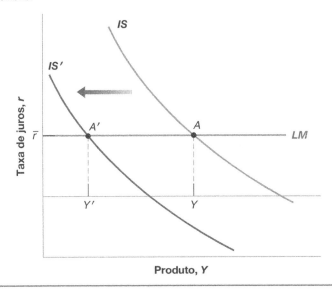

Choques financeiros e políticas

Suponhamos que, por alguma razão, haja um aumento em *x*. São muitos os cenários possíveis nesse caso. Pode ser, por exemplo, que os investidores tenham se tornado mais avessos ao risco e demandem um prêmio de risco maior, ou pode ser que uma instituição financeira tenha falido e os investidores ficaram preocupados com a saúde de outros bancos, iniciando uma corrida e forçando esses outros bancos a reduzir empréstimos. Em termos da Figura 6.5, a curva IS desloca-se para a esquerda. À mesma taxa básica *r*, a taxa de empréstimo *r* + *x* aumenta, levando a uma diminuição na demanda e no produto. O novo equilíbrio está no ponto *A'*. Problemas no sistema financeiro provocam uma recessão. Em outras palavras, uma crise financeira torna-se uma crise macroeconômica.

O que a política econômica pode fazer? Assim como no Capítulo 5, a política fiscal, seja um aumento de *G*, seja uma redução de *T*, pode deslocar a curva IS para a direita e elevar o produto. Mas um grande aumento de despesas ou um corte nos impostos pode implicar um considerável aumento do déficit orçamentário, e o governo provavelmente relutará em fazê-lo.

Considerando-se que a causa do produto baixo é que a taxa de juros que os devedores enfrentam é demasiado elevada, a política monetária parece ser uma ferramenta melhor. Com efeito, uma redução suficiente na taxa básica, tal como ilustrado na Figura 6.6, pode, em princípio, bastar para levar a economia ao ponto *A"* e devolver o produto a seu nível inicial. Com efeito, em face do aumento de *x*, o Banco Central deve diminuir *r* de modo a manter inalterada *r* + *x*, a taxa relevante para as decisões de gastos.

Observe que a taxa básica que é necessária para aumentar suficientemente a demanda e devolver o produto a seu nível anterior pode muito bem ser negativa. É assim que traçamos o equilíbrio na Figura 6.6. Suponhamos que, por exemplo, no equilíbrio inicial, *r* seja igual a 2% e *x* a 1%. Suponhamos que *x* aumenta em torno de 4%, de 1% a 5%. Para manter o mesmo valor de *r* + *x*, o Banco Central deve baixar a taxa básica de 2% para 2% − 4% = −2%. Isso levanta uma questão, já discutida no Capítulo 4, ou seja, a restrição resultante do limite inferior zero da taxa de juros nominal.

> Para simplificar, analisamos um aumento exógeno de *x*. Mas *x* pode muito bem depender do produto. Uma diminuição no produto, digamos uma recessão, aumenta a probabilidade de alguns devedores não serem capazes de quitar a dívida; trabalhadores que perdem o emprego podem não ter condições de pagar os empréstimos; empresas que perdem vendas podem ir à falência. O aumento do risco acarreta um aumento adicional do prêmio de risco e, portanto, um aumento adicional da taxa de empréstimo, que pode diminuir ainda mais o produto.

> **Figura 6.6** Choques financeiros, política monetária e produto.
> Se suficientemente grande, uma redução da taxa básica pode, em princípio, compensar o aumento do prêmio de risco. O limite inferior zero pode, no entanto, limitar a diminuição da taxa básica real.

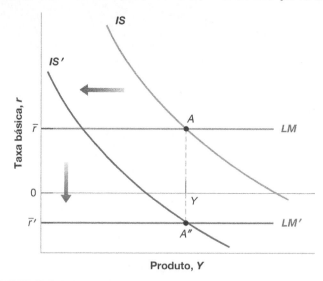

Dado o limite inferior zero da taxa nominal, a menor taxa real que o Banco Central pode atingir é representada por $r = i - \pi^e = 0 - \pi^e = -\pi^e$. Ou seja, a menor taxa básica real que o Banco Central pode alcançar é o negativo da inflação. Se a inflação for alta o suficiente, por exemplo 5%, uma taxa nominal igual a zero implicará uma taxa real de – 5%, que é provável que seja suficientemente baixa para compensar o aumento de x. Mas, se a inflação for baixa ou até mesmo negativa, a taxa real mais baixa que o Banco Central poderá atingir pode não ser suficiente para compensar o aumento de x. Pode não bastar para devolver a economia a seu equilíbrio inicial. Como veremos, duas características da recente crise foram, realmente, um aumento considerável de x e uma baixa inflação real e esperada, limitando o quanto os bancos centrais poderiam usar a política monetária para compensar o aumento de x.

Agora temos os elementos necessários para entender o que desencadeou a crise financeira de 2008, e como ela se transformou em uma grave crise macroeconômica. Esse é o tema da próxima e última seção deste capítulo.

6.5 De um problema imobiliário a uma crise financeira

Quando os preços dos imóveis residenciais começaram a cair nos Estados Unidos em 2006, a maioria dos economistas previu que isso acarretaria uma redução da demanda e uma desaceleração do crescimento. Poucos anteciparam que isso provocaria uma grave crise macroeconômica. O que a maioria não previu foi o efeito do declínio dos preços de imóveis residenciais no sistema financeiro e, por sua vez, seu efeito sobre a economia. Esse é o foco desta seção.

Preços de imóveis residenciais e hipotecas *subprime*

A Figura 6.7 mostra a evolução de um índice de preços de imóveis residenciais nos Estados Unidos desde 2000, índice esse conhecido como Case-Shiller, em homenagem aos dois economistas que o criaram. O índice é normalizado a 100 em janeiro de 2000. Pode-se ver a grande elevação de preços no início dos anos 2000, seguida

> Pesquise *Case-Shiller* na internet se quiser encontrar o índice e verificar sua evolução recente. Você também pode observar o que aconteceu com os preços na cidade onde mora.

por uma queda acentuada mais tarde. De um valor de 100 em 2000, o índice subiu para 226 em meados de 2006, e, então, começou a declinar. Até o final de 2008, no início da crise financeira, caiu para 162. No início de 2012, chegou a 146 e começou a se recuperar em seguida. No segundo semestre de 2015 estava em 195, ainda abaixo de seu pico em 2006.

O acentuado aumento dos preços de 2000 a 2006 foi justificado? Em retrospecto, e dado o colapso que se seguiu, certamente não. Mas, na época, quando os preços estavam subindo, os economistas não tinham tanta certeza disso. Alguma elevação nos preços era claramente justificada.

- Os anos 2000 foram um período de taxas de juros inusitadamente baixas. As taxas de hipoteca eram baixas, aumentando a demanda por moradia, e, assim, empurrando o preço para cima.

- Outros fatores também estavam em ação. Os **credores hipotecários** pareciam cada vez mais dispostos a conceder empréstimos a devedores de maior risco. Essas hipotecas, conhecidas como *subprime*, existiam desde meados da década de 1990, mas passaram a predominar na década de 2000. Em 2006, cerca de 20% das hipotecas nos Estados Unidos eram *subprimes*. Isso era necessariamente ruim? Novamente, na época, isso foi visto pela maioria dos economistas como um desenvolvimento positivo. Permitia que mais pessoas pobres comprassem casas, e sob o pressuposto de que os preços da habitação continuariam a subir, de modo que o valor da hipoteca baixaria ao longo do tempo em relação ao preço do imóvel, parecia seguro tanto para os credores quanto para os devedores. A julgar pelo passado, a suposição de que os preços da habitação não diminuiriam também parecia razoável. Como se pode ver na Figura 6.7, esses preços não baixaram mesmo durante a recessão de 2000-2001.

Em retrospectiva, esses desenvolvimentos eram muito menos favoráveis do que a maioria dos economistas imaginava. Primeiro, os preços da habitação *poderiam* cair, como ficou evidente a partir de 2006. Quando isso aconteceu, muitos devedores se viram em uma situação na qual a hipoteca que deviam passara a exceder o valor do seu imóvel (quando o valor da hipoteca excede o valor do imóvel, diz-se que ela está **debaixo d'água [*underwater*]**). Em segundo lugar, ficou

Mesmo que as pessoas não financiassem a compra da casa própria fazendo uma hipoteca, as taxas de juros baixas levariam a um aumento no preço dos imóveis residenciais. Veremos mais sobre isso quando discutirmos valores presentes descontados no Capítulo 14.

Alguns economistas se preocupavam mesmo com os preços em ascensão. Robert Shiller, um dos dois economistas por trás do índice Case-Shiller, estava entre eles, alertando que o aumento de preços era uma bolha prestes a estourar. Shiller recebeu o Prêmio Nobel em 2013 por seu trabalho sobre preços de ativos.

▶ **Figura 6.7** Preços de imóveis residenciais nos EUA desde 2000.

O aumento dos preços de imóveis residenciais de 2000 a 2006 foi seguido por um declínio acentuado a partir de então.

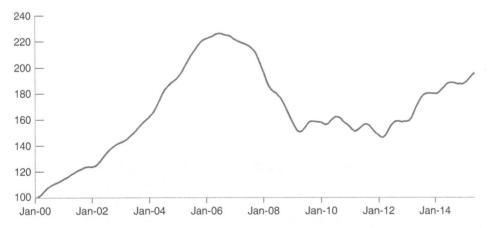

Fonte: Case-Shiller Home Price Indices, índice de preços de habitação em 10 cidades, <http://www.standardandpoors.com/indices/main/en/us>.

Alguns desses empréstimos ficaram conhecidos como empréstimos NINJA (acrônimo em inglês para sem renda, sem emprego e sem ativos — *no income, no job, no assets*).

claro que, em muitos casos, as hipotecas eram realmente muito mais arriscadas do que o credor supunha que fossem ou do que o devedor compreendia. Em vários casos, os devedores haviam contraído hipotecas com taxas de juros iniciais baixas, conhecidas como "taxas promocionais" e, portanto, pagamentos de juros iniciais baixos, provavelmente sem ter plena consciência de que os pagamentos aumentariam acentuadamente ao longo do tempo. Mesmo que os preços dos imóveis residenciais não tivessem caído, muitos desses devedores não teriam conseguido honrar a quitação de suas hipotecas.

Assim, à medida que os preços dos imóveis residenciais sofreram uma reviravolta e muitos devedores ficaram inadimplentes, os credores se viram diante de grandes perdas. Em meados de 2008, as perdas em hipotecas foram estimadas em cerca de US$ 300 bilhões. Trata-se de um número alto, mas, em relação ao porte da economia dos Estados Unidos, não é tão vultoso assim. Essa cifra representa apenas cerca de 2% do PIB norte-americano. Poderíamos imaginar que o sistema financeiro do país pudesse absorver o choque e que o efeito adverso sobre a produção seria limitado. Não foi o que aconteceu. Embora o gatilho da crise tenha sido o declínio dos preços dos imóveis residenciais, seus efeitos foram imensamente amplificados. Até mesmo os economistas que tinham antecipado o declínio do preço dos imóveis não perceberam a intensidade que teriam os mecanismos de amplificação. Para compreendê-los, devemos retomar o papel dos intermediários financeiros.

O papel dos intermediários financeiros

Na seção anterior, vimos que alta alavancagem, iliquidez dos ativos e liquidez dos passivos intensificaram o risco de problemas no sistema financeiro. Os três elementos estavam presentes em 2008, criando uma tempestade perfeita.

Alavancagem

Os bancos estavam altamente alavancados. Por quê? Por uma série de razões: primeiro, as instituições bancárias provavelmente subestimaram o risco que estavam assumindo: eram bons tempos e, em bons tempos, os bancos, assim como as pessoas, tendem a subestimar o risco dos maus momentos. Em segundo lugar, o sistema de compensações e bônus incentivou gerentes a buscarem altos retornos esperados sem levar em conta o risco de falência. Terceiro, embora a regulamentação financeira exigisse que os bancos mantivessem sua razão de capital acima de um mínimo, eles encontraram novas formas de contornar as leis, criando novas estruturas financeiras chamadas de **veículos de investimento estruturado** (SIVs, do inglês *structured investment vehicles*).

No lado dos passivos, os SIVs tomavam empréstimo dos investidores, normalmente sob a forma de dívida de curto prazo. No lado dos ativos, detinham várias formas de título. Para tranquilizar os investidores quanto a serem reembolsados, os SIVs costumavam apresentar uma garantia do banco que os criara de que, se necessário, lhes forneceria fundos. Embora o primeiro SIV tenha sido criado pelo Citigroup em 1988, essas estruturas cresceram rapidamente de tamanho na década de 2000. Você pode estar se perguntando por que os bancos simplesmente não faziam todas essas coisas em seu próprio balancete em vez de criar um veículo separado. A principal razão era poder aumentar a alavancagem. Se os próprios bancos realizassem essas operações, elas apareceriam no balancete e estariam sujeitas a exigências regulatórias de capital, obrigando-os a manter capital suficiente para limitar o risco de falência. Praticar essas operações por meio de um SIV não exigia que os bancos aportassem capital. Por esse motivo, com a criação de um SIV, os bancos podiam aumentar a alavancagem e os lucros esperados, e foi o que fizeram.

Quando os preços dos imóveis residenciais começaram a baixar e muitas hipotecas acabaram se revelando maus negócios, os títulos detidos pelos SIVs caíram de valor. Surgiram dúvidas quanto à solvência dos SIVs, e considerando-se a garantia dos bancos de fornecerem fundos a essas estruturas se necessário, surgiram dúvidas sobre a solvência dos próprios bancos. Em seguida, dois outros fatores — a securitização e o financiamento no atacado — entraram em ação.

Securitização

Um importante desenvolvimento financeiro dos anos 1990 e 2000 foi o crescimento da **securitização**. Tradicionalmente, os intermediários financeiros que faziam empréstimos ou emitiam hipotecas optavam por mantê-los em seu próprio balanço. Isso trazia óbvias desvantagens. Um banco local, com empréstimos e hipotecas locais em seus livros contábeis, estava muito exposto à situação econômica local. Quando, por exemplo, os preços do petróleo caíram acentuadamente em meados dos anos 1980 e o Texas entrou em recessão, muitos bancos locais faliram. Se tivessem uma carteira mais diversificada de hipotecas, digamos de muitas regiões do país, esses bancos poderiam ter evitado a falência.

Essa é a ideia por trás da securitização. Trata-se da criação de títulos com base em uma cesta de ativos (por exemplo, uma cesta de empréstimos ou uma cesta de hipotecas). Por exemplo, um **título garantido por créditos hipotecários** (MBS, do inglês *mortgage-based security*) é um direito aos retornos de uma cesta de hipotecas, com o número de hipotecas subjacentes muitas vezes na casa das dezenas de milhares. A vantagem é que muitos investidores, que não se interessavam em manter hipotecas individuais, estavam dispostos a comprar e deter esses títulos. Esse aumento da oferta de fundos dos investidores deve, por sua vez, baixar o custo dos empréstimos.

A securitização pode ir mais longe. Por exemplo, em vez de emitir títulos com direitos idênticos aos retornos sobre uma cesta subjacente de ativos, pode-se emitir diferentes tipos de títulos. Por exemplo, pode-se emitir **títulos sênior**, que têm os primeiros direitos sobre os retornos da cesta, e os **títulos júnior**, que vêm depois e pagam somente se sobrar algo após os títulos sênior terem sido pagos. Os títulos sênior atraem investidores com perfil de baixo risco; os títulos júnior atraem investidores propensos a mais risco. Esses títulos, conhecidos como **títulos de dívida colateralizada** (CDOs, do inglês *collateralized debt obligations*), foram emitidos pela primeira vez no final da década de 1980, mas, novamente, ganharam importância nos anos 1990 e 2000. A securitização foi ainda mais longe, com a criação de CDOs usando CDOs anteriormente criados, ou CDO^2.

> Um dos principais obstáculos à compreensão do sistema financeiro é a sopa de siglas: SIVs, MBS, CDOs etc.

A securitização parecia uma boa ideia, uma forma de diversificar os riscos e envolver um grupo maior de investidores em empréstimos a famílias ou empresas. E, na verdade, é isso. Mas ela também veio com dois grandes custos, o que ficou claro durante a crise. O primeiro era que, se o banco vendesse a hipoteca que oferecera como parte de uma cesta de securitização, e, portanto, não a mantivesse em seu balanço, ele teria menos incentivos para garantir que o devedor quitaria a dívida. O segundo era o risco de que as **agências de** *rating* — empresas que classificam o risco de vários títulos — tivessem errado por larga margem. Quando as hipotecas subjacentes se tornavam um mau negócio, avaliar o valor das cestas subjacentes aos MBSs, ou, mais ainda, dos MBSs subjacentes aos CDOs, era tarefa extremamente difícil de realizar. Esses ativos ficaram conhecidos como **ativos tóxicos**. Levavam os investidores a assumir o pior e relutar em mantê-los ou continuar a conceder empréstimo a essas instituições, tais como os SIVs que as detinham. Em termos da discussão na seção anterior, muitos dos ativos detidos por bancos, SIVs e outros intermediários financeiros eram ilíquidos. Extremamente difíceis de avaliar, eram, portanto, difíceis de vender, exceto a preços de queima de estoque.

Financiamento no atacado

Outra evolução das décadas de 1990 e 2000 foi o desenvolvimento de outras fontes financeiras, além dos depósitos à vista, pelos bancos. Cada vez mais, eles dependiam de empréstimos de outros bancos e outros investidores, sob a forma de dívida de curto prazo, para financiar a compra de seus ativos, um processo conhecido como **financiamento no atacado**. Os SIVs — entidades financeiras criadas pelos bancos — eram inteiramente financiados por esse tipo de financiamento.

O financiamento no atacado também parecia uma boa ideia, dando aos bancos mais flexibilidade no montante de fundos que poderiam usar para fazer empréstimos ou comprar ativos. Mas havia um custo, e esse custo mais uma vez se tornou claro durante a crise. Embora os correntistas fossem protegidos por um seguro de depósito e não tivessem de se preocupar com o valor depositado, não era esse o caso dos demais investidores. Assim, quando esses investidores se preocupavam com o valor dos ativos detidos pelos bancos ou SIVs, pediam seus fundos de volta. Em termos da discussão na seção anterior, os bancos e SIVs tinham passivos líquidos, muito mais líquidos do que seus ativos.

O resultado dessa combinação de alta alavancagem, ativos ilíquidos e passivos líquidos foi uma grave crise financeira. À medida que os preços dos imóveis residenciais declinavam e algumas hipotecas não eram quitadas, a alta alavancagem implicava um declínio acentuado do capital de bancos e SIVs. Isso, por sua vez, obrigava-os a vender alguns de seus ativos. Como esses ativos eram muitas vezes difíceis de avaliar, eles tinham de vendê-los a preços de queima de estoque. Isso, por sua vez, diminuía o valor de ativos similares remanescentes em seu balanço ou no balanço de outros intermediários financeiros, acarretando mais declínio das razões de capital e forçando novas vendas de ativos e quedas nos preços. A complexidade dos títulos detidos pelos bancos e SIVs dificultava a avaliação de sua solvência. Os investidores relutavam em continuar a lhes emprestar e o financiamento no atacado cessou, o que forçou novas vendas de ativos e quedas nos preços. Até os bancos relutavam em fazer empréstimo para outros bancos. Em 15 de setembro de 2008, o Lehman Brothers, um grande banco com mais de US$ 600 bilhões em ativos, declarou falência, levando os participantes financeiros a concluir que muitos, se não a maioria, dos outros bancos e instituições financeiras estavam realmente em risco. Em meados de setembro de 2008 o sistema financeiro estava paralisado. Os bancos basicamente pararam de fazer empréstimos entre si ou a quem quer que fosse. Rapidamente, o que havia sido em grande parte uma crise financeira se transformou em uma crise macroeconômica.

Implicações macroeconômicas

Os efeitos imediatos da crise financeira sobre a macroeconomia foram dois. Primeiro, um considerável aumento nas taxas de juros às quais pessoas e empresas poderiam contrair empréstimos, se conseguissem obtê-los; em segundo lugar, uma queda acentuada na confiança.

Vimos o efeito sobre diversas taxas de juros na Figura 6.3. No final de 2008, as taxas de juros dos títulos mais bem classificados (AAA) subiram para mais de 8%, ao passo que as dos títulos de *ratings* mais baixos (BBB) subiram para 10%. De repente, tomar empréstimo ficou extremamente oneroso para a maioria das empresas. E, para as muitas empresas pequenas demais para emitir títulos, e, portanto, dependentes de crédito bancário, isso se tornou praticamente impossível.

Os acontecimentos de setembro de 2008 também disseminaram angústia entre os consumidores e as empresas. O fantasma de outra Grande Depressão e, de modo mais generalizado, confusão e temor sobre o que estava acontecendo no sistema financeiro fizeram a confiança desabar. A evolução dos índices de confiança dos consumidores e das empresas nos Estados Unidos é mostrada na Figura 6.8. Ambos os índices são normalizados a 100 em janeiro de 2007. Observe como a confiança dos consumidores, que começou a cair em meados de 2007, sofreu uma derrocada no início de 2008 e atingiu um mínimo de 22 no início de 2009, um nível muito inferior às baixas históricas. O resultado da redução da confiança e da redução dos preços dos imóveis residenciais e das ações foi uma contração acentuada do consumo.

> Consulte o quadro Foco "A falência do Lehman, temores de outra grande depressão e deslocamentos da função consumo", no Capítulo 3.

Respostas políticas

O alto custo de contrair empréstimos, os preços mais baixos das ações e o menor nível de confiança, juntos, reduziram a demanda por bens. Em termos do modelo IS-LM, houve um deslocamento acentuado e adverso da curva IS, tal como representado na Figura 6.5. Em face dessa queda na demanda, os formuladores de política econômica não permaneceram passivos.

Políticas financeiras

As medidas mais urgentes visavam o fortalecimento do sistema financeiro:

♦ Para evitar uma corrida por parte dos correntistas, o seguro de depósito federal teve um aumento de US$ 100.000 para US$ 250.000 por conta-corrente. Vale lembrar, no entanto, que o financiamento dos bancos não advinha dos depósitos, mas sim da emissão de dívida de curto prazo para investidores. Para permitir que os bancos continuassem a usar o financiamento no atacado, o governo federal ofereceu um programa de garantia a novas emissões pelos bancos.

♦ O Federal Reserve ofereceu ampla liquidez ao sistema financeiro. Vimos que se os investidores quisessem recuperar seus fundos, os bancos tinham de vender alguns de seus ativos, muitas vezes a preços de queima de estoque. Em muitos

▶ **Figura 6.8 Confiança dos consumidores e das empresas nos EUA, 2007-2011.**

A crise financeira provocou uma queda acentuada na confiança, que chegou ao fundo do poço no início de 2009.

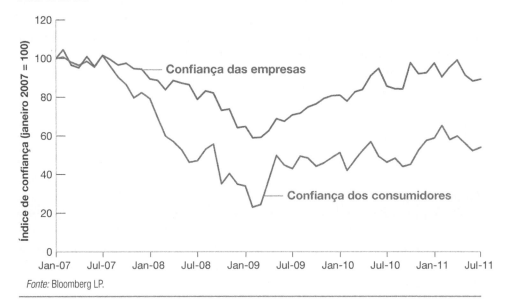

Fonte: Bloomberg LP.

casos isso significava falência. Para evitar isso, o Fed implementou uma série de **programas de liquidez** que visavam facilitar a tomada de empréstimos, não só por parte dos bancos, mas também de outros intermediários financeiros. Por fim, ampliou-se o conjunto de ativos que as instituições financeiras poderiam usar como **garantia** ao contrair esses empréstimos (garantia refere-se ao ativo que um devedor empenha ao pedir empréstimos a um credor. Em caso de inadimplência, o ativo vai para o credor). Juntas, essas facilidades possibilitavam que bancos e intermediários financeiros pagassem os investidores sem vender seus ativos. Também reduziam os incentivos dos investidores para resgatar seus fundos porque atenuavam o risco de falência de bancos e intermediários financeiros.

◆ O governo introduziu um programa denominado **Troubled Asset Relief Program (TARP) [Programa de Resgate de Ativos Problemáticos]**, que visava sanear os bancos. O objetivo inicial do programa de US$ 700 bilhões, implementado em outubro de 2008, era remover ativos complexos do balanço dos bancos, assim diminuindo a incerteza, tranquilizando os investidores e facilitando a avaliação da saúde de cada banco. Contudo, o Tesouro enfrentou os mesmos problemas que os investidores privados. Se esses ativos complexos fossem trocados, por exemplo, por letras do Tesouro, a que preço seria? Em poucas semanas ficou evidente que a tarefa de avaliar o valor de cada um desses ativos era extremamente difícil e levaria muito tempo, de modo que o objetivo inicial foi abandonado. O novo objetivo passou a ser o aumento do capital dos bancos. Isso se deu com o governo adquirindo ações e, assim, provendo recursos para a maioria dos principais bancos dos Estados Unidos. Ao aumentar sua razão de capital, e consequentemente diminuir sua alavancagem, o objetivo do programa consistia em permitir que os bancos evitassem a falência e, no decorrer do tempo, voltassem ao normal. Até o final de setembro de 2009, os gastos totais sob o TARP foram de US$ 360 bilhões, dos quais US$ 200 bilhões foram gastos com a compra de ações em bancos.

> No segundo semestre de 2015 todos os bancos haviam comprado de volta suas ações e reembolsado o governo. Na verdade, na estimativa final, o TARP chegou a auferir um pequeno lucro.

As políticas fiscais e monetárias também foram utilizadas de forma agressiva.

Política monetária

A partir do verão de 2007, o Fed começou a se preocupar com uma desaceleração do crescimento e passou a reduzir a taxa básica, lentamente no início, mais rapidamente depois, quando as evidências da crise se acumularam. A evolução da taxa dos fundos federais a partir de 2000 foi mostrada na Figura 1.4, no Capítulo 1. Em dezembro de 2008 a taxa baixara a zero. Nesse momento, no entanto, a política monetária foi limitada pelo limite inferior zero. A taxa básica não podia cair mais. O Fed voltou-se, então, para o que ficou conhecido como **política monetária não convencional**, comprando outros ativos de modo a afetar diretamente a taxa cobrada dos devedores. Exploraremos as várias dimensões da política monetária não convencional com mais detalhes no Capítulo 23. Basta dizer que, embora essas medidas fossem úteis, a eficácia da política monetária foi, no entanto, severamente restringida pelo limite inferior zero.

> Lembre-se de que a taxa de juros cobrada dos devedores é dada por $r + x$. Você pode pensar na política monetária convencional como a escolha de r, e na política monetária não convencional como uma medida para reduzir x.

Política fiscal

Quando o tamanho do choque adverso ficou claro, o governo dos Estados Unidos recorreu à política fiscal. Quando a administração Obama assumiu o poder em 2009, sua prioridade foi criar um programa fiscal que aumentasse a demanda e reduzisse a recessão. Esse programa fiscal, chamado de **American Recovery and Reinvestment Act (Decreto Norte-Americano de Recuperação** e Reinvestimento), foi aprovado em fevereiro de 2009 e demandou US$ 780 bilhões em novas medidas, sob a forma tanto de redução de impostos quanto de elevação de gastos, em 2009 e 2010. O déficit orçamentário do país aumentou de 1,7% do PIB em 2007 para 9,0% em 2010. Esse aumento foi, em grande parte, o efeito mecânico da crise, porque a diminuição da demanda acarretou uma diminuição das receitas fiscais e um aumento dos programas de transferência, tais como o seguro-desemprego. Mas também foi resultado de medidas específicas do programa fiscal que se destinavam a elevar a despesa privada ou pública. Alguns economistas argumentaram que o aumento das despesas e o corte dos impostos deveriam ser ainda maiores, dada a gravidade da situação. Outros, no entanto, preocupavam-se com os déficits que se tornavam muito elevados e poderiam levar a uma explosão da dívida pública, defendendo que tinham de ser reduzidos. A partir de 2011, o déficit foi reduzido e é atualmente muito menor.

Podemos resumir nossa discussão voltando ao modelo IS-LM desenvolvido na seção anterior. Isso é mostrado na Figura 6.9. A crise financeira levou a um acentuado deslocamento da curva IS para a esquerda, de IS para IS'. Na ausência de mudanças na política econômica, o equilíbrio ter-se-ia deslocado do ponto A para o ponto B. Políticas financeiras e fiscais compensaram parte do deslocamento, de modo que, em vez de passar para IS', a economia foi para IS". E a política monetária acarretou um deslocamento da curva LM para baixo, de LM para LM', de modo que o equilíbrio resultante foi no ponto A'. Nesse ponto, o limite inferior zero na taxa básica nominal implicava que a taxa de juros real não poderia baixar mais. O resultado foi uma diminuição do produto de Y para Y'. O choque inicial foi tão grande que a combinação de medidas financeiras, fiscais e monetárias não foi suficiente para evitar uma acentuada queda no produto, com o PIB dos Estados Unidos caindo 3,5% em 2009 e recuperando-se apenas lentamente a partir daí.

É difícil saber o que teria acontecido na ausência dessas políticas. É razoável pensar, mas impossível provar, que a redução do produto teria sido muito maior, provocando uma repetição da Grande Depressão.

▶ **Figura 6.9** A crise financeira e o uso das políticas financeira, fiscal e monetária.

A crise financeira acarretou o deslocamento da curva IS para a esquerda. As políticas financeira e fiscal levaram a um deslocamento de volta para a direita de IS. A política monetária levou a um deslocamento da curva LM para baixo. As políticas não foram suficientes, porém, para evitar uma grave recessão.

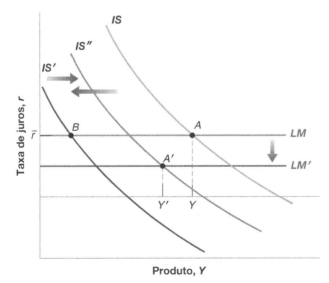

Resumo

- A taxa de juros nominal indica quantos dólares são necessários pagar no futuro em troca de um dólar no presente.
- A taxa de juros real informa quantos bens são necessários pagar no futuro em troca de um bem no presente.
- A taxa de juros real é aproximadamente igual à taxa de juros nominal menos a inflação esperada.
- O limite inferior zero da taxa de juros nominal implica que a taxa de juros real não pode ser inferior ao negativo da inflação esperada.
- A taxa de juros de um título depende tanto da probabilidade de que o emitente do título vá ficar inadimplente quanto do grau de aversão ao risco dos detentores de títulos. Uma probabilidade maior ou um grau mais elevado de aversão ao risco levam a uma taxa de juros mais alta.
- Os intermediários financeiros recebem fundos de investidores e emprestam esses fundos a outros. Ao escolher sua razão de alavancagem, os intermediários financeiros ponderam o lucro esperado e o risco de insolvência.
- Devido à alavancagem, o sistema financeiro está exposto aos riscos de solvência e iliquidez. Ambos podem levar os intermediários financeiros a diminuir os empréstimos.
- Quanto maior o índice de alavancagem, ou quanto mais ilíquidos os ativos, ou quanto mais líquidos os passivos, maior o risco de uma corrida bancária, ou, de modo mais geral, de uma corrida aos intermediários financeiros.
- O modelo IS-LM deve ser ampliado para levar em conta a diferença entre a taxa de juros nominal e a taxa de juros real, e a diferença entre a taxa básica escolhida pelo Banco Central e a taxa de juros às quais as empresas e as pessoas podem contrair empréstimo.
- Um choque no sistema financeiro leva a um aumento da taxa de juros à qual pessoas e empresas podem tomar empréstimo a uma dada taxa básica. Isso leva a uma redução no produto.
- A crise financeira do final da década de 2000 foi desencadeada por uma queda nos preços dos imóveis residenciais. E amplificada pelo sistema financeiro.
- Os intermediários financeiros estavam altamente alavancados. Por causa da securitização, seus ativos eram difíceis de avaliar e, portanto, ilíquidos. Devido ao financiamento no atacado, seus passivos eram líquidos. Corridas forçaram os intermediários financeiros a reduzir os empréstimos, com fortes efeitos adversos sobre o produto.
- Foram utilizadas políticas financeiras, fiscais e monetárias. Elas não foram suficientes, no entanto, para evitar uma profunda recessão.

Palavras-chave

- agências de *rating*, 135
- American Recovery and Reinvestment Act, 138
- atividade bancária limitada, 128
- ativos tóxicos, 135
- aversão ao risco, 124
- corridas bancárias, 128
- credores hipotecários, 133
- debaixo d'água (*underwater*), 133
- depósitos sob demanda, 128
- finanças diretas, 125
- financiamento no atacado, 136
- garantia, 138
- hipotecas *subprime*, 133
- insolvência, 127
- liquidez, 129
- política monetária não convencional, 138
- preços de queima de estoque, 128
- prêmio de risco, 124
- programas de liquidez, 138
- provisão de liquidez, 129
- razão de alavancagem, 126
- razão de capital, 126
- securitização, 135
- seguro federal de depósito, 129
- *shadow banking*, 125
- taxa básica, 130
- taxa de empréstimo, 130
- taxa de juros nominais, 120
- taxa de juros reais, 120
- título garantido por créditos hipotecários (MBS), 135

- títulos de dívida colateralizada (CDO), 135
- títulos júnior, 135
- títulos sênior, 135
- Trouble Asset Relief Program (TARP), 138
- veículos de investimento estruturado (SIVs), 134

Questões e problemas

Teste rápido

1. Utilizando as informações deste capítulo, diga se cada afirmação a seguir é verdadeira, falsa ou incerta. Explique brevemente.

    a. A taxa de juros nominal é medida em termos de bens; a taxa de juros real é medida em termos de moeda.

    b. Enquanto a inflação esperada permanecer praticamente constante, os movimentos da taxa de juros real serão praticamente iguais aos movimentos na taxa de juros nominal.

    c. A taxa de juros básica nominal estava no limite inferior zero nos Estados Unidos em 2013.

    d. Quando a inflação esperada sobe, a taxa de juros real cai.

    e. Todos os títulos têm o mesmo risco de inadimplência, e, portanto, pagam as mesmas taxas de juros.

    f. A taxa de juros básica nominal é definida pelo Banco Central.

    g. Um aumento no índice de alavancagem de um banco tende a aumentar tanto seu lucro esperado quanto seu risco de falência.

    h. A taxa de empréstimo real e a taxa básica real sempre se movem na mesma direção.

    i. Pode ser difícil avaliar ativos de bancos e outros intermediários financeiros, particularmente em uma crise financeira.

    j. Quando um banco tem alta alavancagem e baixa liquidez deve vender ativos a preços de queima de estoque.

    k. Os bancos e outros intermediários financeiros possuem ativos que são menos líquidos do que seus passivos.

    l. Os preços dos imóveis residenciais aumentaram constantemente desde o ano 2000.

    m. O programa de estímulo fiscal adotado pelos Estados Unidos em resposta à crise financeira ajudou a compensar o declínio na demanda agregada e reduzir o tamanho da recessão.

    n. O programa de estímulo fiscal adotado pelos Estados Unidos incluiu um considerável aumento no déficit medido como percentual do PIB.

2. Calcule a taxa de juros real usando a fórmula exata e a fórmula aproximada para cada conjunto de pressupostos listados nos itens a) a c).

    a. $i = 4\%; \pi^e = 2\%$;
    b. $i = 15\%; \pi^e = 11\%$;
    c. $i = 54\%; \pi^e = 46\%$.

3. Preencha a tabela a seguir e responda às perguntas relacionadas com os dados nela contidos.

Situação	Taxa de juros básica nominal	Inflação esperada	Taxa de juros básica real	Prêmio de risco	Taxa de empréstimo nominal	Taxa de empréstimo real
A	3	0		0		
B	4		2	1		
C	0	2		4		
D			2	6	3	
E	0	−2				5

   a. Quais situações correspondem à armadilha da liquidez definida no Capítulo 4?

   b. Quais situações correspondem ao caso em que o valor da taxa de juros básica nominal está no limite inferior zero?

   c. Qual situação tem o prêmio de risco mais alto? Quais são os dois fatores de risco nos mercados de títulos que acarretam um prêmio de risco positivo?

   d. Por que é tão importante, quando a taxa de juros básica nominal está no limite inferior zero, manter uma taxa de inflação esperada positiva?

4. **Corridas bancárias modernas**

    Consideremos um banco simples que tem ativos de 100, capital de 20 e depósitos à vista de 80. Lembre-se, do Capítulo 4, que os depósitos à vista são passivos de um banco.

    a. Monte o balanço do banco.

    b. Suponhamos que o valor percebido dos ativos do banco caia em 10. Qual é o novo valor do

142 Macroeconomia

capital do banco? Qual é a taxa de alavancagem do banco?

c. Suponhamos que os depósitos sejam segurados pelo governo. Apesar do declínio do valor do capital dos bancos, existe alguma razão imediata para que os correntistas saquem fundos do banco? Sua resposta mudaria se o valor percebido dos ativos do banco caísse em 15? 20? 25? Explique.

Agora consideremos um tipo diferente de banco, ainda com ativos de 100 e capital de 20, mas agora com crédito de curto prazo de 80 em vez de depósitos à vista. O crédito de curto prazo deve ser pago ou rolado (emprestado novamente) quando vencer.

d. Monte o balanço do banco.

e. Novamente, suponhamos que o valor percebido dos ativos do banco caia. Se os credores estiverem preocupados com a solvência do banco, eles estarão dispostos a continuar a prover crédito de curto prazo para o banco a taxas de juros baixas?

f. Assumindo-se que o banco não possa obter capital adicional, como ele pode conseguir os fundos necessários para pagar sua dívida a vencer? Se muitos bancos estiverem nessa posição ao mesmo tempo (e se os bancos possuírem tipos semelhantes de ativo), o que provavelmente acontecerá com o valor dos ativos desses bancos? Como isso afetará a disposição dos credores de oferecer crédito de curto prazo?

5. **A visão IS-LM do mundo em mercados financeiros mais complexos**

Consideremos uma economia descrita na Figura 6.6 no texto.

a. Quais são as unidades no eixo vertical da Figura 6.6?

b. Se a taxa de juros básica nominal for de 5% e a taxa de inflação esperada for de 3%, qual será o valor do intercepto vertical da curva LM?

c. Suponhamos que a taxa de juros nominal seja de 5%. Se a inflação esperada baixar de 3% para 2% para impedir o deslocamento da curva LM na Figura 6.6, o que o Banco Central deve fazer com a taxa de juros básica nominal?

d. Se a taxa de inflação esperada diminuísse de 3% para 2%, a curva IS variaria?

e. Se a taxa de inflação esperada diminuísse de 3% para 2%, a curva LM variaria?

f. Se o prêmio de risco dos títulos de risco aumentasse de 5% para 6%, a curva LM variaria?

g. Se o prêmio de risco dos títulos de risco aumentasse de 5% para 6%, a curva IS variaria?

h. Quais são as opções de política fiscal que impedem que um aumento do prêmio de risco sobre títulos de risco diminua o nível de produto?

i. Quais são as opções de política monetária que impedem que um aumento do prêmio de risco sobre títulos de risco diminua o nível de produto?

Aprofundando

6. **Taxas de juros nominais e reais pelo mundo**

a. Há alguns episódios de taxa de juros nominal negativa no mundo. Alguns podem ou não estar em ação no momento em que você lê este livro. A taxa de juros básica nominal suíça, o equivalente suíço da taxa de fundos federais é a série IRSTCI01CHM156N da base de dados do FRED mantida no Federal Reserve Bank de St. Louis. A taxa de juros básica nominal suíça foi negativa em 2014 e 2015. Nesse caso, por que não reter dinheiro em vez de títulos? Nos Estados Unidos, o Federal Reserve (ainda) não fixou a taxa básica nominal abaixo de zero.

b. A taxa de juros real é frequentemente negativa; veja a Figura 6.2. Em que circunstâncias ela pode ser negativa? Nesse caso, por que não reter apenas dinheiro em vez de títulos?

c. Quais são os efeitos de uma taxa de juros real negativa sobre a tomada e a concessão de empréstimos?

d. Encontre um exemplar recente da *The Economist* e consulte a tabela no seu verso (intitulada "Indicadores econômicos e financeiros"). Use a taxa de três meses do mercado monetário como uma aproximação da taxa de juros básica nominal, e a mais recente taxa de variação dos preços ao consumidor como uma medida da taxa esperada de inflação (ambas são expressas em termos anuais). Quais países apresentam a menor taxa de juros nominal? Algum país tem uma taxa de juros básica nominal negativa? Quais países têm as taxas de juros reais mais baixas? Algumas dessas taxas de juros reais são negativas?

7. **O Troubled Asset Relief Program (TARP)**

Consideremos um banco que tem ativos de 100, capital de 20 e crédito de curto prazo de 80. Entre os ativos do banco estão ativos securitizados cujo valor depende do preço dos imóveis residenciais. Esses ativos têm um valor de 50.

a. Monte o balanço do banco.

Suponhamos que, como resultado de uma queda no preço dos imóveis residenciais, os ativos securitizados do banco caiam em um montante incerto, de modo que o valor dos ativos fique entre 25 e 45. Chamemos os ativos securitizados de "ativos problemáticos". O valor dos outros ativos permanece em 50. Como resultado da incerteza quanto ao valor dos ativos, os credores estão relutantes em prover qualquer crédito de curto prazo ao banco.

b. Dada a incerteza quanto ao valor dos ativos do banco, qual é a faixa de valor do capital do banco?

Como resposta a esse problema, o governo avalia a possibilidade de comprar os ativos problemáticos, com a intenção de revendê-los quando os mercados se estabilizarem. (Essa é a versão original do TARP.)

c. Se o governo pagar 25 pelos ativos problemáticos, qual será o valor do capital do banco? Quanto o governo terá de pagar pelos ativos problemáticos para garantir que o capital do banco não tenha um valor negativo? E se o governo pagar 45 para os ativos problemáticos, mas o verdadeiro valor se revelar muito inferior, quem assumirá o custo dessa avaliação equivocada? Explique.

Suponhamos que, em vez de comprar os ativos problemáticos, o governo ofereça capital ao banco comprando a titularidade de ações, com a intenção de revendê-las quando os mercados se estabilizarem. (É o que o TARP passou a ser.) O governo troca títulos do Tesouro (que se tornam ativos para o banco) pelas ações.

d. Suponhamos que o governo troque 25 em títulos do Tesouro pela titularidade de ações. Assumindo-se o pior cenário possível (tal que o valor dos ativos problemáticos seja apenas 25), monte o novo balanço do banco. (Lembre-se de que a empresa tem agora três ativos: 50 de ativos não problemáticos, 25 de ativos problemáticos e 25 de títulos do Tesouro.) Qual é o valor total do capital do banco? O banco será insolvente?

e. Considerando-se as suas respostas e o material no texto, por que a recapitalização pode ser uma política melhor do que comprar os ativos problemáticos?

8. Cálculo do prêmio de risco sobre títulos

O texto apresenta uma fórmula em que
$$(1 + i) = (1 - p)(1 + i + x) + p(0)$$
p é a probabilidade de o título não se pagar (o emitente decreta falência) e tem retorno igual a zero.
i é a taxa de juros básica nominal.
x é o prêmio de risco.

a. Se a probabilidade de falência for igual a zero, qual será a taxa de juros do título de risco?

b. Calcule a probabilidade de falência quando a taxa de juros nominal de um devedor de risco é 8% e a taxa de juros básica nominal é 3%.

c. Calcule a taxa de juros nominal para um devedor quando a probabilidade de falência é 1% e a taxa de juros básica nominal é 4%.

d. Calcule a taxa de juros nominal para um devedor quando a probabilidade de falência é 5% e a taxa de juros básica nominal é 4%.

e. A fórmula assume que o pagamento em caso de inadimplência é igual a zero. Na realidade, muitas vezes é positivo. Como você mudaria a fórmula nesse caso?

9. Política monetária não convencional: política financeira e afrouxamento quantitativo (*quantitative easing*)

Escrevemos o modelo IS-LM em termos de
$$\text{Relação IS: } Y = C(Y - T) + I(Y, r + x) + G \quad (6.5)$$
$$\text{Relação LM: } r = \bar{r} \quad (6.6)$$

Interprete a taxa de juros como a taxa de fundos federal ajustada à inflação esperada, a taxa de juros básica real do Federal Reserve. Assuma que a taxa à qual as empresas podem contrair empréstimos é muito superior à taxa dos fundos federais, e de modo equivalente que o prêmio, x, na equação IS seja alto.

a. Suponhamos que o governo tome medidas para melhorar a solvência do sistema financeiro. Se a ação governamental for bem-sucedida e os bancos se mostrarem mais dispostos a conceder empréstimo a outros bancos e a empresas não financeiras, o que deverá acontecer com o prêmio? O que acontecerá com o diagrama IS-LM com base na Figura 6.6? Podemos considerar a política financeira como uma espécie de política macroeconômica?

b. Diante de uma taxa de juros nominal igual a zero, suponhamos que o Fed decida comprar títulos diretamente para facilitar o fluxo de crédito nos mercados financeiros. Essa política é denominada afrouxamento quantitativo. Se ela tiver êxito, de modo que seja mais fácil para empresas financeiras e não financeiras obter crédito, o que deverá acontecer com o prêmio? Que efeito isso terá no diagrama IS-LM? Se o afrouxamento quantitativo surte algum efeito, é verdade que o Fed não tem opções de política para estimular a economia quando a taxa dos fundos federais é igual a zero?

c. Veremos mais adiante que um argumento a favor do afrouxamento quantitativo é que ele aumenta a inflação esperada. Suponhamos que o afrouxamento quantitativo aumente a inflação esperada. Como isso afeta a curva LM na Figura 6.6?

Data	BBB	AAA	Tesouro	BBB – AAA	AAA – Tesouro	BBB – Tesouro
Hoje						
Um ano atrás						

Explorando mais

10. O *spread* entre títulos sem risco e de risco

O texto utilizou a Figura 6.3 para descrever flutuações nos spreads entre a taxa sem risco dos títulos do Tesouro dos Estados Unidos com vencimento em 10 anos e títulos corporativos AAA e BBB também de 10 anos. Essa figura pode ser atualizada consultando-se a base de dados do Federal Reserve Bank de St. Louis (FRED), O rendimento dos títulos do Tesouro de 10 anos é a variável DGS10. O título AAA de 10 anos da Moody's é a série DAAA. Por fim, o rendimento do título BBB do Bank of America é a série BAMLC0A4CBBBEY.

a. Encontre os valores desses três rendimentos para o dia mais próximo de quando você estiver analisando esta questão. Qual é o rendimento mais alto e qual é o rendimento mais baixo? Qual é o *spread* entre o rendimento BBB e AAA?

b. Agora, volte um ano e encontre os mesmos rendimentos, calculando os *spreads*. Você pode preencher a tabela a seguir:

c. Você vê alguma evidência de mudança no prêmio de risco em relação ao ano anterior ou ele tem sido relativamente estável? Explique.

11. Títulos indexados à inflação

Alguns títulos emitidos pelo Tesouro dos Estados Unidos realizam pagamentos indexados à inflação. Esses títulos compensam os investidores pela inflação. Portanto, as taxas de juros correntes sobre esses títulos são taxas de juros reais — taxas de juros em termos de bens. Essas taxas de juros podem ser usadas, com as taxas de juros nominais, para fornecer uma medida da inflação esperada. Vejamos como.

Acesse o site do Federal Reserve Board e obtenha a mais recente divulgação estatística listando as taxas de juros (<http://www.federalreserve.gov/releases/h15/Current>). Encontre a taxa de juros nominal corrente dos títulos do Tesouro com vencimento em cinco anos. A seguir, encontre a taxa de juros corrente dos títulos do Tesouro indexados à inflação com vencimento em cinco anos. Qual você acha que os agentes dos mercados financeiros supõem que será a taxa de inflação média ao longo dos próximos cinco anos?

Leitura adicional

◆ Há muitos livros bons sobre a crise, dentre eles *The Big Short* (2010), de Michael Lewis, e *Fool's Gold* (2009), de Gillian Tett. Ambos mostram como o sistema financeiro passou a ser cada vez mais arriscado até finalmente entrar em colapso. Ambos parecem histórias de detetive, com muita ação e personagens fascinantes. *The Big Short* virou filme (A Grande Aposta) em 2015.

◆ *In Fed We Trust* (2009), escrito por David Wessel, editor de economia do *Wall Street Journal*, descreve como o Fed reagiu à crise. Também é uma leitura fascinante. Leia também o ponto de vista interno, *The Courage to Act: A Memoir of a Crisis and Its Aftermath* (2015), de Ben Bernanke, que foi presidente do Fed durante a crise.

Os fundamentos

O médio prazo
No médio prazo, a economia retorna a um nível de produto associado à taxa natural de desemprego

Capítulo 7

Este capítulo examina o equilíbrio do mercado de trabalho. Descreve a taxa natural de desemprego — aquela para a qual a economia tende a voltar no médio prazo.

Capítulo 8

O Capítulo 8 examina mais de perto a relação entre inflação e desemprego, uma relação conhecida como curva de Phillips. No curto prazo, o desemprego normalmente desvia de sua taxa natural, e o comportamento da inflação depende desse desvio.

Capítulo 9

Este capítulo apresenta um modelo do curto e do médio prazo, que reúne o modelo IS-LM e a curva de Phillips e, por isso, é chamado de modelo IS-LM--PC. Ele descreve a dinâmica do produto e do desemprego, tanto no curto quanto no médio prazo.

CAPÍTULO 7

Mercado de trabalho

Pense no que acontece quando as empresas respondem a um aumento da demanda com um aumento da produção. Uma produção maior leva a um nível de emprego maior. Um nível de emprego maior leva a uma taxa de desemprego menor. Uma taxa de desemprego menor leva a salários mais altos. Salários mais altos elevam os custos de produção, levando as empresas a elevar os preços. Preços maiores levam os trabalhadores a reivindicar salários mais altos, que levam a novos aumentos nos preços, e assim por diante.

Até agora, simplesmente ignoramos essa sequência de eventos. Na hipótese de um nível de preços constante no modelo IS-LM, na realidade assumimos que as empresas fossem capazes e estivessem dispostas a ofertar qualquer montante de produto a um dado nível de preços. Assim, enquanto estávamos concentrados no *curto prazo* essa hipótese era aceitável. Na medida em que nossa atenção se volta para o *médio prazo*, devemos abandoná-la, explorar como os preços e os salários se ajustam ao longo do tempo e determinar como isso, por sua vez, afeta o produto. Esta será nossa tarefa neste e nos próximos dois capítulos.

No centro da sequência de eventos descrita está o *mercado de trabalho*, no qual os salários são determinados. Este capítulo se concentra no mercado de trabalho e apresenta seis seções:

A Seção 7.1 apresenta uma visão geral do mercado de trabalho.

A Seção 7.2 concentra-se no desemprego, como ele se move ao longo do tempo e como seus movimentos afetam os trabalhadores.

As seções 7.3 e 7.4 examinam a determinação de preços e salários.

A Seção 7.5 examina o equilíbrio do mercado de trabalho. Ela descreve a *taxa natural de desemprego*, a taxa de desemprego para a qual a economia tende a retornar no médio prazo.

A Seção 7.6 apresenta o caminho que percorreremos nos capítulos seguintes.

7.1 Um giro pelo mercado de trabalho

A população total dos Estados Unidos em 2014 era de 318,9 milhões de pessoas (Figura 7.1). Excluindo as que estavam abaixo da idade de trabalhar (menores de 16 anos), as que prestavam serviço nas Forças Armadas e as que se encontravam presas, o número de pessoas potencialmente disponíveis para empregos civis — a **população civil disponível em idade ativa**[1] — era de 247,9 milhões.

---

[1] N. do RT: O conceito mais comumente utilizado é o de "população em idade ativa" (em inglês, "*working age population*"). No entanto, o autor usa um conceito relativamente frequente nos Estados Unidos, mas que não encontra correlato no Brasil: "*non-institutional civilian population*". Optou-se por traduzi-lo por "população civil disponível em idade ativa" para indicar que a sua diferença em relação ao conceito de "população em idade ativa" é justamente a exclusão dos militares e das pessoas internadas em alguma instituição (seja prisional ou psiquiátrica), como sugerido no próprio texto.

▶ Figura 7.1 População, força de trabalho, emprego e desemprego nos Estados Unidos em 2014 (em milhões).

Fonte: Current Population Survey. Disponível em: <http://www.bls.gov/cps/>. Acesso em 7 jul. 2017.

A **força de trabalho** — a soma dos que estão ou empregados ou procurando emprego — era de apenas 155,9 milhões. Os 92,0 milhões de pessoas restantes estavam **fora da força de trabalho** — nem atuando no mercado de trabalho, nem procurando trabalho. A **taxa de participação**, definida como a razão entre a força de trabalho e a população civil disponível em idade ativa, era, portanto, igual a 155,9/247,9, ou 62%. A taxa de participação aumentou consistentemente ao longo do tempo, refletindo, em especial, o crescimento da taxa de participação das mulheres. Em 1950, uma mulher em cada três participava da força de trabalho; o número agora está próximo de duas em cada três.

> O trabalho doméstico, como cozinhar ou criar os filhos, não é classificado como trabalho nas estatísticas oficiais. Isto se deve à dificuldade de se medir essas atividades, e não a um juízo de valor sobre o que é ou não trabalho.

Das pessoas incluídas na força de trabalho, 146,3 milhões encontravam-se empregadas e 9,5 milhões desempregadas — procurando emprego. A **taxa de desemprego**, definida como a razão entre o número de desempregados e a força de trabalho, era, portanto, igual a 9,5/155,9 = 6,1%.[2]

Grandes fluxos de trabalhadores

Para perceber melhor o que determinada taxa de desemprego implica para os trabalhadores individualmente pense na analogia a seguir.

Imagine um aeroporto cheio de passageiros. Pode estar lotado porque muitos aviões chegam e decolam a toda hora e muitos passageiros entram e saem rapidamente do aeroporto. Ou pode estar lotado por causa do mau tempo, que atrasa

---

[2] N. do RT: A terminologia do IBGE é um pouco diferente da utilizada neste livro (que pretende retratar os termos mais usados por parte dos economistas). Segue então a relação entre o vocabulário do livro e o do IBGE. O termo "ocupado" no IBGE substitui "empregado" como tradução de *employed*, pois "ocupado" inclui empregados, funcionários por conta própria, empregadores e funcionários não remunerados. Daí se vê que o termo "empregado" é um pouco mais restrito do que o termo "ocupado". No livro, quando utilizamos o termo "empregado" queremos dizer "ocupado". Por simetria, o IBGE traduz *unemployed* como desocupado, enquanto aqui utilizamos "desempregado". Os termos *employment* e *employment rate* são traduzidos pelo IBGE como "ocupação" e "nível de ocupação", respectivamente, enquanto no texto utilizamos "emprego" e "taxa de emprego". Os termos *unemployment* e *unemployment rate* são traduzidos pelo IBGE como "desocupação" e "taxa de desocupação", respectivamente, enquanto nós optamos por "desemprego" e "taxa de desemprego". O leitor interessado pode obter no site do IBGE (<www.ibge.gov.br>) mais informações ao consultar o glossário da Pesquisa Nacional por Amostras de Domicílio Contínua – Mensal.

voos e deixa os passageiros plantados à espera da melhora climática. O número de passageiros que se encontram no aeroporto será alto em ambas as situações, mas suas dificuldades serão bem diferentes. No segundo cenário, provavelmente os passageiros estarão bem menos felizes.

Da mesma forma, uma dada taxa de desemprego pode refletir duas realidades bastante diversas. Pode refletir um mercado de trabalho ativo, com muitos **desligamentos** e muitas **admissões** — e, portanto, com muitos trabalhadores entrando e saindo do desemprego —, ou pode refletir um mercado de trabalho esclerosado, com poucos desligamentos, poucas admissões e um contingente estagnado de desempregados.

Para descobrir qual realidade está por trás da taxa de desemprego agregado é preciso ter dados sobre a movimentação dos trabalhadores. Nos Estados Unidos, esses dados estão disponíveis em uma pesquisa mensal chamada **Current Population Survey (CPS)**. Os fluxos mensais médios calculados com base na CPS para os Estados Unidos de 1996 a 2014 são mostrados na Figura 7.2. (Para mais informações sobre os detalhes intrincados da CPS, veja o quadro Foco "A pesquisa Current Population Survey".)

A Figura 7.2 apresenta três características marcantes:

* Os fluxos de trabalhadores que entram e saem dos empregos são grandes.

    Em média, há 8,2 milhões de desligamentos a cada mês nos Estados Unidos (para um total de 139,0 milhões de empregados): 3,0 milhões de trabalhadores trocam de emprego (o que é mostrado pela seta circular no topo da figura); 3,4 milhões passam para a população fora da força de trabalho (o que é mostrado pela seta de emprego para população fora da força de trabalho); e 1,8 milhão vão do emprego para o desemprego (o que é mostrado pela seta de emprego para desemprego).

    Qual é o motivo para tantos desligamentos a cada mês? Cerca de 75% deles são **demissões voluntárias** — funcionários que deixam seus empregos em busca de uma alternativa melhor. O restante, 25%, são **demissões involuntárias**. Estas

Esclerose, um termo médico, significa o endurecimento dos tecidos. Por analogia, é usado em economia para descrever os mercados que funcionam deficientemente e têm poucas transações.

Os números para emprego, desemprego e população fora da força de trabalho na Figura 7.1 referem-se a 2014. Os números para as mesmas variáveis na Figura 7.2 referem-se às médias de 1996 a 2014. Por este motivo são diferentes.

Colocando de um modo diferente e, talvez, mais dramático: a cada dia, em média cerca de 60 mil trabalhadores ficam desempregados nos Estados Unidos.

▶ **Figura 7.2** Fluxos médios mensais entre emprego, desemprego e para fora da força de trabalho nos Estados Unidos, 1996-2014 (em milhões).

(1) Os fluxos de trabalhadores que entram e saem dos empregos são muito grandes; (2) os fluxos de entrada e saída do desemprego são grandes em relação ao número de desempregados; (3) há também grandes fluxos de entrada e saída da força de trabalho, grande parte dela entrando e saindo diretamente do emprego.

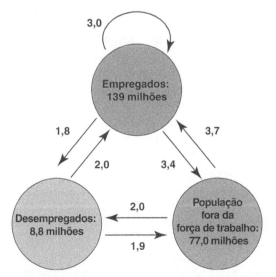

Fonte: Calculado da série criada por Fleischman e Fallick. Disponível em:<http://www.federalreserve.gov/econresdata/researchdata/feds200434.xls>. Acesso em 10 out. 2017.

150 Macroeconomia

A duração média do desemprego é igual ao inverso da proporção de desempregados que deixam essa condição a cada mês. Para entender por que, vejamos um exemplo. Suponhamos que o número de desempregados seja constante e igual a 100 e que cada pessoa sem emprego permaneça nessa condição por dois meses. Portanto, em um dado instante, há 50 pessoas que estiveram desempregadas por um mês e 50 que estiveram desempregadas por dois meses. A cada mês, os 50 desempregados que estiveram desempregados por dois meses deixam essa condição. Nesse exemplo, a proporção de desempregados que deixam o desemprego a cada mês é de 50/100, ou 50%. A duração do desemprego é de dois meses — o inverso de 50% ou 1/50%.

se devem principalmente a mudanças nos níveis de emprego entre as empresas. A lenta variação nos números do emprego agregado esconde uma realidade de contínua destruição e criação de postos de trabalho pelas empresas. A todo momento algumas empresas sofrem reduções de demanda e diminuem seu nível de emprego; em contrapartida, outras experimentam elevações de demanda e aumentam seu nível de emprego.

♦ Os fluxos de entrada e saída do desemprego são intensos em relação ao número de desempregados. O fluxo médio mensal dos que saem do desemprego é de 3,9 milhões a cada mês: 2,0 milhões conseguem um trabalho, enquanto 1,9 milhão deixam de procurar por um. Em outras palavras, a proporção de desempregados que deixam essa condição é igual a 3,9/8,8, ou aproximadamente 44% a cada mês. Posto de outra forma, a **duração média do desemprego** — o tempo médio que as pessoas passam desempregadas — é de dois a três meses.

Esse fato traz uma importante implicação. Não se deve pensar no desemprego nos Estados Unidos como um reservatório estagnado de trabalhadores que esperam indefinidamente por uma ocupação. Para a maioria dos desempregados (mas, é claro, não para todos), estar nessa condição é mais uma transição rápida do que uma longa espera entre empregos. A esse respeito, é preciso fazer duas ressalvas. Primeiro, os Estados Unidos são diferentes de outros países nesse aspecto. Em diversos países europeus, a duração média é muito maior. Em segundo lugar, até mesmo nos Estados Unidos, quando o nível de desemprego é alto, como ocorreu na recente crise, sua duração média aumenta muito. Ficar desempregado torna-se muito mais doloroso.

FOCO

A pesquisa Current Population Survey

A pesquisa Current Population Survey (CPS) é a principal fonte de estatísticas sobre a força de trabalho, o emprego, a atividade e os rendimentos nos Estados Unidos.

Quando a CPS teve início, em 1940, baseava-se em entrevistas com 8 mil famílias. A amostra cresceu de maneira considerável e, atualmente, são entrevistados todos os meses mais de 60 mil domicílios, escolhidos de modo que a amostra seja representativa da população norte-americana. Cada domicílio permanece na amostra por quatro meses, sai dela pelos oito meses seguintes e depois retorna por outros quatro meses, antes de deixar a amostra permanentemente.

Atualmente a pesquisa se baseia em entrevistas computadorizadas. Elas são realizadas ou pessoalmente — caso em que os entrevistadores usam computadores portáteis — ou pelo telefone. Algumas perguntas são repetidas em todas as pesquisas. Outras são específicas para uma pesquisa em particular, sendo usadas para descobrir informações sobre aspectos específicos do mercado de trabalho.

O Ministério do Trabalho norte-americano utiliza as informações para calcular e publicar números sobre emprego, desemprego e atividade por idade, sexo, nível de instrução e setor. Os economistas usam esses dados, que estão disponíveis em grandes arquivos de computadores, de duas maneiras.

A primeira consiste em obter fotografias de como estavam as coisas em vários pontos no tempo para responder a perguntas como: qual é a distribuição de salários para os trabalhadores hispano-americanos apenas com educação primária, e como ela se compara com a mesma distribuição há 10 ou 20 anos?

A segunda, da qual a Figura 7.2 é um exemplo, consiste em explorar o fato de que a pesquisa segue as pessoas por um tempo. Ao examinar as mesmas pessoas durante dois meses seguidos, os economistas podem descobrir, por exemplo, quantos dos que estavam desempregados no mês anterior arrumaram emprego no mês atual. Esse número lhes dá uma estimativa da probabilidade de que aqueles que estavam desempregados no mês anterior encontrarão um trabalho.

Para mais informações sobre a pesquisa CPS, consulte o site da CPS (<http://www.bls.gov/cps/home.htm>).

Capítulo 7 Mercado de trabalho 151

- Os fluxos de entrada e saída da força de trabalho também são surpreendentemente elevados. A cada mês, 5,3 milhões de trabalhadores saem da força de trabalho (3,4 + 1,9), e um número um pouco maior, 5,7, ingressa nela (3,7 + 2,0). Seria de se esperar que esses dois fluxos fossem compostos, de um lado, pelos que terminam a escola e ingressam na força de trabalho pela primeira vez e, de outro, pelos trabalhadores que se aposentam. Mas, na verdade, cada um desses dois grupos representa uma fração pequena dos fluxos totais. Todo mês, cerca de 450 mil novas pessoas entram na força de trabalho, e aproximadamente 350 mil se aposentam. Entretanto, os fluxos efetivos de entrada e saída da força de trabalho são de 11,2 milhões, ou cerca de 14 vezes maior.

O que esse fato implica é que muitos dos classificados como "fora da força de trabalho" estão, na realidade, dispostos a trabalhar e alternam períodos de atividade e não atividade. Na verdade, entre os classificados como fora da força de trabalho, uma grande parcela relata que, embora não esteja procurando, "deseja um emprego". O que exatamente se quer dizer com essa afirmação não está claro, mas a evidência é que muitos aceitam quando um emprego lhes é oferecido.

Esse fato possui outra implicação importante. O destaque dado à taxa de desemprego por economistas, formuladores de política econômica e imprensa está em parte equivocado. Alguns daqueles classificados como fora da força de trabalho se parecem muito com os desempregados. São, na realidade, **trabalhadores desalentados**. Embora não estejam ativamente em busca de um trabalho, não o deixarão escapar se ele aparecer.

> Atuando no sentido oposto: alguns desempregados podem não estar dispostos a aceitar qualquer trabalho que lhes seja oferecido e provavelmente não deveriam ser contados como desempregados, uma vez que não estão realmente procurando um trabalho.

É por isso que às vezes os economistas se concentram na **taxa de emprego**, que é a razão entre o emprego e a população disponível para trabalhar, em vez de se concentrarem na taxa de desemprego. Quanto maior o desemprego, ou maior o número de pessoas fora da força de trabalho, menor a taxa de emprego.

Seguiremos a tradição e nos concentraremos na taxa de desemprego como indicador da situação do mercado de trabalho, mas deve-se ter em mente que a taxa de desemprego não é a melhor estimativa do número de pessoas disponíveis para trabalhar.

> Em 2014, o emprego era de 146,3 milhões, e a população disponível para trabalhar era de 247,9 milhões. A taxa de emprego era de 59,0%, taxa esta às vezes chamada de *razão emprego/população*.

7.2 Movimentos do desemprego

Vamos agora examinar os movimentos do desemprego. A Figura 7.3 mostra o valor médio da taxa de desemprego nos Estados Unidos, ano a ano, desde 1948. As áreas sombreadas representam os anos nos quais houve recessão.

A Figura 7.3 tem duas características importantes:

- Até meados da década de 1980, parecia que a taxa de desemprego nos Estados Unidos apresentava uma tendência de alta, passando de uma média de 4,5% na década de 1950 para 4,7% na de 1960; 6,2% na de 1970, e 7,3% na de 1980. Entretanto, desde então a taxa de desemprego declinou continuamente por mais de duas décadas. Em 2006, tinha caído para 4,6%. Por conta dessas reduções, alguns economistas concluíram que a tendência dos anos 1950 aos 1980 havia sido revertida e que a taxa de desemprego normal dos Estados Unidos caíra. Com o advento da crise, a taxa aumentou acentuadamente, mas tornou a baixar de novo. À época da produção deste livro estava em 5,0%, e são incertas as perspectivas de que volte ao nível baixo de antes da crise.

- Deixando de lado essas oscilações de tendência, os movimentos anuais da taxa de desemprego estão fortemente associados a recessões e expansões. Examinemos, por exemplo, os quatro últimos picos do desemprego na Figura 7.3. O mais recente, de

Figura 7.3 Movimentos da taxa de desemprego nos Estados Unidos, 1948-2014.

Desde 1948, a taxa média anual de desemprego nos Estados Unidos flutua entre 3% e 10%.

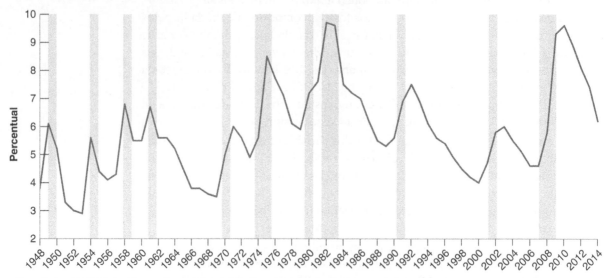

Fonte: Series UNRATE: Federal Reserve Economic Data (FRED). Disponível em: <http://research.stlouisfed.org/fred2/>. Acesso em 7 jul. 2017.

Note também que a taxa de desemprego às vezes atinge o pico no ano após a recessão, e não no próprio ano da recessão. Isso ocorreu, por exemplo, em 2001. A razão disso é que, embora o crescimento seja positivo e a economia deixe de estar tecnicamente em recessão, o produto adicional não leva a novas contratações em um nível suficiente para reduzir a taxa de desemprego.

9,6% em 2010, era resultante da crise. Os dois anteriores, associados às recessões de 2001 e 1990-1991, apresentaram picos de taxa de desemprego muito mais baixos, em torno de 7%. Apenas a recessão de 1982, quando a taxa de desemprego atingiu 9,7%, é comparável à recente crise. (As médias anuais podem mascarar valores maiores dentro do ano. Na recessão de 1982, embora a taxa média de desemprego ao longo do ano fosse de 9,7%, a taxa de desemprego atingiu 10,8% em novembro de 1982. Do mesmo modo, a taxa de desemprego mensal na crise chegou a 10,0% em outubro de 2009.)

Como as flutuações da taxa de desemprego agregado afetam os trabalhadores individualmente? Esta é uma questão importante, porque sua resposta determina dois efeitos:

◆ O efeito dos movimentos da taxa de desemprego agregado sobre o bem-estar dos trabalhadores individualmente.

◆ O efeito da taxa de desemprego agregado sobre os salários.

Vamos começar perguntando como as empresas podem reduzir o emprego em resposta a uma redução da demanda. Elas podem frear a admissão de novos funcionários ou demitir os que estão empregados. Normalmente, as empresas preferem, em primeiro lugar, diminuir ou interromper novas admissões, confiando nas demissões voluntárias ou nas aposentadorias para obter uma diminuição do emprego. Mas somente isso pode não ser suficiente se a redução da demanda for grande, e, neste caso, as empresas podem ter de demitir funcionários.

Pensemos agora nas implicações para os trabalhadores empregados e desempregados:

◆ Se o ajuste ocorrer por meio de um número menor de admissões, a probabilidade de que um trabalhador desempregado venha a encontrar emprego diminuirá. Menos admissões significam menor abertura de postos de trabalho; maior desemprego significa mais candidatos para os postos de trabalho. Em conjunto, menor abertura de postos de trabalho e mais candidatos tornam mais difícil para o desempregado encontrar emprego.

◆ Se, por outro lado, o ajuste ocorrer mediante demissões involuntárias, então os trabalhadores empregados terão um risco maior de perder seus empregos.

De modo geral, as empresas recorrem a ambas as formas de ajuste: um nível de desemprego maior está relacionado tanto com uma probabilidade menor de encontrar emprego se a pessoa está desempregada quanto com uma probabilidade maior de perder o emprego se a pessoa está empregada. As figuras 7.4 e 7.5 mostram a atuação desses dois efeitos nos Estados Unidos ao longo do período 1996–2014.

A Figura 7.4 mostra duas variáveis ao longo do tempo: a taxa de desemprego (medida no eixo vertical esquerdo) e a proporção de trabalhadores desempregados que encontram emprego a cada mês (medida no eixo vertical direito). Essa proporção é calculada dividindo-se o fluxo do desemprego para o emprego durante cada mês pelo número de desempregados. Para mostrar a relação entre as duas variáveis mais claramente, a proporção dos desempregados que encontram emprego é mostrada em uma escala invertida. Esteja certo de entender que, na escala vertical direita, a proporção é menor no topo e maior na parte inferior.

A relação entre movimentos da proporção de trabalhadores desempregados que encontram emprego e a taxa de desemprego é notável. Períodos de maior desemprego estão associados a proporções muito mais baixas de trabalhadores desempregados que encontram emprego. Em 2010, por exemplo, com o nível de desemprego próximo a 10%, somente 17% dos desempregados encontraram emprego em um mês, em oposição a 28% em 2007, quando o nível de desemprego era muito inferior.

De modo semelhante, a Figura 7.5 mostra duas variáveis contra o tempo: a taxa de desemprego (medida no eixo vertical esquerdo) e a taxa mensal de desligamento do emprego (medida no eixo vertical direito). A taxa mensal de desligamento é calculada dividindo-se o fluxo do emprego (para o desemprego e para fora da força de trabalho) durante cada mês pelo número de empregados no mês. A relação entre as taxas de desligamento e desemprego é bastante evidente. Um nível de desemprego maior implica uma taxa de desligamento maior, isto é, uma probabilidade maior de

▶ Figura 7.4 **Taxa de desemprego e proporção de desempregados que encontram emprego, 1996-2014.**

Quando o nível de desemprego é alto, a proporção de desempregados que encontra emprego é baixa. Observe que a escala do lado direito é invertida.
Áreas sombreadas são períodos de recessão.

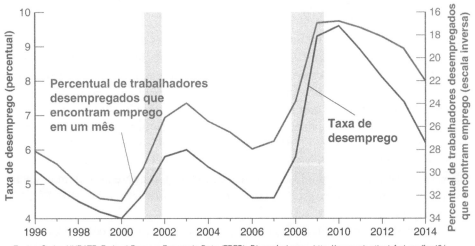

Fontes: Series UNRATE: Federal Reserve Economic Data (FRED). Disponível em: <http://research.stlouisfed.org/fred2/>. Acesso em 7 jul. 2017. Série criada por Fleischman e Fallick, <http://www.federalreserve.gov/econresdata/researchdata/>.

▶ **Figura 7.5** Taxa de desemprego e taxa mensal de desligamento do emprego, 1996-2014.
Quando o desemprego é mais alto, uma proporção mais alta de trabalhadores perde seu emprego.

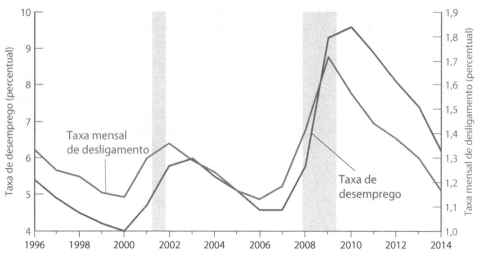

Fontes: Series UNRATE: Federal Reserve Economic Data (FRED). Disponível em: <http://research.stlouisfed.org/fred2/>. Acesso em 7 jul. 2017. Séries criadas por Fleischman e Fallick, <http://www.federalreserve.gov/econresdata/researchdata/feds200434.xls>.

Para sermos um pouco mais precisos, aprendemos a partir da Figura 7.5 apenas que quanto maior o desemprego maiores os desligamentos. Estes incluem tanto as demissões voluntárias quanto as involuntárias. Sabemos por outras fontes que as demissões voluntárias são menores quando o desemprego é alto. É mais atrativo pedir demissão voluntária quando há empregos em abundância. Portanto, se os desligamentos sobem e as demissões voluntárias caem, isso implica que as demissões involuntárias (igual a desligamentos menos demissões voluntárias) sobem ainda mais do que os desligamentos.

A **negociação coletiva** é uma negociação entre um sindicato (ou um grupo de sindicatos) e uma empresa (ou um grupo de empresas).

que os trabalhadores empregados percam seus empregos. A probabilidade quase dobra entre tempos de baixo desemprego e de alto desemprego.

Resumindo, quando o desemprego é alto, a situação dos trabalhadores piora em dois aspectos:

♦ Os trabalhadores empregados se defrontam com uma maior probabilidade de que venham a perder o emprego.
♦ Os trabalhadores desempregados se defrontam com uma probabilidade mais baixa de que encontrem emprego; ou, o que é equivalente, esperam permanecer desempregados por um período mais longo.

7.3 Determinação de salários

Tendo examinado o desemprego, vamos nos voltar para a determinação de salários e para a relação entre salários e desemprego.

Os salários são fixados de várias maneiras. Às vezes, por **negociação coletiva**, isto é, pela negociação entre empresas e sindicatos. Nos Estados Unidos, contudo, a negociação coletiva desempenha um papel limitado, especialmente fora do setor industrial. Atualmente, menos de 10% dos trabalhadores norte-americanos têm seus salários fixados por acordos coletivos de trabalho. Para o restante, os salários são fixados ou pelos empregadores ou pela negociação entre o empregador e os empregados individualmente. Quanto maior a qualificação necessária para o emprego, maior a probabilidade de haver negociação. Os salários pagos aos ingressantes no McDonald's são na base do "pegar ou largar". Trabalhadores com nível superior recém-formados, por outro lado, normalmente já podem negociar alguns aspectos de seus contratos. CEOs de empresas e astros esportivos podem negociar muito mais.

Há também grandes diferenças entre os países. A negociação coletiva desempenha um papel importante no Japão e na maioria dos países europeus. As negociações podem ser realizadas no nível das firmas, no nível setorial ou mesmo no nível nacional. Às vezes, os acordos feitos por contrato aplicam-se apenas às empresas que assinaram o acordo. Outras, porém, são estendidos automaticamente a todas as empresas e a todos os trabalhadores do setor ou da economia.

Dadas essas diferenças entre trabalhadores e entre países, poderíamos ter a esperança de formular algo como uma teoria geral de determinação de salários? A resposta é sim. Embora as diferenças institucionais influenciem a determinação de salários, há forças comuns em ação em todos os países. Dois conjuntos de fatos se destacam:

◆ Os trabalhadores normalmente recebem um salário que excede seu **salário reserva**, o salário que poderia torná-los indiferentes entre trabalhar ou permanecer desempregados. Em outras palavras, a maioria dos trabalhadores recebe um salário suficientemente alto que os faz preferir estar empregados a ficar desempregados.

◆ Os salários normalmente dependem das condições do mercado de trabalho. Quanto menor a taxa de desemprego, maiores os salários. (Seremos mais precisos sobre isso na próxima seção.)

Para refletir sobre esses fatos, os economistas seguiram duas grandes linhas de raciocínio. A primeira é a de que, mesmo na falta de negociação coletiva, os funcionários têm algum poder de negociação que podem usar — e efetivamente usam — para obter remuneração acima do salário reserva. A segunda é a de que as empresas podem, por vários motivos, desejar pagar remunerações maiores do que o salário reserva. Vamos agora examinar cada uma dessas explicações separadamente.

Negociação

Quanto **poder de negociação** um trabalhador possui depende de dois fatores. O primeiro é quanto custaria para a empresa substituí-lo se deixasse a empresa. O segundo é a dificuldade que ele teria para encontrar outro emprego se deixasse a empresa. Quanto maior o custo da empresa para substituí-lo e quanto mais fácil para ele encontrar outro emprego, maior poder de negociação ele terá. Isto acarreta duas implicações:

◆ O poder de negociação de um trabalhador depende, em primeiro lugar, da natureza do seu trabalho. Substituir um funcionário do McDonald's não tem um custo muito elevado. A qualificação exigida pode ser ensinada com rapidez, e normalmente há um grande número de candidatos dispostos a trabalhar que já preencheram as fichas de solicitação de emprego. Nessa situação, o trabalhador provavelmente não tem muito poder de negociação. Se ele pedir um salário maior, a empresa pode demiti-lo e encontrar um substituto a um custo mínimo. Por outro lado, pode ser muito difícil e de alto custo a substituição de um funcionário altamente qualificado que conhece em detalhes como a empresa funciona. Isto lhe dá um maior poder de negociação. Se ele pedir um salário maior, a empresa poderá decidir que é melhor lhe conceder aumento.

◆ O poder de negociação de um trabalhador depende também das condições do mercado de trabalho. Se a taxa de desemprego for baixa, a empresa terá maior dificuldade para encontrar substitutos à altura. Ao mesmo tempo, será mais fácil para o trabalhador encontrar outros empregos. Nessas condições, o trabalhador estará em uma posição com maior poder de negociação e poderá obter um salário maior. Simetricamente, quando a taxa de desemprego for alta, encontrar bons substitutos será mais fácil para as empresas, ao passo que encontrar outro emprego será mais difícil para o funcionário. Por se encontrar em uma posição de negociação mais fraca, o funcionário pode não ter escolha a não ser aceitar um salário mais baixo.

Peter Diamond, Dale Mortensen e Christopher Pissarides ganharam o Prêmio Nobel de Economia de 2010 exatamente por descreverem as características de um mercado de trabalho com grandes fluxos e negociação salarial.

Salários-eficiência

Independentemente do poder de negociação dos trabalhadores, as empresas podem desejar pagar mais do que o salário reserva. Elas podem querer que seus funcionários sejam produtivos, e um salário mais alto pode ajudá-las a atingir esse objetivo. Se, por exemplo, leva algum tempo para que os funcionários aprendam como realizar um trabalho corretamente, as empresas desejarão que eles permaneçam por algum tempo. Porém, se os funcionários recebessem apenas seu salário reserva, ficariam indiferentes entre permanecer ou sair. Neste caso, muitos deles pediriam demissão voluntária, e a rotatividade seria elevada. O pagamento de um salário maior do que o salário reserva torna a permanência dos funcionários financeiramente atraente. Isso diminui a rotatividade e aumenta a produtividade.

FOCO

Henry Ford e os salários-eficiência

Em 1914, Henry Ford — o construtor do carro mais popular do mundo na época, o Modelo T — fez um anúncio espetacular. Sua empresa pagaria a todos os empregados qualificados um mínimo de US$ 5 ao dia por uma jornada diária de 8 horas. Era um enorme aumento de salário para a maioria dos empregados, que ganhavam em média US$ 2,30 por uma jornada diária de 9 horas. Do ponto de vista da empresa, esse aumento de salários estava longe de ser desprezível —representava, na época, cerca de metade de seus lucros.

Não se sabe com clareza quais teriam sido as motivações de Ford. Ele apresentou motivos demais para sabermos com exatidão em quais acreditava realmente. Certamente não foi porque a empresa tivesse dificuldade para encontrar funcionários pelo salário anterior, embora enfrentasse dificuldades para manter seu quadro. Havia uma taxa de rotatividade muito alta, bem como uma grande insatisfação entre eles.

Independentemente das razões por trás da decisão de Ford, os resultados do aumento de salários foram extraordinários, conforme apresentados na Tabela 1.

A taxa anual de rotatividade (a razão entre os desligamentos e o emprego) despencou de um pico de 370% em

1913 para um mínimo de 16% em 1915. (Uma taxa anual de rotatividade de 370% significa que, em média, 31% dos trabalhadores da companhia saíam a cada mês, de modo que, ao longo de um ano, a razão entre desligamentos e emprego era de 31% × 12 = 370%.) A taxa de demissões despencou de 62% para praticamente 0%. A taxa média de absenteísmo (não mostrada na tabela), que oscilava em torno de 10% em 1913, caiu para 2,5% depois de um ano. Há poucas dúvidas de que os salários mais elevados foram a principal causa dessas mudanças.

A produtividade na fábrica da Ford cresceu o suficiente para compensar o custo adicional dos salários? A resposta a esta pergunta é menos clara. A produtividade foi muito maior em 1914 do que em 1913. As estimativas dos aumentos de produtividade variam entre 30% e 50%. Apesar dos salários mais altos, os lucros também foram maiores em 1914 em relação a 1913. É mais difícil, contudo, estabelecer quanto desse aumento dos lucros deveu-se a mudanças de comportamento dos funcionários e quanto foi devido ao crescente sucesso do Modelo T.

Assim, embora os efeitos reforcem as teorias do salário-eficiência, pode ser, também, que o aumento dos salários para US$ 5 por dia tenha sido excessivo, pelo menos do ponto de vista de maximização do lucro. Henry Ford, no entanto, provavelmente tinha ainda outros objetivos, como manter os sindicatos fora — o que conseguiu — e gerar publicidade para si mesmo e para a empresa — o que certamente também conseguiu.

Fonte: RAFF, Dan; SUMMERS, Lawrence. Did Henry Ford pay efficiency wages?, *Journal of Labor Economics*, 5, n. 4, Parte 2, p. S57-S87, 1987.

▶ Tabela 1 **Taxas anuais de rotatividade e demissões na Ford, 1913-1915 (%).**

	1913	1914	1915
Taxa de rotatividade (%)	370	54	16
Taxa de demissão (%)	62	7	0,1

Por trás desse exemplo há uma proposição mais geral: a maioria das empresas quer que seus funcionários se sintam bem em seus empregos. Sentir-se bem leva a um trabalho bem-feito, o que leva a uma maior produtividade. Pagar um salário alto é um instrumento que a empresa pode utilizar para atingir esses objetivos (veja o quadro Foco "Henry Ford e os salários-eficiência"). Os economistas chamam as teorias que relacionam a produtividade ou a eficiência dos trabalhadores ao salário que recebem de **teorias do salário-eficiência**.

Assim como as teorias baseadas na negociação, as do salário-eficiência sugerem que os salários dependem tanto da natureza do emprego quanto das condições do mercado de trabalho:

◆ Empresas como as de alta tecnologia, que consideram essenciais o ânimo e o compromisso dos empregados com a qualidade do seu trabalho, pagarão mais do que as de setores nos quais as atividades dos funcionários são mais rotineiras.

◆ As condições do mercado de trabalho afetarão o salário. Uma taxa de desemprego baixa torna a demissão voluntária mais atraente para os funcionários de uma empresa. Nesse cenário, é fácil encontrar um novo emprego. Isso significa que, quando o desemprego diminui, uma empresa que deseja evitar o aumento das demissões voluntárias tem de aumentar os salários para induzir os trabalhadores a permanecerem nela. Quando isso acontece, um desemprego baixo novamente leva a salários mais altos. Simetricamente, um desemprego mais alto leva a salários mais baixos.

> Antes do 11 de setembro de 2001, a abordagem da segurança nos aeroportos consistia em contratar trabalhadores de baixos salários e aceitar a alta rotatividade resultante disso. Agora que a segurança aeroportuária ganhou prioridade, a abordagem tem sido a de tornar os empregos mais atrativos e aumentar salários, de modo a contar com funcionários mais motivados e mais competentes e reduzir a rotatividade. Atualmente, a rotatividade na Transport Security Administration (TSA), agência responsável pela segurança nos aeroportos, é aproximadamente igual à média do setor de serviços.

Salários, preços e desemprego

Nossa discussão sobre determinação de salários sugere a seguinte equação:

$$W = P^e \, F(u, z)$$
$$(-, +) \tag{7.1}$$

O salário nominal agregado, W, depende de três fatores:

◆ O nível esperado de preços, P^e.

◆ A taxa de desemprego, u.

◆ A variável abrangente, z, que representa todas as outras variáveis que podem afetar o resultado da fixação dos salários.

Examinemos cada um desses fatores.

Nível esperado de preços

Em primeiro lugar, ignore a diferença entre o nível esperado de preços e o nível de preços efetivo e pergunte: por que o nível de preços afeta os salários? A resposta é que tanto os trabalhadores quanto as empresas se preocupam com salários *reais*, não nominais.

◆ Os trabalhadores não se preocupam com quantos dólares recebem, mas com quantos produtos podem comprar com esses dólares. Em outras palavras, não estão preocupados com os salários nominais que recebem, e sim com os salários nominais (W) que recebem em relação ao preço dos bens que compram (P). Eles se preocupam com W/P.

◆ Do mesmo modo, as empresas não se preocupam com os salários nominais que pagam, mas com os salários nominais (W) que pagam em relação ao preço dos bens que elas vendem (P). Portanto, também se preocupam com W/P.

Pensemos nisso de outro modo: se os trabalhadores esperam que o nível de preços — o preço dos bens que compram — vá dobrar, eles pedirão que o salário nominal dobre. Se as empresas esperam que o nível de preços — o preço de bens que vendem — vá dobrar, elas estarão dispostas a dobrar o salário nominal. Portanto, se tanto os trabalhadores quanto as empresas esperam que o nível de preços vá dobrar, eles concordarão em dobrar o salário nominal, mantendo o salário real constante. Isso está representado na Equação 7.1. Uma duplicação do nível esperado de preços leva a uma duplicação do salário nominal escolhido quando os salários são fixados.

> Um aumento do nível esperado de preços leva a um aumento do salário nominal na mesma proporção.

Voltemos agora à distinção que deixamos de lado no início da seção: por que os salários dependem do *nível esperado de preços, P^e*, em vez do *nível de preços efetivo, P*?

Porque os salários são fixados em termos nominais (dólares) e, no momento em que são fixados, ainda não se conhece o nível de preços relevante.

Por exemplo, em alguns dos contratos de sindicatos nos Estados Unidos os salários nominais são fixados antecipadamente por três anos. Sindicatos e empresas devem decidir quais serão os salários nominais nos três anos seguintes com base no que esperam que seja o nível de preços ao longo desses três anos. Mesmo quando os salários são fixados pelas empresas ou pela negociação entre uma empresa e cada um de seus trabalhadores, os salários nominais são normalmente fixados por um ano. Se o nível de preços subir de modo inesperado durante o ano, os salários nominais normalmente não serão reajustados. (Um assunto que ocupará a maior parte dos dois próximos capítulos é a maneira como funcionários e empresas formam expectativas sobre o nível de preços; por enquanto, deixaremos essa discussão de lado.)

Taxa de desemprego

Outro fator que afeta o salário agregado na Equação 7.1 é a taxa de desemprego, u. O sinal de menos sob u indica que um aumento da taxa de desemprego *diminui* os salários.

Uma das principais conclusões de nossa discussão anterior é a de que os salários dependem da taxa de desemprego. Se pensarmos nos salários como determinados pela negociação, um desemprego mais alto enfraquece o poder de negociação dos trabalhadores, forçando-os a aceitar salários mais baixos. Se pensarmos nos salários como determinados por considerações de salário-eficiência, um desemprego mais alto permite que as empresas paguem salários mais baixos e ainda mantenham trabalhadores dispostos a trabalhar.

> Um aumento do desemprego leva a uma diminuição do salário nominal.

Outros fatores

A terceira variável na Equação 7.1, z, é abrangente, que representa todos os fatores que afetam os salários, dados o nível esperado de preços e a taxa de desemprego. Por convenção, definiremos z de modo que um aumento dessa variável implique um aumento do salário (daí o sinal de mais sob z na equação). Nossa discussão anterior sugere uma longa lista de fatores potenciais.

> Pela definição de z, um aumento de z leva a um aumento do salário nominal.

Tomemos, por exemplo, o **seguro-desemprego**, que é o pagamento de benefícios aos trabalhadores que perdem o emprego. Há bons motivos para que a sociedade ofereça algum tipo de seguro aos trabalhadores que perdem o emprego e encontram dificuldade para conseguir outro. Contudo, não há dúvida de que, ao tornar a perspectiva do desemprego menos angustiante, seguros-desemprego mais generosos aumentam os salários a uma dada taxa de desemprego. Para tomar um exemplo extremo, suponhamos que o seguro-desemprego não existisse. Alguns trabalhadores teriam poucos recursos para sobreviver e estariam dispostos a aceitar salários muito baixos para evitar permanecer desempregados. Mas o seguro-desemprego existe e permite que os trabalhadores desempregados pleiteiem maiores salários. Nesse caso, podemos pensar em z como representando o nível de seguro-desemprego: a uma dada taxa de desemprego, um seguro-desemprego mais elevado aumenta o salário.

É fácil pensar em outros fatores. Um aumento do salário-mínimo pode aumentar não somente o salário-mínimo como também os salários pouco acima dele, levando a um aumento do salário médio, W, a uma dada taxa de desemprego. Ou tomemos um aumento da **proteção ao emprego**, que torna mais caro para as empresas demitirem funcionários. É provável que essas mudanças aumentem o poder de negociação dos trabalhadores cobertos por essa proteção (demiti-los e contratar outros representa agora um custo maior para as empresas), aumentando o salário para uma dada taxa de desemprego.

Vamos explorar alguns desses fatores à medida que prosseguirmos.

7.4 Determinação de preços

Tendo examinado a determinação de salários, vamos agora nos voltar para a determinação de preços.

Os preços fixados pelas empresas dependem dos custos incorridos. Os custos dependem, por sua vez, da natureza da **função de produção**, que é a relação entre os insumos utilizados na produção e a quantidade de produto obtida na produção, e dos preços desses insumos.

Por ora, vamos supor que as empresas produzam bens usando o trabalho como único fator de produção. Nesse caso, podemos escrever a função de produção como:

$$Y = AN$$

em que Y é o produto, N o nível de emprego e A a produtividade do trabalho. Esse modo de escrever a função de produção implica que a **produtividade do trabalho** — o produto por trabalhador — seja constante e igual a A.

> Usando um termo da microeconomia, esse pressuposto implica *retornos constantes ao trabalho na produção*. Se as empresas dobram o número de trabalhadores que empregam, elas dobram a quantidade produzida.

Deve ficar claro que essa é uma grande simplificação. Na verdade, as empresas usam outros fatores de produção além do trabalho. Usam capital — máquinas e fábricas. Usam matérias-primas — petróleo, por exemplo. Além disso, há progresso tecnológico, de tal modo que a produtividade do trabalho, A, não é constante, mas aumenta consistentemente ao longo do tempo. Apresentaremos essas complicações mais adiante. Vamos introduzir as matérias-primas no Capítulo 9, quando discutirmos as variações no preço do petróleo. Vamos nos concentrar nos papéis do capital e do progresso tecnológico quando voltarmos à determinação do produto no *longo prazo*, nos capítulos 10 a 13. Por enquanto, essa relação simples entre produto e emprego facilitará nossa vida e ainda atenderá a nossos objetivos.

Dada a hipótese de que a produtividade do trabalho, A, seja constante, podemos fazer mais uma simplificação. Podemos escolher as unidades de produto, de modo que um trabalhador produza uma unidade de produto — em outras palavras, de modo que $A = 1$. (Dessa maneira, não temos de carregar a letra A por aí, o que simplificará a notação.) Com essa hipótese, a função de produção passa a ser dada por:

$$Y = N \tag{7.2}$$

A função de produção $Y = N$ implica que o custo de produzir uma unidade adicional de produto seja o custo de empregar um trabalhador adicional ao salário W. Usando a terminologia introduzida em seu curso de microeconomia: o custo marginal de produção — o custo de produzir uma unidade adicional de produto — é igual a W.

Se houvesse concorrência perfeita no mercado de bens, o preço de uma unidade de produto seria igual ao custo marginal: P seria igual a W. Contudo, muitos mercados de bens não são competitivos (isto é, não apresentam concorrência perfeita), e as

160   Macroeconomia

empresas cobram um preço maior do que seu custo marginal. Uma forma simples de captar esse fato é supor que as empresas fixem seu preço de acordo com

$$P = (1 + m)W \qquad (7.3)$$

em que m é a **margem** (**markup**) do preço sobre o custo. Se os mercados de bens apresentassem concorrência perfeita, m seria igual a zero, e o preço, P, seria simplesmente igual ao custo, W. Na medida em que esses mercados não sejam competitivos e que as empresas tenham poder de mercado, m será positivo, e o preço, P, será mais alto que o custo, W, por um fator igual a $(1 + m)$.

7.5 Taxa natural de desemprego

Vamos examinar agora as implicações da determinação de salários e preços para o desemprego.

No restante do capítulo, faremos isso sob a hipótese de que os salários nominais dependam do nível de preços efetivo, P, em vez do nível esperado de preços, P^e (o motivo pelo qual adotamos essa hipótese ficará claro em breve). Sob essa hipótese, a fixação de salários e de preços determina a taxa de desemprego de equilíbrio (também chamada *natural*). Vejamos como.

> O restante do capítulo é baseado na hipótese de que $P^e = P$.

Relação de fixação de salários

Dada a hipótese de que os salários nominais dependem do nível de preços efetivo (P), em vez do nível esperado de preços (P^e), a Equação 7.1, que descreve a determinação de salários, passa a ser:

$$W = PF(u, z)$$

Dividindo ambos os lados pelo nível de preços, temos

$$\frac{W}{P} = F\ (u, z) \qquad (7.4)$$
$$(-, +)$$

A determinação de salários implica uma relação negativa entre o salário real, W/P, e a taxa de desemprego, u. *Quanto maior a taxa de desemprego, menor o salário real escolhido pelos fixadores de salários.* A intuição é simples: quanto maior a taxa de desemprego, mais fraca a posição dos trabalhadores na negociação e menor o salário real.

> O termo "fixadores de salários" faz referência aos sindicatos e às empresas se os salários forem determinados por negociação coletiva; aos trabalhadores individuais e às empresas se os salários forem fixados caso a caso; e às empresas se os salários forem fixados na base do "pegar ou largar".

Essa relação entre o salário real e a taxa de desemprego — vamos chamá-la de **relação de fixação de salários** — é mostrada na Figura 7.6. O salário real é medido no eixo vertical, e a taxa de desemprego no eixo horizontal. A relação de fixação de salários é mostrada pela curva negativamente inclinada WS (de fixação de salários, do inglês *wage setting*). Quanto maior a taxa de desemprego menor o salário real.

Relação de fixação de preços

Vamos examinar agora as implicações da determinação de preços. Se dividirmos ambos os lados da Equação de determinação de preços 7.3 pelo salário nominal, teremos

$$\frac{P}{W} = 1 + m \qquad (7.5)$$

A razão entre o nível de preços e o salário resultante do comportamento de fixação de preços das empresas é igual a 1 mais a margem. Agora, vamos inverter os dois lados dessa equação para obter o salário real resultante:

▶ **Figura 7.6** Salários, preços e a taxa natural de desemprego.

A taxa natural de desemprego é a taxa de desemprego tal que o salário real escolhido na fixação de salários seja igual ao salário real resultante da fixação de preços.

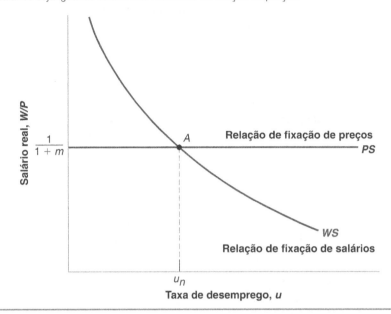

$$\frac{W}{P} = \frac{1}{1+m} \tag{7.6}$$

Observe o que essa equação expressa: *as decisões de fixação de preços determinam o salário real pago pelas empresas.* Um aumento da margem leva as empresas a aumentarem seus preços, dado o salário que têm de pagar; de modo equivalente, um aumento da margem leva a uma diminuição do salário real.

A passagem da Equação 7.5 para a Equação 7.6 é algebricamente simples. Mas a forma como a fixação de preços efetivamente determina o salário real pago pelas empresas pode não ser tão intuitiva. Pensemos nisso da seguinte maneira: suponhamos que a empresa em que você trabalha aumente sua margem, elevando, assim, o preço de seu produto. Seu salário real não muda muito. Você continua a receber o mesmo salário nominal, e o produto fabricado pela empresa é, no máximo, uma pequena parte de sua cesta de consumo. Suponhamos, agora, que todas as empresas — inclusive aquela para a qual você trabalha — aumentem sua margem. Todos os preços sobem. Mesmo que você receba o mesmo salário nominal, seu salário real cai. Portanto, quanto maior a margem fixada pelas empresas, menor seu salário real (e o de todo mundo). É o que diz a Equação 7.6.

A **relação de fixação de preços** na Equação 7.6 é mostrada como a linha horizontal *PS* (de fixação de preços, do inglês *price setting*) na Figura 7.6. O salário real resultante da fixação de preços é igual a $1/(1+m)$; ele não depende da taxa de desemprego.

Salários reais e desemprego em equilíbrio

O equilíbrio do mercado de trabalho requer que o salário real escolhido na fixação de salários seja igual ao salário real resultante da fixação de preços. (Esse modo de expressar o equilíbrio pode soar estranho para quem aprendeu a pensar em termos de oferta de trabalho e demanda por trabalho no curso de microeconomia. A relação entre fixação de salários e fixação de preços, por um lado, e entre oferta de trabalho e demanda por trabalho, por outro, é mais estreita do que parece à primeira vista, e é explorada mais a fundo no apêndice ao final deste capítulo.) Na Figura 7.6, o equilíbrio é, portanto, dado pelo ponto A, e a taxa de desemprego de equilíbrio é dada por u_n.

Podemos também descrever a taxa de desemprego de equilíbrio algebricamente; eliminando W/P entre as equações 7.4 e 7.6, temos:

$$F(u_n, z) = \frac{1}{1+m} \qquad (7.7)$$

A taxa de desemprego de equilíbrio, u_n, é tal que o salário real escolhido na fixação de salários — o lado esquerdo da Equação 7.7 — é igual ao salário real resultante da fixação de preços — o lado direito da Equação 7.7.

A taxa de desemprego de equilíbrio, u_n, é chamada de **taxa natural de desemprego** (por isso utilizamos o subscrito n para representá-la). A terminologia tornou-se padrão; portanto, será adotada aqui, embora, na verdade, constitua uma escolha ruim de palavras. O termo *natural* sugere uma constante da natureza que não seja afetada pelas instituições e pela política econômica. Como a derivação dessa taxa deixa claro, ela pode ser tudo, menos natural. As posições das curvas de fixação de salários e de fixação de preços, e, portanto, a taxa de desemprego de equilíbrio, dependem tanto de z quanto de m. Consideremos dois exemplos:

♦ Aumento do seguro-desemprego. Um aumento do seguro-desemprego pode ser representado por um aumento de z. Como um aumento do seguro-desemprego torna a perspectiva do desemprego menos dolorosa, ele aumenta o salário determinado pelos fixadores de salários a uma dada taxa de desemprego. Portanto, ele desloca a relação de fixação de salários para cima, de WS para WS', na Figura 7.7. A economia se move sobre a linha PS, de A para A'. A taxa natural de desemprego aumenta de u_n para u'_n.

Resumindo: a uma dada taxa de desemprego, um seguro-desemprego maior leva a um salário real maior. Uma taxa de desemprego maior é necessária para trazer o salário real de volta para o que as empresas estão dispostas a pagar.

▶ **Figura 7.7** Seguro-desemprego e a taxa natural de desemprego.

Um aumento do seguro-desemprego leva a um aumento da taxa natural de desemprego.

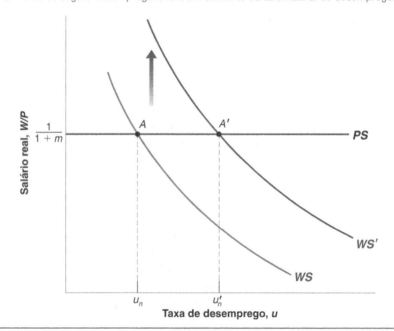

Natural, no Grande Dicionário Houaiss, significa "produzido pela natureza, em que não ocorre trabalho ou intervenção humana".

Um aumento do seguro-desemprego desloca a curva de fixação de salários para cima. A economia move-se sobre a curva de fixação de preços. O desemprego de equilíbrio aumenta. Isso implicaria que o seguro-desemprego é necessariamente uma má ideia? (*Dica*: não, mas possui efeitos colaterais.)

Isso levou alguns economistas a chamar o desemprego de um "dispositivo de disciplina". O desemprego mais alto é o dispositivo econômico que obriga os salários a corresponder ao que as empresas estão dispostas a pagar.

- Cumprimento menos rigoroso da legislação antitruste existente. Na medida em que menor rigor permite que as empresas formem cartéis mais facilmente e aumentem seu poder de mercado, ele leva a um aumento de sua margem — um aumento de m. O aumento de m implica uma diminuição do salário real pago pelas empresas, e, portanto, desloca a relação de fixação de preços para baixo, de PS para PS' na Figura 7.8. A economia se move sobre WS. O equilíbrio se move de A para A', e a taxa natural de desemprego aumenta de u_n para u'_n.

Um aumento nas margens reduz o salário real e provoca um aumento na taxa natural de desemprego. Ao deixar que as empresas elevem seus preços, dado o salário, o cumprimento menos rigoroso da legislação antitruste leva a uma diminuição do salário real. Um nível de desemprego maior é necessário para fazer os funcionários aceitarem esse salário real menor, levando a um aumento da taxa natural de desemprego.

Fatores como a generosidade do seguro-desemprego ou a legislação antitruste dificilmente podem ser vistos como resultado da natureza. Pelo contrário, refletem várias características da estrutura da economia. Por essa razão, um nome melhor para a taxa de desemprego de equilíbrio seria **taxa estrutural de desemprego**, mas até agora esse nome não pegou.

> Um aumento da margem desloca para baixo a curva de fixação de preços (reta, neste caso). A economia se move sobre a curva de fixação de salários. O desemprego de equilíbrio aumenta.

> Este nome foi sugerido por Edmund Phelps, da Universidade de Columbia. Phelps recebeu o Prêmio Nobel em 2006. Para mais informações sobre as contribuições de Phelps, veja os capítulos 8 e 24.

▶ **Figura 7.8** Margens e a taxa natural de desemprego.

Um aumento da margem leva a um aumento da taxa natural de desemprego.

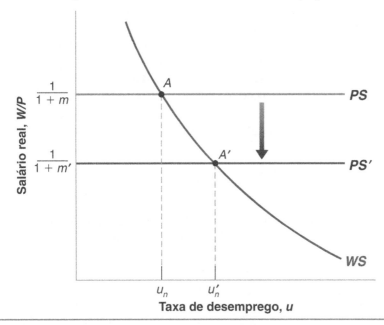

7.6 Para onde iremos

Acabamos de ver como o equilíbrio do mercado de trabalho determina a taxa de desemprego de equilíbrio (que chamamos de *taxa natural de desemprego*). Embora deixemos uma derivação precisa para o Capítulo 9, é claro que, para determinada força de trabalho, a taxa de desemprego determina o nível de emprego e que, dada a função de produção, o nível de emprego determina o nível de produto. Assim, associado à taxa natural de desemprego está um nível natural de produto.

Portanto, você pode (na verdade, deve) perguntar o que fizemos nos quatro capítulos anteriores. Se o equilíbrio do mercado de trabalho determina a taxa de desemprego e, consequentemente, o nível de produto, então por que dedicamos tanto tempo para examinar o mercado de bens e os mercados financeiros? E quanto à nossa conclusão anterior de que o nível de produto era determinado por fatores como política monetária, política fiscal, confiança do consumidor, e assim por diante — fatores que não entram na Equação 7.7 e, portanto, não afetam o nível natural de produto?

A chave para a resposta está na diferença entre *curto prazo* e *médio prazo*:

- Derivamos a taxa natural de desemprego e os níveis associados de emprego e produto sob duas hipóteses. Em primeiro lugar, assumimos equilíbrio no mercado de trabalho. Em segundo lugar, assumimos que o nível de preços era igual ao nível esperado de preços.

- Entretanto, não há motivo para que a segunda hipótese seja verdadeira no *curto prazo*. O nível de preços pode ser diferente do que era esperado quando os salários nominais foram fixados. Portanto, no curto prazo, não há motivo para que o desemprego seja igual à taxa natural ou para que o produto seja igual a seu nível natural.

> No curto prazo, os fatores que determinam os movimentos do produto são aqueles em que nos concentramos nos quatro capítulos anteriores: política monetária, política fiscal e assim por diante.

Conforme veremos no Capítulo 9, os fatores que determinam os movimentos do produto no *curto prazo* são realmente aqueles em que nos concentramos nos quatro capítulos anteriores: política monetária, política fiscal e assim por diante. Seu tempo (e o meu) não foi perdido.

> No médio prazo, o produto tende a retornar para o nível natural, e os fatores que determinam o desemprego, e por implicação, o produto, são aqueles em que nos concentramos neste capítulo.

- Contudo, é pouco provável que as expectativas estejam sempre sistematicamente erradas (por exemplo, sempre muito altas ou sempre muito baixas). É por isso que, no médio prazo, o desemprego tende a retornar à taxa natural, e o produto tende a retornar ao nível natural. *No médio prazo*, os fatores que determinam o desemprego e o produto são aqueles que aparecem na Equação 7.7.

Essas são, em suma, as respostas às perguntas feitas no primeiro parágrafo deste capítulo. Desenvolver essas respostas em detalhes será nossa tarefa nos próximos dois capítulos. O Capítulo 8 flexibiliza o pressuposto de que o nível de preços é igual ao nível de preços esperado e deriva a relação entre desemprego e inflação conhecida como curva de Phillips. O Capítulo 9 junta todas as peças.

Resumo

- A força de trabalho é composta pelos que estão trabalhando (empregados) ou procurando trabalho (desempregados). A taxa de desemprego é igual à razão entre o número de desempregados e a força de trabalho. A taxa de participação é igual à razão entre a força de trabalho e a população em idade ativa.

- O mercado de trabalho nos Estados Unidos é caracterizado por grandes fluxos para empregos, para o desemprego e para "fora da força de trabalho". A cada mês, em média, cerca de 44% dos desempregados saem do desemprego, seja para começar em um novo emprego, seja para sair da força de trabalho.

- O desemprego é alto em recessões e baixo em expansões. Durante os períodos de alto desemprego, a probabilidade de perder um emprego aumenta e a probabilidade de encontrar um emprego diminui.

- Os salários são fixados ou unilateralmente pelas empresas, ou pela negociação entre trabalhadores e empresas. Eles dependem negativamente da taxa de desemprego e positivamente do nível esperado de preços. O motivo pelo qual os salários dependem do nível esperado de preços é que eles são normalmente fixados em termos nominais por determinado período de tempo. Nesse período, mesmo que o nível de preços se torne diferente do esperado, os salários normalmente não serão reajustados.

- Os preços fixados pelas empresas dependem do salário e da margem de preços sobre salários. Quanto maior a margem escolhida pelas empresas, mais alto o preço, dado o salário, e, assim, menor o salário real resultante das decisões de fixação de preços.

- O equilíbrio do mercado de trabalho requer que o salário real escolhido na fixação de salários seja igual ao salário real resultante da fixação de preços. Sob a hipótese adicional de que o nível esperado de preços seja igual ao nível de preços efetivo, o

equilíbrio do mercado de trabalho determina a taxa de desemprego. Essa taxa de desemprego é conhecida como *taxa natural de desemprego*.
- De modo geral, o nível de preços efetivo pode ser diferente do nível de preços esperado por fixadores de salários. Portanto, a taxa de desemprego não precisa ser igual à taxa natural.

- Os próximos capítulos mostrarão que, no curto prazo, o desemprego e o produto são determinados pelos fatores em que nos concentramos nos quatro capítulos anteriores. Entretanto, no médio prazo, o desemprego tende a retornar para a taxa natural, e o produto tende a retornar para seu nível natural.

Palavras-chave

- admissões, 149
- Current Population Survey (CPS), 149
- demissões involuntárias, 149
- demissões voluntárias, 149
- desligamentos, 149
- duração média do desemprego, 150
- fora da força de trabalho, 148
- força de trabalho, 148
- função de produção, 159
- margem (*markup*), 160
- negociação coletiva, 154
- poder de negociação, 155
- população civil disponível em idade ativa, 147

- produtividade do trabalho, 159
- proteção ao emprego, 159
- relação de fixação de preços, 161
- relação de fixação de salários, 160
- salário reserva, 155
- seguro-desemprego, 158
- taxa de desemprego, 148
- taxa de emprego, 151
- taxa de participação, 148
- taxa estrutural de desemprego, 163
- taxa natural de desemprego, 162
- teorias do salário-eficiência, 157
- trabalhadores desalentados, 151

Questões e problemas

Teste rápido

1. **Usando as informações contidas neste capítulo, diga se cada afirmação a seguir é verdadeira, falsa ou incerta. Explique brevemente.**
   a. Desde 1950, a taxa de participação nos Estados Unidos permaneceu aproximadamente constante, em torno de 60%.
   b. A cada mês, os fluxos de entrada e saída do emprego são muito pequenos em relação ao tamanho da força de trabalho.
   c. Menos de 10% de todos os trabalhadores desempregados sai do desemprego a cada ano.
   d. A taxa de desemprego tende a ser alta nas recessões e baixa nas expansões.
   e. A maioria dos trabalhadores normalmente recebe seu salário reserva.
   f. Trabalhadores não sindicalizados não têm poder de negociação.
   g. Pode interessar aos empregadores pagar salários maiores do que o salário reserva de seus trabalhadores.
   h. A taxa natural de desemprego não é afetada por mudanças nas políticas.

2. **Utilizando as informações apresentadas neste capítulo, responda às seguintes questões.**
   a. Como percentual dos trabalhadores empregados, qual é o tamanho dos fluxos de entrada e saída do emprego (isto é, admissões e desligamentos) a cada mês?
   b. Como percentual dos trabalhadores desempregados, qual é o tamanho dos fluxos do desemprego para o emprego a cada mês?
   c. Como percentual dos desempregados, qual é o tamanho dos fluxos totais de saída do desemprego a cada mês? Qual é a duração média do desemprego?
   d. Como percentual da força de trabalho, qual é o tamanho dos fluxos totais de entrada e saída da força de trabalho a cada mês?
   e. No texto, afirmamos que há uma média de 450 mil novos trabalhadores ingressando na força de trabalho a cada mês. Qual percentual dos fluxos totais de entrada na força de trabalho os novos

166 Macroeconomia

trabalhadores, ingressando na força de trabalho, constituem?

3. Taxa natural de desemprego

Suponhamos que a margem dos preços dos bens sobre o custo marginal seja de 5% e a equação de fixação de salários seja

$$W = P\,(1 - u),$$

em que u é a taxa de desemprego.

a. Qual é o salário real, tal qual determinado pela equação de fixação de preços?

b. Qual é a taxa natural de desemprego?

c. Suponhamos que a margem dos preços sobre os custos aumente para 10%. O que acontece com a taxa natural de desemprego? Explique a lógica que está por trás da sua resposta.

Aprofundando

4. Salários reserva

Em meados da década de 1980, uma famosa supermodelo declarou que não levantaria da cama por menos de US$ 10.000 (provavelmente por dia).

a. Qual é o seu próprio salário reserva?

b. Seu primeiro emprego pagava mais do que seu salário reserva à época?

c. Em relação a seu salário reserva na época em que você aceita cada emprego, que emprego paga mais: seu primeiro emprego ou o que você espera ter daqui a dez anos?

d. Explique suas respostas para os itens (a), (b) e (c) em termos da teoria dos salários-eficiência.

e. Parte da resposta da política econômica à crise foi estender o período pelo qual os trabalhadores poderiam receber o seguro-desemprego. Como essa mudança afetaria os salários reserva, caso se tornasse permanente?

5. Poder de negociação e determinação dos salários

Mesmo na ausência de negociações coletivas, os trabalhadores têm certo poder de negociação que lhes permite auferir salários superiores a seus salários reserva. O poder de negociação de cada trabalhador depende tanto da natureza do emprego quanto das condições do mercado de trabalho na economia como um todo. Vejamos a seguir cada um desses fatores.

a. Compare o emprego de um entregador e o de um administrador de redes de computador. Em qual desses empregos o trabalhador tem maior poder de negociação? Por quê?

b. Para qualquer dado emprego, como as condições do mercado de trabalho afetam o poder de negociação do trabalhador? Qual das variáveis do mercado de trabalho você observaria para avaliar as condições do mercado de trabalho?

c. Suponhamos que, para dadas condições do mercado de trabalho — a variável identificada no item (b) —, o poder de negociação do trabalhador em toda a economia aumente. Que efeito isso teria sobre o salário real no médio prazo? E no curto prazo? O que determina o salário real no modelo descrito neste capítulo?

6. A existência do desemprego

a. Com base na Figura 7.6, suponhamos que a taxa de desemprego esteja muito baixa. Como uma taxa de desemprego baixa altera o poder de negociação relativo de trabalhadores e empresas? Quais são as implicações de suas respostas sobre o que acontece com o salário à medida que a taxa de desemprego fica muito baixa?

b. Dada sua resposta ao item (a), por que há desemprego na economia? (O que aconteceria com os salários reais se a taxa de desemprego fosse igual a zero?)

7. Mercado de trabalho informal

Vimos no Capítulo 2 que o trabalho informal em casa (por exemplo, cozinhar, tomar conta de crianças) não é contado como parte do PIB. Tal trabalho também não é considerado como emprego nas estatísticas do mercado de trabalho. Tendo essas observações em mente, consideremos duas economias, cada uma com 100 trabalhadores, distribuídos em 25 famílias, cada uma formada por quatro pessoas. Em cada família, uma pessoa fica em casa e prepara a comida, duas trabalham em áreas que não sejam a da cozinha e uma pessoa está desempregada. Suponhamos que os trabalhadores que não atuem na cozinha produzam o mesmo produto efetivo e o mesmo produto medido em ambas as economias.

Na primeira economia, a "Coma-em-casa", os 25 trabalhadores da cozinha (um de cada família) preparam refeições para suas famílias em casa e não trabalham fora. Todas as refeições são preparadas e consumidas em casa. Nessa economia, os 25 trabalhadores da cozinha não procuram trabalho no mercado formal (e, quando questionados, respondem que não estão procurando emprego). Na segunda economia, a "Coma-fora", os 25 trabalhadores da cozinha são empregados pelos restaurantes. Todas as refeições são compradas em restaurantes.

a. Calcule o emprego e o desemprego medidos e a força de trabalho medida para cada economia. Calcule a taxa de desemprego e a taxa de participação medidas para cada economia. Em qual economia o PIB medido é mais alto?

b. Suponhamos agora que a economia "Coma-em--casa" mude. Alguns restaurantes são abertos, e os trabalhadores da cozinha de dez famílias são contratados para trabalhar neles. Os integrantes dessas famílias agora fazem todas as suas refeições em restaurantes. Os trabalhadores da cozinha restantes nas outras 15 famílias continuam a trabalhar em casa e não procuram empregos no setor formal. Os membros dessas 15 famílias continuam a fazer todas as refeições em casa. Sem calcular os números, o que acontecerá com o emprego e o desemprego medidos e com a força de trabalho, a taxa de desemprego e a taxa de participação medidas na "Coma-em--casa"? O que acontecerá com o PIB medido na "Coma-em-casa"?

c. Suponhamos que você deseje incluir o trabalho doméstico no PIB e nas estatísticas de emprego. Como medir o valor do trabalho doméstico no PIB? Como alterar as definições de *emprego, desemprego e população fora da força de trabalho*?

d. Dadas suas novas definições no item (c), as estatísticas do mercado de trabalho difeririam na "Coma-em-casa" e na "Coma-fora"? Supondo que os alimentos produzidos por essas economias tenham o mesmo valor, o PIB medido nessas economias seria diferente? Com suas novas definições, o experimento no item (b) teria algum efeito sobre o mercado de trabalho ou sobre as estatísticas do PIB da "Coma-em-casa"?

Explorando mais

8. Períodos de desemprego e desemprego de longo prazo

De acordo com os dados apresentados neste capítulo, cerca de 44% dos trabalhadores desempregados deixam o desemprego a cada mês.

a. Suponhamos que a probabilidade de deixar o desemprego seja a mesma para todos os desempregados, independentemente de como eles chegaram a essa condição. Qual é a probabilidade de que um trabalhador desempregado ainda esteja desempregado após um mês? E após dois meses? E após seis meses?

Agora, consideremos a composição do universo de desempregados. Usaremos um experimento simples para determinar a proporção de desempregados que estejam nessa condição há seis meses ou mais. Suponhamos que o número de trabalhadores desempregados seja constante e igual a x. A cada mês, 47% dos desempregados encontra emprego e um número equivalente de trabalhadores anteriormente empregados perde o emprego.

b. Consideremos o grupo de x trabalhadores que estão desempregados neste mês. Após um mês, que percentual desse grupo ainda estará desempregado? (*Dica:* se 47% dos trabalhadores desempregados encontra emprego todos os meses, que percentual dos trabalhadores desempregados originais x não encontrou empregos no primeiro mês?)

c. Após um segundo mês, que percentual dos trabalhadores desempregados originais, x, está desempregada há pelo menos dois meses? (*Dica:* dada sua resposta ao item (b), que percentual daqueles desempregados há pelo menos um mês não encontra emprego no segundo mês?) Após o sexto mês, que percentual dos trabalhadores desempregados originais, x, está desempregado durante pelo menos seis meses?

d. Utilizando a Tabela B-13 do *Economic Report of the President* (é o número da tabela segundo o relatório de 2015), encontre a proporção de desempregados que está desempregada há seis meses ou mais (27 semanas ou mais) para cada ano entre o período de 2000 e 2014. Como os números entre 2000 e 2008 (anos anteriores à crise) se comparam com a resposta obtida no item (c)? Você teria um palpite sobre o que pode causar a diferença entre os números reais e a resposta obtida neste problema? (*Dica:* suponha que a probabilidade de deixar o desemprego diminua com o tempo de desemprego.)

e. O que acontece com o percentual de desempregados que esteve desempregado por seis meses ou mais durante os anos de crise entre 2009 e 2011?

f. Existe alguma evidência do fim da crise quando se analisa o percentual de desempregados que estiveram desempregados por seis meses ou mais?

g. Parte da resposta da política econômica à crise foi uma extensão do período em que um trabalhador desempregado poderia receber o seguro-desemprego. Como se pode prever que essa alteração afete a proporção dos desempregados há mais de seis meses? Isso ocorreu?

168 Macroeconomia

9. **Consulte o site do U. S. Bureau of Labor Statistics (<https://www.bls.gov>). Procure o último Employment Situation Summary, sob o link "National Employment".**
   a. Quais são os dados mensais mais recentes sobre o tamanho da força de trabalho civil, sobre o número de desempregados e sobre a taxa de desemprego dos Estados Unidos?
   b. Quantas pessoas estão empregadas?
   c. Calcule a mudança do número de desempregados entre o primeiro número da tabela e seu mês mais recente. Faça o mesmo com o número de trabalhadores empregados. A redução do desemprego é igual ao aumento do emprego? Explique.

10. **A dinâmica típica do desemprego durante uma recessão**

    A tabela ao lado mostra o comportamento do crescimento real anual do PIB durante três recessões. Esses dados são da Tabela B-4 do Economic Report of the President.

    Use a Tabela B-35 do Economic Report of the President para preencher os valores anuais da taxa de desemprego na tabela anterior e responda às perguntas a seguir.

    a. Quando a taxa de desemprego em uma recessão é maior: no ano em que o produto declina ou no ano seguinte? Explique por quê.

    b. Explique o padrão da taxa de desemprego após uma recessão se trabalhadores desalentados retornarem à força de trabalho à medida que a economia se recupera.

    c. A taxa de desemprego permanece substancialmente mais elevada após a recessão provocada pela crise em 2009. Nessa recessão, o seguro-desemprego foi estendido de 6 para 12 meses. Segundo o modelo, qual será o efeito dessa política sobre a taxa natural de desemprego? Os dados sustentam essa previsão de alguma forma?

Ano	Crescimento real do PIB	Taxa de desemprego
1981	2,5	
1982	−1,9	
1983	4,5	
1990	1,9	
1991	−0,2	
1992	3,4	
2008	0,0	
2009	−2,6	
2010	2,9	

Leitura adicional

◆ Uma discussão complementar sobre o desemprego similar à deste capítulo é feita por Richard Layard, Stephen Nickell e Richard Jackman em *The unemployment crisis*, Oxford, Oxford University Press, 1994.

Apêndice

Relações de fixação de salários e de fixação de preços *versus* oferta e demanda por trabalho

Em seu curso de microeconomia, você provavelmente viu uma representação do equilíbrio do mercado de trabalho em termos da oferta de trabalho e da demanda por trabalho. Você pode, então, estar se perguntando: como a representação em termos de fixação de salários e fixação de preços se relaciona com a representação do mercado de trabalho vista no curso?

Em um sentido importante, as duas representações são semelhantes.

Para entender por quê, vamos redesenhar a Figura 7.6 em termos do salário real no eixo vertical e do nível de *emprego* (em vez da taxa de desemprego) no eixo horizontal. Fizemos isso na Figura 1.

O emprego, N, é medido no eixo horizontal. O nível de emprego deve ser algo entre zero e L, a força de trabalho. O emprego não pode exceder o número de pessoas disponíveis para trabalhar, a força de trabalho. Para qualquer nível de emprego, N, o desemprego é dado por $U = L − N$. Sabendo disso, podemos medir o desemprego começando do L e *deslocando-se para a esquerda* no eixo horizontal. O desemprego é dado pela distância entre L e N. Quanto menor o emprego,

N, maior o desemprego e, por implicação, maior a taxa de desemprego, U.

Vamos traçar as relações de fixação de salários e de fixação de preços e caracterizar o equilíbrio.

* Um aumento do emprego (deslocamento à direita ao longo do eixo horizontal) implica uma diminuição do desemprego e, portanto, uma elevação do salário real determinado na fixação de salários. Desse modo, a relação de fixação do salário é, agora, *ascendente*. O emprego mais elevado implica um salário real mais alto.
* A relação de fixação de preços ainda é uma linha horizontal em $W/P = 1/(1 + m)$.
* O equilíbrio é dado pelo ponto A, com o nível de emprego "natural" N_n (e uma taxa de desemprego natural implícita igual a $U_n = (L - N_n)/L$.

Nessa figura, a relação de fixação de salários assemelha-se a uma relação de oferta de trabalho. À medida que o nível de emprego aumenta, o salário real pago aos trabalhadores também aumenta. Por esse motivo, a relação de fixação de salários pode ser chamada de relação de "oferta de trabalho".

O que chamamos de *relação de fixação de preços* assemelha-se a uma relação plana de demanda por trabalho. A razão pela qual ela é plana em vez de descendente deve-se à nossa simplificação de retornos constantes à força de trabalho em produção.

Se tivéssemos assumido, mais convencionalmente, que há retornos decrescentes do trabalho na produção, nossa curva de fixação de preços seria negativamente inclinada, como ocorre com a curva de demanda por trabalho padrão. À medida que o emprego aumenta, o custo marginal de produção também aumentaria, forçando as empresas a elevar seus preços, dados os salários que elas pagam. Em outras palavras, o salário real resultante da fixação de preços diminuiria à medida que o emprego aumentasse.

No entanto, de vários modos, os dois enfoques são diferentes:

* A relação padrão de oferta de trabalho dá o salário pelo qual um dado número de trabalhadores está disposto a trabalhar. Quanto mais alto o salário, maior o número de trabalhadores dispostos a trabalhar.
  Em contrapartida, o salário correspondente a um dado nível de emprego na relação de fixação de salários é resultado de um processo de negociação entre trabalhadores e empresas ou da fixação unilateral de salários por parte das empresas. Fatores como a estrutura da negociação coletiva ou o uso do salário para impedir demissões voluntárias afetam a relação de fixação de salários. No mundo real, parecem desempenhar um papel importante. Contudo, não têm papel algum na relação de oferta de trabalho padrão.
* A relação padrão de demanda por trabalho dá o nível de emprego escolhido pelas empresas a um dado salário real. É derivada sob a hipótese de que as empresas operem em mercados de bens e de trabalho competitivos e, portanto, tomem os salários e os preços — e, consequentemente, o salário real — como dados.
  Por outro lado, a relação de fixação de preços leva em consideração o fato de que, na maioria dos mercados, as empresas efetivamente fixam os preços. Fatores como o grau de concorrência no mercado de bens afetam a relação de fixação de preços ao afetarem a margem. Esses fatores, contudo, não são considerados na relação padrão de demanda por trabalho.
* No arcabouço composto por oferta de trabalho e demanda por trabalho, os desempregados estão *voluntariamente desempregados*. No salário real de equilíbrio, eles preferem permanecer desempregados a trabalhar. Em contrapartida, no arcabouço composto por fixação de salários e fixação de preços, o desemprego provavelmente é involuntário. Por exemplo, se as empresas pagam um salário-eficiência — um salário acima do salário reserva —, os trabalhadores preferem estar empregados a estar desempregados. Entretanto, no equilíbrio, ainda há desemprego involuntário. Esse arcabouço também parece refletir melhor a realidade do que aquele composto por oferta de trabalho e demanda por trabalho.

Esses são os três motivos pelos quais nos apoiamos nas relações de fixação de salários e de fixação de preços e não no enfoque de oferta de trabalho e demanda por trabalho para descrever o equilíbrio neste capítulo.

▶ **Figura 1** Fixação de salários e preços e o nível natural de emprego.

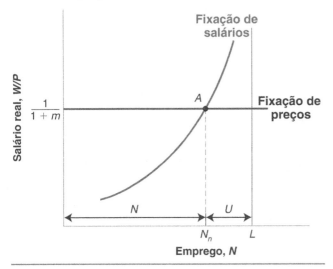

CAPÍTULO 8

Curva de Phillips, taxa natural de desemprego e inflação

Em 1958, A. W. Phillips traçou um diagrama que mostrava a relação entre a taxa de inflação e a taxa de desemprego no Reino Unido para cada ano de 1861 a 1957. Ele encontrou evidências claras de uma relação negativa entre inflação e desemprego. Quando o desemprego era baixo a inflação era alta; quando o desemprego estava alto a inflação estava baixa, muitas vezes até mesmo negativa.

Dois anos depois, Paul Samuelson e Robert Solow repetiram o exercício de Phillips para os Estados Unidos, com dados de 1900 a 1960. A Figura 8.1 reproduz suas conclusões usando a inflação do índice de preços ao consumidor dos Estados Unidos como medida da taxa de inflação. Exceto pelo período de acentuado desemprego na década de 1930 (os anos de 1931 a 1939 são representados por triângulos e situam-se claramente à direita dos outros pontos da figura), também parece haver uma relação negativa entre inflação e desemprego. Essa relação, que Samuelson e Solow batizaram de **curva de Phillips**, rapidamente se tornou fundamental para o pensamento macroeconômico e para a política macroeconômica. Ela parecia implicar que os países poderiam escolher entre combinações diferentes de desemprego e inflação. Um país poderia ter um índice baixo de desemprego se estivesse disposto a tolerar uma inflação mais alta, ou atingir a estabilidade do nível de preços — inflação zero — se estivesse disposto a tolerar um desemprego mais alto. Muito da discussão sobre política macroeconômica tornou-se uma questão acerca de qual ponto escolher na curva de Phillips.

Na década de 1970, porém, essa relação quebrou. Nos Estados Unidos, assim como na maioria dos países da OCDE, havia inflação alta **e** desemprego alto, o que contradizia explicitamente a curva de Phillips original. Uma relação ressurgiu, mas sob a forma de uma relação entre a taxa de desemprego e a *variação* da taxa de inflação. A finalidade deste capítulo é explorar as transformações da curva de Phillips e, de modo mais geral, nos ajudar a entender a relação entre inflação e desemprego. Vamos derivar a curva de Phillips do modelo do mercado de trabalho apresentado no Capítulo 7 e veremos como as transformações desta curva resultaram de mudanças na maneira como as pessoas e as empresas formavam suas expectativas.

A. W. Phillips foi um professor neozelandês que lecionou no London School of Economics. Na juventude, ele foi, entre outras coisas, um caçador de crocodilos. Também construiu uma máquina hidráulica para descrever o comportamento da macroeconomia. Uma versão em funcionamento desta máquina ainda pode ser vista em Cambridge, Inglaterra.

Este capítulo compõe-se de quatro seções:

A Seção 8.1 mostra como o modelo do mercado de trabalho visto anteriormente implica uma relação entre inflação, inflação esperada e desemprego.

A Seção 8.2 usa essa relação para interpretar as transformações da curva de Phillips ao longo do tempo.

A Seção 8.3 apresenta a relação entre a curva de Phillips e a taxa natural de desemprego.

A Seção 8.4 aprofunda a discussão sobre a relação entre o desemprego e a inflação entre países e ao longo do tempo.

▶ **Figura 8.1** Inflação *versus* desemprego nos Estados Unidos, 1900–1960.

No período de 1900 a 1960, uma taxa de desemprego baixa nos Estados Unidos foi normalmente associada a uma taxa de inflação alta, e uma taxa de desemprego alta foi normalmente associada a uma taxa de inflação baixa ou negativa.

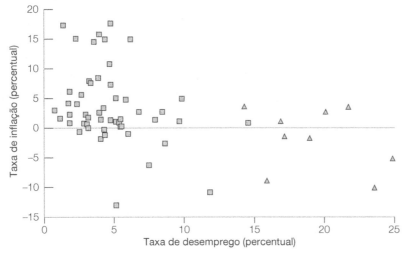

Fonte: Historical Statistics of the United States. Disponível em: <http://hsus.cambridge.org/HSUSWeb/index.do>. Acesso em: 11 jul. 2017.

8.1 Inflação, inflação esperada e desemprego

No Capítulo 7, derivamos a equação a seguir para fins de determinação de salários (Equação 7.1):

$$W = P^e F(u, z)$$

O salário nominal W, estabelecido pelos fixadores de salários descritos no capítulo anterior, depende do nível esperado de preços, P^e, da taxa de desemprego, u, e de uma variável, z, que captura todos os outros fatores que afetam a determinação dos salários, desde o seguro-desemprego até a forma de negociação coletiva.

Também no Capítulo 7 derivamos a equação a seguir para determinação de preços (Equação 6.3):

$$P = (1 + m)W$$

O preço, P, estipulado pelas empresas (de modo equivalente, o nível de preços) é igual ao salário nominal, W, vezes 1 mais a margem, m.

Usamos, então, essas duas relações com a hipótese adicional de que o nível de preços real era igual ao nível esperado de preços. Sob esta hipótese, derivamos a taxa natural de desemprego. Agora, vamos explorar o que acontece quando não impomos a hipótese adicional.

Substituir o salário nominal na segunda equação pela sua expressão dada pela primeira resulta em:

$$P = P^e(1 + m) F(u, z)$$

Um aumento do nível esperado de preços leva a um aumento dos salários nominais, o que, por sua vez, leva as empresas a elevarem seus preços, provocando uma elevação no nível de preços. Um aumento da taxa de desemprego leva a uma redução dos salários nominais, o que, por sua vez, acarreta preços mais baixos e uma diminuição no nível de preços.

172 Macroeconomia

Será conveniente assumir uma forma específica para a função, F:

$$F(u, z) = 1 - \alpha u + z$$

Ela representa a noção de que, quanto maior a taxa de desemprego, menor o salário; e de que, quanto maior z (por exemplo, quanto mais generoso for o seguro-desemprego), mais elevado o salário. O parâmetro α (a letra grega minúscula alfa) representa a força do efeito do desemprego sobre o salário. Substituir a função F por essa forma específica na equação anterior resulta em:

$$P = P^e (1 + m)(1 - \alpha u + z) \qquad (8.1)$$

> De agora em diante, para tornar a leitura mais leve, em muitos casos vamos nos referir à "taxa de inflação" apenas como "inflação" e à "taxa de desemprego" como "desemprego".

Isso nos dá uma *relação entre o nível de preços, o nível esperado de preços e a taxa de desemprego*. Nosso próximo passo é derivar uma *relação entre inflação, inflação esperada e taxa de desemprego*. Seja π a taxa de inflação e π^e a taxa de inflação esperada. Assim, a Equação 8.1 pode ser reescrita como:

$$\pi = \pi^e + (m + z) - \alpha u \qquad (8.2)$$

A derivação da Equação 8.2 com base na Equação 8.1 não é difícil, mas cansativa, de modo que foi deixada para o Apêndice deste capítulo. O importante é entender cada um dos efeitos presentes na Equação 8.2.

> Aumento de $\pi^e \Rightarrow$ aumento de π.

♦ *Um aumento da inflação esperada, π^e, leva a um aumento da inflação efetiva, π.* Para vermos por que, voltemos à Equação 8.1. Um aumento do nível esperado de preços, P^e, leva a um aumento de igual magnitude do nível de preços efetivo, P. Se os fixadores de salários esperam um nível de preços mais elevado, fixam um salário nominal mais elevado, o que acarreta um aumento do nível de preços. Agora, observemos que, dado o nível de preços do período anterior, um nível de preços mais alto neste período implica maior taxa de aumento do nível de preços entre o período anterior e este, isto é, uma inflação mais alta. Da mesma forma, dado o nível de preços do período anterior, um nível esperado de preços mais alto neste período implica maior taxa de aumento do nível esperado de preços entre o período anterior e este, isto é, uma inflação esperada mais alta. Portanto, o fato de um aumento do nível esperado de preços levar a um aumento do nível de preços efetivo pode ser expresso da seguinte maneira: um aumento da inflação esperada leva a um aumento da inflação.

> Aumento de m ou $z \Rightarrow$ aumento de π.

♦ *Dada a inflação esperada, π^e, um aumento da margem, m, ou um aumento dos fatores que afetam a determinação dos salários — um aumento de z — leva a um aumento da inflação, π.*

Da Equação 8.1: dado o nível esperado de preços, P^e, um aumento de m ou de z aumenta o nível de preços, P. Usando-se o mesmo argumento do item anterior para expressar de outra forma essa proposição em termos da inflação e da inflação esperada, temos: dada a inflação esperada, π^e, um aumento de m ou de z leva a um aumento da inflação, π.

> Diminuição de $u \Rightarrow$ aumento de π.

♦ *Dada a inflação esperada, π^e, uma diminuição da taxa de desemprego, u, leva a um aumento da inflação, π.*

Da Equação 8.1: dado o nível esperado de preços, P^e, uma redução da taxa de desemprego, u, leva a um salário nominal mais alto, o que leva a um nível de preços, P, mais alto. Expressando-se isto de outra forma, em termos da inflação e da inflação esperada: dada a inflação esperada, π^e, um aumento da taxa de desemprego, u, leva a uma diminuição da inflação, π.

Precisamos dar mais um passo antes de voltarmos à discussão sobre a curva de Phillips. Ao examinarmos os movimentos da inflação e do desemprego no restante do capítulo, muitas vezes será conveniente usar índices temporais para podermos nos referir a variáveis como inflação, inflação esperada ou desemprego em um ano específico. Portanto, reescrevemos a Equação 8.2 como:

$$\pi_t = \pi_t^e + (m + z) - \alpha u_t \qquad (8.3)$$

As variáveis π_t, π_t^e e u_t referem-se respectivamente a inflação, inflação esperada e desemprego no ano t. Note que não há índices temporais em m e z. Isso ocorre porque, embora m e z possam se mover ao longo do tempo, isto se dará lentamente, em especial relativamente ao movimento da inflação e do desemprego. Assim, por ora, vamos tratá-los como constantes.

Equipados com a Equação 8.3, podemos retomar a curva de Phillips e suas mutações.

8.2 Curva de Phillips e suas mutações

Vamos começar com a relação entre desemprego e inflação da maneira como foi descoberta por Phillips, Solow e Samuelson.

A primeira encarnação

Suponhamos que a inflação varie de um ano para o outro em torno de algum valor $\bar{\pi}$. Suponhamos também que a inflação não seja persistente, de modo que a dcstc ano não sirva de parâmetro para a do próximo ano. Trata-se de uma descrição satisfatória do comportamento da inflação no período em que Phillips, ou Solow e Samuelson, estudavam o assunto. Em tal ambiente, faz sentido que os fixadores de salários assumam que, qualquer que seja a inflação do ano anterior, a inflação do ano presente será simplesmente igual a $\bar{\pi}$. Neste caso, $\pi_t^e = \bar{\pi}$ e a Equação 8.3 torna-se:

$$\pi_t = \bar{\pi} + (m + z) - \alpha u_t \qquad (8.4)$$

Neste caso, observaremos uma relação negativa entre desemprego e inflação. Esta é precisamente a relação negativa entre desemprego e inflação que Phillips encontrou para o Reino Unido, e Solow e Samuelson para os Estados Unidos. Quando o desemprego era elevado, a inflação era baixa, às vezes até mesmo negativa. Quando o desemprego era baixo, a inflação era positiva.

O *trade-off* aparente e seu desaparecimento

Quando publicados, esses resultados sugeriam que os formuladores de política econômica estavam diante de um *trade-off* entre inflação e desemprego. Se estivessem dispostos a aceitar mais inflação, poderiam atingir menor desemprego. Parecia ser um *trade-off* atraente e, a partir do início dos anos 1960, a política macroeconômica norte-americana visou reduzir continuamente o desemprego. A Figura 8.2 apresenta as combinações das taxas de inflação e desemprego nos Estados Unidos ano a ano, de 1961 a 1969. Observe como a relação entre desemprego e inflação, correspondente à Equação 8.4, se manteve durante a longa expansão econômica de quase toda a década de 1960. De 1961 a 1969, a taxa de desemprego baixou continuamente de 6,8% para 3,4%, e a da inflação subiu de 1,0% para 5,5%. Expresso de modo informal, a economia dos EUA deslocou-se para cima ao longo da curva de Phillips original. Realmente parecia que, se os formuladores de política econômica estivessem dispostos a aceitar uma inflação mais elevada, poderiam atingir um desemprego mais baixo.

▶ **Figura 8.2 Inflação *versus* desemprego nos Estados Unidos, 1948–1969.**

A redução contínua na taxa de desemprego nos Estados Unidos durante a década de 1960 esteve associada a um aumento contínuo da taxa de inflação.

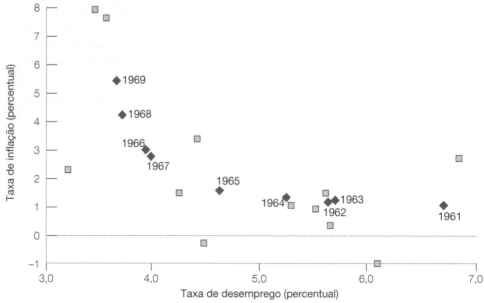

Fonte: Series UNRATE, CPIAUSCL Federal Reserve Economic Data (FRED). Disponível em: <http://research.stlouisfed.org/fred2/>. Acesso em 11 jul. 2017.

Entretanto, por volta de 1970, a relação entre a taxa de inflação e a taxa de desemprego, tão evidente na Figura 8.2, quebrou. A Figura 8.3 mostra a combinação da taxa de inflação e da taxa de desemprego nos Estados Unidos para cada ano desde 1970. Os pontos estão dispersos em uma nuvem aproximadamente simétrica: não existe mais qualquer relação visível entre a taxa de desemprego e a taxa de inflação.

▶ **Figura 8.3 Inflação *versus* desemprego nos Estados Unidos, 1970–2014.**

A partir de 1970, a relação entre taxa de desemprego e taxa de inflação desapareceu nos Estados Unidos.

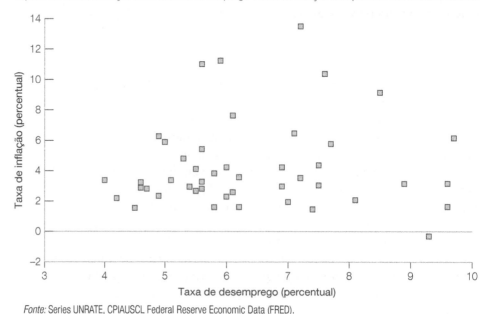

Fonte: Series UNRATE, CPIAUSCL Federal Reserve Economic Data (FRED).

Por que a curva de Phillips original desapareceu? Porque os fixadores de salários mudaram o modo como formavam suas expectativas em relação à inflação.

Essa mudança veio, por sua vez, de uma mudança no comportamento da inflação. A inflação tornou-se mais persistente. Aumentou a probabilidade de a inflação alta de um ano ser seguida por uma inflação alta no seguinte. Assim, as pessoas, ao formarem suas expectativas, começaram a levar em conta a persistência da inflação. Essa mudança na formação de expectativas acabou por modificar a natureza da relação entre desemprego e inflação.

Examinemos melhor o argumento do parágrafo anterior. Suponhamos que as expectativas de inflação sejam formadas de acordo com

$$\pi_t^e = (1 - \theta)\bar{\pi} + \theta\pi_{t-1} \tag{8.5}$$

Em outras palavras, a inflação esperada deste ano depende em parte de um valor constante, $\bar{\pi}$, com peso, $1 - \theta$, e em parte da inflação no ano anterior, que denotamos por π_{t-1}, com peso θ. Quanto maior o valor de θ, mais a inflação do ano anterior levará os trabalhadores e as empresas a rever suas expectativas sobre a inflação para este ano, e, portanto, maior será a taxa de inflação esperada.

Podemos pensar no que aconteceu na década de 1970 como um aumento do valor de θ ao longo do tempo:

* Enquanto a inflação se mantinha não persistente, era razoável que trabalhadores e empresas ignorassem a inflação passada e admitissem um valor constante para a inflação. No período examinado por Phillips e também por Samuelson e Solow, θ era próximo de zero, e as expectativas eram aproximadamente dadas por $\pi^e = \bar{\pi}$. A curva de Phillips era dada pela Equação 8.4.

* Mas, à medida que a inflação se tornava mais persistente, trabalhadores e empresas começaram a mudar o modo de formar expectativas. Eles partiram do princípio de que, se a inflação fora alta no ano anterior, provavelmente também seria alta no seguinte. O parâmetro θ, o efeito da taxa de inflação do ano anterior sobre a taxa de inflação esperada para o ano atual, aumentaria. As evidências sugerem que, em meados da década de 1970, as pessoas formavam suas expectativas esperando que a taxa de inflação do ano atual seria igual à taxa de inflação do ano anterior — em outras palavras, que θ fosse igual a 1.

Agora, voltemos para as implicações de valores diferentes de θ sobre a relação entre inflação e desemprego. Para isso, vamos substituir a Equação 8.5 para o valor de π_t^e na Equação 8.2:

$$\pi_t = \overbrace{(1 - \theta)\bar{\pi} + \theta\pi_{t-1}}^{\pi^e} + (m + z) - \alpha u_t$$

* Quando θ é igual a zero, obtemos a curva de Phillips original, uma relação entre a taxa de inflação e a taxa de desemprego:

$$\pi_t = \bar{\pi} + (m + z) - \alpha u_t$$

* Quando θ é positivo, a taxa de inflação depende não só da taxa de desemprego, mas também da taxa de inflação do ano anterior:

$$\pi_t = [(1 - \theta)\bar{\pi} + (m + z)] + \theta\pi_{t-1} - \alpha u_t$$

* Quando θ é igual a 1, a relação torna-se (passando a taxa de inflação do ano anterior para o lado esquerdo da equação) a seguinte:

$$\pi_t - \pi_{t-1} = (m + z) - \alpha u_t \tag{8.6}$$

Portanto, quando $\theta = 1$, a taxa de desemprego afeta não a *taxa de inflação*, mas a *variação da taxa de inflação*. O desemprego elevado leva a uma inflação decrescente; o desemprego baixo leva a uma inflação crescente.

Essa discussão é a chave para o que aconteceu a partir de 1970. Quando θ aumentou de zero para 1, a relação simples entre a taxa de desemprego e a taxa de inflação desapareceu. Esse desaparecimento foi o que vimos na Figura 8.3. Mas uma nova relação surgiu, dessa vez entre a taxa de desemprego e a variação da taxa de inflação — conforme previsto pela Equação 8.5. Essa relação é mostrada na Figura 8.4, que representa a variação da taxa de inflação *versus* a taxa de desemprego observada a cada ano desde 1970. A figura mostra uma relação claramente negativa entre a variação da taxa de inflação e a taxa de desemprego.

> Esta reta, chamada *reta de regressão*, é obtida com o auxílio da econometria (veja o Apêndice 3 no final deste livro).

A reta que se ajusta melhor aos pontos para o período 1970–2014 é dada por:

$$\pi_t - \pi_{t-1} = 3{,}0\% - 0{,}5 u_t \tag{8.7}$$

A reta é apresentada na Figura 8.4. Para um desemprego baixo, a variação da inflação é positiva. Para um desemprego alto, a variação da inflação é negativa. Para distingui-la da curva de Phillips original (Equação 8.4), a Equação 8.6 — ou sua contraparte empírica, a Equação 8.7 — costuma ser chamada de **curva de Phillips modificada** ou **curva de Phillips aumentada pelas expectativas** (para indicar que π_{t-1} refere-se à inflação esperada) ou, ainda, **curva de Phillips aceleracionista** (para indicar que uma taxa de desemprego baixa leva a um aumento da taxa de inflação e, dessa forma, a uma *aceleração* do nível de preços). Vamos chamar a Equação 8.7 simplesmente de curva de Phillips e nos referirmos à sua primeira versão, Equação 8.4, como a curva de Phillips *original*.

> Curva de Phillips original: aumento de u_t ⇒ inflação mais baixa.
> Curva de Phillips (modificada): aumento de u_t ⇒ inflação decrescente.

Antes de avançarmos, uma última observação. Embora exista uma relação claramente negativa entre o desemprego e a variação na taxa de inflação, pode-se ver que a relação está longe de ser estrita. Alguns pontos estão longe da linha de

▶ **Figura 8.4** Variação da inflação *versus* desemprego nos Estados Unidos, 1970-2014.

Desde 1970, há uma relação negativa entre a taxa de desemprego e a variação da taxa de inflação nos Estados Unidos.

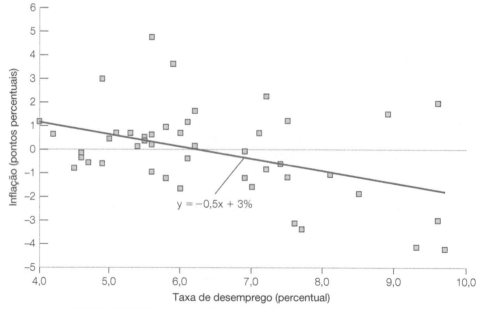

Fonte: Series CPIAUCSL, UNRATE: Federal Reserve Economic Data (FRED). Disponível em: <http://research.stlouisfed.org/fred2/>. Acesso em 11 jul. 2017.

regressão. A curva de Phillips é uma relação econômica crucial e complexa, que vem com uma série de alertas a serem discutidos na Seção 8.4. Antes disso, vamos estudar a relação da curva de Phillips com o conceito de taxa natural de desemprego que derivamos no Capítulo 7.

8.3 A curva de Phillips e a taxa natural de desemprego

A história da curva de Phillips está intimamente relacionada com a descoberta do conceito de taxa natural de desemprego que apresentamos no Capítulo 7.

A curva de Phillips original implicava que não existia algo como uma taxa natural de desemprego. Se os formuladores de política econômica estivessem dispostos a tolerar uma taxa de inflação mais alta, poderiam manter uma taxa de desemprego mais baixa para sempre. E, realmente, por toda a década de 1960 parecia que estavam certos.

FOCO

A teoria antes dos fatos: Milton Friedman e Edmund Phelps

Os economistas, em geral, não são muito bons em prever grandes mudanças antes que elas aconteçam, e a maioria de suas percepções é derivada *depois* dos fatos. Aqui está uma exceção.

No final da década de 1960 — precisamente enquanto a relação da curva de Phillips original funcionava de modo perfeito —, dois economistas, Milton Friedman e Edmund Phelps, argumentaram que a aparência de um *trade-off* entre inflação e desemprego era uma ilusão.

Vejamos a seguir algumas citações de Milton Friedman a respeito da curva de Phillips:

"Implicitamente, Phillips escreveu seu artigo para um mundo em que todos previam que os preços nominais seriam estáveis e em que essa previsão permaneceria sólida e imutável independentemente do que acontecesse com os preços e os salários reais. Suponhamos, por outro lado, que todos prevejam que os preços aumentarão a uma taxa superior a 75% ao ano — como, por exemplo, fizeram os brasileiros há alguns anos. Então, os salários devem subir a essa taxa simplesmente para manter os salários reais inalterados. Um excesso de oferta de trabalho [com isso, Friedman quer dizer um desemprego alto] se refletirá em salários nominais aumentando menos rapidamente do que os preços esperados, e não em um declínio absoluto dos salários."

Ele prosseguiu:

"Expressando [minha] conclusão de modo diferente, sempre há um *trade-off* temporário entre inflação e desemprego; não existe um *trade-off* permanente. O *trade-off* temporário vem não da inflação em si, mas de uma taxa de inflação crescente."

Friedman tentou, então, prever quanto tempo mais duraria esse aparente *trade-off* entre inflação e desemprego nos Estados Unidos:

"Mas quanto tempo quer dizer 'temporário'? (...) Posso, no máximo, arriscar um julgamento pessoal, com base em um exame da evidência histórica, de que o efeito inicial de uma taxa de inflação mais alta e não antecipada dura em torno de dois a cinco anos; de que esse efeito inicial, então, começa a se reverter; e de que o ajuste completo à nova taxa de inflação leva o mesmo tempo tanto para a taxa de emprego quanto para a de juros, digamos, umas duas décadas."

Friedman não poderia estar mais certo. Poucos anos depois, a curva de Phillips original começou a desaparecer exatamente como ele previra.

Fonte: FRIEDMAN, Milton. The role of monetary policy, *American Economic Review*, 58-1, p. 1-17, mar. 1968. (O artigo de PHELPS, Money–wage dynamics and labor–market equilibrium, *Journal of Political Economy*, parte 2, p. 678-711, ago. 1968, apresentou muitos dos mesmos pontos de maneira mais formal.)

178   Macroeconomia

O Prêmio Nobel foi concedido a Friedman em 1976 e a Phelps em 2006.

No entanto, ao final da década de 1960, embora a curva de Phillips original ainda proporcionasse uma boa descrição dos dados, dois economistas, Milton Friedman e Edmund Phelps, questionaram a existência desse *trade-off* entre desemprego e inflação. Eles o fizeram com base na lógica, argumentando que esse *trade-off* só poderia existir se os fixadores de salários subestimassem sistematicamente a inflação, sendo pouco provável que cometessem o mesmo erro para sempre. Friedman e Phelps também argumentaram que, se o governo tentasse sustentar o desemprego mais baixo aceitando uma inflação mais alta, o *trade-off* acabaria por desaparecer; a taxa de desemprego não poderia ser sustentada abaixo de determinado nível, um nível que eles chamaram de *taxa natural de desemprego*. Os eventos provaram que eles estavam certos, e o *trade-off* entre a taxa de desemprego e a taxa de inflação realmente desapareceu. (Veja o quadro Foco "A teoria antes dos fatos: Milton Friedman e Edmund Phelps".) Atualmente, a maioria dos economistas aceita a noção de uma taxa natural de desemprego sujeita a muitas ressalvas, que veremos na próxima seção.

Vamos deixar explícita a ligação entre a curva de Phillips e a taxa natural de desemprego.

Por definição (veja o Capítulo 7), a taxa natural de desemprego é a taxa de desemprego em que o nível de preços efetivo é igual ao nível esperado de preços. De modo análogo — e, aqui, mais conveniente —, a taxa natural de desemprego é a taxa de desemprego em que a taxa de inflação efetiva é igual à taxa de inflação esperada. Representemos a taxa natural de desemprego por u_n. (O índice n é a abreviação de "natural".) Então, impondo a condição de que a inflação efetiva e a inflação esperada sejam iguais ($\pi = \pi^e$) na Equação 8.3, teremos

$$0 = (m + z) - \alpha u_n$$

Observe que, sob nossa suposição de que m e z são constantes, a taxa natural também é constante, de tal modo que podemos prescindir do índice de tempo. Retornaremos a uma discussão do que acontece se m e z variam ao longo do tempo.

Resolvendo para a taxa natural u_n:

$$u_n = \frac{m + z}{\alpha} \tag{8.8}$$

Quanto maior a margem, m, ou quanto maiores os fatores que afetam a fixação de salários, z, mais alta será a taxa natural de desemprego.

Agora, reescrevemos a Equação 8.3 como

$$\pi_t - \pi_t^e = -\alpha\left(u_t - \frac{m + z}{\alpha}\right)$$

Note que na Equação 8.8 a fração do lado direito é igual a u_n; assim, podemos reescrever a equação como

$$\pi_t - \pi_t^e = -\alpha(u_t - u_n) \tag{8.9}$$

Se a taxa de inflação esperada (π^e) puder ser aproximada pela taxa de inflação do ano anterior, π_{t-1}, a equação finalmente se torna

$$\pi_t - \pi_{t-1} = -\alpha(u_t - u_n) \tag{8.10}$$

A Equação 8.10 é uma relação importante por dois motivos:

$u_t < u_n \Rightarrow \pi_t > \pi_{t-1}$
$u_t > u_n \Rightarrow \pi_t < \pi_{t-1}$

◆ Proporciona outra maneira de pensar na curva de Phillips: como uma relação entre a taxa de desemprego efetiva, u, a taxa natural de desemprego, u_n, e a variação da taxa de inflação, $\pi_t - \pi_{t-1}$.

A variação da taxa de inflação depende da diferença entre a taxa de desemprego efetiva e a taxa natural de desemprego. Quando a taxa de desemprego efetiva é maior do que a taxa natural de desemprego, a taxa de inflação diminui; quando a taxa de desemprego efetiva é menor do que a taxa natural de desemprego, a taxa de inflação aumenta.

- Proporciona ainda outra maneira de pensar sobre a *taxa natural de desemprego*. A taxa natural de desemprego é a taxa de desemprego necessária para manter a taxa de inflação constante. É por isso que a taxa natural é também chamada de **taxa de desemprego não aceleradora da inflação**, ou **NAIRU** (da expressão em inglês *non-accelerating inflation rate of unemployment*).

Qual tem sido a taxa natural de desemprego nos Estados Unidos desde 1970? Em outras palavras: qual tem sido a taxa de desemprego que, em média, leva a uma inflação constante?

Para responder a esta pergunta, tudo o que precisamos fazer é voltar à Equação 8.7, a relação estimada entre a variação da inflação e a taxa de desemprego desde 1970. A fixação da variação da inflação em zero nessa equação implica um valor da taxa natural de desemprego de $3,0\%/0,5 = 6\%$. As evidências sugerem que, desde 1970 nos Estados Unidos, a taxa média de desemprego necessária para manter a inflação constante é igual a 6%.

> Na verdade, é equivocado chamar a taxa natural de "taxa de desemprego não aceleradora da inflação". Ela deveria ser chamada de "taxa de desemprego não elevadora da inflação", ou NIIRU (da expressão em inglês *nonincreasing inflation rate of unemployment*). Mas NAIRU tornou-se padrão, e é tarde demais para mudá-lo.

8.4 Um resumo e muitas advertências

Resumindo o que aprendemos até agora:

- A relação entre desemprego e inflação nos Estados Unidos atualmente é bem representada por uma relação entre a variação da taxa de inflação e o desvio da taxa de desemprego em relação à taxa natural de desemprego (Equação 8.10).
- Quando a taxa de desemprego supera a taxa natural de desemprego, a taxa de inflação normalmente diminui. Quando a taxa de desemprego está abaixo da taxa natural de desemprego, a taxa de inflação normalmente aumenta.

Essa relação manteve-se válida desde 1970. Mas a evidência de sua história anterior — bem como a evidência de outros países — indica a necessidade de muitas advertências. Todas elas sobre o mesmo tema. A relação entre inflação e desemprego pode mudar — e realmente muda — de um país para o outro e ao longo do tempo.

Mudanças na taxa natural de um país para outro

Lembre-se de que, segundo a Equação 8.8, a taxa natural de desemprego depende de todos os fatores que afetam a fixação de salários, representados pela variável abrangente, z, pela margem, m, e pela resposta da inflação ao desemprego, α. Se esses fatores diferem de um país para outro, não há motivo para esperar que todos os países tenham a mesma taxa natural de desemprego. As taxas naturais realmente diferem entre países, às vezes de modo considerável.

Tomemos, por exemplo, a taxa de desemprego na área do euro, que está próxima de 9% em média, desde 1990. Uma taxa de desemprego alta por alguns anos pode refletir um desvio da taxa de desemprego da taxa natural. Uma taxa de desemprego média alta por 25 anos, associada a nenhuma diminuição sustentada da inflação, reflete uma alta taxa natural. Isso nos diz onde devemos procurar explicações, ou seja, nos fatores que determinam as relações de fixação de salários e as relações de fixação de preços.

> Volte e analise a Tabela 1.3 no Capítulo 1.

É fácil identificar os fatores relevantes? É comum ouvir falar que um dos principais problemas da Europa é a **rigidez do mercado de trabalho**. Tal rigidez, segundo esse argumento, é responsável pelo alto desemprego. Embora essa afirmativa seja em parte verdadeira, a realidade é mais complexa. O quadro Foco "Como explicar o desemprego na Europa?" discute essa questão mais a fundo.

Mudanças na taxa natural ao longo do tempo

Ao estimar a Equação 8.6, tratamos implicitamente $m + z$ como uma constante. Mas existem bons motivos para crer que m e z variem ao longo do tempo. O grau do poder de monopólio das empresas, os custos de insumos que não a mão de obra, a estrutura das negociações salariais, o sistema de seguro-desemprego, e assim por diante, provavelmente variam ao longo do tempo, acarretando mudanças em m ou z e, por conseguinte, alterações na taxa natural de desemprego.

As variações na taxa natural de desemprego ao longo do tempo são difíceis de medir. O motivo, mais uma vez, é que não observamos a taxa natural, apenas a taxa efetiva. Mas mudanças em linhas gerais podem ser determinadas comparando-se as taxas médias de desemprego de uma década para a outra. A partir dessa abordagem, o quadro Foco "Como explicar o desemprego na Europa?" aborda como e por que a taxa natural de desemprego aumentou na Europa desde a década de 1960. A taxa natural nos Estados Unidos oscilou muito menos que a europeia; ainda assim, está longe de se manter constante. Voltemos ao Capítulo 7 para retomar a Figura 7.3. Pode-se ver que, da década de 1950 à de 1980, a taxa de desemprego flutuou em torno de uma tendência levemente crescente. O desemprego médio foi de 4,5% na década de 1950 e 7,3% na década de 1980. A partir de 1990 e até o advento da crise, a tendência se reverteu, com uma taxa média de desemprego de 5,8% na década de 1990 e de 5,0% no período de 2000 a 2007. Em 2007, a taxa de desemprego foi de 4,6%, e a inflação praticamente constante, sugerindo que o desemprego estava próximo da taxa natural. A razão que levou a taxa natural de desemprego nos Estados Unidos a cair desde o início da década de 1990 e os efeitos da crise para o futuro são discutidos no quadro Foco "Mudanças na taxa natural de desemprego dos Estados Unidos desde 1990". Tiramos duas conclusões a partir do comportamento da taxa de desemprego norte-americana desde 1990, e essas conclusões são comparáveis à de nossa análise sobre o desemprego europeu no quadro Foco. Os determinantes da taxa natural são diversos. Podemos identificar uma série deles, mas conhecer o respectivo papel e extrair lições para a política econômica não é tarefa fácil.

FOCO

Como explicar o desemprego na Europa?

O que os críticos têm em mente quando falam da "rigidez no mercado de trabalho" que afeta a Europa? Vejamos a seguir:

♦ Um generoso sistema de seguro-desemprego. A taxa de reposição — isto é, a relação entre o seguro-desemprego e o salário após impostos — costuma ser alta na Europa, e a duração dos benefícios — período durante o qual o trabalhador desempregado pode receber os benefícios — frequentemente dura anos.

Algum seguro-desemprego é obviamente desejável. Benefícios generosos, entretanto, podem aumentar o desemprego de pelo menos duas maneiras: diminuem os incentivos que os desempregados têm para procurar um novo emprego e também podem aumentar os salários a serem pagos pelas empresas. Vale lembrar nossa discussão sobre salários-eficiência no Capítulo 7. Quanto mais altos forem os benefícios, mais altos serão os salários pagos pelas empresas de modo a motivar e manter seus funcionários.

♦ Um alto grau de proteção ao emprego. Quando falam de proteção ao emprego, os economistas se referem ao conjunto de regras que aumentam o custo das demissões para as empresas. Essas regras vão do pagamento de altas indenizações até a necessidade de as empresas justificarem as demissões e a possibilidade de trabalhadores contestarem a decisão e tê-la revertida.

A intenção da proteção ao emprego é reduzir as demissões e, assim, proteger os trabalhadores do risco do desemprego. Isso de fato acontece. Mas, o que tal proteção também faz é aumentar o custo da mão de obra para a empresa e, portanto, diminuir o número de contratações, dificultando a busca de um novo emprego para o desempregado. As evidências sugerem que, embora a proteção ao emprego não necessariamente aumente o desemprego, ela altera sua natureza: a oscilação do desemprego diminui, mas sua duração média aumenta. Uma duração longa aumenta o risco de os desempregados perderem suas habilidades e autoestima, afetando sua empregabilidade.

◆ Salários-mínimos. A maioria dos países europeus define um salário-mínimo nacional. Em alguns países, a relação entre o salário-mínimo e a renda mediana pode ser bastante alta. Salários-mínimos muito altos certamente correm o risco de reduzir o emprego para trabalhadores menos qualificados, elevando sua taxa de desemprego.

◆ Regras de negociação. Na maior parte dos países europeus, os contratos de trabalho estão sujeitos a **acordos de extensão**. Um acordo definido por um subgrupo de empresas e sindicatos pode ser automaticamente ampliado para todas as empresas no setor. Essa medida reforça consideravelmente o poder de negociação dos sindicatos, pois reduz o escopo para competição por parte das empresas não sindicalizadas. Como vimos no Capítulo 7, um forte poder de negociação por parte dos sindicatos pode resultar em maior desemprego: a taxa de desemprego mais alta é necessária para harmonizar as demandas dos trabalhadores e os salários pagos pelas empresas.

Essas instituições do mercado de trabalho realmente explicam o alto desemprego na Europa? O caso está aberto ou fechado? Mais ou menos. Aqui é importante lembrar dois fatos.

Fato 1: o desemprego nem sempre foi alto na Europa. Na década de 1960, a taxa de desemprego nos quatro principais países continentais europeus era cerca de 2% a 3%, mais baixa do que a dos Estados Unidos. Os economistas norte-americanos cruzavam o oceano para estudar o "milagre do desemprego europeu"! A taxa natural hoje nesses países está em torno de 8% a 9%. Como se explica esse aumento?

Uma hipótese é a de que as instituições eram diferentes naquela época e a rigidez do mercado de trabalho surgiu somente nos últimos 40 anos. Mas não é esse o caso. É verdade que, em resposta aos choques adversos da década de 1970 (em particular as duas recessões que sucederam os aumentos do preço do petróleo), muitos governos europeus aumentaram a generosidade do seguro-desemprego e o grau da proteção ao emprego. Entretanto, nem na década de 1960 as instituições do mercado de trabalho europeu se pareciam com as norte-americanas. A proteção social era mais alta na Europa, e, ainda assim, o desemprego era menor.

Uma linha mais convincente de explicação se concentra na interação entre instituições e choques. Algumas instituições do mercado de trabalho podem ser favoráveis em alguns ambientes e muito custosas em outros. Consideremos a proteção ao emprego, por exemplo. Se a competição entre as empresas é limitada, a necessidade de ajustar o emprego em cada empresa pode ser limitada também, e, portanto, o custo da proteção ao emprego pode ser baixo. Contudo, se a competição aumenta — entre empresas nacionais ou estrangeiras —, o custo da proteção ao emprego pode se tornar muito alto. As empresas que não conseguirem ajustar rapidamente sua força de trabalho podem simplesmente deixar de competir e sair do negócio.

Fato 2: antes do início da recente crise, uma série de países europeus apresentava baixo desemprego, conforme mostra a Figura 1, que mostra a taxa de desemprego para 15 países europeus em 2006 (os 15 membros da União Europeia antes da ampliação para 27 países). Optamos por 2006 porque, em todos esses países, a inflação era estável, sugerindo que a taxa de desemprego era aproximadamente igual à taxa natural.

Como se pode ver, a taxa de desemprego era realmente alta nos quatro grandes países continentais: França, Espanha, Alemanha e Itália. Mas vale notar como a taxa de desemprego era baixa em alguns dos outros países — especialmente Dinamarca, Irlanda e Holanda.

Será que nesses países com baixo desemprego têm-se seguro-desemprego baixo, baixa proteção ao emprego e sindicatos fracos? Infelizmente as coisas não são tão simples. Países como a Irlanda e o Reino Unido contam com instituições no mercado de trabalho que se parecem com as dos EUA: seguro-desemprego limitado, baixa proteção ao emprego e sindicatos fracos. Mas países como a Dinamarca e a Holanda possuem alto grau de proteção social (em especial, altos seguros-desemprego) e sindicatos fortes.

O que concluir então? Um consenso cada vez mais forte entre os economistas é o de que o problema mora nos pequenos detalhes: uma proteção social generosa é compatível com um baixo desemprego, mas deve ser oferecida de forma eficiente. Por exemplo, o

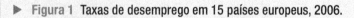

▶ Figura 1 Taxas de desemprego em 15 países europeus, 2006.

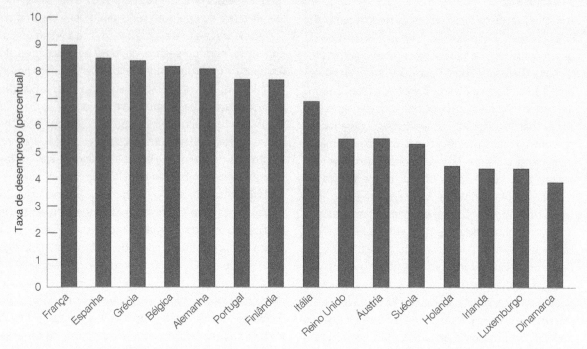

seguro-desemprego pode ser generoso se, ao mesmo tempo, o desempregado é forçado a aceitar um novo trabalho quando ele está disponível. A proteção ao emprego (por exemplo, na forma de generosas indenizações) pode ser consistente com o baixo desemprego quando as empresas não se deparam com a possibilidade de longas incertezas administrativas ou judiciais ao dispensarem empregados. Países como a Dinamarca parecem ter tido mais sucesso no alcance dessas metas. A criação de incentivos para que os desempregados aceitem novos empregos e a simplificação das regras de proteção ao emprego fazem parte da agenda de reformas de muitos governos europeus. Espera-se que tais medidas levem à diminuição da taxa natural no futuro.

Nota: para mais informações sobre este tema, leia: BLANCHARD, Olivier. European Unemployement: The evolution of facts and ideas, *Economic Policy*, v. 1, p. 1-54, 2006.

Inflação alta e a relação da curva de Phillips

Lembre-se de como, na década de 1970, a curva de Phillips dos Estados Unidos mudou à medida que a inflação se tornou mais persistente, e os fixadores de salários mudaram a maneira como formavam as expectativas acerca da inflação. Trata-se de uma lição genérica. A relação entre desemprego e inflação provavelmente muda com o nível e a persistência da inflação. A evidência de países com inflação alta confirma essa lição. Não somente muda a maneira como trabalhadores e empresas formam suas expectativas como também alteram-se os arranjos institucionais.

Quando a taxa de inflação se eleva, a inflação tende a ser mais variável. Como resultado, trabalhadores e empresas ficam mais relutantes em fechar contratos de trabalho que fixem salários nominais por um longo período de tempo. Se a inflação for mais alta do que o esperado, os salários reais poderão despencar e os trabalhadores sofrerão uma grande queda em seu padrão de vida. Se a inflação for menor do que o esperado, os salários reais poderão aumentar acentuadamente. As empresas poderão não ser capazes de pagar seus trabalhadores, e algumas correrão o risco de ir à falência.

▶ Mais concretamente, quando a inflação situa-se, em média, em 3% ao ano, os fixadores de salários têm motivos para acreditar que a inflação estará entre 1% e 5%. Quando a inflação situa-se, em média, em 30% ao ano, os fixadores de salários podem estimar que a inflação estará entre 20% e 40%. No primeiro caso, o salário real tem chance de vir a ser 2% maior ou menor do que o esperado no momento da fixação do salário nominal. No segundo, o salário real pode vir a ser 10% maior ou menor do que o esperado. Há muito mais incerteza no segundo caso.

FOCO

Mudanças na taxa natural de desemprego dos Estados Unidos desde 1990

Como já discutimos, a taxa natural de desemprego parece ter diminuído nos Estados Unidos de cerca de 7% a 8% na década de 1980 para perto de 5% atualmente. (Na época da produção deste livro, a taxa de desemprego era de 5,5% e a inflação estava estável.) Os pesquisadores apresentaram uma série de explicações.

♦ O aumento da globalização e uma maior concorrência entre empresas norte-americanas e estrangeiras podem ter levado a uma redução do poder de monopólio e da margem. Além disso, o fato de as empresas poderem transferir mais facilmente algumas operações para o exterior certamente as fortalece na negociação com seus trabalhadores. A evidência é que os sindicatos na economia norte-americana estão perdendo força. A taxa de sindicalização nos Estados Unidos, que se manteve em 25% em meados da década de 1970, é de cerca de 10% atualmente. Como vimos, um poder de negociação mais fraco por parte dos trabalhadores provavelmente vai acarretar menor desemprego.

♦ A natureza do mercado de trabalho mudou. Em 1980, empregos em agências de trabalho temporário respondiam por menos de 0,5% do total de empregos nos Estados Unidos. Atualmente, responde por mais de 2%. Também é provável que isso tenha reduzido a taxa natural de desemprego. Com efeito, permite que muitos trabalhadores procurem empregos enquanto estão empregados em vez de desempregados. O papel crescente de sites de emprego, como o *Monster.com*, também facilitou o preenchimento dos postos de trabalho pelos trabalhadores, resultando em menor desemprego.

Algumas outras explicações podem surpreender. Por exemplo, os pesquisadores também apontam para:

♦ Envelhecimento da população dos Estados Unidos. A proporção de trabalhadores jovens (com idade entre 16 e 24 anos) caiu de 24% em 1980 para 14% atualmente. Isso reflete o fim do período de aumento da natalidade conhecido como *baby boom*, que terminou em meados da década de 1960. Os trabalhadores jovens tendem a começar sua vida profissional indo de um emprego a outro e normalmente têm taxas de desemprego mais altas. Portanto, uma diminuição da proporção de trabalhadores jovens leva a uma diminuição da taxa de desemprego total.

♦ Aumento da população carcerária. A proporção da população em penitenciárias ou cadeias triplicou nos últimos 20 anos nos Estados Unidos. Em 1980, 0,3% da população em idade ativa estava em prisões; atualmente a proporção aumentou para 1,0%. Como muitos desses indivíduos certamente estariam desempregados caso não estivessem presos, é provável que isso tenha um efeito sobre a taxa de desemprego.

♦ Aumento do número de trabalhadores aposentados por invalidez. Um afrouxamento dos critérios de elegibilidade desde 1984 tem levado a um aumento contínuo do número de trabalhadores que recebem aposentadoria por invalidez, de 2,2% da população em idade ativa em 1984 para 4,3% atualmente. Mais uma vez, é provável que, caso não tivesse havido alteração nas leis, alguns dos trabalhadores que recebem aposentadoria por invalidez estariam, em vez disso, desempregados.

A taxa natural de desemprego permanecerá baixa no futuro? Globalização, demografia, penitenciárias, agências de empregos temporários e o papel crescente da internet provavelmente vieram para ficar, sugerindo que a taxa natural pode realmente permanecer baixa. Durante a crise, porém, havia a preocupação de que o grande aumento do desemprego real (perto de 10% em 2010) poderia acabar se traduzindo em um aumento da taxa natural de desemprego. O mecanismo através do qual isso pode acontecer é conhecido como *histerese* (em economia, este termo é usado para significar que "após um choque, uma variável não retorna a seu valor inicial, mesmo passado o choque"). Trabalhadores que ficam desempregados há muito tempo podem perder suas habilidades, ou seu ânimo, e se tornar, na verdade, inempregáveis, acarretando uma taxa natural mais elevada. Essa era uma preocupação relevante. Como vimos no Capítulo 7, em 2010, a duração média de desemprego era de 33 semanas, um número excepcionalmente alto para os padrões históricos. Quarenta e três por cento dos desempregados estavam nessa condição há mais de seis meses, e 28% há mais de um ano. Quando a economia reaquecesse, quantos deles estariam marcados por sua experiência de desemprego e teriam dificuldade de recolocação? O veredito ainda não chegou. Mas, dada a atual taxa de desemprego relativamente baixa e a ausência de pressão sobre a inflação, parece que essa preocupação não era justificada, pelo menos no nível macroeconômico.

Para mais informações sobre a redução na taxa natural, leia KATZ, Lawrence; KRUEGER, Alan. The high-pressure U.S. labor market of the 1990s. *Brookings Papers on Economic Activity*, 1, p. 1–87, 1999.

Por esse motivo, nos Estados Unidos, os termos dos acordos salariais mudam com o nível de inflação. Os salários nominais são fixados para períodos de tempo mais curtos, indo de um ano a um mês, ou até menos. A **indexação de salários**, uma cláusula que aumenta automaticamente os salários de acordo com a inflação, torna-se mais difundida.

Essas mudanças levam, por sua vez, a uma resposta mais forte da inflação ao desemprego. Um exemplo baseado na indexação de salários nos ajudará a ver isso. Imaginemos uma economia que tenha dois tipos de contrato de trabalho. Uma proporção λ (a letra grega minúscula lambda) dos contratos de trabalho é indexada. Os salários nominais desses contratos ajustam-se proporcionalmente à variação do nível de preços efetivo. Uma proporção $1 - \lambda$ dos contratos de trabalho não é indexada. Os salários nominais são fixados com base na inflação esperada.

Sob essa hipótese, a Equação 8.9 torna-se

$$\pi_t = [\lambda\pi_t + (1 - \lambda)\pi_t^e] - \alpha(u_t - u_n)$$

O termo entre colchetes do lado direito reflete o fato de que uma proporção λ dos contratos é indexada e, dessa forma, responde à inflação efetiva π_t, e uma proporção $(1 - \lambda)$ responde à inflação esperada π_t^e. Se assumirmos que a inflação esperada para este ano seja igual à inflação efetiva do ano anterior, $\pi_t^e = \pi_{t-1}$, temos

$$\pi_t = [\lambda\pi_t + (1 - \lambda)\pi_{t-1}] - \alpha(u_t - u_n) \tag{8.11}$$

Quando $\lambda = 0$, todos os salários são fixados com base na inflação esperada — que é igual à inflação do ano anterior, π_{t-1} —, e a equação reduz-se à Equação 8.10:

$$\pi_t - \pi_{t-1} = -\alpha(u_t - u_n)$$

No entanto, quando λ é positivo, uma proporção λ dos salários é fixada com base na inflação efetiva, em vez da inflação esperada. Para entender o que isso implica, vamos reorganizar a Equação 8.11. Passando o termo entre colchetes para a esquerda, fatoramos $(1 - \lambda)$ no lado esquerdo da equação e dividimos os dois lados por $1 - \lambda$ para obter

$$\pi_t - \pi_{t-1} = -\frac{\alpha}{(1 - \lambda)}(u_t - u_n)$$

A indexação de salários aumenta o efeito do desemprego sobre a inflação. Quanto maior a proporção de contratos de salários indexados — quanto maior λ —, maior o efeito da taxa de desemprego sobre a variação da inflação — maior o coeficiente $\alpha/(1 - \lambda)$.

A intuição é a seguinte: sem indexação de salários, o desemprego menor aumenta os salários, o que, por sua vez, aumenta os preços. No entanto, como os salários não respondem imediatamente aos preços, não há um aumento adicional de preços dentro do ano. Com a indexação de salários, porém, um aumento dos preços leva a um aumento adicional dos salários dentro do ano, o que leva a um aumento adicional dos preços, e assim por diante, de modo que o efeito do desemprego sobre a inflação dentro do ano é maior.

Se, e quando, λ se aproxima de 1 — quando a maior parte dos contratos de trabalho permite a indexação de salários —, pequenas mudanças no desemprego podem levar a variações muito grandes da inflação. Posto de outra maneira, pode haver grandes variações da inflação com praticamente nenhuma mudança no desemprego. Isso é o que ocorre em países onde a inflação é muito alta. A relação entre inflação e desemprego torna-se mais tênue até, finalmente, desaparecer por completo.

Deflação e a relação da curva de Phillips

Acabamos de examinar o que acontece à curva de Phillips quando a inflação está muito alta. Outra questão é o que ocorre quando a inflação está baixa, e possivelmente negativa — quando há deflação.

A motivação dessa pergunta é dada por um aspecto da Figura 8.1, que mencionamos no início do capítulo, mas que na ocasião deixamos de lado. Observe-se que naquela figura os pontos correspondentes à década de 1930 (representados por triângulos) posicionam-se à direita dos outros. Não somente o desemprego está excessivamente alto — o que não é de surpreender, pois estamos examinando os anos correspondentes à Grande Depressão —, mas, *dada a alta taxa de desemprego*, a taxa de inflação está surpreendentemente alta. Em outras palavras, dada a taxa de desemprego muito alta, teríamos esperado não somente uma deflação, como também uma alta taxa de deflação. Na verdade, a deflação foi limitada, e de 1934 a 1937, apesar de um desemprego ainda elevado, a inflação foi positiva.

Como interpretamos este fato? Existem duas explicações possíveis.

Uma é que a Grande Depressão estava associada a um aumento não somente da taxa de desemprego efetivo, mas também da taxa natural de desemprego. Isso parece improvável. A maioria dos historiadores econômicos vê a Grande Depressão principalmente como resultado de um grande deslocamento adverso da demanda agregada que levou a um aumento da taxa de desemprego efetivo em relação à taxa natural de desemprego, em vez de um aumento da taxa natural de desemprego propriamente dita.

> Se u_n aumenta com u, então $u - u_n$ pode permanecer pequeno, mesmo que u seja alto.

Outra explicação é que, quando a economia começa a experimentar deflação, a relação da curva de Phillips quebra. Uma possível razão é a relutância dos trabalhadores em aceitar reduções dos salários nominais. Eles aceitarão inconscientemente um corte nos salários reais que ocorra quando os salários nominais aumentem mais lentamente do que a inflação. Entretanto, provavelmente lutarão contra o mesmo corte nos salários reais se resultarem de um corte explícito em seus salários nominais. Esse mecanismo é claramente ativo em alguns países. A Figura 8.5, por exemplo, traça a distribuição das variações salariais em Portugal em dois anos diferentes, em 1984 (quando a taxa de inflação era de elevados 27%) e em 2012 (quando a taxa de inflação era de apenas 2,1%). Note como a distribuição das variações salariais é aproximadamente simétrica em 1984 e como é agrupada em zero em 2012, com quase nenhuma variação salarial negativa. Na medida em que esse mecanismo está em ação, isso implica que a relação da curva de Phillips entre a variação da inflação e o desemprego pode desaparecer, ou pelo menos se tornar mais fraca, quando a economia está perto da inflação zero.

> Consideremos dois cenários. No primeiro, a inflação é de 4% e seu salário nominal sobe 2%. No outro, a inflação é de 0% e seu salário nominal sofre um corte de 2%. Qual cenário lhe desagrada mais? Você deveria ser indiferente em relação a ambos. Nos dois casos seu salário real diminui em 2%. Existe alguma evidência, entretanto, de que a maioria das pessoas considera o primeiro cenário menos doloroso, e, assim, sofrem de *ilusão monetária*, um termo que explicitaremos no Capítulo 24.

Quando a inflação é baixa, poucos trabalhadores aceitam um corte nos salários nominais.

Essa questão não é apenas de interesse histórico. Durante a recente crise (EUA, 2008), o desemprego aumentou consideravelmente em muitos países. Era de se esperar que isso provocasse uma grande redução da inflação, na verdade uma deflação substancial. No entanto, apesar de alguns países sofrerem deflação, ela permaneceu limitada. De modo geral, a inflação foi mais elevada do que teria sido prevista pelas versões estimadas da Equação 8.6 (estimadas separadamente em cada país). Se isso se deve ao mecanismo que acabamos de descrever, ou se reflete uma mudança na formação de expectativa (uma diminuição em θ) continua sendo uma incógnita.

> Uma diminuição em θ implicaria um retorno a uma relação mais próxima da Equação 8.3, com uma relação entre o nível de inflação e o desemprego. Isso explicaria por que o elevado desemprego levou a uma inflação mais baixa, em vez de a uma inflação continuamente decrescente.

▶ **Figura 8.5** Distribuição das variações salariais em Portugal, em tempos de alta e baixa inflação.

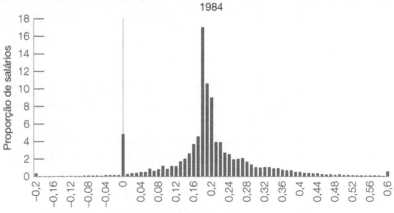

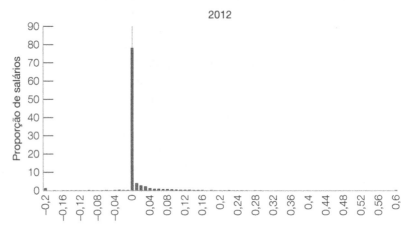

Fonte: Pedro Portugal, com base em pesquisa domiciliar portuguesa.

Resumo

- O equilíbrio do mercado de trabalho implica uma relação entre inflação, inflação esperada e desemprego. Dado o desemprego, uma inflação esperada maior leva a uma inflação maior. Dada a inflação esperada, um desemprego maior leva a uma inflação menor.

- Quando a inflação não é muito persistente, a inflação esperada não depende da inflação passada. Assim, a relação torna-se uma relação entre inflação e desemprego. Foi isso que Phillips, no Reino Unido, e Solow e Samuelson, nos Estados Unidos, descobriram quando examinaram, no final da década de 1950, o comportamento conjunto do desemprego e da inflação.

- À medida que a inflação se tornou mais persistente a partir da década de 1960, as expectativas de inflação passaram a se basear cada vez mais na inflação passada. A relação passou a ser entre o desemprego e a variação da inflação. O desemprego alto leva a uma inflação decrescente; o desemprego baixo leva a uma inflação crescente.

- A taxa natural de desemprego é a taxa de desemprego em que a taxa de inflação permanece constante. Quando a taxa de desemprego efetivo ultrapassa a taxa natural de desemprego, a taxa de inflação normalmente diminui; quando a taxa de desemprego efetivo é menor do que a taxa natural de desemprego, a taxa de inflação normalmente aumenta.

- A taxa natural de desemprego depende de muitos fatores que diferem de um país para outro e podem variar ao longo do tempo. É por isso que a taxa natural de desemprego varia entre países, sendo mais alta na Europa do que nos Estados Unidos. Além disso, a taxa natural de desemprego varia ao longo do tempo. Na Europa, esta taxa aumentou muito desde a década de 1960. Nos Estados Unidos, aumentou da década de 1960 à de 1980, e parece ter diminuído desde então.

♦ As mudanças no modo como a taxa de inflação varia ao longo do tempo afetam o modo como os fixadores de salários formam expectativas e também a extensão em que utilizam a indexação de salários. Quando a indexação de salários está amplamente disseminada, pequenas mudanças no desemprego podem levar a variações muito grandes da inflação. Com altas taxas de inflação, a relação entre inflação e desemprego desaparece completamente.

♦ A taxas de inflação muito baixas ou negativas, a relação da curva de Phillips parece enfraquecer. Durante a Grande Depressão, até mesmo o desemprego muito alto levou apenas a uma deflação limitada. Esta questão é importante, pois muitos países têm inflação baixa atualmente.

Palavras-chave

- acordos de extensão, 181
- curva de Phillips, 170
- curva de Phillips aceleracionista, 176
- curva de Phillips aumentada pelas expectativas, 176
- curva de Phillips modificada, 176
- indexação de salários, 184
- rigidez do mercado de trabalho, 179
- taxa de desemprego não aceleradora da inflação (NAIRU), 179

Questões e problemas

Teste rápido

1. **Usando as informações contidas neste capítulo, diga se cada afirmação a seguir é verdadeira, falsa ou incerta. Explique brevemente.**

    a. A curva de Phillips original é a relação negativa entre desemprego e inflação observada pela primeira vez no Reino Unido.

    b. A relação da curva de Phillips original mostrou-se muito estável de um país para outro e ao longo do tempo.

    c. Em alguns períodos da história, a inflação foi muito persistente entre anos contíguos. Em outros, a inflação de um ano foi um preditor insatisfatório da inflação do ano seguinte.

    d. Os formuladores de política econômica podem explorar o *trade-off* entre inflação e desemprego apenas temporariamente.

    e. A inflação esperada é sempre igual à inflação efetiva.

    f. No final da década de 1960, os economistas Milton Friedman e Edmund Phelps afirmaram que os formuladores de política econômica podiam atingir uma taxa de desemprego tão reduzida quanto desejassem.

    g. Se as pessoas assumirem que a inflação será a mesma do último ano, a relação da curva de Phillips será entre a variação da taxa de inflação e a taxa de desemprego.

    h. A taxa natural de desemprego é constante ao longo do tempo dentro de um país.

    i. A taxa natural de desemprego é a mesma em todos os países.

    j. Deflação significa que a taxa de inflação é negativa.

2. **Comente as seguintes afirmações:**

    a. A curva de Phillips implica que quando o desemprego é alto a inflação é baixa, e vice-versa. Portanto, podemos experimentar ou inflação alta, ou desemprego alto, mas nunca ambos simultaneamente.

    b. Desde que a inflação elevada não nos incomode, podemos atingir o nível de desemprego mais baixo que desejarmos. Tudo o que precisamos fazer é aumentar a demanda por bens e serviços usando, por exemplo, uma política fiscal expansionista.

188   Macroeconomia

c. Em períodos de deflação, os trabalhadores resistem a reduções em seus salários nominais, apesar de os preços estarem caindo.

3. A taxa natural de desemprego

a. A curva de Phillips é $\pi_t = \pi_t^e + (m + z) - \alpha u_t$.
Reescreva esta relação como uma relação entre o desvio da taxa de desemprego da taxa natural, inflação e inflação esperada.

b. No capítulo anterior, derivamos a taxa natural de desemprego. Qual a condição sobre o nível de preços e sobre o nível de preços esperado foi imposta nessa derivação? Como isso se relaciona com a condição imposta no item (a)?

c. Como a taxa natural de desemprego varia com a margem?

d. Como a taxa natural de desemprego varia com o termo abrangente, z?

e. Identifique duas importantes fontes de variação na taxa natural de desemprego entre países e ao longo do tempo.

4. A formação da inflação esperada

O texto propõe o seguinte modelo de inflação esperada

$$\pi_t^e = (1 - \theta)\bar{\pi} + \theta\pi_{t-1}$$

a. Descreva o processo de formação da inflação esperada quando $\theta = 0$.

b. Descreva o processo de formação da inflação esperada quando $\theta = 1$.

c. Como você forma sua própria expectativa de inflação? Mais como em (a) ou mais como em (b)?

5. Mutações da curva de Phillips

Suponhamos que a curva de Phillips seja dada por

$$\pi_t = \pi_t^e + 0,1 - 2u_t$$

e a inflação esperada seja dada por

$$\pi_t^e = (1 - \theta)\bar{\pi} + \theta\pi_{t-1}$$

e suponhamos que θ seja inicialmente igual a zero e $\bar{\pi}$ seja dado e não varie. Pode ser igual a zero ou qualquer valor positivo. Suponhamos que a taxa de desemprego seja inicialmente igual à taxa natural. No ano t, as autoridades decidem reduzir a taxa de desemprego para 3% e mantê-la nesse patamar para sempre.

a. Determine a taxa de inflação dos períodos $t + 1, t + 2, t + 3, t + 4, t + 5$. Como π se compara com $\bar{\pi}$?

b. Você acredita na resposta dada em (a)? Justifique. (*Dica:* pense em como as pessoas provavelmente formam as expectativas de inflação.)

Agora, suponhamos que no ano $t + 6$, θ aumente de 0 para 1. Suponha que o governo ainda esteja determinado a manter u em 3% para sempre.

c. Por que θ deve aumentar dessa forma?

d. Qual será a taxa de inflação nos anos $t + 6, t + 7$ e $t + 8$?

e. O que acontece com a inflação quando $\theta = 1$ e o desemprego é mantido abaixo da taxa natural de desemprego?

f. O que acontece com a inflação quando $\theta = 1$ e o desemprego é mantido à taxa natural de desemprego?

Aprofundando

6. Os efeitos macroeconômicos da indexação de salários

Suponhamos que a curva de Phillips seja dada por:

$$\pi_t - \pi_t^e = 0,1 - 2u_t$$

em que

$$\pi_t^e = \pi_{t-1}$$

Suponhamos que a inflação no ano $t - 1$ seja igual a zero. No ano t, o Banco Central decide manter a taxa de desemprego em 4% para sempre.

a. Calcule a taxa de inflação para os anos $t, t + 1, t + 2$ e $t + 3$.

Agora, suponhamos que metade dos trabalhadores tenha contratos de trabalho indexados.

b. Qual é a nova equação da curva de Phillips?

c. Com base em sua resposta no item (b), recalcule sua resposta para o item (a).

d. Qual é o efeito da indexação de salários sobre a relação entre π e u?

7. Estimativa da taxa natural de desemprego

Para responder a esta questão, você precisará de dados sobre as taxas anuais de inflação e desemprego nos Estados Unidos desde 1970, os quais podem ser obtidos no site do Economic Report of the President <https://www.gpo.gov/fdsys/browse/collection. action?collectionCode=ERP>. Planilhas em Excel dos valores podem ser baixadas.

Baixe os dados anuais da taxa de desemprego civil. No relatório do ERP de 2015, é a Tabela B-12. Além disso, baixe o aumento percentual anual do índice de preços ao consumidor, referente a todos consumidores urbanos. No relatório do ERP de 2015, é a Tabela B-10. Você pode acessar os mesmos dados no site do Federal Reserve Bank of St. Louis (FRED).

a.
Com os dados, trace um gráfico para todos os anos a partir de 1970, com a variação da inflação no eixo vertical e a taxa de desemprego no eixo horizontal. Seu gráfico é semelhante à Figura 8.4?

b.
Com o auxílio de uma régua, trace a reta que parece se ajustar melhor à nuvem de pontos da figura. Qual é a declividade aproximada da sua reta? Qual é o intercepto? Escreva a equação correspondente.

c.
De acordo com a análise em (b), qual tem sido a taxa natural de desemprego desde 1970?

8. Mudanças na taxa natural de desemprego.

a.
Repita a Questão 6, desenhando agora gráficos separados para o período 1970–1990 e de 1990 em diante.

b.
Você acha que a relação entre inflação e desemprego é diferente nos dois períodos? Caso seja, como a taxa natural de desemprego mudou?

Explorando mais

9. Usando a taxa natural de desemprego para prever mudanças na inflação

A curva de Phillips estimada da Figura 8.4 é

$$\pi_t - \pi_{t-1} = 3,0 - 0,5u_t$$

Preencha a tabela a seguir usando os dados coletados na Questão 7. Você pode usar uma planilha.

a.
Avalie a capacidade da curva de Phillips de prever mudanças na inflação durante todo o período de tempo.

b.
Avalie a capacidade da curva de Phillips para prever mudanças na inflação durante os anos de crise de 2009 e 2010. O que você acha que pode estar acontecendo?

c.
Você pode adicionar anos após 2014 à sua tabela. Avalie a capacidade preditiva "fora da amostra" da curva de Phillips aumentada pelas expectativas, estimada com os dados que terminam em 2014 para prever a inflação após 2014.

Ano	Inflação	Desemprego	Variação prevista na inflação	Variação prevista na inflação menos a variação efetiva na inflação
2003				
2004				
2005				
2006				
2007				
2008				
2009				
2010				
2011				
2012				
2013				
2014				
Anos futuros				

190 Macroeconomia

10. A taxa de inflação e a inflação esperada em diferentes décadas

Preencha os valores na tabela a seguir para a inflação e a inflação esperada usando a década de 1960. Aqui você terá de encontrar os dados usando a base de dados do FRED operada pelo Federal Reserve Bank of St. Louis. A série está na Questão 7. Você se sairá melhor usando uma planilha.

A partir da década de 1960:

Ano	π_t Inflação efetiva	π_{t-1} Inflação efetiva defasada	π_t^e Inflação esperada sob diferentes hipóteses		$\pi_t^e - \pi_t$ Diferença: inflação esperada menos inflação efetiva sob diferentes hipóteses	
Ano			Suponha $\theta = 0$ e $\bar{\pi} = 0$	Suponha $\theta = 1,0$	Suponha $\theta = 0$ e $\bar{\pi} = 0$	Suponha $\theta = 1,0$
1963						
1964						
1965						
1966						
1967						
1968						
1969						

a. Zero é uma boa escolha para o valor de θ na década de 1960? $\bar{\pi} = 0$ é uma boa escolha para um valor de $\bar{\pi}$? Como você faz essas avaliações?

b. 1 é uma boa escolha para o valor de θ na década de 1960? Como você faz essa avaliação?

Preencha os valores na tabela a seguir para a inflação e a inflação esperada usando as décadas de 1970 e 1980. Você se sairá melhor usando uma planilha.

Das décadas de 1970 e 1980:

Ano	π_t Inflação efetiva	π_{t-1} Inflação efetiva defasada	π_t^e Inflação esperada sob diferentes hipóteses		$\pi_t^e - \pi_t$ Diferença: inflação esperada menos inflação efetiva sob diferentes hipóteses	
Ano			Suponha $\theta = 0$ e $\bar{\pi} = 0$	Suponha $\theta = 1,0$	Suponha $\theta = 0$ e $\bar{\pi} = 0$	Suponha $\theta = 1,0$
1973						
1974						
1975						
1976						
1977						
1978						
1979						
1980						
1981						

c. Zero é uma boa escolha para o valor de θ ou $\bar{\pi}$ na década de 1970? Como você faz essa avaliação?

d. 1 é uma boa escolha para o valor de θ na década de 1970? Como você faz essa avaliação?

e. Como você compara o comportamento da inflação, seu nível médio e sua persistência nesses dois períodos?

Apêndice

Derivação da relação para uma relação entre inflação, inflação esperada e desemprego

Este apêndice mostra como ir da relação entre nível de preços, nível esperado de preços e taxa de desemprego dada pela Equação 8.1

$$P = P^e(1 + m)(1 - \alpha u + z)$$

para a relação entre inflação, inflação esperada e taxa de desemprego dada pela Equação 8.2:

$$\pi = \pi^e + (m + z) - \alpha u$$

Em primeiro lugar, coloque subscritos temporais para o nível de preços, o nível esperado de preços e a taxa de desemprego, de modo que P_t, P_t^e e u_t refiram-se, respectivamente, a nível de preços, nível esperado de preços e taxa de desemprego no ano t. A Equação 8.1 torna-se

$$P_t = P_t^e(1 + m)(1 - \alpha u_t + z)$$

Em seguida, passe de uma expressão em termos de níveis de preços para uma expressão em termos de taxas de inflação. Divida ambos os lados pelo nível de preços do ano anterior, P_{t-1}:

$$\frac{P_t}{P_{t-1}} = \frac{P_t^e}{P_{t-1}}(1 + m)(1 - \alpha u_t + z) \qquad (8A.1)$$

Reescreva a fração P_t/P_{t-1} do lado esquerdo como

$$\frac{P_t}{P_{t-1}} = \frac{P_t - P_{t-1} + P_{t-1}}{P_{t-1}} = 1 + \frac{P_t - P_{t-1}}{P_{t-1}} = 1 + \pi_t$$

em que a primeira igualdade vem de subtrair e somar P_{t-1} no numerador da fração; a segunda igualdade vem do fato de que $P_{t-1}/P_{t-1} = 1$; e a terceira vem da definição da taxa de inflação ($\pi_t \equiv (P_t - P_{t-1})/P_{t-1}$).

Faça o mesmo para a fração P_t^e/P_{t-1} do lado direito, utilizando a definição da taxa de inflação esperada ($\pi_t^e \equiv (P_t^e - P_{t-1})/P_{t-1}$):

$$\frac{P_t^e}{P_{t-1}} = \frac{P_t^e - P_{t-1} + P_{t-1}}{P_{t-1}} = 1 + \frac{P_t^e - P_{t-1}}{P_{t-1}} = 1 + \pi_t^e$$

Substituindo P_t/P_{t-1} e P_t^e/P_{t-1}, na Equação 8A.1, pelas expressões que acabamos de derivar, temos:

$$(1 + \pi_t) = (1 + \pi_t^e)(1 + m)(1 - \alpha u_t + z)$$

Isso nos dá uma relação entre inflação (π_t), inflação esperada (π_t^e) e taxa de desemprego (u_t). Os passos seguintes fazem que a relação pareça mais simples.

Divida ambos os lados por $(1 + \pi_t^e)(1 + m)$:

$$\frac{(1 + \pi_t)}{(1 + \pi_t^e)(1 + m)} = 1 - \alpha u_t + z$$

Enquanto a inflação, a inflação esperada e a margem não forem grandes demais, uma boa aproximação para o lado esquerdo dessa equação será dada por $1 + \pi_t - \pi_t^e - m$ (veja as proposições 3 e 6 no Apêndice 2 ao final do livro). Substituindo na equação anterior e rearranjando, temos:

$$\pi_t = \pi_t^e + (m + z) - \alpha u_t$$

Removendo os índices temporais, essa é a Equação 8.2 do texto. Mantendo os índices temporais, essa é a Equação 8.3.

A taxa de inflação, π_t, depende da taxa de inflação esperada, π_t^e, e da taxa de desemprego, u_t. A relação também depende da margem, m, dos fatores que afetam a fixação de salários, z, e do efeito da taxa de desemprego sobre os salários, α.

CAPÍTULO 9

Do curto ao médio prazo: o modelo IS-LM-PC

Nos capítulos 3 a 6 analisamos o equilíbrio nos mercados de bens e nos mercados financeiros e vimos como, no curto prazo, o produto é determinado pela demanda. Nos capítulos 7 e 8 examinamos o equilíbrio no mercado de trabalho e derivamos como o desemprego afeta a inflação. Agora juntamos as duas partes para caracterizar o comportamento do produto, do desemprego e da inflação, tanto no curto quanto no médio prazo. Diante de uma questão macroeconômica sobre determinado choque ou determinada política, este modelo, que denominaremos IS-LM-PC (PC para curva de Phillips, em inglês), é normalmente o que usamos ou do qual partimos. Esperamos que você o ache tão útil quanto nós.

O capítulo está organizado da seguinte forma.

A Seção 9.1 desenvolve o modelo IS-LM-PC.
A Seção 9.2 analisa a dinâmica de ajuste do produto e da inflação.
A Seção 9.3 examina os efeitos dinâmicos de uma consolidação fiscal.
A Seção 9.4 trata dos efeitos dinâmicos de um aumento no preço do petróleo.
A Seção 9.5 conclui o capítulo.

9.1 O modelo IS-LM-PC

No Capítulo 6, derivamos a equação a seguir (Equação 6.5) para o comportamento do produto no curto prazo:

$$Y = C(Y - T) + I(Y, r + x) + G \qquad (9.1)$$

No curto prazo, o produto é determinado pela demanda, que é a soma de consumo, investimentos e gastos governamentais. O consumo depende da renda disponível, que é igual à renda líquida de impostos. O investimento depende do produto e da taxa de empréstimos real; a taxa de juros real relevante às decisões de investimento é igual à taxa de empréstimo, a soma da taxa básica real, r, definida pelo Banco Central, com um prêmio de risco, x. Os gastos do governo são exógenos.

Como fizemos no Capítulo 6, podemos desenhar a curva IS contida na Equação 9.1 entre produto, Y, e a taxa básica, r, para impostos, T, prêmio de risco, x, e gastos governamentais, G, dados. Isso é demonstrado na parte superior da Figura 9.1. A curva é inclinada para baixo. Quanto menor a taxa básica real, r, dada pela curva plana LM, maior o nível de equilíbrio do produto. O mecanismo por trás da relação já deve ser familiar agora: uma taxa básica mais baixa aumenta o investimento. Maior investimento leva a maior demanda. Maior demanda leva a maior produto. O aumento do produto eleva ainda mais o consumo e o investimento, acarretando maior aumento da demanda, e assim por diante.

▶ **Figura 9.1 O modelo IS-LM-PC.**

Gráfico superior: uma taxa básica mais baixa acarreta maior produto.
Gráfico inferior: um produto mais alto acarreta maior variação da inflação.

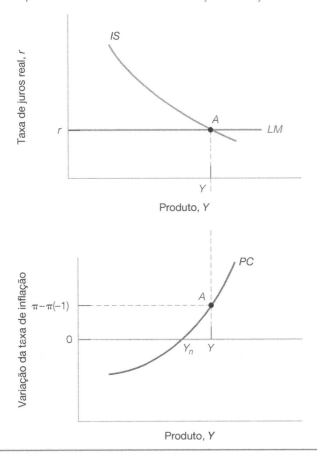

Agora vamos analisar a parte inferior da Figura 9.1. No Capítulo 8, derivamos a equação a seguir (Equação 8.9) para a relação entre inflação e desemprego, relação esta conhecida como *curva de Phillips*:

$$\pi - \pi^e = -\alpha(u - u_n) \tag{9.2}$$

Quando a taxa de desemprego é inferior à taxa natural, a inflação resulta maior que o esperado. Se o desemprego é superior à taxa natural, a inflação resulta menor que o esperado.

Dado que a primeira relação (Equação 9.1) está em termos de produto nosso primeiro passo deve ser reescrever a curva de Phillips em termos de produto, em vez de desemprego. Isso é fácil, mas requer algumas etapas. Vamos começar analisando a relação entre taxa de desemprego e o nível de emprego. Por definição, a taxa de desemprego é igual ao nível de desemprego dividido pela força de trabalho:

▶ Para recapitular, veja o Capítulo 2.

$$u \equiv U/L = (L - N)/L = 1 - N/L$$

onde N indica o nível de emprego, e L a força de trabalho. A primeira igualdade é simplesmente a definição da taxa de desemprego. A segunda decorre da definição de desemprego, e a terceira é obtida por simplificação. A taxa de desemprego é igual a 1 menos a razão nível de emprego/força de trabalho. Reorganizando para expressar N como função de u, temos:

$$N = L(1 - u)$$

O emprego é igual à força de trabalho multiplicada por 1 menos a taxa de desemprego. Retomando o produto, manteremos por ora a suposição simplificadora do Capítulo 7, segundo a qual o produto é simplesmente igual ao emprego, de modo que:

$$Y = N = L(1 - u)$$

onde a segunda igualdade decorre da equação anterior.

Assim, quando a taxa de desemprego é igual à taxa natural, u_n, o emprego é dado por $N_n = L(1 - u_n)$ e o produto é igual a $Y_n = L(1 - u_n)$. Chamemos de N_n o nível natural de emprego (ou, de forma abreviada, emprego natural) e Y_n o nível natural do produto (ou produto natural). Y_n também é conhecido como **produto potencial**, termo que será usado com frequência a seguir.

Decorre que podemos expressar o desvio do emprego de seu nível natural como:

$$Y - Y_n = L((1 - u) - (1 - u_n)) = -L(u - u_n)$$

Isso nos dá uma relação simples entre o hiato do produto em relação ao potencial e o desvio do desemprego em relação à sua taxa natural. A diferença entre produto e produto potencial é chamada de **hiato do produto**. Se o desemprego for igual à taxa natural, o produto será igual ao potencial, e o hiato do produto será igual a zero; se o desemprego estiver acima da taxa natural, o produto estará abaixo do potencial e o hiato do produto será negativo; e, se o desemprego estiver abaixo da taxa natural, o produto estará acima do potencial e o hiato do produto será positivo. (A relação dessa equação com a relação real entre produto e desemprego, conhecida como lei de Okun, é aprofundada no quadro Foco "A lei de Okun ao longo do tempo e entre países".)

Substituindo $u - u_n$ na Equação 9.2, temos:

$$\pi - \pi^e = (\alpha/L)(Y - Y_n) \tag{9.3}$$

> Para simplificar a notação, em vez de utilizar índices de tempo, neste capítulo usaremos (−1) para denotar o valor de uma variável no período anterior. Assim, por exemplo, $\pi(-1)$ denota inflação do ano anterior.

Precisamos passar por uma última etapa. Vimos, no Capítulo 7, que a maneira como os fixadores de salários formam expectativas muda com o passar do tempo. Neste capítulo, trabalharemos sob o pressuposto de que eles assumem que a inflação deste ano seja a mesma do ano passado. (Também veremos como os resultados diferem sob hipóteses alternativas.) Essa suposição implica que a relação da curva de Phillips é dada por:

$$\pi - \pi(-1) = (\alpha/L)(Y - Y_n) \tag{9.4}$$

Em suma: quando o produto está acima do potencial e, portanto, o hiato do produto é positivo, a inflação sobe. Quando o produto está abaixo do potencial e, portanto, o hiato do produto é negativo, a inflação cai. A relação positiva entre o produto e a variação da inflação é traçada como a curva inclinada para cima na parte inferior da Figura 9.1. O produto é medido no eixo horizontal, enquanto a variação da inflação, no eixo vertical. Quando o produto é igual ao potencial ou, de modo equivalente, quando o hiato do produto é igual a zero, a variação da inflação é igual a zero. Assim, a curva de Phillips cruza o eixo horizontal no ponto em que o produto é igual ao potencial.

Temos agora as duas equações necessárias para descrever o que acontece no curto e no médio prazos. É o que faremos na próxima seção.

FOCO

A lei de Okun ao longo do tempo e entre países

Como a relação entre produto e desemprego derivada no texto está associada à relação empírica entre ambos, conhecida como lei de Okun, que vimos no Capítulo 2?

Para responder a essa pergunta, primeiro devemos reescrever a relação no texto de uma forma que facilite a comparação entre ambos. Antes de realizarmos a derivação, que segue alguns passos, vamos ao resultado. A relação entre desemprego e produto derivada no texto pode ser reescrita como:

$$u - u(-1) \approx -g_Y \qquad (9B.1)$$

A variação na taxa de desemprego é aproximadamente igual ao negativo da taxa de crescimento do produto. (O símbolo $\approx$ significa aproximadamente igual.)

Aqui está a derivação. Começemos pela relação entre emprego, força de trabalho e taxa de desemprego $N = L(1 - u)$. Escreva a mesma relação para o ano anterior, assumindo uma força de trabalho constante L, de modo que $N(-1) = L(1 - u(-1))$. Junte as duas relações para obter:

$$N - N(-1) = L(1 - u) - L(1 - u(-1))$$
$$= -L(u - u(-1))$$

A variação no emprego é igual a menos a variação na taxa de desemprego, multiplicada pela força de trabalho. Vamos dividir ambos os lados por $N(-1)$ para obter:

$$(N - N(-1))/N(-1) = -(L/N(-1))(u - u(-1))$$

Note que a expressão no lado esquerdo fornece a taxa de crescimento do nível de emprego, que chamaremos g_N. Dada nossa suposição de que o produto é proporcional ao emprego, a taxa de crescimento do produto, que chamaremos g_Y, é simplesmente igual a g_N. Note também que $L/N(-1)$ é um número próximo a 1. Se a taxa de desemprego for igual a 5%, por exemplo, a razão entre força de trabalho e emprego é de 1,05. Assim, arredondando para 1, podemos reescrever a expressão como:

$$g_Y \approx -(u - u(-1))$$

A reorganização nos dá a equação que desejamos:

$$u - u(-1) \approx -g_Y \qquad (9B.1)$$

Agora voltemos nossa atenção à relação efetiva entre a variação da taxa de desemprego e o crescimento do produto, que vimos na Figura 2.5 no Capítulo 2, e é reproduzida aqui como Figura 1. A linha de regressão que se encaixa melhor nos pontos da Figura 1 é dada por:

$$u - u(-1) = -0{,}4(g_Y - 3\%) \qquad (9B.2)$$

▶ **Figura 1** Variações na taxa de desemprego *versus* crescimento do produto nos Estados Unidos, 1960-2014.

Um elevado crescimento do produto está associado a uma redução na taxa de desemprego; um baixo crescimento do produto está associado a um aumento na taxa de desemprego.

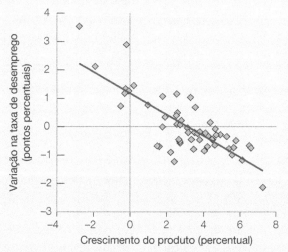

Fonte: Series GDPCA, GDPA: Federal Reserve Economic Data (FRED). Disponível em: <http://research.stlouisfed.org/fred2/>. Acesso em 12 jul. 2017.

Como na Equação 9B.1, a Equação 9B.2 mostra uma relação negativa entre a variação do desemprego e o crescimento do produto. Mas difere da Equação 9B.1 de duas maneiras.

* Em primeiro lugar, o crescimento anual do produto deve ser de pelo menos 3% para evitar que a taxa de desemprego se eleve. Isso se deve a dois fatores que ignoramos em nossa derivação: o crescimento da força de trabalho e o crescimento da produtividade do trabalho. Para manter uma taxa de desemprego constante, o emprego deve crescer na mesma proporção da força de trabalho. Suponhamos que a força de trabalho cresça 1,7% ao ano; então, o emprego deve crescer 1,7% ao ano. Se, além disso, a produtividade do trabalho (isto é, o produto por trabalhador) cresce 1,3% ao ano, isso implica que o produto deve crescer a 1,7% + 1,3% = 3% por ano. Em outras palavras, apenas para manter uma taxa de desemprego constante, o crescimento do produto deve ser igual à soma do crescimento da força de trabalho com o crescimento da produtividade do trabalho. Nos Estados Unidos, a soma da taxa de crescimento da força de trabalho com o crescimento da produtividade do trabalho tem sido igual a 3% ao ano em média desde 1960, e é por isso que o número 3% aparece no lado direito da Equação 9.2. (Entretanto, existe alguma evidência, à qual voltaremos nos capítulos mais adiante, de que o crescimento da produtividade declinou na última década e que a taxa de crescimento necessária para manter uma taxa de desemprego constante está agora mais próxima de 2% do que de 3%.)

* O coeficiente no lado direito da Equação 9B.2 é −0,4, comparado com −1,0 na Equação 9B.1. Dito de outra maneira, o crescimento do produto 1% acima do normal leva a uma redução na taxa de desemprego de apenas 0,4% na Equação 9B.2, em vez de uma redução de 1% na Equação 9B.1. Há dois motivos para isso:

As empresas ajustam o emprego menos que proporcionalmente em resposta aos desvios do crescimento do produto em relação ao normal. De modo mais específico, um crescimento do produto 1% acima do normal por um ano leva a um aumento da taxa de emprego de apenas 0,6%. Um dos motivos está no fato de alguns trabalhadores serem necessários independentemente do nível de produto. O departamento de contabilidade de uma empresa, por exemplo, precisa de aproximadamente o mesmo número de empregados esteja a empresa vendendo mais ou menos que o normal. Outro motivo é que custa caro treinar novos funcionários; por conta disso, as empresas preferem manter os atuais, em vez de suspender temporariamente o contrato de trabalho quando o produto está abaixo do normal, e pedir a eles que façam horas extras, em vez de contratar novos trabalhadores quando o produto está acima do normal. Em tempos difíceis, as empresas mantêm seus trabalhadores — aqueles de que necessitarão quando as coisas melhorarem. É por isso que esse comportamento das empresas é chamado de **reserva de mão de obra**.

Um aumento na taxa de emprego não acarreta uma diminuição proporcional da taxa de desemprego. Mais especificamente, um aumento de 0,6% na taxa de emprego leva a uma redução de apenas 0,4% na taxa de desemprego. Isso ocorre porque a taxa de atividade da força de trabalho aumenta. Quando o emprego aumenta, nem todas as novas vagas são preenchidas pelos desempregados. Algumas dessas vagas vão para pessoas classificadas como *fora da força de trabalho*, isto é, pessoas que não procuravam emprego ativamente.

Além disso, à medida que as perspectivas do mercado de trabalho melhoram para os desempregados, algumas pessoas desalentadas — que anteriormente estavam classificadas como fora da força de trabalho — decidem recomeçar ativamente a procura por um emprego, voltando a ser classificadas como desempregadas. Por ambas as razões o desemprego diminui menos do que o emprego aumenta.

Juntando as duas etapas: o desemprego responde proporcionalmente menos em relação aos movimentos no emprego, que, por sua vez, responde proporcionalmente menos aos movimentos no produto. O coeficiente que dá o efeito do crescimento do produto na variação na taxa de desemprego, aqui 0,4, é chamado de **coeficiente de Okun**. Considerando-se os fatores que determinam esse coeficiente, seria de esperar que ele diferisse entre países, e de fato difere. Por exemplo, no Japão, que tem uma tradição de emprego vitalício, as empresas ajustam o emprego muito menos em resposta a movimentos no produto, acarretando um coeficiente de Okun de apenas 0,1. Flutuações no produto são associadas a flutuações muito menores do desemprego no Japão do que nos Estados Unidos.

Para saber mais sobre a lei de Okun ao longo do tempo e entre países, leia Okun's law: Fit at 50?, de Laurence Ball, Daniel Leigh e Prakash Loungani, *working paper* 606, The Johns Hopkins University, 2012.

9.2 Dinâmica e equilíbrio de médio prazo

Voltemos à Figura 9.1. Suponhamos que a taxa básica escolhida pelo Banco Central seja igual a r. A parte superior da figura nos diz que, associado a essa taxa de juros, o nível de produto é dado por Y. A parte inferior da figura nos diz que esse nível de produto Y implica uma variação na inflação igual a $(\pi - \pi(-1))$. Dada a maneira como traçamos a figura, Y é maior que Y_n, de modo que o produto está acima do potencial. Isso implica que a inflação está subindo. Dito de forma menos formal, a economia está superaquecendo, pressionando a inflação. Esse é o *equilíbrio de curto prazo*.

O que acontece ao longo do tempo se não houver mudança na taxa básica nem em qualquer das variáveis que afetam a posição da curva IS? Nesse caso, o produto permanece acima do potencial, e a inflação continua a aumentar. Contudo, em algum momento, é provável que a política reaja a esse aumento na inflação. Se nos concentrarmos no Banco Central, mais cedo ou mais tarde ele elevará a taxa básica para diminuir o produto de volta ao potencial e não haverá mais pressão sobre a inflação. O processo de ajuste e o equilíbrio de médio prazo são representados na Figura 9.2. Seja o equilíbrio inicial denotado pelo ponto A tanto no gráfico superior quanto no inferior. Pode-se pensar que o Banco Central eleva a taxa básica ao longo do tempo, de modo que a economia se move ao longo da curva IS de A para A'. O produto diminui. Agora, vamos para o gráfico inferior. À medida que o produto diminui, a economia se move para baixo na curva PC de A para A'. No ponto A', a taxa básica é igual a r_n, o produto, a Y_n e, por implicação, a inflação é constante. Esse é o *equilíbrio de médio prazo*. O produto é igual ao potencial e, por conseguinte, não há mais pressão sobre a inflação. A taxa de juros, r_n, associada a Y_n, é muitas vezes a **taxa natural de juros** (para refletir o fato de que está associada à taxa natural de desemprego, ou o nível natural de produto); também pode ser chamada de **taxa de juros neutra**, ou **taxa de juros wickselliana** (pelo fato de que o conceito foi apresentado pela primeira vez por Wicksell, um economista sueco que o caracterizou no fim do século XIX).

> Falar em *curva PC* é um pouco repetitivo, porque o *C* já significa curva. Mas deixemos assim.

Vamos aprofundar nossa análise sobre a dinâmica e o equilíbrio de médio prazo.

Você pode (na verdade, deve) ter a seguinte reação à descrição da dinâmica. Se o Banco Central almeja obter uma inflação estável e manter o produto em Y_n, por que não eleva a taxa básica para r_n imediatamente, para que o equilíbrio de médio prazo seja alcançado sem demora? A resposta é que o Banco Central realmente deseja manter a economia em Y_n. Mas, embora pareça fácil fazer isso na Figura 9.2, a realidade é mais complexa. As razões disso encontram paralelo na discussão que tivemos no Capítulo 3 sobre o ajuste da economia ao longo do tempo. Em primeiro lugar, muitas vezes é difícil para o Banco Central saber onde exatamente está o produto potencial e, portanto, quão distante o produto está do potencial. A variação na inflação dá um sinal do hiato do produto — a distância entre o produto real e o potencial — mas, em contraste com a equação simples 9.4, o sinal é ruidoso. O Banco Central pode, assim, querer ajustar a taxa básica lentamente e ver o que acontece. Em segundo lugar, leva tempo para a economia reagir. As empresas precisam de tempo para ajustar suas decisões de investimento. À medida que os gastos de investimento diminuem em resposta a uma taxa básica mais alta, provocando diminuição da demanda, do produto e da renda, leva tempo para os consumidores se ajustarem à diminuição da renda e para as empresas se ajustarem à diminuição das vendas. Em suma, mesmo que o Banco Central atue rapidamente, leva tempo para que a economia volte ao nível natural de produto.

> No momento da produção deste livro, este é um problema enfrentado pelo Fed. A taxa de desemprego baixou para 5,0%, e a inflação está mais ou menos constante. O quão próximo o desemprego está da taxa natural é objeto de muita discussão e divergência.

▶ **Figura 9.2 Produto e inflação de médio prazo.**
No médio prazo, a economia converge para o nível natural de produto e uma inflação estável.

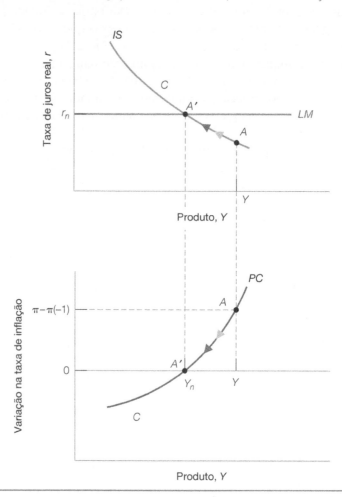

O fato de que leva tempo para que o produto volte ao seu nível natural levanta uma questão sobre a inflação. Durante o processo de ajuste, o produto se mantém consistentemente acima do potencial, de modo que a inflação aumenta consistentemente. Assim, quando a economia atinge o ponto A', a inflação é maior que no ponto A. Se o Banco Central se preocupar não apenas com uma inflação estável, mas também com o seu nível, poderá muito bem decidir que deve não só estabilizar, mas também reduzir a inflação. Para isso, é necessário elevar a taxa básica para além de r_n a fim de baixar a inflação, até que ela retorne a um nível aceitável pelo Banco Central. Nesse caso, o ajuste é mais complexo. A economia sai de A e passa por A', atingindo, por exemplo, o ponto C, um ponto em que o Banco Central começa a reduzir a taxa básica de volta para r_n. Em outras palavras, se o Banco Central almeja atingir um nível de inflação constante no médio prazo, o crescimento inicial deve ser seguido por uma recessão.

O papel das expectativas revisitado

A discussão anterior depende da forma como as pessoas formam suas expectativas e da forma específica da curva de Phillips. Para verificar isso, retomemos nossa discussão sobre a formação de expectativas no Capítulo 8 e, em vez de assumir que a inflação esperada seja igual à do ano anterior, $\pi(-1)$, vamos assumir que as pessoas consideram que a inflação será igual a alguma constante, $\bar{\pi}$, que independe da inflação do ano anterior.

Nesse caso, a Equação 9.3 torna-se:

$$\pi - \bar{\pi} = (\alpha/L)(Y - Y_n) \tag{9.5}$$

Para analisar o que acontece nesse caso, podemos continuar usando a Figura 9.2, exceto pelo fato de que o que se mede no eixo vertical do gráfico inferior é $\pi - \bar{\pi}$ em vez de $\pi - \pi(-1)$. Um hiato do produto positivo gera um *nível de inflação maior* em vez de *um aumento da inflação*. Suponhamos agora que a economia esteja no ponto A, com nível associado de produto Y. Considerando-se que o produto está acima do potencial, a inflação é maior que a inflação esperada: $\pi - \bar{\pi} > 0$. À medida que o Banco Central eleva a taxa básica para baixar o produto a seu nível natural, a economia se move ao longo da curva IS de A para A'. Quando a economia está em A' e a taxa básica é igual a r_n, o produto volta ao potencial, e a inflação a $\bar{\pi}$. A diferença em relação ao caso anterior é clara. Para retornar a inflação para $\bar{\pi}$, nesse caso não é necessário que o Banco Central eleve a taxa para além de r_n por algum tempo, como era o caso antes. Assim, o Banco Central tem um trabalho mais fácil. Enquanto as **expectativas** inflacionárias permanecerem **ancoradas** (para usar o termo adotado pelos bancos centrais), não há necessidade de compensar o crescimento inicial com uma recessão mais tarde.

O limite inferior zero e as espirais de dívida

Nossa descrição faz que o ajuste para o equilíbrio de médio prazo pareça relativamente fácil. Se o produto for muito alto, o Banco Central eleva a taxa básica até que ele volte ao potencial. Se o produto for muito baixo, o Banco Central baixa a taxa até que ele volte ao potencial. No entanto, esse é um cenário demasiado otimista, e as coisas podem dar errado. Isto porque pode haver combinação do limite inferior zero com deflação.

Na Figura 9.2 analisamos o caso em que o produto estava acima do potencial e a inflação aumentava. Em vez disso, consideremos o caso, representado na Figura 9.3, em que a economia está em recessão. À taxa básica corrente r, o produto é igual a Y, que está muito abaixo de Y_n. O hiato do produto é negativo, e a inflação está baixando. Esse equilíbrio inicial é representado pelo ponto A em ambos os gráficos.

O que o Banco Central deve fazer nesse caso parece simples: reduzir a taxa básica até que o produto aumente e volte a seu nível natural. Em termos da Figura 9.3, a taxa básica deve baixar de r para r_n. Em r_n, o produto é igual a Y_n, e a inflação se estabiliza novamente. Note que, se a economia estiver suficientemente deprimida, a taxa real, r_n, necessária para retornar o produto a seu nível natural, pode ser negativa, e assim foi traçada na figura.

A restrição do limite inferior zero pode, no entanto, tornar impossível que se atinja essa taxa básica real negativa. Suponhamos, por exemplo, que a inflação inicial seja igual a zero. Por causa do limite inferior zero, o nível mais baixo a que o Banco Central pode reduzir a taxa básica é 0%, o que, combinado com inflação zero, implica uma taxa básica real de 0%. Em termos da Figura 9.3, o Banco Central pode baixar a taxa básica real apenas para 0%, com o nível de produto associado Y'. Em Y', o produto ainda está abaixo do potencial e, portanto,

Lembre-se de que uma taxa real negativa não necessariamente implica que pessoas e empresas, as quais contraem empréstimo a uma taxa real igual a $r + x$, também se defrontem com uma taxa real negativa. Se x é suficientemente grande, a taxa real à qual eles podem tomar empréstimo é positiva, mesmo que a taxa básica real seja negativa.

▶ **Figura 9.3 A espiral de deflação.**
Se o limite inferior zero impede que a taxa básica eleve o produto de volta ao potencial, o resultado pode ser uma espiral de deflação. Mais deflação leva a uma taxa real mais alta, e uma taxa real mais alta, por sua vez, leva a um produto mais baixo e a mais deflação.

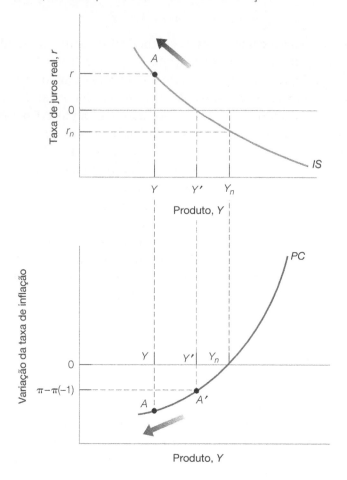

a inflação ainda está baixando. Isso inicia o que os economistas chamam de **espiral de deflação**, ou **armadilha de deflação**. Vamos continuar assumindo que as expectativas inflacionárias sejam tais que os fixadores de salários esperam que a inflação seja a mesma do ano anterior, de modo que um hiato do produto negativo implique inflação decrescente. Se a inflação for igual a zero no início, ela se tornará negativa. E a inflação zero transforma-se em deflação. Isso implica, por sua vez, que, mesmo que a taxa nominal seja igual a zero, a taxa básica real aumenta, provocando uma demanda e um produto ainda mais baixos. Deflação e produto baixo se alimentam um ao outro. Um produto mais baixo acarreta mais deflação e mais deflação acarreta uma taxa de juros real mais alta e um produto mais baixo. Como indicado pelas setas da Figura 9.3, em vez de convergir para o equilíbrio de médio prazo, a economia se afasta dele, com o produto diminuindo continuamente e a deflação aumentando continuamente. Há pouco que o Banco Central possa fazer nesse cenário, e a economia vai de mal a pior.

FOCO

Deflação na Grande Depressão

Após o colapso do mercado de ações em 1929, a economia dos EUA mergulhou em uma depressão. Como mostram as duas primeiras colunas da Tabela 1, a taxa de desemprego subiu de 3,2% em 1929 para 24,9% em 1933, e o crescimento do produto foi fortemente negativo por quatro anos consecutivos. A partir de 1933, a economia se recuperou lentamente, mas em 1940 a taxa de desemprego continuava alta, em 14,6%.

A Grande Depressão teve muitos elementos em comum com a recente crise. Um grande aumento nos preços dos ativos antes do colapso — os preços dos imóveis residenciais na crise recente, os preços do mercado de ações na Grande Depressão e a ampliação do choque através do sistema bancário. Também existem diferenças importantes. Como se pode ver ao comparar os números do crescimento do produto e do desemprego na Tabela 1 com os números da recente crise no Capítulo 1, a diminuição do produto e o aumento do desemprego foram muito maiores durante a crise anterior do que na recente. Neste quadro, vamos nos concentrar em um único aspecto da Grande Depressão: a evolução das taxas de juros nominais e reais e os riscos de deflação.

Como se pode ver na terceira coluna da tabela, a política monetária reduziu a taxa nominal, medida pela taxa de um ano de *T-bill*, embora tenha feito isso lentamente e não tenha ido a zero completamente. A taxa nominal baixou de 5,3% em 1929 para 2,6% em 1933. Ao mesmo tempo, como indica a quarta coluna, o declínio do produto e a elevação do desemprego levaram a uma queda inflacionária acentuada. A inflação, igual a zero em 1929, tornou-se negativa em 1930, atingindo −9,2% em 1931 e −10,8% em 1932. Se partirmos da premissa de que a deflação esperada fosse igual à deflação em cada ano, podemos construir uma série para a taxa real. Isso é feito na última

coluna da tabela e dá uma noção do motivo de o produto ter continuado a diminuir até 1933. A taxa real atingiu 12,3% em 1931, 14,8% em 1932 e ainda altos 7,8% em 1933! Não é de surpreender que, a essas taxas de juros, tanto a demanda de consumo quanto a de investimento permaneceram muito baixas, e a depressão piorou.

Em 1933, a economia parecia estar em uma armadilha de deflação, com baixa atividade levando a mais deflação, a uma maior taxa de juros real, a menos gastos, e assim por diante. A partir de 1934, entretanto, a deflação deu lugar à inflação, provocando um grande corte na taxa de juros real, e a economia começou a se recuperar. A razão por que, apesar de uma alta taxa de desemprego, a economia dos Estados Unidos conseguiu evitar mais deflação continua gerando um debate acalorado. Alguns apontam para uma mudança na política monetária, um grande aumento da oferta de moeda, levando a mudanças nas expectativas de inflação. Outros apontam para as políticas do New Deal, em especial o estabelecimento de um salário-mínimo, limitando assim a diminuição dos salários. Qualquer que seja a razão, esse foi o fim da armadilha de deflação e o início de uma longa recuperação.

Para mais informações sobre a Grande Depressão:

Lester Chandler, *America's Greatest Depression* (1970), apresenta fatos básicos, assim como o livro de John A. Garraty, *The Great Depression* (1986).

Did Monetary Forces Cause the Great Depression? (1976), de Peter Temin, analisa mais especificamente as questões macroeconômicas, assim como os artigos apresentados em um simpósio sobre a Grande Depressão no *Journal of Economic Perspectives*, primavera de 1993.

Para saber mais sobre a Grande Depressão em outros países além dos Estados Unidos, leia *Lessons from the Great Depression* (1989), de Peter Temin.

▶ Tabela 1 **Taxa de juros nominal, inflação e taxa de juros real, 1929-1933.**

Ano	Taxa de desemprego (%)	Taxa de crescimento do produto (%)	Taxa de juros nominal de um ano (%), i	Taxa de inflação (%), π	Taxa de juros real de um ano (%), r
1929	3,2	−9,8	5,3	0,0	5,3
1930	8,7	−7,6	4,4	−2,5	6,9
1931	15,9	−14,7	3,1	−9,2	12,3
1932	23,6	−1,8	4,0	−10,8	14,8
1933	24,9	9,1	2,6	−5,2	7,8

202 Macroeconomia

Esse cenário não retrata apenas uma preocupação teórica. Trata-se do cenário vivido durante a Grande Depressão. Conforme mostrado no quadro Foco "Deflação na Grande Depressão", de 1929 a 1933 a inflação se transformou em uma deflação cada vez maior, aumentando continuamente a taxa básica real e diminuindo os gastos e o produto, até que outras medidas fossem tomadas e a economia começasse a se recuperar. A recente crise suscitou preocupações semelhantes. Com a taxa básica reduzida a zero nos principais países avançados, a preocupação era de que a inflação ficasse negativa e começasse uma espiral semelhante. Isso não aconteceu. A inflação baixou e, em alguns países, virou deflação. Como vimos no Capítulo 6, isso limitava a capacidade dos bancos centrais de baixar a taxa básica real e elevar o produto. Mas a deflação permaneceu limitada, e a espiral de deflação não aconteceu. Uma razão, associada à nossa discussão anterior sobre formação de expectativas, é que as expectativas inflacionárias permaneceram amplamente ancoradas. Como resultado, a relação da curva de Phillips tomou a forma da Equação 9.5 em vez da 9.4. Um produto baixo acarretou inflação baixa e, em alguns casos, deflação moderada, mas não uma deflação cada vez maior, como foi o caso durante a Grande Depressão.

9.3 Consolidação fiscal revisitada

Podemos agora apresentar o modelo IS-LM-PC passo a passo. Nesta seção, voltamos à consolidação fiscal discutida no Capítulo 5. Vamos analisar não somente seus efeitos de curto prazo, mas também os de médio prazo.

Suponhamos que o produto esteja em seu potencial, de modo que a economia se encontre no ponto A em ambos os gráficos da Figura 9.4. O produto Y é igual a Y_n, a taxa básica é igual a r_n e a inflação está estável. Agora, suponhamos que o governo, que apresentava um déficit, decida, por exemplo, aumentar os impostos. Em termos da Figura 9.4, esse aumento desloca a curva IS para a esquerda, de IS para IS'. O novo equilíbrio de curto prazo é dado pelo ponto A' em ambos os gráficos da Figura 9.4. À taxa básica dada r_n, o produto diminui de Y_n para Y', e a inflação começa a baixar. Em outras palavras, se o produto estava no potencial de início, a consolidação fiscal, por mais desejável que possa ser por outras razões, leva a uma recessão. Esse é o equilíbrio de curto prazo que descrevemos na Seção 5.3 do Capítulo 5. Note que, à medida que a renda diminui e os impostos aumentam, o consumo é reduzido em ambos os casos. Observe também que, à medida que o produto diminui, isso também se dá com o investimento. No curto prazo, em bases macroeconômicas, a consolidação fiscal não parece nada atrativa: tanto o consumo quanto o investimento caem.

Vamos, no entanto, recorrer à dinâmica e ao médio prazo. Visto que o produto é muito baixo e a inflação está diminuindo, o Banco Central deve reagir e baixar a taxa básica até o produto voltar ao potencial. Em termos da Figura 9.4, a economia move-se para baixo na curva IS do gráfico superior e eleva o produto. Com o aumento do produto, a economia move-se para cima na curva PC do gráfico inferior, até o produto voltar ao potencial. Assim, o equilíbrio de médio prazo é dado pelo ponto A" em ambos os gráficos. O produto retorna a Y_n, e a inflação à estabilidade. A taxa básica necessária para manter o produto no potencial passa a ser menor que antes, igual a r'_n em vez de r_n. Agora vejamos a composição do produto nesse novo equilíbrio. Como a renda é a mesma de antes da consolidação fiscal, mas os impostos são maiores, o consumo é menor, embora não tanto quanto no curto prazo. Uma vez que o produto é o mesmo de antes, mas a taxa de juros é menor, o investimento é mais alto. Em outras palavras, a redução do consumo é compensada por uma elevação no investimento, de modo que a demanda, por implicação, permanece inalterada. Isso contrasta fortemente com o que aconteceu no curto prazo e torna a consolidação fiscal mais atrativa. Embora a consolidação possa baixar o investimento no curto prazo, ela o eleva no médio prazo.

Essa discussão levanta algumas das questões que discutimos na seção anterior. Em primeiro lugar, parece que a consolidação fiscal poderia ocorrer sem uma redução do produto no curto prazo. Tudo de que se necessita é uma cuidadosa coordenação entre Banco Central e governo. À medida que a consolidação fiscal se dá, o Banco Central deve baixar a taxa básica para manter o produto no nível natural. Em outras palavras, a combinação adequada das políticas fiscal e monetária pode atingir o resultado de médio prazo no curto prazo. Tal coordenação realmente acontece às vezes; como vimos no Capítulo 5, aconteceu nos Estados Unidos na década de 1990, quando uma consolidação fiscal foi seguida por uma expansão monetária. Mas isso nem sempre ocorre. Uma razão para isso é que o Banco Central pode não conseguir diminuir a taxa básica de modo suficiente. Isso nos leva de volta a outra questão discutida anteriormente: o limite inferior zero. O Banco Central pode ter margem limitada para reduzir a taxa básica. Esse foi o caso na área do euro na recente crise. Com a taxa de juros nominal igual a zero, a política monetária não conseguiu compensar os efeitos adversos da consolidação fiscal sobre o produto. O resultado foi um efeito negativo mais forte e duradouro da consolidação fiscal sobre o produto do que seria o caso se o Banco Central Europeu tivesse podido baixar mais a taxa básica.

> Analisamos uma consolidação fiscal de modo equivalente a um aumento na poupança pública. O mesmo argumento aplica-se a um aumento da poupança privada. A uma dada taxa básica, tal aumento acarretaria uma diminuição do investimento no curto prazo, mas um aumento do investimento no médio prazo. (À luz desses resultados, recomendamos recapitular os quadros foco "O paradoxo da poupança", no Capítulo 3, e "Redução do déficit: bom ou ruim para o investimento?", no Capítulo 5.)

▶ **Figura 9.4 Consolidação fiscal no curto e no médio prazos.**

No curto prazo, a consolidação fiscal provoca uma diminuição no produto. No médio prazo, o produto retorna ao potencial, e a taxa de juros é mais baixa.

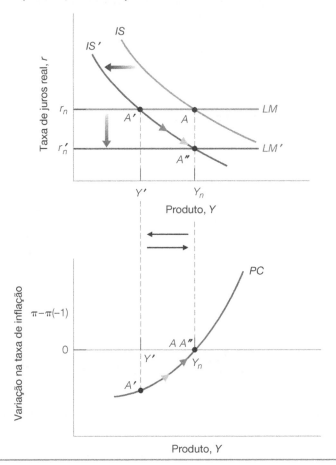

9.4 Efeitos de um aumento no preço do petróleo

Até aqui, analisamos choques à demanda, os quais deslocaram a curva IS, mas deixamos intactos o produto potencial e, assim, a posição da curva PC. Há outros choques, porém, que afetam tanto a demanda quanto o produto potencial e desempenham um papel importante nas flutuações. Um candidato óbvio são as oscilações no preço do petróleo. Para entender por que consulte a Figura 9.5.

A Figura 9.5 representa duas séries. A primeira, representada pela linha contínua, é o preço em dólar do petróleo — isto é, o preço de um barril de petróleo em dólares — desde 1970. É medida no eixo vertical esquerdo e consiste na série citada nos jornais todos os dias. O que importa, no entanto, para as decisões econômicas não é o preço em dólar, mas o preço real do petróleo; isto é, o preço em dólar do petróleo dividido pelo nível de preços. Assim, a segunda série na figura, representada pela linha tracejada, mostra o preço real do petróleo, construído dividindo o preço em dólar pelo índice de preços ao consumidor dos Estados Unidos. Observe que o preço real é um índice; isto é, normalizado a 100 em 1970. É medido no eixo vertical à direita.

O que impressiona na figura é o porte das oscilações no preço real do petróleo. Duas vezes nos últimos 40 anos a economia dos EUA foi atingida com um aumento de cinco vezes no preço real do petróleo, a primeira na década de 1970 e a segunda na década de 2000. A crise, então, levou a uma queda drástica no final de 2008, seguida por uma recuperação parcial e, desde 2014, o preço caiu novamente para níveis anteriores a 2000.

O que estava por trás dos dois grandes aumentos? Na década de 1970, os principais fatores foram a criação da **OPEP (Organização dos Países Exportadores de Petróleo)** — um cartel de produtores de petróleo que conseguiu atuar como monopólio e aumentar preços — e transtornos causados por guerras e revoluções no Oriente Médio. Na década de 2000, o principal fator era muito diferente, a saber: o rápido crescimento das economias emergentes, em particular a China, que provocou um acelerado aumento na demanda mundial de petróleo e, por implicação, um aumento contínuo nos preços reais do petróleo.

▶ **Figura 9.5** Preços nominal e real do petróleo, 1970-2015.

Nos últimos 40 anos houve dois aumentos acentuados no preço real do petróleo, o primeiro na década de 1970 e o segundo na década de 2000.

Fonte: Series OILPRICE, CPIAUSCL Federal Reserve Economic Data (FRED). Disponível em: <http://research.stlouisfed.org/fred2/>. O valor do índice é estipulado como igual a 100 em 1970. Acesso em 12 jul. 2017.

O que estava por trás das duas grandes reduções? A súbita queda do preço no final de 2008 foi resultado da crise, que levou a uma grande recessão e, por sua vez, a uma ampla e repentina queda na demanda por petróleo. As causas da queda mais recente desde 2014 ainda estão em discussão. A maioria dos observadores acredita que é uma combinação de aumento da oferta, decorrente do aumento na produção de petróleo de xisto nos Estados Unidos, e do colapso parcial do cartel da OPEP.

Vamos nos concentrar nos dois grandes aumentos. Embora as causas tenham sido diferentes, a implicação para as empresas e os consumidores dos EUA foi a mesma: petróleo mais caro. A questão é: quais seriam os efeitos esperados de curto e médio prazos desses aumentos? É evidente, porém, que, ao responder à pergunta, enfrentamos um problema. O preço do petróleo não aparece em nenhum lugar no modelo que desenvolvemos até agora! A razão disso é que, até aqui, assumimos que o produto era produzido usando-se apenas mão de obra. Uma forma de estender nosso modelo seria reconhecer explicitamente que o produto é produzido usando mão de obra *mais* outros insumos (incluindo energia) e, a seguir, descobrir qual é o efeito de um aumento no preço do petróleo sobre o preço fixado pelas empresas e a relação entre produto e emprego. Um modo mais fácil, e o caminho que seguiremos, é simplesmente capturar o aumento no preço do petróleo com um aumento em m — a margem do preço sobre o salário nominal. A justificativa é simples. Dados os salários, um aumento no preço do petróleo aumenta o custo de produção, forçando as empresas a aumentar os preços para manter a mesma taxa de lucratividade.

Partindo deste pressuposto, podemos acompanhar os efeitos dinâmicos de um *aumento na margem* sobre produto e inflação.

Efeitos sobre a taxa natural de desemprego

Vamos começar questionando o que acontece com a taxa natural de desemprego quando o preço real do petróleo sobe (para simplificar, deixaremos de mencionar "real" daqui em diante). A Figura 9.6 reproduz a descrição do equilíbrio do mercado de trabalho da Figura 7.8 no Capítulo 7.

▶ **Figura 9.6 Efeitos de um aumento no preço do petróleo sobre a taxa natural de desemprego.**
Um aumento no preço do petróleo equivale a um aumento na margem. Isto leva a salários reais mais baixos e a uma taxa natural de desemprego mais alta.

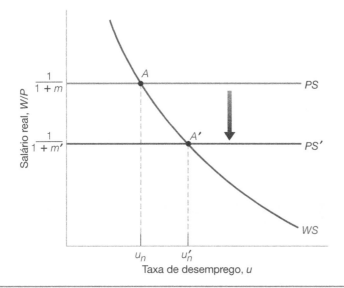

A curva de fixação de salários é negativamente inclinada; uma taxa de desemprego mais alta acarreta salários reais mais baixos. A relação de fixação de preços é representada pela linha horizontal em $W/P = 1/(1 + m)$. O equilíbrio inicial encontra-se no ponto A, e a taxa natural de desemprego inicial é u_n. O aumento da margem leva a um deslocamento para baixo da reta de fixação de preços, de PS para PS'. Quanto maior a margem, menor o salário real resultante da fixação de preços. O equilíbrio move-se de A para A'. O salário real é mais baixo, e a taxa natural de desemprego é mais alta. Vamos pensar desta maneira: visto que as empresas precisam pagar mais pelo petróleo, o salário que elas podem pagar é mais baixo. Ter trabalhadores que aceitem um salário real mais baixo requer um aumento do desemprego.

O aumento da taxa natural de desemprego leva, por sua vez, a uma queda do nível natural de emprego. Se tomarmos a relação entre emprego e produto como inalterada — isto é, cada unidade de produto ainda requer um funcionário, além do insumo energia —, a queda do nível natural de emprego leva a uma queda idêntica do nível natural de produto. Juntando as peças, um aumento do preço do petróleo leva a uma queda do nível natural de produto.

Agora podemos retomar ao modelo IS-LM-PC, e isso é feito na Figura 9.7. Vamos assumir que o equilíbrio inicial esteja no ponto A nos gráficos superior e inferior, com o produto no potencial, de modo que Y é igual a Y_n, a inflação é estável e a taxa básica é igual a r_n. À medida que o preço do petróleo sobe, o nível natural do produto cai (é o que acabamos de ver), digamos, de Y_n a Y'_n. A curva PC muda para

> Isso pressupõe que o aumento no preço do petróleo seja permanente. Se, no médio prazo, esse preço voltar a seu valor inicial, a taxa natural de desemprego claramente não será afetada.

▶ **Figura 9.7** Efeitos de curto e médio prazos de um aumento no preço do petróleo.

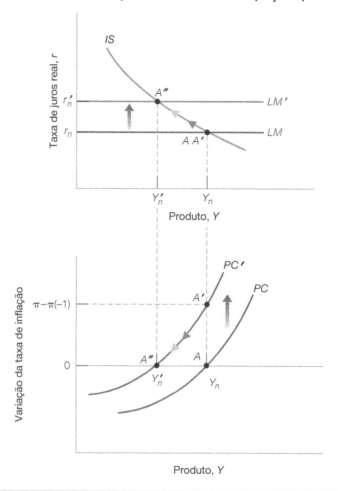

cima, de PC para PC′. Se a curva IS não se deslocar (retornaremos a essa questão mais adiante) e o Banco Central não alterar a taxa básica, o produto não mudará, mas o mesmo nível de produto passará a estar associado a uma inflação mais alta. Para determinados salários, o preço do petróleo leva as empresas a aumentar seus preços, de modo que a inflação é mais alta. O equilíbrio de curto prazo é dado pelo ponto A′ nos gráficos superior e inferior. No curto prazo, o produto não muda, mas a inflação é mais alta.

Vamos nos concentrar na dinâmica. Se o Banco Central fosse deixar inalterada a taxa básica, o produto continuaria a exceder o nível agora mais baixo de produto potencial e a inflação continuaria subindo. Assim, em algum momento o Banco Central deve elevar a taxa para estabilizar a inflação. Com isso, a economia sobe de A′ para A″, ao longo da curva IS no gráfico superior, e desce de A′ para A″ ao longo da curva PC no gráfico inferior. À medida que o produto cai para seu nível mais baixo, a inflação continua a subir, embora cada vez mais lentamente, até acabar se estabilizando outra vez. Quando a economia está no ponto A″, está em seu equilíbrio de médio prazo. Visto que o produto potencial é menor, o aumento no preço do petróleo reflete-se em um nível menor de produto. Observe que, ao longo do caminho, o produto mais baixo está associado à inflação mais alta, em uma combinação que os economistas chamam de **estagflação** ("estag" para estagnação e "flação" para inflação).

Tal como nas seções anteriores, essa descrição levanta uma série de questões. A primeira delas é nossa suposição de que a curva IS não muda. Na verdade, há muitos canais através dos quais o aumento do preço do petróleo pode afetar a demanda e deslocar a curva IS. O preço mais elevado do petróleo pode levar as empresas a mudar seus planos de investimento, cancelando alguns projetos, optando por equipamentos com uso menos intensivo de energia. O aumento no preço do petróleo também redistribui a renda dos compradores de petróleo para seus produtores. Estes gastam menos do que os compradores, levando a uma contração da demanda. Assim, pode muito bem ser que a curva IS se desloque para a esquerda, provocando uma diminuição do produto não só no médio prazo, mas também no curto prazo.

> Isso é verdadeiro principalmente se os produtores de petróleo estiverem em países diferentes dos compradores (por exemplo, quando os Estados Unidos compram petróleo do Oriente Médio). À medida que o preço e sua renda aumentam, os produtores provavelmente gastarão a maior parte em seus próprios bens, e não nos produtos produzidos pelos compradores de petróleo. Sendo assim, a demanda por bens domésticos provavelmente diminuirá.

FOCO

Aumentos no preço do petróleo: por que os anos 2000 foram tão diferentes dos anos 1970?

Por que os aumentos no preço do petróleo estavam associados à estagflação em 1970, mas causaram um efeito tão pequeno na economia na década de 2000?

Uma primeira explicação plausível seria de que outros choques, além dos aumentos no preço do petróleo, estavam em ação na década de 1970, mas não na de 2000. Na década de 1970, não só o preço do petróleo, mas também o de várias outras matérias-primas, sofreram aumentos. Isso significa que o efeito foi mais intenso do que teria ocorrido se apenas o preço do petróleo houvesse aumentado.

Na década de 2000, muitos economistas acreditam que, em parte por conta da globalização e da concorrência estrangeira, o poder de negociação dos trabalhadores dos EUA perdeu força. Se isso for verdade, significa que, embora o aumento do preço do petróleo elevasse a taxa natural, a queda no poder de negociação dos trabalhadores a diminuía, com os dois efeitos em grande parte se anulando.

Entretanto, estudos econométricos sugerem que havia mais fatores em ação, e que, mesmo controlando a presença desses outros fatores, os efeitos no preço do petróleo mudaram desde a década de 1970. A Figura 1 mostra os efeitos de um aumento de 100% no preço do petróleo sobre o produto e o nível do preço, estimados com base em dois períodos distintos. As linhas preta e cinza mostram o efeito do aumento sobre o deflator do índice de preços ao consumidor (IPC) e sobre o PIB com base em dados de 1970:1 a 1986:4; as linhas tracejada e pontilhada fazem o mesmo para os dados de 1987:1 a 2006:4 (a escala de tempo no eixo horizontal está dividida em trimestres). A figura sugere duas conclusões principais. Primeiro, em ambos os períodos, conforme previsto por nosso modelo, o aumento no preço do petróleo leva ao aumento do IPC e à diminuição do PIB. Segundo, os efeitos do aumento sobre o IPC e o PIB tornaram-se menores, praticamente metade do que eram antes.

Por que os efeitos adversos do aumento tornaram-se pequenos? A resposta para esta pergunta ainda merece ser pesquisada. Contudo, neste ponto, duas hipóteses parecem plausíveis.

A primeira hipótese é de que, hoje em dia, os trabalhadores dos EUA têm menos poder de negociação que na década de 1970. Assim sendo, à medida que o preço do petróleo aumentou, os trabalhadores foram ficando mais propensos a aceitar uma redução salarial, limitando o aumento na taxa natural de desemprego.

A segunda hipótese está relacionada com a política monetária. Como discutimos no Capítulo 8, quando o preço do petróleo subiu na década de 1970, as expectativas inflacionárias não estavam ancoradas. Percebendo o aumento inicial da inflação como resultado do aumento no preço do petróleo, os fixadores de salários admitiram que a inflação continuaria alta e, assim, reivindicaram maiores salários nominais, o que levou a mais aumentos na inflação. Em contraste, na década de 2000, a inflação estava bem mais ancorada. Percebendo o aumento inicial da inflação, os fixadores de salários assumiram que havia sido um aumento pontual e não mudaram suas expectativas de inflação futura tanto quanto teriam feito nos anos 1970. Assim, o efeito sobre a inflação foi muito mais discreto, e a necessidade de o Fed controlar a inflação por meio de taxas básicas mais elevadas e produto baixo foi mais limitada.

▶ **Figura 1** Os efeitos de um aumento permanente de 100% no preço do petróleo sobre o IPC e o PIB.

Os efeitos do aumento no preço do petróleo no produto e no nível de preço são muito menores do que costumavam ser.

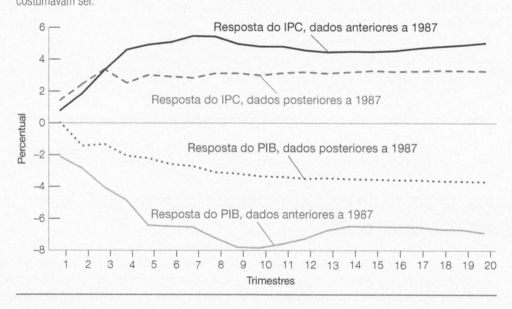

Uma segunda questão tem a ver com a evolução da inflação. Note que, até o produto baixar para seu novo nível potencial menor, a inflação continua a subir. Assim, quando a economia atinge o ponto A'', a inflação está mais alta do que estava antes do aumento no preço do petróleo. Se o Banco Central pretende retornar a inflação a seu nível inicial, deve diminuir o produto abaixo do potencial por algum tempo para reduzi-la. Nesse caso, a diminuição do produto ao longo do processo de ajuste excederá a diminuição de médio prazo por algum tempo. Em termos mais simples, a economia pode passar por uma grande recessão, com apenas uma recuperação parcial.

A terceira questão está relacionada com a segunda e, mais uma vez, tem a ver com a formação de expectativas inflacionárias. Suponhamos que, em vez de assumir que a inflação seja igual à do último ano, os fixadores de salários esperem que ela seja constante. Nesse caso, como vimos, o produto acima do potencial leva a uma inflação alta e não crescente. Desse modo, à medida que o produto declina para seu menor nível potencial, a inflação também declina. Quando a economia atinge o ponto A'', a inflação volta para onde estava antes do aumento no preço do petróleo. Não há necessidade de o Banco Central reduzir ainda mais o produto para reduzir a inflação. Mais uma vez, isso mostra a importância da formação de expectativas sobre os efeitos dinâmicos dos choques. Isso também ajuda a explicar a diferença entre o efeito do preço do petróleo na década de 1970, que provocou alta inflação e profunda recessão, e os efeitos do preço do petróleo na década de 2000, que foram muito mais favoráveis. Isso é explorado em detalhes no quadro Foco "Aumentos no preço do petróleo: por que os anos 2000 foram tão diferentes dos anos 1970?".

9.5 Conclusões

Este capítulo cobriu muitos temas. Vamos reforçar algumas ideias principais e elaborar algumas conclusões.

Curto prazo *versus* médio prazo

A principal mensagem deste capítulo é a de que choques ou mudanças na política econômica tipicamente têm efeitos diferentes no curto e médio prazos. As divergências entre os economistas sobre os efeitos de várias políticas normalmente advêm de diferenças na estrutura de tempo que eles têm em mente. Aqueles que se preocupam com o produto e o investimento no curto prazo podem relutar em adotar a consolidação fiscal. Mas aqueles que têm foco no médio e longo prazos verão que a consolidação auxilia o investimento e eventualmente, com mais investimento e, por conseguinte, acumulação de capital, eleva o produto. Uma implicação é que nossa posição depende, em particular, de quão rápido achamos que a economia se ajusta aos choques. Se acreditarmos que leva muito tempo para o produto retornar ao potencial, naturalmente nos concentraremos mais no curto prazo e estaremos dispostos a usar políticas que aumentem o produto no curto prazo, mesmo que os efeitos de médio prazo sejam nulos ou negativos. Se acreditarmos que o produto retorna ao potencial rapidamente, daremos mais ênfase às implicações de médio prazo e, por implicação, relutaremos em usar essas políticas.

Choques e mecanismos de propagação

Este capítulo também apresenta uma forma geral de pensar sobre as **flutuações do produto** (às vezes chamadas de **ciclos econômicos**) — movimentos do produto em torno de sua tendência (uma tendência que ignoramos até agora, mas sobre a qual nos concentraremos nos capítulos 10 a 13).

Podemos ver a economia como constantemente afetada por **choques**. Esses choques podem ser deslocamentos no consumo provenientes de mudanças na confiança do consumidor, deslocamentos no investimento e assim por diante. Eles

Definir *choque* é mais difícil do que parece. Suponhamos que um programa econômico fracassado em um país do Leste Europeu leve ao caos político, que leva a um risco maior de guerra nuclear na região, que leva a uma queda na confiança do consumidor dos EUA, que leva a uma recessão nos Estados Unidos. O que é "choque"? O programa fracassado? A queda da democracia? O risco crescente de guerra nuclear? Ou a diminuição na confiança do consumidor? Na prática, temos de cortar a cadeia de causa e efeito em algum lugar. Portanto, vamos nos referir à queda na confiança do consumidor como o choque, ignorando suas causas subjacentes.

podem advir de mudanças na política econômica — seja a introdução de uma nova legislação tributária, seja um novo programa de investimento em infraestrutura, seja uma decisão do Banco Central de combater a inflação.

Cada choque tem efeitos dinâmicos sobre o produto e seus componentes. Esses efeitos dinâmicos são chamados de **mecanismo de propagação** do choque. Esses mecanismos diferem de acordo com os choques. Os efeitos de um choque sobre a atividade econômica podem aumentar ao longo do tempo, afetando o produto no médio prazo. Ou os efeitos podem aumentar por um período e, então, diminuir e desaparecer. Às vezes, alguns choques são suficientemente grandes ou vêm em combinações suficientemente ruins para gerar uma recessão. As duas recessões da década de 1970 deveram-se em grande parte aos aumentos no preço do petróleo; a recessão do início da década de 1980 foi ocasionada por uma contração acentuada da moeda; a recessão do início da década de 1990 teve como causa principal o declínio repentino na confiança do consumidor; a recessão de 2001 foi provocada por uma queda acentuada dos gastos com investimento. A recente crise e a acentuada diminuição do produto em 2009 tiveram suas origens nos problemas do mercado imobiliário, o que provocou um sério choque financeiro e, por sua vez, uma acentuada redução no produto. O que chamamos de *flutuações econômicas* são resultantes desses choques e de seus efeitos dinâmicos sobre o produto. Normalmente, a economia retorna ao longo do tempo a seu equilíbrio de médio prazo. Mas, como vimos ao discutir a interação entre o limite inferior zero e a deflação, as coisas podem ficar bem ruins por algum tempo.

Resumo

- No curto prazo, o produto é determinado pela demanda. O hiato do produto, definido como a diferença entre produto e produto potencial, afeta a inflação.

- Um hiato do produto positivo gera maior inflação. Maior inflação leva o Banco Central a elevar a taxa básica. O aumento nessa taxa leva a uma redução do produto e, portanto, a uma redução no hiato do produto. Simetricamente, um hiato do produto negativo leva a uma inflação mais baixa. Uma inflação mais baixa leva o Banco Central a diminuir a taxa básica. A diminuição da taxa básica aumenta o produto e, assim, diminui o hiato do produto.

- No médio prazo, o produto é igual ao produto potencial. O hiato do produto é igual a zero, e a inflação é estável. A taxa de juros associada ao produto igual ao potencial é chamada de *taxa de juros natural.*

- Quando o hiato do produto é negativo, a combinação do limite inferior zero com a deflação pode levar a uma *espiral de deflação.* Menor produto leva a menor inflação. Menor inflação leva a uma taxa de juros real mais elevada. A taxa de juros real mais elevada diminui ainda mais o produto, diminuindo mais a inflação.

- No curto prazo, uma consolidação fiscal por meio de impostos mais elevados leva, mediante uma taxa básica inalterada, a uma redução no produto, no consumo e no investimento. No médio prazo, o produto retorna ao potencial. O consumo é menor e o investimento é maior.

- Um aumento no preço do petróleo leva, no curto prazo, a uma inflação maior. Dependendo do efeito do preço do petróleo sobre a demanda, também pode levar a uma redução no produto. A combinação de inflação maior e produto menor é chamada de *estagflação.* No médio prazo, o aumento no preço do petróleo leva a um menor produto potencial, e, assim, a um menor produto efetivo.

- A diferença entre os efeitos de curto e os de médio prazo das políticas econômicas é um dos motivos pelos quais os economistas discordam em suas recomendações de política econômica. Alguns acreditam que a economia se ajusta rapidamente a seu equilíbrio de médio prazo, de modo que enfatizam as implicações de médio prazo das políticas econômicas. Outros acreditam que o mecanismo de ajuste pelo qual o produto retorna ao nível natural de produto é, na melhor das hipóteses, um processo lento, e por isso colocam maior ênfase nos efeitos de curto prazo da política econômica.

♦ Flutuações econômicas são o resultado de um fluxo contínuo de choques na oferta ou na demanda agregada e dos efeitos dinâmicos de cada um desses choques sobre o produto. Às vezes, os choques (isolados ou combinados) são adversos o suficiente para levar a uma recessão.

Palavras-chave

- armadilha de deflação, 200
- choques, 209
- ciclos econômicos, 209
- coeficiente de Okun, 196
- espiral de deflação, 200
- estagflação, 207
- (expectativas) ancoradas, 199
- flutuações do produto, 209
- hiato do produto, 194
- mecanismo de propagação, 210
- Organização dos Países Exportadores de Petróleo (OPEP), 204
- produto potencial, 194
- reserva de mão de obra, 196
- taxa de juros natural, 197
- taxa de juros neutra, 197
- taxa de juros wickselliana, 197

Questões e problemas

Teste rápido

1. **Usando as informações contidas neste capítulo, diga se cada afirmação a seguir é verdadeira, falsa ou incerta. Explique brevemente.**

   a. A curva IS desloca-se para cima com um aumento em G, para cima com um aumento em T e para cima com um aumento em x.

   b. Se $(u - u_n)$ for maior que zero, $(Y - Y_n)$ é maior que zero.

   c. Se $(u - u_n)$ é igual a zero, o produto está no potencial.

   d. Se $(u - u_n)$ for menor que zero, o hiato do produto é negativo.

   e. Se o hiato do produto é positivo, a inflação é maior que o esperado.

   f. Segundo a lei de Okun, se o crescimento do produto aumentar um ponto percentual, a taxa de desemprego cai um ponto percentual.

   g. À taxa natural de desemprego, a inflação não está nem subindo nem caindo.

   h. Em um equilíbrio de médio prazo a taxa de inflação é estável.

   i. O Banco Central sempre pode agir para manter o produto igual ao produto potencial.

   j. É mais fácil para o Banco Central manter o produto no produto potencial se as expectativas de inflação estiverem ancoradas.

   k. Um grande aumento no preço do petróleo aumenta a taxa natural de desemprego.

2. **O equilíbrio de médio prazo é caracterizado por quatro condições:**

   O produto é igual ao produto potencial $Y = Y_n$.
   A taxa de desemprego é igual à taxa natural $u = u_n$.
   A taxa de juros real é igual à taxa de juros natural r_n, em que a demanda agregada é igual a Y_n.
   A taxa de inflação esperada π^e é igual à taxa real de inflação π.

   a. Se o nível de inflação esperada for formado de modo que π^e seja igual a $\pi(-1)$, caracterize o comportamento da inflação em um equilíbrio de médio prazo.

   b. Se o nível de inflação esperada for $\bar{\pi}$, qual será o nível de inflação real no equilíbrio de médio prazo?

   c. Escreva a relação IS como $Y = C(Y - T) + I(Y, r + x) + G$. Suponhamos que r_n seja de 2%. Se x aumenta de 3% para 5%, como o Banco Central deve mudar r_n para manter o equilíbrio de médio prazo existente? Explique.

   d. Suponhamos que G aumente. Como o Banco Central deve mudar r_n para manter o equilíbrio de médio prazo existente? Explique.

   e. Suponhamos que T diminua. Como o Banco Central deve mudar r_n para manter o equilíbrio de médio prazo existente? Explique.

   f. Para discutir: no médio prazo, uma expansão fiscal leva a um aumento na taxa natural de juros.

3. **Os dois caminhos para o equilíbrio de médio prazo explorados neste capítulo fazem duas suposições diferentes sobre a formação do nível de inflação esperada. Um deles assume que o nível de inflação esperada seja igual à inflação defasada; o nível de inflação esperada varia ao longo do tempo. O outro caminho assume que o nível de inflação esperada está ancorado a um valor específico e nunca varia. Comecemos no equilíbrio de médio prazo, em que a inflação efetiva e a esperada são iguais a 2% no período *t*.**

   a. Suponhamos que haja um aumento na confiança do consumidor no período $t + 1$. Como a curva *IS* muda? Suponhamos que o Banco Central não altere a taxa básica real. Como o equilíbrio de curto prazo no período $t + 1$ se compara ao equilíbrio no período *t*?

   b. Consideremos o equilíbrio do período $t + 2$ sob o pressuposto de que $\pi_{t+2}^e = \pi_{t+1}$. Se o Banco Central deixar inalterada a taxa básica real, como a inflação real no período $t + 2$ vai se comparar com a inflação no período $t + 1$? Como o Banco Central deve alterar a taxa nominal para manter a taxa real inalterada? Continuemos para o período $t + 3$. Fazendo a mesma suposição sobre o nível de inflação esperada e a taxa básica real, como a inflação real no período $t + 3$ se compara com a inflação no período $t + 2$?

   c. Consideremos o equilíbrio do período $t + 2$ fazendo a suposição de que $\pi_{t+2}^e = \bar{\pi}$. Se o Banco Central deixar inalterada a taxa básica real, como a inflação real no período $t + 2$ vai se comparar com a inflação no período $t + 1$? Como o Banco Central deve alterar a taxa de juros nominal para manter a taxa básica real inalterada? Continuemos para o período $t + 3$. Fazendo a mesma suposição sobre o nível de inflação esperada e a taxa básica real, como a inflação no período $t + 3$ se compara com a inflação no período $t + 2$?

   d. Compare os resultados da inflação e do produto no item b com os do item c.

   e. Qual dos cenários, item b ou item c, você acha que é mais realista? Discuta.

   f. Suponhamos que, no período $t + 4$, o Banco Central decida elevar a taxa básica real o suficiente para retornar imediatamente a economia ao produto potencial e à taxa de inflação do período *t*. Explique a diferença entre as políticas do Banco Central usando as duas hipóteses sobre a inflação esperada dos itens b e c.

4. **Um choque para a oferta agregada também terá resultados diferentes quando existirem suposições** distintas sobre a formação do nível de inflação esperada. Como na Questão 3, um caminho pressupõe que o nível de inflação esperada seja igual à inflação defasada; o nível de inflação esperada varia ao longo do tempo. O outro caminho assume que o nível de inflação esperada está ancorado a um valor específico e nunca varia. Comecemos no equilíbrio de médio prazo, em que a inflação efetiva e a esperada são iguais a 2% no período *t*.

   a. Suponhamos que haja um aumento permanente no preço do petróleo no período $t + 1$. Como a curva PC muda? Suponhamos que o Banco Central não altere a taxa básica real. Como o equilíbrio de curto prazo no período $t + 1$ se compara ao equilíbrio no período *t*? O que acontece com o produto? O que acontece com a inflação?

   b. Consideremos o equilíbrio do período $t + 2$ sob o pressuposto de que $\pi_{t+2}^e = \pi_{t+1}$. Se o Banco Central deixar inalterada a taxa básica real, como a inflação real no período $t + 2$ vai se comparar com a inflação no período $t + 1$? Continuemos para o período $t + 3$. Fazendo a mesma suposição sobre o nível de inflação esperada e a taxa básica real, como a inflação real no período $t + 3$ se compara com a inflação no período $t + 2$?

   c. Consideremos o equilíbrio do período $t + 2$ fazendo a suposição de que $\pi_{t+2}^e = \bar{\pi}$. Se o Banco Central deixar inalterada a taxa básica real, como a inflação real no período $t + 2$ vai se comparar com a inflação no período $t + 1$? Continuemos para o período $t + 3$. Fazendo a mesma suposição sobre o nível de inflação esperada e a taxa básica real, como a inflação no período $t + 3$ se compara com a inflação no período $t + 2$?

   d. Compare os resultados da inflação e do produto do item b com os do item c.

   e. No período $t + 4$, o Banco Central decide mudar a taxa básica real para devolver a economia o mais rapidamente possível ao produto potencial e à taxa de inflação do período *t*. Em qual caminho para a formação da inflação esperada a taxa básica nominal é mais elevada no período $t + 4$: o caminho de b ou o de c? Explique por que quando as expectativas de inflação são ancoradas como no item c, o Banco Central pode alterar a taxa básica para atingir imediatamente o novo nível de produto potencial e o nível de inflação do período *t* em $t + 4$. Sustente o argumento de que não é possível o Banco Central atingir imediatamente tanto o novo nível de produto potencial quanto o nível de inflação do período *t* em $t + 4$ quando a inflação esperada é igual a seu valor defasado.

Aprofundando

5. A lei de Okun é escrita como

$$u - u(-1) = -0,4\,(g_Y - 3\%)$$

a. Qual é o sinal de $u - u(-1)$ em uma recessão? Qual é o sinal de $u - u(-1)$ em uma recuperação?

b. Explique de onde vem o número de 3%?

c. Explique por que o coeficiente do termo $(g_Y - 3\%)$ é $-0,4$ e não -1.

d. Suponhamos que o número de imigrantes por ano que recebem permissão para entrar nos Estados Unidos tenha um aumento acentuado. Como isso mudaria a lei de Okun?

6. Consolidação fiscal no limite inferior zero

Suponhamos que a economia esteja operando no limite inferior zero para a taxa básica nominal; há um grande déficit orçamentário e a economia opera no produto potencial no período t. *Um governo recém-eleito se compromete a cortar gastos e reduz o déficit no período t + 1, no período t + 2 e nos períodos subsequentes.*

a. Mostre os efeitos da política sobre o produto no período $t + 1$.

b. Mostre os efeitos da política sobre a variação da inflação no período $t + 1$.

c. Se a inflação esperada depender da inflação passada, o que acontecerá com a taxa básica real no período $t + 2$? Como isso afetará o produto no período $t + 3$?

d. Como o limite inferior zero sobre as taxas de juros nominais dificulta uma consolidação fiscal?

Explorando mais

7. Consideremos os dados do quadro Foco "Deflação na Grande Depressão".

a. Você acredita que o produto voltou a seu nível potencial em 1933?

b. Que anos sugerem uma espiral de deflação como a descrita na Figura 9.3?

c. Sustente o argumento de que, se o nível esperado de inflação permanecesse ancorado no valor real da inflação em 1929, a Grande Depressão teria sido menos severa.

d. Sustente o argumento de que um estímulo fiscal substancial em 1930 teria tornado a Grande Depressão menos severa.

8. Consideremos os dados do quadro Foco "Deflação na Grande Depressão".

a. Calcule as taxas de juros reais em cada ano com base na suposição de que o nível de inflação esperada é a taxa de inflação do ano anterior. A taxa de inflação em 1928 foi de $-1,7\%$. As variações nas taxas de juros reais explicam melhor os dados sobre crescimento real do produto e desemprego do que quando se levantou a hipótese de que a taxa de inflação esperada seria a taxa de inflação do ano em curso?

b. Calcule o coeficiente da lei de Okun para cada ano de 1930 a 1933. Para isso, consideremos que o produto potencial não esteja crescendo. Especule por que razão as empresas não admitiram mais trabalhadores em 1933 apesar de o crescimento do produto ter sido de 9,1%. *Dica:* se o produto potencial não está crescendo, a lei de Okun é $u - u(-1) = -\alpha g_Y$.

9. A Grande Depressão no Reino Unido

Responda às perguntas com base nas informações da tabela a seguir.

a. Há evidências da espiral de deflação de 1929 a 1933 no Reino Unido?

b. Há evidências do efeito das altas taxas de juros sobre o produto?

c. Há evidências de uma má escolha do nível da taxa de juros básica real pelo Banco Central?

▶ **Tabela 2 Taxa de juros nominal, inflação e taxa de juros real no Reino Unido, 1929-1933.**

Ano	Taxa de desemprego (%)	Taxa de crescimento do produto (%)	Taxa de juros nominal de um ano (%), i	Taxa de inflação (%), π	Taxa de juros real de um ano (%), r
1929	10,4	3,0	5,0	−0,90	5,9
1930	21,3	−1,0	3,0	−2,8	5,8
1931	22,1	−5,0	6,0	−4,3	10,3
1932	19,9	0,4	2,0	−2,6	4,6
1933	16,7	3,3	2,0	−2,1	4,1

Os fundamentos

O longo prazo

Os próximos quatro capítulos enfocam o longo prazo. No longo prazo, o que predomina não são as flutuações, mas o crescimento. Portanto, agora precisamos perguntar: o que determina o crescimento?

Capítulo 10

O Capítulo 10 examina os fatos do crescimento. Inicialmente, documenta o grande aumento do produto em países ricos nos últimos 50 anos. Depois, de uma perspectiva mais ampla, mostra que, na cronologia da história humana, esse crescimento é um fenômeno recente. Mas não é universal: alguns países conseguem crescer, mas outros mais pobres vêm sofrendo por conta da estagnação ou de um baixo crescimento.

Capítulo 11

O Capítulo 11 tem como foco o papel da acumulação de capital no crescimento. Mostra que a acumulação de capital não pode, em si, sustentar o crescimento, embora afete o nível do produto. Uma taxa de poupança mais elevada normalmente leva a um consumo menor em um primeiro momento, mas a um consumo maior no longo prazo.

Capítulo 12

O Capítulo 12 aborda o progresso tecnológico. Mostra como, no longo prazo, a taxa de crescimento de uma economia é determinada pela taxa de progresso tecnológico. Examina, então, o papel de pesquisa e desenvolvimento na geração desse progresso. Retorna aos fatos do crescimento apresentados no Capítulo 10 e mostra como interpretá-los à luz da teoria desenvolvida nos capítulos 11 e 12.

Capítulo 13

O Capítulo 13 analisa uma série de questões levantadas pelo progresso tecnológico no curto, médio e longo prazos. Com foco no curto e médio prazos, discute-se a relação entre progresso tecnológico, desemprego e desigualdade salarial. Com foco no longo prazo, discute-se o papel das instituições na sustentação do progresso tecnológico e do crescimento.

CAPÍTULO 10

Os fatos do crescimento

Nossas percepções sobre o desempenho da economia costumam ser dominadas pelas flutuações anuais da atividade econômica. Uma recessão leva ao pessimismo, ao passo que uma expansão leva ao otimismo. Mas, quando olhamos para trás e examinamos a atividade econômica em períodos mais longos — digamos, no decorrer de muitas décadas —, o cenário muda. As flutuações desaparecem. O **crescimento**, que consiste no aumento contínuo do produto agregado ao longo do tempo, torna-se o fator dominante.

A Figura 10.1 mostra a evolução do PIB e a evolução do PIB por pessoa dos Estados Unidos (ambas em dólares de 2009) desde 1890. (A escala usada para medir o PIB no eixo vertical da figura é denominada **escala logarítmica**, cuja característica determinante é que o mesmo aumento proporcional em uma variável é representado pela mesma distância no eixo vertical.)

> Para saber mais sobre escalas logarítmicas, consulte o Apêndice 2 no final do livro.

Os anos de 1929 a 1933 correspondem a uma acentuada queda do produto durante a Grande Depressão; os anos de 1980 a 1982 correspondem à maior recessão do pós-guerra antes da recente crise; e os anos de 2008 a 2010 correspondem à recente crise e ao tema de grande parte da análise no restante deste livro. Observe como esses três episódios parecem pequenos se comparados com o crescimento contínuo do produto ao longo dos últimos 100 anos. O *cartoon* sustenta o mesmo argumento sobre crescimento e flutuações de um modo mais óbvio.

Com isso em mente, mudamos nosso foco das flutuações para o crescimento. Em outras palavras, passamos do estudo da determinação do produto no *curto e médio prazos* — em que predominam as flutuações — para a determinação do produto no *longo prazo* — em que predomina o crescimento. Nosso objetivo é compreender o que determina o crescimento, por que alguns países estão crescendo enquanto outros não, e por que alguns países são ricos enquanto outros continuam pobres.

A Seção 10.1 discute uma questão central de mensuração: como avaliar o padrão de vida.

A Seção 10.2 examina o crescimento nos Estados Unidos e em outros países ricos nos últimos 50 anos.

A Seção 10.3 oferece uma perspectiva mais ampla no espaço e no tempo.

A Seção 10.4 faz uma introdução ao crescimento e apresenta a estrutura que será desenvolvida nos próximos três capítulos.

10.1 Avaliando o padrão de vida

Nós nos importamos com o crescimento porque nos interessamos pelo **padrão de vida**. Observando ao longo do tempo, desejamos saber o quanto o padrão de vida aumentou. Observando diferentes países, desejamos saber o quanto o padrão de vida em um é mais alto que em outro. Assim sendo, a variável em que queremos nos concentrar e comparar tanto ao longo do tempo quanto entre diferentes países é o **produto por pessoa**, e não o *produto* em si.

> Produto por pessoa também é chamado de *produto per capita* (*capita*, em latim, significa "cabeça"). Considerando-se que o produto e a renda são sempre iguais, também usamos os termos *renda por pessoa* ou *renda per capita*.

Figura 10.1 PIB dos Estados Unidos desde 1890 e PIB por pessoa dos Estados Unidos desde 1890.

O gráfico (a) mostra o acentuado aumento no produto norte-americano desde 1890, por um fator de 46. O gráfico (b) mostra que o aumento do produto não é simplesmente o resultado do grande aumento da população dos Estados Unidos, de 63 milhões para mais de 300 milhões nesse período. O produto por pessoa aumentou por um fator de 9.

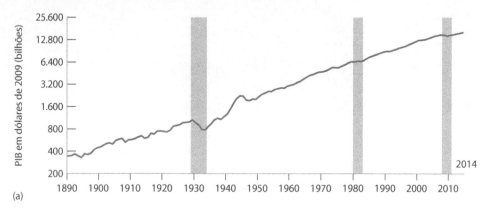

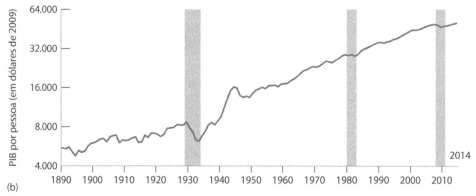

Fonte: 1890-1947: Historical Statistics of the United States. Disponível em: <http://hsus.cambridge.org/HSUSWeb/index.do>. Acesso em 17 out. 2017. 1948 to 2014: National Income and Product Accounts. Estimativas da população de 1890 a 2014, de Louis Johnston e Samuel H. Williamson, "What Was the U.S. GDP Then?". Measuring Worth, 2015. Disponível em: <https://www.measuringworth.com/datasets/usgdp/>. Acesso em 12 jul. 2017.

É aí que surge um problema prático: como comparar o produto por pessoa entre países? Cada um usa uma moeda específica e, portanto, o produto é expresso em termos da moeda corrente do país. Uma solução natural é utilizar as taxas de câmbio: na comparação do produto por pessoa da Índia com o dos Estados Unidos, por exemplo, podemos calcular o PIB por pessoa da Índia em rúpias, usar a taxa de câmbio para obter o mesmo valor em dólares, e compará-lo ao PIB por pessoa dos Estados Unidos, em dólares. Essa abordagem simples, entretanto, não será suficiente por dois motivos:

* Primeiro, as taxas de câmbio podem sofrer grandes variações (conforme veremos nos capítulos 17 a 20). Por exemplo, na década de 1980 o dólar aumentou e depois diminuiu cerca de 50% em relação às moedas dos parceiros comerciais dos Estados Unidos. Mas certamente o padrão de vida norte-americano não aumentou 50%, e depois diminuiu 50% em comparação ao padrão de vida de seus parceiros comerciais durante essa década. Entretanto, essa seria nossa conclusão se comparássemos o PIB por pessoa utilizando taxas de câmbio.

"É verdade, César, Roma está caindo, mas espero que se recupere no próximo trimestre."

♦ O segundo motivo vai além das flutuações das taxas de câmbio. Em 2011, o PIB por pessoa da Índia, utilizando a taxa de câmbio corrente, foi de US$ 1.529, comparado aos US$ 47.880 dos Estados Unidos. Sem dúvida, ninguém conseguiria viver com US$ 1.529 por ano nos Estados Unidos. Mas as pessoas conseguem viver com isso — não muito bem, é verdade — na Índia, onde os preços de bens básicos — aqueles necessários à subsistência — são muito mais baixos que nos Estados Unidos. O nível de consumo do indiano médio, que compra principalmente bens básicos, não é 31,3 vezes (47.880 dividido por 1.529) menor que o do norte-americano médio. Essa questão vale para outros países além dos Estados Unidos e da Índia. De modo geral, quanto menor o produto por pessoa de um país, mais baixos são os preços dos alimentos e dos serviços básicos nesse país.

▸ Lembre-se de uma discussão similar do Capítulo 1, quando estudamos o PIB por pessoa da China.

Portanto, quando comparamos padrões de vida, obtemos análises mais significativas ao corrigirmos os efeitos que acabamos de discutir — variações nas taxas de câmbio e diferenças sistemáticas nos preços de um país para outro. Os detalhes da obtenção desses números são complicados, mas o princípio é simples. Os números do PIB — e, consequentemente, do PIB por pessoa — são obtidos utilizando-se um conjunto de preços comum para todos os países. Esses números ajustados, que podem ser pensados como medidas do **poder de compra** ao longo do tempo ou de um país para outro, são chamados de números da **paridade do poder de compra (PPC)**. O quadro Foco "A obtenção dos números da PPC" oferece uma discussão mais detalhada.

Na comparação entre países pobres e ricos, a diferença entre os números da PPC e os baseados em taxas de câmbio correntes pode ser muito grande. Voltemos à nossa comparação entre Índia e Estados Unidos. Vimos que, a taxas de câmbio correntes, a razão entre o PIB por pessoa dos Estados Unidos e o PIB por pessoa da Índia era 31,3. Utilizando os números da PPC, esta razão é de "apenas" 11. Embora esta ainda seja uma grande diferença, ela é muito menor que a razão que obtivemos ao utilizar taxas de câmbio correntes. As diferenças entre os números da PPC e os números baseados em taxas de câmbio correntes são geralmente menores quando fazemos comparações entre países ricos. Por exemplo, aplicando-se taxas de câmbio

220 Macroeconomia

> Em suma: ao comparar o padrão de vida entre países, certifique-se de usar números da PPC.

correntes, o PIB por pessoa dos Estados Unidos em 2011 era igual a 109% do PIB por pessoa da Alemanha, mas, com base nos números da PPC, o PIB por pessoa dos Estados Unidos era igual a 123% do PIB por pessoa da Alemanha. Generalizando, os números da PPC sugerem que os Estados Unidos ainda têm o PIB por pessoa mais elevado entre os principais países do mundo.

FOCO

A obtenção dos números da PPC

Consideremos dois países — vamos chamá-los de Estados Unidos e Rússia, embora a intenção aqui não seja reproduzir exatamente as características desses dois países.

Nos Estados Unidos, o consumo por pessoa anual é de 20 mil dólares. Cada norte-americano adquire dois bens. Todos os anos compram um automóvel novo por 10 mil dólares e gastam o restante em alimentos. O preço de uma cesta anual de alimentos no país é de 10 mil dólares.

Na Rússia, o consumo por pessoa anual é de 60 mil rublos. As pessoas ficam com seus automóveis por 15 anos. O preço de um novo é de 300 mil rublos, de modo que os russos gastam, em média, 20 mil rublos — 300.000/15 — por ano em automóveis. Eles compram anualmente a mesma cesta de alimentos que as pessoas dos Estados Unidos ao preço de 40 mil rublos.

Os automóveis russos e os norte-americanos têm a mesma qualidade, e o mesmo ocorre com os alimentos de ambos os países. (Pode-se contestar o realismo dessas hipóteses. Se um automóvel do país X é igual a outro do país Y é exatamente o tipo de problema com que os economistas frequentemente se defrontam na obtenção de medidas da PPC.) A taxa de câmbio é de 1 dólar para 30 rublos. Qual é o consumo por pessoa da Rússia em relação ao dos Estados Unidos?

Uma maneira de responder a essa pergunta é converter o consumo por pessoa da Rússia para dólares utilizando a taxa de câmbio. Por meio desse método, o consumo por pessoa russo em dólares é de 2 mil dólares (60 mil rublos divididos pela taxa de câmbio, 30 rublos por dólar). De acordo com esses números, o consumo por pessoa da Rússia representa somente 10% do consumo por pessoa dos Estados Unidos.

Essa resposta faz sentido? É verdade que os russos são mais pobres, mas os alimentos são bem mais baratos na Rússia. Um consumidor dos Estados Unidos que gaste todos os seus 20 mil dólares em alimentos compraria duas cestas de alimentos (20 mil dólares/10 mil dólares). Um consumidor russo que gastasse todos os seus 60 mil

rublos em alimentos compraria 1,5 cesta de alimentos (60 mil rublos/40 mil rublos). Em termos de cestas de alimentos, a diferença entre o consumo por pessoa dos Estados Unidos e o da Rússia parece ser bem menor. E, dado que metade do consumo norte-americano e dois terços do consumo russo representam gastos com alimentos, esse parece ser um cálculo relevante.

Podemos aperfeiçoar nossa resposta inicial? Sim. Uma maneira é utilizar o mesmo conjunto de preços para os dois países e depois medir as quantidades consumidas de cada bem em cada país utilizando esse conjunto comum de preços. Suponhamos que utilizemos os preços dos Estados Unidos. Em termos de preços, o consumo por pessoa anual nos Estados Unidos obviamente ainda é de 20 mil dólares. Qual é o consumo por pessoa na Rússia? Todos os anos o indivíduo médio russo compra aproximadamente 0,07 carro (um a cada 15 anos) e uma cesta de alimentos. Utilizando os preços norte-americanos — especificamente, 10 mil dólares por um carro e 10 mil dólares por uma cesta de alimentos —, temos um consumo por pessoa russo de [(0,07 × US$ 10.000) + (1 × US$ 10.000)] = [US$ 700 + US$ 10.000] = US$ 10.700. Portanto, utilizando os preços dos Estados Unidos para calcular o consumo nos dois países, temos o consumo por pessoa anual russo de US$ 10.700/US$ 20.000 = 53,5% do consumo por pessoa anual dos Estados Unidos, uma estimativa melhor de padrões de vida relativos que a obtida com o emprego de nosso primeiro método (que obteve somente 10%).

Esse tipo de cálculo, ou seja, a construção de variáveis de um país para outro utilizando um conjunto de preços comum, embasa as estimativas da PPC. Em vez de usar os preços dos Estados Unidos em dólares, como em nosso exemplo (por que usar os preços norte-americanos e não os russos, ou até mesmo os franceses?), essas estimativas aplicam preços médios de diversos países. Esses preços médios são chamados de *preços internacionais em dólares*. Muitas das estimativas que usamos neste capítulo resultam de um projeto ambicioso, conhecido como "Penn World Tables" (Tabelas

Mundiais da Universidade da Pensilvânia). Liderados por três economistas — Irving Kravis, Robert Summers e Alan Heston — ao longo de mais de 40 anos, os pesquisadores envolvidos no projeto obtiveram séries da PPC não apenas para o consumo (como acabamos de fazer em nosso exemplo), mas também, generalizando para o PIB e seus componentes, retroagindo até 1950 para a maioria dos países do mundo. Recentemente, o projeto das Penn World Tables foi assumido pela Universidade de Califórnia-Davis e pela Universidade de Groningen na Holanda, com o mesmo nome e a contribuição contínua de Alan Heston, da Universidade da Pensilvânia. Os dados mais recentes (versão 8.1 das Tabelas) estão disponíveis em <http://cid.econ.ucdavis.edu/>, em vez de <internationaldata.org> (veja FEENSTRA, Robert C., Robert Inklaar e Marcel P. Timmer (2015), "The Next Generation of the Penn World Tables", publicado na *American Economic Review*).

Vamos encerrar esta seção com três observações antes de prosseguirmos com a análise do crescimento:

- O que importa para o bem-estar das pessoas é seu consumo, e não sua renda. Pode-se, então, querer usar *consumo por pessoa* no lugar do produto por pessoa como medida para o padrão de vida. (Na verdade, foi o que fizemos no quadro Foco "A obtenção dos números da PPC".) Visto que a razão consumo/produto é bastante semelhante entre os países, a classificação deles é praticamente a mesma, independente de utilizarmos consumo por pessoa ou produto por pessoa.

- Quando consideramos o lado da produção, podemos nos interessar pelas diferenças de produtividade e não pelas diferenças de padrão de vida entre os países. Nesse caso, a medida apropriada é o *produto por trabalhador* — ou, melhor ainda, *produto por hora trabalhada*, caso a informação sobre o total de horas trabalhadas esteja disponível — em vez do produto por pessoa. O produto por pessoa e o produto por trabalhador (ou por hora) vão diferir na medida em que a razão entre o número de trabalhadores (ou horas) e a população difere entre os países. A maior parte da diferença vista anteriormente entre o produto por pessoa dos Estados Unidos e o da Alemanha vem, por exemplo, da diferença nas horas trabalhadas por pessoa, e não da produtividade. Dito de outra maneira, os trabalhadores alemães são tão produtivos quanto seus equivalentes norte-americanos. Contudo, eles trabalham menos horas e, portanto, seu padrão de vida é inferior. Em contrapartida, porém, os alemães aproveitam mais tempo de folga.

- Em última instância, o motivo de nos preocuparmos com o padrão de vida é a nossa preocupação com a felicidade. Pode-se, então, fazer uma pergunta óbvia: um padrão de vida mais elevado gera mais felicidade? A resposta é dada no quadro Foco "O dinheiro leva à felicidade?". A resposta para essa pergunta é um sim condicional.

10.2 Crescimento nos países ricos desde 1950

Nesta seção, começaremos analisando o crescimento nos países ricos desde 1950. Na próxima, vamos retroceder no tempo e percorrer um espectro maior de países.

A Tabela 10.1 mostra a evolução do produto por pessoa (PIB dividido pela população e medido em preços PPC) para França, Japão, Reino Unido e Estados Unidos desde 1950. Esses quatro países foram escolhidos não só por serem algumas das maiores potências econômicas do mundo, mas também porque sua experiência é muito representativa do que ocorreu nos demais países avançados na última metade de século XX.

222 Macroeconomia

A Tabela 10.1 nos permite chegar a duas conclusões importantes:

- Houve um grande aumento do produto por pessoa.
- Houve convergência no produto por pessoa entre os países.

Vamos analisar cada uma dessas conclusões.

▶ Tabela 10.1 **Evolução do produto por pessoa em quatro países ricos desde 1950.**

	Taxa anual de crescimento do produto por pessoa (%)	Produto real por pessoa (dólares de 2005)		
	1950-2011	1950	2011	2011/1950
França	2,5	6.499	29.586	4,6
Japão	4,1	2.832	31.867	11,3
Reino Unido	2,0	9.673	32.093	3,3
Estados Unidos	2,0	12.725	42.244	3,3
Média	2,4	7.933	33.947	4,3

Notas: os dados param em 2011, o último ano (neste momento) disponível nas tabelas Penn. A média na última linha é uma média simples não ponderada.

Fonte: Penn Tables. Disponível em: <http://cid.econ.ucdavis.edu/pwt.html>. Acesso em 12 jul. 2017.

FOCO

O dinheiro leva à felicidade?

O dinheiro leva à felicidade? Ou, para ser mais exato, mais renda por pessoa leva a mais felicidade? A hipótese implícita, quando os economistas avaliam o desempenho de uma economia analisando seu nível de renda por pessoa ou a taxa de crescimento, é que este é o caso. Exames preliminares de dados sobre a relação entre renda e medidas de felicidade relatadas pelas próprias pessoas sugeriram que essa suposição pode não estar correta. Eles resultaram no que passou a ser conhecido como o **paradoxo de Easterlin** (assim chamado em homenagem a Richard Easterlin, um dos primeiros economistas a analisar sistematicamente essa evidência):

- Analisando-se os países, a felicidade de um país parecia maior quanto maior o nível de renda por pessoa. A relação, contudo, parecia aplicar-se apenas a países relativamente pobres. Analisando-se os países ricos, por exemplo, os membros da Organização para a Cooperação e o Desenvolvimento Econômico (OCDE) (veja lista no Capítulo 1), parecia haver pouca relação entre renda por pessoa e felicidade.

- Observando-se cada país ao longo do tempo, a felicidade média em países ricos não parecia aumentar muito, se é que aumentava, proporcionalmente à renda. (Não havia dados confiáveis para os países pobres.) Em outras palavras, nos países ricos, uma renda maior por pessoa não parecia aumentar o grau de felicidade.

- Analisando-se as pessoas de determinado país, a felicidade parecia fortemente correlacionada com a renda. As pessoas ricas eram sempre mais felizes que as pessoas pobres. Isso se aplicava tanto aos países pobres quanto aos ricos.

Os dois primeiros fatos sugeriam que, uma vez atendidas as necessidades básicas, uma renda maior por pessoa não aumenta a felicidade. O terceiro fato sugeria que o importante não era o nível absoluto de renda, mas o nível de renda relativo aos outros.

Se correta, essa interpretação impacta sobremaneira o modo como pensamos o mundo e as políticas econômicas. Nos países ricos, as políticas destinadas a aumentar a renda por pessoa podem ser mal direcionadas, porque o que importa é a distribuição de renda, e não seu nível médio. A globalização e a difusão da informação, na medida em que fazem que as pessoas nos países pobres se comparem não com os mais ricos em seu próprio país, mas com as pessoas de países ricos, podem, na verdade, diminuir, em vez de aumentar a felicidade. Por isso, como se pode imaginar, esses resultados provocaram intenso debate e mais pesquisas. À medida que novos conjuntos de dados foram disponibilizados, evidências mais confiáveis foram se acumulando. O estado do conhecimento e as controvérsias remanescentes são analisadas em um artigo recente de Betsey Stevenson e Justin Wolfers. Suas conclusões estão bem resumidas na Figura 1.

A figura contém muitas informações. Vamos examiná-las passo a passo.

O eixo horizontal mede PIB PPC por pessoa em 131 países. A escala é logarítmica, de modo que um dado intervalo representa determinado aumento percentual do PIB por pessoa. O eixo vertical mede a média de satisfação com a vida em cada país. A fonte dessa variável é uma pesquisa da Gallup World Poll de 2006, que fez a cerca de mil indivíduos em cada país a seguinte pergunta:

"Esta é a 'escada da vida'. Vamos supor que o topo da escada represente a melhor vida possível para você, e a base, a pior vida possível. Em que degrau da escada você acha que está atualmente?"

A escada era de 0 a 10. A variável medida no eixo vertical é a média das respostas individuais em cada país.

Concentre-se primeiro nos pontos que representam cada país, ignorando por enquanto as linhas que os cruzam. A impressão visual é clara. Existe forte correlação em todos os países entre renda média e felicidade média. O índice gira em torno de 4 nos países mais pobres e 8 nos mais ricos. E o mais importante, tendo em vista o paradoxo de Easterlin, essa relação parece se aplicar tanto aos países pobres quanto aos ricos; quando muito, à medida que o PIB por pessoa aumenta, a satisfação com a vida parece aumentar mais rapidamente em países ricos que nos pobres.

Vamos nos concentrar agora nas linhas que atravessam cada ponto. A inclinação de cada uma delas reflete a relação estimada entre a satisfação com a vida e a renda entre indivíduos *dentro* de cada país. Note primeiro que todas as linhas são ascendentes. Isso confirma a terceira etapa do paradoxo de Easterlin. Em cada país, as pessoas ricas são mais felizes que as pobres. Observe também que as inclinações da maior parte dessas linhas são aproximadamente semelhantes à da relação entre países. Isso contradiz o paradoxo de Easterlin. A felicidade individual aumenta com a renda, seja porque o país está enriquecendo, seja porque o indivíduo se torna relativamente mais rico dentro do país.

Stevenson e Wolfers extraem uma conclusão forte de suas descobertas. Embora a felicidade individual certamente dependa de muito mais que da renda, ela definitivamente aumenta com a renda. Embora a ideia de que existe algum nível crítico de renda para além do qual ela já não afeta o bem-estar seja intuitivamente atraente, isso está em desacordo com os dados. Assim, não é um crime os

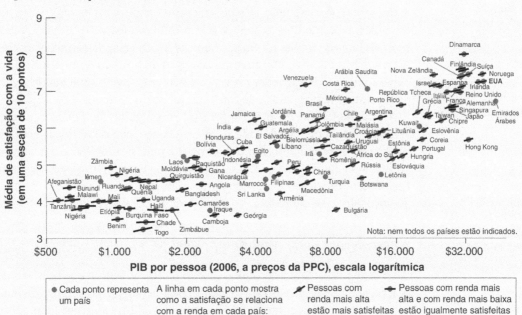

Figura 1 **Satisfação com a vida e renda por pessoa.**

Fonte: Betsey Stevenson e Justin Wolfers. Wharton School, Universidade da Pensilvânia.

economistas se concentrarem primeiro em níveis e taxas de crescimento do PIB por pessoa.

Então, acabou o debate? A resposta é não. Mesmo que aceitemos essa interpretação das evidências, é claro que muitos outros aspectos da economia são importantes para o bem-estar, sendo a distribuição de renda certamente um deles. E nem todos estão convencidos pelas evidências. Em particular, as evidências sobre a relação entre felicidade e renda por pessoa ao longo do tempo em um país não são tão explícitas quanto aquelas entre países ou entre indivíduos apresentadas na Figura 1.

Dada a importância da questão, o debate persistirá por algum tempo. Um aspecto que ficou claro, por exemplo, a partir do trabalho dos vencedores do Prêmio Nobel, Angus Deaton e Daniel Kahneman, é que, ao pensar em "felicidade", é importante distinguir entre duas formas de uma pessoa avaliar seu bem-estar. A primeira é o *bem-estar emocional* — a frequência e a intensidade de experiências como alegria, tensão, tristeza, raiva e afeição que tornam a vida de uma pessoa agradável ou desagradável. O bem-estar emocional parece aumentar com a renda, porque uma renda baixa exacerba a dor emocional associada a infortúnios como divórcio, doença e solidão. Mas só até um limiar; não há mais progressos para além de uma renda anual de cerca de US$ 75.000 (a experiência foi conduzida em 2009). A segunda é a *satisfação com a vida*, a avaliação de uma pessoa sobre sua vida quando pensa nela. A satisfação com a vida parece mais estreitamente correlacionada com a renda. Deaton e Kahneman concluem que uma renda alta compra a satisfação com a vida, mas não necessariamente a felicidade. Se indicadores de bem-estar forem usados para orientar a política econômica, essas conclusões questionam se é a avaliação da vida ou o bem-estar emocional que melhor se adapta a esses objetivos.

Fontes: Betsey Stevenson e Justin Wolfers, "Economic Growth and Subjective Well-Being: Reassessing the Easterlin Paradox", *Brookings Papers on Economic Activity*, vol. 2008 (primavera de 2008), p. 1-87 e "Subjective Well-Being and Income: Is There Any Evidence of Satiation?", *American Economic Review*. Papers & Proceedings 2013, 103(3), p. 598-604; Daniel Kahneman e Angus Deaton, "High income improves evaluation of life but not emotional well-being", *Proceedings of the National Academy of Sciences* 107.38 (2010): p. 16. 489-16, 16.493. Para uma visão mais detalhada do paradoxo de Easterlin e uma fascinante discussão sobre implicações políticas, leia Richard Layard, *Happiness*: Lessons from a New Science (2005).

O grande aumento do padrão de vida desde 1950

Observe a última coluna da Tabela 10.1. Desde 1950, o produto por pessoa aumentou por um fator de 3,3 nos Estados Unidos, 4,6 na França e 11,3 no Japão. Esses números mostram o que, às vezes, é chamado de **força das taxas compostas**. Em um contexto diferente, você provavelmente já ouviu falar que, se uma pessoa poupar enquanto jovem, mesmo que seja pouco, terá um grande montante quando se aposentar. Por exemplo, se a taxa de juros for de 4,0% ao ano, o investimento de um dólar, supondo que os ganhos sejam reinvestidos todos os anos, renderá cerca de 11 dólares ao fim de 61 anos. A mesma lógica se aplica às taxas de crescimento. A taxa média anual de crescimento do Japão no período de 1950 a 2011 (ou seja, 61 anos) foi de 4,0%. Essa alta taxa de crescimento levou a um aumento de 11 vezes no produto real por pessoa do Japão ao longo do período.

> Grande parte do aumento no Japão aconteceu antes da década de 1990. Desde então, o Japão vive uma prolongada estagnação econômica, com um crescimento bastante baixo.

$1,01^{40} - 1 = 1,48 - 1 = 48\%$

> Infelizmente, medidas de política econômica com um resultado mágico como esse são difíceis de descobrir!

Certamente, uma melhor compreensão do crescimento pode ter um efeito muito grande sobre o padrão de vida se levar à concepção de políticas econômicas que estimulem o crescimento. Suponhamos que pudéssemos encontrar uma medida de política econômica que aumentasse a taxa de crescimento permanentemente em 1% ao ano. Isso levaria, após 40 anos, a um padrão de vida 48% mais elevado do que ocorreria sem a medida — uma diferença considerável.

A convergência do produto por pessoa

A segunda e a terceira colunas da Tabela 10.1 mostram que os níveis de produto por pessoa convergiram (aproximaram-se) ao longo do tempo. Os números do produto por pessoa eram mais semelhantes em 2011 que em 1950. Dito de outra maneira, os países que estavam atrasados vêm crescendo mais rapidamente, reduzindo a diferença entre eles e os Estados Unidos.

Em 1950, o produto por pessoa dos Estados Unidos era cerca de duas vezes o da França e mais de quatro vezes o do Japão. Da perspectiva da Europa ou do Japão, os Estados Unidos eram vistos como a terra da fartura, onde tudo era maior e melhor.

Atualmente, essas percepções desbotaram, e os números explicam por quê. Usando os números da PPC, o produto por pessoa dos Estados Unidos ainda é o maior, mas em 2011 estava apenas cerca de 35% acima do produto por pessoa médio dos outros três países, uma diferença bem menor que na década de 1950.

Essa **convergência** dos níveis de produto por pessoa dos diversos países não é específica para os quatro países que estamos examinando. Ela também se estende ao conjunto de países da Organização para a Cooperação e o Desenvolvimento Econômico (OCDE). Isto é mostrado na Figura 10.2, que traça a taxa média anual de crescimento do produto por pessoa desde 1950 contra o nível inicial do produto por pessoa em 1950 para o conjunto de países-membros da OCDE atualmente. Há uma clara relação negativa entre o nível inicial de produto por pessoa e a taxa de crescimento desde 1950. Os países que estavam atrasados em 1950 em geral cresceram mais rápido. A relação não é perfeita. A Turquia, que tinha aproximadamente o mesmo nível baixo de produto por pessoa do Japão em 1950, apresentou uma taxa de crescimento equivalente a apenas metade da do Japão. Mas a relação é clara.

Alguns economistas apontaram um problema em gráficos como o da Figura 10.2. Ao examinar o conjunto de países que são membros da OCDE, o que fizemos, na verdade, foi olhar para um clube de vencedores econômicos. A adesão à OCDE não se baseia oficialmente no sucesso econômico, mas este é, sem dúvida, um determinante importante. Quando examinamos, porém, um clube que pressupõe sucesso econômico, constatamos que aqueles que vinham atrás tiveram crescimento mais rápido. Foi exatamente por isso que conseguiram entrar no clube! A descoberta da convergência poderia advir, em parte, do modo como selecionamos os países em primeiro lugar.

Portanto, uma maneira melhor de examinarmos a convergência é definir um conjunto de países a serem analisados não com base no que são atualmente — como fizemos na Figura 10.2, selecionando os atuais membros da OCDE —, mas com base no que eram, digamos, em 1950. Por exemplo, podemos examinar todos

◂ Quando criança, na França da década de 1950, eu pensava nos Estados Unidos como a terra dos arranha-céus, grandes automóveis e filmes de Hollywood.

◂ Veja a lista de países no apêndice do Capítulo 1. A figura inclui apenas os membros da OCDE dos quais se tem uma estimativa confiável do nível de produto por pessoa em 1950.

Figura 10.2 Taxa de crescimento do PIB por pessoa desde 1950 *versus* PIB por pessoa em 1950, países da OCDE.

Países com um nível de produto por pessoa mais baixo em 1950 em geral cresceram mais rápido.

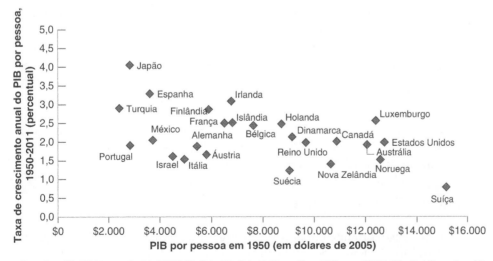

Fonte: Penn World Tables, versão 8.1. FEENSTRA, Robert C., Robert Inklaar e Marcel P. Timmer (2015), "The Next Generation of the Penn World Table". *American Economic Review*. Disponível para download em: <www.ggdc.net/pwt>. Acesso em 13 jul. 2017.

os países que apresentam um produto por pessoa de pelo menos um quarto do produto por pessoa dos Estados Unidos em 1950, e, então, examinar a convergência dentro desse grupo. A conclusão é que a maioria dos países do grupo realmente convergiu; portanto, a convergência não é somente um fenômeno da OCDE. No entanto, alguns poucos — entre eles Uruguai, Argentina e Venezuela — não convergiram. Em 1950, esses três países tinham aproximadamente o mesmo produto por pessoa da França. Em 2009, tinham ficado bem para atrás; seu nível de produto por pessoa situava-se entre 25% e 50% do nível francês.

10.3 Uma visão mais ampla do crescimento ao longo do tempo e do espaço

Na seção anterior, falamos sobre o crescimento nos países ricos ao longo dos últimos 50 anos. Vamos agora contextualizar as informações olhando para as evidências para um período bem mais longo de tempo e para um conjunto maior de países.

Visão ao longo de dois milênios

O produto por pessoa das economias atualmente ricas sempre cresceu a taxas semelhantes às da Tabela 10.1? A resposta é não. A obtenção de estimativas de crescimento torna-se cada vez mais difícil à medida que retrocedemos no tempo. Mas há um consenso entre os historiadores econômicos acerca das principais evoluções ao longo dos últimos dois mil anos.

Do fim do Império Romano até aproximadamente o ano 1500 não houve basicamente nenhum crescimento do produto por pessoa na Europa. A maioria dos trabalhadores estava empregada na agricultura, que apresentava pouco progresso tecnológico. Sendo a parcela da agricultura no produto tão grande, as invenções com aplicações fora dela não tinham como contribuir de forma expressiva para a produção em geral e para o produto. Embora houvesse algum crescimento do produto, um crescimento aproximadamente proporcional da população levava a um produto por pessoa praticamente constante.

Esse período de estagnação do produto por pessoa é frequentemente chamado de *era malthusiana*. O economista inglês Thomas Robert Malthus argumentou, no final do século XVIII, que esse aumento proporcional do produto e da população não era uma coincidência. Segundo Malthus, qualquer aumento do produto levaria a uma queda da mortalidade, levando a um aumento da população até que o produto por pessoa retornasse a seu nível inicial. A Europa estava em uma **armadilha malthusiana**, incapaz de aumentar seu produto por pessoa.

A Europa acabou conseguindo escapar dessa armadilha. Entre 1500 e 1700, o crescimento do produto por pessoa tornou-se positivo, mas ainda era baixo — apenas em torno de 0,1% ao ano. Então aumentou para 0,2% ao ano de 1700 a 1820. A partir da Revolução Industrial, as taxas de crescimento aumentaram, mas de 1820 a 1950 a taxa de crescimento do produto por pessoa nos Estados Unidos era ainda de apenas 1,5% ao ano. Portanto, na cronologia da história humana, o crescimento sustentado do produto por pessoa, em especial as altas taxas de crescimento alcançadas desde 1950, é um fenômeno definitivamente recente.

Visão do crescimento pelos países

Vimos como o produto por pessoa converge entre os países da OCDE. E quanto aos outros países? Os mais pobres também estão crescendo mais rapidamente? Estão convergindo em direção aos Estados Unidos, mesmo que ainda estejam muito atrás?

A resposta é dada na Figura 10.3, que mostra a taxa anual média de crescimento do produto por pessoa desde 1960 contra o produto por pessoa para o ano de 1960 para 85 países para os quais se têm dados.

A característica marcante da Figura 10.3 é que não existe um padrão claro. Não se observa que, de modo geral, países que estavam atrás em 1960 tenham crescido mais rapidamente. Alguns o fizeram, mas muitos não.

A nuvem de pontos na Figura 10.3 esconde, contudo, diversos padrões interessantes que aparecem quando colocamos os países em diferentes grupos. Observe que utilizamos diferentes símbolos na figura. Os losangos representam os países da OCDE; os quadrados, os países africanos; e os triângulos, os países asiáticos. Chegamos a três conclusões principais observando os padrões agrupados:

▶ Faltam dados relativos a 1950 para muitos países, o que nos impede de usar esse ano como data inicial, como fizemos na Figura 10.2.

1. O quadro para os países da OCDE (os países ricos) é muito parecido com o da Figura 10.2, que examinou um período de tempo um pouco mais longo (de 1950 em diante, em vez de 1960 em diante). Quase todos começam com níveis de produto por pessoa elevados (pelo menos um terço do nível dos Estados Unidos em 1960) e há evidência clara de convergência.

2. A convergência também é visível em muitos países asiáticos. A maioria daqueles com taxa de crescimento alta ao longo do período observado está na Ásia. O Japão foi o primeiro deles a decolar. A partir da década de 1960, quatro países — Cingapura, Taiwan, Hong Kong e Coreia do Sul (grupo normalmente chamado de os **quatro tigres**) — começaram também a se aproximar dos mais ricos. Em 1960, seu produto por pessoa médio era de cerca de 18% do produto por pessoa dos Estados Unidos; em 2011, havia aumentado para 85% do nível norte-americano. Mais recentemente, a história mais importante tem sido a da China, tanto por suas taxas de crescimento muito altas quanto por seu tamanho. Ao longo do período de 1960 a 2011, o crescimento do produto por pessoa na China foi de 5,2%. Entretanto, como começou muito baixo, seu produto por pessoa é ainda somente cerca de um sexto do dos Estados Unidos.

3. O quadro é muito diferente, contudo, para os países africanos. A maioria desses países (representados por quadrados) era muito pobre em 1960 e não se saiu bem

Figura 10.3 Taxa de crescimento do PIB por pessoa desde 1960 *versus* PIB por pessoa em 1960 (dólares de 2005) — 85 países.

Não há uma relação clara entre a taxa de crescimento do produto a partir de 1960 e o nível do produto por pessoa em 1960.

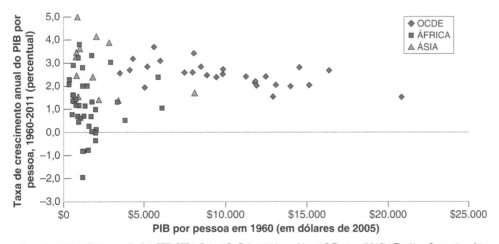

Fonte: Penn World Tables, versão 8.1. FEENSTRA, Robert C., Robert Inklaar e Marcel P. Timmer (2015), "The Next Generation of the Penn World Table". *American Economic Review*. Disponível para download em: <www.ggdc.net/pwt>. Acesso em 13 jul. 2017.

228 Macroeconomia

Paradoxalmente, os dois países de mais rápido crescimento na Figura 10.3 são Botswana e Guiné Equatorial, na África. Em ambos os casos, porém, o alto crescimento reflete principalmente recursos naturais favoráveis — diamantes em Botswana e petróleo na Guiné.

A diferença entre *teoria do crescimento* e *economia do desenvolvimento* é vaga. Uma distinção aproximada: a teoria do crescimento considera diversas instituições (por exemplo, o sistema legal e a forma de governo) como dadas. A economia do desenvolvimento pergunta quais instituições são necessárias para sustentar um crescimento contínuo e como elas podem ser implementadas.

Veja o artigo de Robert M. Solow, "A Contribution to the Theory of Economic Growth", *The Quarterly Journal of Economics,* vol. 70, n. 1 (fevereiro de 1956), p. 65-94. Solow recebeu o Prêmio Nobel em 1987 por seu trabalho sobre crescimento.

no período. Muitos passaram por conflitos internos ou externos. Oito deles apresentaram crescimento negativo do produto por pessoa — um declínio absoluto em seus padrões de vida entre 1960 e 2011. O crescimento teve uma média de –0,83% na República da África Central, assim como no Níger. Como resultado, o produto por pessoa da República da África Central em 2011 era apenas 63% de seu nível em 1960. A esperança para a África, no entanto, vem de números mais recentes. O crescimento do produto por pessoa na África subsaariana, que em média foi de apenas 1,3% na década de 1990, ficou perto de 5,5% desde 2000.

Voltando ainda mais no tempo, surge uma nova imagem. Na maior parte do primeiro milênio, e até o século XV, a China provavelmente apresentava o nível mais alto de produto por pessoa do mundo. Durante dois séculos, a liderança passou para algumas cidades do norte da Itália. Até o século XIX, entretanto, as diferenças entre os países costumavam ser muito menores do que são hoje em dia. A partir desse século, diversos países — primeiro na Europa Ocidental, e depois na América do Norte e na América do Sul — começaram a crescer mais rápido que outros. Desde então, um grupo de outros países, em especial na Ásia, passou a crescer de forma acelerada e está convergindo. Muitos outros, em especial na África, não seguem o mesmo caminho.

Nosso foco principal neste capítulo e no próximo é observar, primordialmente, o crescimento nos países ricos e nos emergentes. Não discutiremos alguns dos principais desafios que acabamos de mencionar, como por que o crescimento do produto por pessoa começou a sério no início do século XIX ou por que a África permaneceu tão pobre. Para isso, precisaríamos de um longo tempo discutindo história econômica e economia do desenvolvimento. Mas essas questões colocam sob perspectiva os dois fatos básicos discutidos anteriormente quando falamos da OCDE: crescimento e convergência não são necessidades históricas.

10.4 Refletindo sobre crescimento: uma introdução

Para refletir sobre o crescimento, os economistas utilizam um modelo desenvolvido originalmente por Robert Solow, do Massachusetts Institute of Technology (MIT), no final da década de 1950. O modelo mostrou-se útil e consistente, e vamos aplicá-lo aqui. Esta seção oferece uma introdução. Os capítulos 11 e 12 fazem uma análise mais detalhada, primeiro do papel da acumulação de capital e, a seguir, do papel do progresso tecnológico no processo de crescimento.

Função de produção agregada

O ponto de partida de qualquer teoria do crescimento deve ser uma **função de produção agregada**, que é uma especificação da relação entre produto agregado e os insumos utilizados na produção.

A função de produção agregada que introduzimos no Capítulo 7 para estudar a determinação do produto no curto e no médio prazos tomou um formato extremamente simples. O produto era simplesmente proporcional ao montante de trabalho utilizado pelas empresas — mais especificamente, proporcional ao número de trabalhadores empregados pelas empresas (Equação 7.2). Esta hipótese era aceitável enquanto nosso foco estava nas flutuações do produto e do emprego. Agora que nosso foco se deslocou para o crescimento, esta hipótese não é mais aceitável. Ela implica que o produto por trabalhador é constante, descartando completamente o crescimento (ou, pelo menos, o crescimento do produto por trabalhador). Chegou o momento de relaxar esta hipótese. De agora em diante, vamos supor que haja dois insumos — capital e trabalho — e que a relação entre produto agregado e os dois insumos seja dada por:

$$Y = F(K, N) \tag{10.1}$$

Como antes, Y é o produto agregado. K é o capital — a soma de todas as máquinas, fábricas e prédios de escritórios na economia. N é a mão de obra — o número de trabalhadores na economia. A função F, que nos mostra a quantidade obtida de produto para dadas quantidades de capital e trabalho, é a *função de produção agregada*.

Essa maneira de pensar sobre a produção agregada constitui um aperfeiçoamento da nossa abordagem no Capítulo 7. Mas deve ficar claro que ainda é uma simplificação drástica da realidade. Certamente, máquinas e prédios de escritórios desempenham papéis muito diferentes na produção e deveriam ser tratados como insumos separados. Os trabalhadores com doutorado são, sem dúvida, diferentes dos que abandonaram o ensino médio; mesmo assim, ao definir o insumo trabalho simplesmente como o *número* de trabalhadores da economia, tratamos todos eles como idênticos. Vamos afrouxar algumas dessas simplificações mais adiante. Por enquanto, a Equação 10.1, que enfatiza o papel do trabalho e do capital na produção, será suficiente.

> A função de produção agregada é:
> $$Y = F(K, N)$$
> O produto agregado (Y) depende do estoque de capital agregado (K) e do nível de emprego agregado (N).

O próximo passo deve ser pensar de onde vem a função de produção, F, que relaciona o produto aos dois insumos. Em outras palavras, o que determina a quantidade de produto que pode ser obtida para dados montantes de capital e trabalho? A resposta: o **estado da tecnologia**. Um país que utiliza tecnologia mais avançada obterá mais produto com base nas mesmas quantidades de capital e trabalho que uma economia com uma tecnologia primitiva.

> A função F depende do estado da tecnologia. Quanto mais avançado o estado da tecnologia, maior será $F(K, N)$ para um dado K e um dado N.

Como podemos definir *estado da tecnologia*? Como uma lista de projetos que determina tanto a gama de produtos que podem ser obtidos na economia quanto as técnicas disponíveis para produzi-los? Ou podemos pensar em estado da tecnologia de uma maneira mais ampla, incluindo não apenas essa lista, mas também a forma como a economia está organizada — desde a organização interna das empresas ao sistema legal, à qualidade do cumprimento das leis, ao sistema político, e assim por diante? Nos capítulos 11 e 12 pensaremos no estado da tecnologia segundo sua definição mais estrita — o conjunto de projetos. No Capítulo 13, entretanto, adotaremos a definição mais ampla e voltaremos ao que sabemos sobre o papel dos outros fatores, das instituições legais até a qualidade do governo.

Retornos de escala e rendimentos dos fatores

Agora que introduzimos a função de produção agregada, a próxima pergunta é: que restrições é razoável impor a esta função?

Imaginemos primeiro um experimento mental em que dobramos tanto o número de trabalhadores quanto o montante de capital na economia. O que poderá ocorrer com o produto? Uma resposta sensata é que o produto também dobrará. Com efeito, clonamos a economia original, e a economia clonada pode obter produto do mesmo modo que a economia original. Essa propriedade é chamada de **retornos constantes de escala**. Se a escala de operação dobrar — isto é, se as quantidades de capital e trabalho dobrarem —, o produto também dobrará.

> Retornos constantes de escala:
> $F(xK, xN) = xY$

$$2Y = F(2K, 2N)$$

Ou, de maneira mais geral, para qualquer número x (isso será útil a seguir),

$$xY = F(xK, xN) \qquad (10.2)$$

Acabamos de ver o que ocorre com a produção quando *ambos* — capital e trabalho — aumentam. Apresentamos agora uma questão diferente. O que devemos esperar que ocorra se *apenas um* dos dois insumos da economia — digamos, o capital — aumentar?

230 Macroeconomia

> O produto aqui são os serviços de secretariado. Os dois insumos são as secretárias e os computadores. A função de produção relaciona serviços de secretariado ao número de secretárias e ao número de computadores.

Certamente o produto aumentará. Isso está claro. Mas também é razoável supor que o mesmo aumento de capital levará a incrementos cada vez menores do produto à medida que o nível do capital subir. Em outras palavras, se o capital inicial é pequeno, um pouco mais de capital ajuda muito. Mas, se o capital inicial já é grande, um pouco mais não fará grande diferença. Por quê? Imaginemos, por exemplo, um grupo de secretariado, formado por um dado número de secretárias. Pensemos no capital como computadores. A introdução do primeiro computador aumentará de maneira substancial a produção do grupo, porque algumas das tarefas mais demoradas podem agora ser feitas automaticamente. À medida que o número de computadores aumenta e mais secretárias no grupo têm sua própria máquina, a produção também aumenta, embora menos por computador adicional do que quando houve a introdução do primeiro. Quando todas as secretárias tiverem seu próprio PC, o aumento do número de computadores provavelmente não contribuirá muito mais para o aumento da produção, se é que contribuirá. Os computadores adicionais podem simplesmente ficar sem uso dentro de suas caixas e não levar a qualquer aumento do produto.

Chamaremos a propriedade de que os aumentos de capital levam a aumentos cada vez menores do produto de **rendimentos decrescentes do capital** (uma propriedade que deve ser familiar aos que frequentaram um curso de microeconomia).

> Mesmo com retornos constantes de escala, há rendimentos decrescentes de cada fator ao se manter o outro fator constante.
> Há rendimentos decrescentes do capital. Dado o trabalho, aumentos no capital levam a aumentos cada vez menores no produto.
> Há rendimentos decrescentes do trabalho. Dado o capital, aumentos no trabalho levam a aumentos cada vez menores no produto.

Um argumento semelhante se aplica ao outro insumo, o trabalho. Para um dado capital, aumentos no trabalho levam a aumentos cada vez menores do produto. (Volte ao nosso exemplo e pense no que acontece quando se aumenta o número de secretárias para um dado número de computadores.) Há também **rendimentos decrescentes do trabalho**.

Produto por trabalhador e capital por trabalhador

A função de produção que escrevemos com a hipótese de retornos constantes de escala implica uma relação simples entre *produto por trabalhador* e *capital por trabalhador*.

Para visualizar isso, defina $x = 1/N$ na Equação 10.2, de modo que

> Certifique-se de que entendeu o que está por trás da álgebra. Suponhamos que o capital e o número de trabalhadores dobrem. O que acontecerá com o produto por trabalhador?

$$\frac{Y}{N} = F\left(\frac{K}{N}, \frac{N}{N}\right) = F\left(\frac{K}{N}, 1\right) \tag{10.3}$$

Note que Y/N é o produto por trabalhador, e K/N o capital por trabalhador. Segundo esta equação, o montante de produto por trabalhador depende do montante de capital por trabalhador. Essa relação desempenhará um papel importante no que vem a seguir, por isso vamos examiná-la mais detalhadamente.

A Figura 10.4 mostra essa relação. O produto por trabalhador (Y/N) é medido no eixo vertical e o capital por trabalhador (K/N) no eixo horizontal. A relação entre ambos é dada por uma curva positivamente inclinada. À medida que o capital por trabalhador aumenta, o mesmo ocorre com o produto por trabalhador. Observe que a curva foi desenhada de modo que aumentos do capital levem a aumentos cada vez menores no produto. Isso resulta da propriedade de que existem *rendimentos decrescentes do capital*: no ponto A, onde o capital por trabalhador é baixo, um aumento do capital por trabalhador, representado pela distância horizontal AB, leva a um aumento no produto por trabalhador igual à distância vertical $A'B'$. No ponto C, onde o capital por trabalhador é maior, o mesmo aumento de capital por trabalhador, representado pela distância horizontal CD (onde a distância CD é igual à distância AB), leva a um aumento muito menor no produto por trabalhador, de apenas $C'D'$. Isso é semelhante ao nosso exemplo do grupo de secretárias, em que os computadores adicionais tinham um impacto cada vez menor no produto total.

> Aumentos no capital por trabalhador levam a aumentos cada vez menores no produto por trabalhador à medida que o nível de capital por trabalhador aumenta.

Fontes do crescimento

Agora, estamos prontos para voltar à nossa questão básica. De onde vem o crescimento? Por que o produto por trabalhador — ou o produto por pessoa, se supusermos que a razão entre os trabalhadores e a população total permaneça aproximadamente constante — sobe ao longo do tempo? A Equação 10.3 fornece uma primeira resposta:

- Os aumentos no produto por trabalhador (Y/N) podem advir de aumentos no capital por trabalhador (K/N). Essa é a relação que acabamos de examinar na Figura 10.4. À medida que (K/N) aumenta — isto é, à medida que nos movemos para a direita no eixo horizontal —, (Y/N) aumenta.

- Os aumentos no produto por trabalhador também podem advir de aperfeiçoamentos no estado da tecnologia, que deslocam a função de produção, F, e levam a mais produto por trabalhador, dado o capital por trabalhador. Isso é mostrado na Figura 10.5. Um aperfeiçoamento no estado da tecnologia desloca a função de produção para cima, de $F(K/N, 1)$ para $F(K/N, 1)'$. Para um dado nível de capital por trabalhador, o aperfeiçoamento tecnológico leva a um aumento no produto por trabalhador. Por exemplo, para o nível de capital por trabalhador correspondente ao ponto A, o produto por trabalhador aumenta de A' para B'. (Retornando ao nosso exemplo do grupo de secretárias, uma realocação de tarefas pode gerar uma divisão melhor do trabalho e aumentar o produto por secretária.)

Assim, podemos considerar o crescimento como proveniente da **acumulação de capital** e do **progresso tecnológico** — o aperfeiçoamento no estado da tecnologia. Veremos, contudo, que esses dois fatores desempenham papéis muito diferentes no processo de crescimento:

- A acumulação de capital, *por si só*, não pode sustentar o crescimento. Um argumento formal terá de esperar até o Capítulo 11. Mas já podemos intuir o que está por trás disso na Figura 10.5. Em virtude dos rendimentos decrescentes do capital, sustentar um aumento constante no produto por trabalhador exigirá aumentos cada vez maiores no nível de capital por trabalhador. Em algum momento, a economia não conseguirá ou não estará mais disposta a

◂ Aumentos no capital por trabalhador: movimentos sobre a função de produção. Aperfeiçoamentos no estado da tecnologia: deslocamento (para cima) da função de produção.

Figura 10.4 Produto por trabalhador e capital por trabalhador.

Aumentos de capital por trabalhador levam a aumentos cada vez menores no produto por trabalhador.

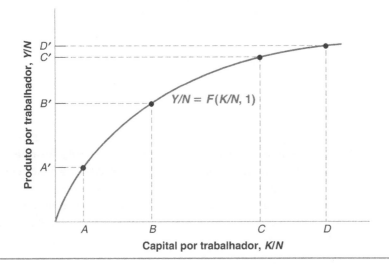

Figura 10.5 Efeitos de um aperfeiçoamento no estado da tecnologia.

Um aperfeiçoamento na tecnologia desloca para cima a função de produção, levando a um aumento do produto por trabalhador para um dado nível de capital por trabalhador.

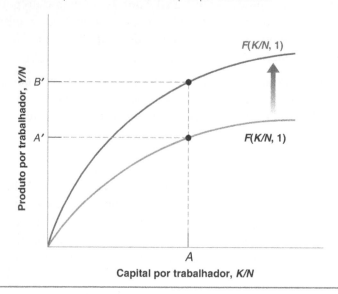

poupar e investir o suficiente para aumentar o capital. Nesse estágio, o produto por trabalhador não crescerá mais.

Isso significa que a **taxa de poupança** da economia — a proporção da renda poupada — é irrelevante? Não. É verdade que uma taxa de poupança mais elevada não pode aumentar permanentemente a *taxa de crescimento* do produto. No entanto, uma taxa de poupança mais elevada é capaz de sustentar um *nível* de produto mais alto. Vamos colocar isso de uma forma um pouco diferente. Consideremos duas economias que diferem somente na taxa de poupança. As duas economias crescerão à mesma taxa, mas, em algum momento, a economia com a taxa de poupança mais alta terá um nível de produto por pessoa mais elevado que a outra. Como isso acontece? Em qual magnitude a taxa de poupança afeta o nível de produto? Será que um país como os Estados Unidos (que tem uma taxa de poupança muito baixa) deve tentar aumentar essa taxa? Essas questões serão tratadas em um dos tópicos do Capítulo 11.

◆ O crescimento sustentado exige progresso tecnológico sustentado. Isso, na verdade, é uma decorrência da primeira proposição. Dado que os dois fatores que podem levar a um aumento do produto são a acumulação de capital e o progresso tecnológico, se a acumulação de capital não pode sustentar o crescimento para sempre, o progresso tecnológico deve ser a chave para o crescimento. E assim é. Veremos no Capítulo 12 que a taxa de crescimento do produto por pessoa da economia é determinada, em última instância, pela sua taxa de progresso tecnológico.

Isso é muito importante. Significa que, no longo prazo, uma economia que sustenta uma taxa de progresso tecnológico mais elevada ultrapassará, em última instância, todas as outras economias. Isso, obviamente, levanta mais uma questão: o que determina a taxa de progresso tecnológico? Vale lembrar das duas definições do estado de tecnologia discutidas anteriormente: uma mais restrita, ou seja, o conjunto de projetos para a economia, e uma mais ampla, que inclui como a economia está organizada, desde a natureza das instituições até o papel do governo. O que sabemos sobre os determinantes do progresso

---

Ainda sobre a distinção introduzida anteriormente sobre teoria do crescimento e economia do desenvolvimento: no Capítulo 12, falaremos sobre o progresso tecnológico do ponto de vista da teoria do crescimento. No Capítulo 13, chegaremos mais perto da economia do desenvolvimento.

tecnológico definido da forma restrita — os papéis das pesquisas básica e aplicada, das leis de propriedade intelectual, da educação e do treinamento — será um dos temas tratados no Capítulo 12. O papel dos fatores mais amplos será discutido no Capítulo 13.

Resumo

- Por períodos longos, as flutuações no produto são ofuscadas pelo crescimento — o aumento constante do produto agregado ao longo do tempo.

- Ao examinarmos o crescimento de quatro países ricos (França, Japão, Reino Unido e Estados Unidos) desde 1950, surgem dois fatos principais:

  1. Todos os quatro países experimentaram um forte crescimento e um grande aumento no padrão de vida. O crescimento de 1950 a 2011 aumentou o produto real por pessoa por um fator de 3,3 nos Estados Unidos e 11,3 no Japão.
  2. Os níveis de produto por pessoa para os quatro países convergiram ao longo do tempo. Dito de outra maneira, os países que estavam atrás cresceram mais rapidamente, reduzindo a diferença entre eles e o líder atual, os Estados Unidos.

- Ao examinarmos as evidências para um conjunto maior de países e para um período de tempo maior, surgem os seguintes fatos:

  1. Na cronologia da história humana, o crescimento sustentado do produto é um fenômeno recente.
  2. A convergência dos níveis de produto por pessoa não é um fenômeno mundial. Muitos países asiáticos estão alcançando rapidamente os países ricos, mas a maioria dos africanos apresenta níveis de produto por pessoa baixos e taxas de crescimento baixas.

- Para pensar sobre o crescimento, os economistas partem de uma função de produção agregada que relaciona o produto agregado a dois fatores de produção: capital e trabalho. A quantidade de produto obtida, dados esses insumos, depende do estado da tecnologia.

- Sob a hipótese de retornos constantes de escala, a função de produção agregada implica que os aumentos do produto por trabalhador podem vir tanto de aumentos no capital por trabalhador quanto de aperfeiçoamentos no estado da tecnologia.

- A acumulação de capital por si só não é capaz de sustentar permanentemente o crescimento do produto por pessoa. No entanto, o volume de poupança de um país é muito importante, pois a taxa de poupança determina o *nível* do produto por pessoa, ainda que não determine sua taxa de crescimento.

- O crescimento sustentado do produto por pessoa deve-se, em última instância, ao progresso tecnológico. Talvez a questão mais importante da teoria do crescimento seja quais são os fatores determinantes do progresso tecnológico.

Palavras-chave

- acumulação de capital, 231
- armadilha malthusiana, 226
- convergência, 225
- crescimento, 217
- escala logarítmica, 217
- estado da tecnologia, 229
- força das taxas compostas, 224
- função de produção agregada, 228
- padrão de vida, 217
- paradoxo de Easterlin, 222

- paridade do poder de compra (PPC), 219
- poder de compra, 219
- produto por pessoa, 217
- progresso tecnológico, 231
- quatro tigres, 227
- rendimentos decrescentes do capital, 230
- rendimentos decrescentes do trabalho, 230
- retornos constantes de escala, 229
- taxa de poupança, 232

Questões e problemas

1. Usando as informações contidas neste capítulo, diga se cada afirmação a seguir é verdadeira, falsa ou incerta. Explique brevemente.

   a. Em uma escala logarítmica, uma variável que cresce 5% ao ano se moverá sobre uma reta positivamente inclinada, com declividade igual a 0,05.

   b. O preço dos alimentos é mais alto nos países pobres que nos países ricos.

   c. Evidências sugerem que a felicidade nos países ricos aumenta com o produto por pessoa.

   d. Em quase todos os países do mundo, o produto por pessoa está convergindo para o nível de produto por pessoa dos Estados Unidos.

   e. Durante cerca de mil anos depois da queda do Império Romano quase não houve crescimento no produto por pessoa na Europa, visto que qualquer aumento no produto levou a um aumento proporcional na população.

   f. A acumulação de capital não afeta o nível do produto no longo prazo. Apenas o progresso tecnológico o faz.

   g. A função de produção agregada é uma relação entre produto, de um lado, e trabalho e capital, do outro.

2. Suponhamos que o consumidor típico do México e dos Estados Unidos compre as quantidades e pague os preços da tabela a seguir:

	Alimentos		Serviços de transporte	
	Preço	Quantidade	Preço	Quantidade
México	5 pesos	400	20 pesos	200
Estados Unidos	$1	1.000	$2	2.000

   a. Calcule o consumo por pessoa dos Estados Unidos em dólares.

   b. Calcule o consumo por pessoa do México em pesos.

   c. Suponhamos que um dólar valha 10 pesos. Calcule o consumo por pessoa do México em dólares.

   d. Usando o método da paridade do poder de compra e os preços dos Estados Unidos, calcule o consumo por pessoa mexicano em dólares.

   e. Segundo cada método, quão menor é o padrão de vida do México comparado ao dos Estados Unidos? A escolha do método faz diferença?

3. Consideremos a função de produção

   $$Y = \sqrt{K}\sqrt{N}$$

   a. Calcule o produto quando $K = 49$ e $N = 81$.

   b. Se tanto o capital quanto o trabalho dobrarem, o que ocorrerá com o produto?

   c. Essa função de produção apresenta rendimentos constantes de escala? Explique.

   d. Escreva essa função de produção como uma relação entre produto por trabalhador e capital por trabalhador.

   e. Seja $K/N = 4$. Quanto é Y/N? Agora dobre K/N para 8. Y/N será mais ou menos que o dobro?

   f. A relação entre produto por trabalhador e capital por trabalhador apresenta retornos constantes de escala?

   g. Sua resposta para (f) é igual à sua resposta em (c)? Justifique.

   h. Represente graficamente a relação entre produto por trabalhador e capital por trabalhador. Essa relação apresenta a mesma forma geral que a da Figura 10.4? Explique.

Aprofundando

4. **As taxas de crescimento do produto e do capital**

   Consideremos a função de produção dada na questão 3. Suponha que N seja constante e igual a 1. Observe que, se $z = x^a$, então $g_z \approx a g_x$, onde g_z e g_x são as taxas de crescimento de z e x.

   a. Dada a aproximação do crescimento aqui, derive a relação entre taxa de crescimento do produto e taxa de crescimento do capital.

   b. Suponhamos que se almeje atingir um crescimento do produto de 2% ao ano. Qual é a taxa de crescimento do capital necessária para isso?

   c. Em (b), o que acontece à razão entre capital e produto ao longo do tempo?

   d. É possível sustentar um crescimento de produto de 2% para sempre nessa economia? Justifique.

5. Entre 1950 e 1973, França, Alemanha e Japão registraram taxas de crescimento pelo menos dois pontos percentuais acima das registradas nos Estados Unidos. Contudo, os aperfeiçoamentos tecnológicos mais importantes do período ocorreram nos Estados Unidos. Como isso é possível?

Explorando mais

6. Convergência entre Japão e Estados Unidos desde 1960

Consulte a página do PIB por pessoa no site do Bureau of Labor Statistics (<http://www.bls.gov/ilc/intl_gdp_capita_gdp_hour.htm#table0/>) e obtenha os dados para o PIB por pessoa do Japão e dos Estados Unidos em 1960, 1990 e no ano mais recente disponível.

a. Calcule as taxas de crescimento anual médias do PIB por pessoa para os Estados Unidos e o Japão em dois períodos: de 1960 a 1990 e de 1990 até o ano mais recente disponível. O nível do produto real por pessoa no Japão tende a convergir com o nível do produto real por pessoa nos Estados Unidos em cada um desses períodos? Explique.

b. Suponhamos que em todos os anos desde 1990, o Japão e os Estados Unidos atingissem, cada um, suas taxas anuais de crescimento médias para o período entre 1960 e 1990. Como o PIB real por pessoa se compararia no Japão e nos Estados Unidos atualmente?

c. O que aconteceu efetivamente ao crescimento no PIB real por pessoa do Japão e dos Estados Unidos entre 1990 e 2011?

7. Convergência em dois conjuntos de países

Vá ao site que contém as *Penn World Tables* e obtenha os dados sobre o PIB real por pessoa (série encadeada) de 1950 a 2011 (ou o ano mais recente disponível) para Estados Unidos, França, Bélgica, Itália, Etiópia, Quênia, Nigéria e Uganda. Você precisará baixar o PIB real total em dólares norte-americanos de 2005 encadeados e a população. Defina para cada país, em cada ano, a razão entre seu PIB real por pessoa e o dos Estados Unidos nesse ano (de modo que essa razão seja igual a 1 para os Estados Unidos em todos os anos).

a. Represente graficamente as razões para França, Bélgica e Itália ao longo do período para o qual há dados disponíveis. Seu gráfico sustenta a noção de convergência de França, Bélgica e Itália em relação aos Estados Unidos?

c. Repita o mesmo exercício para Etiópia, Quênia, Nigéria e Uganda. Seu novo gráfico sustenta a noção de convergência desse grupo de países com os Estados Unidos?

8. Sucessos e fracassos no crescimento

Vá ao site que contém as *Penn World Tables* e obtenha os dados sobre o PIB real por pessoa (série encadeada) de 1970 para todos os países disponíveis. Faça o mesmo para um ano mais atual, digamos, o ano anterior ao mais recente disponível. (Se escolher o ano mais recente disponível, pode ser que as *Penn World Tables* não disponham dos dados sobre alguns países relevantes nesta questão.)

a. Classifique os países conforme o PIB por pessoa em 1970. Liste aqueles com os dez níveis mais altos de PIB por pessoa nesse ano. Houve alguma surpresa?

b. Faça a análise do item (a) para o ano mais recente para o qual foram coletados dados. A composição dos dez países mais ricos mudou desde 1970?

c. Use todos os países para os quais existem dados tanto de 1970 quanto do ano mais recente. Quais são os cinco países com o maior aumento proporcional no PIB real por pessoa?

d. Use todos os países para os quais existem dados tanto de 1970 quanto do ano mais recente. Quais são os cinco países com o menor aumento proporcional no PIB real por pessoa?

e. Faça uma rápida pesquisa na internet sobre o país do item (c) com o maior aumento no PIB por pessoa ou sobre o país do item (d) com o menor aumento. Você pode citar alguma razão para o sucesso (ou o fracasso) econômico do país escolhido?

Leitura adicional

- Brad deLong possui vários artigos fascinantes sobre crescimento em <http://web.efzg.hr/dok/MGR/vcavrak/Berkeley%20Faculty%20Lunch%20Talk.pdf>. Leia, em especial, "Berkeley Faculty Lunch Talk: Themes of Twentieth Century Economic History", que cobre muitos dos tópicos deste capítulo.

- Uma apresentação ampla dos fatos sobre crescimento é feita por Angus Maddison em *The World Economy. A Millenium Perspective* (2001). O site associado, <www.theworldeconomy.org>, apresenta um grande número de fatos e dados sobre crescimento ao longo dos dois últimos milênios.

- O Capítulo 3 de *Productivity and American Leadership*, de William Baumol, Sue Anne Batey Blackman e Edward Wolff (1989), fornece uma descrição detalhada de como a vida foi transformada pelo crescimento nos Estados Unidos desde meados da década de 1880.

CAPÍTULO 11

Poupança, acumulação de capital e produto

Desde 1970, a **taxa de poupança** dos Estados Unidos — a razão entre a poupança e o PIB — foi, em média, de apenas 17%, em comparação com 22% da Alemanha e 30% do Japão. Esse fato pode explicar por que a taxa de crescimento dos Estados Unidos foi menor que a da maioria dos países da OCDE nos últimos 40 anos? Aumentar a taxa de poupança dos Estados Unidos levaria a um maior crescimento sustentado do país no futuro?

A resposta básica para essas questões já foi dada no final do Capítulo 10. E é não. Em períodos longos — uma qualificação importante para a qual voltaremos —, a taxa de crescimento de uma economia não depende da sua taxa de poupança. Não parece que o crescimento menor dos Estados Unidos nos últimos 50 anos resulte principalmente de uma taxa de poupança menor. Também não deveríamos esperar que um aumento na taxa de poupança levasse a um crescimento maior e sustentado dos Estados Unidos.

Essa conclusão, no entanto, não significa que a baixa taxa de poupança dos Estados Unidos não preocupe. Mesmo que não afete de maneira permanente a taxa de crescimento, a taxa de poupança afeta o nível do produto e o padrão de vida. Um aumento na taxa de poupança levaria a um crescimento maior por algum tempo, resultando, em última instância, na elevação do padrão de vida dos Estados Unidos.

Os efeitos da taxa de poupança sobre o nível e a taxa de crescimento do produto são os assuntos deste capítulo.

As seções 11.1 e 11.2 examinam as interações entre produto e acumulação de capital e os efeitos da taxa de poupança.

A Seção 11.3 utiliza números para dar uma noção mais clara das grandezas envolvidas.

A Seção 11.4 amplia nossa discussão para levar em conta não apenas o capital físico, mas também o capital humano.

11.1 Interações entre produto e capital

A determinação do produto no longo prazo está centrada em duas relações entre produto e capital:

- O volume de capital determina o montante de produto a ser obtido.
- O montante de produto determina o montante de poupança e, por sua vez, o montante de capital acumulado ao longo do tempo.

Juntas, essas duas relações, representadas na Figura 11.1, determinam a evolução do produto e do capital ao longo do tempo. A seta cinza indica a primeira relação, do capital para o produto. As setas hachurada e pontilhada indicam as duas partes da segunda, do produto para a poupança e o investimento, e do investimento para a mudança no estoque de capital. Vejamos uma relação de cada vez.

▶ Figura 11.1 Capital, produto e poupança/investimento.

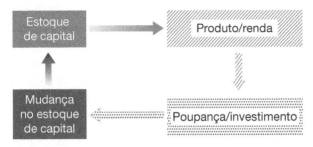

Efeitos do capital sobre o produto

Começamos a discutir a primeira dessas duas relações — o efeito do capital sobre o produto — na Seção 10.3. Lá, introduzimos a função de produção agregada e vimos que, sob a hipótese de retornos constantes de escala, podemos escrever a seguinte relação entre produto por trabalhador e capital por trabalhador:

$$\frac{Y}{N} = F\left(\frac{K}{N}, 1\right)$$

O produto por trabalhador (Y/N) é função crescente do capital por trabalhador (K/N). Sob a hipótese de rendimentos decrescentes do capital, o efeito de dado aumento no capital por trabalhador sobre o produto por trabalhador diminui à medida que o capital por trabalhador fica maior. Quando o capital por trabalhador já é elevado, o efeito de aumentos adicionais sobre o produto por trabalhador é pequeno.

Para simplificar a notação, reescreveremos essa relação entre produto por trabalhador e capital por trabalhador simplesmente como:

$$\frac{Y}{N} = f\left(\frac{K}{N}\right)$$

onde a função f representa a mesma relação entre produto por trabalhador e capital por trabalhador que a função F:

$$f\left(\frac{K}{N}\right) \equiv F\left(\frac{K}{N}, 1\right)$$

Neste capítulo, levantaremos mais duas hipóteses:

* A primeira é a de que o tamanho da população, a taxa de participação e a taxa de desemprego são constantes. Isso implica que o nível de emprego, N, também é constante. Para ver por quê, volte às relações que vimos nos capítulos 2 e 7, entre população, força de trabalho, nível de desemprego e nível de emprego.

    * A força de trabalho é igual à população multiplicada pela taxa de participação. Portanto, se a população e a taxa de participação forem constantes, a força de trabalho também será.
    * O nível de emprego, por sua vez, é igual à força de trabalho multiplicada por 1 menos a taxa de desemprego. Se, por exemplo, o tamanho da força de trabalho for de 100 milhões e a taxa de desemprego for de 5%, o nível de emprego será igual a 95 milhões [100 milhões × (1 − 0,05)]. Assim, se a força de trabalho e a taxa de desemprego forem constantes, o nível de emprego também será.

Sob essas hipóteses, o produto por trabalhador, o produto por pessoa e o produto propriamente dito movem-se proporcionalmente. Embora, de modo geral, nos refiramos a movimentos no produto ou no capital *por trabalhador*, para tornar o texto mais leve falaremos, às vezes, apenas de movimentos do produto ou do capital, deixando de lado a qualificação "por trabalhador" ou "por pessoa".

Suponhamos, por exemplo, que a função F tenha a forma "raiz quadrada dupla" $F(K,N) = \sqrt{K}\sqrt{N}$, de modo que

$$Y = \sqrt{K}\sqrt{N}$$

Dividindo ambos os lados por N, temos:

$$Y/N = \sqrt{K}\sqrt{N}/N$$

Observe que

$$\sqrt{N}/N = \sqrt{N}/(\sqrt{N}\sqrt{N})$$

Usar esse resultado na equação anterior leva ao modelo de renda por pessoa:

$$Y/N = \sqrt{K}/\sqrt{N} = \sqrt{K/N}$$

Portanto, neste caso, a função f, que mostra a relação entre produto por trabalhador e capital por trabalhador, é simplesmente a função raiz quadrada:

$$f(K/N) = \sqrt{K/N}$$

Nos Estados Unidos, em 2014, o produto por pessoa (em dólares da PPC de 2005) era de US$ 46.400; o produto por trabalhador era muito maior, US$ 100.790. (A partir desses dois números, pode-se derivar a razão entre o nível de emprego e a população?)

238 Macroeconomia

O propósito de supor que N seja constante é facilitar o estudo do papel da acumulação de capital no crescimento. Se N for constante, o único fator de produção que variará ao longo do tempo será o capital. Entretanto, a hipótese não é muito realista; por isso, vamos desconsiderá-la nos dois capítulos seguintes. No Capítulo 12, consideraremos um crescimento constante da população e do nível de emprego. No Capítulo 13, veremos como integrar nossa análise do longo prazo — que ignora as flutuações do nível de emprego — com nossa análise anterior de curto e médio prazos, que se concentrou exatamente nessas flutuações do nível de emprego (assim como nas flutuações associadas do produto e do nível de desemprego). Mas é melhor deixar ambos os passos para mais tarde.

◆ A segunda hipótese é de que não há progresso tecnológico, e, por isso, a função de produção f (ou, de maneira equivalente, F) não se desloca ao longo do tempo.

Novamente, o propósito da adoção dessa hipótese — que, obviamente, é contrária aos fatos — é destacar o papel da acumulação de capital. No Capítulo 12, introduziremos o progresso tecnológico e veremos que as conclusões básicas que derivamos aqui sobre o papel do capital no crescimento também valem quando há progresso tecnológico. Novamente, será melhor deixar esse passo para depois.

Com essas duas hipóteses, nossa primeira relação entre o produto por trabalhador e o capital por trabalhador, do lado da produção, pode ser escrita como

$$\frac{Y_t}{N} = f\left(\frac{K_t}{N}\right) \tag{11.1}$$

> Do lado da produção, o nível de capital por trabalhador determina o nível de produto por trabalhador.

na qual introduzimos índices temporais para o produto e o capital — mas não para o trabalho, N, que assumimos como constante e, portanto, não necessita de um índice temporal.

Em suma: capital por trabalhador maior leva a um produto por trabalhador maior.

Efeitos do produto sobre a acumulação de capital

Para derivar a segunda relação entre produto e acumulação de capital, seguimos dois passos:

Primeiro, derivamos a relação entre produto e investimento.

A seguir, derivamos a relação entre investimento e acumulação de capital.

Produto e investimento

Para derivar a relação entre produto e investimento, adotamos três hipóteses:

> Como veremos no Capítulo 17, poupança e investimento não precisam ser iguais em uma economia aberta. Um país pode poupar menos do que investe e tomar emprestada a diferença do resto do mundo. É o caso atual dos Estados Unidos.

◆ Continuamos a supor que a economia seja fechada. Como vimos no Capítulo 3 (Equação 3.10), isso significa que o investimento, I, é igual à poupança — a soma da poupança privada, S, e da poupança pública, $T - G$.

$$I = S + (T - G)$$

◆ Para nos concentrarmos no comportamento da poupança privada, supomos que a poupança pública, $T - G$, seja igual a zero. (Mais adiante, ao tratarmos das implicações da política fiscal para o crescimento, desconsideraremos esta hipótese.) Com esta hipótese, a equação anterior se torna

$$I = S$$

O investimento é igual à poupança privada.

◆ Supomos que a poupança privada seja proporcional à renda, portanto

$$S = sY$$

O parâmetro s é a taxa de poupança, que apresenta um valor entre zero e 1. Essa hipótese reflete dois fatos básicos a respeito da poupança. Primeiro, a taxa de poupança não parece aumentar ou diminuir sistematicamente à medida que um país se torna mais rico. Segundo, países mais ricos não parecem ter, sistematicamente, taxas de poupança maiores ou menores que os países mais pobres.

Combinando essas duas relações e introduzindo índices temporais, obtemos uma relação simples entre investimento e produto:

$$I_t = sY_t$$

O investimento é proporcional ao produto. Quanto maior o produto, maior a poupança e, portanto, maior o investimento.

Investimento e acumulação de capital

O segundo passo relaciona o investimento, que é um fluxo (as novas máquinas produzidas e as novas fábricas construídas durante um dado período), com o capital, que é um estoque (máquinas e fábricas existentes na economia em um momento no tempo).

Pensemos no tempo como medido em anos; portanto, t representa o ano t, $t + 1$ representa o ano $t + 1$, e assim por diante. Pensemos no estoque de capital como medido no início de cada ano; assim, K_t refere-se ao estoque de capital no início do ano t, K_{t+1} ao estoque de capital no início do ano $t + 1$, e assim por diante.

Suponhamos que o capital seja depreciado a uma taxa δ (letra grega minúscula dclta) ao ano. Isto é, de um ano para o outro, uma proporção δ do estoque de capital é sucateada e se torna inútil. De forma equivalente, uma proporção $(1 - \delta)$ do estoque de capital permanece intacta de um ano para outro.

A evolução do estoque de capital é, então, dada por

$$K_{t+1} = (1 - \delta)K_t + I_t$$

O estoque de capital no início do ano $t + 1$, K_{t+1}, é igual ao estoque de capital no início do ano t que ainda permanece intacto no ano $t + 1$, $(1 - \delta)K_t$, somado ao novo estoque de capital instalado durante o ano t (isto é, o investimento feito durante o ano t, I_t).

Agora podemos combinar a relação entre produto e investimento com aquela entre investimento e acumulação de capital para obter a segunda relação de que precisamos para pensar sobre o crescimento: a relação do produto com a acumulação de capital.

Substituindo o investimento por sua expressão anterior e dividindo ambos os lados por N (o número de trabalhadores na economia), temos

$$\frac{K_{t+1}}{N} = (1 - \delta)\frac{K_t}{N} + s\frac{Y_t}{N}$$

Resumindo: o capital por trabalhador no início do ano $t + 1$ é igual ao capital por trabalhador no início do ano t, ajustado pela depreciação, somado ao investimento por trabalhador durante o ano t, que é igual à taxa de poupança multiplicada pelo produto por trabalhador durante o ano t.

Desmembrando o termo $(1 - \delta)K_t/N$ em $K_t/N - \delta K_t/N$, passando K_t/N para o lado esquerdo e reagrupando o lado direito, temos

$$\frac{K_{t+1}}{N} - \frac{K_t}{N} = s\frac{Y_t}{N} - \delta\frac{K_t}{N} \qquad (11.2)$$

Em suma: a mudança no estoque de capital por trabalhador (representada pela diferença entre os dois termos do lado esquerdo) é igual à poupança por trabalhador (representada pelo primeiro termo do lado direito), menos a depreciação (representada pelo segundo termo do lado direito). Essa equação nos dá a segunda relação entre produto por trabalhador e capital por trabalhador.

> Agora vemos duas especificações do comportamento da poupança (ou, de maneira equivalente, do comportamento do consumo): uma para o curto prazo, no Capítulo 3, e outra para o longo prazo, neste capítulo. Pode-se cogitar como as duas especificações se relacionam entre si e se são consistentes. A resposta é sim. Haverá uma discussão completa no Capítulo 15.

> Vale lembrar que fluxos são variáveis com dimensão temporal (isto é, são definidas por unidade de tempo); estoques são variáveis que não têm dimensão temporal (são definidas em um momento no tempo). Produto, poupança e investimento são fluxos. Nível de emprego e capital são estoques.

> Do lado da poupança, o nível de produto por trabalhador determina a mudança no nível de capital por trabalhador ao longo do tempo.

240 Macroeconomia

11.2 Implicações de taxas de poupança diferentes

Derivamos duas relações:

♦ Do lado da produção, vimos, na Equação 11.1, como o capital determina o produto.

♦ Do lado da poupança, vimos, na Equação 11.2, como o produto, por sua vez, determina a acumulação de capital.

Agora vamos juntá-las para ver como determinam o comportamento do produto e do capital ao longo do tempo.

Dinâmica do capital e do produto

Substituindo o produto por trabalhador (Y_t/N), na Equação 11.2, por sua expressão em termos de capital por trabalhador da Equação 11.1, temos

$$\frac{K_{t+1}}{N} - \frac{K_t}{N} = s\,f\left(\frac{K_t}{N}\right) - \delta\left(\frac{K_t}{N}\right) \qquad (11.3)$$

variação no capital = Investimento − Depreciação
do ano t para o ano $t+1$ durante o ano t durante o ano t

Essa relação descreve o que ocorre com o capital por trabalhador. A variação no capital por trabalhador deste ano para o próximo depende da diferença entre dois termos:

$K_t/N \Rightarrow f(K_t/N) \Rightarrow sf(K_t/N)$ ▶

♦ Investimento por trabalhador, o primeiro termo da direita: o nível do capital por trabalhador neste ano determina o produto por trabalhador neste ano. Dada a taxa de poupança, o produto por trabalhador determina o montante de poupança por trabalhador e, assim, do investimento por trabalhador neste ano.

$K_t/N \Rightarrow \delta K_t/N$ ▶

♦ A depreciação por trabalhador, o segundo termo da direita: o estoque de capital por trabalhador determina o montante de depreciação por trabalhador neste ano.

Se o investimento por trabalhador supera a depreciação por trabalhador, a variação no capital por trabalhador é positiva. O capital por trabalhador aumenta.

Se o investimento por trabalhador é inferior à depreciação por trabalhador, a variação no capital por trabalhador é negativa. O capital por trabalhador diminui.

Dado o capital por trabalhador, o produto por trabalhador é obtido pela Equação 11.1:

$$\frac{Y_t}{N} = f\left(\frac{K_t}{N}\right)$$

As equações 11.3 e 11.1 contêm todas as informações necessárias para entendermos a dinâmica do capital e do produto ao longo do tempo. O melhor modo de interpretá-las é por meio de um gráfico. Faremos isto na Figura 11.2. O produto por trabalhador é medido no eixo vertical, e o capital por trabalhador no eixo horizontal.

Na Figura 11.2, vamos examinar primeiro a curva que representa o produto por trabalhador, $f(K_t/N)$, como função do capital por trabalhador. A relação é igual à da Figura 10.4: o produto por trabalhador aumenta com o capital por trabalhador, mas, em virtude dos rendimentos decrescentes do capital, quanto maior for o nível de capital por trabalhador, menor será esse efeito.

▶ **Figura 11.2** Dinâmica do capital e do produto.

Quando o capital e o produto são baixos, o investimento supera a depreciação e o capital aumenta.
Quando o capital e o produto são altos, o investimento é inferior à depreciação e o capital diminui.

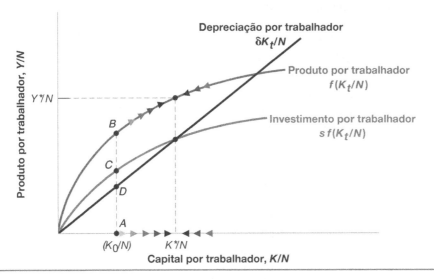

Vamos examinar, agora, as duas curvas que representam os dois componentes do lado direito da Equação 11.3:

◆ A relação que representa o investimento por trabalhador, $sf(K_t/N)$, tem o mesmo formato da função de produção, exceto por estar mais para baixo por um fator s (a taxa de poupança). Suponhamos que, na Figura 11.2, o nível de capital por trabalhador seja igual a K_0/N. O produto por trabalhador é, então, dado pela distância vertical AB, e o investimento por trabalhador é dado pela distância vertical AC, que é igual a s vezes a distância vertical AB. Assim, exatamente como o produto por trabalhador, o investimento por trabalhador aumenta com o capital por trabalhador, mas com acréscimos cada vez menores à medida que o capital por trabalhador aumenta. Quando o capital por trabalhador já está muito elevado, o efeito de um aumento adicional desse capital sobre o produto por trabalhador e, consequentemente, sobre o investimento por trabalhador, é muito pequeno.

◆ A relação que representa a depreciação por trabalhador, $\delta K_t/N$, é representada por uma linha reta. A depreciação por trabalhador aumenta proporcionalmente com o capital por trabalhador, de modo que a relação é representada por uma linha reta com inclinação igual a δ. No nível de capital por trabalhador K_0/N, a depreciação por trabalhador é dada pela distância vertical AD.

A variação no capital por trabalhador é dada pela diferença entre o investimento por trabalhador e a depreciação por trabalhador. Em K_0/N, a diferença é positiva; o investimento por trabalhador supera a depreciação por trabalhador em um montante representado pela distância vertical $CD = AC - AD$, de modo que o capital por trabalhador aumenta. À medida que nos movemos para a direita ao longo do eixo horizontal e observamos níveis cada vez maiores de capital por trabalhador, o investimento aumenta cada vez menos, enquanto a depreciação continua a aumentar proporcionalmente ao capital. Para algum nível de capital por trabalhador, K^*/N na Figura 11.2, o investimento é exatamente o bastante para cobrir a depreciação, e o capital por trabalhador permanece constante. À esquerda de K^*/N, o investimento

> Para facilitar a leitura do gráfico, assumimos uma taxa de poupança excessivamente elevada. (Você poderia dizer qual é, aproximadamente, o valor assumido para s? Qual seria um valor plausível de s?)

242 Macroeconomia

Quando o capital por trabalhador é baixo, essa razão e o produto por trabalhador aumentam ao longo do tempo. Quando o capital por trabalhador é alto, essa razão e o produto por trabalhador diminuem ao longo do tempo.

supera a depreciação, e o capital por trabalhador aumenta. Isso é indicado pelas setas apontando para a direita sobre a curva que representa a função de produção. À direita de K^*/N, a depreciação supera o investimento, e o capital por trabalhador diminui. Isso é indicado pelas setas apontando para a esquerda sobre a curva que representa a função de produção.

Agora fica fácil descrever a evolução do capital por trabalhador e do produto por trabalhador ao longo do tempo. Consideremos uma economia que comece com um nível baixo de capital por trabalhador — digamos, K_0/N, na Figura 11.2. Como o investimento supera a depreciação neste ponto, o capital por trabalhador aumenta. E, como o produto se move com o capital, o produto por trabalhador também aumenta. O capital por trabalhador finalmente atinge K^*/N, o nível em que o investimento é igual à depreciação. Uma vez que a economia tenha atingido o nível de capital por trabalhador K^*/N, o produto e o capital por trabalhador permanecerão constantes em Y^*/N e K^*/N, seus níveis de equilíbrio de longo prazo.

Pensemos, por exemplo, em um país que perde parte de seu estoque de capital, digamos, em consequência de bombardeios em uma guerra. O mecanismo que acabamos de ver sugere que, se a perda de capital do país for muito maior que as perdas humanas, esse país sairá da guerra com um nível baixo de capital por trabalhador, isto é, em um ponto à esquerda de K^*/N. O país experimentará um grande aumento tanto no capital quanto no produto por trabalhador durante algum tempo. Isso descreve bem o que aconteceu após a Segunda Guerra Mundial nos países que tiveram uma destruição proporcionalmente maior de capital do que de vidas humanas (veja o quadro Foco "Acumulação de capital e crescimento na França após a Segunda Guerra Mundial").

O que o modelo prevê para o crescimento no pós-guerra se um país registrar perdas proporcionais de população e de capital? Você acha essa resposta convincente? Quais elementos podem estar faltando no modelo?

Se, por outro lado, um país começar com um nível elevado de capital por trabalhador — isto é, de um ponto à direita de K^*/N —, a depreciação será superior ao investimento, e tanto o capital como o produto por trabalhador diminuirão. O nível inicial de capital por trabalhador é alto demais para ser sustentado dada a taxa de poupança. Essa diminuição do capital por trabalhador continuará até que a economia atinja novamente o ponto no qual o investimento é igual à depreciação e o capital por trabalhador é igual a K^*/N. Desse ponto em diante, o capital por trabalhador e o produto por trabalhador permanecerão constantes.

Vamos examinar mais atentamente os níveis de produto e de capital por trabalhador para os quais a economia converge no longo prazo. O estado em que o produto e o capital por trabalhador não se alteram mais é chamado **estado estacionário** da economia. Se assumirmos o lado esquerdo da Equação 11.3 como igual a zero (no estado estacionário, por definição, a variação no capital por trabalhador é igual a zero), o valor do capital por trabalhador no estado estacionário, K^*/N, será dado por

$$s\,f\!\left(\frac{K^*}{N}\right) = \delta\,\frac{K^*}{N} \tag{11.4}$$

K^*/N é o nível de capital por trabalhador no longo prazo.

O valor do capital por trabalhador no estado estacionário é tal que o montante de poupança por trabalhador (o lado esquerdo) é exatamente suficiente para cobrir a depreciação do estoque de capital por trabalhador (o lado direito).

Dado o capital por trabalhador no estado estacionário (K^*/N), o valor do produto por trabalhador no estado estacionário (Y^*/N) será dado pela função de produção

$$\frac{Y^*}{N} = f\!\left(\frac{K^*}{N}\right) \tag{11.5}$$

Agora temos todos os elementos de que precisamos para discutir os efeitos da taxa de poupança sobre o produto por trabalhador, tanto ao longo do tempo quanto no estado estacionário.

FOCO

Acumulação de capital e crescimento na França após a Segunda Guerra Mundial

Quando a Segunda Guerra Mundial acabou, em 1945, a França era um dos países europeus que mais haviam sofrido perdas. O número de mortes foi grande: mais de 550 mil em uma população de 42 milhões. Em termos relativos, porém, as perdas de capital foram muito maiores. Estima-se que o estoque de capital francês em 1945 era cerca de 30% menor que o valor anterior à guerra. Os números da Tabela 1 oferecem um quadro mais detalhado da destruição do capital.

O modelo de crescimento que acabamos de ver faz uma previsão clara do que ocorrerá com um país que perde grande parte do seu estoque de capital. Esse país experimentará por algum tempo uma acumulação de capital e um crescimento do produto acelerados. Nos termos da Figura 11.2, um país que inicialmente tenha um capital por trabalhador bem abaixo de K^*/N crescerá rapidamente conforme converge para K^*/N e o produto por trabalhador converge para Y^*/N.

Essa previsão se encaixa bem no caso da França no pós-guerra. Há muita evidência não científica de que pequenos aumentos de capital levaram a grandes aumentos no produto. Pequenos reparos em uma ponte importante levariam à sua reabertura. Isso proporcionaria uma grande redução do tempo de viagem entre duas cidades,

levando a custos de transporte muito menores. Essa redução nos custos de transporte possibilitaria, então, que uma fábrica obtivesse insumos essenciais, aumentasse a produção, e assim por diante.

As evidências mais convincentes vêm, entretanto, diretamente dos números efetivos do produto agregado. De 1946 a 1950, a taxa de crescimento anual do PIB real da França foi muito alta, 9,6% ao ano. Isso levou a um aumento do PIB real de cerca de 60% no curso de cinco anos.

Todo esse aumento do PIB francês foi resultado da acumulação de capital? A resposta é não. Houve outras forças em ação além do mecanismo do nosso modelo. Muito do estoque de capital que restou em 1945 era antigo. O investimento havia sido pequeno na década de 1930 (uma década dominada pela Grande Depressão) e praticamente inexistente durante a guerra. Boa parte da acumulação de capital no pós-guerra esteve associada à introdução de capital mais moderno e ao uso de técnicas de produção mais modernas. Esse foi outro motivo para as altas taxas de crescimento do período pós-guerra.

Fonte: Gilles Saint-Paul, "Economic reconstruction in France, 1945-1958", em Rudiger Dornbusch, Willem Nolling e Richard Layard, eds. *Postwar economic reconstruction and lessons for the east today*. Cambridge, MA: MIT Press, 1993.

▶ **Tabela 1** **Proporção do estoque de capital francês destruído ao final da Segunda Guerra Mundial.**

Ferrovias		Rios	
Linhas	6%	Hidrovias	86%
Estações	38%	Eclusas	11%
Locomotivas	21%	Barcaças	80%
Maquinário	60%	**Prédios**	
Rodovias		**(números absolutos)**	
Automóveis	31%	Residenciais	1.229.000
Caminhões	40%	Comerciais	246.000

Taxa de poupança e produto

Vamos voltar à questão do início do capítulo: como a taxa de poupança afeta a taxa de crescimento do produto por trabalhador? Nossa análise leva a uma resposta em três partes:

244 Macroeconomia

> Alguns economistas argumentam que o elevado crescimento do produto obtido pela União Soviética de 1950 a 1990 resultou de um aumento contínuo na taxa de poupança ao longo do tempo, que não poderia ser sustentado para sempre. Paul Krugman usou a expressão *crescimento stalinista* para se referir a esse tipo de crescimento — resultante de uma taxa de poupança cada vez mais alta ao longo do tempo.

> Note que a primeira proposição é uma afirmação sobre a taxa de crescimento do produto por trabalhador. A segunda proposição é uma afirmação sobre o nível do produto por trabalhador.

1. *A taxa de poupança não tem nenhum efeito sobre a taxa de crescimento do produto por trabalhador no longo prazo, que é igual a zero.*

   Essa conclusão é bastante óbvia. Vimos que, em última instância, a economia converge para um nível constante de produto por trabalhador. Em outras palavras, no longo prazo a taxa de crescimento do produto é igual a zero qualquer que seja a taxa de poupança.

   Há, entretanto, um modo de pensar sobre essa conclusão que será útil quando introduzirmos o progresso tecnológico no Capítulo 12. Pensemos no que seria necessário para sustentar uma taxa de crescimento de produto por trabalhador positiva constante no longo prazo. O capital por trabalhador teria de aumentar. Não apenas isso, mas, por causa dos rendimentos decrescentes do capital, precisaria crescer mais rápido que o produto por trabalhador. Isso implica que a economia teria de poupar a cada ano uma fração cada vez maior do produto e transferi-la para a acumulação de capital. Em algum momento, a fração de produto que a economia precisaria poupar seria maior que um — algo claramente impossível. Por isso é impossível sustentar uma taxa de crescimento positiva constante para sempre. No longo prazo o capital por trabalhador deve ser constante, assim como o produto por trabalhador.

2. Entretanto, *a taxa de poupança determina o nível de produto por trabalhador no longo prazo*. Tudo o mais constante, os países com taxa de poupança mais alta obterão um produto por trabalhador mais elevado no longo prazo.

   A Figura 11.3 ilustra este aspecto. Consideremos dois países com a mesma função de produção, o mesmo nível de emprego e a mesma taxa de depreciação, mas com taxas de poupança diferentes, digamos, s_0 e $s_1 > s_0$. A Figura 11.3 mostra a função de produção comum aos dois países, $f(K_t/N)$, e as funções poupança/investimento por trabalhador como função do capital por trabalhador para cada um dos dois países, $s_0 f(K_t/N)$ e $s_1 f(K_t/N)$. No longo prazo, o país com taxa de poupança s_0 alcançará o nível de capital por trabalhador K_0/N e de produto por trabalhador Y_0/N. O país com a taxa de poupança s_1 atingirá os níveis mais elevados K_1/N e Y_1/N.

Figura 11.3 Efeitos de taxas de poupanças diferentes.

Um país com uma taxa de poupança mais elevada atinge um nível mais alto de produto por trabalhador no estado estacionário.

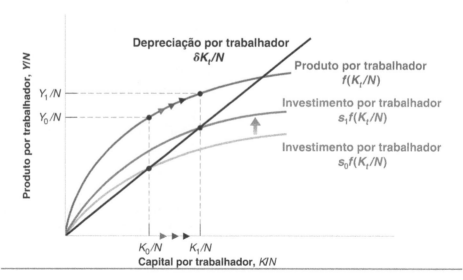

3. *Um aumento na taxa de poupança levará a um maior crescimento do produto por trabalhador durante algum tempo, mas não para sempre.*

Esta conclusão decorre das duas proposições que acabamos de discutir. Da primeira, sabemos que um aumento na taxa de poupança não afeta a *taxa de crescimento do produto por trabalhador* no longo prazo, que permanece igual a zero. Da segunda, sabemos que um aumento na taxa de poupança leva a um aumento no *nível de produto por trabalhador* no longo prazo. Daí temos que, à medida que o produto por trabalhador aumentar para seu novo nível mais elevado em consequência do aumento na taxa de poupança, a economia passará por um período de crescimento positivo. Esse período de crescimento terminará quando a economia atingir seu novo estado estacionário.

Podemos usar a Figura 11.3 novamente para ilustrar esse aspecto. Consideremos um país que tenha uma taxa de poupança inicial s_0. Suponhamos que o capital por trabalhador inicialmente seja igual a K_0/N, com um produto por trabalhador a ele associado de Y_0/N. Agora consideremos os efeitos de um aumento na taxa de poupança de s_0 para s_1. A função que mostra poupança/investimento por trabalhador como uma função do capital por trabalhador se desloca para cima, de $s_0 f(K_t/N)$ para $s_1 f(K_t/N)$.

No nível inicial de capital por trabalhador, K_0/N, o investimento supera a depreciação, de modo que o capital por trabalhador aumenta. À medida que esse capital aumenta, o mesmo ocorre com o produto por trabalhador, e a economia passa por um período de crescimento positivo. Quando o capital por trabalhador finalmente atinge K_1/N, contudo, o investimento torna-se novamente igual à depreciação e o crescimento termina. A partir daí, a economia permanece em K_1/N, com um produto por trabalhador a ele associado de Y_1/N. A Figura 11.4 mostra a trajetória do produto por trabalhador ao longo do tempo. Inicialmente, o produto por trabalhador está constante no nível Y_0/N. Após o aumento na taxa de poupança, digamos, no período t, o produto por trabalhador aumenta por algum tempo até alcançar o nível mais alto, Y_1/N, e a taxa de crescimento volta para zero.

Derivamos esses três resultados sob a hipótese de que não há progresso tecnológico e, portanto, não há crescimento do produto por trabalhador no longo prazo. Mas, conforme veremos no Capítulo 12, os três resultados estendem-se a uma economia com progresso tecnológico. Vamos mostrar brevemente como.

Figura 11.4 Efeitos de um aumento na taxa de poupança sobre o produto por trabalhador em uma economia sem progresso tecnológico.

Um aumento na taxa de poupança leva a um período de crescimento maior até que o produto atinja seu novo estado estacionário mais elevado.

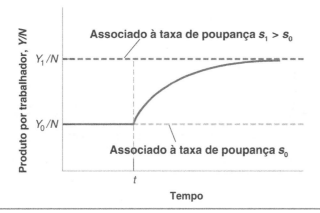

Uma economia com progresso tecnológico apresenta uma taxa de crescimento de produto por trabalhador positiva mesmo no longo prazo. Essa taxa de crescimento de longo prazo é independente da taxa de poupança — a extensão do primeiro resultado que acabamos de discutir. No entanto, a taxa de poupança afeta o nível de produto por trabalhador — a extensão do segundo resultado. Um aumento na taxa de poupança leva a uma taxa de crescimento maior que a taxa de crescimento do estado estacionário, até que a economia atinja uma nova trajetória mais elevada — a extensão do nosso terceiro resultado.

Esses três resultados são ilustrados pela Figura 11.5, que estende a Figura 11.4 ao mostrar o efeito de um aumento na taxa de poupança sobre uma economia com progresso tecnológico positivo. A figura mede o produto por trabalhador em uma escala logarítmica. Consequentemente, uma economia em que o produto por trabalhador cresce a uma taxa constante é representada por uma reta com inclinação igual a essa taxa de crescimento. Na taxa de poupança inicial, s_0, a economia move-se sobre a reta AA. Se, no período t, a taxa de poupança aumentar para s_1, a economia experimentará um crescimento maior por algum tempo até alcançar sua nova trajetória mais elevada, BB. Na trajetória BB, a taxa de crescimento é novamente a mesma de antes do aumento da taxa de poupança (isto é, a inclinação de BB será igual à de AA).

> Veja a discussão sobre escalas logarítmicas no Apêndice 2, no final do livro.

Taxa de poupança e consumo

Os governos podem afetar a taxa de poupança de diversas formas. Primeiro, podem variar a poupança pública. Dada a poupança privada, uma poupança pública positiva — em outras palavras, um superávit orçamentário — leva a uma poupança total maior. Simetricamente, uma poupança pública negativa — um déficit orçamentário — leva a uma poupança total menor. Segundo, os governos podem usar impostos para afetar a poupança privada. Por exemplo, podem criar isenções de impostos para poupadores, estimulando-os a poupar e, assim, aumentando a poupança privada.

> Vale lembrar que poupança é a soma da poupança privada com a poupança pública. Além disso, poupança pública ⇔ superávit orçamentário; despoupança pública ⇔ déficit orçamentário.

Figura 11.5 **Efeitos de um aumento na taxa de poupança sobre o produto por trabalhador em uma economia com progresso tecnológico.**

Um aumento na taxa de poupança leva a um período de crescimento maior até que o produto atinja uma nova trajetória, mais elevada.

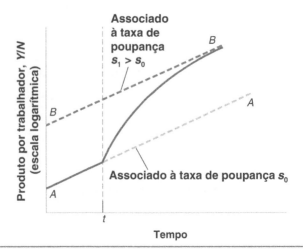

Que taxa de poupança os governos devem almejar? Para elaborar a resposta, temos de mudar nosso foco do comportamento do *produto* para o comportamento do *consumo*. O motivo é que o que importa às pessoas não é quanto se produz, mas o quanto elas consomem.

Está claro que o aumento na poupança deve vir inicialmente à custa de um consumo menor (exceto quando considerarmos útil, omitiremos o termo "por trabalhador" nesta subseção e nos referiremos apenas a "consumo", em vez de "consumo por trabalhador", e a "capital", em vez de "capital por trabalhador", e assim por diante). Uma mudança na taxa de poupança em um dado ano não exerce qualquer efeito sobre o capital nesse ano e, consequentemente, nenhum efeito sobre o produto e a renda *nesse ano*. Assim, um aumento na poupança vem inicialmente com uma diminuição equivalente no consumo.

Um aumento na poupança leva a um aumento do consumo no longo prazo? Não necessariamente. O consumo pode cair não só de início, mas também no longo prazo. Podemos nos surpreender com isso. Afinal, sabemos, pela Figura 11.3, que um aumento na taxa de poupança sempre leva a um aumento no nível de *produto* por trabalhador. Mas produto não é o mesmo que consumo. Para saber por que, vejamos o que ocorre com dois valores extremos da taxa de poupança:

♦ Uma economia em que a taxa de poupança é (e sempre foi) igual a zero constitui uma economia em que o capital é igual a zero. Nesse caso, o produto também equivale a zero, assim como o consumo. Uma taxa de poupança nula implica consumo nulo no longo prazo.

♦ Agora, consideremos uma economia em que a taxa de poupança é igual a 1. As pessoas poupam toda a sua renda. O nível de capital e, portanto, de produto nessa economia será muito elevado. Mas, como as pessoas poupam toda a sua renda, o consumo é igual a zero. O que acontece é que a economia está carregando um montante excessivo de capital. Para manter esse nível de produto, é necessário que todo o produto se destine apenas a repor a depreciação! Uma taxa de poupança igual a 1 também implica consumo igual a zero no longo prazo.

Esses dois casos extremos implicam que deve haver algum valor de taxa de poupança entre zero e 1 que maximize o nível de consumo no estado estacionário. Aumentos na taxa de poupança abaixo desse valor inicialmente levam a uma diminuição do consumo, porém, no longo prazo, levam a um aumento no consumo. Aumentos na taxa de poupança acima desse valor diminuem o consumo não só inicialmente, mas também no longo prazo. Isso ocorre porque o aumento no capital associado ao aumento na taxa de poupança leva a apenas um pequeno aumento no produto — aumento que é pequeno demais para cobrir a crescente depreciação. Em outras palavras, a economia carrega capital em demasia. O nível de capital associado ao valor da taxa de poupança que produz o maior nível de consumo no estado estacionário é conhecido como **nível de capital da regra de ouro**. Os aumentos de capital além do nível da regra de ouro reduzem o consumo.

Esse argumento está ilustrado na Figura 11.6, que mostra o consumo por trabalhador no estado estacionário (no eixo vertical) contra a taxa de poupança (no eixo horizontal). Uma taxa de poupança igual a zero implica um estoque de capital igual a zero, um nível de produto igual a zero e, por consequência, um nível de consumo por trabalhador igual a zero. Para s entre zero e s_G (G refere-se à regra de ouro, em inglês *golden rule*), uma taxa de poupança maior leva a um capital mais alto, um produto mais alto e um consumo por trabalhador mais alto. Para s maior que s_G, os aumentos na taxa de poupança ainda levam a valores maiores do capital e do produto por trabalhador; mas os aumentos agora levam a valores mais baixos do consumo por trabalhador. Isso ocorre porque o aumento no produto

> Por assumir que o emprego é constante, estamos ignorando o efeito de curto prazo de um aumento na taxa de poupança sobre o produto, visto nos capítulos 3, 5 e 9. No curto prazo, um aumento na taxa de poupança não apenas reduz o consumo, dada a renda, mas também pode levar a uma recessão e reduzir ainda mais a renda. Voltaremos a discutir os efeitos de curto e longo prazos das mudanças na poupança nos capítulos 16 e 22.

é mais que compensado pelo aumento na depreciação decorrente do estoque de capital maior. Para $s = 1$, o consumo por trabalhador é igual a zero. O capital por trabalhador e o produto por trabalhador são elevados, mas todo o produto é utilizado exatamente para repor a depreciação, não deixando nada para o consumo.

Se uma economia já possui tanto capital que está operando além da regra de ouro, um aumento adicional na poupança diminuirá o consumo não somente agora, mas também mais tarde. Essa preocupação é relevante? Alguns países dispõem realmente de tanto capital? A evidência empírica indica que a maioria dos países da OCDE encontra-se, na verdade, bem abaixo do nível de capital da regra de ouro. O aumento da sua taxa de poupança levaria a um consumo maior no futuro — e não menor.

Isso significa que, na prática, os governos se defrontam com um dilema: um aumento na taxa de poupança leva a um consumo menor por algum tempo, mas a um consumo maior depois. O que os governos devem fazer? O quanto devem tentar se aproximar da regra de ouro? Isso depende da importância que atribuem ao bem-estar das gerações atuais — que estão mais sujeitas a perdas com políticas econômicas destinadas a aumentar a taxa de poupança — *versus* o bem-estar das gerações futuras, cuja probabilidade de ganho é maior. Aí entra a política. Gerações futuras não votam. Isso significa que os governos não estão dispostos a pedir grandes sacrifícios das gerações atuais, o que, por sua vez, significa que o capital provavelmente deve permanecer bem abaixo do nível da regra de ouro. Nos Estados Unidos, essas questões entre gerações estão em evidência no debate atual sobre a reforma da previdência social. O quadro Foco "Previdência social, poupança e acumulação de capital nos Estados Unidos" explora este tema com mais profundidade.

Figura 11.6 **Efeitos da taxa de poupança sobre o consumo por trabalhador no estado estacionário.**

Um aumento na taxa de poupança leva a um aumento e, então, a uma diminuição no consumo por trabalhador no estado estacionário.

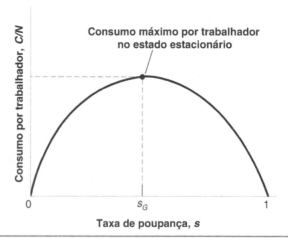

FOCO

Previdência social, poupança e acumulação de capital nos Estados Unidos

A previdência social nos Estados Unidos foi criada em 1935. O objetivo do programa era assegurar que os idosos tivessem o suficiente para viver. Com o passar do tempo, tornou-se o maior programa de governo do país. Os benefícios pagos aos aposentados superam (segundo semestre de 2015) 4% do PIB. Para dois terços dos aposentados, os benefícios representam mais de 50% de sua renda. Há pouca dúvida de que, em seus próprios termos, o sistema de previdência social é um grande sucesso, diminuindo a pobreza entre idosos. Há pouca dúvida de que levou também a uma menor taxa de poupança nos Estados Unidos e, portanto, a uma menor acumulação de capital e um menor produto por pessoa no longo prazo.

Para entender por que, devemos fazer um desvio teórico. Pensemos em uma economia em que não haja qualquer sistema de previdência social — em que os trabalhadores precisam poupar para garantir sua própria aposentadoria. Agora, vamos introduzir um sistema que colete contribuições previdenciárias dos trabalhadores e distribui benefícios para os aposentados. O sistema pode fazer isto de duas maneiras:

♦ Uma maneira consiste em tributar os trabalhadores, investindo suas contribuições em ativos financeiros e devolvendo o principal acrescido dos juros aos trabalhadores quando se aposentam. É o chamado **sistema de capitalização**. Em qualquer momento, o sistema tem fundos iguais às contribuições acumuladas de trabalhadores, com as quais será capaz de pagar benefícios a esses trabalhadores quando se aposentarem.

♦ Outra maneira consiste em tributar os trabalhadores e redistribuir as contribuições previdenciárias na forma de benefícios para os aposentados atuais. É o chamado **sistema de repartição**. O sistema paga benefícios "conforme dá para repartir", isto é, à medida que os arrecada por meio de contribuições.

Do ponto de vista dos trabalhadores, os dois sistemas são bastante semelhantes. Em ambos os casos, os trabalhadores pagam contribuições quando trabalham e recebem os benefícios quando se aposentam. Entretanto, existem duas diferenças principais.

Em primeiro lugar, o que os aposentados recebem difere conforme o caso:

♦ O que os aposentados recebem em um sistema de capitalização depende da taxa de retorno dos ativos financeiros mantidos pelo fundo.

♦ O que os aposentados recebem no sistema de repartição depende da demografia — a razão entre aposentados e trabalhadores — e da evolução das alíquotas de impostos determinadas pelo sistema. Quando a população envelhece e a proporção de aposentados aumenta, ou os aposentados recebem menos, ou os trabalhadores têm de contribuir mais. É mais ou menos assim que funciona (dados do segundo semestre de 2015) nos Estados Unidos. A razão entre aposentados e trabalhadores, que era de 0,3 em 2000, já está acima de 0,4 e prevê-se que se aproxime de 0,5 até 2030. Sob as regras vigentes, os benefícios vão aumentar dos atuais 4% do PIB para 6% em 2030. Assim, ou os benefícios terão de ser reduzidos, caso em que a taxa de retorno para os trabalhadores que contribuíram no passado será baixa, ou as contribuições terão de ser aumentadas, caso em que se reduzirá a taxa de retorno para os trabalhadores que estão contribuindo, ou, mais provavelmente, alguma combinação de ambos será implementada.

Em segundo lugar, e deixando de lado a questão do envelhecimento, os dois sistemas têm implicações macroeconômicas diversas:

♦ No sistema de capitalização, os trabalhadores poupam menos porque esperam receber benefícios quando envelhecerem. Mas o sistema previdenciário poupa em nome deles, investindo suas contribuições em ativos financeiros. A presença de um sistema de previdência social muda a composição da poupança total: a poupança privada diminui e a poupança pública aumenta. Mas, em uma primeira aproximação, não há nenhum efeito sobre a poupança total e, portanto, nenhum efeito sobre a acumulação de capital.

♦ No sistema de repartição, os trabalhadores também poupam menos, porque esperam receber benefícios quando envelhecerem. Mas, neste caso, o sistema previdenciário não poupa por eles. A redução na poupança privada não é compensada por um aumento na poupança pública. Há uma queda na poupança total, bem como na acumulação de capital.

A maioria dos sistemas previdenciários atuais encontra-se em algum ponto entre os de repartição e de capitalização. Quando a previdência social dos Estados Unidos foi criada, em 1935, a intenção era capitalizar parcialmente o sistema. Mas não foi o que ocorreu. Em vez de serem investidas, as contribuições dos trabalhadores foram usadas para pagar benefícios aos aposentados, o que é o caso desde então. Como as contribuições vêm superando ligeiramente os benefícios desde o início da década de 1980, a administração da previdência social criou um **fundo fiduciário da previdência social**. Mas esse fundo é bem menor que o valor dos benefícios prometidos aos contribuintes atuais para quando se aposentarem. O sistema norte-americano é basicamente um sistema de repartição, e isso provavelmente levou a uma menor taxa de poupança nos Estados Unidos nos últimos 70 anos.

Nesse contexto, alguns economistas e políticos sugeriram que o governo norte-americano passasse a adotar o sistema de capitalização. Um de seus argumentos era o de que a taxa de poupança dos Estados Unidos encontra-se demasiadamente reduzida e a capitalização da previdência social contribuiria para aumentá-la. Essa mudança poderia ser alcançada investindo-se, de agora em diante, as contribuições previdenciárias em ativos financeiros, em vez de distribuí-las como benefícios aos aposentados. Com essa mudança, o sistema acumularia fundos consistentemente e acabaria por se tornar um sistema de capitalização. Martin Feldstein, economista de Harvard e defensor da mudança, concluiu que, no longo prazo, ela levaria a um aumento de 34% no estoque de capital.

Como deveríamos pensar nessa proposta? Provavelmente teria sido uma boa ideia capitalizar o sistema desde o início. Os Estados Unidos teriam uma taxa de poupança mais alta. O estoque de capital do país seria maior, assim como o produto e o consumo. Mas não podemos reescrever a história. O sistema existente prometeu benefícios aos aposentados, e essas promessas devem ser honradas. Isso significa que, sob a proposta que acabamos de descrever, os trabalhadores atuais precisariam, na verdade, contribuir duplamente: de um lado, para capitalizar o sistema e financiar sua própria aposentadoria; de outro, para financiar os benefícios devidos aos aposentados atuais. Isso imporia um custo desproporcional aos atuais trabalhadores (somando-se aos problemas decorrentes do envelhecimento, que podem vir a exigir maiores contribuições dos trabalhadores de qualquer maneira). A implicação prática é que, se for necessária, a mudança para um sistema de capitalização deverá ser muito lenta, de modo que o ônus do ajuste não pese demais sobre uma geração em relação às demais.

É provável que o debate ainda dure algum tempo. Ao avaliar as propostas do governo e do Congresso, devemos nos perguntar como eles lidam com a questão que acabamos de discutir. Consideremos, por exemplo, a proposta de permitir que os trabalhadores, a partir de agora, depositem suas contribuições previdenciárias em uma conta pessoal em vez de pagá-las para a previdência social e possam fazer retiradas dessa conta quando se aposentarem. Essa proposta resultaria claramente em um aumento na poupança privada: os trabalhadores estariam poupando mais. Mas seu efeito final sobre a poupança depende de como os benefícios já prometidos pela previdência aos trabalhadores e aposentados atuais serão financiados. Se, como é o caso em algumas propostas, esses benefícios forem financiados não por meio de impostos adicionais, mas do financiamento por dívida, então o aumento da poupança privada será compensado por um aumento nos déficits (isto é, uma diminuição na poupança pública). A mudança para uma conta pessoal não aumentará a taxa de poupança total dos Estados Unidos. Se, por outro lado, esses benefícios forem financiados por meio de impostos mais altos, então a taxa de poupança dos Estados Unidos aumentará. Mas, neste caso, os trabalhadores atuais tanto terão de contribuir para suas contas pessoais quanto pagar mais impostos. Eles acabarão pagando duas vezes.

Para acompanhar o debate sobre a previdência social nos EUA, consulte o site (apartidário) da Concord Coalition (<www.concordcoalition.org>).

11.3 Uma ideia das grandezas

Que impacto uma mudança na taxa de poupança tem sobre o produto no longo prazo? Por quanto tempo e em que extensão um aumento na taxa de poupança afeta o crescimento? A que distância os Estados Unidos se encontram do nível de capital da regra de ouro? Para ter uma ideia melhor das respostas a essas questões, vamos fazer algumas hipóteses mais específicas, inserir alguns números e ver o resultado.

Suponhamos que a função de produção seja dada por

$$Y = \sqrt{K}\sqrt{N} \qquad (11.6)$$

O produto é igual à multiplicação da raiz quadrada do capital pela raiz quadrada do trabalho. (Uma especificação mais geral da função de produção, conhecida como função de produção de Cobb-Douglas, e suas implicações para o crescimento são apresentadas no apêndice deste capítulo.)

Dividindo ambos os lados por N (porque estamos interessados no produto por trabalhador), obtemos

$$\frac{Y}{N} = \frac{\sqrt{K}\sqrt{N}}{N} = \frac{\sqrt{K}}{\sqrt{N}} = \sqrt{\frac{K}{N}}$$

> Observe que esta função de produção apresenta retornos constantes de escala e rendimentos decrescentes tanto do capital quanto do trabalho.

O produto por trabalhador é igual à raiz quadrada do capital por trabalhador. Dito de outra maneira, a função de produção, f, que relaciona o produto por trabalhador ao capital por trabalhador, é dada por

$$f\!\left(\frac{K_t}{N}\right) = \sqrt{\frac{K_t}{N}}$$

> A segunda igualdade vem de:
> $$\sqrt{N}/N = \sqrt{N}/(\sqrt{N}\sqrt{N})$$
> $$= 1/\sqrt{N}.$$

Substituindo $f(K_t/N)$ por $\sqrt{K_t/N}$ na Equação 11.3, temos

$$\frac{K_{t+1}}{N} - \frac{K_t}{N} = s\sqrt{\frac{K_t}{N}} - \delta\frac{K_t}{N} \qquad (11.7)$$

Esta equação descreve a evolução do capital por trabalhador ao longo do tempo. Vamos examinar suas implicações.

Efeitos da taxa de poupança sobre o produto no estado estacionário

Qual o impacto de um aumento na taxa de poupança sobre o nível de produto por trabalhador no estado estacionário?

Vamos começar pela Equação 11.7. No estado estacionário, o montante de capital por trabalhador é constante; portanto, o lado esquerdo da equação é igual a zero. Isso implica que

$$s\sqrt{\frac{K^*}{N}} = \delta\frac{K^*}{N}$$

(Retiraremos os índices temporais, que não são mais necessários, pois, no estado estacionário, K/N é constante. O asterisco é para lembrar que estamos examinando o valor do capital no estado estacionário.) Eleve ambos os lados ao quadrado para obter

$$s^2\frac{K^*}{N} = \delta^2\left(\frac{K^*}{N}\right)^2$$

Divida ambos os lados por (K/N) e reorganize:

$$\frac{K^*}{N} = \left(\frac{s}{\delta}\right)^2 \qquad (11.8)$$

O capital por trabalhador em estado estacionário é igual ao quadrado da razão entre a taxa de poupança e a taxa de depreciação.

Com base nas equações 11.6 e 11.8, o produto por trabalhador em estado estacionário é dado por

$$\frac{Y^*}{N} = \sqrt{\frac{K^*}{N}} = \sqrt{\left(\frac{s}{\delta}\right)^2} = \frac{s}{\delta} \qquad (11.9)$$

O produto por trabalhador no estado estacionário é igual à razão entre a taxa de poupança e a taxa de depreciação.

Uma taxa de poupança maior e uma depreciação menor levam a um maior capital por trabalhador no estado estacionário (Equação 11.8) e a um maior produto por trabalhador no estado estacionário (Equação 11.9). Para ver o que isso significa, vejamos um exemplo numérico. Suponhamos que a taxa de depreciação seja de 10% ao ano e que a taxa de poupança também seja de 10%. Então, pelas equações 11.8 e 11.9, vemos que o capital e o produto por trabalhador no estado estacionário são ambos iguais a 1. Agora, suponhamos que a taxa de poupança dobre de 10% para 20%. Segue-se, a partir da Equação 11.8, que, no novo estado estacionário, o capital por trabalhador aumenta de 1 para 4. E, a partir da Equação 11.9, que o produto por trabalhador dobra, de 1 para 2. Portanto, a duplicação da taxa de poupança leva, no longo prazo, à duplicação do produto por trabalhador; este é um efeito substancial.

Efeitos dinâmicos de um aumento na taxa de poupança

Acabamos de verificar que um aumento na taxa de poupança leva a um aumento no nível de produto no estado estacionário. Mas, quanto tempo leva para que o produto atinja seu novo nível de estado estacionário? Dito de outra maneira, em que extensão e por quanto tempo um aumento na taxa de poupança afeta a taxa de crescimento?

Para responder a essas perguntas, devemos utilizar a Equação 11.7 e resolvê-la para o capital por trabalhador no ano 0, no ano 1, e assim por diante.

Suponhamos que a taxa de poupança, que sempre foi igual a 10%, aumente no ano 0 de 10% para 20% e se mantenha no valor mais alto para sempre a partir daí. No ano 0, nada acontece com o estoque de capital (lembre-se de que leva um ano para que poupança mais alta e investimento mais alto se manifestem em um capital mais alto). Portanto, o capital por trabalhador permanece igual ao valor no estado estacionário associado a uma taxa de poupança de 0,1. Da Equação 11.8,

$$\frac{K_0}{N} = (0{,}1/0{,}1)^2 = 1^2 = 1$$

No ano 1, a Equação 11.7 nos dá

$$\frac{K_1}{N} - \frac{K_0}{N} = s\sqrt{\frac{K_0}{N}} - \delta\frac{K_0}{N}$$

Com uma taxa de depreciação igual a 0,1 e uma taxa de poupança agora igual a 0,2, essa equação implica:

$$\frac{K_1}{N} - 1 = [(0{,}2)(\sqrt{1})] - [(0{,}1)1]$$

portanto,

$$\frac{K_1}{N} = 1{,}1$$

Do mesmo modo, podemos resolver para K_2/N, e assim por diante. Uma vez determinados os valores de capital por trabalhador no ano 0, no ano 1 etc., podemos usar a Equação 11.6 a fim de resolver para o produto por trabalhador no ano 0, no ano 1, e assim por diante. Os resultados desse cálculo são apresentados na Figura 11.7. A Figura 11.7(a) mostra o *nível* de produto por trabalhador contra o tempo. (Y/N) aumenta ao longo do tempo, de seu valor inicial igual a 1 no ano 0 para seu valor no estado estacionário igual a 2 no longo prazo. A Figura 11.7(b) fornece a mesma informação de um modo diferente, mostrando a *taxa de crescimento* de produto por trabalhador contra o tempo. Como a Figura 11.7(b) mostra, o crescimento do produto por trabalhador é maior no início e depois diminui ao longo do tempo. À medida que a economia atinge seu novo estado estacionário, o crescimento do produto por trabalhador volta a zero.

A diferença entre investimento e depreciação é inicialmente maior. É por isso que a acumulação de capital e, por sua vez, o crescimento do produto, são inicialmente mais altos.

Figura 11.7 Efeitos dinâmicos de um aumento na taxa de poupança de 10% para 20% sobre o nível e a taxa de crescimento do produto por trabalhador.

É preciso muito tempo para que o produto se ajuste ao seu novo nível mais elevado após o aumento na taxa de poupança. Dito de outra maneira, um aumento na taxa de poupança leva a um longo período de crescimento maior.

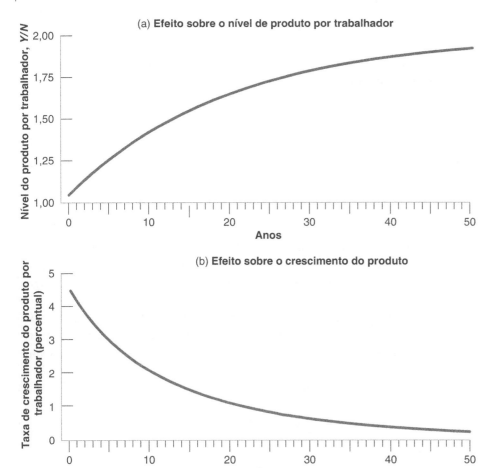

O que a Figura 11.7 mostra com clareza é que o ajuste para o novo equilíbrio de longo prazo, mais elevado, leva muito tempo. O ajuste tem apenas 40% completos após 10 anos e 63% após 20 anos. Dito de outra maneira, o aumento na taxa de poupança eleva a taxa de crescimento do produto por trabalhador por muito tempo. A taxa média anual de crescimento é de 3,1% nos primeiros 10 anos e de 1,5% nos 10 anos seguintes. Embora as mudanças na taxa de poupança não tenham qualquer efeito sobre o crescimento no longo prazo, elas certamente levam a um crescimento maior por muito tempo.

Voltando à questão levantada no início do capítulo, a baixa taxa de poupança/investimento nos Estados Unidos poderia explicar por que a taxa de crescimento do país tem sido tão pequena — em relação aos demais países da OCDE — desde 1950? A resposta seria sim se os Estados Unidos tivessem apresentado uma taxa de poupança mais alta no passado, e *se essa taxa de poupança tivesse caído substancialmente nos últimos 50 anos*. Se este fosse o caso, isso poderia explicar o período de crescimento menor nos Estados Unidos nos últimos 50 anos nas linhas do mecanismo na Figura 11.7 (com o sinal invertido, pois estaríamos observando uma redução, e não um aumento, na taxa de poupança). Mas não é o caso. A taxa de poupança norte-americana está baixa há muito tempo. A poupança baixa não pode explicar o mau desempenho do crescimento dos Estados Unidos ao longo dos últimos 50 anos.

A taxa de poupança dos Estados Unidos e a regra de ouro

Que taxa de poupança maximizaria o consumo por trabalhador no estado estacionário? Vale lembrar que, no estado estacionário, o consumo é igual ao que sobrou depois que um montante suficiente foi reservado para manter um nível constante de capital. Mais formalmente, no estado estacionário o consumo por trabalhador é igual ao produto menos a depreciação:

$$\frac{C}{N} = \frac{Y}{N} - \delta\frac{K}{N}$$

Usando as equações 11.8 e 11.9 para os valores do produto e do capital por trabalhador, ambos no estado estacionário, temos que o consumo por trabalhador é dado por

$$\frac{C}{N} = \frac{s}{\delta} - \delta\left(\frac{s}{\delta}\right)^2 = \frac{s(1-s)}{\delta}$$

Utilizando esta equação com as equações 11.8 e 11.9, a Tabela 11.1 nos dá os valores no estado estacionário do capital, do produto e do consumo por trabalhador para valores diferentes da taxa de poupança (e para uma taxa de depreciação igual a 10%).

O consumo por trabalhador no estado estacionário é máximo quando s é igual a 1/2. Em outras palavras, o nível de capital da regra de ouro está associado a uma taxa de poupança de 50%. Abaixo desse nível, aumentos na taxa de poupança levam a um aumento no consumo por trabalhador no longo prazo. Vimos anteriormente que a taxa média de poupança dos Estados Unidos desde 1970 era de somente 17%. Portanto, podemos acreditar que, ao menos nos Estados Unidos, um aumento na taxa de poupança aumentaria o produto e o consumo por trabalhador no longo prazo.

> Teste sua compreensão acerca dessas questões. Usando as equações desta seção, discuta os prós e os contras das medidas de política econômica destinadas a aumentar a taxa de poupança nos Estados Unidos.

▶ **Tabela 11.1 A taxa de poupança e os níveis de estado estacionário do capital, do produto e do consumo por trabalhador.**

Taxa de poupança s	Capital por trabalhador, K/N	Produto por trabalhador, Y/N	Consumo por trabalhador, C/N
0,0	0,0	0,0	0,0
0,1	1,0	1,0	0,9
0,2	4,0	2,0	1,6
0,3	9,0	3,0	2,1
0,4	16,0	4,0	2,4
0,5	25,0	5,0	2,5
0,6	36,0	6,0	2,4
...	...	...	...
1,0	100,0	10,0	0,0

11.4 Capital físico *versus* capital humano

Até agora nos concentramos no capital físico — máquinas, fábricas, prédios de escritórios, e assim por diante. Mas as economias possuem outro tipo de capital: o conjunto de habilidades dos trabalhadores na economia, ou o que os economistas chamam de **capital humano**. Uma economia com muitos trabalhadores altamente qualificados provavelmente será muito mais produtiva que outra em que a maioria dos trabalhadores é analfabeta.

Nos últimos dois séculos, o aumento do capital humano tem sido tão grande quanto o do capital físico. No início da Revolução Industrial, somente 30% da população dos países que atualmente constituem a OCDE sabiam ler. Atualmente, a taxa de alfabetização nos países da OCDE situa-se acima de 95%. A educação formal não era compulsória antes da Revolução Industrial, mas agora é, em geral até os 16 anos. Mesmo assim, há grandes diferenças entre os países. Hoje em dia, nos países da OCDE, praticamente 100% das crianças recebem ensino primário, 90% recebem ensino secundário e 38% ensino superior. Os percentuais nos países pobres — países com PIB por pessoa inferior a US$ 400 — são 95%, 32% e 4%, respectivamente.

> Mesmo essa comparação pode ser enganosa, pois a qualidade da educação pode ser completamente diferente entre os países.

Como podemos pensar no efeito do capital humano sobre o produto? Como a introdução do capital humano muda nossas conclusões anteriores? Essas são as questões que examinaremos nesta seção final.

Ampliando a função de produção

O modo mais natural de ampliar nossa análise para incluir o capital humano é modificar a relação da função de produção da Equação 11.1 para

$$\frac{Y}{N} = f\left(\frac{K}{N}, \frac{H}{N}\right) \qquad (11.10)$$
$$(+, +)$$

O nível de produto por trabalhador depende tanto do nível de capital físico por trabalhador, K/N, quanto do nível de capital humano por trabalhador, H/N. Assim como antes, um aumento no capital por trabalhador (K/N) leva a um aumento no produto por trabalhador. E um aumento no nível médio de qualificação (H/N) também leva a um maior produto por trabalhador. Trabalhadores mais qualificados podem realizar tarefas mais complexas; eles lidam mais facilmente com complicações inesperadas. Tudo isso leva a um produto por trabalhador maior.

> Observe que estamos usando o mesmo símbolo, H, para representar a moeda do Banco Central no Capítulo 4 e o capital humano neste capítulo. Os dois usos são tradicionais. Não devemos nos confundir.

Admitimos anteriormente que aumentos no capital físico por trabalhador aumentavam o produto, mas que o efeito diminuía à medida que o nível de capital aumentava. Podemos adotar a mesma hipótese para o capital humano por trabalhador. Pensemos em aumentos de H/N como resultado de aumentos no número de anos de educação. A evidência mostra que os retornos do aumento na proporção de crianças que recebem ensino primário são muito grandes. No mínimo, a capacidade de ler e escrever permite que as pessoas utilizem equipamentos mais sofisticados e produtivos. Para os países ricos, no entanto, o ensino primário — e, neste caso, também o secundário — não constitui mais uma vantagem relevante. A maioria das crianças recebe ambos. A vantagem relevante está agora no ensino superior. Com certeza, é bom saber que as evidências mostram que o ensino superior aumenta as habilidades das pessoas, pelo menos quando medidas pelo aumento dos salários dos que adquirem essas habilidades. Mas, tomando um exemplo extremo, não está claro que o fato de obrigar todos a obter um diploma de curso superior vá aumentar muito o produto agregado. Muitas pessoas estariam "sobrequalificadas" e, provavelmente, mais frustradas em vez de mais produtivas.

> Examinaremos esta evidência no Capítulo 13.

O uso de salários relativos como peso baseia-se na ideia de que eles refletiriam os produtos marginais relativos. Supõe-se que um trabalhador com salário três vezes superior a outro tenha um produto marginal três vezes maior.

Uma questão, contudo, seria saber se os salários relativos refletem com precisão os produtos marginais relativos. Um exemplo controverso: ocupando o mesmo cargo, com o mesmo tempo de serviço, as mulheres frequentemente ganham menos que os homens. Isto significa que seu produto marginal é menor? Na elaboração de uma medida de capital humano, as mulheres deveriam receber um peso menor do que o dos homens?

Como deveríamos construir a medida do capital humano, H? A resposta é: em grande parte, da mesma maneira que elaboramos a medida do capital físico, K. Para construir K, apenas somamos os valores dos diferentes componentes do capital, de modo que um equipamento que custe US$ 2.000 receba o dobro do peso de uma máquina que custe US$ 1.000. De modo semelhante, construímos a medida de H de maneira que os trabalhadores que ganham o dobro possuam o dobro do peso. Consideremos, por exemplo, uma economia com 100 trabalhadores, metade deles não qualificada e metade qualificada. Suponhamos que o salário relativo dos trabalhadores qualificados seja o dobro do salário dos não qualificados. Podemos, então, construir H como $[(50 \times 1) + (50 \times 2)] = 150$. O capital humano por trabalhador, H/N, é igual a $150/100 = 1,5$.

Capital humano, capital físico e produto

Como a introdução do capital humano altera a análise das seções anteriores?

Nossas conclusões a respeito da *acumulação do capital físico* permanecem válidas. Um aumento na taxa de poupança aumenta o capital físico por trabalhador no estado estacionário e, portanto, aumenta o produto por trabalhador. Mas agora nossas conclusões também se estendem à *acumulação de capital humano*. Um aumento do quanto a sociedade "poupa" sob a forma de capital humano — por meio da educação ou do treinamento no trabalho — aumenta o capital humano por trabalhador no estado estacionário, que leva a um aumento no produto por trabalhador. Nosso modelo ampliado fornece um quadro mais detalhado da determinação do produto. No longo prazo, o modelo mostra que o produto depende tanto de quanto a sociedade poupa como de quanto gasta com educação.

Qual é a importância relativa do capital humano e do capital físico na determinação do produto por trabalhador? Um ponto de partida é comparar o quanto se gasta em educação formal com quanto se investe em capital físico. Nos Estados Unidos, os gastos com educação formal representam cerca de 6,5% do PIB. Esse percentual inclui tanto os gastos do governo quanto os gastos pessoais privados com educação. Está entre 1/3 e metade da taxa de investimento bruto em capital físico (que é de aproximadamente 16%). Mas essa comparação é apenas um primeiro passo. Consideremos as seguintes complicações:

Qual é o custo de oportunidade em relação ao valor das mensalidades escolares?

- ◆ A educação, sobretudo o ensino superior, é em parte consumo — em seu próprio benefício — e em parte investimento. Para nossos objetivos, devemos incluir apenas a parte relativa ao investimento. No entanto, os 6,5% do parágrafo anterior incluem ambos.
- ◆ Pelo menos para o ensino superior, o custo de oportunidade da educação de uma pessoa são os salários aos quais se renunciam enquanto se adquire a educação. O gasto com educação deve incluir não só o custo efetivo da educação, mas também esse custo de oportunidade. Os 6,5% não incluem este custo.
- ◆ A educação formal é apenas parte da educação. Muito do que aprendemos vem do treinamento no trabalho, seja ele formal ou informal. Tanto os custos efetivos quanto os de oportunidade do treinamento no trabalho também deveriam ser incluídos. Os 6,5% não incluem os custos associados ao treinamento no trabalho.
- ◆ Devemos comparar as taxas de investimento líquidas da depreciação. A depreciação do capital físico, em especial das máquinas, provavelmente é maior que a depreciação do capital humano. As habilidades deterioram-se, mas de forma mais lenta. E, diferentemente do capital físico, quanto mais usadas, mais demoram para se deteriorar.

Por todos esses motivos, é difícil obter números confiáveis para o investimento em capital humano. Estudos recentes concluem que os investimentos em capital físico e em educação desempenham papéis aproximadamente semelhantes na determinação do produto. Isso significa que o produto por trabalhador depende de modo aproximadamente igual do montante de capital físico e do montante de capital humano na economia. Os países que poupam mais ou gastam mais com educação podem alcançar níveis de produto por trabalhador no estado estacionário substancialmente maiores.

Crescimento endógeno

Observe o que nossa conclusão afirmou e o que não afirmou. Afirmou-se que um país que poupa mais ou gasta mais com educação alcançará um *nível mais alto* de produto por trabalhador no estado estacionário. Não se afirmou que, ao poupar ou gastar mais com educação, um país poderá sustentar permanentemente um *crescimento maior* do produto por trabalhador.

Esta conclusão foi, no entanto, desafiada. Seguindo Robert Lucas e Paul Romer, pesquisadores têm explorado a possibilidade de que a acumulação conjunta de capitais físico e humano pode de fato ser suficiente para sustentar o crescimento. Dado o capital humano, aumentos de capital físico produzirão rendimentos decrescentes. E, dado o capital físico, aumentos de capital humano também produzirão rendimentos decrescentes. Mas esses pesquisadores perguntaram: o que ocorre quando os capitais físico e humano aumentam ao mesmo tempo? Uma economia pode crescer para sempre apenas com o aumento constante do capital e dos trabalhadores mais qualificados?

> Robert Lucas recebeu o Prêmio Nobel em 1995. Ele leciona na Universidade de Chicago. Paul Romer é professor da Universidade de Nova York.

Os modelos que geram um crescimento contínuo mesmo sem progresso tecnológico são chamados **modelos de crescimento endógeno**, para refletir o fato de que neles — ao contrário do modelo que vimos em seções anteriores deste capítulo — a taxa de crescimento depende, mesmo no longo prazo, de variáveis como taxa de poupança e taxa de gastos com educação. O veredicto sobre essa classe de modelos ainda não foi dado, mas até agora tudo indica que nossas conclusões anteriores devam ser qualificadas, mas não abandonadas. O consenso atual é que:

◆ O produto por trabalhador depende dos níveis de capitais físico e humano por trabalhador. Ambas as formas de capital podem ser acumuladas — uma pelo investimento físico; outra, por educação e treinamento. O aumento na taxa de poupança ou na fração do produto despendida em educação e treinamento pode levar a níveis bem mais altos de produto por trabalhador no longo prazo. Entretanto, dada a taxa de progresso tecnológico, essas medidas não levam a uma taxa de crescimento permanentemente maior.

◆ Observe a qualificação da última proposição: *dada a taxa de progresso tecnológico*. Mas será que o progresso tecnológico não tem relação com o nível de capital humano na economia? Uma força de trabalho mais instruída pode levar a uma taxa de progresso tecnológico maior? Essas questões nos remetem ao tema do próximo capítulo: as fontes e os efeitos do progresso tecnológico.

Resumo

- No longo prazo, a evolução do produto é determinada por duas relações. (Para facilitar a leitura deste resumo, omitiremos a expressão "*por trabalhador*".) Primeiro, o nível de produto depende do montante de capital. Segundo, a acumulação de capital depende do nível do produto, que determina a poupança e o investimento.

- Essas interações entre capital e produto implicam que as economias convergem, a partir de qualquer nível de capital (e ignorando o progresso tecnológico, tema do Capítulo 12), no longo prazo, para um nível de capital de *estado estacionário* (constante). Associado a esse nível de capital há um nível de produto de estado estacionário.

- O nível de capital no estado estacionário e, portanto, o nível de produto no estado estacionário, dependem positivamente da taxa de poupança. Uma taxa de poupança mais alta leva a um nível de produto mais elevado no estado estacionário; durante a transição para o novo estado estacionário, uma taxa de poupança mais alta leva a um crescimento positivo do produto. Mas (novamente ignorando o progresso tecnológico), no longo prazo, a taxa de crescimento do produto é igual a zero e, portanto, não depende da taxa de poupança.

- Um aumento na taxa de poupança requer uma diminuição inicial no consumo. No longo prazo, o aumento da taxa de poupança pode levar a um aumento ou a uma diminuição do consumo, dependendo de a economia se encontrar abaixo ou acima do *nível de capital da regra de ouro*, que é o nível de capital no qual o consumo no estado estacionário é mais elevado.

- A maioria dos países tem um nível de capital abaixo do nível da regra de ouro. Assim, um aumento na taxa de poupança leva a uma diminuição inicial no consumo, seguida de um aumento do consumo no longo prazo. Ao considerar se implementam ou não medidas de política econômica destinadas a alterar a taxa de poupança de um país, os formuladores da política econômica devem decidir que peso atribuir ao bem-estar das gerações atuais *versus* o bem-estar das gerações futuras.

- Embora a maior parte da análise deste capítulo concentre-se nos efeitos da acumulação de capital físico, o produto depende dos níveis de capital físico *e* humano. Ambas as formas de capital podem ser acumuladas — uma por meio do investimento; outra, por educação e treinamento. O aumento na taxa de poupança ou na fração do produto gasta com educação e treinamento pode levar a aumentos substanciais do produto no longo prazo.

Palavras-chave

- capital humano, 255
- estado estacionário, 242
- fundo fiduciário da previdência social, 250
- modelos de crescimento endógeno, 257
- nível de capital da regra de ouro, 247
- sistema de capitalização, 249
- sistema de repartição, 249
- taxa de poupança, 236

Questões e problemas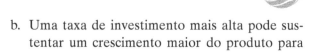

Teste rápido

1. **Usando as informações contidas neste capítulo, diga se cada afirmação a seguir é verdadeira, falsa ou incerta. Explique brevemente.**
   a. A taxa de poupança é sempre igual à taxa de investimento.
   b. Uma taxa de investimento mais alta pode sustentar um crescimento maior do produto para sempre.
   c. Se o capital nunca se depreciasse, o crescimento poderia prosseguir para sempre.
   d. Quanto mais elevada a taxa de poupança, maior o consumo no estado estacionário.

e. Deveríamos transformar a previdência social de um sistema de repartição para um sistema de capitalização. Isso aumentaria o consumo, agora e no futuro.

f. O estoque de capital dos Estados Unidos está bem abaixo do nível da regra de ouro. O governo deveria conceder isenções de impostos para a poupança, pois o estoque de capital no país está muito abaixo do nível da regra de ouro.

g. A educação aumenta o capital humano e, desse modo, o produto. Assim, os governos deveriam subsidiar a educação.

2. *Consideremos a seguinte afirmação:* **"O modelo de Solow mostra que a taxa de poupança não afeta a taxa de crescimento no longo prazo; portanto, devemos parar de nos preocupar com a baixa taxa de poupança nos Estados Unidos. O aumento de tal taxa não teria nenhum efeito importante na economia".** *Explique por que você concorda ou discorda.*

3. **No Capítulo 3, vimos que um aumento na taxa de poupança pode levar a uma recessão no curto prazo (ou seja, o paradoxo da poupança). Examinamos os efeitos no médio prazo no Problema 5, no final do Capítulo 7. Podemos agora examinar o efeito de um aumento na taxa de poupança no longo prazo.**

    Utilizando o modelo apresentado neste capítulo, responda qual é o provável efeito de um aumento na taxa de poupança sobre o produto por trabalhador após uma década? E após cinco décadas?

Aprofundando

4. **Discuta o efeito provável sobre o nível do produto por pessoa no longo prazo de cada uma das seguintes alterações:**

   a. O direito de excluir a poupança da renda no cálculo do imposto de renda.

   b. Uma taxa maior de participação das mulheres no mercado de trabalho (mantida constante a população).

5. **Suponhamos que os Estados Unidos mudassem seu atual sistema de previdência social e passassem do sistema de repartição para o de capitalização. Além disso, suponhamos que o país financiasse a transição sem empréstimos governamentais adicionais. Como tal mudança para o sistema de capitalização afetaria o nível e a taxa de crescimento do produto por trabalhador no longo prazo?**

6. **Suponhamos que a função de produção seja dada por**

$$Y = 0,5\sqrt{K}\sqrt{N}$$

a. Derive os níveis no estado estacionário do produto e do capital por trabalhador em termos da taxa de poupança, s, e da taxa de depreciação, δ.

b. Derive a equação para produto por trabalhador e consumo por trabalhador no estado estacionário em termos de s e δ.

c. Suponhamos que $\delta = 0,05$. Com o auxílio de sua planilha preferida, calcule o produto e o consumo por trabalhador no estado estacionário para $s = 0$; $s = 0,1$; $s = 0,2$; $s = 1$. Explique a intuição por trás dos seus resultados.

d. Use a planilha que preferir para fazer um gráfico dos níveis do produto e do consumo por trabalhador no estado estacionário, ambos como função da taxa de poupança (isto é, medindo a taxa de poupança no eixo horizontal do gráfico e os valores correspondentes do produto e do consumo por trabalhador no eixo vertical).

e. O gráfico mostra que existe um valor de s que maximiza o produto por trabalhador? O gráfico mostra que existe um valor de s que maximiza o consumo por trabalhador? Se existe, qual é esse valor?

7. **A função de produção Cobb-Douglas e o estado estacionário.**

   Esta questão baseia-se no material do Apêndice deste capítulo.

   Suponhamos que a produção da economia seja dada por

$$Y = K^{\alpha}N^{1-\alpha}$$

e consideremos que $\alpha = 1/3$.

a. Essa função de produção é caracterizada por retornos constantes de escala? Explique.

b. Há rendimentos decrescentes do capital?

c. Há rendimentos decrescentes do trabalho?

d. Transforme a função de produção em uma relação entre produto e capital por trabalhador.

e. Para uma dada taxa de poupança (s) e uma taxa de depreciação (δ), obtenha uma expressão para o capital por trabalhador no estado estacionário.

f. Obtenha uma expressão para o produto por trabalhador no estado estacionário.

g. Resolva para o nível de produto por trabalhador no estado estacionário quando $s = 0,32$ e $\delta = 0,08$.

h. Suponhamos que a taxa de depreciação permaneça constante em $\delta = 0,08$, enquanto a taxa de poupança cai pela metade, para $s = 0,16$. Qual é o novo nível de produto por trabalhador no estado estacionário?

8. **Mantendo a lógica da Questão 7, suponhamos que a função de produção da economia seja dada por $Y = K^{1/3}N^{2/3}$ e que tanto a taxa de poupança, s, quanto a taxa de depreciação, δ, sejam iguais a 0,10.**

   a. Qual é o nível de capital por trabalhador no estado estacionário?
   b. Qual é o nível de produto por trabalhador no estado estacionário?

   Suponhamos que a economia esteja no estado estacionário e que, no período t, a taxa de depreciação aumente permanentemente de 0,10 para 0,20.

   c. Quais serão os novos níveis de capital e de produto por trabalhador no estado estacionário?
   d. Calcule a trajetória do capital e do produto por trabalhador ao longo dos três primeiros períodos após a mudança na taxa de depreciação.

9. **Déficits e o estoque de capital.**

   Para a função de produção, $Y = \sqrt{K}\sqrt{N}$ a Equação 11.9 fornece a solução para o estoque de capital no estado estacionário.

   a. Mostre novamente os passos no texto que derivam a Equação 11.9.
   b. Suponhamos que a taxa de poupança, s, seja inicialmente de 15% ao ano e que a taxa de depreciação, δ, seja de 7,5%. Qual é o estoque de capital por trabalhador no estado estacionário? Qual é o produto por trabalhador no estado estacionário?
   c. Suponhamos que haja um déficit do governo de 5% do PIB e que o governo elimine esse déficit. Suponhamos também que a poupança privada permaneça inalterada, de modo que a poupança total aumente para 20%. Qual é o novo estoque de capital por trabalhador no estado estacionário? Qual é o novo produto por trabalhador no estado estacionário? Como isso se compara à sua resposta no item (b)?

Explorando mais

10. **Poupança dos Estados Unidos e déficits governamentais.**

    Esta questão segue a lógica da Questão 9 para explorar as implicações do déficit orçamentário dos Estados Unidos para o estoque de capital no longo prazo. A questão supõe que o país terá um déficit orçamentário ao longo da duração desta edição do livro.

    a. O Banco Mundial relata a taxa de poupança interna bruta por país e ano. O site é <http://data.worldbank.org/indicator/NY.GNS.ICTR.ZS>. Encontre o número mais recente para os Estados Unidos. Qual é a taxa de poupança total no país como porcentagem do PIB? Usando a depreciação e a lógica da Questão 9, qual seria o estoque de capital por trabalhador no estado estacionário? Qual seria o produto por trabalhador no estado estacionário?
    b. Acesse a publicação mais recente do *Economic Report of the President* (ERP) e encontre o déficit federal mais recente como porcentagem do PIB. No ERP 2015, esse dado está na Tabela B-20. Usando a lógica da Questão 9, suponhamos que o déficit orçamentário federal tenha sido eliminado e que não houve variação na poupança privada. Qual seria o efeito sobre o estoque de capital por trabalhador no longo prazo? Qual seria o efeito sobre o produto por trabalhador no longo prazo?
    c. Retorne à tabela de taxas de poupança interna bruta do Banco Mundial. Como a taxa de poupança da China se compara com a taxa de poupança dos Estados Unidos?

Leitura adicional

- O tratamento clássico da relação entre taxa de poupança e produto é de Robert Solow em *Growth theory: an exposition* (1970).
- Uma discussão de leitura fácil sobre se e como aumentar a poupança e melhorar a educação nos Estados Unidos pode ser encontrada nos memorandos 23 a 27 em *Memos to the president: a guide through macroeconomics for the busy policymaker*, de Charles Schultze, presidente do Conselho de Assessores Econômicos na gestão Carter (1992).

Apêndice

A função de produção Cobb-Douglas e o estado estacionário

Em 1928, Charles Cobb (matemático) e Paul Douglas (economista que se tornou senador dos Estados Unidos) concluíram que a função de produção a seguir proporcionava uma descrição muito boa da relação entre produto, capital físico e trabalho nos Estados Unidos no período de 1899 a 1922:

$$Y = K^\alpha N^{1-\alpha} \qquad (11.A1)$$

sendo α um número entre 0 e 1. Suas descobertas se mostraram surpreendentemente robustas. Ainda hoje, a função de produção 11.A1, agora conhecida como **função de produção Cobb-Douglas**, proporciona uma boa descrição da relação entre produto, capital e trabalho nos Estados Unidos e se tornou uma ferramenta-padrão para os economistas. (Verifique se ela satisfaz as duas propriedades que discutimos no texto: retornos constantes de escala e rendimentos decrescentes do capital e do trabalho.)

A finalidade deste apêndice é descrever o estado estacionário de uma economia quando a função de produção é dada pela Equação 11.A1. (Tudo que se precisa para acompanhar os passos é conhecer as propriedades de exponenciais.)

Lembramos que, no estado estacionário, a poupança por trabalhador deve ser igual à depreciação por trabalhador. Vejamos o que isto implica:

- Para derivar a poupança por trabalhador, devemos derivar, em primeiro lugar, a relação entre produto e capital por trabalhador resultante da Equação 11.A1. Divida ambos os lados da Equação 11.A1 por N:

$$Y/N = K^\alpha N^{1-\alpha}/N$$

usando as propriedades de exponenciais,

$$N^{1-\alpha}/N = N^{1-\alpha}N^{-1} = N^{-\alpha}$$

e então, substituindo na equação anterior, temos:

$$Y/N = K^\alpha N^{-\alpha} = (K/N)^\alpha$$

O produto por trabalhador, Y/N, é igual à razão capital por trabalhador, K/N, elevada à potência α.

A poupança por trabalhador é igual à taxa de poupança multiplicada pelo produto por trabalhador. Portanto, usando a equação anterior, ela é igual a

$$s(K^*/N)^\alpha$$

- A depreciação por trabalhador é igual à taxa de depreciação multiplicada pelo capital por trabalhador:

$$\delta(K^*/N)$$

- O nível de capital no estado estacionário, K^*, é determinado pela condição de que a poupança por trabalhador seja igual à depreciação por trabalhador; portanto,

$$s(K^*/N)^\alpha = \delta(K^*/N)$$

Para resolver esta expressão para o nível de capital por trabalhador no estado estacionário, K^*/N, divida ambos os lados por $(K^*/N)^\alpha$:

$$s = \delta(K^*/N)^{1-\alpha}$$

Divida ambos os lados por δ e mude a ordem da igualdade:

$$(K^*/N)^{1-\alpha} = s/\delta$$

Por fim, eleve ambos os lados à potência $1/(1-\alpha)$:

$$(K^*/N) = (s/\delta)^{1/(1-\alpha)}$$

Isso dá o nível de capital por trabalhador em estado estacionário.

A partir da função de produção, o nível de produto por trabalhador no estado estacionário é, então, igual a

$$(Y^*/N) = K/N^\alpha = (s/\delta)^{\alpha/(1-\alpha)}$$

Vejamos o que esta última equação implica.

- No texto, efetivamente trabalhamos com um caso especial da Equação 11.A1, aquele em que $\alpha = 0{,}5$. (Elevar uma variável à potência 0,5 é o mesmo que tirar a raiz quadrada desta variável.) Se $\alpha = 0{,}5$, a equação anterior significa

$$Y^*/N = s/\delta$$

O produto por trabalhador é igual à razão entre a taxa de poupança e a taxa de depreciação. Esta é a equação que discutimos no texto. Dobrar a taxa de poupança leva a dobrar o produto por trabalhador no estado estacionário.

- A evidência empírica sugere, entretanto, que, se pensarmos em K como capital físico, α estará mais próximo de 1/3 que 1/2. Supondo-se que $\alpha = 1/3$, então

$\alpha\ (1 - \alpha) = (1/3)/[1 - (1/3)] = (1/3)/(2/3) = 1/2$, e a equação do produto por trabalhador produz

$$Y^*/N = (s/\delta)^{1/2} = \sqrt{s/\delta}$$

Isto implica efeitos menores da taxa de poupança sobre o produto por trabalhador do que foi sugerido pelos cálculos no texto. Dobrar a taxa de poupança, por exemplo, significa que o produto por trabalhador aumenta por um fator de $\sqrt{2}$, ou apenas cerca de 1,4 (dito de outra maneira, um aumento de 40% no produto por trabalhador).

♦ Há, no entanto, uma interpretação do nosso modelo em que o valor apropriado de α é próximo de 1/2, tornando, assim, os cálculos do texto aplicáveis. Se, seguindo o sugerido na Seção 11.4, levarmos em conta tanto o capital humano quanto o físico, então um valor de α em torno de 1/2 para a contribuição dessa definição mais ampla de capital para o produto é razoavelmente apropriado. Portanto, uma interpretação dos resultados numéricos da Seção 11.3 é que eles mostram os efeitos de uma dada taxa de poupança, mas que deve ser interpretada para incluir poupança tanto no capital físico quanto no capital humano (mais máquinas e mais educação).

Termo-chave

♦ função de produção Cobb-Douglas, 261

CAPÍTULO 12

Progresso tecnológico e crescimento

Nossa conclusão no Capítulo 11 de que a acumulação de capital não pode por si só sustentar o crescimento tem uma implicação direta: o crescimento sustentado *necessita* do progresso tecnológico. Este capítulo examina o papel do progresso tecnológico no crescimento.

- A Seção 12.1 examina os papéis tanto do progresso tecnológico quanto da acumulação de capital no crescimento. Mostra que, no estado estacionário, a taxa de crescimento do produto por pessoa é simplesmente igual à taxa de progresso tecnológico. Entretanto, isto não significa que a taxa de poupança seja irrelevante. Ela afeta o nível de produto por pessoa, mas não sua taxa de crescimento no estado estacionário.
- A Seção 12.2 aborda os determinantes do progresso tecnológico, concentrando-se em especial no papel da pesquisa e desenvolvimento (P&D) e no papel da inovação *versus* o da imitação.
- A Seção 12.3 discute por que alguns países conseguem atingir progresso tecnológico continuado enquanto outros não. Para isto, analisa o papel das instituições no crescimento sustentado.
- A Seção 12.4 retorna aos fatos do crescimento apresentados no Capítulo 10 e os interpreta à luz do que aprendemos neste capítulo e no anterior.

12.1 Progresso tecnológico e taxa de crescimento

Em uma economia na qual há tanto acumulação de capital quanto progresso tecnológico, a que taxa o produto vai crescer? Para responder a esta pergunta precisamos estender o modelo desenvolvido no Capítulo 11 para abarcar o progresso tecnológico, e para abordarmos o progresso tecnológico precisamos voltar à função de produção agregada.

Progresso tecnológico e a função de produção

O progresso tecnológico apresenta várias dimensões:

- Pode levar a maiores quantidades de produto para dadas quantidades de capital e trabalho. Pensemos em um novo tipo de lubrificante que permite a uma máquina operar em maior velocidade e, portanto, produzir mais.
- Pode levar a produtos melhores. Pensemos na melhoria contínua da segurança e do conforto nos automóveis ao longo do tempo.
- Pode levar a novos produtos. Pensemos na introdução dos *tablets*, da tecnologia de comunicação sem fio, dos monitores de tela plana e da TV de alta definição.
- Pode levar a uma maior variedade de produtos. Pensemos no aumento contínuo dos tipos de cereal matinal disponíveis em seu supermercado local.

O número médio de itens oferecidos por um supermercado aumentou de 2.200 em 1950 para 38.700 em 2010. Para ter uma noção do que isto significa, veja Robin Williams (que interpreta um imigrante da União Soviética) na cena do supermercado no filme *Moscou em Nova York*.

264 Macroeconomia

> Como seu viu no quadro Foco "PIB real, progresso tecnológico e o preço dos computadores", no Capítulo 2, o método empregado para calcular o índice de preços dos computadores consiste em pensar nos produtos como fornecedores de diversos serviços subjacentes.

Essas dimensões são mais semelhantes do que parecem. Se pensarmos que os consumidores não estão preocupados com os produtos em si, mas com os serviços que esses produtos proporcionam, constataremos que todas essas dimensões têm algo em comum. Em cada caso, os consumidores obtêm mais serviços. Um automóvel melhor oferece mais segurança; um novo produto, como um *tablet* ou uma tecnologia de comunicação mais rápida, fornece mais serviços de informação, e assim por diante. Se pensarmos no produto como o conjunto de serviços subjacentes fornecidos pelos bens produzidos na economia, podemos considerar o progresso tecnológico como algo que leva a aumentos no produto para dados montantes de capital e trabalho. Podemos, então, conceber o **estado da tecnologia** como uma variável que nos diz quanto produto pode ser obtido com base em dados montantes de capital e trabalho em qualquer instante. Vamos representar o estado da tecnologia por A e reescrever a função de produção como:

$$Y = F(K, N, A)$$
$$(+, +, +)$$

> Para simplificar, aqui vamos ignorar o capital humano. Voltaremos a ele mais adiante, neste capítulo.

Esta é nossa função de produção ampliada. O produto depende tanto do capital, K, quanto do trabalho, N, e do estado da tecnologia, A. Dados o capital e o trabalho, um avanço no estado da tecnologia, A, leva a um aumento no produto.

Será conveniente, contudo, utilizar uma forma mais restritiva da equação anterior, a saber,

$$Y = F(K, AN) \tag{12.1}$$

Esta equação afirma que a produção depende do capital e do trabalho multiplicado pelo estado da tecnologia. Esta forma de introduzir o estado da tecnologia facilita a reflexão quanto ao efeito do progresso tecnológico sobre a relação entre produto, capital e trabalho. A Equação 12.1 implica que podemos pensar no progresso tecnológico de duas maneiras equivalentes:

* O progresso tecnológico *reduz* o número de trabalhadores necessário para obter um dado montante de produto. Dobrando A, produzimos a mesma quantidade de produto com apenas metade do número original de trabalhadores, N.

> *AN* às vezes também é chamado de **trabalho em unidades de eficiência**. O uso do termo *eficiência* em "unidades de eficiência", neste capítulo, e em "salários-eficiência", no Capítulo 7, é mera coincidência. Os dois conceitos não guardam relação entre si.

* O progresso tecnológico *aumenta* o produto que pode ser obtido com um dado número de trabalhadores. Podemos considerar AN como o montante de **trabalho efetivo** na economia. Se o estado da tecnologia, A, dobra, é como se a economia tivesse o dobro de trabalhadores. Em outras palavras, podemos pensar no produto como algo obtido por meio de dois fatores: capital, K, e trabalho efetivo, AN.

Que restrições deveríamos impor à função de produção ampliada, Equação 12.1? Aqui podemos partir diretamente de nossa discussão no Capítulo 11.

Novamente, é razoável supor retornos constantes de escala. *Para um dado estado da tecnologia*, A, dobrar ao mesmo tempo o montante de capital, K, e a quantidade de trabalho, N, provavelmente dobrará o produto:

$$2Y = F(2K, 2AN)$$

Generalizando, para qualquer número x,

$$xY = F(xK, xAN)$$

Também é razoável supor rendimentos decrescentes para cada um dos dois fatores — capital e trabalho efetivo. Dado o trabalho efetivo, um aumento no capital provavelmente aumentará o produto, mas a uma taxa decrescente. Simetricamente, dado o capital, um aumento no trabalho efetivo provavelmente aumentará o produto, mas a uma taxa decrescente.

No Capítulo 11, foi conveniente pensarmos em termos de produto *por trabalhador* e capital *por trabalhador*. Isto porque o estado estacionário da economia era um estado em que o produto e o capital *por trabalhador* eram constantes. É conveniente aqui examinarmos o produto *por trabalhador efetivo* e o capital *por trabalhador efetivo*. O motivo é o mesmo. Como veremos em breve, no estado estacionário o produto e o capital *por trabalhador efetivo* são constantes.

Para obter uma relação entre produto por trabalhador efetivo e capital por trabalhador efetivo, faça $x = 1/AN$ na equação anterior. Daí temos

$$\frac{Y}{AN} = F\left(\frac{K}{AN}, 1\right)$$

Ou, se definirmos a função f de modo que $f(K/AN) = F(K/AN, 1)$:

$$\frac{Y}{AN} = f\left(\frac{K}{AN}\right) \tag{12.2}$$

Em suma: o *produto por trabalhador efetivo* (lado esquerdo) é uma função do *capital por trabalhador efetivo* (a expressão na função do lado direito).

A Figura 12.1 mostra a relação entre produto e capital por trabalhador efetivo. É uma relação muito parecida com aquela entre produto e capital por trabalhador na ausência de progresso tecnológico, representada na Figura 11.2. Ali, os aumentos de K/N levavam a aumentos de Y/N, mas a uma taxa decrescente. Aqui, os aumentos de K/AN provocam aumentos de Y/AN, mas a uma taxa decrescente.

> Por trabalhador: dividido pelo número de trabalhadores (*N*).
> Por trabalhador efetivo: dividido pelo número de trabalhadores efetivos (*AN*) — o número de trabalhadores, *N*, multiplicado pelo estado da tecnologia, *A*.

> Suponhamos que *F* tenha a forma "raiz quadrada dupla":
> $Y = F(K, AN) = \sqrt{K}\sqrt{AN}$.
> Então,
> $\frac{Y}{AN} = \frac{\sqrt{K}\sqrt{AN}}{AN} = \frac{\sqrt{K}}{\sqrt{AN}}$
> Logo, a função *f* é simplesmente a função raiz quadrada:
> $f\left(\frac{K}{AN}\right) = \sqrt{\frac{K}{AN}}$

Interações entre produto e capital

Agora, temos os elementos necessários para pensar sobre os determinantes do crescimento. A análise será semelhante à conduzida no Capítulo 11. Lá, examinamos a dinâmica do *produto por trabalhador* e do *capital por trabalhador*. Aqui, examinaremos a dinâmica do *produto por trabalhador efetivo* e do *capital por trabalhador efetivo*.

No Capítulo 11, descrevemos a dinâmica do produto e do capital por trabalhador usando a Figura 11.2. Nessa figura, desenhamos três relações:

> A chave para entender os resultados nesta seção é: os resultados derivados para o *produto por trabalhador* no Capítulo 11 ainda valem neste capítulo, mas agora para o *produto por trabalhador efetivo*. Por exemplo, no Capítulo 11 vimos que o produto por trabalhador era constante no estado estacionário. Neste capítulo, veremos que o produto por trabalhador efetivo é constante no estado estacionário, e assim por diante.

▶ **Figura 12.1 Produto por trabalhador efetivo *versus* capital por trabalhador efetivo.**

Em decorrência dos rendimentos decrescentes do capital, os aumentos no capital por trabalhador efetivo levam a aumentos cada vez menores no produto por trabalhador efetivo.

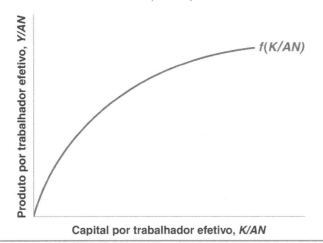

- A relação entre produto por trabalhador e capital por trabalhador.
- A relação entre investimento por trabalhador e capital por trabalhador.
- A relação entre depreciação por trabalhador — de modo equivalente, o investimento por trabalhador necessário para manter um nível constante de capital por trabalhador — e capital por trabalhador.

A dinâmica do capital e, consequentemente, do produto por trabalhador, foi determinada pela relação entre investimento e depreciação por trabalhador. Dependendo da ocorrência de um investimento maior ou menor que a depreciação por trabalhador, o capital aumentou ou diminuiu ao longo do tempo, bem como o produto por trabalhador.

Seguiremos o mesmo enfoque para elaborar a Figura 12.2. A diferença é que nos concentraremos em produto, capital e investimento *por trabalhador efetivo*, em vez de por trabalhador:

- A relação entre produto e capital por trabalhador efetivo foi derivada na Figura 12.1. Essa relação é repetida na Figura 12.2. O produto por trabalhador efetivo aumenta com o capital por trabalhador efetivo, mas a uma taxa decrescente.
- Sob as mesmas hipóteses do Capítulo 11 — de que investimento é igual à poupança privada e de que a taxa de poupança privada é constante —, o investimento é dado por:

$$I = S = sY$$

Dividindo os dois lados pelo número de trabalhadores efetivos, AN, tem-se que

$$\frac{I}{AN} = s\frac{Y}{AN}$$

Substituindo o produto por trabalhador efetivo, Y/AN, por sua expressão na Equação 12.2, temos

$$\frac{I}{AN} = sf\left(\frac{K}{AN}\right)$$

A Figura 12.2 mostra a relação entre investimento e capital por trabalhador efetivo. É igual à curva superior — a relação entre produto e capital por trabalhador efetivo — multiplicada pela taxa de poupança, s. Isso nos dá a curva mais baixa.

▶ **Figura 12.2** Dinâmica do capital e do produto por trabalhador efetivo.

O capital e o produto por trabalhador efetivo convergem para valores constantes no longo prazo.

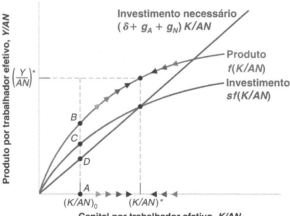

Capítulo 12 Progresso tecnológico e crescimento 267

◆ Por fim, devemos perguntar qual é o nível de investimento por trabalhador efetivo necessário à manutenção de um dado nível de capital por trabalhador efetivo.

No Capítulo 11, a resposta era que, para que o capital fosse constante, o investimento deveria ser igual à depreciação do estoque de capital existente. Aqui, a resposta é um pouco mais complicada. Agora que permitimos que haja progresso tecnológico (de modo que A aumente ao longo do tempo), o número de trabalhadores efetivos, AN, aumenta ao longo do tempo. Dessa maneira, a manutenção da mesma razão entre capital e trabalhadores efetivos, K/AN, requer um aumento no estoque de capital, K, proporcional ao aumento no número de trabalhadores efetivos, AN. Vamos examinar essa condição mais de perto.

> No Capítulo 11, assumimos $g_A = 0$ e $g_N = 0$. Nosso foco neste capítulo está nas implicações do progresso tecnológico, $g_A > 0$. Mas, uma vez que permitimos o progresso tecnológico, a introdução do crescimento populacional, $g_N > 0$, é imediata. Portanto, aceitamos tanto que $g_A > 0$ quanto que $g_N > 0$.

Sejam δ a taxa de depreciação do capital, g_A a taxa de progresso tecnológico e g_N a taxa de crescimento populacional. Se assumirmos que a razão entre emprego e população total permanece constante, o número de trabalhadores, N, também crescerá à taxa anual g_N. Juntas, essas hipóteses implicam uma taxa de crescimento do trabalho efetivo, AN, igual a $g_A + g_N$. Por exemplo, se o número de trabalhadores estiver crescendo a 1% ao ano e a taxa de progresso tecnológico for de 2% ao ano, a taxa de crescimento do trabalho efetivo será igual a 3% ao ano.

> A taxa de crescimento do produto de duas variáveis é a soma das taxas de crescimento das duas variáveis. Veja a Proposição 7 do Apêndice 2, no final do livro.

Essas hipóteses implicam que o nível de investimento necessário para manter um dado nível de capital por trabalhador efetivo seja, portanto, dado por:

$$I = \delta K + (g_A + g_N)K$$

Ou, de modo análogo,

$$I = (\delta + g_A + g_N)K \tag{12.3}$$

É necessário um montante δK apenas para manter o estoque de capital constante. Se a taxa de depreciação for de 10%, o investimento deverá ser igual a 10% do estoque de capital apenas para manter o mesmo nível de capital. E um montante adicional $(g_A + g_N)K$ será necessário para assegurar que o estoque de capital aumente à mesma taxa do trabalho efetivo. Se, por exemplo, o trabalho efetivo aumenta a 3% ao ano, o capital deve aumentar 3% ao ano para manter o mesmo nível de capital por trabalhador efetivo. Juntando δK e $(g_A + g_N)K$ neste exemplo: se a taxa de depreciação é de 10% e a taxa de crescimento do trabalho efetivo é de 3%, o investimento deve ser igual a 13% do estoque de capital para manter um nível constante de capital por trabalhador efetivo.

Dividindo a expressão anterior pelo número de trabalhadores efetivos, para obter o montante de investimento por trabalhador efetivo necessário para manter um nível constante de capital por trabalhador efetivo, temos

$$\frac{I}{AN} = (\delta + g_A + g_N)\frac{K}{AN}$$

O nível de investimento por trabalhador efetivo necessário para manter um dado nível de capital por trabalhador efetivo é representado pela reta positivamente inclinada "Investimento necessário", na Figura 12.2. A inclinação da reta é igual a $(\delta + g_A + g_N)$.

Dinâmica do capital e do produto

Agora, podemos fazer uma descrição gráfica da dinâmica do capital e do produto por trabalhador efetivo.

Consideremos um dado nível de capital por trabalhador efetivo, por exemplo $(K/AN)_0$ na Figura 12.2. Nesse nível, o produto por trabalhador efetivo é igual à distância vertical AB. O investimento por trabalhador efetivo é igual a AC. O montante de investimento necessário para manter esse nível de capital por

268 Macroeconomia

trabalhador efetivo é igual a AD. Como o investimento efetivo supera o nível de investimento necessário para manter o nível existente de capital por trabalhador efetivo, K/AN aumenta.

Assim, partindo de $(K/AN)_0$, a economia se move para a direita, com o nível de capital por trabalhador efetivo aumentando ao longo do tempo. Isso prossegue até que o investimento seja exatamente o bastante para manter o nível existente de capital, até que o capital por trabalhador efetivo seja igual a $(K/AN)^*$.

No longo prazo, o capital por trabalhador efetivo atinge um nível constante, o mesmo ocorrendo com o produto por trabalhador efetivo. Colocado de outro modo, o estado estacionário dessa economia é tal que *o capital e o produto por trabalhador efetivo são constantes e iguais a $(K/AN)^*$ e $(Y/AN)^*$, respectivamente.*

> Se Y/AN é constante, Y deve crescer à mesma taxa que AN. Portanto, deve crescer à taxa $g_A + g_N$.

Isso implica que, no estado estacionário, o produto, Y, cresce à mesma taxa que o trabalho efetivo, AN, de modo que a razão entre as duas variáveis seja constante. Como o trabalho efetivo cresce à taxa $(g_A + g_N)$, o crescimento do produto no estado estacionário também deve ser igual a $(g_A + g_N)$. O mesmo raciocínio se aplica ao capital. Como o capital por trabalhador efetivo é constante no estado estacionário, o capital também cresce à taxa $(g_A + g_N)$.

Expressos em termos de capital ou produto por trabalhador efetivo, esses resultados parecem um tanto abstratos. Entretanto, é fácil expressá-los de modo mais intuitivo, o que nos leva à primeira conclusão importante:

No estado estacionário, a taxa de crescimento do produto é igual à taxa de crescimento populacional (g_N) mais a taxa de progresso tecnológico (g_A). Consequentemente, a taxa de crescimento do produto é independente da taxa de poupança.

Para reforçar sua intuição, volte ao argumento utilizado no Capítulo 11 para mostrar que, sem progresso tecnológico nem crescimento populacional, a economia não poderia sustentar um crescimento positivo para sempre:

* O argumento foi o seguinte: suponhamos que a economia tentasse sustentar um crescimento positivo do produto. Em decorrência dos rendimentos decrescentes do capital, seria preciso que o capital crescesse mais rapidamente que o produto. A economia deveria destinar uma proporção cada vez maior do produto para a acumulação de capital. Em algum momento, não haveria mais produto para ser destinado à acumulação de capital. O crescimento chegaria ao fim.

* Exatamente a mesma lógica está em ação aqui. O trabalho efetivo aumenta a uma taxa $(g_A + g_N)$. Suponhamos que a economia tentasse sustentar um crescimento do produto superior a $(g_A + g_N)$. Em virtude dos rendimentos decrescentes do capital, este teria de aumentar mais rapidamente que o produto. A economia teria de destinar proporções cada vez maiores do produto para a acumulação de capital. Em algum momento, isso se tornaria impossível. Portanto, a economia não pode crescer permanentemente a uma taxa maior que $(g_A + g_N)$.

Até agora, nos concentramos no comportamento do produto agregado. Para ter uma noção do que ocorre não com o produto agregado, mas com o padrão de vida ao longo do tempo, devemos examinar o comportamento do produto por trabalhador (e não do produto por trabalhador *efetivo*). Como o produto cresce à taxa $(g_A + g_N)$ e o número de trabalhadores cresce à taxa g_N, o produto por trabalhador cresce à taxa g_A. Em outras palavras, *quando a economia está no estado estacionário, o produto por trabalhador cresce à taxa do progresso tecnológico.*

> A taxa de crescimento de Y/N é igual à taxa de crescimento de Y menos a de N (veja a Proposição 8 no Apêndice 2 no fim do livro). Logo, a taxa de crescimento de Y/N é dada por $(g_Y - g_N) = (g_A + g_N) - g_N = g_A$.

Como o produto, o capital e o trabalho efetivo crescem todos à mesma taxa $(g_A + g_N)$ no estado estacionário, o estado estacionário dessa economia também é chamado **crescimento equilibrado**. No estado estacionário, o produto e os dois insumos — capital e trabalho efetivo — crescem "de forma equilibrada" à mesma taxa. As características do crescimento equilibrado serão úteis mais adiante no capítulo e estão resumidas na Tabela 12.1.

Capítulo 12 Progresso tecnológico e crescimento 269

▶ **Tabela 12.1** Características do crescimento equilibrado.

		Taxa de crescimento:
1.	Capital por trabalhador efetivo	0
2.	Produto por trabalhador efetivo	0
3.	Capital por trabalhador	g_A
4.	Produto por trabalhador	g_A
5.	Trabalho	g_N
6.	Capital	$g_A + g_N$
7.	Produto	$g_A + g_N$

Na trajetória de crescimento equilibrado (de modo equivalente, no estado estacionário; de modo equivalente, no longo prazo):

◆ O *capital por trabalhador efetivo* e o *produto por trabalhador efetivo* são constantes; este é o resultado que derivamos na Figura 12.2.

◆ De modo análogo, o *capital por trabalhador* e o *produto por trabalhador* crescem à taxa de progresso tecnológico, g_A.

◆ Ou, em termos de trabalho, capital e produto: o *trabalho* cresce à taxa de crescimento populacional, g_N; o *capital* e o *produto* crescem a uma taxa igual à soma do crescimento populacional com a taxa de progresso tecnológico, $(g_A + g_N)$.

Efeitos da taxa de poupança

No estado estacionário, a taxa de crescimento do produto depende *apenas* das taxas de crescimento populacional e de progresso tecnológico. Mudanças na taxa de poupança não afetam a taxa de crescimento no estado estacionário. Mas as mudanças na taxa de poupança aumentam o nível de produto por trabalhador efetivo no estado estacionário.

Esse resultado é mais bem visualizado na Figura 12.3, que mostra o efeito de um aumento na taxa de poupança de s_0 para s_1. O aumento na taxa de poupança desloca a relação de investimento para cima, de $s_0 f(K/AN)$ para $s_1 f(K/AN)$. Segue-se que o nível de capital por trabalhador efetivo no estado estacionário aumenta de $(K/AN)_0$ para $(K/AN)_1$, com um aumento correspondente no nível de produto por trabalhador efetivo de $(Y/AN)_0$ para $(Y/AN)_1$.

Após o aumento na taxa de poupança, o capital e o produto por trabalhador efetivo aumentam durante algum tempo, à medida que convergem para seu novo nível mais elevado. A Figura 12.4 mostra o produto contra o tempo. O produto é medido em uma escala logarítmica. A economia inicialmente se encontra na trajetória de crescimento equilibrado, AA. O produto cresce à taxa $(g_A + g_N)$ — de modo que a inclinação de AA seja igual a $(g_A + g_N)$. Após o aumento na taxa de poupança no período t, o produto cresce mais rapidamente por algum tempo. Finalmente, o produto termina em um nível mais alto do que estaria sem o aumento na taxa de poupança. Mas sua taxa de crescimento volta para $g_A + g_N$. No novo estado estacionário, a economia cresce à mesma taxa, mas em uma trajetória de crescimento mais alta, BB, que é paralela a AA, e também possui uma inclinação igual a $(g_A + g_N)$.

Resumindo: em uma economia com progresso tecnológico e crescimento populacional, o produto cresce ao longo do tempo. No estado estacionário, o produto e o capital *por trabalhador efetivo* são constantes. Dito de outra maneira, o produto e o capital *por trabalhador* crescem à taxa de progresso tecnológico. Posto ainda de outro modo, o produto e o capital crescem à mesma taxa do trabalho efetivo e, portanto, a

◀ A Figura 12.4 é igual à Figura 11.5, que antecipou a derivação aqui apresentada.

◀ Para uma descrição de escalas logarítmicas, veja o Apêndice 2 no fim do livro. Quando se usa uma escala logarítmica, uma variável que cresce a uma taxa constante se move ao longo de uma reta. A inclinação da linha é igual à taxa de crescimento da variável.

▶ **Figura 12.3** Efeitos de um aumento na taxa de poupança: I.

Um aumento na taxa de poupança leva a um aumento nos níveis de produto por trabalhador efetivo e de capital por trabalhador efetivo no estado estacionário.

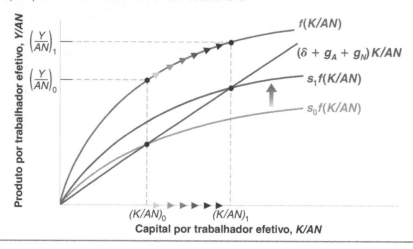

▶ **Figura 12.4** Efeitos de um aumento na taxa de poupança: II.

Um aumento na taxa de poupança leva a um período de crescimento maior até que a economia atinja uma nova trajetória de crescimento equilibrado, mais elevada.

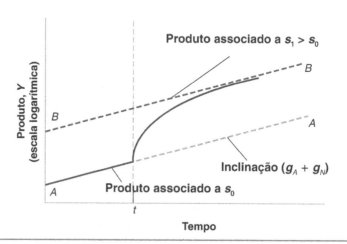

A Figura 12.4 é igual à Figura 11.5, que antecipou a derivação aqui apresentada.
Para uma descrição de escalas logarítmicas, veja o Apêndice 2 no fim do livro. Quando se usa uma escala logarítmica, uma variável que cresce a uma taxa constante se move ao longo de uma reta. A inclinação da linha é igual à taxa de crescimento da variável.

uma taxa igual à soma da taxa de crescimento do número de trabalhadores e da taxa de progresso tecnológico. Quando a economia se encontra no estado estacionário, diz-se que está em uma trajetória de crescimento equilibrado.

A taxa de crescimento do produto no estado estacionário é independente da taxa de poupança. Entretanto, a taxa de poupança afeta o nível de produto por trabalhador efetivo no estado estacionário. E aumentos da taxa de poupança levam, por algum tempo, a um aumento na taxa de crescimento acima da taxa de crescimento no estado estacionário.

12.2 Determinantes do progresso tecnológico

Acabamos de ver que a taxa de crescimento do produto por trabalhador é, em última análise, determinada pela taxa de progresso tecnológico. Isso nos leva à próxima pergunta: o que determina a taxa de progresso tecnológico? Esta é a questão de que tratamos nesta seção.

O termo *progresso tecnológico* traz à mente imagens de grandes descobertas: a invenção do microchip, a descoberta da estrutura do DNA, e assim por diante. Essas descobertas sugerem um processo direcionado em grande parte pela pesquisa científica e pelo acaso, em vez de por forças econômicas. Mas a verdade é que a maior parte do progresso tecnológico alcançado pelas economias modernas é consequência de um processo monótono: o resultado das atividades de **pesquisa e desenvolvimento (P&D)** das empresas. Os gastos industriais com P&D respondem por cerca de 2% a 3% do PIB de cada um dos quatro países mais ricos que examinamos no Capítulo 10 (Estados Unidos, França, Japão e Reino Unido). Aproximadamente 75% dos cerca de um milhão de cientistas e pesquisadores dos Estados Unidos que trabalham com P&D são funcionários de empresas. Os gastos com P&D das empresas dos Estados Unidos correspondem a mais de 20% de seus gastos com investimento bruto e a mais de 60% de seus gastos com investimento líquido — investimento bruto menos depreciação.

O motivo pelo qual as empresas gastam com P&D é o mesmo por que compram novas máquinas ou constroem fábricas: para aumentar os lucros. Ao elevar os gastos com P&D, uma empresa aumenta a probabilidade de descobrir e desenvolver um novo produto. (Empregaremos a palavra *produto* como termo genérico para representar novos bens ou novas técnicas de produção.) Se o novo produto for bem-sucedido, os lucros da empresa vão aumentar. Há, contudo, uma diferença importante entre comprar uma máquina e gastar mais com P&D. A diferença é que o resultado da P&D é, fundamentalmente, constituído de *ideias*. E, ao contrário de uma máquina, uma ideia pode ser utilizada por muitas empresas ao mesmo tempo. Uma empresa que acaba de adquirir uma nova máquina não precisa se preocupar se outra utilizará esta máquina em particular. Uma empresa que descobriu e desenvolveu um novo produto não pode desconsiderar esta hipótese.

Este último ponto implica que o nível de gastos com P&D depende não apenas da **fertilidade do processo de pesquisa** (como os gastos com P&D se traduzem em novas ideias e novos produtos), mas também da **apropriabilidade** dos resultados de pesquisa (a extensão com que as empresas se beneficiam dos resultados de sua própria P&D). Vamos examinar cada um desses aspectos.

Fertilidade do processo de pesquisa

Se a pesquisa for fértil — isto é, se os gastos com P&D levarem a muitos produtos novos —, tudo o mais constante, as empresas terão mais incentivos para gastar em P&D e, por conseguinte, os gastos com P&D e o progresso tecnológico serão maiores. Os determinantes da fertilidade da pesquisa residem, em grande parte, fora do domínio da economia. Muitos fatores interagem aqui.

A fertilidade da pesquisa depende de uma interação bem-sucedida entre pesquisa básica (busca de princípios e resultados gerais) e pesquisa e desenvolvimento aplicados (aplicação desses resultados a usos específicos e o desenvolvimento de novos produtos). A pesquisa básica não leva, em si, ao progresso tecnológico. Mas o sucesso da pesquisa aplicada e do desenvolvimento depende, em última análise, da pesquisa básica. Boa parte do desenvolvimento da indústria de computadores pode ser atribuída a alguns poucos avanços importantes, da invenção do transistor à do microchip. Do lado do software, muito do progresso vem do avanço na matemática. Por exemplo, o progresso na criptografia vem do avanço da teoria dos números primos.

Alguns países parecem ser mais bem-sucedidos na pesquisa básica; outros são mais bem-sucedidos em pesquisa aplicada e desenvolvimento. Estudos apontam para diferenças no sistema de ensino como um dos motivos. Por exemplo, argumenta-se frequentemente que o sistema de ensino superior francês, com sua forte ênfase no pensamento abstrato, gera pesquisadores melhores em pesquisa básica que em

No Capítulo 11, observamos o papel do capital humano como um insumo na produção. Pessoas com maior nível de educação podem usar máquinas mais complexas ou lidar com tarefas mais complexas. Aqui, vemos um segundo papel para o capital humano: melhores pesquisadores e cientistas e, por implicação, uma taxa mais elevada de progresso tecnológico.

pesquisa aplicada e desenvolvimento. Estudos também apontam para a importância de uma "cultura empreendedora", na qual boa parte do progresso tecnológico vem da capacidade dos empreendedores de organizar o desenvolvimento e a comercialização bem-sucedidos de novos produtos — uma dimensão em que os Estados Unidos parecem melhores que a maioria dos outros países.

São necessários muitos anos e, com frequência, muitas décadas, para que o pleno potencial das grandes descobertas seja percebido. A sequência normal é aquela em que uma grande descoberta conduz à investigação de aplicações potenciais, depois, ao desenvolvimento de novos produtos e, finalmente, à adoção desses produtos. O quadro Foco "Difusão de uma nova tecnologia: milho híbrido" mostra os resultados de um dos primeiros estudos sobre esse processo de difusão de ideias. O exemplo dos computadores pessoais nos é mais familiar. Vinte e cinco anos depois da introdução comercial dos computadores pessoais, é comum termos a impressão de que apenas começamos a descobrir seus usos.

Uma preocupação de longa data é que as pesquisas se tornarão cada vez menos férteis, que a maior parte das descobertas principais já foi feita e que o progresso tecnológico passará por uma desaceleração. Esse receio pode ter origem no fato ocorrido com a mineração, em que as jazidas de melhor qualidade foram exploradas primeiro e depois houve a necessidade de exploração de jazidas de qualidade cada vez menor. Mas isso é apenas uma analogia, e até agora não há evidências de que ela seja correta.

Apropriabilidade dos resultados de pesquisa

O segundo determinante do nível de P&D e do progresso tecnológico é o grau de *apropriabilidade* dos resultados de pesquisa. Se as empresas não puderem se apropriar dos lucros do desenvolvimento de novos produtos, elas não se dedicarão à P&D, e o progresso tecnológico será lento. Muitos fatores também estão em jogo aqui.

A natureza do processo de pesquisa é importante. Por exemplo, se houver um consenso de que a descoberta de um produto por uma empresa levará rapidamente à descoberta de um produto ainda melhor por outra empresa, pode haver poucos ganhos em ser o primeiro. Em outras palavras, uma área de pesquisa altamente fértil pode não gerar altos níveis de P&D, pois nenhuma empresa considerará que o investimento vale a pena. Esse exemplo é extremo, porém revelador.

FOCO

Difusão de uma nova tecnologia: milho híbrido

Novas tecnologias não são desenvolvidas nem adotadas da noite para o dia. Um dos primeiros estudos sobre a difusão de novas tecnologias foi conduzido em 1957 por Zvi Griliches, um economista de Harvard que examinou a difusão do milho híbrido em diferentes estados dos Estados Unidos.

O milho híbrido é, nas palavras de Griliches, "a invenção de um método de inventar". A produção de milho híbrido envolve o cruzamento de diversas variedades de milho para desenvolver um tipo adaptado às condições locais. A introdução de milho híbrido pode aumentar a safra em até 20%.

Embora a ideia de hibridização tenha sido desenvolvida pela primeira vez no início do século XX, a primeira aplicação em escala comercial ocorreu apenas na década de 1930 nos Estados Unidos. A Figura 1 mostra a taxa de adoção do milho híbrido em diversos estados dos Estados Unidos de 1932 a 1956.

▶ **Figura 1** Porcentagem da área total plantada com sementes híbridas de milho, estados selecionados dos Estados Unidos, 1932-1956.

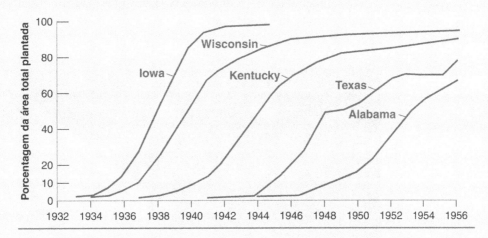

A figura mostra dois processos dinâmicos em ação. O primeiro é o processo pelo qual as diversas variedades de milho híbrido apropriadas para cada estado foram descobertas. O milho híbrido só se tornou disponível nos estados do sul (Texas e Alabama) mais de dez anos após se tornar disponível nos estados do norte (Iowa, Wisconsin e Kentucky). O segundo processo é a velocidade com que o milho híbrido foi adotado em cada estado. Oito anos após sua introdução, praticamente todo o milho plantado em Iowa era híbrido. O processo foi muito mais lento no sul. Mais de dez anos depois de sua introdução, o milho híbrido respondia por apenas 60% da área plantada no Alabama.

Por que a velocidade de adoção foi maior em Iowa que no sul? O artigo de Griliches mostrou que o motivo foi econômico. A velocidade de adoção em cada estado foi uma função da rentabilidade da introdução do milho híbrido. E a rentabilidade era maior em Iowa que nos estados do sul.

Fonte: Zvi Griliches, "Hybrid corn: an exploration in the economics of technological change", *Econometrica*, v. 25, n. 4, out. 1957, p. 501-22.

Mais importante ainda é a proteção legal dada a novos produtos. Sem esta proteção, os lucros do desenvolvimento de um produto novo provavelmente serão pequenos. Exceto nos raros casos em que o produto está baseado em um segredo industrial (como o da Coca-Cola), geralmente não leva muito tempo para que outros fabriquem o mesmo produto, eliminando qualquer vantagem que a empresa inovadora possa ter tido inicialmente. É por isso que os países têm leis de patentes. Uma **patente** dá à empresa que descobriu um produto novo — em geral, uma nova técnica ou dispositivo — o direito de excluir qualquer um da produção ou da utilização do novo produto por algum tempo.

Como os governos devem elaborar as leis de patentes? Por um lado, a proteção é necessária para dar às empresas os incentivos para gastar em P&D. Por outro, uma vez que as empresas tenham descoberto novos produtos, seria melhor para a sociedade se o conhecimento incorporado nesses novos produtos estivesse disponível sem restrições para outras empresas e pessoas. Consideremos, por exemplo, a pesquisa biogenética. A perspectiva de grandes lucros é o que, de fato, leva as empresas de bioengenharia a investir em projetos de pesquisa dispendiosos. Uma vez que uma empresa tenha descoberto um produto e que este possa salvar muitas vidas, fica claro que o melhor seria torná-lo disponível a preço de custo a todos os usuários potenciais. No entanto, se essa política fosse seguida sistematicamente, eliminaria, em primeiro lugar, os incentivos para que as empresas façam pesquisas.

> Esse tipo de dilema é conhecido como *inconsistência temporal*. Veremos outros exemplos e discutiremos esse assunto mais detalhadamente no Capítulo 22.

Os problemas vão além das leis de patentes. Para falar de dois exemplos controversos: qual é o papel do software de código aberto? Os estudantes deveriam baixar música, filmes e até mesmo textos sem pagar nada a seus criadores?

Assim, uma lei de patentes deve encontrar um equilíbrio difícil. Proteção insuficiente levará a pouca P&D. Proteção em excesso torna difícil que a nova P&D seja construída sobre os resultados da P&D passada, e também pode levar a pouca P&D. (A dificuldade de criar boas leis de patentes e de direitos autorais é ilustrada no quadrinho sobre clonagem.)

FOCO

Práticas de gestão: outra dimensão do progresso tecnológico

Para determinada tecnologia e determinado capital humano de sua força de trabalho, o modo como uma empresa é gerida também afeta seu desempenho. Alguns pesquisadores acreditam que práticas gerenciais podem ser mais importantes que muitos outros fatores na determinação do desempenho de uma empresa, incluindo as inovações. Em um projeto que examinou as práticas e o desempenho de mais de 4 mil empresas de médio porte na Europa, nos Estados Unidos e na Ásia, Nick Bloom, da Universidade de Stanford, e John Van Reenen, da London School of Economics, descobriram que empresas de todo o mundo que utilizam a mesma tecnologia, mas aplicam boas práticas de gestão, têm um desempenho melhor que aquelas que não o fazem. Isso sugere que práticas aprimoradas de gestão é uma das formas mais eficazes para uma empresa superar seus concorrentes. ("Why do management practices differ across firms and countries", de Nick Bloom e John Van Reenen, *Journal of Economic Perspectives*, primavera de 2010).

Uma evidência fascinante da importância de práticas de gestão vem de um estudo experimental conduzido por Nick Bloom em um grupo de 20 indústrias têxteis indianas. Para investigar o papel das boas práticas de gestão, Bloom ofereceu consultoria gratuita sobre práticas de gestão a esse grupo de 20 fábricas aleatoriamente escolhido. A seguir, ele comparou o desempenho das empresas que receberam consultoria gerencial com o grupo de controle — aquelas que não receberam consultoria. Ele descobriu que adotar boas práticas de gestão aumentou a produtividade em 18% por meio de qualidade e eficiência, além de reduzir os estoques ("Does management matter? Evidence from India", de Nick Bloom, Ben Eifert, Abrijit Mahajan, David McKenzie e John Roberts, *Quarterly Journal of Economics,* vol. 128, n. 1, p. 1-51).

Gestão, inovação e imitação

Embora P&D seja claramente essencial para o progresso tecnológico, seria equivocado focar exclusivamente nesta dimensão porque outras são relevantes. As tecnologias existentes podem ser aplicadas com mais ou menos eficiência, e a concorrência intensa entre as empresas faz que tenham de ser mais eficientes. Além disso, como mostra o quadro Foco "Práticas de gestão: outra dimensão do progresso tecnológico", uma boa gestão faz uma diferença substancial à produtividade das empresas. E, em alguns países, a área de P&D pode ser menos importante que em outros. Nesse contexto, pesquisas recentes sobre o crescimento enfatizaram a distinção entre crescimento por inovação e crescimento por imitação. Para sustentar o crescimento, os países avançados, que estão na **fronteira tecnológica**, devem inovar. E isso exige gastos substanciais com P&D. Já os mais pobres, que estão mais distantes da fronteira tecnológica, podem crescer em grande medida imitando, e não inovando, por meio da importação e adaptação de tecnologias existentes, em vez do desenvolvimento de novas. A importação e a adaptação de tecnologias existentes claramente têm desempenhado um papel central na China ao longo das últimas três décadas. Essa diferença entre inovação e imitação também explica por que os países menos avançados tecnologicamente costumam apresentar proteção mais frouxa de patentes. A China, por exemplo, é um país com má aplicação dos direitos de patente. Nossa discussão ajuda a explicar por quê. Esses países são mais usuários que produtores de novas tecnologias. Grande parte da sua melhoria na produtividade não advém de invenções domésticas, mas da adaptação de tecnologias estrangeiras. Neste caso, os custos de uma proteção ineficiente de patentes são baixos porque haveria poucas invenções domésticas de qualquer maneira. Mas os benefícios da baixa proteção às patentes são claros. Ela permite que empresas nacionais utilizem e adaptem tecnologia estrangeira sem ter de pagar direitos às empresas que desenvolveram a tecnologia, o que é bom para o país.

Nesta fase, pode-se ter a seguinte dúvida: se nos países pobres o progresso tecnológico é mais um processo de imitação que de inovação, por que alguns países, como a China e outros asiáticos, fazem bem isso, ao contrário de outros, como muitos dos africanos? Esta questão nos leva da macroeconomia para a economia do desenvolvimento, e seria necessário um livro específico para fazer justiça ao tema. Mas é uma questão importante demais para ser ignorada por completo aqui; vamos discutir esta questão na próxima seção.

12.3 Instituições, progresso tecnológico e crescimento

Para ter uma ideia da razão por que alguns países têm sucesso em imitar as tecnologias existentes enquanto outros não, vamos comparar o Quênia aos Estados Unidos. O PIB (PPC) por pessoa do Quênia é cerca de 1/20 daquele dos Estados Unidos. Parte da diferença se deve a um nível muito inferior de capital por trabalhador no Quênia. A outra parte se deve a um nível tecnológico muito inferior no país africano. Estima-se que A, o estado da tecnologia no Quênia, seja cerca de 1/13 do nível dos Estados Unidos. Por que o estado da tecnologia queniano é tão baixo? O país tem, potencialmente, acesso à maior parte do conhecimento mundial. O que o impede de simplesmente adotar grande parte da tecnologia dos países avançados e preencher rapidamente grande parte da sua lacuna tecnológica com os Estados Unidos?

Pode-se pensar em inúmeras respostas, que vão desde a geografia e o clima do Quênia até a sua cultura. A maioria dos economistas acredita, contudo, que o principal problema, para os países pobres em geral e para o Quênia em particular, esteja em suas instituições deficientes.

Quais instituições os economistas têm em mente? Em um nível amplo, a proteção aos **direitos de propriedade** pode muito bem ser a mais importante. Poucos indivíduos vão criar empresas, introduzir novas tecnologias e investir em P&D se recearem que seus lucros sejam apropriados pelo Estado, extorquidos em subornos por burocratas corruptos ou roubados por outras pessoas na economia. A Figura 12.5 apresenta o PIB (PPC) por pessoa em 1995 (usando uma escala logarítmica) para 90 países contra um índice que mede o grau de proteção contra expropriação; o índice foi calculado para cada um desses países por uma organização empresarial internacional. A correlação positiva entre os dois é impressionante (a figura também traça a linha de regressão). A baixa proteção está associada a um baixo PIB por pessoa (na extrema esquerda da figura estão Zaire e Haiti); a alta proteção está associada a um PIB por pessoa elevado (na extrema direita estão Estados Unidos, Luxemburgo, Noruega, Suíça e Holanda).

> O índice do Quênia é 6. O país está abaixo da linha de regressão, o que significa que tem um PIB por pessoa abaixo do que seria previsto com base apenas no índice.

▶ **Figura 12.5** Proteção contra expropriação e PIB por pessoa.

Existe uma forte relação positiva entre o grau de proteção contra expropriação e o nível de PIB por pessoa. Siglas dos países usadas em inglês.

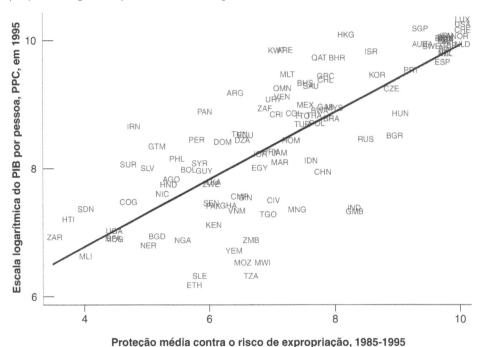

Proteção média contra o risco de expropriação, 1985-1995

Fonte: Daron Acemoglu, "Understanding Institutions", Lionel Robbins Lectures, 2004. London School of Economics. Disponível em: <http://economics.mit.edu/files/1353>. Acesso em 17 jul. 2017.

FOCO

A importância das instituições: Coreia do Norte e Coreia do Sul

Após a rendição do Japão em 1945, a Coreia adquiriu formalmente sua independência, mas foi dividida no 38º paralelo em duas zonas de ocupação, com as forças armadas soviéticas ocupando a região norte e as dos EUA ocupando o sul. Tentativas de ambas as partes de reivindicar jurisdição sobre todo o território desencadearam a Guerra da Coreia, que durou de 1950 a 1953. No armistício, em 1953, o país tornou-se formalmente dividido em dois: República Popular Democrática da Coreia e República da Coreia do Sul.

Uma característica interessante da Coreia antes da separação era sua homogeneidade étnica e linguística. As regiões norte e sul eram habitadas por povos essencialmente iguais, com a mesma cultura e a mesma religião. Economicamente, ambas também eram muito semelhantes no momento da divisão. O PIB (PPC) por pessoa, em dólares de 1996, era praticamente o mesmo, cerca de US$ 700 tanto ao norte quanto ao sul.

No entanto, a Figura 1 mostra que, 50 anos depois, o PIB por pessoa passou a ser 10 vezes maior na Coreia do Sul que na Coreia do Norte — US$ 12.000 contra US$ 1.100! Por um lado, a Coreia do Sul havia aderido à OCDE, o clube dos países ricos. Por outro, a Coreia do Norte viu seu PIB por pessoa cair quase dois terços em relação ao seu pico de US$ 3.000 em meados da década de 1970 e sofria com a fome em larga escala. (O gráfico, extraído do trabalho de Daron Acemoglu, cessa em 1998. Mas, para todos os efeitos, a diferença entre as duas Coreias aumentou desde então.)

O que aconteceu? As instituições e a organização da economia divergiam sobremaneira nessa época no sul e no norte. A Coreia do Sul adotou uma organização capitalista da economia, com forte intervenção estatal, mas também com direito à propriedade privada e proteção legal aos produtores privados. A Coreia do Norte adotou um planejamento central. Indústrias foram rapidamente nacionalizadas, e pequenas empresas e fazendas foram forçadas a se juntar a grandes cooperativas, para que pudessem ser supervisionadas pelo Estado. Não havia direitos de propriedade privada para indivíduos. O resultado disso foi o declínio do setor industrial e o colapso da agricultura. A lição é triste, porém clara: as instituições são muito importantes para o crescimento.

Fonte: Daron Acemoglu, "Understanding Institutions", Lionel Robbins Lectures, 2004. London School of Economics. Disponível em: <http://economics.mit.edu/files/1353>. Acesso em 17 jul. 2017.

▶ Figura 1 PIB (PPC) por pessoa: Coreia do Norte e Coreia do Sul, 1950-1998.

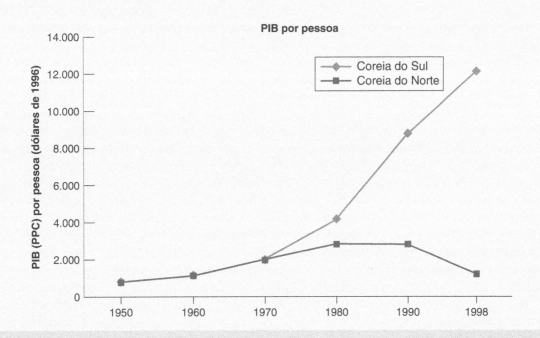

O que significa "proteção dos direitos de propriedade" na prática? Significa um sistema eficiente em que as autoridades não podem expropriar ou apreender bens dos cidadãos. Significa um sistema judicial adequado, em que desentendimentos podem ser resolvidos de forma eficaz, rápida e justa. Em um grau ainda mais refinado de detalhes, significa leis contra o uso de informação privilegiada no mercado de ações, para que as pessoas estejam dispostas a comprar ações e, assim,

278   Macroeconomia

financiar as empresas; leis de patentes claramente redigidas e bem aplicadas, de modo que as empresas tenham incentivo para fazer pesquisas e desenvolver novos produtos. Significa leis antitruste eficazes, para que mercados competitivos não se transformem em monopólios com poucos incentivos para introduzir novos métodos de produção e novos produtos. E a lista, obviamente, continua. (Um exemplo particularmente dramático do papel das instituições é dado no quadro Foco "A importância das instituições: Coreia do Norte e Coreia do Sul".)

FOCO

O que está por trás do crescimento chinês?

Desde 1949, quando a República Popular da China foi estabelecida, até o final dos anos 1970, o sistema econômico chinês baseou-se no planejamento central. Duas grandes reformas político-econômicas, o Grande Salto para Frente em 1958 e a Revolução Cultural em 1966, resultaram em catástrofes humanas e econômicas. O produto baixou 20% de 1959 a 1962, e estima-se que 25 milhões de pessoas tenham morrido de fome nesse período. O produto voltou a cair mais de 10% entre 1966 e 1968.

Após a morte do presidente Mao, em 1976, os novos líderes decidiram introduzir progressivamente mecanismos de mercado na economia. Em 1978, foi implementada uma reforma agrícola que permitia aos agricultores, após o atendimento de uma cota devida ao Estado, vender sua produção nos mercados rurais. Ao longo do tempo, os agricultores obtiveram cada vez mais direitos sobre a terra, e atualmente as fazendas estatais são responsáveis por menos de 1% da produção agrícola. Fora da área agrícola, e também a partir do final da década de 1970, as empresas estatais receberam autonomia crescente em relação às suas decisões de produção, e mecanismos de mercado e preço foram introduzidos para um número cada vez maior de mercadorias. O empreendedorismo privado foi incentivado, muitas vezes tomando a forma de "*Town and Village Enterprises*", empreendimentos coletivos voltados à obtenção de lucro. Vantagens fiscais e acordos especiais foram utilizados para atrair investidores estrangeiros.

Os efeitos econômicos dessas reformas cumulativas foram consideráveis. O crescimento médio do produto por trabalhador aumentou de 2,5% entre 1952 e 1977 para mais de 9% desde então.

Um crescimento tão elevado é surpreendente? Pode-se argumentar que não. Analisando-se a diferença de 10 vezes entre a produtividade da Coreia do Norte e a da Coreia do Sul, que vimos no quadro "Foco" anterior,

fica evidente que o planejamento central é um sistema econômico deficiente. Assim, pareceria que, ao passar do planejamento central para uma economia de mercado, os países poderiam facilmente experimentar grandes aumentos na produtividade. A resposta não é tão óbvia, no entanto, quando se olha a experiência dos muitos países que, desde o final da década de 1980, se afastaram efetivamente do planejamento central. Na maioria dos países da Europa Central, essa transição foi comumente associada a uma queda inicial de 10% a 20% no PIB, e foram necessários cinco anos ou mais para o produto exceder seu nível anterior à transição. Na Rússia e nos novos países da ex-União Soviética a queda foi ainda mais acentuada e prolongada. (Muitos países em transição agora apresentam crescimento intenso, apesar de suas taxas de crescimento serem bem inferiores às da China.)

Na Europa Central e Oriental o efeito inicial da transição foi um colapso do setor estatal, apenas parcialmente compensado por um crescimento lento do novo setor privado. Na China, o setor público diminuiu mais lentamente, e seu declínio foi mais que compensado pelo forte crescimento do setor privado. Essa é uma explicação imediata para a diferença entre a China e outros países em transição. Mas ainda persiste a questão: como a China conseguiu realizar essa transição mais suave?

Alguns observadores oferecem uma explicação cultural. Apontam a tradição confucionista, baseada nos ensinamentos de Confúcio, que ainda domina os valores chineses e enfatiza o trabalho árduo, o respeito pelos compromissos assumidos e a lealdade entre amigos. Todos esses traços, argumentam, formam as bases de instituições que permitem a uma economia de mercado ter bom desempenho.

Outros observadores oferecem uma explicação histórica. Apontam para o fato de que, em contraste com a Rússia, o planejamento central da China durou apenas algumas décadas. Assim, quando houve a retomada da economia de mercado, as pessoas ainda sabiam como ela funcionava e se adaptaram facilmente ao novo ambiente econômico.

A maioria dos observadores aponta para o forte controle do partido comunista nesse processo. Salientam que, em contraste com a Europa Central e a Oriental, o sistema político não mudou, e o governo foi capaz de controlar o ritmo da transição. Foi capaz também de experimentar ao longo do percurso, permitir que as empresas estatais continuassem a produzir enquanto o setor privado crescia, e garantir direitos de propriedade a investidores estrangeiros (na Figura 12.5, a China apresenta um índice de direitos patrimoniais de 7,7, não muito distante dos valores de países ricos). Com os investidores estrangeiros veio a tecnologia de países ricos e, com o tempo, a transferência desse conhecimento às empresas nacionais. Por razões políticas, essa estratégia simplesmente não estava aberta aos governos da Europa Central e Oriental.

Os limites da estratégia chinesa são claros. Os direitos à propriedade ainda não estão bem estabelecidos. O sistema bancário continua ineficiente. Até agora, porém, esses problemas não bloquearam o caminho do crescimento.

Para mais informações sobre a economia chinesa, leia Gregory Chow, *China's Economic Transformation*, 3. ed. (2014).

Para uma comparação entre a transição na Europa Oriental e na China, leia Jan Svejnar, "China in Light of the Performance of Central and East European Economies", *IZA Discussion Paper 2791*, maio de 2007.

Isso ainda deixa em aberto uma questão essencial: por que os países pobres não adotam essas instituições eficazes? A resposta é que é difícil! Instituições eficazes são complexas e difíceis de ser implementadas por países pobres. Certamente a causalidade funciona em ambos os sentidos na Figura 12.5: baixa proteção contra a expropriação provoca baixo PIB por pessoa. Mas também ocorre que baixo PIB por pessoa acarreta piora na proteção contra a expropriação. Os países pobres são frequentemente demasiado pobres para oferecer um sistema judicial adequado e para manter uma força policial adequada, por exemplo. Assim, melhorar as instituições e iniciar um ciclo virtuoso de maior PIB por pessoa e melhores instituições muitas vezes é árduo. Os países de rápido crescimento da Ásia tiveram êxito. (O quadro Foco "O que está por trás do crescimento chinês?" detalha o caso da China.) Alguns países africanos também parecem ter êxito; outros ainda estão se esforçando.

> Uma citação de Gordon Brown, ex-primeiro-ministro do Reino Unido: "Para estabelecer o Estado de Direito, os primeiros cinco séculos são sempre os mais difíceis!".

12.4 Os fatos do crescimento revisitados

Podemos agora utilizar a teoria desenvolvida neste capítulo e no anterior para interpretar alguns dos fatos vistos no Capítulo 10.

Acumulação de capital *versus* progresso tecnológico nos países ricos desde 1985

Suponhamos que observaremos uma economia com alta taxa de crescimento do produto por trabalhador ao longo de determinado período de tempo. Nossa teoria sugere que esse crescimento rápido pode advir de duas fontes:

- Pode refletir uma alta taxa de progresso tecnológico sob crescimento equilibrado.
- Pode refletir o ajuste do capital por trabalhador efetivo, K/AN, para um nível mais alto. Conforme vimos na Figura 12.4, esse ajuste leva a um período de crescimento mais alto, mesmo que a taxa de progresso tecnológico não tenha aumentado.

É possível saber quanto do crescimento provém de uma fonte e quanto vem de outra? Sim. Se o crescimento elevado reflete um crescimento equilibrado elevado, o produto por trabalhador deve crescer a uma taxa *igual* à taxa de progresso

280 Macroeconomia

tecnológico (veja a Tabela 12.1, linha 4). Se, em vez disso, o crescimento elevado reflete o ajuste para um nível mais alto de capital por trabalhador efetivo, esse ajuste deve refletir-se em uma taxa de crescimento do produto por trabalhador que *supera* a taxa de progresso tecnológico.

Vamos aplicar essa abordagem para interpretar os fatos relacionados ao crescimento nos países ricos vistos na Tabela 10.1. Isso é feito na Tabela 12.2, que apresenta, na coluna 1, a taxa média de crescimento do produto por trabalhador $(g_Y - g_N)$, de 1985 a 2014 e, na coluna 2, a taxa média de progresso tecnológico, g_A, de 1985 a 2013, para cada um dos quatro países vistos na Tabela 10.1 — França, Japão, Reino Unido e Estados Unidos. Note uma diferença entre essas tabelas: primeiro, conforme sugerido pela teoria, a Tabela 12.2 examina a taxa de crescimento do produto por trabalhador, enquanto a Tabela 10.1, que se concentra no padrão de vida, examina a taxa de crescimento do produto por pessoa. Contudo, as diferenças são pequenas. Segundo, em virtude das limitações de dados, a Tabela 12.2 começa em 1985, em vez de em 1950. A taxa de progresso tecnológico, g_A, é calculada a partir de um método introduzido por Robert Solow. Esse método e seus detalhes são apresentados no apêndice deste capítulo.

A Tabela 12.2 leva a duas conclusões. A primeira é que, no período de 1985 a 2014, o produto por trabalhador aumentou a taxas bastante semelhantes entre os quatro países. Em especial, houve pouca ou nenhuma aproximação aos Estados Unidos pelos outros três países. Isso contrasta com os números da Tabela 10.1, que analisou o período de 1950 a 2014 e mostrou substancial convergência com os Estados Unidos. Em outras palavras, grande parte da convergência ocorreu entre 1950 e 1985 e parece ter desacelerado ou até mesmo cessado desde então.

Em segundo lugar, o crescimento desde 1985 resultou em grande parte do progresso tecnológico, e não da acumulação de capital excepcionalmente alta. Esta conclusão deve-se ao fato de que a taxa de crescimento do produto por trabalhador (coluna 1) foi praticamente igual à taxa de progresso tecnológico (coluna 2). É o que se espera quando um país está trilhando o caminho do crescimento equilibrado.

Observe que essa conclusão não diz que a acumulação de capital foi irrelevante. Foi ela que permitiu que esses países mantivessem uma razão praticamente constante entre produto e capital e alcançassem o crescimento equilibrado. O que tal conclusão diz é que, ao longo do período, o crescimento não veio de um aumento incomum na acumulação de capital (isto é, de um aumento na razão capital/produto).

> Nos Estados Unidos, por exemplo, a razão entre o emprego e a população baixou ligeiramente de 60,1% em 1985 para 59% em 2014. Assim, o produto por pessoa e o produto por trabalhador aumentaram praticamente à mesma taxa nesse período.

> O que teria acontecido com a taxa de crescimento do produto por trabalhador se esses países tivessem apresentado a mesma taxa de progresso tecnológico, mas nenhuma acumulação de capital durante o período?

Acumulação de capital *versus* progresso tecnológico na China

Indo além do crescimento nos países da OCDE, um dos fatos mais surpreendentes do Capítulo 10 foi as altas taxas de crescimento alcançadas por um grupo de países

> ▶ Tabela 12.2 **Taxas médias anuais de crescimento do produto por trabalhador e de progresso tecnológico em quatro países ricos desde 1985.**

	Taxa de crescimento do produto por trabalhador (%), 1985-2014	Taxa de progresso tecnológico (%), 1985-2013
França	1,3	1,4
Japão	1,6	1,7
Reino Unido	1,9	1,4
Estados Unidos	1,7	1,4
Média	1,6	1,5

Fonte: cálculos extraídos das estatísticas de produtividade da OCDE.

asiáticos nas últimas três décadas. Este fato nos faz voltar à questão que acabamos de discutir: esse alto crescimento reflete o progresso tecnológico acelerado ou a acumulação de capital excepcionalmente alta?

Para responder a essa pergunta, vamos nos concentrar na China — em razão de seu tamanho e da surpreendentemente alta taxa de crescimento, de aproximadamente 10% desde o final da década de 1970. A Tabela 12.3 apresenta a taxa média de crescimento, g_Y, a taxa média de crescimento do produto por trabalhador, $g_Y - g_N$, e a taxa média de progresso tecnológico, g_A, para dois períodos: de 1978 a 1995 e de 1996 a 2011.

A Tabela 12.3 apresenta duas conclusões. Desde o final da década de 1970 até meados da década de 1990, a taxa de progresso tecnológico ficou próxima da taxa de crescimento de produto por trabalhador. A China estava mais ou menos em uma trajetória de crescimento equilibrado (rápido). Desde 1996, contudo, embora o crescimento do produto por trabalhador tenha se mantido elevado, a contribuição do progresso tecnológico diminuiu. Dito de outra forma, mais recentemente, o crescimento na China veio, em parte, de uma acumulação de capital inusitadamente alta — de um aumento na razão capital/produto.

Podemos analisar isso de outra maneira. De acordo com a Tabela 12.1, sob crescimento equilibrado, $g_K = g_Y = g_A + g_N$. Para verificar qual taxa de investimento seria necessária se a China tivesse crescimento equilibrado, vamos voltar à Equação 12.3 e dividir ambos os lados pelo produto, Y, para obter

$$\frac{I}{Y} = (\delta + g_A + g_N)\frac{K}{Y}$$

Vamos encaixar os números da China para o período entre 1996 e 2011. A estimativa de δ, a taxa de depreciação do capital na China, é 5% ao ano. Como vimos, o valor médio de g_A para o período foi 5,9%. O valor médio de g_N, a taxa de crescimento do emprego, foi 0,9%. O valor médio da razão entre o capital e o produto foi 2,9. Isso implica uma razão entre o investimento e o produto de (5% + 5,9% + 0,9%) × 2,9 = 34,2%.

A razão média efetiva do investimento para o produto no período de 1995 a 2011 foi muito mais elevada: 47%. Assim, tanto o rápido progresso tecnológico quanto a acumulação de capital inusitadamente alta explicam o elevado crescimento chinês. Se a taxa de progresso tecnológico permanecesse inalterada, isso sugeriria que, à medida que a razão capital/produto se estabiliza, o crescimento chinês cairia para mais próximo de 6% que de 9,8%.

Como a China conseguiu alcançar tamanho progresso tecnológico? Uma análise mais atenta dos dados sugere dois canais principais. Primeiro, o país transferiu força de trabalho do campo, onde a produtividade é baixa, para a indústria e os serviços na cidade, onde a produtividade é muito mais alta. Segundo, a China importou tecnologia de países mais avançados e incentivou, por exemplo, o

> Atenção: os dados chineses para produto, emprego e estoque de capital (este necessário para a construção de g_A) não são tão confiáveis quanto os dados similares para os países da OCDE. Portanto, os números na Tabela 12.3 devem ser considerados menos confiáveis que os da Tabela 12.2.

▶ **Tabela 12.3 Taxa média anual de crescimento do produto por trabalhador e de progresso tecnológico na China, 1978 a 2011.**

Período	Taxa de crescimento do produto (%)	Taxa de crescimento do produto por trabalhador (%)	Taxa de progresso tecnológico (%)
1978–1995	10,1	7,4	7,9
1996–2011	9,8	8,8	5,9

Fonte: Penn World Table versão 8.1.

desenvolvimento de *joint ventures* entre empresas chinesas e estrangeiras. Estas chegavam com melhores tecnologias e, ao longo do tempo, as locais aprendiam a utilizá-las. Fazendo referência à nossa discussão, o crescimento veio em grande parte da imitação, da importação e da adaptação de tecnologias modernas dos países avançados. À medida que a China avança e se aproxima da fronteira tecnológica, deve passar da imitação para a inovação, e, assim, modificar seu modelo de crescimento.

Resumo

- Ao pensarmos nas implicações do progresso tecnológico para o crescimento, é útil pensarmos no progresso tecnológico como um fator de aumento no montante de trabalho efetivo disponível na economia (isto é, o trabalho multiplicado pelo estado da tecnologia). Podemos, então, pensar no produto como obtido por meio de capital e trabalho efetivo.

- No estado estacionário, o produto *por trabalhador efetivo* e o capital *por trabalhador efetivo* são constantes. Dito de outra maneira, o produto *por trabalhador* e o capital *por trabalhador* crescem à taxa do progresso tecnológico. Dito ainda de outra forma, o produto e o capital crescem à mesma taxa do trabalho efetivo e, portanto, a uma taxa igual à soma da taxa de crescimento do número de trabalhadores mais a taxa de progresso tecnológico.

- Quando a economia se encontra no estado estacionário, diz-se que está em uma trajetória de crescimento equilibrado. O produto, o capital e o trabalho efetivo estão todos crescendo "em equilíbrio", isto é, à mesma taxa.

- A taxa de crescimento do produto no estado estacionário é independente da taxa de poupança. Entretanto, a taxa de poupança afeta o nível do produto por trabalhador efetivo no estado estacionário. E aumentos da taxa de poupança levam, por algum tempo, a um aumento na taxa de crescimento acima dessa taxa do estado estacionário.

- O progresso tecnológico depende (1) da fertilidade da pesquisa e do desenvolvimento (de como os gastos com P&D se traduzem em novas ideias e novos produtos) e (2) da apropriabilidade dos resultados de P&D (o grau em que as empresas se beneficiam dos resultados de sua P&D).

- Ao elaborar leis de patentes, os governos devem buscar um equilíbrio entre o desejo de proteger futuras descobertas e incentivar as empresas a investir em P&D, e o desejo de tornar as descobertas existentes disponíveis a usuários potenciais sem restrições.

- O progresso tecnológico sustentado exige que as instituições certas estejam funcionando. Em particular, exige direitos de propriedade bem estabelecidos e bem protegidos. Sem direitos de propriedade adequados, é provável que um país continue pobre. Por outro lado, um país pobre pode achar difícil colocar em prática direitos de propriedade adequados.

- França, Japão, Reino Unido e Estados Unidos experimentam um crescimento aproximadamente equilibrado desde 1950: o crescimento do produto por trabalhador foi aproximadamente igual à taxa de progresso tecnológico. O crescimento na China é uma combinação de alta taxa de progresso tecnológico e investimento inusitadamente alto, acarretando um aumento na razão capital/produto.

Palavras-chave

- apropriabilidade, 271
- crescimento equilibrado, 268
- direitos de propriedade, 276
- estado da tecnologia, 264
- fertilidade do processo de pesquisa, 271
- fronteira tecnológica, 275
- patente, 273
- pesquisa e desenvolvimento (P&D), 271
- trabalho efetivo, 264
- trabalho em unidades de eficiência, 264

Questões e problemas

Teste rápido

1. **Usando as informações contidas neste capítulo, diga se cada afirmação a seguir é verdadeira, falsa ou incerta. Explique brevemente.**

   a. Formular a função de produção em termos de capital e trabalho efetivo implica que, à medida que o nível de tecnologia aumenta 10%, o número de trabalhadores necessários para atingir o mesmo nível de produto diminui 10%.

   b. Se a taxa de progresso tecnológico aumenta, a taxa de investimento (razão entre investimento e produto) deve aumentar para manter constante o capital por trabalhador efetivo.

   c. No estado estacionário, o produto por trabalhador efetivo cresce à taxa do crescimento populacional.

   d. No estado estacionário, o produto por trabalhador cresce à taxa do progresso tecnológico.

   e. Uma taxa de poupança mais elevada implica um nível mais elevado de capital por trabalhador efetivo no estado estacionário e, portanto, uma taxa mais elevada de crescimento do produto por trabalhador efetivo.

   f. Mesmo que os retornos potenciais dos gastos com P&D sejam idênticos aos retornos potenciais do investimento em uma nova máquina, os gastos com P&D apresentam um risco maior para as empresas que o investimento em novas máquinas.

   g. A impossibilidade de patentear um teorema implica que empresas privadas não investirão em pesquisa básica.

   h. Como acabaremos sabendo tudo, uma hora o crescimento chega ao fim.

   i. A tecnologia não desempenhou um papel importante no crescimento econômico chinês.

2. **P&D e crescimento**

   a. Por que o montante dos gastos com P&D é importante para o crescimento? Como a apropriabilidade e a fertilidade da pesquisa afetam o montante de gastos com P&D?

   Determine como as propostas de política econômica apresentadas nos itens (b) a (e) afetam a apropriabilidade e a fertilidade da pesquisa, os gastos com P&D e o produto no longo prazo.

   b. Um tratado internacional que assegure que as patentes de cada país sejam protegidas legalmente em todo o mundo. Isto pode fazer parte da Parceria Transpacífico.

   c. Incentivos fiscais para cada dólar gasto com P&D.

   d. Uma redução no financiamento para conferências patrocinadas pelo governo entre universidades e empresas.

   e. A eliminação de patentes para medicamentos inovadores, de modo que possam ser vendidos a baixo custo assim que estejam disponíveis.

3. **Fontes de progresso tecnológico: líderes *versus* seguidores**

   a. De onde vem o progresso tecnológico para os países que são líderes econômicos do mundo?

   b. Os países em desenvolvimento possuem outras alternativas de fontes de progresso tecnológico além das listadas no item (a)?

   c. Pode haver algum motivo para que os países em desenvolvimento venham a escolher uma fraca proteção de patentes? Essa política envolve riscos (para os países em desenvolvimento)?

Aprofundando

4. **Para cada uma das mudanças econômicas listadas nos itens (a) e (b), verifique o impacto provável sobre a taxa de crescimento e o nível do produto ao longo dos próximos cinco anos e das próximas cinco décadas.**

   a. Uma redução permanente na taxa de progresso tecnológico.

   b. Uma redução permanente na taxa de poupança.

5. **Erro de medida, inflação e crescimento da produtividade**

   Suponhamos que haja apenas dois bens produzidos em uma economia: cortes de cabelo e serviços bancários. A tabela a seguir apresenta preços, quantidades e número de trabalhadores contratados na produção de cada bem no Ano 1 e no Ano 2.

	Ano 1			Ano 2		
	P_1	Q_1	W_1	P_2	Q_2	W_2
Cortes de cabelo	10	100	50	12	100	50
Serviços bancários	10	200	50	12	230	60

   a. Qual é o PIB nominal de cada ano?

   b. Utilizando os preços do Ano 1, qual é o PIB real do Ano 2? Qual é a taxa de crescimento do PIB real?

284 Macroeconomia

c. Qual é a taxa de inflação medida pelo deflator do PIB?

d. Utilizando os preços do Ano 1, qual é o PIB real por trabalhador no Ano 1 e no Ano 2? Qual é o crescimento da produtividade do trabalho entre o Ano 1 e o Ano 2 para toda a economia?

Suponhamos agora que os serviços bancários do Ano 2 não sejam iguais aos do Ano 1, porque passaram a incluir atendimento por telefone. A tecnologia para o atendimento por telefone já estava disponível no Ano 1, mas o preço dos serviços bancários com atendimento pelo telefone no Ano 1 era de US$ 13, e ninguém escolheu esse pacote. Entretanto, no Ano 2, o preço dos serviços bancários com atendimento pelo telefone foi de US$ 12, e todos optaram por esse pacote (isto é, no Ano 2 ninguém escolheu o pacote de serviços bancários do Ano 1 sem o atendimento por telefone). (Dica: suponhamos agora que haja dois tipos de serviço bancário — aqueles com atendimento por telefone e aqueles sem. Refaça a tabela anterior incluindo três produtos — cortes de cabelo e os dois tipos de serviço bancário.)

e. Utilizando os preços do Ano 1, qual é o PIB real do Ano 2? Qual é a taxa de crescimento do PIB real?

f. Qual é a taxa de inflação medida pelo deflator do PIB?

g. Qual é o crescimento da produtividade do trabalho entre o Ano 1 e o Ano 2 para toda a economia?

h. Consideremos a seguinte afirmação: "Se a medição dos serviços bancários for executada de maneira errada — por exemplo, sem levar em conta a introdução do atendimento por telefone —, estaremos superestimando a inflação e subestimando o aumento da produtividade". Discuta esta afirmação à luz das respostas dadas de (a) a (g).

6. **Suponhamos que a função de produção da economia seja**

$$Y = \sqrt{K}\sqrt{AN}$$

que a taxa de poupança, s, seja igual a 16% e que a taxa de depreciação, δ, seja igual a 10%. Suponhamos ainda que o número de trabalhadores cresça 2% ao ano e que a taxa de progresso tecnológico seja de 4% ao ano.

a. Obtenha os valores no estado estacionário de:

   i. Estoque de capital por trabalhador efetivo.

   ii. Produto por trabalhador efetivo.

   iii. Taxa de crescimento do produto por trabalhador efetivo.

   iv. Taxa de crescimento do produto por trabalhador.

   v. Taxa de crescimento do produto.

b. Suponhamos que a taxa de progresso tecnológico dobre para 8% ao ano. Calcule novamente as respostas para o item (a). Explique.

c. Suponhamos agora que a taxa de progresso tecnológico ainda seja igual a 4% ao ano, mas que o número de trabalhadores cresça 6% ao ano. Calcule novamente as respostas de (a). As pessoas estão em melhor situação em (a) ou em (c)? Explique.

7. **Discuta o papel potencial dos seguintes fatores sobre o nível de produto por trabalhador no estado estacionário. Em cada caso, indique se o efeito se dá por meio de A, K, H ou de alguma combinação entre esses fatores. A é o nível de tecnologia, K é o nível de estoque de capital e H é o nível do estoque de capital humano.**

a. Localização geográfica.

b. Educação.

c. Proteção aos direitos de propriedade.

d. Abertura ao comércio.

e. Baixas alíquotas de impostos.

f. Infraestrutura pública adequada.

g. Baixo crescimento populacional.

Explorando mais

8. **Contabilidade do crescimento**

O apêndice deste capítulo mostra como os dados sobre produto, capital e trabalho podem ser utilizados para construir estimativas da taxa de crescimento do progresso tecnológico. Neste problema, modificamos tal abordagem para examinar o crescimento do capital por trabalhador.

$$Y = K^{1/3}\,(AN)^{2/3}$$

A função nos dá uma boa descrição da produção em países ricos. Seguindo os mesmos passos do apêndice, você pode mostrar que:

$$(2/3)g_A = g_Y - (2/3)g_N - (1/3)g_K$$
$$= (g_Y - g_N) - (1/3)(g_K - g_N)$$

onde g_y representa a taxa de crescimento de Y.

a. O que a quantidade $g_Y - g_N$ representa? O que a quantidade $g_K - g_N$ representa?

b. Rearranje a equação anterior a fim de resolver para a taxa de crescimento do capital por trabalhador.

c. Examine a Tabela 12.2. Usando sua resposta para o item (b), substitua a taxa média anual de crescimento do produto por trabalhador e a taxa média anual de progresso tecnológico dos Estados Unidos para o período de 1985 a 2013 a fim de obter uma medida aproximada da taxa média anual de crescimento do capital por trabalhador. (Estritamente falando, deveríamos construir essas medidas para cada ano individualmente, mas nos limitamos aos dados prontamente disponíveis neste problema.) Faça o mesmo para os outros países listados na Tabela 12.2 (na qual os dados vão até 2014). Como podemos comparar o crescimento médio do capital por trabalhador nos países da tabela? Esses resultados fazem sentido para você? Explique.

Leitura adicional

- Para saber mais sobre a teoria e a evidência do crescimento, leia Charles Jones, *Introduction to economic growth*, 3. ed. (2013). A página web de Jones (<http://web.stanford.edu/~chadj/>) é um portal útil para pesquisa sobre crescimento.
- Para mais informações sobre patentes, leia a pesquisa da publicação *The Economist* intitulada "Patents and Technology", de 20 de outubro de 2005.
- Para saber mais sobre crescimento em dois países grandes e de rápido crescimento, leia Barry Bosworth e Susan M. Collins, "Accounting for Growth: Comparing China and India," *Journal of Economic Perspectives*, 2008, vol. 22, n. 1: 45-66.
- Sobre o papel das instituições no crescimento, leia "Growth Theory Through the Lens of Development Economics," de Abhijit Banerjee e Esther Duflo, capítulo 7, *Handbook of Economic Growth* (2005), seções 1 a 4.

- Para saber mais sobre instituições e crescimento, leia os *slides* das palestras de 2004 de Lionel Robbins, "Understanding Institutions", ministradas por Daron Acemoglu, que podem ser encontradas em <http://economics.mit.edu/files/1353>.

Sobre dois pontos não abordados neste capítulo:

- Crescimento e aquecimento global: consulte o texto *Stern Review on the Economics of Climate Change*, 2006, disponível em <wwf.se/source.php/1169157>. (O relatório é bastante longo; leia somente a seção "Executive Summary".)
- Crescimento e meio-ambiente: leia a pesquisa da *Economist Survey* intitulada "The global environment: the great race", de 4 de julho de 2002, e a atualização intitulada "The Anthropocene: A Man-made World", de 26 de maio de 2011.

Apêndice

Construindo uma medida de progresso tecnológico

Em 1957, Robert Solow criou uma forma para construir uma estimativa do progresso tecnológico. O método, ainda usado hoje em dia, parte de uma premissa importante: a de que cada fator de produção é remunerado por seu produto marginal.

Sob essa hipótese, é fácil calcular a contribuição de um aumento em qualquer fator de produção para o aumento no produto. Por exemplo, se um trabalhador recebe US$ 30.000 por ano, a hipótese implica que sua contribuição para o produto seja de US$ 30.000. Suponhamos agora que esse trabalhador aumente o montante de horas trabalhadas em 10%. O aumento no produto decorrente desse aumento de horas será, portanto, igual a US$ 30.000 × 10%, ou US$ 3.000.

Podemos descrever isso de modo mais formal. Sejam o produto, Y, o trabalho, N, e o salário real, W/P. O símbolo Δ significa variação. Então, como acabamos de definir, a variação no produto é igual ao salário real multiplicado pela mudança no trabalho:

$$\Delta Y = \frac{W}{P} \Delta N$$

Divida ambos os lados da equação por Y, divida e multiplique o lado direito por N e rearranje:

$$\frac{\Delta Y}{Y} = \frac{WN}{PY} \frac{\Delta N}{N}$$

Note que o primeiro termo da direita (WN/PY) é igual à fração do trabalho no produto — a folha de salários total em dólares dividida pelo valor do produto em dólares. Represente essa fração por α. Observe que $\Delta Y/Y$ é a taxa de crescimento do produto, que vamos representar por g_Y. Do mesmo modo, observe que $\Delta N/N$ é a taxa de variação do insumo trabalho, que vamos representar por g_N. Portanto, a relação anterior pode ser escrita como

$$g_Y = \alpha g_N$$

Generalizando, esse raciocínio implica que a parte do crescimento do produto que pode ser atribuída ao crescimento do insumo trabalho é igual a α vezes g_N. Se, por exemplo, o emprego cresce 2% e a fração do trabalho é 0,7, então o crescimento do produto decorrente do crescimento do emprego é igual a 1,4% (0,7 × 2%).

De modo análogo, podemos calcular a parte do crescimento do produto que pode ser atribuída ao crescimento do estoque de capital. Como há somente dois fatores de produção, trabalho e capital, e como a fração do trabalho é igual a α, a fração do capital na renda deve ser igual a $(1-\alpha)$. Se a taxa de crescimento do capital é igual a g_K, a parte do crescimento do produto que pode ser atribuída ao crescimento de capital é igual a $(1-\alpha) \times g_K$. Se, por exemplo, o capital cresce 5% e a fração do capital é 0,3, então o crescimento do produto devido ao crescimento do estoque de capital é igual a 1,5% (0,3 × 5%).

Juntando as contribuições do trabalho e do capital, o crescimento do produto que pode ser atribuído ao crescimento do trabalho e do capital é igual a $(\alpha g_N + (1-\alpha)g_K)$.

Podemos, então, medir os efeitos do progresso tecnológico pelo cálculo daquilo que Solow chamou de *resíduo*, o excesso de crescimento efetivo do produto g_Y em relação ao crescimento que pode ser atribuído ao crescimento de capital e do trabalho $(\alpha g_N + (1-\alpha)g_K)$:

$$\text{Resíduo} \equiv g_Y - [\alpha g_N + (1-\alpha)g_K]$$

Essa medida, chamada de **resíduo de Solow**, é fácil de calcular. Tudo o que precisamos saber para o cálculo são: a taxa de crescimento do produto, g_Y, a taxa de crescimento do trabalho, g_N, e a taxa de crescimento do capital, g_K, com as frações do trabalho, α, e do capital $(1-\alpha)$.

Para continuar com nossos exemplos numéricos anteriores, suponhamos que o emprego cresça 2%, o estoque de capital cresça 5% e a fração do trabalho seja de 0,7 (e, assim, a fração do capital seja 0,3). Então, a parte do crescimento do produto que pode ser atribuída ao crescimento do trabalho e do capital é igual a 2,9% (0,7 × 2% + 0,3 × 5%). Se o crescimento do produto é igual, por exemplo, a 4%, então o resíduo de Solow é igual a 1,1% (4% − 2,9%).

O resíduo de Solow às vezes é chamado de **taxa de crescimento da produtividade total de fatores** (ou **taxa de crescimento da PTF**, na forma abreviada). O uso da "produtividade total de fatores" ocorre para distinguir essa taxa da *taxa de crescimento da produtividade do trabalho*, definida por $(g_Y - g_N)$, a taxa de crescimento do produto menos a taxa de crescimento do trabalho.

O resíduo de Solow está relacionado com a taxa de progresso tecnológico de um modo simples. O resíduo é igual à fração do trabalho multiplicada pela taxa de progresso tecnológico:

$$\text{Resíduo} = \alpha g_A$$

Não vamos derivar este resultado aqui. Mas a intuição dessa relação vem do fato de que o que importa na função de produção $Y = F(K, AN)$ (Equação 12.1) é a multiplicação do estado da tecnologia pelo trabalho, AN. Vimos que, para obter a contribuição do crescimento do trabalho para o crescimento do produto, devemos multiplicar a taxa de crescimento do trabalho por sua parcela do produto. Como tanto N quanto A entram na função de produção do mesmo modo, fica claro que, para obter a contribuição do progresso tecnológico para o crescimento do produto, também devemos multiplicar a taxa de progresso tecnológico pela fração do trabalho.

Se o resíduo de Solow for igual a zero, o progresso tecnológico também será nulo. Para construir uma estimativa de g_A, devemos construir o resíduo de Solow e depois dividi-lo pela fração do trabalho. Foi desta maneira que as estimativas de g_A apresentadas no texto foram obtidas.

No exemplo numérico que vimos anteriormente, o resíduo de Solow é igual a 1,1%, e a fração do trabalho é igual a 0,7. Portanto, a taxa de progresso tecnológico é igual a 1,6% (1,1%/0,7).

É preciso estar atento às definições de crescimento da produtividade abordadas neste capítulo:

- Crescimento da produtividade do trabalho (de modo equivalente, a taxa de crescimento do produto por trabalhador): $g_Y - g_N$.
- Taxa de progresso tecnológico: g_A.

No estado estacionário, o crescimento da produtividade do trabalho $(g_Y - g_N)$ é igual à taxa de progresso tecnológico, g_A. Entretanto, fora do estado estacionário, elas não precisam ser iguais. Um aumento na razão capital por trabalhador efetivo, decorrente, por exemplo, de um aumento na taxa de poupança, fará que $g_Y - g_N$ seja maior que g_A durante algum tempo.

A apresentação original das ideias discutidas neste apêndice pode ser encontrada em Robert Solow, "Technical Change and the Aggregate Production Function." *Review of Economics and Statistics*, 1957, 312-320.

Termos-chave

- resíduo de Solow, 286
- taxa de crescimento da produtividade total de fatores, 286
- taxa de crescimento da PTF, 286

CAPÍTULO 13

Progresso tecnológico: curto, médio e longo prazos

Passamos grande parte do Capítulo 12 celebrando os méritos do progresso tecnológico. Argumentamos que, no longo prazo, o progresso tecnológico constitui a chave da elevação do padrão de vida. As discussões populares são, de modo geral, mais ambivalentes. O progresso tecnológico costuma ser responsabilizado pela alta do desemprego e por maior desigualdade de renda. Esses temores têm fundamento? Este é o conjunto de temas que discutiremos neste capítulo.

A Seção 13.1 examina a resposta de curto prazo do produto e do nível de desemprego aos aumentos na produtividade.

Ainda que, no longo prazo, o ajuste ao progresso tecnológico se dê por meio de aumentos no produto, e não por aumentos no nível de desemprego, a pergunta permanece: quanto tempo será necessário para esse ajuste? A seção conclui que a resposta é ambígua. No curto prazo, aumentos na produtividade por vezes reduzem o nível de desemprego e por outras o aumentam.

A Seção 13.2 examina a resposta de médio prazo do produto e do nível de desemprego aos aumentos na produtividade.

Conclui-se que nem a teoria nem a evidência empírica sustentam o receio de que a aceleração do progresso tecnológico provoque mais desemprego. Na verdade, o efeito parece ocorrer em sentido inverso. No médio prazo, aumentos no crescimento da produtividade parecem estar associados a um nível de desemprego menor.

A Seção 13.3 retorna ao longo prazo e discute os efeitos do progresso tecnológico sobre a desigualdade de renda.

O progresso tecnológico traz consigo um processo complexo de criação e destruição de empregos. Para aqueles que ficam sem trabalho, ou para aqueles cujas habilidades não são mais requeridas, o progresso tecnológico pode ser realmente uma maldição, não uma bênção. Como consumidores, beneficiam-se da disponibilidade de produtos novos e mais baratos. Como trabalhadores, podem passar por desemprego prolongado e ter de aceitar salários mais baixos ao assumir um novo emprego. Como resultado desses efeitos, o progresso tecnológico costuma ser associado a mudanças na desigualdade de renda. A Seção 13.3 discute vários efeitos e analisa as evidências.

13.1 Produtividade, produto e desemprego no curto prazo

No Capítulo 12, representamos o progresso tecnológico como um aumento de A, o *estado da tecnologia*, na função de produção

$$Y = F(K, AN)$$

O importante para os assuntos que discutiremos neste capítulo é o progresso tecnológico, e não a acumulação de capital. Então, para simplificar, vamos ignorar o capital e supor que o produto seja obtido de acordo com a seguinte função de produção:

$$Y = AN \tag{13.1}$$

Sob esta hipótese, o produto é obtido apenas usando-se a força de trabalho, N, e cada trabalhador produz A unidades de produto. Aumentos de A representam o progresso tecnológico.

288 Macroeconomia

"Produto por trabalhador" (Y/N) e "estado da tecnologia" (A) não são, em geral, a mesma coisa. Como vimos no Capítulo 12, um aumento no produto por trabalhador pode ser decorrência de um aumento no capital por trabalhador, mesmo que o estado da tecnologia não tenha mudado. Aqui são iguais porque, ao escrever a função de produção como na Equação 13.1, ignoramos o papel do capital na produção.

Aqui, a variável A tem duas interpretações. A primeira é, de fato, o estado da tecnologia. A segunda é a produtividade do trabalho (produto por trabalhador), que decorre do fato de que $Y/N = A$. Assim, quando nos referirmos aos aumentos de A, usaremos tanto *progresso tecnológico* quanto *crescimento da produtividade* (do trabalho). Vamos reescrever a Equação 13.1 como

$$N = Y/A \tag{13.2}$$

O nível de emprego é igual ao produto dividido pela produtividade. Dado o produto, quanto maior o nível de produtividade, menor o nível de emprego. Isso naturalmente leva à pergunta: quando a produtividade aumenta, o produto aumenta o suficiente para evitar uma queda no nível de emprego? Nesta seção examinaremos as respostas de curto prazo do produto, do nível de emprego e do nível de desemprego. Nas próximas duas seções, examinaremos suas respostas no médio prazo e, em particular, a relação entre a taxa natural de desemprego e a taxa de progresso tecnológico.

No *curto prazo*, o nível de produto é determinado pelas relações IS e LM:

$$Y = Y(C - T) + I(r + x, Y) + G$$
$$r = \bar{r} \tag{13.3}$$

Para recapitular, volte ao Capítulo 6.

O produto depende da demanda, que é a soma do consumo, do investimento e dos gastos públicos. O consumo depende da renda disponível. O investimento depende da taxa de empréstimo, que é igual à taxa básica mais um prêmio de risco, e das vendas. Os gastos do governo são dados. O Banco Central determina a taxa básica.

Qual é o efeito de um aumento na produtividade, A, sobre a demanda? Será que um aumento na produtividade eleva ou reduz a demanda por bens a uma dada taxa básica? Não há uma resposta geral porque os aumentos de produtividade não aparecem em um vácuo; o que acontece à demanda por bens depende do que desencadeou o aumento da produtividade:

Lembre-se da nossa discussão sobre grandes invenções no Capítulo 12. Esse argumento aponta para o papel das expectativas na determinação do consumo e do investimento, algo que ainda não estudamos, mas que trataremos no Capítulo 16.

◆ Vejamos o caso em que o aumento na produtividade advém da implementação generalizada de uma invenção importante. É fácil perceber como essa mudança pode estar associada a um aumento na demanda para um dado nível de preços. A perspectiva de maior crescimento no futuro leva os consumidores a se sentirem mais otimistas e, portanto, a aumentar o consumo, dada sua renda corrente. A perspectiva de maiores lucros no futuro, assim como a necessidade de instalar a nova tecnologia, também pode levar a uma expansão de investimentos. Nesse caso, a demanda por bens aumenta; a curva *IS* desloca-se para a direita, de *IS* para *IS"* na Figura 13.1. A economia desloca-se de A para $A"$. O nível de curto prazo do produto aumenta de Y para $Y"$.

◆ Vejamos agora o caso em que o crescimento da produtividade não advém da introdução de novas tecnologias, mas do uso mais eficiente das tecnologias existentes. Uma das implicações do aumento no comércio internacional tem sido o aumento na concorrência estrangeira. Essa concorrência tem forçado muitas empresas a cortar custos reestruturando a produção e eliminando empregos (o que é frequentemente chamado de *downsizing*). Quando essas reestruturações são a fonte do crescimento da produtividade, não se supõe que a demanda agregada vá aumentar. A reestruturação da produção pode requerer pouco ou nenhum investimento. O aumento das incertezas e das preocupações quanto à segurança no emprego pode levar os trabalhadores a poupar mais e, portanto, reduzir os gastos de consumo, dada sua renda corrente. Nesse caso, a demanda por bens cai a uma dada taxa básica, a curva *IS* se desloca para a esquerda, e o nível de curto prazo do produto cai de Y para Y', como na Figura 13.1.

Suponhamos o caso mais favorável (do ponto de vista do produto e do emprego) — a saber, aquele em que a curva *IS* desloca-se para a direita de *IS* para *IS"*, como na

▶ **Figura 13.1** A demanda por bens no curto prazo após um aumento na produtividade.

Um aumento na produtividade pode elevar ou reduzir a demanda por bens. Assim, pode deslocar *IS* para a esquerda ou para a direita. O que acontece depende do que desencadeou o aumento na produtividade.

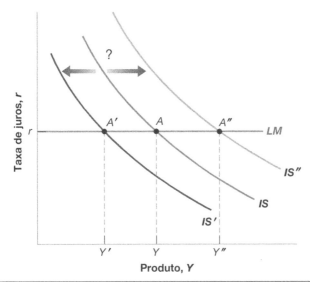

Figura 13.1. O produto de equilíbrio aumenta de *Y* para *Y"*. Nesse caso, o aumento da produtividade, quando eleva o crescimento esperado do produto e os lucros esperados, leva indiscutivelmente a um aumento na demanda e, assim, a um produto de equilíbrio mais alto.

Mesmo nesse caso, porém, não podemos dizer o que acontece com o emprego sem ter informações adicionais. Para sabermos por que, observemos que a Equação 13.2 implica a seguinte relação:

$$\text{Variação percentual do emprego} = \text{variação percentual do produto} - \text{variação percentual da produtividade}$$

Desse modo, o que acontece com o emprego depende de o produto aumentar proporcionalmente mais ou menos que a produtividade. Se esta aumentar 2%, o produto deverá aumentar no mínimo 2% para evitar uma diminuição no emprego — isto é, um aumento no desemprego. E, sem muito mais informações adicionais sobre a inclinação e a magnitude do deslocamento da curva *IS*, não podemos dizer se essa condição é satisfeita mesmo no caso mais favorável da Figura 13.1, ou seja, quando *IS* se desloca para a direita e o produto aumenta para *Y"*. No curto prazo, um aumento na produtividade pode ou não levar a um aumento no desemprego. A teoria por si só não consegue responder à questão.

◀ Comece pela função de produção $Y = A/N$. Segundo a Proposição 7 do Apêndice 2, no fim do livro, essa relação implica que $g_Y = g_A + g_N$. Ou, de modo equivalente, $g_N = g_Y - g_A$.

◀ Essa discussão assumiu a política macroeconômica como dada. Mas tanto a política fiscal quanto a monetária podem claramente afetar o resultado. Suponhamos que você fosse o responsável pela política monetária dessa economia, e parece haver um aumento na taxa de crescimento da produtividade. O que você faria? Essa foi uma das questões que o Fed enfrentou na década de 1990, no auge da revolução de TI.

Evidência empírica

A evidência empírica pode nos ajudar a decidir se, na prática, o crescimento da produtividade aumenta ou diminui o desemprego? À primeira vista, parece que sim. Vamos analisar a Figura 13.2, que mostra o comportamento da produtividade do trabalho e o comportamento do produto no setor empresarial dos Estados Unidos de 1960 a 2014.

A figura mostra uma relação fortemente positiva entre variações anuais do crescimento do produto e do crescimento da produtividade. Além disso, as variações do produto normalmente são maiores que as variações da produtividade.

▶ **Figura 13.2** Produtividade do trabalho e crescimento do produto nos Estados Unidos desde 1960.

Há uma forte relação positiva entre crescimento do produto e crescimento da produtividade. Mas a causalidade vai do crescimento do produto para o crescimento da produtividade, e não o contrário.

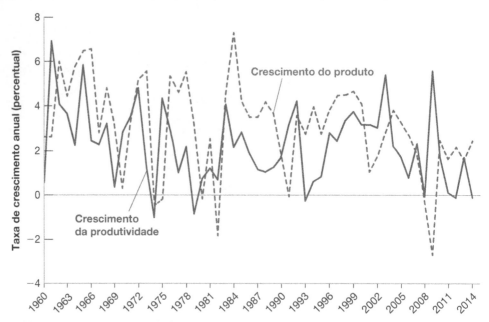

Fonte: taxa de crescimento real do PIB; Series A191RL1A225NBEA Federal Reserve Economic Data (FRED); crescimento da produtividade; Series PRS84006092, U.S. Bureau of Labor Statistics.

Correlação *versus* causalidade: se virmos uma correlação positiva entre crescimento do produto e da produtividade, deveremos concluir que o crescimento elevado da produtividade leva a um crescimento elevado do produto ou que o crescimento elevado do produto leva ao crescimento elevado da produtividade?

Esta discussão está diretamente relacionada com nossa discussão no quadro sobre a "lei de Okun", no Capítulo 9. Lá, vimos que uma mudança no produto leva a uma mudança proporcional menor no nível de emprego. Isso equivale a dizer que uma mudança no produto está associada a uma mudança na produtividade do trabalho na mesma direção. (É importante entender por quê.)

Isso parece implicar que, quando o crescimento da produtividade é alto, o produto aumenta mais que o suficiente para evitar qualquer efeito adverso sobre o emprego. Mas essa conclusão pode estar errada. O motivo é que, *no curto prazo*, a relação causal se dá principalmente no sentido oposto, do crescimento do produto para o da produtividade. Isto é, no curto prazo, o crescimento do produto leva a um crescimento da produtividade, e não o contrário. A razão disso é que, em tempos difíceis, as empresas estocam trabalho — isto é, mantêm mais funcionários que o necessário para a produção corrente. Assim, quando a demanda e o produto diminuem, o emprego diminui menos que o produto; de modo equivalente, a produtividade do trabalho diminui. Isso ficou particularmente claro em 2008, no início da crise, quando as empresas não perceberam imediatamente que ela duraria tanto tempo. Quando a demanda e o produto aumentam, as empresas aumentam o emprego menos que o produto, e a produtividade do trabalho aumenta. Isto é o que vemos na Figura 13.2, mas não é esta relação que estamos procurando. Em vez disso, queremos saber o que acontece ao produto e ao desemprego quando há uma mudança *exógena* na produtividade — isto é, que vem de uma mudança na tecnologia, e não da resposta das empresas a variações do produto. A Figura 13.2 não nos ajuda muito aqui. E a conclusão da pesquisa que examinou os efeitos de variações exógenas do crescimento da produtividade sobre o produto é de que os dados dão uma resposta tão ambígua quanto a resposta dada pela teoria:

◆ Às vezes, os aumentos na produtividade levam a aumentos suficientes no produto para manter ou mesmo aumentar o nível de emprego no curto prazo.
◆ Às vezes isso não acontece, e o nível de desemprego aumenta no curto prazo.

13.2 Produtividade e a taxa natural de desemprego

Até aqui, examinamos os efeitos de *curto prazo* de uma mudança na produtividade sobre o produto e, por consequência, sobre o nível de emprego e de desemprego. No *médio prazo*, a economia tende a retornar à taxa natural de desemprego. Agora cabe perguntar: a taxa natural de desemprego em si é afetada por mudanças na produtividade?

Desde o início da Revolução Industrial, a preocupação dos trabalhadores é que o progresso tecnológico elimine seus empregos e aumente o desemprego. Na Inglaterra do início do século XIX, grupos de operários da indústria têxtil, conhecidos como *luditas*, destruíam as novas máquinas, consideradas uma ameaça direta a seus empregos. Movimentos semelhantes também ocorreram em outros países. A palavra "sabotador" origina-se de uma das formas que os trabalhadores franceses utilizavam para destruir máquinas: colocando, dentro delas, seus pesados sapatos de madeira, os "sabots".

O tema do **desemprego tecnológico** costuma voltar à tona sempre que o desemprego está em alta. Na Grande Depressão, os defensores do *movimento tecnocrático* argumentavam que o desemprego elevado era resultado da introdução das máquinas e que as coisas só piorariam caso se permitisse a continuidade do progresso tecnológico. No final da década de 1990, a França aprovou uma lei que definia uma semana de trabalho mais curta, com redução da carga de 39 para 35 horas. Uma das razões alegadas foi a de que, em virtude do progresso tecnológico, já não havia trabalho suficiente para todos os trabalhadores em período integral. A solução proposta é que todos trabalhem menos tempo (com o mesmo salário por hora) para que mais trabalhadores possam ser empregados.

Em sua forma menos elaborada, o argumento de que o progresso tecnológico tende a levar ao desemprego é, sem dúvida, falso. As melhorias expressivas no padrão de vida que os países avançados experimentaram ao longo do século XX estão associadas a grandes *aumentos* do nível de emprego, e não a um aumento sistemático da taxa de desemprego. Nos Estados Unidos, o produto por pessoa aumentou por um fator de 9 desde 1890, e, longe de diminuir, o nível de emprego aumentou por um fator de 6 (refletindo um aumento paralelo no tamanho da população norte-americana). Examinando outros países, tampouco há evidência de uma relação positiva sistemática entre a taxa de desemprego e o nível de produtividade.

Uma versão mais sofisticada do argumento não pode, entretanto, ser facilmente descartada. Pode ser que períodos de acelerado progresso tecnológico estejam associados a uma taxa natural de desemprego mais alta, e períodos de progresso inusitadamente lento estejam associados a uma taxa natural de desemprego mais baixa. Para refletir sobre essas questões, podemos utilizar o modelo desenvolvido no Capítulo 7.

> No Capítulo 7, assumimos que *A* era constante (e, por conveniência, determinamos que fosse igual a 1). Agora relaxamos essa suposição.

Como vimos no Capítulo 7, a taxa natural de desemprego (ou simplesmente taxa natural) é determinada por duas relações: a de fixação de preços e a de fixação de salários. Nosso primeiro passo deve ser pensar em como as mudanças na produtividade afetam cada uma dessas duas relações.

Fixação de preços e de salários revisitada

Consideremos primeiro a fixação de preços:

* Da Equação 13.1, cada trabalhador produz A unidades de produto; em outras palavras, a produção de uma unidade de produto necessita de $1/A$ trabalhadores.

292 Macroeconomia

◆ Se o salário nominal for igual a W, o custo nominal de produção de uma unidade de produto será, portanto, igual a $(1/A)\,W = W/A$.

◆ Se as empresas fixam seu preço igual a $1 + m$ multiplicado pelo custo (onde m é a margem), o nível de preços será dado por:

$$\text{Fixação de preços: } P = (1 + m)\frac{W}{A} \tag{13.3}$$

A única diferença entre esta equação e a Equação 7.3 é a presença do termo referente à produtividade, A (que assumimos implicitamente como igual a 1 no Capítulo 7). Um aumento na produtividade diminui os custos, o que reduz o nível de preços dado o salário nominal.

Vamos nos voltar para a fixação de salários. As evidências sugerem que, tudo o mais constante, os salários são fixados normalmente para refletir o aumento na produtividade ao longo do tempo. Se a produtividade crescer em média 2% ao ano por algum tempo, os acordos salariais embutirão um aumento salarial de 2% ao ano. Isso sugere a seguinte extensão da nossa equação de fixação de salários 7.1:

$$\text{Fixação de salários: } W = A^e P^e F(u, z) \tag{13.4}$$

Examinemos os três termos do lado direito da Equação 13.4:

◆ Dois deles, P^e e $F(u, z)$, são conhecidos da Equação 7.1. Os trabalhadores se preocupam com os salários reais, mas não com os nominais; logo, os salários dependem do nível de preços (esperado), P^e. Os salários dependem (negativamente) da taxa de desemprego, u, e dos fatores institucionais captados pela variável z.

◆ O termo novo é A^e: os salários agora também dependem do nível esperado de produtividade, A^e. Se os trabalhadores e as empresas esperam que a produtividade aumente, incorporarão essas expectativas aos salários fixados na negociação.

> Suponhamos que trabalhadores e empresas fixem o salário de modo a dividir o produto (esperado) entre eles de acordo com seu poder relativo de negociação. Se os dois lados esperam uma produtividade maior e, portanto, um produto maior, isso se refletirá no salário negociado.

Taxa natural de desemprego

Agora, podemos descrever a taxa natural de desemprego, que é determinada pela relação de fixação de preços, pela relação de fixação de salários e pela condição adicional de que as expectativas estejam corretas. Neste caso, esta condição requer que as expectativas *tanto* de preços *quanto* de produtividade estejam corretas, de modo que $P^e = P$ e $A^e = A$.

A equação de fixação de preços determina o salário real pago pelas empresas. Reorganizando a Equação 13.3, podemos escrever

$$\frac{W}{P} = \frac{A}{1 + m} \tag{13.5}$$

O salário real pago pelas empresas, W/P, aumenta proporcionalmente com a produtividade, A. Quanto maior o nível de produtividade, menor o preço fixado pelas empresas dado o salário nominal, e, portanto, maior o salário real pago por elas.

A Figura 13.3 mostra esta equação. O salário real é medido no eixo vertical e a taxa de desemprego é medida no eixo horizontal. A Equação 13.5 é representada pela reta horizontal mais baixa em $W/P = A/(1 + m)$: o salário real resultante da fixação de preços é independente da taxa de desemprego.

Passemos à equação de fixação de salários. Sob a condição de que as expectativas estejam corretas — de modo que $P^e = P$ e $A^e = A$ —, a equação de fixação de salários 13.4 se torna

$$\frac{W}{P} = A\,F(u, z) \tag{13.6}$$

▶ **Figura 13.3** Efeitos de um aumento de produtividade sobre a taxa natural de desemprego.

Um aumento de produtividade desloca as curvas de fixação de salários e de preços na mesma proporção e, portanto, não exerce qualquer efeito sobre a taxa natural de desemprego.

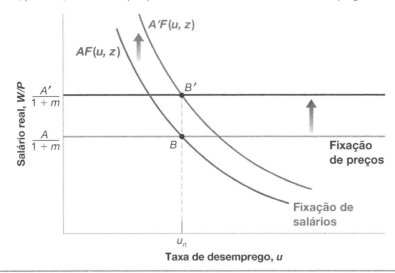

O salário real, W/P, resultante da negociação salarial, depende tanto do nível de produtividade quanto da taxa de desemprego. Para um dado nível de produtividade, a Equação 13.6 é representada pela curva negativamente inclinada e mais baixa na Figura 13.3. O salário real resultante da fixação de salários é função decrescente da taxa de desemprego.

O equilíbrio no mercado de trabalho é dado pelo ponto B, e a taxa natural de desemprego é igual a u_n. Vamos perguntar agora o que acontece com a taxa natural de desemprego em resposta a um aumento na produtividade. Suponhamos que A aumente 3%, de modo que o novo nível de produtividade A' seja igual a 1,03 vezes A.

> O motivo para usarmos B em vez de A para representar o equilíbrio é que já estamos usando A para representar o nível de produtividade.

♦ Da Equação 13.5 vemos que o salário real resultante da fixação de preços agora é 3% maior. A curva de fixação de preços desloca-se para cima.

♦ Da Equação 13.6 vemos que, para uma dada taxa de desemprego, o salário real resultante da fixação de salários também é 3% maior. A curva de fixação de salários desloca-se para cima.

♦ Observe que, à taxa de desemprego inicial, u_n, ambas as curvas se deslocam para cima no mesmo montante — a saber, 3% do salário real inicial. É por este motivo que o novo equilíbrio está em B', diretamente acima de B. O salário real é 3% maior, e a taxa natural de desemprego permanece a mesma.

A intuição desse resultado é simples: um aumento de 3% na produtividade leva as empresas a reduzir os preços em 3%, dados os salários, o que leva a um aumento de 3% nos salários reais. Esse aumento corresponde exatamente ao aumento dos salários reais resultantes da negociação salarial à taxa de desemprego inicial. Os salários reais aumentam em 3%, e a taxa natural de desemprego permanece a mesma.

Examinamos um aumento pontual na produtividade, mas o argumento que desenvolvemos também se aplica ao crescimento da produtividade. Suponhamos que ela aumente continuamente, de modo que, a cada ano, A aumente 3%. Então, a cada ano os salários reais aumentarão 3%, e a taxa natural de desemprego permanecerá inalterada.

Evidência empírica

Acabamos de derivar dois resultados importantes. A taxa natural de desemprego não deve depender nem do nível de produtividade, nem da taxa de crescimento da produtividade. Como esses dois resultados se ajustam aos fatos?

Um problema óbvio para responder a esta questão é o que discutimos no Capítulo 8, ou seja, não observamos a taxa natural. Mas, visto que a taxa efetiva oscila em torno da taxa natural, a análise da taxa média de desemprego ao longo de uma década deve nos dar uma boa estimativa da taxa natural para essa década. Uma análise do crescimento médio da produtividade ao longo de uma década também se encarrega de outro problema que discutimos antes. Embora as mudanças na reserva de mão de obra possam ter um grande efeito sobre as variações anuais da produtividade do trabalho, elas provavelmente não fazem muita diferença quando examinamos o crescimento médio da produtividade ao longo de uma década.

A Figura 13.4 mostra o crescimento médio da produtividade do trabalho e a taxa média de desemprego nos Estados Unidos a cada década a partir de 1890. À primeira vista, parece haver pouca relação entre as duas. Pode-se argumentar que a década da Grande Depressão é tão atípica que não deveria ser considerada. Se ignorarmos a década de 1930 (a década da Grande Depressão), uma relação — embora não muito forte — surgirá entre o crescimento da produtividade e a taxa de desemprego. Mas é o *oposto* da relação prevista por aqueles que acreditam no desemprego tecnológico. Períodos de *alto crescimento da produtividade*, como as décadas de 1940 a 1960, estiveram associados a *uma taxa de desemprego mais baixa*. Períodos de *baixo crescimento da produtividade*, como o que vimos nos Estados Unidos de 2010 a 2014, estiveram associados a *uma taxa de desemprego mais elevada*.

▶ **Figura 13.4** Crescimento da produtividade e desemprego: médias por década, de 1890 a 2014.

Há pouca relação entre as médias de dez anos do crescimento da produtividade e as médias de dez anos da taxa de desemprego. Quando muito, um maior crescimento da produtividade está associado a um menor desemprego.

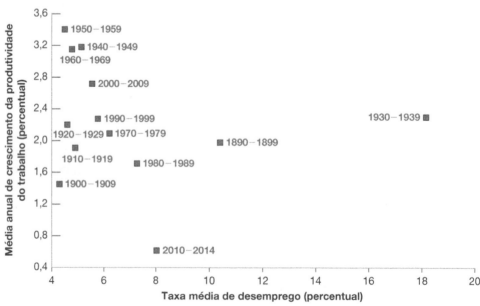

Fonte: dados anteriores a 1960: Historical Statistics of the United States; dados após 1960: Bureau of Labor Statistics.

A teoria que desenvolvemos pode ser estendida para explicar essa relação inversa entre o crescimento da produtividade e o desemprego no médio prazo? A resposta é sim. Para entender o motivo, precisamos examinar mais de perto como são formadas as expectativas de produtividade.

Até aqui, examinamos a taxa de desemprego que prevalece quando as expectativas *tanto* de preço *quanto* de produtividade estão corretas. Entretanto, as evidências sugerem que se leva muito tempo para que as expectativas se ajustem à realidade de um crescimento menor ou maior da produtividade. Quando, por exemplo, ocorre desaceleração do crescimento da produtividade, é necessário muito tempo para que a sociedade, em geral, e os trabalhadores, em particular, ajustem suas expectativas. Enquanto isso, os trabalhadores continuam a reivindicar aumentos de salários que já não são consistentes com a nova taxa mais baixa de crescimento da produtividade.

Para verificar o que isso implica, examinemos o que acontece com a taxa de desemprego quando as expectativas de preço estão corretas (isto é, quando $P^e = P$), mas as expectativas de produtividade, A^e, podem não estar (isto é, A^e pode não ser igual a A). Nesse caso, as relações resultantes da fixação de preços e de salários são dadas por

$$\text{Fixação de preços: } \frac{W}{P} = \frac{A}{1 + m}$$

$$\text{Fixação de salários: } \frac{W}{P} = A^e F(u, z)$$

Suponhamos que o crescimento da produtividade diminua. A variável A cresce mais lentamente que antes. Caso as expectativas de crescimento da produtividade se ajustem devagar, então A^e aumentará mais que A por algum tempo. A Figura 13.5 retrata o que acontecerá com o desemprego. Se A^e aumentar mais que A, a relação de fixação de salários se deslocará para cima mais que a relação de fixação de preços. O equilíbrio se moverá de B para B', e a taxa natural de desemprego aumentará de u_n para u'_n. A taxa natural de desemprego permanecerá mais alta até que as expectativas de produtividade tenham se ajustado à nova realidade — isto é, até que A^e e A sejam iguais novamente. Resumindo: após a desaceleração no crescimento da produtividade, os trabalhadores reivindicarão maiores aumentos de salário que as empresas podem

▶ **Figura 13.5 Efeitos de uma diminuição no crescimento da produtividade sobre a taxa de desemprego quando as expectativas de crescimento da produtividade ajustam-se lentamente.**

Se levar tempo para que os trabalhadores ajustem suas expectativas de crescimento da produtividade, uma desaceleração desse crescimento levará a um aumento na taxa natural de desemprego por algum tempo.

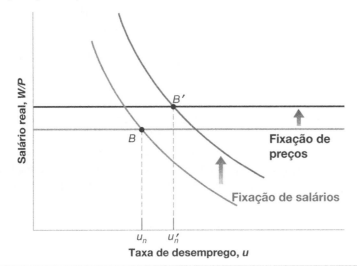

conceder. Isso levará a um aumento do desemprego. Quando os trabalhadores finalmente ajustarem suas expectativas, o desemprego cairá para seu nível inicial.

Vamos resumir o que vimos nesta seção e na anterior.

Não há muita sustentação — nem na teoria, nem nos dados — para a ideia de que um crescimento mais rápido da produtividade leve a um desemprego maior.

- No curto prazo, não há motivo para esperar — nem parece haver — uma relação sistemática entre as variações no crescimento da produtividade e as variações no desemprego.
- No médio prazo, se há uma relação entre crescimento da produtividade e desemprego, esta parece ser uma relação inversa. Um crescimento menor da produtividade leva a um desemprego maior. Um crescimento maior da produtividade leva a um desemprego menor.

Dada esta evidência, de onde vem o receio do desemprego tecnológico? Ele provavelmente se origina de uma dimensão do progresso tecnológico que negligenciamos até aqui, a **mudança estrutural** — a mudança na estrutura da economia induzida pelo progresso tecnológico. Para alguns trabalhadores — aqueles com habilidades não mais requisitadas —, a mudança estrutural pode, efetivamente, significar desemprego, salários mais baixos, ou ambos. Vamos nos dedicar a isso a seguir.

13.3 Progresso tecnológico, transformação e desigualdade

O progresso tecnológico é um processo de mudança estrutural. Este foi o tema central do trabalho de Joseph Schumpeter, economista de Harvard que na década de 1930 enfatizou que o processo de crescimento era fundamentalmente um processo de **destruição criativa**. Novos bens são desenvolvidos, levando os antigos à obsolescência. Introduzem-se novas técnicas de produção, gerando a necessidade de novas habilidades e relegando algumas das antigas a segundo plano. A essência desse processo de **transformação (churning)**[1] reflete-se perfeitamente na seguinte citação do presidente do Federal Reserve Bank de Dallas, na introdução de um relatório intitulado *The Churn*:

The Churn: The Paradox of Progress (1993).

> "Meu avô era ferreiro, assim como o pai dele. Meu pai, contudo, fez parte do processo evolucionário de transformação. Após abandonar a escola na sétima série para trabalhar em uma serraria, foi tomado pela febre empreendedora. Alugou um galpão e abriu um posto de gasolina para atender aos carros que haviam acabado com o negócio do pai dele. Meu pai teve êxito. e, então, comprou um terreno no alto de uma colina, onde construiu um posto de serviços para caminhões. Nosso posto foi extremamente bem-sucedido até a construção de uma nova estrada, 30 quilômetros a oeste. O processo de transformação substituiu a US 411 pela Interestadual 75, fazendo desaparecer meus sonhos de uma vida próspera."

Muitas profissões, como as de ferreiro e seleiro, desapareceram para sempre. Por exemplo, no início do século XX, havia mais de 11 milhões de agricultores nos Estados Unidos; no entanto, em razão do crescimento muito alto da produtividade na agricultura, atualmente há menos de um milhão. Em contrapartida, existem agora mais de três milhões de motoristas de caminhões, ônibus e táxis nos Estados Unidos; em 1900 não existia nenhum. Da mesma forma, atualmente há mais de um milhão de programadores de computador; em 1960, não havia praticamente nenhum. Mesmo para os que possuem as habilidades adequadas, a acentuada mudança tecnológica aumenta a incerteza e o risco de desemprego. A empresa na qual trabalham pode

---

[1] N. do RT: no original, o autor dá destaque à expressão *churning* — que significa, literalmente, agitação e está relacionada à prática culinária de bater leite ou creme. No contexto, ela é utilizada para enfatizar o processo turbulento de transformação que caracteriza o processo tecnológico. Optou-se por traduzir *churning* por transformação.

ser substituída por outra mais eficiente, e o produto vendido pela empresa pode ser substituído por outro. Essa tensão entre os benefícios do progresso tecnológico para os consumidores (e, por extensão, para as empresas e seus acionistas) e os riscos para os trabalhadores é bem captada no quadrinho a seguir. A tensão entre os grandes ganhos para toda a sociedade resultantes da mudança tecnológica e os altos custos dessa mudança para os trabalhadores que perdem seus empregos é explorada no quadro Foco: "Destruição de empregos, transformação e perdas de remuneração".

FOCO

Destruição de empregos, transformação e perdas de remuneração

O progresso tecnológico pode ser bom para a economia, mas é ruim para os trabalhadores que perdem o emprego. Isso foi documentado em um estudo de Steve Davis e Till von Wachter (2011), que usou registros da Social Security Administration entre 1974 e 2008 para analisar o que acontece aos que perdem seu trabalho em decorrência de uma demissão em massa.

Davis e von Wachter identificam primeiro todas as empresas com mais de 50 trabalhadores em que ao menos 30% da mão de obra foi demitida durante um trimestre, em um evento chamado demissão em massa. A seguir, identificam os trabalhadores demitidos que estiveram empregados nessa empresa por pelo menos três anos. São os empregados de longo prazo. Os pesquisadores comparam a experiência do mercado de trabalho dos trabalhadores de longa data que foram dispensados em uma demissão em massa com trabalhadores semelhantes na força de trabalho que não se desligaram no ano da demissão ou nos dois anos seguintes. Por fim, comparam os trabalhadores que passam pela experiência de uma demissão em massa durante uma recessão aos que experimentam demissão em massa durante uma expansão.

A Figura 1 resume os resultados obtidos no estudo. O ano 0 é o da demissão em massa. Os anos 1, 2, 3 etc. são os posteriores ao evento da demissão em massa. Os anos negativos são os anteriores à dispensa. Quem tem um emprego e é um funcionário de longa data tem a renda aumentada em relação ao restante da sociedade antes do evento da demissão em massa. Ter um emprego de longa data na mesma empresa ajuda o crescimento salarial de um indivíduo. Isto se aplica tanto aos tempos de recessão quanto aos de expansão.

Vejamos o que acontece no primeiro ano após a dispensa. Quem passa por demissão em massa durante uma recessão tem os ganhos reduzidos em 40 pontos percentuais em relação a um trabalhador que não passa por essa experiência. Quem é menos desafortunado e passa por demissão em massa durante uma expansão, tem uma queda em seus salários relativos de apenas 25 pontos percentuais. Conclusão: demissões em massa causam acentuados declínios de ganhos relativos, não importando se ocorrem em uma recessão ou em uma expansão.

A Figura 1 destaca outro ponto importante. O declínio nos ganhos relativos dos trabalhadores que fazem parte de uma demissão em massa persiste por anos após o evento. Para além de cinco anos ou até mesmo mais de 20 anos após a demissão, os trabalhadores que passaram por essa experiência sofrem um declínio dos ganhos relativos de cerca de 20 pontos percentuais se a demissão ocorreu durante uma recessão, e de cerca de 10 pontos percentuais se a demissão ocorreu durante uma expansão. Assim, é forte a evidência de que uma demissão em massa esteja associada a um declínio bastante substancial nos ganhos ao longo da vida.

Não é difícil explicar por que essas perdas são prováveis, ainda que seu tamanho seja surpreendente. Os trabalhadores que passaram uma parte considerável de sua carreira na mesma empresa têm competências específicas, as quais são muito úteis a essa empresa ou ramo industrial. A demissão em massa, se resultante da mudança tecnológica, torna essas habilidades bem menos valiosas do que eram.

Outros estudos descobriram que, nas famílias que passam pela experiência de uma demissão em massa, o trabalhador tem uma trajetória de emprego menos estável (mais períodos de desemprego), condições de saúde mais frágeis, crianças com nível educacional inferior e taxa de mortalidade superior quando comparados aos trabalhadores que não experimentaram esse tipo de dispensa. Trata-se de custos pessoais adicionais associados a esse evento.

Assim, embora a mudança tecnológica seja a principal fonte de crescimento no longo prazo e sem dúvida promova um padrão de vida melhor para o cidadão médio na sociedade, os trabalhadores que passam por uma demissão em massa são os maiores perdedores. Não surpreende que a mudança tecnológica possa gerar ansiedade.

▶ Figura 1 Perdas de remuneração de trabalhadores que passam por uma demissão em massa.

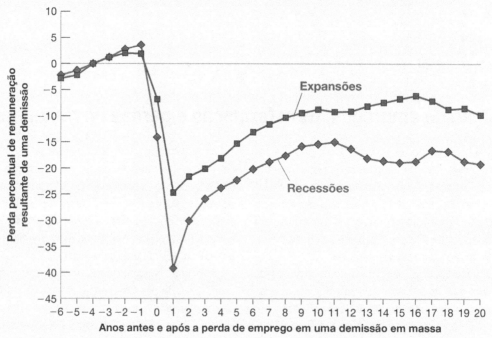

Fonte: Steven J. Davis e Till M. von Wachter, "Recessions and the Cost of Job Loss", *National Bureau of Economics Working Paper* n. 17638.

Aumento da desigualdade salarial

Para aqueles que se encontram nos setores em crescimento ou aqueles com habilidades adequadas, o progresso tecnológico leva a novas oportunidades e salários mais elevados. No entanto, para os que atuam nos setores em declínio ou para aqueles com habilidades que não são mais requeridas, o progresso tecnológico pode significar perda do emprego, um período de desemprego e possivelmente salários muito mais baixos. Nos últimos 25 anos, os Estados Unidos experimentaram um grande aumento na desigualdade salarial. A maioria dos economistas acredita que um dos principais responsáveis por isso tenha sido o progresso tecnológico.

A Figura 13.6 mostra a evolução dos salários relativos para vários grupos de trabalhadores por nível de instrução, no período entre 1973 e 2012. A figura teve como base as informações de trabalhadores individuais da *Current Population Survey*. Cada linha mostra a evolução do salário dos trabalhadores com dado nível de instrução — "ensino médio incompleto", "ensino médio completo", "ensino superior incompleto", "ensino superior completo", "pós-graduação" — *em relação* ao salário dos trabalhadores que têm apenas ensino médio completo. Todos os salários relativos foram divididos por seu valor em 1973, resultando em uma série de salários iguais a 1 em 1973. A figura mostra uma conclusão muito importante.

> Descrevemos a pesquisa *Current Population Survey* e um pouco da sua utilidade no Capítulo 7.

A partir do início da década de 1980 os trabalhadores com baixo nível de instrução viram seu salário relativo cair continuamente, ao passo que trabalhadores com alto nível de instrução tiveram aumento contínuo do seu salário relativo. Na base da pirâmide educacional, o salário relativo dos trabalhadores que não concluíram o ensino médio caiu 15% desde o início dos anos 1980. Isso implica que, em muitos casos, esses trabalhadores constataram um declínio não só em seu salário relativo, mas também em seu salário real absoluto. No topo da pirâmide educacional, o salário relativo dos trabalhadores com pós-graduação aumentou 34%. Em suma, a desigualdade salarial aumentou consideravelmente nos Estados Unidos nos últimos 30 anos.

▶ **Figura 13.6** Evolução dos salários relativos por nível de instrução, 1973 a 2012.

Desde o início da década de 1980 houve uma queda no salário relativo dos trabalhadores com baixo nível de instrução; o salário relativo dos trabalhadores com alto nível de instrução aumentou.

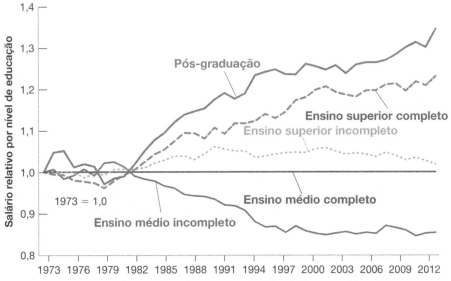

Fonte: Economic Policy Institute Datazone. Disponível em: <www.epi.org/data/>. Acesso em: 18 out. 2017.

Causas do aumento na desigualdade salarial

Quais são as causas desse aumento na desigualdade salarial? Há um consenso de que o principal fator por trás do aumento do salário do trabalhador altamente qualificado em relação ao do não qualificado é um crescimento contínuo da demanda por trabalhadores qualificados em relação à demanda pelos não qualificados. Essa tendência da demanda relativa não é nova, mas parece ter se intensificado. Além disso, até a década de 1980, foi compensada por um aumento contínuo da oferta relativa de trabalhadores qualificados. Uma proporção crescente de jovens concluiu o ensino médio, ingressou na faculdade, terminou o ensino superior, e assim por diante. Desde o início da década de 1980, no entanto, a oferta relativa continuou a crescer, mas não na velocidade necessária para atender ao aumento contínuo da demanda relativa. O resultado foi um aumento contínuo do salário relativo dos trabalhadores qualificados *versus* não qualificados. O quadro Foco "A visão de longo prazo: tecnologia, educação e desigualdade" mostra como não só a demanda por, mas também a oferta de habilidades moldaram a evolução da desigualdade salarial nos Estados Unidos durante o século XX.

Isso leva à próxima questão: o que explica essa mudança contínua da demanda relativa?

♦ Uma linha de argumentação aborda o papel do comércio internacional. Segundo este argumento, as empresas dos EUA que empregam proporções mais altas de trabalhadores não qualificados vêm sendo alijadas do mercado por importações de empresas semelhantes em países com salários mais baixos. Como alternativa, para manter a competitividade, as empresas precisam transferir parte de sua produção para países onde os salários sejam mais baixos. Em ambos os casos a consequência é uma diminuição contínua da demanda relativa por trabalhadores não qualificados nos Estados Unidos. Há claras semelhanças entre os efeitos do comércio e do progresso tecnológico. Embora ambos — comércio e progresso tecnológico — sejam bons para a economia como um todo, eles levam a mudanças estruturais e pioram a situação de alguns trabalhadores.

> Esmiuçar os efeitos do comércio internacional estenderia muito nossa discussão. Para mais detalhes sobre quem ganha e quem perde com o comércio, veja o livro de Paul Krugman e Maurice Obstfeld, *International Economics*, 9. ed. (2012).

Não há dúvida de que o comércio em parte é responsável pelo aumento na desigualdade salarial. Entretanto, um exame mais detalhado mostra que o comércio responde apenas por parte do deslocamento da demanda relativa. O fato mais significativo que contraria os argumentos baseados unicamente no comércio é que o deslocamento na direção dos trabalhadores qualificados parece estar presente mesmo nos setores não expostos à concorrência estrangeira.

♦ A outra linha de argumentação concentra-se no **progresso tecnológico enviesado para a qualificação**. De acordo com este argumento, novas máquinas e novos métodos de produção necessitam de mais trabalhadores qualificados atualmente que no passado. O desenvolvimento de computadores requer trabalhadores cada vez mais especializados em computação. Os novos métodos de produção necessitam de trabalhadores mais flexíveis, com maior capacidade de adaptação a novas tarefas. A maior flexibilidade, por sua vez, requer mais habilidades e maior nível de instrução. Ao contrário das explicações baseadas no comércio, o progresso tecnológico enviesado para a qualificação pode explicar por que o deslocamento da demanda relativa parece estar presente em quase todos os setores da economia. No momento, a maioria dos economistas acredita que este seja o fator dominante para explicar o aumento na desigualdade dos salários.

Isso significa que os Estados Unidos estão condenados a aumentar de maneira contínua a desigualdade salarial? Não necessariamente. Há pelo menos três motivos para pensar que o futuro pode ser diferente do passado recente:

- A tendência da demanda relativa pode simplesmente desacelerar. Por exemplo, é provável que no futuro os computadores sejam mais fáceis de usar, mesmo por trabalhadores não qualificados. Os computadores poderão, inclusive, substituir trabalhadores qualificados, aqueles cujas habilidades envolvam basicamente a capacidade de calcular ou memorizar. Paul Krugman argumentou — com certa ironia — que contadores, advogados e médicos podem ser os próximos na lista de profissionais que serão substituídos por computadores.

- O progresso tecnológico não é exógeno. Exploramos este tema no Capítulo 12. O montante que as empresas gastam com P&D e a direção para onde sua pesquisa caminha dependem dos lucros esperados. O baixo salário relativo dos trabalhadores não qualificados pode levar as empresas a explorar novas tecnologias que aproveitem a presença de trabalhadores não qualificados com baixos salários. Em outras palavras, no futuro as forças de mercado podem levar o progresso tecnológico a ser menos enviesado para a qualificação.

- Como veremos no box Foco "A visão de longo prazo: tecnologia, educação e desigualdade", a oferta relativa de trabalhadores qualificados *versus* não qualificados também não é exógena. O grande aumento no salário relativo dos trabalhadores com maior instrução implica que o retorno por ter adquirido mais instrução e treinamento é maior que há uma ou duas décadas. Os retornos maiores do treinamento e da instrução podem aumentar a oferta relativa de trabalhadores qualificados e, consequentemente, contribuir para estabilizar os salários relativos. Muitos economistas acreditam que a política tenha um papel importante a desempenhar aqui. Ela deve assegurar que a qualidade dos ensinos fundamental e médio para os filhos dos trabalhadores não qualificados não se deteriore ainda mais e que aqueles que desejam adquirir mais educação possam obter empréstimos para pagar por ela.

FOCO

A visão de longo prazo: tecnologia, educação e desigualdade

Nos primeiros três quartos do século XX a desigualdade salarial declinou. Então, voltou a subir e continuou crescendo desde então. Claudia Goldin e Larry F. Katz, dois economistas da Universidade de Harvard, apontam para a educação como um fator importante por trás das duas tendências distintas da desigualdade.

O grau de instrução nos Estados Unidos, medido pelos níveis de escolaridade completos de sucessivas gerações de estudantes, cresceu de modo excepcionalmente acelerado nos três primeiros quartos do século. No entanto, o avanço educacional diminuiu consideravelmente entre adultos jovens a partir da década de 1970, e para a força de trabalho em geral no início dos anos 1980. Para as gerações nascidas a partir de 1870 até 1950, cada década foi acompanhada por um aumento de cerca de 0,8 ano de escolaridade. Durante esse período de 80 anos, a grande maioria dos pais tinha filhos cujo nível de escolaridade costumava superar o deles. Uma criança nascida em 1945 frequentava a escola 2,2 anos a mais que seus pais nascidos em 1921. Mas uma criança nascida em 1975 frequentaria a escola apenas meio ano a mais que seus pais nascidos em 1951.

Os incentivos econômicos estavam claramente por trás da decisão de permanecer na escola por mais tempo. Conforme mostrado na Figura 1, o retorno por mais um ano de educação universitária (significando quanto o salário médio de um trabalhador é mais alto com mais um ano de educação superior) era elevado na década de 1940: 11% para homens jovens e 10% para todos os homens. Isso induziu as famílias dos EUA a manter seus filhos na escola por mais tempo e depois enviá-los à faculdade. O aumento na oferta de trabalhadores qualificados reduziu tanto os retornos relativos à educação quanto os diferenciais salariais. Em 1950, o retorno por mais um ano de educação universitária havia retrocedido a 8% para homens jovens e 9% para todos os homens. Mas, em 1990, as taxas de retorno voltaram aos níveis da década de 1930. O retorno por um ano de faculdade hoje em dia é maior que nessa década.

Há duas lições a extrair dessa evidência:

A primeira é que o progresso tecnológico, mesmo quando enviesado para a qualificação, isto é, acompanhado por um aumento na demanda por trabalhadores qualificados e instruídos, não necessariamente aumenta a desigualdade econômica. Para os primeiros três quartos do século XX, o aumento na demanda por qualificações foi mais que correspondido por um aumento na oferta de qualificações, acarretando diminuição na desigualdade. Desde então, o crescimento na demanda continuou, enquanto o crescimento na oferta diminuiu, acarretando novamente um aumento na desigualdade.

A segunda é que, embora as forças de mercado ofereçam incentivos para responder às diferenças salariais, as instituições também são importantes. Para a maioria dos norte-americanos no início do século XX o acesso à educação, ao menos até o ensino médio, foi em grande medida ilimitado. A educação era disponibilizada e financiada pelo Estado e isenta de encargos diretos, exceto nos níveis mais altos. Até os norte-americanos das áreas rurais tiveram o privilégio de enviar seus filhos a escolas públicas secundárias, embora os afro-americanos, especialmente no Sul, fossem frequentemente excluídos de vários níveis de escolaridade. Isto fez uma diferença essencial.

▶ **Figura 1** Diferenciais salariais e retornos relativos à educação, 1939 a 1995.

Fonte: Claudia Goldin e Larry F. Katz, "Decreasing (and then Increasing) Inequality in America: A Tale of Two Half Centuries". In: Finis Welch, *The Causes and Consequences of Increasing Inequality*. Chicago: University of Chicago Press, 2001, p. 37-82.

Desigualdade e o 1% no topo

Temos nos concentrado na desigualdade salarial, a distribuição dos salários entre todos os assalariados. Outra dimensão da desigualdade, no entanto, é a proporção de renda obtida pelos domicílios mais ricos (por exemplo, os que representam o 1% no topo da distribuição de renda). Quando analisamos a desigualdade em níveis de renda muito altos, os salários não são uma boa medida porque os empreendedores derivam uma grande fração de sua renda (às vezes, quase toda ela) não dos salários, mas da renda e dos ganhos de capital. Isso se dá porque eles normalmente não são remunerados com salários, mas com ações da empresa que podem vender (com algumas limitações) mediante lucro.

A evolução do 1% no topo, mostrada na Figura 13.7, é impressionante. Embora a fração da renda total que ia para as famílias que ocupam o 1% superior era de cerca de 10% no final dos anos 1970, atualmente está em mais de 20%. E, embora o gráfico pare em 2008, a desigualdade parece ter piorado desde então, com o 1% no topo captando 95% do crescimento de renda de 2009 a 2014 se forem incluídos os ganhos de capital. A desigualdade nos Estados Unidos, medida dessa forma, é "provavelmente mais elevada que em qualquer outra sociedade no passado, em qualquer lugar do mundo", escreve Thomas Piketty, cujo livro, *O capital no século XXI*, quando publicado em 2014, liderou a lista de *best-sellers* em nível mundial.

> Note que o aumento acentuado é limitado a 1%. As frações dos demais grupos que representam os 10% no topo aumentaram, mas muito menos. Isso sugere que há mais do que um viés de qualificação em ação.

Por que isso está acontecendo? Para Piketty, por causa dos salários injustificadamente altos a pessoas a quem ele chama de "supergerentes". Em seus cálculos, cerca de 70% no 0,1% do topo são executivos corporativos. Piketty destaca a má governança corporativa; conselhos de administração que concedem aos CEOs pacotes exorbitantes de remuneração. Ele argumenta que, acima de certo nível, é difícil encontrar nos dados qualquer ligação entre remuneração e desempenho. Embora haja abundância de evidências incidentais para tais excessos, a Figura 13.7 sugere que talvez exista outro fator em jogo. Note que a parcela do 1% no topo apresentou um pico em dois períodos de rápida inovação tecnológica: a década de 1920, quando a energia elétrica chegou às fábricas nos Estados Unidos, revolucionando a produção; e o início dos anos 1980, quando os computadores pessoais e a internet se tornaram amplamente disponíveis. Isso sugere que a inovação e a parcela do 1% no topo estão correlacionadas. Na verdade, a Figura 13.8, que traça a evolução das patentes e a parcela de renda do 1% no topo nos Estados Unidos desde 1960, mostra que ambas se moveram muito juntas.

▶ **Figura 13.7 A evolução da parcela de renda do 1% no topo nos Estados Unidos desde 1913.**

O 1% no topo refere-se ao percentil superior. Em 2014, eram famílias com renda anual (incluindo ganhos de capital) acima de US$ 387.000. De 1% a 5% no topo são os próximos 4%, com renda anual entre US$ 167.000 e US$ 387.000. De 5% para 10% é a metade inferior do decil superior das famílias, com renda entre US$ 118.000 e US$ 167.000. A renda é definida como renda bruta anual relatada em declarações de imposto de renda, excluindo-se todas as transferências governamentais.

Fonte: The World Top Income Database. Disponível em: <http://wid.world/#Database> Acesso em: 3 out. 2017.

▶ **Figura 13.8** **A parcela de renda do topo e as patentes nos Estados Unidos, 1963 a 2013.**

A figura representa o número de pedidos de patentes por 1.000 habitantes em relação à parcela de renda do 1% no topo. As observações abrangem os anos entre 1963 e 2013.

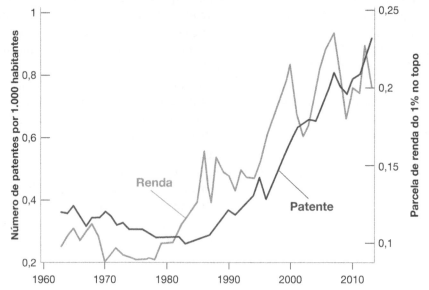

Fonte: Aghion, P., U. Akcigit, A. Bergeaud, R. Blundell e D. Hemous. (2015) "Innovation and Top Income Inequality". *CEPR Discussion Paper* n. 10659.

Philippe Aghion e coautores, no artigo do qual se extraiu a Figura 13.8, argumentam que a inovação tecnológica permite ao inovador assumir a dianteira em relação aos concorrentes. Muitas vezes também permite produzir com menos trabalhadores. Ambos os fatores — a nova tecnologia e o menor insumo de mão de obra — contribuem para aumentar a parcela de renda do inovador à custa da parcela de renda dos trabalhadores, ao menos até outros empreendedores terem acesso à nova tecnologia. Por este mecanismo, a inovação eleva a desigualdade de renda no topo, tanto mais quanto maior o número de inovações, e isso pode explicar o aumento da participação do 1% no topo na década de 1920 e desde o início da década de 1980. No entanto, mesmo que os benefícios da inovação possam ser capturados inicialmente pelos que a geram, acabarão sendo compartilhados amplamente à medida que a inovação é disseminada pela economia. Além disso, a inovação também parece promover a mobilidade social; por exemplo, o estado mais inovador nos Estados Unidos, a Califórnia, tem tanto a parcela de renda do 1% no topo quanto um nível de mobilidade social bem mais elevado que o estado menos inovador, o Alabama. Segundo Aghion, isso acontece por causa da "destruição criativa". À medida que empresas mais antigas são substituídas por outras que empregam a nova tecnologia, os empreendedores antigos são substituídos por outros mais novos, intensificando assim a mobilidade social.

Em nossa discussão sobre a desigualdade salarial e a parcela de renda do 1% no topo, focamos nossa atenção nos Estados Unidos. Curiosamente, outros países avançados, presumivelmente expostos às mesmas forças de globalização e progresso tecnológico enviesado para a qualificação, apresentaram menos aumento na desigualdade salarial e muito menos aumento na parcela de renda do 1% no topo. Isso sugere que as instituições e as políticas desempenham um papel importante na modelagem dessas evoluções. Dada a importância econômica e política da questão, o debate sobre as fontes de desigualdade, e se os governos têm ferramentas para lidar com elas, provavelmente continuará sendo central na macroeconomia por mais algum tempo.

Resumo

- É comum a pessoas recearem que o progresso tecnológico vá destruir empregos e elevar a taxa de desemprego. Esse temor esteve presente durante a Grande Depressão. A teoria e a evidência sugerem que esse temor é, em grande parte, infundado. Não há muita sustentação — nem na teoria, nem nos dados — para a ideia de que um progresso tecnológico mais rápido leve a um desemprego mais alto.

- No curto prazo não há motivo para esperar — tampouco parece haver — uma relação sistemática entre mudanças na produtividade e variações no nível de desemprego.

- Se há alguma relação entre mudanças da produtividade e variações do desemprego no médio prazo, ela parece ser uma relação inversa. Crescimento menor da produtividade parece levar a desemprego maior; crescimento maior da produtividade parece levar a desemprego menor. Uma explicação plausível é que é preciso haver um desemprego mais alto por um tempo para conciliar as expectativas salariais dos trabalhadores com o crescimento menor da produtividade.

- O progresso tecnológico não é um processo suave em que todos os trabalhadores saem ganhando. Ao contrário, é um processo de mudança estrutural. Ainda que a maioria das pessoas se beneficie com o aumento no padrão médio de vida, também há perdedores. À medida que novos bens e novas técnicas de produção são desenvolvidos, velhos bens e velhas técnicas de produção tornam-se obsoletos. Alguns trabalhadores encontram demanda maior por suas habilidades e se beneficiam do progresso tecnológico; outros encontram demanda menor por suas habilidades e sofrem reduções nos salários relativos.

- A desigualdade salarial tem aumentado nos Estados Unidos nos últimos 30 anos. O salário real dos trabalhadores não qualificados caiu não apenas em relação ao salário real dos trabalhadores qualificados, mas também em termos absolutos. As duas causas principais são o comércio internacional e o progresso tecnológico enviesado para a qualificação.

- A parcela da renda que vai para o 1% no topo aumentou consideravelmente nos Estados Unidos desde o início dos anos 1980. Quanto disso pode ser explicado pela má governança das empresas ou por altos retornos da inovação é objeto de uma discussão acalorada.

Palavras-chave

- desemprego tecnológico, 291
- destruição criativa, 296
- mudança estrutural, 296
- progresso tecnológico enviesado para a qualificação, 300
- transformação (*churning*), 296

Questões e problemas

Teste rápido

1. **Usando as informações contidas neste capítulo, diga se cada afirmação a seguir é verdadeira, falsa ou incerta. Explique brevemente.**

   a. A variação no emprego e no produto por pessoa dos Estados Unidos desde 1900 sustenta o argumento de que o progresso tecnológico leva a um aumento contínuo no nível de emprego.

   b. Trabalhadores beneficiam-se igualmente do processo de destruição criativa.

   c. Nas duas últimas décadas, os salários reais dos trabalhadores não qualificados nos Estados Unidos caíram em relação aos salários reais dos trabalhadores qualificados.

   d. O progresso tecnológico acarreta uma redução no nível de emprego se, e somente se, o aumento no produto for menor que o aumento na produtividade.

   e. A aparente diminuição na taxa natural de desemprego nos Estados Unidos na segunda metade da década de 1990 pode ser explicada pelo fato de

que o crescimento na produtividade foi inesperadamente alto nesse período.

f. Se pudéssemos interromper o progresso tecnológico, isso levaria a uma redução na taxa natural
de desemprego.

2. **Suponhamos que uma economia seja descrita pelas seguintes equações:**

Fixação de preços: $P = (1 + m)\,(W/A)$

Fixação de salários: $W = A^e\,P^e(1 - u)$

a. Resolva para a taxa de desemprego se $P^e = P$, mas com A^e não necessariamente igual a A. Explique os efeitos de (A^e/A) sobre a taxa de desemprego.

Suponhamos agora que as expectativas tanto para os preços quanto para a produtividade sejam acuradas.

b. Resolva a taxa natural de desemprego se a margem (m) for igual a 5%.

c. A taxa natural de desemprego depende da produtividade? Explique.

3. **Comente esta afirmação: "*Maior produtividade do trabalho permite que as empresas produzam mais bens com o mesmo número de trabalhadores e, portanto, vendam os bens pelo mesmo preço ou por preços menores. É por isso que aumentos na produtividade do trabalho podem diminuir permanentemente a taxa de desemprego sem provocar inflação*".**

4. **Como cada uma das seguintes alterações pode afetar o hiato dos salários entre trabalhadores não qualificados e qualificados nos Estados Unidos?**

a. Gastos maiores com computadores em escolas públicas.

b. Restrições à entrada de agricultores estrangeiros para trabalho temporário nos Estados Unidos.

c. Aumento no número de faculdades públicas.

d Créditos tributários na América Central para empresas dos Estados Unidos.

Aprofundando

5. **Progresso tecnológico, agricultura e emprego**

Comente esta afirmação: *"Aqueles que argumentam que o progresso tecnológico não diminui o emprego deveriam olhar para a agricultura. No início do século passado, havia mais de 11 milhões de trabalhadores rurais. Atualmente, há menos de 1 milhão. Se todos os setores começarem a registrar o aumento na produtividade que ocorreu na agricultura durante o século XX, ninguém mais estará empregado daqui a um século".*

6. **Produtividade e a curva de oferta agregada**

Consideremos uma economia em que a produção é dada por

$$Y = AN$$

Suponhamos que a fixação de preços e de salários seja dada por

Fixação de preços: $P = (1 + m)\,(W/A)$

Fixação de salários: $W = A^e\,P^e(1 - u)$

Vale lembrar que a relação entre nível de emprego, N, *força de trabalho,* L, *e taxa de desemprego,* u, *é dada por*

$$N = (1 - u)L$$

a. Derive a curva de oferta agregada (isto é, a relação entre níveis de preços e de produto, dados a margem, os níveis de produtividade efetivo e esperado, a força de trabalho e o nível esperado de preços). Explique o papel de cada uma das variáveis.

b. Mostre o efeito de um aumento proporcional na produtividade efetiva, A, e na produtividade esperada, A^e (de modo que A/A^e permaneça inalterada), sobre a posição da curva de oferta agregada. Explique.

c. Suponhamos, agora, que a produtividade efetiva, A, aumente, mas que a produtividade esperada, A^e, não varie. Compare os resultados neste caso com as conclusões em (b). Explique a diferença.

7. **Tecnologia e mercado de trabalho**

No apêndice do Capítulo 7, vimos como as equações de fixação de salários e de preços podiam ser expressas em termos de oferta de e demanda por trabalho. Neste problema, ampliamos a análise para incluir a mudança tecnológica.

Consideremos a equação de fixação de salários a seguir:

$$W/P = F(u, z)$$

como correspondente à oferta de trabalho. Vale lembrar que, para determinada força de trabalho, L, *a taxa de desemprego,* u, *pode ser escrita como*

$$u = 1 - N/L$$

onde N *representa o nível de emprego.*

a. Na equação de fixação de salários, substitua u por sua expressão equivalente.

b. Utilizando a relação obtida no item (a), trace a curva da oferta de trabalho em um diagrama com N no eixo horizontal e W/P, o salário real, no eixo vertical.

Escrevemos a equação de fixação de preços como

$$P = (1 + m)\, MC$$

onde MC é o custo marginal da produção. Para generalizar um pouco nossa discussão no capítulo, vamos escrever

$$MC = W/MPL$$

onde W é o salário e MPL o produto marginal do trabalho.

c. Na equação de fixação de preços, substitua MC por sua expressão equivalente e encontre o valor para o salário real, W/P. O resultado é a relação da demanda por trabalho, com W/P como uma função do MPL e da margem, m.

Ao longo do texto, para simplificar, assumimos que MPL *era constante para um dado nível de tecnologia. Aqui, assumimos que o* MPL *cai com o nível de emprego (novamente, para determinado nível de tecnologia), que é uma premissa mais realista.*

d. Considerando que o MPL cai com o nível de emprego, desenhe o gráfico da relação da demanda por trabalho obtida no item (c). Utilize o mesmo gráfico obtido no item (b).

e. O que acontece com a curva de demanda por trabalho se o nível de tecnologia aumenta? (*Dica:* o que acontece com o MPL quando a tecnologia se aperfeiçoa?) Explique. Como o salário real é afetado pelo aumento no nível da tecnologia?

Explorando mais

8. Transformação

O Bureau of Labor Statistics apresenta uma previsão das ocupações com maior declínio e maior crescimento de vagas nos Estados Unidos. Examine as tabelas em <www.bls.gov/emp/ep_table_105.htm> (para o maior declínio de vagas) e <https://www.bls.gov/emp/ep_table_104.htm> (para o maior crescimento de vagas).

a. Quais ocupações em declínio podem ser associadas à mudança tecnológica? Quais podem ser associadas à concorrência estrangeira?

b. Quais ocupações com previsão de crescimento podem ser associadas à mudança tecnológica? Quais podem ser associadas à mudança demográfica, em particular o envelhecimento da população dos Estados Unidos?

9. Salários reais

O capítulo apresenta dados sobre os salários relativos de trabalhadores qualificados e não qualificados. Nesta questão, examinamos a evolução dos salários reais.

a. Com base na equação de fixação de preços usada no livro, como os salários reais devem mudar com o avanço tecnológico? Explique. Houve progresso tecnológico de 1973 até o momento?

b. Visite o site do *Economic Report of the President* mais recente (<https://www.gpo.gov/fdsys/browse/collection.action?collectionCode=ERP>) e localize a Tabela B-15. Examine os dados sobre salário médio por hora (nos setores não ligados à agricultura) em dólares de 1982 a 1984 (isto é, salário real por hora). Como o salário real médio por hora em 1973 se compara com o salário real por hora no último ano com dados disponíveis?

c. Com base nos dados sobre salários *relativos* apresentados no capítulo, o que seus resultados do item (b) sugerem sobre a evolução do salário *real* dos trabalhadores não qualificados desde 1973? O que suas respostas sugerem sobre a força do declínio relativo na demanda por trabalhadores não qualificados?

d. O que pode estar faltando nessa análise da remuneração do trabalhador? Os trabalhadores recebem alguma outra remuneração que não seja o salário?

O Economic Policy Institute (EPI) publica informações detalhadas sobre o salário real de várias classes de trabalhadores em sua publicação The State of Working America. *Às vezes, o EPI disponibiliza dados dessa publicação em seu site, <www.stateofworkingamerica.org>.*

10. Desigualdade de renda

a. Qual evidência apresentada no texto sustenta que a desigualdade de renda tem aumentado ao longo do tempo nos Estados Unidos?

b. Com base na oferta e na demanda de trabalhadores qualificados, explique o aumento na desigualdade de renda.

c. Com base na oferta e na demanda de trabalhadores com menor nível de instrução, explique o aumento na desigualdade de renda.

d. Faça uma pesquisa na internet e, se possível, contraste as posições dos democratas e dos republicanos nos EUA quanto ao fato de que a crescente desigualdade de renda é um problema que exige solução política.

e. Há evidências de 2011 sobre casamentos por nível educacional em <http://www.theatlantic.com/sexes/archive/2013/04/college-graduates-marry-other-college-graduates-most-of-the-time/274654/>. No caso de ser mais provável que pessoas com mesmo nível educacional se casem entre si ao longo do tempo, explique como isso contribui para a desigualdade de renda.

Leitura adicional

- Para mais informações sobre o processo de realocação que caracteriza as economias modernas, leia *The Churn:* The Paradox of Progress, relatório de 1993 do Federal Reserve Bank de Dallas.
- Para um relato fascinante sobre como os computadores estão transformando o mercado de trabalho, leia Frank Levy e Richard Murnane, *The New Division of Labor:* How Computers are Creating the Next Job Market, Princeton, Princeton University Press, 2004.
- Para mais estatísticas sobre as várias dimensões da desigualdade nos Estados Unidos, um site útil é "The State of Working America", publicado pelo Economic Policy Institute, em <http://www.stateof-workingamerica.org/>.
- Para mais informações sobre inovação e desigualdade de renda, leia, além de *O Capital no Século XXI* (2014), de Thomas Piketty, outro trabalho de Thomas Piketty e Emmanuel Saez, "Income Inequality in the United States, 1913-1998", *The Quarterly Journal of Economics*, 118 (1): 1-41, e Emmanuel Saez (2013) "Striking it Richer: The Evolution of Top Incomes in the United States," mimeo UC Berkeley.
- Para uma visão mais geral sobre tecnologia e desigualdade sob uma perspectiva ligeiramente diferente, recomendamos ler também "Technology and Inequality", de David Rotman, *MIT Technology Review*, 2014, disponível em <http://www.technologyreview.com/featuredstory/531726/technology-and-inequality/>.

Extensões

Expectativas

Os três capítulos a seguir representam a primeira extensão importante dos fundamentos. Eles examinam o papel das expectativas nas flutuações do produto.

Capítulo 14

O Capítulo 14 aborda o papel das expectativas nos mercados financeiros. Introduz o conceito de valor presente descontado esperado, que desempenha função central na determinação de preços de ativos e nas decisões de consumo e investimento. Por meio deste conceito, o capítulo estuda a determinação de preços e de rendimentos dos títulos. Mostra como podemos aprender sobre o curso das taxas de juros futuras esperadas analisando-se a curva de rendimento. Volta-se, a seguir, para os preços das ações e revela como estes dependem dos dividendos futuros esperados e das taxas de juros. Por fim, discute se os preços das ações sempre refletem os fundamentos ou se podem, em vez disso, refletir bolhas ou modismos.

Capítulo 15

O Capítulo 15 aborda o papel das expectativas nas decisões de consumo e de investimento. Mostra como o consumo depende em parte da renda corrente, em parte da riqueza humana e em parte da riqueza financeira. Mostra também como o investimento depende em parte do fluxo de caixa corrente e em parte do valor presente esperado de lucros futuros.

Capítulo 16

O Capítulo 16 examina o papel das expectativas nas flutuações do produto. A partir do modelo *IS-LM*, estende a descrição do equilíbrio no mercado de bens (a relação *IS*), de modo a refletir o efeito das expectativas sobre os gastos. Revisita os efeitos das políticas monetária e fiscal sobre o produto levando em conta seu efeito através das expectativas.

CAPÍTULO 14

Mercados financeiros e expectativas

Nosso foco neste capítulo recairá sobre o papel que as expectativas desempenham na determinação dos preços de ativos, desde títulos e ações até imóveis. Discutimos o papel das expectativas informalmente em vários pontos dos fundamentos. Agora é a hora de fazer isto mais formalmente. Como veremos, esses preços de ativos não só são afetados pela atividade corrente e pela futura esperada, mas também, por sua vez, afetam as decisões que influenciam a atividade econômica corrente. Entender sua determinação é, portanto, central para a compreensão das flutuações.

A Seção 14.1 introduz o conceito de valor presente descontado esperado, que desempenha um papel central na determinação dos preços dos ativos e nas decisões de consumo e investimento.

A Seção 14.2 analisa a determinação dos preços e dos rendimentos dos títulos. Mostra como os preços e rendimentos de títulos dependem das taxas de juros de curto prazo correntes e futuras esperadas. Mostra também como usar a curva de rendimentos para conhecer o curso esperado das taxas de juros de curto prazo futuras.

A Seção 14.3 trata da determinação dos preços das ações. Mostra como os preços das ações dependem dos lucros correntes e futuros esperados, bem como das taxas de juros correntes e futuras esperadas. Em seguida, discute como os movimentos da atividade econômica afetam os preços das ações.

A Seção 14.4 aprofunda o exame da relevância de modismos e bolhas – episódios em que os preços dos ativos (em especial de ações ou imóveis) parecem oscilar por razões não relacionadas com pagamentos ou taxas de juros correntes ou futuros esperados.

14.1 Valor presente descontado esperado

Para entender a importância do valor presente descontado esperado, vamos examinar o exemplo de uma gerente que está avaliando se deve ou não comprar uma nova máquina. Por um lado, comprar e instalar a máquina envolve um custo no presente. Por outro, a máquina permitirá produzir, vender e lucrar mais no futuro. A questão com que a gerente se defronta é se o valor dos lucros esperados é maior que o custo de comprar e instalar a máquina. É aqui que o conceito de valor presente descontado esperado vem a calhar: o **valor presente descontado esperado** de uma sequência de pagamentos futuros é o valor no presente desta sequência esperada de pagamentos. Ao calcular o valor presente descontado esperado da sequência de lucros, a gerente simplifica seu problema: basta comparar os dois números — o valor presente descontado esperado e o custo inicial. Se esse valor excede o custo, ela deve ir em frente e comprar a máquina. Caso contrário, não deve fazer isso.

A questão prática é que o valor presente descontado esperado não é diretamente observável. Deve ser obtido com base em informações sobre a sequência de pagamentos esperados e taxas de juros esperadas. Examinemos primeiro a mecânica do cálculo.

Cálculo do valor presente descontado esperado

Nesta seção, para simplificar, ignoramos uma questão discutida no Capítulo 6: o risco. Voltaremos a ele na próxima seção.

Se a taxa nominal de juros de um ano for i_t, o empréstimo de um dólar este ano renderá $1 + i_t$ dólares no próximo ano. De modo equivalente, tomar 1 dólar emprestado este ano implica pagar de volta $1 + i_t$ dólares no próximo ano. Neste sentido, um dólar este ano vale $1 + i_t$ dólares no próximo ano. Esta relação está representada graficamente na primeira linha da Figura 14.1.

Vamos inverter o argumento e questionar: 1 dólar no *próximo ano* vale quanto neste? A resposta, representada na segunda linha da Figura 14.1, é $1/(1 + i_t)$ dólares. Pense desta maneira: se você emprestar $1/(1 + i_t)$ dólares neste ano, receberá $1/(1 + i_t)$ vezes $(1 + i_t) = 1$ dólar no próximo ano. De modo análogo, se você tomar emprestado $1/(1 + i_t)$ dólares este ano, terá de pagar exatamente 1 dólar no próximo ano. Portanto, 1 dólar no próximo ano vale $1/(1 + i_t)$ dólares este ano.

Mais formalmente, dizemos que $1/(1 + i_t)$ é o *valor presente descontado* de 1 dólar no próximo ano. O termo *presente* vem do fato de que estamos examinando o valor de um pagamento no próximo ano em termos de dólares *hoje*. O termo *descontado* representa o fato de que o valor no próximo ano é descontado, sendo $1/(1 + i_t)$ o **fator de desconto** (a taxa utilizada para calcular o desconto, neste caso, a taxa nominal de juros de um ano, i_t, às vezes é chamada de **taxa de desconto**).

i_t: taxa de desconto.
$1/(1 + i_t)$: fator de desconto.
Se a taxa de desconto sobe, o fator de desconto baixa.

Quanto maior a taxa nominal de juros, menor o valor presente de 1 dólar recebido no próximo ano. Se $i = 5\%$, o valor este ano de 1 dólar no próximo ano é $1/1,05 \approx 95$ centavos de dólar. Se $i = 10\%$, o valor presente de 1 dólar no próximo ano é $1/1,10 \approx 91$ centavos de dólar.

Apliquemos a mesma lógica ao valor presente de 1 dólar recebido *daqui a dois anos*. Por enquanto, vamos supor que sabemos com certeza quais são as taxas nominais de juros de um ano corrente e futura. Seja i_t a taxa nominal de juros este ano e i_{t+1} a taxa nominal de juros de um ano no próximo ano.

Se você emprestar hoje 1 dólar por dois anos, terá $(1 + i_t)(1 + i_{t+1})$ dólares daqui a dois anos. Dito de outra maneira, hoje 1 dólar vale $(1 + i_t)(1 + i_{t+1})$ dólares daqui a dois anos. Essa relação está representada na terceira linha da Figura 14.1.

Quanto 1 dólar daqui a dois anos vale hoje? Pela mesma lógica anterior, a resposta é $1/(1 + i_t)(1 + i_{t+1})$ dólares; se você emprestar $1/(1 + i_t)(1 + i_{t+1})$ dólares este ano, receberá exatamente 1 dólar daqui a dois anos. Portanto, o *valor presente descontado de 1 dólar daqui a dois anos* é igual a $1/(1 + i_t)(1 + i_{t+1})$ dólares. Essa relação é mostrada na última linha da Figura 14.1. Se, por exemplo, a taxa nominal de juros de um ano for a mesma este ano e no próximo, e igual a 5%, de modo que $i_t = i_{t+1} = 5\%$, então o valor presente descontado de um dólar daqui a dois anos será igual a $1/(1,05)^2$, ou cerca de 91 centavos de dólar hoje.

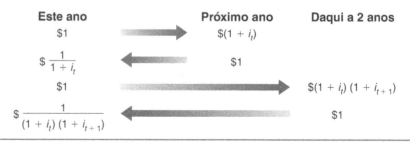

Figura 14.1 Cálculo do valor presente descontado.

Fórmula geral

Depois de trilhar esses passos, é fácil derivar o valor presente descontado para o caso em que tanto os pagamentos quanto as taxas de juros podem mudar ao longo do tempo.

Consideremos uma sequência de pagamentos em dólar, começando hoje e continuando no futuro. Suponhamos, por enquanto, que tanto os pagamentos futuros quanto as taxas de juros futuras sejam conhecidos com certeza. Representemos o pagamento de hoje por $\$z_t$, o pagamento do próximo ano por $\$z_{t+1}$, o pagamento daqui a dois anos por $\$z_{t+2}$, e assim por diante.

O valor presente descontado dessa sequência de pagamentos — ou seja, o valor em dólares de hoje da sequência de pagamentos —, que denominaremos $\$V_t$, é dado por

$$\$V_t = \$z_t + \frac{1}{(1+i_t)}\$z_{t+1} + \frac{1}{(1+i_t)(1+i_{t+1})}\$z_{t+2} + \cdots$$

Cada pagamento no futuro é multiplicado por seu respectivo fator de desconto. Quanto mais distante o pagamento, menor o fator de desconto e, portanto, menor o valor presente desse pagamento distante. Em outras palavras, os pagamentos futuros têm descontos maiores, de modo que seu valor presente descontado é menor.

Assumimos que tanto os pagamentos futuros quanto as taxas de juros futuras eram conhecidos com certeza. Contudo, decisões concretas têm de ser baseadas em expectativas de pagamentos futuros, e não nos valores efetivos desses pagamentos. Em nosso exemplo anterior, a gerente não pode ter certeza de quanto lucro a nova máquina proporcionará realmente, nem pode ter certeza quanto às taxas de juros futuras. O melhor a fazer é obter as previsões mais precisas possíveis e calcular o *valor presente descontado esperado* dos lucros com base nessas previsões.

Como calcular o valor presente descontado esperado quando os pagamentos futuros e as taxas de juros futuras são incertos? Basicamente da mesma maneira que antes, mas substituindo os pagamentos futuros *conhecidos* e as taxas de juros *conhecidas* por pagamentos futuros *esperados* e taxas de juros *esperadas*. Formalmente: representamos os pagamentos esperados para o próximo ano por $\$z^e_{t+1}$, os pagamentos esperados para daqui a dois anos por $\$z^e_{t+2}$, e assim por diante. Do mesmo modo, representamos a taxa nominal de juros de um ano esperada por i^e_{t+1}, e assim por diante. (A taxa nominal de juros de um ano este ano, i_t, é conhecida hoje, de modo que não é necessário o *e* sobrescrito.) O valor presente descontado esperado desta sequência esperada de pagamentos é dado por

$$\$V_t = \$z_t + \frac{1}{(1+i_t)}\$z^e_{t+1} + \frac{1}{(1+i_t)(1+i^e_{t+1})}\$z^e_{t+2} + \cdots \quad (14.1)$$

"Valor presente descontado esperado" é uma expressão muito extensa. Com frequência usaremos, de maneira abreviada, somente **valor presente descontado ou valor presente**. Também será conveniente ter uma forma abreviada para escrever expressões como a Equação 14.1. Para representar o valor presente de uma sequência esperada de $\$z$, escreveremos $V(\$z_t)$, ou apenas $V(\$z)$.

Usando o valor presente: exemplos

A Equação 14.1 tem duas implicações importantes:

- O valor presente depende positivamente do pagamento efetivo atual e dos pagamentos futuros esperados. Um aumento de $\$z$ no presente ou de qualquer $\$z^e$ futuro leva a um aumento no valor presente.

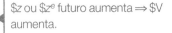

$\$z$ ou $\$z^e$ futuro aumenta $\Rightarrow \$V$ aumenta.

314 Macroeconomia

i ou *i*^e futuro aumenta ⟹ $V diminui.

◆ O valor presente depende negativamente das taxas de juros atual e futura esperadas. Um aumento no i atual ou em qualquer i^e futuro leva a uma diminuição no valor presente.

Entretanto, a Equação 14.1 não é simples, e alguns exemplos vão auxiliar sua compreensão.

Taxas de juros constantes

Para focar nos efeitos da sequência de pagamentos sobre o valor presente, suponhamos que se espere que as taxas de juros sejam constantes ao longo do tempo, de modo que $i_t = i^e_{t+1} = ...$, e representemos seu valor comum por i. A fórmula do valor presente — a Equação 14.1 — torna-se

$$\$V_t = \$z_t + \frac{1}{(1+i)}\$z^e_{t+1} + \frac{1}{(1+i)^2}\$z^e_{t+2} + \cdots \tag{14.2}$$

Os pesos correspondem aos termos de uma progressão geométrica. Veja a discussão sobre progressões geométricas no Apêndice 2 no final do livro.

Nesse caso, o valor presente é uma *soma ponderada* dos pagamentos atual e futuros esperados, com pesos que diminuem *geometricamente* ao longo do tempo. O peso de um pagamento este ano é 1, o peso de um pagamento daqui a n anos é $(1/(1+i))^n$. Com uma taxa de juros positiva, os pesos se aproximam cada vez mais de zero à medida que avançamos no futuro. Por exemplo, com uma taxa de juros igual a 10%, o peso de um pagamento daqui a 10 anos é igual a $1/(1+0{,}10)^{10} = 0{,}386$, de modo que um pagamento de US$ 1.000 daqui a 10 anos vale US$ 386 atualmente. O peso de um pagamento daqui a 30 anos é $1/(1+0{,}10)^{30} = 0{,}057$, de modo que o pagamento de US$ 1.000 em 30 anos vale apenas US$ 57 hoje!

Taxas de juros e pagamentos constantes

Em alguns casos, a sequência de pagamentos cujo valor presente se deseja calcular é simples. Por exemplo, uma hipoteca comum com prazo de 30 anos e taxa de juros fixa exige pagamentos constantes em dólares ao longo de 30 anos. Consideremos uma sequência de pagamentos iguais — representados por $z sem um índice temporal — ao longo de n anos, incluindo este ano. Neste caso, a fórmula do valor presente na Equação 14.2 simplifica-se, resultando em

$$\$V_t = \$z\left[1 + \frac{1}{(1+i)} + \cdots + \frac{1}{(1+i)^{n-1}}\right]$$

A esta altura, as progressões geométricas não deveriam ser um mistério, e você não deveria ter qualquer problema para derivar esta relação. Mas, se restar alguma dúvida, veja o Apêndice 2 no final do livro.

Visto que os termos da expressão entre colchetes representam uma progressão geométrica, podemos calcular a soma da progressão e obter

$$\$V_t = \$z\frac{1 - [1/(1+i)^n]}{1 - [1/(1+i)]}$$

Qual será o valor presente se *i* for 4%? E 8%? (Respostas: US$ 706.000 e US$ 530.000)

Suponhamos que você tenha acabado de ganhar US$ 1 milhão na loteria federal e receba um cheque de US$ 1.000.000 de um metro e meio diante das câmeras de televisão. Mais tarde você fica sabendo que, para protegê-lo de seus piores instintos consumistas ou de seus inúmeros novos "amigos", o estado lhe pagará o prêmio de um US$ 1 milhão em prestações anuais de US$ 50.000 durante os próximos 20 anos. Qual é o valor presente do seu prêmio? Tomando, por exemplo, uma taxa de juros de 6% ao ano, a equação anterior dá V = US$ 50.000 (0,688)/(0,057) = cerca de US$ 608.000. Nada mau, mas ganhar na loteria não fez de você um milionário.

Taxas de juros e pagamentos constantes para sempre

Vamos avançar um passo e supor que os pagamentos não sejam apenas constantes, mas que se estendam para sempre. É difícil achar exemplos para este caso no mundo real, mas há um proveniente da Inglaterra do século XIX, quando o governo emitia *consols*, títulos que pagavam um montante fixo anual para sempre. Vamos representar o pagamento constante por $z. Suponhamos que os pagamentos tenham início no próximo ano, e não imediatamente, como no exemplo anterior (isto simplifica a álgebra). Da Equação 14.2, temos

> A maioria dos *consols* foi recomprada pelo governo britânico no fim do século XIX e início do século XX. Mas ainda restam alguns em circulação.

$$\$ V_t = \frac{1}{(1+i)} \$z + \frac{1}{(1+i)^2} \$z + \cdots$$

$$= \frac{1}{(1+i)} \left[1 + \frac{1}{(1+i)} + \cdots \right] \$z$$

onde a segunda linha segue ao fatorar $1/(1+i)$. O motivo desta fatoração $1/(1+i)$ fica claro quando se examina o termo entre colchetes. O termo é uma progressão geométrica infinita, de modo que podemos utilizar a propriedade das progressões geométricas para reescrever o valor presente como

$$\$ V_t = \frac{1}{1+i} \frac{1}{(1 - (1/(1+i)))} \$z$$

Ou, simplificando (os passos são dados na aplicação da Proposição 2 do Apêndice 2 no final do livro),

$$\$ V_t = \frac{\$z}{i}$$

O valor presente de uma sequência constante de pagamentos, $z, é igual à razão entre $z e a taxa de juros i. Se, por exemplo, espera-se que a taxa de juros seja de 5% ao ano para sempre, o valor presente de um *consol* que promete US$ 10 ao ano para sempre é igual a US$ 10/0,05 = US$ 200. Se a taxa de juros aumenta e se passa a esperar que seja de 10% ao ano para sempre, o valor presente do *consol* diminui para US$ 10/0,10 = US$ 100.

Taxas de juros nulas

Por causa do desconto, o cálculo do valor presente descontado normalmente exige o uso de uma calculadora. Entretanto, há um caso em que os cálculos podem ser simplificados: quando a taxa de juros é igual a zero. Se $i = 0$, então $1/(1+i)$ é igual a 1, o mesmo valendo para $[1/(1+i)^n]$ para qualquer potência n. Por este motivo, o valor presente descontado de uma sequência de pagamentos esperados é apenas a *soma* desses pagamentos esperados. Como a taxa de juros é, na verdade, normalmente positiva, supor que ela seja nula é somente uma aproximação. Mas pode ser uma aproximação muito útil para cálculos rápidos.

Taxa nominal de juros *versus* taxa real de juros e o valor presente

Até agora, calculamos o valor presente de uma sequência de pagamentos em dólares usando as taxas de juros em termos de dólares — taxas nominais de juros. Especificamente, escrevemos a Equação 14.1 como

$$\$ V_t = \$z_t + \frac{1}{(1+i_t)} \$z_{t+1}^e + \frac{1}{(1+i_t)(1+i_{t+1}^e)} \$z_{t+2}^e + \cdots$$

onde $i_t, i^e_{t+1}, \ldots$ é a sequência das taxas nominais de juros corrente e futuras esperadas, e $\$z_t, \$z^e_{t+1}, \$z^e_{t+2}, \ldots$ é a sequência dos pagamentos correntes e futuros esperados em dólares.

Suponhamos agora que desejemos calcular o valor presente de uma sequência de pagamentos *reais* — isto é, pagamentos em termos de uma cesta de bens em vez de pagamentos em termos de dólares. Seguindo a lógica anterior, o que precisamos é utilizar as taxas de juros corretas para este caso, a saber, a taxa de juros em termos da cesta de bens — *taxas reais de juros*. Especificamente, podemos escrever o valor presente de uma sequência de pagamentos reais como

$$V_t = z_t + \frac{1}{(1 + r_t)} z^e_{t+1} + \frac{1}{(1 + r_t)(1 + r^e_{t+1})} z^e_{t+2} + \cdots \qquad (14.3)$$

onde $r_t, r^e_{t+1}, \ldots$ é a sequência das taxas reais de juros atual e futuras esperadas; $z_t, z^e_{t+1}, z^e_{t+2}, \ldots$ é a sequência dos pagamentos reais atual e futuros esperados, e V_t é o valor presente real dos pagamentos futuros.

> A prova é dada no apêndice deste capítulo. Embora não seja fácil, examine-a para testar sua compreensão das duas ferramentas: taxa real de juros *versus* taxa nominal de juros e valor presente esperado.

Essas duas maneiras de escrever o valor presente são equivalentes. Isto é, o valor real obtido pelo cálculo de $\$V_t$ usando-se a Equação 14.1 e dividindo-se por P_t, o nível de preços, é igual ao valor real V_t obtido da Equação 14.3, portanto

$$\$V_t/P_t = V_t$$

Resumindo: podemos calcular o valor presente de uma sequência de pagamentos de duas maneiras. Uma é calculá-lo como o valor presente da sequência de pagamentos expresso em dólares, descontado usando-se taxas nominais de juros, e então dividido pelo nível de preços no presente. A outra é calculá-lo como o valor presente da sequência de pagamentos expresso em termos reais, descontado usando taxas reais de juros. As duas maneiras dão a mesma resposta.

Precisamos das duas fórmulas? Sim. Qual delas é mais útil depende do contexto.

Consideremos, por exemplo, os títulos. Normalmente são direitos a uma sequência de pagamentos nominais ao longo de um período de anos. Por exemplo, um título de 10 anos pode prometer pagar US$ 50 a cada ano durante esse período, mais um pagamento final de US$ 1.000 no último ano. Assim, quando examinarmos a precificação dos títulos na próxima seção, vamos contar com a Equação 14.1 (que é expressa em termos de pagamentos em dólares) em vez da Equação 14.3 (que é expressa em termos reais).

Às vezes, porém, temos melhor percepção dos valores reais futuros esperados que dos valores futuros esperados em dólares. Você pode não ter uma noção precisa de quanto será sua renda em dólares daqui a 20 anos. Seu valor depende em boa parte do que acontecerá à inflação entre o presente e essa data futura. Mas você pode estar confiante de que sua renda nominal aumentará no mínimo tanto quanto a inflação — em outras palavras, de que sua renda real não diminuirá. Nesse caso, o uso da Equação 14.1, a qual exige que você forme expectativas de renda futura em dólares, será difícil. Entretanto, utilizar a Equação 14.3, a qual exige que você forme expectativas da renda real futura, pode ser mais fácil. Por esse motivo, quando discutirmos decisões de consumo e investimento no Capítulo 15, vamos contar com a Equação 14.3 em vez da Equação 14.1.

14.2 Preços e rendimentos dos títulos

Os títulos diferem em duas dimensões básicas:

* **Vencimento:** o intervalo de tempo em que o título promete fazer pagamentos a seu detentor. Um título que prometa fazer um pagamento de US$ 1.000 em

seis meses tem um vencimento de seis meses; um título que prometa US$ 100 ao ano pelos próximos 20 anos e um pagamento de US$ 1.000 ao fim desses 20 anos tem um vencimento de 20 anos.

- **Risco:** pode ser o risco de inadimplência, o risco de que o emissor do título (um governo ou uma empresa) não pague o montante total prometido pelo título. Ou pode ser o risco de preço, a incerteza quanto ao preço em que se poderá vender o título quando se quiser vendê-lo no futuro antes do vencimento.

Tanto o risco quanto o vencimento são importantes na determinação das taxas de juros. Como o foco aqui é no papel do vencimento e, por implicação, no papel das expectativas, vamos ignorar o risco de início e reintroduzi-lo mais adiante.

Cada título com vencimento diferente tem um preço e uma taxa de juros associada, denominada **rendimento até o vencimento**, ou, simplesmente, **rendimento**. Rendimentos de títulos com vencimento curto, normalmente de um ano ou menos, são chamados de **taxas de juros de curto prazo**. Rendimentos de títulos com vencimento mais longo são chamados de **taxas de juros de longo prazo**. Ao observar em um dia qualquer os rendimentos de títulos de vencimentos diferentes, podemos mostrar graficamente como o rendimento depende do vencimento de um título. Essa relação entre rendimento e vencimento é chamada de **curva de rendimento**, ou **estrutura a termo das taxas de juros**. (A palavra *termo* é sinônimo de vencimento.)

A Figura 14.2 mostra, por exemplo, a estrutura a termo dos títulos do governo dos Estados Unidos em dois momentos: 1º de novembro de 2000 e 1º de junho de 2001. A escolha dessas datas não é aleatória; a seguir, veremos o motivo.

Note que na Figura 14.2, em 1º de novembro de 2000, a curva de rendimento tinha uma inclinação levemente negativa, com uma diminuição da taxa de juros de três meses de 6,2% para uma taxa de juros de 30 anos de 5,8%. Em outras palavras, as taxas de juros de longo prazo eram ligeiramente mais baixas que as taxas de juros de curto prazo. Note como, sete meses depois, em 1º de junho de 2001, a curva de rendimento tinha uma inclinação fortemente positiva, aumentando de uma taxa de juros de três meses de 3,5% para uma taxa de juros de 30 anos de 5,7%. Em outras palavras, as taxas de juros de longo prazo haviam se tornado muito mais altas que as de curto prazo.

> Apresentamos anteriormente duas distinções entre taxas de juros: reais *versus* nominais e básica *versus* de empréstimo (por enquanto, deixaremos de lado esta segunda distinção). Agora introduzimos uma terceira: taxas de curto *versus* de longo prazo. Note que isso perfaz seis combinações...

> Para saber qual é a curva de rendimento dos títulos dos EUA no momento em que estiver lendo este capítulo, acesse <yieldcurve.com> e clique em "*yield curves*" (curvas de rendimento). Você terá as curvas de rendimento dos títulos tanto do Reino Unido quanto dos Estados Unidos.

▶ Figura 14.2 **Curvas de rendimento dos Estados Unidos: 1º de novembro de 2000 e 1º de junho de 2001.**

A curva de rendimento, que tinha uma inclinação levemente negativa em novembro de 2000, passou a ter uma inclinação fortemente positiva sete meses depois.

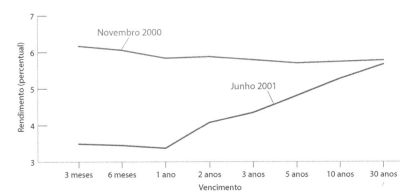

Fonte: Series DGS1MO, DGS3MO, DGS6MO, DGS1, DGS2, DGS3, DGS5, DGS7, DGS10, DGS20, DGS30. Federal Reserve Economic Data (FRED). Disponível em: <http://research.stlouisfed.org/fred2/>. Acesso em 25 jul. 2017.

Por que a curva de rendimento era negativamente inclinada em novembro de 2000 e positivamente inclinada em junho de 2001? Posto de outra maneira, por que as taxas de juros de longo prazo eram ligeiramente mais baixas que as taxas de juros de curto prazo em novembro de 2000, mas mais altas que as taxas de juros de curto prazo em junho de 2001? O que os participantes do mercado financeiro estavam pensando em cada data? Para responder a essas questões e, de modo geral, pensar na determinação da curva de rendimento e na relação entre taxas de juros de curto prazo e taxas de juros de longo prazo, seguimos dois passos:

1. Derivamos os *preços dos títulos* para títulos com vencimentos diferentes.
2. Passamos dos preços dos títulos para os *rendimentos dos títulos* e examinamos os determinantes da curva de rendimento e a relação entre taxas de juros de curto e de longo prazos.

FOCO

O vocabulário do mercado de títulos

Entender o vocabulário básico dos mercados financeiros ajuda a torná-los (um pouco) menos misteriosos. Vejamos a seguir uma revisão básica da terminologia.

- Títulos são emitidos pelos governos ou por empresas. Quando emitidos pelo governo ou pelas agências governamentais, recebem o nome de **títulos públicos**; quando emitidos pelas empresas (companhias), são chamados de **títulos privados**.

- Nos Estados Unidos, os títulos são classificados de acordo com seu risco de inadimplência (o risco de não serem pagos) por agências especializadas. As duas principais são a Standard and Poor's (S&P) e a Moody's Investors Service. A **classificação dos títulos** feita pela Moody's varia de Aaa (para títulos sem praticamente qualquer risco de inadimplência) a C (para títulos em que o risco de inadimplência é alto). Em agosto de 2011, a Standard and Poor's rebaixou os títulos do governo norte-americano de Aaa para AA+, refletindo sua preocupação com os altos déficits orçamentários, e provocou intensa controvérsia. Uma classificação mais baixa normalmente implica que o título deve pagar uma taxa de juros mais elevada, caso contrário os investidores não o comprarão. A diferença entre a taxa de juros paga por um dado título e a taxa paga pelo título com a mais alta (melhor) classificação é chamada de **prêmio de risco** associado ao dado título. Os títulos com alto risco de inadimplência são, às vezes, chamados de **títulos podres** (*junk bonds*).

- Os títulos que prometem um único pagamento no vencimento são chamados de **títulos com desconto**. O pagamento único é o chamado **valor de face** do título.

- Os títulos que prometem pagamentos múltiplos antes do vencimento e um pagamento no vencimento são chamados de **títulos com cupom**. Os pagamentos efetuados antes do vencimento são chamados de **pagamentos de cupom**. O pagamento final é chamado de valor de face do título. A razão entre os pagamentos de cupom e o valor de face é denominada **taxa de cupom**. O **rendimento corrente** é a razão entre o pagamento de cupom e o preço do título.

Por exemplo, um título com pagamentos de cupom de US$ 5 a cada ano, um valor de face de US$ 100 e um preço de US$ 80 tem uma taxa de cupom de 5% e um rendimento corrente de 5/80 = 0,0625 = 6,25%. Do ponto de vista econômico, nem a taxa de cupom nem o rendimento corrente constituem medidas interessantes. A medida correta da taxa de juros de um título é seu rendimento até o vencimento, ou, simplesmente, rendimento; pode-se pensar nele aproximadamente como a taxa média de juros paga pelo título ao longo de sua **vida** (a vida de um título é quanto tempo resta até seu vencimento). Definiremos o conceito de *rendimento até o vencimento* com maior rigor posteriormente nesta seção.

- O vencimento dos títulos públicos dos Estados Unidos varia de alguns dias a 30 anos. Os títulos com vencimento em até um ano a partir da emissão são chamados de **letras do Tesouro**, ou **T-bills**. São títulos com desconto, pois efetuam apenas um pagamento no vencimento. Os títulos com vencimento em 1 a 10 anos a partir da emissão são chamados de **notas do Tesouro**. Os títulos com vencimento em 10 anos ou mais a partir da emissão recebem o nome de **bônus do Tesouro**. Tanto as notas quanto os bônus do Tesouro são títulos com cupom. Títulos com prazos mais longos são mais arriscados e, por isso, costumam carregar um prêmio de risco, também chamado de **prêmio de longo prazo**.

♦ Os títulos normalmente são nominais. Eles prometem uma sequência de pagamentos nominais fixos — pagamentos em moeda nacional. Há, porém, outros tipos de títulos. Entre eles estão os **títulos indexados**, que prometem pagamentos ajustados pela inflação em vez de pagamentos nominais fixos. Em vez de prometer pagar, por exemplo, US$ 100 em um ano, um título indexado de um ano promete pagar 100 (1 + π) dólares, qualquer que seja π, a taxa de inflação no próximo ano. Os títulos indexados são populares em muitos países pelo fato de protegerem seus detentores do risco da inflação. Eles desempenham um papel particularmente importante no Reino Unido, onde nos últimos 30 anos as pessoas os vêm utilizando cada vez mais como poupança para a aposentadoria. Ao deter títulos indexados de longo prazo, as pessoas podem estar certas de que os pagamentos que receberão quando se aposentarem estarão protegidos da inflação. Títulos indexados foram introduzidos nos Estados Unidos em 1997, e receberam o nome de ***Treasury Inflation Protected Securities (TIPS)*** (títulos do Tesouro protegidos da inflação, em inglês).

Preços dos títulos como valores presentes

Em grande parte desta seção, examinaremos apenas dois tipos de título: aquele que promete pagamento de US$ 100 em um ano — um título de um ano — e o que promete pagamento de US$ 100 em dois anos — um título de dois anos. Uma vez entendido como os preços e os rendimentos dos títulos são determinados, será fácil generalizar nossos resultados para títulos com qualquer vencimento. É o que faremos posteriormente.

> Note que ambos são *títulos com desconto* (veja o quadro Foco "O vocabulário do mercado de títulos").

Vamos começar derivando o preço destes dois títulos.

♦ Dado que o título de um ano é uma promessa de pagar US$ 100 no próximo ano, segue-se da seção anterior que seu preço, o qual chamaremos de $\$P_{1t}$, deve ser igual ao valor presente de um pagamento de US$ 100 no próximo ano. Seja i_{1t} a taxa nominal de juros de um ano atual. Note que agora representamos a taxa de juros de um ano no ano t por i_{1t} em vez de simplesmente por i_t, como nos capítulos anteriores. Isso facilita lembrar que se trata da taxa de juros de *um ano*. Assim,

$$\$P_{1t} = \frac{\$100}{1 + i_{1t}} \qquad (14.4)$$

O preço do título de um ano varia inversamente com a taxa nominal de juros de um ano atual.

> Já vimos esta relação no Capítulo 4, Seção 4.2.

♦ Dado que o título de dois anos é uma promessa de pagar US$ 100 em dois anos, seu preço, o qual chamaremos de $\$P_{2t}$, deve ser igual ao valor presente de US$ 100 em dois anos a partir de agora:

$$\$P_{2t} = \frac{\$100}{(1 + i_{1t})(1 + i_{1t+1}^e)} \qquad (14.5)$$

onde i_{1t} representa a taxa de juros de um ano neste ano, e i_{1t+1}^e, a taxa de um ano esperada pelos mercados financeiros para o próximo ano. O preço do título de dois anos depende inversamente das taxas de um ano, tanto a atual quanto a esperada para o próximo ano.

Arbitragem e preços dos títulos

Antes de nos aprofundarmos nas implicações das equações 14.4 e 14.5, vamos examinar uma derivação alternativa da Equação 14.5. Essa derivação vai introduzir o importante conceito de **arbitragem**.

Suponhamos que você possa escolher entre reter títulos de um ano ou de dois anos e o que importa seja quanto terá *daqui a um ano*. Quais títulos reter?

* Suponha que você retenha títulos de um ano. Para cada dólar colocado em títulos de um ano, receberá $(1 + i_{1t})$ dólares no próximo ano. A primeira linha da Figura 14.3 apresenta esta relação.

* Suponhamos que você retenha títulos de dois anos. Como o preço desses títulos é $\$P_{2t}$, cada dólar colocado em títulos de dois anos compra $1/\$P_{2t}$ títulos no presente. Quando o próximo ano chegar, o título terá somente mais um ano para o vencimento. Desse modo, daqui a um ano, o título de dois anos será um título de um ano. Portanto, o preço pelo qual você espera vendê-lo no próximo ano é $\$P^e_{1t+1}$, que é o preço esperado de um título de um ano no próximo ano.

Então, para cada dólar colocado em títulos de dois anos, você pode esperar receber $\$1/\$P_{2t}$ vezes $\$P^e_{1t+1}$, ou, de modo equivalente, $\$P^e_{1t+1}/\$P_{2t}$ dólares no próximo ano. Isso está representado na segunda linha da Figura 14.3.

Quais títulos reter? Suponhamos que você e outros investidores estejam preocupados *apenas* com o retorno esperado, e não com o risco. Essa suposição é conhecida como **hipótese das expectativas** e trata-se de uma simplificação. Você e os outros investidores provavelmente se preocuparão não apenas com o retorno esperado, mas também com o risco associado a reter cada título. Se você retém um título de um ano, sabe com certeza o que terá no próximo ano. Mas, se for de dois anos, o preço pelo qual você o venderá no próximo ano é incerto; reter o título de dois anos envolve risco. Como já dissemos, vamos desconsiderar isto por ora e voltar ao tópico mais adiante.

Sob a hipótese de que você e outros investidores se importem somente com o retorno esperado, segue-se que os dois títulos devem oferecer o mesmo retorno esperado em um ano. Digamos que esta condição não seja satisfeita. Suponhamos, por exemplo, que o retorno em um ano sobre títulos de um ano fosse menor que o retorno esperado em um ano sobre títulos de dois anos. Neste caso, ninguém optaria por reter a oferta existente de títulos de um ano, e o mercado de títulos de um ano não estaria em equilíbrio. Somente se o retorno esperado em um ano fosse o mesmo para ambos os títulos é que os investidores estariam dispostos a reter tanto os títulos de um ano quanto os de dois anos.

Se os dois títulos oferecem o mesmo retorno esperado em um ano, tem-se da Figura 14.3 que

$$1 + i_{1t} = \frac{\$P^e_{1t+1}}{\$P_{2t}} \qquad (14.6)$$

O lado esquerdo da equação dá o retorno por dólar ao reter um título de um ano por um ano; o lado direito dá o retorno esperado por dólar ao reter um título de dois

▶ **Figura 14.3** Retornos ao reter títulos de um ano e de dois anos por um ano.

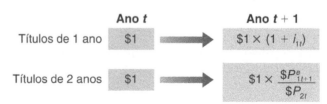

anos por um ano. Chamaremos equações como a 14.6 — aquelas que expressam que os retornos esperados de dois ativos devem ser iguais — de relações de *arbitragem*. Reescrevemos a Equação 14.6 como

$$\$ P_{2t} = \frac{\$ P^e_{1t+1}}{1 + i_{1t}} \tag{14.7}$$

Arbitragem implica que o preço de um título de dois anos hoje é o valor presente do preço esperado do título no próximo ano. Isto levanta a próxima questão: do que depende o preço esperado de títulos de um ano no próximo ano, $\$ P^e_{1t+1}$?

A resposta é simples. Assim como o preço de um título de um ano neste ano depende da taxa de juros de um ano neste ano, o preço de um título de um ano no próximo ano dependerá da taxa de juros de um ano no próximo ano. Escrevendo a Equação 14.4 para o próximo ano (ano $t+1$) e representando as expectativas do modo usual temos

$$\$ P^e_{1t+1} = \frac{\$100}{(1 + i^e_{1t+1})} \tag{14.8}$$

Espera-se que o preço do título no próximo ano seja igual ao pagamento final, US\$ 100, descontado pela taxa de juros de um ano esperada para o próximo ano.

Ao substituir $\$ P^e_{1t+1}$ da Equação 14.8 na Equação 14.7, temos

$$\$ P_{2t} = \frac{\$100}{(1 + i_{1t})(1 + i^e_{1t+1})} \tag{14.9}$$

Essa expressão é igual à Equação 14.5. O que mostramos é que a *arbitragem* entre títulos de um ano e de dois anos implica que o preço de títulos de dois anos é o *valor presente* do pagamento em dois anos, ou seja, US\$ 100, descontado usando-se as taxas de juros de um ano atual e esperada para o próximo ano.

Dos preços aos rendimentos dos títulos

Uma vez examinados os preços dos títulos, passemos aos seus rendimentos. O ponto básico: os rendimentos dos títulos contêm a mesma informação sobre as taxas de juros futuras esperadas que os preços dos títulos. Eles apenas o fazem de uma forma muito mais clara.

Para começar, precisamos de uma definição do rendimento até o vencimento: o *rendimento até o vencimento* de um título de n anos (ou, de modo equivalente, a **taxa de juros de n anos**) é definido como uma taxa de juros anual constante que torna o preço do título hoje igual ao valor presente dos pagamentos futuros do título.

Esta definição é mais simples do que parece. Tomemos, por exemplo, o título de dois anos que introduzimos anteriormente. Representemos seu rendimento por i_{2t}, onde o "2" subscrito está lá para nos lembrar de que este é o *rendimento até o vencimento* de um título de dois anos, ou, o que é equivalente, a taxa de juros de dois anos. Seguindo a definição de rendimento até o vencimento, esse rendimento é a taxa de juros anualizada constante que tornaria o valor presente de US\$ 100 em dois anos igual ao preço do título no presente. Portanto, satisfaz à seguinte relação:

$$\$ P_{2t} = \frac{\$100}{(1 + i_{2t})^2} \tag{14.10}$$

Suponhamos que o título seja vendido por US\$ 90 na data de hoje. Assim, a taxa de juros de dois anos, i_{2t}, é dada por $\sqrt{100/90} - 1$, ou 5,4%. Em outras palavras, manter o título por dois anos — até seu vencimento — rende uma taxa de juros de 5,4% ao ano.

Qual é a relação entre a taxa de juros de dois anos, a taxa de juros de um ano atual e a taxa de juros de um ano esperada? Para responder a esta pergunta, examine as equações 14.10 e 14.9. Eliminando $\$ P_{2t}$ das duas equações, temos

> Usamos *arbitragem* para representar a proposição de que os retornos esperados de dois ativos devem ser iguais. Alguns economistas da área de finanças reservam *arbitragem* para a proposição mais restrita de que as oportunidades de lucro *sem risco* não ficam inexploradas.

> Relação entre arbitragem e valores presentes: a arbitragem entre títulos de vencimentos diferentes implica que os preços dos títulos são iguais aos valores presentes esperados dos pagamentos desses títulos.

> $\$90 = \$100/(1 + i_{2t})^2 \Rightarrow$
> $(1 + i_{2t})^2 = \$100/\$90 \Rightarrow$
> $(1 + i_{2t}) = \sqrt{\$100/\$90} \Rightarrow$
> $i_{2t} = 5,4\%$

$$\frac{\$100}{(1 + i_{2t})^2} = \frac{\$100}{(1 + i_{1t})(1 + i_{1t+1}^e)}$$

Rearranjando, temos

$$(1 + i_{2t})^2 = (1 + i_{1t})(1 + i_{1t+1}^e)$$

Isto nos dá a relação exata entre a taxa de juros de dois anos, i_{2t}, a taxa de juros de um ano atual, i_{1t}, e a taxa de juros de um ano esperada para o próximo ano, i_{1t+1}^e. Uma aproximação útil para esta relação é dada por

$$i_{2t} \approx \frac{1}{2}(i_{1t} + i_{1t+1}^e) \tag{14.11}$$

> Usamos uma aproximação semelhante quando examinamos a relação entre as taxas de juros nominal e real no Capítulo 6. Veja a Proposição 3 do Apêndice 2 no final do livro.

A Equação 14.11 simplesmente diz que *a taxa de juros de dois anos é (aproximadamente) a média entre a taxa de juros de um ano atual e a taxa de juros de um ano esperada para o próximo ano.*

Até aqui nos concentramos na relação entre preços e rendimentos de títulos de um ano e de dois anos. Mas nossos resultados podem ser generalizados para títulos com qualquer vencimento. Por exemplo, poderíamos ter examinado títulos com vencimentos menores que um ano. Exemplificando: o rendimento de um título com vencimento em seis meses é (aproximadamente) igual à média entre a taxa de juros de três meses atual e a taxa de juros de três meses esperada para o próximo trimestre. Ou, em vez disso, poderíamos ter examinado títulos com vencimentos mais longos que dois anos. Por exemplo, o rendimento de um título de dez anos é (aproximadamente) igual à média entre a taxa de juros de um ano atual e as taxas de juros de um ano esperadas para os próximos nove anos.

O princípio geral é claro: as taxas de juros de longo prazo refletem as taxas de juros de curto prazo atual e futuras esperadas. Antes de retomarmos a interpretação das curvas de rendimento na Figura 14.2, precisamos dar um último passo: reintroduzir o risco.

Reintrodução de risco

Até aqui assumimos que os investidores não se importavam com o risco. Mas eles se importam. Retomemos a opção entre reter um título de um ano por um ano ou um título de dois anos por um ano. A primeira opção é isenta de risco. A segunda é arriscada, pois não se sabe o preço pelo qual o título será vendido em um ano. Assim, é provável que o investidor solicite um prêmio de risco para reter o título de dois anos, e a equação de arbitragem tome a forma:

$$1 + i_{1t} + x = \frac{\$ P_{1t+1}^e}{\$ P_{2t}}$$

O retorno esperado do título de dois anos (lado direito) deve exceder o retorno do título de um ano por um prêmio de risco x. Reorganizando, temos:

$$\$ P_{2t} = \frac{\$ P_{1t+1}^e}{1 + i_{1t} + x}$$

O preço do título de dois anos é o valor descontado do preço esperado de um título de um ano no próximo ano, e a taxa de desconto passa a refletir o prêmio de risco. Visto que títulos de um ano têm retorno conhecido e, portanto, não incorporam risco, o preço esperado de um título de um ano no próximo ano ainda é dado pela Equação 14.8. Assim, substituindo na equação anterior, temos:

$$\$ P_{2t} = \frac{\$100}{(1 + i_{1t})(1 + i_{1t+1}^e + x)} \tag{14.12}$$

Capítulo 14   Mercados financeiros e expectativas   **323**

Agora, para passar de preços para rendimentos, vamos seguir os mesmos passos de antes. Usando as duas expressões para o preço do título de dois anos, as equações 14.10 e 14.12, temos:

$$\frac{\$100}{(1 + i_{2t})^2} = \frac{\$100}{(1 + i_{1t})(1 + i_{1t+1} + x)}$$

Manipulando a equação, temos:

$$(1 + i_{2t})^2 = (1 + i_{1t})(1 + i_{1t+1}^e + x)$$

Por fim, usando a mesma aproximação de antes, temos:

$$i_{2t} \approx \frac{1}{2}(i_{1t} + i_{1t+1}^e + x) \tag{14.13}$$

A taxa de dois anos é a média das taxas de um ano atual e esperada mais um prêmio de risco. Consideremos o caso em que a taxa de um ano deve ser, no próximo ano, a mesma deste ano. Logo, a taxa de dois anos excederá a de um ano por um termo que reflete o risco de reter títulos de dois anos. Assim como o risco de preço aumenta de acordo com o vencimento dos títulos, o prêmio de risco costuma aumentar de acordo com o vencimento, atingindo de 1% a 2% em títulos de longo prazo. Isso implica que, em média, a curva de rendimento é ligeiramente inclinada para cima, refletindo o maior risco envolvido na retenção de títulos de vencimento mais longo.

Interpretando a curva de rendimento

Agora temos o que precisamos para interpretar a Figura 14.2.

Consideremos a curva de rendimento para 1º de novembro de 2000. Lembremos que, quando os investidores esperam que as taxas de juros sejam constantes ao longo do tempo, a curva de rendimento deve ser ligeiramente inclinada para cima, refletindo o fato de que o prêmio de risco aumenta de acordo com o vencimento. Assim, o fato de que a curva de rendimento estava inclinada para baixo, algo relativamente raro, revela que os investidores esperavam que as taxas de juros caíssem ligeiramente ao longo do tempo, com a queda esperada nas taxas mais que compensando um prêmio de longo prazo crescente. E, se analisarmos a situação macroeconômica naquele momento, eles tinham boas razões para manter este ponto de vista. No final de novembro de 2000, a economia dos Estados Unidos estava desacelerando. Os investidores esperavam o que chamavam de *aterrissagem suave*. Eles acreditavam que, para manter o crescimento, o Fed reduziria lentamente a taxa básica, e essas expectativas estavam por trás da curva de rendimento descendente. Em junho de 2001, porém, o crescimento havia caído muito mais que o esperado em novembro de 2000 e, na época, o Fed havia baixado a taxa de juros muito mais que os investidores haviam esperado. Eles agora esperavam que, à medida que a economia se recuperasse, o Fed começaria a aumentar a taxa básica. Como resultado, a curva de rendimento era ascendente. Note, no entanto, que a curva de rendimento foi plana para os vencimentos por até um ano. Isto nos diz que os mercados financeiros não esperavam que as taxas de juros começassem a subir antes de um ano a partir dali; ou seja, antes de junho de 2002. Eles estavam certos? Não exatamente. Na realidade, a recuperação foi muito mais fraca do que se esperava, e o Fed não elevou a taxa básica antes de junho de 2004 — dois anos após o esperado pelos mercados financeiros.

Outro exemplo de como aprender com a curva de rendimento é dado no quadro Foco "Curva de rendimento, limite inferior zero e decolagem".

> É recomendável reler o quadro "Foco" sobre a recessão de 2001 no Capítulo 5.

Vamos resumir o que se aprendeu nesta seção. Vimos como a arbitragem determina o preço dos títulos. Vimos como os preços e os rendimentos dos títulos dependem das taxas de juros correntes e futuras esperadas e dos prêmios de risco, e o que se pode saber pela análise da curva de rendimento.

FOCO

Curva de rendimento, limite inferior zero e decolagem

Em outubro de 2015, uma questão muito debatida era quando o Fed começaria a sair do limite inferior zero e elevar a taxa básica, ou, no jargão dos mercados financeiros, qual seria a data da "decolagem" ("*liftoff*"). O Fed indicava esperar que isto acontecesse ao final de 2015. A curva de rendimento de 15 de outubro de 2015, na Figura 1, sugere, no entanto, que os investidores não estavam convencidos disso.

Note, em primeiro lugar, que a curva de rendimento é ascendente, sugerindo que os investidores antecipavam que a taxa de juros acabaria se elevando (as evidências de outras fontes são de que o prêmio de risco nesse momento é baixo, de modo que a inclinação da curva de rendimento reflete principalmente taxas de juros de curto prazo esperadas mais elevadas). Em outras palavras, os investidores esperavam que a economia dos EUA estivesse forte o suficiente para que o Fed desejasse elevar a taxa básica para evitar o superaquecimento.

Observe, entretanto, como é plana a curva de rendimento até os vencimentos de seis meses (isto é, até abril de 2016). Isto sugere que os investidores não esperavam que o Fed aumentasse a taxa básica antes de algum momento na primavera de 2016 (no hemisfério norte), portanto mais tarde do que o Fed indicara. No momento da leitura deste texto você terá a resposta: o Fed aumentou a taxa de juros quando se acreditou que o faria ou os investidores estavam certos em acreditar que levaria mais tempo?

▶ Figura 1 A curva de rendimento em 15 de outubro de 2015.

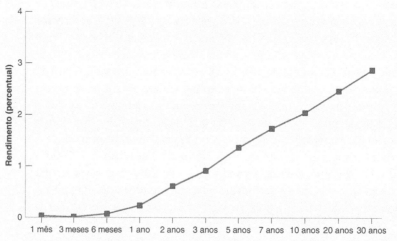

Fonte: Series DGS1MO, DGS3MO, DGS6MO, DGS1, DGS2, DGS3, DGS5, DGS7, DGS10, DGS20, DGS30. Federal Reserve Economic Data (FRED). Disponível em: <http://research.stlouisfed.org/fred2/>. Acesso em 25 jul. 2017.

14.3 Bolsa de valores e variações nos preços das ações

Até aqui nos concentramos nos títulos. Mas, embora os governos se financiem emitindo títulos, o mesmo não se aplica às empresas. As empresas captam recursos de quatro modos. Em primeiro lugar, recorrem a **financiamento interno**, usando parte dos lucros; segundo, trata-se do principal canal de **financiamento externo** de pequenos negócios por meio de empréstimos bancários. Como vimos no Capítulo 6, este canal desempenhou um papel central durante a crise. Em terceiro lugar, por meio do **financiamento por dívida** — títulos e empréstimos; e em quarto, por meio de **financiamento por ações**, emitindo-se **ações** ou **papéis**, como as ações também são chamadas. Em vez de pagar montantes predeterminados, como no caso dos títulos, as ações pagam **dividendos** em um montante decidido pela empresa. Os dividendos são pagos a partir dos lucros da empresa. Normalmente, os dividendos são inferiores aos lucros, visto que as empresas retêm parte dos lucros para financiar seu investimento. Mas os dividendos variam de acordo com os lucros. Quando os lucros aumentam, o mesmo ocorre com os dividendos.

Nesta seção, nosso foco será a determinação dos preços das ações. Para introduzir os tópicos, vamos examinar o comportamento de um índice de preços de ações dos Estados Unidos, o *Standard & Poor's 500 Composite Index* (ou, de maneira abreviada, o índice S&P) desde 1980. Variações no índice S&P medem variações no preço médio das ações de 500 grandes companhias.

A Figura 14.4 mostra o índice real de preços das ações, construído com base na divisão do índice S&P pelo IPC dos Estados Unidos para cada trimestre e normalizado de modo que o índice real seja igual a 1 em 1970. As variações abruptas no valor do índice, obviamente, são a característica notável da figura. Note como o índice subiu de 1,4 em 1995 para 4,0 em 2000, para então ter uma queda acentuada até 2,1 em 2003. Note também como, na recente crise, o índice baixou de 3,4 em 2007 para 1,7 em 2009, recuperando-se desde então. O que determina essas oscilações abruptas nos preços das ações? Como os preços das ações respondem a mudanças no ambiente econômico e na política macroeconômica? Essas são as questões de que trataremos no restante desta seção.

> Outro índice, ainda mais conhecido, é o *Índice Industrial Dow Jones*, de ações de empresas predominantemente industriais — e, portanto, menos representativo do preço médio das ações que o S&P. Existem índices semelhantes para outros países. O *índice Nikkei* reflete as variações nos preços das ações em Tóquio, e os *FT* e *CAC40* as variações nos preços das ações em Londres e Paris, respectivamente.

Preços das ações como valores presentes

O que determina o preço de uma ação que promete uma sequência de dividendos no futuro? A esta altura, certamente você já está familiarizado com o conteúdo da Seção 14.1 e, portanto, já sabe a resposta: o preço da ação deve ser igual ao valor presente dos dividendos futuros esperados.

Assim como fizemos com os títulos, vamos derivar esse resultado analisando as implicações da arbitragem entre títulos e ações de um ano. Suponhamos que você

▶ **Figura 14.4** Índice Standard & Poor's de preços das ações, em termos reais, desde 1970.

Note o aumento abrupto dos preços das ações em meados da década de 1990.

Fonte: calculado com base em Haver Analytics usando as Series SP500@USECON.

esteja diante da opção de investir em títulos de um ano ou em ações por um ano. Qual escolheria?

- Se sua escolha for por títulos de um ano, para cada dólar investido nesses títulos, você terá $(1 + i_{1t})$ dólares no próximo ano. Essa recompensa é representada na linha superior da Figura 14.5.

- Suponha que sua escolha seja reter ações por um ano. Sejam \$$Q_t$ o preço da ação, \$$D_t$ o dividendo neste ano e \$$D_{t+1}^e$ o dividendo esperado no próximo ano. Suponha que examinemos o preço da ação depois que o dividendo foi pago neste ano — esse preço é conhecido como **preço ex-dividendo** —, de modo que o primeiro dividendo a ser pago após a compra da ação seja o dividendo do próximo ano. (Isto é apenas uma convenção; poderíamos examinar alternativamente o preço antes que o dividendo deste ano tivesse sido pago. Que termo teríamos de adicionar?)

Reter a ação por um ano implica comprar uma ação hoje, receber um dividendo no ano que vem e depois vendê-la. Como o preço de uma ação é \$$Q_t$, cada dólar investido compra \$$1/\$Q_t$ ações. E, para cada ação comprada, espera-se receber (\$$D_{t+1}^e$ + \$$Q_{t+1}^e$), a soma do dividendo esperado e do preço da ação no próximo ano. Portanto, para cada dólar investido em ações, espera-se receber (\$$D_{t+1}^e$ + \$$Q_{t+1}^e$)/\$$Q_t$. Essa compensação é representada na linha inferior da Figura 14.5.

Vamos usar o mesmo argumento de arbitragem que usamos para os títulos. É evidente que reter uma ação por um ano é arriscado, muito mais do que reter um título de um ano pelo mesmo período (o que é isento de risco). Em vez de proceder em duas etapas, como fizemos no caso dos títulos (primeiro deixando de lado as considerações de risco e depois introduzindo um prêmio de risco), vamos levar em conta o risco desde o início e assumir que os investidores financeiros exigem um prêmio de risco para reter ações.

No caso das ações, o prêmio de risco é chamado **prêmio de risco das ações** (*equity premium*). O equilíbrio exige que a taxa de retorno esperada proveniente da retenção de ações por um ano seja a mesma que a taxa de retorno de títulos de um ano mais o prêmio de risco das ações:

$$\frac{\$D_{t+1}^e + \$Q_{t+1}^e}{\$Q_t} = 1 + i_{1t} + x$$

onde x indica o prêmio de risco das ações. Reescrevemos esta equação como

$$\$Q_t = \frac{\$D_{t+1}^e}{(1 + i_{1t} + x)} + \frac{\$Q_{t+1}^e}{(1 + i_{1t} + x)} \quad (14.14)$$

A arbitragem implica que o preço da ação hoje deve ser igual ao valor presente do dividendo esperado mais o valor presente do preço das ações esperado no próximo ano.

O próximo passo é pensar no que determina \$$Q_{t+1}^e$, o preço esperado das ações no próximo ano, quando os investidores financeiros voltarão a enfrentar a escolha entre ações e títulos de um ano. A mesma relação de arbitragem será válida. Escrevendo a equação anterior, mas agora para o tempo $t + 1$ e levando as expectativas em conta, temos

▶ Figura 14.5 Retornos da retenção por um ano de títulos de um ano ou de ações.

$$\$Q^e_{t+1} = \frac{\$D^e_{t+2}}{(1 + i^e_{1t+1} + x)} + \frac{\$Q^e_{t+2}}{(1 + i^e_{1t+1} + x)}$$

O preço esperado no próximo ano é simplesmente o valor presente no próximo ano da soma do dividendo esperado e do preço esperado dois anos a partir de agora. Substituindo o preço esperado $\$Q^e_{t+1}$ na Equação 14.14, temos

$$\$Q_t = \frac{\$D^e_{t+1}}{(1 + i_{1t} + x)} + \frac{\$D^e_{t+2}}{(1 + i_{1t} + x)(1 + i^e_{1t+1} + x)} + \frac{\$Q^e_{t+2}}{(1 + i_{1t} + \theta)(1 + i^e_{1t+1} + x)}$$

O preço das ações é o valor presente do dividendo esperado no próximo ano, mais o valor presente do dividendo esperado daqui a dois anos, mais o preço esperado daqui a dois anos.

Se substituirmos o preço esperado em dois anos pelo valor presente do preço esperado e dos dividendos esperados em três anos, e assim por diante, durante n anos, obtemos

$$\$Q_t = \frac{\$D^e_{t+1}}{(1 + i_{1t} + x)} + \frac{\$D^e_{t+2}}{(1 + i_{1t} + x)(1 + i^e_{1t+1} + x)} + \cdots$$
$$+ \frac{\$D^e_{t+n}}{(1 + i_{1t} + x)\cdots(1 + i^e_{1t+n-1} + x)} + \frac{\$Q^e_{t+n}}{(1 + i_{1t} + x)\cdots(1 + i^e_{1t+n-1} + x)}$$

$$(14.15)$$

Veja no último termo da Equação 14.15 o valor presente do preço esperado em n anos. Contanto que as pessoas não esperem que o preço das ações exploda no futuro, à medida que continuamos a substituir Q^e_{t+n} e n aumenta, esse termo vai a zero. Para entender por que, suponhamos que a taxa de juros seja constante e igual a i. O último termo torna-se

$$\frac{\$Q^e_{t+n}}{(1 + i_{1t} + x)\cdots(1 + i^e_{1t+n-1} + x)} = \frac{\$Q^e_{t+n}}{(1 + i + x)^n}$$

Suponhamos ainda que as pessoas esperam que haja uma convergência do preço das ações para algum valor, que pode ser chamado de $\$\bar{Q}$, no futuro distante. Então, o último termo torna-se $\dfrac{\$Q^e_{t+n}}{(1 + i + x)^n} = \dfrac{\$\bar{Q}}{(1 + i + x)^n}$

Se a taxa de juros for positiva, essa expressão vai a zero quando n se torna grande. A Equação 14.15 é reduzida a

$$\$Q_t = \frac{\$D^e_{t+1}}{(1 + i_{1t} + x)} + \frac{\$D^e_{t+2}}{(1 + i_{1t} + x)(1 + i^e_{1t+1} + x)} + \cdots$$
$$+ \frac{\$D^e_{t+n}}{(1 + i_{1t} + x)\cdots(1 + i^e_{1t+n-1} + x)}$$

$$(14.16)$$

O preço da ação é igual ao valor presente do dividendo do próximo ano, descontado usando-se a taxa de juros de um ano corrente mais o prêmio de risco das ações, mais o valor presente do dividendo daqui a dois anos, descontado usando-se tanto a taxa de juros de um ano deste ano quanto a esperada para o próximo ano mais o prêmio de risco das ações, e assim por diante.

A Equação 14.16 dá o preço da ação como valor presente dos dividendos *nominais*, descontados pelas taxas de juros *nominais*. Na Seção 14.1, vimos que podemos reescrever essa equação para expressar o preço *real* da ação como valor presente dos dividendos *reais*, descontados por taxas *reais* de juros. Portanto, podemos reescrever o preço real da ação como:

Um ponto sutil: a condição de que as pessoas esperam que haja uma convergência do preço das ações para algum valor ao longo do tempo parece razoável. Na verdade, é provável que seja atendida na maior parte das vezes. Quando, no entanto, os preços estão sujeitos a bolhas racionais (Seção 14.4), as pessoas esperam grandes aumentos no preço das ações no futuro e a condição de que o preço esperado das ações não exploda não é satisfeita. É por isso que, quando há bolhas, esse argumento falha, e o preço das ações já não é igual ao valor presente dos dividendos.

Duas formas equivalentes de escrever o preço das ações: o preço (nominal) da ação é igual ao valor presente descontado esperado dos dividendos nominais futuros, descontados pelas taxas de juros nominais corrente e futuras.
O preço (real) da ação é igual ao valor presente descontado esperado dos dividendos reais futuros, descontados pelas taxas de juros reais corrente e futuras.

$$Q_t = \frac{D_{t+1}^e}{(1 + r_{1t} + x)} + \frac{D_{t+2}^e}{(1 + r_{1t} + x)(1 + r_{1t+1}^e + x)} + \cdots \qquad (14.17)$$

Q_t e D_t sem o cifrão, simbolizando o dólar, representam o preço e os dividendos reais no instante t. O preço real da ação é o valor presente dos dividendos reais futuros, descontados pela sequência de taxas reais de juros de um ano mais o prêmio de risco das ações.

Essa relação tem três implicações importantes:

◆ Maiores dividendos reais futuros esperados levam a um maior preço real da ação.

◆ Maiores taxas reais de juros de um ano atual e futuras esperadas levam a um menor preço real da ação.

◆ Um prêmio de risco das ações maior leva a um preço de ação menor.

Vejamos agora que luz esta relação lança sobre as variações na bolsa de valores.

Bolsa de valores e atividade econômica

A Figura 14.4 mostrou as grandes variações nos preços das ações nas últimas duas décadas. Não é incomum que o índice de preços suba ou desça 15% no período de um ano. Em 1997, a bolsa de valores subiu 24% (em termos reais); em 2008, caiu 46%. Variações diárias de 2% ou mais também não são incomuns. O que provoca essas variações?

O primeiro ponto a ser destacado é que essas variações devem ser — e são em sua maioria — imprevisíveis. Para entender melhor o motivo, devemos pensar nos termos da escolha das pessoas entre ações e títulos. Se a expectativa geral fosse a de que daqui a um ano o preço de uma ação seria 20% maior que o preço de hoje, reter essa ação por um ano se tornaria extraordinariamente atraente, bem mais que reter os títulos de curto prazo. Haveria uma demanda muito grande pela ação. Seu preço aumentaria *hoje* até o ponto em que o retorno esperado de reter a ação se equiparasse ao retorno esperado de outros ativos. Em outras palavras, a expectativa de um preço de ação alto no próximo ano levaria a um preço de ação alto hoje.

Em economia, há um ditado de que a imprevisibilidade das variações nos preços das ações é um sinal de que a *bolsa de valores funciona bem*. O ditado é forte demais. Em qualquer instante, alguns poucos investidores podem estar mais bem informados ou simplesmente conseguir prever melhor o futuro. Se forem apenas uns poucos, eles podem não comprar o suficiente dessa ação para fazer que seu preço suba todo o necessário hoje. Podem, assim, obter grandes retornos esperados. Entretanto, a ideia básica está correta. Os gurus do mercado financeiro que costumam prever a iminência de grandes variações das bolsas de valores são charlatões. As grandes variações nos preços das ações não podem ser previstas.

Se as variações na bolsa de valores não podem ser previstas, se resultam de notícias, como ficamos? Podemos ainda fazer duas coisas:

◆ Podemos, nas manhãs de segunda-feira, definir a estratégia olhando para trás e identificando as notícias às quais o mercado reagiu.

◆ Também podemos formular questões do tipo "e se...". Por exemplo: e se o Fed adotasse uma política mais expansionista ou se os consumidores se tornassem mais otimistas e aumentassem seus gastos, o que aconteceria com o mercado de ações?

Vejamos duas dessas questões "e se..." usando o modelo *IS-LM* que desenvolvemos (podemos estender o assunto no próximo capítulo para considerar explicitamente as expectativas; por ora, o modelo antigo servirá). Para simplificar, vamos supor, como fizemos anteriormente, que a inflação esperada seja igual a zero, de modo que as taxas real e nominal de juros sejam iguais.

> Você deve ter ouvido a proposição de que os preços das ações seguem um **passeio aleatório**. É um termo técnico, mas de interpretação simples. Algo — pode ser uma molécula ou o preço de um ativo — segue um passeio aleatório se cada passo que dá pode ser tanto para cima quanto para baixo. Portanto, seus movimentos são imprevisíveis.

Expansão monetária e a bolsa de valores

Suponhamos que a economia esteja em recessão e o Fed decida reduzir a taxa básica. A curva LM desloca-se para baixo até LM' na Figura 14.6, e o produto de equilíbrio desloca-se do ponto A para o ponto A'. Como a bolsa de valores reagirá?

A resposta depende das expectativas dos participantes da bolsa de valores com respeito à política monetária antes da ação do Fed.

Se os participantes da bolsa de valores tivessem previsto perfeitamente a política expansionista, a bolsa não reagiria. Nem suas expectativas de dividendos futuros, nem as de taxas de juros futuras seriam afetadas por um ato já previsto. Assim, na Equação 14.17 nada mudaria, e os preços das ações permaneceriam os mesmos.

Suponhamos, em vez disso, que a ação do Fed seja, em parte, inesperada. Neste caso, os preços das ações vão subir. E isso acontece por dois motivos: primeiro, uma política monetária mais expansionista implica taxas de juros menores por algum tempo. Segundo, ela também implica um produto maior por algum tempo (até que a economia volte ao nível natural de produto) e, portanto, dividendos maiores. Conforme a Equação 14.7 nos diz, tanto as taxas de juros menores quanto os dividendos maiores — atual e esperados — levarão a um aumento nos preços das ações.

> Isso pressupõe que a taxa básica é positiva no início, de modo que a economia não está em uma armadilha de liquidez.

▶ **Figura 14.6 Política monetária expansionista e bolsa de valores.**
Uma expansão monetária reduz a taxa de juros e eleva o produto. Suas consequências para a bolsa de valores dependem de os mercados financeiros terem ou não previsto a expansão monetária.

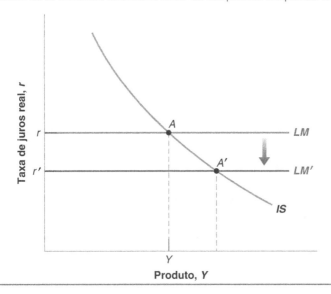

> Em 30 de setembro de 1998, o Fed reduziu a meta da taxa dos fundos federais em 0,5%. Contudo, essa redução era esperada pelos mercados financeiros, por isso o índice Dow Jones permaneceu aproximadamente inalterado (na verdade, caiu 28 pontos no dia). Menos de um mês depois, em 15 de outubro de 1998, o Fed reduziu novamente a meta da taxa dos fundos federais, desta vez em 0,25%. Ao contrário do corte de setembro, essa ação do Fed pegou os mercados financeiros de surpresa. Em consequência, o índice Dow Jones aumentou 330 pontos naquele dia — um aumento de mais de 3%. (Procure um website que forneça a história da curva de rendimentos e analise o que aconteceu com ela em cada um desses dois dias.)

Aumento dos gastos com consumo e bolsa de valores

Agora consideremos um deslocamento inesperado da curva IS para a direita em consequência, por exemplo, de gastos com consumo maiores que o esperado. Como resultado do deslocamento, o produto na Figura 14.7 aumenta de A para A'.

Os preços das ações vão subir? Você pode estar tentado a dizer que sim: uma economia mais forte significa lucros maiores e dividendos maiores por algum tempo. Mas esta resposta não está necessariamente correta.

▶ **Figura 14.7** Aumento dos gastos com consumo e bolsa de valores.

O aumento dos gastos com consumo leva a um nível de produto maior. O que acontece com a bolsa de valores depende do que os investidores esperam que o Fed fará.

Se os investidores esperam que o Fed não reaja e mantenha a taxa básica inalterada, o produto aumentará à medida que a economia passa para A'. Com uma taxa básica inalterada e maior produto, os preços das ações vão subir.

Se os investidores esperam que o Fed reaja aumentando a taxa básica, o produto poderá permanecer inalterado à medida que a economia se desloca para A''. Com o produto inalterado e uma taxa básica mais elevada os preços vão baixar.

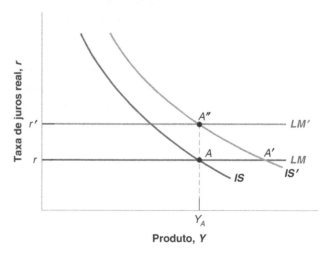

O motivo disso é que ela ignora a resposta do Fed. Se o mercado espera que o Fed não reaja e mantenha a taxa básica real inalterada em r, o produto aumentará muito à medida que a economia passa para A'. Com taxas de juros inalteradas e produto mais alto os preços das ações sobem. O comportamento do Fed é uma das maiores preocupações dos investidores financeiros. Ao receber a notícia de uma atividade econômica inesperadamente intensa, a pergunta recorrente em Wall Street é: como o Fed vai reagir?

O que acontece se o mercado espera que o Fed possa vir a se preocupar que um aumento no produto acima de Y_A provoque um aumento na inflação? Este seria o caso se Y_A já estivesse próximo ao nível natural de produto. Neste caso, um aumento adicional no produto levaria a um aumento na inflação, algo que o Fed quer evitar. Uma decisão do Fed de neutralizar o deslocamento à direita da curva *IS* com aumento na taxa básica faz que a curva *LM* se desloque para cima, de *LM* para *LM'*, de modo que a economia vá de A para A'' e o produto não mude. Neste caso, os preços das ações certamente vão cair: não há alteração nos lucros esperados, mas a taxa de juros passa a ser maior.

Vamos resumir: os preços das ações dependem das variações atual e futuras da atividade econômica. Mas isto não implica uma relação simples entre os preços das ações e o produto. O modo como os preços das ações reagem a uma variação do produto depende: (1) do que o mercado esperava em primeiro lugar, (2) da fonte dos choques que estão por trás da variação no produto, e (3) de como o mercado espera que o Banco Central reaja à variação no produto. Leia o quadro Foco "Decifrando (um pouco) absurdos (aparentes): por que a bolsa de valores oscilou ontem e outras histórias" e teste o conhecimento que acabou de adquirir.

FOCO

Decifrando (um pouco) absurdos (aparentes): por que a bolsa de valores oscilou ontem e outras histórias

Transcrevemos algumas citações do *The Wall Street Journal* de abril de 1997 a agosto de 2001. Veja se consegue decifrá-las usando o que você acabou de aprender (e, se tiver tempo, busque você mesmo algumas citações).

- Abril de 1997. Boas notícias sobre a economia levam a um aumento nos preços das ações:

"Otimistas, os investidores celebraram a divulgação de dados econômicos favoráveis correndo às bolsas de valores e ao mercado de títulos, empurrando a média do Dow Jones industrial para seu segundo maior ganho em pontos já registrado e colocando o índice das blue-chips próximo a um recorde apenas algumas semanas após estarem cambaleando."

- Dezembro de 1999. Boas notícias sobre a economia derrubam os preços das ações:

"As boas novas na economia foram más notícias para as ações e piores ainda para os títulos [...]. O anúncio dos números das vendas no varejo em novembro maiores que o esperado não foi bem recebido. A economia aquecida gera temores de inflação e aumenta o risco de que o Federal Reserve eleve as taxas de juros novamente."

- Setembro de 1998. Más notícias sobre a economia levam a uma queda nos preços das ações:

"As ações da Nasdaq despencaram à medida que as preocupações quanto à solidez da economia dos Estados Unidos e à lucratividade das companhias norte-americanas desencadearam uma venda generalizada."

- Agosto de 2001. Más notícias sobre a economia levaram a um aumento nos preços das ações:

"Os investidores puseram de lado as notícias pessimistas sobre a economia e se concentraram na esperança do que o pior já passou, tanto para a economia quanto para a bolsa de valores. O otimismo se traduziu em mais um ganho de 2% no Índice Composto Nasdaq."

14.4 Risco, bolhas, modismos e os preços das ações

Todas as variações nos preços das ações vêm de notícias sobre dividendos futuros ou taxas de juros futuras? A resposta é não, por duas razões: a primeira é que há variação ao longo do tempo nas percepções de risco. A segunda é o desvio dos preços de seu valor fundamental, as chamadas bolhas ou modismos. Vamos analisar cada um deles.

Preços das ações e risco

Na seção anterior, assumimos que o prêmio de risco das ações x era constante. Não é. Após a Grande Depressão, o prêmio de risco das ações era muito alto, talvez refletindo o fato de que os investidores, lembrando-se do colapso do mercado de ações em 1929, relutavam a reter ações, a menos que o prêmio fosse suficientemente elevado. Começou a diminuir no início da década de 1950, de cerca de 7% para menos de 3% atualmente. E também pode mudar rapidamente. Parte da grande queda no mercado de ações em 2008 se deveu não apenas a expectativas mais pessimistas de dividendos futuros, mas também ao grande aumento da incerteza e à percepção de maior risco por parte dos participantes do mercado de ações. Assim, grande parte da oscilação nos preços das ações não vem apenas das expectativas de dividendos futuros e taxas de juros futuras, mas também do prêmio de risco das ações.

Preços de ativos, fundamentos e bolhas

Na seção anterior, assumimos que os preços das ações eram sempre iguais ao seu *valor fundamental*, definido como o valor presente dos dividendos esperados dado na Equação 14.17. Os preços das ações sempre correspondem a seu valor fundamental? A maioria dos economistas duvida disso. Eles apontam para o "outubro negro" de 1929, quando a bolsa de valores dos Estados Unidos caiu 23% em dois dias, e para 19 de outubro de 1987, quando o índice Dow Jones despencou 22,6% em um único dia. Eles também apontam para a alta impressionante no índice Nikkei (índice dos preços das ações japonesas), que subiu de cerca de 13 mil em 1985 para aproximadamente 35 mil em 1989, caindo então para cerca de 16 mil em 1992. Em cada um dos casos, a maioria dos economistas aponta para a falta de notícias claras ou, pelo menos, de notícias importantes o suficiente para causar variações tão grandes.

Em vez disso, eles argumentam que os preços das ações nem sempre correspondem a seu **valor fundamental**, definido como o valor presente dos dividendos esperados, dado pela Equação 14.17, e que as ações algumas vezes estão subvalorizadas ou sobrevalorizadas. A sobrevalorização em algum momento chega ao fim, às vezes com um colapso, como em outubro de 1929, ou com um longo declínio, como no caso do índice Nikkei.

Sob quais condições esses preços equivocados podem ocorrer? A resposta surpreendente é que podem acontecer mesmo quando os investidores são racionais e quando existe arbitragem. Para entender o motivo, consideremos o caso de uma ação verdadeiramente sem valor (isto é, a ação de uma companhia que todos os investidores sabem que nunca registrará lucros nem pagará dividendos). Fazendo D^e_{t+1}, D^e_{t+2}, e assim por diante, iguais a zero na Equação 14.17, temos uma resposta simples e nada surpreendente: o valor fundamental dessa ação é igual a zero.

Mesmo assim, você estaria disposto a pagar um preço positivo por essa ação? Talvez sim, se esperasse que o preço pelo qual pudesse vender a ação no próximo ano fosse maior que o preço deste ano. O mesmo se aplica a um comprador no

Capítulo 14 Mercados financeiros e expectativas **333**

próximo ano. Ele pode estar disposto a comprar por um preço alto se espera vender por um preço ainda mais alto no ano seguinte. Esse processo sugere que os preços das ações podem subir somente porque os investidores esperam que eles subam. Essas variações nos preços das ações são chamadas de **bolhas especulativas racionais**: os investidores podem estar se comportando de maneira racional à medida que a bolha infla. Mesmo os investidores que retêm a ação no momento do colapso (e, portanto, sofrem uma grande perda) também podem ter sido racionais. Eles podem ter percebido a possibilidade do colapso, mas também a possibilidade de que a bolha continuasse, permitindo que eles vendessem a ação por um preço ainda mais alto.

FOCO

Bolhas famosas: da mania das tulipas na Holanda do século XVII à Rússia de 1994

Mania das tulipas na Holanda

No século XVII, as tulipas tornaram-se cada vez mais populares nos jardins da Europa ocidental. Um mercado se desenvolveu na Holanda tanto para as espécies mais raras de bulbos de tulipa quanto para as mais comuns.

O episódio, denominado "bolha das tulipas", ocorreu de 1634 a 1637. Em 1634, o preço dos bulbos raros começou a subir. O mercado entrou em um frenesi com os especuladores comprando bulbos de tulipa na expectativa de preços ainda maiores no futuro. Por exemplo, o preço de um bulbo chamado "Admiral Van der Eyck" aumentou de 1.500 guinéus, em 1634, para 7.500 guinéus, em 1637, o equivalente ao preço de uma casa na época. Há histórias como a de um marinheiro que comeu bulbos por engano e só mais tarde percebeu o custo da sua "refeição". No início de 1637, os preços subiram ainda mais rapidamente. Até mesmo os preços de alguns bulbos comuns explodiram, aumentando por um fator de até 20 em janeiro. Mas em fevereiro de 1637 os preços despencaram. Poucos anos depois, os bulbos eram vendidos por aproximadamente 10% do seu valor no pico da bolha.

Este relato foi extraído de Peter Garber, Tulipmania. *Journal of Political Economy*, 1989, 97(3): p. 535-560.

A pirâmide MMM na Rússia

Em 1994, o "financista" russo Sergei Mavrodi criou uma companhia chamada MMM e começou a vender ações prometendo aos acionistas uma taxa de retorno de pelo menos 3.000% ao ano!

A empresa foi um sucesso instantâneo. O preço das ações da MMM aumentou de 1.600 rublos (o equivalente a US$ 1 na época) em fevereiro para 105.000 rublos (US$ 51 na época) em julho, quando o número de acionistas já somava dez milhões de pessoas, segundo a própria companhia.

O problema é que a MMM não se encontrava envolvida em nenhum tipo de produção e não possuía ativos, à exceção de seus 140 escritórios espalhados pela Rússia. As ações não tinham qualquer valor intrínseco. O êxito inicial da companhia baseou-se no esquema de pirâmide padrão: a MMM usava os recursos auferidos com a venda de novas ações para pagar os retornos prometidos pelas velhas ações. Apesar dos repetidos avisos das autoridades — incluindo de Boris Yeltsin, então presidente da Federação Russa — de que a MMM era uma arapuca e de que o aumento no preço das ações não passava de uma bolha, os retornos prometidos eram atraentes demais para muitos russos, especialmente em meio a uma profunda recessão econômica.

O esquema só funcionaria enquanto o número de novos acionistas — e, assim, de novos recursos para ser distribuídos aos acionistas existentes — crescesse suficientemente rápido. No final de julho de 1994 a companhia não mais conseguiu honrar suas promessas, e o esquema entrou em colapso. A empresa fechou. Mavrodi tentou chantagear o governo a fim de que este pagasse aos acionistas, alegando que o não pagamento faria eclodir uma revolução ou guerra civil. O governo se recusou, provocando a ira de muitos acionistas contra as autoridades, e não contra Mavrodi. Posteriormente, naquele mesmo ano, Mavrodi concorreu às eleições parlamentares, nomeando-se defensor dos acionistas que haviam perdido suas poupanças. E foi eleito!

334 Macroeconomia

Para simplificar as coisas, nosso exemplo supôs que a ação fundamentalmente não tinha valor. Mas o argumento é geral e também se aplica a ações com valor fundamental positivo. As pessoas podem estar dispostas a pagar mais que o valor fundamental de uma ação se esperam que seu preço suba ainda mais no futuro. O mesmo argumento se aplica a outros ativos, como imóveis, ouro e obras de arte. Duas dessas bolhas são descritas no quadro Foco "Bolhas famosas: da mania das tulipas na Holanda do século XVII à Rússia de 1994".

Todos os desvios dos valores fundamentais nos mercados financeiros são bolhas racionais? Provavelmente não. O fato é que muitos investidores não são racionais. Um aumento nos preços das ações no passado, digamos, em virtude de uma sucessão de boas notícias, frequentemente cria um otimismo excessivo. Se os investidores simplesmente extrapolam retornos passados para prever os futuros, uma ação pode se tornar "quente" (com preço alto) sem qualquer outro motivo além de o seu preço ter aumentado no passado. Isso é verdadeiro não apenas em relação a ações, mas também a casas. (Veja o quadro Foco "O aumento nos preços dos imóveis residenciais nos Estados Unidos: fundamentos ou bolha?") Esses desvios dos preços do valor fundamental das ações são frequentemente chamados de **modismos**. Todos sabemos da existência de modismos fora da bolsa de valores; há, então, boas razões para acreditar que eles também existam dentro dela.

Neste capítulo, focamos na determinação dos preços dos ativos. E o motivo de este tópico fazer parte de um manual macroeconômico é que os preços dos ativos são mais que apenas um espetáculo secundário. Eles afetam a atividade econômica influenciando o consumo e os gastos de investimento. Há pouca dúvida, por exemplo, de que o declínio no mercado de ações foi um dos fatores subjacentes à recessão de 2001. A maioria dos economistas também acredita que o colapso da Bolsa em 1929 foi uma das fontes da Grande Depressão. E, como vimos no Capítulo 6, o declínio nos preços dos imóveis residenciais foi o gatilho da crise recente. Essas interações entre os preços dos ativos, as expectativas e a atividade econômica são os tópicos dos próximos dois capítulos.

FOCO

O aumento nos preços dos imóveis residenciais nos Estados Unidos: fundamentos ou bolha?

No Capítulo 6, vimos que o gatilho da crise atual foi um declínio nos preços dos imóveis residenciais a partir de 2006 (veja a Figura 6.7 sobre a evolução do índice de preços de imóveis residenciais). Em retrospectiva, o grande aumento de 2000 que precedeu o declínio agora é amplamente interpretado como uma bolha. Mas, em tempo real, à medida que os preços subiam, havia pouco consenso quanto ao que estava por trás desse aumento.

Os economistas pertenciam a três searas:

Os pessimistas argumentavam que os aumentos de preços não poderiam ser justificados pelos fundamentos. Em 2005, Robert Shiller disse: "A bolha do preço da habitação parece a euforia do mercado de ações do outono de 1999, pouco antes do estouro da bolha de ações no início de 2000, com toda a empolgação, mentalidade de rebanho e confiança absoluta na inevitabilidade da elevação continuada de preços."

Para entender essa posição, volte para a derivação dos preços das ações no texto. Vimos que, sem bolhas, podemos pensar nos preços das ações como dependentes das taxas de juros correntes e futuras esperadas, dos dividendos atuais e futuros esperados e de um prêmio de risco. O mesmo se aplica aos preços dos imóveis. Sem bolhas, podemos pensar nos preços de imóveis residenciais como dependentes das taxas de juros atuais e futuras esperadas, dos aluguéis correntes e esperados e de um prêmio de risco. Nesse contexto, os pessimistas salientavam que o aumento dos preços da habitação não era acompanhado por um aumento paralelo dos aluguéis. Isto pode ser visto na Figura 1, que representa a razão preço/aluguel (ou seja, a proporção de um índice de preços da habitação para um índice de aluguéis) a partir de 1985 (o índice é definido de modo que seu valor médio de 1987 para 1995 seja igual a 100). Após permanecer praticamente constante de 1987 a 1995, a razão aumentou em quase 60%, atingindo um pico em 2006 e declinando desde então. Além disso, conforme Shiller apontou, pesquisas com compradores de imóveis sugeriram expectativas extremamente elevadas de continuados aumentos de preços dos imóveis residenciais, muitas vezes acima de 10% ao ano, e, portanto, de altos ganhos de capital. Como vimos anteriormente, se os ativos são avaliados em seu valor fundamental, os investidores não devem esperar altos ganhos de capital no futuro.

Os otimistas argumentavam que havia boas razões para a razão preço/aluguel subir. Primeiro, como vimos na Figura 6.2, a taxa de juros real caía, aumentando o valor presente dos aluguéis. Em segundo lugar, o mercado hipotecário estava mudando. Mais pessoas podiam tomar empréstimo e comprar uma casa; os tomadores de empréstimo conseguiam financiar uma proporção maior do valor do imóvel. Ambos os fatores contribuíam para um aumento na demanda e, portanto, um aumento nos preços dos imóveis residenciais. Os otimistas também salientavam que desde 2000 os pessimistas previam o fim da bolha, e os preços continuaram a aumentar. Os pessimistas estavam perdendo credibilidade.

O terceiro grupo foi, de longe, o maior e permaneceu agnóstico. (Diz-se que Harry Truman afirmou: "Dê-me um economista com um único lado! Todos os meus economistas dizem por um lado, por outro lado.") Eles concluíam que o aumento nos preços das casas refletia tanto fundamentos melhorados quanto bolhas, e era difícil identificar sua importância relativa.

Que conclusões tirar? Os pessimistas estavam claramente certos. Mas bolhas e modismos ganham mais clareza em retrospecto do que enquanto estão ocorrendo. Isso torna a tarefa dos formuladores de política econômica muito mais difícil. Se tivessem certeza de que se tratava de uma bolha, deviam tentar estancá-la antes que ficasse muito grande e depois estourasse. Mas raramente podem ter certeza até que seja tarde demais.

Fonte: "Reasonable People Did Disagree: Optimism and Pessimism about the U.S. Housing Market before the Crash". Kristopher S. Gerardi, Christopher Foote e Paul Willen, Federal Reserve Bank of Boston, Discussion Paper N. 10-5, 10 de setembro de 2010. Disponível em: <http://www.bostonfed.org/economic/ppdp/2010/ppdp1005.pdf>. Acesso em 29 set. 2017.

▶ **Figura 1** A razão preço/aluguel dos imóveis residenciais nos Estados Unidos desde 1985.

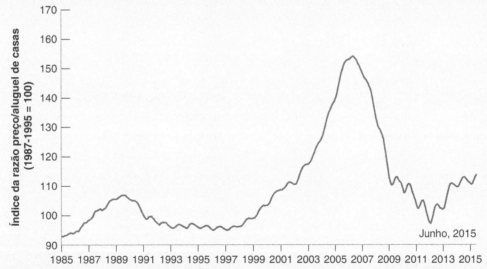

Fonte: calculado usando-se Case-Shiller Home Price Indices. Disponível em: <http://us.spindices.com/index-family/real-estate/sp-case-shiller>. Acesso em 25 jul. 2017. Rental component of the Consumer Price Index: CUSR0000SEHA, Rent of Primary Residence, Bureau of Labor Statistics.

Resumo

- O valor presente descontado esperado de uma sequência de pagamentos é igual ao valor neste ano da sequência esperada de pagamentos. Ele depende positivamente dos pagamentos correntes e futuros esperados e negativamente das taxas de juros correntes e futuras esperadas.

- Ao descontar uma sequência de pagamentos nominais correntes e futuros esperados, deve-se utilizar taxas de juros nominais correntes e futuras esperadas. Ao descontar uma sequência de pagamentos reais correntes e futuros esperados, deve-se utilizar taxas de juros reais correntes e futuras esperadas.

- A arbitragem entre títulos de diferentes vencimentos implica que o preço de um título é o valor presente dos pagamentos do título, descontados usando-se as taxas de juros de curto prazo correntes e esperadas durante a vida do título, mais um prêmio de risco. Taxas de juros de curto prazo correntes ou esperadas mais altas levam a preços de títulos mais baixos.

- O rendimento até o vencimento de um título é (aproximadamente) igual à média das taxas de juros de curto prazo correntes e esperadas durante a vida de um título, mais um prêmio de risco.

- A inclinação da curva de rendimento (de modo equivalente, a estrutura a termo) nos diz o que os mercados financeiros esperam que aconteça com as taxas de juros de curto prazo no futuro.

- O valor fundamental de uma ação é o valor presente dos dividendos reais futuros esperados, descontados usando-se as taxas reais de juros de um ano correntes e futuras esperadas, mais o prêmio de risco das ações. Se não houver bolhas nem modismos, o preço de uma ação será igual a seu valor fundamental.

- Um aumento nos dividendos esperados leva a um aumento no valor fundamental das ações; um aumento nas taxas de juros de um ano correntes e esperadas leva a uma diminuição em seu valor fundamental.

- Variações no produto podem ou não estar associadas a variações nos preços das ações na mesma direção. Essa associação depende (1) do que o mercado esperava em primeiro lugar; (2) da fonte dos choques; (3) de como o mercado espera que o Banco Central reaja à variação do produto.

- Os preços das ações podem estar sujeitos a bolhas ou modismos que fazem que o preço de uma ação seja diferente de seu valor fundamental. Bolhas são episódios em que os investidores compram uma ação por um preço maior que seu valor fundamental prevendo revendê-la a um preço ainda maior. Modismo é um termo geral para episódios em que, em razão da moda ou do excesso de otimismo, os investidores estão dispostos a pagar mais por uma ação que seu valor fundamental.

Palavras-chave

- ações ou papéis, 325
- arbitragem, 320
- bolhas especulativas racionais, 333
- bônus do Tesouro, 319
- classificação dos títulos, 318
- curva de rendimento, 317
- dividendos, 325
- estrutura a termo das taxas de juros, 317
- fator de desconto, 312
- financiamento externo, 324
- financiamento interno, 324
- financiamento por ações, 324
- financiamento por dívida, 324
- hipótese das expectativas, 320

- letras do Tesouro (*T-bills*), 318
- modismos, 334
- notas do Tesouro, 319
- pagamentos de cupom, 318
- passeio aleatório, 328
- preço ex-dividendo, 326
- prêmio de longo prazo, 319
- prêmio de risco, 318
- prêmio de risco das ações, 326
- rendimento, 317
- rendimento até o vencimento, 317
- rendimento corrente, 318
- taxa de cupom, 318
- taxa de desconto, 312

Capítulo 14 Mercados financeiros e expectativas **337**

- taxas de juros de curto prazo, 317
- taxas de juros de longo prazo, 317
- taxas de juros de *n* anos, 321
- *Treasury Inflation Protected Securities (TIPS)*, 319
- títulos com cupom, 318
- títulos com desconto, 318
- títulos indexados, 319
- títulos podres (*junk bonds*), 318
- títulos privados, 318

- títulos públicos, 318
- valor de face, 318
- valor fundamental, 332
- valor presente, 313
- valor presente descontado, 313
- valor presente descontado esperado, 311
- vencimento, 316
- vida (de um título), 318

Questões e problemas

Teste rápido

1. Utilizando as informações deste capítulo, diga se cada afirmação a seguir é verdadeira, falsa ou incerta. Explique brevemente.

a. O valor presente descontado de um fluxo de retornos pode ser calculado em termos reais ou nominais.

b. Quanto maior a taxa de juros de um ano, menor o valor presente descontado de um pagamento no próximo ano.

c. Normalmente, espera-se que as taxas de juros de um ano sejam constantes ao longo do tempo.

d. Títulos são o direito a uma sequência de pagamentos constantes por uma série de anos.

e. Ações são um direito a uma sequência de pagamentos de dividendos por uma série de anos.

f. Preços de imóveis são um direito a uma sequência de aluguéis futuros esperados ao longo de vários anos.

g. A curva de rendimento normalmente se inclina para cima.

h. Todos os ativos mantidos por um ano devem ter a mesma taxa de retorno.

i. Em uma bolha, o valor do ativo é o valor presente esperado de seus retornos futuros.

j. O valor real global do mercado de ações não flutua muito em um ano.

k. Títulos indexados protegem seu detentor contra a inflação.

2. Em quais dos seguintes problemas você utilizaria pagamentos e taxas de juros reais, ou, em vez disso, pagamentos e taxas de juros nominais, para calcular o valor presente descontado esperado? Em cada caso, justifique.

a. Estimar o valor presente descontado dos lucros de um investimento em uma máquina nova.

b. Estimar o valor presente de um título público dos Estados Unidos de 20 anos.

c. Decidir se compra ou faz um *leasing* de automóvel.

3. Calcule a taxa de juros nominal de dois anos utilizando a fórmula exata e a fórmula aproximada para cada conjunto de hipóteses a seguir.

a. $i_t = 2\%$; $i^e_{t+1} = 3\%$

b. $i_t = 2\%$; $i^e_{t+1} = 10\%$

c. $i_t = 2\%$; $i^e_{t+1} = 3\%$. O prêmio de longo prazo de um título de dois anos é de 1%.

4. O prêmio de risco das ações e o valor das ações

a. Explique por que, na Equação 14.14, é importante que as ações sejam ex-dividendo, ou seja, acabou de pagar seus dividendos deste ano e espera pagar seus próximos dividendos em um ano.

b. Usando a Equação 14.14, explique a contribuição de cada componente do preço das ações hoje.

c. Se o prêmio de risco for maior, tudo o mais igual, o que acontece com o preço das ações hoje?

d. Se a taxa de juros de um período aumenta, o que acontece com o preço das ações hoje?

e. Se o valor esperado das ações no início do período $t + 1$ aumenta, o que acontece com o valor das ações hoje?

f. Agora analise atentamente a Equação 14.15. Seja $i_{1t} = i_{1t+n} = 0,05$ para todos os n. Seja $x = 0,03$. Calcule os coeficientes de $\$D^e_{t+3}$ e $\$D^e_{t+10}$. Compare o efeito de um aumento esperado de US\$ 1 em um dividendo daqui a 3 anos e daqui a 10 anos.

g. Repita o cálculo em (f) com $i_{1t} = i_{1t+n} = 0,08$ para todos os n e $x = 0,05$.

5. Aproximação do preço de títulos de longo prazo

O valor presente de um fluxo infinito de pagamentos de \$z (que começa no próximo ano) é \$z/i quando a taxa de juros nominal, i, é constante. Essa fórmula dá o

338 Macroeconomia

preço de um consol — *um título que faz um pagamento nominal fixo a cada ano, para sempre. É também uma boa aproximação do valor presente descontado de um fluxo de pagamentos constantes por períodos longos, mas não infinitos, desde que i seja constante. Vamos examinar quão exata é a aproximação.*

a. Suponhamos que $i = 10\%$. Seja $\$z = 100$. Qual é o valor presente do *consol*?

b. Se $i = 10\%$, qual é o valor presente descontado esperado de um título que paga $\$z$ nos próximos 10 anos? Vinte anos? Trinta anos? Sessenta anos? (*Dica:* use a fórmula do capítulo, mas lembre-se de ajustar para o primeiro pagamento.)

c. Repita os cálculos em (a) e (b) para $i = 2\%$ e $i = 5\%$.

6. **Política monetária e mercado de capitais**

Suponhamos que todas as taxas básicas, correntes e esperadas no futuro tenham sido de 2%. Suponhamos que o Fed decida apertar a política monetária e elevar a taxa básica de curto prazo (r_{1t}) de 2% para 3%.

a. O que acontece com os preços das ações se a mudança em r_{1t} for temporária, ou seja, durar apenas um período? Suponhamos que os dividendos reais esperados não variem. Use a Equação 14.17.

b. O que acontece com os preços das ações se a mudança em r_{1t} for permanente, ou seja, espera-se que persista? Assuma que os dividendos reais esperados não variem. Use a Equação 14.17.

c. O que acontece com os preços das ações hoje se a mudança em r_{1t} for permanente e ela aumentar o produto e os dividendos futuros esperados? Use a Equação 14.17.

Aprofundando

7. **IRAs *versus* Roth IRAs**

Você quer economizar US$ 2.000 no presente para sua aposentadoria em 40 anos e deve escolher entre os dois planos listados a seguir.

i. Não pagar impostos no presente, colocar o dinheiro em uma conta rendendo juros e pagar impostos da ordem de 25% do montante total retirado na aposentadoria. (Nos Estados Unidos, esta conta é conhecida como uma conta de aposentadoria individual [IRA — *Individual Retirement Account*].)

ii. Pagar impostos equivalentes a 20% do montante do investimento no presente, colocar o restante em uma conta rendendo juros e não

pagar impostos ao sacar seus fundos na aposentadoria. (Nos Estados Unidos, isto é conhecido como *Roth IRA.*)

a. Qual é o valor presente descontado esperado de cada um desses planos se a taxa de juros for de 1%? Ou 10%?

b. Qual plano você escolheria em cada caso?

8. **Preços de imóveis e bolhas**

Imóveis residenciais podem ser considerados bens com um valor fundamental igual ao valor presente descontado esperado de aluguéis reais futuros.

a. Você prefere usar pagamentos e taxas de juros reais ou pagamentos e taxas de juros nominais para determinar o valor de uma casa?

b. A renda obtida com um imóvel, seja no caso de você mesmo morar nele e, assim, economizar o pagamento do aluguel a um proprietário, seja no caso de você ser o proprietário e alugá-la, é como o dividendo de uma ação. Escreva o equivalente da Equação 14.17 para um imóvel.

c. Por que taxas de juros baixas ajudariam a explicar um aumento na razão preço/aluguel?

d. Se o investimento no mercado imobiliário é percebido como mais seguro, o que acontece com a razão preço/aluguel?

e. O quadro Foco "O aumento nos preços dos imóveis residenciais nos Estados Unidos: fundamentos ou bolha?" apresenta um gráfico da razão preço/aluguel. Determine o valor do índice de preços dos imóveis residenciais Case-Shiller e o componente de aluguel do índice de preços ao consumidor na base de dados econômicos do FRED mantida no Federal Reserve Bank of St. Louis (variáveis *SPCS20RSA* e *CUSR0000SEHA*, respectivamente). O gráfico na Figura 1 nesse quadro "Foco" termina em junho de 2015. Calcule o aumento percentual do índice de preços imobiliários entre junho daquele ano e os últimos dados disponíveis. Calcule o aumento percentual no índice de preços de aluguéis de junho de 2015 até os últimos dados disponíveis. A razão preço/aluguel aumentou ou diminuiu desde junho de 2015?

Explorando mais

9. **Preços dos imóveis ao redor do mundo**

A revista The Economist *publica anualmente o* The Economist House Price Index, *que procura avaliar quais mercados imobiliários, por país, são os mais supervalorizados ou subvalorizados em relação aos fundamentos. Encontre a versão mais recente desses dados na web.*

a. Um índice de supervalorização é a razão preços/aluguéis. Por que esse índice pode ajudar a detectar uma bolha imobiliária? Usando os dados pesquisados, em qual país os preços da habitação estão mais sobrevalorizados pela razão preços/aluguéis? Essa medida teria ajudado a prever o colapso do mercado imobiliário nos Estados Unidos?

b. Um segundo índice é a razão preços dos imóveis residenciais/renda. Por que esse índice pode ajudar a detectar uma bolha de preços imobiliários? Usando esse dado, em que país os imóveis estão mais sobrevalorizados pela razão preços/renda? Essa medida teria ajudado a prever o colapso do mercado imobiliário nos Estados Unidos?

10. Títulos indexados à inflação

Alguns títulos emitidos pelo Tesouro dos Estados Unidos fazem pagamentos indexados à inflação. Esses títulos compensam os investidores pela inflação. Portanto, as taxas de juros correntes desses títulos são taxas de juros reais — taxas de juros em termos de bens. Essas taxas podem ser utilizadas, com as taxas de juros nominais, para prover um indicador da inflação esperada. Vejamos como.

Acesse o site do Federal Reserve Board e obtenha a estatística mais recente das taxas de juros (<www.federalreserve.gov/releases/h15/Current>). Encontre a taxa de juros nominal corrente dos títulos do Tesouro com vencimento em cinco anos. A seguir, localize a taxa de juros corrente em títulos do Tesouro "indexados à inflação" com vencimento em cinco anos. Qual você acha que os participantes dos mercados financeiros acreditam que será a taxa de inflação média nos próximos cinco anos?

Leitura adicional

- Existem muitos livros ruins sobre a Bolsa de Valores. Um dos bons — e divertido de ler — é o de Burton Malkiel, *A Random Walk Down Wall Street*, 10. ed. (2011).

- Peter Garber faz um relato das bolhas históricas em Famous first bubbles. *Journal of Economic Perspectives*, primavera de 1990, 4(2), p. 35-54.

Apêndice

Derivação do valor presente descontado esperado com o uso de taxas de juros reais ou nominais

Este Apêndice mostra que as duas maneiras de expressar o valor presente descontado, as equações 14.1 e 14.3, são equivalentes.

A Equação 14.1 fornece o valor presente como a soma dos *pagamentos nominais* correntes e futuros esperados, descontados usando-se *taxas de juros nominais* correntes e futuras esperadas:

$$\$V_t = \$z_t + \frac{1}{1+i_t}\$z^e_{t+1} + \frac{1}{(1+i_t)(1+i^e_{t+1})}\$z^e_{t+2} + \cdots \quad (14.1)$$

A Equação 14.3 fornece o valor presente como a soma dos *pagamentos reais* correntes e futuros esperados, descontados com o uso das *taxas de juros reais* correntes e futuras esperadas:

$$V_t = z_t + \frac{1}{1+r_t}z^e_{t+1} + \frac{1}{(1+r_t)(1+r^e_{t+1})}z^e_{t+2} + \cdots \quad (14.3)$$

Divida ambos os lados da Equação 14.1 pelo nível de preços corrente, P_t, de modo que:

$$\frac{\$V_t}{P_t} = \frac{\$z_t}{P_t} + \frac{1}{1+i_t}\frac{\$z^e_{t+1}}{P_t} + \frac{1}{(1+i_t)(1+i^e_{t+1})}\frac{\$z^e_{t+2}}{P_t} + \cdots \quad (14.A1)$$

Vamos examinar cada termo do lado direito da Equação 14.3 e mostrar que é igual ao termo correspondente da Equação 14.A1:

- Tome o primeiro termo, $\$z_t/P_t$. Note que $\$z_t/P_t = z_t$, o valor real do pagamento corrente. Logo, esse termo é igual ao primeiro termo do lado direito da Equação 14.3.

- Tome o segundo termo:

$$\frac{1}{1+i_t}\frac{\$z^e_{t+1}}{P_t}$$

Multiplicando o numerador e o denominador por P^e_{t+1}, o nível de preços esperado para o próximo ano, temos:

$$\frac{1}{1 + i_t} \frac{P^e_{t+1}}{P_t} \frac{\$ z^e_{t+1}}{P^e_{t+1}}$$

Note que a fração à direita, $\$ z^e_{t+1}/P^e_{t+1}$, é igual a z^e_{t+1}, o pagamento real esperado no instante $t + 1$. Note que a fração no meio, P^e_{t+1}/P_t, pode ser reescrita como $1 + [(P^e_{t+1} - P_t)/P_t]$. Usando a definição da inflação esperada como $(1 + \pi^e_{t+1})$ e reescrevendo o segundo termo, temos:

$$\frac{(1 + \pi^e_{t+1})}{(1 + i_t)} z^e_{t+1}$$

Lembre-se da relação entre a taxa de juros real, a taxa de juros nominal e a inflação esperada na Equação 14.3 $(1 + r_t) = (1 + i_t)/(1 + \pi^e_{t+1})$. Usando essa relação na equação anterior, temos:

$$\frac{1}{(1 + r_t)} z^e_{t+1}$$

Esse termo é igual ao segundo termo do lado direito da Equação 14.3.

◆ O mesmo método pode ser usado para reescrever os outros termos; tenha certeza de que você consegue derivar o próximo termo.

Mostramos que o lado direito das equações 14.3 e 14.A1 são iguais. Daí vem que os termos do lado esquerdo são iguais, portanto:

$$V_t = \frac{\$ V_t}{P_t}$$

A expressão diz que o valor presente dos *pagamentos reais* correntes e futuros esperados, descontado usando-se as *taxas reais de juros* correntes e futuras esperadas (o termo do lado esquerdo), é igual ao valor presente dos *pagamentos nominais* correntes e futuros esperados, descontado usando-se *taxas de juros nominais* correntes e futuras esperadas, dividido pelo nível de preços correntes (o termo do lado esquerdo).

Expectativas, consumo e investimento

CAPÍTULO 15

Após examinar o papel das expectativas nos mercados financeiros, passaremos agora para o papel desempenhado pelas expectativas na determinação dos dois principais componentes dos gastos — o consumo e o investimento. Essa descrição do consumo e do investimento será o principal alicerce do modelo *IS-LM* expandido que desenvolveremos no Capítulo 16.

- A Seção 15.1 examina o consumo e mostra como as decisões de consumo dependem não apenas da renda corrente do indivíduo, mas também da sua renda futura esperada e da riqueza financeira.
- A Seção 15.2 trata do investimento e mostra como as decisões de investimento dependem dos lucros correntes e esperados e das taxas de juros reais correntes e esperadas.
- A Seção 15.3 observa as variações no consumo e no investimento ao longo do tempo e mostra como interpretá-las à luz do que se aprendeu neste capítulo.

15.1 Consumo

Como as pessoas decidem quanto consumir e quanto poupar? No Capítulo 3, assumimos que o consumo dependia somente da renda corrente. Mas, mesmo então, era evidente que dependia de muitas outras variáveis, particularmente das expectativas sobre o futuro. Exploraremos agora como essas expectativas afetam a decisão de consumo.

A teoria moderna do consumo, que serve de base para esta seção, foi desenvolvida de maneira independente na década de 1950 por Milton Friedman, da Universidade de Chicago, que a chamou de **teoria do consumo da renda permanente**, e por Franco Modigliani, do MIT, que a denominou **teoria do consumo do ciclo de vida**. Cada um deles escolheu sua denominação com cuidado. A "renda permanente" de Friedman enfatizava que os consumidores olhavam além da renda corrente. O "ciclo de vida" de Modigliani ressaltava que o horizonte de planejamento natural dos consumidores era sua vida inteira.

> Friedman recebeu o Prêmio Nobel de Economia em 1976, e Modigliani, em 1985.

Desde então, o comportamento de consumo agregado é uma área de intensa pesquisa por dois motivos: o primeiro é a grande participação do consumo como componente do PIB — daí a importância de compreendermos as variações no consumo —, e o segundo é a crescente disponibilidade de amplas pesquisas sobre consumidores individuais, como o *Panel Study of Income Dynamics* (PSID — estudo do painel sobre a dinâmica da renda) descrito no quadro Foco "Íntimo e pessoal: aprendendo com os conjuntos de dados em painel". Essas pesquisas, que não se encontravam disponíveis quando Friedman e Modigliani desenvolveram suas teorias, têm permitido aos economistas melhorar continuamente sua compreensão de como os consumidores se comportam de fato. Esta seção resume o que sabemos atualmente.

> Do Capítulo 3: os gastos de consumo representam 68% das despesas totais nos Estados Unidos.

342 Macroeconomia

O consumidor com grande capacidade de previsão

Vamos começar com uma hipótese que certamente — e com toda razão — pode ser considerada exagerada, mas que será uma referência bastante conveniente. Chamaremos essa hipótese de teoria do *consumidor com grande capacidade de previsão*. Como um consumidor com grande capacidade de previsão decidiria o quanto consumir? Ele agiria em duas etapas:

> Tomaremos a liberdade de usar a expressão "riqueza imobiliária" para nos referir não só à moradia, mas também aos demais bens que o consumidor possua, como carros, obras de arte etc.

◆ Primeiro, somaria o valor das ações e dos títulos que possui, o valor de seus saldos em conta-corrente e na poupança, o valor da casa própria menos a hipoteca devida, e assim por diante. Isto lhe daria uma noção da sua **riqueza financeira** e da sua **riqueza imobiliária**.

O consumidor também estimaria sua provável renda de trabalho líquida de impostos ao longo de sua vida profissional e calcularia o valor presente da renda esperada de trabalho líquida de impostos. Com isso, ele teria uma estimativa do que os economistas chamam de **riqueza humana** — em contraste com sua **riqueza não humana**, definida como a soma das riquezas financeira e imobiliária.

> Riqueza humana + riqueza não humana = riqueza total.

◆ Somando as riquezas humana e não humana, ele teria uma estimativa da sua **riqueza total**. Com isso, poderia decidir quanto gastar da sua riqueza total. Uma hipótese razoável é a de que ele decidiria gastar uma proporção da sua riqueza total que lhe permitisse manter aproximadamente o mesmo nível de consumo a cada ano por toda a sua vida. Se esse nível de consumo fosse maior que sua renda atual, ele tomaria emprestada a diferença; se fosse menor, pouparia a diferença. Vamos escrever isso formalmente. O que acabamos de descrever é uma decisão de consumo na forma

$$C_t = C \text{ (riqueza total}_t) \tag{15.1}$$

onde C_t é o consumo no instante t e (riqueza total$_t$) é a soma da riqueza não humana (riqueza financeira mais riqueza imobiliária) e da riqueza humana no instante t (o valor presente esperado a partir do instante t da renda atual e futura do trabalho líquida de impostos).

Essa descrição contém muitas verdades. Assim como o consumidor com grande capacidade de previsão, certamente consideramos nossa riqueza e nossa renda de trabalho futura esperada quando decidimos quanto consumir hoje. Mas é também verdade que ela supõe cálculos e previsão em demasia da parte do consumidor típico.

Para ter uma ideia mais clara daquilo que essa descrição implica e do que há de errado com ela, vamos aplicar este processo de decisão a um problema enfrentado por um universitário padrão dos Estados Unidos.

FOCO

Íntimo e pessoal: aprendendo com os conjuntos de dados em painel

Conjuntos de dados em painel são conjuntos de dados que mostram o valor de uma ou mais variáveis de muitos indivíduos ou muitas empresas ao longo do tempo. Uma dessas pesquisas, a *Current Population Survey* (CPS), foi descrita no Capítulo 7. Outra é o *Panel*

Study of Income Dynamics (PSID), ou seja, o estudo do painel sobre a dinâmica da renda.

O PSID teve início em 1968, com aproximadamente 4.800 famílias dos Estados Unidos. Desde então, são conduzidas entrevistas anuais com essas famílias.

A pesquisa cresceu à medida que novos indivíduos entraram nos núcleos originalmente pesquisados por casamento ou por nascimento. Todo ano as pessoas são consultadas sobre renda, salário, número de horas trabalhadas, saúde e consumo de alimentos. (O foco em consumo de alimentos vem do fato de que um dos objetivos iniciais da pesquisa era compreender melhor as condições de vida das famílias pobres. O estudo poderia ser mais útil se perguntasse sobre o consumo em geral, e não apenas o de alimentos. Infelizmente, isso não ocorre.)

Quase quatro décadas de coleta de informações sobre os indivíduos e suas famílias ampliadas fazem que a pesquisa permita aos economistas formular perguntas e obter respostas sobre questões para as quais antes só havia evidências referentes a casos específicos. Entre as muitas questões às quais o PSID tem sido aplicado estão:

- Em quanto o consumo (de alimentos) responde a oscilações transitórias da renda — por exemplo, a perda de renda causada pelo desemprego?
- Como se compartilha o risco dentro das famílias? (Por exemplo, quando um membro da família fica doente ou desempregado, quanta ajuda recebe de outros membros?)
- Quanto as pessoas se preocupam em estar geograficamente próximas de seus familiares? Quando uma pessoa fica desempregada, por exemplo, em que medida a probabilidade de que ela migre para outra cidade depende do número de familiares que vivem na cidade em que mora atualmente?

Exemplo

Suponhamos que você tenha 19 anos de idade e mais três anos de faculdade pela frente antes de conseguir seu primeiro emprego. Talvez esteja endividado por ter feito um empréstimo para pagar a faculdade. Talvez tenha um carro e alguns outros bens de certo valor. Para simplificar, suponhamos que suas dívidas e suas posses aproximadamente se compensem, de modo que sua riqueza não humana seja igual a zero. Sua única riqueza, portanto, é a riqueza humana, o valor presente da sua renda esperada do trabalho líquida de impostos.

Você espera que seu salário anual inicial daqui a três anos seja de cerca de US$ 40.000 (em dólares de 2015) e que aumente em média 3% ao ano em termos reais até sua aposentadoria, aos 60 anos. Cerca de 25% de sua renda irão para os impostos.

> Você pode usar seus próprios números e verificar para onde os cálculos o levam.

Com base no que foi visto no Capítulo 14, vamos calcular o valor presente da sua renda do trabalho como o valor de sua renda *real* esperada do trabalho, líquida de impostos e descontada usando-se as taxas de juros *reais*. Seja Y_{Lt} a renda real do trabalho no ano t. Seja T_t os impostos reais no ano t. Seja $V(Y^e_{Lt} - T^e_t)$ sua riqueza humana, isto é, o valor presente esperado de sua renda do trabalho líquida de impostos — esperado a partir de t.

Para simplificar o cálculo, suponhamos que a taxa real de juros seja nula, de modo que o valor presente esperado seja simplesmente a soma da renda esperada do trabalho ao longo da sua vida profissional e, portanto, dada por

$$V(Y^e_{Lt} - T^e_t) = (\$40.000)(0,75)[1 + (1,03) + (1,03)^2 + \cdots + (1,03)^{38}]$$

O primeiro termo (US$ 40.000) é o nível inicial da renda do trabalho em dólares de 2015.

O segundo (0,75) vem do fato de que, por conta dos impostos, você fica com apenas 75% do que ganha.

O terceiro $[1 + (1,03) + (1,03)^2 + ... + (1,03)^{38}]$ reflete o fato de que você espera que sua renda real aumente 3% ao ano durante 39 anos (você começará a obter renda aos 22 anos e trabalhará até os 60).

Usando as propriedades das progressões geométricas para resolver o somatório entre colchetes temos:

$$V(Y^e_{Lt} - T^e_t) = (\$40.000)(0,75)(72,2) = \$2.166.000$$

Sua riqueza corrente — o valor esperado da sua renda do trabalho por toda a vida líquida de impostos — fica em torno de US$ 2 milhões.

Quanto você deve consumir? Suponhamos que espere viver cerca de 20 anos após se aposentar, de modo que sua expectativa de vida restante no presente seja de 62 anos. Se desejar consumir o mesmo montante a cada ano, o nível constante de consumo que poderá manter será igual a sua riqueza total dividida por sua expectativa de vida restante, ou US$ 2.166.000/62 = US$ 34.935 ao ano. Dado que sua renda até obter seu primeiro emprego é igual a zero, isso implica tomar um empréstimo de US$ 34.935 ao ano para os próximos três anos e começar a poupar quando conseguir seu primeiro emprego.

> O cálculo do nível de consumo que você pode manter foi facilitado por nossa hipótese de que a taxa real de juros seja igual a zero, por isso a adotamos! Nesse caso, se consumir um bem a menos este ano, poderá consumir exatamente um bem a mais no próximo, e a condição a satisfazer é simplesmente a de que o somatório do consumo ao longo de sua vida seja igual à sua riqueza. Portanto, se você quer consumir um montante constante a cada ano, basta dividir sua riqueza pelo número restante de anos de vida que espera viver.

Rumo a uma descrição mais realista

Sua primeira reação a esse cálculo talvez seja considerá-lo um modo rígido e um pouco sinistro de resumir suas perspectivas de vida. Talvez você se identifique mais com os planos de aposentadoria descritos no quadrinho na próxima página.

Sua segunda reação pode ser a de que, embora concorde com a maioria dos componentes que entraram nesse cálculo, você certamente não pretende tomar emprestado US$ 34.935 × 3 = US$ 104.805 ao longo dos próximos três anos. Por exemplo:

1. Você pode não querer planejar um consumo constante ao longo da sua vida. Em vez disso, pode lhe agradar a ideia de adiar um consumo maior. Normalmente, a vida de estudante não deixa muito tempo para atividades caras. Talvez você prefira adiar as viagens às Ilhas Galápagos. Também deve pensar nas despesas decorrentes da chegada de filhos, da educação deles, das viagens de férias, da universidade, e assim por diante.

2. Você pode achar que o montante de cálculos e previsões envolvidas nos cálculos que acabamos de fazer está muito acima do montante que leva em conta ao tomar suas decisões. Pode ser que nunca tenha pensado sobre a renda exata que terá e por quantos anos. Você pode achar que a maioria das decisões de consumo é feita de uma maneira bem mais simples, olhando menos para o futuro.

3. O cálculo da riqueza total é baseado em previsões do que se espera que vá acontecer. Mas o futuro pode se revelar melhor ou pior. O que acontecerá se, por um infortúnio, você ficar desempregado ou doente? Como poderá pagar o que tomou emprestado? Talvez prefira ser prudente, assegurando-se de que consegue sobreviver adequadamente mesmo nas piores situações, e assim decidir tomar emprestado muito menos que US$ 104.805.

4. 4. Mesmo que decida tomar emprestados US$ 104.805, você pode ter dificuldade em encontrar um banco disposto a lhe emprestar essa quantia. Por quê? O banco pode considerar que você está assumindo um compromisso que não poderá honrar se algo der errado e que você talvez não consiga ou não esteja disposto a quitar o empréstimo. Em outras palavras, se você quiser tomar esse empréstimo, as taxas podem ser muito maiores do que as assumidas nesse cálculo.

Esses motivos, todos plausíveis, sugerem que, para descrever o comportamento efetivo do consumidor, temos de modificar a descrição que apresentamos anteriormente. Os três últimos motivos, em particular, sugerem que o consumo depende não só da riqueza total, mas também da renda corrente.

Consideremos o segundo motivo: por se tratar de uma regra simples, você pode optar por deixar que seu consumo acompanhe sua renda e não pensar em qual será sua riqueza. Nesse caso, o consumo vai depender da sua renda corrente, e não da sua riqueza.

PLANOS DE APOSENTADORIA INCOMUNS

1000 - E.O.A
Vou pegar US$ 1000, depositá-los no banco e "esquecer o assunto". Em 30 anos, terei uma bela surpresa.

Sorte grande
Não vou precisar de um plano de aposentadoria porque ficarei rico, sim senhor!

Plano M.F.
"Meus filhos" vão cuidar de mim. Tenho certeza disso.

Plano "?"
Quem consegue fazer planos para, sei lá, semana que vem? Um asteroide pode arrasar a Terra amanhã, então, qual o sentido disso?

Cartoon extraído com permissão de Cartoon Bank. © 1997 by Roz Chast/The New Yorker Collection/The Cartoon Bank.

Agora consideremos o terceiro motivo: ele implica que uma regra segura pode ser não consumir mais que sua renda. Desse modo, você não corre o risco de acumular dívidas que não possa saldar se a situação piorar.

Ou consideremos o quarto motivo: talvez você não tenha muita escolha. Mesmo que queira consumir mais que sua renda atual, pode ser que não consiga obter um empréstimo bancário para fazer isto.

Se desejássemos admitir um efeito direto da renda corrente sobre o consumo, que medida de renda corrente deveríamos usar? Um indicador conveniente é a renda do trabalho líquida de impostos, que introduzimos ao definir a riqueza humana. Isso leva a uma função consumo na forma

$$C_t = C(\text{Riqueza total}_t, Y_{Lt} - T_t) \qquad (15.2)$$
$$(\quad +\quad ,\quad +\quad)$$

346 Macroeconomia

Resumindo: o consumo é uma função crescente da riqueza total, e também uma função crescente da renda corrente do trabalho líquida de impostos. A riqueza total é a soma da riqueza não humana — riqueza financeira mais riqueza imobiliária — com a riqueza humana — o valor presente da renda esperada do trabalho líquida de impostos.

Em quanto o consumo depende da riqueza total (e, assim, das expectativas da renda futura) e em quanto depende da renda corrente? As evidências indicam que a maioria dos consumidores olha para o futuro, no espírito da teoria desenvolvida por Modigliani e Friedman. (Veja o quadro Foco "As pessoas poupam o suficiente para a aposentadoria?") Mas alguns consumidores, em especial os que têm renda temporariamente baixa e dificuldades de acesso ao crédito, provavelmente consumirão sua renda atual, independente do que esperam que lhes acontecerá no futuro. Uma trabalhadora que fique desempregada e não tenha qualquer riqueza financeira pode enfrentar dificuldades para tomar emprestado visando manter seu nível de consumo, mesmo que esteja muito confiante de que logo conseguirá outro emprego. Os consumidores mais ricos e com acesso mais fácil ao crédito são mais propensos a dar mais ênfase ao futuro esperado e a tentar manter um consumo aproximadamente constante ao longo do tempo.

FOCO

As pessoas poupam o suficiente para a aposentadoria?

Com que cuidado as pessoas olham para o futuro ao tomar suas decisões sobre o consumo e a poupança? Uma forma de responder a esta pergunta é examinar o quanto as pessoas poupam para a aposentadoria.

A Tabela 1, extraída de um estudo de James Poterba, do MIT, Steven Venti, de Dartmouth, e David Wise, de Harvard, fornece os números básicos. Eles são baseados em um conjunto de dados em painel chamado *Health and Retirement Study*, da Universidade de Michigan, que pesquisa uma amostra representativa de aproximadamente 20 mil estadunidenses com mais de 50 anos a cada dois anos. A tabela mostra o nível médio e a composição da riqueza (total) de pessoas entre 65 e 69 anos em 1991 — a maioria delas, portanto, aposentada. Também faz a distinção entre pessoas que atingem essa idade solteiras ou casadas; neste último caso os números se referem à riqueza do casal.

Os três primeiros componentes de riqueza captam as várias fontes de renda de aposentadoria. O primeiro é o valor presente dos benefícios da Previdência Social. O segundo é o valor dos planos de aposentadoria fornecidos pelas empresas. E o terceiro é o valor dos planos de aposentadoria privada. Os três últimos componentes incluem outros ativos retidos pelos consumidores, como títulos, ações e imóveis.

Uma riqueza média de US$ 1,1 milhão para um casal é considerável — passa a imagem de indivíduos que olham para o futuro, tomando decisões cuidadosas de poupança e aposentando-se com uma riqueza suficiente para desfrutar de uma aposentadoria confortável.

Entretanto, precisamos ter cuidado. A média elevada pode ocultar diferenças importantes entre os indivíduos. Alguns podem poupar muito, e outros, pouco. Outro estudo, conduzido por Scholz, Seshadri e Khitatrakun, da Universidade de Wisconsin, lança luzes sobre este aspecto. O estudo também é baseado nos dados do *Health and Retirement Study*. Com base nas informações do painel, os autores constroem uma meta de riqueza para cada família — isto é, o nível de riqueza que cada família deveria ter se quisesse manter um nível de consumo aproximadamente constante após a aposentadoria. Os autores comparam, então, o nível efetivo de riqueza com a meta para cada família.

A primeira conclusão do estudo é semelhante à obtida por Poterba, Venti e Wise: em média, as pessoas poupam o suficiente para a aposentadoria. Mais especificamente, os autores descobriram que mais de 80% das famílias possuem riqueza acima da meta. Em outras palavras, apenas 20% das famílias possuem riqueza abaixo da meta. Mas esses números ocultam diferenças importantes entre os níveis de renda.

Entre aqueles na metade superior da distribuição de renda, mais de 90% possuem riqueza que supera a meta, frequentemente por uma larga margem. Isso sugere que essas famílias planejam deixar heranças e, assim, poupam mais que o necessário para a aposentadoria.

Entre aqueles que compõem os 20% inferiores da distribuição de renda, contudo, menos de 70% possuem riqueza acima da meta. Para os 30% das famílias que estão abaixo do alvo, a diferença entre a riqueza efetiva e a meta normalmente é pequena. Mas a proporção relativamente grande de indivíduos com riqueza abaixo da meta sugere que existem vários indivíduos que, por mau planejamento ou por má sorte, não poupam o suficiente para a aposentadoria. Para a maioria desses

indivíduos, quase toda a riqueza vem do valor presente dos benefícios da Previdência Social (o primeiro componente de riqueza na Tabela 1), e é razoável pensar que a proporção de pessoas com riqueza abaixo da meta seria ainda maior se a Previdência Social não existisse. Na verdade, foi exatamente para isto que o sistema de previdência foi concebido: para garantir que as pessoas tivessem o suficiente para viver quando se aposentassem. Neste aspecto, parece ser um sucesso.

Fontes: James M. Poterba, Steven F. Venti e David A. Wise. The composition and drawdown of wealth in retirement. *Journal of Economic Perspectives*, 25(4), p. 95–118, outono de 2011. John Scholz, Ananth Seshadri e Surachai Khitatrakun. Are Americans saving 'optimally' for retirement?. *Journal of Political Economy*, 2006, 114(4): p. 607-43.

▶ **Tabela 1 Riqueza média das pessoas entre 65 e 69 anos em 2008 (em milhares de dólares de 2008).**

	Casais	Domicílio de uma pessoa só
Pensão da Previdência Social	262	134
Pensão paga pelo empregador	129	63
Ativos de aposentadoria pessoal	182	47
Outros ativos financeiros	173	83
Patrimônio imobiliário	340	188
Outros tipos de patrimônio	69	18
Total	1.155	533

Fonte: Poterba, Venti e Wise. Tabela A1.

Juntando as peças: renda corrente, expectativas e consumo

Voltemos ao que motivou este capítulo — a importância das expectativas na determinação dos gastos. Observe primeiro que, com o comportamento de consumo descrito pela Equação 15.2, as expectativas afetam o consumo de duas maneiras:

- Diretamente por meio da *riqueza humana*: para calcular a riqueza humana, os consumidores formam suas próprias expectativas da renda futura do trabalho, das taxas reais de juros e dos impostos.

- Indiretamente por meio da *riqueza não humana* — ações, títulos e imóveis. Aqui, os consumidores não precisam de nenhum cálculo e podem considerar o valor desses ativos como dado. Conforme visto no Capítulo 14, o cálculo para eles é, na verdade, feito pelos mercados financeiros. O preço de suas ações, por exemplo, depende das expectativas acerca de dividendos futuros e das taxas de juros futuras.

Essa dependência do consumo em relação às expectativas tem, por sua vez, duas principais implicações para a relação entre consumo e renda:

- *O consumo provavelmente responde menos do que proporcionalmente às flutuações na renda corrente.* Ao decidir o quanto deve consumir, uma consumidora examina

Como as expectativas de um produto maior no futuro afetam o consumo no presente:

O produto futuro esperado aumenta

⇒ A renda futura esperada do trabalho aumenta

⇒ A riqueza humana aumenta

⇒ O consumo aumenta

O produto futuro esperado aumenta

⇒ Os dividendos futuros esperados aumentam

⇒ Os preços das ações aumentam

⇒ A riqueza não humana aumenta

⇒ O consumo aumenta

Olhando para o curto prazo (Capítulo 3), assumimos $C = c_0 + c_1 Y$ (ignorando impostos). Isto implicou que, quando a renda aumentava, o consumo aumentava menos que proporcionalmente à renda (C/Y reduzia-se). Isso era apropriado porque nosso foco estava sobre as flutuações, sobre movimentos de renda transitórios.

Olhando para o longo prazo (Capítulo 10), assumimos que $S = sY$, ou, equivalentemente, $C = (1 - s)Y$. Isso implicou que, quando a renda aumentava, o consumo aumentava proporcionalmente à renda (C/Y continuava o mesmo). Isto era apropriado porque nosso foco estava em movimentos de renda permanentes — de longo prazo.

mais que sua renda atual. Se concluir que a redução de sua renda é permanente, ela provavelmente reduzirá o consumo na mesma proporção. Mas, se concluir que a diminuição de sua renda atual é transitória, ajustará seu consumo menos que proporcionalmente. Durante uma recessão, o consumo ajusta-se menos que proporcionalmente às quedas na renda. Isso porque os consumidores sabem que as recessões normalmente não duram mais que alguns trimestres e que a economia acaba voltando ao nível natural de produto. O mesmo se aplica às expansões. Diante de um aumento extraordinariamente rápido da renda, provavelmente os consumidores não aumentarão o consumo na mesma proporção. É provável que considerem que a expansão seja transitória e que as coisas voltarão ao normal.

♦ *O consumo pode variar mesmo que a renda corrente não varie*. A eleição de um presidente carismático que articule a visão de um futuro empolgante pode deixar as pessoas mais otimistas quanto ao futuro em geral e quanto a sua própria renda futura em particular, levando-as a aumentar o consumo mesmo que sua renda atual não se modifique. Outros acontecimentos podem ter o efeito contrário.

A esse respeito, os efeitos da recente crise são particularmente marcantes. A Figura 15.1 mostra, a partir dos dados de uma pesquisa com consumidores, a evolução das expectativas de crescimento da renda familiar no ano seguinte, para cada ano desde 1990. Observe como as expectativas permaneceram relativamente estáveis até 2008, como caíram acentuadamente em 2009 e quanto tempo permaneceram baixas depois disso. Somente a partir de 2014 começaram a se recuperar. A queda no início da crise não surpreende. À medida que os consumidores viam o produto cair, era normal que esperassem uma queda na renda no ano seguinte. As duas recessões anteriores, em 1991 e em 2000, também tiveram uma queda no crescimento esperado da renda. O que difere na recente crise é quanto tempo levou para as expectativas de crescimento da renda se recuperarem, e, até o momento, recuperaram-se apenas parcialmente. Baixas expectativas de crescimento da renda levaram os consumidores a limitar seu consumo, o que, por sua vez, acarretou uma recuperação lenta e dolorosa.

▶ Figura 15.1 **Mudança esperada na renda familiar desde 1990.**

Após uma queda acentuada em 2008, as expectativas de crescimento da renda permaneceram baixas por um longo tempo.
As áreas sombreadas representam recessões.

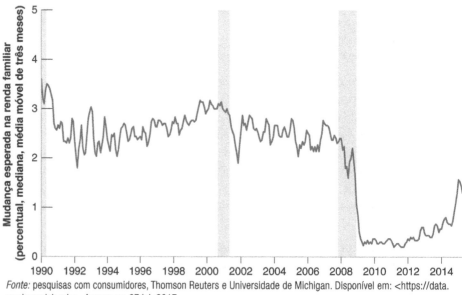

Fonte: pesquisas com consumidores, Thomson Reuters e Universidade de Michigan. Disponível em: <https://data.sca.isr.umich.edu>. Acesso em 27 jul. 2017.

15.2 Investimento

Como as empresas tomam decisões de investimento? Em nossa primeira tentativa de resposta, no Capítulo 5, consideramos o investimento como dependente da taxa de juros e do nível de vendas correntes. Refinamos essa resposta no Capítulo 6, ressaltando que o importante era a taxa real, e não a taxa nominal de juros. Agora deve estar claro que as decisões de investimento, assim como as de consumo, dependem de mais variáveis que as vendas correntes e a taxa de juros real corrente: também dependem muito das expectativas acerca do futuro. A seguir, vamos explorar como essas expectativas afetam as decisões de investimento.

Assim como a teoria básica do consumo, a teoria básica do investimento é simples. Uma empresa, ao decidir se investe — digamos, se adquire uma máquina nova —, deve fazer uma comparação simples. Ela deve calcular em primeiro lugar o valor presente dos lucros que espera auferir com essa máquina adicional. Deve, então, comparar o valor presente dos lucros com o custo de adquirir a máquina. Se o valor presente for maior que o custo, a empresa deve comprar a máquina; se for menor que o custo, não deve fazer a aquisição — ou seja, não investe. Esta é, de maneira bem sucinta, a teoria do investimento. Vamos examiná-la detalhadamente.

Investimento e expectativas de lucro

Vamos percorrer os passos que uma empresa deve seguir para determinar se compra ou não uma máquina (o mesmo raciocínio aplica-se a outros componentes do investimento — construção de uma fábrica, reforma de um conjunto de escritórios, e assim por diante).

Depreciação

Para calcular o valor presente dos lucros esperados, primeiro a empresa deve estimar quanto tempo a máquina vai durar. A maioria delas é como os carros: podem durar praticamente para sempre, mas, com o passar do tempo, sua manutenção torna-se cada vez mais cara e menos confiável.

> Veja os automóveis em Cuba.

Suponhamos que uma máquina perca sua utilidade a uma taxa δ (a letra grega minúscula delta) ao ano. Uma máquina nova este ano valerá somente $(1 - \delta)$ máquinas no próximo ano, $(1 - \delta)^2$ máquinas daqui a dois anos, e assim por diante. A *taxa de depreciação*, δ, mede quanta utilidade a máquina perde de um ano para o outro. Que valores são razoáveis para δ? Esta é uma pergunta a que os estatísticos responsáveis por calcular como ocorrem as mudanças no estoque de capital dos Estados Unidos têm de responder. Com base em seus estudos sobre depreciação de máquinas e construções específicas, eles utilizam números entre 2,5% para prédios comerciais, 15% para equipamentos de comunicação e 55% para pacotes de software.

> Se a empresa possui um grande número de máquinas, podemos pensar em δ como a proporção de máquinas que sucateiam a cada ano. (Pense em lâmpadas — funcionam perfeitamente até queimar.) Se a empresa iniciar o ano com K máquinas em funcionamento e não comprar máquinas novas, terá apenas $K(1 - \delta)$ máquinas um ano depois, e assim por diante.

Valor presente dos lucros esperados

A empresa deve, então, calcular o valor presente dos lucros esperados.

Para levar em conta o fato de que a instalação das máquinas leva algum tempo (e mais tempo ainda para construir uma fábrica ou um prédio de escritórios), suponhamos que uma máquina comprada no ano t se torne operacional — e inicie sua

> Essa é a letra grega pi maiúscula, em contraste com a letra pi minúscula, que utilizamos para representar a inflação.

Para simplificar e focar no papel das expectativas em oposição ao risco, vamos assumir novamente que o prêmio de risco seja igual a zero, portanto, não temos de utilizá-lo nas fórmulas a seguir.

depreciação — somente um ano depois, no ano $t + 1$. Representemos o lucro por máquina em termos reais por Π.

Se a empresa comprar uma máquina no ano t, ela gerará seu primeiro lucro no ano $t + 1$. Representemos esse lucro esperado por Π^e_{t+1}. O valor presente, no ano t, desse lucro esperado no ano $t + 1$, é dado por

$$\frac{1}{1 + r_t} \Pi^e_{t+1}$$

Este termo está representado pela seta que aponta para a esquerda na linha superior da Figura 15.2. Como estamos medindo o lucro em termos reais, usamos as taxas reais de juros para descontar os lucros futuros.

Representemos o lucro esperado por máquina no ano $t + 2$ por Π^e_{t+2}. Em decorrência da depreciação, somente $(1 - \delta)$ da máquina é deixada para o ano $t + 2$; portanto, o lucro esperado da máquina será igual a $(1 + \delta)\Pi^e_{t+2}$. O valor presente no ano t desse lucro esperado é igual a

$$\frac{1}{(1 + r_t)(1 + r^e_{t+1})} (1 - \delta) \Pi^e_{t+2}$$

Este cálculo está representado pela seta que aponta para a esquerda na linha inferior da Figura 15.2.

O mesmo raciocínio aplica-se aos lucros esperados para os anos seguintes. Juntando tudo, temos o *valor presente dos lucros esperados* da compra da máquina no ano t, que chamaremos $V(\Pi^e_t)$:

$$V(\Pi^e_t) = \frac{1}{1 + r_t} \Pi^e_{t+1} + \frac{1}{(1 + r_t)(1 + r^e_{t+1})} (1 - \delta) \Pi^e_{t+2} + \cdots \quad (15.3)$$

O valor presente esperado é igual ao valor descontado do lucro esperado do próximo ano mais o valor descontado do lucro esperado daqui a dois anos (levando-se em conta a depreciação da máquina), e assim por diante.

▶ Figura 15.2 Cálculo do valor presente de lucros esperados.

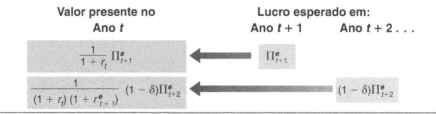

Decisão de investimento

A empresa deve, então, decidir se compra ou não a máquina. Essa decisão depende da relação entre o valor presente dos lucros esperados e o preço da máquina. Para simplificar a notação, vamos supor que o preço real de uma máquina — isto é, o preço em termos da cesta de bens produzidos na economia — seja igual a 1. O que a empresa deve fazer é comparar o valor presente dos lucros com 1.

Se o valor presente for menor que 1, a empresa não deve comprar a máquina. Se o fizer, pagará mais pela máquina do que espera obter de lucro mais tarde. Se o valor presente for maior que 1, a empresa terá um incentivo para comprá-la.

Passemos agora do exemplo de uma só empresa e uma só máquina para o investimento na economia como um todo.

Capítulo 15 Expectativas, consumo e investimento 351

Seja I_t o investimento agregado. Representemos o lucro por máquina ou, generalizando, o lucro por unidade de capital (em que o capital inclui máquinas, fábricas, prédios de escritórios, e assim por diante) da economia como um todo por Π_t.

Representemos o valor presente esperado do lucro por unidade de capital por $V(\Pi_t^e)$, como definido na Equação 15.3.

Nossa discussão sugere uma função de investimento da seguinte forma:

$$I_t = I[V(\Pi_t^e)] \qquad (15.4)$$
$$(\; + \;)$$

Em suma: o investimento depende positivamente do valor presente esperado dos lucros futuros (por unidade de capital). Quanto maiores os lucros esperados, maior o valor presente esperado e maior o nível de investimento. Quanto mais elevadas as taxas de juros reais esperadas, menor o valor presente esperado e, portanto, mais baixo o nível de investimento.

Se o cálculo do valor presente feito pela empresa lhe parece semelhante ao cálculo do valor presente que vimos no Capítulo 14 para o valor fundamental de uma ação você está certo. Essa relação foi explorada pela primeira vez por James Tobin, da Universidade de Yale, segundo o qual, por essa razão, deveria haver uma relação estreita entre o investimento e o valor da bolsa de valores. Seus argumentos e as evidências são apresentados no quadro Foco "Investimento e bolsa de valores".

> Tobin recebeu o Prêmio Nobel de Economia em 1981 por esta e muitas outras contribuições.

FOCO

Investimento e bolsa de valores

Suponhamos que uma empresa tenha 100 máquinas e 100 ações em circulação — uma ação por máquina. Suponhamos, ainda, que o preço da ação seja US$ 2 e o de uma máquina, apenas US$ 1. Obviamente a empresa deve investir — adquirir uma máquina nova — e financiar essa compra emitindo uma ação. A compra de cada máquina custa US$ 1 para a empresa, mas os participantes da bolsa de valores estão dispostos a pagar US$ 2 por uma ação correspondente a essa máquina quando ela estiver instalada na empresa.

Trata-se de um exemplo de um argumento mais geral apresentado por Tobin de que deveria haver uma relação estreita entre a bolsa de valores e o investimento. Segundo ele, ao decidir se devem ou não investir, as empresas poderiam não precisar recorrer aos cálculos complicados que vimos no texto. Na realidade, o preço da ação diz às empresas qual é o valor que a bolsa de valores atribui a cada unidade de capital já instalada. A empresa tem, então, um problema simples. Comparemos o preço de aquisição de uma unidade adicional de capital com o preço que a bolsa está disposta a pagar por ela. *Se o valor atribuído pela bolsa*

supera o preço de aquisição, a empresa deve comprar a máquina; caso contrário, não deve.

Tobin desenvolveu uma variável correspondente ao valor de uma unidade de capital já instalada em relação a seu preço de compra e observou como suas variações se aproximavam das do investimento. Ele utilizou o símbolo "*q*" para representar a variável, e esta ficou conhecida como o **q de Tobin**. Sua construção é a seguinte:

1. Pegue o valor total das companhias dos Estados Unidos segundo a avaliação dos mercados financeiros. Isto é, calcule a soma de seu valor na bolsa de valores (o preço de uma ação multiplicado pelo número de ações). Calcule também o valor total de seus títulos em circulação (as empresas se financiam não apenas por meio de ações, mas também por meio de títulos). Some o valor de ações e títulos. Subtraia os ativos financeiros das empresas, o valor em caixa, as contas bancárias e quaisquer títulos retidos.

2. Divida esse valor total pelo valor do estoque de capital das companhias dos Estados Unidos ao custo de

reposição (o preço que as empresas teriam de pagar para repor máquinas, instalações, e assim por diante).

A razão nos fornece, na realidade, o valor de uma unidade de capital instalado em relação a seu preço de compra corrente. Esta razão é o *q de Tobin*. Intuitivamente, quanto maior for *q*, maior será o valor de capital em relação ao preço de compra corrente — e maior deverá ser o investimento. (No exemplo do início desta seção, o *q* de Tobin é igual a 2; assim, sem dúvida a empresa deveria investir.)

Quão estreita é a relação entre o *q* de Tobin e o investimento? A resposta é dada na Figura 1, que mostra as duas variáveis, ano a ano, desde 1960 para os Estados Unidos.

No eixo vertical esquerdo está a taxa de variação da razão entre investimento e capital.

No eixo vertical direito está a taxa de variação no *q* de Tobin. Essa variável está defasada em um ano. Para 2000, por exemplo, a figura mostra a variação da razão entre investimento e capital para 2000, e a variação no *q* de Tobin para 1999 — isto é, um ano antes. O motivo para apresentar as duas variáveis dessa maneira é que a relação mais forte nos dados parece ser entre o investimento deste ano e o *q* de Tobin do ano anterior. Dito de outro modo, as variações no investimento neste ano estão mais estreitamente associadas a variações na bolsa de valores do ano anterior do que a variações na bolsa de valores deste ano; uma explicação plausível para isto é que leva tempo para as empresas tomarem decisões de investimento, construir fábricas, e assim por diante.

A figura mostra uma relação clara entre o *q* de Tobin e o investimento. Provavelmente isto não é porque as empresas sigam cegamente os sinais da bolsa de valores, mas porque as decisões de investimento e os preços das bolsas dependem dos mesmos fatores — lucros futuros esperados e taxas de juros futuras esperadas.

▶ **Figura 1** O *q* de Tobin *versus* a razão entre investimento e capital: taxas anuais de variação desde 1960.

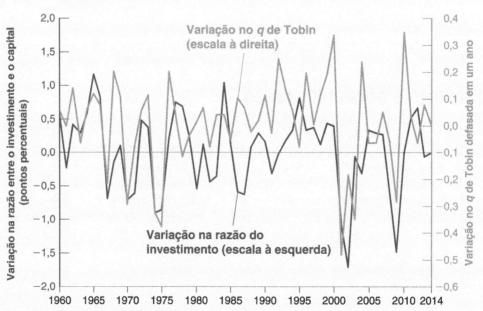

Fonte: Haver Analytics. Fonte original: Financial Accounts of United States. Capital medido por Nonfinancial assets.
Numerador de *q*: valor de mercado das ações + [(Passivos financeiros) – (Ativos financeiros) – (Ativos não financeiros)].
Denominador de *q*: ativos não financeiros.

Um caso especial conveniente

Antes de explorar outras implicações e extensões da Equação 15.4, é útil examinar um caso especial em que a relação entre investimento, lucro e taxas de juros é simplificada.

Suponhamos que as empresas esperem que tanto os lucros futuros (por unidade de capital) quanto as taxas de juros futuras permaneçam no mesmo nível atual, de modo que

$$\Pi_{t+1}^e = \Pi_{t+2}^e = \cdots = \Pi_t$$

e

$$r_{t+1}^e = r_{t+2}^e = \cdots = r_t$$

Os economistas chamam essas expectativas — de que o futuro seja igual ao presente — de **expectativas estáticas**. Sob essas duas hipóteses, a Equação 15.3 torna-se

$$V(\Pi_t^e) = \frac{\Pi_t}{r_t + \delta} \qquad (15.5)$$

O valor presente dos lucros esperados é simplesmente a razão entre a taxa de lucro — isto é, o lucro por unidade de capital — e a soma da taxa real de juros com a taxa de depreciação. (A derivação é dada no apêndice deste capítulo.)

Substituindo a Equação 15.5 na 15.4, o investimento será dado por:

$$I_t = I\left(\frac{\Pi_t}{r_t + \delta}\right) \qquad (15.6)$$

O investimento é uma função da razão entre a taxa de lucro e a soma da taxa de juros com a taxa de depreciação.

A soma da taxa real de juros com a taxa de depreciação é chamada de **custo de uso** ou **custo de aluguel do capital**. Para entender o motivo, suponhamos que a empresa, em vez de comprar a máquina, opte por alugá-la. Quanto a locadora deveria cobrar por ano? Mesmo que a máquina não tenha se depreciado, a locadora teria de cobrar juros iguais a r_t vezes o preço da máquina. (Assumimos que o preço de uma máquina seja igual a 1 em termos reais; logo, r_t vezes 1 é igual a r_t.) A locadora deve ganhar com a compra da máquina e com o aluguel no mínimo o que ganharia com a compra de títulos. Além disso, a locadora teria de cobrar pela depreciação δ vezes o preço da máquina, que é 1. Portanto,

$$\text{Custo do aluguel} = (r_t + \delta)$$

> Tais acordos existem. Por exemplo, muitas empresas alugam carros e caminhões de empresas de *leasing*.

Embora não seja comum as empresas alugarem as máquinas que utilizam, $(r_t + \delta)$ ainda capta o custo implícito — às vezes chamado de *custo sombra* — para a empresa pelo uso da máquina por um ano.

A função investimento dada pela Equação 15.6 tem, então, uma interpretação simples. *O investimento depende da razão entre o lucro e o custo de uso. Quanto maior o lucro, maior o nível do investimento. Quanto maior o custo de uso, menor o nível do investimento.*

Esta relação entre lucro, taxa real de juros e investimento baseia-se em uma hipótese forte: a de que se espera que o futuro seja igual ao presente. Trata-se de uma relação útil para lembrar — e que os macroeconomistas têm sempre à mão em sua caixa de ferramentas. É o momento, contudo, de abandonar essa hipótese e voltar ao papel das expectativas na determinação das decisões de investimento.

Lucro corrente *versus* lucro esperado

A teoria que desenvolvemos implica que o investimento deve olhar para o futuro e depender fundamentalmente dos *lucros futuros esperados*. (De acordo com nossa hipótese de que leva um ano para que o investimento passe a gerar lucros, o lucro corrente nem aparece na Equação 15.3.) Um fato empírico notável sobre o investimento, entretanto, é que ele acompanha fortemente as variações no *lucro corrente*.

Esta relação está na Figura 15.3, que mostra as variações anuais do investimento e do lucro desde 1960 para a economia dos Estados Unidos. O lucro é construído como a razão entre a soma dos *lucros líquidos de impostos mais os pagamentos de juros feitos por companhias não financeiras dos Estados Unidos*, dividida por seu estoque de capital. O investimento é calculado como a razão entre o investimento de empresas não financeiras dos Estados Unidos e seu estoque de capital. O lucro é defasado uma vez. Por exemplo, para 2000, a figura mostra a mudança no investimento em 2000 e a mudança no lucro em 1999 — isto é, um ano antes. A razão para apresentar as duas variáveis desta forma é que a relação mais forte nos dados parece estar entre o investimento em determinado ano e o lucro no ano anterior — uma defasagem possivelmente decorrente do fato de que leva tempo para as empresas decidirem sobre projetos de novos investimentos como reação a um lucro maior. As áreas sombreadas na figura representam os anos em que houve recessão — um declínio no produto por pelo menos dois trimestres consecutivos no ano.

Existe uma clara relação positiva entre variações no investimento e variações no lucro corrente na Figura 15.3. Será que essa relação é inconsistente com a teoria que acabamos de desenvolver, que sustenta que o investimento está relacionado com o valor presente dos lucros futuros esperados em vez de com o lucro corrente? Não necessariamente. Se as empresas esperam que os lucros futuros e os correntes variem de modo semelhante, o valor presente daqueles lucros futuros variará de modo semelhante à variação do corrente, e o mesmo ocorrerá com o investimento.

Entretanto, economistas que examinaram esta questão mais detalhadamente concluíram que o efeito do lucro corrente sobre o investimento é mais forte do que seria previsto pela teoria que desenvolvemos até aqui. O quadro Foco "Rentabilidade *versus* fluxo de caixa" descreve como foram coletadas algumas das evidências sobre isso. Por um lado, empresas com projetos de investimento altamente rentáveis, mas com baixos lucros atuais, parecem estar investindo muito pouco. Por outro, empresas que apresentam lucro atual elevado às vezes parecem investir em projetos de rentabilidade duvidosa. Em suma, o lucro atual parece afetar o investimento mesmo após controlado o efeito do valor presente esperado dos lucros.

Por que o lucro corrente desempenha um papel na decisão de investimento? A resposta está implícita na Seção 15.1, em que discutimos por que o consumo depende diretamente da renda corrente; alguns dos motivos que utilizamos para explicar o comportamento dos consumidores também se aplicam às empresas:

▶ **Figura 15.3** **Mudanças no investimento e no lucro nos EUA desde 1960.**
Investimento e lucro se movem muito mais juntos.

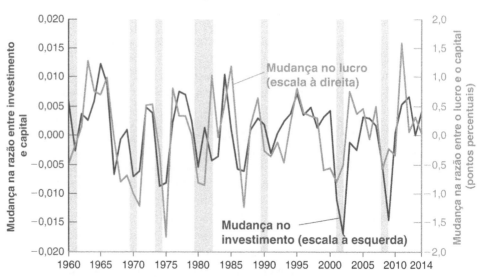

Fonte: Haver Analytics. Fonte original: Gross investment, Flow of funds variable FA105013005.A; Capital stock measured by Nonfinancial assets; Profit is constructed from Net operating surplus, taxes, and transfers. Bureau of Economic Analysis.

Capítulo 15   Expectativas, consumo e investimento   355

◆ Se o lucro corrente for baixo, uma empresa que deseja comprar máquinas só poderá obter os recursos necessários se fizer um empréstimo. Ela pode relutar em fazer isso. Embora os lucros esperados possam parecer bons, pode haver imprevistos capazes de deixar a empresa impossibilitada de saldar a dívida. No entanto, se o lucro corrente for elevado, a empresa pode ser capaz de financiar seu investimento simplesmente retendo parte de seus ganhos, sem ter de fazer um empréstimo. A mensagem básica é: um lucro atual mais elevado pode levar a empresa a investir mais.

◆ Mesmo que a empresa queira investir, pode encontrar dificuldade de obter um empréstimo. Os potenciais credores podem não se convencer de que o projeto seja tão bom quanto a empresa alega ser e ficar preocupados com a possibilidade de que ela não consiga quitar o empréstimo. Se a empresa apresenta lucros correntes altos, não precisará tomar emprestado, e, portanto, nem convencer potenciais credores. Ela pode avançar e investir como bem desejar, e provavelmente é isto o que fará.

FOCO

Rentabilidade *versus* fluxo de caixa

Quanto o investimento depende do valor presente esperado dos lucros futuros e do lucro corrente? Em outras palavras, o que é mais importante para as decisões de investimento: a **rentabilidade** (o valor presente descontado esperado dos lucros futuros) ou o **fluxo de caixa** (lucro corrente, o fluxo líquido de dinheiro que a empresa está recebendo no presente)?

A dificuldade em responder a esta pergunta está no fato de que o fluxo de caixa e a rentabilidade se movem juntos na maior parte do tempo. Empresas que apresentam um bom desempenho normalmente possuem tanto fluxos de caixa elevados quanto boas perspectivas para o futuro. Empresas que sofrem prejuízos com frequência também têm perspectivas ruins em relação ao futuro.

A melhor maneira de isolar os efeitos do fluxo de caixa e da rentabilidade sobre o investimento é identificar períodos ou eventos em que os dois variam em direções opostas, e, então, examinar o que acontece com o investimento. É esta a abordagem empregada por Owen Lamont, economista da Universidade de Harvard. Segue um exemplo para ajudá-lo a compreender a estratégia de Lamont.

Imaginemos duas empresas, A e B. Ambas se dedicam à produção de aço. A Empresa B também lida com a exploração de petróleo. Suponhamos que haja uma forte queda no preço do petróleo, causando prejuízos para a exploração deste recurso. Esse choque diminui o fluxo de caixa da Empresa B. Se os prejuízos com a exploração de petróleo forem grandes o suficiente para compensar os lucros com a produção de aço, a Empresa B poderá apresentar até mesmo um prejuízo total.

A pergunta que podemos fazer agora é: como resultado da queda no preço do petróleo, a Empresa B investirá menos na operação com o aço que a Empresa A? Se a rentabilidade da produção de aço for a única coisa importante, não haverá motivo para a Empresa B investir menos na produção de aço que a Empresa A. Mas, se o fluxo de caixa corrente também for importante, o fato de a Empresa B ter um fluxo de caixa menor pode impedi-la de investir tanto quanto a Empresa A na produção de aço. Um exame do investimento na produção de aço das duas empresas pode nos revelar quanto o investimento depende do fluxo de caixa *versus* rentabilidade.

Esta é a estratégia empírica seguida por Lamont. Ele se concentrou na queda de 50% no preço do petróleo ocorrida nos Estados Unidos em 1986, que provocou grandes prejuízos nas atividades relacionadas a este recurso natural. Lamont examinou se as empresas dedicadas em grande parte a atividades no setor petrolífero cortaram o investimento em suas atividades não petrolíferas relativamente mais que outras empresas envolvidas nas mesmas atividades não petrolíferas. Ele concluiu que sim. Descobriu que, para cada redução de US$ 1 de fluxo de caixa por causa da queda do preço do petróleo, os gastos com investimento em atividades não petrolíferas foram reduzidos entre 10 e 20 centavos. Resumindo: o fluxo de caixa corrente importa.

Fonte: Owen Lamont. Cash flow and investment: evidence from internal capital markets. *Journal of Finance*, 1997, vol. 52 (1): p. 83-109.

356 Macroeconomia

Em resumo: para se ajustar ao comportamento do investimento que observamos na prática, a equação do investimento é especificada de maneira mais adequada como

$$I_t = I[V(\Pi_t^e), \Pi_t] \qquad (15.7)$$
$$(\quad + \quad , +)$$

Ou seja: o *investimento depende tanto do valor presente esperado dos lucros futuros quanto do nível corrente de lucro.*

Lucro e vendas

Vejamos em que ponto estamos. Argumentamos que o investimento depende tanto do lucro corrente quanto do lucro esperado, ou, mais especificamente, tanto do lucro corrente por unidade de capital quanto do lucro esperado por unidade de capital. Precisamos dar um último passo. O que determina o lucro por unidade de capital? Resposta: fundamentalmente dois fatores — (1) o nível de vendas e (2) o estoque de capital existente. Se as vendas forem baixas em relação ao estoque de capital, os lucros por unidade de capital provavelmente também serão baixos.

Vamos escrever isso de maneira mais formal. Ignoremos a diferença entre vendas e produto, e seja Y_t o produto — ou, de modo equivalente, as vendas. Seja K_t o estoque de capital no instante t. Nossa discussão sugere a seguinte relação:

$$\Pi_t = \Pi\left(\frac{Y_t}{K_t}\right) \qquad (15.8)$$
$$(+)$$

O lucro por unidade de capital é uma função crescente da razão entre as vendas e o estoque de capital. Para um dado estoque de capital, quanto maiores as vendas, maior o lucro por unidade de capital. Dadas as vendas, quanto maior o estoque de capital, menor será o lucro por unidade de capital.

Como é esta relação na prática? A Figura 15.4 mostra variações anuais no lucro por unidade de capital (medidas no eixo vertical direito) e variações na razão entre produto e capital (medidas no eixo vertical esquerdo) para os Estados Unidos desde 1960. Assim como na Figura 15.3, o lucro por unidade de capital é definido como a soma dos lucros líquidos de impostos mais o pagamento de juros por companhias não financeiras dos Estados Unidos, divididos por seu estoque de capital medido pelo custo de reposição. A razão entre produto e capital é construída como a razão entre o produto interno bruto (PIB) e o estoque de capital agregado.

A Figura 15.4 mostra que há uma relação estreita entre variações no lucro por unidade de capital e variações na razão entre produto e capital. Dado que a maioria das variações anuais na razão entre produto e capital vem das variações no produto, e a maioria das variações anuais nos lucros por unidade de capital vem de variações no lucro (o capital move-se lentamente ao longo do tempo porque é grande se comparado ao investimento anual; assim, mesmo grandes movimentos no investimento levam a pequenas mudanças no estoque de capital), podemos expressar a relação da seguinte maneira: o lucro diminui nas recessões (as áreas sombreadas da figura são períodos de recessão) e aumenta nas expansões.

Por que essa relação entre produto e lucro é relevante aqui? Porque implica uma ligação entre *produto atual e produto futuro esperado*, por um lado, e o *investimento* por outro. O produto corrente afeta o lucro corrente, o produto futuro esperado afeta o lucro futuro esperado, e os lucros correntes e futuros esperados afetam o investimento. Por exemplo, a previsão de uma longa e sustentada expansão econômica leva as empresas a esperar lucros altos, agora e por algum tempo no futuro. Essas expectativas, por sua vez, levarão a um maior investimento. O efeito do produto

▶ **Figura 15.4** Variações no lucro por unidade de capital *versus* variações na razão entre produto e capital nos Estados Unidos desde 1960.

O lucro por unidade de capital e a razão entre o produto e o capital deslocam-se, em grande parte, juntos.

Fonte: Haver Analytics. Fonte original: o estoque de capital é medido por ativos não financeiros, contas financeiras; o lucro é calculado a partir de superávit operacional líquido, impostos e transferências, Bureau of Economic Analysis; o produto do setor corporativo não financeiro é medido por valor agregado bruto, Bureau of Economic Analysis.

atual e do produto esperado sobre o investimento, em conjunto com o efeito desse investimento sobre a demanda e o produto, desempenhará um papel crucial quando voltarmos à determinação do produto, no Capítulo 16.

> Produto esperado alto ⇒ Lucro esperado alto ⇒ Investimento alto no presente.

15.3 Volatilidade do consumo e do investimento

Certamente é possível notar as semelhanças entre nosso tratamento do comportamento do consumo e do investimento nas seções 15.1 e 15.2:

- A percepção pelos consumidores de mudanças atuais na renda como transitórias ou permanentes afeta suas decisões de consumo. Quanto mais os consumidores esperarem que um aumento atual na renda seja transitório, menos aumentarão seu consumo.
- Da mesma maneira, a percepção por parte das empresas sobre se as variações atuais nas vendas são transitórias ou permanentes afeta suas decisões de investimento. Quanto mais transitório elas esperarem que seja um aumento atual nas vendas, menos revisarão sua avaliação do valor presente dos lucros e, desse modo, menor será a probabilidade de que comprem máquinas ou construam novas fábricas. É por isso, por exemplo, que a expansão das vendas que acontece a cada ano no Natal não leva a uma expansão do investimento a cada ano em dezembro. As empresas entendem que essa expansão é transitória.

> Nos Estados Unidos, as vendas no varejo são, em média, 24% maiores em dezembro que em outros meses. Na França e na Itália, as vendas são 60% maiores em dezembro.

Mas também existem diferenças importantes entre as decisões de consumo e as de investimento:

- A teoria do consumo que desenvolvemos implica que os consumidores, quando se deparam com um aumento na renda que percebem como permanente, respondem, no máximo, com um aumento igual no consumo. A natureza permanente do aumento da renda implica que eles podem se permitir aumentar o consumo no presente e no futuro pelo mesmo montante do aumento da renda. Um aumento no consumo mais que proporcional necessitaria de cortes no consumo posteriormente, e não há motivo para que os consumidores queiram planejar o consumo dessa maneira.

◆ Agora consideremos o comportamento das empresas quando se deparam com um aumento nas vendas que acreditam ser permanente. O valor presente dos lucros esperados aumenta, levando a um aumento no investimento. Ao contrário do consumo, contudo, isso não implica que o aumento no investimento deva ser no máximo igual ao aumento nas vendas. Em vez disso, quando uma empresa decide que um aumento nas vendas justifica a compra de uma máquina ou a construção de uma fábrica, ela pode querer avançar com rapidez, levando a um aumento acentuado, mas de curta duração, nos gastos com investimento. Esse aumento pode superar o aumento nas vendas.

De maneira mais concreta, tomemos uma empresa que tenha uma razão entre capital e vendas anuais de, digamos, 3. Um aumento de US$ 10 milhões nas vendas neste ano, se esperado como permanente, requer que a empresa gaste US$ 30 milhões em capital adicional se deseja manter a mesma razão entre capital e produto. Se a empresa compra o capital adicional imediatamente, o aumento nos gastos de investimento neste ano será igual a *três vezes* o aumento nas vendas. Uma vez ajustado o estoque de capital, a empresa voltará a seu padrão normal de investimento. Este exemplo é extremo, pois é pouco provável que as empresas ajustem seu estoque de capital imediatamente. Mas, mesmo que ajustem seu estoque de capital mais lentamente — digamos, ao longo de alguns anos —, o aumento no investimento ainda pode superar o aumento nas vendas por algum tempo.

Podemos contar a mesma história em termos da Equação 15.8. Como aqui não distinguimos produto e vendas, o aumento inicial nas vendas leva a um aumento igual no produto, Y, de modo que Y/K — a razão entre o produto da empresa e seu estoque de capital existente — também aumenta. O resultado é um lucro maior, o que leva a empresa a aumentar o investimento. Com o tempo, o nível mais alto de investimento leva a um maior estoque de capital, K, de modo que Y/K diminui, voltando para seu nível normal. O lucro por unidade de capital volta ao normal, bem como o investimento. Deste modo, em resposta a um aumento permanente nas vendas, o investimento pode aumentar muito de início e, então, voltar ao normal ao longo do tempo.

Essas diferenças sugerem que o investimento deveria ser mais volátil que o consumo. Quanto mais volátil? A resposta é mostrada na Figura 15.5, com as taxas anuais de variação no consumo e no investimento nos Estados Unidos desde 1960. As áreas sombreadas representam os anos durante os quais a economia norte-americana estava em recessão. Para facilitar a interpretação da figura, ambas as taxas de variação são mostradas como desvios da taxa média de variação, de modo que são, em média, iguais a zero.

A Figura 15.5 leva a três conclusões:

◆ Consumo e investimento normalmente se movem juntos. As recessões, por exemplo, normalmente são associadas a reduções *tanto* do investimento *quanto* do consumo. Dada nossa discussão, que enfatizou que consumo e investimento dependem, em grande parte, dos mesmos determinantes, isto não deve ser uma surpresa.

◆ Investimento é muito mais volátil que consumo. Os movimentos relativos do investimento variam de –29% a +26%, enquanto os movimentos relativos do consumo variam apenas de –5% a +3%.

◆ Contudo, como o nível de investimento é muito menor que o de consumo (vale lembrar que o investimento responde por 15% do PIB dos EUA, contra 70% do

▶ **Figura 15.5** Taxas de variação do consumo e do investimento nos Estados Unidos desde 1960.

As variações relativas no investimento são bem maiores que as variações relativas no consumo.

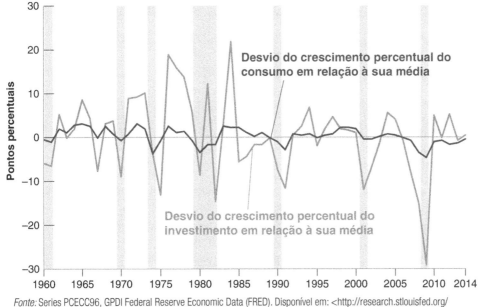

Fonte: Series PCECC96, GPDI Federal Reserve Economic Data (FRED). Disponível em: <http://research.stlouisfed.org/fred2/>. Acesso em 27 jul. 2017.

PIB para o consumo), as variações no investimento de um ano para o próximo acabam sendo da mesma magnitude total que as variações no consumo. Em outras palavras, os dois componentes contribuem de maneira aproximadamente igual para as flutuações no produto ao longo do tempo.

Resumo

- O consumo depende tanto da riqueza quanto da renda corrente. A riqueza é a soma da riqueza não humana (financeira e imobiliária) com a riqueza humana (o valor presente da renda esperada do trabalho livre de impostos).

- A resposta do consumo às variações na renda depende de como os consumidores percebem essas variações — como transitórias ou como permanentes.

- O consumo provavelmente responde menos que um para um às variações na renda. O consumo pode variar mesmo que a renda corrente não varie.

- O investimento depende tanto do lucro corrente quanto do valor presente dos lucros futuros esperados.

- Sob a hipótese simplificadora de que as empresas esperam que os lucros e as taxas de juros no futuro sejam iguais às do presente, podemos pensar no investimento como dependente da razão entre o lucro e o custo de uso do capital, em que custo de uso é a soma da taxa real de juros com a taxa de depreciação.

- As variações no lucro estão estreitamente relacionadas às variações no produto. Portanto, podemos pensar no investimento como dependendo indiretamente das variações no produto atual e no produto futuro esperado. Empresas que preveem uma longa expansão do produto e, desta forma, uma longa sequência de lucros elevados, vão investir. As variações no produto que não se espera que sejam duradouras terão um efeito pequeno sobre o investimento.

- O investimento é muito mais volátil que o consumo. Mas, como o investimento nos Estados Unidos representa apenas 15% do PIB e o consumo 70%, as variações no consumo e no investimento são de magnitude aproximadamente igual.

Palavras-chave

- conjunto de dados em painel, 342
- custo de aluguel do capital, 353
- custo de uso do capital, 353
- expectativas estáticas, 353
- fluxo de caixa, 355
- q de Tobin, 351
- rentabilidade, 355
- riqueza financeira, 342
- riqueza humana, 342
- riqueza imobiliária, 342
- riqueza não humana, 342
- riqueza total, 342
- teoria do consumo da renda permanente, 341
- teoria do consumo do ciclo de vida, 341

Questões e problemas

Teste rápido

1. Usando as informações contidas neste capítulo, diga se cada afirmação a seguir é verdadeira, falsa ou incerta. Explique brevemente.

   a. Para um universitário comum, as riquezas humana e não humana são aproximadamente iguais.

   b. Experimentos naturais, como a aposentadoria, não sugerem que as expectativas de renda futura sejam um fator importante que afete o consumo.

   c. Após a crise financeira, o crescimento da renda futura esperada caiu.

   d. Imóveis e fábricas depreciam-se mais rapidamente que as máquinas.

   e. Um valor elevado do q de Tobin indica que a bolsa de valores acredita que o capital esteja sobrevalorizado e que, portanto, o investimento deva ser menor.

   f. A menos que o lucro corrente afete as expectativas de lucros, ele não deve ter qualquer impacto sobre o investimento.

   g. Dados das três últimas décadas nos Estados Unidos sugerem que os lucros das companhias estão estreitamente ligados ao ciclo econômico.

   h. Variações no consumo e no investimento ocorrem normalmente na mesma direção e aproximadamente na mesma magnitude.

2. Uma consumidora possui uma riqueza não humana de US$ 100.000. Ela ganha US$ 40.000 neste ano e espera que seu salário aumente 5% em termos reais a cada ano pelos próximos dois anos. Então, ela se aposentará. A taxa de juros real é igual a 0% e espera-se que permaneça assim no futuro. A renda do trabalho é tributada a uma alíquota de 25%.

   a. Qual é a riqueza humana dessa consumidora?

   b. Qual é sua riqueza total?

   c. Se ela espera viver mais sete anos após a aposentadoria e deseja que seu consumo permaneça igual (em termos reais) a cada ano a partir de agora, quanto pode consumir neste ano?

   d. Se ela recebesse apenas neste ano um bônus de US$ 20.000, com todos os seus pagamentos futuros de salário permanecendo iguais ao mencionado anteriormente, em quanto ela poderia aumentar seu consumo no presente e no futuro?

   e. Suponhamos agora que, na aposentadoria, a Previdência Social comece a pagar benefícios anuais de 60% da remuneração da consumidora durante seu último ano de trabalho. Vamos assumir que os benefícios não sejam tributados. Quanto ela pode consumir neste ano mantendo o consumo constante ao longo de sua vida?

3. Um fabricante de biscoitos está pensando em comprar uma máquina que custa US$ 100.000. A máquina depreciará 8% ao ano e gerará lucros reais de US$ 18.000 no próximo ano, US$ 18.000 (1 – 8%) daqui a dois anos (isto é, o mesmo lucro real, mas ajustado pela depreciação), US$ 18.000 (1 – 8%)² daqui a três anos, e assim por diante. Determine se o fabricante deve comprar a máquina supondo que a taxa real de juros se mantenha constante em

   a. 5%.

   b. 10%.

   c. 15%.

4. Suponhamos que aos 22 anos de idade você termine a faculdade e receba uma oferta de emprego com salário inicial de US$ 40.000 ao ano. Seu salário permanecerá constante em termos reais. Entretanto, você também foi aceito em um curso profissionalizante com duração de dois anos. Depois de formado, você espera que seu salário inicial seja 10% maior em termos reais e permaneça constante em termos reais a partir daí. A alíquota do imposto sobre a renda do trabalho é de 40%.

   a. Com uma taxa de juros real nula e a expectativa de se aposentar aos 60 anos (ou seja, se você não fizer o curso profissionalizante, e espera trabalhar um total de 38 anos), qual é o máximo que estaria disposto a pagar, na forma de anuidades, para frequentar essa escola profissionalizante?

b. Qual seria sua resposta para (a) se você esperasse pagar 30% de sua renda em impostos?

Aprofundando

5. Poupança individual e acumulação de capital agregado

Suponhamos que todo consumidor nasça sem nenhuma riqueza financeira e viva por três períodos: juventude, meia-idade e idade avançada. Os consumidores trabalham durante os dois primeiros períodos e se aposentam no último. Sua renda é de US$ 5 no primeiro período, US$ 25 no segundo e US$ 0 no último. A inflação e a inflação esperada são iguais a zero, assim como a taxa real de juros.

a. Qual é o valor presente descontado da renda do trabalho no início da vida? Qual é o nível sustentável de consumo mais elevado de modo que o consumo seja igual nos três períodos?

b. Para cada grupo etário, qual é o montante de poupança que permite aos consumidores a manutenção do nível de consumo constante encontrado em (a)? (*Dica:* a poupança pode ser um número negativo se o consumidor precisar tomar emprestado com o intuito de manter determinado nível de consumo.)

c. Suponhamos que haja *n* pessoas nascidas a cada período. Qual é a poupança total da economia? (*Dica:* some a poupança de cada grupo etário. Lembre-se de que alguns grupos etários podem ter poupança negativa.) Explique.

d. Qual é a riqueza financeira total da economia? (*Dica:* calcule a riqueza financeira das pessoas no início do primeiro, do segundo e do terceiro períodos de vida. Some todos os resultados. Lembre-se de que as pessoas podem estar endividadas, logo, a riqueza financeira pode ser negativa.)

6. Restrições de empréstimo e acumulação de capital agregado

Continuemos com o cenário do Exercício 5, mas agora supondo que restrições aos empréstimos não permitam que os consumidores jovens tomem empréstimos. Se chamarmos a soma da renda e da riqueza financeira total de "dinheiro em caixa", a restrição de empréstimo significa que os consumidores não podem consumir mais do que o dinheiro que têm em caixa. Em cada

grupo etário, os consumidores calculam sua riqueza total e, então, determinam seu nível desejado de consumo como o nível mais alto que permita que seu consumo seja igual nos três períodos. Entretanto, se, em qualquer momento, o consumo desejado exceder o dinheiro em caixa, os consumidores estarão limitados a consumir exatamente seu dinheiro em caixa.

a. Calcule o consumo em cada período de vida. Compare esta resposta com a que deu ao item (a) do Exercício 5 e explique quaisquer diferenças.

b. Calcule a poupança total. Compare esta resposta com a que deu ao item (c) do Exercício 5 e explique quaisquer diferenças.

c. Derive a riqueza financeira total. Compare esta resposta a que deu ao item (d) do Exercício 5 e explique quaisquer diferenças.

d. Considere a seguinte afirmação: "A liberalização financeira pode ser boa para os consumidores individuais, mas é ruim para a acumulação de capital total". Comente.

7. Poupança com renda futura incerta

Consideremos uma consumidora que vive três períodos: juventude, meia-idade e idade avançada. Quando jovem, ela ganha US$ 20.000 em renda do trabalho. A remuneração durante a meia-idade é incerta. Há 50% de probabilidade de que a consumidora vá ganhar US$ 40.000 e 50% de probabilidade de que ela vá ganhar US$ 100.000. Ao envelhecer, ela gastará a poupança acumulada durante os períodos anteriores. Suponha que a inflação, a inflação esperada e a taxa de juros real sejam iguais a zero. Ignore os impostos neste exercício.

a. Qual é o valor esperado da remuneração na meia-idade? Dado esse número, qual é o valor presente descontado da remuneração esperada do trabalho durante toda a vida? Se a consumidora deseja manter um consumo esperado constante durante toda a vida, quanto ela consumirá em cada período? Quanto poupará em cada período?

b. Agora suponha que a consumidora deseje, acima de tudo, manter um nível de consumo mínimo de US$ 20.000 em cada período da sua vida. Para fazer isso, ela precisa considerar o pior resultado. Se a remuneração durante a meia-idade acabar sendo de US$ 40.000, quanto ela deve gastar quando jovem para garantir um consumo de pelo menos US$ 20.000 em cada período? Como esse nível de consumo se compara ao nível obtido para o período da juventude no item (a)?

c. Dada sua resposta à parte (b), suponha que a remuneração da consumidora durante a meia-idade seja de US$ 100.000. Quanto ela deve gastar em cada período da sua vida? O nível de consumo será constante durante toda sua vida? (*Dica:* uma vez que a consumidora atinja a meia-idade, ela tentará manter um consumo constante nos últimos dois períodos de vida, desde que consiga consumir pelo menos US$ 20.000 em cada período.)

d. Que efeito a incerteza sobre a renda futura do trabalho exerce sobre a poupança (ou os empréstimos) de jovens consumidores?

Explorando mais

8. **Oscilações do consumo e do investimento**

   Acesse o banco de dados do FRED, administrado pelo Federal Reserve Bank of St. Louis. Encontre dados anuais para gastos de consumo pessoal e investimento interno privado bruto, assim como para o PIB real. Os dados são medidos em dólares reais. Insira valores em uma planilha, começando em 1960 e terminando no ano mais recente. (O FRED disponibiliza uma planilha para ser baixada.) No momento da produção deste livro, os nomes da série são: Real GDP 2009 dollars, GDPMCA1; Real Personal Consumption Expenditures 2009 dollars, DPCERX1A020NBEA; Real Gross Private Domestic Investment, 2009 dollars, GPDICA. Você deve conseguir pesquisar esses nomes, mas tome o cuidado de fazer o download dos níveis dessas variáveis a uma taxa anual. Preste atenção se as variáveis são medidas em milhões ou bilhões de dólares.

   a. Em média, quantas vezes o consumo é maior que o investimento? Calcule consumo e investimento como uma porcentagem do PIB.

   b. Calcule a variação nos níveis de consumo e investimento de um ano para outro, colocando os resultados em um gráfico para o período de 1961 até a data mais recente disponível. As variações anuais no consumo e no investimento são de magnitude similar?

   c. Calcule o percentual da variação do consumo real e do investimento real desde 1961. Qual é mais volátil?

9. **Confiança do consumidor, renda disponível e recessões**

   Acesse o site do banco de dados econômicos do FRED e baixe a série para renda pessoal real disponível per capita (nome da série A229RX0), a Survey of Consumers Index of Consumer Sentiment *(índice do sentimento do consumidor) da Universidade de Michigan (série UMCSENT1). Utilizaremos essa série de dados como nossa medida da confiança do consumidor. Tenha o cuidado de baixar ambos os conjuntos de dados como um arquivo trimestral. Coloque ambas as séries na mesma planilha.*

   a. Antes de examinar os dados, há motivos para esperar que a confiança do consumidor esteja relacionada com a renda disponível? Há motivos para que a confiança do consumidor não esteja relacionada à renda disponível?

   b. Trace o nível do índice de sentimento do consumidor contra a taxa de crescimento da renda disponível por pessoa. A relação é positiva?

   c. Trace a variação do índice de sentimento do consumidor contra a taxa de crescimento da renda disponível por pessoa. Como é essa relação? Concentre-se nas observações em que a variação na renda disponível é inferior a 0,2% do valor absoluto. O nível de sentimento do consumidor está mudando? Como interpretar essas observações?

   d. Examine os dados de 2007, 2008 e 2009. Como o comportamento do sentimento do consumidor de 2007 a 2008 se compara com o comportamento usual no sentimento do consumidor? Por quê? (*Dica:* a falência do Lehmann Brothers ocorreu em setembro de 2008.) A queda no sentimento do consumidor prenuncia o declínio na renda pessoal disponível real que acompanhou a crise?

Apêndice

Derivação do valor presente esperado dos lucros sob expectativas estáticas

Vimos no texto (Equação 15.3) que o valor presente esperado dos lucros é dado por

$$V(\Pi_t^e) = \frac{1}{1+r_t}\Pi_{t+1}^e + \frac{1}{(1+r_t)(1+r_{t+1}^e)}(1-\delta)\Pi_{t+2}^e + \cdots$$

Se as empresas esperam que tanto os lucros futuros (por unidade de capital) quanto as taxas de juros futuras permaneçam no mesmo nível atual, de modo que $\Pi_{t+1}^e = \Pi_{t+2}^e = \cdots = \Pi_t$ e $r_{t+1}^e = r_{t+2}^e = \cdots = r_t$, a equação torna-se

$$V(\Pi_t^e) = \frac{1}{1 + r_t} \Pi_t + \frac{1}{(1 + r_t)^2} (1 - \delta) \Pi_t + \cdots$$

Fatorando o termo $[1/(1+ r_t)]\Pi_t$,

$$V(\Pi_t^e) = \frac{1}{1 + r_t} \Pi_t \left(1 + \frac{1 - \delta}{1 + r_t} + \cdots \right) \quad (15.A1)$$

O termo entre parênteses nessa equação é uma progressão geométrica, uma série com a forma $1 + x + x^2 + \dots$. Assim, da Proposição 2 do Apêndice 2, no final do livro,

$$(1 + x + x^2 + \cdots) = \frac{1}{1 - x}$$

Aqui, x é igual a $(1 - \delta)/(1 - r_t)$, logo

$$\left(1 + \frac{1 - \delta}{1 + r_t} + \left(\frac{1 - \delta}{1 + r_t} \right)^2 + \cdots \right)$$
$$= \frac{1}{1 - (1 - \delta)/(1 + r_t)} = \frac{1 + r_t}{r_t + \delta}$$

Substituindo o termo entre parênteses na Equação 15.A1 pela expressão anterior e manipulando, temos:

$$V(\Pi_t^e) = \frac{1}{1 + r_t} \frac{1 + r_t}{r_t + \delta} \Pi_t$$

Simplificando, temos a Equação 15.5 do texto:

$$V(\Pi_t^e) = \frac{\Pi_t}{(r_t + \delta)}$$

CAPÍTULO 16

Expectativas, produto e política econômica

No Capítulo 14 vimos como as expectativas afetam os preços dos títulos e das ações. No Capítulo 15, como as expectativas afetam as decisões de consumo e de investimento. E neste capítulo, juntamos as partes e examinamos novamente os efeitos das políticas monetária e fiscal.

A Seção 16.1 apresenta a principal implicação do que já aprendemos: as expectativas tanto do produto futuro quanto das taxas de juros futuras afetam os gastos correntes e, portanto, o produto corrente.

A Seção 16.2 examina a política monetária. Mostra como os efeitos da política monetária dependem crucialmente de como as mudanças na taxa de política monetária levam pessoas e empresas a mudar suas expectativas sobre as taxas de juros futuras e sobre a renda futura e, por implicação, suas decisões de gasto.

A Seção 16.3 aborda a política fiscal. Mostra como, em contraste com o modelo simplificado que estudamos na parte dos Fundamentos, uma política fiscal contracionista pode, sob algumas circunstâncias, levar a um aumento no produto, mesmo no curto prazo. Mais uma vez, a maneira como as expectativas respondem à política é o ponto central da história.

16.1 Expectativas e decisões: fazendo o balanço

Vamos começar revisando o que estudamos, e, então, discutir como deveríamos modificar a descrição do mercado de bens e dos mercados financeiros — o modelo *IS-LM* — que desenvolvemos na parte dos Fundamentos.

Expectativas, consumo e decisões de investimento

No Capítulo 15, vimos que as decisões tanto de consumo como de investimento dependem muito das expectativas da renda e das taxas de juros futuras. A Figura 16.1 mostra um resumo dos canais por meio dos quais as expectativas afetam os gastos de consumo e de investimento.

Observe os vários canais pelos quais as variáveis futuras esperadas afetam as decisões atuais, tanto diretamente quanto por meio dos preços dos ativos:

♦ Um aumento na renda real do trabalho corrente e futura esperada líquida de impostos ou uma redução nas taxas de juros reais correntes e futuras esperadas elevam a riqueza humana (o valor presente descontado esperado da renda real do trabalho líquido de impostos), o que, por sua vez, leva a um aumento no consumo.

♦ Um aumento nos dividendos reais correntes e futuros esperados ou uma redução nas taxas de juros reais correntes e futuras esperadas elevam os preços das ações, o que leva a um aumento da riqueza não humana que, por sua vez, leva a um aumento no consumo.

- Uma redução nas taxas de juros nominais correntes e futuras esperadas leva a um aumento do preço dos títulos, o que leva a um aumento da riqueza não humana que, por sua vez, leva a um aumento no consumo.
- Um aumento nos lucros reais correntes e futuros esperados livres de impostos ou uma redução nas taxas de juros reais correntes e futuras esperadas aumenta o valor presente dos lucros reais líquidos de impostos, o que leva, por sua vez, a um aumento no investimento.

> Observe que, no caso dos títulos, é a taxa de juros nominal que importa — e não a taxa real —, pois os títulos são obrigações em moeda, em vez de bens no futuro.

As expectativas e a relação *IS*

Um modelo que proporcionasse um tratamento detalhado do consumo e do investimento nas linhas sugeridas na Figura 16.1 seria muito complicado. Isto pode ser feito — e é nos grandes modelos empíricos que os macroeconomistas constroem para compreender a economia e analisar políticas econômicas —, mas aqui não é lugar para tal complexidade. Queremos captar a essência do que estudamos até aqui, o modo como o consumo e o investimento dependem das expectativas do futuro, sem ficarmos perdidos nos detalhes.

Para isso, faremos uma simplificação importante. Reduzimos o presente e o futuro a apenas dois períodos: (1) um período *atual*, que se pode considerar como este ano, e (2) um período *futuro*, que se pode considerar como todos os anos futuros juntos. Assim, não precisaremos verificar as expectativas de cada ano futuro.

> Este modo de dividir o tempo entre "hoje" e "mais tarde" é a maneira como muitos de nós organizamos nossas vidas. Pense em "coisas a fazer hoje" *versus* "coisas que podem esperar".

Sob essa hipótese, a questão agora é: como podemos escrever a relação *IS* para o período atual? No Capítulo 6, escrevemos a seguinte equação para a relação *IS*:

$$Y = C(Y - T) + I(Y, r + x) + G$$

Suponhamos que o consumo depende apenas da renda atual e o investimento apenas do produto corrente e da taxa de empréstimo corrente, que é igual à taxa

▶ **FIGURA 16.1 Expectativas e gastos privados: os canais.**

As expectativas afetam as decisões de consumo e investimento, tanto diretamente quanto por meio dos preços dos ativos.

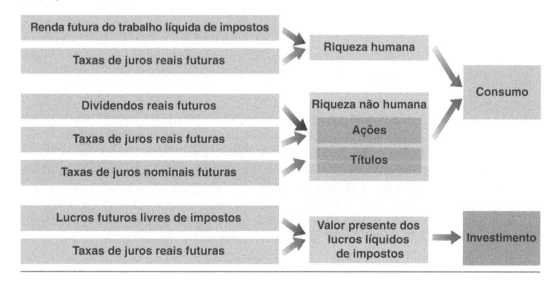

366 Macroeconomia

O motivo para isto é agrupar os dois componentes da demanda, C e I, que dependem das expectativas.

básica mais um prêmio de risco. Queremos agora modificar isso para levar em conta como as expectativas afetam tanto o consumo quanto o investimento. Para tanto, procedemos em dois passos.

Primeiro, simplesmente reescrevemos a equação de maneira mais compacta, mas sem alterar seu conteúdo. Para isso, vamos definir gasto privado agregado como a soma dos gastos de consumo e de investimento:

$$A(Y, T, r, x) \equiv C(Y - T) + I(Y, r + x)$$

onde A representa o **gasto privado agregado**, ou simplesmente **gasto privado**. Com esta notação, podemos reescrever a relação *IS* como

$$Y = A(Y, T, r, x) + G \qquad (16.1)$$
$$(+, -, -, -)$$

As propriedades do gasto privado agregado, A, vêm das propriedades do consumo e do investimento que derivamos em capítulos anteriores:

◆ O gasto privado agregado é uma função crescente da renda, Y: uma renda (ou, de maneira equivalente, um produto) mais elevada aumenta o consumo e o investimento.

◆ O gasto privado agregado é uma função decrescente dos impostos, T: impostos maiores diminuem o consumo.

◆ O gasto privado agregado é uma função decrescente da taxa real de juros, r: uma taxa básica real mais alta diminui o investimento.

◆ O gasto privado agregado é uma função decrescente do prêmio de risco, x: um prêmio de risco maior aumenta a taxa de empréstimo e diminui o investimento.

O primeiro passo apenas simplificou a notação. Agora nossa tarefa é modificar a Equação 16.1 para levar em conta o papel das expectativas. Pelo fato de o foco deste capítulo ser mais nas expectativas do que no prêmio de risco, devemos supor que o prêmio de risco é constante, então, para simplificar, vamos ignorá-lo pelo restante do capítulo. A extensão natural é permitir que o gasto dependa não somente das variáveis atuais, mas também de seus valores esperados no período futuro:

$$Y = A(Y, T, r, Y'^e, T'^e, r'^e) + G \qquad (16.2)$$
$$(+, -, -, +, -, -)$$

Notação:
Os apóstrofos representam os valores das variáveis no período futuro. O "e" sobrescrito representa "esperado".

Os apóstrofos representam valores futuros e o "e" sobrescrito representa uma expectativa, de modo que Y'^e, T'^e e r'^e representem, respectivamente, a renda futura esperada, os impostos futuros esperados e as taxas de juros reais futuras esperadas. A notação é um pouco complicada, mas o que ela capta é simples.

Y ou Y'^e aumenta $\Rightarrow$ A aumenta
T ou T'^e aumenta $\Rightarrow$ A diminui
r ou r'^e aumenta $\Rightarrow$ A diminui

◆ Aumentos na renda corrente ou futura esperada aumentam o gasto privado.

◆ Aumentos nos impostos correntes ou futuros esperados diminuem o gasto privado.

◆ Aumentos na taxa básica real corrente ou na futura esperada diminuem o gasto privado.

Com o equilíbrio do mercado de bens, dado agora pela Equação 16.2, a Figura 16.2 mostra a nova curva *IS* para o período corrente. Como sempre, para desenhar a curva consideramos todas as variáveis como dadas, exceto o produto atual, Y, e a taxa básica real corrente, r. Desse modo, a curva *IS* é desenhada para valores dados dos impostos atuais e futuros esperados, T e T'^e, para valores dados do produto futuro esperado, Y''^e, e para valores dados da taxa básica real futura esperada, r'^e.

A nova curva *IS*, com base na Equação 16.2, ainda é negativamente inclinada pelo mesmo motivo que no Capítulo 6: uma diminuição na taxa básica real corrente leva a um aumento no gasto. Esse aumento no gasto leva, por meio de um efeito

▶ **Figura 16.2 Nova curva *IS*.**

Dadas as expectativas, uma queda na taxa básica real leva a um pequeno aumento no produto: a curva *IS* tem uma inclinação negativa acentuada. Aumentos nos gastos do governo ou no produto futuro esperado deslocam a curva *IS* para a direita. Aumentos nos impostos, nos impostos futuros esperados ou na taxa básica real futura esperada deslocam a curva *IS* para a esquerda.

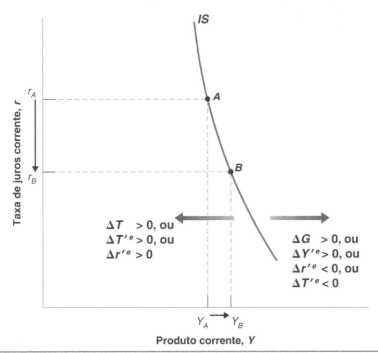

multiplicador, a um aumento no produto. No entanto, podemos dizer mais: a nova curva *IS* é bem mais inclinada que a curva que desenhamos nos capítulos anteriores. Dito de outra maneira, *tudo o mais constante*, uma redução significativa na taxa básica corrente provavelmente tem somente um pequeno efeito sobre o produto de equilíbrio.

Para entender por que o efeito é pequeno, observe o ponto *A* sobre a curva *IS* na Figura 16.2 e considere os efeitos de uma diminuição na taxa básica real, de r_A para r_B. O efeito da diminuição na taxa de juros real sobre o produto depende da força de dois efeitos: o efeito da taxa básica real sobre o gasto, dada a renda, e o tamanho do multiplicador.

Vamos examinar cada um:

◆ Uma diminuição na taxa básica real corrente, *dadas as expectativas inalteradas da taxa básica real futura*, não tem muito efeito sobre o gasto. Vimos o motivo em capítulos anteriores: uma mudança apenas na taxa de juros real corrente não leva a grandes mudanças nos valores presentes e, portanto, não leva a grandes mudanças no gasto. Por exemplo, as empresas provavelmente não alteram muito seus planos de investimento em resposta a uma diminuição na taxa real de juros atual se não esperam que as taxas de juros reais futuras esperadas diminuam também.

◆ O multiplicador provavelmente será pequeno. Lembramos que o tamanho do multiplicador depende do tamanho do efeito de uma mudança na renda (produto) corrente sobre o gasto. Mas uma mudança na renda corrente, *dadas as expectativas inalteradas da renda futura*, possivelmente não terá um grande efeito sobre o gasto. Isso porque mudanças na renda que não se espera que durem exercem somente

◀ Para fins desta discussão, pensamos na taxa básica como a taxa de juros real relevante para o período corrente; por exemplo, a taxa de um ano.

◀ Suponhamos que você tenha tomado um empréstimo de 30 anos e a taxa de juros de um ano caia de 5% para 2%. Todas as taxas futuras de um ano permanecem iguais. Em quanto a taxa de juros de 30 anos diminuirá? (Resposta: de 5% para 4,9%. Para entender por que, estenda a Equação 14.11 para o rendimento de 30 anos: esse rendimento é a média das 30 taxas, uma de cada ano.)

368 Macroeconomia

Suponhamos que a empresa em que você trabalha decida dar a todos os funcionários um bônus único anual de US$ 10.000. Não se espera que isto ocorra novamente. Sendo assim, em quanto você aumentará seu consumo este ano? (Se precisar, veja a discussão sobre o comportamento do consumo no Capítulo 15.)

um efeito limitado sobre o consumo ou o investimento. Os consumidores que esperam que sua renda seja maior apenas por um ano aumentarão o consumo, porém muito menos que o aumento de sua renda. As empresas que esperam que as vendas sejam maiores por apenas um ano provavelmente não alterarão muito seus planos de investimento, se é que haverá alguma alteração.

Juntando tudo, uma grande redução na taxa básica real corrente — de r_A para r_B na Figura 16.2 — leva apenas a um pequeno aumento no produto, de Y_A para Y_B. Sendo assim, a curva *IS*, que passa pelos pontos A e B, tem uma inclinação negativa acentuada.

Uma mudança em qualquer das variáveis da Equação 16.2, exceto Y e r, desloca a curva *IS*:

◆ Mudanças nos impostos atuais (T) ou no gasto atual do governo (G) deslocam a curva *IS*.

Um aumento no gasto corrente do governo eleva o gasto a uma dada taxa de juros, deslocando a curva *IS* para a direita; um aumento nos impostos desloca a curva *IS* para a esquerda. A Figura 16.2 mostra esses deslocamentos.

◆ Mudanças nas variáveis futuras esperadas (Y'^e, T'^e, R'^e) também deslocam a curva *IS*.

Um aumento no produto futuro esperado, Y'^e, desloca a curva *IS* para a direita. Uma renda futura esperada maior faz que os consumidores se sintam mais ricos e, portanto, gastem mais. Um produto futuro esperado maior implica maiores lucros esperados, levando as empresas a investir mais. Um gasto maior de consumidores e empresas leva, por meio do efeito multiplicador, a um produto maior. Por um argumento semelhante, um aumento nos impostos futuros esperados leva os consumidores a reduzir o gasto atual e desloca a curva *IS* para a esquerda. E um aumento na taxa básica real futura esperada reduz o gasto atual, também levando a uma queda no produto e deslocando a curva *IS* para a esquerda. Esses deslocamentos estão representados na Figura 16.2.

16.2 Política monetária, expectativas e produto

A taxa de juros que o Fed afeta diretamente é a *taxa de juros real corrente*, r. Assim, a curva *LM* ainda é dada por uma linha horizontal na taxa básica real escolhida pelo Fed, que chamamos $\bar{r}$. As relações *IS* e *LM* são, assim, dadas por:

$$IS: \qquad Y = A\,(Y, T, r, Y'e, T'e, r'e) + G \qquad (16.3)$$
$$LM: \qquad\qquad r = \bar{r} \qquad (16.4)$$

As curvas *IS* e *LM* correspondentes são traçadas na Figura 16.3. O equilíbrio nos mercados de bens e financeiros implica que a economia está no ponto A.

Política monetária revisada

Agora suponhamos que a economia esteja em recessão, e o Fed decida reduzir a taxa básica real.

Suponhamos, primeiro, que essa política monetária expansionista não mude as expectativas quanto à taxa básica futura ou quanto ao produto futuro. Na Figura 16.4, a curva *LM* desloca-se para baixo, de *LM* para *LM''*. (Como já usamos apóstrofos para representar os valores futuros das variáveis, utilizaremos apóstrofos duplos — como em *LM''* — para representar deslocamentos das curvas neste capítulo.) O equilíbrio move-se do ponto A para o ponto B, com um produto maior e uma taxa de juros menor. A curva *IS* bastante inclinada, entretanto, implica somente um efeito

▶ **Figura 16.3** Novo *IS-LM*.

A curva *IS* tem uma inclinação negativa acentuada. Tudo o mais constante, uma mudança na taxa de juros corrente tem um efeito pequeno sobre o produto. Dada a taxa de juros real corrente estipulada pelo Banco Central, $\bar{r}$, o equilíbrio está no ponto A.

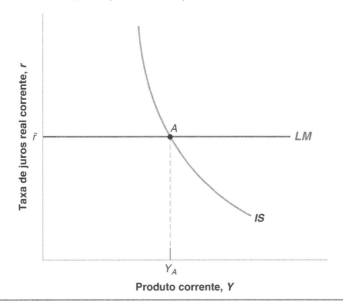

▶ **Figura 16.4** Efeitos de uma política monetária expansionista.

Os efeitos da política monetária sobre o produto dependem muito de se e como as políticas monetárias afetam as expectativas.

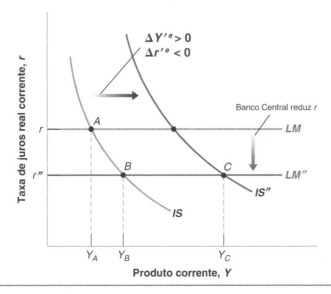

pequeno da redução da taxa de juros corrente sobre o produto. Mudanças na taxa de juros corrente, se não acompanhadas de mudanças nas expectativas, têm apenas um efeito pequeno sobre o gasto e, por sua vez, um efeito pequeno sobre o produto.

Contudo, é razoável supor que as expectativas não sejam afetadas por uma política monetária expansionista? Não é provável que, à medida que o Fed reduza a taxa básica real corrente, os mercados financeiros agora antecipem também taxas de juros reais mais baixas no futuro, com um produto futuro maior estimulado por essa taxa de juros futura mais baixa? O que ocorre então? A uma dada taxa básica real corrente, as perspectivas de uma taxa básica real futura menor e de um produto

É por isso que os bancos centrais argumentam que sua tarefa não consiste apenas em ajustar a taxa básica, mas também "administrar as expectativas", de modo a provocar efeitos previsíveis de mudanças nessa taxa básica na economia. Veremos mais sobre isso nos capítulos 21 e 23.

futuro maior aumentam o gasto e o produto; deslocam a curva *IS* para a direita, de *IS* para *IS''*. O novo equilíbrio é dado pelo ponto *C*. Assim, enquanto o efeito direto da expansão monetária sobre o produto é limitado, o efeito total, uma vez que as mudanças nas expectativas sejam levadas em consideração, é muito maior.

Você acabou de ter uma lição importante. Os efeitos da política monetária (ou de qualquer tipo de política macroeconômica) dependem essencialmente do seu impacto sobre as expectativas:

- ◆ Se uma expansão monetária levar investidores, empresas e consumidores a rever suas expectativas de taxas de juros futuras e de produto futuro, os efeitos da expansão monetária sobre o produto poderão ser muito grandes.
- ◆ Mas se as expectativas não se alterarem, os efeitos da expansão monetária sobre o produto serão limitados.

Podemos relacionar esta discussão com aquela do Capítulo 14 sobre os efeitos de mudanças na política monetária sobre a bolsa de valores. Muitas das mesmas questões estavam presentes ali. Se uma mudança na política monetária não surpreender investidores, empresas e consumidores ao ser implementada, as expectativas não se alterarão. A bolsa de valores reagirá pouco — se houver reação. E, assim, a demanda e o produto apresentarão pouca variação — se houver. Se a mudança, no entanto, vier de surpresa e a expectativa for a de que perdurará, as expectativas do produto futuro aumentarão, as expectativas das taxas de juros futuras diminuirão, a bolsa de valores disparará e o produto aumentará.

A esta altura, alguns podem estar céticos e perguntar se os macroeconomistas podem dizer muita coisa sobre os efeitos da política econômica ou de outros choques. Se os efeitos dependem tanto do que acontece com as expectativas, os macroeconomistas podem ter qualquer esperança de prever o que acontecerá? A resposta é sim.

Dizer que o efeito de determinada política econômica depende do seu efeito sobre as expectativas não é o mesmo que dizer que qualquer coisa pode acontecer. As expectativas não são arbitrárias. O administrador de um fundo mútuo que precisa decidir se investe em ações ou em títulos, a empresa que se pergunta se constrói ou não uma nova fábrica, o consumidor que considera quanto deve economizar para sua aposentadoria — todos refletem bastante sobre o que pode acontecer no futuro. Podemos pensar em cada um deles formando expectativas sobre o futuro ao avaliar o curso provável da política econômica futura esperada e, então, analisar as implicações para a atividade futura. Se não fazem isso sozinhos (certamente, a maioria de nós não soluciona modelos macroeconômicos antes de tomar decisões), o fazem de maneira indireta, assistindo a noticiários na televisão, lendo boletins informativos e jornais, ou pesquisando por informações públicas na web, que, por sua vez, baseiam-se em previsões feitas por profissionais dos setores público e privado. Os economistas referem-se a essas expectativas formadas "olhando para a frente" (*forward-looking*) como **expectativas racionais**. A introdução da hipótese de expectativas racionais, a partir da década de 1970, moldou em grande parte a maneira como os macroeconomistas pensam sobre política econômica. No quadro Foco "Expectativas racionais" o tema é discutido em profundidade.

Poderíamos voltar um pouco e pensar nas implicações das expectativas racionais no caso da expansão monetária que acabamos de estudar. Será mais interessante fazer isto no contexto de uma mudança na política fiscal, o que faremos a seguir.

FOCO

Expectativas racionais

Hoje em dia, a maioria dos macroeconomistas soluciona seus modelos rotineiramente sob a hipótese de expectativas racionais. Mas nem sempre foi assim. Os últimos 40 anos de pesquisa macroeconômica costumam ser chamados de "revolução das expectativas racionais".

A importância das expectativas é um tema antigo na macroeconomia. Até o início da década de 1970, porém, os macroeconomistas pensavam sobre elas escolhendo uma de duas formas:

- Expectativa como um **instinto animal** (expressão introduzida por Keynes na *Teoria geral* para se referir às variações do investimento que não podiam ser explicadas por alterações nas variáveis atuais). Em outras palavras, mudanças nas expectativas eram consideradas importantes, mas inexplicáveis.

- Expectativa como resultado de regras simples que olhavam para o passado (*backward-looking*). Por exemplo, era comum supor que as pessoas tinham **expectativas estáticas**, isto é, esperavam que o futuro fosse igual ao presente. (Usamos esta hipótese quando discutimos a curva de Phillips, no Capítulo 8, e quando exploramos as decisões de investimento no Capítulo 15.) Ou supunha-se que as pessoas tivessem **expectativas adaptativas**. Se, por exemplo, sua previsão de uma dada variável em dado período havia sido muito baixa, supunha-se que as pessoas se "adaptavam", elevando sua expectativa do valor da variável para o período seguinte. Por exemplo, ao constatar uma taxa de inflação mais alta que a esperada, as pessoas eram levadas a aumentar suas expectativas de inflação no futuro.

No início da década de 1970, um grupo de macroeconomistas liderados por Robert Lucas (da Universidade de Chicago) e Thomas Sargent (da Universidade de Minnesota) argumentou que essas hipóteses não refletiam o modo como as pessoas formam expectativas. (Lucas ganhou o prêmio Nobel em 1995 e Sargent em 2011.) Segundo eles, ao pensar sobre os efeitos de políticas econômicas alternativas, os economistas deveriam supor que as pessoas têm expectativas racionais, que elas olham para o futuro e fazem o melhor que podem para prevê-lo. Isto não é o mesmo que supor que as pessoas conhecem o futuro, mas que utilizam as informações de que dispõem da melhor maneira possível.

Usando os modelos macroeconômicos populares da época, Lucas e Sargent mostraram como a substituição das hipóteses tradicionais sobre a formação de expectativas pela hipótese de expectativas racionais poderia alterar fundamentalmente os resultados. Por exemplo, Lucas desafiou a noção de que a desinflação demandaria necessariamente um aumento no desemprego por algum tempo. Sob as expectativas racionais, argumentou que uma política de desinflação com credibilidade pode ser capaz de diminuir a inflação sem aumentar o desemprego. Generalizando, a pesquisa de Lucas e Sargent mostrou a necessidade de repensar completamente os modelos macroeconômicos sob a hipótese das expectativas racionais, e foi isto que aconteceu nas duas décadas seguintes.

Atualmente, a maioria dos macroeconomistas usa as expectativas racionais como uma hipótese de trabalho em seus modelos e suas análises de política econômica, mas não por acreditarem que as pessoas tenham sempre expectativas racionais. Com certeza, há épocas em que as expectativas adaptativas podem ser uma descrição melhor da realidade. Há também épocas em que as pessoas, as empresas ou os participantes dos mercados financeiros perdem a noção da realidade e se tornam exageradamente otimistas ou pessimistas (lembre-se do que discutimos sobre bolhas e modismos, no Capítulo 14). Entretanto, ao pensarmos sobre os efeitos prováveis de determinada política econômica, a melhor hipótese parece ser a de que os mercados financeiros, as pessoas e as empresas farão o melhor possível para analisar todas as implicações. Elaborar uma política econômica com base na hipótese de que as pessoas cometerão erros sistemáticos em suas respostas a ela é insensato.

Então, por que só na década de 1970 as expectativas racionais se tornaram uma hipótese padrão na macroeconomia? Em grande parte por causa de problemas técnicos. Sob as expectativas racionais, o que ocorre no presente depende das expectativas do que ocorrerá no futuro. Mas o que ocorre no futuro também depende do que ocorre no presente. Solucionar tais modelos é difícil. O sucesso de Lucas e Sargent em convencer a maioria dos macroeconomistas a usar as expectativas racionais não se deve apenas à força do seu argumento, mas também à capacidade de mostrar como isto poderia ser feito na prática. Houve muito progresso desde então no desenvolvimento de métodos de solução para modelos cada vez maiores. Atualmente, muitos modelos macroeconométricos grandes são solucionados sob a hipótese de expectativas racionais.

372   Macroeconomia

16.3 Redução no déficit, expectativas e produto

Discutimos os efeitos de curto e de médio prazos das mudanças na política fiscal na Seção 9.3. Abordamos os efeitos de longo prazo das mudanças na política fiscal na Seção 11.2.

Vamos relembrar as conclusões a que chegamos nos fundamentos sobre os efeitos de uma redução no déficit orçamentário:

- No curto prazo, uma redução no déficit orçamentário, a menos que seja compensada por uma expansão monetária, leva a uma redução nos gastos e a uma contração no produto.
- No médio prazo, um déficit orçamentário menor implica uma poupança maior e um investimento maior.
- No longo prazo, um investimento maior traduz-se em um capital maior e, desta forma, em um produto maior.

É este efeito adverso no curto prazo — associado à impopularidade de aumentos de impostos ou cortes em programas governamentais — que com frequência desestimula os governos a solucionar seus déficits orçamentários. Por que assumir o risco de uma recessão no presente por benefícios que só virão no futuro?

Entretanto, vários economistas argumentaram que, sob algumas condições, uma redução no déficit pode, na verdade, aumentar o produto mesmo no *curto prazo*. Seu argumento é: se as pessoas levam em conta os efeitos benéficos futuros da redução no déficit, suas expectativas sobre o futuro podem melhorar o suficiente para levar a um aumento — e não a uma queda — no gasto atual, e, deste modo, a um aumento no produto atual. O quadro Foco "Uma redução no déficit orçamentário pode levar a uma expansão do produto? Irlanda na década de 1980" apresenta algumas das evidências favoráveis.

Vamos admitir que a economia seja descrita pela Equação 16.3 para a relação *IS* e pela Equação 16.4 para a relação *LM*. Suponhamos agora que o governo anuncie um programa de redução no déficit por meio de diminuições no gasto atual, G, e no gasto futuro, G'^e. O que ocorrerá com o produto *nesse período*?

FOCO

Uma redução no déficit orçamentário pode levar a uma expansão do produto? Irlanda na década de 1980

A Irlanda passou por dois grandes programas de redução do déficit na década de 1980:

1. O primeiro programa teve início em 1982. Em 1981, o déficit orçamentário alcançou o nível extremamente elevado de 13% do PIB. A dívida do governo, resultado do acúmulo de déficits passados e corrente, representava 77% do PIB, um nível também bastante alto. O governo irlandês claramente precisava retomar o controle de suas finanças. Nos três anos seguintes, iniciou um programa de redução do déficit baseado principalmente em aumentos de impostos. Era um programa ambicioso: se o produto tivesse continuado a crescer à taxa normal de crescimento, o programa teria reduzido o déficit para 5% do PIB.

Os resultados, contudo, foram desanimadores. Como mostra a linha 2 da Tabela 1, o crescimento do produto foi baixo em 1982 e negativo em 1983. O baixo crescimento do produto esteve associado a um grande aumento no desemprego, de 9,5% em 1981 para 15% em 1984 (linha 3). Por causa do baixo crescimento do produto, as receitas tributárias — que dependem do nível de atividade econômica — foram menores que o previsto. A redução efetiva do déficit de 1981 a 1984, mostrada na linha 1, foi de apenas 3,5% do PIB. E o resultado da continuação de déficits elevados e baixo crescimento do PIB foi um aumento adicional na razão entre a dívida e o PIB, que atingiu 97% em 1984.

2. Uma segunda tentativa de reduzir os déficits orçamentários teve início em fevereiro de 1987. Nessa época a situação ainda estava muito ruim. O déficit de 1986 chegou a 10,7% do PIB; a dívida era de 11,6% do PIB, um recorde na Europa na época. O novo programa de redução do déficit foi diferente do primeiro. Seu foco estava mais na redução do papel do governo e no corte de gastos do governo que no aumento dos impostos. Os aumentos de impostos do programa foram obtidos por meio de uma reforma que ampliou a base tributária — aumentando o número de famílias que pagavam impostos —, e não por meio de um aumento na alíquota marginal de impostos. O programa era, mais uma vez, muito ambicioso: se o produto tivesse crescido a sua taxa normal, a redução do déficit teria sido de 6,4% do PIB.

Os resultados do segundo programa não poderiam ter sido mais diferentes dos resultados do primeiro. De 1987 a 1989 houve um forte crescimento, com um crescimento médio do PIB de mais de 5%. A taxa de desemprego caiu quase 2%. Em virtude do forte crescimento do produto, a receita tributária foi maior que a prevista, e o déficit foi reduzido em cerca de 9% do PIB.

Vários economistas argumentaram que a diferença marcante entre os resultados dos dois programas podia ser atribuída às reações diferentes das expectativas em cada caso. O primeiro programa, afirmam, concentrava-se em aumentos dos impostos e não mudava o que muitas pessoas viam como um papel excessivamente grande do governo na economia. O segundo, com foco no corte de gastos e na reforma tributária, teve um impacto muito mais positivo sobre as expectativas e, assim, um impacto positivo sobre os gastos e o produto.

Esses economistas estavam certos? Uma variável, a taxa de poupança das famílias — definida como renda disponível menos consumo, dividida pela renda disponível —, sugere fortemente que as expectativas são uma parte importante da história. Para interpretar o comportamento da taxa de poupança, lembramos as lições do Capítulo 15 sobre o comportamento do consumo. Quando a renda disponível cresce excepcionalmente devagar ou diminui — como ocorre em uma recessão —, o consumo normalmente desacelera ou cai menos que a renda disponível, pois as pessoas esperam que a situação melhore no futuro. Dito de outro modo, quando o crescimento da renda disponível é excepcionalmente baixo, a taxa de poupança normalmente cai. Agora examine (linha 4) o que ocorreu de 1981 a 1984. Apesar do crescimento baixo no período e de uma recessão em 1983, a taxa de poupança das famílias efetivamente cresceu um pouco no período. Dito de outra maneira, as pessoas reduziram mais seu consumo que a redução de sua renda disponível. O motivo provável é que estivessem muito pessimistas quanto ao futuro.

Agora vejamos o período 1986-1989, quando o crescimento econômico foi excepcionalmente alto. Pelo mesmo argumento do parágrafo anterior, teríamos esperado que o consumo crescesse menos e que, assim, a taxa de poupança aumentasse. Em vez disso, a taxa de poupança caiu acentuadamente, de 15,7% em 1986 para 12,6% em 1989. Os consumidores devem ter se tornado muito mais otimistas quanto ao futuro para aumentar mais o consumo que o aumento da renda disponível.

A questão seguinte é se essa diferença no ajuste das expectativas nos dois episódios pode ser atribuída integralmente a diferenças nos dois programas fiscais. A resposta é não. A Irlanda passava por diversas mudanças na época do segundo programa fiscal. A produtividade aumentava muito mais rapidamente que os salários reais, reduzindo o custo do trabalho para as empresas. Atraídas por isenções fiscais, baixos custos do trabalho e uma força de trabalho instruída, muitas empresas estrangeiras transferiram-se para a Irlanda e construíram fábricas. Esses fatores desempenharam um papel importante na expansão do final da década de 1980. O crescimento irlandês foi então muito

▶ **Tabela 1 Indicadores fiscais e outros indicadores macroeconômicos — Irlanda, 1981 a 1984 e 1986 a 1989.**

		1981	1982	1983	1984	1986	1987	1988	1989
1.	Déficit orçamentário (% do PIB)	−13,0	−13,4	−11,4	−9,5	−10,7	−8,6	−4,5	−1,8
2.	Taxa de crescimento do produto (%)	3,3	2,3	−0,2	4,4	−0,4	4,7	5,2	5,8
3.	Taxa de desemprego (%)	9,5	11,0	13,5	15,0	16,1	16,9	16,3	15,1
4.	Taxa de poupança das famílias (% da renda disponível)	17,9	19,6	18,1	18,4	15,7	12,9	11,0	12,6

Fonte: OECD Economic Outlook, junho de 1998.

forte, normalmente mais de 5% por ano, de 1990 até a época da crise em 2007. Certamente essa longa expansão deve-se a vários fatores. No entanto, a mudança na política fiscal de 1987 provavelmente desempenhou um papel importante no convencimento das pessoas, das empresas (incluindo as estrangeiras) e dos mercados financeiros de que o governo estava retomando o controle de suas finanças. E permanece o fato de que a grande redução no déficit fiscal verificada entre 1987 e 1989 foi acompanhada por uma forte expansão do produto, e não pela recessão prevista pelo modelo *IS-LM* básico.

Para uma discussão mais detalhada, veja Francesco Giavazzi e Marco Pagano, Can severe fiscal contractions be expansionary? Tales of two small European countries. In *NBER Macroeconomics Annual.* (MIT Press, 1990). orgs. Olivier Jean Blanchard e Stanley Fischer.

Para uma análise mais sistemática sobre se e quando as consolidações foram expansionistas (e uma resposta principalmente negativa), *veja* Will it hurt? Macroeconomic effects of fiscal consolidation. In *World Economic Outlook*, cap. 3. International Monetary Fund, outubro de 2010.

O papel das expectativas sobre o futuro

Suponhamos, primeiramente, que as expectativas do produto futuro, Y'^e, e da taxa de juros futura, r'^e, não mudem. Daí, temos a resposta padrão: a redução nos gastos do governo no período corrente provoca um deslocamento para a esquerda da curva *IS*, e, assim, uma queda no produto de equilíbrio.

Entretanto, a questão crítica é o que ocorre com as expectativas. Para responder, vamos voltar ao que vimos na parte dos Fundamentos sobre os efeitos de uma redução no déficit no médio e no longo prazo:

◆ No médio prazo, uma redução no déficit não afeta o produto. Contudo, leva a uma queda na taxa de juros e a um aumento no investimento. Estas foram duas das principais lições do Capítulo 9.

Vejamos outra vez a lógica por trás de cada uma delas.

Lembramos que, quando examinamos o médio prazo, ignoramos os efeitos da acumulação de capital sobre o produto. Portanto, no médio prazo o nível natural de produto depende do nível de produtividade (tomado como dado) e do nível natural de emprego. Este depende, por sua vez, da taxa natural de desemprego. Se os gastos do governo com bens e serviços não afetarem a taxa natural de desemprego — e não existe uma razão óbvia para que a influenciem —, variações nos gastos não afetarão o nível natural de produto. Portanto, uma redução no déficit não exerce qualquer efeito sobre o nível do produto no médio prazo. Agora vale lembrar que o produto deve ser igual ao gasto, que é a soma dos gastos público e privado. Dado que o produto não se altera e que os gastos públicos estão mais baixos, o gasto privado deve, portanto, ser maior. Gastos privados maiores exigem uma taxa de juros de equilíbrio menor. Uma taxa de juros menor leva a um investimento maior e, portanto, a um gasto privado maior, que compensa a queda dos gastos públicos e deixa o produto inalterado.

> No médio prazo, o produto, *Y*, não se altera, e o investimento, *I*, é maior. ▶

◆ No longo prazo — isto é, levando-se em conta os efeitos da acumulação de capital sobre o produto —, um investimento maior leva a um estoque de capital maior e, por isso, a um nível mais elevado de produto.

Esta foi a principal lição do Capítulo 11. Quanto maior a proporção do produto poupado (ou investido; investimento e poupança devem ser iguais para que o mercado de bens esteja em equilíbrio em uma economia fechada), maior o estoque de capital e, portanto, maior o nível de produto no longo prazo.

> No longo prazo, *I* aumenta $\Rightarrow$ *K* aumenta $\Rightarrow$ *Y* aumenta. ▶

Podemos pensar em nosso *período futuro* como incluindo tanto o médio quanto o longo prazo. Se pessoas, empresas e participantes do mercado financeiro tiverem *expectativas racionais*, então, em resposta ao anúncio de uma redução no déficit, eles esperarão que esses desenvolvimentos ocorram no futuro. Assim, aumentarão sua expectativa do produto futuro (Y'^e) e diminuirão sua expectativa da taxa de juros futura (r'^e).

De volta ao período atual

Agora podemos voltar à questão sobre o que ocorre *nesse período* em resposta ao anúncio e ao início de um programa de redução do déficit. A Figura 16.5 mostra as curvas *IS* e *LM* do período atual. Em resposta ao anúncio de redução no déficit, há três fatores deslocando a curva *IS*:

* Os gastos atuais do governo (*G*) diminuem, levando a um deslocamento da curva *IS* para a esquerda. A dada taxa de juros, um corte de gastos do governo leva a uma redução no gasto total e, assim, a uma redução no produto. Este é o efeito-padrão de uma redução nos gastos do governo e o único levado em conta no modelo *IS-LM* básico.
* O produto futuro esperado (Y'^e) aumenta, deslocando a curva *IS* para a direita. A dada taxa de juros, o aumento no produto futuro esperado leva a um aumento nos gastos privados, aumentando o produto.
* A taxa de juros futura esperada (r'^e) cai, deslocando a curva *IS* para a direita. A dada taxa de juros atual, uma queda na taxa de juros futura estimula os gastos e aumenta o produto.

Qual é o efeito líquido desses três deslocamentos da curva *IS*? O efeito das expectativas sobre os gastos de consumo e de investimento pode compensar a redução nos gastos do governo? Sem informações adicionais sobre a forma exata da relação *IS* e sobre os detalhes do programa de redução do déficit não podemos

> É provável que isso ocorra da seguinte forma: as previsões dos economistas mostrarão que esses déficits menores possivelmente levarão a um produto maior e a taxas de juros menores no futuro. Em resposta a essas previsões, as taxas de juros de longo prazo diminuirão e a bolsa de valores terá uma alta. As pessoas e as empresas, lendo essas previsões e examinando os preços das ações e dos títulos, revisarão seus planos de gastos e aumentarão os gastos.

▶ **Figura 16.5 Efeitos de uma redução no déficit sobre o produto atual.**

Quando os efeitos sobre as expectativas são levados em conta, uma redução nos gastos do governo não leva necessariamente a uma queda no produto.

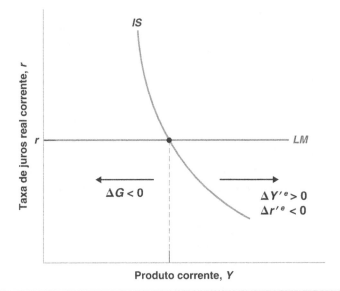

376 Macroeconomia

dizer qual dos deslocamentos será predominante e se o produto vai aumentar ou diminuir. Mas nossa análise diz que ambos os casos são possíveis — que o produto pode aumentar em resposta à redução do déficit — nos dá algumas dicas sobre quando isso pode ocorrer:

* O tempo importa. Observe que, quanto menor a redução nos gastos correntes do governo (G) menor o efeito adverso sobre os gastos no presente. Observe também que, quanto maior a redução nos gastos esperados futuros do governo (G'^e) maior o efeito sobre o produto futuro esperado e sobre as taxas de juros futuras esperadas e, portanto, maior o efeito favorável sobre os gastos no presente. Isto sugere que o **adiamento** (*blackloading*) de parte importante do programa de redução do déficit para o futuro, com pequenos cortes no presente e cortes maiores no futuro, provavelmente leva a um aumento no produto. Por outro lado, o adiamento levanta outras questões. Anunciar a necessidade de cortes profundos de gastos e deixá-los para algum momento futuro provavelmente diminui a **credibilidade** do programa — a probabilidade percebida de que o governo fará o que prometeu no momento oportuno. O governo precisa efetuar um ato de equilíbrio delicado: fazer cortes suficientes no período atual para mostrar um compromisso com a redução no déficit e, ao mesmo tempo, deixar para o futuro cortes suficientes para reduzir os efeitos adversos sobre a economia no curto prazo.

* A composição importa. Quanto da redução do déficit é alcançada elevando-se impostos e quanto cortando-se gastos pode ser importante. Se alguns programas de gastos governamentais são percebidos como um "desperdício", cortá-los de imediato permitirá ao governo cortar impostos no futuro. Expectativas de impostos menores no futuro e distorções menores poderiam induzir as empresas a investir no presente, aumentando assim o produto no curto prazo.

* A situação inicial importa. Consideremos uma economia em que o governo parece ter perdido, com efeito, o controle de seu orçamento. Os gastos governamentais são altos, as receitas tributárias baixas, e o déficit muito grande. A dívida do governo aumenta rapidamente. Em um cenário como este, um programa de redução no déficit com credibilidade também tem maior probabilidade de aumentar o produto no curto prazo. Antes do anúncio do programa, as pessoas poderiam esperar grandes problemas políticos e econômicos no futuro. O anúncio de um programa de redução no déficit pode assegurar às pessoas que o governo retomou o controle e que o futuro será menos nebuloso que o previsto. Essa diminuição do pessimismo sobre o futuro pode levar a um aumento nos gastos e no produto, mesmo que os impostos sejam aumentados como parte do programa de redução do déficit. Investidores que acreditavam que o governo poderia deixar de pagar a dívida e pediam um prêmio de grande risco podem concluir que o risco de inadimplência é muito mais baixo e demandar taxas de juros mais baixas. Por sua vez, taxas de juros mais baixas para o governo tendem a se traduzir em taxas de juros mais baixas para empresas e pessoas.

* A política monetária importa. Os três argumentos anteriores centraram-se na direção do deslocamento da curva *IS*, sem mudança na política monetária. Mas, como já discutimos, mesmo que não possa compensar integralmente o efeito de um deslocamento adverso na curva *IS*, a política monetária pode, ao diminuir a taxa básica, ajudar a reduzir os efeitos do deslocamento no produto.

Vamos resumir os pontos importantes.

Um programa de redução do déficit pode aumentar o produto mesmo no curto prazo. Se isso ocorrerá ou não, depende de muitos fatores, em especial:

* Credibilidade do programa: os gastos serão cortados ou os impostos serão aumentados no futuro conforme anunciado?

> Note como nos afastamos dos resultados apresentados no Capítulo 3, em que, ao escolher cuidadosamente gastos e impostos, o governo poderia atingir qualquer nível de produto que desejasse. Aqui, até a direção do efeito de uma redução do déficit sobre o produto é ambígua. Abordaremos mais questões atuais política fiscal no Capítulo 22.

- Composição do programa: o programa elimina algumas das distorções da economia?
- Estado inicial das finanças do governo: qual é o tamanho do déficit inicial? É um programa do tipo "a última chance"? O que ocorrerá se o programa falhar?
- Política monetária e outras: vão ajudar a compensar o efeito adverso direto sobre a demanda no curto prazo?

Isto nos dá uma ideia da importância das expectativas na determinação do resultado e das complexidades envolvidas no uso da política fiscal neste contexto. E é um exemplo muito mais que ilustrativo. Trata-se de um dos principais pontos de discórdia na zona do euro desde o início de 2010.

Em 2010, a profunda recessão econômica, junto com as medidas fiscais tomadas para limitar a queda da demanda durante 2009, provocou grandes déficits orçamentários e grandes aumentos na dívida pública. Havia pouca dúvida de que os déficits não podiam se prolongar indefinidamente e de que a dívida tinha de ser estabilizada em algum momento. A questão era quando e em qual ritmo.

Alguns economistas, assim como a maioria dos formuladores de política fiscal na zona do euro, acreditavam que a consolidação devia começar imediatamente e ser rigorosa. Argumentavam que isto era essencial para convencer os investidores de que a situação fiscal estava sob controle. Alegavam que, combinado com reformas estruturais para elevar o produto futuro, o efeito das antecipações de maior produto mais tarde dominaria os efeitos adversos diretos da consolidação. Por exemplo, o presidente do Banco Central Europeu, Jean Claude Trichet, disse, em setembro de 2010:

> "[Consolidação fiscal] é um pré-requisito para manter a confiança na credibilidade das metas fiscais dos governos. Efeitos positivos na confiança podem compensar uma queda na demanda decorrente da consolidação fiscal, quando as estratégias de ajuste fiscal são percebidas como plausíveis, ambiciosas e focadas no lado das despesas. As condições para tais efeitos positivos são particularmente favoráveis no atual ambiente de incerteza macroeconômica".

Outros eram mais céticos. Não acreditavam que, em um ambiente desfavorável, os efeitos positivos da expectativa seriam fortes. Ressaltavam que a taxa básica já estava no limite zero e, portanto, a política monetária não poderia ajudar muito, se é que viesse a ajudar de alguma forma. Eles defendiam uma consolidação fiscal lenta e uniforme, mesmo que isto conduzisse a níveis mais elevados de dívida até sua estabilização.

Essa discussão ficou conhecida como o debate dos **multiplicadores fiscais**. Aqueles a favor de uma consolidação forte argumentavam que os multiplicadores fiscais, ou seja, os efeitos líquidos de uma consolidação fiscal, uma vez levados em conta os efeitos diretos e de expectativas, seriam provavelmente *negativos*. Déficits menores levariam, tudo o mais constante, a um *aumento* no produto. Aqueles contra uma consolidação forte defendiam que os multiplicadores fiscais seriam provavelmente *positivos* e possivelmente grandes. Déficits menores levariam a uma diminuição no produto, ou pelo menos retardariam a recuperação.

Os céticos, infelizmente, estavam certos. À medida que as evidências se acumulavam, ficou claro que o efeito líquido da consolidação fiscal era contracionista. A evidência mais forte disso era a relação entre erros de previsão e o tamanho da consolidação fiscal em diversos países. Na maioria dos países europeus, o crescimento em 2010 e 2011 foi muito inferior ao previsto. Entre os países, esses erros de previsão estavam estreitamente correlacionados com o tamanho da consolidação fiscal. Como mostra a Figura 16.6, que traça erros de previsão de crescimento em relação a uma medida de consolidação fiscal, os países com consolidações fiscais maiores apresentaram erro de previsão maior (negativo). Isso foi particularmente perceptível no caso da Grécia, mas também se viu em outros países. Considerando-se que as previsões foram desenvolvidas com base em modelos que implicavam multiplicadores positivos pequenos, essa evidência implicava que os multiplicadores fiscais eram, na verdade, não só positivos, mas maiores do que se supunha. Os efeitos das expectativas não compensaram os efeitos diretos negativos da redução de gastos e do aumento de impostos.

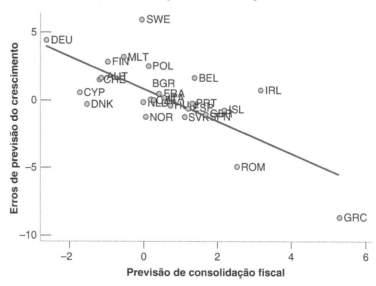

▶ **Figura 16.6** Erros de previsão de crescimento e consolidação fiscal na Europa, 2010-2011.
Países europeus com consolidações fiscais mais robustas em 2010 e 2011 tiveram maiores erros de previsão de crescimento negativo. Abreviações usadas em inglês.

Resumo

- Os gastos privados no mercado de bens dependem do produto corrente e futuro esperado e das taxas de juros reais correntes e futuras esperadas.
- Expectativas afetam a demanda e, por sua vez, o produto. Mudanças no produto futuro esperado ou na taxa de juros real futura esperada levam a mudanças nos gastos e no produto no presente.
- Em consequência, os efeitos das políticas fiscal e monetária sobre os gastos e o produto dependem de como a política afeta as expectativas do produto futuro e da taxa real de juros futura.
- Expectativas racionais referem-se à hipótese de que pessoas, empresas e participantes dos mercados financeiros formam expectativas do futuro ao avaliar o curso da política futura esperada analisando as implicações para o produto futuro, a taxa de juros futura, e assim por diante. Apesar de estar claro que a maior parte das pessoas não faz este exercício por conta própria, podemos imaginar que o façam de maneira indireta por meio de previsões elaboradas por profissionais dos setores público e privado.
- Embora certamente existam casos em que pessoas, empresas ou investidores não tenham expectativas racionais, a hipótese de expectativas racionais parece ser a melhor referência para se avaliar os efeitos potenciais de políticas alternativas. Formular uma política supondo que as pessoas cometerão erros sistemáticos em resposta a ela seria insensato.
- O Banco Central controla a taxa de juros nominal de curto prazo. Os gastos, entretanto, dependem da taxa de juros real corrente e da taxa de juros real futura esperada. Assim, o efeito da política monetária sobre a atividade depende principalmente de se — e como — mudanças na taxa de juros nominal

Capítulo 16   Expectativas, produto e política econômica   379

de curto prazo levam a mudanças na taxa de juros real corrente e na taxa de juros real futura esperada.

◆ Uma redução no déficit orçamentário pode levar a um aumento no produto, e não a uma queda. Isto porque as expectativas de um produto maior e taxas de juros menores no futuro podem levar a um aumento nos gastos que mais do que compensa

a redução nos gastos proveniente do efeito direto da redução no déficit sobre os gastos totais. Essa compensação depende do ritmo, da credibilidade, da natureza da redução no déficit e da capacidade da política monetária para acomodar e sustentar a demanda. Essas condições não foram satisfeitas na Europa na década de 2010.

Palavras-chave

◆ adiamento (*backloading*), 376
◆ credibilidade, 376
◆ expectativas adaptativas, 371
◆ expectativas estáticas, 371

◆ expectativas racionais, 370
◆ gasto privado agregado ou gasto privado, 366
◆ instinto animal, 371
◆ multiplicadores fiscais, 377

Questões e problemas

Teste rápido

1. **Usando as informações contidas neste capítulo, diga se cada afirmação a seguir é verdadeira, falsa ou incerta. Explique brevemente.**

   a. Mudanças na taxa de juros real corrente de um ano provavelmente têm um efeito muito maior sobre os gastos que mudanças na taxa de juros real futura esperada de um ano.

   b. A introdução das expectativas no modelo do mercado de bens torna a curva *IS* menos inclinada, embora ainda seja negativamente inclinada.

   c. O investimento depende de taxas de juros correntes e futuras esperadas.

   d. A hipótese das expectativas racionais implica que os consumidores levem em consideração os efeitos da política fiscal futura sobre o produto.

   e. A política fiscal futura esperada afeta a atividade econômica futura esperada, mas não a atividade econômica atual.

   f. Dependendo do seu efeito sobre as expectativas, uma contração fiscal pode, na realidade, levar a uma expansão econômica.

   g. A experiência irlandesa com programas de redução do déficit em 1982 e em 1987 fornece forte evidência contra a hipótese de que a redução do déficit possa levar a uma expansão do produto.

   h. A experiência da zona do euro em 2010 e 2011 sugere que consolidações fiscais, por meio de expectativas, levam a crescimento do produto.

2. **Consideremos estas duas citações relativas à política recente do Federal Reserve**

   Em 12 de dezembro de 2012, o Federal Reserve emitiu a seguinte nota:

   "Em especial, o Comitê decidiu manter a meta para a taxa de fundos federais de 0% a ¼% e, por ora, antecipa que essa faixa excepcionalmente baixa para a taxa de fundos federais será apropriada ao menos enquanto a taxa de desemprego permanecer acima de 6,5%."

   Em 10 de julho de 2013, Ben Bernanke, presidente do Federal Reserve, declarou:

   "Não haverá aumento automático da taxa de juros quando o desemprego atingir 6,5%."

   a. Por que as duas citações enfocam como será a política no futuro, em vez de apenas explicar o que o Fed está fazendo no presente?

   b. Por que você acha que o presidente do Fed fez a segunda declaração?

   c. Em 25 de janeiro de 2012, quando a taxa de juros básica nominal estava no limite inferior zero, o Federal Reserve anunciou uma meta de inflação de 2%. Qual era o objetivo deste anúncio?

3. **Para cada um dos itens (a) até (d), determine se há um deslocamento da curva *IS*, da curva *LM*, de ambas ou de nenhuma. Em cada caso, suponha que nenhuma outra variável exógena se altere.**

   a. Uma queda na taxa de juros real futura esperada.

380 Macroeconomia

b. Um aumento na taxa de juros básica real corrente.

c. Um aumento nos impostos futuros esperados.

d. Uma redução na renda futura esperada.

4. **Consideremos a seguinte afirmação: "A hipótese das expectativas racionais não é realista porque, essencialmente, equivale à hipótese de que todo consumidor tem conhecimento perfeito da economia".**
   Comente.

5. **Uma nova presidente acaba de ser eleita com a promessa de campanha de corte de impostos. As pessoas confiam que ela cumprirá sua promessa, embora acreditem que os cortes de impostos só serão implementados no futuro. Determine o impacto da eleição sobre o produto corrente, a taxa de juros corrente e o gasto privado corrente sob cada uma das hipóteses de (a) a (c). Em cada caso, indique o que você acredita que ocorrerá com Y'^e, r'^e e T'^e e como essas mudanças nas expectativas afetam o produto no presente.**

   a. O Fed não mudará sua taxa de juros básica real corrente.

   b. O Fed agirá de modo a impedir qualquer mudança no produto corrente e futuro.

   c. O Fed não alterará nem a taxa de juros básica real corrente nem a taxa básica real futura.

6. **Os pacotes irlandeses de redução do déficit**
   O quadro Foco "Uma redução no déficit orçamentário pode levar a uma expansão do produto? Irlanda na década de 1980" apresenta um exemplo de consolidação. A Irlanda tinha um déficit orçamentário considerável em 1981 e 1982.

   a. Quais as implicações de uma redução no déficit no médio e no longo prazos? Quais são as vantagens de reduzir o déficit?

   b. O quadro discute dois programas de redução no déficit. Qual é a diferença entre eles?

   c. O quadro apresenta uma evidência de que os dois programas de redução no déficit tiveram efeitos diferentes sobre as expectativas das famílias. Qual é esta evidência?

   d. Embora os dados revelem um forte crescimento no produto de 1987 a 1989, há algumas evidências de continuidade da fragilidade macroeconômica da Irlanda durante a segunda consolidação fiscal. Quais são essas evidências?

Aprofundando

7. **Um novo presidente do Fed**
   Suponhamos, em uma economia hipotética, que o presidente do Fed anuncie inesperadamente sua aposentadoria dentro de um ano. Ao mesmo tempo, o presidente do país anuncia seu indicado para assumir a vaga na presidência do Fed. Os participantes do mercado financeiro esperam que o indicado seja confirmado pelo Congresso. Acreditam também que o indicado conduzirá uma política monetária mais contracionista no futuro. Em outras palavras, os participantes do mercado esperam que a taxa de juros básica se eleve no futuro.

   a. Consideremos que o presente seja o último ano do mandato do presidente atual do Fed e que o futuro seja o período depois disso. Dado que a política monetária será mais contracionista no futuro, o que acontecerá com as taxas de juros futuras e o produto futuro (pelo menos por um tempo, antes de o produto retornar para seu nível natural)? Considerando-se que essas mudanças no produto futuro e nas taxas de juros futuras sejam previstas, o que acontecerá com o produto e com a taxa de juros no presente? O que acontecerá com a curva de rendimento no dia do anúncio de que o presidente atual do Fed se aposentará em um ano?

   Agora suponhamos que, em vez de fazer um anúncio inesperado, o presidente do Fed seja obrigado por lei a se aposentar em um ano (os mandatos da presidência do Fed são limitados) e que os participantes do mercado financeiro já soubessem disso há algum tempo. Suponhamos, como no item (a), que o presidente indique um substituto do qual se espera a condução de uma política monetária mais contracionista que a do presidente atual.

   b. Suponhamos que os participantes do mercado financeiro não se surpreendam com a escolha do presidente — ou seja, que tenham previsto corretamente quem o presidente nomearia. Sob essas circunstâncias, é provável que o anúncio do indicado tenha algum efeito sobre a curva de rendimento?

   c. Suponhamos, em vez disso, que a identidade do indicado seja uma surpresa e que os participantes do mercado financeiro esperassem alguém que defendesse uma política ainda mais contracionista que o indicado de fato. Sob essas circunstâncias, o que provavelmente ocorrerá com a curva de rendimento no dia do anúncio? (*Dica:* tenha cuidado. Em comparação com o que se espera, o indicado deve seguir uma política mais contracionista ou mais expansionista?)

   d. Em 9 de outubro de 2013, Janet Yellen foi nomeada presidente do Fed no lugar de Ben Bernanke. Faça uma pesquisa na internet para verificar o que aconteceu com os mercados financeiros no dia em que a substituta foi anunciada. Os participantes do mercado financeiro se surpreenderam com a escolha? Caso tenham se surpreendido, esperava-se que Janet Yellen defendesse políticas que levariam a taxas de juros mais altas ou mais baixas (se comparadas às do indicado esperado) ao longo dos próximos três a cinco anos?

Explorando mais

8. Déficits e consolidação fiscal

Como se vê na tabela a seguir, a crise deixou os Estados Unidos com um enorme déficit orçamentário federal em 2009.

Houve uma substancial consolidação orçamentária a partir de 2011, mas o produto real continuou a crescer.

Consolidação Fiscal nos Estados Unidos 2009-2014

Ano	Receitas (% do PIB)	Despesas (% do PIB)	Superávit ou déficit (−) (% do PIB)	Crescimento em PIB real (%)
2008	17,1	20,2	−3,1	−0,3
2009	14,6	24,4	−9,8	−2,8
2010	14,6	23,4	−8,7	2,5
2011	15,0	23,4	−8,5	1,6
2012	15,3	22,1	−6,8	2,3
2013	16,7	20,8	−4,1	2,2
2014	17.5	20.3	−2.8	2,4

(*Fonte:* tabelas B-1 e B-20, Economic Report of the President 2015.)

a. O que desempenhou um papel mais efetivo na consolidação fiscal: aumentar impostos ou reduzir gastos?

b. Em termos da linguagem do texto, se essa consolidação fiscal foi antecipada a partir de 2009, ela foi "adiada" (*backloaded*)? Como isso poderia ajudar a minimizar os efeitos da consolidação fiscal sobre o crescimento do produto?

c. Sabemos, com base na Questão 2 e nos capítulos 4 e 6, que a política monetária manteve a taxa básica nominal próxima de 0% ao longo desse período e se comprometeu a manter as taxas de juros baixas no futuro. Como essa política econômica teria contribuído para a consolidação fiscal ocorrer sem um declínio no produto?

d. O Federal Reserve introduziu uma meta de inflação durante o período de consolidação em 25 de janeiro de 2012. Qual é uma das vantagens de introduzir uma política econômica em que a inflação é fixada em 2% durante um período de taxas de juro iguais a zero e consolidação fiscal?

e. No capítulo anterior, usamos o Index of Consumer Sentiment (índice do sentimento do consumidor), da Universidade de Michigan, como um indicador das expectativas das famílias sobre o futuro. Você pode consultar os valores desse índice na base de dados do FRED mantida pelo Federal Reserve Bank of St. Louis (*series UMCSENT1*). Localize esse índice e comente sua evolução de 2010 a 2014 durante o processo de consolidação fiscal.

Extensões

Economia aberta

Os quatro capítulos a seguir representam a segunda principal extensão dos fundamentos. Examinam as implicações das economias abertas — o fato de que a maioria delas comercializa bens e ativos com o resto do mundo.

Capítulo 17

O Capítulo 17 discute as implicações da abertura dos mercados de bens e dos mercados financeiros. A abertura dos mercados de bens permite que as pessoas escolham entre bens domésticos e estrangeiros. Um determinante importante de suas decisões é a taxa de câmbio real — o preço relativo dos bens domésticos em termos dos bens estrangeiros. A abertura dos mercados financeiros permite que as pessoas escolham entre ativos domésticos e estrangeiros. Isto impõe uma relação estreita entre a taxa de câmbio, tanto corrente quanto esperada, e as taxas de juros internas e externas — uma relação conhecida como *condição da paridade dos juros*.

Capítulo 18

O Capítulo 18 concentra-se no equilíbrio do mercado de bens em uma economia aberta. Mostra como a demanda por bens domésticos agora também depende da taxa de câmbio real. Mostra como a política fiscal afeta tanto o produto quanto a balança comercial. Discute as condições sob as quais uma depreciação real melhora a balança comercial e aumenta o produto.

Capítulo 19

O Capítulo 19 descreve o equilíbrio dos mercados de bens e financeiros em uma economia aberta. Em outras palavras, apresenta uma versão do modelo *IS-LM*, que vimos nos fundamentos, para uma economia aberta. Mostra como, sob taxas de câmbio flexíveis, a política monetária afeta o produto não apenas por meio de seu efeito sobre a taxa de juros, mas também por meio de seu efeito sobre a taxa de câmbio. Mostra como a fixação da taxa de câmbio também implica abrir mão da capacidade de alterar a taxa de juros.

Capítulo 20

O Capítulo 20 examina as propriedades dos diferentes regimes de taxa de câmbio. Em primeiro lugar mostra como, no médio prazo, a taxa de câmbio real pode se ajustar mesmo sob um regime de taxa de câmbio fixa. Examina, então, crises cambiais sob taxas de câmbio fixas, e variações das taxas de câmbio sob taxas de câmbio flexíveis. Finaliza discutindo as vantagens e desvantagens de vários regimes de taxa de câmbio, inclusive a adoção de uma moeda comum, como o euro.

CAPÍTULO 17

Abertura dos mercados de bens e dos mercados financeiros

Até aqui, assumimos que a economia era *fechada* — que não interagia com o resto do mundo. Iniciamos dessa maneira para tornar as coisas mais simples e, assim, desenvolver nossa intuição sobre os mecanismos básicos da macroeconomia. A Figura 17.1, que por conveniência repete a primeira figura do livro (Figura 1.1), mostra como esta hipótese é, na verdade, ruim. A figura traça as taxas de crescimento das economias avançadas e emergentes desde 2005. O impressionante é como essas taxas se moveram juntas. Apesar do fato de a crise ter se originado nos Estados Unidos, o resultado foi uma recessão mundial com crescimento negativo tanto nas economias avançadas quanto nas emergentes. Portanto, é hora de relaxar nossa premissa de economia fechada. Entender as implicações macroeconômicas da abertura será nosso objetivo principal neste e nos próximos três capítulos.

A *abertura* é composta por três dimensões distintas:

1. **Abertura dos mercados de bens** — a capacidade que consumidores e empresas têm de escolher entre bens domésticos e estrangeiros. Em nenhum país essa escolha é totalmente livre de restrições. Até os países mais comprometidos com o livre comércio possuem **tarifas** — impostos sobre bens importados — e **cotas** — restrições à quantidade de bens que podem ser importados — para pelo menos alguns bens estrangeiros. Ao mesmo tempo, na maioria dos países as tarifas médias são baixas e continuam a diminuir.

▶ **Figura 17.1** Crescimento em economias avançadas e emergentes desde 2005.

A crise começou nos Estados Unidos, mas afetou praticamente todos os países do mundo.

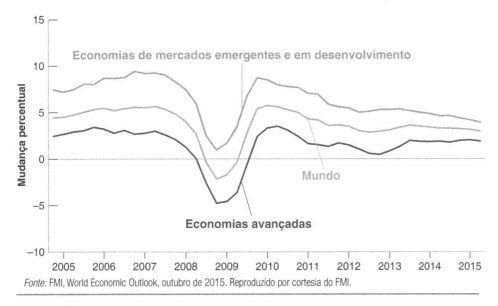

Fonte: FMI, World Economic Outlook, outubro de 2015. Reproduzido por cortesia do FMI.

386 Macroeconomia

2. **Abertura dos mercados financeiros** — a capacidade que os investidores têm de escolher entre ativos domésticos e estrangeiros. Até recentemente, mesmo alguns dos países mais ricos, como França e Itália, impunham **controles de capitais** — restrições quanto aos ativos estrangeiros que os residentes domésticos poderiam reter, bem como sobre os ativos domésticos que os estrangeiros poderiam reter. Essas restrições estão desaparecendo rapidamente. Em consequência disso, os mercados financeiros mundiais estão se tornando cada vez mais fortemente integrados.

3. **Abertura dos mercados de fatores** — capacidade que as empresas têm de escolher onde localizar a produção e que os trabalhadores têm de escolher onde trabalhar. Aqui, as tendências também são claras. As multinacionais operam fábricas em muitos países e movem suas operações por todo o mundo para aproveitar as vantagens dos baixos custos. Muito da discussão sobre o **Acordo Norte-americano de Livre Comércio (North American Free Trade Agreement — Nafta)**, assinado em 1993 por Estados Unidos, Canadá e México, concentrou-se nas implicações da transferência de empresas norte-americanas para o México. Temores semelhantes agora se voltam para a China. E a imigração vinda de países com baixos salários é um assunto político delicado por toda a Europa e nos Estados Unidos.

No curto e no médio prazos — o foco deste e dos próximos três capítulos — a abertura dos mercados de fatores desempenha um papel de importância muito menor que a abertura dos mercados de bens ou financeiros. Devemos, portanto, ignorar a abertura dos mercados de fatores e nos concentrar aqui nas duas primeiras dimensões da abertura.

A Seção 17.1 examina a abertura do mercado de bens, os determinantes da escolha entre bens domésticos e estrangeiros e o papel da taxa de câmbio real.

A Seção 17.2 examina a abertura dos mercados financeiros, os determinantes da escolha entre ativos domésticos e estrangeiros e o papel das taxas de juros e de câmbio.

A Seção 17.3 oferece um mapa para os próximos três capítulos.

17.1 Abertura dos mercados de bens

Vamos começar examinando qual é o montante das transações de compra e venda dos Estados Unidos com o resto do mundo. Assim, estaremos mais capacitados a refletir sobre a escolha entre bens domésticos e estrangeiros e sobre o papel do preço relativo dos bens domésticos em termos de bens estrangeiros — a taxa de câmbio real.

Exportações e importações

A Figura 17.2 mostra a evolução das exportações e importações dos Estados Unidos, como fração do PIB, desde 1960 ("exportações dos Estados Unidos" significam exportações *originadas dos* Estados Unidos; "importações dos Estados Unidos" significam importações *destinadas* aos Estados Unidos). A figura sugere duas conclusões principais:

> Do Capítulo 3: balança comercial é a diferença entre exportações e importações:
> Se as exportações são maiores que as importações, tem-se um superávit comercial (de forma equivalente, balança comercial positiva).
> Se as importações são maiores que as exportações, tem-se um déficit comercial (de forma equivalente, balança comercial negativa).

- A economia norte-americana está se tornando mais aberta com o passar do tempo. Exportações e importações, que correspondiam a 5% do PIB na década de 1960, agora situam-se em torno de 15% do PIB (13,5% para as exportações e 16,5% para as importações). Em outras palavras, os Estados Unidos comercializam três vezes mais (em relação ao seu PIB) com o resto do mundo do que faziam há 50 anos.

- Embora as importações e as exportações tenham seguido, de modo geral, a mesma tendência de alta, desde o início da década de 1980 as importações ultrapassaram as exportações de modo consistente. Em outras palavras, nos últimos 30 anos os Estados Unidos apresentaram consistentemente um déficit comercial. Em

▶ **Figura 17.2** Exportações e importações dos Estados Unidos como fração do PIB desde 1960.

Desde a década de 1960, as exportações e as importações mais que triplicaram em relação ao PIB. Os Estados Unidos tornaram-se uma economia muito mais aberta.

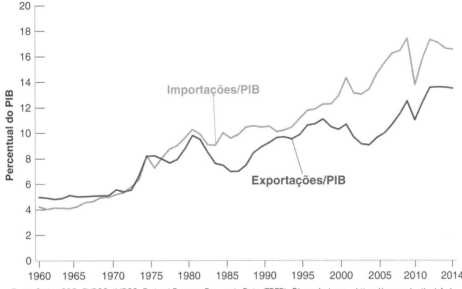

Fonte: Series GDP, EXPGS, IMPGS. Federal Reserve Economic Data (FRED). Disponível em: <https://research.stlouisfed.org/fred2/>. Acesso em: 03 out. 2017.

meados dos anos 2000, por quatro anos seguidos a razão entre o déficit comercial e o PIB chegou a 5% do PIB. Embora tenha baixado desde o início da crise, ainda permanece alto. Entender as fontes e as implicações desse elevado déficit comercial é uma questão importante, à qual retornaremos mais adiante.

Considerando-se todas as discussões na mídia sobre *globalização*, um volume de comércio (medido pela média das razões entre exportações e o PIB e importações e o PIB) em torno de 15% do PIB pode parecer extremamente pequeno. Contudo, o volume de comércio não é necessariamente um bom indicador de abertura. Muitas empresas estão expostas à concorrência estrangeira, mas, sendo competitivas e mantendo os preços suficientemente baixos, conservam sua fatia do mercado doméstico e limitam as importações. Isso sugere que um índice de abertura melhor que as razões de exportação e importação é a proporção do produto agregado composta por **bens comercializáveis** — bens que concorrem com os estrangeiros tanto nos mercados domésticos como nos estrangeiros. Segundo as estimativas, os bens comercializáveis representam atualmente cerca de 60% do produto agregado dos Estados Unidos.

Com exportações em torno de 13,5% do PIB, a verdade é que os Estados Unidos têm um dos menores coeficientes de exportações (razão entre exportações e o PIB) entre os países ricos do mundo. A Tabela 17.1 fornece os coeficientes de exportações para diversos países da OCDE.

Os Estados Unidos situam-se no limite inferior da gama de coeficientes de exportações. O coeficiente do Japão é um pouco maior; o do Reino Unido, duas vezes maior; e o da Alemanha, três vezes maior. E os países europeus menores apresentam coeficientes de exportações elevados, de 64,1% para a Suíça a 82,9% para a Holanda. (O coeficiente de exportações de 82,9% do PIB na Holanda levanta uma possibilidade estranha: será que um país pode ter exportações maiores que seu PIB, ou seja, um coeficiente de exportações maior que 1? A resposta é sim. O motivo disso é apresentado no quadro Foco "As exportações podem superar o PIB?")

Bens comercializáveis: automóveis, computadores etc. Bens não comercializáveis: moradia, a maior parte dos serviços médicos, cortes de cabelo etc.

Para mais informações sobre a OCDE e a lista dos países-membros, veja o Capítulo 1.

388 Macroeconomia

▶ **Tabela 17.1 Coeficientes de exportações para países selecionados da OCDE, 2014.**

País	Coeficiente de exportações (%)	País	Coeficiente de exportações (%)
Estados Unidos	13,5%	Alemanha	45,7%
Japão	17,7%	Áustria	53,2%
Reino Unido	28,3%	Suíça	64.1%
Chile	33,8%	Holanda	82,9%

Fonte: IMF, World Economic Outlook.

Esses números indicam que os Estados Unidos têm mais barreiras comerciais do que, digamos, o Reino Unido ou a Holanda? Não. Os principais fatores por trás dessas diferenças são geografia e tamanho. A distância de outros mercados explica boa parte do baixo coeficiente de exportações japonês. Tamanho também importa: quanto menor o país, mais ele deve se especializar em produzir e exportar apenas alguns produtos, dependendo das importações para os demais produtos. A Holanda dificilmente pode se permitir produzir a mesma variedade de bens que os Estados Unidos, um país de aproximadamente 20 vezes seu porte econômico.

> A Islândia é um país isolado e pequeno. Quanto você imagina que seja seu coeficiente de exportações? (Resposta: 56%.)

Escolha entre bens domésticos e bens estrangeiros

Como a abertura dos mercados de bens nos força a repensar a maneira como percebemos o equilíbrio no *mercado de bens*?

Até aqui, quando refletimos sobre as decisões dos consumidores no mercado de bens enfocamos sua decisão de poupar ou consumir. Quando os mercados de bens são abertos, os consumidores domésticos se deparam com uma segunda decisão: se compram bens domésticos ou estrangeiros. Na realidade, todos os compradores — inclusive as empresas domésticas e estrangeiras e os governos — têm de tomar

> Em uma economia fechada, as pessoas se deparam com uma única decisão: poupar ou comprar (consumir). Em uma economia aberta, as pessoas enfrentam duas decisões: poupar ou comprar, comprar bens domésticos ou estrangeiros.

FOCO

As exportações podem superar o PIB?

Um país pode ter exportações superiores ao seu PIB — isto é, ter um coeficiente de exportações maior que 1?

A resposta pode parecer não. Um país não pode exportar mais do que produz, logo o coeficiente de exportações deve ser menor que 1. Não é bem assim. A chave da resposta está em entender que exportações e importações podem incluir exportações e importações de bens intermediários.

Consideremos, por exemplo, um país que importe bens intermediários por US$ 1 bilhão. Suponhamos que ele os transforme em bens finais usando apenas trabalho. Digamos que o total de salários seja de US$ 200 milhões e que não haja lucros. O valor desses produtos finais será de US$ 1,2 milhão. Suponhamos que US$ 1 bilhão de produtos finais seja exportado e

que os US$ 200 milhões restantes sejam consumidos domesticamente.

Exportações e importações são, portanto, ambas iguais a US$ 1 bilhão. Qual é o PIB dessa economia? Lembre-se de que o PIB é o valor adicionado na economia (veja o Capítulo 2). Então, neste exemplo, o PIB é igual a US$ 200 milhões, e o coeficiente de exportações é igual a US$ 1.000/US$ 200 = 5.

Portanto, as exportações podem superar o PIB. Este, na verdade, é o caso de diversos países pequenos, nos quais a maior parte da atividade econômica é organizada em torno de um porto e atividades de importação e exportação. Também é o caso de países pequenos, como Cingapura, onde a manufatura desempenha um papel importante. Em 2014, o coeficiente de exportações de Cingapura foi de 188%!

uma decisão semelhante, que exerce um efeito direto sobre o produto doméstico. Se os compradores decidem comprar mais bens domésticos, a demanda por estes aumenta, e o mesmo ocorre com o produto doméstico. Se decidem comprar mais bens estrangeiros, é este que aumenta em vez do produto doméstico.

O determinante dessa segunda decisão (comprar bens domésticos ou estrangeiros) é o preço dos bens domésticos em relação ao dos estrangeiros. Chamamos esse preço relativo de **taxa de câmbio real**. Esta taxa não é diretamente observável, e não a encontramos em jornais. O que se encontram nos jornais são as *taxas de câmbio nominais,* ou seja, os preços relativos das moedas. Portanto, no restante desta seção começamos examinando as taxas de câmbio nominais e, então, veremos como podemos utilizá-las para obter as taxas de câmbio reais.

Taxas de câmbio nominais

As taxas de câmbio nominais entre duas moedas podem ser expressas de duas maneiras:

◆ Como o preço da moeda nacional em termos de moeda estrangeira. Se, por exemplo, examinarmos os Estados Unidos e o Reino Unido e pensarmos no dólar como moeda nacional e na libra como moeda estrangeira, poderemos expressar a taxa de câmbio nominal como o preço de 1 dólar em termos de libras. Em outubro de 2015, a taxa de câmbio definida desta maneira era 0,65. Em outras palavras, 1 dólar valia 0,65 libra.

◆ Como o preço da moeda estrangeira em termos de moeda nacional. Usando o mesmo exemplo, podemos expressar a taxa nominal de câmbio como o preço de 1 libra em termos de dólares. Em outubro de 2015, a taxa de câmbio definida desta maneira era 1,55. Em outras palavras, 1 libra valia 1,55 dólar.

Ambas as definições são boas; o importante é manter a consistência. Neste livro, adotaremos a primeira definição; ou seja, definiremos a **taxa de câmbio nominal** como o *preço da moeda nacional em termos de moeda estrangeira,* representando-a por E. Quando observarmos, por exemplo, a taxa de câmbio entre os Estados Unidos e o Reino Unido (do ponto de vista norte-americano, de modo que o dólar seja a moeda nacional), E representará o preço de 1 dólar em termos de libras (assim, por exemplo, E era 0,65 em outubro de 2015).

As taxas de câmbio entre o dólar e a maioria das moedas estrangeiras mudam todos os dias — de fato, a cada minuto do dia. Essas mudanças são chamadas de *apreciações nominais* ou *depreciações nominais — apreciações* ou *depreciações*, para abreviar.

◆ **Apreciação** da moeda nacional é um aumento no preço da moeda nacional em termos de uma moeda estrangeira. Dada nossa definição da taxa de câmbio, uma apreciação corresponde a um *aumento* na taxa de câmbio.

◆ **Depreciação** da moeda nacional é uma diminuição no preço da moeda nacional em termos de uma moeda estrangeira. Portanto, dada nossa definição da taxa de câmbio, uma depreciação da moeda nacional corresponde a uma diminuição na taxa de câmbio, E.

É possível encontrar duas outras palavras para expressar variações na taxa de câmbio: "valorizações" e "desvalorizações". Esses dois termos são utilizados quando os países operam com **taxas de câmbio fixas** — um sistema no qual dois ou mais países mantêm uma taxa de câmbio constante entre suas moedas. Sob este sistema, aumentos na taxa de câmbio — que não são frequentes por definição — são denominados **valorizações** (em vez de apreciações). Diminuições na taxa de câmbio são denominadas **desvalorizações** (em vez de depreciações).

> Atenção: infelizmente não há consenso entre economistas ou jornais sobre qual das duas definições usar. Encontraremos ambas. Devemos verificar sempre qual definição está sendo usada.

> E: taxa de câmbio nominal — preço da moeda nacional em termos de moeda estrangeira. (Do ponto de vista dos Estados Unidos, em relação ao Reino Unido, é o preço de 1 dólar em termos de libras.)

> Apreciação da moeda nacional ⇔ aumento no preço da moeda nacional em termos de moeda estrangeira ⇔ aumento na taxa de câmbio.

> Depreciação da moeda nacional ⇔ diminuição no preço da moeda nacional em termos de moeda estrangeira ⇔ diminuição na taxa de câmbio.

> Discutiremos taxas de câmbio fixas no Capítulo 20.

A Figura 17.3 mostra a taxa de câmbio nominal entre o dólar e a libra desde 1971. Observemos as duas principais características da figura:

- *A tendência de alta na taxa de câmbio.* Em 1971, 1 dólar valia apenas 0,41 libra. Em 2015, 1 dólar valia 0,65 libra. Dito de outra maneira, houve uma apreciação do dólar em relação à libra nesse período.
- *As grandes flutuações na taxa de câmbio.* Na década de 1980, uma apreciação acentuada, em que o dólar mais que dobrou de valor em relação à libra, foi seguida de uma depreciação igualmente acentuada. Na década de 2000, uma grande depreciação foi seguida por uma grande apreciação quando a crise teve início, e uma depreciação menor desde então.

Contudo, se estivermos interessados na escolha entre bens domésticos e bens estrangeiros, a taxa nominal de câmbio nos fornecerá apenas uma parte das informações de que precisamos. A Figura 17.3, por exemplo, mostra-nos apenas os movimentos do preço relativo das duas moedas, o dólar e a libra. Para os turistas dos Estados Unidos que pensam em visitar o Reino Unido, a questão não se trata apenas de quantas libras eles poderão obter em troca de seus dólares, mas de quanto os bens no Reino Unido custarão em relação àquilo que custam nos Estados Unidos. Isto nos leva a nosso próximo passo — a obtenção das taxas de câmbio reais.

Da taxa de câmbio nominal para a taxa de câmbio real

Como podemos obter a taxa de câmbio real entre os Estados Unidos e o Reino Unido — o preço dos bens norte-americanos em termos dos bens britânicos?

Suponhamos que os Estados Unidos produzam somente um bem, um Cadillac, e que o Reino Unido também produza somente um bem, um Jaguar. (Esta é uma daquelas hipóteses que vão completamente contra os fatos, mas em breve seremos mais realistas.) A obtenção da taxa de câmbio real — o preço dos bens norte-americanos (Cadillacs) em termos dos bens britânicos (Jaguars) — seria simples.

▶ Figura 17.3 **Taxa de câmbio nominal entre o dólar e a libra desde 1971.**

Embora o dólar tenha apreciado em relação à libra nas últimas quatro décadas, essa apreciação foi acompanhada de grandes oscilações na taxa de câmbio nominal entre as duas moedas.

Fonte: Series XUMAGBD. Bank of England.

Expressaríamos ambos os bens em termos da mesma moeda e, então, calcularíamos seu preço relativo.

Suponhamos, por exemplo, que expressemos ambos os bens em termos de libras.

* O primeiro passo seria tomar o preço de um Cadillac em dólares e convertê-lo para um preço em libras. O preço de um Cadillac nos Estados Unidos é de US$ 40.000. Um dólar vale £ 0,65; portanto, o preço de um Cadillac em libras é de US$ 40.000 × £ 0,65 = £ 26.000.

* O segundo passo seria calcular a razão entre o preço do Cadillac em libras e o preço do Jaguar em libras. O preço de um Jaguar no Reino Unido é de £ 30.000. Assim, o preço de um Cadillac em termos de Jaguars — isto é, a taxa de câmbio real entre os Estados Unidos e o Reino Unido — seria de £ 26.000/£ 30.000 = £ 0,87. Um Cadillac seria 13% mais barato que um Jaguar.

> Verifique que, se tivéssemos expressado ambos os termos em dólares, teríamos obtido o mesmo resultado para a taxa de câmbio real.

Este exemplo é simples, mas como podemos generalizá-lo? Os Estados Unidos e o Reino Unido produzem mais que Cadillacs e Jaguars, e queremos obter uma taxa de câmbio real que reflita o preço relativo de *todos* os bens produzidos nos Estados Unidos em termos de *todos* os bens produzidos no Reino Unido.

O cálculo que acabamos de fazer nos diz como proceder. Em vez de utilizar o preço de um Jaguar e o de um Cadillac, temos de usar um índice de preços para todos os bens produzidos no Reino Unido e um índice de preços para todos os bens produzidos nos Estados Unidos. Isto é exatamente o que fazem os deflatores do PIB, que apresentamos no Capítulo 2. Eles são, por definição, índices de preços do conjunto de bens e serviços finais produzidos na economia.

Sejam P o deflator do PIB dos Estados Unidos, P^* o deflator do PIB do Reino Unido (como regra, representaremos as variáveis estrangeiras com um asterisco) e E a taxa de câmbio nominal dólar–libra. A Figura 17.4 mostra os passos necessários para obter a taxa de câmbio real.

* O preço dos bens nos Estados Unidos em dólares é P. Multiplicando o preço pela taxa de câmbio, E — o preço dos dólares em termos de libras —, teremos o preço dos bens dos Estados Unidos em libras, EP.

* O preço dos bens britânicos em libras é P^*. A *taxa de câmbio real*, o preço dos bens nos Estados Unidos em termos de bens britânicos, que chamaremos de ε (a letra grega épsilon minúscula), desta forma é dada por

$$\varepsilon = \frac{EP}{P^*} \qquad (17.1)$$

> ε: taxa de câmbio real é o preço dos bens domésticos em termos de bens estrangeiros. (Por exemplo, do ponto de vista dos Estados Unidos olhando para o Reino Unido, o preço dos bens norte-americanos em termos dos bens britânicos.)

A taxa de câmbio real é obtida multiplicando-se o nível de preços doméstico pela taxa de câmbio nominal e, então, dividindo pelo nível de preços estrangeiro — uma extensão simples do cálculo que fizemos em nosso exemplo Cadillac/Jaguar.

▶ **Figura 17.4** Obtenção da taxa real de câmbio.

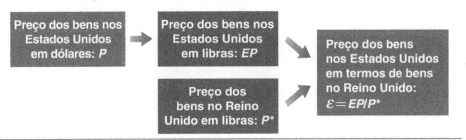

Observe, contudo, uma diferença importante entre nosso exemplo Cadillac/Jaguar e esse cálculo mais geral.

Ao contrário do preço dos Cadillacs em termos de Jaguars, a taxa de câmbio real é um número-índice. Ou seja, seu nível é arbitrário e, por isso, não traz informações. Isso ocorre porque os deflatores do PIB utilizados na obtenção da taxa de câmbio real são números-índice; como vimos no Capítulo 2, são iguais a 1 (ou 100) para qualquer ano escolhido como ano-base.

Mas nem tudo está perdido. Embora o nível da taxa de câmbio real não seja informativo, a taxa de variação da taxa de câmbio real é informativa. Se, por exemplo, a taxa de câmbio real entre os Estados Unidos e o Reino Unido aumentar em 10%, isto nos dirá que os bens dos Estados Unidos agora estão 10% mais caros em relação aos bens britânicos do que estavam antes.

Assim como as taxas de câmbio nominais, as taxas de câmbio reais variam ao longo do tempo. Essas mudanças são denominadas *apreciações reais* ou *depreciações reais*.

> Apreciação real ⇔ aumento no preço dos bens domésticos em termos de bens estrangeiros ⇔ aumento na taxa real de câmbio.

- Um aumento na taxa de câmbio real, ou seja, um aumento no preço relativo dos bens domésticos em termos de bens estrangeiros, é chamado de **apreciação real**.

> Depreciação real ⇔ diminuição no preço dos bens domésticos em termos de bens estrangeiros ⇔ diminuição na taxa real de câmbio.

- Uma diminuição na taxa de câmbio real, ou seja, uma diminuição no preço relativo dos bens domésticos em termos de bens estrangeiros, é chamada de **depreciação real**.

A Figura 17.5 mostra a evolução da taxa de câmbio real entre os Estados Unidos e o Reino Unido desde 1971, obtida pela Equação 17.1. Por conveniência, ela também reproduz a evolução da taxa de câmbio *nominal* da Figura 17.3. Os deflatores do PIB foram ambos fixados como iguais a 1 no primeiro trimestre de 2000, de modo que as taxas de câmbio nominal e real foram iguais nesse trimestre por construção.

▶ **Figura 17.5** Taxas de câmbio real e nominal entre os Estados Unidos e o Reino Unido desde 1971.

Exceto pela diferença na tendência, que reflete uma média de inflação mais elevada no Reino Unido que nos Estados Unidos até o início da década de 1990, as taxas de câmbio nominal e real moveram-se praticamente juntas.

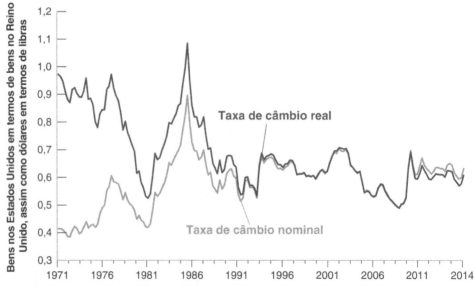

Fonte: Series GDPDEF, GBRGDPDEFAISMEI, EXUSUK. Federal Reserve Economic Data (FRED). Disponível em: <https://research.stlouisfed.org/fred2>. Acesso em: 04 out. 2017.

Devemos extrair duas lições da Figura 17.5:

◆ As taxas de câmbio nominal e real podem se mover em direções opostas. Por exemplo, vale notar como, de 1971 a 1976, enquanto a taxa de câmbio nominal subia, a taxa de câmbio real baixou.

Como é possível conciliar o fato de que havia tanto uma apreciação nominal (do dólar em relação à libra) quanto uma depreciação real (dos bens norte-americanos em relação aos bens britânicos) durante o período? Para verificar como, voltamos à definição de taxa de câmbio real, na Equação 17.1, e a reescrevemos como:

$$\varepsilon = E\frac{P}{P^*}$$

Duas coisas ocorreram na década de 1970.

Primeiro, E aumentou. O dólar subiu em termos de libras — é a apreciação nominal que vimos antes.

Segundo, P/P^* diminuiu. O nível de preços aumentou menos nos Estados Unidos que no Reino Unido. Em outras palavras, a inflação média foi menor nos Estados Unidos que no Reino Unido durante o período.

A queda resultante em P/P^* foi maior que o aumento de E, levando a uma diminuição de ε, uma depreciação real — uma diminuição no preço relativo dos bens domésticos em termos de bens estrangeiros.

Para entender melhor o que aconteceu, vamos voltar a nossos turistas dos Estados Unidos que pensam em visitar o Reino Unido por volta de 1976. Eles descobrem que podem comprar mais libras por dólar que em 1971 (E aumentou). Isso implica que sua viagem será mais barata? Não. Quando chegarem ao Reino Unido, descobrirão que os preços dos bens no país aumentaram muito mais do que os preços dos bens nos Estados Unidos (P^* aumentou mais que P, e assim P/P^* diminuiu), e isso mais que compensa o aumento do valor do dólar em termos de libras. Eles descobrirão que sua viagem será, na verdade, mais cara (em termos de bens norte-americanos) do que teria sido cinco anos antes.

Há uma lição geral aqui. Por longos períodos de tempo, diferenças nas taxas de inflação entre países podem levar a movimentos muito diferentes nas taxas de câmbio nominais e nas taxas de câmbio reais. Voltaremos ao assunto no Capítulo 20.

> Pode haver uma apreciação real sem qualquer apreciação nominal?
> Pode haver uma apreciação nominal sem qualquer apreciação real? (Resposta para ambas as questões: sim.)

◆ As grandes flutuações da taxa de câmbio nominal que vimos na Figura 17.3 também aparecem na taxa de câmbio real.

Isto não é nenhuma surpresa. Os níveis de preço se movem lentamente. Os movimentos anuais da razão de preços, P/P^*, normalmente são pequenos em comparação aos movimentos frequentemente abruptos da taxa de câmbio nominal, E. Assim, de um ano para outro, ou mesmo ao longo de alguns anos, movimentos na taxa de câmbio real ε tendem a ser conduzidos amplamente por movimentos na taxa de câmbio nominal E. Observe que, desde o início da década de 1990, a taxa de câmbio nominal e a taxa de câmbio real têm caminhado praticamente juntas. Isto reflete o fato de que, desde o início da década de 1990, as taxas de inflação têm sido muito semelhantes — e baixas — nos dois países.

> Se as taxas de inflação fossem exatamente iguais, P/P^* seria constante e ε e E caminhariam juntas com exatidão.

De taxas de câmbio bilaterais para multilaterais

Precisamos dar um último passo. Até aqui, nos concentramos nas taxas de câmbio entre os Estados Unidos e o Reino Unido. Mas o Reino Unido é apenas um dos muitos países com os quais os Estados Unidos têm comércio. A Tabela 17.2 mostra a composição geográfica do comércio dos Estados Unidos tanto para exportações como para importações.

394 Macroeconomia

▶ **Tabela 17.2 Composição por países das exportações e importações dos Estados Unidos, 2014.**

	Proporção de exportações para (%)	Proporção de importações de (%)
Canadá	16	15
México	12	13
União Europeia	15	18
China	7	20
Japão	4	6
Restante da Ásia e Pacífico	11	10
Outros	35	18

Fonte: US Census, Related Party Trade, maio de 2015.

A principal mensagem transmitida pela tabela é a de que os Estados Unidos efetuam a maior parte de seu comércio com três grupos de países. O primeiro inclui seus vizinhos do norte e do sul, Canadá e México; o comércio com esses países responde por 28% tanto das exportações quanto das importações norte-americanas. O segundo grupo abrange os países da Europa ocidental, que respondem por 15% das exportações e 18% das importações norte-americanas. O terceiro grupo abarca os países asiáticos, inclusive o Japão e a China, que, juntos, respondem por 11% das exportações e 26% das importações norte-americanas.

Bi significa "dois". *Multi* significa "muitos".

Como passamos de **taxas de câmbio bilaterais** — como a taxa de câmbio real entre os Estados Unidos e o Reino Unido de que tratamos anteriormente — para **taxas de câmbio multilaterais** que reflitam essa composição do comércio? O princípio a ser utilizado é simples, mesmo que os detalhes da construção sejam complexos: pesamos cada país a partir do quanto comercializam com os Estados Unidos e a partir do quanto competem com os Estados Unidos em outros países. (Por que não examinar apenas as fatias de comércio entre os Estados Unidos e cada país? Tomemos dois países, os Estados Unidos e o país A. Suponhamos que eles não negociem entre si — assim, as participações das exportações e das importações são iguais a zero —, mas exportam para outro país, que chamaremos de B. A taxa de câmbio real entre os Estados Unidos e o país A serão muito importantes para o montante que os Estados Unidos exportam para o país B, e, portanto, para o desempenho das exportações norte-americanas.) A variável obtida é denominada **taxa de câmbio real multilateral dos Estados Unidos** ou, simplesmente, taxa de câmbio real dos Estados Unidos.

Estes são os termos equivalentes para o preço relativo dos bens nos Estados Unidos em termos de bens estrangeiros: a taxa de câmbio real multilateral dos Estados Unidos, **a taxa de câmbio real ponderada pelo comércio** dos Estados Unidos, a **taxa de câmbio real efetiva** dos Estados Unidos.

O gráfico se inicia em 1973 porque essa taxa de câmbio real multilateral, obtida pelo Fed, só foi disponibilizada a partir desse ano.

A Figura 17.6 mostra a evolução dessa taxa de câmbio real multilateral, o preço dos bens nos Estados Unidos em termos de bens estrangeiros desde 1973. Como as taxas de câmbio reais bilaterais que vimos anteriormente, trata-se de um número-índice, e seu nível é arbitrário. Devemos notar dois aspectos na Figura 17.6. Primeiro, uma tendência de depreciação real desde 1973 (em contraste com a tendência de apreciação nominal em relação à libra na Figura 17.3). Segundo, e o mais surpreendente, as grandes oscilações na taxa de câmbio real multilateral na década de 1980 e, em menor medida, na década de 2000. Essas oscilações são tão impressionantes que receberam vários nomes, de "ciclo do dólar" ao mais sugestivo "dança do dólar". Nos próximos capítulos examinaremos de onde vêm essas oscilações e seus efeitos sobre o déficit comercial e a atividade econômica.

17.2 Abertura dos mercados financeiros

A abertura dos mercados financeiros permite que os investidores retenham ativos tanto domésticos quanto estrangeiros para diversificar suas carteiras, para especular

▶ **Figura 17.6 Taxa de câmbio real multilateral dos Estados Unidos desde 1973.**

Desde 1973 houve duas grandes apreciações reais do dólar norte-americano e duas grandes depreciações reais.

Fonte: Price-adjusted Broad Dollar Index, Monthly Index. Federal Reserve Board. Disponível em: <www.federalreserve.gov/releases/h10/summary>. Acesso em: 28 jul. 2017.

sobre os movimentos das taxas de juros estrangeiras *versus* as domésticas, sobre os movimentos das taxas de câmbio, e assim por diante.

Eles, de fato, diversificam e especulam. Dado que a compra e a venda de ativos estrangeiros implicam a compra e a venda de moeda estrangeira — às vezes chamada de **divisas** —, o volume de transações nos mercados de câmbio dá uma ideia da importância das transações financeiras internacionais. Em 2013, por exemplo, o volume *diário* registrado das transações de divisas no mundo foi de US$ 5,5 trilhões, dos quais 87% — cerca de US$ 4,8 trilhões — envolviam dólares norte-americanos em uma das pontas das transações, enquanto 33% envolviam o euro.

Para termos uma noção da magnitude desses números, a soma das exportações e importações dos Estados Unidos em 2013 totalizou US$ 4 trilhões *para o ano*, ou aproximadamente US$ 11 bilhões por dia. Suponhamos que as únicas transações em dólar nos mercados de câmbio fossem realizadas, de um lado, por exportadores norte-americanos vendendo suas receitas em moeda estrangeira, e, de outro, por importadores norte-americanos comprando a moeda estrangeira de que precisavam para adquirir bens estrangeiros. Então, o volume de transações envolvendo dólares em mercados de câmbio estrangeiros teria sido de US$ 11 bilhões por dia, ou cerca de 0,3% do volume total diário efetivo em dólar de transações (US$ 4,8 trilhões) envolvendo dólares em mercados de câmbio. Esse cálculo nos diz que a maioria das transações está associada não ao comércio, mas à compra e venda de ativos financeiros. Além disso, o volume de transações nos mercados de câmbio não é apenas alto, ele também cresce de forma rápida. O volume de transações cambiais mais que quintuplicou desde 2001. Mais uma vez, esse aumento na atividade reflete um aumento das transações financeiras mais que um aumento do comércio.

Para um país, a abertura dos mercados financeiros tem outra implicação importante. Ela permite que o país tenha superávits e déficits comerciais. Lembramos que um país com déficit comercial compra mais do que vende para o resto do mundo. Para cobrir a diferença entre o que compra e o que vende, o país deve tomar emprestado do resto do mundo. Ele toma emprestado ao tornar atraente

◀ Volume diário de transações cambiais com dólares em uma das pontas da transação: US$ 4,8 trilhões. Volume diário do comércio dos Estados Unidos com o resto do mundo: US$ 11 bilhões (0,3% do volume de transações cambiais).

para os investidores estrangeiros a retenção de ativos domésticos — na realidade, um empréstimo ao país.

Vamos começar examinando mais de perto a relação entre os fluxos comerciais e os financeiros. Feito isso, examinaremos os determinantes desses fluxos financeiros.

Balanço de pagamentos

As transações de um país com o resto do mundo, incluindo fluxos tanto comerciais quanto financeiros, são resumidas por um conjunto de contas denominado **balanço de pagamentos**. A Tabela 17.3 apresenta o balanço de pagamentos dos Estados Unidos para 2014. A tabela tem duas partes, separadas por uma linha. As transações são referidas como **acima da linha** ou **abaixo da linha**.

Transações correntes

As transações acima da linha registram os pagamentos efetuados e recebidos do resto do mundo. São as chamadas **transações correntes**.

◆ As duas primeiras linhas registram as exportações e as importações de bens e serviços. As exportações levam a pagamentos do resto do mundo, ao passo que as importações levam a pagamentos ao resto do mundo. A diferença entre exportações e importações é a *balança comercial*. Em 2014, as importações superaram as exportações, levando a um *déficit comercial* de US$ 508 bilhões para os Estados Unidos — cerca de 3% do PIB norte-americano.

◆ As exportações e as importações não são as únicas fontes de pagamentos efetuados e recebidos do resto do mundo. Os residentes nos Estados Unidos recebem renda da retenção de ativos estrangeiros, e residentes estrangeiros recebem renda da retenção de ativos dos Estados Unidos. Em 2014, a renda recebida do resto do mundo foi de US$ 823 bilhões, e a renda paga a estrangeiros foi de US$ 585 bilhões, com um **saldo de renda** líquido de US$ 238 bilhões.

▶ Tabela 17.3 **Balanço de pagamentos dos Estados Unidos, 2014, em bilhões de dólares.**

Transações correntes		
Exportações	2343	
Importações	2851	
Balança comercial (déficit = −) (1)		−508
Renda recebida	823	
Renda paga	585	
Renda líquida (2)		238
Transferências líquidas recebidas (3)		−119
Saldo em transações correntes (déficit = −) (1) + (2) + (3)		−389
Contas capital e financeira		
Aumento dos ativos dos Estados Unidos retidos por estrangeiros (4) (*)	1031	
Aumento dos ativos estrangeiros retidos pelos Estados Unidos (5)	792	
Saldo da conta financeira (7) = (4) − (5)		239
Discrepância estatística (= saldo das contas capital e financeira − saldo das transações correntes)		150

*Incluindo um aumento nos ativos dos Estados Unidos retidos por estrangeiros de US$ 54 bilhões das transações líquidas em derivativos financeiros.

Fonte: US Bureau of Economic Analysis, 17 de setembro de 2015.

◆ Por fim, os países dão e recebem ajuda estrangeira; o valor líquido desses pagamentos é registrado como **transferências líquidas recebidas**. Em 2014, essas transferências chegaram a –US$ 119 bilhões. Esse montante negativo reflete o fato de que, em 2014, os Estados Unidos foram — como têm sido tradicionalmente — um doador líquido de ajuda estrangeira.

A soma dos pagamentos líquidos efetuados ao e recebidos do resto do mundo é chamada de **saldo em transações correntes**. Se os pagamentos líquidos do resto do mundo são positivos, o país tem um **superávit em transações correntes**; se são negativos, o país tem um **déficit em transações correntes**. Somando-se todos os pagamentos efetuados e recebidos do resto do mundo, em 2014 os pagamentos líquidos dos Estados Unidos para o resto do mundo eram iguais a –US$ 508 + US$ 238 – US$ 119 = –US$ 389 bilhões. Dito de outra maneira, em 2010 os Estados Unidos tiveram um déficit em transações correntes de US$ 389 bilhões — aproximadamente 2,3% do seu PIB.

> Um país poderia ter:
> Um déficit comercial sem qualquer déficit em transações correntes?
> Um déficit em transações correntes sem qualquer déficit comercial?
> (Resposta para as duas perguntas: sim.)

Contas capital e financeira

O fato de os Estados Unidos terem tido um déficit em transações correntes de US$ 389 bilhões em 2014 implica que precisaram tomar emprestado US$ 389 bilhões do resto do mundo — ou, de maneira equivalente, os ativos dos Estados Unidos retidos por estrangeiros tiveram de aumentar, em termos líquidos, em US$ 389 bilhões. Os valores abaixo da linha descrevem como isso foi alcançado. As transações situadas abaixo da linha são chamadas de transações de **contas capital e financeira**.

> Analogamente, se você gastar mais do que ganha, deverá financiar a diferença.

O aumento nos ativos dos Estados Unidos retidos pelos estrangeiros foi de US$ 1.031 bilhões. Os investidores estrangeiros — sejam eles privados, governos ou bancos centrais estrangeiros — compraram US$ 1.031 bilhões em ações, títulos ou outros ativos norte-americanos (incluindo US$ 54 bilhões das transações líquidas em derivativos financeiros). Ao mesmo tempo, houve um aumento de ativos estrangeiros retidos pelos Estados Unidos de US$ 792 bilhões, ou seja, os investidores norte-americanos privados e públicos compraram US$ 792 bilhões em ações estrangeiras, títulos e outros ativos. O resultado foi o aumento líquido no endividamento externo dos Estados Unidos (o aumento nos ativos dos Estados Unidos retidos pelos estrangeiros menos o aumento nos ativos estrangeiros retidos pelos Estados Unidos), também chamado de **fluxos líquidos de capital** para os Estados Unidos, de US$ 1.031 – US$ 792 = US$ 239 bilhões. Outro nome para os fluxos líquidos de capital é **saldo das contas capital e financeira**. Fluxos líquidos de capitais positivos são chamados de **superávit das contas capital e financeira**; fluxos líquidos de capitais negativos são chamados de **déficit das contas capital e financeira**. Então, dito de outra maneira, em 2014 os Estados Unidos tinham um superávit das contas capital e financeira de US$ 239 bilhões.

> Um país que apresenta déficit em transações correntes deve financiá-lo por meio de fluxos líquidos de capitais positivos. Ou, de maneira equivalente, deve apresentar um superávit das contas capital e financeira.

Os fluxos líquidos de capital (ou, de modo equivalente, o superávit das contas capital e financeira) não deveriam ser exatamente iguais ao déficit em transações correntes (de US$ 389 bilhões em 2014, como vimos anteriormente)?

Em princípio, sim. Na prática, não.

Os números das transações correntes e das contas capital e financeira são obtidos com base em fontes diferentes; embora devessem dar as mesmas respostas, normalmente isso não ocorre. Em 2014, a diferença entre os dois — a chamada **discrepância estatística** — foi de US$ 150 bilhões, cerca de 39% do saldo em transações correntes. Esse é outro lembrete de que, mesmo em um país rico como os Estados Unidos, os dados econômicos estão longe da perfeição. (Este problema de medida também se manifesta de outro modo. A soma dos

398 Macroeconomia

> Alguns economistas especulam que a explicação está em um comércio não registrado com os marcianos. A maioria dos demais acredita que erros de medida são a explicação para isto.

déficits em transações correntes de todos os países do mundo deveria ser igual a zero. O déficit de um país deveria aparecer como um superávit para os outros países como um todo. Entretanto, não é isto o que acontece com os dados. Se somássemos os déficits em transações correntes publicados de todos os países do mundo, teríamos a impressão de que o mundo tem um grande déficit em transações correntes!)

Após examinarmos as transações correntes, podemos voltar a um assunto que mencionamos no Capítulo 2: a diferença entre produto interno bruto (PIB), a medida do produto que usamos até agora, e o **produto nacional bruto (PNB)**, outra medida do produto agregado.

O PIB mede o *valor agregado no mercado interno*. O PNB mede o *valor agregado por fatores de produção interna*. Quando a economia é fechada, essas duas medidas são as mesmas. Quando é aberta, no entanto, podem diferir. Parte da renda da produção doméstica vai para estrangeiros, e os residentes domésticos recebem alguma renda estrangeira. Assim, para passar do PIB para o PNB, é preciso começar pelo PIB, adicionar a renda recebida do resto do mundo e subtrair a renda paga ao resto do mundo. Dito de outra forma, o PNB é igual ao PIB mais os pagamentos líquidos do resto do mundo. Mais formalmente, denotando-se esses pagamentos líquidos de renda por NI:

$$PNB = PIB + NI^*$$

Na maioria dos países, a diferença entre o PNB e o PIB é pequena (em relação ao PIB). Por exemplo, na Tabela 17.3 pode-se ver que, nos Estados Unidos, os pagamentos líquidos de renda foram iguais a US\$ 238 bilhões. O PNB excedeu o PIB em US\$ 238 bilhões, ou cerca de 1,4% do PIB. Para alguns países, no entanto, a diferença pode ser grande. Isto é explorado no quadro Foco "PIB *versus* PNB: o exemplo do Kuwait".

FOCO

PIB *versus* PNB: o exemplo do Kuwait

Quando se descobriu petróleo no Kuwait, o governo do país decidiu que uma parcela das receitas de petróleo seria poupada e investida no exterior, em vez de ser gasta, de modo a fornecer uma renda para as futuras gerações de kuwaitianos quando as receitas do petróleo acabassem. O Kuwait atingiu um grande superávit em transações correntes, acumulando continuamente grandes ativos estrangeiros. Como resultado, tem agora a posse de muitos ativos estrangeiros e recebe uma renda substancial do resto do mundo. A Tabela 1 fornece o PIB, o PNB e a renda líquida de investimento para o Kuwait de 1989 a 1994 (você verá a razão da escolha dessas datas).

Observe quanto o PNB foi maior que o PIB em todo o período. A renda líquida do exterior representava 34% do PIB em 1989. Mas, note também como os pagamentos líquidos de fatores do Kuwait declinaram em 1989. Isso ocorreu porque o país precisou pagar a seus aliados parte do custo da Guerra do Golfo (1990-1991) e financiar sua reconstrução após o conflito. Fez isso por meio de um déficit nas contas capital e financeira — isto é, retendo liquidamente menos ativos estrangeiros —, o que, por sua vez, levou a uma diminuição na renda proveniente de ativos estrangeiros e, em consequência, a uma diminuição nos pagamentos líquidos de fatores.

Desde a Guerra do Golfo, o Kuwait reconstruiu uma posição substancial em ativos estrangeiros líquidos e a renda líquida vinda do exterior foi de 7% do PIB em 2013.

---

* N. do RT: no Brasil, a terminologia usualmente adotada para essa identidade é RNB = PIB − RLEE, isto é, a renda nacional bruta é igual ao produto interno bruto menos a renda líquida enviada ao exterior.

Tabela 1 PIB, PNB e renda líquida do Kuwait, 1989-1994.

Ano	PIB	PNB	Renda líquida (NI)
1989	7143	9616	2473
1990	5328	7560	2232
1991	3131	4669	1538
1992	5826	7364	1538
1993	7231	8386	1151
1994	7380	8321	941

Fonte: International Financial Statistics, FMI. Todos os números estão em milhões de dinares kuwaitianos.
1 dinar = US$ 0,3 (2015).

Escolha entre ativos domésticos e ativos estrangeiros

A abertura dos mercados financeiros implica que os investidores (ou as instituições financeiras que os representam) se deparem com uma nova decisão: a escolha entre reter ativos domésticos ou ativos estrangeiros.

Poderia parecer que temos, na verdade, de pensar em pelo menos *duas* novas decisões: a escolha entre reter moeda *nacional* ou moeda *estrangeira*, e a escolha entre reter ativos *domésticos* que pagam juros ou ativos *estrangeiros* que pagam juros. Lembramos, porém, o motivo pelo qual as pessoas retêm moeda: para efetuar suas transações. Para alguém que mora nos Estados Unidos e cujas transações são, em sua maioria ou totalidade, em dólares, possuir moeda estrangeira tem pouca ou nenhuma serventia. A moeda estrangeira não pode ser usada para transações nos Estados Unidos e, se o objetivo for reter ativos estrangeiros, reter moeda estrangeira será claramente menos desejável que reter títulos estrangeiros, que pagam juros. Isso nos deixa uma única nova escolha a ser feita: entre ativos domésticos que pagam juros e ativos estrangeiros que pagam juros.

> Duas ressalvas do Capítulo 4: Estrangeiros envolvidos em atividades ilegais retêm dólares com frequência, pois estes podem ser trocados facilmente sem deixar rastro.
> Em períodos de inflação muito alta, as pessoas às vezes recorrem a uma moeda estrangeira — frequentemente o dólar — para usá-la até mesmo em algumas transações domésticas.

Por enquanto, vamos pensar nesses ativos como títulos de um ano domésticos e títulos de um ano estrangeiros. Consideremos, por exemplo, a escolha entre títulos de um ano dos Estados Unidos e títulos de um ano do Reino Unido do ponto de vista de um investidor dos Estados Unidos.

◆ Suponhamos que você decida reter títulos dos Estados Unidos.

Seja i_t a taxa de juros nominal de um ano dos Estados Unidos. Então, como mostra a Figura 17.7, para cada dólar que você colocar em títulos dos Estados Unidos você ganhará $(1 + i_t)$ dólares no próximo ano. (Isto é representado pela seta que aponta para a direita na parte superior da figura.)

◆ Suponhamos que, em vez disso, você decida reter títulos do Reino Unido.

Para comprar títulos do Reino Unido, primeiro você deve comprar libras. Seja E_t a taxa de câmbio nominal entre o dólar e a libra. Para cada dólar, você recebe E_t libras. (Isso é representado pela seta que aponta para baixo na figura.)

Seja i_t^* a taxa de juros nominal de um ano dos títulos do Reino Unido (em libras). No próximo ano você terá $E_t (1 + i_t^*)$ libras. (Isso é representado pela seta que aponta para a direita na parte inferior da figura.)

Você terá, então, de converter suas libras de volta para dólares. Se considerarmos que a taxa de câmbio nominal no próximo ano seja E_{t+1}^e, cada libra valerá $(1/E_{t+1}^e)$ dólares. Assim, podemos esperar ter $E_t(1 + i_t^*)(1/E_{t+1}^e)$ dólares no próximo ano

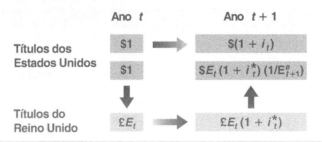

Figura 17.7 Retornos esperados da retenção de títulos de um ano dos Estados Unidos *versus* títulos de um ano do Reino Unido.

para cada dólar investido agora. (Isso está representado pela seta que aponta para cima na figura.)

Examinaremos a expressão que acabamos de derivar com mais detalhes em breve. Mas vejamos agora sua implicação básica. Ao avaliar a atratividade dos títulos do Reino Unido em relação aos dos Estados Unidos, não se pode considerar apenas a taxa de juros do Reino Unido e a dos Estados Unidos; devemos também avaliar o que acreditamos que acontecerá com a taxa de câmbio dólar/libra entre este e o próximo ano.

Aqui, vamos fazer a mesma hipótese adotada no Capítulo 14, quando discutimos a escolha entre títulos de curto e de longo prazos. Suponhamos que você e os outros investidores se preocupem apenas com a *taxa de retorno esperada*, ignorando diferenças de risco, e, portanto, queiram reter apenas o ativo com a taxa de retorno esperada mais elevada. Nesse caso, para reter títulos tanto do Reino Unido quanto dos Estados Unidos, vocês deverão ter a mesma taxa esperada de retorno. A arbitragem implica que a seguinte relação deve valer:

$$(1 + i_t) = (E_t)(1 + i_t^*)\left(\frac{1}{E_{t+1}^e}\right)$$

Reorganizando,

$$(1 + i_t) = (1 + i_t^*)\left(\frac{E_t}{E_{t+1}^e}\right) \tag{17.2}$$

A Equação 17.2 é chamada de **relação da paridade descoberta de juros** ou, simplesmente, **condição da paridade de juros**.

A hipótese de que os investidores reterão somente os títulos com a taxa de retorno esperada mais elevada é, obviamente, muito forte por dois motivos:

- Ignora os custos de transação. Comprar e vender títulos do Reino Unido requer três transações separadas, cada uma com um custo.
- Ignora o risco. A taxa de câmbio daqui a um ano é incerta. Para o investidor dos Estados Unidos, reter títulos do Reino Unido envolve, portanto, um risco maior, em termos de dólares, do que reter títulos dos Estados Unidos.

No entanto, como descrição dos movimentos de capitais entre os principais mercados financeiros mundiais (Nova York, Frankfurt, Londres e Tóquio), a hipótese não foge muito da realidade. Pequenas mudanças nas taxas de juros e boatos de apreciações ou depreciações iminentes podem levar a movimentos de bilhões de dólares em questão de minutos. Para os países ricos do mundo, a hipótese de arbitragem na Equação 17.2 é uma boa aproximação da realidade. Outros países, cujos mercados de capitais são menores e menos desenvolvidos, ou países que possuem várias formas de controle de capitais, contam com uma liberdade maior para escolher sua taxa de juros interna que a resultante da Equação 17.2. Retomaremos esta questão no final do Capítulo 20.

A palavra *descoberta* é usada para distinguir essa relação de outra, chamada *condição da paridade coberta de juros*. A condição da paridade coberta de juros é derivada do exame da seguinte escolha: compre e retenha títulos dos Estados Unidos por um ano ou compre libras hoje, compre títulos de um ano do Reino Unido com as libras e comprometa-se a trocar as libras por dólares daqui a um ano a um preço predeterminado, chamado *taxa de câmbio futura*. As taxas de retorno para essas duas alternativas, que podem ser realizadas *sem risco hoje*, devem ser iguais. A condição da paridade coberta de juros é uma condição de *arbitragem sem risco*. Ela tipicamente é verificada com razoável precisão.

Se reter títulos do Reino Unido ou dos Estados Unidos envolve ou não um risco maior depende de quais investidores estamos avaliando. Reter títulos do Reino Unido envolve um risco maior do ponto de vista dos investidores dos Estados Unidos. Reter títulos dos Estados Unidos envolve um risco maior do ponto de vista dos investidores britânicos. (Por quê?)

Taxas de juros e taxas de câmbio

Teremos uma ideia melhor das implicações da condição da paridade de juros. Primeiro reescreva E_t/E_{t+1}^e como $1/(1 + (E_{t+1}^e - E_t)/E_t)$. Substituindo na Equação 17.2, temos

$$(1 + i_t) = \frac{(1 + i_t^*)}{[1 + (E_{t+1}^e - E_t)/E_t]} \qquad (17.3)$$

A expressão mostra uma relação entre a taxa nominal de juros interna, i_t, a taxa de juros nominal externa, i_t^*, e a taxa de apreciação esperada da moeda nacional, $(E_{t+1}^e - E_t)/E_t$. Enquanto as taxas de juros ou a taxa de depreciação esperada não forem muito altas — digamos, inferiores a 20% ao ano —, uma boa aproximação para essa equação é dada por:

> Isso vem da Proposição 3 do Apêndice 2 no final do livro.

$$i_t \approx i_t^* - \frac{E_{t+1}^e - E_t}{E_t} \qquad (17.4)$$

Esta é a forma da *condição de paridade de juros* que deve ser lembrada. A arbitragem por investidores implica que *a taxa de juros interna deve ser igual à taxa de juros externa menos a taxa de apreciação esperada da moeda nacional.*

Observe que a taxa de apreciação esperada da moeda nacional é também a taxa de depreciação esperada da moeda estrangeira. Assim, pode-se dizer também que a Equação 17.4 expressa que *a taxa de juros interna deve ser igual à taxa de juros externa menos a taxa de depreciação esperada da moeda estrangeira.*

> Caso espere-se que o dólar tenha uma apreciação de 3% em relação à libra, então espera-se que a libra sofra uma depreciação de 3% em relação ao dólar.

Vamos aplicar esta equação aos títulos dos Estados Unidos em relação aos títulos do Reino Unido. Suponhamos que a taxa de juros nominal de um ano seja de 2% nos Estados Unidos e de 5% no Reino Unido. Devemos reter títulos do Reino Unido ou dos Estados Unidos?

- Isso depende de esperarmos que a libra deprecie em relação ao dólar ao longo do próximo ano em mais ou em menos que a diferença entre a taxa de juros dos Estados Unidos e a do Reino Unido, ou 3% nesse caso (5% – 2%).

- Se esperamos que a libra deprecie mais de 3%, então, apesar de a taxa de juros ser maior no Reino Unido que nos Estados Unidos, será menos atraente investir em títulos do Reino Unido que dos Estados Unidos. Ao reter títulos do Reino Unido, teremos pagamentos de juros maiores no próximo ano, mas a libra valerá menos em termos de dólares no próximo ano, tornando o investimento em títulos do Reino Unido menos atraente que o investimento em títulos dos Estados Unidos.

- Se esperamos que a libra deprecie menos de 3%, ou até mesmo que aprecie, então valerá o contrário, e os títulos do Reino Unido serão mais atraentes que os dos Estados Unidos.

FOCO

Compra de títulos brasileiros

Voltemos a setembro de 1993 (a taxa de juros muito alta no Brasil nessa época ressalta bem o aspecto que queremos mostrar aqui). Os títulos brasileiros estão pagando uma taxa de juros mensal de 36,9%! Isso parece muito atraente se comparado à taxa anual de 3% dos títulos dos Estados Unidos — que corresponde a uma taxa de juros mensal de cerca de 0,2%. Não deveríamos comprar títulos brasileiros?

A discussão neste capítulo diz que, para decidir, precisamos de outro elemento importante, a taxa de depreciação esperada do *cruzeiro* (nome da moeda brasileira na época; a moeda atual é o *real*) em termos de dólares.

Necessitamos dessa informação porque, como vimos na Equação 17.4, o retorno em dólares do investimento em títulos brasileiros por um mês é igual a um mais a taxa de juros brasileira, dividido por um mais a taxa de depreciação esperada do cruzeiro em relação ao dólar:

$$\frac{1 + i_t^*}{[1 + (E_{t+1}^e - E_t)/E_t]}$$

Que taxa de depreciação do cruzeiro deveríamos esperar para o mês seguinte? Uma hipótese razoável é esperar que a taxa de depreciação do mês seguinte seja igual à do mês anterior. O dólar valia 100.000 cruzeiros no final de julho de 1993, e 134.600 cruzeiros no final de agosto de 1993. Portanto, a taxa de apreciação do dólar em relação

ao cruzeiro — ou seja, a taxa de depreciação do cruzeiro em relação ao dólar — foi de 34,6% em agosto. Caso se espere que a depreciação continue à mesma taxa em setembro, o retorno esperado do investimento em títulos brasileiros por um mês será de

$$\frac{1,369}{1,346} = 1,017$$

A taxa de retorno esperada em dólares pela retenção de títulos brasileiros é de apenas $(1,017 - 1) = 1,7\%$ ao mês, e não os 36,9% ao mês que pareciam tão atraentes inicialmente. Note que 1,7% ao mês ainda é muito mais que a taxa de juros mensal dos títulos dos Estados Unidos (cerca de 0,2%). Mas pensemos no risco e nos custos de transação — todos os elementos que ignoramos quando escrevemos a condição de arbitragem. Se os levarmos em conta, você pode decidir manter seus fundos fora do Brasil.

Sob outro ponto de vista, se a condição da paridade descoberta de juros vale, e a taxa de juros de um ano dos Estados Unidos é 3% menor que a taxa de juros do Reino Unido, isso indica que os investidores devem estar esperando, em média, uma apreciação do dólar em relação à libra de cerca de 3% ao longo do próximo ano, e é por isso que estão dispostos a reter títulos dos Estados Unidos, apesar de sua taxa de juros ser menor. (Outro — e mais impressionante — exemplo é oferecido no quadro Foco "Compra de títulos brasileiros".)

A relação de arbitragem entre as taxas de juros e as taxas de câmbio — quer na forma da Equação 17.2, quer na da Equação 17.4 — desempenhará um papel importante nos próximos capítulos. Ela sugere que, a menos que os países estejam dispostos a tolerar grandes variações de sua taxa de câmbio, as taxas de juros interna e externa provavelmente se moverão praticamente juntas. Consideremos o caso extremo de dois países que se comprometem a manter suas taxas de câmbio bilaterais em um valor fixo. Se os mercados acreditarem nesse compromisso, vão esperar que a taxa de câmbio permaneça constante e que a depreciação esperada será igual a zero. Neste caso, a condição de arbitragem implica que as taxas de juros nos dois países se moverão exatamente juntas. Na maioria das vezes, conforme veremos, os governos não assumem compromissos absolutos de manter a taxa de câmbio, mas, com frequência, tentam evitar grandes variações na taxa de câmbio. Isso impõe limites rígidos sobre quanto eles podem permitir que sua taxa de juros se desvie das taxas de juros do resto do mundo.

Até que ponto as taxas nominais de juros de fato se movem juntas nos principais países? A Figura 17.8 mostra as taxas de juros nominais de três meses dos Estados Unidos e do Reino Unido (ambas expressas em taxas anuais) desde 1970. A figura mostra que os movimentos estão relacionados, mas não são idênticos. As taxas de juros estiveram muito altas em ambos os países no início da década de 1980 e muito altas novamente — embora muito mais no Reino Unido que nos Estados Unidos — no final da década de 1980. Ambas estiveram baixas nos dois países desde meados da década de 1990. Ao mesmo tempo, as diferenças entre ambas em alguns momentos foram acentuadas. Em 1990, por exemplo, a taxa de

Se $E_{t+1}^e = E_t$, a condição da paridade de juros implica $i_t = i_t^*$.

▶ **Figura 17.8** Taxas de juros nominais de três meses dos Estados Unidos e do Reino Unido desde 1970.

As taxas de juros nominais dos Estados Unidos e do Reino Unido variaram praticamente juntas ao longo dos últimos 40 anos.

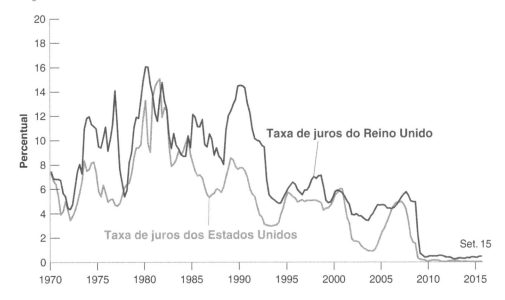

Fonte: U.S. 3-Month Treasury Bill Rate Series WTB3MS; Federal Reserve Economic Data (FRED); U.K. 3-Month Treasury Bill Rate Series IUQAAJNB, Bank of England.

juros do Reino Unido foi aproximadamente 7% maior que a taxa de juros dos Estados Unidos. (No momento da produção deste livro, ambos os países estão no limite inferior zero, e as taxas de um ano são próximas de zero.) Nos próximos capítulos retornaremos aos motivos pelos quais essas diferenças surgem e a suas possíveis implicações.

17.3 Conclusões e os próximos passos

Agora temos o cenário para o estudo da economia aberta:

◆ A abertura dos mercados de bens permite às pessoas e às empresas escolher entre bens domésticos e estrangeiros. Essa escolha depende fundamentalmente da *taxa de câmbio real* — o preço relativo dos bens domésticos em termos de bens estrangeiros.

◆ A abertura dos mercados financeiros permite que os investidores escolham entre ativos domésticos e estrangeiros. Essa escolha depende fundamentalmente das taxas de retorno relativas desses ativos, que dependem das taxas de juros interna e externa, bem como da taxa de apreciação esperada da moeda nacional.

No Capítulo 18, examinaremos as implicações da abertura dos mercados de bens. O Capítulo 19 tratará da abertura dos mercados financeiros. No Capítulo 20, discutiremos as vantagens e desvantagens dos diversos regimes de taxa de câmbio.

◀ Enquanto isso, faça o seguinte: veja as últimas páginas de uma edição recente da *The Economist* para taxas de juros de curto prazo em diferentes países em relação aos Estados Unidos. Suponha que a paridade descoberta de juros seja válida. Quais moedas espera-se que apreciem em relação ao dólar?

Resumo

- A abertura dos mercados de bens permite que pessoas e empresas escolham entre bens domésticos e estrangeiros. A abertura dos mercados financeiros permite que os investidores retenham ativos financeiros domésticos ou estrangeiros.
- A taxa de câmbio nominal é o preço da moeda nacional em termos de moeda estrangeira. Assim, do ponto de vista dos Estados Unidos, a taxa de câmbio nominal entre os Estados Unidos e o Reino Unido é o preço de um dólar em termos de libras.
- Uma apreciação nominal (ou, de forma sucinta, uma apreciação) é um aumento no preço da moeda nacional em termos de moeda estrangeira. Em outras palavras, corresponde a um aumento na taxa de câmbio. Uma depreciação nominal (ou, de forma sucinta, uma depreciação) é uma diminuição no preço da moeda nacional em termos de moeda estrangeira. Corresponde a uma diminuição na taxa de câmbio.
- A taxa de câmbio real é o preço relativo dos bens domésticos em termos dos bens estrangeiros. É igual à taxa de câmbio nominal vezes o nível de preços doméstico dividido pelo nível de preços estrangeiro.
- Uma apreciação real é um aumento no preço relativo dos bens domésticos em termos dos bens estrangeiros, isto é, um aumento na taxa real de câmbio. Uma depreciação real é uma diminuição no preço relativo dos bens domésticos em termos de bens estrangeiros, isto é, uma diminuição na taxa real de câmbio.
- A taxa de câmbio real multilateral (ou, de forma sucinta, a taxa de câmbio real) é uma média ponderada das taxas de câmbio reais bilaterais, com o peso de cada país estrangeiro igual à sua participação no comércio.
- O balanço de pagamentos registra as transações de um país com o resto do mundo. O saldo em transações correntes é igual à soma da balança comercial com a renda líquida e as transferências líquidas que o país recebe do resto do mundo. O saldo das contas capital e financeira é igual aos fluxos de capitais recebidos do resto do mundo menos os fluxos de capitais efetuados para o resto do mundo.
- As transações correntes e as contas capital e financeira são imagens espelhadas uma da outra. Desconsiderando-se os problemas estatísticos, a soma das transações correntes com as contas capital e financeira deve ser igual a zero. Um déficit em transações correntes é financiado por fluxos financeiros líquidos de capitais do resto do mundo, portanto, por meio de um superávit das contas capital e financeira. Do mesmo modo, um superávit em transações correntes corresponde a um déficit das contas capital e financeira.
- A paridade descoberta de juros (ou, de forma sucinta, paridade de juros) é uma condição de arbitragem segundo a qual as taxas de retorno esperadas em termos de moeda nacional sobre os títulos domésticos e os títulos estrangeiros devem ser iguais. A paridade de juros implica que a taxa de juros interna seja aproximadamente igual à taxa de juros externa menos a taxa de apreciação esperada da moeda nacional.

Palavras-chave

- abaixo da linha, 396
- abertura dos mercados de bens, 385
- abertura dos mercados de fatores, 386
- abertura dos mercados financeiros, 386
- acima da linha, 396
- Acordo Norte-americano de Livre Comércio (Nafta), 386
- apreciação (nominal), 389
- apreciação real, 392
- balanço de pagamentos, 396
- bens comercializáveis, 387
- condição da paridade de juros, 400
- contas capital e financeira, 397
- controles de capitais, 386
- cotas, 385
- depreciação (nominal), 389
- depreciação real, 392
- desvalorização, 389
- discrepância estatística, 397
- divisas, 395
- déficit das contas capital e financeira, 397
- déficit em transações correntes, 397
- fluxos líquidos de capital, 397
- Produto Nacional Bruto (PNB), 398

Capítulo 17 Abertura dos mercados de bens e dos mercados financeiros 405

- relação da paridade descoberta de juros ou condição da paridade de juros, 400
- saldo das contas capital e financeira, 397
- saldo de renda, 396
- saldo em transações correntes, 397
- superávit das contas capital e financeira, 397
- superávit em transações correntes, 397
- tarifas, 385
- taxa de câmbio bilateral, 394
- taxa de câmbio multilateral, 394

- taxa de câmbio nominal, 389
- taxa de câmbio real, 389
- taxa de câmbio real efetiva, 394
- taxa de câmbio real multilateral dos Estados Unidos, 394
- taxa de câmbio real ponderada pelo comércio, 394
- taxas de câmbio fixas, 389
- transações correntes, 396
- transferências líquidas recebidas, 397
- valorização, 389

Questões e problemas

Teste rápido

1. **Usando as informações contidas neste capítulo, diga se cada afirmação a seguir é verdadeira, falsa ou incerta. Explique brevemente.**

   a. Se não houver discrepâncias estatísticas, países com déficits em transações correntes devem receber fluxos líquidos de capitais.

   b. Embora o coeficiente de exportações possa ser maior que 1 — como ocorre em Cingapura —, o mesmo não pode ser dito sobre a razão entre importações e PIB.

   c. O fato de um país rico como o Japão ter uma razão entre importações e PIB tão baixa é uma evidência clara de um meio de campo desvantajoso aos que exportam dos Estados Unidos para o Japão.

   d. A paridade descoberta de juros implica que as taxas de juros devem ser iguais para os diversos países.

   e. A taxa de câmbio nominal neste capítulo é definida como o preço em moeda nacional de uma unidade de moeda estrangeira.

   f. As taxas de câmbio nominal e real sempre se movem na mesma direção.

   g. As taxas de câmbio nominal e real normalmente se movem na mesma direção.

   h. Caso espere-se que o dólar aprecie em relação ao iene, a paridade descoberta de juros implica que a taxa de juros nominal dos Estados Unidos será maior que a do Japão.

   i. Dada a definição de taxa de câmbio adotada neste capítulo, se o dólar é a moeda nacional, e o euro a moeda estrangeira, uma taxa de câmbio nominal de 0,75 significa que 0,75 dólar vale 0,75 euro.

   j. Uma apreciação real significa que os bens domésticos se tornam menos caros em relação aos estrangeiros.

2. **Consideremos duas economias fictícias, uma chamada país local e outra país estrangeiro. Dadas as transações listadas a seguir, obtenha o balanço de pagamentos de cada país. Se necessário, inclua uma discrepância estatística.**

   a. O país local comprou US$ 100 de petróleo do país estrangeiro.

   b. Os turistas estrangeiros gastaram US$ 25 nas pistas de esqui locais.

   c. Os investidores estrangeiros receberam US$ 15 em dividendos de sua participação acionária em empresas locais.

   d. Os residentes locais enviaram US$ 25 para instituições de caridade estrangeiras.

   e. As empresas locais tomaram emprestados US$ 65 de bancos estrangeiros.

   f. Os investidores estrangeiros compraram US$ 15 em títulos públicos locais.

   g. Os investidores locais venderam US$ 50 de títulos públicos estrangeiros.

3. **Consideremos dois títulos, um emitido em euros (€) na Alemanha e outro emitido em dólares (US$) nos Estados Unidos. Suponhamos que os dois títulos públicos sejam títulos de um ano — pagando o valor de face do título daqui a um ano. A taxa de câmbio, E, é de 1 dólar = 0,75 euro.**

   Os valores de face e os preços dos dois títulos são:

	Valor de face	Preço
Estados Unidos	US$ 10.000	US$ 9.615,38
Alemanha	€ 10.000	€ 9.433,96

Macroeconomia

a. Calcule a taxa nominal de juros de cada um dos títulos.

b. Calcule a taxa de câmbio esperada no próximo ano consistente com a paridade descoberta de juros.

c. Se você espera que o dólar deprecie em relação ao euro, que título deve comprar?

d. Suponhamos que você seja um investidor dos Estados Unidos. Você troca dólares por euros e compra o título alemão. Daqui a um ano, constata-se que a taxa de câmbio, E, na verdade é igual a 0,72 (1 dólar = 0,72 euro). Qual é sua taxa de retorno efetiva em dólares comparada à taxa de retorno efetiva que você teria obtido se tivesse optado por reter o título dos Estados Unidos?

e. As diferenças entre taxas de retorno em (d) são consistentes com a condição da paridade descoberta de juros? Justifique.

Aprofundando

4. **Consideremos um mundo em que haja três economias do mesmo tamanho (A, B e C) e três bens (roupas, automóveis e computadores). Suponhamos que os consumidores das três economias desejem gastar um montante igual nos três bens.**

O valor de produção de cada um dos bens nas três economias é dado na tabela a seguir:

	A	B	C
Roupas	10	0	5
Automóveis	5	10	0
Computadores	0	5	10

a. Qual é o PIB de cada economia? Se o valor total do PIB for consumido e nenhum país tomar emprestado do exterior, quanto os consumidores de cada economia gastarão em cada um dos bens?

b. Se nenhum país tomar emprestado do exterior, qual será a balança comercial de cada país? Qual será o padrão de comércio nesse mundo? (Isto é, que bens cada país exportará, e para quem?)

c. Dada sua resposta ao item (b), o país A terá uma balança comercial igual a zero com o país B? E com o país C? Algum dos países terá uma balança comercial igual a zero com qualquer outro?

d. Os Estados Unidos apresentam um grande déficit comercial. Há um déficit comercial com cada um de seus principais parceiros comerciais, mas é muito maior com alguns países (China, por exemplo) do que com outros. Suponhamos que os Estados Unidos eliminem seu déficit comercial total (com

o mundo como um todo). Pode-se esperar que os Estados Unidos tenham uma balança comercial igual a zero com todos os seus parceiros comerciais? O déficit comercial particularmente grande com a China indica necessariamente que este país não permite que bens dos Estados Unidos concorram em igualdade de condições com os bens chineses?

5. **Taxa de câmbio e o mercado de trabalho**

Suponhamos que a moeda nacional deprecie (ou seja, E cai). Suponhamos também que P e P* permaneçam constantes.

a. Como a depreciação nominal afeta o preço relativo de bens domésticos (isto é, a taxa de câmbio real)? Considerando-se sua resposta, qual efeito uma depreciação nominal provavelmente terá sobre a demanda (mundial) por bens domésticos? E sobre a taxa de desemprego doméstica?

b. Dado o nível de preços estrangeiro, P^*, qual é o preço dos bens estrangeiros em termos da moeda nacional? Como uma depreciação nominal afeta o preço de bens estrangeiros em termos de moeda nacional? Como uma depreciação nominal afeta o índice de preços ao consumidor doméstico? (*Dica:* lembre-se de que os consumidores domésticos compram tanto bens estrangeiros — importados — quanto domésticos.)

c. Se o salário nominal permanece constante, como uma depreciação nominal afeta o salário real?

d. Comente a seguinte afirmação: "Uma moeda em depreciação coloca o trabalho doméstico à venda".

Explorando mais

6. **Obtenha as taxas de câmbio nominais entre o Japão e os Estados Unidos do banco de dados do Federal Reserve Bank de St. Louis — FRED. É a série AEXJPUS. Essa taxa de câmbio é expressa em ienes por dólar.**

a. Na terminologia do capítulo, quando a taxa de câmbio é escrita como iene por dólar, qual país está sendo tratado como o país doméstico?

b. Represente graficamente o valor do iene por dólar a partir de 1971. Em que período(s) o iene apreciou? Em que período(s) o iene depreciou?

c. Dada a atual crise no Japão, um modo de aumentar a demanda seria tornar os bens japoneses mais atrativos. Isto requer uma apreciação ou uma depreciação do iene?

d. O que aconteceu ao iene nos últimos anos? O iene apreciou ou depreciou? Isso é bom ou ruim para o Japão?

7. **Encontre a edição mais recente do World Economic Outlook (WEO) no site do Fundo Monetário Internacional (<www.imf.org>). No Statistical Appendix, localize a tabela intitulada "Balances on Current Account", que lista os saldos em transações correntes ao redor do mundo. Use os dados do ano mais recente para responder às questões de (a) a (c).**

   a. Veja a soma dos saldos em transações correntes de todo o mundo. Como observado neste capítulo, a soma dos saldos em transações correntes deveria ser igual a zero. Qual é, na verdade, a soma? Por que essa soma indica algum erro de medida? (Isto é, se a soma estivesse correta, o que isso implicaria?)

   b. Que regiões do mundo estão tomando emprestado e quais estão emprestando?

   c. Compare o saldo em transações correntes dos Estados Unidos com os saldos de outras economias avançadas. Os Estados Unidos estão tomando emprestado apenas de economias avançadas?

   d. As tabelas estatísticas no WEO costumam projetar os dados para dois anos no futuro. Observe os dados projetados para as transações correntes. Suas respostas para os itens (b) e (c) tendem a mudar no futuro próximo?

8. **Poupança e investimento ao redor do mundo**

   Obtenha a edição mais recente do World Economic Outlook (WEO) no site do Fundo Monetário Internacional (<www.imf.org>). No Statistical Appendix, encontre a tabela intitulada "Summary of Net Lending and Borrowing", que lista a poupança e o investimento (como percentual do PIB) ao redor do mundo. Use os dados do ano mais recente para responder às questões (a) e (b).

   a. A poupança mundial se iguala ao investimento? (Ignore as pequenas discrepâncias estatísticas.) Justifique sua resposta com base em alguma intuição.

   b. Como a poupança norte-americana se compara ao investimento do país? Como os Estados Unidos conseguem financiar seus investimentos? *(Explicaremos este ponto explicitamente no próximo capítulo, mas sua intuição deve ajudar a responder a esta pergunta.)*

   c. Da base de dados econômicos do FRED, baixe o PIB real (variável GDPC1) e o PNB real (variável GNPC96) desde 1947 até os dados mais recentes. Calcule a diferença percentual entre o PNB e o PIB nos Estados Unidos. Qual é maior? Por que isso ocorre?

Leitura adicional

- Para aprender mais sobre o comércio e a economia internacionais, um manual muito bom é o de Paul Krugman, Marc Melitz e Maurice Obstfeld. *International Economics, Theory and Policy*, 10 ed., Prentice Hall (2014).

- Para conhecer as taxas de câmbio atuais entre praticamente todos os pares de moedas do mundo, veja o "conversor de moedas" em <http://www.oanda.com/currency/converter/>.

CAPÍTULO 18

O mercado de bens em uma economia aberta

Em 2009, países do mundo inteiro preocupavam-se com o risco de uma recessão nos Estados Unidos. Suas preocupações, no entanto, não diziam respeito tanto a esse país quanto a si mesmos. Para eles, uma recessão norte-americana significava menos exportações para os Estados Unidos, uma deterioração de sua situação comercial e menor crescimento interno.

Essas preocupações se justificavam? De acordo com a Figura 17.1, certamente sim. A recessão nos Estados Unidos claramente provocou uma recessão em escala mundial. Para entender o que ocorreu, devemos ampliar a abordagem do mercado de bens realizada no Capítulo 3 e levar em conta a abertura na análise desse mercado. É o que faremos neste capítulo.

A Seção 18.1 descreve o equilíbrio no mercado de bens em uma economia aberta.

As seções 18.2 e 18.3 mostram os efeitos de choques internos e externos sobre o produto e a balança comercial da economia doméstica.

As seções 18.4 e 18.5 examinam os efeitos de uma depreciação real sobre o produto e a balança comercial.

A Seção 18.6 oferece uma descrição alternativa do equilíbrio, que mostra a ligação estreita entre poupança, investimento e balança comercial.

18.1 A relação *IS* na economia aberta

> "A demanda doméstica por bens" e "a demanda por bens domésticos" parecem, mas não são a mesma coisa. Parte da demanda doméstica recai sobre bens estrangeiros. Parte da demanda estrangeira recai sobre bens domésticos.

Quando assumimos que a economia era fechada para o comércio, não havia necessidade de fazer distinção entre *demanda doméstica por bens* e *demanda por bens domésticos*. Eram claramente a mesma coisa. Agora, precisamos diferenciá-las. Parte da demanda doméstica recai sobre bens estrangeiros, e parte da demanda por bens domésticos vem do estrangeiro. Vamos examinar esta distinção mais de perto.

Demanda por bens domésticos

Em uma economia aberta, a **demanda por bens domésticos**, Z, é dada por

$$Z = C + I + G - IM/\varepsilon + X \tag{18.1}$$

Os três primeiros termos — consumo, C, investimento, I, e gastos do governo, G — constituem a **demanda doméstica por bens**, sejam estes domésticos, sejam estrangeiros. Se a economia for fechada, $C + I + G$ também será a demanda por bens domésticos. É por isso que, até aqui, examinamos apenas $C + I + G$. Mas agora temos de fazer dois ajustes:

Primeiro, devemos subtrair as importações — a parte da demanda doméstica que recai sobre os bens estrangeiros em vez de sobre os bens domésticos.

Devemos ter cuidado neste ponto: os bens estrangeiros são diferentes dos domésticos, de modo que não podemos simplesmente subtrair a quantidade de importações, IM. Se fizéssemos isso, estaríamos subtraindo maçãs (bens estrangeiros) de laranjas (bens domésticos). Devemos em primeiro lugar expressar o valor das importações em termos de bens domésticos. É isso o que IM/ε representa na Equação 18.1. Lembrando do Capítulo 17, ε, a taxa de câmbio real, é definida como o preço dos bens domésticos em termos de bens estrangeiros. De modo equivalente, $1/\varepsilon$ é o preço dos bens estrangeiros em termos de bens domésticos. Assim, $IM(1/\varepsilon)$ — ou, de modo equivalente, IM/ε — é o valor das importações em termos de bens domésticos.

> No Capítulo 3, ignorei a taxa de câmbio real e subtraí IM, não IM/ε. Na verdade, estava trapaceando nossos leitores. Não queria falar da taxa de câmbio real — e complicar as coisas — logo no início do livro.

Segundo, devemos adicionar as exportações — a parte da demanda por bens domésticos que vem do exterior. Isto é captado pelo termo X na Equação 18.1.

> Demanda doméstica por bens, $C + I + G$
> – demanda doméstica por bens estrangeiros (importações), IM/ε
> + demanda estrangeira por bens domésticos (exportações), X
> = demanda por bens domésticos, $C + I + G - IM/\varepsilon + X$

Determinantes de C, I e G

Listados os cinco componentes da demanda, nossa próxima tarefa é especificar seus determinantes. Vamos começar com os três primeiros, C, I e G. Agora que estamos assumindo que a economia é aberta, como devemos modificar nossas descrições anteriores de consumo, investimento e gastos do governo? A resposta é que não devemos mudar muito, se é que devemos. Quanto os consumidores decidem gastar ainda depende da sua renda e da sua riqueza. Embora a taxa de câmbio real certamente afete a *composição* dos gastos de consumo entre bens domésticos e bens estrangeiros, não há um motivo óbvio para que isso afete o *nível* de consumo total. O mesmo vale para o investimento; a taxa de câmbio real pode afetar a decisão das empresas de comprar máquinas domésticas ou estrangeiras, mas não deve afetar o investimento total.

Essa é uma boa notícia, pois implica que podemos usar as descrições de consumo, investimento e gastos do governo que desenvolvemos anteriormente. Portanto, assumimos que a demanda doméstica é dada por:

$$\text{Demanda doméstica: } C + I + G = C(Y - T) + I(Y, r) + G$$
$$(+) \qquad (+,-)$$

O consumo depende positivamente da renda disponível, $Y - T$, e o investimento depende positivamente da produção, Y, e negativamente da taxa básica real, r. Note que deixamos de lado os refinamentos introduzidos anteriormente: a presença de um prêmio de risco que abordamos nos capítulos 6 e 14 e o papel das expectativas nos capítulos 14 a 16. Queremos tratar do assunto passo a passo para entender os efeitos da abertura da economia; vamos reintroduzir alguns desses refinamentos mais adiante.

> Novamente estou trapaceando um pouco aqui. A renda deve incluir não só a renda doméstica, mas também a renda líquida e as transferências recebidas do exterior. Para simplificar, estou ignorando esses dois termos adicionais aqui.

Determinantes das importações

As importações são a parte da demanda doméstica que recai sobre bens estrangeiros. Do que elas dependem? Dependem claramente da renda doméstica. Uma renda doméstica maior leva a uma demanda doméstica maior por todos os bens, tanto domésticos quanto estrangeiros. Assim, uma renda doméstica maior leva a importações maiores. Também dependem claramente da taxa de câmbio real — o preço dos bens domésticos em termos dos bens estrangeiros. Quanto mais caros os bens domésticos em relação aos estrangeiros — ou, de modo equivalente, quanto

> Lembremos da discussão no início do capítulo. Os países do resto do mundo preocupam-se com uma recessão nos Estados Unidos. O motivo: recessão nos Estados Unidos significa diminuição na demanda desse país por bens estrangeiros.

Macroeconomia

mais baratos os bens estrangeiros em relação aos domésticos —, maior a demanda doméstica por bens estrangeiros. Assim, uma taxa de câmbio real maior leva a importações maiores. Portanto, escrevemos as importações como:

$$IM = IM(Y, \varepsilon) \qquad (18.2)$$
$$(+, +)$$

♦ Um aumento na renda doméstica, Y (ou, de modo equivalente, um aumento no produto doméstico — renda e produto ainda são iguais em uma economia aberta), leva a um aumento nas importações. Esse efeito positivo da renda sobre as importações é captado pelo sinal positivo sob Y na Equação 18.2.

♦ Um aumento na taxa de câmbio real, ε (uma apreciação real), leva a um aumento nas importações, IM. Esse efeito positivo da taxa de câmbio real sobre as importações é captado pelo sinal positivo sob ε na Equação 18.2. (À medida que ε aumenta, note que IM aumenta, mas $1/\varepsilon$ diminui, de modo que o que ocorre com IM/ε, o *valor* das importações em termos de bens domésticos, é ambíguo. Voltaremos a esse ponto em breve.)

Determinantes das exportações

As exportações são a parte da demanda estrangeira que recai sobre bens domésticos. Do que elas dependem? Dependem da renda estrangeira. Uma renda estrangeira maior significa uma demanda estrangeira maior por todos os bens, tanto estrangeiros quanto domésticos. Assim, uma renda estrangeira maior leva a exportações maiores. As exportações também dependem da taxa de câmbio real. Quanto maior o preço dos bens domésticos em termos de bens estrangeiros, menor a demanda estrangeira por bens domésticos. Em outras palavras, quanto maior a taxa de câmbio real, menores as exportações.

> Lembramos que os asteriscos se referem a variáveis estrangeiras.

Seja Y^* a renda estrangeira (ou o produto estrangeiro). Portanto, escrevemos as exportações como

$$X = X(Y^*, \varepsilon) \qquad (18.3)$$
$$(+, -)$$

♦ Um aumento na renda estrangeira, Y^*, leva a um aumento nas exportações.

♦ Um aumento na taxa de câmbio real, ε, leva a uma diminuição nas exportações.

Juntando os componentes

A Figura 18.1 reúne tudo o que aprendemos até aqui. Ela representa os vários componentes da demanda em relação ao produto, mantendo constantes todas as outras variáveis (taxa de juros, impostos, gastos do governo, produto estrangeiro e taxa de câmbio real) que afetam a demanda.

Na Figura 18.1(a), a reta DD mostra a demanda doméstica, $C + I + G$, como função do produto, Y. Vimos essa relação entre demanda e produto no Capítulo 3. Sob nossas hipóteses-padrão, a inclinação da relação entre demanda e produto é positiva, mas inferior a 1. Um aumento no produto — de modo equivalente, um aumento na renda — aumenta a demanda menos que 1 para 1. (Na falta de bons motivos para fazer o contrário, desenhamos a relação entre demanda e produto, bem como as demais relações neste capítulo, como retas em vez de curvas. Isto é puramente por conveniência, e nenhuma das discussões que seguem depende desta hipótese.)

▶ **Figura 18.1** Demanda por bens domésticos e exportações líquidas.

(a): a demanda doméstica por bens é uma função crescente da renda (produto).

(b) e (c): a demanda por bens domésticos é obtida ao subtrair o valor das importações da demanda doméstica e somar as exportações.

(d): a balança comercial é uma função decrescente do produto.

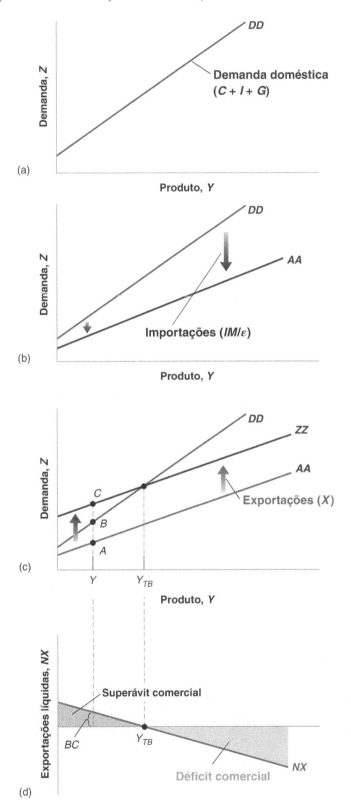

412   Macroeconomia

> Para uma dada taxa de câmbio real ε, IM/ε — o valor das importações em termos de bens domésticos — move-se exatamente com IM, a quantidade de importações.

Para chegar à demanda por bens domésticos, devemos primeiro *subtrair as importações*. Isso é feito na Figura 18.1(b) e nos dá a reta AA, que representa a demanda doméstica por bens domésticos. A distância entre DD e AA é igual ao valor das importações, IM/ε. Como a quantidade de importações aumenta com a renda, a distância entre as duas retas aumenta com a renda. Podemos determinar dois fatos sobre a reta AA que serão úteis mais tarde neste capítulo:

* AA é menos inclinada que DD. À medida que a renda aumenta, parte da demanda doméstica adicional recai sobre os bens estrangeiros em vez de sobre os bens domésticos. Em outras palavras, à medida que a renda aumenta, a demanda doméstica por bens domésticos aumenta menos que a demanda doméstica total.

* Desde que parte da demanda adicional recaia sobre bens domésticos, AA tem uma inclinação positiva. Um aumento na renda leva a algum aumento na demanda por bens domésticos.

Por último, precisamos *adicionar as exportações*. Isso é feito na Figura 18.1(c) e nos dá a reta ZZ, que está acima de AA. A reta ZZ representa a demanda por bens domésticos. A distância entre ZZ e AA corresponde às exportações, X. Como as exportações não dependem da renda doméstica (dependem da renda estrangeira), a distância entre ZZ e AA é constante, motivo pelo qual as duas retas são paralelas. Uma vez que AA é menos inclinada que DD, ZZ também é menos inclinada que DD.

> Lembramos que *exportações líquidas* é sinônimo de balança comercial. Exportações líquidas positivas correspondem a um superávit comercial, enquanto exportações líquidas negativas correspondem a um déficit comercial.

Com base nas informações da Figura 18.1(c), podemos descrever o comportamento das exportações líquidas — a diferença entre exportações e importações ($X - IM/\varepsilon$) — como função do produto. No nível de produto Y, por exemplo, as exportações são dadas pela distância AC, e as importações pela distância AB, de modo que as exportações líquidas são dadas pela distância BC.

Essa relação entre exportações líquidas e produto é representada pela reta NX na Figura 18.1(d). As exportações líquidas são função decrescente do produto. À medida que o produto aumenta, as importações aumentam e as exportações não são afetadas, de modo que as exportações líquidas diminuem. Seja Y_{TB} (TB de "trade balance", balança comercial) o nível de produto no qual o valor das importações é igual ao das exportações, de modo que as exportações líquidas sejam iguais a zero. Os níveis de produto acima de Y_{TB} levam a maiores importações e a um déficit comercial. Níveis de produto abaixo de Y_{TB} levam a menores importações e a um superávit comercial.

18.2 Produto de equilíbrio e balança comercial

O mercado de bens está em equilíbrio quando o produto doméstico é igual à demanda — tanto doméstica quanto estrangeira — por bens domésticos:

$$Y = Z$$

Reunindo as relações que derivamos para os componentes da demanda por bens domésticos, Z, temos

$$Y = C(Y - T) + I(Y, r) + G - IM(Y, \varepsilon)/\varepsilon + X(Y^*, \varepsilon) \qquad (18.4)$$

Essa condição de equilíbrio determina o produto como uma função de todas as variáveis que tomamos como dadas, entre elas impostos, taxa de câmbio real e produto estrangeiro. Essa não é uma relação simples; a Figura 18.2 fornece uma representação gráfica mais amigável.

Na Figura 18.2(a), a demanda é medida no eixo vertical, e o produto (ou, de modo equivalente, produção ou renda) no eixo horizontal. A reta ZZ mostra a

▶ **Figura 18.2** Produto de equilíbrio e exportações líquidas.

O mercado de bens está em equilíbrio quando o produto doméstico *é igual à demanda por* bens domésticos. No nível de produto de equilíbrio, a balança comercial pode mostrar um déficit ou um superávit.

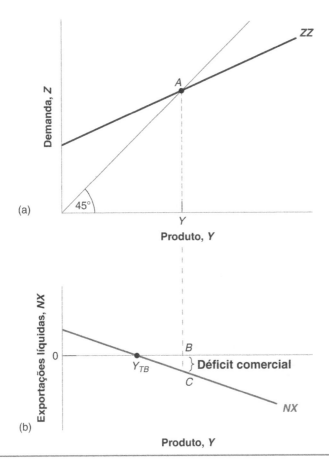

demanda como função do produto; essa reta simplesmente reproduz a reta *ZZ* da Figura 18.1(c); *ZZ* é positivamente inclinada, mas com uma inclinação inferior a 1.

O produto de equilíbrio é dado pelo ponto em que a demanda é igual ao produto, na interseção da reta *ZZ* com a reta de 45 graus: o ponto *A* na Figura 18.2(a), com o nível de produto correspondente, *Y*.

A Figura 18.2(b) reproduz a Figura 18.1(d), mostrando as exportações líquidas como função decrescente do produto. Não há, em geral, motivo para que o nível de produto de equilíbrio, *Y*, seja igual ao nível de produto em que o comércio está em equilíbrio, Y_{TB}. No caso mostrado na figura, o produto de equilíbrio está associado a um déficit comercial igual à distância *BC*. Observe que poderíamos ter desenhado a figura de modo diferente, para que o produto de equilíbrio estivesse associado, em vez disso, a um superávit comercial.

Agora, temos as ferramentas necessárias para responder às perguntas que fizemos no início deste capítulo.

◀ O nível de produto de equilíbrio é dado pela condição *Y* = *Z*. O nível de produto em que o comércio está em equilíbrio é dado pela condição $X = IM/\varepsilon$. Estas são duas condições diferentes.

18.3 Aumentos na demanda doméstica ou estrangeira

Como mudanças na demanda afetam o produto em uma economia aberta? Vamos começar com um velho conhecido — um aumento nos gastos do governo

414 Macroeconomia

— para então nos concentrarmos em um novo exercício, os efeitos de um aumento na demanda estrangeira.

Aumentos na demanda doméstica

Assim como nos fundamentos, começamos com o mercado de bens e introduzimos os mercados financeiros e de trabalho mais adiante.

Suponhamos que a economia esteja em recessão e que o governo decida aumentar seus gastos com o objetivo de aumentar a demanda doméstica e o produto. Que efeitos isso teria sobre o produto e a balança comercial?

A resposta está na Figura 18.3. Antes do aumento dos gastos do governo, a demanda é dada por ZZ na Figura 18.3(a) e o equilíbrio está no ponto A, em que o produto é igual a Y. Vamos supor que o comércio esteja inicialmente em equilíbrio — mesmo que, como vimos, não haja motivo para que isso seja válido em geral. Assim, na Figura 18.3(b), $Y = Y_{TB}$.

O que ocorre se o governo aumentar seus gastos em ΔG? Para qualquer nível de produto, a demanda será maior em ΔG, deslocando a relação de demanda para cima em ΔG, de ZZ a ZZ'. O ponto de equilíbrio desloca-se de A para A', e o produto aumenta de Y para Y'. O aumento no produto é maior que o aumento nos gastos do governo. Há um efeito multiplicador.

Até aqui, a história parece igual à de uma economia fechada no Capítulo 3. Contudo, há duas diferenças importantes:

▶ **Figura 18.3** Efeitos de um aumento nos gastos do governo.

Um aumento nos gastos do governo acarreta um aumento no produto e um déficit comercial.

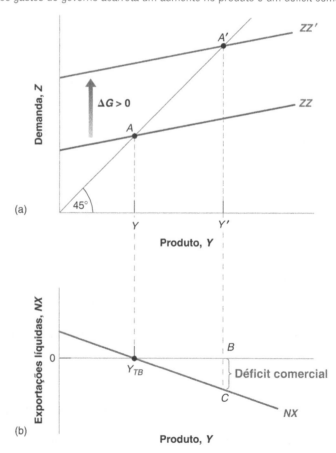

◆ Há agora um efeito sobre a balança comercial. Como os gastos do governo não entram diretamente nem na relação de exportações, nem na de importações, a relação entre exportações líquidas e produto na Figura 18.3(b) não se desloca. Portanto, o aumento no produto de Y para Y' leva a um *déficit comercial* igual a BC. As importações sobem e as exportações não se alteram.

◆ Não só os gastos do governo agora geram um déficit comercial, mas também seu efeito sobre o produto é menor do que seria em uma economia fechada. Lembramos, do Capítulo 3, que, quanto menor a inclinação da relação de demanda, menor é o multiplicador (por exemplo, se ZZ fosse horizontal, o multiplicador seria igual a 1). Lembramos também, da Figura 18.1, que a relação de demanda, ZZ, é menos inclinada que a relação de demanda na economia fechada, DD. Isso significa que o *multiplicador é menor na economia aberta.*

> Partindo do equilíbrio na balança comercial, um aumento nos gastos do governo leva a um déficit comercial.

O déficit comercial e o multiplicador menor têm a mesma causa. Visto que a economia é aberta, um aumento na demanda agora recai não só sobre os bens domésticos, mas também sobre os bens estrangeiros. Assim, quando a renda aumenta, o efeito sobre a demanda por bens domésticos é menor do que seria em uma economia fechada, levando a um multiplicador menor. E, como parte do aumento da demanda recai sobre as importações — e as exportações não se alteram —, o resultado é um déficit comercial.

> Um aumento nos gastos do governo aumenta o produto. O multiplicador é menor em uma economia aberta do que em uma economia fechada.

Essas duas implicações são importantes. Em uma economia aberta, um aumento na demanda doméstica tem um efeito menor sobre o produto do que em uma economia fechada, assim como um efeito adverso sobre a balança comercial. Na verdade, quanto mais aberta a economia, menor o efeito sobre o produto e maior o efeito adverso sobre a balança comercial. Consideremos a Holanda, por exemplo. Como vimos no Capítulo 17, a razão entre as exportações e o PIB nesse país é muito alta. Quando a demanda doméstica aumenta na Holanda, a maior parte desse aumento provavelmente resulta em um aumento na demanda por bens estrangeiros, em vez de um aumento por bens domésticos. Portanto, o efeito de um aumento nos gastos do governo na Holanda provavelmente será um grande aumento no déficit comercial holandês e apenas um pequeno aumento no produto holandês, tornando a expansão da demanda doméstica uma política pouco atraente para o país. Até para os Estados Unidos, que têm um coeficiente de importações muito mais baixo, um aumento na demanda estará associado a uma deterioração da balança comercial.

> O multiplicador menor e o déficit comercial têm a mesma causa: parte da demanda doméstica recai sobre bens estrangeiros.

Aumentos na demanda estrangeira

Consideremos agora um aumento no produto estrangeiro, isto é, um aumento em Y^*. Isso pode se dever a uma elevação dos gastos do governo estrangeiro, G^* — a mudança de política econômica que acabamos de analisar, só que desta vez ocorrendo no exterior. Mas não precisamos saber de onde vem o aumento em Y^* para analisar seus efeitos sobre a economia dos Estados Unidos.

A Figura 18.4 mostra os efeitos de um aumento na atividade econômica estrangeira sobre o produto doméstico e a balança comercial. A demanda inicial por bens domésticos é dada por ZZ na Figura 18.4(a). O equilíbrio está no ponto A, com nível de produto Y. Vamos supor novamente que o comércio esteja em equilíbrio, de modo que, na Figura 18.4(b), as exportações líquidas associadas a Y sejam iguais a zero ($Y = Y_{TB}$).

A seguir, será útil nos referirmos à reta que mostra a *demanda doméstica por bens*, $C + I + G$, como função da renda. Essa reta está representada por DD. Lembramos da Figura 18.1, em que DD é mais inclinada que ZZ. A diferença entre ZZ e DD é

> DD é a demanda doméstica por bens. ZZ é a demanda por bens domésticos. A diferença entre as duas é igual ao déficit comercial.

▶ **Figura 18.4** Efeitos de um aumento na demanda estrangeira.

Um aumento na demanda estrangeira acarreta um aumento no produto e um superávit comercial.

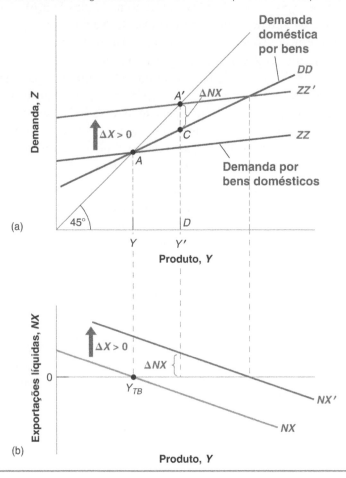

igual às exportações líquidas, de modo que, se o comércio está equilibrado no ponto A, então ZZ e DD interceptam-se no ponto A.

Agora, consideremos os efeitos de um aumento no produto estrangeiro, ΔY^* (por ora, ignoremos a reta DD; só a utilizaremos mais tarde). Um produto estrangeiro maior significa uma demanda estrangeira maior, incluindo uma demanda estrangeira maior pelos bens dos Estados Unidos. Assim, o efeito direto do aumento no produto estrangeiro é um aumento nas exportações dos Estados Unidos em um determinado montante, que chamaremos de ΔX.

* Para um dado nível de produto, esse aumento nas exportações leva a um aumento na demanda por bens dos Estados Unidos de ΔX, de modo que a reta que representa a demanda por bens domésticos como função do produto desloca-se para cima em ΔX, de ZZ para ZZ'.

* Para um dado nível de produto, as exportações líquidas aumentam em ΔX. Portanto, a reta que representa as exportações líquidas como função do produto na Figura 18.4(b) também se desloca para cima em ΔX, de NX para NX'.

O novo equilíbrio situa-se no ponto A' na Figura 18.4(a), com um nível de produto Y'. O aumento no produto estrangeiro leva a um aumento no produto doméstico. O canal é claro. Um produto estrangeiro maior leva a exportações de bens domésticos maiores, o que aumenta o produto doméstico e a demanda doméstica por bens por meio do multiplicador.

O que acontece com a balança comercial? Sabemos que as exportações aumentam. Mas será que o aumento no produto doméstico leva a um aumento tão grande das importações que efetivamente deteriore a balança comercial? Não: a balança comercial deve melhorar. Para saber o motivo, observe que, quando a demanda estrangeira aumenta, a demanda por bens domésticos desloca-se para cima de ZZ para ZZ', mas a reta DD, que representa a *demanda doméstica por bens* como função do produto, não se desloca. No novo nível do produto de equilíbrio Y', a demanda doméstica é dada pela distância DC e a demanda por bens domésticos é dada por DA'. As exportações líquidas são dadas, portanto, pela distância CA' — a qual, como DD está necessariamente abaixo de ZZ', é necessariamente positiva. Desse modo, embora as importações aumentem, esse aumento não compensa o crescimento das exportações, e a balança comercial melhora.

Política fiscal revisitada

Até aqui derivamos dois resultados básicos:

- Um aumento na demanda doméstica acarreta um aumento no produto doméstico, mas também uma deterioração da balança comercial. (Examinamos um aumento nos gastos do governo, mas os resultados seriam iguais para uma diminuição de impostos, um aumento nos gastos dos consumidores, e assim por diante.)

- Um aumento na demanda estrangeira (que poderia vir dos mesmos tipos de mudança ocorrendo no exterior) leva a um aumento no produto doméstico e a uma melhora na balança comercial.

Esses resultados, por sua vez, têm duas implicações importantes. Ambas foram evidentes na recente crise.

A primeira — e mais óbvia — é a de que eles implicam que choques de demanda em um país afetam todos os outros países. Quanto mais fortes os laços comerciais entre países, mais fortes as interações, e mais países se moverão juntos. É o que vimos na Figura 17.1. Embora tenha começado nos Estados Unidos, a crise afetou rapidamente o resto do mundo. As ligações comerciais não eram a única razão; as ligações financeiras também desempenharam um papel central. Mas as evidências apontam para um forte efeito do comércio, a começar por uma diminuição nas exportações de outros países para os Estados Unidos.

> Y^* afeta diretamente as exportações e, portanto, entra na relação entre demanda por bens domésticos e produto. Um aumento em Y^* desloca ZZ para cima. Y^* não afeta diretamente o consumo doméstico, o investimento doméstico ou os gastos do governo domésticos e, consequentemente, não entra na relação entre a demanda doméstica por bens e o produto. Um aumento em Y^* não desloca DD.

> Um aumento no produto estrangeiro aumenta o produto doméstico e melhora a balança comercial.

FOCO

O G20 e o estímulo fiscal de 2009

Em novembro de 2008, os líderes do **G20** se reuniram em caráter de emergência em Washington. O G20, um grupo de ministros de finanças e dirigentes de bancos centrais de 20 países, incluindo tanto os principais países desenvolvidos quanto os principais países emergentes do mundo, foi criado em 1999, mas não desempenhara um papel importante até a crise. Diante das evidências crescentes de que a crise seria profunda e generalizada, o grupo se encontrou para coordenar suas respostas em termos de políticas macroeconômicas e financeiras.

No plano macroeconômico, ficou claro que a política monetária não seria suficiente; assim, o foco se concentrou na política fiscal. A diminuição no produto levaria a uma diminuição nas receitas e, portanto, a um aumento nos déficits orçamentários. Dominique Strauss-Kahn, então diretor-gerente do Fundo Monetário Internacional, argumentou que eram necessárias mais ações fiscais e sugeriu que se tomassem medidas discricionárias adicionais — ou a redução dos impostos, ou o aumento dos gastos — totalizando cerca de 2% do PIB em média para cada país. Segundo ele:

"O estímulo fiscal é essencial para restaurar o crescimento global. O estímulo fiscal de cada país pode ser duas vezes mais eficaz em elevar o crescimento do produto interno se seus principais parceiros também tiverem um pacote de estímulo".

Ele observou que alguns países tinham mais margem de manobra que outros. "Acreditamos que aqueles países — economias avançadas e emergentes — com estruturas de política fiscal mais robustas, melhor capacidade de financiar a expansão fiscal e uma dívida mais claramente sustentável devem assumir a liderança".

Ao longo dos meses seguintes, a maioria dos países realmente adotou medidas discricionárias destinadas a elevar ou o gasto privado ou o gasto público. Para o G20 de modo geral, as medidas discricionárias totalizaram cerca de 2,3% do PIB em 2009. Alguns países com menos margem fiscal, como a Itália, fizeram menos. Outros, como os Estados Unidos e a França, fizeram mais.

Esse estímulo fiscal foi bem-sucedido? Alguns dizem que não. Afinal de contas, a economia mundial apresentou um grande crescimento negativo em 2009. A questão neste caso é de contrafactuais. O que teria acontecido sem o estímulo? Muitos acreditam que, na ausência de estímulo fiscal, o crescimento teria sido ainda mais negativo, talvez de modo catastrófico. Contrafactuais são difíceis de provar ou refutar; assim, a controvérsia deve

continuar. Sobre a questão dos contrafactuais e a diferença entre economistas e políticos, há uma bela citação do ex-congressista norte-americano Barney Frank:

"Não pela primeira vez, como um político eleito, invejo os economistas. Eles têm à sua disposição, de forma analítica, o contrafactual. Os economistas podem explicar que determinada decisão foi a melhor a tomar porque podem mostrar o que teria acontecido no caso contrário. Podem contrastar o que aconteceu com o que teria acontecido. Ninguém jamais foi reeleito com um slogan do tipo: 'Teria sido pior sem mim'. Você provavelmente pode conquistar estabilidade acadêmica com este argumento. Mas não se eleger para um mandato".

Esse estímulo fiscal implicava algum risco? Alguns argumentaram que ele acarretou um grande aumento na dívida pública, que está forçando os governos a se ajustarem, provocando uma contração fiscal e dificultando a recuperação (discutimos isto no Capítulo 6 e voltaremos ao assunto no Capítulo 22). Esse argumento é em grande medida mal colocado. A maior parte do aumento na dívida não advém das medidas discricionárias tomadas, mas sim da diminuição nas receitas provenientes da diminuição no produto durante a crise. E uma série de países incorriam em altos déficits antes da crise. Continua válido, porém, que esse grande aumento na dívida agora está tornando mais difícil a utilização da política fiscal para ajudar a recuperação.

Para mais discussões do período, veja Financial Crisis Response: IMF Spells Out Need for Global Fiscal Stimulus". In *IMF Survey Magazine Online*, 29 de dezembro de 2008. Disponível em: <http://www.imf.org/external/pubs/ft/survey/so/2008/int122908a.htm>. Acesso em 05 out. 2017.

A segunda implicação é que essas interações complicam muito a tarefa dos formuladores de política econômica, especialmente no caso da política fiscal. Vamos explorar este argumento mais de perto.

Comecemos com a observação a seguir: os governos não gostam de apresentar déficits comerciais, e por bons motivos. O principal é que um país que consistentemente apresenta déficits comerciais acumula dívidas para com o resto do mundo e, assim, deve fazer pagamentos de juros cada vez mais altos. Portanto, não é de surpreender que os países prefiram aumentos na demanda estrangeira (que melhoram a balança comercial) a aumentos na demanda doméstica (que deterioram a balança comercial).

Contudo, essas preferências podem ter implicações desastrosas. Consideremos um grupo de países, todos com um grande montante de comércio entre si, de modo que um aumento na demanda em qualquer um deles recaia em grande parte sobre os bens produzidos nos demais países. Suponhamos que todos esses países estejam em recessão e que cada um deles esteja com a balança comercial praticamente equilibrada. Nesse caso, cada país poderá relutar a tomar medidas para aumentar a demanda doméstica. Se eles fossem tomar essas medidas, o resultado poderia ser um pequeno aumento no produto, mas também um grande déficit comercial. Em vez disso, cada país pode apenas esperar que os outros aumentem suas demandas. Dessa forma, o país fica no melhor dos mundos, com um produto maior e uma melhora em sua balança comercial. Mas, se todos os países esperarem, nada acontecerá, e a recessão poderá durar bastante tempo.

Existe um meio de sair dessa situação? Sim, ao menos em teoria. Se todos os países coordenarem suas políticas macroeconômicas de modo a aumentar sua demanda doméstica simultaneamente, cada um poderá aumentar a demanda e o produto sem aumentar seu déficit comercial (em relação aos demais; mas o déficit comercial combinado desses países em relação ao resto do mundo ainda aumentará). O motivo é claro. O aumento coordenado na demanda leva a aumentos tanto nas exportações quanto nas importações de cada país. Ainda é verdade que a expansão da demanda doméstica leva a importações maiores; mas esse aumento nas importações é compensado pelo aumento nas exportações que vem das expansões da demanda estrangeira.

Na prática, contudo, a **coordenação das políticas** não é tão fácil de atingir.

Alguns países podem ter de fazer mais que outros e podem não querer fazer o que é necessário. Suponhamos que apenas alguns países estejam em recessão. Os que não estiverem ficarão relutantes em aumentar sua própria demanda; mas, se não o fizerem, os países que expandam sua demanda apresentarão déficits comerciais em relação aos que não o fizerem. Ou suponhamos que alguns países já apresentem um grande déficit orçamentário. Eles não desejarão cortar impostos ou aumentar ainda mais seus gastos, já que isso elevaria ainda mais seus déficits. Pedirão a outros países para arcar com uma parte maior do ajuste. Esses outros países relutarão em fazê-lo.

Os países também têm um forte incentivo para prometer coordenação e depois não cumprir a promessa. Uma vez que todos os países tenham concordado, digamos, em aumentar os gastos, cada um deles terá um incentivo para não fazê-lo, a fim de se beneficiar do aumento da demanda em outros lugares e, dessa maneira, melhorar sua posição comercial. No entanto, se cada país tentar enganar os demais ou não cumprir tudo o que foi prometido, a expansão da demanda será insuficiente para sair da recessão.

O resultado disso é que, apesar das declarações dos governos em reuniões internacionais, a coordenação muitas vezes fracassa. Somente quando as coisas estão realmente ruins a coordenação parece se firmar. Este foi o caso em 2009, explorado no quadro Foco "O G20 e o estímulo fiscal de 2009".

18.4 Depreciação, balança comercial e produto

Suponhamos que o governo dos Estados Unidos tome medidas de política econômica que levem a uma depreciação do dólar — uma diminuição na taxa de câmbio nominal. (No Capítulo 20 veremos como isto pode ser feito por meio da política monetária. Por ora, vamos supor que o governo simplesmente possa escolher a taxa de câmbio.)

Lembramos que a taxa real de câmbio é dada por:

$$\varepsilon = \frac{EP}{P*}$$

A taxa de câmbio real, ε (o preço dos bens domésticos em termos dos bens estrangeiros), é igual à taxa de câmbio nominal, E (o preço da moeda nacional em termos da moeda estrangeira), multiplicada pelo nível de preços doméstico, P, dividido pelo nível de preços estrangeiro, $P*$. No curto prazo, podemos tomar tanto P quanto $P*$

Dados P e $P*$, E aumenta $\Rightarrow$ $\varepsilon = \frac{EP}{P*}$ aumenta.

420 Macroeconomia

Adiantando: no Capítulo 20, vamos examinar os efeitos de uma depreciação nominal quando permitimos que o nível de preços se ajuste ao longo do tempo. Veremos que uma depreciação nominal leva a uma depreciação real no curto prazo, mas não no médio prazo.

como dados. Isso implica que a depreciação nominal se reflete integralmente em uma depreciação real. De maneira mais concreta, se o dólar depreciar em relação ao iene em 10% (uma depreciação nominal de 10%) e os níveis de preços do Japão e dos Estados Unidos não se alterarem, os bens dos Estados Unidos ficarão 10% mais baratos em relação aos japoneses (uma depreciação real de 10%).

Agora, vamos verificar como essa depreciação real afetará a balança comercial e o produto dos Estados Unidos.

Depreciação e a balança comercial: a condição de Marshall-Lerner

Voltemos à definição de exportações líquidas:

$$NX = X - IM/\varepsilon$$

Substitua X e IM por suas expressões das equações 18.2 e 18.3:

$$NX = X(Y^*, \varepsilon) - IM(Y, \varepsilon)/\varepsilon$$

De modo mais concreto, se o dólar depreciar 10% em relação ao iene:
Os bens dos Estados Unidos ficarão mais baratos no Japão, levando a uma quantidade maior de exportações dos Estados Unidos para o Japão. Os bens japoneses ficarão mais caros nos Estados Unidos, levando a uma quantidade menor de importações de bens japoneses para os Estados Unidos.
Os bens japoneses ficarão mais caros, levando a uma maior conta de importações para uma dada quantidade de importações de bens japoneses para os Estados Unidos.

Como a taxa real de câmbio, ε, entra no lado direito da equação em três lugares, fica claro que a depreciação real afeta a balança comercial por meio de três canais separados:

◆ *As exportações, X, aumentam.* A depreciação real torna os bens dos Estados Unidos relativamente menos caros no exterior. Isso leva a um aumento na demanda estrangeira por produtos dos Estados Unidos — um aumento nas exportações dos Estados Unidos.

◆ *As importações, IM, diminuem.* A depreciação real torna os bens estrangeiros relativamente mais caros nos Estados Unidos. Isso leva a um deslocamento da demanda doméstica em direção aos bens domésticos e a uma diminuição na quantidade de importações.

◆ *O preço relativo dos bens estrangeiros em termos de bens domésticos, 1/ε, aumenta.* Isso eleva a conta de importações, IM/ε. A mesma quantidade de importações passa a ser mais cara de comprar (em termos de bens domésticos).

A condição recebeu o nome dos dois economistas que foram os primeiros a derivá-la, Alfred Marshall e Abba Lerner.

Para que a balança comercial melhore após uma depreciação, as exportações devem aumentar o suficiente e as importações devem diminuir o suficiente para compensar o aumento no preço das importações. A condição sob a qual uma depreciação real leva a um aumento nas exportações líquidas é conhecida como **condição de Marshall-Lerner**. (Ela é derivada formalmente no apêndice do final do capítulo, chamado "Derivação da condição de Marshall-Lerner".) Ocorre que — com uma complicação que vamos enunciar quando introduzirmos a dinâmica mais adiante, neste capítulo — essa condição é satisfeita na realidade. Assim, no restante deste livro vamos supor que uma depreciação real — uma diminuição em ε — leva a um aumento nas exportações líquidas — um aumento em NX.

Efeitos de uma depreciação real

Até este ponto, examinamos os efeitos diretos de uma depreciação sobre a balança comercial — isto é, os efeitos *dados o produto dos Estados Unidos e o produto estrangeiro*. Mas os efeitos não terminam aqui. A mudança nas exportações líquidas altera o produto doméstico, o que afeta ainda mais as exportações líquidas.

Como os efeitos de uma depreciação real se parecem muito com os de um aumento no produto estrangeiro, podemos usar a Figura 18.4, o mesmo gráfico que utilizamos antes para mostrar os efeitos de um aumento no produto estrangeiro.

Assim como no caso de um aumento no produto estrangeiro, uma depreciação leva a um aumento nas exportações líquidas (supondo, como fazemos, que a condição de Marshall-Lerner seja satisfeita), para qualquer nível de produto. Tanto a relação de demanda [ZZ na Figura 18.4(a)] quanto a relação de exportações líquidas [NX na Figura 18.4(b)] se deslocam para cima. O equilíbrio move-se de A para A', e o produto aumenta de Y para Y'. Pelo mesmo argumento que usamos antes, a balança comercial melhora. O aumento nas importações induzido pelo aumento no produto é menor que a melhora direta da balança comercial induzida pela depreciação.

Resumindo: *a depreciação leva a um deslocamento da demanda, tanto estrangeira quanto doméstica, em direção aos bens domésticos. Esse deslocamento da demanda leva, por sua vez, tanto a um aumento no produto doméstico quanto a uma melhora da balança comercial.*

Embora uma depreciação e um aumento no produto estrangeiro tenham o mesmo efeito sobre o produto doméstico e a balança comercial, há uma diferença sutil, mas importante, entre os dois. A depreciação funciona tornando os bens estrangeiros relativamente mais caros. Mas isso significa que, dadas suas rendas, as pessoas — que agora têm de pagar mais para comprar bens estrangeiros por causa da depreciação — estão em uma situação pior. Esse mecanismo é sentido fortemente em países que experimentam uma grande depreciação. Os governos que tentam realizar grandes depreciações frequentemente enfrentam greves e manifestações de rua à medida que as pessoas reagem aos preços muito maiores dos bens importados. Esse foi, por exemplo, o caso do México, onde uma grande depreciação do peso em 1994-1995 — de 29 centavos de dólar por peso em novembro de 1994 para 17 centavos por peso em maio de 1995 — levou a um grande declínio no padrão de vida dos trabalhadores e a uma forte tensão social.

Combinando as políticas cambial e fiscal

Suponhamos que o produto esteja em seu nível natural, mas a economia esteja apresentando um grande déficit comercial. O governo gostaria de reduzir o déficit comercial sem alterar o nível de produto. O que deve fazer?

Uma depreciação por si só não funcionará. Ela reduzirá o déficit comercial, mas também aumentará o produto. Tampouco uma contração fiscal funcionará: ela reduzirá o déficit comercial, mas diminuirá o produto. O que o governo deve fazer? A resposta é usar a combinação certa de depreciação e contração fiscal. A Figura 18.5 mostra qual deve ser essa combinação.

Suponhamos que o equilíbrio inicial na Figura 18.5(a) esteja no ponto A, associado ao nível de produto Y. Nesse nível de produto há um déficit comercial, dado pela distância BC na Figura 18.5(b). Se o governo quiser eliminar o déficit comercial sem alterar o produto, deverá fazer duas coisas:

◆ Primeiro, deve realizar depreciação suficiente para eliminar o déficit comercial no nível inicial do produto. Portanto, a depreciação deve ser tal que consiga deslocar a relação das exportações líquidas de NX para NX', na Figura 18.5(b). O problema é que essa depreciação e o aumento associado nas exportações líquidas também deslocam a relação de demanda na Figura 18.5(a), de ZZ para ZZ'. Na ausência de outras medidas, o equilíbrio se moveria de A para A', e o produto aumentaria de Y para Y'.

◆ Para evitar um aumento no produto, o governo deve reduzir seus gastos de modo a deslocar ZZ' de volta para ZZ. Essa combinação de depreciação com contração fiscal leva ao mesmo nível de produto e melhora a balança comercial.

Há uma alternativa para as manifestações — reivindicar e obter um aumento dos salários. Mas, se os salários aumentarem, os preços dos bens domésticos aumentarão também, levando a uma menor depreciação real. Para discutir esse mecanismo, precisamos examinar o lado da oferta com mais detalhes do que fizemos até aqui. Voltaremos à dinâmica da depreciação, dos salários e das variações de preços no Capítulo 20.

▶ **Figura 18.5** Redução do déficit comercial sem alterar o produto.

Para reduzir o déficit comercial sem alterar o produto, o governo deve tanto realizar uma depreciação quanto diminuir os gastos do governo.

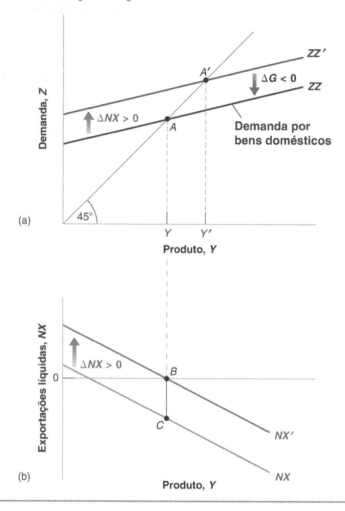

Há um ponto geral por trás desse exemplo. Na medida em que os governos se preocupam *tanto* com o nível de produto *quanto* com a balança comercial, eles têm de utilizar *tanto* a política fiscal *quanto* as políticas cambiais. Acabamos de ver uma combinação desse tipo. A Tabela 18.1 mostra algumas outras, dependendo do produto e da situação do comércio iniciais. Consideremos, por exemplo, a combinação no canto superior direito da tabela: o produto inicial está baixo demais (dito de outra maneira, o desemprego está alto demais) e a economia tem um déficit comercial. Uma depreciação ajudará tanto o comércio quanto o produto. Ela reduz o déficit comercial e aumenta o produto. Mas não há motivo para que a depreciação atinja tanto o aumento correto no produto quanto a eliminação do déficit comercial. Dependendo da situação inicial e dos efeitos relativos da depreciação sobre o produto e a balança comercial, o governo pode precisar complementar a depreciação com um aumento ou com uma diminuição em seus gastos. Essa ambiguidade é captada pelos pontos de interrogação dessa combinação na tabela. Certifique-se de que você entendeu a lógica por trás de cada um dos outros três casos. (Para outro exemplo do papel da taxa de câmbio real e do produto em afetar o saldo em transações correntes, veja o quadro Foco "O desaparecimento dos déficits em transações correntes nos países periféricos da zona do euro: boa ou má notícia?".)

Uma lição geral: para alcançar duas metas (neste caso, produto e balança comercial), é melhor que se tenham dois instrumentos (aqui, política fiscal e taxa de câmbio).

▶ Tabela 18.1 Combinações de taxa de câmbio e política fiscal.

Condições iniciais	Superávit comercial	Déficit comercial
Produto baixo	ε? G↑	ε↓ G?
Produto alto	ε↑ G?	ε? G↓

FOCO

O desaparecimento dos déficits em transações correntes nos países periféricos da zona do euro: boa ou má notícia?

A partir do início dos anos 2000, uma série de países periféricos da zona do euro passou a apresentar déficits cada vez maiores em transações correntes. A Figura 1 mostra a evolução dos saldos em transações correntes de Espanha, Portugal e Grécia desde 2000. Embora os déficits já fossem substanciais em 2000, eles continuaram a crescer, atingindo 9% do PIB na Espanha, 12% em Portugal e 14% na Grécia em 2008.

Quando a crise começou, em 2008, era cada vez mais difícil para esses três países obter crédito no exterior, o que os forçava a reduzir os empréstimos tomados e, portanto, reduzir seus déficits em transações correntes. E foi o que fizeram. A Figura 1 mostra que, em 2013, os déficits haviam se transformado em superávits nos três países.

Trata-se de uma reviravolta impressionante. Mas é, sem dúvida, uma boa notícia? Não necessariamente. A discussão no livro sugere que há duas razões que levam as transações correntes a melhorar. A primeira é que o país se tornou mais competitivo: a taxa de câmbio real se reduz, as exportações aumentam, as importações diminuem e o saldo em transações correntes melhora. A segunda é que o produto do país se reduz: as exportações, que dependem do que acontece no resto do mundo, podem permanecer inalteradas, mas as importações caem com o produto, e o saldo em transações correntes melhora.

Infelizmente, as evidências indicam que o segundo mecanismo tem dominado até agora.

Considerando-se que esses países são membros da zona do euro, não podiam contar com um ajuste da taxa de câmbio nominal para se tornarem mais competitivos, pelo menos em relação a seus parceiros europeus. Tinham de recorrer a uma redução de salários e preços, o que já se provara lento e difícil (veremos mais sobre isso no Capítulo 20).

▶ Figura 1 Déficits em transações correntes nos países periféricos da zona do euro desde 2000.

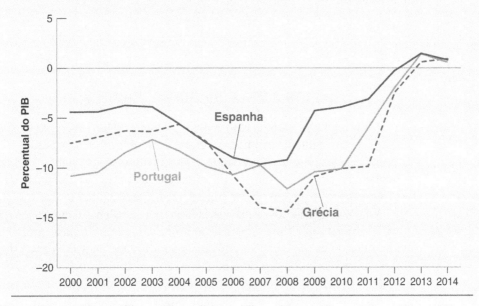

Em vez disso, grande parte do ajuste ocorreu por meio de uma diminuição nas importações, desencadeada por uma diminuição no produto, um ajuste conhecido como **compressão de importações**. A Figura 2 mostra que isso foi aplicado especialmente na Grécia ao apresentar a evolução das importações, das exportações e do PIB do país desde 2000. As três séries são normalizadas a 1,0 nesse ano. Em primeiro lugar, observe que o produto diminuiu cerca de 25% desde 2008. Note, então, como as importações se moveram em conjunto com o produto, reduzindo-se também em 25%. As exportações tampouco tiveram bom desempenho. Após uma queda acentuada em 2009, refletindo a crise mundial e a redução da demanda no resto do mundo, ainda não voltaram ao nível de 2008.

Em resumo, o desaparecimento dos déficits em transações correntes nos países periféricos da zona do euro é, na maioria dos casos, má notícia. O que acontecerá a seguir com as transações correntes depende em grande parte do que acontecerá com o produto. E isto, por sua vez, depende de onde o produto está em relação ao produto potencial. Se a maior parte da redução no produto reflete uma redução no potencial, o produto permanecerá baixo, e o superávit em transações correntes se manterá. Se, como parece mais provável, o produto real estiver muito abaixo do potencial (se houver, na terminologia do Capítulo 9, um grande hiato do produto), então, a menos que haja mais depreciação real, o retorno do produto a seu nível potencial virá com mais importações e, portanto, com um provável retorno dos déficits em transações correntes.

▶ Figura 2 Importações, exportações e PIB na Grécia desde 2000.

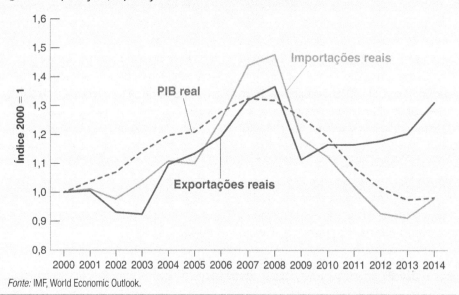

Fonte: IMF, World Economic Outlook.

18.5 Examinando a dinâmica: curva J

Neste capítulo, até aqui ignoramos a dinâmica. É hora de reintroduzi-la. As dinâmicas de consumo, investimento, vendas e produção que discutimos no Capítulo 3 são relevantes tanto para a economia aberta quanto para a economia fechada. Mas também há efeitos dinâmicos adicionais provenientes das dinâmicas de exportação e importação. Aqui vamos nos concentrar nesses efeitos.

Voltemos aos efeitos da taxa de câmbio sobre a balança comercial. Argumentamos anteriormente que uma depreciação leva a um aumento nas exportações e a uma diminuição nas importações. Mas isto não acontece da noite para o dia. Pensemos nos efeitos dinâmicos de, digamos, uma depreciação de 10% do dólar.

Nos primeiros meses após a depreciação, seu efeito provavelmente se reflete muito mais nos preços que nas quantidades. O preço das importações nos Estados

Unidos sobe, enquanto o preço das exportações do país ao exterior cai. Mas a quantidade de importações e exportações possivelmente se ajusta apenas em ritmo lento. Os consumidores levam algum tempo para entender que os preços relativos mudaram, as empresas levam algum tempo para mudar para fornecedores mais baratos, e assim por diante. Uma depreciação, portanto, pode levar a uma deterioração inicial da balança comercial: ε diminui, mas nem X nem IM se ajustam muito a princípio, provocando um declínio nas exportações líquidas $(X - IM/\varepsilon)$.

À medida que o tempo passa, os efeitos da mudança nos preços relativos tanto das exportações quanto das importações tornam-se mais fortes. Bens mais baratos dos Estados Unidos levam empresas e consumidores norte-americanos a diminuir sua demanda por bens estrangeiros; as importações do país diminuem. Produtos norte-americanos mais baratos no exterior levam empresas e consumidores estrangeiros a elevar sua demanda por bens dos Estados Unidos; as exportações do país aumentam. Se a condição de Marshall-Lerner afinal for satisfeita — e argumentamos que isso ocorre —, a resposta das exportações e importações se tornará mais forte que o efeito adverso do preço, e o efeito final da depreciação será uma melhora da balança comercial.

A Figura 18.6 capta esse ajuste mostrando a evolução da balança comercial ao longo do tempo em resposta a uma depreciação real. O déficit comercial anterior à depreciação é igual a OA. A depreciação inicialmente *aumenta* o déficit comercial para OB: ε diminui, mas nem IM nem X mudam de imediato. Todavia, com o passar do tempo, as exportações aumentam e as importações diminuem, reduzindo o déficit comercial. Por fim (se a condição Marshall-Lerner for satisfeita), a balança comercial melhora além de seu nível inicial; isto é o que ocorre no gráfico do ponto C em diante. Os economistas referem-se a esse processo de ajuste como **curva J**, porque a curva do gráfico — com um tanto de imaginação, devemos admitir — se parece com um "J": primeiro para baixo, depois para cima.

A importância dos efeitos dinâmicos da taxa de câmbio real sobre a balança comercial foi observada nos Estados Unidos em meados da década de 1980: a Figura 18.7 mostra o déficit comercial dos Estados Unidos em relação à taxa de câmbio real do país de 1980 a 1990. Como vimos no capítulo anterior, o período de 1980 a 1985 foi de acentuada apreciação real, e o período de 1985 a 1988 foi de acentuada depreciação real. Voltando-se para o déficit comercial, expresso como uma proporção do PIB, dois fatos ficam claros:

> Até mesmo esses preços podem se ajustar devagar: considere uma depreciação do dólar. Se você exporta para os Estados Unidos, pode ser que queira aumentar seu valor em dólar menos que o definido pela taxa cambial. Em outras palavras, pode baixar sua margem para permanecer competitivo entre seus concorrentes norte-americanos. Se você é um exportador norte-americano, pode baixar seu preço externo na moeda estrangeira menos que o sugerido pela taxa de câmbio. Em outras palavras, pode subir sua margem.

> A resposta da balança comercial à taxa de câmbio real:
> Inicialmente: X, IM inalterados, ε diminui $\Rightarrow (X - IM/\varepsilon)$ diminui.
> Afinal: X aumenta, IM diminui, ε diminui $\Rightarrow (X - IM/\varepsilon)$ aumenta.

▶ **Figura 18.6 Curva J.**

Uma depreciação real leva inicialmente a uma deterioração e, então, a uma melhora da balança comercial.

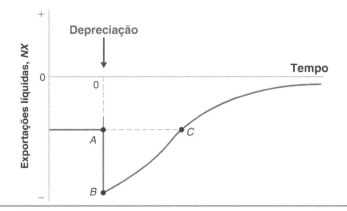

▶ **Figura 18.7** Taxa de câmbio real e a razão entre o déficit comercial e o PIB: Estados Unidos, 1980-1990.

A grande apreciação real e a subsequente depreciação real do dólar de 1980 a 1990 refletiram-se, com uma defasagem, em um aumento seguido de uma diminuição no déficit comercial.

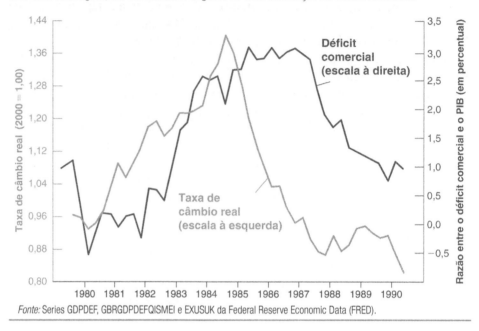

Fonte: Series GDPDEF, GBRGDPDEFQISMEI e EXUSUK da Federal Reserve Economic Data (FRED).

As defasagens no período de 1985 a 1988 foram excepcionalmente longas, levando alguns economistas a questionar, na época, se ainda havia uma relação entre a taxa de câmbio real e a balança comercial. Em retrospectiva, podemos verificar que a relação ainda existia; as defasagens apenas foram mais longas que o normal.

1. Movimentos na taxa de câmbio real refletiram-se em movimentos paralelos nas exportações líquidas. A apreciação esteve associada a um grande aumento no déficit comercial, e a depreciação posterior esteve associada a uma grande diminuição no déficit comercial.

2. Houve, contudo, defasagens substanciais na resposta da balança comercial às mudanças na taxa de câmbio real. Observe como, de 1981 a 1983, o déficit comercial permaneceu pequeno enquanto o dólar apreciava. E note como a depreciação contínua do dólar a partir de 1985 não se refletiu em uma melhora na balança comercial antes de 1987. A dinâmica da curva J estava em plena ação em ambos os episódios.

De modo geral, a evidência econométrica da relação dinâmica entre as exportações, as importações e a taxa de câmbio real sugere que em todos os países da OCDE uma depreciação real acaba levando a uma melhora da balança comercial. Mas sugere também que esse processo leva algum tempo, normalmente de seis meses a um ano. Essas defasagens têm implicações não apenas nos efeitos de uma depreciação sobre a balança comercial, mas também nos efeitos de uma depreciação sobre o produto. Se uma depreciação inicialmente diminui as exportações líquidas, também exerce inicialmente um efeito contracionista sobre o produto. Portanto, se um governo contar com uma depreciação tanto para melhorar a balança comercial quanto para expandir o produto doméstico, os efeitos serão no sentido "errado" por algum tempo.

18.6 Poupança, investimento e balança comercial

Chegar lá envolve algumas manipulações, mas não se preocupe; o resultado final é intuitivo.

No Capítulo 3, vimos como reescrever a condição de equilíbrio no mercado de bens como a condição de que o investimento seja igual à poupança — a soma da poupança privada com a poupança pública. Podemos agora derivar a condição correspondente para a economia aberta e mostrar como essa forma alternativa de examinar o equilíbrio pode ser útil.

Comecemos com nossa condição de equilíbrio:

$$Y = C + I + G - IM/\varepsilon + X$$

Vamos mover o consumo, C, do lado direito para o lado esquerdo da equação, subtrair os impostos, T, de ambos os lados e denotar as exportações líquidas ($-IM/\varepsilon + X$) por NX para obter:

$$Y - T - C = I + (G - T) + NX$$

Lembramos que, em uma economia aberta, a renda dos residentes locais é igual ao produto, Y, mais a renda líquida recebida do exterior, NI, mais as transferências líquidas recebidas. Vamos denotar essas transferências por NT e adicionar NI e NT em ambos os lados da equação:

$$(Y + NI + NT - T) - C = I + (G - T) + (NX + NI + NT)$$

Note que o termo entre parênteses do lado esquerdo é igual à renda disponível, de modo que o lado esquerdo é igual à renda disponível menos o consumo (isto é, poupança, S). Note também que a soma das exportações líquidas, da renda líquida vinda do exterior e das transferências líquidas do lado direito é igual às transações correntes. Vamos denotar as transações correntes por CA e reescrever a equação como:

$$S = I + (G - T) + CA$$

Reorganizamos a equação para obter:

$$CA = S + (T - G) - I \qquad (18.5)$$

O saldo em transações correntes é igual à poupança — a soma da poupança privada com a poupança pública — menos o investimento. Um superávit em transações correntes implica que o país está poupando mais do que investe. Um déficit em transações correntes implica que o país está poupando menos do que investe.

Um modo de refinar a intuição acerca desta relação é voltar à discussão sobre transações correntes e contas de capital e financeira no Capítulo 17. Lá, vimos que um superávit em transações correntes implica um empréstimo líquido do país para o resto do mundo, e um déficit em transações correntes implica um empréstimo líquido que um país toma do resto do mundo. Portanto, consideremos um país que investe mais do que poupa, de modo que $S + (T - G) - I$ é negativo. Esse país deve tomar emprestada a diferença do resto do mundo; deve, portanto, estar apresentando um déficit em transações correntes. Analogamente, um país que empresta para o resto do mundo é aquele que poupa mais do que investe.

Observemos algumas das coisas que a Equação 18.5 diz:

> É comum que analistas não façam distinção entre balança comercial e saldo em transações correntes. Isso não é necessariamente um crime: como a renda líquida e as transferências líquidas normalmente se movem lentamente ao longo do tempo, a balança comercial e o saldo em transações correntes normalmente se movem em conjunto.

- Um aumento no investimento deve se refletir ou em um aumento na poupança privada ou na poupança pública, ou em uma deterioração do saldo em transações correntes — um superávit em transações correntes menor ou um déficit maior, dependendo se as transações correntes estão inicialmente em superávit ou em déficit.

- Uma deterioração no saldo orçamentário do governo — um superávit orçamentário menor ou um déficit orçamentário maior — deve se refletir em um aumento na poupança privada ou em uma redução no investimento, ou, então, em uma deterioração do saldo em transações correntes.

- Um país com alta taxa de poupança (privada mais governamental) deve ter ou uma alta taxa de investimento ou um grande superávit em transações correntes.

428 Macroeconomia

Contudo, observe também o que a Equação 18.5 *não* diz. Ela não diz, por exemplo, se um déficit orçamentário levará a um déficit em transações correntes ou, em vez disso, a um aumento na poupança privada ou, então, a uma diminuição no investimento. Para descobrir o que acontece em resposta a um déficit orçamentário, precisamos resolver explicitamente o que ocorre com o produto e com seus componentes usando as hipóteses que fizemos sobre consumo, investimento, exportações e importações. Ou seja, precisamos realizar a análise completa apresentada neste capítulo. Usar apenas a Equação 18.5 pode, se não tomarmos o devido cuidado, induzir a equívocos. Para verificar esse risco, consideremos, por exemplo, o seguinte argumento (tão comum que talvez você já tenha lido algo parecido em alguns jornais):

> "É claro que os Estados Unidos não podem reduzir seu grande déficit em transações correntes por meio de uma depreciação." Examinemos a Equação 18.5, a qual mostra que o déficit em transações correntes é igual a investimento menos poupança. Por que uma depreciação afetaria a poupança ou o investimento? Assim, como uma depreciação poderia afetar o déficit em transações correntes?

O argumento pode soar convincente, mas sabemos que está errado. Mostramos anteriormente que uma depreciação leva a uma melhora na posição comercial de um país e, por implicação — dadas a renda e as transferências líquidas — uma melhora nas transações correntes. Então, o que há de errado com o argumento? Uma depreciação na realidade afeta a poupança e o investimento. Ela faz isso afetando a demanda por bens domésticos e, desse modo, aumentando o produto. Um produto maior leva a um aumento na poupança sobre o investimento ou, de modo equivalente, a uma diminuição no déficit em transações correntes.

Uma boa maneira de assegurar a compreensão do material desta seção é examinar novamente os vários casos que consideramos, desde as mudanças nos gastos do governo até as mudanças no produto estrangeiro, as combinações de depreciação e contração fiscal, e assim por diante. Mostre o que ocorre em cada caso para cada um dos quatro componentes da Equação 18.5: poupança privada, poupança pública (ou, de modo equivalente, o superávit orçamentário), investimento e saldo em transações correntes. Certifique-se, como sempre, de que se pode contar a história em palavras.

Vamos encerrar o capítulo com um desafio: avaliar as três declarações e decidir se uma ou mais delas estão certas:

Suponhamos, por exemplo, que o governo dos Estados Unidos deseje reduzir o déficit comercial sem mudar o nível de produto e, para isso, utilize uma combinação de depreciação e contração fiscal. O que acontece com a poupança privada, a poupança pública e o investimento?

- ◆ O déficit em transações correntes dos Estados Unidos (que vimos no Capítulo 17) mostra que o país deixou de ser competitivo. É um sinal de fraqueza. Esqueça a poupança e o investimento. Os Estados Unidos devem melhorar urgentemente sua competitividade.

- ◆ O déficit em transações correntes dos Estados Unidos mostra que o país simplesmente não poupa o suficiente para financiar seu investimento. É um sinal de fraqueza. Esqueça a competitividade. Os Estados Unidos devem aumentar urgentemente sua taxa de poupança.

- ◆ O déficit em transações correntes nos Estados Unidos é apenas uma imagem espelhada do superávit das contas de capital e financeira do país. O que está acontecendo é que o resto do mundo quer colocar seus fundos nos Estados Unidos. O superávit das contas de capital e financeira norte-americanas e, por implicação, o déficit em transações correntes dos Estados Unidos é, na verdade, um sinal de força, e não há necessidade de tomar medidas econômicas para reduzi-lo.

Resumo

- Em uma economia aberta, a demanda por bens domésticos é igual à demanda doméstica por bens (consumo, mais investimento, mais gastos do governo) menos o valor das importações (em termos de bens domésticos), mais exportações.

- Em uma economia aberta, um aumento na demanda doméstica leva a um aumento menor no produto que em uma economia fechada, pois parte da demanda adicional recai sobre as importações. Pelo mesmo motivo, um aumento na demanda doméstica também leva a uma deterioração da balança comercial.

- Um aumento na demanda estrangeira leva, como resultado do aumento nas exportações, tanto a um aumento no produto doméstico quanto a uma melhora da balança comercial.

- Visto que os aumentos na demanda estrangeira melhoram a balança comercial e os aumentos na demanda doméstica a deterioram, os países podem ser tentados a esperar por aumentos na demanda estrangeira para tirá-los de uma recessão. Quando um grupo de países está em recessão, a coordenação pode, em princípio, ajudá-los a superá-la.

- Se a condição de Marshall-Lerner for satisfeita — e evidências empíricas indicam que isto ocorre —, uma depreciação real levará a uma melhora nas exportações líquidas.

- Uma depreciação real leva, primeiro, a uma deterioração da balança comercial e, depois, a uma melhora. Esse processo de ajuste é conhecido como curva J.

- A condição de equilíbrio no mercado de bens pode ser reescrita como a condição em que a poupança (pública e privada) menos o investimento deve ser igual ao saldo em transações correntes. Um superávit em transações correntes corresponde a um excesso de poupança sobre o investimento. Um déficit em transações correntes corresponde a um excesso de investimento sobre a poupança.

Palavras-chave

- compressão de importações, 424
- condição de Marshall-Lerner, 420
- coordenação das políticas, 419
- curva J, 425
- demanda doméstica por bens, 408
- demanda por bens domésticos, 408
- G20, 417

Questões e problemas

Teste rápido

1. **Usando as informações contidas neste capítulo, diga se cada afirmação a seguir é verdadeira, falsa ou incerta. Explique brevemente.**

   a. O déficit comercial atual dos EUA é resultante de um investimento extraordinariamente elevado, e não de um declínio na poupança nacional.

   b. A identidade da renda nacional implica que déficits orçamentários causam déficits comerciais.

   c. A abertura da economia para o comércio tende a aumentar o multiplicador porque um aumento nos gastos leva ao aumento nas exportações.

   d. Se o déficit comercial for igual a zero, a demanda doméstica por bens e a demanda por bens domésticos serão iguais.

   e. Uma depreciação real leva a uma melhora imediata na balança comercial.

   f. Uma economia pequena aberta pode reduzir seu déficit comercial por meio de uma contração fiscal a um custo menor em termos de produto que uma grande economia aberta.

   g. A experiência dos Estados Unidos nos anos 1990 mostra que as apreciações da taxa de câmbio real provocam déficits comerciais, enquanto as depreciações da taxa de câmbio real levam a superávits comerciais.

   h. Um declínio na renda real pode levar a uma queda nas importações e, portanto, a um superávit comercial.

2. **Taxa de câmbio real, taxa de câmbio nominal e inflação**

   Utilizando a definição de taxa de câmbio real (e as proposições 7 e 8 do Apêndice 2 no final do livro), você pode mostrar que:

430 Macroeconomia

$$\frac{(\varepsilon_t - \varepsilon_{t-1})}{\varepsilon_{t-1}} = \frac{(E_t - E_{t-1})}{E_{t-1}} + \pi_t - \pi_t^*$$

Resumindo, a apreciação real percentual é igual à apreciação nominal percentual mais a diferença entre inflação interna e inflação externa.

a. Se a inflação interna é maior que a inflação externa, mas o país doméstico tem uma taxa de câmbio fixa, o que acontece com a taxa de câmbio real ao longo do tempo? Suponhamos que a condição de Marshall-Lerner seja satisfeita. O que acontece com a balança comercial ao longo do tempo? Explique com suas palavras.

b. Suponhamos que a taxa de câmbio real seja constante, digamos, no nível exigido para que as exportações líquidas (ou as transações correntes) sejam iguais a zero. Nesse caso, se a inflação interna for maior que a externa, o que deve acontecer ao longo do tempo para manter um saldo comercial igual a zero?

3. **Uma recessão europeia e a economia dos Estados Unidos**

a. Em 2014, os gastos da União Europeia com bens dos Estados Unidos eram de 18% das exportações deste país (veja a Tabela 17.2), e as exportações dos Estados Unidos chegavam a 15% do PIB norte-americano (veja a Tabela 17.1). Qual era a parcela dos gastos da União Europeia com bens dos Estados Unidos em relação ao PIB norte-americano?

b. Suponhamos que o multiplicador dos Estados Unidos seja 2 e que uma grave crise na Europa tenha reduzido o produto e as importações do país em 5% (em relação a seu nível normal). Dada sua resposta à questão (a), qual é o impacto da crise europeia sobre o PIB dos Estados Unidos?

c. Se a crise europeia levar também a uma desaceleração de outras economias que importam bens dos Estados Unidos, o efeito poderá ser maior. Para estabelecer os limites do tamanho do efeito, suponhamos que as exportações dos Estados Unidos caiam 5% (como resultado de mudanças no produto estrangeiro) em um ano. Qual é o impacto de uma queda de 5% nas exportações sobre o PIB dos Estados Unidos?

d. Comente esta afirmação: "A menos que a Europa consiga evitar uma grave crise em decorrência dos problemas com a dívida soberana e o euro, o crescimento dos Estados Unidos será interrompido".

4. **Uma análise aprofundada da Tabela 18.1 indica quatro alternativas. Usando a Figura 18.5 como guia,** represente graficamente as situações ilustradas em cada uma dessas alternativas da tabela. Certifique-se de entender por que a direção da mudança nas despesas governamentais e na taxa de câmbio real é classificada como ambígua em cada caso.

Aprofundando

5. **Exportações líquidas e demanda estrangeira**

a. Suponhamos que haja um aumento no produto estrangeiro. Mostre o efeito sobre a economia doméstica (isto é, reproduza a Figura 18.4). Qual é o efeito sobre o produto doméstico? E sobre as exportações domésticas líquidas?

b. Se a taxa de juros permanecer constante, o que acontecerá com o investimento doméstico? Se os impostos permanecerem constantes, o que acontecerá com o déficit orçamentário doméstico?

c. Usando a Equação 18.5, o que deve acontecer com a poupança privada? Explique.

d. O produto estrangeiro não aparece na Equação 18.5, no entanto é evidente que ele afeta as exportações líquidas. Explique como isto é possível.

6. **Eliminando um déficit comercial**

a. Consideremos uma economia com um déficit comercial ($NX < 0$) e com o produto igual a seu nível natural. Suponhamos que o produto, mesmo que possa se desviar do seu nível natural no curto prazo, retorne a seu nível natural no médio prazo. Suponhamos que o nível natural não seja afetado pela taxa de câmbio real. O que deve acontecer com a taxa de câmbio real no médio prazo para eliminar o déficit comercial (isto é, aumentar NX até 0)?

b. Agora anote a identidade da renda nacional. Suponhamos novamente que o produto retorne a seu nível natural no médio prazo. Se NX aumentar até 0, o que deve acontecer com a demanda doméstica ($C + I + G$) no médio prazo? Quais políticas governamentais estão disponíveis para reduzir a demanda doméstica no médio prazo? Identifique quais componentes da demanda doméstica essas políticas econômicas afetam.

7. **Multiplicadores, abertura e política fiscal**
Consideremos uma economia aberta caracterizada pelas equações a seguir:

$$C = c_0 + c_1(Y - T)$$
$$I = d_0 + d_1 Y$$
$$IM = m_1 Y$$
$$X = x_1 Y^*$$

Os parâmetros m_1 *e* x_1 *representam as propensões a importar e exportar. Suponhamos que a taxa de câmbio real seja fixada no valor de 1 e tratemos a renda estrangeira,* Y^*, *como fixa. Suponhamos ainda que os impostos sejam fixos e que as compras do governo sejam exógenas (ou seja, decididas pelo governo). A efetividade das mudanças é explorada em G sob premissas alternativas com relação à propensão a importar.*

a. Escreva a condição de equilíbrio no mercado para os bens domésticos e resolva-a para Y.

b. Suponhamos que as compras do governo aumentem em uma unidade. Qual é o efeito sobre o produto? (Assuma que $0 < m_1 < c_1 + d_1 < 1$. Explique por quê.)

c. Como ficam as exportações líquidas quando as compras do governo aumentam uma unidade?

Agora, consideremos duas economias, uma com $m_1 = 0,5$ *e outra com* $m_1 = 0,1$. *Cada uma delas é caracterizada por* $(c_1 + d_1) = 0,6$.

d. Suponhamos que uma das economias seja muito maior que a outra. Qual economia você espera que tenha o maior valor de m_1? Explique.

e. Calcule suas respostas para os itens (b) e (c) para cada economia substituindo o valor dos parâmetros respectivos.

f. Em qual economia a política fiscal terá maior efeito sobre o produto? E sobre as exportações líquidas?

8. Coordenação de políticas e a economia mundial

Consideremos uma economia aberta na qual a taxa de câmbio real é fixa e igual a 1. O consumo, o investimento, os gastos do governo e os impostos são dados por

$$C = 10 + 0,8\,(Y - T),\ I = 10,\ G = 10\ e\ T = 10$$

Importações e exportações são dadas por

$$IM = 0,3\,Y\ e\ X = 0,3\,Y^*$$

onde Y^* *representa o produto estrangeiro.*

a. Resolva para o produto de equilíbrio da economia doméstica dado Y^*. Qual é o multiplicador dessa economia? Se estivéssemos em uma economia fechada — em que exportações e importações fossem identicamente iguais a zero —, qual seria o multiplicador? Por que o multiplicador seria diferente em uma economia fechada?

b. Suponhamos que a economia estrangeira tenha as mesmas equações que a economia doméstica (invertendo os asteriscos). Use os dois conjuntos de equações a fim de resolver para o produto de equilíbrio de cada país. (*Dica:* use as equações da economia estrangeira a fim de resolver para Y^*

em função de Y e substitua essa solução em Y^* na questão [a].) Qual é o multiplicador de cada país agora? Por que é diferente do multiplicador da economia aberta na questão (a)?

c. Suponhamos que o governo, G, tenha como meta um nível de produto de 125. Supondo que o governo estrangeiro não altere G^*, qual é o aumento de G necessário para atingir a meta de produto na economia doméstica? Calcule as exportações líquidas e o déficit orçamentário para cada país.

d. Suponhamos que cada governo tenha uma meta de nível de produto de 125 e que cada governo aumente seus gastos no mesmo montante. Qual é o aumento comum de G e G^* necessário para atingir a meta de produto em ambos os países? Resolva para as exportações líquidas e o déficit orçamentário em cada país.

e. Por que a coordenação fiscal, como o aumento comum de G e G^* na questão (d), é tão difícil de alcançar na prática?

Explorando mais

9. Déficit comercial, déficit em transações correntes e investimento dos Estados Unidos

a. Defina poupança nacional como poupança privada mais superávit do governo, isto é, como $S + T - G$. Agora, utilizando a Equação 18.5, descreva a relação entre o déficit em transações correntes, a renda líquida de investimento e a diferença entre poupança nacional e investimento doméstico.

b. Usando a base de dados econômicos do FRED, colete dados anuais do PIB nominal (série GDP), do investimento interno bruto (série GDPIA) e das exportações líquidas (série A019RC1A027NBEA) desde 1980 até o ano mais recente disponível. Divida o investimento interno bruto e as exportações líquidas pelo PIB de cada ano para expressar seus valores como percentual do PIB. Qual ano apresenta o maior déficit comercial como percentual do PIB?

c. O superávit comercial em 1980 foi aproximadamente igual a zero. Calcule a porcentagem média do PIB investido e o valor médio da balança comercial como porcentagem do PIB em três períodos: 1980-1989, 1990-1999, 2000 até o último ponto. Parece que os déficits comerciais foram utilizados para financiar o investimento?

d. Um déficit comercial é mais preocupante quando não acompanhado por um aumento correspondente no investimento? Explique sua resposta.

e. A questão anterior aborda o déficit comercial, e não o déficit em transações correntes. Como a renda de investimento líquido (*NI*) corresponde à diferença entre o déficit comercial e o déficit em transações correntes dos Estados Unidos? Você pode baixar o PIB (série GDP) e o PNB (série GNP) do banco de dados do FRED no Federal Reserve Bank of St. Louis. Essa diferença é uma medida de *NI*. Esse valor é crescente ou decrescente ao longo do tempo? Qual é a implicação de tais mudanças?

Leitura adicional

- Uma discussão interessante sobre a relação entre déficits comerciais, déficits em transações correntes, déficits orçamentários, poupança privada e investimento é dada em *Saving and Investment in a Global Economy*, de Barry Bosworth, Brookings Institution, 1993.

- Para mais informações sobre a relação entre taxa de câmbio e balança comercial, leia "Exchange Rates and Trade Flows: Disconnected?", Capítulo 3, World Economic Outlook, International Monetary Fund, outubro de 2015.

Apêndice

Derivação da condição de Marshall-Lerner

Parta da definição de exportações líquidas:

$$NX = X - IM/\varepsilon$$

Suponhamos que o comércio esteja inicialmente equilibrado, de modo que $NX = 0$ e $X = IM/\varepsilon$, ou, de modo equivalente, $\varepsilon X = IM$.

A condição de Marshall-Lerner é aquela sob a qual uma depreciação real, uma diminuição em ε, leva a um aumento nas exportações líquidas.

Para derivar essa condição, multiplique primeiro ambos os lados da equação anterior por ε para obter

$$\varepsilon NX = \varepsilon X - IM$$

Agora, consideremos uma mudança na taxa de câmbio real de $\Delta\varepsilon$. O efeito da mudança na taxa de câmbio real sobre o lado esquerdo da equação é dado por $(\Delta\varepsilon)NX + \varepsilon\Delta(NX)$.

Observe que, se o comércio estiver inicialmente equilibrado, $NX = 0$, então o primeiro termo nesta expressão é igual a zero, e o efeito da mudança no lado esquerdo é simplesmente dado por $\varepsilon\Delta(NX)$.

O efeito da mudança na taxa de câmbio real sobre o lado direito da equação é dado por $(\Delta\varepsilon)X + \varepsilon\Delta(X) - (\Delta IM)$. Juntando os dois lados, temos

$$\varepsilon(\Delta NX) = (\Delta\varepsilon)X + \varepsilon(\Delta X) - (\Delta IM)$$

Divida ambos os lados por εX para obter:

$$[\varepsilon(\Delta NX)]/\varepsilon X = [(\Delta\varepsilon)X]/\varepsilon X + [\varepsilon(\Delta X)]/\varepsilon X - [\Delta IM]/\varepsilon X$$

Simplifique e use o fato de, se o comércio estiver inicialmente equilibrado, $\varepsilon X = IM$, para substituir εX por *IM* no último termo à direita. Essas substituições fornecem

$$(\Delta NX)/X = (\Delta\varepsilon)/\varepsilon + (\Delta X)/X - \Delta IM/IM$$

A mudança na balança comercial (como uma razão das exportações) em resposta a uma depreciação real é igual à soma dos três termos:

- O primeiro termo é igual à mudança proporcional na taxa de câmbio real. Será negativo se houver uma depreciação real.
- O segundo termo é igual à mudança proporcional nas exportações. Será positivo se houver uma depreciação real.
- O terceiro termo é igual ao negativo da mudança proporcional nas importações. Será positivo se houver uma depreciação real.

A condição de Marshall-Lerner é aquela em que a soma desses três termos é positiva. Se for satisfeita, uma depreciação real levará a uma melhora da balança comercial.

Um exemplo numérico será útil aqui. Suponhamos que uma depreciação de 1% leve a um aumento proporcional nas exportações de 0,9% e a uma diminuição proporcional nas importações de 0,8%. (A evidência econométrica sobre a relação de exportações e importações com a taxa de câmbio real sugere que esses números são, na verdade, razoáveis.) Neste caso, o lado direito da equação será igual a $-1\% + 0{,}9\% - (-0{,}8\%) = 0{,}7\%$. Portanto, a balança comercial melhora. A condição de Marshall-Lerner é satisfeita.

CAPÍTULO 19

Produto, taxa de juros e taxa de câmbio

No Capítulo 18, tratamos a taxa de câmbio como um dos instrumentos de política econômica disponíveis ao governo. Mas a taxa de câmbio não é um instrumento de política econômica. Em vez disso, ela é determinada no mercado de câmbio — um mercado em que, conforme vimos no Capítulo 17, há um enorme volume de transações. Este fato levanta duas questões óbvias: o que determina a taxa de câmbio? Como os formuladores de políticas econômicas podem afetá-la?

São essas as questões que motivam este capítulo. Para respondê-las, reintroduzimos os mercados financeiros que deixamos de lado no Capítulo 18. Examinamos as implicações do equilíbrio tanto no mercado de bens quanto nos mercados financeiros, incluindo o mercado de câmbio. Isso nos permite caracterizar os movimentos conjuntos de produto, taxa de juros e taxa de câmbio em uma economia aberta. O modelo que desenvolvemos é uma extensão para a economia aberta do modelo *IS–LM* que vimos no Capítulo 5, conhecido como **modelo Mundell-Fleming** — em homenagem aos economistas Robert Mundell e Marcus Fleming, que desenvolveram o modelo na década de 1960. (O modelo apresentado aqui mantém o espírito do original de Mundell-Fleming, mas difere em alguns detalhes.)

A Seção 19.1 examina o equilíbrio no mercado de bens.
A Seção 19.2 examina o equilíbrio nos mercados financeiros, incluindo o mercado de câmbio.
A Seção 19.3 junta as duas condições de equilíbrio e examina a determinação de produto, taxa de juros e taxa de câmbio.
A Seção 19.4 examina o papel da política econômica sob taxas de câmbio flexíveis.
A Seção 19.5 examina o papel da política econômica sob taxas de câmbio fixas.

19.1 Equilíbrio no mercado de bens

O equilíbrio no mercado de bens foi o foco do Capítulo 18, em que derivamos a equação da condição de equilíbrio (Equação 18.4):

$$Y = C(Y - T) + I(Y, r) + G - IM(Y, \varepsilon)/\varepsilon + X(Y^*, \varepsilon)$$
$$(+) \qquad (+,-) \qquad (+,+) \qquad (+,-)$$

Para que o mercado de bens esteja em equilíbrio, o produto (o lado esquerdo da equação) deve ser igual à demanda por bens domésticos (o lado direito da equação). Essa demanda é igual ao consumo, C, mais o investimento, I, mais os gastos do governo, G, menos o valor das importações, IM/ε, mais as exportações, X.

◆ Equilíbrio do mercado de bens (*IS*): produto = demanda por bens domésticos.

- O consumo, C, depende positivamente da renda disponível, $Y - T$.
- O investimento, I, depende positivamente do produto, Y, e negativamente da taxa real de juros, r.
- Os gastos do governo, G, são tomados como dados.

434 Macroeconomia

◆ A quantidade de importações, IM, depende positivamente tanto do produto, Y, quanto da taxa de câmbio real, ε. O valor das importações em termos de bens domésticos é igual à quantidade de importações dividida pela taxa real de câmbio.

◆ As exportações, X, dependem positivamente do produto estrangeiro, Y^*, e negativamente da taxa de câmbio real, ε.

A seguir, será conveniente reagrupar os últimos dois termos sob o nome de "exportações líquidas", definidas como exportações menos o valor das importações:

$$NX(Y, Y^*, \varepsilon) = X(Y^*, \varepsilon) - IM(Y, \varepsilon)/\varepsilon$$

> Neste capítulo, vamos assumir que a condição de Marshall-Lerner seja satisfeita. Sob essa condição, um aumento na taxa de câmbio real — uma apreciação real — leva a uma diminuição nas exportações líquidas (veja o Capítulo 18).

Segue de nossas hipóteses sobre importações e exportações que as exportações líquidas, NX, dependem do produto doméstico, Y, do produto estrangeiro, Y^*, e da taxa de câmbio real, ε. Um aumento no produto doméstico aumenta as importações, diminuindo, assim, as exportações líquidas. Um aumento no produto estrangeiro aumenta as exportações, aumentando as exportações líquidas. Um aumento na taxa de câmbio real leva a uma queda nas exportações líquidas.

Usando essa definição de exportações líquidas, podemos reescrever a condição de equilíbrio como

$$Y = C\,(Y - T) + I\,(Y, r) + G + NX\,(Y, Y^*, \varepsilon) \qquad (19.1)$$
$$(+)\qquad (+, -)\qquad\qquad (-, +, -)$$

Para nossos propósitos, a implicação principal da Equação 19.1 é que tanto a taxa de juros real quanto a taxa de câmbio real afetam a demanda, que, por sua vez, afeta o produto de equilíbrio:

◆ Um aumento na taxa de juros real leva a uma diminuição nos gastos de investimento e, consequentemente, a uma diminuição na demanda por bens domésticos. Isso leva, por meio do multiplicador, a uma diminuição no produto.

◆ Um aumento na taxa de câmbio real leva a um deslocamento da demanda em direção aos bens estrangeiros e, consequentemente, a uma diminuição nas exportações líquidas, a qual reduz a demanda por bens domésticos. Isso leva, por meio do multiplicador, a uma diminuição no produto.

Para o restante deste capítulo, faremos duas simplificações na Equação 19.1:

◆ Considerando nosso foco no curto prazo, admitimos no tratamento anterior do modelo *IS-LM* que o nível de preços (doméstico) era dado. Adotaremos aqui a mesma hipótese e a estenderemos para o nível de preços estrangeiro, de modo que a taxa de câmbio real, $\varepsilon = EP/P^*$, e a taxa de câmbio nominal, E, variem juntas. Uma diminuição na taxa de câmbio nominal — uma depreciação nominal — leva a uma diminuição proporcional na taxa de câmbio real — uma depreciação real. Simetricamente, um aumento na taxa de câmbio nominal — uma apreciação nominal — leva a um aumento proporcional na taxa de câmbio real — uma apreciação real. Se, por conveniência de notação, escolhermos P e P^* de modo que $P/P^* = 1$ (e podemos fazer isso, pois ambos são números-índice), então $\varepsilon = E$, e podemos substituir ε por E na Equação 19.1.

> Primeira simplificação: $P = P^* = 1$, logo $\varepsilon = E$.

> Segunda simplificação: $\pi^e = 0$, logo $r = i$.

◆ Uma vez que tomamos o nível de preços doméstico como dado, não há inflação, nem efetiva nem esperada. Assim, a taxa de juros nominal e a taxa de juros real são iguais, e podemos substituir a taxa real de juros, r, na Equação 19.1 pela taxa nominal de juros, i.

Com essas duas simplificações, a Equação 19.1 torna-se

$$Y = C(Y - T) + I(Y, i) + G + NX(Y, Y^*, E) \qquad (19.2)$$
$$(+)\qquad (+, -)\qquad\qquad (-, +, -)$$

Em outras palavras, o equilíbrio do mercado de bens implica que o produto depende, negativamente, tanto da taxa de juros nominal quanto da taxa de câmbio nominal.

19.2 Equilíbrio nos mercados financeiros

Quando examinamos os mercados financeiros no modelo *IS-LM*, assumimos que as pessoas só escolhiam entre dois ativos financeiros — moeda e títulos. Agora, ao examinarmos uma economia aberta do ponto de vista financeiro, também deveremos levar em conta o fato de que as pessoas têm escolha entre títulos domésticos e títulos estrangeiros.

Títulos domésticos *versus* títulos estrangeiros

Ao examinar a escolha entre títulos domésticos e estrangeiros, devemos recorrer à hipótese que introduzimos no Capítulo 17: investidores financeiros, sejam eles domésticos ou estrangeiros, buscam a taxa de retorno esperada mais alta ignorando os riscos. Isso implica que, no equilíbrio, tanto os títulos domésticos quanto os estrangeiros devem ter a mesma taxa de retorno esperada; caso contrário, os investidores estariam dispostos a reter somente um deles, não ambos, e isso não representaria um equilíbrio. (Como muitas outras relações econômicas, essa é somente uma aproximação da realidade e nem sempre se aplica. Falaremos mais sobre ela no quadro Foco "Paradas súbitas, portos seguros e os limites da condição de paridade de juros".)

Como vimos no Capítulo 17 (Equação 17.2), essa hipótese implica que a seguinte relação de arbitragem — a *condição da paridade de juros* — deve ser satisfeita:

$$(1 + i_t) = (1 + i_t^*)\left(\frac{E_t}{E_{t+1}^e}\right) \tag{19.3}$$

> A esta altura, podemos perceber que a maneira de entender vários mecanismos macroeconômicos é refinar o modelo básico em uma direção e simplificá-lo em outras (aqui, abrindo a economia, mas ignorando o risco). Manter todos os refinamentos levaria a um modelo rico (e é isso que fazem os modelos macroeconométricos), entretanto resultaria em um livro terrível. As coisas ficariam muito complicadas.

> Lembramos que assumimos que as pessoas não estão dispostas a deter moeda doméstica ou estrangeira por si só.

FOCO

Paradas súbitas, portos seguros e os limites da condição de paridade de juros

A condição de paridade de juros supõe que os investidores financeiros se preocupam somente com os retornos esperados. Conforme discutido no Capítulo 14, os investidores se preocupam não só com os retornos esperados, mas também com os riscos e com a liquidez. Na maior parte do tempo, podemos ignorar esses outros fatores. Às vezes, entretanto, esses fatores têm um papel importante na decisão dos investidores e na determinação dos movimentos da taxa cambial.

Conforme mostrado na Figura 1, os fluxos de capital, captados aqui pelos fluxos de ações — compras de ações de empresas de mercados emergentes por estrangeiros — para países de mercados emergentes, têm sido muito voláteis desde o início da crise. Fluxos de capital voláteis são uma questão que muitos países

emergentes conhecem bem e normalmente refletem as mudanças na percepção de risco dos investidores em vez de as mudanças nas taxas de juros relativas.

A percepção do risco desempenha um papel importante na decisão dos investidores estrangeiros, como fundos de pensão, de investir ou não em seu país. Às vezes, a percepção de aumento do risco leva os investidores a querer vender todos os ativos que mantêm no país, seja qual for a taxa de juros. Esses episódios de venda, que no passado afetaram muitos países de economias emergentes latino-americanos e asiáticos, são conhecidos como **paradas súbitas**. Durante esses episódios, a condição de paridade de juros falha, e a taxa de câmbio desses países de mercados emergentes pode diminuir bastante, sem muita variação nas taxas de juros domésticas ou estrangeiras.

▶ **Figura 1** Fluxos de capitais para países emergentes desde junho de 2008.

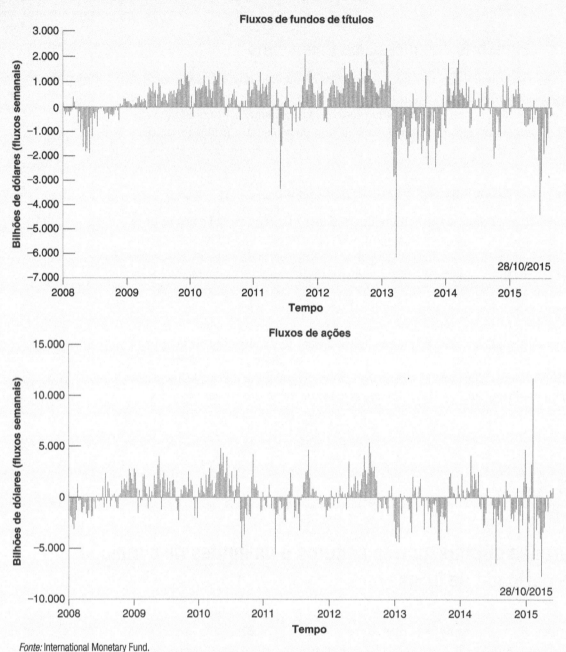

Fonte: International Monetary Fund.

Na verdade, o início da crise foi associado a grandes movimentos de capital que pouco tinham a ver com os retornos esperados. Preocupados com a incerteza, muitos investidores de países avançados decidiram levar seus fundos para casa, onde se sentiam mais seguros. Como resultado, houve grandes saídas de capital de uma série de países emergentes, provocando forte pressão sobre suas taxas de câmbio e sérios problemas financeiros. Por exemplo, alguns bancos domésticos que haviam recorrido a investidores estrangeiros viram-se sem fundos, o que os obrigou, por sua vez, a cortar empréstimos a empresas e famílias. Esse foi um importante canal de transmissão da crise dos Estados Unidos para o resto do mundo.

Um fenômeno simétrico está em ação em alguns países avançados. Em razão de suas características, alguns países são tidos como particularmente atrativos pelos investidores quando a incerteza é alta. É o caso dos Estados Unidos. Mesmo em tempos normais, há grande demanda externa por suas letras do Tesouro (T-bills). A razão é o tamanho e a liquidez do mercado de T-bills dos Estados Unidos. Pode-se vender ou comprar grandes quantidades desses títulos rapidamente e sem muita variação de preço. Voltando ao duradouro déficit comercial dos Estados Unidos, que vimos no Capítulo 17, uma razão por que o país tem sido capaz de gerar tal déficit comercial, e assim tomar emprestado do resto do mundo por um prazo tão longo, é a alta demanda externa por T-bills (esta é uma resposta parcial ao desafio apresentado no final do Capítulo 18).

Em tempos de crise, a preferência por T-bills dos Estados Unidos torna-se ainda mais forte. O país é amplamente visto pelos investidores como um **porto seguro**, um país em que é seguro movimentar fundos. O resultado disso é que períodos de maior incerteza são frequentemente associados a uma demanda mais forte por ativos

dos Estados Unidos e, assim, alguma pressão ascendente sobre o dólar. Curiosamente, o início da crise recente esteve associado a uma forte apreciação do dólar. Há alguma ironia aqui, considerando-se que a crise se originou nos Estados Unidos. Na verdade, alguns economistas se perguntam por quanto tempo os Estados Unidos continuarão a ser percebidos como um porto seguro. Se isso mudar, o dólar deverá depreciar.

Leitura adicional: entre os países afetados por grandes saídas de capital em 2008 e 2009, também estavam algumas pequenas economias avançadas, como a Irlanda e a Islândia. Algumas delas tinham acumulado as mesmas vulnerabilidades financeiras que os Estados Unidos (aquelas que estudamos no Capítulo 6) e algumas sofreram muito. Uma leitura boa e fácil são os capítulos sobre Irlanda e Islândia em *Boomerang:* Travels in a New Third World, de Michael Lewis. Norton Books (2011).

---

onde i_t é a taxa de juros interna, i_t^* é a taxa de juros externa, E_t é a taxa de câmbio corrente e E_{t+1}^e é a taxa de câmbio futura esperada. O lado esquerdo dá o retorno, em termos de moeda nacional, de reter títulos domésticos. O lado direito dá o retorno esperado, também em termos da moeda nacional, de reter títulos estrangeiros. No equilíbrio, os dois retornos esperados devem ser iguais.

Multipliquemos ambos os lados por E_{t+1}^e e reorganizemos para obter

$$E_t = \frac{1 + i_t}{1 + i_t^*} E_{t+1}^e \tag{19.4}$$

> A presença de E_t advém do fato de que, para comprar o título estrangeiro, primeiro deve-se trocar moeda nacional por estrangeira. A presença de E_{t+1}^e advém do fato de que, para resgatar os fundos no próximo período, deve-se trocar moeda estrangeira por nacional.

Por ora, vamos considerar a taxa de câmbio futura esperada como dada e representá-la por $\bar{E}^e$ (abandonaremos esta hipótese no Capítulo 20). Sob esta hipótese, e eliminando os índices temporais, a condição da paridade de juros torna-se

$$E = \frac{1 + i}{1 + i^*} \bar{E}^e \tag{19.5}$$

Essa relação nos diz que a taxa de câmbio corrente depende das taxas de juros interna e externa e da taxa de câmbio futura esperada:

- Um aumento na taxa de juros interna leva a um aumento na taxa de câmbio.
- Um aumento na taxa de juros externa leva a uma diminuição na taxa de câmbio.
- Um aumento na taxa de câmbio futura esperada leva a um aumento na taxa de câmbio corrente.

Essa relação desempenha um papel importante no mundo real e também neste capítulo. Para entendê-la melhor, tomemos o exemplo a seguir.

Consideremos investidores financeiros — investidores, para simplificar — escolhendo entre títulos dos Estados Unidos e japoneses. Suponhamos que a taxa de juros de um ano dos títulos dos Estados Unidos seja 2% e que a dos títulos japoneses seja também de 2%. Suponhamos que a taxa de câmbio corrente seja 100 (1 dólar vale 100 ienes) e que a taxa de câmbio esperada daqui a um ano também seja 100. Sob essas hipóteses, os títulos norte-americanos e os japoneses têm o mesmo retorno esperado em dólares, e a condição da paridade de juros é satisfeita.

Suponhamos que os investidores agora esperem que a taxa de câmbio seja 10% maior daqui a um ano, de modo que $\bar{E}^e$ seja agora igual a 110. A uma taxa de câmbio corrente inalterada, os títulos dos Estados Unidos passam a ser muito mais atraentes que os japoneses. Os títulos norte-americanos oferecem uma taxa de juros de 2% em dólares. Os japoneses ainda oferecem uma taxa de juros de 2% em ienes, mas espera-se que o iene daqui a um ano valha – 10% menos em dólares. Em termos de dólares, o retorno dos títulos japoneses é, portanto, 2% (a taxa de juros) –10% (a depreciação esperada do iene em relação ao dólar), ou seja, –8%.

Assim, o que acontecerá com a taxa de câmbio corrente? À taxa de câmbio inicial de 100, os investidores desejarão trocar os títulos japoneses por títulos dos Estados Unidos. Para fazer isso, primeiro eles devem vender os títulos japoneses por ienes, depois vender os ienes por dólares e, então, usar os dólares para comprar títulos dos Estados Unidos. Quando os investidores vendem ienes e compram dólares, o dólar aprecia. Em quanto? A Equação 19.5 nos dá a resposta: $E = (1,02/1,02)\,110 = 110$. A taxa de câmbio corrente deve aumentar na mesma proporção que a taxa de câmbio futura esperada. Em outras palavras, o dólar deve apreciar 10% no presente. Após essa apreciação de 10%, $E = \bar{E}^e = 110$, os retornos esperados do título dos Estados Unidos e dos títulos japoneses são novamente iguais e há equilíbrio no mercado de câmbio.

Suponhamos, em vez disso, que o Fed eleve a taxa de juros doméstica nos Estados Unidos de 2% para 5%. Suponhamos que a taxa de juros japonesa permaneça inalterada em 2% e que a taxa de câmbio futura esperada permaneça inalterada em 100. A uma taxa de câmbio atual inalterada, os títulos dos Estados Unidos são novamente muito mais atraentes que os japoneses. Os títulos dos Estados Unidos produzem um retorno de 5% em dólares. Os títulos japoneses dão um retorno de 2% em ienes e — como se espera que a taxa de câmbio no próximo ano seja igual à de hoje — também um retorno esperado de 2% em dólares.

O que acontecerá, então, com a taxa de câmbio corrente? Novamente, à taxa de câmbio inicial de 100, os investidores desejarão trocar títulos japoneses por títulos dos Estados Unidos. Ao fazerem isso, vendem ienes por dólares, e o dólar aprecia. Em quanto? A Equação 19.5 dá a resposta: $E = (1,05/1,02)100 \approx 103$. A taxa de câmbio corrente aumenta aproximadamente 3%.

Por que 3%? Pensemos no que acontece quando o dólar aprecia. Se, conforme assumimos, os investidores não alterarem suas expectativas da taxa de câmbio futura, quanto mais o dólar aprecia hoje, mais eles vão esperar que a moeda deprecie no futuro (porque se espera que volte ao mesmo valor no futuro). Pelo fato de o dólar ter apreciado 3% hoje, os investidores esperam que ele deprecie 3% no próximo ano. De modo equivalente, esperam que o iene aprecie 3% em relação ao dólar ao longo do ano seguinte. A taxa de retorno esperada em dólares de se reter títulos japoneses é, portanto, 2% (a taxa de juros em ienes) + 3% (a apreciação esperada do iene), ou 5%. Essa taxa de retorno esperada é igual à taxa de retorno de se reter títulos dos Estados Unidos, logo, há equilíbrio no mercado de câmbio.

> Certifique-se de que entendeu este argumento. Por que o dólar não aprecia, digamos, 20%?

Observe-se que nosso argumento depende fundamentalmente da hipótese de que, quando a taxa de juros se altera, a taxa de câmbio esperada permanece inalterada. Isso implica que uma apreciação no presente leve a uma depreciação esperada no futuro — pois espera-se que a taxa de câmbio volte para o mesmo valor inalterado. Abandonaremos essa hipótese de que a taxa de câmbio futura é fixa no Capítulo 20. Mas a conclusão básica será mantida: *um aumento na taxa de juros interna em relação à taxa de juros externa leva a uma apreciação.*

A Figura 19.1 mostra a relação entre a taxa de juros interna, i, e a taxa de câmbio, E, decorrente da Equação 19.5 — a relação da paridade de juros. A relação é mostrada para uma dada taxa de câmbio futura esperada, $\bar{E}^e$, e uma dada taxa de juros externa, i^*, e é representada por uma reta positivamente inclinada. Quanto maior a taxa de juros interna, maior a taxa de câmbio. A Equação 19.5 também implica que, quando a taxa de juros interna é igual à taxa de juros externa ($i = i^*$), a taxa de câmbio é igual à taxa de câmbio futura esperada ($E = \bar{E}^e$). Isso implica que a reta correspondente à condição da paridade de juros passa pelo ponto A (onde $i = i^*$) na figura.

> O que acontecerá à reta se (1) i^* aumentar? (2) $\bar{E}^e$ aumentar?

▶ **Figura 19.1** Relação entre a taxa de juros e a taxa de câmbio decorrente da paridade de juros.

Uma taxa de juros interna maior leva a uma taxa de câmbio maior — uma apreciação.

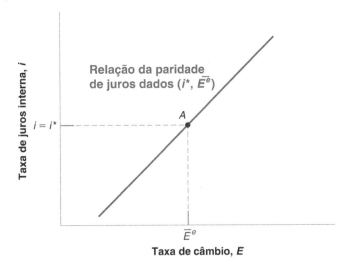

19.3 Colocando o mercado de bens e os mercados financeiros juntos

Temos agora os elementos de que precisamos para compreender os movimentos do produto, da taxa de juros e da taxa de câmbio.

O equilíbrio no mercado de bens implica que o produto depende, entre outros fatores, das taxas de juros e de câmbio:

$$Y = C(Y - T) + I(Y, i) + G + NX(Y, Y^*, E)$$

Vamos pensar na taxa de juros, i, como a taxa básica estipulada pelo Banco Central:

$$i = \bar{i}$$

E a condição da paridade de juros implica uma relação positiva entre a taxa de juros interna e a taxa de câmbio:

$$E = \frac{1 + i}{1 + i^*} \bar{E}^e$$

Juntas, essas três relações determinam o produto, a taxa de juros e a taxa de câmbio. Não é fácil trabalhar com três equações e três variáveis. Mas podemos facilmente reduzi-las a duas usando a condição da paridade de juros para eliminar a taxa de câmbio da relação de equilíbrio no mercado de bens. Com isso, obtemos as duas equações a seguir, as versões de nossas conhecidas relações *IS e LM* para uma economia aberta:

$$IS: \quad Y = C(Y - T) + I(Y, i) + G + NX\left(Y, Y^*, \frac{1+i}{1+i^*} \bar{E}^e\right)$$

$$LM: \quad i = \bar{i}$$

Juntas, as duas equações determinam a taxa de juros e o produto de equilíbrio. Pela Equação 19.5, tem-se a taxa de câmbio implícita. Tomemos primeiro a relação *IS* e consideremos os efeitos de um aumento na taxa de juros sobre o produto. Um aumento na taxa de juros tem dois efeitos:

◆ O primeiro efeito, que já estava presente em uma economia fechada, é o efeito direto sobre o investimento. Uma taxa de juros maior leva a uma diminuição no investimento, a uma diminuição na demanda por bens domésticos e a uma diminuição no produto.

◆ O segundo efeito, que só está presente na economia aberta, é o efeito por meio da taxa de câmbio. Um aumento na taxa de juros interna leva a um aumento na taxa de câmbio — uma apreciação. A apreciação, que torna os bens domésticos mais caros em relação aos bens estrangeiros, leva a uma diminuição nas exportações líquidas e, portanto, a uma diminuição na demanda por bens domésticos e a uma diminuição no produto.

Ambos os efeitos atuam na mesma direção. Um aumento na taxa de juros diminui a demanda direta e indiretamente — por meio do efeito adverso da apreciação sobre a demanda.

A Figura 19.2(a) mostra a relação *IS* entre a taxa de juros e o produto para valores dados de todas as outras variáveis da relação — a saber, T, G, Y^*, i^* e $\bar{E}^e$. A curva *IS* é negativamente inclinada. Um aumento na taxa de juros leva a um produto menor. A curva é muito parecida com a da economia fechada, mas esconde uma relação mais complexa que antes. A taxa de juros afeta o produto não apenas direta, mas também indiretamente, por meio da taxa de câmbio.

> Um aumento na taxa de juros leva direta e indiretamente (por meio da taxa de câmbio) a uma diminuição no produto.

▶ **Figura 19.2 Modelo *IS-LM* em uma economia aberta.**

Um aumento na taxa de juros reduz o produto tanto direta quanto indiretamente (por meio da taxa de câmbio). A curva *IS* é negativamente inclinada. A curva *LM* é horizontal, como no Capítulo 6.

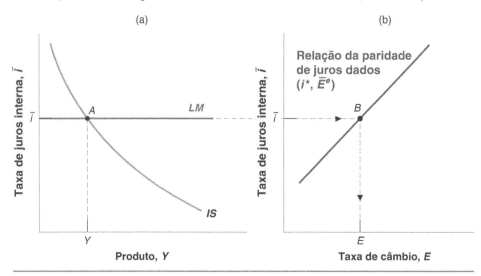

A relação *LM* é exatamente igual na economia aberta e na economia fechada; é uma linha horizontal, no nível da taxa de juros $\bar{i}$ estabelecida pelo Banco Central.

O equilíbrio nos mercados de bens e financeiro é alcançado no ponto *A* da Figura 19.2(a), com o nível de produto, *Y*, e a taxa de juros, $\bar{i}$. O valor de equilíbrio da taxa de câmbio não pode ser lido diretamente no gráfico, mas é obtido facilmente na Figura 19.2(b), que reproduz a Figura 19.1 e fornece a taxa de câmbio associada a uma dada taxa de juros encontrada no ponto *B*, dados também a taxa de juros externa i^* e a taxa de câmbio esperada. A taxa de câmbio associada à taxa de juros de equilíbrio, $\bar{i}$, é igual a *E*.

Resumindo, derivamos as relações *IS* e *LM* para uma economia aberta:

A curva *IS* é negativamente inclinada. Um aumento na taxa de juros leva direta e indiretamente (por meio da taxa de câmbio) a uma diminuição na demanda e a uma diminuição no produto.

A curva *LM* é horizontal *à taxa de juros determinada pelo Banco Central*.

O produto de equilíbrio e a taxa de juros de equilíbrio são dados pela interseção das curvas *IS* e *LM*. Dada a taxa de juros externa e a taxa de câmbio futura esperada, a taxa de juros de equilíbrio determina a taxa de câmbio de equilíbrio.

19.4 Efeitos da política econômica em uma economia aberta

Tendo derivado o modelo *IS-LM* para uma economia aberta, agora podemos utilizá-lo para examinar os efeitos da política econômica.

Os efeitos da política monetária em uma economia aberta

Vamos começar com os efeitos da decisão do Banco Central de elevar a taxa de juros interna. Observemos a Figura 19.3(a). Em um dado nível de produto, com uma taxa de juros mais alta, a curva *LM* desloca-se para cima, de *LM* para *LM'*. A curva *IS* não se desloca (lembramos que a curva *IS* só muda se *G* ou *T* ou *Y** ou i^* mudar). O equilíbrio se move do ponto *A* ao ponto *A'*. Na Figura 19.3(b), o aumento na taxa de juros acarreta uma apreciação.

▸ Uma contração monetária desloca a curva *LM* para cima. Não desloca nem a curva *IS* nem a curva de paridade de juros.

▶ **Figura 19.3 Efeitos de uma elevação na taxa de juros.**
Um aumento na taxa de juros leva a uma diminuição no produto e uma apreciação.

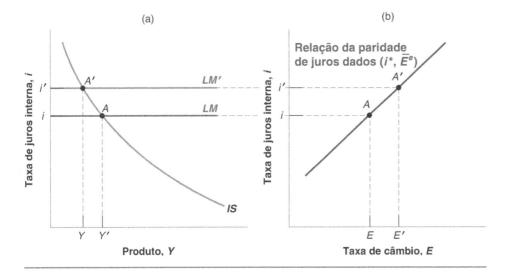

O que acontece com as exportações líquidas?

Assim, em uma economia aberta, a política monetária funciona por meio de dois canais: primeiro, assim como em uma economia fechada, funciona pelo efeito da taxa de juros sobre as despesas; segundo, funciona pelo efeito da taxa de juros sobre a taxa de câmbio e o efeito da taxa de câmbio sobre exportações e importações. Ambos os efeitos atuam na mesma direção. No caso de uma contração monetária, a taxa de juros mais alta e a apreciação reduzem a demanda e o produto.

Efeitos da política fiscal em uma economia aberta

Agora vamos examinar uma mudança nos gastos do governo. Suponhamos que, partindo de um orçamento equilibrado, o governo resolva aumentar os gastos com defesa sem aumentar os impostos, assim incorrendo em um déficit orçamentário. O que acontece com o nível do produto? E com a composição do produto? E com a taxa de juros? E com a taxa de câmbio?

Suponhamos primeiro que, antes do aumento das despesas públicas, o nível de produto, Y, estivesse abaixo do potencial. Se o aumento em G desloca o produto em direção ao potencial, mas não acima dele, o Banco Central não se preocupa com a possibilidade de aumento na inflação (lembre-se da nossa discussão no Capítulo 9, em especial a Figura 9.3) e mantém a taxa de juros inalterada. O que acontece com a economia é descrito na Figura 19.4. A economia está inicialmente no ponto A. O aumento nos gastos do governo em, digamos, $\Delta G > 0$, aumenta o produto a uma dada taxa de juros, deslocando a curva IS para a direita, de IS para IS' na Figura 19.4(a). Visto que o Banco Central não muda a taxa de política monetária, a curva LM não se desloca. O novo equilíbrio encontra-se no ponto A', com um nível de produto mais alto, Y'. No painel (b), como a taxa de juros não mudou, a taxa de câmbio também não muda. Assim, um aumento nos gastos do governo, quando o banco central mantém a taxa de juros inalterada, conduz a um aumento no produto sem variação na taxa de câmbio.

Um aumento nos gastos públicos desloca a curva IS para a direita. Não desloca nem a curva LM nem a curva de paridade de juros.

O que acontece com os vários componentes da demanda?

* Claramente, o consumo e os gastos do governo sobem: o consumo em virtude do aumento da renda; os gastos do governo por hipótese.

▶ **Figura 19.4** Efeitos de um aumento nos gastos públicos sem uma variação da taxa de juros.

Um aumento nos gastos públicos leva a um aumento no produto. Se o Banco Central mantém a taxa de juros inalterada, a taxa de câmbio também permanece inalterada.

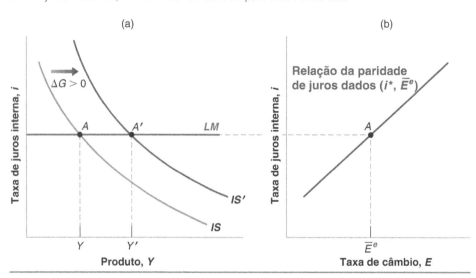

- O investimento também sobe porque depende tanto do produto quanto da taxa de juros: $I = I(Y, i)$. Neste caso, o produto aumenta e a taxa de juros não varia, de modo que o investimento sobe.
- E as exportações líquidas? Lembramos que elas dependem do produto doméstico, do produto estrangeiro e da taxa de câmbio: $NX = NX(Y, Y^*, E)$. O produto estrangeiro não se altera, visto que assumimos que o resto do mundo não reage a um aumento nos gastos públicos domésticos. A taxa de câmbio também não se altera, acompanhando a taxa de juros. Resta-nos o efeito do produto doméstico mais alto; uma vez que o aumento no produto eleva as importações a uma taxa de câmbio inalterada, as exportações líquidas caem. Consequentemente, o déficit orçamentário leva a uma deterioração da balança comercial. Se o comércio estiver inicialmente equilibrado, o déficit orçamentário levará a um déficit comercial. Observe-se que, embora um aumento no déficit orçamentário aumente o déficit comercial, o efeito está longe de ser mecânico. Funciona por meio do efeito do déficit orçamentário sobre o produto e, por sua vez, sobre o déficit comercial.

Agora, suponhamos que o aumento em G aconteça em uma economia na qual o produto está próximo do produto potencial, Y_n. O governo pode decidir elevar seus gastos mesmo que a economia já esteja em um produto potencial, por exemplo, porque precisa pagar por um evento excepcional, como uma grande inundação, sem recorrer a um aumento de impostos (veremos mais a respeito no Capítulo 22). Neste caso, o Banco Central teme que o aumento em G, movendo a economia para cima do produto potencial, possa aumentar a inflação. É provável que responda elevando a taxa de juros. O que acontece é descrito na Figura 19.5. A uma taxa de juros inalterada, o produto aumenta de Y_n para Y' e a taxa de câmbio não muda. Mas, se o Banco Central acompanhar o aumento dos gastos com um aumento na taxa de juros, o produto aumentará menos, de Y_n para Y'' e a taxa de câmbio sofrerá apreciação, de E para E''.

Novamente, o que acontece com os vários componentes da demanda?

- Como antes, o consumo e os gastos públicos aumentam: o consumo em decorrência do aumento da renda; e os gastos do governo por hipótese.

▶ **Figura 19.5** Efeitos de um aumento em gastos governamentais quando o Banco Central responde elevando a taxa de juros.

Um aumento em gastos governamentais acarreta um aumento no produto. Se o Banco Central responder elevando a taxa de juros, haverá apreciação da taxa de câmbio.

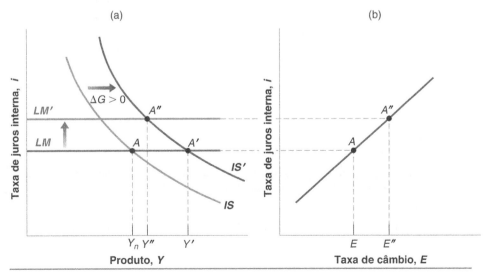

444 Macroeconomia

◆ O que acontece com o investimento agora é ambíguo. O investimento depende tanto do produto quanto da taxa de juros: $I = I(Y, i)$. Aqui, o produto sobe, assim como a taxa de juros.

◆ As exportações líquidas caem por duas razões: o produto sobe, aumentando as importações; a taxa de câmbio sofre apreciação, aumentando as importações e reduzindo as exportações. O déficit orçamentário provoca um déficit comercial. (Contudo, se o déficit comercial será maior do que se a taxa básica permanecer constante é uma questão ambígua. A apreciação piora a situação, mas a taxa de juros mais alta leva a um menor aumento no produto e, portanto, a um menor aumento nas importações.)

> Robert Mundell recebeu o Prêmio Nobel de Economia em 1999.

Essa versão do modelo *IS-LM* para uma economia aberta foi elaborada pela primeira vez na década de 1960 pelos dois economistas que mencionamos no início do capítulo, Robert Mundell, da Universidade de Colúmbia, e Marcus Fleming, do Fundo Monetário Internacional (FMI) — embora o modelo deles refletisse a economia dos anos 1960, quando os bancos centrais costumavam determinar a oferta de moeda, M, em vez de a taxa de juros, como ocorre atualmente (lembre-se da nossa discussão no Capítulo 6). Até que ponto o modelo Mundell-Fleming se ajusta aos fatos? A resposta é: normalmente muito bem, e é por isso que o modelo ainda é bastante utilizado hoje em dia. Como todo modelo simples, muitas vezes é preciso ampliá-lo. Deve-se incorporar, por exemplo, o papel do risco em afetar decisões de alocação de portfólio ou as implicações do limite inferior zero, dois aspectos importantes da crise. Mas os exercícios simples em que trabalhamos nas figuras 19.3, 19.4 e 19.5 são um bom ponto de partida para organizar o raciocínio. (Veja o quadro Foco "Contração monetária e expansão fiscal: os Estados Unidos no início da década de 1980". O modelo Mundell-Fleming e suas previsões foram aprovados com louvor.)

FOCO

Contração monetária e expansão fiscal: os Estados Unidos no início da década de 1980

O início da década de 1980 nos Estados Unidos foi dominado por mudanças bruscas nas políticas tanto monetária quanto fiscal.

No final da década de 1970, o então presidente do Fed, Paul Volcker, concluiu que a inflação dos Estados Unidos estava alta demais e tinha de ser reduzida. A partir do final de 1979, Volcker embarcou em uma trajetória de rigorosa contração monetária, ciente de que isso poderia levar a uma recessão no curto prazo aliada a uma inflação menor no médio prazo.

A mudança na política fiscal foi desencadeada pela eleição de Ronald Reagan em 1980. Reagan foi eleito com a promessa de adotar políticas econômicas mais conservadoras — a saber, uma redução de impostos e do papel do governo na atividade econômica. Esse compromisso inspirou

a Lei de Recuperação Econômica (*Economic Recovery Act*), de agosto de 1981. O imposto de renda de pessoa física sofreu um corte total de 23%, dividido em três períodos de 1981 a 1983. Os impostos da pessoa jurídica também foram reduzidos. Entretanto, esses cortes de impostos não foram acompanhados de reduções correspondentes nos gastos do governo, e o resultado foi um aumento contínuo nos déficits orçamentários, que em 1983 atingiram um pico de 5,6% do PIB. A Tabela 1 mostra os números dos gastos e das receitas para o período entre 1980 e 1984.

Quais eram as motivações da administração Reagan para o corte de impostos sem a implementação de cortes correspondentes nos gastos? Isso é motivo de discussão até hoje, mas há um consenso sobre duas motivações principais.

Uma motivação baseou-se nas convicções de um grupo periférico, porém influente, de economistas, chamado **economistas do lado da oferta** (*supply siders*), que argumentava que um corte nas alíquotas dos impostos faria as pessoas e as empresas trabalharem muito mais e de maneira mais produtiva, e que o aumento resultante na atividade levaria efetivamente a um aumento — e não a uma redução — nas receitas tributárias. Quaisquer que fossem os aparentes méritos do argumento à época, ele se revelou equivocado. Mesmo que algumas pessoas tenham, de fato, trabalhado mais e de maneira mais produtiva após os cortes de impostos, as receitas tributárias diminuíram e o déficit fiscal aumentou.

A outra motivação foi mais cínica: a aposta de que o corte de impostos e o aumento resultante nos déficits assustariam o Congresso, levando-o a cortar os gastos ou, no mínimo, a não aumentá-los ainda mais. Essa motivação mostrou-se correta em parte: o Congresso viu-se sob enorme pressão para não elevar gastos, e o crescimento dos gastos na década de 1980 foi, certamente, menor do que teria sido em outras circunstâncias. Apesar disso, o ajuste de gastos não se mostrou suficiente para compensar a queda nos impostos e impedir o aumento rápido nos déficits.

Seja qual for o motivo dos déficits, os efeitos da contração monetária e da expansão fiscal estavam alinhados com as previsões do modelo Mundell-Fleming. A Tabela 2 mostra a evolução das principais variáveis macroeconômicas de 1980 a 1984.

De 1980 a 1982 a evolução da economia foi dominada pelos efeitos da contração monetária. As taxas de juros, tanto nominais quanto reais, aumentaram abruptamente, levando tanto a uma grande apreciação do dólar quanto a uma recessão. O objetivo de diminuir a inflação foi atingido; a inflação caiu de 12,5%, em 1980, para menos de 4% em 1982. O produto menor e a apreciação do dólar tiveram efeitos opostos sobre a balança comercial (o produto menor levou a importações menores e a uma melhora na balança comercial; a apreciação do dólar levou

▶ **Tabela 1** **Surgimento de grandes déficits orçamentários nos Estados Unidos, 1980-1984 (porcentagem do PIB).**

	1980	1981	1982	1983	1984
Gastos	22,0	22,8	24,0	25,0	23,7
Receitas	20,2	20,8	20,5	19,4	19,2
Impostos de pessoa física	9,4	9,6	9,9	8,8	8,2
Impostos de pessoa jurídica	2,6	2,3	1,6	1,6	2,0
Superávit orçamentário	−1,8	−2,0	−3,5	−5,6	−4,5

Os dados referem-se a anos fiscais, que se iniciam em outubro do ano civil anterior. Todos os números estão expressos como porcentagem do PIB. Um déficit orçamentário é um superávit orçamentário negativo.

Fonte: Historical Tables, Office of Management and Budget.

▶ **Tabela 2** **Principais variáveis macroeconômicas dos Estados Unidos, 1980-1984.**

	1980	1981	1982	1983	1984
Crescimento do PIB (%)	−0,5	1,8	−2,2	3,9	6,2
Taxa de desemprego (%)	7,1	7,6	9,7	9,6	7,5
Inflação (IPC) (%)	12,5	8,9	3,8	3,8	3,9
Taxa de juros (real) (%)	11,5 2,5	14,0 4,9	10,6 6,0	8,6 5,1	9,6 5,9
Taxa de câmbio real	85	101	111	117	129
Superávit comercial (% do PIB)	−0,5	−0,4	−0,6	−1,5	−2,7

Inflação: taxa de variação do IPC. A taxa nominal de juros é a taxa de juros das T-bills dos Estados Unidos de três meses. A taxa de juros real é igual à taxa nominal menos a previsão de inflação da empresa privada DRI. A taxa de câmbio real é a taxa de câmbio real ponderada pelo comércio, normalizada de modo que 1973 = 100. Um superávit comercial negativo é um déficit comercial.

446 Macroeconomia

a uma deterioração da balança comercial), resultando em pouca variação do déficit comercial antes de 1982.

De 1982 em diante, a evolução da economia foi dominada pelos efeitos da expansão fiscal. Como nosso modelo prevê, esses efeitos foram um forte crescimento do produto, altas taxas de juros e uma apreciação adicional do dólar. Os efeitos do alto crescimento do produto e da apreciação do dólar foram um aumento no déficit comercial para 2,7% do PIB em 1984. Em meados da década de 1980, os **déficits gêmeos** — o déficit orçamentário e o déficit comercial — tornaram-se a principal questão da política macroeconômica. Os déficits gêmeos permaneceram como uma das questões centrais da macroeconomia durante a década de 1980 e o início de 1990.

19.5 Taxas de câmbio fixas

Assumimos até aqui que o Banco Central escolhia a taxa de juros e deixava que a taxa de câmbio se ajustasse livremente da forma determinada pelo equilíbrio no mercado de câmbio. Em muitos países, essa hipótese não reflete a realidade. Os bancos centrais atuam com metas de taxa de câmbio implícitas ou explícitas e usam a política monetária para atingir essas metas — às vezes implícitas; outras vezes, explícitas. Algumas vezes são valores específicos; em outras, bandas ou intervalos. Esses arranjos de taxa de câmbio (ou *regimes*, como são chamados) assumem diversos nomes. Vejamos primeiro o que esses nomes significam.

Atrelamentos, minidesvalorizações, bandas, o SME e o euro

Em uma das extremidades do espectro situam-se países com taxas de câmbio flexíveis, como Estados Unidos, Reino Unido, Japão e Canadá. Esses países não têm metas explícitas de taxa de câmbio. Embora seus bancos centrais certamente não ignorem as oscilações das taxas de câmbio, eles têm se mostrado bastante dispostos a permitir que elas flutuem consideravelmente.

No extremo oposto estão os países que operam com *taxas de câmbio fixas*. Esses países mantêm uma taxa de câmbio fixa em termos de alguma moeda estrangeira. Alguns **atrelam** sua moeda ao dólar. Por exemplo, de 1991 a 2001 a Argentina atrelou sua moeda, o peso, à taxa de câmbio altamente simbólica de um dólar por um peso (veremos mais sobre isso no Capítulo 20). Outros países costumavam atrelar sua moeda ao franco francês (a maioria deles ex-colônias francesas na África); visto que o franco francês foi substituído pelo euro, esses países estão agora atrelados ao euro. Outros, ainda, atrelam sua moeda a uma cesta de moedas estrangeiras, com os pesos refletindo a composição do seu comércio.

O rótulo "fixas" é um pouco enganoso. Não é verdade que a taxa de câmbio em países com taxas de câmbio fixas efetivamente nunca mude. Mas as mudanças são raras. Um caso extremo é o dos países africanos atrelados ao franco francês — o reajuste de suas taxas de câmbio em janeiro de 1994 consistiu no primeiro em 45 anos! Como essas mudanças são raras, os economistas usam palavras específicas para distingui-las das mudanças diárias que ocorrem sob taxas de câmbio flexíveis. Uma diminuição na taxa de câmbio sob um regime de taxa de câmbio fixa é chamada de *desvalorização*, em vez de depreciação, e um aumento na taxa de câmbio sob um regime de taxa de câmbio fixa é chamado de *valorização*, em vez de apreciação.

Entre esses extremos estão países com vários graus de compromisso com uma meta de taxa de câmbio. Por exemplo, alguns países operam sob **minidesvalorizações** (*crawling peg*). O nome descreve bem o regime. Esses países normalmente têm taxas de inflação que superam a dos Estados Unidos. Se eles atrelassem sua

> Esses termos foram apresentados no Capítulo 17.

> Lembre-se da definição de taxa de câmbio real, $\epsilon = EP/P^*$.
> Se a inflação interna for maior que a externa: P aumenta mais rápido que P^*.
> Se E for fixa, EP/P^* aumenta continuamente.
> De modo equivalente: há uma apreciação real contínua. Os bens domésticos se tornam cada vez mais caros em relação aos bens estrangeiros.

taxa nominal de câmbio ao dólar, o aumento mais rápido do seu nível de preços doméstico em relação ao nível de preços dos Estados Unidos levaria a uma apreciação real contínua e rapidamente tornaria seus bens não competitivos. Para evitar esse efeito, esses países escolhem uma taxa de depreciação predeterminada em relação ao dólar. Eles escolhem mover-se devagar (rastejar — em inglês, *crawl*) em relação ao dólar.

Outro tipo de arranjo é o de um grupo de países que mantêm suas taxas de câmbio bilaterais (a taxa de câmbio entre cada par de países) dentro de determinadas bandas. Talvez o exemplo mais expressivo desse regime seja o **Sistema Monetário Europeu (SME)**, que determinou os movimentos das taxas de câmbio dentro da União Europeia de 1978 a 1998. Sob as regras do SME, os países-membros concordaram em manter suas taxas de câmbio em relação às outras moedas do sistema dentro de limites estreitos, ou **bandas**, em torno de uma **paridade central** — um dado valor para a taxa de câmbio. Mudanças na paridade central e desvalorizações ou valorizações de moedas específicas poderiam ocorrer, mas somente em comum acordo entre os países-membros. Após uma séria crise em 1992, que levou vários países a abandonarem completamente o SME, os ajustes na taxa de câmbio tornaram-se cada vez menos frequentes, fazendo que vários países dessem um passo adiante e adotassem uma moeda comum, o **euro**. A conversão das moedas nacionais para o euro começou em 1º de janeiro de 1999 e foi concluída no início de 2002. (Voltaremos às implicações da adoção do euro no Capítulo 20.)

> Examinaremos a crise de 1992 no Capítulo 20.

> Pode-se pensar que os países que adotam uma moeda comum adotem uma forma extrema de taxas de câmbio fixas. Suas "taxas de câmbio" são fixadas na cotação de um para um entre qualquer par de países.

No próximo capítulo, discutiremos as vantagens e as desvantagens de diversos regimes cambiais. Mas, em primeiro lugar, deve-se entender como o atrelamento (também chamado de *fixação*) da taxa de câmbio afeta as políticas monetária e fiscal. É o que faremos no restante desta seção.

Política monetária quando a taxa de câmbio é fixa

Suponhamos que um país decida atrelar sua taxa de câmbio a algum valor dado, que chamaremos $\bar{E}$. Como ele efetivamente faz isso? O governo não pode simplesmente anunciar o valor da taxa de câmbio e pronto. Em vez disso, precisa tomar medidas para que a taxa escolhida passe a prevalecer no mercado de câmbio. Vamos examinar as implicações e o funcionamento do atrelamento.

Atrelada ou não, a taxa de câmbio e a taxa de juros nominal devem satisfazer à condição da paridade de juros:

$$(1 + i_t) = (1 + i_t*)\left(\frac{E_t}{E_{t+1}^e}\right)$$

Agora, suponhamos que o país atrele a taxa de câmbio em $\bar{E}$, de modo que a taxa de câmbio atual seja $E_t = \bar{E}$. Se os mercados financeiros e de câmbio acreditarem que a taxa de câmbio permanecerá atrelada a esse valor, sua expectativa da taxa de câmbio futura, E_{t+1}^e, também será igual a $\bar{E}$ e a relação da paridade de juros passará a ser

$$(1 + i_t) = (1 + i_t^*) \Longrightarrow i_t = i_t^*$$

> Esses resultados dependem muito da condição da paridade de taxa de juros, que, por sua vez, depende da hipótese de mobilidade perfeita de capitais — segundo a qual os investidores buscam a maior taxa de retorno esperada. O caso das taxas de câmbio fixas com mobilidade imperfeita de capitais, que é mais relevante para os países de renda média — como os da América Latina ou da Ásia —, é tratado no apêndice deste capítulo.

Em outras palavras: se os investidores esperam que a taxa de câmbio permaneça inalterada, eles exigirão a mesma taxa de juros nominal em ambos os países. *Sob uma taxa de câmbio fixa e com mobilidade de capitais perfeita, a taxa de juros interna deve ser igual à taxa de juros externa.*

Resumindo: *sob taxas de câmbio fixas, o Banco Central abre mão da política monetária como um instrumento de política econômica.* Com uma taxa de câmbio fixa, a taxa de juros interna deve ser igual à externa.

Política fiscal quando a taxa de câmbio é fixa

Se a política monetária não pode mais ser usada sob taxas de câmbio fixas, o que dizer da política fiscal?

Os efeitos de um aumento nos gastos do governo quando o Banco Central atrela a taxa de câmbio são idênticos aos que vimos na Figura 19.4 no caso das taxas de câmbio flexíveis. Isso ocorre porque, se o aumento nos gastos não for acompanhado por uma mudança na taxa de juros, não haverá variação na taxa de câmbio. Assim, quando os gastos públicos aumentam, o atrelamento da taxa de câmbio ou sua ausência não faz diferença. A diferença entre câmbio fixo e flexível é a capacidade de resposta do Banco Central. Vimos, na Figura 19.5, que, se o aumento nos gastos governamentais empurra a economia acima do produto potencial, aumentando assim a possibilidade de que a inflação cresça, o Banco Central pode responder elevando a taxa de juros. Essa opção não está mais disponível sob taxas de câmbio fixas porque a taxa de juros deve ser igual à taxa de juros externa.

> Sob taxas de câmbio flexíveis, o Banco Central poderia responder a um aumento nos gastos governamentais elevando a taxa de juros, como na Figura 19.5. Essa opção não está mais disponível sob taxas de câmbio fixas porque a taxa de juros deve ser igual à taxa de juros externa.

À medida que este capítulo chega ao fim, uma dúvida deve pairar em nossas mentes: por que um país escolheria fixar sua taxa de câmbio? Vimos diversos motivos para que isso pareça ser uma má ideia:

- Ao fixar a taxa de câmbio, um país abre mão de um poderoso instrumento para corrigir desequilíbrios comerciais ou mudar o nível de atividade econômica.

- Ao se comprometer com uma taxa de câmbio em particular, um país também abre mão do controle de sua taxa de juros. Não apenas isso, mas o país deve acompanhar os movimentos da taxa de juros externa, com o risco de efeitos indesejáveis sobre sua própria atividade. Foi o que aconteceu na Europa no início da década de 1990. Em razão do aumento na demanda decorrente da reunificação das Alemanhas (Ocidental e Oriental), o país sentiu a necessidade de elevar sua taxa de juros. Para manter sua paridade com o marco alemão, outros países do Sistema Monetário Europeu (SME) também foram forçados a elevar suas taxas de juros, algo que preferiam ter evitado. (Esse é o tema do quadro Foco "Reunificação alemã, taxas de juros e o SME".)

FOCO

Reunificação alemã, taxas de juros e o SME

Em um regime de taxa de câmbio fixa, como o Sistema Monetário Europeu (SME) — o sistema que prevalecia antes da introdução do euro —, nenhum país isoladamente pode alterar sua taxa de juros sem que os demais países também o façam. Assim, como as taxas de juros efetivamente se alteram? Há dois arranjos possíveis. Em um deles, todos os países-membros coordenam as alterações de suas taxas de juros. No outro, um país assume a liderança e os outros o seguem — foi o que aconteceu no SME, com a Alemanha no papel de líder.

Na década de 1980, a maioria dos bancos centrais europeus compartilhava objetivos semelhantes e estava feliz em deixar que o Bundesbank (o Banco Central alemão) assumisse a liderança. Em 1990, porém, a reunificação alemã gerou uma forte divergência de objetivos entre o Bundesbank e os bancos centrais de outras nações do SME. Grandes déficits orçamentários, desencadeados pelas transferências para pessoas e empresas na Alemanha Oriental, com uma explosão de investimentos, levaram a um grande aumento da demanda na Alemanha. O receio do Bundesbank de que esse deslocamento gerasse um aumento grande demais na atividade o levou a adotar uma política monetária restritiva. O resultado foi um grande crescimento da Alemanha, acompanhado de um grande aumento nas taxas de juros.

Essa pode ter sido a combinação de políticas correta para a Alemanha. No entanto, para os outros países europeus essa combinação de políticas foi bem menos atrativa. Eles não estavam experimentando o mesmo aumento na demanda, mas, para permanecer no SME, tiveram de acompanhar as taxas de juros alemãs. O resultado líquido foi uma forte diminuição na demanda e no produto nos outros países. Esses resultados estão na Tabela 1, que mostra as taxas de juros nominais, as taxas de juros reais, as taxas de inflação e o crescimento do PIB de 1990 a 1992 para a Alemanha e dois de seus parceiros no SME, a França e a Bélgica.

Observe primeiro como a França e a Bélgica acompanharam as altas taxas de juros nominais alemãs. Na realidade, as taxas de juros nominais foram efetivamente maiores na França que na Alemanha nos três anos! Isso ocorreu porque a França precisava de taxas de juros maiores que a Alemanha para manter a paridade marco alemão/franco. O motivo residia no fato de os mercados financeiros não terem certeza de que a França realmente manteria a paridade do franco em relação ao marco alemão. Preocupados com uma possível desvalorização do franco, os investidores pediram uma taxa de juros maior para os títulos franceses que para os alemães.

Embora a França e a Bélgica tivessem de acompanhar — ou, como acabamos de ver, mais do que acompanhar — as taxas nominais alemãs, ambos os países tiveram menos inflação que a Alemanha. O resultado foram taxas de juros reais muito altas, bem maiores que na Alemanha. Tanto na França quanto na Bélgica as taxas de juros médias reais de 1990 a 1992 estiveram próximas de 7%. E, em ambos os países, o período 1990–1992 caracterizou-se por crescimento lento e desemprego crescente. Na França, o desemprego subiu de 8,9% em 1990 para 10,4% em 1992. Os números correspondentes para a Bélgica foram 8,7% e 12,1%.

História semelhante ocorria nos outros países do SME. O desemprego médio na União Europeia, que fora de 8,7% em 1990, subiu para 10,3% em 1992. Os efeitos das altas taxas de juros reais sobre os gastos não consistiram na única fonte dessa desaceleração, mas foram a principal.

Em 1992, um número crescente de países questionava se deveria continuar defendendo sua paridade no SME ou desistir e baixar suas taxas de juros. Preocupados com o risco de desvalorizações, os mercados financeiros começaram a pressionar por taxas de juros maiores naqueles países nos quais as desvalorizações eram consideradas mais prováveis. O resultado foram duas crises cambiais importantes, uma no fim de 1992 e outra em meados de 1993. Ao final dessas duas crises, dois países — Itália e Reino Unido — deixaram o SME. (Examinaremos essas crises, suas origens e suas implicações no Capítulo 20.)

▶ **Tabela 1 Reunificação alemã, taxas de juros e crescimento do produto: Alemanha, França e Bélgica, 1990–1992.**

	Taxas de juros nominais (%)			Inflação (%)		
	1990	1991	1992	1990	1991	1992
Alemanha	8,5	9,2	9,5	2,7	3,7	4,7
França	10,3	9,6	10,3	2,9	3,0	2,4
Bélgica	9,6	9,4	9,4	2,9	2,7	2,4
	Taxas de juros reais (%)			Crescimento do PIB (%)		
	1990	1991	1992	1990	1991	1992
Alemanha	5,8	5,5	4,8	5,7	4,5	2,1
França	7,4	6,6	7,9	2,5	0,7	1,4
Bélgica	6,7	6,7	7,0	3,3	2,1	0,8

A taxa de juros nominal é a taxa de juros nominal de curto prazo. A taxa de juros real é a taxa de juros real efetiva ao longo do ano — ou seja, a taxa de juros nominal menos a inflação efetiva ao longo do ano. Todas as taxas são anuais.

Fonte: OECD Economic Outlook.

- Embora o país mantenha o controle da política fiscal, apenas um instrumento de política econômica não é o suficiente. Como vimos no Capítulo 18, por exemplo, uma expansão fiscal pode ajudar a economia a sair de uma recessão, mas somente à custa de um déficit comercial maior. E um país que queira, por exemplo, diminuir seu déficit orçamentário não pode, sob taxas de câmbio fixas, usar a política monetária para compensar o efeito contracionista de sua política fiscal sobre o produto.

Assim, por que alguns países fixam sua taxa de câmbio? Por que 19 países europeus — e ainda há outros por vir — adotaram uma moeda comum? Para responder a essas questões, devemos trabalhar mais. Devemos examinar o que acontece não somente no curto prazo — o que fizemos neste capítulo —, mas também no médio prazo, quando o nível de preços pode se ajustar. Devemos examinar a natureza das crises cambiais. Com isso, seremos capazes de avaliar as vantagens e desvantagens dos diversos regimes de taxa de câmbio. Esses serão os temas tratados no Capítulo 20.

Resumo

- Em uma economia aberta, a demanda por bens domésticos e produto depende tanto da taxa de juros quanto da taxa de câmbio. Um aumento na taxa de juros diminui a demanda por bens domésticos. Um aumento na taxa de câmbio — uma apreciação — também diminui a demanda por bens domésticos.

- A taxa de juros é determinada pela condição de paridade, segundo a qual títulos domésticos e estrangeiros devem ter a mesma taxa de retorno esperada em termos da moeda nacional.

- Dadas a taxa de câmbio futura esperada e a taxa de juros externa, os aumentos na taxa de juros interna levam a um aumento na taxa de câmbio — uma apreciação. Diminuições na taxa de juros interna levam a uma diminuição na taxa de câmbio — uma depreciação.

- Sob taxas de câmbio flexíveis, uma política fiscal expansionista leva a um aumento no produto. Se a expansão fiscal é parcialmente compensada por uma política monetária mais rigorosa, ela provoca um aumento na taxa de juros e uma apreciação.

- Sob taxas de câmbio flexíveis, uma política monetária contracionista leva a uma diminuição no produto, um aumento na taxa de juros e uma apreciação.

- Há muitos tipos de arranjo de taxa de câmbio. Eles incluem, entre outros, taxas de câmbio totalmente flexíveis, minidesvalorizações, taxas de câmbio fixas (ou atrelamentos) e a adoção de uma moeda comum. Sob taxas de câmbio fixas, um país mantém uma taxa de câmbio fixa em termos de uma moeda estrangeira ou de uma cesta de moedas.

- Sob taxas de câmbio fixas e a condição da paridade de juros, um país deve manter uma taxa de juros igual à taxa de juros externa. O Banco Central não pode mais utilizar a política monetária como um instrumento de política econômica. Contudo, a política fiscal passa a ter mais poder que sob taxas de câmbio flexíveis, pois a política fiscal desencadeia a acomodação monetária e, assim, não leva a mudanças compensatórias na taxa de juros interna e na taxa de câmbio.

Palavras-chave

- atrelamentos, 446
- bandas, 447
- déficits gêmeos, 446
- economistas do lado da oferta (*supply siders*), 445
- euro, 447
- minidesvalorizações, 446
- modelo Mundell-Fleming, 433
- paradas súbitas, 435
- paridade central, 447
- porto seguro, 437
- Sistema Monetário Europeu (SME), 447

Questões e problemas

Teste rápido

1. **Usando as informações contidas neste capítulo, diga se cada afirmação a seguir é verdadeira, falsa ou incerta. Explique brevemente.**

   a. A condição de paridade da taxa de juros significa que as taxas são iguais entre países.

   b. Tudo o mais constante, a condição da paridade de juros implica que a moeda nacional apreciará em resposta a um aumento na taxa de câmbio esperada.

   c. Se investidores esperam que o dólar deprecie em relação ao iene ao longo do próximo ano, as taxas de juros de um ano serão maiores nos Estados Unidos que no Japão.

   d. Se a taxa de câmbio esperada apreciar, a taxa de câmbio corrente imediatamente aprecia.

   e. O Banco Central influencia o valor da taxa de câmbio ao mudar a taxa de juros interna em relação à taxa de juros externa.

   f. Um aumento nas taxas de juros internas, todos os outros fatores mantidos, aumenta as exportações.

   g. Uma expansão fiscal, todos os outros fatores mantidos, tende a aumentar as exportações líquidas.

   h. A política fiscal exerce maior efeito sobre o produto em uma economia com taxas de câmbio fixas que em uma economia com taxas de câmbio flexíveis.

   i. Sob uma taxa de câmbio fixa, o Banco Central deve manter a taxa de juros interna igual às taxas de juros externas.

2. **Consideremos uma economia aberta com taxas de câmbio flexíveis. Suponhamos que o produto esteja no nível natural, mas que haja um déficit comercial. O objetivo da política é reduzir o déficit comercial e deixar o produto em seu nível natural.**

   Qual é a combinação de políticas fiscal e monetária adequada?

3. **Neste capítulo, mostramos que uma redução nas taxas de juros em uma economia operando sob taxas de câmbio flexíveis leva a um aumento no produto e a uma depreciação da moeda nacional.**

   a. Como uma redução nas taxas de juros em uma economia com taxas de câmbio flexíveis afeta o consumo e o investimento?

   b. Como uma redução nas taxas de juros em uma economia com taxas de câmbio flexíveis afeta as exportações líquidas?

4. **Taxas de câmbio flexíveis e política macroeconômica estrangeira**

   Consideremos uma economia aberta com taxas de câmbio flexíveis. Seja PJD a condição da paridade de juros descoberta.

   a. Em um diagrama IS-LM-PJD, mostre o efeito de um aumento no produto estrangeiro, Y^*, sobre o produto doméstico, Y, e sobre a taxa de câmbio, E, quando o Banco Central doméstico mantém inalterada a taxa de juros. Explique.

   b. Em um diagrama IS-LM-PJD, mostre o efeito de um aumento na taxa de juros externa, i^*, sobre o produto doméstico, Y, e a taxa de câmbio, E, quando o Banco Central doméstico mantém inalterada a taxa de juros. Explique.

5. **Taxas de câmbio flexíveis e as respostas às mudanças na política macroeconômica estrangeira**

   Suponhamos que haja uma política fiscal expansionista no país estrangeiro que aumente Y^* e i^* ao mesmo tempo.

   a. Em um diagrama IS-LM-PJD, mostre o efeito do aumento no produto estrangeiro, Y^*, e na taxa de juros estrangeira, i^*, sobre o produto doméstico (Y) e a taxa de câmbio (E), quando o Banco Central nacional mantém inalterada a taxa de juros. Explique.

   b. Em um diagrama IS-LM-PJD, mostre o efeito do aumento no produto estrangeiro, Y^*, e na taxa de juros estrangeira, i^*, sobre o produto doméstico (Y) e a taxa de câmbio (E), quando o Banco Central nacional equipara o aumento na taxa de juros estrangeira com um aumento equivalente na taxa de juros doméstica. Explique.

   c. Em um diagrama IS-LM-PJD, mostre a política monetária doméstica que se segue ao aumento no produto estrangeiro, Y^*, e ao aumento na taxa de juros estrangeira, i^*, se a meta da política monetária doméstica é manter inalterado o produto doméstico (Y). Explique. Quando uma política como essa deve ser necessária?

Aprofundando

6. **Taxas de câmbio fixas e política macroeconômica estrangeira**

   Consideremos um sistema de taxa de câmbio fixa, em que um grupo de países (que chamaremos de "países seguidores") atrelam suas moedas à moeda de outro país (chamado de "país líder"). Visto que a moeda do país

452 Macroeconomia

líder não é fixa em relação às moedas dos países não pertencentes ao sistema de taxa de câmbio fixa, o país líder pode conduzir a política monetária da forma que desejar. Neste problema, consideremos que o país doméstico seja um seguidor e o país estrangeiro, o líder.

a. Como um aumento nas taxas de juros do país líder afeta a taxa de juros e o produto do país seguidor?

b. Como um aumento nas taxas de juros do país líder muda a composição do produto no país seguidor? Suponha que o país seguidor não mude a política fiscal.

c. O país seguidor pode usar a política fiscal para compensar os efeitos da redução nas taxas de juros do país líder e manter inalterado o produto doméstico? Quando tal política fiscal pode ser desejável?

d. Política fiscal envolve uma mudança nos gastos do governo ou uma mudança nos impostos. Elabore um mix de políticas fiscais que mantenha inalterados o consumo e o produto doméstico quando o país líder eleva as taxas de juros. Qual componente do produto foi alterado?

7. Taxa de câmbio como ferramenta de política monetária

Uma taxa de câmbio flexível combinada com uma disposição de alterar a taxa de juros doméstica pode aumentar a eficácia da política monetária em uma economia aberta. Consideremos uma economia que sofre uma queda na confiança nos negócios (o que tende a reduzir o investimento).

a. Em um diagrama *IS-LM-PJD*, mostre o efeito de curto prazo da queda na confiança nos negócios sobre o produto e a taxa de câmbio quando o Banco Central mantém inalterada a taxa de juros. Como a composição do produto muda?

b. O Banco Central está disposto a cortar a taxa de juros para restaurar o nível de produto a seu valor original. Como isso altera a composição do produto?

c. Se a taxa de câmbio fosse fixa e o Banco Central não pudesse alterar a taxa de juros (lembramos que é fixa no valor estrangeiro i^*), quais opções de política restam ao Banco Central?

d. Os bancos centrais geralmente favorecem as taxas de câmbio flexíveis. Explique por quê.

Explorando mais

8. Demanda por ativos norte-americanos, o dólar e o déficit comercial

Esta questão explora de que forma um aumento na demanda por ativos norte-americanos pode ter desacelerado a depreciação do dólar que muitos economistas acreditam ser justificada pelo grande déficit comercial dos Estados Unidos e pela necessidade de estimular a demanda por bens domésticos após a crise. Aqui, modificamos a estrutura IS-LM-PJD para analisar os efeitos de um aumento na demanda por ativos norte-americanos. Escreva a condição da paridade de juros descoberta como

$$(1 - i_t) = (1 + i_t^*)(E_t / E_{t+1}^e) - x$$

onde o parâmetro x representa os fatores que afetam a demanda relativa por ativos domésticos. Um aumento em x significa que os investidores estão dispostos a manter ativos domésticos a uma taxa de juros menor (dada a taxa de juros estrangeira e as taxas de câmbio corrente e esperada).

a. Resolva a condição *PJD* para a taxa de câmbio corrente, E_t.

b. Substitua o resultado do item (a) na curva *IS* e elabore o diagrama *PJD*. Como no texto, podemos assumir que P e P^* são constantes e iguais a um.

c. Suponhamos que, como resultado de um acentuado déficit comercial na economia doméstica, os participantes do mercado financeiro acreditem que a moeda interna deva sofrer depreciação no futuro. Por conta disso, a taxa de câmbio esperada, E_{t+1}^e, cai. No diagrama *IS-LM-PJD*, mostre o efeito da queda da taxa de câmbio esperada. Quais os efeitos sobre a taxa de câmbio e sobre a balança comercial? (*Dica:* na análise do efeito sobre a balança comercial, lembre-se por que a curva *IS* se movimentou.)

d. Agora, suponhamos que a demanda relativa por ativos domésticos, x, aumente. Como referência, consideremos que o aumento seja suficiente para retornar a curva *IS* para sua posição original, antes da queda na taxa de câmbio esperada. Mostre os efeitos combinados da queda em E_{t+1}^e e do aumento de x no diagrama *IS-LM-PJD*. Quais são os efeitos finais sobre a taxa de câmbio e sobre a balança comercial?

e. Com base em sua análise, é possível que um aumento na demanda por ativos norte-americanos consiga evitar a depreciação do dólar? É possível que um aumento na demanda por ativos norte-americanos consiga piorar a situação da balança comercial? Explique suas respostas.

9. Rendimentos de títulos e movimentos cambiais de longo prazo

a. Visite o site da *The Economist* (<www.economist.com>) e colete dados sobre taxas de juros de 10 anos. Pesquise a seção "*Markets & Data*" e, em seguida, a subseção "*Economic and Financial Indicators*". Consulte as taxas de juros de 10 anos dos Estados Unidos, Japão, China, Grã-Bretanha, Canadá, México e da área do euro. Para cada país (tratando a área do euro como um país), calcule os *spreads* como a taxa de juros do país menos a taxa de juros dos Estados Unidos.

b. A partir da condição da paridade de juros descoberta, os *spreads* do item (a) são a apreciação anualizada esperada do dólar em relação a outras moedas. Para calcular a apreciação esperada de 10 anos, é preciso calcular o efeito composto. (Logo, se x é o *spread*, a apreciação esperada de 10 anos é $[(1 + x)^{10} - 1]$. Tenha cuidado com os pontos decimais.) Espera-se que o dólar deprecie ou aprecie muito em relação à moeda de qualquer de seus seis principais parceiros comerciais?

c. Dada sua resposta ao item (b), para que país(es) uma apreciação ou depreciação significativa do dólar é esperada na próxima década? Sua resposta parece plausível?

Apêndice

Taxas de câmbio fixas, taxas de juros e mobilidade de capitais

A hipótese de mobilidade perfeita de capitais é uma boa aproximação do que acontece nos países com mercados financeiros altamente desenvolvidos e poucos controles de capital, como os Estados Unidos, o Reino Unido, o Japão e a União Europeia. Mas a hipótese é mais questionável nos países com mercados financeiros menos desenvolvidos ou nos quais há controles de capitais. Nestes, os investidores domésticos podem não ter o conhecimento nem o direito legal de comprar títulos estrangeiros quando as taxas de juros internas estão baixas. O Banco Central pode diminuir as taxas de juros enquanto mantém uma dada taxa de câmbio.

Para examinar esses assuntos, precisamos analisar novamente o balancete patrimonial do Banco Central. No Capítulo 4, assumimos que o único ativo retido pelo Banco Central fossem os títulos domésticos. Em uma economia aberta, o Banco Central retém, na verdade, dois tipos de ativo: (1) títulos domésticos e (2) **reservas internacionais**, que imaginaremos como moeda estrangeira — embora ela também tome a forma de títulos ou ativos estrangeiros que pagam juros. Imagine o balancete patrimonial do Banco Central como o representado pela Figura 1.

▶ **Figura 1** Balancete patrimonial do Banco Central.

Ativos	Passivos
Títulos Reservas internacionais	Base monetária

No lado do ativo estão os títulos e as reservas internacionais, e no do passivo a base monetária. Agora há duas maneiras pelas quais o Banco Central pode alterar a base monetária: pela compra ou venda de títulos no mercado de títulos, ou pela compra ou venda de moeda estrangeira no mercado de câmbio. (Se você não leu a Seção 4.3, no Capítulo 4, substitua "base monetária" por "oferta de moeda", e ainda assim entenderá o argumento básico.)

Mobilidade perfeita de capitais e taxas de câmbio fixas

Consideremos primeiro os efeitos de uma operação de mercado aberto sob as hipóteses conjuntas de mobilidade perfeita de capitais e de taxas de câmbio fixas (as hipóteses que fizemos na última seção deste capítulo):

♦ Suponhamos que a taxa de juros interna e a taxa de juros externa sejam inicialmente iguais, logo $i = i^*$. Suponhamos agora que o Banco Central faça uma operação de mercado aberto expansionista, comprando títulos no mercado de títulos no montante ΔB e criando moeda — aumentando a base monetária — em troca. Essa compra de títulos leva a uma diminuição na taxa de juros interna, i. Isso, entretanto, é apenas o início da história.

♦ Agora que a taxa de juros interna é menor que a externa, os investidores preferem reter títulos estrangeiros. Para comprar títulos estrangeiros, eles devem primeiro comprar moeda estrangeira. Então, vão ao mercado de câmbio e vendem moeda nacional por moeda estrangeira.

- Se o Banco Central não fizesse nada, o preço da moeda nacional cairia, e o resultado seria uma depreciação. No entanto, para manter seu compromisso com uma taxa de câmbio fixa, o Banco Central não pode permitir que a moeda deprecie. Assim, deve intervir no mercado de câmbio e vender moeda estrangeira por moeda nacional. À medida que ele vende moeda estrangeira e compra moeda nacional, a base monetária diminui.

- Que quantidade de moeda estrangeira o Banco Central deve vender? Ele deve continuar vendendo até que a base monetária retorne ao nível anterior à operação de mercado aberto, de modo que a taxa de juros interna seja novamente igual à taxa de juros externa. Somente então os investidores estarão dispostos a reter títulos domésticos.

Quanto tempo todas essas etapas levam? Sob mobilidade perfeita de capitais, tudo isso pode acontecer em questão de minutos após a operação de mercado aberto inicial. Após essas etapas, o balancete patrimonial do Banco Central parece ser como o representado na Figura 2. Os títulos retidos sobem em ΔB, as reservas internacionais caem em ΔB e a base monetária fica inalterada, depois de subir em ΔB na operação de mercado aberto e cair em ΔB como resultado da venda de moeda estrangeira no mercado de câmbio.

▶ **Figura 2** Balancete patrimonial do Banco Central após uma operação de mercado aberto e da intervenção induzida no mercado de câmbio.

Ativos	Passivos
Títulos: ΔB Reservas: $-\Delta B$	Base monetária: $\Delta B - \Delta B = 0$

Resumindo: sob taxas de câmbio fixas e com mobilidade perfeita de capitais, o único efeito da operação de mercado aberto é alterar a *composição* do balancete patrimonial do Banco Central, mas não a base monetária, nem a taxa de juros.

Mobilidade imperfeita de capitais e taxas de câmbio fixas

Vamos agora deixar de lado a hipótese da mobilidade perfeita de capitais. Suponhamos que leve algum tempo para que os investidores mudem a composição entre títulos domésticos e estrangeiros.

Agora, uma operação de mercado aberto expansionista inicialmente pode fazer que a taxa de juros interna

fique abaixo da externa. Mas, ao longo do tempo, os investidores mudam para os títulos estrangeiros, levando a um aumento na demanda por moeda estrangeira no mercado de câmbio. Para evitar uma depreciação da moeda nacional, o Banco Central mais uma vez deve estar pronto para vender moeda estrangeira e comprar moeda nacional. O Banco Central acabará comprando moeda nacional em quantidade suficiente para compensar os efeitos da operação inicial de mercado aberto. A base monetária volta para seu nível anterior à operação de mercado aberto e o mesmo ocorre com a taxa de juros. O Banco Central retém mais títulos domésticos e menos reservas internacionais.

A diferença entre este caso e o da mobilidade perfeita de capitais é que, ao aceitar uma perda de reservas internacionais, o Banco Central pode diminuir as taxas de juros *por algum tempo*. Se forem necessários apenas alguns dias para que os investidores se ajustem, a opção pode ser pouco atraente — como muitos países que sofreram grandes perdas de reservas sem muito efeito sobre a taxa de juros já descobriram à própria custa. No entanto, se o Banco Central puder afetar a taxa de juros interna por algumas semanas ou meses, pode, em algumas circunstâncias, estar disposto a fazê-lo.

Agora vamos nos desviar ainda mais da mobilidade perfeita de capitais. Suponhamos que, em resposta a uma diminuição na taxa de juros interna, os investidores não queiram ou não possam mudar muito suas carteiras para títulos estrangeiros. Por exemplo, há controles administrativos e legais sobre transações financeiras que tornam ilegal ou muito caro para residentes domésticos investirem fora do país. Este é o caso relevante para várias economias emergentes, da América Latina à China.

Após uma operação de mercado aberto expansionista, a taxa de juros interna diminui, tornando os títulos domésticos menos atraentes. Alguns investidores domésticos passam para os títulos estrangeiros, vendendo moeda nacional por moeda estrangeira. Para manter a taxa de câmbio, o Banco Central deve comprar moeda nacional e ofertar moeda estrangeira. Contudo, a intervenção no câmbio pelo Banco Central pode agora ser pequena em comparação com a operação de mercado aberto inicial. E, se os controles de capitais realmente impedirem por completo que os investidores passem para os títulos estrangeiros, pode não haver necessidade dessa intervenção no câmbio.

Mesmo se deixarmos esse caso extremo de lado, os efeitos líquidos da operação de mercado aberto inicial e das subsequentes intervenções no câmbio provavelmente serão *um aumento na base monetária; uma diminuição na taxa de juros interna; um aumento na quantidade de títulos retidos pelo Banco Central; e alguma perda — embora limitada — das reservas internacionais.* Com mobilidade imperfeita de capitais, um país tem alguma liberdade para alterar a taxa de juros interna enquanto mantém sua taxa de câmbio. Essa liberdade depende fundamentalmente de três fatores:

- O grau de desenvolvimento de seus mercados financeiros e a disposição dos investidores domésticos e estrangeiros de mudar a composição entre ativos domésticos e estrangeiros.
- O grau de controle de capitais que pode impor aos investidores domésticos e estrangeiros.

- O montante de reservas internacionais que retém. Quanto maiores as reservas que o país tem, mais pode suprir a perda de reservas que ele provavelmente sustentará se diminuir a taxa de juros a uma dada taxa de câmbio.

Considerando-se os grandes movimentos nos fluxos de capital que documentamos no capítulo, todas essas questões são tópicos de acalorado debate. Muitos países estão ponderando sobre uma utilização mais ativa dos controles de capital que no passado. Muitos países também estão acumulando grandes reservas como precaução contra grandes saídas de capital.

Palavra-chave

- reservas internacionais, 453

CAPÍTULO 20

Regimes de taxa de câmbio

Em julho de 1944, representantes de 44 países se reuniram em Bretton Woods, New Hampshire, nos Estados Unidos, para formular um novo sistema monetário e cambial internacional. O sistema adotado por eles baseava-se em taxas de câmbio fixas, com todos os países-membros, exceto os Estados Unidos, fixando o preço de sua moeda em termos de dólares. Em 1973, uma série de crises cambiais levou o sistema a um final repentino — e um final do que agora se denomina "período de Bretton Woods". Desde então, o mundo é descrito por muitos arranjos de taxa de câmbio: alguns países operam sob taxas de câmbio flexíveis; outros, sob taxas de câmbio fixas. Há também os que alternam esses regimes. Qual regime de taxa de câmbio escolher é uma das questões mais debatidas em macroeconomia e, como o quadrinho sugere, uma decisão a ser tomada por todos os países do mundo. Este capítulo trata desta questão.

"Então, está combinado. Até o dólar estabilizar, deixamos a concha de marisco flutuar."

A Seção 20.1 examina o médio prazo. Mostra que, em forte contraste com os resultados que derivamos para o curto prazo no Capítulo 19, uma economia termina com taxa de câmbio real e nível de produto iguais no médio prazo, independente de operar sob taxas de câmbio fixas ou flexíveis. Isso obviamente não torna o regime de taxa de câmbio irrelevante — o curto prazo importa muito —, mas é uma qualificação importante para nossa análise anterior.

A Seção 20.2 trata novamente das taxas de câmbio fixas, concentrando-se nas crises cambiais. Durante uma crise cambial típica, um país que opera sob uma taxa de câmbio fixa é forçado, frequentemente sob condições dramáticas, a abandonar sua paridade e a desvalorizar. As crises cambiais estiveram por trás do colapso do sistema de Bretton Woods. Elas abalaram o Sistema Monetário Europeu no início da década de 1990 e foram um elemento importante da crise asiática no fim dessa mesma década. É importante entender por que elas acontecem e o que implicam.

A Seção 20.3 trata novamente das taxas de câmbio flexíveis. Mostra que o comportamento das taxas de câmbio e sua relação com a política monetária são, na verdade, mais complexos do que assumimos no Capítulo 19. Grandes flutuações da taxa de câmbio e a dificuldade de usar a política monetária para afetá-la tornam um regime de taxa de câmbio flexível menos atraente do que parecia ser no Capítulo 19.

A Seção 20.4 reúne essas conclusões e apresenta os argumentos a favor das taxas flexíveis ou fixas. Discute dois desenvolvimentos importantes: a mudança para uma moeda comum em grande parte da Europa e a mudança para formas fortes de regimes de taxa de câmbio fixa, dos comitês cambiais (*currency boards*) à dolarização.

20.1 O médio prazo

Ao enfocar o curto prazo no Capítulo 19, traçamos um forte contraste entre o comportamento de uma economia com taxas de câmbio flexíveis e com taxas fixas:

- Sob taxas de câmbio flexíveis, um país que precisava obter uma depreciação real — por exemplo, para reduzir seu déficit comercial ou sair de uma recessão — poderia fazer isso recorrendo a uma política monetária expansionista para obter tanto uma taxa de juros menor quanto uma queda na taxa de câmbio — uma depreciação.

- Sob taxas de câmbio fixas, um país perdia ambos os instrumentos. Por definição, sua taxa de câmbio nominal era fixa e, assim, não podia ser ajustada. Além disso, a taxa de câmbio fixa e a condição da paridade de juros implicavam que o país não podia ajustar sua taxa de juros; a taxa de juros interna tinha de permanecer igual à externa.

Isso parecia tornar um regime de taxa de câmbio flexível muito mais atraente que o de taxa de câmbio fixa. Por que um país deveria abrir mão de dois instrumentos macroeconômicos — as taxas de câmbio e de juros? À medida que mudamos nosso foco do curto para o médio prazo, vemos que essa conclusão anterior precisa ser qualificada. Embora nossas conclusões sobre o curto prazo sejam válidas, veremos que, no médio prazo, a diferença entre os dois regimes desaparece. Mais especificamente, no médio prazo a economia atinge a mesma taxa real de câmbio e o mesmo nível de produto, seja sob taxas de câmbio fixas, seja sob taxas flexíveis.

A intuição por trás desse resultado é simples. Lembre-se da definição de taxa de câmbio real:

$$\varepsilon = \frac{EP}{P^*}$$

A taxa de câmbio real, ε, é igual à taxa de câmbio nominal, E (o preço da moeda nacional em termos da moeda estrangeira), vezes o nível de preços doméstico, P, dividido pelo nível de preços estrangeiro, P^*. Existem, portanto, duas maneiras pelas quais a taxa real de câmbio pode se ajustar:

- Por meio de uma mudança na taxa de câmbio nominal, E: por definição, isso só pode ser feito sob taxas de câmbio flexíveis. E, se assumirmos que o nível de

458 Macroeconomia

> Há três maneiras pelas quais um automóvel dos Estados Unidos pode ficar mais barato em relação a um automóvel japonês. Primeiro, por meio de uma redução no preço em dólares do automóvel dos Estados Unidos. Segundo, por meio de um aumento no preço em ienes do japonês. Terceiro, por meio de uma redução na taxa de câmbio nominal — uma redução no valor do dólar em termos de ienes.

preços doméstico, P, e o nível de preços estrangeiro, $P*$, não se alterem no curto prazo, essa é a única maneira de ajustar a taxa de câmbio real no curto prazo.

♦ Por meio de uma mudança no nível de preços doméstico, P, em relação ao nível de preços estrangeiro, $P*$. No médio prazo, essa opção é aberta mesmo para um país que opera sob uma taxa (nominal) de câmbio fixa. E é realmente o que acontece sob taxas de câmbio fixas. O ajuste ocorre por meio do nível de preços, e não da taxa de câmbio nominal.

A relação *IS* sob taxas de câmbio fixas

Em uma economia aberta com taxas de câmbio fixas, podemos escrever a relação *IS* como:

$$Y = Y\left(\frac{\bar{E}P}{P*}, G, T, i* - \pi^e, Y*\right) \qquad (20.1)$$
$$(-, \quad +, -, \quad -, \quad +)$$

Deixaremos a derivação da Equação 20.1 para o Apêndice 1 deste capítulo, chamado "Derivação da relação *IS* sob taxas de câmbio fixas". A intuição subjacente à equação, contudo, é simples. A demanda e, por sua vez, o produto, dependem:

♦ Negativamente da taxa de câmbio real, $\bar{E}P/P*$. $\bar{E}$ indica a taxa de câmbio nominal fixa; P e $P*$ indicam os níveis de preços domésticos e estrangeiros, respectivamente. Uma taxa de câmbio real mais alta implica uma demanda menor por bens nacionais e, por sua vez, um produto menor.

♦ Positivamente dos gastos do governo, G, e negativamente dos impostos, T.

♦ Negativamente da taxa de juros real doméstica, que por si só é igual à taxa de juros nominal menos a inflação esperada. Sob a condição de paridade de juros e taxas de câmbio fixas, a taxa de juros nominal interna é igual à taxa de juros nominal externa $i*$, de modo que a taxa de juros real interna é dada por $i* - \pi^e$.

♦ Positivamente do produto externo, $Y*$, por meio do efeito sobre as exportações.

Equilíbrio no curto e no médio prazos

Consideremos uma economia em que a taxa de câmbio real é muito alta. Como resultado, a balança comercial está em déficit, e o produto, abaixo do potencial.

Como vimos no Capítulo 19, sob um regime cambial flexível, o Banco Central poderia resolver o problema. Baixando a taxa de juros, poderia provocar uma depreciação nominal. Levando-se em conta os níveis de preços internos e externos, que assumimos como fixos no curto prazo, a depreciação nominal implicaria depreciação real, melhora na balança comercial e aumento do produto.

Contudo, sob um regime de taxa de câmbio fixa, o Banco Central não pode alterar a taxa de juros doméstica. Assim, no curto prazo, o déficit comercial persiste, e o país permanece em recessão.

No médio prazo, no entanto, os preços podem se ajustar. Vimos, nos Fundamentos, que o comportamento dos preços é bem descrito pela relação da curva de Phillips (Capítulo 9, Equação 9.3):

$$\pi - \pi^e = (\alpha/L)(Y - Y_n)$$

Quando o produto está acima do potencial, a taxa de inflação (ou seja, a taxa de variação dos preços) é mais alta que o esperado. Quando o produto está abaixo do potencial, como no caso analisado aqui, a taxa de inflação é mais baixa que o esperado. No Capítulo 9 vimos que o modo como as pessoas criavam expectativas inflacionárias mudava ao longo do tempo. Quando a inflação era baixa e não muito persistente, a inflação esperada era praticamente constante, e poderíamos tomar π^e como igual a uma constante $\overline{\pi}$. Quando a inflação se tornava mais alta e persistente, as pessoas passavam a esperar que a inflação no ano fosse a mesma do ano anterior, e a inflação esperada era mais bem capturada por $\pi^e = \pi - 1$. Por simplicidade, assumimos aqui que a inflação esperada seja constante, de modo que a relação da curva de Phillips seja dada por:

$$\pi - \overline{\pi} = (\alpha/L)(Y - Y_n) \qquad (20.2)$$

> Assumir a hipótese alternativa de que a inflação esperada é igual à do ano anterior leva a uma dinâmica mais complexa, mas ao mesmo equilíbrio de médio prazo.

Agora estamos prontos para analisar a dinâmica no médio prazo. Precisamos de uma hipótese sobre as taxas iniciais de inflação interna e externa. Denotemos a inflação externa por π^*. Suponhamos que, se o produto fosse igual ao produto potencial, as inflações interna e externa seriam equivalentes entre si, e ambas iguais a $\overline{\pi}$, de modo que $\pi = \pi^* = \overline{\pi}$. Ou seja, se ambas as economias estivessem operando no nível potencial, as taxas de inflação seriam as mesmas e os níveis de preços relativos permaneceriam constantes, assim como a taxa de câmbio real. Como estávamos assumindo uma situação inicial em que o produto está abaixo do potencial, a Equação 20.2 implica que a inflação interna é menor do que seria se o produto estivesse no potencial e, portanto, inferior à inflação externa. Em outras palavras, o nível de preços domésticos aumenta mais lentamente que o nível de preços estrangeiros. Isso implica que, dada a taxa de câmbio nominal, que é fixa, a taxa de câmbio real diminui. Como resultado, as exportações líquidas aumentam ao longo do tempo, assim como o produto. No médio prazo, o produto volta ao potencial, a inflação interna retorna a $\overline{\pi}$ e, portanto, se iguala à inflação externa. Com as inflações interna e externa iguais, a taxa de câmbio real é constante.

> $\pi < \pi^* \Rightarrow \bar{E}P/P^* \downarrow$

Resumindo:

* No curto prazo, uma taxa de câmbio nominal fixa implica uma taxa de câmbio real fixa.
* No médio prazo, a taxa de câmbio real pode se ajustar mesmo que a taxa de câmbio nominal seja fixa. O ajuste é obtido por meio de mudanças nos níveis relativos de preços ao longo do tempo.

Argumentos a favor e contra a desvalorização

O resultado de que, mesmo sob taxas de câmbio fixas, a economia pode voltar ao nível natural de produto no médio prazo é importante. Mas isso não elimina o fato de que o processo de ajuste pode ser longo e doloroso. O produto pode permanecer baixo demais e o desemprego alto demais por um tempo prolongado.

Será que existem maneiras mais rápidas e melhores de retornar o produto ao nível potencial? A resposta, no escopo do modelo que acabamos de desenvolver, claramente é sim. Suponhamos que o governo decida que, embora mantendo o regime de taxa de câmbio fixa, permitirá uma desvalorização *pontual*. Dado o nível de preços, a desvalorização (redução na taxa de câmbio nominal) acarreta, no curto prazo, uma depreciação real (redução na taxa de câmbio real) e, portanto, um aumento no produto. Em princípio, uma desvalorização na medida certa pode atingir no curto prazo o que foi atingido acima apenas no médio prazo e, assim, evitar grande parte da dor. Desse modo, quando um país sob taxas de câmbio fixas enfrenta um grande déficit comercial ou uma grande recessão, ele sofre enorme pressão política para que abandone completamente o regime de taxa de câmbio fixa ou para que ao menos tenha uma desvalorização pontual. Talvez a apresentação mais persuasiva dessa visão tenha sido elaborada há mais de 90 anos por Keynes, que argumentou contra a decisão de Winston Churchill, em 1925, de voltar a libra britânica à paridade com o ouro vigente antes da Primeira Guerra Mundial. Seus argumentos são apresentados no quadro Foco

"O retorno da Grã-Bretanha ao padrão-ouro: Keynes *versus* Churchill". A maioria dos historiadores econômicos acredita que a história provou que Keynes estava certo e que a sobrevalorização da libra foi um dos principais motivos do fraco desempenho econômico da Grã-Bretanha após a Primeira Guerra Mundial.

Aqueles que se opõem a uma mudança para taxas de câmbio flexíveis ou a uma desvalorização argumentam que há bons motivos para escolher taxas

FOCO

O retorno da Grã-Bretanha ao padrão-ouro: Keynes *versus* Churchill

Em 1925, a Grã-Bretanha decidiu voltar ao **padrão--ouro**, sistema no qual cada país fixava o preço de sua moeda em termos do ouro e estava pronto a trocar um pelo outro à paridade estabelecida. Esse sistema implicava taxas de câmbio nominais fixas entre os países. Se, por exemplo, uma unidade de moeda no país A valia duas unidades de ouro, e uma unidade de moeda no país B valia uma unidade de ouro, a taxa de câmbio entre os dois era de 2 (ou ½, dependendo do que se tomar como país doméstico).

O padrão-ouro existiu de 1870 até a Primeira Guerra Mundial. Em virtude da necessidade de financiar a guerra — sendo parte desse financiamento por meio da criação de moeda —, a Grã-Bretanha suspendeu o padrão-ouro em 1914. Em 1925, Winston Churchill, então ministro da Fazenda da Grã-Bretanha, decidiu voltar ao padrão-ouro e à paridade anterior à guerra — isto é, ao valor da libra em termos de ouro vigente antes da guerra. No entanto, como os preços aumentaram mais rapidamente na Grã-Bretanha que em muitos de seus parceiros comerciais, a volta à paridade anterior à guerra implicava uma grande apreciação real: considerando-se a mesma taxa de câmbio nominal anterior à guerra, os produtos britânicos estavam agora relativamente mais caros em relação aos bens estrangeiros. (Volte à definição de taxa de câmbio real, $\varepsilon = EP/P^*$. O nível de preços da Grã-Bretanha, P, havia aumentado mais que o nível de preços estrangeiro, P^*. A uma dada taxa de câmbio nominal, E, isso implicava que ε era maior e que a Grã-Bretanha sofria uma apreciação real.)

Keynes criticou duramente a decisão de retornar à paridade anterior à guerra. Em *The Economic Consequences of Mr. Churchill*, livro que publicou em 1925, seu argumento foi o seguinte: se a Grã-Bretanha fosse voltar ao padrão-ouro, deveria fazê-lo a um preço menor da moeda em termos de ouro, a uma taxa de câmbio nominal menor que a taxa de câmbio nominal anterior à guerra. Em um artigo de jornal, ele exprimiu seu ponto de vista com clareza:

"Permanece, entretanto, a objeção, à qual nunca deixei de dar importância, contra a volta ao ouro nas condições atuais, em vista das possíveis consequências sobre o estado do comércio e do emprego. Acredito que nosso nível de preços esteja alto demais se for convertido para o ouro à taxa de câmbio ao par em relação aos preços do ouro em outros lugares; e, se considerarmos somente os preços dos artigos que não são objeto de comércio internacional e dos serviços, isto é, salários, descobriremos que eles materialmente são altos demais — não menos que 5%, provavelmente 10%. Portanto, a menos que a situação se reverta por um aumento de preços em outros lugares, o ministro estará nos comprometendo com uma política de forçar para baixo os salários nominais em, talvez, 2 xelins por libra.

Não creio que isso possa ser conseguido sem maiores riscos aos lucros industriais e à tranquilidade da indústria. Eu deixaria o valor em ouro de nossa moeda onde ele estava há alguns meses em vez de me lançar a uma batalha com cada sindicato do país para reduzir os salários nominais. Parece mais razoável, simples e sensato deixar que a moeda encontre seu próprio nível por algum tempo do que forçar uma situação na qual os empregadores sejam levados a decidir entre fechar as portas ou reduzir os salários, custe essa batalha o que custar.

Por esse motivo, mantenho minha opinião de que o ministro da Fazenda cometeu um erro — porque corremos o risco de não recebermos a recompensa adequada se tudo der certo."

A previsão de Keynes mostrou-se correta. Enquanto outros países cresciam, a Grã-Bretanha ficou em recessão pelo resto da década. A maioria dos historiadores econômicos atribui boa parte da culpa à sobrevalorização inicial.

Fonte: The Nation and Athenaeum, 2 maio 1925.

de câmbio fixas e que uma disposição exagerada de desvalorizar torna inútil o objetivo inicial de adotar um regime de taxa de câmbio fixa. Eles argumentam que uma disposição exagerada do governo em considerar desvalorizações leva efetivamente a uma probabilidade maior de crises cambiais. Para entender seus argumentos, vamos examinar agora essas crises: o que as desencadeia e quais são suas implicações.

20.2 Crises cambiais sob taxas de câmbio fixas

Imaginemos um país que esteja operando sob uma taxa de câmbio fixa. Suponhamos que os investidores comecem a acreditar que logo poderá haver um ajuste na taxa de câmbio — ou uma desvalorização, ou uma mudança para um regime de taxa de câmbio flexível acompanhada de uma depreciação. Acabamos de conhecer o motivo para isso:

◆ A taxa de câmbio real pode estar alta demais. Em outras palavras, a moeda nacional pode estar sobrevalorizada, levando a um déficit de transações correntes grande demais. Nesse caso, é necessária uma depreciação real. Embora isso possa ser obtido no médio prazo sem uma desvalorização, os investidores podem concluir que o governo optará pelo caminho mais rápido — e desvalorizar.

Essa sobrevalorização acontece frequentemente em países que atrelam sua taxa de câmbio nominal a um país com inflação menor. Uma inflação relativa maior implica um preço de bens domésticos em relação a bens estrangeiros continuamente crescente, uma apreciação real contínua e uma deterioração contínua da posição comercial. Com o passar do tempo, a necessidade de um ajuste da taxa de câmbio real aumenta, e os investidores ficam cada vez mais nervosos e começam a achar que uma desvalorização pode estar a caminho.

◆ As condições internas podem exigir uma redução na taxa de juros interna. Como vimos, uma redução na taxa de juros interna não pode ser obtida sob taxas de câmbio fixas, mas sim se o país estiver disposto a mudar para um regime de taxa de câmbio flexível. Se um país deixar sua taxa de câmbio **flutuar** e, então, baixar sua taxa de juros interna, sabemos, pelo Capítulo 19, que isso desencadeará uma redução na taxa de câmbio nominal — uma depreciação nominal.

> Deixar uma moeda "flutuar" consiste em permitir a mudança de um regime de taxa de câmbio fixa para um regime de câmbio flexível. Um regime de taxa de câmbio flutuante é o mesmo que um regime de taxa de câmbio flexível.

Assim que os mercados financeiros acreditam que uma desvalorização é iminente, a manutenção da taxa de câmbio exigirá um aumento, frequentemente substancial, da taxa de juros interna.

Para verificar isso, volte à condição da paridade de juros derivada no Capítulo 17:

> Por ser mais conveniente, usamos a aproximação, Equação 17.4, em vez da condição de paridade de juros original, Equação 17.2.

$$i_t = i_t^* - \frac{(E_{t+1}^e - E_t)}{E_t} \qquad (20.3)$$

No Capítulo 17, interpretamos essa equação como uma relação entre as taxas de juros nominais *de um ano* interna e externa, a taxa de câmbio corrente e a taxa de câmbio esperada daqui a um ano. Mas a escolha do período de um ano foi arbitrária. A relação se aplica a um dia, uma semana ou um mês. Se os mercados financeiros esperam que a taxa de câmbio seja 2% menor daqui a um mês, eles reterão títulos domésticos somente se a taxa de juros interna de um mês exceder a taxa de juros externa de um mês em 2% (ou, se expressarmos as taxas de juros como uma taxa anualizada, se a taxa de juros interna exceder a taxa de juros externa em $2\% \times 12 = 24\%$).

Sob taxas de câmbio fixas, a taxa de câmbio corrente, E_t, é fixada em um nível, digamos, $E_t = \overline{E}$. Se os mercados esperam que a paridade seja mantida ao longo do

462 Macroeconomia

período, então $E_{t+1}^e = \overline{E}$, e a condição da paridade de juros simplesmente afirma que as taxas de juros interna e externa devem ser iguais.

Suponhamos, contudo, que participantes dos mercados financeiros comecem a antecipar uma desvalorização — uma decisão do Banco Central de abandonar a paridade e reduzir a taxa de câmbio no futuro. Suponhamos que eles acreditem que, ao longo do próximo mês, haja 75% de probabilidade de que a paridade seja mantida e 25% de probabilidade de que haja uma desvalorização de 20%. O termo $(E_{t+1}^e - E_t)/E_t$ na Equação 20.3 da paridade de juros, que anteriormente assumimos como igual a zero, passa a ser igual a $0{,}75 \times 0\% + 0{,}25 \times (-20\%)$, que é igual a -5% (uma probabilidade de 75% de não haver mudanças mais uma probabilidade de 25% de haver uma desvalorização de 20%).

> Na verdade, podem exigir mais que isso, visto que claramente há muito risco envolvido. Nosso cálculo ignora o prêmio de risco.

Isso implica que, se o Banco Central desejar manter a paridade existente, agora deverá oferecer uma taxa de juros mensal 5% maior que antes — 60% maior a uma taxa anualizada (12 meses $\times$ 5% ao mês): o diferencial de juros necessário para convencer os investidores a reter títulos domésticos em vez de títulos estrangeiros é de 60%! Qualquer diferencial de juros menor fará que os investidores desistam de manter títulos domésticos.

> Na maioria dos países, o governo é formalmente responsável por escolher a paridade, e o Banco Central é formalmente responsável por mantê-la. Na prática, a escolha e a manutenção da paridade são responsabilidades conjuntas do governo e do Banco Central.

Quais são, então, as escolhas com que se deparam o governo e o Banco Central?

- ♦ Primeiro, o governo e o Banco Central podem tentar convencer os mercados de que não têm qualquer intenção de desvalorizar. Essa é sempre a primeira linha de defesa. Notas oficiais são emitidas, e presidentes ou primeiros-ministros vão à TV para reiterar seu compromisso absoluto com a paridade existente. Mas as palavras não têm peso e raramente convencem os investidores.

> Em meados de 1998, Boris Yeltsin anunciou que o governo russo não tinha nenhuma intenção de desvalorizar o rublo. Duas semanas depois o rublo entrou em colapso.

- ♦ Segundo, o Banco Central pode elevar a taxa de juros, porém menos do que seria necessário para satisfazer a Equação 20.3 — em nosso exemplo, menos de 60%. Embora as taxas de juros internas estejam altas, não são suficientemente elevadas para compensar plenamente o risco percebido de desvalorização. Essa medida costuma levar a uma grande saída de capitais, visto que os investidores ainda preferem trocar títulos domésticos por estrangeiros, uma vez que estes oferecem maiores retornos em termos de moeda nacional. Assim, os investidores vendem os títulos domésticos, recebendo os recursos em moeda nacional, vão ao mercado de câmbio para vender moeda nacional por moeda estrangeira e, então, compram títulos estrangeiros. Se o Banco Central não interviesse no mercado de câmbio, o grande volume de vendas de moeda nacional por moeda estrangeira poderia levar a uma depreciação. Se o Banco Central desejasse manter a taxa de câmbio, ele deveria, portanto, estar pronto para comprar moeda nacional e vender moeda estrangeira à taxa de câmbio corrente. Ao fazer isso, ele frequentemente perde a maior parte de suas reservas internacionais. (O funcionamento da intervenção do Banco Central foi descrito no apêndice do Capítulo 19.)

- ♦ Por fim — após algumas horas ou poucas semanas —, a escolha do Banco Central divide-se entre elevar a taxa de juros o suficiente para satisfazer a Equação 20.3 ou validar as expectativas do mercado e desvalorizar. Fixar taxas de juros internas de curto prazo muito altas pode ter um efeito devastador sobre a demanda e o produto — nenhuma empresa quer investir e nenhum consumidor deseja tomar empréstimos quando as taxas estão muito altas. Esse curso de ação só faz sentido se: (1) a probabilidade percebida de uma desvalorização for pequena, de modo que a taxa de juros não tenha de ser alta demais; e (2) o governo acreditar que os mercados logo se convencerão de que não há uma desvalorização a caminho, permitindo que a taxa de juros interna caia. Caso contrário, a única opção é desvalorizar. (Todos esses passos ganharam bastante destaque durante a crise da taxa de câmbio que afetou grande parte da Europa Ocidental em 1992. Veja o quadro Foco "A crise de 1992 do SME".)

FOCO

A crise de 1992 do SME

Um exemplo dos problemas que discutimos nesta seção é a crise cambial que abalou o Sistema Monetário Europeu (SME) no início da década de 1990.

No início dessa década, o SME parecia funcionar bem. Introduzido em 1979, era um sistema de taxas de câmbio baseado em paridades fixas com bandas. Cada país-membro (entre eles França, Alemanha, Itália e, a partir de 1990, o Reino Unido) tinha de manter sua taxa de câmbio em relação às de todos os outros países-membros dentro de bandas estreitas. Os primeiros anos foram instáveis, com muitos realinhamentos — ajustes de paridades — entre países-membros, mas de 1987 a 1992 houve apenas dois realinhamentos. Falava-se cada vez mais em um maior estreitamento das bandas ou mesmo na mudança para o próximo estágio — a adoção de uma moeda comum.

Em 1992, porém, os mercados financeiros estavam cada vez mais convencidos de que mais realinhamentos ocorreriam em breve. O motivo disso foi algo que já vimos no Capítulo 19 — a saber, as implicações macroeconômicas da reunificação alemã. Em decorrência da pressão sobre a demanda gerada pela reunificação, o Bundesbank (Banco Central alemão) mantinha altas taxas de juros para evitar um aumento demasiado do produto e um aumento da inflação na Alemanha. Embora os parceiros da Alemanha no SME precisassem baixar as taxas de juros para reduzir o problema crescente do desemprego, eles tinham de acompanhar as taxas de juros alemãs para manter suas paridades no SME. Para os mercados financeiros, a posição dos parceiros da Alemanha no SME parecia cada vez mais insustentável. Taxas de juros menores fora da Alemanha e, assim, desvalorizações de muitas moedas em relação ao marco alemão, pareciam cada vez mais prováveis.

Ao longo de 1992, a probabilidade percebida de uma desvalorização forçou diversos parceiros comerciais a manter taxas nominais de juros maiores que as alemãs. Mas a primeira grande crise só ocorreu em setembro daquele ano.

A convicção de que, em breve, vários países desvalorizariam levou, no início de setembro, a ataques especulativos contra diversas moedas, com investidores vendendo em antecipação a uma desvalorização iminente. Todas as linhas de defesa descritas anteriormente foram usadas pelas autoridades monetárias e pelos governos dos países atacados. Primeiro, foram emitidas notas oficiais, mas sem nenhum efeito perceptível. Então, as taxas de juros subiram, chegando a 500% para a taxa de juros do *overnight* (a taxa de empréstimos por 24 horas) na Suécia (expressa em uma taxa anualizada). Mas essas taxas não aumentaram o suficiente para impedir a saída de capitais e grandes perdas de reservas internacionais pelos bancos centrais sob pressão.

Em seguida, vieram cursos de ação diferentes para cada país: a Espanha desvalorizou sua taxa de câmbio, a Itália e o Reino Unido suspenderam sua participação no SME e a França resolveu endurecer o jogo por meio de taxas de juros maiores até o fim da tempestade. A Figura 1 mostra a evolução das taxas de câmbio em relação ao marco alemão para diversos países europeus de janeiro de 1992 a dezembro de 1993. Pode-se ver claramente os efeitos da crise de setembro de 1992 e as resultantes depreciações/desvalorizações.

▶ Figura 1 **Taxas de câmbio de países europeus selecionados em relação ao marco alemão de janeiro de 1992 a dezembro de 1993.**

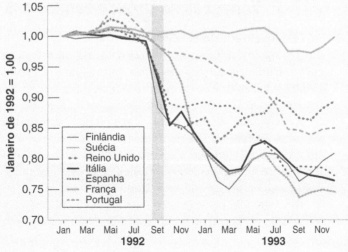

Fonte: IMF database.

464 Macroeconomia

No final de setembro, os mercados financeiros acreditavam que mais nenhuma desvalorização era iminente. Alguns países não participavam mais do SME, outros haviam desvalorizado, embora continuassem no SME, e aqueles que haviam mantido a paridade mostravam determinação de permanecer no SME, mesmo que isso significasse taxas de juros muito altas. No entanto, o problema subjacente — as elevadas taxas de juros alemãs — ainda estava presente, e era apenas uma questão de tempo até que a próxima crise começasse. Em novembro de 1992, nova especulação forçou uma desvalorização da peseta espanhola, do escudo português e da coroa sueca. A peseta e o escudo desvalorizaram ainda mais em maio de 1993. Em julho de 1993, após outro grande ataque especulativo, os países do SME decidiram adotar grandes bandas de flutuação (mais ou menos 15%) em torno das paridades centrais, efetivamente passando para um sistema que permitia flutuações muito grandes da taxa de câmbio.

Esse sistema de bandas mais largas foi mantido até a adoção de uma moeda comum, o euro, em janeiro de 1999.

Resumindo: a crise de 1992 do SME originou-se da percepção pelos mercados financeiros de que as altas taxas de juros impostas pela Alemanha a seus parceiros segundo as regras do SME implicavam um custo muito alto.

A convicção de que alguns países poderiam desejar desvalorizar ou sair do SME levou os investidores a pedir taxas de juros maiores, aumentando o custo da manutenção da paridade para esses países.

No fim, diversos países não conseguiram suportar o custo. Alguns desvalorizaram, outros deixaram o SME. Outros ainda permaneceram no sistema, mas a um custo substancial em termos de produto. (Por exemplo, o crescimento médio da França de 1990 a 1996 foi de 1,2%, contra 2,3% da Alemanha no mesmo período.)

Resumindo: as expectativas de que uma desvalorização está a caminho podem desencadear uma crise cambial. Diante dessas expectativas, o governo tem duas opções:

- ◆ Entregar os pontos e desvalorizar.
- ◆ Lutar e manter a paridade, à custa de taxas de juros muito altas e uma potencial recessão. O combate pode não funcionar mesmo assim. A recessão pode forçar o governo a mudar sua política econômica mais adiante ou forçá-lo a uma renúncia.

> Isso deve lembrá-lo da nossa discussão sobre as corridas bancárias no Capítulo 6. O boato de que um banco está em apuros pode desencadear uma corrida no banco e forçá-lo a fechar, seja o rumor verdadeiro ou não.

Um detalhe interessante aqui é que a desvalorização pode ocorrer mesmo que a convicção inicial de uma desvalorização iminente não tenha qualquer fundamento. Em outras palavras, ainda que inicialmente não tivesse qualquer intenção de desvalorizar, o governo poderia ser forçado a isso se os mercados financeiros acreditassem que isso ocorreria. O custo de manter a paridade seria um longo período de altas taxas de juros e uma recessão; em vez disso, o governo pode preferir desvalorizar.

20.3 Variações na taxa de câmbio sob taxas flexíveis

No modelo que desenvolvemos no Capítulo 19, era simples a relação entre taxa de juros e taxa de câmbio: quanto menor a taxa de juros, menor a taxa de câmbio. Isso implicava que um país que desejasse manter uma taxa de câmbio estável precisava apenas manter sua taxa de juros próxima à taxa de juros externa. Um país que desejasse obter uma dada depreciação precisava apenas baixar sua taxa de juros na quantidade certa.

Na realidade, a relação entre taxa de juros e taxa de câmbio não é tão simples. As taxas de câmbio frequentemente variam mesmo na ausência de variações nas taxas de juros. Além disso, o tamanho do efeito de uma dada diminuição na taxa de juros sobre a taxa de câmbio é difícil de prever, tornando muito mais difícil para a política monetária obter o resultado desejado.

Para entender por que as coisas são mais complicadas, temos de voltar novamente à condição da paridade de juros que derivamos no Capítulo 17, na Equação 17.2:

$$(1 + i_t) = (1 + i_t^*)\left(\frac{E_t}{E_{t+1}^e}\right)$$

Como fizemos no Capítulo 19 (Equação 19.5), multiplicamos ambos os lados por E^e_{t+1}, e reorganizamos para obter:

$$E_t = \frac{1 + i_t}{1 + i^*_t} E^e_{t+1} \tag{20.4}$$

Consideremos o período (de t para $t + 1$) como de um ano. A taxa de câmbio desse ano depende da taxa de juros interna de um ano, da taxa de juros externa de um ano e da taxa de câmbio esperada para o próximo ano.

No Capítulo 19, assumimos que a taxa de câmbio esperada para o próximo ano, E^e_{t+1}, era constante. Mas tratava-se de uma simplificação. A taxa de câmbio esperada para o período de um ano não é constante. Usando a Equação 20.4, agora para o próximo ano, fica claro que a taxa de câmbio do período dependerá da taxa de juros interna de um ano para o próximo ano, da taxa de juros externa de um ano para o próximo e da taxa de câmbio esperada para o ano seguinte, e assim por diante. Portanto, quaisquer mudanças nas expectativas quanto às taxas de juros internas e às externas *correntes e futuras*, bem como variações na taxa de câmbio esperada para o futuro distante, afetarão a taxa de câmbio no presente.

Vamos explorar isso em mais detalhes e escrever a Equação 20.4 para o ano $t + 1$, em vez do ano t:

$$E_{t+1} = \frac{1 + i_{t+1}}{1 + i^*_{t+1}} E^e_{t+2}$$

A taxa de câmbio no ano $t + 1$ depende das taxas de juros interna e externa para o ano $t + 1$, bem como da taxa de câmbio futura esperada para o ano $t + 2$. Portanto, a expectativa da taxa de câmbio para o ano $t + 1$, a partir do ano t, é dada por:

$$E^e_{t+1} = \frac{1 + i^e_{t+1}}{1 + i^{*e}_{t+1}} E^e_{t+2}$$

Substituindo E^e_{t+1} na Equação 20.4 pela expressão anterior temos

$$E_t = \frac{(1 + i_t)(1 + i^e_{t+1})}{(1 + i^*_t)(1 + i^{*e}_{t+1})} E^e_{t+2}$$

A taxa de câmbio corrente depende das taxas de juros internas e externas deste ano e esperada para o próximo ano e da taxa de câmbio esperada para daqui a dois anos. Continuando a resolver em projeção da mesma maneira (substituindo E^e_{t+2}, E^e_{t+3} e assim por diante até, digamos, o ano $t + n$), obtemos:

$$E_t = \frac{(1 + i_t)(1 + i^e_{t+1}) \cdots (1 + i^e_{t+n})}{(1 + i^*_t)(1 + i^{*e}_{t+1}) \cdots (1 + i^{*e}_{t+n})} E^e_{t+n+1} \tag{20.5}$$

Suponhamos assumir um valor alto de n, digamos, 10 anos (a Equação 20.5 é satisfeita para qualquer valor de n). Essa relação nos diz que a taxa de câmbio corrente depende de dois conjuntos de fatores:

- Taxas de juros internas correntes e esperadas e taxas de juros externas correntes e esperadas para cada ano nos próximos dez anos.
- Taxa de câmbio esperada em dez anos.

Para determinadas finalidades, é útil avançar e derivar uma relação entre as taxas de juros *reais* internas correntes e futuras esperadas, as taxas de juros *reais* externas correntes e futuras esperadas, as taxas de câmbio *reais* corrente e futura esperada. Isso é feito no Apêndice 2 ao final deste capítulo. (A derivação não é muito divertida, mas é uma forma útil de recordar a relação entre as taxas de juros reais e as nominais, bem como entre as taxas de câmbio reais e as nominais.) A Equação 20.5 é suficiente para enfatizar três pontos, conforme detalhado a seguir:

- O nível da taxa de câmbio atual se moverá proporcionalmente à taxa de câmbio futura esperada.

> Lição básica do Apêndice 2: para todas as afirmações, pode-se colocar "real" na frente das taxas de juros e de câmbio, e as afirmações também se aplicarão.

466 Macroeconomia

♦ A taxa de câmbio atual se moverá quando as taxas de juros esperadas se moverem em algum dos países.

♦ Uma vez que a taxa de câmbio atual se move diante de qualquer mudança nas expectativas, a taxa será volátil, isto é, se moverá com frequência e talvez em grandes quantidades.

Taxas de câmbio e as transações correntes

Qualquer fator que altere a taxa de câmbio futura esperada, E^e_{t+n}, altera a taxa de câmbio corrente, E_t. Na realidade, se a expectativa é de que as taxas de juros interna e externa sejam iguais em ambos os países de t a $t + n$, a fração no lado direito da Equação 20.5 equivale a 1, e, portanto, a relação reduz-se para $E_t = E^e_{t+n}$. Em outras palavras: o efeito de qualquer variação na taxa de câmbio futura esperada sobre a taxa de câmbio corrente é proporcional.

Se pensarmos em n como um valor grande (digamos, dez anos ou mais), poderemos pensar em E^e_{t+n} como a taxa de câmbio necessária para obter o equilíbrio das transações correntes no médio ou no longo prazo. Os países não podem tomar emprestado — apresentar um déficit em transações correntes — para sempre, assim como não desejam emprestar — apresentar um superávit em transações correntes — para sempre. Assim, qualquer notícia que afete as previsões do saldo em transações correntes no futuro provavelmente terá um efeito sobre a taxa de câmbio futura esperada e, por sua vez, sobre a taxa de câmbio no presente. Por exemplo, o anúncio de um déficit comercial maior que o esperado pode levar os investidores a concluir que será necessária uma depreciação para quitar a dívida aumentada. Portanto, E^e_{t+n} diminuirá, levando, por sua vez, a uma queda em E_t no presente.

> Notícias sobre as transações correntes provavelmente afetam a taxa de câmbio. Qual se pode esperar, por exemplo, que seja o efeito do anúncio de uma grande descoberta de petróleo?

Taxas de câmbio e taxas de juros correntes e futuras

Qualquer fator que altere as taxas de juros internas ou externas correntes ou futuras esperadas entre os anos t e $t + n$ altera também a taxa de câmbio corrente. Por exemplo, dadas as taxas de juros externas, um aumento nas taxas de juros internas correntes ou futuras esperadas leva a um aumento de E_t — uma apreciação.

Isso implica que qualquer variável que leve os investidores a mudar suas expectativas de taxas de juros futuras levará a uma mudança na taxa de câmbio no presente. Por exemplo, a "dança do dólar" na década de 1980, que discutimos no Capítulo 17 — a apreciação acentuada do dólar na primeira metade da década seguida de uma depreciação igualmente acentuada — pode ser explicada, em grande parte, pela variação nas taxas de juros correntes e futuras esperadas dos Estados Unidos em relação às taxas de juros no resto do mundo naquele período. Na primeira metade da década de 1980, uma política monetária contracionista e uma política fiscal expansionista combinadas aumentaram as taxas de juros tanto de curto prazo quanto de longo prazo dos Estados Unidos, com o aumento nas taxas de longo prazo refletindo previsões de altas taxas de juros de curto prazo no futuro. Esse aumento nas taxas de juros correntes e futuras esperadas foi, por sua vez, a principal causa da apreciação do dólar. Ambas as políticas — fiscal e monetária — foram revertidas na segunda metade da década, levando a menores taxas de juros nos Estados Unidos e a uma depreciação do dólar.

> Notícias sobre taxas de juros internas e externas correntes e futuras provavelmente afetam a taxa de câmbio.

> Para mais informações sobre a relação entre taxas de juros de longo prazo e taxas de juros de curto prazo correntes e futuras esperadas, volte ao Capítulo 14.

Volatilidade da taxa de câmbio

A terceira implicação é consequência das duas primeiras. Na realidade, e em contraste com nossa análise no Capítulo 19, a relação entre taxa de juros, i_t, e taxa de câmbio, E_t, é tudo, menos mecânica. Quando o Banco Central corta a taxa de juros, os mercados financeiros precisam avaliar se essa medida sinaliza uma mudança importante na política monetária, em que o corte na taxa de juros seria apenas o primeiro de muitos outros cortes ou se é somente uma mudança temporária nas taxas de juros. Anúncios do Banco Central podem não ser muito úteis. A própria instituição pode não saber o que fará no futuro. Normalmente, ela estará reagindo a sinais precoces, que poderão ser revertidos mais tarde. Os mercados financeiros também precisam avaliar como os bancos centrais estrangeiros reagirão: se manterão ou seguirão os demais e cortarão suas taxas de juros. Tudo isso torna muito mais difícil prever qual será o efeito da mudança na taxa de juros sobre a taxa de câmbio.

Vamos ser mais concretos e voltar à Equação 20.5. Suponhamos que $E_{t+n}^e = 1$ e que as taxas de juros internas e externas correntes e futuras esperadas sejam iguais a 5%. A taxa de câmbio corrente é dada por:

$$E_t = \frac{(1,05)^n}{(1,05)^n} 1 = 1$$

Agora consideremos uma redução na taxa de juros interna corrente, i_t, de 5% para 3%. Será que isso acarretará uma diminuição de E_t — uma depreciação? Se for esse o caso, de quanto? A resposta: depende.

Suponhamos que se espera que a taxa de juros seja menor por apenas um ano, de modo que as taxas de juros futuras esperadas $n - 1$ permaneçam inalteradas. A taxa de câmbio corrente cai para:

$$E_t = \frac{(1,03)(1,05)^{n-1}}{(1,05)^n} = \frac{1,03}{1,05} = 0,98$$

A taxa de juros mais baixa leva a uma redução na taxa de câmbio — uma depreciação — de apenas 2%.

Suponhamos, em vez disso, que, quando a taxa de juros atual cai de 5% para 3%, os investidores esperam que essa queda dure cinco anos (portanto, $i_{t+4} = \dots = i_{t+1} = i_t = 3\%$). A taxa de câmbio, então, cai para:

$$E_t = \frac{(1,03)^5(1,05)^{n-5}}{(1,05)^n} = \frac{(1,03)^5}{(1,05)^5} = 0,90$$

A taxa de juros mais baixa agora leva a uma diminuição na taxa de câmbio — uma depreciação — de 10%, um efeito muito maior.

Certamente podemos pensar em outros resultados. Suponhamos que os investidores tenham previsto que o Banco Central baixaria as taxas de juros e que a redução efetiva tenha sido menor que a prevista. Nesse caso, os investidores revisarão *para cima* suas expectativas das taxas de juros nominais futuras, provocando uma apreciação da moeda, em vez de uma depreciação.

Quando, no final do período de Bretton Woods, os países passaram de taxas de câmbio fixas para taxas flexíveis, a maioria dos economistas esperava que as taxas de câmbio se estabilizassem. As grandes flutuações cambiais que se seguiram (e que persistem até hoje) foram uma surpresa. Por algum tempo, essas flutuações foram interpretadas como resultado de uma especulação irracional nos mercados de câmbio. Somente a partir de meados da década de 1970 é que os economistas entenderam que essas grandes variações poderiam ser explicadas, como fizemos aqui, pela reação racional dos mercados financeiros às notícias sobre as taxas de juros futuras e a taxa de câmbio futura. Isso tem uma implicação importante: um país que decide operar sob taxas de câmbio flexíveis deve aceitar o fato de que ficará exposto a flutuações substanciais na taxa de câmbio ao longo do tempo.

> Aqui, deixamos de lado outros fatores que também movem a taxa de câmbio, como a mudança nas percepções de risco, que discutimos no quadro Foco "Paradas súbitas, portos seguros e os limites da condição de paridade de juros", no Capítulo 19.

> Isso pode lembrar nossa discussão sobre o efeito da política monetária sobre os preços das ações no Capítulo 14. Trata-se de mais que uma coincidência. Assim como os preços das ações, a taxa de câmbio depende muito de expectativas das variáveis no futuro distante. A maneira como as expectativas mudam em resposta a uma alteração em uma variável atual (aqui, a taxa de juros) em grande parte determina o resultado.

20.4 Escolha entre regimes de taxa de câmbio

Voltemos à questão que motivou este capítulo: os países deveriam escolher taxas de câmbio flexíveis ou fixas? Há circunstâncias em que as taxas flexíveis dominam e outras em que as taxas fixas dominam?

Muito do que vimos neste capítulo e no anterior parece favorecer as taxas de câmbio flexíveis:

- A Seção 20.1 argumentou que o regime de taxa de câmbio pode não importar no médio prazo. Mas certamente importa no curto prazo, quando os países que operam sob taxas de câmbio fixas e mobilidade perfeita de capitais abrem mão de dois instrumentos macroeconômicos — a taxa de juros e a taxa de câmbio. Isso não só reduz sua capacidade de responder a choques, como pode também levar a crises cambiais.

- A Seção 20.2 mostrou que, em um país com taxas de câmbio fixas, a previsão de uma desvalorização leva os investidores a pedir taxas de juros muito altas, deteriorando a situação econômica e aumentando a pressão para que o país desvalorize. Trata-se de outro argumento contra as taxas de câmbio fixas.

- A Seção 20.3 introduziu um argumento contra as taxas de câmbio flexíveis — a saber que, sob taxas de câmbio flexíveis, a taxa de câmbio pode flutuar muito e ser difícil de controlar por meio da política monetária.

Pesando os argumentos, parece que, sob o ponto de vista macroeconômico, as taxas de câmbio flexíveis predominam em relação às taxas fixas. Esse é realmente o consenso que emergiu entre economistas e formuladores de política econômica. O consenso é explicitado a seguir.

De modo geral, taxas de câmbio flexíveis são preferíveis. Há, contudo, duas exceções. A primeira, quando um grupo de países já está estreitamente integrado, caso em que uma moeda comum pode ser a solução correta. A segunda, quando não se pode confiar que o Banco Central adotará uma política monetária responsável sob taxas de câmbio flexíveis, caso em que uma forma forte de taxas de câmbio fixas, como o conselho monetário ou a dolarização, pode ser a solução mais adequada.

Vamos discutir cada uma dessas exceções.

Áreas monetárias comuns

Países que operam sob um regime de taxa de câmbio fixa são restringidos a ter a mesma taxa de juros. Mas, qual é o custo dessa restrição? Se os países enfrentam praticamente os mesmos problemas macroeconômicos e os mesmos choques, deveriam escolher políticas econômicas semelhantes de qualquer forma. Forçá-los a adotar a mesma política monetária pode não constituir necessariamente uma restrição.

Trata-se do mesmo Mundell que formulou o modelo Mundell-Fleming visto no Capítulo 19.

Esse argumento foi explorado pela primeira vez por Robert Mundell, que examinou as condições sob as quais um conjunto de países poderia desejar estar sob taxas de câmbio fixas ou até mesmo adotar uma moeda comum. Para que países constituam uma **área monetária ótima**, argumentava Mundell, é necessário que satisfaçam uma das duas condições a seguir:

- Os países precisam experimentar choques semelhantes. Acabamos de ver a razão disso. Se tiverem choques semelhantes, de qualquer forma escolherão praticamente a mesma política monetária.

- Ou, se os países experimentam choques diferentes, devem ter alta mobilidade de fatores. Por exemplo, se os trabalhadores estão dispostos a se mudar de países em dificuldades para países em expansão, é a mobilidade de fatores, em vez da política macroeconômica, que permitirá que os países se ajustem aos choques. Quando a taxa de desemprego em um país está alta, seus trabalhadores partem para buscar trabalho em outros países, e a taxa de desemprego nesse país volta ao normal. Se a taxa de desemprego estiver baixa, os trabalhadores virão para o país, e sua taxa de desemprego subirá de volta ao normal. Não é necessário recorrer à taxa de câmbio.

Seguindo a análise de Mundell, a maioria dos economistas acredita, por exemplo, que a área monetária comum composta pelos 50 estados norte-americanos está perto de ser uma área monetária ótima. Sem dúvida, a primeira condição não é satisfeita: estados individuais sofrem choques diferentes. A Califórnia é mais afetada por deslocamentos da demanda asiática que o restante dos Estados Unidos. O Texas é mais afetado pelo que ocorre com o preço do petróleo, e assim por diante. Mas a segunda condição é, em grande parte, satisfeita. Há considerável mobilidade de trabalho entre os estados norte-americanos. Quando um deles está em má situação, os trabalhadores o deixam; quando a situação é boa, os trabalhadores vão para esse estado. As taxas estaduais de desemprego rapidamente voltam ao normal, não em virtude de uma política macroeconômica de âmbito estadual, mas porque há mobilidade de trabalho.

> Cada estado norte-americano poderia ter sua própria moeda, que flutuaria livremente em relação às moedas dos outros estados. Mas não é esse o caso. Os Estados Unidos são uma área monetária comum, com uma moeda, o dólar norte-americano.

Claramente existem muitas vantagens no uso de uma moeda comum. Para as empresas e os consumidores dentro dos Estados Unidos, os benefícios de ter uma moeda comum são óbvios; imagine como seria complicado ter de trocar de moeda toda vez que se cruza uma fronteira estadual. E os benefícios vão além dos custos de transação menores. Quando os preços são cotados na mesma moeda, torna-se muito mais fácil para os compradores comparar preços, aumentando a concorrência entre as empresas, o que beneficia os consumidores. Dados esses benefícios e os limitados custos macroeconômicos, faz sentido para os Estados Unidos ter uma moeda única.

Ao adotar o euro, a Europa fez a mesma escolha que os Estados Unidos. Quando o processo de conversão das moedas nacionais para a moeda única terminou, no início de 2002, o euro tornou-se a moeda comum para pelo menos 11 países europeus. (Veja o quadro Foco "Euro: uma breve história".) O número de países cuja moeda é o euro aumentou para 19. Será que o argumento econômico para essa nova área monetária comum é tão convincente quanto o dos Estados Unidos?

FOCO

Euro: uma breve história

◆ Quando a União Europeia celebrava seu trigésimo aniversário, em 1988, vários governos decidiram que era hora de planejar a mudança para uma moeda comum. Pediram a Jacques Delors, presidente da União Europeia, que preparasse um relatório, que foi apresentado em junho de 1989.
O relatório Delors sugeria a mudança para uma União Monetária Europeia (UME) em três etapas: a Etapa I consistia na abolição dos controles de capitais. A Etapa II fundamentava-se na escolha de paridades fixas, que seriam mantidas exceto em "circunstâncias excepcionais". A Etapa III era a adoção de uma moeda única.

◆ A Etapa I foi implementada em julho de 1990.

◆ A Etapa II teve início em 1994, depois de vencidas as crises cambiais de 1992-1993. Uma decisão menor, mas de importância simbólica, envolveu a escolha do nome da nova moeda comum. Os franceses sugeriram *Ecu* (de *European currency unit*, ou unidade monetária europeia), que era também o nome de uma antiga moeda francesa. Mas outros parceiros preferiram *euro*, e o nome foi adotado em 1995.

◆ Paralelamente, os países da UE realizaram plebiscitos sobre a adoção do **Tratado de Maastricht**. Este tratado, negociado em 1991, estabeleceu três condições principais para o ingresso na UME: inflação baixa, déficit orçamentário inferior a 3% e uma dívida pública inferior a 60%. O tratado não teve muita popularidade e, em muitos países, o resultado das votações foi apertado. Na França, a aprovação do tratado se deu com apenas 51% dos votos. Na Dinamarca foi rejeitado. O Reino Unido negociou uma cláusula de isenção (*opt-out*) que lhe permitia não aderir à nova união monetária.

- Em meados da década de 1990, poucos países europeus pareciam atender às condições de Maastricht. Mas vários deles tomaram medidas rigorosas para reduzir seu déficit orçamentário. Em maio de 1998, quando chegou o momento de decidir quais países participariam da UME, 11 deles reuniam as condições necessárias: Alemanha, Áustria, Bélgica, Espanha, Finlândia, França, Holanda, Irlanda, Itália, Luxemburgo e Portugal. O Reino Unido, a Dinamarca e a Suécia decidiram não participar, ao menos inicialmente. A Grécia não se qualificou inicialmente e só se tornou membro em 2001 (em 2004, descobriu-se que o país havia "fabricado os números" e subestimado o tamanho de seu déficit orçamentário para que pudesse se qualificar). Desde então, cinco outros países pequenos se juntaram ao grupo: Chipre, Eslováquia, Eslovênia, Estônia e Malta.

- A Etapa III teve início em janeiro de 1999. As paridades entre as 11 moedas e o euro foram fixadas "irrevogavelmente". O novo **Banco Central Europeu (BCE)**, sediado em Frankfurt, assumiu a responsabilidade pela política monetária da área do euro.

De 1999 até 2002, o euro existiu como uma unidade de conta, mas não existiam notas e moedas em euro. Na realidade, a zona do euro ainda funcionava como uma área com taxas de câmbio fixas. A última etapa foi a introdução das notas e moedas de euro, em janeiro de 2002. Nos primeiros meses de 2002, as moedas nacionais e o euro circularam simultaneamente, antes que as moedas nacionais fossem retiradas de circulação no decorrer do ano.

Atualmente, o euro é a única moeda usada na "área do euro", como são chamados os países-membros do grupo. O número de países que adotam o euro passou a ser 19: Letônia e Lituânia são os membros mais recentes.

Para obter mais informações sobre o euro, visite o site <www.euro.ecb.int>. A página da Wikipédia sobre o euro também é muito boa.

Há pouca dúvida de que uma moeda comum rende para a Europa muitos dos mesmos benefícios que ela proporciona aos Estados Unidos. Um relatório da Comissão Europeia estima que a eliminação das transações cambiais dentro da área do euro leva a uma redução dos custos de 0,5% do PIB conjunto desses países. Há também sinais claros de que o uso de uma moeda comum já está aumentando a concorrência. Ao comprar automóveis, por exemplo, os consumidores europeus procuram agora pelo menor preço em euros em qualquer ponto da área do euro. Isso já levou a uma redução nos preços dos automóveis em vários países.

Contudo, não há tanto consenso sobre se a Europa constitui uma área monetária ótima. Isso porque nenhuma das duas condições de Mundell parece ser atendida. Embora o futuro possa ser diferente, os países europeus experimentaram choques muito diversos no passado; lembremos nossa discussão sobre a reunificação alemã e como ela afetou a Alemanha e os outros países da Europa de modo diferente na década de 1990. Além disso, a mobilidade do trabalho é muito baixa na Europa — e é provável que permaneça baixa. Os trabalhadores movimentam-se muito menos *dentro* dos países europeus que os trabalhadores dentro dos Estados Unidos. Dadas as diferenças culturais e de idioma entre países europeus, a mobilidade *entre* países é ainda menor.

A preocupação de que isso possa levar a longas crises nos países-membros, caso eles sejam atingidos por um choque adverso específico ao país, existia mesmo antes da crise. Mas a crise mostrou que a preocupação realmente se justificava. Uma série de países — Portugal, Grécia e Irlanda — que registraram forte crescimento da demanda e grandes aumentos no déficit de transações correntes (veja o quadro "Foco" sobre déficits em transações correntes no Capítulo 18) sofreu subitamente uma diminuição acentuada nos gastos, uma diminuição acentuada no produto e uma dificuldade crescente de financiar seus déficits em transações correntes. Uma considerável depreciação os teria ajudado a aumentar a demanda e melhorar suas transações correntes, mas, em uma moeda comum, isso só poderia ser feito por meio de uma redução nos preços em relação aos parceiros na área do euro. O resultado foi um processo de ajuste longo e doloroso, que, no momento da produção deste livro, estava longe de acabar. A Figura 20.1 mostra a evolução da taxa de câmbio real da Espanha; a apreciação real associada a um *boom* até 2008, e a depreciação real desde então. Embora a taxa de câmbio real tenha retornado a seu valor do início dos anos 2000, o ajuste está longe de ser concluído. Como vimos no Capítulo 1, a taxa de desemprego na Espanha ainda está em elevados 21%.

Olhando-se adiante, o desafio do euro é se esses colapsos poderão ser evitados no futuro. Reformas estão sendo exploradas para eliminar alguns dos fatores que agravaram os colapsos nesses países. Várias reformas estão sob implementação, desde uma união bancária até uma união fiscal, para permitir aos países resistir melhor a choques adversos. Se essas medidas serão suficientes para evitar crises no futuro é algo incerto.

▶ **Figura 20.1 A evolução da taxa de câmbio real na Espanha desde 2000.**

Uma apreciação real constante de 2000 a 2008 foi seguida por uma longa depreciação real desde então.

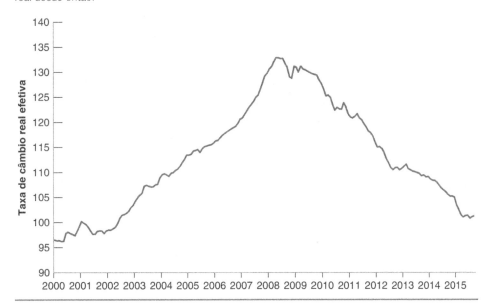

Atrelamentos rígidos, comitês cambiais e dolarização

O segundo caso a favor das taxas de câmbio fixas é muito diferente do primeiro. Tem como base o argumento de que pode haver épocas em que um país possa desejar limitar sua capacidade de usar a política monetária.

◀ Veremos mais sobre esse argumento no Capítulo 21.

Vejamos um país que tenha registrado uma inflação muito elevada no passado recente — talvez por não ter sido capaz de financiar seu déficit orçamentário por outro meio que não a criação de moeda, resultando em alto crescimento da moeda e alta inflação. Suponhamos que o país decida reduzir o crescimento da moeda e a inflação. Um meio de convencer os mercados financeiros da seriedade de seus propósitos é fixar a taxa de câmbio. A necessidade de usar a política monetária para manter a paridade amarra, assim, as mãos da autoridade monetária.

Na medida em que os mercados financeiros esperam que a paridade seja mantida, eles deixarão de se preocupar com o uso do crescimento da oferta de moeda para financiar o déficit orçamentário.

472 Macroeconomia

Destacamos o qualificador: "Na medida em que os mercados financeiros esperam que a paridade seja mantida." Fixar a taxa de câmbio não é uma solução mágica. O país precisa convencer os investidores não apenas de que a taxa de câmbio está fixa no presente, mas também de que permanecerá assim no futuro. Há duas maneiras de fazer isso:

- A fixação da taxa de câmbio deve ser parte de um pacote macroeconômico mais geral. Fixar a taxa de câmbio enquanto se continua a apresentar um grande déficit orçamentário só convencerá os mercados financeiros de que o crescimento da moeda vai recomeçar e que uma desvalorização virá em breve.
- A criação de dificuldades técnicas ou simbólicas à mudança da paridade também pode ser útil, em uma abordagem conhecida como **atrelamento rígido**.

> Quando Israel enfrentava um período de alta inflação na década de 1980, um ministro das finanças israelense propôs a dolarização como parte de um programa de estabilização. Sua proposta foi interpretada como um ataque à soberania do país, e ele foi exonerado.

Uma forma extrema de atrelamento rígido é simplesmente substituir a moeda nacional por uma estrangeira. Como normalmente a moeda estrangeira escolhida é o dólar, essa medida é conhecida como **dolarização**. Poucos países estão dispostos, contudo, a abrir mão de sua moeda e adotar a de outro país. Uma forma menos extrema é o uso de um **comitê cambial**, sob o qual um Banco Central troca moeda estrangeira por nacional à taxa de câmbio oficial. Além disso, e aqui está a diferença com um regime de taxa de câmbio fixa, o Banco Central não pode realizar operações de mercado aberto (isto é, comprar ou vender títulos públicos).

Talvez o exemplo mais conhecido de um comitê cambial seja o adotado pela Argentina em 1991, porém abandonado durante uma crise no final de 2001. O quadro Foco "Lições do comitê cambial da Argentina" conta essa história. Não há um consenso entre os economistas sobre as conclusões que se podem tirar a respeito do que aconteceu naquele país. Alguns concluem que os comitês cambiais não são *rígidos* o suficiente e, por isso, não impedem crises cambiais. Portanto, se um país decide adotar uma taxa de câmbio fixa, deve fazê-lo por completo e dolarizar. Outros concluem que adotar uma taxa de câmbio fixa é má ideia. Se ainda assim os comitês cambiais vierem a ser usados, devem ser utilizados apenas por um período curto, até que o Banco Central tenha restabelecido sua credibilidade e o país retorne a um regime de taxa de câmbio flutuante.

FOCO

Lições do comitê cambial da Argentina

Quando Carlos Menem tornou-se presidente da Argentina, em 1989, herdou um caos econômico. A inflação estava acima de 30% ao mês. O crescimento do produto era negativo.

Menem e seu ministro da economia, Domingo Cavallo, chegaram rapidamente à conclusão de que, dadas as circunstâncias, a única forma de controlar o crescimento da oferta de moeda — e, consequentemente, a inflação — era atrelar o peso (a moeda argentina) ao dólar, e fazer isso por meio de um atrelamento rígido. Assim, em 1991, Cavallo anunciou que a Argentina adotaria um comitê cambial. O Banco Central estaria pronto para trocar pesos por dólares conforme a demanda. Além do mais, ele faria isso a uma taxa altamente simbólica de um dólar por um peso.

Tanto a criação de um comitê cambial quanto a escolha de uma taxa de câmbio simbólica tinham o mesmo objetivo: convencer os mercados financeiros de que o governo estava comprometido com o atrelamento e tornar mais difícil que governos futuros desistissem da paridade e desvalorizassem. Assim, aumentando a credibilidade da taxa de câmbio fixa dessa forma, eles poderiam diminuir o risco de crise cambial.

Por algum tempo, o comitê cambial pareceu funcionar bem. A inflação, que havia ultrapassado 2.300% em 1990, caiu para 4% em 1994! Isso foi claramente resultado das restrições rigorosas que o comitê cambial impusera ao crescimento da moeda. Mais impressionante ainda, essa grande queda na inflação foi acompanhada de um forte crescimento do produto. O crescimento do produto foi, em média, de 5% ao ano de 1991 a 1999.

A partir de 1999, contudo, o crescimento tornou-se negativo e a Argentina entrou em uma longa e profunda recessão. A recessão foi consequência do comitê cambial? Sim e não:

- Durante a segunda metade da década de 1990, o dólar apreciou continuamente em relação às outras principais moedas do mundo. Como estava atrelado ao dólar, o peso também apreciou. No final da década de 1990, o peso estava nitidamente sobrevalorizado, levando a uma diminuição da demanda por bens da Argentina, uma queda do produto e a um aumento do déficit comercial.
- O comitê cambial foi o único responsável pela recessão? Não; houve outras causas. Mas o comitê cambial tornou muito mais difícil combater a recessão. Taxas de juros menores e uma depreciação do peso teriam ajudado a economia a se recuperar; mas, sob o comitê cambial, essa não era uma opção.

Em 2001, a crise econômica transformou-se em uma crise financeira e cambial, em linha com o que descrevemos na Seção 20.2:

- Em decorrência da recessão, o déficit fiscal aumentou, levando a um aumento na dívida pública. Preocupados que o governo pudesse não honrar suas dívidas, os investidores começaram a pedir taxas de juros muito altas sobre a dívida do governo, tornando o déficit fiscal ainda maior e aumentando o risco de inadimplência.
- Preocupados também que o governo argentino desistisse do comitê cambial e desvalorizasse para combater a recessão, os investidores começaram a pedir taxas de juros muito altas em pesos, tornando maior o custo para o governo sustentar a paridade ao dólar e, assim, aumentando a probabilidade de o comitê cambial ser abandonado.

Em dezembro de 2001, o governo decretou moratória de parte da sua dívida. No início de 2002, desistiu do comitê cambial e permitiu a flutuação do peso. O peso depreciou abruptamente, chegando a 3,75 pesos para 1 dólar em junho de 2002! Muitas pessoas e empresas que, dada sua confiança anterior no atrelamento, haviam tomado emprestado em dólares, viram-se com um grande aumento do valor de sua dívida em pesos. Muitos foram à falência. O sistema bancário entrou em colapso. Apesar da depreciação real abrupta, que deveria ter ajudado as exportações, o PIB caiu 11% em 2002, e o desemprego aumentou para cerca de 20%. O crescimento do produto passou a ser positivo em 2003 e permaneceu alto desde então — excedendo 8% por ano — e o desemprego diminuiu. Mas só em 2005 o PIB chegou aos níveis de 1998 novamente.

Isso significa que o comitê cambial foi má ideia? Os economistas ainda discordam.

- Alguns argumentam que a ideia foi boa, mas não foi longe o suficiente. A Argentina deveria simplesmente ter dolarizado, isto é, adotado o dólar como moeda e eliminado completamente o peso. Ao eliminar a moeda nacional, essa solução teria eliminado o risco de uma desvalorização. A lição, eles argumentam, é que mesmo um comitê cambial não proporciona um atrelamento suficientemente rígido para a taxa de câmbio. Somente a dolarização o faz.
- Outros (na verdade, muitos) argumentam que o comitê cambial pode ter sido uma boa ideia no início, mas não poderia ser mantido por tanto tempo. Uma vez controlada a inflação, a Argentina deveria ter mudado de um comitê cambial para um regime de taxa de câmbio flexível. O problema é que a Argentina manteve a paridade fixa com o dólar por tempo demais, até o ponto em que o peso estava sobrevalorizado e uma crise cambial era inevitável.

O debate entre "fixo" e "flexível", sobre atrelamentos suaves, atrelamentos rígidos, comitês cambiais e moedas comuns tende a continuar por algum tempo.

O livro *And the Money Kept Rolling In (and Out): Wall Street, the IMF, and the Bankrupting of Argentina*, Perseus Books Group, é um relato fascinante, agradável e opinioso sobre a crise na Argentina, escrito por Paul Blustein em 2005.

Resumo

- Mesmo sob um regime de taxa de câmbio fixa, os países podem ajustar sua taxa de câmbio *real* no médio prazo. Eles podem fazer isso recorrendo aos ajustes no nível de preços. Contudo, o ajuste pode ser prolongado e doloroso. Os ajustes na taxa de câmbio permitem um ajuste mais rápido da economia e, assim, reduzem a dor proveniente de um ajuste longo.

- Normalmente, as crises cambiais começam quando os participantes dos mercados financeiros acreditam que uma moeda possa ser desvalorizada logo. A defesa da paridade requer, então, taxas de juros muito elevadas, com efeitos macroeconômicos adversos potencialmente grandes. Esses efeitos adversos podem forçar o país a desvalorizar, mesmo que inicialmente não houvesse planos para essa desvalorização.
- A taxa de câmbio corrente depende (1) da diferença entre as taxas de juros internas correntes e futuras esperadas e as taxas de juros externas correntes e esperadas; e (2) da taxa de câmbio futura esperada. Qualquer fator que eleve as taxas de juros internas correntes ou futuras esperadas leva a um aumento na taxa de câmbio no presente.
Qualquer fator que eleve as taxas de juros externas correntes ou futuras esperadas leva a uma diminuição na taxa de câmbio no presente.
Qualquer fator que eleve a taxa de câmbio futura esperada leva a um aumento na taxa de câmbio no presente.
- Existe amplo consenso entre os economistas de que regimes de taxa de câmbio flexível geralmente são preferíveis aos regimes de taxa de câmbio fixa, exceto em dois casos:
1. Quando um grupo de países está altamente integrado e forma uma área monetária ótima. (Pode-se pensar em uma moeda comum para um grupo de países como uma forma extrema de taxas de câmbio fixas entre esse grupo de países.) Para que países formem uma área monetária ótima, eles devem experimentar choques em grande parte semelhantes, ou deve existir alta mobilidade de trabalho entre esses países.
2. Quando não se pode confiar que um Banco Central seguirá uma política monetária responsável sob taxas de câmbio flexíveis. Nesse caso, uma medida extrema de taxas de câmbio fixas, como a dolarização ou um comitê cambial, proporciona um meio de atar as mãos do Banco Central.

Palavras-chave

- área monetária ótima, 468
- atrelamento rígido, 472
- Banco Central Europeu (BCE), 470
- comitê cambial (*currency board*), 472
- dolarização, 472
- flutuar, 461
- padrão-ouro, 460
- Tratado de Maastricht, 469

Questões e problemas

Teste rápido

1. **Usando as informações contidas neste capítulo, diga se cada afirmação a seguir é verdadeira, falsa ou incerta. Explique brevemente.**

    a. Se a taxa de câmbio nominal for fixa, a taxa de câmbio real é fixa.

    b. Quando a inflação doméstica é igual à inflação externa, a taxa de câmbio real é fixa.

    c. Desvalorização é um aumento na taxa de câmbio nominal.

    d. A volta da Grã-Bretanha ao padrão-ouro provocou anos de desemprego elevado.

    e. Um temor repentino de que um país vá desvalorizar leva a um aumento na taxa de juros doméstica.

    f. Uma mudança na taxa de câmbio futura esperada muda a taxa de câmbio corrente.

    g. O efeito de uma redução nas taxas de juros domésticas sobre a taxa de câmbio depende do tempo que se espera que as taxas de juros domésticas fiquem abaixo das taxas de juros estrangeiras.

    h. Como as economias tendem a voltar a seu nível natural de produto no médio prazo, não faz diferença se um país escolhe uma taxa de câmbio fixa ou flexível.

    i. A alta mobilidade de trabalho dentro da Europa torna a zona do euro uma boa candidata a ter uma moeda comum.

    j. Um comitê cambial é a melhor forma de operar uma taxa de câmbio fixa.

2. **Consideremos um país que opere sob taxas de câmbio fixas. A curva IS é dada pela Equação 20.1.**

$$Y = Y\left(\frac{\bar{E}P}{P*}, G, T, i*-\pi^e, Y*\right)$$
$$(-, +,-, \quad -, \quad +)$$

a. Explique o termo $(i*-\pi^e)$. Por que a taxa de juros nominal externa aparece na relação?

b. Explique por que, quando $\frac{\bar{E}P}{P*}$ aumenta, a curva IS se desloca para a esquerda.

c. Na tabela a seguir, como a taxa de câmbio real evolui do período 1 ao período 5? Qual é a inflação doméstica? Qual é a inflação estrangeira? Trace um diagrama $IS\text{-}LM$ com a curva IS no período 1 e no período 5.

Período	P	$P*$	E	π	$\pi*$	Taxa de câmbio real ε
1	100,0	100,0	0,5			
2	103,0	102,0	0,5			
3	106,1	104,0	0,5			
4	109,3	106,1	0,5			
5	112,6	108,2	0,5			

d. Na tabela a seguir, como a taxa de câmbio real evolui do período 1 ao período 5? Qual é a inflação doméstica? Qual é a inflação estrangeira? Trace um diagrama $IS\text{-}LM$ com a curva IS no período 1 e no período 5.

Período	P	$P*$	E	π	$\pi*$	Taxa de câmbio real ε
1	100,0	100,0	0,5			
2	102,0	103,0	0,5			
3	104,0	106,1	0,5			
4	106,1	109,3	0,5			
5	108,2	112,6	0,5			

e. Na tabela a seguir, como a taxa de câmbio real evolui do período 1 ao período 4? Qual é a inflação doméstica? Qual é a inflação estrangeira? O que aconteceu entre o período 4 e o período 5? Trace um diagrama $IS\text{-}LM$ com a curva IS no período 1 e no período 5.

Período	P	$P*$	E	π	$\pi*$	Taxa de câmbio real ε
1	100,0	100,0	0,5			
2	103,0	102,0	0,5			
3	106,1	104,0	0,5			
4	109,3	106,1	0,5			
5	112,6	108,2	0,46			

3. **Escolhas políticas quando a taxa de câmbio real é "demasiado elevada" e a taxa de câmbio nominal é fixa**

Uma taxa de câmbio real sobrevalorizada é aquela em que os bens domésticos são onerosos demais em relação aos bens estrangeiros, as exportações líquidas são pequenas demais e, por implicação, a demanda por bens domésticos é baixa demais. Isso leva a escolhas difíceis de política econômica para o governo e o Banco Central. As equações que descrevem a economia são:

A curva IS:

$$Y = Y\left(\frac{\bar{E}P}{P*}, G, T, i*-\pi^e, Y*\right)$$
$$(-, +,-, \quad -, \quad +)$$

As curvas de Phillips para a economia interna e externa:

Curva de Phillips doméstica $\pi-\bar{\pi} = (\alpha/L)(Y-Y_n)$
Curva de Phillips estrangeira $\pi*-\bar{\pi}* = (\alpha*/L*)(Y*-Y_n*)$

No texto e nesta questão, adotaremos duas hipóteses cruciais, que serão exploradas nos itens (a) e (b). A seguir, passaremos à análise das opções econômicas quando um país apresenta uma taxa de câmbio sobrevalorizada.

a. Vamos assumir que a economia externa está sempre em equilíbrio de médio prazo. Quais são as implicações dessa hipótese para o produto externo e a inflação externa?

b. Vamos assumir que as economias internas e externas compartilham o mesmo valor ancorado para o nível de inflação esperada denotada $\bar{\pi}$ e $\bar{\pi}*$. Qual é a implicação dessa hipótese se tanto a economia interna quanto a externa estão em equilíbrio de médio prazo?

c. Trace o diagrama $IS\text{-}LM\text{-}PJD$ para o caso em que o país doméstico tem uma taxa de câmbio nominal sobrevalorizada. Qual é a principal característica desse diagrama? Sob taxas de câmbio fixas sem uma desvalorização, como a economia volta a seu equilíbrio de médio prazo?

d. Trace o diagrama $IS\text{-}LM\text{-}PJD$ para o caso em que o país doméstico tem uma taxa de câmbio nominal sobrevalorizada. Mostre como a economia pode retornar a seu equilíbrio de médio prazo quando a desvalorização é a política escolhida.

e. Lembre-se da hipótese de que a paridade de taxa de juros se mantém de tal modo que $i = i*$ em todos os momentos. Compare os retornos do título doméstico e do título estrangeiro no período da desvalorização. Os detentores dos títulos continuarão a acreditar que há uma taxa de câmbio nominal completamente fixa? Se os detentores de títulos acreditam que outra desvalorização

476 Macroeconomia

é possível, quais são as consequências para as taxas de juros domésticas?

4. Modelagem de uma crise cambial

Uma crise cambial ocorre quando o atrelamento (a taxa de câmbio fixa) perde sua credibilidade. Os detentores de títulos já não acreditam que a taxa de câmbio do próximo período será a taxa de câmbio do período atual. A equação da paridade da taxa de juros descoberta utilizada é a aproximação

$$i_t \approx i_t^* - \frac{(E_{t+1}^e - E_t)}{E_t}$$

Período	i_t	i_t^*	E_t	E_{t+1}^e
1		3	0,5	0,5
2		3	0,5	0,45
3		3	0,5	0,45
4		3	0,5	0,5
5	15%	3	0,5	0,4
6		3	0,4	0,4

a. Resolva a condição de paridade da taxa de juros para o valor da taxa de juros doméstica no período 1.

b. No período 2 a crise tem início. Resolva a condição de paridade da taxa de juros descoberta para o valor da taxa de juros doméstica no período 2.

c. A crise continua no período 3. Entretanto, no período 4 o Banco Central e o governo resolvem a crise. Como isso ocorre?

d. Infelizmente, no período 5 a crise volta maior e mais profunda do que nunca. O Banco Central elevou as taxas de juros o suficiente para manter a paridade da taxa de juros descoberta? Quais são as consequências para o nível de reservas internacionais?

e. Como a crise é resolvida no período 6? Isso tem implicações para a futura credibilidade do Banco Central e do governo?

5. Modelagem dos movimentos da taxa de câmbio

A Equação 20.5 fornece uma visão dos movimentos de taxas de câmbio nominais entre um país doméstico e um estrangeiro. Lembre-se de que os períodos na equação podem se referir a qualquer unidade de tempo. A equação é:

$$E_t = \frac{(1 + i_t)(1 + i_{t+1}^e) \cdots (1 + i_{t+n}^e)}{(1 + i_t^*)(1 + i_{t+1}^{*e}) \cdots (1 + i_{t+n}^{*e})} E_{t+n+1}^e$$

a. Suponhamos que estejamos considerando períodos de um dia. Há taxas de juros *overnight* (1 dia). Como interpretaremos uma grande movimentação na taxa de câmbio ao longo do dia se não observarmos qualquer alteração na taxa de juros de um dia?

b. Vimos, no Capítulo 15, que um mês (taxa de juros de 30 ou 31 dias) é a média da taxa de um dia de hoje e das taxas esperadas de 1 dia nos próximos 30 dias. Isto será válido em ambos os países. Esta manchete é veiculada em 1º de fevereiro: "BCE prevê cortar taxas de juros em 14 de fevereiro; dólar sobe". A manchete faz sentido?

c. Vimos, no Capítulo 15, que o rendimento de um título de dois anos é a média da taxa de juros de um ano de hoje e da taxa esperada de um ano para daqui a um ano. Isto será válido em ambos os países. Esta manchete é veiculada em 1º de fevereiro: "Fed anuncia que taxas de juros permanecem baixas no futuro previsível; dólar cai". A manchete faz sentido?

d. Transações correntes são o empréstimo do país para o resto do mundo (se positivo) ou do resto do mundo (se negativo). Suponhamos que as transações correntes sejam mais negativas que o esperado e essa notícia seja surpreendente. Explique por que a taxa de câmbio depreciaria com essa notícia surpreendente.

Aprofundando

6. Realinhamentos da taxa de câmbio

Observe a Figura 1 no quadro "A crise de 1992 do SME". As taxas de câmbio nominais europeias foram fixadas entre as principais moedas de aproximadamente 1979 a 1992.

a. Explique como ler o eixo vertical da Figura 1. Qual país sofreu a maior depreciação? Qual país claramente sofreu a menor depreciação?

b. Se as taxas de juros nominais de dois anos na França e na Itália tivessem sido semelhantes em janeiro de 1992, qual país teria gerado o maior retorno sobre um título de dois anos?

c. Se as variações nas taxas de câmbio nominais devolveram os países ao equilíbrio de médio prazo, quais deles tinham as maiores sobrevalorizações em 1992?

7. Taxas de câmbio reais e nominais para Canadá e México

Dois dos principais parceiros comerciais dos Estados Unidos são Canadá e México. O banco de dados FRED, do Federal Reserve Bank of St. Louis, mantém quatro séries úteis: uma taxa de câmbio real efetiva ampla do México (RBMXBIS); uma taxa de câmbio real efetiva ampla do Canadá (RBCABIS); uma taxa de câmbio nominal de pesos mexicanos por dólar americano (DEXMSUS); e o número de dólares canadenses por dólar americano (EXCAUS). Faça o download de todas as séries mensais e organize-as em uma planilha com período de início em janeiro de 1994.

a. A taxa de câmbio no FRED é definida como o número de pesos mexicanos e o número de dólares canadenses por dólar americano. Redefina-os como o número de centavos de dólar americano por peso e o número de centavos de dólar americano por dólar canadense. Por que fazer isto?

b. Trace um gráfico de séries temporais da taxa de câmbio nominal mexicano-americana redefinida e do índice da taxa de câmbio ampla real, RBMXBIS. Há algum período em que o valor da taxa de câmbio nominal esteja atrelado? Quando o atrelamento foi liberado, o peso apreciou ou depreciou? Há algum período em que o peso está valorizando em termos nominais e depreciando em termos reais? Qual é o comportamento recente do peso? Um atrelamento da taxa de câmbio em 2015 teria beneficiado a economia mexicana?

c. Trace um gráfico das séries temporais da taxa de câmbio nominal canadense-americana redefinida e do índice da taxa de câmbio ampla real, RBCABIS. Estime a flutuação percentual no índice de taxa de câmbio real entre o Canadá e os Estados Unidos de 1994 a 2015. Há algum período em que o dólar canadense foi atrelado? Explique por que o índice da taxa de câmbio real segue de perto a taxa de câmbio nominal no caso canadense-americano. Teria havido algum benefício em atrelar o dólar canadense ao dólar americano nesse período?

Explorando mais

8. Taxas de câmbio e expectativas

Neste capítulo, enfatizamos que as expectativas têm um efeito importante sobre a taxa de câmbio. Neste problema, utilizamos dados para avaliar a magnitude do papel desempenhado pelas expectativas. Usando os resultados do Apêndice 2 ao final do capítulo, é possível mostrar que a condição de paridade de juros descoberta — a Equação 20.4 — pode ser escrita como

$$\frac{(E_t - E_{t-1})}{E_{t-1}} \approx (i_t - i_t^*) - (i_{t-1} - i_{t-1}^*) + \frac{(E_t^e - E_{t-1}^e)}{E_{t-1}^e}$$

Em palavras, a variação percentual da taxa de câmbio (apreciação da moeda nacional) é aproximadamente igual à variação no diferencial da taxa de juros (entre a taxa de juros interna e a externa) mais a variação percentual das expectativas da taxa de câmbio (a apreciação percentual esperada da moeda nacional). Chamaremos de spread o diferencial da taxa de juros.

a. Acesse a página do Bank of Canada (<www.bank-banque-canada.ca>) e encontre os dados mensais sobre a taxa de letras do Tesouro mensal de um ano para os últimos dez anos. Baixe os dados em uma planilha. A seguir, acesse a página do Banco Central de St. Louis (<research.stlouisfed.org/fred2>) e baixe os dados mensais sobre a taxa norte-americana de letras do Tesouro mensal de um ano para o mesmo período. (Talvez seja necessário acessar a seção "*Constant Maturity*", e não a "*Treasury Bills*".) Para cada mês, subtraia a taxa de juros do Canadá da taxa de juros dos Estados Unidos para calcular o diferencial [*spread*]. Então, para cada mês, calcule a variação do *spread* em relação ao mês anterior. (Certifique-se de converter os dados sobre a taxa de juros para a forma decimal adequada.)

b. Ainda na página do Banco Central de St. Louis, obtenha dados sobre a taxa mensal de câmbio entre o dólar americano e o canadense para o mesmo período do item (a). Mais uma vez, salve os dados em uma planilha. Calcule o percentual de apreciação do dólar americano para cada mês. Utilizando a função de desvio-padrão em seu programa, calcule o desvio-padrão do dólar americano. Desvio-padrão é a medida da variabilidade de uma série de dados.

c. Para cada mês, subtraia o diferencial da taxa de juros encontrada no item (a) do percentual de apreciação do dólar encontrado no item (b). Chame a diferença de *mudança nas expectativas*. Calcule o desvio-padrão da mudança nas expectativas. Como ele se compara ao desvio-padrão da apreciação mensal do dólar?

Este exercício é simples demais. Ainda assim, a essência desta análise continua válida em um trabalho mais sofisticado. No curto prazo, movimentações nas taxas de juros de curto prazo não são responsáveis pela maior parte das variações na taxa de câmbio. Grande parte das variações na taxa de câmbio deve ser atribuída a mudanças nas expectativas.

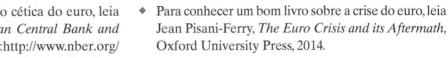

Leitura adicional

- Para conhecer uma antiga visão cética do euro, leia Martin Feldstein, *The European Central Bank and the Euro: The First Year*, 2000, <http://www.nber.org/papers/w7517>, e *The Euro and the Stability Pact*, 2005, <http://www.nber.org/papers/w11249>.

- Para conhecer um bom livro sobre a crise do euro, leia Jean Pisani-Ferry, *The Euro Crisis and its Aftermath*, Oxford University Press, 2014.

Apêndices

Apêndice 1: Derivação da relação *IS* sob taxas de câmbio fixas

Vamos começar pela condição de equilíbrio no mercado de bens que derivamos no Capítulo 19, a Equação 19.1:

$$Y = C(Y - T) + I(Y, r) + G - NX(Y, Y^*, \varepsilon)$$

Segundo essa condição, para que o mercado de bens esteja em equilíbrio, o produto deve ser igual à demanda por bens domésticos — isto é, à soma de consumo, investimento, gastos do governo e exportações líquidas. Agora, lembramos as seguintes relações:

- A taxa de juros real, r, é igual à taxa de juros nominal, i, menos a inflação esperada, π^e (veja o Capítulo 14):

$$r \equiv i - \pi^e$$

- A taxa de câmbio real, ε, é definida como segue (veja o Capítulo 17):

$$\varepsilon = \frac{EP}{P^*}$$

- Sob taxas de câmbio fixas, a taxa de câmbio nominal, E, é, por definição, fixa. Representamos por $\bar{E}$ o valor ao qual a taxa de câmbio nominal é fixada, logo:

$$E = \bar{E}$$

- Sob taxas de câmbio fixas e mobilidade perfeita de capitais, a taxa de juros interna, i, deve ser igual à taxa de juros externa, i^* (veja o Capítulo 17):

$$i = i^*$$

Usando essas quatro relações, reescreva a Equação 20.1 como:

$$Y = C(Y - T) + I(Y, i^* - \pi^e) + G + NX\left(Y, Y^*, \frac{\bar{E}P}{P^*}\right)$$

Isso pode ser reescrito usando-se uma notação mais compacta, como:

$$Y = Y\left(\frac{\bar{E}P}{P^*}, G, T, i^* - \pi^e, Y^*\right)$$
$$(-, +,-, -, +)$$

que é a Equação 20.1 do texto.

Apêndice 2: Taxa real de câmbio, taxa real de juros interna e taxa real de juros externa

Na Seção 20.3, derivamos uma relação entre a taxa de câmbio nominal corrente, as taxas de juros nominais correntes e futuras esperadas domésticas e estrangeiras, e a taxa de câmbio nominal futura esperada (Equação 20.5). Este apêndice deriva uma relação semelhante, mas em termos de taxas de juros reais e de taxa de câmbio real. Além disso, discute brevemente como essa relação alternativa pode ser usada para pensar nas variações da taxa de câmbio real.

Derivação da condição de paridade de juros reais

Comecemos com a condição da paridade de juros nominais, a Equação 19.2:

$$(1 + i_t) = (1 + i_t^*)\frac{E_t}{E_{t+1}^e}$$

Lembre-se da definição de taxa de juros real do Capítulo 6, Equação 6.3:

$$(1 + r_t) = \frac{(1 + i_t)}{(1 + \pi_{t+1}^e)}$$

onde $\pi_{t+1}^e \equiv (P_{t+1}^e - P_t)/P_t$ é a taxa de inflação esperada. De modo análogo, a taxa de juros real externa é dada por:

$$(1 + r_t^*) = \frac{(1 + i_t^*)}{(1 + \pi_{t+1}^{*e})}$$

onde $\pi_{t+1}^{*e} \equiv (P_{t+1}^{*e} - P_t^*)/P_t^*$ é a taxa de inflação esperada externa.

Usando essas duas relações para eliminar as taxas de juros nominais na condição da paridade de juros, temos:

$$(1 + r_t) = (1 + r_t^*)\left[\frac{E_t}{E_{t+1}^e}\frac{(1 + \pi_{t+1}^{*e})}{(1 + \pi_{t+1}^e)}\right] \qquad (20.A1)$$

Observe, da definição de inflação, que $(1 + \pi_{t+1}^e) = P_{t+1}^e/P_t$ e, de modo análogo, $(1 + \pi_{t+1}^{*e}) = P_{t+1}^{*e}/P_t^*$.

Usando essas duas relações no termo entre colchetes, temos:

$$\frac{E_t}{E_{t+1}^e}\frac{(1 + \pi_{t+1}^{*e})}{(1 + \pi_{t+1}^e)} = \frac{E_t}{E_{t+1}^e}\frac{P_{t+1}^{*e}P_t}{P_t^* P_{t+1}^e}$$

Reorganizando os termos, temos:

$$\frac{E_t P_{t+1}^{*e} P_t}{E_{t+1}^e P_t^* P_{t+1}^e} = \frac{E_t P_t/P_t^*}{E_{t+1}^e P_{t+1}^e/P_{t+1}^{*e}}$$

Usando a definição de taxa de câmbio real:

$$\frac{E_t P_t/P_t^*}{E_{t+1}^e P_{t+1}^e/P_{t+1}^{*e}} = \frac{\varepsilon_t}{\varepsilon_{t+1}^e}$$

Substituindo na Equação 20.A1, temos

$$(1 + r_t) = (1 + r_t^*)\frac{\varepsilon_t}{\varepsilon_{t+1}^e}$$

Ou, de maneira equivalente:

$$\varepsilon_t = \frac{1 + r_t}{1 + r_t^*}\varepsilon_{t+1}^e \qquad (20.A2)$$

A taxa de câmbio real atual depende das taxas de juros reais interna e externa do ano e da taxa de câmbio real futura esperada do próximo ano. Essa equação corresponde à Equação 20.4 no texto, mas agora em termos de taxas de câmbio e taxas de juros reais em vez de nominais.

Resolvendo a condição da paridade de juros reais para a frente

O próximo passo é resolver a Equação 20.A2 para a frente, do mesmo modo que fizemos na Equação 20.4 no texto. A equação anterior implica que a taxa de câmbio real no ano $t + 1$ é dada por:

$$\varepsilon_{t+1} = \frac{1 + r_{t+1}^e}{1 + r_{t+1}^{*e}}\varepsilon_{t+2}^e$$

Tomando as expectativas a partir do ano t:

$$\varepsilon_{t+1} = \frac{1 + r_{t+1}^e}{1 + r_{t+1}^{*e}}\varepsilon_{t+2}^e$$

Substituindo na relação anterior:

$$\varepsilon_t = \frac{(1 + r_t)\,(1 + r_{t+1}^e)}{(1 + r_t^*)\,(1 + r_{t+1}^{*e})}\varepsilon_{t+2}^e$$

Resolvendo para ε_{t+2}^e, e assim por diante, temos:

$$\varepsilon_t = \frac{(1 + r_t)}{(1 + r_t^*)}\frac{(1 + r_{t+1}^e)\cdots(1 + r_{t+n}^e)}{(1 + r_{t+1}^{*e})(1 + r_{t+n}^{*e})}\varepsilon_{t+n+1}^e$$

Essa relação fornece a taxa de câmbio real corrente como função das taxas de juros reais internas correntes e futuras esperadas, das taxas de juros reais externas correntes e futuras esperadas e da taxa real de câmbio esperada para o ano $t + n$.

A vantagem dessa relação sobre a que derivamos no texto entre a taxa de câmbio nominal e as taxas de juros nominais, Equação 20.5, é que normalmente é mais fácil prever a taxa de câmbio real futura que prever a taxa de câmbio nominal futura. Se, por exemplo, a economia apresentar um grande déficit comercial, podemos estar bastante confiantes de que terá de haver uma depreciação real — que ε_{t+n}^e terá de ser menor. Se houver uma depreciação nominal — o que acontecerá com E_{t+n}^e —, isso é mais difícil de dizer, pois depende do que acontecerá com a inflação, tanto interna quanto externa, nos próximos n anos.

Extensões

De volta à política econômica

Praticamente todos os capítulos deste livro até aqui examinaram o papel da política econômica. Os próximos três capítulos sintetizam toda a discussão.

Capítulo 21

O Capítulo 21 levanta duas questões: dada a incerteza sobre os efeitos das políticas macroeconômicas, não seria o caso de não utilizar nenhum tipo de política? E mesmo que a política econômica possa ser útil em princípio, podemos confiar que seus formuladores vão implementar a política correta? Conclusão: a incerteza limita o papel da política econômica. Seus formuladores nem sempre fazem a coisa certa. Mas, com as instituições corretas, a política econômica pode ajudar e deve ser utilizada.

Capítulo 22

O Capítulo 22 examina a política fiscal. Revisa o que aprendemos até aqui, capítulo a capítulo, e a seguir examina mais detalhadamente as implicações da restrição orçamentária do governo para a relação entre dívida, gastos e impostos. Em seguida, aborda as implicações e os riscos de altos níveis de dívida pública, uma questão central nos países avançados na atualidade.

Capítulo 23

O Capítulo 23 examina a política monetária. Revisa o que aprendemos até aqui, capítulo por capítulo, e então concentra-se nos desafios atuais. Em primeiro lugar, descreve o arcabouço conhecido como *regime de metas de inflação*, que a maioria dos bancos centrais havia adotado antes da crise. A seguir, aborda uma série de questões levantadas pela crise, desde a taxa ótima de inflação até o papel da regulação financeira e o uso de novos instrumentos, conhecidos como *ferramentas macroprudenciais*.

CAPÍTULO 21

Os formuladores de política econômica deveriam sofrer restrições?

Em diversos pontos deste livro, vimos como a combinação certa de políticas fiscal e monetária pode ajudar um país a sair de uma recessão, melhorar sua posição comercial sem aumentar a atividade ou elevar a inflação, desacelerar uma economia superaquecida, estimular o investimento e a acumulação de capital, e assim por diante.

Essas conclusões, no entanto, parecem conflitar com as demandas frequentes de que os formuladores da política econômica sejam submetidos a restrições rigorosas.

Nos Estados Unidos, são frequentes os pedidos de uma emenda de orçamento equilibrado na Constituição para limitar o crescimento da dívida. Tal pedido era o primeiro item do "Contrato com os Estados Unidos da América", programa elaborado pelos republicanos para as eleições de meio de mandato em 1994, reproduzido na Figura 21.1. Ele ressurge com frequência, mais recentemente em julho de 2011, quando foi proposto por um grupo de republicanos com laços estreitos com o Tea Party.[1] Na Europa, os países que adotaram o euro assinaram um **"Pacto de Estabilidade e Crescimento (PEC)"**, pelo qual tinham de manter seu déficit orçamentário abaixo de 3% do PIB, sob pena de altas multas. Como veremos, este pacto acabou fracassando, mas os europeus criaram novas formas de torná-lo mais forte.

A política monetária também está sob fogo cruzado. Por exemplo, o estatuto do Banco Central da Nova Zelândia, redigido em 1989, define o papel da política monetária como o de manutenção da estabilidade de preços, excluindo qualquer outro objetivo macroeconômico. Em meados de 2011, o governador do Texas, Rick Perry, que concorria à indicação presidencial republicana, declarou: "Se esse cara [presidente do Fed, Ben Bernanke] imprimir mais dinheiro entre agora e a eleição, não sei o que vocês fariam com ele em Iowa, mas nós o trataríamos bem mal aqui no Texas. Imprimir mais moeda para fins políticos neste momento em particular da história norte-americana chega a ser uma deslealdade — ou uma traição, na minha opinião." Rick Perry e vários outros republicanos querem que a presidência do Fed seja limitada por regras para que tenha bem menos autonomia.

Este capítulo examinará os argumentos a favor dessas restrições à política macroeconômica.

As seções 21.1 e 21.2 examinam uma linha de argumentos — a saber, a de que os formuladores de política econômica podem ter boas intenções, mas acabam por fazer mais mal do que bem.

A Seção 21.3 examina outra linha, mais cínica, de que os formuladores de política econômica fazem o que mais lhes convém, e não necessariamente o que é melhor para o país.

---

[1] N. do RT: o *Tea Party* é uma ala conservadora do Partido Republicano dos Estados Unidos que ganhou proeminência nos últimos anos com um discurso focado na defesa de políticas fiscais conservadoras e da redução do tamanho do Estado.

484 Macroeconomia

▶ **Figura 21.1** Contrato com os Estados Unidos da América.

Congressistas Republicanos
Contrato com os Estados Unidos da América

Um programa de responsabilidade

Escutamos suas preocupações em alto e bom som. Se vocês nos derem a maioria, no primeiro dia do Congresso, uma maioria republicana:

Obrigará o Congresso a viver de acordo com as mesmas leis a que se submetem todos os outros cidadãos norte-americanos.
Eliminará um em cada três assessores de comitês do Congresso.
Promoverá cortes no orçamento do Congresso.

A seguir, nos primeiros 100 dias, haverá votação destes dez projetos de lei:

1. Emenda do orçamento equilibrado e veto a itens de orçamento em separado: é hora de obrigar o governo a viver com seus próprios meios e restaurar a responsabilidade com relação ao orçamento em Washington.

2. Repressão a criminosos violentos: vamos ser inflexíveis, instituindo uma pena de morte efetiva, competente e oportuna, contra infratores violentos. Reduziremos também a criminalidade com a construção de mais prisões, o alongamento das penas e mais policiais nas ruas.

3. Reforma das políticas de transferência: o governo deve encorajar as pessoas a trabalhar, e não a ter filhos fora do matrimônio.

4. Proteção às crianças: temos de fortalecer as famílias dando aos pais maior controle sobre a educação, garantindo o pagamento das pensões alimentícias e reprimindo a pornografia infantil.

5. Redução de impostos para as famílias: tornaremos mais fácil alcançar o sonho americano: poupar dinheiro, comprar uma casa e mandar os filhos para a universidade.

6. Defesa nacional fortalecida: precisamos garantir uma defesa nacional fortalecida mediante a restauração de componentes essenciais ao financiamento da segurança nacional.

7. Ampliação do limite de rendimentos dos cidadãos idosos: podemos acabar com a discriminação etária do governo, que desestimula os idosos a trabalhar se assim o quiserem.

8. Diminuição da regulamentação governamental: vamos acabar com a burocracia que sufoca os pequenos negócios e facilitar a realização de investimentos pelas pessoas, a fim de gerar empregos e aumentar salários.

9. Promoção de uma reforma do judiciário com base no bom-senso: podemos, por fim, acabar com o excesso de processos judiciais, com ações banais e o excesso de zelo de alguns advogados.

10. Limitação do número de mandatos dos congressistas: vamos substituir os políticos de carreira por cidadãos legisladores. Afinal, a política não deve ser um emprego vitalício. (Por favor, veja o verso para saber se o candidato do seu distrito assinou o Contrato até 5 de outubro de 1994.)

SE VIOLARMOS ESTE CONTRATO, LIVREM-SE DE NÓS. ESTAMOS FALANDO SÉRIO.

21.1 Incerteza e política econômica

Um modo pouco sutil de exprimir o primeiro argumento a favor das restrições à política econômica é dizer que quem sabe pouco deve fazer pouco. O argumento tem duas partes: os macroeconomistas e, consequentemente, os formuladores de política econômica que contam com consultoria sabem pouco e, portanto, devem fazer pouco. Examinaremos cada uma das partes separadamente.

Quanto os macroeconomistas efetivamente sabem?

Macroeconomistas são como médicos tratando de um câncer. Eles sabem muito, mas há muito mais a saber.

Tomemos uma economia com desemprego alto, na qual o Banco Central esteja considerando o uso da política monetária para incrementar a atividade econômica. Suponhamos que haja margem para baixar os juros; em outras palavras, vamos deixar de lado a questão mais difícil do que fazer se a economia cair na armadilha da liquidez. Pensemos na sequência de ligações entre a redução dos juros que o Banco Central controla e um aumento no produto — questões com que o Banco Central se defronta para decidir se baixa, e em quanto, a taxa de juros:

◆ A alta taxa de desemprego corrente está acima da taxa natural de desemprego ou esta última em si aumentou (Capítulo 7)?

◆ Se a taxa de desemprego estiver próxima da taxa natural de desemprego, haverá risco de uma expansão monetária levar a uma diminuição no desemprego abaixo da taxa natural e causar aumento na inflação (Capítulo 9)?

- Qual será o efeito da redução da taxa de juros de curto prazo sobre a de longo prazo (Capítulo 14)? Em quanto aumentarão os preços das ações (Capítulo 14)? Em quanto a moeda depreciará (capítulos 19 e 20)?
- Quanto tempo levará para que as taxas de juros de longo prazo menores e os preços das ações maiores afetem os gastos de investimento e consumo (Capítulo 15)? Quanto tempo levará para que os efeitos da curva *J* aconteçam e a balança comercial melhore (Capítulo 18)? Qual é o risco de que os efeitos venham tarde demais, quando a economia já tiver se recuperado?

Ao avaliar essas questões, os bancos centrais — ou os formuladores de políticas macroeconômicas em geral — não agem em um vácuo. Eles contam, sobretudo, com modelos macroeconométricos. As equações desses modelos mostram como essas ligações individuais se comportaram no passado. No entanto, modelos diferentes produzem respostas diferentes. Isto porque têm estruturas diferentes, listas diferentes de equações e de variáveis.

A Figura 21.2 mostra um exemplo dessa diversidade, que vem de um estudo coordenado pelo FMI, que solicitou aos formuladores dos 10 principais modelos macroeconométricos que respondessem a uma questão similar: *trace os efeitos, nos Estados Unidos, de uma diminuição na taxa básica em 100 pontos básicos (1%) ao longo de dois anos.*

Três desses modelos foram desenvolvidos e são utilizados pelos bancos centrais; quatro por organizações internacionais, como FMI ou OCDE, e três por instituições acadêmicas ou empresas. Eles possuem uma estrutura aproximadamente semelhante, que se pode considerar como uma versão mais detalhada do arcabouço *IS-LM-PC* que desenvolvemos no livro. No entanto, como se pode ver, dão respostas bastante diversas para a mesma questão. Embora a resposta média seja de um aumento no produto dos Estados Unidos da ordem de 0,8% após um ano, as respostas variam de 0,1% a 2,1%. Após dois anos, a resposta média é de um aumento de 1,0%, com um intervalo de 0,2% a 2%. Em suma, se medirmos a incerteza pela gama de respostas resultantes desse conjunto de modelos, ela realmente existe quanto aos efeitos da política econômica.

▶ **Figura 21.2** Resposta do produto a uma expansão monetária: previsões de 10 modelos.

Embora os 10 modelos apresentem a previsão de que o produto aumentará durante algum tempo em resposta a uma expansão monetária, a gama de respostas com relação ao tamanho e à duração da resposta do produto é ampla.

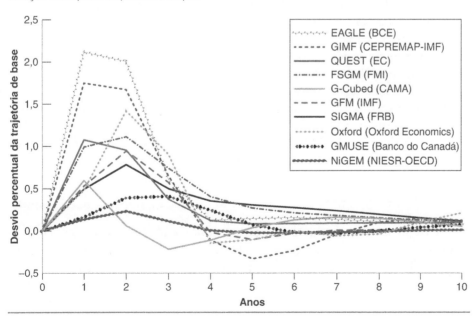

486 Macroeconomia

A incerteza deve levar os formuladores de política econômica a fazer menos?

A incerteza sobre os efeitos da política econômica deve levar os formuladores de política econômica a fazer menos? De modo geral, a resposta é sim. Consideremos o seguinte exemplo, com base nas simulações que acabamos de examinar.

Suponhamos que a economia dos Estados Unidos esteja em recessão. A taxa de desemprego é de 7%, e o Fed pensa em utilizar a política monetária para expandir o produto. Para nos concentrarmos na incerteza sobre os efeitos dessa política, vamos supor que o Fed saiba de tudo o mais com certeza. Com base em suas previsões, o Fed *sabe* que, se não mexer na política monetária, o desemprego continuará em 7% no próximo ano. Sabe que a taxa natural de desemprego é de 5% e, portanto, que a taxa de desemprego está 2% acima da taxa natural. Também *sabe*, pela lei de Okun, que 1% a mais de crescimento do produto por um ano leva a uma redução de 0,4% na taxa de desemprego.

Com base nessas hipóteses, o Fed sabe que, se pudesse usar a política monetária para obter 5% a mais de crescimento do produto ao longo do próximo ano, a taxa de desemprego em um ano seria menor em $0,4 \times 5\% = 2\%$, caindo para a taxa natural de desemprego de 5%. Em quanto o Fed deveria baixar a taxa básica?

> No mundo real, obviamente, o Fed não sabe nenhuma dessas coisas com certeza. Pode apenas fazer previsões. Não sabe o valor exato da taxa natural de desemprego nem o coeficiente exato da lei de Okun. A introdução dessas fontes de incerteza reforçaria nossa conclusão básica.

Tomando-se a média das respostas dos diversos modelos da Figura 21.2, uma redução de 1% na taxa básica leva a um aumento de 0,8% no produto no primeiro ano. Suponhamos que o Fed tome essa relação média como se valesse com *certeza*. O que ele deve fazer, então, é simples. O retorno da taxa de desemprego à taxa natural em um ano requer 5% a mais de crescimento do produto. E 5% a mais de crescimento do produto requer que o Fed reduza a taxa básica em $5\%/0,8\% = 6,25\%$. O Fed deveria, portanto, baixar a taxa básica em 6,25%. Se a resposta da economia for igual à resposta *média* dos 10 modelos, essa redução da taxa fará a economia voltar à taxa natural de desemprego no final do ano.

Suponhamos que o Fed baixe efetivamente a taxa em 6,25%. Mas agora vamos levar em conta a incerteza, medida pela *gama* de respostas dos diversos modelos da Figura 21.2. Lembramos que a gama de respostas do produto para uma redução de 1% na taxa varia de 0,1% a 2,1%. Essa gama implica que a redução na taxa leva, nos diversos modelos, a uma resposta do produto em algum ponto entre 0,625% $(0,1 \times 6,25\%)$ e 13,1% $(2,1 \times 6,25\%)$. Esses números do produto implicam, por sua vez, uma diminuição no desemprego em algum ponto entre 0,25% $(0,4 \times 0,625\%)$ e 5,24% $(0,4 \times 13,1\%)$. Posto de outra forma, a taxa de desemprego em um ano pode ser qualquer coisa entre 1,76% $(7\% - 5,24\%)$ e 6,75% $(7\% - 0,25\%)$!

A conclusão é clara: dada essa gama de incerteza quanto aos efeitos da política monetária sobre o produto, baixar a taxa básica em 6,25% seria irresponsável. Se os efeitos da taxa de juros sobre o produto fossem tão fortes quanto os sugeridos por um dos 10 modelos, o desemprego no final do ano estaria 3,24% $(5\% - 1,76\%)$ abaixo da taxa natural de desemprego, levando a pressões inflacionárias enormes. Dada essa incerteza, o Fed deveria baixar a taxa em muito menos que 6,25%. Por exemplo, baixar a taxa em 3% levaria a uma gama de desemprego em um ano de 6,9% a 4,5% — uma gama de resultados claramente mais segura.

> Este exemplo conta com a noção de *incerteza multiplicativa* — ou seja, como os efeitos da política econômica são incertos, as políticas econômicas mais ativas levam a mais incerteza. Veja William Brainard. Uncertainty and the Effectiveness of Policy. *American Economic Review* 1967, vol. 57, n. 2, p. 411-25.

A incerteza e as restrições aos formuladores de política econômica

Em resumo: existe considerável incerteza sobre os efeitos das políticas macroeconômicas. Essa incerteza deve levar os formuladores de política econômica a ser mais cautelosos e a limitar o uso de políticas ativas. As políticas devem destinar-se, de modo geral, a evitar recessões prolongadas, desacelerar os crescimentos explosivos e evitar a pressão inflacionária. Quanto maior o desemprego ou maior a inflação, mais ativas devem ser as políticas econômicas. Um exemplo vem da recessão de 2008-2009, quando uma mudança sem precedentes nas políticas monetária e fiscal provavelmente evitou uma repetição do que aconteceu na década de 1930, durante a Grande Depressão. Mas, em tempos normais, políticas macroeconômicas não devem visar a uma **sintonia fina**, tentar atingir uma taxa de desemprego constante ou um crescimento do produto constante.

Essas conclusões teriam sido polêmicas há 20 anos. Naquela época, havia um acalorado debate entre dois grupos de economistas. Um deles, liderado por Milton Friedman, da Universidade de Chicago, argumentava que, em virtude de defasagens longas e variáveis, a política econômica ativista provavelmente fazia mais mal do que bem. O outro grupo, liderado por Franco Modigliani, do MIT, tinha acabado de elaborar a primeira geração de grandes modelos macroeconométricos e acreditava que o conhecimento dos economistas estava se tornando suficientemente bom para permitir cada vez mais uma sintonia fina da economia. Atualmente, a maioria dos economistas reconhece que há uma incerteza substancial quanto aos efeitos da política econômica. Eles também aceitam a implicação de que essa incerteza, exceto em circunstâncias especiais, como no período de 2008-2009, deveria levar a políticas menos ativas.

> Friedman e Modigliani são os mesmos economistas que desenvolveram independentemente a teoria moderna do consumo que vimos no Capítulo 15.

Observe, contudo, que o que desenvolvemos até aqui é um argumento a favor da *autorrestrição por* formuladores de política econômica, e não de *restrições sobre* eles. Se eles forem benevolentes — se eles se importam com o bem-estar nacional — e se compreendem as implicações, eles cuidarão do bem-estar nacional. Se os formuladores de política econômica compreendem as implicações da incerteza — e não há nenhum motivo especial para pensar que não o façam —, eles, por si mesmos, seguirão políticas econômicas menos ativas. Não há motivo para impor restrições adicionais, como o requisito de que o crescimento da moeda seja constante ou de que o orçamento esteja equilibrado. Vamos agora nos voltar para os argumentos a favor das restrições *sobre* os formuladores de política econômica.

21.2 Expectativas e política econômica

Um dos motivos pelos quais os efeitos da política macroeconômica são incertos é a interação entre a política econômica e as expectativas. O modo como uma política funciona — e, às vezes, se funciona realmente — depende não apenas de como ela afeta as variáveis atuais, mas também de como afeta as expectativas sobre o futuro (o tema principal do Capítulo 16). Contudo, a importância das expectativas para a política econômica vai além da incerteza sobre os efeitos da política econômica. Isso nos leva a uma discussão sobre *jogos*.

Até 30 anos atrás, a política macroeconômica era vista do mesmo modo que o controle de uma máquina complicada. Métodos de **controle ótimo**, desenvolvidos inicialmente para controlar e guiar foguetes, vinham sendo cada vez mais usados para elaborar políticas macroeconômicas. Os economistas não pensam mais assim. Tornou-se claro que a economia é fundamentalmente diferente de uma máquina, mesmo uma muito complicada. Ao contrário da máquina, a economia é composta de pessoas e empresas que tentam prever o que os formuladores de política econômica farão e reagem não só à política econômica atual, mas também às expectativas da política econômica futura. Assim, a política macroeconômica deve ser pensada como um **jogo** entre os formuladores de política econômica e "a economia" — mais concretamente, as pessoas e as empresas na economia. Portanto, ao pensar sobre a política econômica, precisamos não da **teoria do controle ótimo**, mas da **teoria dos jogos**.

> Até as máquinas estão ficando mais espertas. HAL (o robô no filme *2001: Uma odisseia no espaço*, de 1968) começou prevendo o que os humanos na nave espacial fariam. O final não é feliz. (Veja o filme.)

488 Macroeconomia

A teoria dos jogos tornou-se uma ferramenta importante em todos os ramos da economia. O Prêmio Nobel de Economia em 1994 e 2005 foi concedido a pesquisadores da teoria dos jogos: em 1994 foram contemplados John Nash, de Princeton, John Harsanyi, de Berkeley, e Reinhard Selten, da Alemanha. (O filme *Uma mente brilhante* retrata a vida de John Nash.) Em 2005, o prêmio foi concedido a Robert Aumann, de Israel, e a Tom Schelling, de Harvard.

Atenção: quando os economistas usam a palavra "jogo", não se referem ao "entretenimento", mas a **interações estratégicas** entre **jogadores**. No contexto da política macroeconômica, os jogadores são os formuladores de política econômica, de um lado, e as pessoas e empresas do outro. As interações estratégicas são claras. O que as pessoas e as empresas fazem depende do que esperam que os formuladores de política econômica façam. Por outro lado, o que os formuladores de política econômica fazem depende do que está acontecendo na economia.

A teoria dos jogos proporcionou aos economistas muitas intuições, com frequência explicando como um comportamento aparentemente estranho faz sentido quando compreendemos a natureza do jogo que está em ação. Uma dessas intuições é particularmente importante para nossa discussão sobre restrições: às vezes, podemos nos sair melhor em um jogo se abrirmos mão de algumas de suas opções. Para entender por que, comecemos com um exemplo de fora da economia: as políticas dos governos em relação aos sequestradores.

Sequestros e negociações

A maioria dos governos tem políticas declaradas de não negociação com sequestradores. O motivo dessa política declarada é claro: impedir sequestros, tornando-os desinteressantes.

Suponhamos que, apesar dessa política declarada, alguém seja sequestrado. Agora que o sequestro já ocorreu, por que não negociar? Qualquer que seja o valor do resgate exigido pelos sequestradores, provavelmente será menos custoso que a alternativa, isto é, a probabilidade de que o sequestrado seja morto. Portanto, a melhor política pareceria ser: anuncie que você não vai negociar, mas, se alguém for sequestrado, negocie.

Refletindo bem, fica claro que essa política seria, na realidade, muito ruim. As decisões dos sequestradores não dependem da política anunciada, mas do que esperam que efetivamente acontecerá se sequestrarem alguém. Se souberem que efetivamente haverá negociações, eles considerarão, com toda razão, que a política anunciada é irrelevante. E haverá sequestros.

Então, qual é a melhor política? Apesar do fato de, uma vez ocorrido um sequestro, as negociações normalmente levarem a um resultado melhor, a melhor política é que os governos se comprometam a *não* negociar. Ao desistir da opção de negociar, os governos provavelmente evitam, em primeiro lugar, a ocorrência de sequestros.

Agora, vamos passar para um exemplo macroeconômico baseado na relação entre inflação e desemprego. Como veremos, envolve exatamente a mesma lógica.

Inflação e desemprego revisitados

Lembramos da relação entre inflação e desemprego que derivamos no Capítulo 8 [(Equação 8.9), omitindo os índices temporais para simplificar]:

$$\pi = \pi^e - \alpha(u - u_n) \tag{21.1}$$

A inflação, π, depende da inflação esperada, π^e, e da diferença entre a taxa de desemprego efetiva, u, e a taxa natural de desemprego, u_n. O coeficiente α reflete o efeito do desemprego sobre a inflação, dada a inflação esperada. Quando o desemprego está acima da taxa natural, a inflação é menor que a inflação esperada; quando o desemprego está abaixo da taxa natural, a inflação é maior que a inflação esperada.

Suponhamos que o Fed anuncie que seguirá uma política monetária consistente com inflação igual a zero. Supondo que as pessoas acreditem no anúncio, a inflação esperada, π^e, incorporada nos contratos de trabalho, será igual a zero, e o Fed se defrontará com a seguinte relação entre desemprego e inflação:

Este exemplo foi desenvolvido por Finn Kydland, da Carnegie Mellon, agora na Universidade de Califórnia-Santa Bárbara, e Edward Prescott, na época da Universidade de Minnesota e agora na Universidade Estadual do Arizona, em Rules Rather than Discretion: the Inconsistency of Optimal Plans. *Journal of Political Economy*, 1977, 85 (3), p. 473-92. Kydland e Prescott receberam o Prêmio Nobel de Economia em 2004.

Uma revisão: dadas as condições do mercado de trabalho e suas expectativas sobre quais serão os preços, empresas e trabalhadores fixam os salários nominais. Dados os salários nominais que as empresas têm de pagar, estas fixam os preços. Portanto, os preços dependem dos preços esperados e das condições do mercado de trabalho. De maneira equivalente, a inflação de preços depende da inflação esperada de preços e das condições do mercado de trabalho. É isso que é captado pela Equação 21.1.

$$\pi = -\alpha(u - u_n) \qquad (21.2)$$

Se o Fed prosseguir com a política anunciada, escolherá uma taxa de desemprego igual à taxa natural; pela Equação 21.2, a inflação será igual a zero, exatamente como o Fed anunciou e como as pessoas esperavam.

Obter inflação igual a zero e taxa de desemprego igual à taxa natural não constitui um resultado ruim. Mas parece que o Fed poderia, na verdade, fazer ainda melhor:

◆ Lembramos, do Capítulo 8, que nos Estados Unidos α é aproximadamente igual a 0,5. Logo, a Equação 21.2 implica que, ao aceitar somente 1% de inflação, o Fed pode obter uma taxa de desemprego 2% abaixo da taxa natural. Suponhamos que o Fed — e todos os demais participantes da economia — considere o dilema atraente e decida diminuir o desemprego em 2% em troca de uma taxa de inflação de 1%. Esse incentivo para se desviar da política anunciada uma vez que o outro jogador tenha feito sua jogada — neste caso, depois que os fixadores de salários os tenham fixado — é conhecido na teoria dos jogos como **inconsistência temporal** da política ótima. Em nosso exemplo, o Fed pode melhorar o resultado desse período ao se desviar de sua política anunciada de inflação igual a zero. Ao aceitar um pouco de inflação, ele pode obter uma redução substancial no desemprego.

◆ Infelizmente, esse não é o final da história. Ao ver que o Fed permitiu uma inflação maior que a anunciada, os fixadores de salários provavelmente começarão a esperar uma inflação positiva de 1%. Se o Fed ainda desejar obter uma taxa de desemprego 2% abaixo da taxa natural, terá de aceitar uma inflação de 2% porque as expectativas mudaram. Aceitar uma inflação de 1% não é mais suficiente para sustentar um desemprego inferior. Contudo, se o Fed persistir e atingir 2% de inflação, os fixadores de salários provavelmente elevarão ainda mais suas expectativas de inflação, e assim por diante.

◆ É provável que o resultado final seja uma inflação alta e persistente. Como os fixadores de salários entendem os motivos do Fed, a inflação esperada alcança a inflação efetiva. A economia acaba com a *mesma taxa de desemprego* que teria prevalecido se o Fed tivesse seguido a política anunciada, só que com uma *inflação muito maior*. Em suma, tentativas do Fed de melhorar a situação levam, no final das contas, à sua piora.

Qual a relevância desse exemplo? Muita. Voltemos ao Capítulo 8. Podemos ler a história da curva de Phillips e do aumento da inflação na década de 1970 como resultante exatamente das tentativas do Fed de manter o desemprego abaixo da taxa natural, levando a uma inflação esperada e a uma inflação efetiva cada vez maiores. Sob esse enfoque, o deslocamento da curva de Phillips original pode ser visto como o ajuste das expectativas dos fixadores de salários quanto ao comportamento do Banco Central.

Assim, qual é a melhor política para o Fed seguir nesse caso? É a de assumir um compromisso, com credibilidade, de que não tentará diminuir o desemprego abaixo da taxa natural. Ao desistir da opção de se desviar de sua política anunciada, o Fed poderá obter um desemprego igual à taxa natural e inflação zero. A analogia com o exemplo do sequestro é clara. Ao assumir com credibilidade um compromisso de não fazer algo que pareceria desejável na época, os formuladores de política econômica podem obter um resultado melhor: nenhum sequestro no exemplo anterior, nenhuma inflação aqui.

Conquistando credibilidade

Como um Banco Central pode se comprometer, com credibilidade, a não se desviar de sua política anunciada?

Um modo de conquistar credibilidade é o Banco Central desistir — ou ser impedido por lei — de exercer seu poder de formulador de política econômica. Por exemplo, as atribuições do Banco Central podem ser definidas por lei nos

---

Para simplificar, suponhamos que o Fed possa escolher exatamente a taxa de desemprego e, por conseguinte, a taxa de inflação. Ao fazer isso, ignoramos a incerteza sobre os efeitos da política econômica. Este era o tema da Seção 21.1, mas não é importante aqui.

Se $\alpha = 0{,}5$, a Equação 21.2 implica $\pi = -0{,}5\ (u - u_n)$. Se $\pi = 1\%$, então $(u - u_n) = -2\%$.

Lembramos que a taxa natural de desemprego não é nem natural, nem a melhor em qualquer sentido (veja o Capítulo 7). Pode ser razoável para o Fed e para todos os demais na economia preferir uma taxa de desemprego menor que a taxa natural.

490 Macroeconomia

termos de uma regra simples, como a de fixar a expansão da moeda em 0% para sempre. (Uma alternativa, que discutimos no Capítulo 20, é adotar um atrelamento rígido, como um comitê cambial ou mesmo a dolarização. Neste caso, o Banco Central deve manter as taxas de juros iguais às taxas estrangeiras, custe o que custar.)

Uma lei desse tipo certamente resolve o problema da inconsistência temporal. Mas uma restrição tão rígida é quase como jogar fora o bebê com a água do banho. Queremos impedir o Banco Central de buscar uma taxa de crescimento da moeda alta demais na tentativa de diminuir o desemprego abaixo de sua taxa natural. Mas — sujeito às restrições discutidas na Seção 21.1 — ainda queremos que o Banco Central seja capaz de reduzir a taxa básica expandindo a oferta de moeda quando o desemprego estiver muito acima da taxa natural ou elevar a taxa contraindo a oferta de moeda quando o desemprego estiver muito abaixo da taxa natural. Essas medidas tornam-se impossíveis sob uma regra de crescimento constante da moeda. Há, na verdade, maneiras melhores de lidar com a inconsistência temporal. No caso da política monetária, nossa discussão sugere várias maneiras de lidar com o problema.

Um primeiro passo é tornar o **Banco Central independente**, ou seja, uma instituição em que as decisões sobre taxas de juros e oferta de moeda sejam tomadas independentemente da influência de políticos eleitos. Os políticos, que costumam concorrer a reeleições, podem desejar um nível de desemprego baixo agora, mesmo que isso leve à inflação mais tarde. Tornar o Banco Central independente — e tornar difícil para os políticos demitir seu presidente — facilita para a instituição resistir à pressão política para diminuir o desemprego abaixo de sua taxa natural.

Contudo, isso pode não ser suficiente. Mesmo sem estar sujeito à pressão política, o Banco Central ficará tentado a diminuir o desemprego abaixo da taxa natural, pois isso leva a um resultado melhor no curto prazo. Portanto, um segundo passo é dar incentivos a presidentes de Bancos Centrais para que assumam uma visão de longo prazo — isto é, considerem os custos de longo prazo de uma inflação maior. Um modo de fazer isso é tornar seus mandatos mais longos, para que tenham um horizonte longo e oportunidade para construir credibilidade.

Um terceiro passo pode ser escolher um presidente "conservador" para o Banco Central, alguém que não goste muito de inflação e que, portanto, esteja menos disposto a aceitar mais inflação em troca de menos desemprego quando este se encontrar em sua taxa natural. Quando a economia se encontra na taxa natural, um presidente de Banco Central como este é menos tentado a embarcar em uma expansão monetária. Assim, o problema da inconsistência temporal diminui.

Esses são os passos que muitos países tomaram nas duas últimas décadas. Foi dada mais independência ao Banco Central. Foram concedidos mandatos longos a seus presidentes. E os governos normalmente têm nomeado presidentes mais "conservadores" que os próprios governos — presidentes de Banco Central que parecem se preocupar mais com a inflação e menos com o desemprego que o governo. (Veja o quadro Foco "Alan Blinder estava errado ao falar a verdade?".)

A Figura 21.3 sugere que dar mais independência ao Banco Central tem sido bem-sucedido, ao menos em termos de atingir inflação mais baixa. O eixo vertical fornece a taxa média anual de inflação de 18 países da OCDE para o período 1960--1990. O eixo horizontal fornece o valor de um índice de "independência do Banco Central", elaborado mediante o exame de diversas cláusulas legais do estatuto da instituição — por exemplo, se e como o governo pode exonerar o presidente do banco. Há uma notável relação inversa entre as duas variáveis, conforme resumido pela reta de regressão. Uma independência maior do Banco Central parece estar sistematicamente associada a uma inflação menor.

A figura foi extraída de um estudo de 1991 e, portanto, usa dados até 1990. Evidências mais recentes produzem conclusões semelhantes.

Um alerta: a Figura 21.3 mostra uma correlação, não necessariamente uma causalidade. Pode ser que países que não gostam de inflação tendam tanto a dar mais independência a seus Bancos Centrais quanto a ter uma inflação menor. (Este é outro exemplo da diferença entre correlação e causalidade — discutida no Apêndice 3 no fim do livro.)

▶ **Figura 21.3 Inflação e independência do Banco Central.**

Entre os países da OCDE, quanto maior o grau de independência do Banco Central, menor a taxa de inflação.

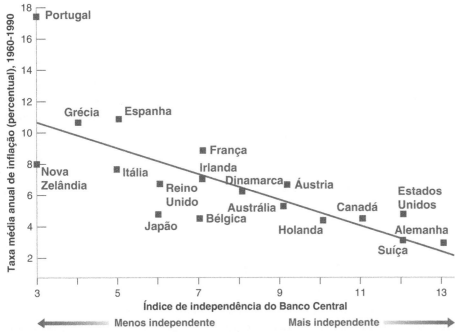

Fonte: Vittorio Grilli, Donato Masciandaro e Guido Tabellini. Political and Monetary Institutions and Public Financial Policies in the Industrial Countries. *Economic Policy*, 1991, vol. 6, n. 13, p. 341-392.

FOCO

Alan Blinder estava errado ao falar a verdade?

Em meados de 1994, o então presidente norte-americano, Bill Clinton, nomeou Alan Blinder, economista de Princeton, para a vice-presidência (na verdade, para ser a segunda pessoa na linha de comando) do Federal Reserve Board. Poucas semanas depois, ao falar em uma conferência sobre economia, Blinder expôs sua convicção de que o Fed tinha tanto a responsabilidade quanto a capacidade, quando o desemprego estivesse alto, de usar a política monetária para ajudar a economia a se recuperar. Esta declaração foi mal recebida. Os preços dos títulos caíram e muitos jornais publicaram editoriais criticando Blinder.

Por que a reação dos mercados e dos jornais foi tão negativa? Certamente não foi pelo fato de Blinder estar errado. Não há dúvida de que a política monetária pode e deve ajudar a economia a sair da recessão. Na verdade, a Lei do Federal Reserve Bank de 1977 requer que o Fed busque tanto o pleno emprego quanto a inflação baixa.

A reação foi negativa porque, em termos do argumento que desenvolvemos no texto, Blinder revelou, por suas palavras, que não era um vice-presidente do Banco Central do tipo conservador, mas que se preocupava tanto com o desemprego quanto com a inflação. Com a taxa de desemprego na época igual a 6,1% — próxima do que se pensava que fosse sua taxa natural —, os mercados interpretaram as declarações de Blinder como uma sugestão de que ele poderia querer diminuir o desemprego abaixo da taxa natural. As taxas de juros aumentaram por causa da inflação esperada maior — os preços dos títulos diminuíram.

Moral da história: quaisquer que sejam os pontos de vista defendidos pelos presidentes de Banco Central, eles devem tentar parecer conservadores e falar deste modo. É por isso que muitos deles relutam em admitir, ao menos em público, a existência de qualquer dilema entre desemprego e inflação, mesmo no curto prazo.

Consistência temporal e restrições aos formuladores de política econômica

Vamos resumir o que aprendemos nesta seção:

Examinamos argumentos a favor de colocar restrições aos formuladores de política econômica com base na questão da inconsistência temporal.

Quando as questões de inconsistência temporal são relevantes, as restrições rígidas aos formuladores de política econômica — como uma regra de crescimento fixo da moeda, no caso da política monetária, ou uma regra para equilíbrio do orçamento, no caso da política fiscal — podem fornecer uma solução aproximada. Mas a solução tem grandes custos, pois impede completamente o uso da política macroeconômica. Soluções melhores normalmente envolvem a estruturação de instituições melhores (como um Banco Central independente ou um processo orçamentário melhor), o que pode reduzir o problema da inconsistência temporal, embora, ao mesmo tempo, possibilite o uso da política econômica para a estabilização do produto. Contudo, isto não é fácil de fazer.

21.3 Política e política econômica

Assumimos até aqui que os formuladores de política econômica eram benevolentes, isto é, tentavam fazer o que era melhor para a economia. Contudo, grande parte do debate público contesta esta hipótese. Os políticos ou os formuladores de política econômica, prossegue o argumento, fazem o que é melhor para si mesmos, e isso nem sempre é o melhor para o país.

Já ouvimos os argumentos. Políticos evitam as decisões difíceis e satisfazem ao eleitorado, a política partidária conduz a um impasse, e nunca se faz nada. A discussão dos defeitos da democracia vai muito além do alcance deste livro. O que podemos fazer aqui é examinar sucintamente como esses argumentos se aplicam à política macroeconômica, examinar a evidência empírica e verificar que luz ela lança sobre a questão das restrições à política econômica.

Jogos entre os formuladores de política econômica e os eleitores

Muitas decisões de política macroeconômica envolvem dilemas entre perdas de curto prazo e ganhos de longo prazo — ou, simetricamente, entre ganhos de curto prazo e perdas de longo prazo.

Tomemos como exemplo os cortes de impostos. Por definição, os cortes levam a impostos menores no presente. E provavelmente também levam a um aumento na atividade e, portanto, a um aumento no produto por algum tempo. Mas, a menos que esses cortes sejam compensados por diminuições iguais nos gastos do governo, eles levarão a um déficit orçamentário maior e à necessidade de um aumento de impostos no futuro. Se os eleitores tiverem uma visão de curto prazo, a tentação para os políticos cortarem impostos poderá se tornar irresistível. A política pode levar a déficits sistemáticos, pelo menos até que o nível da dívida pública tenha se tornado tão alto que o medo obrigue os políticos a agir.

Passemos agora dos impostos para a política macroeconômica em geral. Suponhamos de novo que os eleitores tenham uma visão de curto prazo. Se o principal objetivo dos políticos for agradar aos eleitores a fim de se reelegerem, qual será a melhor política, senão expandir a demanda agregada antes de uma eleição, levando a um crescimento maior e a um desemprego menor? É verdade que o crescimento acima da taxa normal não pode ser sustentado, e finalmente a economia deve voltar ao nível natural de produto. Um crescimento maior agora deve ser seguido de um crescimento menor mais adiante. No entanto, se ocorrer no momento certo e com eleitores com visão de curto prazo, o crescimento maior poderá vencer as eleições. Assim, podemos esperar um nítido **ciclo político** (isto é, flutuações econômicas induzidas por eleições) associado a crescimento maior em média antes das eleições do que depois.

Vimos no Capítulo 8 que, mesmo que a política monetária seja usada para aumentar o produto no curto prazo, no médio prazo ele volta ao seu estado natural, e o nível de emprego à sua taxa natural.

Já ouvimos esses argumentos, de um modo ou de outro. E sua lógica é convincente. A questão é: até que ponto eles se ajustam aos fatos?

Tomemos primeiro os déficits e a dívida. O argumento anterior nos levaria a imaginar que os déficits orçamentários e a dívida pública alta sempre existiram e sempre existirão. A Figura 21.4 assume a visão de longo prazo; mostra a evolução da razão entre a dívida pública e o PIB nos Estados Unidos desde 1900 e revela que a realidade é mais complexa.

Examinemos primeiro a evolução da razão entre a dívida e o PIB de 1900 a 1980. Observe que cada uma das três acumulações de dívida (representadas pelas áreas sombreadas na figura) esteve associada a circunstâncias especiais: à Primeira Guerra Mundial para a primeira acumulação, à Grande Depressão para a segunda e à Segunda Guerra Mundial para a terceira. Foram épocas com gastos militares extraordinariamente altos ou declínios incomuns do produto. Circunstâncias adversas — e não a satisfação dos eleitores — estavam nitidamente por trás dos grandes déficits e do aumento resultante da dívida durante cada um desses três episódios. Observe também que, em cada caso, a acumulação foi seguida de uma diminuição contínua da dívida. Em particular, note como a razão entre dívida e PIB, que era alta, de 130%, em 1946, foi continuamente reduzida para o ponto mais baixo no pós-guerra: 33% em 1979.

A relação precisa entre a evolução dos déficits, a dívida e a razão entre dívida e PIB será explorada em detalhes no Capítulo 22. Por ora, precisamos saber apenas que déficits levam a aumentos na dívida.

Contudo, a evidência mais recente ajusta-se muito melhor ao argumento de eleitores com visão de curto prazo e políticos que satisfazem os eleitores. Claramente, o grande aumento desde 2007 é decorrente da crise. Mas, deixando-a de lado,

Discutimos a resposta da política fiscal à crise no Capítulo 6.

▶ **Figura 21.4 Evolução da razão entre a dívida e o PIB dos Estados Unidos desde 1900.**

Os três períodos principais de acumulação de dívida desde 1900 estiveram associados à Primeira Guerra Mundial, à Grande Depressão e à Segunda Guerra Mundial. A acumulação desde 1980 parece ser de natureza diferente.

Fonte: Historical Statistics of the United States; U.S. Census Bureau.

494 Macroeconomia

observemos como a razão dívida/PIB aumentou de 33% em 1980 para 63% em 2007. Esse aumento na dívida pode ser em grande parte associado a duas rodadas de cortes de impostos, a primeira sob o governo Reagan, no início dos anos 1980, e a segunda sob o governo Bush, no início dos anos 2000. Esses cortes de impostos, bem como o déficit resultante e o aumento da dívida, podem ser explicados pelo fato de os políticos satisfazerem eleitores com visão de curto prazo? Mais à frente argumentaremos que a resposta provavelmente é não, e que a explicação principal está em um jogo entre partidos políticos, e não entre formuladores de política econômica e eleitores.

Antes disso, vamos voltar ao argumento do ciclo político, em que os formuladores de política econômica tentam obter um alto crescimento do produto antes das eleições para que sejam reeleitos. Se o ciclo político fosse importante, esperaríamos ver um crescimento mais rápido antes das eleições do que depois. A Tabela 21.1 fornece as taxas médias de crescimento do PIB para cada um dos quatro anos de cada governo dos Estados Unidos de 1948 a 2012, distinguindo entre as administrações republicanas e democráticas. Observe a última linha: o crescimento realmente foi maior em média no último ano de governo. Contudo, a diferença da média entre os anos é pequena: 3,7% no último ano de governo contra 2,9% no primeiro ano. (Retornaremos a outro aspecto interessante na tabela, a diferença entre governos republicanos e democratas.) Há pouca evidência de manipulação — ou ao menos de manipulação bem-sucedida — da macroeconomia para ganhar eleições.

▶ **Tabela 21.1** **Crescimento durante os governos presidenciais de democratas e republicanos: 1948-2012.**

	Ano de mandato				
	Primeiro (%)	Segundo (%)	Terceiro (%)	Quarto (%)	Média (%)
Democratas	2,5	5,4	3,9	3,6	3,9
Republicanos	3,4	0,7	3,3	3,8	2,8
Média	2,9	3,1	3,6	3,7	3,4

Fonte: calculado usando-se Series GDPCA, de 1948 a 2012: Federal Reserve Economic Data (FRED). Disponível em: <http://research.stlouisfed.org/fred2/>. Acesso em 9 out. 2017.

Jogos entre formuladores de política econômica

Outra linha de argumentação muda o foco dos jogos entre políticos e eleitores para os jogos entre formuladores de política econômica.

Suponhamos, por exemplo, que o partido no poder queira reduzir os gastos, mas encontre oposição aos cortes no Congresso. Uma forma de pressionar tanto o Congresso quanto os futuros partidos no poder é cortar impostos e criar déficits. À medida que a dívida aumenta ao longo do tempo, a pressão crescente para reduzir os déficits pode, por sua vez, forçar o Congresso e os futuros partidos no poder a reduzir os gastos — algo que de outra maneira não estariam dispostos a fazer.

Esta estratégia recebeu o nome infame de *Starve the Beast* ("mate a fera de fome").

Ou suponhamos que, seja pelo motivo que acabamos de ver, seja por qualquer outro, o país esteja se defrontando com grandes déficits orçamentários. Os dois partidos no Congresso desejam reduzir o déficit, mas discordam sobre como fazer isso. Um partido quer reduzir os déficits principalmente por meio de um aumento nos impostos; o outro quer fazê-lo principalmente por meio de uma diminuição nos gastos. Ambos os partidos podem resistir na esperança de que o outro lado entregue os pontos primeiro. Só quando a dívida aumenta consideravelmente — e se torna urgente reduzir os déficits — um dos partidos desiste.

Os pesquisadores de teoria dos jogos referem-se a essas situações como **guerras por desgaste**. A esperança de que o outro lado entregará os pontos leva a atrasos longos e muitas vezes custosos. Essas guerras por desgaste acontecem frequentemente no contexto da política fiscal, e a redução do déficit acaba ocorrendo bem mais tarde do que deveria.

Guerras por desgaste surgem em outros contextos macroeconômicos — por exemplo, durante episódios de hiperinflação. Como veremos no Capítulo 22, as hiperinflações vêm do uso da criação de moeda para financiar grandes déficits orçamentários. Embora a necessidade de reduzir esses déficits seja reconhecida logo no começo, o apoio a programas de estabilização — que incluem a eliminação desses déficits — normalmente só vem depois que a inflação atingiu níveis tão altos que a atividade econômica está gravemente afetada.

> Outro exemplo fora da economia: pensemos na greve da National Hockey League (NHL) entre 2004 e 2005, nos Estados Unidos, quando a temporada foi cancelada porque proprietários e jogadores não chegavam a um acordo. A National Basketball Association (NBA) enfrentou uma greve parecida durante o verão de 2011.

Esses jogos avançam bastante na explicação da elevação da razão entre a dívida e o PIB nos Estados Unidos desde o início da década de 1980. Existem poucas dúvidas de que um dos objetivos do governo Reagan, ao reduzir os impostos de 1981 a 1983, era desacelerar o crescimento dos gastos do governo. Também há poucas dúvidas de que, em meados da década de 1980, havia consenso, entre os formuladores de política econômica, de que os déficits deveriam ser reduzidos. No entanto, em virtude das discordâncias entre democratas e republicanos sobre se isso deveria acontecer principalmente por meio de aumentos de impostos ou cortes de gastos, a redução no déficit só foi obtida no final da década de 1990. As motivações por trás dos cortes de impostos do governo Bush no início da década de 2000 parecem ser muito semelhantes às do governo Reagan. E as batalhas recentes entre o Congresso e o governo Obama sobre como reduzir os déficits desencadeados pela crise foram amplamente provocadas pelos desacordos entre reduzir o déficit principalmente por meio de cortes de gastos ou aumentos de impostos.

> Veja o quadro Foco "Contração monetária e expansão fiscal: os Estados Unidos no início da década de 1980", no Capítulo 19.

> Saiba mais sobre a situação fiscal corrente nos Estados Unidos no Capítulo 22.

Outro exemplo dos jogos entre partidos políticos são os movimentos da atividade econômica ocasionados pela alternância dos partidos no poder. Os republicanos normalmente se preocupam mais com a inflação e menos com o desemprego que os democratas. Assim, esperaríamos que os governos democratas apresentassem um crescimento maior — e, portanto, menos desemprego e mais inflação — que os governos republicanos. Essa previsão parece ajustar-se muito bem aos fatos. Observe novamente a Tabela 21.1. O crescimento médio foi de 3,9% durante as administrações democráticas, comparado a 2,8% durante as administrações republicanas. O contraste mais acentuado se dá no segundo ano, no qual o crescimento médio foi de 5,4% durante as administrações democráticas e 0,7% durante as administrações republicanas.

Isso levanta uma questão intrigante: por que o efeito é muito mais forte no segundo ano de governo? Poderia ser apenas um acaso. Diversos outros fatores afetam o crescimento. Mas a teoria do desemprego e da inflação que desenvolvemos no Capítulo 8 sugere uma hipótese plausível. Há defasagens nos efeitos da política econômica; assim, é necessário cerca de um ano para que um novo governo afete a economia. E a sustentação de um crescimento acima do normal por muito tempo levaria a uma inflação crescente; logo, nem mesmo um governo democrata desejaria manter um crescimento maior por todo o seu mandato. Portanto, as taxas de crescimento tendem a ser muito mais próximas entre si durante a segunda metade dos governos democratas e republicanos — mais do que na primeira metade.

Política e restrições fiscais

Se a política às vezes leva a déficits orçamentários prolongados, podem ser implementadas regras para limitar esses efeitos adversos?

Uma emenda constitucional para equilibrar o orçamento a cada ano, como aquela proposta pelos republicanos em 1994 nos Estados Unidos, certamente eliminaria o problema dos déficits. Mas, assim como uma regra de crescimento constante da moeda no caso da política monetária, ela eliminaria completamente o uso da política fiscal como um instrumento macroeconômico. Este é um preço alto demais a pagar.

Um enfoque melhor é implementar regras que imponham limites nos déficits ou na dívida. Contudo, isso é mais difícil do que parece. Regras como as que impõem limites na razão entre o déficit e o PIB ou entre a dívida e o PIB são mais flexíveis que um requisito de orçamento equilibrado, mas ainda podem não ser flexíveis o suficiente se a economia for afetada por choques particularmente ruins. Os problemas enfrentados pelo Pacto de Estabilidade e Crescimento tornaram isso claro; esses problemas são discutidos mais detalhadamente no quadro Foco "Regras fiscais da área do euro: um breve histórico". Regras mais flexíveis ou mais complexas, como as que levam em conta circunstâncias especiais ou aquelas que levam em conta o estado da economia, são mais difíceis de elaborar e, especialmente, de cumprir. Por exemplo, permitir que o déficit seja maior se a taxa de desemprego for maior que a taxa natural requer uma forma simples e inequívoca de calcular a taxa natural, uma tarefa praticamente impossível.

FOCO

Regras fiscais da área do euro: um breve histórico

O Tratado de Maastricht, negociado pelos países da União Europeia em 1991, estabeleceu diversos critérios de convergência que os países tinham de atender para se qualificarem a aderir ao euro. (Para mais detalhes, veja o quadro Foco "Euro: uma breve história" no Capítulo 20.) Entre eles estavam duas restrições à política fiscal. Primeiro, a razão entre o déficit orçamentário e o PIB de um país devia ficar abaixo de 3%. Segundo, a razão entre sua dívida e o PIB devia ficar abaixo de 60% ou, no mínimo, "estar se aproximando desse valor em um ritmo satisfatório".

Em 1997, futuros membros da área do euro concordaram em tornar alguns desses critérios permanentes. O Pacto de Estabilidade e Crescimento (PEC), firmado em 1997, exigia que os membros da área do euro seguissem as regras fiscais a seguir:

◆ Que os países se comprometam a equilibrar seu orçamento no médio prazo — que apresentem programas para as autoridades europeias especificando seus objetivos para o ano atual e os três próximos anos, com o objetivo de mostrar como estão progredindo em direção à sua meta de médio prazo.

◆ Que os países evitem déficits excessivos, exceto sob circunstâncias excepcionais — segundo os critérios do Tratado de Maastricht, déficits excessivos foram definidos como aqueles acima de 3% do PIB. Circunstâncias excepcionais foram definidas como declínios do PIB maiores que 2%.

◆ Que sanções sejam impostas aos países que apresentem déficits excessivos — essas sanções podem variar de 0,2% a 0,5% do PIB —; assim, para um país como a França, até aproximadamente US$ 10 bilhões!

A Figura 1 mostra a evolução dos déficits orçamentários desde 1995 para a área do euro como um todo. Observe como, de 1995 a 2000, os saldos orçamentários passaram de um déficit de 7,5% do PIB da área do euro para o equilíbrio. O desempenho de alguns dos países-membros foi particularmente impressionante: a Grécia reduziu seu déficit de 13,4% do PIB para 1,4% do PIB (embora se tenha descoberto em 2004 que o governo grego trapaceou ao informar seus dados sobre o déficit e que a melhora efetiva, apesar de impressionante, foi menor que a informada; atualmente, estima-se que o déficit para

2000 foi de 4,1%). O déficit da Itália foi de 10,1% do PIB em 1993 para somente 0,9% do PIB no ano 2000.

Toda essa melhora pode ser atribuída exclusivamente aos critérios de Maastricht e às regras do PEC? Assim como no caso da redução do déficit nos Estados Unidos no mesmo período, a resposta é não. Tanto a redução na taxa de juros nominal, que diminuiu os pagamentos de juros sobre a dívida, quanto a forte expansão do final da década de 1990, desempenharam papéis importantes. Entretanto, novamente como nos Estados Unidos, as regras fiscais também tiveram um papel significativo. A cenoura — o direito de se tornar um membro da área do euro — era bastante atraente para levar vários países a adotar medidas rígidas para reduzir seus déficits.

No entanto, as coisas mudaram em 2000. A partir desse ano os déficits passaram a aumentar. O primeiro país a ultrapassar o limite foi Portugal, em 2001, com um déficit de 4,4%. Os dois seguintes foram a França e a Alemanha, ambos com déficits acima de 3% do PIB em 2002. O mesmo logo aconteceu na Itália. Em cada caso, o governo do país decidiu que era mais importante evitar uma contração fiscal que poderia levar a um crescimento do produto ainda menor que satisfazer às regras do PEC.

Em face de nítidos "déficits excessivos" (e sem a desculpa de circunstâncias excepcionais, visto que o crescimento do produto em cada um desses países era baixo, porém positivo), as autoridades europeias se viram em um dilema. Iniciar um procedimento de déficit excessivo contra Portugal, um país pequeno, poderia ser politicamente viável, embora fosse difícil que ele estivesse disposto a pagar a multa. Iniciar o mesmo procedimento contra os dois maiores membros da área do euro, França e Alemanha, provou-se politicamente impossível. Após uma briga interna entre as duas principais autoridades europeias, a Comissão Europeia e o Conselho Europeu — a Comissão Europeia queria ir adiante com o procedimento de déficit excessivo, ao passo que o Conselho Europeu, que representa os estados, não queria isso —, o procedimento foi suspenso.

Essa crise deixou claro que as regras iniciais eram demasiadamente inflexíveis. Romano Prodi, presidente da Comissão Europeia, admitiu isso. Em uma entrevista em outubro de 2002 ele declarou: "Sei muito bem que o Pacto de Estabilidade e Crescimento é estúpido, assim como todas as decisões rígidas". E as atitudes tanto da França quanto da Alemanha mostraram que a ameaça de impor grandes multas a países com déficits excessivos carecia de credibilidade.

Durante dois anos a Comissão Europeia explorou formas de aprimorar as regras, tornando-as mais flexíveis — e, consequentemente, com maior credibilidade. Em 2005, foram adotadas novas regras do PEC, que mantêm o déficit de 3% e os 60% de dívida como limiares, mas permitem maior flexibilidade no desvio das regras. O crescimento não tem mais de ser menor que –2% para que as regras sejam suspensas. Exceções também podem ser feitas caso o déficit seja fruto de reformas estruturais ou de investimento público. As multas não existem mais, e o plano é recorrer a

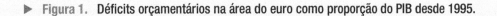

▶ **Figura 1.** **Déficits orçamentários na área do euro como proporção do PIB desde 1995.**

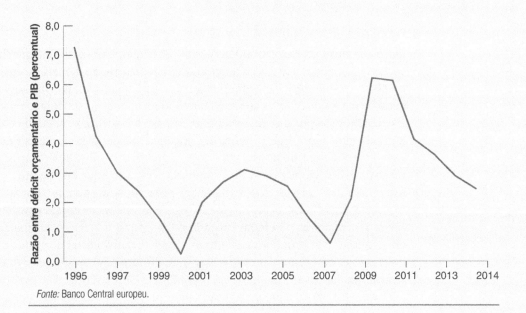

Fonte: Banco Central europeu.

advertências preliminares e públicas, bem como à pressão de pares de outros países da área do euro.

Por algum tempo, a razão déficit/PIB declinou, novamente em grande parte em razão de um crescimento forte e receitas mais altas. A razão caiu a 0,5% em 2007. Mas a crise e a correspondente queda acentuada das receitas voltaram a provocar um aumento acentuado dos déficits orçamentários. Em 2010, a razão ficou perto de 6%, duas vezes o limiar do PEC; 23 dos 27 estados-membros da UE violaram o limite de déficit de 3%, e ficou claro que as regras tinham de ser reavaliadas. Finalmente, em 2012, um novo tratado intergovernamental foi assinado entre os países-membros da União Europeia: o Tratado de Estabilidade, Coordenação e Governança na União Econômica e Monetária. Também conhecido como Pacto Fiscal, tem quatro principais disposições:

- Os países-membros devem introduzir uma regra de orçamento equilibrado às suas leis, seja por meio de uma emenda constitucional, ou de uma lei de enquadramento.
- Os orçamentos governamentais devem ser equilibrados ou superavitários. O tratado define orçamento equilibrado como um déficit orçamentário não superior a 3,0% do PIB, e um déficit ciclicamente ajustado não superior a uma meta específica, que pode ser fixada em no máximo 0,5% do PIB para estados com uma razão dívida-PIB superior a 60%, ou no máximo 1,0% do PIB para estados com níveis de dívida dentro do limite de 60%.
- Países cuja razão dívida pública-PIB excede 60% devem reduzi-la a uma taxa média de ao menos

um vigésimo (5%) por ano do percentual excedido. (Assim, por exemplo, se a razão dívida-PIB efetiva é de 100%, devem baixar pelo menos 0,05 (100 – 60) = 2% do PIB.)

- Se o orçamento de um país apresentar um desvio considerável da segunda regra, um mecanismo automático de correção é desencadeado, com um procedimento chamado *The Excessive Deficit Procedure* (procedimento de déficit excessivo). A implementação exata deste mecanismo é definida individualmente por cada país, mas deve respeitar os princípios básicos delineados pela Comissão Europeia. Este procedimento complicado é graficamente bem explicado em: <http://ec.europa.eu/economy_finance/graphs/2014-11-10_excessive_deficit_procedure_explained_en.htm>.

Em 2015, um novo critério foi acrescentado a esses quatro, especificando que, ao decidir se um país deve ser submetido ao procedimento de déficit excessivo, seu progresso na implementação de reformas estruturais (por exemplo, na área de aposentadoria e nos mercados de trabalho, de bens e de serviços) também será considerado.

Em 2014, o déficit orçamentário médio dos países da área do euro havia caído para 2,4%, mas 11 de seus 19 países-membros ainda estavam sob o procedimento de déficit excessivo porque violavam uma ou outra regra do Pacto Fiscal. Há amplo consenso de que o conjunto de regras se tornou demasiado complexo e confuso, e que precisava ser simplificado. Esse trabalho está em curso, mas a concepção de um conjunto de regras mais simples tem se revelado difícil.

Um enfoque complementar é colocar em prática mecanismos para reduzir déficits, se eles vierem a ocorrer. Consideremos, por exemplo, um mecanismo que desencadeie cortes automáticos dos gastos quando o déficit fica grande demais. Suponhamos que o déficit orçamentário seja grande demais e que seja desejável promover um corte geral de gastos de 5%. Os congressistas podem encontrar dificuldade para explicar a seu eleitorado por que seu programa de gastos favorito recebeu um corte de 5%. Suponhamos agora que o déficit desencadeie automaticamente cortes gerais de gastos de 5% sem qualquer ação do Congresso. Ao saber que outros programas serão cortados, os membros do Congresso aceitarão mais facilmente os cortes em seus programas favoritos. Eles também poderão se isentar melhor da culpa por esses cortes. Os congressistas que conseguirem limitar os cortes em seu programa favorito a, digamos, 4% (convencendo o Congresso a fazer cortes mais profundos em alguns outros programas, de modo a manter o nível total de gastos mais baixo) poderão voltar a seu eleitorado e alegar que foram bem-sucedidos evitando cortes ainda maiores.

Esta foi a abordagem geral usada para reduzir os déficits nos Estados Unidos na década de 1990. A *Budget Enforcement Act* (lei de cumprimento do orçamento), aprovada em 1990 e estendida por nova legislação em 1993 e 1997, introduziu duas regras principais:

- Impôs restrições sobre os gastos, que eram divididos em duas categorias: discricionários (basicamente gastos com bens e serviços, inclusive defesa) e obrigatórios (basicamente pagamentos de transferências para indivíduos). Restrições, denominadas **tetos de gastos**, foram estabelecidas para os gastos discricionários nos cinco anos seguintes. Esses tetos foram fixados de maneira a exigir uma diminuição pequena, mas contínua, dos gastos discricionários (em termos reais). Cláusulas explícitas foram criadas para as emergências. Por exemplo, os gastos com a Operação Tempestade no Deserto durante a Guerra do Golfo, em 1991, não ficaram sujeitos aos tetos.

- Exigiu que um novo programa de transferências só pudesse ser adotado se mostrasse que não aumentaria os déficits no futuro (seja arrecadando novas receitas, seja pela diminuição de gastos em um programa existente). Esta regra é conhecida como **regra *pay-as-you-go* ou *Paygo***.

O foco nos gastos e não no próprio déficit teve uma implicação importante. Se houvesse uma recessão e, portanto, uma diminuição de receitas, o déficit poderia aumentar sem desencadear uma diminuição nos gastos. Isso ocorreu em 1991 e 1992, quando, por causa da recessão, o déficit aumentou — apesar dos gastos satisfazerem às restrições impostas pelos tetos. O foco nos gastos teve dois efeitos desejáveis: permitiu um déficit fiscal maior durante uma recessão — o que é bom do ponto de vista da política macroeconômica — e diminuiu a pressão para quebrar as regras durante uma recessão — algo bom do ponto de vista político.

Em 1998, os déficits haviam acabado e, pela primeira vez em 20 anos, o orçamento federal apresentava superávit. Nem toda a redução do déficit se deveu às regras da Lei de Cumprimento do Orçamento. Uma diminuição nos gastos em defesa provocada pelo fim da Guerra Fria e um grande aumento nas receitas de impostos decorrente da forte expansão da segunda metade da década de 1990 foram fatores importantes. Mas existe um consenso amplo de que as regras desempenharam um papel importante em assegurar que as diminuições nos gastos com defesa e os aumentos nas receitas de impostos fossem usados para a redução do déficit, e não para aumentos de outros programas de gastos.

Contudo, quando surgiu o superávit orçamentário, o Congresso se tornou cada vez mais disposto a violar suas próprias regras. Os tetos de gastos foram sistematicamente desrespeitados e permitiu-se que a regra *pay-as-you-go* expirasse em 2002. A lição disso, bem como do fracasso do PEC, descrito no quadro Foco "Regras fiscais da área do euro: um breve histórico", é que, embora as regras possam ajudar, elas não podem substituir a falta de resolução por parte dos formuladores de política econômica.

Resumo

- Os efeitos das políticas macroeconômicas são sempre incertos. Essa incerteza deveria levar os formuladores de política econômica a ser mais cautelosos e a aplicar políticas menos ativas. As políticas econômicas devem ter como objetivo amplo evitar recessões prolongadas, desacelerar explosões de crescimento e evitar pressão inflacionária. Quanto maior o nível de desemprego ou de inflação, mais ativas devem ser as políticas econômicas. Mas elas devem evitar visar à sintonia fina e à tentativa de manter um desemprego constante ou um crescimento do produto constante.

- O uso da política macroeconômica para controlar a economia é muito diferente do controle de uma máquina. Ao contrário de uma máquina, a economia é composta de pessoas e empresas que tentam prever o que os formuladores de política econômica farão e reagem não somente à política atual, mas também às expectativas da política futura. Neste sentido, pode-se pensar na política macroeconômica como um jogo entre formuladores de política econômica e as pessoas da economia.

• Em um jogo, às vezes é melhor para um jogador desistir de algumas de suas opções. Por exemplo, quando ocorre um sequestro, é melhor negociar com os sequestradores. Mas um governo que se compromete com credibilidade a não negociar com sequestradores — ou seja, um governo que desiste da opção de negociação — tem, efetivamente, maior probabilidade de impedir a ocorrência de sequestros.

• O mesmo argumento aplica-se a diversos aspectos da política macroeconômica. Ao se comprometer, com credibilidade, a não utilizar a política monetária para diminuir o desemprego abaixo de sua taxa natural, um Banco Central pode aliviar os temores de que o crescimento da moeda será alto e, no processo, diminuir a inflação tanto esperada quanto real. Quando os aspectos da inconsistência temporal forem relevantes, restrições rígidas sobre formuladores de política econômica — como uma regra fixa de crescimento da moeda no caso da política monetária — poderão fornecer uma solução aproximada. Mas a solução poderá ter grandes custos se impedir completamente o uso da política macroeconômica. Métodos melhores normalmente envolvem a estruturação de instituições melhores (como um Banco Central independente), que podem reduzir o problema da inconsistência temporal sem eliminar a política monetária como um instrumento de política macroeconômica.

• Outro argumento a favor das restrições sobre formuladores de política econômica é que eles podem participar de jogos tanto com o público quanto entre si mesmos, e esses jogos podem levar a resultados indesejáveis. Os políticos podem tentar enganar um eleitorado com visão de curto prazo ao escolher políticas econômicas com benefícios de curto prazo, mas com grandes custos de longo prazo — por exemplo, grandes déficits orçamentários — para ser reeleitos. Os partidos políticos podem retardar decisões dolorosas na esperança de que outro partido promova o ajuste e assuma o ônus dessas medidas. Nesses casos, restrições rígidas à política econômica — como uma emenda constitucional para equilibrar o orçamento — fornecem, mais uma vez, uma solução aproximada. Alternativas melhores normalmente envolvem instituições melhores e melhores formas de estruturar o processo por meio do qual políticas econômicas são formuladas e decisões são tomadas. Contudo, o desenvolvimento e a implementação consistente desses arcabouços fiscais mostraram-se difíceis na prática, conforme demonstrado tanto nos Estados Unidos quanto na União Europeia.

Palavras-chave

• Banco Central independente, 490
• ciclo político, 493
• controle ótimo, 487
• guerras por desgaste, 495
• inconsistência temporal, 489
• interações estratégicas, 488
• jogadores, 488
• jogo, 487
• Pacto de Estabilidade e Crescimento (PEC), 483
• regra *pay-as-you-go*, 499
• sintonia fina, 487
• teoria do controle ótimo, 487
• teoria dos jogos, 487
• tetos de gastos, 499

Questões e problemas

Teste rápido

1. **Usando as informações contidas neste capítulo, diga se cada afirmação a seguir é verdadeira, falsa ou incerta. Explique brevemente.**

a. Há tanta incerteza quanto aos efeitos da política monetária que estaríamos em uma situação melhor se não utilizássemos essa política.

b. Dependendo do modelo utilizado, estima-se que uma redução de um ponto percentual na taxa de juros aumente o crescimento do produto no ano do corte da taxa de juros em mero 0,1 ponto percentual.

c. Dependendo do modelo utilizado, estima-se que uma redução de um ponto percentual na taxa de juros aumente o crescimento do produto no ano do corte da taxa de juros em expressivos 2,1 pontos percentuais.

d. Elege um democrata para a presidência dos Estados Unidos aquele que deseja baixo desemprego.

e. Há clara evidência de ciclos políticos nos Estados Unidos: baixo desemprego durante as campanhas eleitorais, maior desemprego no restante do tempo.

f. Regras de gastos fiscais nos Estados Unidos têm sido ineficientes para reduzir déficits orçamentários.

g. Regras de equilíbrio orçamentário na Europa têm sido eficazes na restrição aos déficits orçamentários.

h. Governos seriam sábios se anunciassem uma política de não negociação com sequestradores.

i. No caso de um sequestro, é nitidamente sábio que os governos negociem com sequestradores, mesmo que tenham anunciado uma política de não negociação.

j. Existe alguma evidência de que, de modo geral, países com Bancos Centrais mais independentes têm inflação mais baixa.

k. Em uma política fiscal do tipo "mate a fera de fome", cortes de gastos vêm antes de cortes de impostos.

2. Implementando um ciclo político

Você é assessor econômico de um presidente recém-eleito. Em quatro anos, ele enfrentará outra eleição. Os eleitores querem baixas taxas de desemprego e de inflação. Contudo, você acredita que as decisões de voto são fortemente influenciadas pelos valores do desemprego e da inflação no ano anterior ao da eleição, e que o desempenho da economia nos três primeiros anos do governo de um presidente tem pouco efeito sobre o resultado da votação.

Suponhamos que a inflação do ano passado tenha sido de 10% e que a taxa de desemprego fosse igual à taxa natural. A curva de Phillips é dada por:

$$\pi_t = \pi_{t-1} - \alpha\,(u_t - u_n)$$

Suponhamos que você possa utilizar as políticas monetária e fiscal para obter qualquer taxa de desemprego que deseja para cada um dos quatro próximos anos. Sua

tarefa é ajudar o presidente a obter baixos desemprego e inflação no último ano do seu governo.

a. Suponhamos que você queira obter uma taxa de desemprego baixa (isto é, uma taxa de desemprego abaixo da taxa natural) no ano anterior à próxima eleição (em quatro anos a partir de hoje). O que acontecerá com a inflação no quarto ano?

b. Dado o efeito sobre a inflação que você identificou na questão (a), o que aconselharia que o presidente fizesse nos primeiros anos do seu governo para obter uma baixa inflação no quarto ano?

c. Agora, suponhamos que a curva de Phillips seja dada por

$$\pi_t = \pi_t^e - \alpha\,(u_t - u_n)$$

Além disso, suponhamos que as pessoas formem expectativas de inflação, π_t^e, levando em consideração o futuro (e não olhando apenas para a inflação do ano anterior) e saibam que o presidente tem um incentivo para implementar as políticas econômicas que você identificou nas questões (a) e (b). As políticas que você descreveu nas questões (a) e (b) podem ser bem-sucedidas? Justifique.

3. Suponhamos que o governo crie emendas constitucionais para impedir que autoridades negociem com terroristas.

Quais são as vantagens de uma política como esta? Quais as desvantagens?

4. No início da década de 1990, a Nova Zelândia reescreveu o estatuto do seu Banco Central para tornar a inflação continuamente baixa seu único objetivo.

Por que a Nova Zelândia quis fazer isso?

Aprofundando

5. Expectativas políticas, inflação e desemprego

Consideremos um país com dois partidos, os democratas e os republicanos. Os democratas se preocupam mais com o desemprego que os republicanos, e estes se preocupam mais com a inflação do que os democratas. Quando os democratas estão no poder, escolhem uma taxa de inflação, π_D; quando os republicanos estão no poder, escolhem uma taxa de inflação, π_R. Assumimos que

$$\pi_D > \pi_R$$

A curva de Phillips é dada por:

$$\pi_t = \pi_t^e - \alpha\,(u_t - u_n)$$

Uma eleição está prestes a acontecer. Suponhamos que as expectativas de inflação para o próximo ano (representadas por π_t^e) sejam formadas antes da eleição.

502   Macroeconomia

(Essencialmente, esta hipótese significa que os salários do próximo ano serão fixados antes da eleição.) Além disso, democratas e republicanos têm chances iguais de ganhar a eleição.

   a. Resolva para a inflação esperada, em termos de π_D e π_R.

   b. Suponha que os democratas vençam a eleição e implementem sua meta de taxa de inflação, π_D. Dada sua resolução para a inflação esperada na questão (a), a taxa de desemprego será maior, igual ou menor que a taxa natural de desemprego?

   c. Suponha que os republicanos vençam a eleição e implementem sua meta de taxa de inflação, π_R. Dada sua resolução para a inflação esperada na questão (a), a taxa de desemprego será maior, igual ou menor que sua taxa natural?

   d. Esses resultados se ajustam à evidência da Tabela 21.1? Justifique.

   e. Suponhamos agora que todos esperem que os democratas ganhem a eleição e que isso realmente aconteça. Se os democratas implementarem sua meta de taxa de inflação, a taxa de desemprego será maior, igual ou menor que sua taxa natural?

6. Redução do déficit como um jogo do dilema do prisioneiro

Suponhamos que haja um déficit orçamentário. Ele pode ser reduzido por meio de cortes nos gastos militares, nos programas sociais ou em ambos. Os democratas têm de decidir se apoiarão cortes nos programas sociais. Os republicanos têm de decidir se apoiarão cortes nos gastos militares.

Os resultados possíveis podem ser representados em uma tabela:

		Cortes sociais	
		Sim	Não
Cortes na defesa	Sim	(R = 1, D = −2)	(R = −2, D = 3)
	Não	(R = 3, D = −2)	(R = −1, D = −1)

A tabela apresenta os ganhos de cada partido para os vários resultados. Pense no ganho como uma medida de felicidade para um dado partido sob dado resultado. Se os democratas votam a favor de cortes nos gastos sociais e os republicanos votam contra os cortes nos gastos com defesa, os republicanos recebem um ganho de 3 e os democratas recebem um ganho de –2.

   a. Se os republicanos decidissem cortar gastos com defesa, qual seria a melhor resposta dos democratas? Dada esta resposta, qual seria o ganho dos republicanos?

   b. Se os republicanos decidissem não cortar os gastos militares, qual seria a melhor resposta dos democratas? Dada esta resposta, qual seria o ganho dos republicanos?

   c. O que os republicanos farão? O que os democratas farão? O déficit orçamentário será reduzido? Justifique. (Um jogo com uma estrutura de ganhos como a deste problema, que produz o resultado que acabamos de descrever, é conhecido como "dilema do prisioneiro".) Há alguma maneira de melhorar o resultado?

Explorando mais

7. Jogos, pré-compromisso e inconsistência temporal das notícias

Eventos atuais oferecem exemplos abundantes de conflitos em que partidos políticos estão envolvidos em um jogo, tentam se comprometer antecipadamente com linhas de ação e se defrontam com problemas de inconsistência temporal. Alguns exemplos surgem nos processos políticos dos EUA, nos negócios internacionais e nas relações entre trabalhadores e administradores.

   a. Escolha um conflito atual (ou um resolvido recentemente) para investigar. Faça uma pesquisa na internet para conhecer as questões envolvidas no conflito, as medidas tomadas pelas partes até o momento e o estado atual do jogo.

   b. De que formas as partes tentaram um pré-compromisso para determinadas ações no futuro? Elas se defrontam com questões de inconsistência temporal? As partes falharam em colocar em prática qualquer uma das ações ameaçadas?

   c. O conflito se parece com um "dilema do prisioneiro" (um jogo com uma estrutura de ganhos como a descrita no Problema 6)? Em outras palavras, é provável (ou efetivamente aconteceu) que os incentivos individuais das partes levem a um resultado desfavorável — que poderia ser melhorado para ambas as partes por meio da cooperação? É possível fazer um acordo? Que tentativas as partes fizeram para negociar?

   d. Como você acha que o conflito será resolvido (ou como foi resolvido)?

8. A legislação que regula o Federal Reserve Board

O Federal Reserve Act, *de 1977, com emendas em 1978, 1988 e 2000, rege a conduta do Federal Reserve.*

   a. Em sua opinião, o trecho da lei transcrito a seguir torna claros os objetivos de política econômica do Fed?

Seção 2B. Objetivos da política monetária

O Conselho de Governadores do Federal Reserve System e o Comitê Federal de Mercado Aberto devem manter crescimento de longo prazo dos agregados monetários e de crédito que seja proporcional ao potencial de longo prazo da economia para aumentar a produção, de modo a promover eficazmente os objetivos de emprego máximo, preços estáveis e taxas de juros de longo prazo moderadas.

   b. Em sua opinião, os trechos da lei transcritos a seguir são consistentes com a posição dos Estados Unidos na Figura 21.3?

Seção 2B. Apresentações e relatórios para o Congresso

(a) Apresentações diante do Congresso

Em geral. O Presidente do Conselho deve se apresentar ao Congresso em audições semestrais, conforme especificado no parágrafo (2), referente — A aos esforços, atividades, objetivos e planos do Conselho e do Comitê de Mercado Aberto em relação à condução da política monetária; e B ao desenvolvimento econômico e às perspectivas de futuro descritas no relatório requerido na subseção (b).

Seção 10. Conselho de Governadores do Federal Reserve System

1. Nomeação e qualificação dos membros

O Conselho de Governadores do Federal Reserve System (doravante designado "Conselho") será composto por sete membros, a serem nomeados pelo Presidente, por e com o aconselhamento e consentimento do Senado, após a data de promulgação do Banking Act de 1935, para mandatos de quatorze anos.

Leitura adicional

- Para comparação de modelos, consulte Gunter Coenen et al. Effects of Fiscal Stimulus in Structural Models, *American Economic Journal Macroeconomics*, 2012, vol. 4, n. 1, p. 22-68.
- Se desejar saber mais a respeito das questões aqui apresentadas, uma referência bastante útil é *Political Economy in Macroeconomics*, de Alan Drazen, Princeton University Press, 2002.
- Para conhecer um argumento de que a inflação baixou como resultado da maior independência dos bancos centrais na década de 1990, leia Central Bank Independence and Inflation, no Relatório Anual de 2009 do Federal Reserve Bank of St. Louis, disponível em: <https://www.stlouisfed.org/annual-report/2009/central-bank-independence-and-inflation>.
- Um dos principais defensores do ponto de vista de que o governo age de forma errada, e por isso deveria ter restrições rígidas, é James Buchanan, da George Mason University. Buchanan recebeu o Prêmio Nobel em 1986 por seu trabalho sobre a escolha pública. Leia, por exemplo, seu livro escrito com Richard Wagner. *Democracy in Deficit: The Political Legacy of Lord Keynes*. Liberty Fund, 1977.
- Para uma interpretação do aumento da inflação na década de 1970 como resultado da inconsistência temporal, veja Did Time Consistency Contribute to the Great Inflation?, de Henry Chappell e Rob McGregor. *Economics & Politics*, 2004, vol. 16, n. 3, p. 233-51.

CAPÍTULO 22

Política fiscal: um resumo

À época da produção deste livro, a política fiscal ocupa o centro das discussões econômicas. Na maioria das economias avançadas a crise provocou grandes déficits orçamentários e um considerável aumento das razões dívida-PIB. Na Grécia, o governo informou que não poderá pagar integralmente sua dívida e está negociando com os credores. O problema vai além desse país. Em vários outros, os investidores estão preocupados se há possibilidade efetiva de pagamento da dívida e reivindicam taxas de juros mais altas para compensar o risco de inadimplência. Isso exige que os governos reduzam os déficits, estabilizem a dívida e tranquilizem os investidores. Ao mesmo tempo, no entanto, a recuperação é frágil e uma contração fiscal deve retardá-la ainda mais, ao menos no curto prazo. Assim, os governos enfrentam uma escolha difícil: reduzir rapidamente os déficits e assegurar aos mercados que pagarão sua dívida em detrimento de um crescimento mais baixo e até mesmo uma recessão, ou reduzir os déficits mais lentamente para não retardar a recuperação e correr o risco de não convencer os investidores de que a dívida será estabilizada.

O objetivo deste capítulo é rever o que aprendemos sobre política fiscal até o momento, explorar mais profundamente a dinâmica dos déficits e das dívidas e lançar luz sobre os problemas associados à elevada dívida pública.

A Seção 22.1 faz um balanço do que aprendemos sobre política fiscal até aqui neste livro.

A Seção 22.2 examina mais de perto a restrição orçamentária do governo e suas implicações para a relação entre déficit orçamentário, taxa de juros, taxa de crescimento e dívida pública.

A Seção 22.3 aborda três questões para as quais a restrição orçamentária do governo desempenha um papel central: da proposição de que os déficits não têm tanta importância assim a como administrar a política fiscal no ciclo, e se é o caso de financiar guerras por meio de impostos ou de dívida.

A Seção 22.4 discute os riscos associados a uma dívida pública elevada, desde impostos mais altos a taxas de juros mais altas, inadimplência e inflação elevada.

22.1 O que aprendemos

Vamos rever o que aprendemos até aqui sobre política fiscal:

♦ No Capítulo 3, analisamos como os gastos públicos e os impostos afetam a demanda e, por sua vez, o produto no curto prazo.

Vimos como, no curto prazo, uma expansão fiscal — aumentos nos gastos públicos ou cortes de impostos — aumenta o produto.

♦ No Capítulo 5, examinamos os efeitos de curto prazo da política fiscal sobre o produto e sobre a taxa de juros.

Vimos como uma contração fiscal acarreta menor renda disponível, o que leva as pessoas a reduzir seu consumo. Essa redução na demanda provoca, por sua vez, através de um multiplicador, uma diminuição no produto e na renda. A uma dada taxa básica, a contração fiscal leva, portanto, a uma diminuição no produto. Entretanto, uma redução na taxa básica pelo Banco Central pode compensar em parte os efeitos adversos da contração fiscal.

- No Capítulo 6, vimos como a política fiscal foi usada durante a recente crise para limitar a queda no produto.

  Vimos que, quando a economia está em uma armadilha de liquidez, uma redução na taxa de juros não pode ser utilizada para aumentar o produto e, portanto, a política fiscal tem um papel importante a desempenhar. No entanto, grandes aumentos nos gastos e cortes nos impostos não foram suficientes para evitar a recessão.

- No Capítulo 9, analisamos os efeitos da política fiscal no curto e no médio prazos.

  Vimos que, no médio prazo (isto é, tomando-se o estoque de capital como dado), uma consolidação fiscal não exerce qualquer efeito sobre o produto, mas se reflete em uma composição diferente dos gastos. No curto prazo, porém, o produto cai. Em outras palavras, se o produto está em seu nível potencial para começar, a consolidação orçamentária, ainda que desejável por outros motivos, inicialmente leva a uma recessão.

- No Capítulo 11, abordamos como a poupança, tanto privada quanto pública, afeta o nível de acumulação de capital e o nível do produto no longo prazo.

  Vimos como, uma vez considerada a acumulação de capital, um déficit orçamentário maior e, por implicação, uma taxa de poupança nacional menor reduz a acumulação de capital, acarretando um nível de produto mais baixo no longo prazo.

- No Capítulo 16, retornamos aos efeitos de curto prazo da política fiscal, levando em conta não apenas os efeitos diretos da política fiscal por meio de impostos e gastos governamentais, mas também seus efeitos sobre as expectativas.

  Vimos como os efeitos da política fiscal dependem das expectativas futuras das políticas fiscal e monetária. Em especial, vimos como uma redução do déficit pode, em algumas circunstâncias, causar um aumento no produto, mesmo no curto prazo, graças às expectativas de maior renda disponível no futuro.

- No Capítulo 18, analisamos os efeitos da política fiscal quando a economia é aberta no mercado de bens.

  Vimos como a política fiscal afeta tanto o produto quanto a balança comercial e examinamos a relação entre déficit orçamentário e déficit comercial.

- No Capítulo 19, examinamos o papel da política fiscal em uma economia aberta tanto no mercado de bens quanto no mercado financeiro.

  Vimos que, quando o capital é móvel, os efeitos da política fiscal dependem do regime cambial. A política fiscal exerce um efeito mais forte sobre o produto sob taxas de câmbio flexíveis.

- No Capítulo 21, tratamos dos problemas enfrentados pelos formuladores de política econômica em geral, desde a incerteza sobre os efeitos da política até questões de consistência temporal e credibilidade. Essas questões surgem na análise das políticas fiscal e monetária. Ponderamos os prós e os contras de impor restrições à condução da política fiscal, desde os tetos de gastos até uma emenda constitucional para equilibrar o orçamento.

Ao expor essas conclusões, não prestamos muita atenção à restrição orçamentária do governo — isto é, à relação entre dívida, déficits, gastos e impostos. Esta relação é importante, porém, na compreensão de como chegamos onde estamos atualmente

506 Macroeconomia

e das escolhas enfrentadas pelos formuladores de política econômica. Este é o foco da próxima seção.

22.2 Restrição orçamentária do governo: déficits, dívida, gastos e impostos

Suponhamos que, partindo de um orçamento equilibrado, o governo corte impostos, criando, dessa maneira, um déficit orçamentário. O que acontecerá com a dívida ao longo do tempo? O governo precisará aumentar impostos mais adiante? Se for este o caso, em quanto?

A aritmética dos déficits e da dívida

Para responder a essas questões, vamos começar com uma definição de déficit orçamentário. Podemos escrever o déficit orçamentário no ano t como:

$$\text{déficit}_t = rB_{t-1} + G_t - T_t \tag{22.1}$$

Todas as variáveis estão em termos reais:

> Não confunda as palavras "déficit" e "dívida" (como fazem muitos jornalistas e políticos). Dívida é um estoque — o que o governo deve em consequência de déficits passados. Déficit é um fluxo — quanto o governo toma emprestado em um dado ano.

- B_{t-1} é a dívida pública no final do ano $t-1$, ou, de maneira equivalente, no início do ano t; r é a taxa de juros real, que consideraremos constante aqui. Assim, rB_{t-1} é igual aos pagamentos de juros reais sobre a dívida pública no ano t.

- G_t são os gastos do governo com bens e serviços durante o ano t.

> Pagamentos de transferências são transferências do governo para indivíduos, como o seguro-desemprego ou a assistência pública à saúde.

- T_t são os impostos menos as transferências durante o ano t.

Em outras palavras: o déficit orçamentário é igual aos gastos, inclusive os pagamentos de juros sobre a dívida, menos os impostos líquidos de transferências.

Observe duas características da Equação 22.1:

- Medimos os pagamentos de juros como pagamentos de juros reais — isto é, o produto da taxa de juros *real* vezes a dívida existente — em vez de pagamentos de juros efetivos — isto é, o produto da taxa de juros nominal e da dívida existente. Como mostra o quadro Foco "Contabilidade da inflação e mensuração dos déficits", essa é a maneira correta de medir os pagamentos de juros. No entanto, as medidas oficiais do déficit nos Estados Unidos usam pagamentos de juros efetivos (nominais) e são, portanto, incorretas. Quando a inflação está alta, as medidas oficiais podem ser seriamente enganosas. A medida correta do déficit é, às vezes, chamada **déficit ajustado pela inflação**.

> Seja G os gastos em bens e serviços; Tr transferência; e Imp, impostos totais. Para simplificar, assumimos pagamento de juros rB igual a zero. Então,
> Déficit $= G + Tr - Imp$
> Isso pode ser reescrito de duas maneiras (equivalentes):
> Déficit $= G - (Imp - Tr)$
> O déficit é igual aos gastos de bens e serviços menos os impostos líquidos — ou seja, impostos menos transferências. É esta a maneira que adotamos no texto. Ou pode ser escrito como:
> Déficit $= (G + Tr) - Imp$
> É essa a maneira como é decomposto em medidas oficiais (veja, por exemplo, a Tabela A1.4 no Apêndice 1 no fim do livro).

- Para manter a coerência com nossa definição anterior de G como gastos de bens e serviços, G não inclui os pagamentos de transferências. Em vez disso, as transferências são subtraídas de T, de modo que T representa os *impostos menos as transferências*. As medidas oficiais de gastos do governo nos Estados Unidos adicionam as transferências aos gastos de bens e serviços e definem as receitas como impostos, não como impostos líquidos de transferências.

Essas são apenas convenções contábeis. Se as transferências são adicionadas aos gastos ou subtraídas dos impostos, isso resulta em uma diferença na mensuração de G e T, mas claramente não afeta $G - T$ e, portanto, não afeta a medida do déficit.

A **restrição orçamentária do governo** simplesmente afirma que *a variação da dívida pública durante o ano t* é igual ao déficit durante o ano t:

$$B_t - B_{t-1} = \text{déficit}_t$$

Se o governo apresenta déficit, a dívida pública aumenta à medida que o governo toma empréstimos para financiar a parte dos gastos que supera as receitas. Se o governo apresenta superávit, a dívida pública diminui à medida que o governo usa o superávit orçamentário para pagar parte de sua dívida pendente.

Usando a definição de déficit (Equação 22.1), podemos reescrever a restrição orçamentária do governo como

$$B_t - B_{t-1} = rB_{t-1} + G_t - T_t \tag{22.2}$$

A restrição orçamentária do governo relaciona a variação da dívida pública com o nível inicial da dívida (que afeta os pagamentos de juros), os gastos correntes do

FOCO

Contabilidade da inflação e mensuração dos déficits

As medidas oficiais do déficit orçamentário são construídas (omitindo-se os índices temporais, que não são necessários aqui) como pagamentos de juros nominais, iB, mais gastos de bens e serviços, G, menos impostos líquidos de transferências, T:

$$\text{Medida oficial do déficit} = iB + G - T$$

Essa é uma medida precisa da situação do fluxo de caixa do governo. Se for positiva, o governo está gastando mais do que recebe e deve, portanto, emitir nova dívida. Se for negativa, o governo resgata a dívida emitida anteriormente.

Mas essa não é uma medida precisa da "variação da dívida real" — isto é, a variação de quanto o governo deve, expressa em termos de bens, e não de moeda nacional (dólares, no caso dos Estados Unidos).

Para sabermos o motivo, consideremos o seguinte exemplo: suponhamos que a medida oficial do déficit seja igual a zero, de modo que o governo não emita nem resgate dívida. Suponhamos que a inflação seja positiva e igual a 10%. Então, no final do ano, o valor real da dívida terá diminuído 10%. Se definirmos — como deveríamos — o déficit como a variação do valor real da dívida pública, o governo terá diminuído sua dívida real em 10% ao longo do ano. Em outras palavras, ele apresenta, na realidade, um superávit orçamentário igual a 10% vezes o nível inicial da dívida.

De modo mais geral, se B for a dívida e π a inflação, a medida oficial do déficit superestimará a medida correta em um montante igual a πB. Dito de outra maneira, a medida correta do déficit é obtida subtraindo-se πB da medida oficial:

$$\begin{aligned}\text{Medida correta do déficit} &= iB + G - T - \pi B \\ &= (i - \pi)B + G - T \\ &= rB + G - T\end{aligned}$$

onde $r = i - \pi$ é a taxa de juros real (realizada). A medida correta do déficit é, então, igual aos pagamentos de juros reais mais os gastos do governo menos os impostos líquidos de transferências — esta é a medida que utilizamos no texto.

A diferença entre a medida oficial e a medida correta do déficit é igual a πB. Assim, quanto maior a taxa de inflação, π, ou maior o nível da dívida, B, mais imprecisa será a medida oficial. Nos países em que tanto a inflação quanto a dívida são altas, a medida oficial pode registrar um déficit orçamentário muito grande, quando, na realidade, a dívida pública real está diminuindo. É por isso que sempre se deve fazer o ajuste pela inflação antes de derivar conclusões sobre a situação da política fiscal.

A Figura 1 mostra as medidas oficial e a ajustada pela inflação do déficit orçamentário (federal) dos Estados Unidos como percentual do PIB desde 1969. As medidas oficiais mostram um déficit para cada ano de 1970 a 1997. As medidas ajustadas pela inflação mostram, em vez disso, uma alternância entre déficits e superávits até o final da década de 1970. No entanto, ambas as medidas mostram como o déficit piorou depois de 1980, como as coisas melhoraram na década de 1990 e como se deterioraram novamente a partir de 2000. Atualmente, com a inflação em torno de 1% a 2% ao ano nos Estados Unidos e a razão entre a dívida e o PIB igual a aproximadamente 100%, a diferença entre as duas medidas é de aproximadamente 1% a 2% vezes 100%, ou 1% a 2% do PIB.

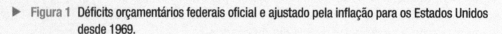
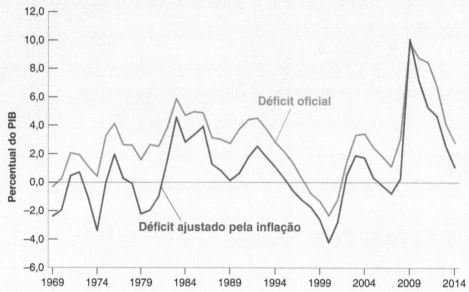

Figura 1 Déficits orçamentários federais oficial e ajustado pela inflação para os Estados Unidos desde 1969.

Fonte: déficit oficial como percentual do PIB, Tabela B-19. *Economic Report of the President*; inflação da série CPIAUCSL, Federal Reserve Economic Data (FRED).

governo e os impostos. Frequentemente, convém decompor o déficit na soma de dois termos:

- Pagamentos de juros sobre a dívida, rB_{t-1}.
- A diferença entre gastos e impostos, $G_t - T_t$. Este termo é chamado **déficit primário** (ou, de maneira equivalente, $T_t - G_t$ é chamado **superávit primário**).

Usando essa decomposição, podemos reescrever a Equação 22.2 como

$$\overbrace{B_t - B_{t-1}}^{\text{Variação da dívida}} = \overbrace{rB_{t-1}}^{\text{Pagamentos de juros}} + \overbrace{(G_t - T_t)}^{\text{Déficit primário}}$$

Ou, passando B_{t-1} para o lado direito e reorganizando,

$$B_t = (1+r)B_{t-1} + \overbrace{(G_t - T_t)}^{\text{Déficit primário}} \qquad (22.3)$$

Segundo essa relação, a dívida no final do ano t é igual a $(1+r)$ vezes a dívida no final do ano $t-1$ mais o déficit primário durante o ano t, $(G_t - T_t)$. Vejamos algumas de suas implicações.

Impostos correntes *versus* impostos futuros

Consideremos primeiro uma redução nos impostos por um ano para a trajetória da dívida e dos impostos futuros. Comecemos com uma situação em que, até o ano 1, o governo equilibrou seu orçamento, de modo que a dívida inicial é igual a zero.

Durante o ano 1, o governo diminuiu os impostos em 1 (pensemos em US$ 1 bilhão, por exemplo) por um ano. Assim, a dívida ao final do ano 1, B_1, é igual a 1. Nossa pergunta é: o que acontece depois disso?

Pagamento total no ano 2

Suponhamos que o governo decida pagar toda a dívida durante o ano 2. Da Equação 22.3, a restrição orçamentária no ano 2 é dada por

$$B_2 = (1 + r)B_1 + (G_2 - T_2)$$

Se a dívida for toda paga durante o ano 2, a dívida no final desse ano será igual a zero: $B_2 = 0$. Substituindo B_1 por 1 e B_2 por 0 e transpondo os termos, temos:

$$T_2 - G_2 = (1 + r)1 = (1 + r)$$

Para pagar toda a dívida no ano 2, o governo deve apresentar um superávit primário igual a $(1 + r)$. Isso pode ocorrer de duas maneiras: por meio de uma diminuição nos gastos ou de um aumento nos impostos. Suponhamos aqui e no restante desta seção que o ajuste ocorrerá por meio de impostos, de modo que a trajetória dos gastos não será afetada. Segue-se que a diminuição dos impostos em 1 durante o ano 1 deve ser compensada por um aumento dos impostos em $(1 + r)$ durante o ano 2.

A trajetória de impostos e dívida correspondente a este caso é dada na Figura 22.1(a): se a dívida for totalmente paga durante o ano 2, a diminuição dos impostos em 1 no ano 1 necessitará de um aumento de impostos de $(1 + r)$ no ano 2.

> Pagamento total no ano 2:
> T_1 diminui em 1 $\Rightarrow$
> T_2 aumenta em $(1 + r)$

▶ **Figura 22.1** Cortes de impostos, pagamento da dívida e estabilização da dívida.

(a) Se a dívida for totalmente paga durante o ano 2, a diminuição nos impostos em 1 no ano 1 necessitará de um aumento nos impostos igual a $(1 + r)$ no ano 2. (b) Se a dívida for totalmente paga durante o ano 5, a diminuição nos impostos em 1 no ano 1 necessitará de um aumento nos impostos igual a $(1 + r)^4$ durante o ano 5. (c) Se a dívida for estabilizada do ano 2 em diante, os impostos deverão ser permanentemente maiores em r a partir do ano 2.

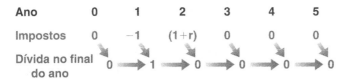

Pagamento total no ano t

Agora suponhamos que o governo decida esperar até o ano t para pagar a dívida. Assim, do ano 2 ao ano $t-1$, o déficit primário é igual a zero — impostos são iguais aos gastos, não incluindo os pagamentos de juros sobre a dívida.

Durante o ano 2, o déficit primário é igual a zero. Assim, da Equação 22.3, a dívida no final do ano 2 é:

$$B_2 = (1 + r)B_1 + 0 = (1 + r)1 = (1 + r)$$

onde a segunda igualdade usa o fato de que $B_1 = 1$.

Como o déficit primário ainda é igual a zero durante o ano 3, a dívida no final do ano 3 é:

$$B_3 = (1 + r)B_2 + 0 = (1 + r)(1 + r)1 = (1 + r)^2$$

Ao resolvermos para a dívida no final do ano 4, e assim por diante, fica claro que, enquanto o governo mantiver um déficit primário igual a zero, a dívida crescerá a uma taxa igual à de juros e, portanto, a dívida no final do ano $t-1$ será dada por

$$B_{t-1} = (1 + r)^{t-2} \tag{22.4}$$

Apesar do fato de que os impostos são cortados somente no ano 1, a dívida continua aumentando ao longo do tempo a uma taxa igual à de juros. O motivo é simples: embora o déficit primário seja igual a zero, a dívida agora é positiva, bem como os pagamentos de juros sobre a dívida. A cada ano, o governo tem de emitir mais dívida para pagar os juros sobre a dívida existente.

No ano t, aquele em que o governo decide pagar a dívida, a restrição orçamentária é dada por

$$B_t = (1 + r) \, B_{t-1} + (G_t - T_t)$$

Se a dívida for toda paga durante o ano t, então B_t (a dívida no final do ano t) será igual a zero. Substituindo B_t por zero e B_{t-1} por sua expressão na Equação 22.4, temos

> Some os expoentes: $(1 + r)$ $(1 + r)^{t-2} = (1 + r)^{t-1}$. Veja o Apêndice 2 no fim do livro.

$$0 = (1 + r) \, (1 + r)^{t-2} + (G_t - T_t)$$

Reorganizando e passando $(G_t - T_t)$ para o lado esquerdo, temos

$$T_t - G_t = (1 + r)^{t-1}$$

Para pagar a dívida, o governo deverá apresentar um superávit primário igual a $(1 + r)^{t-1}$ durante o ano t. Se o ajuste for feito por meio de impostos, a diminuição inicial dos impostos em 1 durante o ano 1 levará a um aumento nos impostos de $(1 + r)^{t-1}$ durante o ano t. A trajetória dos impostos e da dívida correspondente ao caso em que a dívida é paga no ano 5 é dada na Figura 22.1(b).

> Pagamento total no ano 5: T_1 diminui em 1 $\Rightarrow$ T_5 aumenta em $(1 + r)^4$

Esse exemplo produz nosso primeiro conjunto de conclusões:

- ◆ Se os gastos do governo permanecerem inalterados, uma diminuição nos impostos acabará sendo compensada por um aumento nos impostos no futuro.
- ◆ Quanto mais o governo esperar para aumentar os impostos, ou quanto maior for a taxa de juros real, maior será o aumento final nos impostos.

Estabilização da dívida no ano t

Assumimos até aqui que o governo paga toda a dívida. Vamos examinar agora o que acontecerá com os impostos se o governo somente estabilizar a dívida. (Estabilizar a dívida significa alterar impostos ou gastos de modo que a dívida permaneça constante desse instante em diante.)

Suponhamos que o governo decida estabilizar a dívida do ano 2 em diante. Isso significa que a dívida no final do ano 2 e depois disso permanecerá no mesmo nível que no final do ano 1.

Da Equação 22.3, a restrição orçamentária do ano 2 é dada por

$$B_2 = (1 + r)\, B_1 + (G_2 - T_2)$$

Sob nossa hipótese de que a dívida seja estabilizada no ano 2, temos $B_2 = B_1 = 1$. Substituindo na equação anterior:

$$1 = (1 + r) + (G_2 - T_2)$$

Reorganizando e passando $(G_2 - T_2)$ para o lado esquerdo,

$$T_2 - G_2 = (1 + r) - 1 = r$$

Para evitar um aumento adicional na dívida durante o ano 1, o governo deverá apresentar um superávit primário igual aos pagamentos de juros reais sobre a dívida existente. Também deverá fazer o mesmo em cada um dos anos seguintes. A cada ano, o superávit primário deverá ser suficiente para cobrir os pagamentos de juros, mantendo-se o nível da dívida inalterado. A trajetória dos impostos e da dívida é mostrada na Figura 22.1(c). A dívida permanece igual a 1 do ano 1 em diante. Os impostos ficam permanentemente maiores do ano 1 em diante, em um montante igual a r; de maneira equivalente, do ano 1 em diante o governo apresenta um superávit primário igual a r.

> Estabilizando-se a dívida do ano 2 em diante:
> T_1 diminui em 1 $\Rightarrow$
> T_2, T_3,... aumentam em r

A lógica desse argumento estende-se diretamente ao caso em que o governo espera até o ano t para estabilizar a dívida. Quando quer que o governo a estabilize, deverá apresentar, a partir desse momento, um superávit primário suficiente para pagar os juros sobre a dívida.

Esse exemplo produz nosso segundo conjunto de conclusões:

- O legado de déficits passados é uma dívida pública maior.
- Para estabilizar a dívida, o governo deve eliminar o déficit.
- Para eliminar o déficit, o governo deve apresentar um superávit primário igual aos pagamentos de juros sobre a dívida existente. Isso requer impostos maiores para sempre.

Evolução da razão dívida-PIB

Abordamos até aqui a evolução do *nível* da dívida. No entanto, em uma economia na qual o produto cresce ao longo do tempo, faz mais sentido que nos concentremos na *razão entre a dívida e o produto*.

Para verificar como essa mudança de foco altera nossas conclusões, precisamos passar da Equação 22.3 para outra que forneça a evolução da **razão dívida-PIB** — também conhecida como **coeficiente de endividamento**.

Para derivar a evolução do coeficiente de endividamento, são necessários alguns passos. Não se preocupe, a equação final é fácil de entender.

Primeiro, vamos dividir ambos os lados da Equação 22.3 pelo produto real, Y_t, para obter

$$\frac{B_t}{Y_t} = (1 + r)\,\frac{B_{t-1}}{Y_t} + \frac{G_t - T_t}{Y_t}$$

Em seguida, reescrevemos B_{t-1}/Y_t como $(B_{t-1}/Y_{t-1})(Y_{t-1}/Y_t)$ — em outras palavras, vamos multiplicar o numerador e o denominador por Y_{t-1}:

$$\frac{B_t}{Y_t} = (1 + r)\left(\frac{Y_{t-1}}{Y_t}\right)\frac{B_{t-1}}{Y_{t-1}} + \frac{G_t - T_t}{Y_t}$$

512 Macroeconomia

Comece por $Y_t = (1 + g) Y_{t-1}$. Divida ambos os lados por Y_t para obter $1 = (1 + g) Y_{t-1}/Y_t$. Reorganize para obter $Y_{t-1}/Y_t = 1/(1 + g)$.

Esta aproximação é derivada como Proposição 6 no Apêndice 2 no fim do livro.

Observe que todos os termos da equação estão agora em termos de razões do produto, Y. Para simplificar essa equação, vamos supor que o crescimento do produto seja constante e representar a taxa de crescimento do produto por g, de modo que Y_{t-1}/Y_t possa ser escrito como $1/(1 + g)$. E usemos a aproximação $(1 + r)/(1 + g) = 1 + r - g$. Utilizando essas duas hipóteses, reescrevemos a equação anterior como

$$\frac{B_t}{Y_t} = (1 + r - g)\frac{B_{t-1}}{Y_{t-1}} + \frac{G_t - T_t}{Y_t}$$

Por fim, vamos reorganizar para obter

$$\frac{B_t}{Y_t} - \frac{B_{t-1}}{Y_{t-1}} = (r - g)\frac{B_{t-1}}{Y_{t-1}} + \frac{G_t - T_t}{Y_t} \tag{22.5}$$

Isto exigiu muitos passos, mas essa relação final tem uma interpretação simples. A variação do coeficiente de endividamento ao longo do tempo (o lado esquerdo da equação) é igual à soma de dois termos:

◆ O primeiro é a diferença entre a taxa de juros real e a taxa de crescimento vezes o coeficiente de endividamento inicial.

◆ O segundo é a razão entre o déficit primário e o PIB.

Comparemos a Equação 22.5, que fornece a evolução da razão entre a dívida e o PIB, com a Equação 22.2, que fornece a evolução do nível da dívida propriamente dito. A diferença está na presença de $r - g$ na Equação 22.5 em comparação com r na Equação 22.2. O motivo da diferença é simples. Suponhamos que o déficit primário seja igual a zero. A dívida, então, aumentará a uma taxa igual à taxa de juros real, r. Mas, se o PIB também estiver crescendo, a razão entre a dívida e o PIB crescerá mais lentamente; ela crescerá a uma taxa igual à taxa real de juros menos a taxa de crescimento do produto, $r - g$.

Se duas variáveis (aqui, dívida e PIB) crescerem às taxas r e g, respectivamente, sua razão (aqui, a razão entre dívida e PIB) crescerá à taxa $r - g$. Veja a Proposição 8 no Apêndice 2 no fim do livro.

A Equação 22.5 implica que o aumento da razão entre dívida e PIB será maior:

◆ quanto maior for a taxa de juros real;

◆ quanto menor for a taxa de crescimento do produto;

◆ quanto maior for o coeficiente de endividamento inicial;

◆ quanto maior for a razão entre déficit primário e PIB.

Com base nessa relação, o quadro Foco "Como os países reduziram seus coeficientes de endividamento após a Segunda Guerra Mundial" mostra como os governos que herdaram coeficientes de endividamento elevados no final da guerra os diminuíram constantemente com uma combinação de taxas de juros reais baixas, taxas de crescimento altas e superávits primários. A próxima seção mostra como nossa análise também pode ser usada para lançar luz sobre uma série de outras questões de política fiscal.

FOCO

Como os países reduziram seus coeficientes de endividamento após a Segunda Guerra Mundial

Após a Segunda Guerra Mundial, muitos países apresentaram altos coeficientes de endividamento, frequentemente superiores a 100% do PIB. No entanto, duas ou três décadas depois, esses coeficientes eram bem mais baixos, comumente inferiores a 50%. Como eles fizeram isso? A resposta é dada na Tabela 1.

Tabela 1 Mudanças nos coeficientes de endividamento após a Segunda Guerra Mundial.

Colunas 2 e 3: percentual do PIB. Colunas 4 a 6: percentual.

	1	2	3	4	5	6
País	Ano Início/Fim	Coeficiente de endividamento Início/Fim	Saldo primário	Taxa de crescimento	Taxa de juros real	Taxa de inflação
Austrália	1946-1963	92-29	1,1	4,6	–2,3	5,7
Canadá	1945-1957	115-59	3,6	4,3	–1,4	4,0
Nova Zelândia	1946-1974	148-41	2,3	3,9	–2,9	4,9
Reino Unido	1946-1975	270-47	2,1	2,6	–1,5	5,5

Fonte: S. M. A. Abbas et al. Historical Patterns and Dynamics of Public Debt: Evidence from a New Database. *IMF Economic Review*, 2011, 59 (nov.), p. 717-42.

A Tabela 1 examina quatro países: Austrália, Canadá, Nova Zelândia e Reino Unido. A coluna 1 apresenta o período durante o qual os coeficientes de endividamento baixaram. O primeiro ano é 1945 ou 1946, o último é aquele em que a dívida atingiu seu ponto mais baixo, e o período de ajuste varia de 13 anos no Canadá a 30 anos no Reino Unido. A coluna 2 apresenta os coeficientes de endividamento no início e no final do período. Os números mais impressionantes são os do Reino Unido: um coeficiente de endividamento inicial de 270% do PIB em 1946 e um declínio considerável, chegando a 47% em 1974.

Para interpretar os números na tabela, voltemos à Equação 22.5. Ela nos diz que há duas maneiras, não mutuamente excludentes, pelas quais um país pode reduzir seu coeficiente de endividamento. A primeira se dá por meio de elevados superávits primários. Suponhamos, por exemplo, que $(r - g)$ seja igual a 0. Em seguida, a diminuição do coeficiente de endividamento por algum período seria apenas a soma das razões de superávit primário em relação ao PIB durante o período. A segunda se dá por meio de um baixo $(r - g)$, seja por meio de taxas de juros reais baixas, seja por meio de crescimento elevado, ou ambos.

Com isso em mente, as colunas 3 a 5 apresentam primeiro a razão média entre o saldo primário e o PIB; a seguir, a taxa de crescimento média do PIB e a taxa de juros real média no decorrer do período relevante. Examinemos inicialmente os saldos primários na coluna 3. Observe como os quatro países realmente geraram superávits primários em média durante o período. Mas note também que esses superávits primários respondem somente por uma pequena parte do declínio do coeficiente de endividamento. Vejamos, por exemplo, o caso do Reino Unido. A soma das razões entre os superávits primários e o PIB durante o período é igual a 2,1% multiplicado por 30 = 63% do PIB, respondendo assim por menos de um terço da redução do coeficiente de endividamento, 223% (270% – 47%) do PIB.

Agora examinemos as taxas de crescimento e as taxas de juros reais nas colunas 4 e 5. Observe como as taxas de crescimento eram altas e as taxas de juros reais eram baixas durante o período. Tomemos a Austrália, por exemplo. O valor médio de $(r - g)$ no período foi –6,9% (–2,3% – 4,6%). Isso implica que, mesmo que o saldo primário fosse igual a zero, o coeficiente de endividamento teria declinado anualmente em 6,9%. Em outras palavras, o declínio da dívida não se deveu principalmente aos superávits primários, mas foi resultado de um elevado crescimento contínuo e de taxas de juros reais negativas persistentes.

Isso leva a uma pergunta final: por que as taxas de juros reais eram tão baixas? A resposta é dada na coluna 6. No período, a inflação média foi relativamente alta. Essa inflação, combinada com taxas de juros nominais consistentemente baixas, é o que gera as taxas de juros reais negativas. Dito de outra forma, grande parte da diminuição dos coeficientes de endividamento foi alcançada pagando-se aos detentores de títulos um retorno real negativo por muitos anos.

514 Macroeconomia

22.3 Equivalência ricardiana, déficits ciclicamente ajustados e finanças em guerras

Tendo examinado o funcionamento da restrição orçamentária do governo, podemos agora tratar de três questões em que essa restrição desempenha um papel importante.

Equivalência ricardiana

Como a consideração da restrição orçamentária do governo afeta nosso modo de pensar quanto aos efeitos dos déficits sobre o produto?

Um ponto de vista extremo é o de que, uma vez levada em conta a restrição orçamentária do governo, nem os déficits nem a dívida exercem efeito sobre a atividade econômica! Este argumento é conhecido como a proposição da **equivalência ricardiana**. David Ricardo, economista inglês do século XIX, foi o primeiro a exprimir com clareza a lógica. Seu argumento foi ainda mais desenvolvido e divulgado na década de 1970 por Robert Barro, então ligado à Universidade de Chicago e agora à Universidade de Harvard. Por este motivo o argumento também é conhecido como **proposição de Ricardo-Barro**.

> Embora Ricardo tenha expressado a lógica do argumento, ele próprio argumentou que havia muitos motivos pelos quais o argumento não valeria na prática. Barro, por sua vez, afirma não só que o argumento está logicamente correto, mas também que é uma boa descrição da realidade.

O melhor modo de entender a lógica da proposição é usar o exemplo das variações de impostos da Seção 22.2:

- Suponhamos que o governo baixasse os impostos em 1 (novamente, pensemos em US$ 1 bilhão) neste ano. E, ao fazer isso, anunciasse que, para pagar a dívida, elevará os impostos em $(1 + r)$ no próximo ano. Qual será o efeito do corte inicial de impostos sobre o consumo?

- Uma resposta possível é: nenhum. Por quê? Porque os consumidores percebem que o corte de impostos não é lá um grande presente. Impostos menores neste ano serão compensados exatamente, em valor presente, por impostos maiores no próximo ano. Dito de outra maneira, sua riqueza humana — o valor presente da renda do trabalho líquida de impostos — não será afetada. Impostos correntes diminuem em 1, mas o valor presente dos impostos do próximo ano aumentam $(1 + r)/(1 + r) = 1$, e o efeito líquido das duas mudanças é exatamente igual a zero.

> Veja no Capítulo 15 a definição de riqueza humana e uma discussão de seu papel no consumo.

> Volte ao modelo *IS-LM*. Qual é o multiplicador associado a uma redução de impostos correntes neste caso?

- Outra forma de chegar à mesma resposta, desta vez examinando a poupança em vez do consumo, é a seguinte: afirmar que os consumidores não alteram seu consumo em resposta ao corte de impostos é o mesmo que dizer que a *poupança privada aumenta proporcionalmente com o déficit*. Assim, a proposição da equivalência ricardiana diz que, se um governo financiar uma dada trajetória de gastos por meio de déficits, a poupança privada aumentará proporcionalmente à diminuição da poupança pública, deixando a poupança total inalterada. O montante total deixado para investimento não será afetado. Ao longo do tempo, o funcionamento da restrição orçamentária do governo implica que a dívida pública aumentará. Mas esse aumento não virá à custa da acumulação de capital.

Sob a proposição da equivalência ricardiana, uma longa sequência de déficits e o aumento associado da dívida pública não configuram motivo de preocupação. À medida que os governos estavam despoupando, segundo o argumento, as pessoas poupavam mais na expectativa dos impostos maiores que viriam. A diminuição na poupança pública era compensada por um aumento igual na poupança privada. A poupança total ficou, portanto, inalterada, bem como o investimento. A economia tem atualmente o mesmo estoque de capital que teria se não tivesse ocorrido o aumento da dívida. Uma dívida alta não é motivo de preocupação.

Até que ponto se deve levar a sério a proposição da equivalência ricardiana? A maioria dos economistas responderia: "Deve ser levada a sério, mas não a ponto de pensar que os déficits e a dívida são irrelevantes". Um dos principais temas deste livro é que as expectativas são importantes, que as decisões de consumo dependem não apenas da renda atual, mas também da renda futura. Se fosse consenso que a redução dos impostos neste ano seria seguida de um aumento compensatório de impostos no *próximo ano*, o efeito sobre o consumo provavelmente seria pequeno. Muitos consumidores poupariam a maior parte ou todo o corte de impostos na expectativa de impostos maiores no próximo ano. (Se substituirmos "ano" por "mês" ou "semana", o argumento será ainda mais convincente.)

Evidentemente, cortes de impostos raramente vêm acompanhados do anúncio de aumentos de impostos correspondentes um ano depois. Os consumidores têm de adivinhar quando e como os impostos serão finalmente aumentados. Esse fato em si não invalida o argumento da equivalência ricardiana: independentemente de quando os impostos serão aumentados, a restrição orçamentária do governo ainda implica que o valor presente dos aumentos futuros de impostos deve ser sempre igual à diminuição dos impostos no presente. Consideremos o segundo exemplo que examinamos na Seção 22.2 — mostrado na Figura 22.1(b) —, no qual o governo espera t anos para aumentar os impostos e, então, aumenta-os em $(1 + r)^{t-1}$. O valor presente no ano 0 desse aumento esperado de impostos é igual a $(1 + r)^{t-1}/(1 + r)^{t-1}$ = 1 — exatamente igual ao corte de impostos inicial. A variação da riqueza humana provocada pelo corte de impostos ainda é igual a zero.

> Lembramos que isso pressupõe que os gastos do governo permanecem inalterados. Se as pessoas esperam que os gastos públicos diminuam no futuro, o que elas vão fazer?

> O aumento nos impostos em t anos é $(1 + r)^{t-1}$. O fator de desconto para 1 dólar daqui a t anos é $1/(1 + r)^{t-1}$. Logo, o valor do aumento de impostos daqui a t anos a valores de hoje é $(1 + r)^{t-1}/(1 + r)^{t-1} = 1$.

Visto que os aumentos de impostos futuros parecem muito distantes e o instante de sua implementação é incerto, provavelmente os consumidores vão ignorá-los. Isso pode ocorrer porque eles esperam morrer antes que os impostos subam ou, mais provavelmente, porque apenas não pensam tão adiante no futuro. Em qualquer dos casos, a equivalência ricardiana provavelmente falhará.

Portanto, é seguro concluir que os déficits orçamentários têm um efeito importante sobre a atividade — embora talvez um efeito menor do que pensamos antes de examinar o argumento da equivalência ricardiana. No curto prazo, déficits maiores provavelmente levam a uma demanda maior e a um produto maior. No longo prazo, a dívida pública maior diminui a acumulação de capital e, em consequência, diminui o produto.

Déficits, estabilização do produto e déficit ciclicamente ajustado

O fato de os déficits orçamentários terem efeitos adversos de longo prazo sobre a acumulação de capital e, por sua vez, sobre o produto, não implica que não se deva utilizar a política fiscal para reduzir as flutuações do produto. Na realidade, implica que déficits durante recessões devem ser compensados por superávits nas fases de crescimento acelerado, de modo que não levem a um aumento contínuo na dívida.

Para ajudar a avaliar se a política fiscal está realmente no rumo, os economistas construíram medidas de déficits que lhes dizem qual deveria ser o déficit, dentro das regras existentes de impostos e gastos, se o produto estivesse em seu nível natural. Essas medidas têm muitos nomes: **déficit de pleno emprego**, **déficit da metade do ciclo**, **déficit com emprego padronizado**, **déficit estrutural** (utilizado pela OCDE). Utilizaremos **déficit ciclicamente ajustado**, termo que consideramos mais intuitivo.

Esse indicador proporciona uma referência simples para avaliar o rumo da política fiscal. Se o déficit efetivo for grande, mas o déficit ciclicamente ajustado for igual a zero, a política fiscal atual será consistente com a ausência do aumento sistemático da dívida ao longo do tempo. A dívida aumentará enquanto o produto

> Observe a analogia com a política monetária: o fato de um maior crescimento da moeda levar, no longo prazo, a mais inflação, não implica que a política monetária não deva ser usada para a estabilização do produto. Nesta seção, ignoramos o crescimento do produto e, portanto, a distinção entre estabilização da dívida e estabilização da razão dívida-PIB. (Veja que os argumentos apresentados aqui se estendem para o caso em que o produto está crescendo.)

estiver abaixo de seu nível natural; mas, à medida que o produto voltar a seu nível natural, o déficit desaparecerá e a dívida se estabilizará.

Não se segue daí que o objetivo da política fiscal deva ser a manutenção de um déficit ciclicamente ajustado igual a zero em todos os instantes. Em uma recessão, o governo pode querer apresentar um déficit grande o suficiente para que mesmo o déficit ciclicamente ajustado seja positivo. Neste caso, o fato de o déficit ciclicamente ajustado ser positivo nos fornece uma advertência útil. A advertência é que a volta do produto a seu nível natural não será suficiente para estabilizar a dívida. O governo terá de tomar medidas específicas, de aumentos nos impostos a cortes nos gastos, para diminuir o déficit em algum instante no futuro.

A teoria subjacente ao conceito de déficit ciclicamente ajustado é simples. Já a prática tem se provado ser mais difícil. Para saber o motivo, precisamos examinar como são construídas as medidas do déficit ciclicamente ajustado. A construção exige dois passos. Primeiro, determinar qual seria a diminuição do déficit se o produto fosse, digamos, 1% maior; segundo, avaliar a distância do produto em relação a seu nível natural.

◆ O primeiro passo é simples. Uma regra prática confiável é que uma diminuição de 1% no produto leva automaticamente a um aumento no déficit de 0,5% do PIB. Esse aumento ocorre porque a maioria dos impostos é proporcional ao produto, ao passo que a maior parte dos gastos do governo não depende do nível de produto. Isso significa que uma diminuição no produto — que leva a uma diminuição nas receitas e não altera muito os gastos — leva naturalmente a um déficit maior.

Se o produto estiver, digamos, 5% abaixo do seu nível natural, o déficit como porcentagem do PIB será, portanto, cerca de 2,5% maior do que seria se o produto estivesse em seu nível natural. (Esse efeito da atividade sobre o déficit é chamado de **estabilizador automático**: uma recessão naturalmente gera um déficit e, portanto, uma expansão fiscal, que neutraliza em parte a recessão.)

◆ O segundo passo é mais difícil. Lembramos, do Capítulo 7, que o nível natural de produto é aquele que seria obtido se a economia estivesse operando à taxa natural de desemprego. Uma estimativa baixa demais da taxa natural de desemprego levará a uma estimativa alta demais do nível natural de produto e, portanto, a uma medida excessivamente otimista do déficit ciclicamente ajustado.

Essa dificuldade explica, em parte, o que aconteceu na Europa na década de 1980. Com base na hipótese de uma taxa natural de desemprego constante, os déficits ciclicamente ajustados na década de 1980 não pareciam ruins. Se o desemprego europeu tivesse realmente retornado a seu nível na década de 1970, o aumento associado do produto teria sido suficiente para restabelecer o equilíbrio orçamentário na maioria dos países. Mas, na realidade, muito do aumento do desemprego refletiu um aumento da sua taxa natural, e o desemprego permaneceu muito alto durante a década de 1980. Em consequência, a década caracterizou-se por altos déficits e grandes aumentos nos coeficientes de endividamento na maioria dos países.

Guerras e déficits

Guerras normalmente provocam grandes déficits orçamentários. Como vimos no Capítulo 21, os dois maiores aumentos na dívida pública dos Estados Unidos no século XX ocorreram durante a Primeira e a Segunda Guerras Mundiais. Examinamos com mais detalhes o caso da Segunda Guerra Mundial no quadro Foco "Déficits, consumo e investimento nos Estados Unidos durante a Segunda Guerra Mundial".

Veja os picos associados à Primeira Guerra Mundial e à Segunda Guerra Mundial na Figura 21.4.

FOCO

Déficits, consumo e investimento nos Estados Unidos durante a Segunda Guerra Mundial

Em 1939, a fração dos gastos do governo dos Estados Unidos com bens e serviços no PIB era de 15%. Em 1944, havia aumentado para 45%! O aumento deveu-se ao aumento dos gastos com defesa nacional, que subiram de 1% do PIB em 1939 para 36% em 1944.

Diante de um aumento tão expressivo dos gastos, o governo norte-americano reagiu com grandes aumentos de impostos. Pela primeira vez na história dos Estados Unidos o imposto de renda da pessoa física tornou-se uma das principais fontes de receita; as receitas desse imposto, que eram de 1% do PIB em 1939, aumentaram para 8,5% em 1944. Mas os aumentos dos impostos ainda eram muito menores que o aumento dos gastos. O aumento das receitas federais, de 7,2% do PIB em 1939 para 22,7% em 1944, representava somente um pouco mais da metade do aumento dos gastos.

O resultado foi uma sequência de grandes déficits orçamentários. Em 1944, o déficit federal chegou a 22% do PIB. A razão dívida-PIB, já em elevados 53% em 1939 por causa dos déficits que o governo apresentou durante a Grande Depressão, atingiu 110%!

O aumento nos gastos do governo foi obtido à custa do consumo ou do investimento privado? (Como vimos no Capítulo 18, poderia em princípio ter vindo de maiores importações e de um déficit em transações correntes. Mas os Estados Unidos não tinham de quem tomar empréstimo durante a guerra. Em vez disso, estavam emprestando para alguns aliados. As transferências do governo norte-americano para países estrangeiros eram de 6% do PIB dos Estados Unidos em 1944.)

- Em grande parte, o aumento foi obtido por uma diminuição no consumo: a fração do consumo no PIB diminuiu 23 pontos percentuais, de 74% para 51%. Parte da queda do consumo pode ter sido em razão das expectativas de impostos maiores após a guerra; parte também foi resultado da escassez de muitos bens de consumo duráveis; e o patriotismo provavelmente também desempenhou certo papel, levando as pessoas a poupar mais e a comprar os bônus de guerra emitidos pelo governo para financiar o conflito.

- Mas o aumento das compras do governo também foi compensado por uma diminuição de 6% da fração do investimento (privado) no PIB — uma queda de 10% para 4%. Portanto, parte do ônus da guerra foi repassado sob a forma de uma acumulação de capital menor para aqueles que viveram após o evento.

É certo os governos recorrerem tanto aos déficits para financiar guerras? Afinal, economias em guerra normalmente estão funcionando com baixo desemprego, de modo que os motivos de estabilização do produto examinados anteriormente para os governos apresentarem déficits são irrelevantes. A resposta, no entanto, é afirmativa. Na verdade, há dois bons motivos para os governos apresentarem déficits durante as guerras:

- O primeiro é distributivo. A geração de déficits é um modo de repassar parte do ônus da guerra aos que a ela sobreviveram, pois eles pagarão impostos mais altos quando a guerra terminar. Parece justo que as gerações futuras repartam os sacrifícios que a guerra exige.

- O segundo é mais estritamente econômico. Os gastos com déficits ajudam a reduzir as distorções tributárias. Vejamos cada um dos motivos a seguir.

Repassando o ônus da guerra

Guerras levam a grandes aumentos nos gastos do governo. Consideremos as implicações de financiar esse aumento dos gastos, seja pelo aumento de impostos, seja por meio da dívida. Para distinguir esse caso da nossa discussão anterior sobre a estabilização do produto, suponhamos também que o produto esteja e permaneça em seu nível potencial.

◆ Suponhamos que o governo recorra à geração de déficit. Com uma escalada acentuada dos gastos do governo, haverá um aumento muito grande na demanda por bens. Dada nossa hipótese de que o produto permanece o mesmo, a taxa de juros terá de aumentar o suficiente de modo a manter o equilíbrio. O investimento, que depende da taxa de juros, diminuirá de forma acentuada.

◆ Suponhamos, em vez disso, que o governo financie o aumento de gastos por meio de um aumento de impostos — digamos, do imposto de renda. O consumo diminuirá acentuadamente. A magnitude exata da diminuição depende das expectativas dos consumidores. Quanto mais se esperar que a guerra seja longa, mais se esperará que os impostos continuarão elevados, e mais diminuirão o consumo. Em qualquer caso, o aumento nos gastos do governo será parcialmente compensado por uma diminuição no consumo. As taxas de juros aumentarão menos do que teriam aumentado com os gastos do déficit. Assim, o investimento diminuirá menos.

> Suponhamos uma economia fechada, de modo que $Y = C + I + G$. Suponhamos que G aumente e Y permaneça constante. Então, $C + I$ deve diminuir. Se os impostos não aumentarem, a maior parte da redução virá de uma diminuição em I. Se os impostos aumentarem, a maior parte da redução virá de uma queda em C.

Resumindo, para um dado produto, o aumento nos gastos do governo necessita de uma diminuição no consumo ou no investimento. A opção do governo pelos aumentos de impostos ou pelos déficits determinará se o ajuste recairá mais sobre o consumo ou sobre o investimento quando os gastos do governo subirem.

Como isso afeta quem suportará o ônus da guerra? Quanto mais o governo contar com déficits, menor será a diminuição do consumo durante a guerra e maior a diminuição do investimento. Um investimento menor significa um estoque de capital menor após a guerra e, portanto, um produto menor nesse período. Por diminuírem a acumulação de capital, os déficits tornam-se uma maneira de repassar parte do ônus da guerra para as gerações futuras.

Redução das distorções tributárias

Há outro argumento para os governos apresentarem déficits não apenas no período de guerras, mas também, de maneira mais geral, durante épocas em que os gastos públicos estejam excepcionalmente altos. Pensemos, por exemplo, na reconstrução após um terremoto ou nos custos envolvidos na reunificação da Alemanha no início da década de 1990.

O argumento é o seguinte: se o governo aumentasse os impostos de modo a financiar o aumento de gastos, as alíquotas teriam de ser muito altas. Alíquotas de impostos muito altas podem levar a grandes distorções econômicas. Diante de alíquotas do imposto de renda muito altas, as pessoas trabalham menos ou passam a se dedicar a atividades ilegais, não tributadas. Em vez de aumentar e diminuir as alíquotas de modo a equilibrar sempre o orçamento, é melhor (do ponto de vista da redução de distorções) manter uma alíquota relativamente constante para *suavizar os impostos*. A **suavização tributária** implica a apresentação de grandes déficits quando os gastos do governo são excepcionalmente altos e de pequenos superávits no restante do tempo.

22.4 Os riscos de uma dívida muito alta

Vimos como uma dívida alta exige impostos mais altos no futuro. A história nos ensina que uma dívida alta também pode levar a ciclos viciosos, tornando a condução da política fiscal extremamente difícil. Vamos ver isso mais de perto.

Dívida alta, risco de inadimplência e ciclos viciosos

Retornemos à Equação 22.5:

$$\frac{B_t}{Y_t} - \frac{B_{t-1}}{Y_{t-1}} = (r - g)\frac{B_{t-1}}{Y_{t-1}} + \frac{(G_t - T_t)}{Y_t}$$

Tomemos um país com um coeficiente de endividamento alto — digamos, 100%. Suponhamos que a taxa de juros real seja de 3% e a taxa de crescimento seja de 2%. O primeiro termo do lado direito da equação é (3% – 2%) × 100% = 1% do PIB. Suponhamos adicionalmente que o governo esteja apresentando um superávit primário de 1% do produto, o suficiente para manter o coeficiente de endividamento constante (o lado direito completo da equação é igual a (3% – 2%) × 100% + (–1%) = 0%).

Suponhamos agora que os investidores comecem a suspeitar que o governo não será capaz de quitar a dívida e passem a exigir uma taxa de juros maior para compensar um risco percebido maior de inadimplência. Mas isso dificulta a tarefa do governo de estabilizar a dívida. Vamos assumir, por exemplo, que a taxa de juros aumente de 3% para, digamos, 8%. Assim, apenas para estabilizar a dívida, o governo precisa apresentar um superávit primário de 6% do produto (o lado direito da equação passa a ser igual a (8% – 2%) × 100 + (–6) = 0). Admitamos que, em resposta à elevação da taxa de juros, o governo realmente tome medidas para aumentar o superávit primário a 6% do produto. Os cortes de gastos ou os aumentos de impostos necessários provavelmente se revelam politicamente onerosos e geram potencialmente mais incerteza política e maior risco de inadimplência, levando a mais aumento na taxa de juros. Além disso, a forte contração fiscal pode provocar uma recessão, diminuindo a taxa de crescimento. Tanto o aumento na taxa de juros real quanto a diminuição no crescimento elevam ainda mais $(r - g)$, exigindo um superávit orçamentário maior para estabilizar a dívida. Em algum momento, o governo pode se tornar incapaz de elevar suficientemente o superávit primário, e o coeficiente da dívida começa a crescer, levando os investidores a ficar ainda mais preocupados e a exigir uma taxa de juros mais elevada. Aumentos na taxa de juros e no coeficiente da dívida alimentam-se entre si. Em suma, quanto maior a razão dívida-PIB, maior o potencial de uma dinâmica catastrófica do endividamento. Mesmo que o receio de que o governo não consiga quitar a dívida seja de início infundado, isso pode facilmente se tornar realidade. A taxa de juros mais alta que o governo deve pagar sobre sua dívida pode levá-lo a perder o controle de seu orçamento e acarretar um aumento na dívida a um nível tal que o governo seja incapaz de pagá-la, validando, assim, os temores iniciais.

Isso está longe de ser uma questão abstrata. Vejamos novamente o que aconteceu na zona do euro durante a crise. A Figura 22.2 mostra a evolução das taxas de juros dos títulos dos governos italiano e espanhol, de março a dezembro de 2012. Para cada país a figura traça a diferença, também chamada de *spread*, entre a taxa de juros de dois anos dos títulos públicos do país e a taxa de juros de dois anos dos títulos do governo alemão. A razão de comparar as taxas de juros com as taxas alemãs é que estas são consideradas quase sem risco. Os *spreads* são medidos, no eixo vertical, em **pontos-base** (um ponto-base representa um centésimo de um por cento).

Ambos os *spreads* começaram a subir em março de 2012. Ao final de julho, o dos títulos italianos atingiu 500 pontos-base (equivalentes a 5%); o dos títulos espanhóis, 660 pontos-base (6%). Esses *spreads* refletiam duas preocupações: a primeira, de que os governos italiano e espanhol poderiam não pagar sua dívida; a segunda, de que eles poderiam desvalorizar. Em princípio, em uma união monetária, como a área do euro, não se deve esperar uma desvalorização, a menos que os mercados comecem a

> Isso lembra as corridas aos bancos e a discussão no Capítulo 6. Se as pessoas acreditam que um banco não seja solvente e decidem sacar seus fundos, o banco pode ter de vender seus ativos a qualquer preço e se tornar insolvente, validando assim os temores iniciais. Aqui, os investidores não resgatam seus fundos, mas exigem uma taxa de juros mais alta. O que dá no mesmo.

> Volte à Seção 20.2 para uma discussão sobre como, sob taxas de câmbio fixas, a expectativa de uma desvalorização leva a altas taxas de juros.

520 Macroeconomia

▶ **Figura 22.2** Aumento nos *spreads* de títulos europeus.

Os *spreads* de títulos de dois anos dos governos italiano e espanhol em relação a títulos de dois anos alemães aumentaram acentuadamente entre março e julho de 2012. No final de julho, quando o Banco Central Europeu declarou que faria o que fosse necessário para evitar uma quebra do euro, os *spreads* diminuíram.

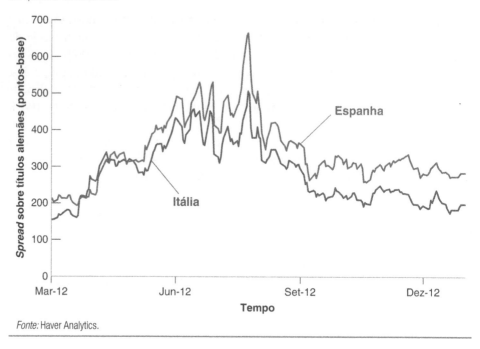

Fonte: Haver Analytics.

Com essa declaração, Mario Draghi queria dizer que o BCE estava disposto a comprar títulos espanhóis ou italianos de forma a manter um rendimento baixo e voltar ao "bom equilíbrio". Neste caso, o compromisso foi suficiente para baixar as taxas, e o BCE não teve de intervir.

pensar que a união monetária pode ruir e que os países podem reintroduzir moedas nacionais a uma taxa de câmbio desvalorizada. Foi o que aconteceu na primavera e no verão de 2012. Podemos entender a razão disso voltando à nossa discussão sobre crises de dívida autorrealizáveis citada anteriormente neste parágrafo. Consideremos a Itália, por exemplo. Em março, os juros sobre títulos italianos de dois anos ficaram abaixo de 3%; essa foi a soma dos juros dos títulos alemães de dois anos, ligeiramente abaixo de 1%, mais um *spread* de risco de 2% decorrente da preocupação dos investidores com a credibilidade do governo italiano. O país tinha à época (e ainda tem) uma razão dívida-PIB superior a 130%. Com juros abaixo de 3%, um ônus de endividamento tão elevado era sustentável; a Itália gerava superávits orçamentários primários suficientes para estabilizar a dívida, embora a esse nível elevado. A Itália estava frágil (por causa da dívida tão alta), mas em um "bom equilíbrio". Nesse ponto, os investidores começaram a se perguntar o que aconteceria se, por algum motivo, as taxas de juros sobre os títulos italianos dobrassem, atingindo 6%. Eles concluíram que, se isso acontecesse, era pouco provável que a Itália pudesse elevar seu superávit primário o bastante para manter a dívida estável. Era mais provável que o país entrasse em uma espiral de dívida e acabasse inadimplente. Nesse ponto, a Itália poderia decidir abandonar a união monetária e recorrer a uma desvalorização para melhorar sua competitividade e apoiar o crescimento, uma vez que a inadimplência normalmente é acompanhada por recessões acentuadas. O temor de que isso acontecesse deslocou a Itália de um equilíbrio "bom" para "ruim". Visto que os investidores reconheciam que uma inadimplência e uma saída do euro eram uma possibilidade, as taxas de juros saltaram para 6%, e esse aumento validou os temores iniciais. Por fim, foi o Banco Central Europeu (BCE) que levou a Itália de volta ao bom equilíbrio. Em 26 de julho de 2012, o presidente do banco, Mario Draghi, declarou explicitamente que uma quebra do euro estava fora de questão e que o BCE faria o que fosse necessário para evitá-la. Os investidores acreditaram na promessa, e a Itália retomou o bom equilíbrio.

Assim, Itália e Espanha conseguiram, com ajuda do BCE, evitar a dinâmica ruim da dívida e a inadimplência. E se um governo não conseguir estabilizar a dívida e entrar em uma espiral de endividamento? Nesse caso, historicamente, uma destas duas coisas acontece: ou o governo deixa de pagar sua dívida, tornando-se inadimplente, ou recorre cada vez mais ao financiamento monetário. Vejamos cada um desses resultados.

Inadimplência

Em algum momento, quando se vê incapaz de pagar a dívida pendente, um governo pode optar pela inadimplência. Entretanto, com frequência ela é parcial, e os credores são sujeitos ao que se conhece como **corte de cabelo**. Um corte de, por exemplo, 30%, significa que os credores recebem apenas 70% do que lhes é devido. A inadimplência também pode ser chamada por muitos nomes, diversos deles eufemismos — provavelmente para tornar as perspectivas mais atraentes (ou menos indesejáveis) aos credores. Chama-se **reestruturação da dívida ou reescalonamento da dívida** (quando os pagamentos de juros são protelados em vez de cancelados), ou, ironicamente, **envolvimento do setor privado** (o setor privado, ou seja, os credores, são convidados a *se envolver*, ou seja, aceitar um corte de cabelo). A inadimplência pode ser imposta unilateralmente pelo governo ou resultar de uma negociação com os credores. Estes, cientes de que não serão totalmente reembolsados, preferem negociar um acordo com o governo. Foi o que aconteceu com a Grécia em 2012, quando credores privados aceitaram um corte de cerca de 50%.

Quando uma dívida é muito alta, a inadimplência parece ser uma solução atraente. Ter um nível de endividamento inferior após declarar moratória reduz o tamanho da consolidação fiscal e, desse modo, a torna mais confiável. Assim se reduzem os impostos necessários, permitindo maior crescimento. Mas a inadimplência acarreta custos elevados. Se o detentor da dívida for, por exemplo, um fundo de pensão, como frequentemente ocorre, os aposentados podem sofrer muito com a inadimplência. Se ela for detida por bancos, alguns deles podem vir a falir, com grandes efeitos adversos sobre a economia. E se a dívida é detida em grande parte por estrangeiros, a reputação internacional do país pode ser comprometida e pode ser difícil para o governo contrair empréstimos do exterior por um longo período. Assim, de modo geral, e com razão, os governos são muito relutantes em deixar de pagar sua dívida.

Financiamento monetário

Outro resultado é o financiamento monetário. Até aqui, assumimos que a única maneira de um governo se financiar é pela venda de títulos. Existe, contudo, outra possibilidade. O governo pode se financiar, na verdade, imprimindo moeda. O modo de fazer isso não é propriamente imprimindo o dinheiro em si, mas emitindo títulos e, assim, forçando o Banco Central a comprá-los em troca de moeda. Esse processo é chamado **financiamento monetário** ou **monetização da dívida**. Visto que, neste caso, a taxa de criação de moeda é determinada pelo déficit público e não por decisões do Banco Central, isso também é conhecido como **dominância fiscal** da política monetária.

> Para uma revisão sobre como o Banco Central cria moeda, consulte o Capítulo 4, Seção 4.3.

Qual é o montante de déficit que um governo pode financiar com a criação de moeda? Seja H o montante de moeda do Banco Central na economia. (Daqui em diante, vamos nos referir à *moeda do Banco Central* simplesmente como *moeda*.) Seja ΔH a criação de moeda, isto é, a mudança no estoque monetário nominal de

522 Macroeconomia

O termo "senhoriagem" é revelador. O direito de emitir moeda era uma preciosa fonte de receita dos "senhores" no passado. Eles podiam comprar os bens que quisessem emitindo seu próprio dinheiro e usando-o para pagar as mercadorias.

um mês para o outro. A receita, em termos reais (isto é, em termos de bens), que o governo gera pela criação de uma quantia em dinheiro igual a ΔH é, portanto, $\Delta H/P$ — a criação de moeda no período dividido pelo nível de preço. Essa receita proveniente da criação de moeda é chamada **senhoriagem**.

$$\text{Senhoriagem} = \frac{\Delta H}{P}$$

A senhoriagem equivale à criação de moeda dividida pelo nível de preço. Para saber qual taxa de crescimento de moeda nominal (Banco Central) é necessária para gerar determinado montante de senhoriagem, reescrevemos $\Delta H/P$ como

$$\frac{\Delta H}{P} = \frac{\Delta H}{H}\frac{H}{P}$$

Ou seja: podemos considerar a senhoriagem ($\Delta H/P$) como o produto da taxa de crescimento de moeda nominal ($\Delta H/H$) e o estoque de moeda real (H/P). Substituindo essa expressão na equação anterior, temos

$$\text{Senhoriagem} = \frac{\Delta H}{H}\frac{H}{P}$$

Isso nos dá uma relação entre senhoriagem, taxa de crescimento de moeda nominal e saldos monetários reais. Para pensar em magnitudes relevantes, é conveniente dar mais um passo e dividir ambos os lados da equação por, digamos, o PIB mensal, Y, para obter

$$\frac{\text{Senhoriagem}}{Y} = \frac{\Delta H}{H}\left(\frac{H/P}{Y}\right) \tag{22.6}$$

Suponhamos que o governo tenha um déficit orçamentário igual a 10% do PIB e decida financiá-lo por meio de senhoriagem, de modo que (déficit/Y) = (senhoriagem/Y) = 10%. A razão média entre a moeda do Banco Central e o PIB mensal nos países avançados é aproximadamente igual a 1, então, escolhemos (H/P)/Y = 1. Isso implica que o crescimento de moeda nominal deve satisfazer

$$10\% = \frac{\Delta H}{H}\text{ vezes }1 \Rightarrow \frac{\Delta H}{H} = 10\%$$

Assim, para financiar um déficit de 10% do PIB por meio de senhoriagem, dada uma razão entre moeda do Banco Central e PIB mensal de 1, a taxa de crescimento mensal de moeda nominal deve ser igual a 10%.

Trata-se, certamente, de uma alta taxa de crescimento de moeda, mas é possível concluir que, sob circunstâncias excepcionais, pode ser um preço aceitável a pagar para financiar o déficit. Infelizmente, essa conclusão pode estar equivocada. À medida que o crescimento de moeda aumenta, isso geralmente traz inflação a reboque. E uma inflação alta leva as pessoas a querer reduzir sua demanda por dinheiro e, por conseguinte, a demanda por dinheiro do Banco Central. Em outras palavras, à medida que a taxa de crescimento de moeda aumenta, os saldos monetários reais que as pessoas desejam manter diminuem. Se, por exemplo, estivessem dispostas a manter saldos monetários equivalentes a um mês de renda com inflação baixa, elas podem decidir reduzi-los a uma semana de renda ou menos quando a inflação atinge 10%. Em termos da Equação 22.6, à medida que ($\Delta H/H$) aumenta, (H/P)/Y diminui. Assim, para obter o mesmo nível de receita, o governo precisa elevar ainda mais a taxa de crescimento de moeda. Mas um crescimento de moeda mais elevado provoca mais inflação, mais redução em (H/P)/Y e a necessidade de mais crescimento monetário. Logo, uma inflação alta se transforma em **hiperinflação**, o termo que os economistas usam para uma inflação alta — tipicamente superior a 30% por mês. O quadro Foco "Financiamento monetário e hiperinflações" descreve alguns dos episódios mais famosos. A hiperinflação só termina quando a política fiscal é drasticamente melhorada e o déficit é eliminado. Nesse ponto, o dano já foi feito.

Trata-se de um exemplo de uma proposição geral. À medida que se aumenta a alíquota tributária (neste caso, a taxa de inflação), a base de tributação (neste caso, os saldos monetários reais) diminui.

FOCO

Financiamento monetário e hiperinflações

Vimos neste capítulo como a tentativa de financiar um grande déficit fiscal com a criação de moeda pode levar a uma inflação alta, ou até mesmo à hiperinflação. Esse cenário foi visto muitas vezes no passado. Você provavelmente já ouviu falar da hiperinflação que ocorreu na Alemanha após a Primeira Guerra Mundial. Em 1913, o valor de toda moeda circulante nesse país era de 6 bilhões de marcos. Dez anos depois, em outubro de 1923, 6 bilhões de marcos mal davam para comprar um quilo de pão de centeio em Berlim. Um mês depois, o preço do mesmo pão aumentou para 428 bilhões de marcos. Mas a hiperinflação alemã não é o único exemplo. A Tabela 22.1 resume as sete grandes hiperinflações que se seguiram à Primeira e à Segunda Guerra Mundial. Elas têm uma série de características em comum. Todas foram breves (com duração de aproximadamente um ano), porém intensas, com o crescimento de moeda e a inflação girando em torno de 50% ao mês ou mais. De modo geral, os aumentos nos níveis de preços foram espantosos. Como se pode ver, a maior elevação realmente ocorreu não na Alemanha, mas na Hungria após a Segunda Guerra Mundial. O que custava um pengö húngaro em agosto de 1945 passou a custar 3.800 trilhões de pengös menos de um ano depois!

A Hungria distingue-se por apresentar não uma, mas duas hiperinflações: uma após a Primeira Guerra Mundial e outra após a Segunda Guerra Mundial.

Taxas de inflação desta magnitude não têm sido vistas desde a década de 1940. Mas muitos países experimentaram alta inflação decorrente de financiamento monetário. A inflação mensal estava acima de 20% em muitos países da América Latina no final dos anos 1980. O exemplo mais recente de alta inflação é o Zimbábue, onde, em 2008, a inflação mensal atingiu 500% antes da adoção de um programa de estabilização no início de 2009.

Não é de surpreender que as hiperinflações gerem custos econômicos imensos:

◆ O sistema de transações funciona cada vez pior. Um exemplo famoso de trocas ineficientes ocorreu na Alemanha, no final de seu período de hiperinflação. As pessoas tinham realmente de usar carrinhos de mão para transportar as enormes quantidades de dinheiro de que precisavam para suas transações diárias.

◆ As indicações de preço tornam-se cada vez menos úteis. Visto que os preços mudam muito, é difícil para consumidores e produtores avaliarem os preços relativos dos bens e tomar decisões bem embasadas. As evidências mostram que, quanto maior a taxa de inflação, maior a

▶ Tabela 22.1 **Sete hiperinflações das décadas de 1920 e 1940.**

P_T/P_0: nível de preço no último mês da hiperinflação dividido pelo nível de preço no primeiro mês.

País	Início	Fim	P_T/P_0	Taxa de inflação média mensal (%)	Crescimento médio mensal do estoque de moeda (%)
Áustria	Out. 1921	Ago. 1922	70	47	31
Alemanha	Ago. 1922	Nov. 1923	$1,0 \times 10^{10}$	322	314
Grécia	Nov. 1943	Nov. 1944	$4,7 \times 10^6$	365	220
Hungria 1	Mar. 1923	Fev. 1924	44	46	33
Hungria 2	Ago. 1945	Jul. 1946	$3,8 \times 10^{27}$	19.800	12.200
Polônia	Jan. 1923	Jan. 1924	699	82	72
Rússia	Dez. 1921	Jan. 1924	$1,2 \times 10^5$	57	49

Fonte: Philip Cagan. The Monetary Dynamics of Hyperinflation. In: Milton Friedman ed., *Studies in the Quantity Theory of Money.* University of Chicago Press, 1956, Tabela 1.

524   Macroeconomia

variação nos preços relativos de diversas mercadorias. Assim, o sistema de preços, que é crucial ao funcionamento de uma economia de mercado, também se torna cada vez menos eficiente. Uma piada ouvida em Israel em seu período de alta inflação na década de 1980 era: "Por que é mais barato pegar um táxi em vez de um ônibus? Porque no ônibus você tem de pagar a tarifa no início da viagem. No táxi, você só paga no final".

♦ As oscilações na taxa de inflação tornam-se maiores. Fica mais difícil prever qual será a inflação no futuro próximo; se ela será de, digamos, 500% ou 1.000% no próximo ano. Tomar empréstimo a uma determinada taxa de juros nominal torna-se cada vez mais uma aposta. Se tomamos crédito a, digamos, 1.000% por um ano, podemos acabar pagando uma taxa de juros real de 500% ou 0%: uma grande diferença! O resultado é que as atividades de tomar ou conceder empréstimo geralmente cessam nos últimos meses de hiperinflação, levando a um grande declínio nos investimentos.

À medida que a inflação se torna muito elevada, vai se formando o consenso de que ela deveria ser interrompida. O governo, então, acaba reduzindo o déficit e não mais recorre ao financiamento monetário. A inflação cessa, mas não sem antes imputar custos consideráveis à economia.

Atualmente, a dívida está realmente alta em muitas economias avançadas, com frequência acima de 100% do PIB. Então, o que os governos devem fazer? A resposta é que não há solução fácil. Em alguns casos, como no da Grécia, é evidente que a dívida é insustentável e, por conseguinte, a reestruturação da dívida de uma forma ou de outra faz-se necessária. Em outros casos, a dívida é provavelmente sustentável, mas os riscos que acabamos de descrever existem. Os governos deveriam gerar grandes superávits primários para reduzi-los rapidamente? Já discutimos os riscos de tal política. Um grande aumento no superávit primário em um momento no qual a taxa básica está no limite inferior zero, e a política monetária não pode compensar os efeitos adversos da consolidação fiscal, é arriscado e possivelmente autodestrutivo. Na realidade, agora é amplamente aceito que a forte consolidação fiscal ocorrida na Europa a partir de 2011, e conhecida como **austeridade fiscal**, foi excessiva, principalmente porque foi implementada em grande medida por meio do aumento de impostos. Atualmente, há um amplo consenso de que a dívida deve ser estabilizada, mas que uma consolidação fiscal considerável deve esperar até que as taxas de juros voltem a ser positivas, e a política monetária tenha espaço suficiente para diminuí-las a fim de compensar os efeitos adversos da consolidação. O caminho da política fiscal na Europa é estreito, com demasiada consolidação fiscal potencialmente desencadeando outra recessão, e muito pouca levando à dinâmica explosiva da dívida. Seja qual for caso, o ajuste para reduzir a dívida deverá levar muito tempo. (Podemos questionar se também devemos nos preocupar com a situação fiscal dos Estados Unidos. Isto é discutido no quadro Foco "Devemos nos preocupar com a dívida pública dos Estados Unidos?".)

Veja a discussão sobre política fiscal no limite inferior zero no Capítulo 9, Seção 9.3.

Ao final de suas guerras contra Napoleão no início dos anos 1800, a Inglaterra havia acumulado um coeficiente de endividamento superior a 200% do PIB e passou a maior parte do século XIX reduzindo-o. Em 1900, esse coeficiente era de apenas 30% do PIB.

FOCO

Devemos nos preocupar com a dívida pública dos Estados Unidos?

A dívida pública dos Estados Unidos aumentou muito durante a crise financeira que o país atravessou, passando de menos de 40% do PIB em 2006 para 74% em 2015.

O déficit orçamentário, embora muito menor que no pico da crise, continua elevado, equivalente a 2,7% do PIB. Devemos nos preocupar com a sustentabilidade da dívida pública norte-americana?

Uma tentativa de resposta é dada no trabalho feito pelo **Congressional Budget Office (CBO)**, um órgão apartidário que ajuda o Congresso a avaliar os custos e efeitos das decisões fiscais. Uma das atividades do CBO consiste em preparar projeções de receitas, gastos e déficits sob as atuais regras fiscais. A Figura 1 apresenta essas projeções, por ano fiscal, a partir de janeiro de 2015 até 2050, para gastos, receitas e dívidas, todos em relação ao PIB. (O ano fiscal vai de 1º de outubro do ano civil anterior a 30 de setembro do ano civil atual.) A figura traz duas conclusões claras, descritas a seguir.

Os Estados Unidos não têm um problema de dívida no curto prazo. De acordo com as leis vigentes e as projeções econômicas, a razão déficit-PIB permanece praticamente constante até 2020, assim como a razão dívida-PIB.

Mas o país tem um problema em potencial de dívida no médio e no longo prazos. A partir de 2020, o déficit cresce regularmente, assim como a dívida. Em 2050, o déficit deve atingir 6,2% do PIB e a razão dívida-PIB, 117%. A deterioração decorre de três fatores principais, todos no lado das despesas:

- Estima-se que as taxas de juros cresçam de seus níveis incomumente baixos, provocando um aumento nos pagamentos de juros líquidos de 1,4% do PIB em 2015 para 2,4% em 2020 e 4,9% em 2050.
- Os pagamentos da seguridade social (que proveem benefícios aos aposentados) deverão aumentar de 4,9% do PIB em 2015 para 5,2% em 2020 e 5,9% em 2050, refletindo o processo de envelhecimento da América, o rápido aumento na proporção de pessoas com mais de 65 anos de idade que vai ocorrer à medida que os *baby boomers* começarem a chegar à aposentadoria. Estima-se que a razão de dependência de idosos — a razão entre a população de 65 anos ou mais e a população entre 20 e 64 anos de idade — aumentará de cerca de 20% em 2000 para mais de 40% em 2050.
- Estima-se que os custos com o Medicaid (que fornece cuidados de saúde aos mais pobres) e o Medicare (que fornece cuidados de saúde aos aposentados) subam de 5,2% do PIB em 2015 para 5,5% em 2020 e 9,1% em 2050. Esse aumento substancial reflete o custo crescente da assistência à saúde no caso do Medicaid, associado ao crescente número de aposentados no caso do Medicare.

Note que esses três fatores, por si só, acarretariam um aumento do déficit de 8,4% do PIB entre 2015 e 2050, mas o aumento do déficit projetado é de apenas 3,5%. A razão disso é que esses aumentos são parcialmente compensados por um aumento nas receitas, como porcentagem do PIB e cortes em outros programas. Entretanto, esses aumentos em impostos e cortes de gastos não são suficientes para evitar a deterioração da situação fiscal.

O que devemos concluir? Lembramos que as projeções do CBO são feitas *sob as regras vigentes*. Assim, as regras terão de ser modificadas. Os benefícios da seguridade social podem ter de ser reduzidos (em relação às projeções), e a prestação de cuidados médicos tem de ser limitada (novamente, em relação às projeções). Há também pouca dúvida de que os impostos, como aqueles que incidem sobre os salários para fins de seguridade social, terão de ser aumentados. Sem essas modificações, haverá boas razões para nos preocuparmos com a dinâmica da dívida nos Estados Unidos. Mas não há motivo para preocupação por enquanto.

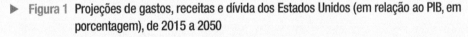

Figura 1 Projeções de gastos, receitas e dívida dos Estados Unidos (em relação ao PIB, em porcentagem), de 2015 a 2050

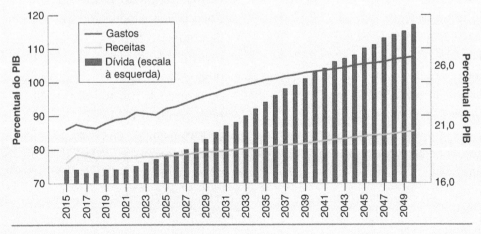

Resumo

- A restrição orçamentária do governo apresenta a evolução da dívida pública de acordo com os gastos e os impostos. Um modo de expressar a restrição é que a variação da dívida (o déficit) é igual ao déficit primário mais os pagamentos de juros sobre a dívida. O déficit primário é a diferença entre os gastos do governo com bens e serviços, G, e os impostos líquidos de transferências, T.

- Se os gastos do governo permanecerem inalterados, uma redução nos impostos deverá acabar sendo compensada por um aumento nos impostos no futuro. Quanto mais o governo esperar para aumentar os impostos ou quanto maior for a taxa de juros real, maior será o aumento final nos impostos.

- O legado de déficits passados é uma dívida maior. Para estabilizar a dívida, o governo deve eliminar o déficit. Para isso, o governo deve apresentar um superávit primário igual aos pagamentos de juros sobre a dívida existente.

- A evolução da razão dívida-PIB depende de quatro fatores: a taxa de juros, a taxa de crescimento, o coeficiente de endividamento inicial e o superávit primário.

- Sob a proposição ricardiana da equivalência, um déficit maior é compensado por um aumento igual na poupança privada. Os déficits não exercem qualquer efeito sobre a demanda e sobre o produto. A acumulação de dívida não afeta a acumulação de capital. Quando a equivalência ricardiana falha, déficits maiores levam a uma demanda maior e a um produto maior no curto prazo. A acumulação da dívida acarreta uma acumulação de capital menor e, portanto, a um produto menor no longo prazo.

- Para estabilizar a economia, o governo deve apresentar déficits durante as recessões e superávits durante as expansões. O déficit ciclicamente ajustado nos diz qual deveria ser o déficit, sob as regras vigentes de impostos e gastos, se o produto estivesse em seu nível potencial.

- Os déficits são justificáveis em épocas de gastos altos, como nas guerras. Em relação a um aumento de impostos, os déficits levam a um consumo maior e a um investimento menor durante as guerras. Portanto, eles transferem parte do ônus da guerra das pessoas que vivem durante o conflito para aquelas que viverão depois. Os déficits também ajudam a suavizar os impostos e a reduzir as distorções tributárias.

- Coeficientes de endividamento elevados aumentam o risco de ciclos viciosos. Um risco mais alto de inadimplência percebido pode acarretar uma taxa de juros mais elevada e aumento na dívida. Este aumento, por sua vez, pode provocar um risco de inadimplência maior e uma taxa de juros maior. Ambos podem se combinar para levar a uma explosão da dívida. Os governos podem não ter outra escolha senão declarar moratória ou recorrer ao financiamento monetário. Este tipo de financiamento pode, por sua vez, levar à hiperinflação. Em ambos os casos, é provável que os custos econômicos sejam consideráveis.

Palavras-chave

- austeridade fiscal, 526
- coeficiente de endividamento, 511
- Congressional Budget Office (CBO), 526
- corte de cabelo, 521
- déficit ajustado pela inflação, 506
- déficit ciclicamente ajustado, 515
- déficit com emprego padronizado, 515
- déficit da metade do ciclo, 515
- déficit de pleno emprego, 526
- déficit estrutural, 515
- déficit primário, 508
- dominância fiscal, 521
- envolvimento do setor privado, 521
- equivalência ricardiana, 514
- estabilizador automático, 516
- financiamento monetário, 521
- hiperinflação, 522
- monetização da dívida, 521
- pontos-base, 519
- proposição de Ricardo-Barro, 514
- razão dívida-PIB, 511
- reescalonamento da dívida, 521
- reestruturação da dívida, 521
- restrição orçamentária do governo, 506
- senhoriagem, 522
- *spread*, 519
- suavização tributária, 518
- superávit primário, 508

Questões e problemas

Teste rápido

1. **Usando as informações contidas neste capítulo, diga se cada afirmação a seguir é verdadeira, falsa ou incerta. Explique brevemente.**

   a. Déficit é a diferença entre gastos públicos reais e impostos líquidos de transferências.

   b. Déficit primário é a diferença entre gastos públicos reais e impostos líquidos de transferências.

   c. Os Estados Unidos experimentaram grandes flutuações na razão dívida-PIB no século passado.

   d. A suavização tributária e o recurso a déficits ajudam a diluir o ônus da guerra entre as gerações.

   e. O governo sempre deve tomar uma atitude imediata de forma a eliminar um déficit orçamentário ciclicamente ajustado.

   f. Se a equivalência ricardiana for válida, um aumento nos impostos de renda não afetará nem o consumo nem a poupança.

   g. A razão dívida-PIB não pode exceder 100%.

   h. Um "corte de cabelo" reduz o valor de uma dívida pública pendente.

   i. O déficit ciclicamente ajustado é sempre menor que o déficit real.

   j. O déficit ajustado pela inflação é sempre menor que o déficit real.

   k. Quando a razão dívida-PIB é alta, a melhor política é a consolidação fiscal.

   l. Hiperinflação é uma taxa de inflação superior a 30% ao mês.

   m. Hiperinflações podem distorcer preços, mas não exercem efeito sobre o produto real.

2. **Consideremos a seguinte afirmação:**

   "Um déficit pode ser uma coisa boa em períodos de guerra. Primeiro, o déficit é temporário e, quando a guerra acaba, o governo pode voltar ao antigo nível de gastos e impostos. Segundo, dado que as evidências sustentam a proposição da equivalência ricardiana, o déficit estimulará a economia durante o período da guerra, ajudando a manter baixa a taxa de desemprego."

   Identifique os erros neste argumento. Há alguma coisa correta nele?

3. **Consideremos uma economia caracterizada pelos seguintes fatos:**

   i. *O déficit orçamentário oficial é de 4% do PIB.*

   ii. *A razão dívida-PIB é de 100%.*

   iii. *A taxa de juros nominal é de 10%.*

   iv. *A taxa de inflação é de 7%.*

   a. Qual é a razão entre déficit/superávit primário e PIB?

   b. Qual é a razão déficit/superávit ajustado pela inflação e PIB?

   c. Suponhamos que o produto esteja 2% abaixo de seu nível natural. Qual é a razão déficit/superávit ajustado pela inflação, ciclicamente ajustado, e o PIB?

   d. Suponhamos, em vez disso, que o produto comece em seu nível natural e que o crescimento do produto permaneça constante à taxa normal de 2%. Como a razão dívida-PIB se altera ao longo do tempo?

4. **Suponhamos que a demanda por moeda assuma a seguinte forma:**

$$\frac{M}{P} = Y[1 - (r + \pi^e)]$$

   em que Y = 1.000 e r = 0,1.

   a. Suponhamos que, no curto prazo, π^e seja constante e igual a 25%. Calcule o montante de senhoriagem para cada taxa de crescimento de moeda anual, $\Delta M/M$, listada.

   i. 25%

   ii. 50%

   iii. 75%

   b. No médio prazo, $\pi^e = \pi = \Delta M/M$. Calcule o montante de senhoriagem associado às três taxas de crescimento de moeda anual no item (a). Explique por que as respostas diferem das do item (a).

Aprofundando

5. **Consideremos a economia descrita no problema 3 e suponhamos que haja uma taxa de câmbio fixa, $\overline{E}$. Vamos assumir que os investidores estejam preocupados com o fato de o nível da dívida se encontrar alto demais e que o governo possa desvalorizar para estimular o produto (e, portanto, as receitas de impostos) para ajudar a pagar a dívida. A expectativa inicial dos investidores é de uma desvalorização de 10%. Em outras palavras, a taxa de câmbio esperada, E_{t+1}^e, diminui 10% em relação a seu valor inicial, $\overline{E}$.**

   a. Lembre-se da condição da paridade descoberta de juros:

528 Macroeconomia

$$i_t = i_t^* - \frac{E_{t+1}^e - \bar{E}}{\bar{E}}$$

Se a taxa de juros externa permanecer constante a 10% ao ano, o que deverá acontecer com a taxa de juros interna quando E_{t+1}^e cair 10%?

b. Suponhamos que a inflação interna permaneça a mesma. O que acontecerá com a taxa de juros real interna? O que provavelmente acontecerá com a taxa de crescimento?

c. O que acontecerá com o déficit orçamentário oficial? E com o déficit ajustado pela inflação?

d. Suponhamos que a taxa de crescimento baixe de 2% para 0%. O que acontecerá com a variação do coeficiente de endividamento? (Suponhamos que a razão entre déficit/superávit primário e PIB permaneça inalterada, mesmo que a queda no crescimento possa reduzir as receitas de impostos.)

6. Equivalência ricardiana e política fiscal
Primeiro, consideremos uma economia em que a equivalência ricardiana não é válida.

a. Suponhamos que o governo comece com um orçamento equilibrado. Então, há um aumento nos gastos públicos, mas nenhuma mudança nos impostos. Mostre em um diagrama *IS-LM* o efeito dessa política sobre o produto no curto prazo, quando o Banco Central mantém constante a taxa de juros real. Como o governo financiará o aumento nos gastos públicos?

b. Suponhamos, como na questão (a), que o governo comece com um orçamento equilibrado e, então, aumente os gastos públicos. Desta vez, contudo, suponhamos que os impostos aumentem no mesmo montante dos gastos do governo. Mostre em um diagrama *IS-LM* o efeito dessa política sobre o produto no curto prazo. (Relembrar a discussão sobre multiplicador no Capítulo 3 pode ser útil. Os gastos do governo ou a política tributária têm um multiplicador maior?) Como o efeito sobre o produto se compara com o efeito da questão (a)?

Agora, suponhamos que a equivalência ricardiana seja válida nessa economia. (As questões (c) e (d) não necessitam do uso de diagramas.)

c. Consideremos novamente um aumento nos gastos do governo, mas nenhuma mudança nos impostos. Como o efeito sobre o produto se compara com os efeitos sobre o produto das questões (a) e (b)?

d. Consideremos novamente um aumento nos gastos do governo combinado com um aumento nos impostos no mesmo montante. Como esse efeito

sobre o produto se compara com os efeitos sobre o produto das questões (a) e (b)?

e. Comente cada uma das seguintes afirmações:
i. "Sob a equivalência ricardiana, os gastos do governo não exercem qualquer efeito sobre o produto."
ii. "Sob a equivalência ricardiana, as mudanças nos impostos não exercem qualquer efeito sobre o produto."

Explorando mais

7. Consideremos uma economia em que:
i. *A razão dívida-PIB é de 40%.*
ii. *O déficit primário é de 4% do PIB.*
iii. *A taxa de crescimento normal é de 3%.*
iv. *A taxa de juros real é de 3%.*

a. Usando o programa de planilha que preferir, calcule a razão dívida-PIB em 10 anos, supondo que o déficit primário permaneça em 4% do PIB a cada ano, a economia cresça à taxa de crescimento normal a cada ano, e que a taxa de juros real esteja constante em 3%.

b. Suponhamos que a taxa real de juros aumente para 5%, mas tudo o mais permaneça como na questão (a). Calcule a razão dívida-PIB em 10 anos.

c. Suponhamos que a taxa de crescimento normal caia para 1% e que a economia cresça à taxa de crescimento normal a cada ano. Tudo o mais permanece como na questão (a). Calcule a razão dívida-PIB em 10 anos. Compare sua resposta com a da questão (b).

d. Voltemos às hipóteses da questão (a). Suponhamos que os formuladores de política econômica decidam que uma razão dívida-PIB superior a 50% seja arriscada. Verifique que a redução imediata no déficit primário para 1% e a manutenção desse déficit por 10 anos produzirá uma razão dívida-PIB de 50% em 10 anos. Depois disso, qual valor de déficit primário será necessário para manter a razão dívida-PIB em 50%?

e. Continuando na questão (d), suponhamos que os formuladores de política econômica esperem cinco anos antes de mudar a política fiscal. Durante cinco anos, o déficit primário permanece em 4% do PIB. Qual é a razão dívida-PIB em cinco anos? Suponhamos que, após cinco anos, os formuladores de política econômica decidam reduzir a razão dívida-PIB para 50%. Nos anos

6 a 10, qual valor constante do déficit primário produzirá uma razão dívida-PIB de 50% ao final do ano 10?

f. Suponhamos que os formuladores de política econômica implementem a política da questão (d) ou da questão (e). Se essas políticas reduzirem a taxa de crescimento do produto por algum tempo, como isso afetará o tamanho da redução no déficit primário necessária para atingir uma razão dívida-PIB de 50% em 10 anos?

g. Qual política — a da questão (d) ou a da questão (e) — você considera mais arriscada para a estabilidade da economia?

8. **A situação fiscal nos Estados Unidos e em outros países**

Do banco de dados econômicos do FRED no Federal Reserve Bank of St. Louis você pode extrair duas séries: General Government Gross Debt of the United States (GGGDTAUSA188N) e uma medida do déficit primário de todos os governos dos Estados Unidos (USAGGXONLBGDP). São medidas que incorporam todos os níveis de governo, e esses dados são criados pelo Fundo Monetário Internacional (FMI). Utilizar dados do FMI ou de outras organizações ajuda a fazer uma comparação melhor entre os países. Os dados costumam ser apresentados de uma forma menos política.

a. Qual é a razão dívida-PIB dos Estados Unidos no último ano desses dados? Descreva a trajetória dessa variável na última década.

b. Qual é a variação da razão dívida-PIB no último ano dos dados? A razão dívida-PIB pode cair mesmo que o déficit primário seja positivo?

c. Use as informações sobre a variação na razão dívida-PIB e razão no déficit primário para inferir o termo que falta na Equação 22.5 no último ano dos dados. Seu cálculo faz sentido para você?

d. Dados semelhantes são criados para todos os países. Uma fonte conveniente que compara a situação fiscal do setor público nos países do G7 é publicada pelo Departamento de Finanças do Canadá, em um documento chamado Fiscal Reference Tables. A seção intitulada International Fiscal Comparisons, no final do documento, apresenta os dados mais recentes. Qual das grandes economias tem a maior e a menor razão entre dívida bruta e PIB? Qual país tem o maior e o menor déficit como percentual do PIB? São déficits gerais ou déficits primários?

Leitura adicional

- A exposição moderna da proposição da equivalência ricardiana encontra-se no artigo de Robert Barro, Are Government Bonds Net Wealth? *Journal of Political Economy*, 1974, vol. 82, n. 6, p. 1095-1117.

- A cada ano, o Congressional Budget Office (CBO) dos Estados Unidos publica *The Economic and Budget Outlook*, referente aos anos fiscais correntes e futuros. O documento fornece uma apresentação clara e não tendenciosa do orçamento corrente dos Estados Unidos, de questões orçamentárias atuais e das tendências do orçamento, e está disponível em <http://www.cbo.gov/>.

- Para saber mais sobre a hiperinflação alemã, leia Steven Webb, *Hyperinflation and Stabilization in the Weimar Republic*. Oxford University Press, 1989.

- Uma boa revisão do que os economistas sabem e não sabem sobre hiperinflação é dada em Rudiger Dornbusch, Federico Sturzenegger e Holger Wolf, Extreme Inflation: Dynamics and Stabilization. *Brookings Papers on Economic Activity*, 1990, vol. 2, p. 1-84.

- Para uma discussão sobre "austeridade fiscal" na Europa, acesse <http://www.voxeu.org/debates/has-austerity-gone-too-far>.

CAPÍTULO 23

Política monetária: um resumo

A recente crise levou a uma importante reavaliação da política monetária. Nas duas décadas anteriores à crise, a maioria dos bancos centrais havia convergido para um arcabouço de política monetária, chamado **regime de metas de inflação**, fundamentado em dois princípios. O primeiro era que o principal objetivo da política monetária consistia em manter a inflação estável e baixa; o segundo, que a melhor forma de atingir esse objetivo consistia em seguir, de modo explícito ou implícito, uma **regra de taxa de juros**, a qual permitia que a taxa básica respondesse às oscilações da inflação e da atividade econômica.

Até a crise, esse arcabouço parecia funcionar bem. A inflação baixou e permaneceu baixa e estável na maioria dos países. As flutuações do produto diminuíram em amplitude. O período ficou conhecido como a **Grande Moderação**. Vários pesquisadores buscaram as causas dessa moderação, e muitos concluíram que uma política monetária melhor era um dos principais fatores por trás da melhora, consolidando o apoio a esse arcabouço de política monetária.

Então, veio a crise. E forçou macroeconomistas e autoridades dos bancos centrais a reavaliar ao menos duas dimensões: a primeira é o conjunto de questões levantadas pela armadilha de liquidez. Quando uma economia atinge o limite inferior zero, a taxa básica não pode mais ser usada para aumentar a atividade econômica. Isto suscita duas questões: primeira, a política monetária pode ser conduzida de forma a evitar que se atinja o limite inferior zero? Segunda, quando a economia está no limite inferior zero, há outras ferramentas que o Banco Central pode usar para ajudar a aumentar a atividade?

O segundo conjunto de questões diz respeito ao mandato do Banco Central e aos instrumentos de política monetária. Desde o começo dos anos 2000 até o início da crise, a maioria das economias avançadas parecia se sair bem, com crescimento sustentado do produto e inflação estável. Contudo, como vimos no Capítulo 6, nem tudo corria bem nos bastidores. Importantes mudanças ocorriam no sistema financeiro, como o grande aumento da alavancagem e a crescente dependência do financiamento no atacado por parte dos bancos. Além disso, em muitos países houve acentuados aumentos nos preços dos imóveis residenciais. Esses fatores acabaram por estar na origem da crise. Isto outra vez levanta duas séries de perguntas: com vistas ao futuro, o Banco Central deveria se preocupar não apenas com inflação e atividade, mas também com os preços dos ativos, a expansão do mercado de ações, a expansão do mercado imobiliário e o risco no setor financeiro? E, neste caso, de quais ferramentas ele dispõe?

Os objetivos deste capítulo são: rever o que aprendemos sobre política monetária até aqui; descrever a lógica do regime de metas de inflação e o uso de uma regra de taxa de juros; e, finalmente, discutir onde nos colocamos em relação às questões levantadas pela crise.

A Seção 23.1 faz um balanço do que aprendemos até aqui neste livro.

A Seção 23.2 descreve o arcabouço do regime de metas de inflação.

A Seção 23.3 analisa os custos e benefícios da inflação e mostra as implicações da escolha de uma meta para a taxa de inflação.

A Seção 23.4 descreve medidas não convencionais de política monetária adotadas por bancos centrais ao atingirem o limite inferior zero.

A Seção 23.5 discute o papel potencial dos Bancos Centrais em assegurar a estabilidade financeira.

23.1 O que aprendemos

- No Capítulo 4, examinamos a demanda e a oferta de moeda, bem como a determinação da taxa de juros.

  Vimos como o Banco Central pode controlar a taxa básica por meio de mudanças na oferta de moeda. Vimos também que, quando a taxa básica chega a zero — um caso conhecido como armadilha de liquidez ou limite inferior zero — mais aumentos na oferta de moeda não exercem qualquer efeito sobre a taxa básica.

- No Capítulo 5, examinamos os efeitos de curto prazo da política monetária sobre o produto.

  Vimos como uma redução na taxa de juros leva a um aumento nos gastos e, por sua vez, a um aumento no produto. Vimos como as políticas monetária e fiscal podem ser usadas para afetar tanto o nível de produto quanto sua composição.

- No Capítulo 6, introduzimos duas distinções importantes entre taxas de juros nominal e real e entre a taxa de empréstimo e a taxa básica. A taxa de juros real é igual à taxa de juros nominal menos a inflação esperada. A taxa de empréstimo é igual à taxa básica mais um prêmio de risco.

  Vimos que o que importa para as decisões de gastos privados é a taxa de empréstimo real. Discutimos como o estado do sistema financeiro afeta a relação entre as taxas básica e de empréstimo.

- No Capítulo 9, analisamos os efeitos da política monetária no médio prazo.

  Vimos que, no médio prazo, a política monetária não afeta nem o produto nem a taxa de juros real. O produto retorna a seu potencial, e a taxa de juros real retorna à taxa natural, também chamada *taxa neutra* ou *taxa de juros Wickselliana*. Uma vez que ela não afeta nem o produto nem a taxa de juros real, um crescimento da moeda mais elevado provoca apenas uma inflação mais elevada.

  Vimos como o limite inferior zero pode, contudo, descarrilar esse ajuste. Um alto nível de desemprego pode levar à deflação, o que, no limite inferior zero, leva a uma taxa de juros reais mais elevada, o que reduz ainda mais a demanda e aumenta o desemprego.

- No Capítulo 14, apresentamos outra importante distinção, entre taxas de juros de curto e de longo prazo.

  Vimos que taxas de juros de longo prazo dependem das expectativas de taxas futuras de curto prazo e de um prêmio de longo prazo. Vimos como os preços das ações dependem de taxas futuras esperadas de curto prazo, dividendos futuros e de um prêmio de risco das ações.

  Vimos, no entanto, como os preços das ações podem estar sujeitos a bolhas ou modismos, fazendo os preços diferirem dos valores fundamentais das ações.

- No Capítulo 16, abordamos os efeitos das expectativas sobre os gastos e o produto, bem como o papel da política monetária nesse contexto.

  Vimos que a política monetária afeta a taxa de juros nominal de curto prazo, mas que os gastos dependem das taxas de juros reais de curto prazo correntes e futuras esperadas. Vimos como os efeitos da política monetária sobre o produto dependem crucialmente de como as expectativas respondem a essa política.

- No Capítulo 19, tratamos dos efeitos da política monetária em uma economia aberta tanto nos mercados de bens quanto nos mercados financeiros.

  Vimos como, em uma economia aberta, a política monetária afeta os gastos e o produto não somente por meio da taxa de juros, mas também pela taxa de câmbio. Um aumento da moeda leva a uma redução da taxa de juros e a uma depreciação, e ambas elevam os gastos e o produto. Vimos como, sob taxas de

532 Macroeconomia

câmbio fixas, o Banco Central abandona a política monetária como instrumento de política monetária.

◆ No Capítulo 20, discutimos os prós e os contras de diversos regimes de política monetária — a saber, taxas de câmbio flexíveis *versus* taxas de câmbio fixas.

Vimos como, sob taxas de câmbio flexíveis, as oscilações nas taxas de juros podem provocar grandes variações nas taxas de câmbio. Vimos como, sob taxas de câmbio fixas, a especulação pode provocar uma crise cambial e uma forte desvalorização. Discutimos os prós e os contras da adoção de uma moeda comum como o euro, ou mesmo da desistência da política monetária por meio da adoção de um comitê cambial ou da dolarização.

◆ No Capítulo 21, examinamos os problemas com que se defronta a política macroeconômica em geral, e a política monetária em particular.

Vimos que a incerteza sobre os efeitos da política monetária deveria levar a políticas mais cautelosas. Vimos que até formuladores de políticas bem-intencionados às vezes podem não fazer o que é melhor, e que há necessidade de lhes impor restrições. Analisamos também os benefícios de ter um Banco Central independente e nomear um presidente conservador para a instituição.

Neste capítulo, estendemos a análise para examinar primeiro o arcabouço do regime de metas de inflação vigente antes da crise e, a seguir, os desafios à política monetária levantados pela crise.

23.2 Das metas de agregados monetários ao regime de metas de inflação

Pode-se pensar nas metas de política monetária como duas: a primeira consiste em manter a inflação estável; e a segunda, em estabilizar o produto em torno de seu potencial — para evitar ou ao menos limitar recessões ou expansões.

Metas de agregados monetários

Até a década de 1980, a estratégia era escolher uma meta de crescimento de moeda e permitir desvios da meta em função da atividade. A lógica era simples. Uma meta baixa para a taxa de crescimento de moeda implicava uma baixa taxa média de inflação. Nas recessões, o Banco Central poderia aumentar o crescimento de moeda, causando uma redução nas taxas de juros e um aumento no produto. Em períodos de expansão, o Banco Central poderia diminuir o crescimento de moeda, provocando um aumento nas taxas de juros e uma desaceleração no produto.

Essa estratégia não funcionou bem.

Em primeiro lugar, a relação entre crescimento de moeda e inflação acabou se revelando frouxa, até mesmo *no médio prazo*. Isto é mostrado na Figura 23.1, que traça as médias de 10 anos da taxa de inflação dos Estados Unidos em relação às médias de 10 anos da taxa de crescimento de moeda de 1970 até a crise (como ler a figura: os números da inflação e do crescimento de moeda para 2000, por exemplo, são a taxa de inflação média e a taxa de crescimento de moeda de 1991 a 2000). A taxa de inflação é calculada com base no índice de preços ao consumidor (IPC). A taxa de crescimento de moeda nominal é formada utilizando-se a soma do papel-moeda e dos depósitos à vista, conhecida como *M1*, como a medida do estoque de moeda. A razão para usar médias de 10 anos deve ser clara. No curto prazo, as variações no crescimento de moeda nominal afetam principalmente o produto em vez da inflação. É apenas no médio prazo que uma relação entre o crescimento de moeda nominal e a inflação deve surgir. Tomar as médias de 10 anos do crescimento de moeda nominal e da inflação é um meio de detectar tal relação de médio prazo. A razão para parar na crise é que, como vimos no Capítulo 4, quando uma economia atinge o limite inferior zero (o que ocorreu com a economia dos EUA no final de 2008), aumentos na oferta monetária deixam de exercer efeito sobre a taxa básica e, por implicação, o Banco Central não é mais capaz de afetar o produto e a inflação; portanto, queremos excluir o período durante o qual a economia dos Estados Unidos esteva presa ao limite inferior zero.

A Figura 23.1 mostra que, para os Estados Unidos, a relação entre crescimento de $M1$ e inflação não era rígida. É verdade que ambos subiram na década de 1970 e caíram mais tarde. Mas note como a inflação começou a baixar no início da década de 1980, enquanto o crescimento de moeda nominal permaneceu alto por mais uma década e só baixou nos anos 1990. A inflação média de 1981 a 1990 caiu para 4%, e o crescimento médio de moeda no mesmo período ainda estava em 7,5%.

Em segundo lugar, a relação entre oferta de moeda e taxa de juros *no curto prazo* também acabou por se revelar não confiável. Uma dada diminuição no crescimento de moeda em resposta, por exemplo, a uma baixa atividade, pode levar a diferentes efeitos sobre a taxa de juros, tornando o crescimento de moeda um instrumento pouco confiável para afetar demanda e produto.

Ambos os problemas — a fraca relação entre crescimento de moeda e inflação no médio prazo e a fraca relação entre taxa de juros e oferta de moeda no curto prazo — tiveram a mesma origem, qual seja, nos *deslocamentos na demanda por moeda*. Um exemplo vem a calhar. Suponhamos que, como resultado da introdução de cartões de crédito, as pessoas decidam manter apenas a metade da quantia de dinheiro que portavam antes; em outras palavras, a demanda real por moeda cai pela metade. No curto prazo, a um determinado nível de preços, essa queda acentuada na demanda por moeda provocará uma queda acentuada na taxa de juros. Em outras palavras, veremos uma queda acentuada na taxa de juros sem nenhuma mudança na oferta de moeda. No médio prazo, a uma determinada taxa de juros, o nível de preços se ajustará e o estoque real de moeda acabará por cair pela metade. Para um dado estoque nominal de

▶ **Figura 23.1 Crescimento de *M*1 e inflação: médias de 10 anos, de 1970 à crise.**

Não existe uma relação estreita entre o crescimento de *M1* e a inflação, mesmo no médio prazo.

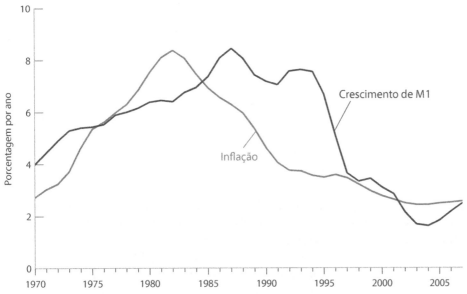

Fonte: séries CPIAUSL e M1SL Federal Reserve Economic Data (FRED). Disponível em: <http://research.stlouisfed.org/fred2/>. Acesso em 30 ago. 2017.

Do Capítulo 5, Equação 5.3: a oferta real de moeda (o lado esquerdo) deve ser igual à demanda real por moeda (o lado direito):

$$\frac{M}{P} = YL(i)$$

Se, como resultado da introdução de cartões de crédito, a demanda real por moeda cai pela metade, então

$$\frac{M}{P} = \frac{1}{2}\,YL(i)$$

No curto prazo, P não se desloca e, assim, a taxa de juros deve se ajustar. No médio prazo, P se ajusta. Para um dado nível de produto e uma dada taxa de juros, M/P deve cair pela metade. Dado M, isto implica que P deve dobrar.

moeda, o nível de preços acabará se duplicando. Assim, mesmo que o estoque nominal de moeda permaneça constante, ainda haverá um período de inflação à medida que o nível de preços dobra. Durante esse período, não haverá uma relação estreita entre crescimento de moeda nominal (que é igual a zero) e inflação (que seria positiva).

Ao longo dos anos 1970 e 1980, essas frequentes e grandes mudanças na demanda por moeda criaram problemas sérios para os Bancos Centrais. Eles se viram divididos entre tentar manter uma meta estável para o crescimento de moeda e permanecer dentro das faixas anunciadas (para manter a credibilidade) ou ajustar-se às mudanças na demanda por moeda (para estabilizar o produto no curto prazo e a inflação no médio prazo). A partir do início da década de 1990, uma revisão radical da política monetária ocorreu com base em metas para a inflação em vez de para o crescimento de moeda, e na aplicação de uma regra de taxa de juros. Vejamos isto mais de perto.

Regimes de metas de inflação

Se um dos principais objetivos do Banco Central é atingir uma inflação baixa e estável, por que não visar diretamente a inflação em vez de o crescimento de moeda? E, se a maneira de afetar a atividade no curto prazo consiste em recorrer ao efeito da taxa de juros sobre as despesas, por que não se concentrar diretamente na taxa de juros em vez de no crescimento da moeda? Este é o raciocínio que levou à elaboração do regime de metas de inflação. Os bancos centrais comprometeram-se a atingir uma meta para a taxa de inflação. E decidiram usar a taxa de juros como o instrumento para alcançá-la. Vejamos, a seguir, as duas partes da estratégia.

Comprometer-se com determinada meta de inflação *no médio prazo* não chega a ser controverso. Tentar alcançar determinada meta de inflação *no curto prazo* parece ser bem mais. Concentrar-se exclusivamente na inflação parece eliminar qualquer papel que a política monetária possa desempenhar na redução das flutuações do produto. Mas, na verdade, não é este o caso.

Para entender por que, retornemos à relação da curva de Phillips entre inflação, π_t, inflação esperada, π_t^e, e desvio da taxa de desemprego, u_t, em relação à taxa natural de desemprego, u_n (Equação 8.9):

$$\pi_t = \pi_t^e - \alpha(u_t - u_n)$$

Seja a meta de inflação π^*. Suponhamos que, graças à reputação do Banco Central, essa meta é confiável, de modo que as pessoas esperam que a inflação seja igual à meta. A relação torna-se:

$$\pi_t = \pi^* - \alpha(u_t - u_n)$$

$0 = -\alpha(u_t - u_n) \Rightarrow u_t = u_n.$

Note que, se o Banco Central for capaz de atingir exatamente sua meta de inflação, de modo que $\pi_t = \pi^*$, o desemprego será igual à sua taxa natural. Ao visar e alcançar uma taxa de inflação em linha com as expectativas de inflação, o Banco Central também mantém o desemprego em sua taxa natural e, por implicação, o produto em seu potencial.

Colocado de modo contundente: ainda que os formuladores de política econômica não se preocupassem com a inflação em si (o que não é o caso), mas somente com o produto, o regime de metas de inflação ainda faria sentido. Manter a inflação estável é uma forma de manter o produto em seu nível potencial. Esse resultado foi apelidado de **coincidência divina**. Com uma curva de Phillips da forma dada na Equação 8.9, não há conflito entre manter a inflação constante e o produto em seu potencial. Foco na manutenção de uma inflação estável é, portanto, a abordagem correta à política monetária, tanto no curto quanto no médio prazo.

Esse resultado é um ponto de referência útil, embora muito forte. A vida não é tão agradável assim. A principal objeção é que, como vimos no Capítulo 8, a relação da curva de Phillips está longe de ser exata. Há momentos em que a inflação pode estar acima da meta e o produto abaixo do potencial, reintroduzindo um *trade-off* entre os dois objetivos. O Banco Central deve, então, decidir se se concentra na redução da inflação e adota uma política monetária mais restritiva, ou se se concentra no aumento do produto e adota uma política monetária mais expansionista. Então, embora alguns bancos centrais tenham recebido um único mandato, nomeadamente uma inflação estável e baixa, outros, como o Fed dos Estados Unidos, têm duplo mandato: alcançar uma inflação tanto estável quanto baixa e manter o produto próximo do potencial. Além disso, todos os bancos centrais adotaram o que é chamado de **regime flexível de metas de inflação**. Pelas razões discutidas no Capítulo 21, a incerteza sobre os efeitos da taxa de juros sobre o produto e, por sua vez, sobre a inflação, os Bancos Centrais não tentam voltar a atingir a meta de inflação imediatamente. Ao contrário, ajustam a taxa de juros para retornar à meta para a taxa de inflação ao longo do tempo. Passemos agora à regra da taxa de juros associada ao regime de metas de inflação.

A regra da taxa de juros

A inflação não está sob controle direto do Banco Central. A taxa básica sim. Assim, a questão é como definir essa taxa de modo a atingir a meta para a taxa de inflação. A resposta é simples. Quando a inflação é superior à meta, aumentar a taxa para reduzir a pressão sobre os preços; quando está abaixo da meta, reduzir a taxa básica. Com isso em mente, na década de 1990, John Taylor, da Universidade de Stanford, sugeriu a seguinte regra para a taxa básica, conhecida como a **regra de Taylor**:

- Seja π_t a taxa de inflação e π^* a meta para a taxa de inflação.
- Seja i_t a taxa de juros, isto é, a taxa de juros nominal controlada pelo Banco Central, e i^* a meta para a taxa de juros nominal — a taxa de juros nominal associada à taxa de juros neutra, r_n, e a meta para a taxa de inflação, π^*, portanto $i^* = r_n + \pi^*$.
- Seja u_t a taxa de desemprego e u_n a taxa de desemprego natural.

Consideremos que é o Banco Central que escolhe a taxa de juros nominal, i. (Lembramos, do Capítulo 4, que, por meio das operações de mercado aberto e ignorando a armadilha de liquidez, o Banco Central pode atingir qualquer taxa de juros nominal de curto prazo que desejar.) Segundo Taylor, o Banco Central deve usar a seguinte regra:

$$i_t = i^* + a(\pi_t - \pi^*) - b(u_t - u_n)$$

em que a e b são coeficientes positivos escolhidos pelo Banco Central.

Vejamos o que diz a regra:

- Se a inflação for igual à meta de inflação ($\pi_t = \pi^*$) e a taxa de desemprego igual à taxa natural de desemprego ($u_t = u_n$), o Banco Central deverá definir a taxa de juros nominal, i_t, igual à meta para o seu valor, i^*. Dessa forma, a economia pode permanecer no mesmo caminho, com a inflação igual à meta para a taxa de inflação e o desemprego igual à sua taxa natural.
- Se a inflação for superior à meta ($\pi_t > \pi^*$), o Banco Central deverá elevar a taxa de juros nominal, i_t, acima de i^*. Essa taxa de juros mais alta acarretará um aumento no desemprego, e esse aumento acarretará uma queda na inflação. O

536 Macroeconomia

coeficiente *a* deve, portanto, refletir quanto o Banco Central se preocupa com a inflação. Quanto maior for *a*, mais o Banco Central elevará a taxa de juros em resposta à inflação, mais a economia desacelerará, mais o desemprego aumentará e mais rapidamente a inflação voltará à sua meta de taxa.

De qualquer maneira, conforme indicado por Taylor, *a* deve ser maior que um. Por quê? Porque o que importa para os gastos é a taxa de juros real, não a taxa nominal. Quando a inflação sobe, o Banco Central deve, se quiser reduzir os gastos e o produto, elevar a taxa de juros *real*. Em outras palavras, deve elevar a taxa de juros nominal em mais que um para um em relação à inflação.

◆ Se o desemprego for superior à taxa natural de desemprego ($u_t > u_n$), o Banco Central deve baixar a taxa de juros nominal. Essa taxa mais baixa provocará um aumento no produto, levando a uma diminuição no desemprego.

O coeficiente *b* deve refletir até que ponto o Banco Central se preocupa com o desemprego. Quanto maior for *b*, mais o Banco Central estará disposto a se desviar da meta de inflação para manter o desemprego próximo de sua taxa natural.

> Alguns economistas argumentam que o aumento da inflação nos Estados Unidos na década de 1970 deveu-se ao fato de que o Fed elevou a taxa de juros nominal em menos de um para um em relação à inflação. O resultado, segundo eles, foi que um aumento na inflação levou a uma diminuição na taxa de juros real, o que provocou maior demanda, menor desemprego, mais inflação, mais queda na taxa de juros real, e assim por diante.

Ao descrever essa regra, Taylor não disse que ela deveria ser seguida cegamente. Muitos outros acontecimentos, como uma crise cambial ou a necessidade de alterar a composição dos gastos com bens e, portanto, a combinação entre políticas monetária e fiscal, justificam alterar a taxa de juros nominal por outros motivos que os incluídos na regra. Mas, segundo ele, a regra proporciona uma forma útil de refletir sobre a política monetária. Uma vez escolhida a meta de inflação, o Banco Central deve tentar alcançá-la ajustando a taxa de juros nominal. A regra a ser seguida precisa levar em conta não só a inflação corrente, mas também o desemprego corrente.

A lógica da regra era convincente e, em meados da década de 2000, nas economias avançadas, a maioria dos bancos centrais havia adotado alguma forma de regime de metas de inflação, ou seja, a escolha de uma meta de inflação associada à aplicação de uma regra de juros.

Então, veio a crise e muitas questões foram levantadas, desde a escolha da meta de inflação até o que fazer quando a taxa de juros sugerida pela regra atingisse o limite inferior zero, e também se e como o Banco Central deveria se preocupar com a estabilidade financeira além da inflação e da atividade. A próxima seção discute a escolha da meta de inflação, e as seções a seguir discutem outras questões levantadas pela crise.

23.3 Taxa de inflação ótima

A Tabela 23.1 mostra como a inflação baixou continuamente nos países avançados desde o início da década de 1980. Em 1981, a inflação média da OCDE era de 10,5%; em 2014, havia caído para 1,7%. Em 1981, somente dois países (de um total de 24 à época) apresentavam taxa de inflação abaixo de 5%; em 2014, o número havia subido para 33 de um total de 34.

> O país com inflação acima de 5% foi a Turquia (8,8%).

Antes da crise, a maioria dos bancos centrais almejava uma taxa de inflação de cerca de 2%. Era a meta certa? A resposta depende dos custos e benefícios da inflação.

Custos da inflação

Vimos no Capítulo 22 como uma inflação muito alta — digamos, uma taxa de 30% ao mês ou mais — pode prejudicar a atividade econômica. Contudo, o debate nos países avançados atualmente não diz respeito aos custos das taxas de

Tabela 23.1 Taxas de inflação na OCDE, 1981-2014.

Ano	1981	1990	2000	2010	2014
Média OCDE*	10,5%	6,2%	2,8%	1,2%	1,7%
Número de países com inflação abaixo de 5%**	2/24	15/24	24/27	27/30	33/34

* Taxa média de inflação do deflator do PIB, usando os PIBs relativos, a preços da PPC, como pesos.
** O segundo número denota o número de países-membros à época.

inflação de 30% ao mês ou mais. Em vez disso, concentra-se nas vantagens de ter uma inflação de, digamos, 0% *versus* 4% ao ano. Nesse intervalo, os economistas identificam quatro principais custos da inflação: (1) custos de sola de sapato, (2) distorções tributárias, (3) ilusão monetária e (4) variabilidade da inflação.

Custos de sola de sapato

Lembramos que, no médio prazo, uma taxa de inflação maior leva a uma taxa de juros nominal maior, e, assim, a um maior custo de oportunidade de reter moeda. Consequentemente, as pessoas reduzem seus saldos monetários indo mais vezes ao banco — daí a expressão **custos de sola de sapato**. Essas idas ao banco poderiam ser evitadas se a inflação fosse menor e as pessoas pudessem, em vez disso, fazer outras coisas, como trabalhar mais ou se divertir.

Em períodos de hiperinflação, os custos de sola de sapato podem se tornar enormes. Mas sua importância em épocas de inflação moderada é limitada. Se uma taxa de inflação de 4% leva as pessoas ao banco uma vez a mais por mês ou a fazer uma transação a mais entre seu fundo de investimento e sua conta-corrente por mês, isso dificilmente pode ser considerado um custo importante da inflação.

Distorções tributárias

O segundo custo da inflação vem da interação entre o sistema tributário e a inflação.

Consideremos, por exemplo, a tributação dos ganhos de capital. Os impostos sobre ganhos de capital normalmente se baseiam na mudança no preço do ativo em moeda nacional (dólares, no caso dos Estados Unidos) entre o momento da compra e o da venda. Isso implica que, quanto maior for a taxa de inflação, maior será o imposto. Um exemplo deixará isso claro:

♦ Suponhamos que a inflação seja de $\pi\%$ ao ano nos últimos 10 anos.

♦ Suponhamos também que você tenha comprado sua casa por US$ 50.000 há 10 anos e a esteja vendendo hoje por US$ 50.000 $\times$ $(1 + \pi\%)^{10}$ — logo, seu valor real não mudou.

♦ Se o imposto sobre os ganhos de capital for de 30%, a *alíquota de imposto efetiva* sobre a venda da sua casa — definida como a razão entre o imposto que você paga e o preço pelo qual você vende sua casa — será igual a

$$(30\%) \frac{50.000 \, (1 + \pi\%)^{10} - 50.000}{50.000 \, (1 + \pi\%)^{10}}$$

> O numerador da fração é igual ao preço de venda menos o preço de compra. O denominador é o preço de venda.

♦ Visto que você está vendendo sua casa pelo mesmo preço real pelo qual a comprou, seu ganho de capital real é igual a zero, de modo que você não deveria pagar nenhum imposto. Na realidade, se $\pi = 0$ (se não houver inflação), a alíquota de imposto efetiva é igual a 0. Mas se, por exemplo, $\pi = 4\%$, a alíquota de imposto

538 Macroeconomia

efetiva será de 9,7%. Apesar do fato de seu ganho de capital real ser igual a zero, você acabará pagando um imposto alto.

Os problemas criados pelas interações entre tributação e inflação vão além dos impostos sobre os ganhos de capital. Embora saibamos que a taxa de retorno real de um ativo seja a taxa de juros real, e não a taxa nominal, a renda para fins de tributação inclui os pagamentos de juros nominais, e não os pagamentos de juros reais. Ou, para citarmos outro exemplo, até o início da década de 1980, nos Estados Unidos, os níveis de renda correspondentes a alíquotas diferentes não aumentavam automaticamente com a inflação. Por conseguinte, as pessoas eram empurradas para categorias com alíquotas maiores à medida que sua renda nominal — mas não necessariamente sua renda real — aumentava ao longo do tempo, um efeito conhecido como **bracket creep** (*arrastamento das faixas de tributação*).

> Alguns economistas argumentam que os custos do *bracket creep* foram muito maiores. À medida que as receitas tributárias aumentavam continuamente, havia pouca pressão sobre o governo para controlar gastos. O resultado, afirmam, foi um aumento no tamanho do governo nas décadas de 1960 e 1970 muito além do desejável.

Pode-se argumentar que esse não é um custo da inflação em si, mas o resultado de um sistema tributário mal estruturado. No exemplo da casa que acabamos de discutir, o governo poderia evitar o problema se *indexasse* o preço de compra ao nível de preços — isto é, se ajustasse o preço de compra pela inflação desde a época da compra — e calculasse o imposto sobre a diferença entre o preço de venda e o preço de compra ajustado. Com esse cálculo, não haveria ganhos de capital e, portanto, nenhum imposto a pagar sobre ganhos de capital. Mas, como os códigos tributários raramente permitem esse ajuste sistemático, a taxa de inflação importa e leva a distorções.

Ilusão monetária

O terceiro custo da inflação vem da **ilusão monetária**, a noção de que as pessoas parecem cometer erros sistemáticos ao avaliar mudanças nominais *versus* mudanças reais em rendas e taxas de juros. Muitos cálculos que seriam simples em um cenário de preços estáveis tornam-se mais complicados quando há inflação. Quando as pessoas comparam sua renda deste ano com a de anos anteriores, elas têm de acompanhar o histórico da inflação. Ao escolher entre diferentes ativos ou decidir quanto consumir ou poupar, as pessoas devem estar atentas à diferença entre as taxas de juros real e nominal. A evidência informal sugere que muitas pessoas acham esses cálculos difíceis e frequentemente falham ao fazer as distinções relevantes. Economistas e psicólogos reuniram uma evidência mais formal, sugerindo que a inflação frequentemente leva as pessoas e as empresas a tomar decisões incorretas (veja o quadro Foco "Ilusão monetária"). Se este é o caso, a solução simples seria não haver inflação.

FOCO

Ilusão monetária

Há muitas evidências circunstanciais que revelam que as pessoas não ajustam adequadamente seus cálculos financeiros pela inflação. Recentemente, economistas e psicólogos começaram a examinar a ilusão monetária mais de perto. Em um estudo recente, dois psicólogos — Eldar Shafir, da Universidade de Princeton, e Amos Tversky, da Universidade de Stanford — e um economista — Peter Diamond, do MIT — elaboraram uma pesquisa destinada a descobrir quão

difundida é a ilusão monetária e quais eram suas causas. Dentre as muitas perguntas feitas a pessoas de diversos grupos (pessoas no Aeroporto Internacional de Newark, em dois shopping centers de Nova Jersey e um grupo de estudantes de graduação de Princeton), estava a seguinte:

Suponhamos que Adam, Ben e Carl tenham recebido uma herança de US$ 200.000 cada um e cada um deles tenha usado essa herança imediatamente para comprar uma casa. Suponhamos também que cada um tenha vendido sua casa um ano após a compra. As condições econômicas foram, contudo, diferentes em cada caso:

◆ No período em que Adam possuiu a casa, houve uma deflação de 25% — os preços de todos os bens e serviços caíram aproximadamente 25%. Um ano depois que Adam comprou a casa, ele a vendeu por US$ 154.000 (23% a menos do que pagou).

◆ No período em que Ben possuiu a casa, não houve inflação nem deflação — os preços de todos os bens e serviços não variaram significativamente naquele ano. Um ano depois que Ben comprou a casa, ele a vendeu por US$ 198.000 (1% a menos do que pagou).

◆ No período em que Carl possuiu a casa, houve uma inflação de 25% — os preços de todos os bens e serviços subiram aproximadamente 25%. Um ano depois que Carl comprou a casa, ele a vendeu por US$ 246.000 (23% a mais do que pagou).

Classifique Adam, Ben e Carl em termos do sucesso de suas transações imobiliárias. Atribua "1" àquele que fez o melhor negócio e "3" àquele que fez o pior negócio.

Em termos nominais, claramente Carl fez o melhor negócio, seguido por Ben e, depois, Adam. Mas o relevante é como eles se saíram em termos reais — ajustando pela inflação. Em termos reais, a classificação se inverte: Adam, com um ganho real de 2%, fez o melhor negócio, seguido por Ben (com uma perda de 1%) e por Carl (com uma perda de 2%).

As respostas da pesquisa foram as seguintes:

Classificação	Adam	Ben	Carl
1º	37%	15%	48%
2º	10%	74%	16%
3º	53%	11%	36%

Carl foi classificado em primeiro lugar por 48% dos entrevistados, ao passo que Adam foi classificado em terceiro por 53%. Essas respostas sugerem que a ilusão monetária é muito difundida. Em outras palavras, as pessoas (inclusive estudantes de graduação de Princeton) têm dificuldade em realizar o ajuste para inflação.

Fonte: Eldar Shafir, Peter Diamond e Amos Tversky, Money Illusion, *Quarterly Journal of Economics*, 1997, vol. 112, n. 2, p. 341-74, com permissão da Oxford University Press.

Variabilidade da inflação

Outro custo ainda advém do fato de a inflação maior estar normalmente associada à *inflação mais variável*. E inflação mais variável significa que ativos financeiros, como os títulos, que prometem pagamentos nominais fixos no futuro, passam a ter maior risco.

Tomemos um título que pague US$ 1.000 em 10 anos. Com inflação constante ao longo dos próximos 10 anos, é possível saber com certeza não somente o valor nominal, mas também o valor real do título nesse período — podemos calcular exatamente quanto 1 dólar valerá em 10 anos nos Estados Unidos. Mas, com inflação variável, o valor real de US$ 1.000 em 10 anos torna-se incerto. Quanto maior a variabilidade, maior a incerteza que ela cria. A poupança para a aposentadoria fica mais difícil. Para aqueles que investiram em títulos, a inflação menor que a esperada significa aposentadoria melhor; uma inflação maior, porém, pode significar pobreza. Este é um dos motivos pelos quais os aposentados, para quem parte da renda é fixada em termos de dólares, normalmente se preocupam mais com a inflação que outros grupos da população.

Como no caso dos impostos, pode-se argumentar que esses custos não se devem à inflação em si, mas à incapacidade dos mercados financeiros de fornecer ativos que protejam seus detentores contra a inflação. Em vez de emitir apenas títulos nominais (que prometem um montante nominal fixo no futuro), governos ou empresas também poderiam emitir *títulos indexados*, que prometem um montante nominal ajustado pela inflação, de modo que as pessoas não precisem se preocupar com o valor real do título quando se aposentarem. Na realidade, como vimos no Capítulo 14, diversos países — inclusive os Estados Unidos — introduziram esse tipo de título para que as pessoas pudessem se proteger melhor das variações da inflação.

> Um bom e triste filme que trata da sobrevivência com uma aposentadoria fixa na Itália após a Segunda Guerra Mundial é *Umberto D*, de Vittorio de Sica, de 1952.

540　Macroeconomia

Benefícios da inflação

Na verdade, a inflação não é de todo ruim. Podem-se identificar três benefícios da inflação: (1) a senhoriagem; (2) (paradoxalmente) o uso da interação entre ilusão monetária e inflação para facilitar os ajustes dos salários reais; e (3) a opção de taxas de juros reais negativas para a política macroeconômica.

Senhoriagem

A criação de moeda — a derradeira fonte de inflação — é uma das formas pelas quais o governo pode financiar seus gastos. Dito de outra maneira, a criação de moeda é uma alternativa a tomar empréstimo público ou arrecadar impostos.

Como vimos no Capítulo 22, o governo não costuma "criar" moeda para pagar seus gastos. Em vez disso, emite e vende títulos, e gasta essa renda. Mas, se os títulos são comprados pelo Banco Central, que então cria moeda para pagar por eles, o resultado é o mesmo. Tudo o mais constante, as receitas da criação de moeda — isto é, a *senhoriagem* — permitem que o governo tome menos emprestado do público ou reduza impostos.

Qual é o tamanho da senhoriagem na prática? Em períodos de hiperinflação, ela frequentemente se torna uma importante fonte de financiamento do governo. Mas sua importância para as economias da OCDE atualmente, e para a gama de taxas de inflação que estamos considerando, é bem mais limitada. Vejamos o caso dos Estados Unidos. A razão entre a base monetária — a moeda emitida pelo Fed (veja o Capítulo 4) — e o PIB é de cerca de 6%. Um aumento no crescimento da moeda nominal da ordem de 4% ao ano (que, no final, leva a um aumento de 4% na inflação) levaria, portanto, a um aumento na senhoriagem de 4% × 6%, ou 0,24% do PIB. Trata-se de um montante de receitas pequeno para se obter em troca de 4% a mais de inflação.

Assim, embora o argumento da senhoriagem às vezes seja relevante (por exemplo, em economias que ainda não dispõem de um bom sistema fiscal), parece importar pouco na discussão sobre se os países da OCDE atualmente deveriam ter, digamos, 0% *versus* 4% de inflação.

A ilusão monetária revisitada

Paradoxalmente, a existência da ilusão monetária proporciona pelo menos um argumento *a favor* de uma taxa de inflação positiva.

Para entender por que, consideremos a seguir duas situações. Na primeira, a inflação é de 4% e seu salário sobe 1% em termos nominais — em moeda nacional (dólares, no caso dos Estados Unidos). Na segunda, a inflação é de 0% e seu salário diminui 3% em termos nominais. Ambas as situações levam à mesma redução de 3% do salário real, e assim você deveria ser indiferente entre elas. A evidência, contudo, mostra que muitas pessoas aceitarão mais facilmente o corte no salário real no primeiro caso que no segundo.

Por que esse exemplo é relevante para nossa discussão? Porque, como vimos no Capítulo 13, o processo de mudança constante que caracteriza as economias modernas significa que alguns trabalhadores às vezes devem sofrer um corte de salário real. Assim, segue o argumento, a presença da inflação permite reduzir o salário real mais facilmente do que se não houvesse inflação. A evidência sobre a distribuição de mudanças salariais em Portugal sob inflações alta e baixa, no Capítulo 8, sugere que este é, realmente, um argumento relevante.

A opção de taxas de juros reais negativas

Uma inflação mais alta reduz a probabilidade de que se atinja o limite inferior zero. Este argumento, que talvez seja o mais importante, decorre da nossa discussão sobre limite inferior zero no Capítulo 4. Um exemplo numérico vem a calhar aqui.

Em virtude do afrouxamento quantitativo (que discutiremos na próxima seção), a razão entre base monetária e PIB é muito maior do que antes da crise. Mas espera-se que acabe voltando a seu nível normal quando a economia norte-americana sair da armadilha de liquidez.

Lembramos a Equação 22.6: seja H a base monetária — a moeda emitida pelo Banco Central. Então,

$$\frac{Senhoriagem}{Y} = \frac{\Delta H}{PY} = \frac{\Delta H}{H}\frac{H}{PY}$$

onde $\Delta H/H$ é a taxa de crescimento da base monetária e H/PY é a razão entre a base monetária e o PIB nominal.

Veja, por exemplo, os resultados de uma pesquisa com gestores conduzida por Alan Blinder e Don Choi, em A Shred of Evidence on Theories of Wage Rigidity, *Quarterly Journal of Economics,* 1990, vol. 105, n. 4, p.1003-15.

Um conflito de metáforas: visto que a inflação facilita a realização desses ajustes do salário real, alguns economistas dizem que ela "lubrifica as engrenagens" da economia. Outros, para destacar os efeitos adversos da inflação sobre os preços relativos, dizem que ela "joga areia" nessas engrenagens.

- Consideremos duas economias, ambas com uma *taxa de juros real natural de 2%*.

- Na primeira economia, o Banco Central mantém uma taxa média de inflação de 4%; assim, a taxa de juros nominal é, em média, igual a 2% + 4% = 6%.

- Na segunda economia, o Banco Central mantém uma taxa média de inflação de 0%; assim, a taxa de juros nominal é, em média, igual a 2% + 0% = 2%.

- Suponhamos que ambas as economias sejam atingidas por um choque adverso semelhante que leve, a uma dada taxa de juros, à redução dos gastos e à redução do produto no curto prazo.

- Na primeira economia, o Banco Central pode baixar a taxa de juros nominal de 6% para 0% antes de atingir a armadilha de liquidez, assim alcançando uma redução de 6%. Sob a hipótese de que a inflação esperada não se altera de imediato e permanece igual a 4%, a taxa de juros real diminui de 2% para –4%. Isso provavelmente exercerá um forte efeito positivo sobre os gastos e ajudará a economia a se recuperar.

- Na segunda economia, o Banco Central só pode diminuir a taxa de juros nominal de 2% para 0%, ou seja, uma redução de 2%. Sob a hipótese de que a inflação esperada não se altere de imediato e permaneça igual a 0%, a taxa de juros real cai somente 2%, de 2% para 0%. Essa pequena redução na taxa de juros real pode não elevar muito os gastos.

Em resumo, uma economia com maior taxa média de inflação tem mais oportunidades de usar a política monetária para combater uma recessão. Uma economia com baixa taxa média de inflação pode se tornar incapaz de usar a política monetária para fazer o produto voltar a seu nível natural. Como vimos no Capítulo 6, essa possibilidade está longe de ser meramente teórica. No início da crise, os bancos centrais atingiram rapidamente o limite inferior zero, incapazes de baixar mais as taxas de juros. Com essa experiência em mente, a questão é saber se isso deveria levar os bancos centrais a optar por uma inflação média mais elevada no futuro. Alguns economistas argumentam que a crise recente é um acontecimento excepcional, que é pouco provável que os países enfrentem uma armadilha de liquidez novamente no futuro e que, portanto, não há necessidade de adotar uma taxa média de inflação mais alta. Outros argumentam que os problemas enfrentados por um país em uma armadilha de liquidez são tão graves que devemos evitar o risco de isso voltar a ocorrer, e que uma taxa de inflação mais alta realmente se justifica. O indiscutível, porém, é que uma inflação permanentemente baixa reduz a capacidade de o Banco Central afetar a taxa de juros real.

Taxa de inflação ótima: o debate atual

No estágio atual, a maioria dos bancos centrais em economias avançadas tem uma meta de inflação de cerca de 2%. Eles estão, contudo, sendo desafiados em duas frentes: alguns economistas almejam a estabilidade de preços — isto é, inflação de 0%; outros querem, em vez disso, uma meta de taxa de inflação mais alta, algo em torno de 4%.

Os que almejam 0% argumentam que essa é uma meta muito diferente de qualquer outra: ela corresponde à estabilidade de preços. Isto é desejável por si só. Saber que o nível de preços será aproximadamente o mesmo daqui a 10 ou 20 anos simplifica diversas decisões complicadas e elimina o alcance da ilusão monetária. Além disso, dado o problema de consistência temporal com que os bancos centrais se defrontam (discutido no Capítulo 21), a credibilidade e a simplicidade da meta para a taxa de inflação são importantes. Alguns economistas e dirigentes de bancos centrais acreditam que a estabilidade de preços — isto é, uma meta de 0% — pode atingir esses objetivos melhor que uma meta para a taxa de inflação de 2%. Até aqui, no entanto, nenhum Banco Central chegou a adotar uma meta de inflação de 0%.

542 Macroeconomia

Esse raciocínio às vezes é chamado de argumento do "declive escorregadio".

Aqueles que pretendem atingir uma taxa mais elevada argumentam que é essencial não cair na armadilha de liquidez no futuro, e que, para esses fins, uma meta para a taxa de inflação mais elevada, por volta de 4%, seria útil. Eles argumentam que a escolha de uma meta de 2% baseou-se na crença de que seria improvável que os países atingissem o limite inferior zero e que essa crença provou ser falsa. Esse argumento obteve pouco apoio entre os dirigentes de Bancos Centrais, segundo os quais se as instituições aumentarem sua meta do valor atual de 2% para 4%, as pessoas podem começar a prever que a meta em breve se tornará 5%, em seguida 6%, e assim por diante, e as expectativas de inflação deixarão de ser ancoradas. Assim, eles consideram importante manter os níveis correntes das metas.

O debate não terminou. Por ora, a maioria dos Bancos Centrais continua a almejar uma inflação baixa, porém positiva — isto é, taxas de inflação em torno de 2%.

23.4 Política monetária não convencional

Quando, no início da crise, a taxa de juros atingiu o limite inferior zero, os bancos centrais viram-se incapazes de reduzi-la ainda mais, assim perdendo o uso da **política monetária convencional**. Neste livro, assumimos até aqui que a política monetária passou a ser impotente. Mas isto foi uma simplificação. Os Bancos Centrais exploraram outros meios de afetar a atividade, um conjunto de medidas conhecido como **política monetária não convencional**.

A ideia era simples. Embora a taxa básica fosse igual a zero, outras taxas de juros continuavam positivas, refletindo vários prêmios de risco. Apesar de termos apresentado o prêmio de risco no Capítulo 6, na relação entre taxa de empréstimo e taxa básica, não discutimos em detalhes do que ele dependia e como poderia ser afetado pela política monetária. Na realidade, podemos considerar o prêmio de um ativo como determinado pela sua oferta e demanda. Se a demanda por um ativo diminui, seja porque os compradores se tornam mais avessos ao risco, seja porque alguns investidores simplesmente decidem não manter o ativo, o prêmio cresce. Se, em vez disso, a demanda aumenta, o prêmio diminui. Isso é verdade não importando se a demanda aumentada provém de investidores privados ou do Banco Central.

Esta é a lógica que levou os bancos centrais a comprar ativos que não os títulos de curto prazo, cuja intenção era diminuir o prêmio sobre esses ativos, reduzindo assim as taxas de empréstimo correspondentes com o objetivo de estimular a atividade econômica. Eles fizeram isso financiando suas compras por meio da criação de moeda, acarretando um grande aumento em sua oferta. Embora esse aumento não tenha surtido nenhum efeito sobre a taxa básica, a compra desses outros ativos baixou seu prêmio, acarretando taxas de empréstimo mais baixas e gastos mais elevados. Esses programas de compra são conhecidos como políticas de **afrouxamento quantitativo** ou de **afrouxamento de crédito**.

Nos Estados Unidos, o Fed iniciou seu primeiro programa de afrouxamento quantitativo em novembro de 2008, antes mesmo de atingir o limite inferior zero. No que se tornou conhecido como Afrouxamento Quantitativo 1 (**QE1**, da expressão em inglês "*quantitative easing*"), o Fed começou a comprar certos tipos de títulos garantidos por créditos hipotecários. Vimos a razão disso no Capítulo 6: um dos gatilhos da crise foi a dificuldade de avaliar o valor das hipotecas em que esses títulos se baseavam; como resultado, muitos investidores decidiram parar de deter qualquer tipo de título garantido por crédito hipotecário, e até o prêmio sobre títulos que pareciam relativamente seguros havia saltado para níveis muito elevados. Ao comprar esses títulos, o Fed diminuiu seu prêmio e limitou o efeito sobre o sistema financeiro e sobre os gastos. O segundo programa de afrouxamento quantitativo, conhecido como **QE2**, teve início em novembro de 2010, quando o

Fed começou a comprar títulos do Tesouro de prazos mais longos com o objetivo de diminuir o prêmio sobre esses títulos. O terceiro programa de afrouxamento quantitativo, **QE3**, iniciou-se em setembro de 2012, com a compra adicional de títulos garantidos por créditos hipotecários, para baixar o custo das hipotecas e ajudar ainda mais o mercado imobiliário a se recuperar.

Muitas pesquisas têm sido feitas para avaliar a eficácia do afrouxamento quantitativo na redução de prêmios de risco. Existe amplo consenso de que o QE1 fez uma grande diferença. Ao intervir em um mercado que se tornara disfuncional, a intervenção do Fed limitou o aumento nos prêmios. Os efeitos do QE2 e do QE3, pelos quais o Fed interveio nos mercados que já não estavam disfuncionais, são mais controversos. É amplamente aceito que reduziram o prêmio de longo prazo de títulos públicos. A questão é em quanto.

A avaliação geral das políticas de afrouxamento quantitativo, nos Estados Unidos e em outras partes, é que elas exerceram algum efeito sobre as taxas de empréstimos e, portanto, a política monetária ainda poderá surtir algum efeito sobre a atividade, mesmo no limite inferior zero. Mas também há amplo consenso de que elas atuam de forma mais complicada e menos confiável que a política monetária convencional. Em outras palavras, o limite inferior zero pode não tornar a política monetária impotente, mas certamente limita sua eficiência.

Como resultado dessas políticas, o balanço do Fed é muito maior do que antes da crise. A Figura 23.2 mostra a evolução da base monetária (nome dado à moeda do Banco Central) desde 2005. Pode-se ver como, até a crise, ela era relativamente plana e como aumentou em decorrência do afrouxamento quantitativo, de 850 bilhões de dólares, ou cerca de 6,6% do PIB, em setembro de 2008, para 4.000 bilhões de dólares, ou cerca de 22% do PIB, no momento da produção deste livro. Um dos principais problemas enfrentados pelo Fed nos próximos anos é a taxa à qual pretende reduzir seu balanço, e se deseja voltar ao tamanho e à composição do balanço que tinha antes da crise. Nesta fase, os bancos estão dispostos a manter a maior parte do aumento da oferta de moeda sob a forma de excesso de reservas no Banco Central. Dado que a taxa básica é igual a zero, os bancos são indiferentes entre a detenção de reservas ou de títulos de curto prazo. Quando o Fed começar a elevar a taxa básica, e o Banco Central quiser que os bancos continuem a deter essas reservas em excesso, terá de pagar juros sobre elas.

▶ **Figura 23.2 Evolução da base monetária dos Estados Unidos de 2005 a 2015.**

Como resultado do afrouxamento quantitativo, a base monetária mais que quadruplicou entre 2005 e 2015.

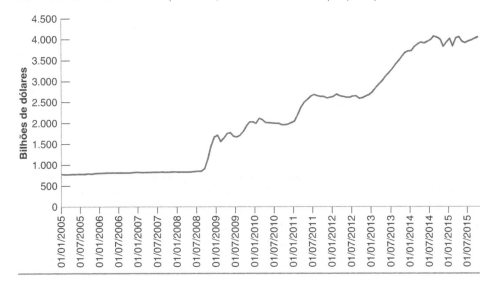

544 Macroeconomia

23.5 Política monetária e estabilidade financeira

Quando a crise financeira começou, os Bancos Centrais viram-se diante não somente de um acentuado declínio da demanda, mas também de graves problemas no sistema financeiro. Como vimos no Capítulo 6, o declínio nos preços dos imóveis residenciais havia sido o gatilho da crise, que foi, então, amplificada por falhas no sistema financeiro. A opacidade dos ativos suscitou dúvidas quanto à solvência das instituições financeiras. Essas dúvidas levaram, por sua vez, a corridas aos bancos, com os investidores tentando recuperar seus fundos, forçando queimas de estoque e gerando mais dúvidas sobre a solvência. A primeira questão urgente que os bancos centrais enfrentaram foi, portanto, quais medidas tomar — além das já descritas nas seções anteriores. A segunda questão era saber se e como, no futuro, a política monetária deveria tentar minimizar a probabilidade de outra crise financeira desse porte. A seguir, analisaremos ambas as questões separadamente.

Provisão de liquidez e emprestador em última instância

Há muito tempo, os bancos centrais sabem sobre as corridas bancárias. Como vimos no Capítulo 6, a estrutura do balanço dos bancos os expõe às corridas. Muitos de seus ativos, como os empréstimos, são ilíquidos. Muitos de seus passivos, como os depósitos à vista, são líquidos. Como seu nome indica, os depósitos à vista, em particular, podem ser sacados *à vista*. Portanto, preocupações — infundadas ou não — por parte dos correntistas podem levá-los a querer sacar seus fundos, forçando o banco a fechar ou vender os ativos a preços de queima de estoque. Em muitos países, duas medidas foram tradicionalmente tomadas para limitar tais corridas:

◆ Seguro de depósito, que dão aos investidores a confiança de que vão recuperar seus fundos mesmo que o banco esteja insolvente, de modo a não incentivar uma corrida aos bancos.

◆ E, caso a corrida realmente aconteça, a provisão de liquidez pelo Banco Central para o banco em troca de alguma garantia, ou seja, de alguns dos ativos do banco. Desse modo, o banco pode obter a liquidez de que precisa para pagar os depositantes sem ter de vender os ativos. Essa função do Banco Central é conhecida como **emprestador em última instância**, e tem sido uma das funções do Fed desde sua criação, em 1913.

O que a crise mostrou, no entanto, foi que os bancos não eram as únicas instituições financeiras sujeitas às corridas. Qualquer instituição cujos ativos sejam menos líquidos que seus passivos está exposta a riscos semelhantes aos de uma corrida. Se os investidores querem seus fundos de volta, pode ser difícil para a instituição financeira obter a liquidez de que necessita. Dada a urgência durante a crise, o Fed estendeu a provisão de liquidez a instituições financeiras não bancárias. Ele não tinha muita escolha, mas, com vistas ao futuro, a questão é quais devem ser as regras, quais instituições podem esperar receber liquidez do Banco Central e quais não podem. A questão está longe de ser resolvida. Os Bancos Centrais querem realmente prover liquidez a instituições que não estão sob sua regulamentação?

Ferramentas macroprudenciais

A partir de meados da década de 2000, o Fed passou a se preocupar com o aumento nos preços dos imóveis residenciais. Mas o Fed e outros bancos centrais que enfrentavam aumentos semelhantes estavam relutantes em intervir. Isto por uma série de razões: primeiro, achavam difícil avaliar se os aumentos de preços refletiam aumentos nos fundamentos (por exemplo, taxas de juros baixas) ou uma bolha (isto é, aumentos de preços acima dos justificados pelos fundamentos). Em segundo lugar, receavam que um aumento na taxa de juros, embora pudesse estancar o aumento dos preços de moradia, também fosse desacelerar toda a economia e desencadear uma recessão. Terceiro, pensavam que, ainda que o aumento nos preços de imóveis residenciais fosse realmente uma bolha que estivesse prestes a estourar e provocar uma queda nesses preços mais tarde, eles poderiam combater os efeitos adversos sobre a demanda por meio de uma redução na taxa de juros.

A crise os forçou a reconsiderar. Como vimos, os declínios nos preços dos imóveis residenciais, associados ao acúmulo de risco no sistema financeiro, acarretaram uma grave crise financeira e macroeconômica que eles não podiam evitar, nem combater.

Como resultado, um amplo consenso está se formando em duas linhas:

- É arriscado esperar. Mesmo em dúvida se um aumento nos preços dos ativos reflete os fundamentos ou uma bolha, pode ser melhor fazer alguma coisa do que não fazer nada. Melhor bloquear por um tempo um aumento fundamental e descobrir estar errado, do que deixar uma bolha se formar e explodir, com grandes efeitos macroeconômicos adversos. O mesmo se aplica à acumulação de risco financeiro; por exemplo, alavancagem bancária excessiva. É melhor prevenir uma alta alavancagem, mesmo com o risco de diminuir o crédito bancário, que permitir que ela cresça, aumentando o risco de uma crise financeira.

> Isto levou ao dito: melhor bloquear [os aumentos nos preços dos ativos] que limpar [a sujeira após os preços dos ativos caírem].

FOCO

Razões LTV e aumentos no preço dos imóveis residenciais de 2000 a 2007

É verdade que países que aplicavam restrições mais rigorosas à concessão de empréstimos apresentaram aumentos inferiores nos preços dos imóveis residenciais no período de 2000 a 2007? Uma resposta é dada na Figura 1, que foi extraída de um estudo do FMI e mostra evidências de 21 países para os quais foi possível obter dados.

O eixo horizontal traça o valor máximo da razão LTV para novas hipotecas para vários países. Esse máximo não é necessariamente um máximo estabelecido por lei, mas pode ser uma diretriz ou um limite acima do qual podem ser solicitados do mutuário requisitos adicionais, como garantia hipotecária. Uma razão de 100% significa que

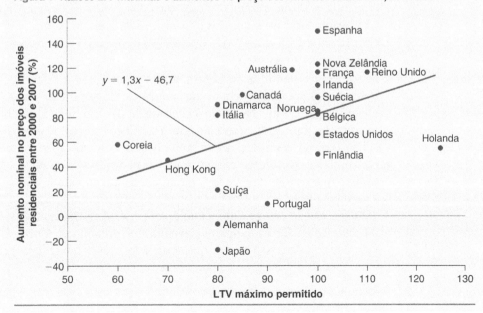

Figura 1 Razões LTV máximas e aumentos no preço dos imóveis residenciais, 2000-2007.

um mutuário pode obter um empréstimo igual ao valor do imóvel. Os valores reais variam de 60% na Coreia a 100% em diversos países, inclusive os Estados Unidos, e 125% na Holanda. O eixo vertical representa o aumento no preço nominal dos imóveis residenciais de 2000 a 2007 (medir o aumento real dos preços resultaria em imagem semelhante). A figura também traça a linha de regressão, aquela que melhor se ajusta ao conjunto de observações.

A figura sugere duas conclusões:

A primeira é que, na verdade, parece haver uma relação positiva entre a razão LTV e o aumento no preço dos imóveis residenciais. Coreia e Hong Kong, que impuseram baixas razões LTV, apresentaram aumentos menores nos preços dos imóveis residenciais. Espanha e Reino Unido, com razões bem mais elevadas, apresentaram aumentos de preços muito maiores.

A segunda é que a relação está longe de ser rígida. Isso não deve surpreender, visto que certamente muitos outros fatores afetaram o aumento nos preços dos imóveis residenciais. Mas, mesmo controlando outros fatores, é difícil identificar com muita confiança o efeito preciso da razão LTV. Com vistas ao futuro, teremos de aprender muito mais sobre como uma ferramenta regulatória baseada no LTV deve funcionar antes de ser adotada como instrumento macroprudencial confiável.

Fonte: Christopher Crowe, Giovanni Dell'Ariccia, Deniz Igan e Pau Rabanal, Policies for Macrofinancial Stability: Options to Deal with Real Estate Booms. Staff Discussion Note. International Monetary Fund, Fev. 2011.

◆ Para lidar com bolhas, explosões de crédito ou comportamento arriscado no sistema financeiro, a taxa de juros não é o instrumento de política econômica mais adequado. É uma ferramenta muito pesada, que afeta toda a economia em vez de resolver o problema em questão. Os instrumentos certos são as **ferramentas macroprudenciais** — regras que visam diretamente aos mutuários, aos credores, ou aos bancos e outras instituições financeiras, conforme o caso.

Qual forma algumas dessas ferramentas macroprudenciais podem tomar? Algumas delas podem ser dirigidas aos mutuários:

◆ Suponhamos que o Banco Central esteja preocupado com o que percebe ser um aumento excessivo nos preços dos imóveis residenciais. Ele pode restringir as condições para obtenção de hipotecas pelos mutuários. Uma medida usada em muitos países é um teto para o montante de empréstimo que os mutuários podem tomar em relação ao valor da casa a ser adquirida, uma medida conhecida como **quota de financiamento** máxima (ou simplesmente LTV máximo — da sigla em inglês de *loan-to-value*). Reduzir o LTV máximo tende a diminuir a demanda e, assim, abrandar o aumento dos preços. (O quadro Foco "Razões LTV e aumentos no preço dos imóveis residenciais de 2000 a 2007" examina a relação entre LTVs máximos e aumentos nos preços dos imóveis residenciais no período anterior à crise.)

◆ Suponhamos que o Banco Central esteja preocupado porque as pessoas estão tomando empréstimos demais em moeda estrangeira. Um exemplo ajudará a esclarecer este ponto. No início da década de 2010, mais de dois terços das hipotecas na Hungria eram denominados em francos suíços! O motivo era simples. As taxas de juros suíças estavam muito baixas, tornando aparentemente atrativo para os húngaros contrair empréstimos à taxa de juros suíça em vez de à húngara. O risco que os mutuários não levaram em conta, no entanto, foi o risco de que a moeda húngara, o florim húngaro, se depreciasse em relação ao franco suíço. Tal depreciação ocorreu, aumentando em mais de 50%, em média, o valor real das hipotecas que os húngaros deviam. Muitas famílias já não podiam quitar seus pagamentos. Isso sugere que teria sido aconselhável impor restrições ao montante do empréstimo em moeda estrangeira pelas famílias.

Algumas ferramentas podem ser destinadas aos credores, como bancos ou investidores estrangeiros:

> Isto levou o governo húngaro a permitir uma conversão de hipotecas em francos suíços para hipotecas em florins húngaros a uma taxa de câmbio melhor. As famílias húngaras ficaram em melhor situação, mas os bancos que lhes concederam empréstimos ficaram em pior situação.

- Suponhamos que o Banco Central esteja preocupado com o aumento na alavancagem bancária. Vimos no Capítulo 6 por que isso deve ser preocupante. Uma alta alavancagem foi um dos principais motivos por que o declínio nos preços dos imóveis residenciais levou à crise financeira. O Banco Central pode impor razões de capital mínimas para limitar a alavancagem. Elas podem assumir várias formas (por exemplo, um valor mínimo para a razão de capital-ativos, ou um valor mínimo para a razão capital-ativos ponderados pelo risco, com os ativos de maior risco tendo maior peso). Na realidade, em uma série de acordos conhecidos como **Basileia II** e **Basileia III**, muitos países concordaram em impor os mesmos mínimos a seus bancos. Uma questão mais difícil e não resolvida é se e como essas razões de capital devem ser ajustadas ao longo do tempo em função de condições econômicas e financeiras (por exemplo, se devem ser aumentadas caso haja crescimento excessivo de crédito).

  > Volte ao capitulo 6 para uma atualização sobre a relação entre alavancagem e razão de capital.

- Suponhamos que o Banco Central esteja preocupado com os altos influxos de capital, como no caso húngaro que acabamos de discutir. A instituição receia que, embora os investidores estejam dispostos a conceder empréstimos a baixas taxas de juros para o país, eles possam mudar de ideia, e isso leve a uma parada súbita. O Banco Central pode, então, querer limitar os influxos de capital, impondo **controles de capital** sobre eles. Esses controles podem assumir a forma de impostos sobre diferentes tipos de influxo, com impostos menores sobre fluxos de capital menos propensos a paradas súbitas, como o **investimento direto estrangeiro** (a aquisição de ativos físicos por estrangeiros), ou um limite direto sobre a capacidade de residentes nacionais tomarem empréstimos externos.

  > Veja o quadro Foco "Paradas súbitas, portos seguros e os limites da condição de paridade de juros" no Capítulo 19.

Embora haja consenso de que o uso de tais ferramentas *macroprudenciais* é desejável, há muitas questões pendentes:

- Em muitos casos, não sabemos como essas ferramentas funcionam (por exemplo, em quanto uma redução na razão LTV máxima afeta a demanda por imóveis residenciais, ou se os investidores estrangeiros podem encontrar meios de evitar os controles de capital).
- É provável que existam interações complexas entre a política monetária tradicional e as ferramentas macroprudenciais. Por exemplo, há evidências de que baixas taxas de juros levam a uma excessiva tomada de risco, seja por investidores, seja por instituições financeiras. Se for esse o caso, um Banco Central que decida, por razões macroeconômicas, baixar a taxa de juros pode ter de usar várias ferramentas macroprudenciais para compensar o aumento potencial na tomada de risco. Novamente, sabemos pouco sobre como fazer isso da melhor forma.
- Surge a questão se os instrumentos macroprudenciais devem estar, em conjunto com os instrumentos de política monetária tradicional, sob controle do Banco Central ou de uma autoridade distinta. O argumento a favor de que o Banco Central seja responsável pelas ferramentas tanto monetárias quanto macroprudenciais é que essas ferramentas interagem e, portanto, somente uma autoridade centralizada pode usá-las da maneira correta. O argumento contrário é a preocupação de que tal consolidação de ferramentas possa dar muito poder a um Banco Central independente.

  Nesta fase, alguns países seguiram um caminho, enquanto outros seguiram um caminho diferente. No Reino Unido, ao Banco Central foi concedido o poder sobre ambas as ferramentas: a monetária e a macroprudencial. Nos Estados Unidos, a responsabilidade foi atribuída a um conselho sob a autoridade formal do Tesouro dos Estados Unidos, mas com o Fed desempenhando um papel importante no conselho.

  Em resumo: a crise mostrou que a estabilidade macroeconômica requer a utilização não só de instrumentos monetários tradicionais, mas também de ferramentas macroprudenciais. Como fazer melhor uso delas é um dos desafios enfrentados atualmente pelos formuladores de políticas macroeconômicas.

Resumo

- Até a década de 1980, o esquema de política monetária concentrava-se no crescimento da moeda nominal. Mas, em virtude da relação deficiente entre inflação e crescimento da moeda nominal, essa abordagem acabou sendo abandonada pela maioria dos Bancos Centrais.
- Os Bancos Centrais agora se concentram em uma meta para a taxa de inflação, em vez de uma meta para a taxa de crescimento da moeda nominal. E pensam na política monetária em termos da determinação da taxa de juros nominal, e não da determinação da taxa de crescimento da moeda nominal.
- A regra de Taylor indica uma forma útil de refletir sobre a escolha da taxa de juros nominal. A regra afirma que o Banco Central deve alterar a taxa de juros em resposta a dois fatores principais: o desvio da taxa de inflação em relação à meta para essa taxa e o desvio da taxa de desemprego em relação à sua taxa natural. Um Banco Central que seguir essa regra estabilizará a atividade e atingirá sua meta para a taxa de inflação no médio prazo.
- A taxa ótima de inflação depende dos custos e benefícios da inflação. Uma inflação mais elevada provoca mais distorções, em especial quando interage com o sistema tributário. Mas uma inflação mais elevada, que implica taxas de juros nominais médias mais elevadas, diminui a probabilidade de se atingir o limite inferior zero, um limite que se revelou custoso na crise mais recente.
- Quando economias avançadas atingem o limite inferior zero, seus Bancos Centrais exploram instrumentos de política monetária não convencionais, como o afrouxamento quantitativo. Essas políticas atuam por meio dos efeitos das compras do Banco Central sobre os prêmios de risco associados a diferentes ativos. Essas aquisições levaram a grandes aumentos nos balanços dos Bancos Centrais. Um problema para o futuro é se os Bancos Centrais devem reduzir esses balanços e se essas medidas não convencionais devem ser usadas em tempos normais.
- A crise mostrou que uma inflação estável não é condição suficiente para a estabilidade macroeconômica. Isso leva os Bancos Centrais a explorar o uso de ferramentas macroprudenciais. Essas ferramentas podem, em princípio, ajudar a limitar bolhas, controlar o crescimento do crédito e minimizar o risco no sistema financeiro. A melhor maneira de usá-las, entretanto, ainda é pouco compreendida e um dos desafios enfrentados pela política monetária na atualidade.

Palavras-chave

- afrouxamento de crédito, 542
- afrouxamento quantitativo, 542
- Basileia II, 547
- Basileia III, 547
- *bracket creep*, 538
- coincidência divina, 534
- controles de capital, 547
- custos de sola de sapato, 537
- emprestador em última instância, 544
- ferramentas macroprudenciais, 546
- Grande Moderação, 530
- ilusão monetária, 538
- investimento direto estrangeiro, 547
- M1, 532
- política monetária convencional, 542
- política monetária não convencional, 542
- QE1, 542
- QE2, 542
- QE3, 543
- quota de financiamento ou LTV máximo, 546
- regime de metas de inflação, 530
- regime flexível de metas de inflação, 535
- regra da taxa de juros, 535
- regra de Taylor, 535

Questões e problemas

Teste rápido

1. **Usando as informações contidas neste capítulo, diga se cada afirmação a seguir é verdadeira, falsa ou incerta. Explique brevemente.**

   a. O argumento mais importante a favor de uma taxa de inflação positiva nos países da OCDE é a senhoriagem.

   b. O combate à inflação deveria ser o único objetivo do Fed.

c. A inflação e o crescimento da moeda moveram-se em conjunto no período de 1970 a 2009.

d. Como a maioria das pessoas tem pouca dificuldade em distinguir valores nominais e reais, a inflação não distorce a tomada de decisão.

e. A maioria dos Bancos Centrais do mundo tem uma meta de inflação de 4%.

f. Quanto maior a taxa de inflação, maior a alíquota de imposto efetiva sobre ganhos de capital.

g. A regra de Taylor descreve como os bancos centrais ajustam a taxa de juros durante períodos de recessão e expansão.

h. Era esperado que o limite inferior zero da taxa de juros nominal fosse uma característica regular da política monetária quando os regimes de metas de inflação começaram a ser adotados.

i. O afrouxamento quantitativo refere-se às compras de ativos, por parte do Banco Central, com a intenção de afetar diretamente o rendimento desses ativos.

j. Na crise, os Bancos Centrais ofereceram liquidez a instituições financeiras que não eram regulamentadas por eles.

k. Uma consequência da crise foi uma maior exigência de capital e um regime regulatório mais amplo para os bancos.

2. Rompimento da ligação entre crescimento da moeda e inflação no médio prazo

A relação de demanda por moeda no Capítulo 4 é usada implicitamente na Figura 23.1. Essa relação é

$$\frac{M}{P} = YL(i)$$

O Banco Central, em conjunto com as autoridades políticas, determina uma meta de inflação π^*.

a. Derive a meta de taxa de juros nominal em um equilíbrio de médio prazo.

b. Considere o equilíbrio de médio prazo em que o produto potencial não cresce. Derive a relação entre crescimento da moeda e inflação. Explique.

c. Considere agora o equilíbrio de médio prazo em que o produto potencial cresce a 3% ao ano. A seguir, derive a relação entre crescimento da moeda e inflação. Você espera que a inflação seja maior ou menor que o crescimento da moeda? Explique.

d. Considere a Figura 23.1. Examine primeiro o período que termina em torno de 1995. Como seus resultados nos itens (b) e (c) se relacionam com isso?

e. Concentre-se no caso em que toda moeda é papel-moeda. Podemos, então, pensar na demanda por moeda como demanda por papel-moeda (você pode consultar novamente o apêndice do Capítulo 4 se necessário). Nos últimos 50 anos:

   i. Caixas automáticos permitiram o saque de dinheiro fora do horário bancário regular.

   ii. O uso de cartões de crédito para compras foi amplamente expandido.

   iii. O uso de cartões de débito para compras aumentou muito.

   iv. Mais recentemente, a tecnologia permitiu pequenas compras por cartões de crédito e débito aproximando-se o cartão a um terminal de pagamento próximo à caixa registradora.

Como cada uma dessas inovações afeta a demanda por moeda?

f. A base de dados do FRED no Federal Reserve Bank of St. Louis tem uma série para moeda (MBCURRCIR). Faça o download desta e da série para o PIB nominal (PIB). Calcule a razão da moeda em relação ao PIB nominal. Como essa série se comporta de 1980 a 2015? Isso é uma surpresa? Quem mais, além de famílias e empresas, detém moeda nos Estados Unidos?

3. Metas de inflação

Consideremos um Banco Central que tenha uma meta de inflação, π^*. Estudamos duas versões da curva de Phillips no Capítulo 9. A curva de Phillips geral é

$$\pi_t - \pi_t^e = -\alpha(u_t - u_n)$$

A primeira versão da curva de Phillips no Capítulo 9 foi

$$\pi_t - \pi_{t-1} = -\alpha(u_t - u_n)$$

A segunda versão da curva de Phillips no Capítulo 9 foi

$$\pi_t - \bar{\pi} = -\alpha(u_t - u_n)$$

a. Em que diferem as duas versões da curva de Phillips?

b. Em princípio, o Banco Central pode, em qualquer das versões, manter a taxa de inflação efetiva no período t igual à meta de inflação π^* em cada período. Como o Banco Central executa essa tarefa?

c. Suponhamos que a taxa de inflação esperada seja ancorada (não se mova) e igual à meta da taxa de inflação, isto é, $\bar{\pi} = \bar{\pi}^*$. Como essa situação facilita a tarefa do Banco Central?

d. Suponhamos que a taxa de inflação esperada seja a taxa de inflação do último período em vez da meta para a taxa de inflação. Como isso dificulta a tarefa dos Bancos Centrais?

e. Use sua resposta aos itens (c) e (d) para responder à pergunta: por que a credibilidade do Banco Central sobre a meta de inflação é tão útil?

550 Macroeconomia

f. Na questão (b), afirmamos que o Banco Central sempre pode atingir sua meta de inflação. Isto é provável na prática?

g. Um problema específico enfrentado pelo Banco Central é que a taxa natural de desemprego não é conhecida com certeza. Suponhamos que a taxa natural de desemprego, u_n, varie com frequência. Como essas variações afetarão a capacidade de o Banco Central atingir sua meta de inflação? Explique.

4. Títulos indexados e incerteza acerca da inflação

No Capítulo 14, no quadro Foco "O vocabulário do mercado de títulos", introduzimos o conceito de um título indexado à inflação. Embora esses títulos normalmente sejam de longo prazo, o exemplo a seguir compara uma letra do Tesouro de um ano com uma letra do Tesouro, também de um ano, indexada à inflação.

a. Uma letra do Tesouro padrão de um ano, valendo US$ 100, promete pagar US$ 100 em um ano e é vendida hoje por $\$P_B$ (a notação é do Capítulo 4). Qual é a taxa de juros nominal da letra?

b. Suponhamos que o nível de preços seja P hoje e $P(+1)$ no próximo ano, e que o título seja vendido hoje por $\$P_B$. Qual é a taxa de juros real da letra?

c. Uma letra do Tesouro indexada paga mais no próximo ano para compensar a inflação entre a data de emissão e a de pagamento. Se a letra for emitida hoje, quando o índice de preços é 100, qual será o pagamento no próximo ano se o índice subir para 110? Qual é a taxa de juros real de uma letra indexada que é vendida por $\$P_B$ hoje?

d. Se você fosse um investidor, manteria títulos indexados ou não indexados?

5. Explicando a política monetária não convencional

Foi observado no texto que, além de letras do Tesouro, o Federal Reserve comprou grandes montantes de títulos garantidos por créditos hipotecários e títulos públicos de longo prazo como parte do afrouxamento quantitativo. A Figura 23.2 mostra que, a partir do final de 2015, havia cerca de 4,5 trilhões de dólares de ativos na base monetária. Esses ativos estavam distribuídos aproximadamente como 0,2 trilhão de títulos do Tesouro com menos de um ano até o vencimento; 2,2 trilhões de títulos do Tesouro com prazo superior a um ano; e 1,7 trilhão de dólares em títulos garantidos por créditos hipotecários.

a. Por que o Federal Reserve Board comprou títulos garantidos por créditos hipotecários?

b. Por que o Federal Reserve Board comprou títulos do Tesouro de longo prazo?

c. Quais consequências você preveria da seguinte operação do Federal Reserve Board: venda de 0,5 trilhão em títulos garantidos por créditos hipotecários e compra de 0,5 trilhão em títulos do Tesouro com menos de um ano até o vencimento?

d. Quais consequências você preveria da seguinte operação do Federal Reserve Board: venda de 0,5 trilhão em títulos do Tesouro com vencimento superior a um ano e compra de 0,5 trilhão em títulos do Tesouro com menos de um ano até o vencimento?

6. A razão LTV máxima

A maioria dos mutuários compra a casa própria com uma combinação de pagamento em dinheiro e hipoteca. A razão LTV é uma regra que estabelece o empréstimo hipotecário máximo permitido para a compra de um imóvel.

a. Se uma casa custa US$ 300.000 e a razão LTV máxima é de 80%, como na Dinamarca, qual é a entrada mínima a ser paga?

b. Se a razão LTV máxima for reduzida, como isso afetará a demanda por casas próprias?

c. No Capítulo 14, fizemos referência ao *The Economist House Price Index*. Localize este índice e observe o comportamento dos preços de imóveis residenciais no Canadá e nos Estados Unidos de 1970 a 2015. Em 10 de dezembro de 2015, o Ministro das Finanças do Canadá anunciou um aumento no valor mínimo da entrada em qualquer porção de uma hipoteca acima de US$ 500.000. (O anúncio pode ser encontrado em <http://www.fin.gc.ca/n15/15-088-eng.asp>) Por que essa ação foi tomada? Você viu algum efeito sobre os preços dos imóveis no Canadá? O que você conclui?

Aprofundando

7. Impostos, inflação e casa própria

Neste capítulo, discutimos o efeito da inflação sobre a alíquota de imposto efetiva sobre ganhos de capital na venda de um imóvel. Nesta questão, exploramos o efeito da inflação sobre outro aspecto da legislação tributária — a dedução dos juros sobre hipotecas.

Suponhamos que você tenha uma hipoteca de US$ 50.000. A inflação esperada é π^e, e a taxa de juros nominal sobre sua hipoteca é i. Consideremos dois casos:

i. $\pi^e = 0\%; i = 4\%$.

ii. $\pi^e = 10\%; i = 14\%$.

a. Qual é a taxa de juros real que você está pagando sobre sua hipoteca em cada caso?

b. Suponha que você possa deduzir os pagamentos de juros nominais da hipoteca antes de pagar o imposto de renda (como ocorre nos Estados Unidos). Suponha que a alíquota tributária seja de 25%. Portanto, para cada dólar que você paga como juros da hipoteca, paga 25 centavos a menos de imposto, na realidade recebendo um subsídio do governo para o custo de sua hipoteca. Calcule, em cada caso, a taxa de juros real que você paga sobre sua hipoteca levando em conta esse subsídio.

c. Considerando-se apenas a dedução dos juros da hipoteca (e não a tributação dos ganhos de capital), a inflação é boa para os proprietários de imóveis nos Estados Unidos?

8. **Suponhamos que você tenha sido eleito para o Congresso. Um dia, um de seus colegas faz a seguinte declaração:**

O presidente do Fed é o formulador de política econômica com maior poder nos Estados Unidos. Não devemos entregar as chaves da economia para alguém que não foi eleito e que, portanto, não presta contas à população. O Congresso deveria impor ao Fed uma regra de Taylor explícita. O Congresso deveria escolher não somente a meta para a taxa de inflação, mas o peso relativo das metas de inflação e de desemprego. Por que as preferências de um indivíduo deveriam substituir o desejo da população, expresso por meio de processo democrático e legislativo?

Você concorda com seu colega? Discuta as vantagens e desvantagens de impor ao Fed uma regra de Taylor explícita.

Explorando mais

9. **A frequência do limite inferior zero ao redor do mundo**

Use o banco de dados FRED no Federal Reserve Bank of St. Louis para encontrar as taxas de juros nominais médias mensais para cinco players principais. A série dessas taxas é: Estados Unidos, fundos federais (FEDFUNDS); Reino Unido (INTDSRGBM193N); Banco Central Europeu (que abrange Itália, França e que Alemanha), taxa imediata em euros (IRSTCI01EZM156N); Banco do Japão, taxa imediata em iene (IRSTCI01JPM156N); Banco do Canadá, taxa imediata (IRSTCB01CAM156N).

Qual desses Bancos Centrais passou um período significativo de tempo no limite inferior zero desde 2000?

10. **Política monetária atual**

O Problema 10 no Capítulo 4 pediu que você considerasse a postura atual da política monetária. Aqui, pedimos que você faça isso novamente, mas com o conhecimento adicional de política monetária que adquiriu neste e em capítulos anteriores.

Acesse o site do Federal Reserve Board of Governors (<www.federalreserve.gov>) e baixe o mesmo comunicado para a imprensa que você viu no Capítulo 4 (caso tenha respondido ao Problema 10) ou o comunicado mais recente do Federal Open Market Committee (FOMC).

a. Qual é a postura da política monetária descrita no comunicado para a imprensa?

b. Existe evidência de que ao FOMC leva em conta tanto a inflação quanto o desemprego ao fixar a política para a taxa de juros, como seria ditado pela regra de Taylor?

c. A linguagem do comunicado faz referência explícita a uma meta de inflação?

d. A linguagem levanta quaisquer questões relacionadas à regulamentação macroprudencial de instituições financeiras?

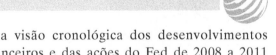

Leitura adicional

- Para conhecer uma das primeiras definições do regime de metas de inflação, leia Inflation Targeting: A New Framework for Monetary Policy?, de Ben Bernanke e Frederic Mishkin. *Journal of Economic Perspectives*, 1997, vol. 11 (primavera), p. 97-116. (Este artigo foi escrito por Ben Bernanke antes de assumir a presidência do Fed.)

- Para saber mais detalhes institucionais sobre como o Fed realmente opera, acesse <http://www.federalreserve.gov/aboutthefed/default.htm>.

- Uma visão cronológica dos desenvolvimentos financeiros e das ações do Fed de 2008 a 2011 é dada em <http://www.nytimes.com/interactive/2008/09/27/business/economy/20080927_WEEKS_TIMELINE.html>.

- Uma boa e longa leitura: The description of the problems in the financial sector and of U.S. monetary policy during the crisis by the Chairman of the Fed himself, in *The Courage to Act*, de Ben Bernanke, W.W. Norton & Co., Inc., 2015.

CAPÍTULO 24

Epílogo: a história da macroeconomia

Passamos os 23 capítulos anteriores apresentando o arcabouço que a maioria dos economistas usa para refletir sobre assuntos macroeconômicos, as principais conclusões que tiram e os assuntos sobre os quais discordam. O modo como esse arcabouço foi construído ao longo do tempo é uma história fascinante. E é essa história que pretendemos contar neste capítulo.

A Seção 24.1 começa com os primórdios da macroeconomia moderna — Keynes e a Grande Depressão.

A Seção 24.2 trata da *síntese neoclássica*, um resumo das ideias de Keynes com as de economistas anteriores — que dominou a macroeconomia até o início da década de 1970.

A Seção 24.3 descreve a *crítica das expectativas racionais*, o forte ataque à síntese neoclássica que levou a uma completa revisão da macroeconomia a partir da década de 1970.

A Seção 24.4 fornece uma impressão sobre as principais linhas de pesquisa em macroeconomia até a crise.

A Seção 24.5 dá o primeiro passo na avaliação dos efeitos da crise sobre a macroeconomia.

John Maynard Keynes:
Bettmann/Corbis

24.1 Keynes e a Grande Depressão

A história da macroeconomia moderna começa em 1936, com a publicação de *Teoria geral do emprego, do juro e da moeda*, de John Maynard Keynes. Enquanto escrevia o livro, Keynes confidenciou a um amigo: "Acredito estar escrevendo um livro sobre teoria econômica que revolucionará em grande parte — suponho que não de uma vez, mas no decorrer dos próximos dez anos — a maneira como o mundo pensa sobre os problemas econômicos".

Keynes estava certo. O momento em que o livro surgiu foi certamente um dos motivos do seu sucesso imediato. A Grande Depressão não constituiu apenas uma catástrofe econômica, mas também um fracasso intelectual para os economistas que trabalhavam com a **teoria dos ciclos econômicos** — como a macroeconomia era então chamada. Poucos economistas tinham uma explicação coerente para a Depressão — fosse para sua profundidade, fosse para sua extensão. As medidas econômicas adotadas pelo governo Roosevelt como parte do *New Deal* baseavam-se mais na intuição que na teoria econômica. A *Teoria geral* ofereceu uma interpretação dos acontecimentos, um arcabouço intelectual e um argumento claro a favor da intervenção governamental.

A *Teoria geral* enfatizava a **demanda efetiva** — o que chamamos hoje de *demanda agregada*. No curto prazo, argumentou Keynes, a demanda efetiva determina o produto. Mesmo se o produto finalmente retorna a seu nível natural, o processo, na melhor das hipóteses, será lento. Uma das citações mais famosas de Keynes é: "No longo prazo, estaremos todos mortos".

No processo de derivação da demanda efetiva, Keynes introduziu muitos dos elementos básicos da macroeconomia moderna:

- A relação entre o consumo e a renda, e o multiplicador, que explica como os choques de demanda podem ser amplificados e levar a grandes alterações no produto.

- A **preferência pela liquidez** (o termo que Keynes utilizou para a demanda por moeda), que explica como a política monetária pode afetar as taxas de juros e a demanda agregada.

- A importância das expectativas ao afetar o consumo e o investimento; a ideia de que o *instinto animal* (alterações nas expectativas) constitui um fator importante por trás das alterações na demanda e no produto.

A *Teoria geral* foi mais que um tratado para economistas. Teve implicações claras em termos de política econômica, que estavam em sintonia com a época: aguardar que a economia se recuperasse por si própria era irresponsável. Em meio a uma depressão, tentar equilibrar o orçamento era não somente estúpido, mas também arriscado. O uso ativo da política fiscal era essencial para fazer que o país retomasse os altos níveis de emprego.

24.2 A síntese neoclássica

Em poucos anos, a *Teoria geral* transformou a macroeconomia. Nem todos se converteram, e poucos concordaram com tudo. No entanto, a maioria das discussões girou em torno dela.

Em princípios da década de 1950, surgiu um amplo consenso baseado na integração de muitas das ideias de Keynes com as de seus antecessores. Esse consenso foi chamado de **síntese neoclássica**. Citando Paul Samuelson, na edição de 1955 de seu livro *Economics* — o primeiro manual de economia moderna:

> Em anos recentes, 90% dos economistas norte-americanos deixaram de ser "economistas keynesianos" ou "economistas antikeynesianos". Em vez disso, trabalharam na direção de uma síntese do que tem valor tanto na economia mais antiga quanto nas teorias modernas de determinação da renda. O resultado pode ser chamado de economia neoclássica e é aceito, em linhas gerais, por todos os autores, excetuando-se uns 5% de escritores de extrema-esquerda ou de extrema-direita.

Paul Samuelson:
Rick Friedman/Corbis

A síntese neoclássica permaneceria como a visão dominante por mais 20 anos. O progresso foi espantoso, levando muitos a chamar o período do início da década de 1940 até o início da década de 1970 de era de ouro da macroeconomia.

Progresso em todas as frentes

A primeira tarefa após a publicação da *Teoria geral* foi formalizar matematicamente o que Keynes queria dizer. Embora soubesse matemática, ele evitou usá-la em sua obra. O resultado disso foram as intermináveis controvérsias sobre o que Keynes queria dizer e se havia falhas lógicas em alguns de seus argumentos.

Franco Modigliani: Plinio Lepri/AP Images

O modelo IS-LM

Surgiram diversas formalizações das ideias de Keynes. A mais influente foi o modelo *IS-LM*, desenvolvido por John Hicks e Alvin Hansen na década de 1930 e início da de 1940. A versão inicial do modelo *IS-LM* — muito semelhante àquela que apresentamos no Capítulo 5 deste livro — foi criticada por mutilar muitas das ideias originais de Keynes. As expectativas não desempenhavam qualquer papel, e tanto o ajuste de preços quanto o de salários estava totalmente ausente. Entretanto, o modelo *IS-LM* fornecia um fundamento para iniciar a construção, e, como tal, teve imenso sucesso. As discussões organizaram-se em torno das declividades das curvas *IS* e *LM*, de quais variáveis estavam faltando nas duas relações, quais equações de preços e salários deviam ser acrescentadas ao modelo, e assim por diante.

Teorias do consumo, do investimento e da demanda por moeda

Keynes enfatizara a importância do comportamento do consumo e do investimento e da escolha entre moeda e outros ativos financeiros. Progressos importantes logo foram feitos em todas essas três frentes.

Na década de 1950, Franco Modigliani (então em Carnegie Mellon e, depois, no MIT) e Milton Friedman (na Universidade de Chicago) desenvolveram de maneira independente a teoria do consumo que vimos no Capítulo 15. Ambos insistiram na importância das expectativas na determinação das decisões de consumo atual.

James Tobin: AP Images

James Tobin, de Yale, desenvolveu a teoria do investimento baseada na relação entre o valor presente dos lucros e o investimento. A teoria foi refinada e testada por Dale Jorgenson, de Harvard. Vimos essa teoria no Capítulo 15.

Tobin também desenvolveu a teoria da demanda por moeda e, de maneira mais geral, a teoria da escolha entre ativos diferentes com base na liquidez, no retorno e no risco. Seu trabalho tornou-se a base não só de um tratamento aperfeiçoado dos mercados financeiros na macroeconomia, mas também da teoria das finanças em geral.

Teoria do crescimento

Paralelamente ao trabalho sobre as flutuações, houve um interesse renovado no crescimento. Em contraste com a estagnação da era anterior à Segunda Guerra Mundial, a maioria dos países registrou um crescimento acelerado nas décadas de 1950 e 1960. Mesmo que tenham experimentado flutuações, seus padrões de vida elevaram-se rapidamente. O modelo de crescimento desenvolvido em 1956 por Robert Solow, do MIT, que vimos nos capítulos 11 e 12, proporcionou uma estrutura para pensar nos determinantes do crescimento. Seguiu-se, então, uma imensidão de trabalhos sobre os papéis que a poupança e o progresso tecnológico desempenham na determinação do crescimento.

Robert Solow: Ira Wyman/Sygma/Corbis

Modelos macroeconométricos

Todas essas contribuições foram integradas em modelos macroeconométricos cada vez maiores. O primeiro modelo macroeconométrico dos Estados Unidos, desenvolvido no início da década de 1950 por Lawrence Klein, da Universidade da Pensilvânia, foi uma relação *IS* ampliada, com 16 equações. Com o desenvolvimento das Contas Nacionais (disponibilizando melhores dados) e o desenvolvimento da econometria e dos computadores, os modelos logo aumentaram de tamanho. O esforço mais impressionante foi a construção do modelo MPS (a sigla vem das iniciais de MIT, Pensilvânia e Social Science Research Council — respectivamente, as duas universidades e a instituição de pesquisa envolvidas em sua criação), desenvolvido na década de 1960 por uma equipe liderada por Modigliani. Sua estrutura era uma versão expandida do modelo *IS-LM*, somada a um mecanismo da curva de Phillips. Mas todos os seus componentes — consumo, investimento e demanda por moeda — refletiam o imenso progresso teórico e empírico alcançado desde Keynes.

Lawrence Klein: B Thumma/AP Images

Keynesianos *versus* monetaristas

Com esse progresso tão rápido, muitos macroeconomistas — aqueles que se autodefinem como **keynesianos** — passaram a acreditar que o futuro seria brilhante. A natureza das flutuações tornava-se cada vez mais bem compreendida; o desenvolvimento de modelos possibilitava que fossem tomadas decisões de política econômica de modo mais eficaz. A sintonia fina da economia e a eliminação por completo das recessões pareciam fazer parte de um futuro não muito distante.

Esse otimismo foi ao encontro do ceticismo de uma minoria reduzida, porém influente — a dos **monetaristas**. Seu líder intelectual era Milton Friedman. Embora concordasse que muito progresso estava sendo feito — ele próprio era o pai de uma das principais contribuições à macroeconomia, a teoria do consumo —, Friedman não compartilhava do entusiasmo geral. Ele acreditava que a compreensão da economia ainda era muito limitada. Questionava as motivações dos governos, assim como a noção de que realmente sabiam o suficiente para melhorar os resultados macroeconômicos.

Milton Friedman: Chuck Nacke/Alamy Stock Photo

Na década de 1960, os debates entre "keynesianos" e "monetaristas" dominaram as manchetes da economia. As discussões concentravam-se em três assuntos: (1) a eficácia da política monetária *versus* política fiscal, (2) a curva de Phillips e (3) o papel da política econômica.

Política monetária versus *política fiscal*

Keynes enfatizou a política *fiscal* em vez da *monetária* como a chave para combater recessões, o que se cristalizou como o senso comum. A curva *IS*, muitos argumentavam, era bastante inclinada. Variações na taxa de juros exercem pouco efeito sobre a demanda e o produto. Portanto, a política monetária não funcionava muito bem. Já a política fiscal, que afeta diretamente a demanda, poderia afetar o produto de maneira mais rápida e confiável.

Friedman contestou essa conclusão enfaticamente. Em seu livro de 1963, *A monetary history of the United States, 1867–1960*, ele e Anna Schwartz reviram minuciosamente as evidências sobre a política monetária e a relação entre moeda e produto nos Estados Unidos ao longo de um século. A conclusão não foi apenas de que a política monetária era muito poderosa, mas também de que os movimentos da moeda explicavam a maior parte das flutuações no produto. Eles interpretaram a Grande Depressão como consequência de um grande erro de política monetária, uma diminuição da oferta de moeda como resultado das falências bancárias — diminuição que o Fed poderia ter evitado com o aumento da base monetária, mas não o fez.

O desafio de Friedman e Schwartz foi seguido de um vigoroso debate e de intensa pesquisa sobre os efeitos respectivos das políticas fiscal e monetária. Por fim, chegou-se a um consenso. Tanto a política fiscal quanto a monetária afetavam claramente a economia. E, se os formuladores de política econômica se preocupavam não apenas com o nível, mas também com a composição do produto, a melhor política normalmente seria uma combinação de ambas.

A curva de Phillips

O segundo debate concentrou-se na curva de Phillips, que não fazia parte do modelo keynesiano inicial. Mas, como proporcionava uma forma conveniente (e, aparentemente, confiável) de explicar as variações de salários e preços ao longo do tempo, tornou-se parte da síntese neoclássica. Na década de 1960, com base na evidência empírica até então disponível, muitos economistas keynesianos acreditavam na existência de um *trade-off* confiável entre desemprego e inflação, mesmo no longo prazo.

Edmund Phelps: James Leynse/Corbis

Milton Friedman e Edmund Phelps (da Universidade de Colúmbia) discordavam totalmente dessa ideia. Argumentavam que a existência de um *trade-off* de longo prazo era incompatível com a teoria econômica básica. Argumentavam que o *trade-off* aparente desapareceria rapidamente se os formuladores de política econômica de fato tentassem explorá-lo — isto é, se tentassem obter desemprego baixo aceitando inflação maior. Como vimos no Capítulo 8 — quando estudamos a evolução da curva de Phillips —, Friedman e Phelps definitivamente estavam certos. Em meados da década de 1970, o consenso era realmente de que não havia *trade-off* de longo prazo entre inflação e desemprego.

O papel da política econômica

O terceiro debate girou em torno do papel da política econômica. Cético de que os economistas soubessem o suficiente para estabilizar o produto e fosse possível confiar que os formuladores de política econômica fariam a coisa certa, Friedman argumentou a favor do uso de regras simples, como o crescimento constante da moeda (uma regra que discutimos no Capítulo 23). Eis o que ele disse em um depoimento no Congresso em 1958:

> Uma taxa de crescimento constante da oferta de moeda não significará estabilidade perfeita, embora evite as amplas flutuações que experimentamos de tempos em tempos no passado. É tentador procurar ir mais longe e usar as variações monetárias para compensar outros fatores responsáveis pela expansão e contração [...]. As evidências disponíveis lançam sérias dúvidas sobre a possibilidade de produzir quaisquer ajustes finos na atividade econômica por meio de ajustes finos na política monetária — ao menos no estágio atual de conhecimento. Há, portanto, sérias limitações à possibilidade de uma política monetária discricionária e muito risco de que essa política possa piorar as coisas, em vez de melhorá-las.
>
> Pressões políticas para "fazer algo" em face de aumentos relativamente moderados de preços ou de reduções relativamente moderadas de preço e emprego são claramente demasiado fortes no estado atual do comportamento público. A principal lição que se pode tirar desses dois aspectos anteriores é que ceder a essas pressões pode muitas vezes fazer mais mal do que bem.

Fonte: *The Supply of Money and Changes in Prices and Output*, depoimento ao Congresso, 1958.

Como vimos no Capítulo 21, esse debate sobre o papel da política macroeconômica não está resolvido. A natureza dos argumentos mudou um pouco, mas eles continuam entre nós.

24.3 A crítica das expectativas racionais

Apesar das batalhas entre keynesianos e monetaristas, por volta de 1970 a macroeconomia parecia um campo bem-sucedido e maduro. Parecia ter êxito em explicar os acontecimentos e orientar as escolhas de política econômica. A maioria dos debates ocorria dentro de um arcabouço intelectual comum. No entanto, poucos anos depois ela estava em crise. E essa crise tinha duas fontes.

Uma delas foram os acontecimentos. Em meados da década de 1970, muitos países passavam pela *estagflação*, uma palavra cunhada na época para representar a existência simultânea de alto desemprego e alta inflação. Os macroeconomistas não haviam previsto a estagflação. Depois do fato e após alguns anos de pesquisa, chegou-se a uma explicação convincente, com base nos efeitos de choques adversos de oferta tanto sobre os preços quanto sobre o produto. (Discutimos os

Robert Lucas: Ralf-Finn Hestoft/Corbis

efeitos desses choques no Capítulo 9.) Mas era tarde demais para desfazer o dano à imagem da disciplina.

A outra fonte foram as ideias. No início da década de 1970, um pequeno grupo de economistas — Robert Lucas, de Chicago, Thomas Sargent, então em Minnesota e agora na Universidade de Nova York, e Robert Barro, então em Chicago e agora em Harvard — liderou um forte ataque contra a principal corrente da macroeconomia. Eles não mediram palavras. Em um artigo de 1978, Lucas e Sargent afirmaram:

> Que as previsões [da economia keynesiana] estavam absolutamente incorretas, e que a doutrina na qual se baseavam era fundamentalmente falha, agora são simples realidades que não envolvem nenhuma sutileza em teoria econômica. A tarefa com que se deparam os estudantes contemporâneos do ciclo econômico é a de examinar os destroços, determinando quais características desse admirável acontecimento intelectual chamado Revolução Keynesiana podem ser recuperadas e postas em bom uso e quais devem ser descartadas.

Thomas Sargent: Peter Foley/Corbis

As três implicações das expectativas racionais

O principal argumento de Lucas e Sargent era o de que a economia keynesiana havia ignorado a totalidade das implicações do efeito das expectativas sobre o comportamento. O procedimento a adotar, argumentavam, era supor que as pessoas formavam expectativas tão racionalmente quanto podiam com base nas informações de que dispunham. Considerar que as pessoas tinham *expectativas racionais* gerava três implicações principais, todas altamente danosas à macroeconomia keynesiana.

A crítica de Lucas

A primeira implicação era de que os modelos macroeconômicos existentes não serviam para formular a política econômica. Embora reconhecessem que as expectativas afetavam o comportamento, esses modelos não as incorporavam de maneira explícita. Supunha-se que todas as variáveis dependiam de valores correntes e passados de outras variáveis, inclusive as de política econômica. Portanto, o que os modelos captavam era o conjunto de relações entre variáveis econômicas que valiam no passado, sob políticas econômicas passadas. Se essas políticas fossem alteradas, argumentava Lucas, a maneira como as pessoas formavam as expectativas também se alteraria, tornando as relações estimadas — e, consequentemente, as simulações geradas com o uso dos modelos macroeconométricos existentes — guias pobres quanto ao que aconteceria sob essas novas políticas econômicas. Essa crítica dos modelos macroeconométricos ficou conhecida como **crítica de Lucas**. Tomando-se novamente a história da curva de Phillips como exemplo, os dados até o início da década de 1970 sugeriam um *trade-off* entre desemprego e inflação. Na medida em que os formuladores de política econômica tentavam explorar esse *trade-off*, ele desapareceu.

Robert Barro: Imaginechina/Corbis

Expectativas racionais e a curva de Phillips

A segunda implicação foi a de que, quando as expectativas racionais foram introduzidas nos modelos keynesianos, estes na realidade produziram conclusões completamente não keynesianas. Por exemplo, os modelos implicavam que os desvios do produto em relação a seu nível natural eram de curta duração, muito menor que os economistas keynesianos alegavam.

Esse argumento baseava-se no reexame da relação de oferta agregada. Nos modelos keynesianos, o retorno lento do produto a seu nível natural vinha do ajuste lento dos preços e salários por meio do mecanismo da curva de Phillips. Um aumento na moeda, por exemplo, levava primeiro a um aumento no produto e a um desemprego menor. O desemprego menor levava, então, a salários nominais e a preços maiores. O ajuste continuava até que os salários e os preços tivessem aumentado na mesma proporção que a moeda nominal, até que o desemprego e o produto tivessem, ambos, voltado a seus níveis naturais.

Entretanto, como ressaltou Lucas, esse ajuste era altamente dependente das expectativas de inflação baseadas no passado (*backward-looking*) por parte dos fixadores de salários. No modelo MPS, por exemplo, os salários respondiam apenas às inflações atual e passada e ao desemprego atual. Mas, supondo-se que os fixadores de salários tivessem expectativas racionais, o ajuste provavelmente seria muito mais rápido. Mudanças na moeda, conforme fossem previstas, poderiam não ter efeito algum sobre o produto. Por exemplo, ao prever um aumento na moeda de 5% ao longo do ano seguinte, os fixadores de salários aumentariam os salários nominais fixados nos contratos para o próximo ano em 5%. As empresas, por sua vez, aumentariam os preços em 5%. O resultado seria que não aconteceria mudança alguma no estoque real de moeda, na demanda e no produto.

Segundo Lucas, dentro da lógica dos modelos keynesianos, somente as *mudanças não previstas na moeda* afetariam o produto. As variações previsíveis da moeda não teriam qualquer efeito sobre a atividade. Generalizando, se os fixadores de salários tivessem expectativas racionais, os deslocamentos da demanda possivelmente teriam efeito sobre o produto somente enquanto os salários nominais estivessem fixados — um ano ou cerca disso. Mesmo em seus próprios termos, o modelo keynesiano não fornecia uma teoria convincente sobre os efeitos prolongados da demanda sobre o produto.

Controle ótimo versus teoria dos jogos

A terceira implicação foi a de que, se as pessoas e as empresas tinham expectativas racionais, era errado pensar na política econômica como o controle de um sistema complicado, mas passivo. Ao contrário, o certo era pensar na política econômica como um jogo entre os formuladores de política econômica e a economia. A ferramenta apropriada não seria o *controle ótimo*, mas a *teoria dos jogos*. E esta levava a uma visão diferente da política econômica. Um exemplo marcante foi a questão da *inconsistência temporal* discutida por Finn Kydland (então em Carnegie Mellon, agora na Universidade da Califórnia em Santa Bárbara) e Edward Prescott (então em Carnegie Mellon, agora na Universidade do Estado do Arizona), uma questão que discutimos no Capítulo 21: as boas intenções por parte dos formuladores de política econômica podem realmente levar ao desastre.

Em resumo: quando as expectativas racionais foram introduzidas, os modelos keynesianos não podiam ser usados para determinar a política econômica; esses modelos não podiam explicar desvios prolongados do produto em relação a seu nível natural; a teoria da política econômica tinha de ser reformulada com o uso das ferramentas da teoria dos jogos.

Integração das expectativas racionais

Como se pode perceber pelo tom da citação de Lucas e Sargent, a atmosfera intelectual da macroeconomia estava tensa no início da década de 1970. Mas, em poucos anos, um processo de integração (de ideias, não de pessoas, porque os ânimos permaneceram exaltados) foi iniciado e dominou as décadas de 1970 e 1980.

Em pouco tempo, a ideia de que as expectativas racionais era a hipótese de trabalho correta conquistou ampla aceitação. Não porque todos os macroeconomistas acreditassem que as pessoas, as empresas e os participantes dos mercados financeiros sempre formavam expectativas racionalmente, mas porque as expectativas racionais pareciam ser uma referência natural, pelo menos até que os economistas tivessem progredido mais na compreensão sobre se e como as expectativas efetivas diferiam sistematicamente das expectativas racionais.

Começou-se, então, a trabalhar nos desafios colocados por Lucas e Sargent.

Implicações das expectativas racionais

Primeiro, houve uma exploração sistemática do papel e das implicações das expectativas racionais nos mercados de bens, financeiros e de trabalho. Muito do que foi descoberto foi apresentado neste livro. Por exemplo:

Robert Hall: Robert Hall

- Robert Hall, então no MIT e agora em Stanford, mostrou que, se os consumidores tivessem grande capacidade de previsão (no sentido definido no Capítulo 15), as mudanças no consumo seriam imprevisíveis. A melhor previsão do consumo do próximo ano seria o consumo deste ano! Em outras palavras, as variações no consumo seriam muito difíceis de prever. Esse resultado surpreendeu a maioria dos macroeconomistas na época, mas baseia-se, na verdade, em uma intuição simples. Se os consumidores tiverem grande capacidade de previsão, só alterarão seu consumo quando aprenderem algo novo sobre o futuro. Mas, por definição, essa novidade não pode ser prevista. Esse comportamento do consumo, conhecido como **passeio aleatório do consumo**, tem servido desde então como referência para as pesquisas sobre o consumo.

- Rudiger Dornbusch, do MIT, mostrou que as grandes oscilações nas taxas de câmbio sob taxas de câmbio flexíveis, que anteriormente haviam sido pensadas como o resultado da especulação por investidores irracionais, eram plenamente consistentes com a racionalidade. Seu argumento, que vimos no Capítulo 20, foi o de que as mudanças na política monetária podem levar a mudanças prolongadas nas taxas de juros nominais; mudanças nas taxas de juros nominais corrente e esperada levam, por sua vez, a grandes variações na taxa de câmbio. O modelo de Dornbusch, conhecido como modelo da *sobrerreação* (*overshooting*) das taxas de câmbio, tornou-se referência nas discussões sobre variações na taxa de câmbio.

Rudiger Dornbusch: Luca Bruno/AP Images

Fixação de salários e preços

Segundo, houve uma exploração sistemática da determinação de salários e preços, que foi muito além da relação da curva de Phillips. Duas contribuições importantes foram dadas por Stanley Fischer, então no MIT, agora presidente do Banco Central de Israel, e John Taylor, então na Universidade de Colúmbia e agora em Stanford. Ambos mostraram que o ajuste de preços e salários em resposta a mudanças no desemprego pode ser lento *mesmo sob expectativas racionais*.

Stanley Fischer: Achmad Ibrahim/AP Images

Fischer e Taylor ressaltaram uma característica importante da fixação tanto de salários quanto de preços: a **difusão temporal das decisões sobre salários e preços**. Em contraste com a história simples que contamos anteriormente, em que todos os salários e preços aumentavam simultaneamente em antecipação a um aumento na moeda, as decisões efetivas sobre salários e preços se espalham ao longo do tempo. Portanto, não existe um ajuste sincronizado repentino de todos os salários e preços em resposta a um aumento na moeda. Em vez disso, o ajuste provavelmente será lento, com salários e preços ajustando-se ao novo nível de moeda por meio de um processo de saltos ao longo do tempo. Fischer e Taylor mostraram, portanto, que o segundo problema levantado pela crítica das expectativas racionais pode ser resolvido, que um retorno lento do produto a seu nível natural pode ser consistente com as expectativas racionais no mercado de trabalho.

John Taylor: Susana Gonzales/Bloomberg/Getty Images

Teoria da política econômica

Em terceiro lugar, refletir sobre a política econômica em termos da teoria dos jogos levou a uma explosão de pesquisas sobre a natureza dos jogos que estavam sendo praticados, não só entre os formuladores de política econômica e a economia, mas também entre os próprios formuladores de política econômica — entre partidos políticos, ou entre o Banco Central e o governo, ou entre governos de países diferentes. Um dos principais resultados dessa pesquisa foi o desenvolvimento de uma maneira de pensar mais rigorosa sobre conceitos vagos como "credibilidade", "reputação" e "compromisso". Ao mesmo tempo, houve uma evidente mudança de foco: de "o que os governos devem fazer" para "o que os governos realmente fazem", aumentando a percepção das restrições políticas que os economistas devem levar em conta quando aconselham os formuladores de política econômica.

Em resumo: no final da década de 1980, os desafios levantados pela crítica das expectativas racionais haviam levado a uma revisão completa da macroeconomia. A estrutura básica foi estendida para levar em conta as implicações das expectativas racionais ou, mais genericamente, do comportamento que olhava para o futuro das pessoas e empresas. Como vimos, esses temas têm papel crucial ao longo deste livro.

24.4 Desenvolvimentos da teoria macroeconômica até a crise de 2009

Desde o final da década de 1980 até a crise, três grupos dominaram as principais linhas de pesquisa: os novo-clássicos, os novo-keynesianos e os pesquisadores da nova teoria do crescimento. (Note o uso generoso da palavra "novo". Ao contrário dos fabricantes de detergentes, os economistas evitam usar "novo e melhorado". A mensagem subliminar é a mesma.)

A teoria econômica novo-clássica e a teoria dos ciclos econômicos reais

Edward Prescott: Giuseppe Aresu/AP Images

A crítica das expectativas racionais foi mais que uma mera crítica à teoria econômica keynesiana. Ela também ofereceu sua própria interpretação das flutuações. Segundo Lucas, em vez de se basearem nas imperfeições dos mercados de trabalho, no ajuste lento de salários e preços, e assim por diante, para explicar as flutuações, os macroeconomistas deveriam ver até que ponto podiam explicá-las como efeitos de choques nos mercados competitivos com preços e salários totalmente flexíveis.

Essa é a pauta de pesquisa adotada pelos **novo-clássicos**. Seu líder intelectual é Edward Prescott, e os modelos que ele e seus seguidores desenvolveram são conhecidos como **modelos dos ciclos econômicos reais** (**RBC**, da sigla em inglês *real business cycle*). Essa abordagem baseava-se em duas premissas.

A primeira é metodológica. Lucas argumentou que, para evitar as armadilhas anteriores, os modelos macroeconômicos deveriam ser construídos a partir de microfundamentos (isto é, maximização da utilidade pelos trabalhadores, maximização dos lucros pelas empresas e expectativas racionais). Antes do advento dos computadores, tal tarefa era difícil, se não impossível, de ser alcançada. Modelos construídos dessa maneira teriam sido de solução analítica muito complexa. Na verdade, grande parte da arte da macroeconomia estava na busca de atalhos simples que capturassem a essência de um modelo enquanto o mantinha simples o suficiente para ser solucionado (esta ainda é a arte da redação de um bom livro). O desenvolvimento do poder computacional viabilizou a solução numérica de tais modelos, e uma grande contribuição da teoria RBC foi o desenvolvimento de métodos numéricos de solução cada vez mais poderosos, permitindo que modelos ainda mais sofisticados fossem desenvolvidos.

A segunda premissa é conceitual. Até a década de 1970, a maior parte das flutuações foi vista como resultado de imperfeições, de desvios do produto real em relação a um nível potencial do produto que se movia lentamente. Seguindo a sugestão de Lucas, Prescott argumentou, em uma série de contribuições importantes, que as flutuações poderiam ser interpretadas como oriundas dos choques tecnológicos nos mercados competitivos com preços e salários totalmente flexíveis. Em outras palavras, ele sugeriu que as movimentações no produto real poderiam ser encaradas como movimentos no nível potencial do produto, e não como seus desvios. Ainda segundo ele, à medida que surgem novas descobertas, a produtividade cresce, levando a um aumento no produto. O aumento na produtividade leva a um aumento no salário, que torna mais atraente trabalhar, levando os trabalhadores a trabalhar mais. Aumentos na produtividade levam, portanto, a aumentos tanto no produto quanto no emprego, exatamente como observamos no mundo real. Flutuações são características desejáveis da economia, não algo que os formuladores de política deveriam tentar reduzir.

Não é de surpreender que essa visão radical das flutuações tenha sido criticada por muitas frentes. Como discutimos no Capítulo 12, progresso tecnológico é o resultado de numerosas inovações, cada qual levando um longo tempo para se difundir na economia. É difícil ver de que maneira esse processo poderia gerar algo como as grandes flutuações do produto no curto prazo que observamos na prática. Também é difícil pensar em recessões como tempos de *regressão* tecnológica, tempos em que tanto a produtividade quanto o produto diminuem. Por fim, como vimos, há evidências muito fortes de que as variações na moeda, que não têm efeito sobre o produto nos modelos RBC, na verdade exercem forte efeito sobre o produto no mundo real. Ainda assim, a abordagem conceitual do RBC provou ser útil e influente. Ela também reforçou um ponto importante: o de que nem todas as flutuações no produto são desvios do nível natural.

Teoria econômica novo-keynesiana

O termo **novo-keynesianos** representa um grupo vagamente relacionado de pesquisadores que compartilham a convicção comum de que a síntese que surgiu em resposta à crítica das expectativas racionais está basicamente correta. Mas eles também compartilham a convicção de que ainda resta muito a aprender sobre a natureza das imperfeições em mercados diferentes e sobre as implicações dessas imperfeições para as flutuações macroeconômicas.

Houve trabalho adicional sobre a natureza da **rigidez nominal**. Como vimos antes neste capítulo, Fischer e Taylor mostraram que, com a difusão temporal das decisões sobre salários ou preços, o produto pode se desviar de seu nível natural por muito tempo. Essa conclusão levanta uma série de questões. Se a difusão temporal das decisões é responsável — ao menos em parte — pelas flutuações, por que os fixadores de salários e de preços não sincronizam suas decisões? Por que os preços e os salários não são ajustados com maior frequência? Por que todos os preços e todos os salários não mudam, digamos, no primeiro dia de cada semana? Ao examinar essas questões, George Akerlof (de Berkeley), Janet Yellen (então em Berkeley, agora presidente do conselho da Federal Reserve) e N. Gregory Mankiw (da Universidade de Harvard) obtiveram um resultado surpreendente e importante, muitas vezes referido como a explicação das flutuações de produto baseada nos **custos de menu**.

George Akerlof: Kurt Rogers/San Francisco Chronicle/Corbis

Janet Yellen: foto cortesia de Janet Yellen, chefe do conselho de governadores da Federal Reserve System.

Ben Bernanke: Aurora Photos/Alamy Stock Photo

Cada fixador de preço ou de salário mostra-se, em grande parte, indiferente a respeito de quando e com que frequência muda seu próprio salário ou preço (para um varejista, mudar os preços nas prateleiras a cada dia *versus* a cada semana não faz muita diferença nos lucros totais da loja). Assim, até pequenos custos de mudança de preços — como os envolvidos na impressão de um novo menu, por exemplo — podem levar a ajustes de preços esporádicos e espalhados temporalmente. Essa difusão temporal leva a um ajuste lento do nível de preços e a grandes flutuações do produto agregado em resposta a movimentos da demanda agregada. Em resumo, decisões que não importam muito em termos individuais (a frequência com que preços ou salários são alterados) levam a grandes efeitos agregados (ajuste lento do nível de preços e deslocamentos da demanda agregada que tenham um grande efeito sobre o produto).

Outra linha de pesquisa concentra-se nas imperfeições no mercado de trabalho. Discutimos no Capítulo 7 a noção de *salários-eficiência* — a ideia de que os salários, se percebidos pelos funcionários como baixos demais, podem levar à sua negligência no emprego, a problemas de motivação dentro da empresa, a dificuldades para recrutar ou manter bons funcionários, e assim por diante. Um pesquisador influente nessa área é Akerlof, que explorou o papel das "normas", as regras que se desenvolvem em qualquer organização — neste caso, a empresa — para avaliar o que é justo ou injusto. Essa pesquisa levou Akerlof e outros a explorar questões anteriormente deixadas para pesquisas na sociologia e na psicologia, e a examinar suas implicações macroeconômicas. Em outra direção, Peter Diamond (do MIT), Dale Mortensen (de Cornell) e Christopher Pissarides (da London School of Economics) consideraram o mercado de trabalho como aquele caracterizado por realocações constantes, grandes fluxos e negociações entre trabalhadores e empresas, uma caracterização que se mostrou extremamente útil e que abordamos no Capítulo 7.

Paul Romer: Larry Busacca/Getty Images

Ainda outra linha de pesquisa, que se revelou preciosa quando a crise se instalou, explora o papel das imperfeições nos mercados de crédito. A maioria dos modelos macro assumia que a política monetária agia por meio das taxas de juros e que as empresas podiam tomar emprestado quanto desejassem à taxa de juros de mercado. Na prática, muitas empresas podem tomar emprestado somente dos bancos. E os bancos com frequência recusam potenciais tomadores, apesar de estes estarem dispostos a pagar a taxa de juros cobrada. Por que isso ocorre e quanto isso afeta nossa visão de como a política monetária funciona é o tema de muitas pesquisas, em particular de Ben Bernanke (então em Princeton, depois presidente do Fed e agora na Brookings Institution) e Mark Gertler (da Universidade de Nova York).

Nova teoria do crescimento

Depois de ser um dos tópicos de pesquisa mais ativos na década de 1960, a teoria do crescimento entrou em um declínio intelectual. Contudo, a partir do final da década de 1980 retomou sua força. O conjunto de novas contribuições recebeu o nome de **nova teoria do crescimento**.

Dois economistas, Robert Lucas (aquele que liderou a crítica das expectativas racionais) e Paul Romer, então em Berkeley e atualmente na Universidade de Nova York, desempenharam papel importante na definição das questões. Quando a teoria do crescimento entrou em declínio, em fins da década de 1960, duas questões importantes foram deixadas em grande parte sem solução. Uma delas referia-se ao papel dos retornos crescentes de escala — se, digamos, a duplicação do capital e do trabalho pode efetivamente fazer que o produto mais do que dobre. A outra abordava os determinantes do processo tecnológico. Essas são as duas principais questões em que a nova teoria do crescimento se concentra.

Philippe Aghion: Dr. Philipe Aghion

As discussões sobre os efeitos de P&D sobre o progresso tecnológico, no Capítulo 12, e a interação entre progresso tecnológico e desemprego, no Capítulo 13, refletem alguns dos avanços que os economistas fizeram nessa frente. Uma importante contribuição nesse caso é o trabalho de Philippe Aghion (então na Universidade de Harvard e agora no College de France) e Peter Howitt (então na Universidade de Brown), que desenvolveram um tema inicialmente explorado por Joseph Schumpeter na década de 1930 — a noção de que o crescimento é um processo de *destruição criativa* no qual novos produtos são constantemente introduzidos, tornando os antigos obsoletos. As instituições que desaceleram esse processo de realocação (por exemplo, dificultando a criação de novas empresas ou tornando mais cara a demissão de trabalhadores) podem desacelerar a taxa de progresso tecnológico e, assim, diminuir o crescimento.

Peter Howitt: Dr. Peter Howitt

As pesquisas também tentam identificar o papel preciso de instituições específicas na determinação do crescimento. Andrei Shleifer (da Universidade de Harvard) explorou a influência causada por diferentes sistemas jurídicos na organização da economia, desde o mercado financeiro até o de trabalho, e, por meio desses canais, também avaliou os efeitos desses sistemas sobre o crescimento. Daron Acemoglu (do MIT) explorou como se vai de correlações entre instituições e crescimento — em média, os países democráticos são mais ricos — para a causalidade das instituições para o crescimento. A correlação nos mostra que a democracia leva a um produto por pessoa maior, ou que um produto por pessoa mais alto leva à democracia, ou que outro fator leva tanto a mais democracia quanto ao aumento do produto por pessoa? Avaliando a história das antigas colônias, ele argumenta que seu desempenho em termos de crescimento foi, em grande parte, moldado pelo tipo das instituições organizadas pelos colonizadores, o que mostra um forte papel causal das instituições sobre o desempenho econômico.

Rumo à integração

Nas décadas de 1980 e 1990, as discussões entre esses grupos, em particular entre os novo-clássicos e os novo-keynesianos, eram sempre acaloradas. Os novo-keynesianos acusavam os novo-clássicos de confiarem em uma explicação implausível para as flutuações e de ignorarem imperfeições óbvias; os novo-clássicos, por sua vez, apontavam para a natureza arbitrária de alguns dos modelos keynesianos. Para os que viam de fora — e, algumas vezes, até para os que viam de dentro — a macroeconomia parecia um campo de batalha, e não de pesquisa.

Andrei Shleifer: Dr. Andrei Schleifer

A partir dos anos 2000, porém, uma síntese pareceu surgir. Metodologicamente, ela se baseia na abordagem RBC e em sua cuidadosa descrição dos problemas de otimização de pessoas e empresas. Conceitualmente, reconhece a importância potencial das mudanças no ritmo do progresso tecnológico enfatizadas pelo enfoque RBC e pela nova teoria do crescimento. Entretanto, também contempla muitas das imperfeições enfatizadas pelos novo-keynesianos, desde o papel da negociação na determinação dos salários e da informação imperfeita nos mercados de crédito e financeiro até a importância da rigidez nominal na criação de um papel para a demanda agregada de forma que ela afete o produto. Não existe convergência em um único modelo ou em uma lista única de imperfeições importantes, mas existe ampla concordância com relação ao arcabouço e ao modo como proceder.

Um bom exemplo dessa convergência é mostrado nos trabalhos de Michael Woodford (da Universidade de Colúmbia) e Jordi Gali (da Pompeu Fabra). Woodford, Gali e um grupo de coautores desenvolveram um modelo, conhecido como *modelo novo-keynesiano*, que incorpora a utilidade e a maximização dos lucros, expectativas racionais e rigidez nominal. Esse modelo pode ser considerado uma versão mais moderna do modelo apresentado no Capítulo 16. Ele se mostrou extremamente útil e

Daron Acemoglu: Daron Acemoglu/Peter Tenzer

Michael Woodford: Dr. Michael Woodford

Jordi Gali: Arne Dedert/ picture-alliance/dpa/AP Images

influente no redesenho da política monetária — do foco no regime de metas de inflação à utilização de regras de taxas de juros — descrita no Capítulo 23. Também levou ao desenvolvimento de uma classe de modelos mais amplos que se baseiam em sua estrutura simples, mas que permite a inclusão de um grupo maior de imperfeições e, assim, deve ser resolvido numericamente. Esses modelos, que atualmente são utilizados em grande parte dos Bancos Centrais, são conhecidos como *modelos dinâmicos estocásticos de equilíbrio geral* (DSGE, do inglês *dynamic stochastic general equilibrium*).

24.5 Primeiras lições para a macroeconomia após a crise

Justamente no momento em que uma nova síntese parecia estar à vista e os macroeconomistas sentiam que detinham as ferramentas para entender a economia e elaborar a política econômica, a crise eclodiu e, no momento da redação deste capítulo, ainda persiste. Vimos na Seção 24.1 como a Grande Depressão levou a uma reavaliação drástica da macroeconomia e iniciou a revolução keynesiana. Pode-se perguntar se essa crise terá o mesmo efeito sobre a macroeconomia, provocando ainda outra revolução. É muito cedo para dizer, mas achamos que provavelmente não haverá uma revolução, mas sim, nada obstante, uma grande reavaliação.

Não há dúvida de que a crise reflete um grande fracasso intelectual por parte da macroeconomia. O fracasso foi não perceber que uma crise de tal porte *poderia acontecer*, que as características da economia eram tais que um choque relativamente pequeno — neste caso, a queda nos preços dos imóveis residenciais nos Estados Unidos — poderia provocar uma grave crise global. A fonte do fracasso, por sua vez, foi o foco insuficiente no papel das instituições financeiras na economia. (Para sermos justos, alguns macroeconomistas, que examinavam mais de perto o sistema financeiro, soaram o alarme; os mais conhecidos dentre eles são Nouriel Roubini, da Universidade de Nova York, e os economistas do Bank for International Settlements na Basileia, cujo trabalho é acompanhar de perto a evolução financeira.)

De modo geral, o sistema financeiro e o papel complexo dos bancos e de outras instituições financeiras na intermediação de fundos entre credores e devedores foram ignorados na maioria dos modelos macroeconômicos. Houve algumas exceções. O trabalho de Doug Diamond (de Chicago) e Philip Dybvig (da Universidade de Washington em Saint Louis) nos anos 1980 havia esclarecido a natureza das corridas bancárias (que examinamos no Capítulo 6). Ativos ilíquidos e passivos líquidos geravam o risco de corridas mesmo para bancos solventes. O problema só poderia ser evitado pela provisão de liquidez pelo Banco Central se e quando necessário. O trabalho de Bengt Holmström e Jean Tirole (ambos do MIT) mostrou que as questões de liquidez eram endêmicas a uma economia moderna. Não só os bancos, mas também as empresas poderiam se encontrar em uma posição na qual eram solventes, porém ilíquidos, incapazes de levantar dinheiro adicional para terminar um projeto ou de reembolsar os investidores mediante um pedido de reembolso. Um artigo importante de Andrei Shleifer (de Harvard) e Robert Vishny (de Chicago), intitulado *The Limits of Arbitrage*, havia demonstrado que, após uma queda no preço de um ativo abaixo do seu valor fundamental, os investidores poderiam não conseguir tirar partido da oportunidade de arbitragem; na realidade, poderiam vir a ser obrigados a vender o ativo, causando nova diminuição no preço e mais distanciamento dos fundamentos. Os economistas comportamentais (por exemplo, Richard Thaler, de Chicago) apontaram para o modo como os indivíduos diferem do modelo individual racional tipicamente usado na economia e traçaram implicações para os mercados financeiros.

Assim, a maioria dos elementos necessários para entender a crise estava disponível. Grande parte do trabalho, no entanto, foi realizada fora da macroeconomia, nas áreas de finanças ou finanças corporativas. Os elementos não foram integrados a um modelo macroeconômico consistente, e suas interações foram mal compreendidas. Alavancagem, complexidade e liquidez — os fatores que, como vimos no Capítulo 6, se combinaram para criar a crise — estavam quase totalmente ausentes dos modelos macroeconômicos utilizados pelos Bancos Centrais.

Passados oito anos do início da crise, as coisas mudaram drasticamente. Não surpreendentemente, os pesquisadores voltaram sua atenção ao sistema financeiro e à natureza das relações macrofinanceiras. Mais trabalho está sendo realizado sobre várias questões, que começam a ser integradas aos grandes modelos macroeconômicos. Também estão sendo extraídas lições para a política econômica, seja no uso de ferramentas *macroprudenciais*, seja nos riscos de uma elevada dívida pública. Há ainda um longo caminho a percorrer, mas, no final das contas, nossos modelos macroeconômicos serão mais sofisticados, com melhor compreensão do sistema financeiro. No entanto, devemos ser realistas. Se tomarmos a história como um guia, a economia será atingida por outro tipo de choque em que ainda não pensamos.

Bengt Holmström: Dr. Bengt Holmström

As lições da crise provavelmente vão além da incorporação do setor financeiro aos modelos e às análises macroeconômicas. A Grande Depressão levou, com razão, a maioria dos economistas a questionar as propriedades macroeconômicas de uma economia de mercado e sugerir um maior papel da intervenção governamental. A crise está levantando questões semelhantes. Tanto os modelos dos novo-clássicos quanto os dos novo-keynesianos tinham em comum a crença de que, ao menos no médio prazo, a economia voltava espontaneamente a seu nível natural. Os novo-clássicos tomaram a posição extrema de que o produto estava sempre em seu nível natural. Os novo-keynesianos adotaram a visão de que, no curto prazo, o produto provavelmente se desviaria de seu nível natural. Mas eles sustentaram que, no final das contas, no médio prazo, forças naturais levariam a economia de volta ao nível natural. A Grande Depressão e o longo período de crise no Japão eram bem conhecidos; contudo, vistos como aberrações e considerados como resultantes de consideráveis erros de política econômica que poderiam ter sido evitados. Muitos economistas atualmente acreditam que esse otimismo era excessivo. Após sete anos na armadilha de liquidez nos Estados Unidos, é evidente que o mecanismo habitual de ajuste — ou seja, uma redução nos juros em resposta a um produto baixo — não é operacional. Também está claro que o espaço para uma política, seja ela monetária, seja fiscal, também é mais limitado do que se pensava anteriormente.

Jean Tirole: Pascal Le Segretain/WireImage/Getty Images

Se existe um consenso, pode ser o de que, com relação a pequenos choques e flutuações normais, o processo de ajuste funciona; mas que, em resposta a choques grandes e excepcionais, o processo normal de ajuste pode falhar, o espaço para a política econômica pode ser limitado e a recuperação da economia pode levar um longo tempo. Por ora, a prioridade dos pesquisadores é entender melhor o que aconteceu, ao passo que a dos formuladores de política econômica é usar, da melhor forma possível, as ferramentas de política monetária e fiscal disponíveis, para conduzir a economia mundial de volta a uma condição saudável.

Resumo

- A história da macroeconomia moderna começa em 1936, com a publicação de *Teoria geral do emprego, do juro e da moeda*, livro de John Maynard Keynes. A contribuição de Keynes foi formalizada no modelo *IS-LM*, de John Hicks e Alvin Hansen, na década de 1930 e no início da de 1940.

- O período entre o início da década de 1940 e o início da de 1970 pode ser chamado de era de ouro da macroeconomia. Entre os principais avanços estão o desenvolvimento das teorias do consumo, do investimento, da demanda por moeda e da escolha de portfólio; o desenvolvimento da teoria

do crescimento; e o desenvolvimento dos grandes modelos macroeconométricos.
- O principal debate durante a década de 1960 deu-se entre os keynesianos e os monetaristas. Os keynesianos acreditavam que os avanços da teoria macroeconômica permitiriam melhor controle da economia. Os monetaristas, liderados por Milton Friedman, eram mais céticos quanto à capacidade de o governo ajudar a estabilizar a economia.
- Na década de 1970, a macroeconomia passou por uma crise por dois motivos: o surgimento da estagflação, que surpreendeu a maioria dos economistas, e um ataque teórico liderado por Robert Lucas. Lucas e seus seguidores mostraram que, com a introdução das expectativas racionais, (1) os modelos keynesianos não podiam ser utilizados para determinar a política econômica, (2) os modelos keynesianos não podiam explicar os desvios prolongados do produto em relação a seu nível natural, e (3) a teoria da política econômica precisava ser reformulada, utilizando-se as ferramentas da teoria dos jogos.
- Grande parte das décadas de 1970 e 1980 foi dedicada a integrar as expectativas racionais à macroeconomia. Como se refletiu neste livro, atualmente os macroeconomistas estão muito mais atentos ao papel das expectativas na determinação dos efeitos dos choques e da política econômica e à complexidade da política econômica do que há duas décadas.
- A pesquisa atual da teoria macroeconômica avança ao longo de três linhas. Os economistas novo-clássicos estão explorando quanto as flutuações podem ser explicadas como movimentos do nível natural de produto, e não como desvios em relação a ele. Os economistas novo-keynesianos estão explorando de maneira mais formal o papel das imperfeições dos mercados nas flutuações. Os pesquisadores da nova teoria do crescimento estão explorando os determinantes do progresso tecnológico. Essas linhas estavam se sobrepondo cada vez mais e, às vésperas da crise, parecia que uma nova síntese estava para surgir.
- A crise reflete um grande fracasso intelectual por parte da macroeconomia: a incapacidade de compreender a importância macroeconômica do sistema financeiro. Embora muitos dos elementos necessários para entender a crise tenham se desenvolvido antes dela, eles não tinham centralidade no pensamento macroeconômico nem foram integrados aos grandes modelos macroeconômicos. Muitas pesquisas agora estão focadas nas ligações macrofinanceiras.
- A crise também levantou uma questão importante sobre o processo de ajuste por meio do qual o produto volta a seu nível natural. Se existe um consenso, pode ser o de que, com relação a pequenos choques e flutuações normais, o processo de ajuste funciona, e a política econômica pode acelerar esse retorno; mas que, em resposta a choques grandes e excepcionais, o processo normal de ajuste pode falhar, o espaço para a política econômica ser limitado e a recuperação da economia levar um longo tempo.

Palavras-chave

- crítica de Lucas, 557
- custos de menu, 561
- demanda efetiva, 552
- difusão temporal (das decisões sobre salários e preços), 559
- keynesianos, 555
- modelos dos ciclos econômicos reais, 560
- modelos RBC (*real business cycle*), 560
- monetaristas, 555
- nova teoria do crescimento, 562
- novo-clássicos, 560
- novo-keynesianos, 561
- passeio aleatório do consumo, 559
- preferência pela liquidez, 553
- rigidez nominal, 561
- síntese neoclássica, 553
- teoria dos ciclos econômicos, 552

Leitura adicional

- Dois clássicos são John Maynard Keynes, *The general theory of employment, interest and money*. Palgrave Macmillan, 1936; e Milton Friedman e Anna Schwartz, *A monetary history of the United States*. Princeton University Press, 1963. Aviso: o primeiro é uma leitura trabalhosa, e o segundo é um volume de peso.

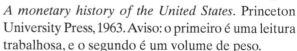

- Para um relato sobre a evolução da macroeconomia nos manuais a partir de 1940, leia Paul Samuelson. Credo of a lucky textbook author. *Journal of Economic Perspectives*, primavera de 1997, vol. 11, p. 153-60.
- Na introdução de *Studies in business cycle theory*. MIT Press, 1981, Robert Lucas desenvolve seu enfoque da macroeconomia e fornece um guia de suas contribuições.
- O artigo que lançou a teoria dos ciclos econômicos reais é de Edward Prescott. Theory ahead of business cycle measurement. *Federal Reserve Bank of Minneapolis Review*, outono de 1996, p. 9-22. Não é uma leitura fácil.
- Para mais informações sobre a teoria econômica novo-keynesiana, leia David Romer. The new Keynesian synthesis. *Journal of Economic Perspectives*, inverno de 1993, vol. 7, p. 5-22.
- Para mais informações sobre a nova teoria do crescimento, leia Paul Romer. The origins of endogenous growth. *Journal of Economic Perspectives*, inverno de 1994, vol. 8, p. 3-22.
- Para um exame detalhado da história das ideias macroeconômicas, com entrevistas densas da maioria dos pesquisadores principais, leia o livro de Brian Snowdon e Howard Vane. *Modern macroeconomics: its origins, development and current state*. Edward Elgar Publishing Ltd., 2005.
- Para dois pontos de vista sobre o estado da macroeconomia pré-crise, leia V. V. Chari e Patrick Kehoe. Macroeconomics in practice: How theory is shaping policy. *Journal of Economic Perspectives*, 2006, vol. 20, n. 4, p. 3-28; e N. Greg Mankiw. The macroeconomist as scientist and engineer. *Journal of Economic Perspectives*, vol. 20, n. 4, p. 29-46.

- Para conhecer uma visão cética sobre mercados financeiros e as contribuições de Thaler e Shleifer, dentre outros, leia *The myth of the rational market. A history of risk, reward, and delusion on Wall Street*, de Justin Fox. Harper Collins Publishers, 2009.
- Para uma avaliação da política macroeconômica pós-crise, leia *In the wake of the crisis:* leading economists reassess economic policy, editado por Olivier Blanchard et al., MIT Press, 2012.

Se quiser saber mais sobre questões e teorias macroeconômicas:

- A maioria das revistas de economia inclui muita matemática e é de difícil leitura. No entanto, algumas se esforçam para ser mais amigáveis. Em especial, o *Journal of Economic Perspectives* traz artigos não técnicos sobre pesquisas e questões da economia atual. O *Brookings Papers on Economic Activity*, publicado duas vezes ao ano, analisa problemas macroeconômicos atuais. O mesmo acontece com o *Economic Policy*, publicado na Europa, que se concentra mais em assuntos europeus.
- A maioria dos bancos regionais do Federal Reserve também publica revistas com artigos de fácil leitura; essas publicações estão disponíveis gratuitamente. Entre elas estão *Economic Review*, publicada pelo Fed de Cleveland, *Economic Review*, publicada pelo Fed de Kansas City, *New England Economic Review*, publicada pelo Fed de Boston, e *Quarterly Review*, publicada pelo Fed de Minneapolis.
- Tratamentos mais avançados da teoria macroeconômica atual — aproximadamente no nível de uma primeira disciplina de pós-graduação em macroeconomia — estão em David Romer. *Advanced macroeconomics*. 4. ed., McGraw-Hill, 2011, e em Olivier Blanchard e Stanley Fischer. *Lectures on macroeconomics*, 1989.

Apêndices

Apêndice 1 Introdução às contas de renda e produto nacional

Este apêndice introduz a estrutura básica e os termos utilizados nas contas nacionais. A medida básica de atividade agregada é o produto interno bruto (PIB). As **contas de renda e produto nacional** (**CRPN** ou, simplesmente, **contas nacionais**) organizam-se em torno de duas decomposições do PIB.

Uma decompõe o PIB do *lado da renda*: quem recebe o quê?

A outra decompõe o PIB do *lado da produção* (o chamado *lado do produto* nas contas nacionais): o que é produzido e quem compra o produto?

O lado da renda

A Tabela A1.1 examina o lado da renda do PIB — quem recebe o quê.

A parte superior da tabela (linhas 1 a 8) vai do PIB para a renda nacional — a soma das rendas recebidas pelos diferentes fatores de produção:

- O ponto de partida, na linha 1, é o **produto interno bruto (PIB)**, definido como *o valor de mercado dos bens e serviços produzidos por trabalho e propriedades localizadas nos EUA*.

- As três linhas seguintes nos levam do PIB para o **produto nacional bruto (PNB)**, na linha 4. PNB é uma medida alternativa do produto agregado. É definido como *o valor de mercado dos bens e serviços produzidos por trabalho e propriedades ofertados pelos residentes nos Estados Unidos*.

Até a década de 1990, a maioria dos países utilizava o PNB no lugar do PIB como a principal medida de atividade agregada. A ênfase nas contas nacionais dos Estados Unidos mudou do PNB para o PIB em 1991. A diferença entre os dois está na distinção

▶ Tabela A1.1 **PIB: o lado da renda, 2014 (bilhões de dólares).**

Do produto interno bruto para a renda nacional:			
1	**Produto interno bruto (PIB)**	17.348	
2	Mais: recebimentos de renda de fatores do resto do mundo		854
3	Menos: pagamentos de renda de fatores para o resto do mundo		−591
4	Igual a: **produto nacional bruto**	17.611	
5	Menos: consumo de capital fixo		2.747
6	Igual a: **produto nacional líquido**	14.865	
7	Menos: discrepância estatística		−212
8	Igual a: **renda nacional**	15.077	
Decomposição da renda nacional:			
9	Impostos indiretos	1.265	
10	Remuneração dos empregados	9.249	
11	Ordenados e salários		7.478
12	Adicionais a ordenados e salários		1.771
13	Lucro das empresas e transferências corporativas	2.073	
14	Juros líquidos	532	
15	Renda de proprietários	1.347	
16	Renda pessoal de aluguéis	610	

Fonte: *Survey of Current Business*, julho de 2015, tabelas 1-7-5 e 1-12.

entre "localizados nos Estados Unidos" (usada para o PIB) e "ofertados pelos residentes nos Estados Unidos" (utilizada para o PNB). Por exemplo, o lucro de uma fábrica de propriedade dos Estados Unidos localizada no Japão não é incluído no PIB dos Estados Unidos, mas, sim, no PNB.

Portanto, para irmos do PIB para o PNB, primeiro precisamos adicionar os **recebimentos de renda de fatores do resto do mundo**, que é a renda do capital dos Estados Unidos ou dos residentes nos Estados Unidos no exterior (linha 2). Então, subtraímos os **pagamentos de renda de fatores para o resto do mundo**, que é a renda recebida pelo capital estrangeiro e pelos residentes estrangeiros nos Estados Unidos (linha 3). Em 2014, os recebimentos do resto do mundo superaram os pagamentos para o resto do mundo em US$ 263 bilhões, de modo que o PNB foi maior que o PIB em US$ 263 bilhões.

- O próximo passo nos leva do PNB ao **produto nacional líquido**, ou **PNL** (linha 6). A diferença entre o PNB e o PNL é a depreciação do capital, chamada, nas contas nacionais, **consumo de capital fixo**.

- Por fim, as linhas 7 e 8 nos levam do PNL para a **renda nacional** (linha 8). A renda nacional é definida como *a renda que se origina da produção de bens e serviços ofertados pelos residentes nos Estados Unidos*. Em tese, a renda nacional e o produto nacional líquido deveriam ser iguais. Na prática, eles normalmente diferem, pois são calculados de modos diferentes.

O PNL é calculado de cima para baixo, começando pelo PIB e seguindo os passos descritos na Tabela A1.1. Em vez disso, a renda nacional é calculada de baixo para cima, pela adição de diversos componentes da renda de fatores (remuneração dos empregados, lucros das empresas, e assim por diante). Se pudéssemos medir tudo com exatidão, as duas medidas deveriam ser iguais. Na prática elas diferem, e a diferença entre as duas é chamada "discrepância estatística". Em 2014, a renda nacional dos Estados Unidos calculada de baixo para cima (número da linha 8) foi maior que o produto nacional líquido calculado de cima para baixo (número da linha 6) em US$ 212 bilhões. A discrepância estatística é um alerta útil dos problemas estatísticos envolvidos na construção das contas de renda nacional. Embora US$ 212 bilhões pareçam ser um erro grande como uma porcentagem do PIB, o erro é de cerca de 1 ponto percentual.

A parte inferior da tabela (linhas 9 a 15) decompõe a renda nacional em tipos diferentes de renda.

- **Impostos indiretos** (linha 9). Parte da renda nacional vai diretamente para o Estado sob a forma desses impostos. (Impostos indiretos é apenas outro nome para impostos sobre vendas.)

O restante da renda nacional vai ou para os empregados, ou para as empresas:

- **Remuneração dos empregados** (linha 10), ou renda do trabalho, é o que vai para os empregados. É de longe o maior componente da renda nacional, representando 61% da renda nacional dos Estados Unidos. A renda do trabalho é a soma dos ordenados e dos salários (linha 11), e dos adicionais a ordenados e salários (linha 12). Esses adicionais vão de contribuições patronais para a previdência social (de longe o maior item) a itens exóticos, como as contribuições patronais a juízes de paz para os emolumentos de casamento.

- **Lucro das empresas e transferências corporativas** (linha 13). Lucro é definido como receitas menos custos (inclusive o pagamento de juros) menos depreciação. (Transferências corporativas, que respondem por US$ 127 bilhões em US$ 2.073 bilhões, são compostas de itens como pagamentos de indenização por danos pessoais e contribuições das empresas a organizações sem fins lucrativos.)

- **Juros líquidos** (linha 14) são os juros pagos pelas empresas menos os juros recebidos pelas empresas, mais os juros recebidos do resto do mundo, menos os juros pagos para o resto do mundo. Em 2014, a maior parte dos juros líquidos representou juros líquidos pagos pelas empresas: os Estados Unidos receberam praticamente o mesmo montante de juros do resto do mundo que o pago para o resto do mundo. Assim, a soma dos lucros das empresas com os juros líquidos pagos por elas foi de aproximadamente US$ 2.073 bilhões + US$ 532 bilhões = US$ 2.605 bilhões, ou cerca de 17% da renda nacional.

- **Renda de proprietários** (linha 15) é a renda recebida por trabalhadores autônomos. É definida como *a renda de propriedades individuais, de sociedades unipessoais e de cooperativas isentas de impostos*.

- **Renda pessoal de aluguéis** (linha 16) é a renda de aluguéis de propriedades menos a depreciação dessas propriedades. As casas produzem serviços de habitação; a renda de aluguéis mede a renda recebida por esses serviços.

Se as contas nacionais medissem apenas os aluguéis efetivos, a renda de aluguéis dependeria da proporção de imóveis alugados *versus* os ocupados por seus proprietários. Por exemplo, se todos se tornassem proprietários do imóvel em que moram, a renda de aluguéis iria para zero e o PIB medido diminuiria. Para evitar esse problema, as contas nacionais consideram os imóveis como se fossem todos alugados. Assim, a renda de aluguéis é construída como aluguéis efetivos mais aluguéis *imputados* a imóveis ocupados por seus proprietários.

Antes de passar para o lado do produto, a Tabela A1.2 mostra como podemos ir da renda nacional para a renda pessoal disponível — a renda disponível para as pessoas depois de receberem transferências e pagarem impostos.

◆ Nem toda a renda nacional (linha 1) é distribuída às pessoas.

Parte dela vai para o Estado sob a forma de impostos indiretos, de modo que o primeiro passo é subtrair os impostos indiretos (linha 2 na Tabela A1.2 igual à linha 9 na Tabela A1.1).

Parte do lucro das empresas é retida por elas. Parte dos pagamentos de juros pelas empresas vai para os bancos ou para o exterior. Assim, o segundo passo é subtrair todo o lucro das empresas e transferências corporativas (linha 3 — igual à linha 13 na Tabela A1.1) e todos os pagamentos de juros líquidos (linha 4 — igual à linha 14 na Tabela A1.1) e adicionar de volta toda a renda de ativos (pagamento de juros e dividendos) recebida pelas pessoas (linha 5).

◆ As pessoas recebem renda não apenas da produção, mas também de transferências (linha 6). Em 2014, as transferências responderam por US$ 2.529 bilhões. Dessas transferências, é preciso subtrair as contribuições pessoais para a previdência social, no valor de US$ 1.159 bilhões (linha 7).

◆ O resultado líquido desses ajustes é a **renda pessoal**, a renda efetivamente recebida pelas pessoas (linha 8). A **renda pessoal disponível** (linha 10) é igual à renda pessoal menos os pagamentos pessoais de impostos e os pagamentos não tributários (linha 9). Em 2014, a renda pessoal disponível foi de US$ 12.914 bilhões, ou cerca de 74% do PIB.

O lado do produto

A Tabela A1.3 examina o lado do produto das contas nacionais — o que é produzido e quem compra o que é produzido.

Comece com os três componentes da demanda doméstica: consumo, investimento e gastos do governo.

◆ O consumo, denominado **gastos pessoais de consumo** (linha 2), é de longe o maior componente da demanda. É definido como *a soma de bens e serviços adquiridos pelas pessoas residentes no país*.

Assim como as contas nacionais incluem a renda atribuída de aluguéis pelo lado da renda, também incluem os serviços atribuídos de habitação como parte do consumo. Supõe-se que os proprietários de uma casa consomem serviços de habitação por um preço igual à renda atribuída de aluguéis dessa casa.

O consumo é desagregado em três componentes: a aquisição de **bens duráveis** (linha 3), de **bens não duráveis** (linha 4) e de **serviços** (linha 5). Os bens duráveis são mercadorias que podem ser armazenadas e têm vida média de pelo menos três anos; as compras de automóveis são o principal item aqui. Os bens não duráveis são mercadorias que podem ser armazenadas, mas que têm vida inferior a três anos. Os serviços são mercadorias que não podem ser armazenadas e devem ser consumidas no local e no momento da compra.

◆ O investimento é chamado de **investimento fixo bruto interno privado** (linha 6). Trata-se da soma de dois componentes bem diferentes:

O **investimento não residencial** (linha 7) é a compra de novos bens de capital pelas empresas. Esses bens podem ser tanto **instalações** (linha 8) — em grande parte, novas fábricas — ou **equipamentos e softwares** (linha 9) — como máquinas, computadores ou equipamento de escritório.

▶ Tabela A1.2 **Da renda nacional à renda pessoal disponível, 2014 (bilhões de dólares).**

1	Renda nacional	15.077	
2	Menos: impostos indiretos		−1.265
3	Menos: lucros das empresas e transferências corporativas		−2.073
4	Menos: juros líquidos		−532
5	Mais: rendas de ativos		2.118
6	Mais: transferências pessoais		2.529
7	Menos: contribuições para a previdência social		−1.159
8	Igual a: **renda pessoal**	14.694	
9	Menos: pagamentos pessoais de impostos		−1.780
10	Igual a: **renda pessoal disponível**	12.914	

Fonte: *Survey of Current Business*, julho de 2015, tabelas 1-7-5, 1-12 e 2-1.

Apêndices 571

▶ **Tabela A1.3** **PIB: o lado do produto, 2014 (bilhões de dólares).**

1	Produto Interno bruto (PIB)	17.348		
2	Gastos pessoais de consumo	11.866		
3	Bens duráveis		1.280	
4	Bens não duráveis		2.668	
5	Serviços		7.918	
6	Investimento bruto interno privado fixo	2.860		
7	Não residencial		2.234	
8	Instalações			507
9	Equipamentos e softwares			1.727
10	Residencial		549	
11	Compras do governo	3.152		
12	Federal		1.220	
13	Defesa nacional			748,2
14	Não relacionados à defesa			471,6
15	Estadual e local		1.932	
16	Exportações líquidas	−530		
17	Exportações		2.342	
18	Importações		−2.872	
19	Variação de estoques das empresas	77		

Fonte: Survey of Current Business, julho de 2015, Tabela 1-1-5.

O **investimento residencial** (linha 10), por sua vez, é a aquisição de casas ou apartamentos novos pelas pessoas.

- As **compras do governo** (linha 11) são iguais às compras de bens pelo governo mais a remuneração dos funcionários públicos. (Considera-se que os funcionários públicos vendem seus serviços ao governo.)

As compras do governo são a soma das compras do governo federal (linha 12) — que podem ser desagregadas em gastos com a defesa nacional (linha 13) e gastos não relacionados à defesa nacional (linha 14) — e compras feitas pelos governos estaduais e locais (linha 15). Note que as compras do governo não incluem as transferências do governo nem o pagamento de juros sobre a dívida pública. Não são incluídos aqui porque não correspondem a compras nem de bens, nem de serviços. Isso significa que o número das compras do governo que se vê na Tabela A1.3 é substancialmente menor que o número que normalmente se ouve com relação aos gastos governamentais — que inclui as transferências e os pagamentos de juros.

- A soma do consumo, do investimento e dos gastos do governo fornece a demanda por bens pelas empresas, pelas pessoas e pelo governo dos Estados Unidos. Se o país tivesse uma economia fechada, essa soma seria igual à sua demanda por bens. Mas, como a economia

dos Estados Unidos é aberta, os dois números são diferentes. Para obter sua demanda por bens, devemos fazer dois ajustes. Primeiro, adicionar as compras de bens dos Estados Unidos feitas por estrangeiros, as **exportações** (linha 17). Segundo, subtrair as compras de bens estrangeiros feitas pelos Estados Unidos, as **importações** (linha 18). Em 2014, as exportações foram inferiores às importações em US$ 530 bilhões. Assim, as **exportações líquidas** (ou, de modo equivalente, o **saldo comercial**) foram iguais a –US$ 530 bilhões (linha 16).

- Somando o consumo, o investimento, as compras do governo e as exportações líquidas, temos as *compras totais de bens dos Estados Unidos*. A produção, entretanto, poderá ser menor que essas compras se as empresas satisfizerem essa diferença diminuindo seus estoques. Ou a produção pode ser maior que as compras, e nesse caso as empresas acumulam estoques. A última linha da Tabela A1.3 fornece as **variações de estoques das empresas** (linha 19), às vezes também chamadas (embora erroneamente) de "investimento em estoques". Esse termo é definido como a *variação do volume físico de estoques mantidos pelas empresas*. A variação dos estoques das empresas pode ser positiva ou negativa. Em 2014, foi positiva e muito pequena; a produção norte-americana foi maior que as compras totais de bens dos Estados Unidos em US$ 77 bilhões.

O governo federal nas contas de renda nacional

A Tabela A1.4 apresenta os números básicos da atividade econômica do governo no exercício fiscal de 2014, usando-se números CRPN.

A razão para usar o ano fiscal em vez do ano civil é que as projeções orçamentárias — conforme apresentadas no Capítulo 23 — costumam ser enquadradas em termos do ano fiscal em vez de números do ano civil. O ano fiscal vai de 1º de outubro do ano civil anterior a 30 de setembro do ano civil em curso, portanto, neste caso, de outubro de 2013 a setembro de 2014.

A razão para usar números das contas nacionais em vez dos oficiais do orçamento é que eles são economicamente mais significativos; ou seja, os números das contas nacionais são uma melhor representação do que o governo está fazendo na economia que os números apresentados nos vários documentos orçamentários. Os números orçamentários apresentados pelo governo não precisam seguir as convenções contábeis da renda nacional e às vezes envolvem contabilidade criativa.

Em 2014, as receitas federais foram de US$ 3.265 bilhões (linha 1). Desses, os impostos pessoais (também chamados *impostos de renda*) responderam por US$ 1.396 bilhões, ou 43% das receitas; as contribuições para a previdência social (também chamadas *impostos sobre a folha de pagamentos*) responderam por US$ 1.145 bilhões, ou 35% das receitas.

As despesas, excluindo pagamentos de juros, mas incluindo pagamentos de transferências pessoais, foram de US$ 3.456 bilhões (linha 7). As despesas de consumo (principalmente salários de funcionários públicos e depreciação do capital) responderam por US$ 955 bilhões, ou 28% dos gastos. Excluindo-se a defesa, as despesas foram de apenas US$ 377 bilhões. As **transferências pessoais** (também chamadas *programas de concessão de benefícios*, principalmente seguro-desemprego, aposentadoria e benefícios de saúde) atingiram a cifra muito maior de US$ 1.877 bilhões. A Tabela A1.3 mostra como os gastos com bens e serviços por parte de governos estaduais e locais são muito maiores que as do governo federal.

O governo federal apresentava, portanto, um déficit de US$ 191 bilhões (linha 1 menos linha 7, aqui registrada como **superávit primário** negativo na linha 14).

Os pagamentos de juros líquidos sobre a dívida detida pelo público totalizaram US$ 440 bilhões (linha 15). O

▶ **Tabela A1.4 Receitas e despesas do orçamento federal dos Estados Unidos, ano fiscal de 2014 (bilhões de dólares).**

1	Receitas	3.265		
2	Impostos pessoais		1.396	
3	Imposto sobre lucros corporativos		417	
4	Impostos indiretos		137	
5	Contribuições para a previdência social		1.145	
6	Outros		170	
7	Despesas, excluindo-se pagamentos líquidos de juros	3.465		
8	Despesas de consumo		955	
9	Defesa			578
10	Não defesa			377
11	Transferências pessoais		1.877	
12	Subsídios a governos estaduais/locais		495	
13	Outros		129	
14	Superávit primário (sinal de +: superávit)	−191		
15	Pagamentos de juros líquidos	440		
16	Pagamentos de juros reais		155	
17	Componente de inflação		285	
18	Superávit oficial: (1) menos (7) menos (15)	−631		
19	Superávit ajustado pela inflação: (18) mais (17)	−476		

Fonte: Survey of Current Business, julho de 2015, Tabela 3-2. Ajuste da inflação calculado pela dívida da Tabela B.22.

déficit oficial foi, assim, igual a US$ 631 bilhões (linha 14 mais linha 15). Sabemos, entretanto, que essa medida é incorreta (veja o quadro Foco "Contabilidade da inflação e mensuração dos déficits" no Capítulo 22). É adequado corrigir o indicador de déficit oficial pelo papel da inflação na redução do valor real da dívida pública. A medida correta, o **déficit ajustado pela inflação**, ou seja, a soma do déficit oficial com os pagamentos de juros *reais*, foi de US$ 476 bilhões (linha 19), ou 2,7% do PIB.

Atenção

As contas nacionais proporcionam uma descrição internamente consistente da atividade agregada. Mas, subjacentes a essas contas, existem muitas escolhas sobre o que incluir e o que não incluir, onde contabilizar alguns tipos de renda ou gasto, e assim por diante. Seguem três exemplos:

◆ O trabalho doméstico não é contabilizado no PIB. Se, por exemplo, duas mulheres decidirem uma tomar conta do filho da outra, em vez de tomarem conta de seu próprio filho, e uma pagar à outra pelo serviço de babá, o PIB medido subirá, ao passo que o PIB verdadeiro não se alterará. A solução seria contabilizar o trabalho doméstico no PIB, do mesmo modo que atribuímos aluguéis aos imóveis ocupados por seus proprietários. Mas até o momento isso não foi feito.

◆ A compra de uma casa é tratada como um investimento, e os serviços de habitação são, então, tratados como parte do consumo. Compare isso com o tratamento dado aos automóveis. Embora os automóveis forneçam serviços por um longo tempo — ainda que não tão longo quanto as casas —, as compras deste tipo de bem não são tratadas como investimento, mas como consumo, aparecendo nas contas nacionais apenas no ano em que a compra é feita.

◆ As compras de máquinas feitas pelas empresas são tratadas como investimento. As despesas com educação são tratadas como consumo de serviços de educação. Mas a educação, em parte, é claramente um investimento: as pessoas adquirem educação para aumentar sua renda futura.

◆ Muitas compras governamentais devem ter um valor nas contas nacionais na ausência de uma transação de mercado. Como atribuir valor ao trabalho de professores que ensinam crianças a ler quando essa transação é obrigada pelo Estado como parte da educação compulsória? A regra usada é valorizá-la a seu custo, usando os salários dos professores.

◆ O cálculo correto do déficit (e da dívida) do governo é uma tarefa desafiadora. Aqui está um aspecto do problema: suponhamos que os professores do exemplo dado sejam pagos em parte com dinheiro e em parte com a promessa de uma aposentadoria futura. Existe uma importante percepção de que a aposentadoria é como uma dívida pública (isto é, um passivo futuro dos contribuintes). Contudo, esses passivos não são contabilizados na medida do déficit na Tabela A1.4 ou em nossas medidas-padrão de dívida. Outro problema reside no tratamento das garantias da dívida do setor privado pelos governos federal ou estadual. Esses passivos contingentes devem ser contabilizados como parte da dívida pública?

A lista poderia continuar. Entretanto, a finalidade desses exemplos não é levar à conclusão de que as contas nacionais estão erradas. A maioria das decisões contábeis que acabamos de ver foi tomada por bons motivos, frequentemente em virtude da disponibilidade de dados ou da simplicidade. A mensagem é que, para utilizar melhor as contas nacionais, devemos entender sua lógica, mas também entender as escolhas feitas e, portanto, suas limitações.

Palavras-chave

◆ bens duráveis, 570
◆ bens não duráveis, 570
◆ compras do governo, 571
◆ consumo de capital fixo, 569
◆ contas de renda e produto nacional (CRPN), 568
◆ contas nacionais, 568
◆ déficit ajustado pela inflação, 573
◆ déficit oficial, 573
◆ equipamentos e softwares, 570
◆ exportações, 571
◆ exportações líquidas, 571
◆ gastos pessoais de consumo, 570
◆ importações, 571
◆ impostos indiretos, 569
◆ instalações, 570
◆ investimento fixo bruto interno privado, 570
◆ investimento não residencial, 570
◆ investimento residencial, 571
◆ juros líquidos, 569
◆ lucro das empresas, 569
◆ pagamentos de renda de fatores para o resto do mundo, 569
◆ produto interno bruto (PIB), 568
◆ produto nacional bruto (PNB), 568
◆ produto nacional líquido (PNL), 569

574 Macroeconomia

- recebimentos de renda de fatores do resto do mundo, 569
- remuneração dos empregados, 569
- renda de proprietários, 569
- renda nacional, 569
- renda pessoal, 570
- renda pessoal de aluguéis, 569
- renda pessoal disponível, 570
- saldo comercial, 571
- serviços, 570

- superávit primário, 572
- transferências pessoais, 572
- variações de estoques das empresas, 571

Leitura adicional

Para saber mais detalhes, leia *A guide to the National Income and Products Accounts of the United States*, setembro de 2006 (Disponível em: <www.bea.gov/national/pdf/nipaguid.pdf>. Acesso em: 26 set. 2017.).

Apêndice 2 Revisão matemática

Este apêndice apresenta as ferramentas e os resultados matemáticos utilizados neste livro.

Série geométrica

Definição. Série geométrica é uma soma de números da seguinte forma:

$$1 + x + x^2 + \dots + x^n$$

em que x é um número que pode ser maior ou menor que 1 e x^n representa x elevado à enésima potência, isto é, x multiplicado por ele mesmo n vezes.

Exemplos deste tipo de série são:

- A soma de gastos em cada rodada do multiplicador (Capítulo 3). Se c for a propensão marginal a consumir, a soma dos aumentos dos gastos após $n + 1$ rodadas será dada por:

$$1 + c + c^2 + \dots + c^n$$

- O valor presente descontado de uma sequência de pagamentos de 1 dólar ao ano por n anos (Capítulo 14), quando a taxa de juros é igual a i:

$$1 + \frac{1}{1 + i} + \frac{1}{(1 + i)^2} + \dots + \frac{1}{(1 + i)^{n-1}}$$

Geralmente, temos algumas perguntas quando encontramos uma série como essa:

1. Qual é a soma?
2. A soma explode se deixarmos n aumentar ou atinge um limite finito? E, se este for o caso, qual é o limite?

As proposições a seguir dizem o que é necessário saber para responder a essas perguntas.

A Proposição 1 ensina como calcular a soma:

Proposição 1:

$$1 + x + x^2 + \dots + x^n = \frac{1 - x^{n+1}}{1 - x} \qquad \text{(A2.1)}$$

A prova é a seguinte: multiplique a soma por $(1 - x)$ e use o fato de que $x^a x^b = x^{a+b}$ (isto é, devemos somar os expoentes ao multiplicar):

$$
\begin{aligned}
(1 + x + x^2 + \dots + x^n)(1 - x) &= 1 + x + x^2 + \dots + x^n \\
&\quad -x - x^2 - \dots - x^n - x^{n+1} \\
&= 1 \qquad\qquad\qquad\qquad - x^{n+1}
\end{aligned}
$$

Todos os termos da direita, exceto o primeiro e o último, cancelam-se. Dividindo os dois lados por $(1 - x)$, temos a equação (A2.1).

Essa fórmula pode ser usada para qualquer x e qualquer n. Se, por exemplo, x for 0,9 e n for 10, a soma será igual a 6,86. Se x for 1,2 e n for 10, a soma será igual a 32,15.

A Proposição 2 mostra o que acontece à medida que n aumenta.

Proposição 2: se x for menor que 1, a soma irá para $1/(1 - x)$ à medida que n aumenta. Se x for igual ou maior que 1, a soma explode à medida que n aumenta.

Esta é a prova: se x for menor que 1, x^n tenderá a zero à medida que n aumentar. Assim, da equação (A2.1), a soma vai para $1/(1 - x)$. Se x for maior que 1, x^n se tornará cada vez maior à medida que x^n aumentar, $1 - x^n$ se tornará um número negativo cada vez maior e a razão $(1 - x^n)/(1 - x)$ se tornará um número positivo cada vez maior. A soma, portanto, explodirá à medida que n aumentar.

Aplicação do Capítulo 14: consideremos o valor presente de um pagamento de US\$ 1 para sempre, iniciando no próximo ano, quando a taxa de juros é i. O valor presente é dado por:

$$\frac{1}{(1 + i)} + \frac{1}{(1 + i)^2} + \dots \qquad \text{(A2.2)}$$

Colocando $1/(1 + i)$ em evidência, reescreva o valor presente como:

$$\frac{1}{(1 + i)}\left[1 + \frac{1}{(1 + i)} + \dots \right]$$

O termo entre colchetes é uma série geométrica com $x = 1/(1 + i)$. Como a taxa de juros i é positiva, x é menor que 1. Aplicando a Proposição 2, quando n se torna grande, o termo entre parênteses fica igual a

$$\frac{1}{1 - \frac{1}{(1 + i)}} = \frac{(1 + i)}{(1 + i - 1)} = \frac{(1 + i)}{i}$$

Substituindo o termo entre colchetes na equação anterior por $(1 + i)/i$, temos:

$$\frac{1}{(1 + i)}\left[\frac{(1 + i)}{i} \right] = \frac{1}{i}$$

O valor presente de uma sequência de pagamentos de US\$ 1 ao ano para sempre, começando no próximo ano, é igual a US\$ 1 dividido pela taxa de juros. Se i for igual a 5% ao ano, o valor presente será igual a US\$ 1/0,05 = US\$ 20.

Aproximações úteis

Ao longo deste livro, usamos diversas aproximações para facilitar os cálculos. Essas aproximações são mais confiáveis quando as variáveis x, y e z são pequenas — digamos, entre 0 e 10%. Os exemplos numéricos das proposições 3 a 8, a seguir, baseiam-se nos valores $x = 0,05$ e $y = 0,03$.

Proposição 3:

$$(1 + x)(1 + y) \approx (1 + x + y) \qquad \text{(A2.3)}$$

Aqui está a prova: decompondo $(1 + x)(1 + y)$, temos $(1 + x)(1 + y) = 1 + x + y + xy$. Se x e y são pequenos, o produto xy é muito pequeno e pode ser ignorado como uma aproximação (por exemplo, se $x = 0,05$ e $y = 0,03$, então $xy = 0,0015$). Portanto, $(1 + x)(1 + y)$ é aproximadamente igual a $(1 + x + y)$.

Para os valores de x e y anteriores, por exemplo, a aproximação dá 1,08 em comparação com um valor exato de 1,0815.

Proposição 4:

$$(1 + x)^2 \approx 1 + 2x \qquad \text{(A2.4)}$$

A prova segue diretamente da Proposição 3, com $y = x$. Para o valor de $x = 0,05$, a aproximação dá 1,10, em comparação com o valor exato de 1,1025.

Aplicação do Capítulo 14: da arbitragem, a relação entre a taxa de juros de dois anos e as taxas de juros de um ano atual e esperada é dada por:

$$(1 + i_{2t})^2 = (1 + i_{1t})(1 + i_{1t+1}^e)$$

Usando a Proposição 4 no lado esquerdo da equação, temos:

$$(1 + i_{2t})^2 \approx 1 + 2i_{2t}$$

Usando a Proposição 3 no lado direito da equação, temos:

$$(1 + i_{1t})(1 + i_{1t+1}^e) \approx 1 + i_{1t} + i_{1t+1}^e$$

Utilizando essa expressão para substituir $(1 + i_{1t})(1 + i_{1t+1}^e)$ na relação de arbitragem original, temos:

$$1 + 2i_{2t} = 1 + i_{1t} + i_{1t+1}^e$$

Ou, reorganizando,

$$i_{2t} = \frac{(i_{1t} + i_{1t+1}^e)}{2}$$

A taxa de juros de dois anos é aproximadamente igual à média das taxas de juros de um ano atual e esperada.

Proposição 5:

$$(1 + x)^n \approx 1 + nx \qquad \text{(A2.5)}$$

A prova segue da aplicação repetida das proposições 3 e 4. Por exemplo, $(1 + x)^3 = (1 + x)^2 (1 + x) \approx (1 + 2x)(1 + x)$ pela Proposição 4, $\approx (1 + 2x + x) = 1 + 3x$ pela Proposição 3.

A aproximação, contudo, torna-se pior à medida que n aumenta. Por exemplo, para $x = 0,05$ e $n = 5$, a aproximação dá 1,25, em comparação com um valor exato de 1,2763. Para $n = 10$, a aproximação dá 1,50, em comparação com um valor exato de 1,63.

Proposição 6:

$$\frac{(1 + x)}{(1 + y)} \approx (1 + x - y) \qquad \text{(A2.6)}$$

Aqui está a prova: consideremos o produto $(1 + x - y)$ $(1 + y)$. Decompondo o produto, temos $(1 + x - y)(1 + y) = 1 + x + xy - y^2$. Se tanto x quanto y forem pequenos, então xy e y^2 serão muito pequenos, de modo que $(1 + x - y)(1 + y) \approx (1 + x)$. Dividindo ambos os lados dessa aproximação por $(1 + y)$, produz-se a proposição anterior.

Para os valores de $x = 0,05$ e $y = 0,03$, a aproximação dá 1,02, enquanto o valor correto é 1,019.

Aplicação do Capítulo 14: a taxa real de juros é definida por:

$$(1 + r_t) = \frac{(1 + i_t)}{(1 + \pi_{t+1}^e)}$$

Usando a Proposição 6, temos

$$(1 + r_t) \approx (1 + i_t - \pi_{t+1}^e)$$

Simplificando:

$$r_t \approx i_t - \pi_{t+1}^e$$

Isso nos fornece a aproximação que usamos em muitos pontos deste livro. A taxa de juros real é aproximadamente igual à taxa nominal de juros menos a inflação esperada.

Essas aproximações também são muito convenientes quando lidamos com taxas de crescimento. Defina a taxa de crescimento de x por $g_x \equiv \Delta x/x$, e da mesma forma para z, g_z, y e g_y. Os exemplos numéricos a seguir se baseiam nos valores $g_x = 0,05$ e $g_y = 0,03$.

Proposição 7: se $z = xy$, então:

$$g_z \approx g_x + g_y \qquad \text{(A2.7)}$$

A prova é a seguinte: seja Δz o aumento de z quando x aumenta Δx e y aumenta Δy. Assim, por definição:

$$z + \Delta z = (x + \Delta x)(y + \Delta y)$$

Divida ambos os lados por z.
O lado esquerdo torna-se:

$$\frac{(z + \Delta z)}{z} = \left(1 + \frac{\Delta z}{z}\right)$$

O lado direito torna-se:

$$\frac{(x + \Delta x)(y + \Delta y)}{z} = \frac{(x + \Delta x)}{x} \frac{(y + \Delta y)}{y}$$

$$= \left(1 + \frac{\Delta x}{x}\right)\left(1 + \frac{\Delta y}{y}\right)$$

em que a primeira igualdade decorre do fato de que $z = xy$, e a segunda igualdade da simplificação de cada uma das duas frações.

Usando as expressões para os lados esquerdo e direito, produz-se:

$$\left(1 + \frac{\Delta z}{z}\right) = \left(1 + \frac{\Delta x}{x}\right)\left(1 + \frac{\Delta y}{y}\right)$$

ou, de maneira equivalente,

$$(1 + g_z) = (1 + g_x)(1 + g_y)$$

Da Proposição 3, $(1 + g_z) \approx (1 + g_x + g_y)$, ou, de modo equivalente,

$$g_z \approx g_x + g_y$$

Para $g_x = 0,05$ e $g_y = 0,03$, a aproximação dá $g_z = 8\%$, enquanto o valor correto é 8,15%.

Aplicação do Capítulo 13: seja a função de produção da forma $Y = NA$, em que Y é a produção, N é o emprego e A é a produtividade. Representando as taxas de crescimento de Y, N e A por g_Y, g_N e g_A, respectivamente, a Proposição 7 implica

$$g_Y \approx g_N + g_A$$

A taxa de crescimento do produto é aproximadamente igual à taxa de crescimento do emprego mais a taxa de crescimento da produtividade.

Proposição 8: se $z = x/y$, então

$$g_z \approx g_x - g_y \qquad (A2.8)$$

A prova é a seguinte: seja Δz o aumento de z, quando x aumenta Δx e y aumenta Δy. Então, por definição, temos:

$$z + \Delta z = \frac{x + \Delta x}{y + \Delta y}$$

Divida ambos os lados por z.

O lado esquerdo torna-se:

$$\left(\frac{z + \Delta z}{z}\right) = \left(1 + \frac{\Delta z}{z}\right)$$

O lado direito torna-se:

$$\frac{(x + \Delta x)}{(y + \Delta y)}\frac{1}{z} = \frac{(x + \Delta x)}{(y + \Delta y)}\frac{y}{x} = \frac{(x + \Delta x)/x}{(y + \Delta y)/y} = \frac{1 + (\Delta x/x)}{1 + (\Delta y/y)}$$

em que a primeira igualdade decorre do fato de que $z = x/y$, a segunda vem da reorganização dos termos, e a terceira da simplificação.

Usando as expressões para os lados esquerdo e direito, temos:

$$1 + \Delta z/z = \frac{1 + (\Delta x/x)}{1 + (\Delta y/y)}$$

ou, substituindo,

$$1 + g_z = \frac{1 + g_x}{1 + g_y}$$

Da Proposição 6, $(1 + g_z) \approx (1 + g_x - g_y)$, ou, de maneira equivalente,

$$g_z \approx g_x - g_y$$

Para $g_x = 0,05$ e $g_y = 0,03$, a aproximação dá $g_z = 2\%$, enquanto o valor correto é de 1,9%.

Aplicação do Capítulo 9: seja M a moeda nominal e P o nível de preços. Segue-se que a taxa de crescimento do estoque da moeda real M/P é dado por

$$g_{M/P} \approx g_M - \pi$$

em que π é a taxa de crescimento dos preços ou, de forma equivalente, a taxa de inflação.

Funções

Neste livro, utilizamos as funções de maneira informal, como um meio de mostrar como uma variável depende de uma ou mais outras variáveis.

Em alguns casos, examinamos como uma variável Y muda com uma variável X. Escrevemos essa relação como

$$Y = f(X)$$
$$+$$

O sinal "+" embaixo de X indica uma relação positiva: um aumento de X leva a um aumento de Y. Um sinal "–" embaixo de X indicaria uma relação negativa; um aumento de X leva a uma diminuição de Y.

Em alguns casos, permitimos que a variável Y dependa de mais de uma variável. Por exemplo, permitimos que Y dependa de X e Z:

$$Y = f(X, Z)$$
$$(+, -)$$

Os sinais indicam que um aumento de X leva a um aumento de Y e que um aumento de Z leva a uma diminuição de Y.

Um exemplo desse tipo de função é a função de investimento (5.1) do Capítulo 5:

$$I = I(Y, i)$$
$$(+, -)$$

Essa equação diz que o investimento, I, aumenta com a produção, Y, e diminui com a taxa de juros, i.

Em alguns casos, é razoável supor que a relação entre duas ou mais variáveis seja uma **relação linear**. Um dado aumento de X sempre leva ao mesmo aumento de Y. Nesse caso, a função é dada por:

$$Y = a + bX$$

Essa relação pode ser representada por uma reta que fornece Y para qualquer valor de X.

O parâmetro a dá o valor de Y quando X é igual a zero. É chamado de **intercepto** porque dá o valor de Y quando a reta que representa a relação "intercepta" (cruza) o eixo vertical.

O parâmetro b nos diz em quanto Y aumenta quando X aumenta uma unidade. É chamado de **inclinação** porque é igual à inclinação da reta que representa a relação.

Uma relação linear simples é a relação $Y = X$, representada pela reta de 45 graus com inclinação igual a 1. Outro exemplo de relação linear é a função de consumo, a Equação 3.2 do Capítulo 3:

$$C = c_0 + c_1 Y_D$$

em que C é o consumo e Y_D é a renda disponível. c_0 nos diz qual seria o consumo se a renda disponível fosse igual a zero; c_1 nos diz quanto o consumo aumenta quando a renda aumenta em uma unidade; c_1 é chamado *propensão marginal a consumir*.

Escalas logarítmicas

Uma variável que cresce a uma taxa de crescimento constante aumenta em incrementos cada vez maiores ao longo do tempo. Consideremos uma variável X que cresce ao longo do tempo a uma taxa de crescimento constante — digamos, de 3% ao ano:

- Comece no ano zero e suponha que $X = 2$. Portanto, um aumento de 3% em X representa um aumento de 0,06 (0,03 × 2).
- Vá para o ano 20. X agora é igual a $2(1,03)^{20} = 3,61$. Um aumento de 3% agora representa um aumento de 0,11 (0,03 × 3,61).
- Vá para o ano 100. X é igual a $2(1,03)^{100} = 38,4$. Um aumento de 3% representa um aumento de 1,15 (0,03 × 38,4), logo, este é um aumento cerca de 20 vezes maior que no ano 0.

Se mostrarmos graficamente X contra o tempo usando uma escala vertical (linear) padrão, o gráfico terá a aparência da Figura A2.1(a). Os aumentos de X tornam-se cada vez maiores ao longo do tempo (0,06 no ano 0, 0,11 no ano 20, 1,15 no ano 100). A curva que representa X contra o tempo torna-se cada vez mais inclinada.

Outra forma de representar a evolução de X é usar uma *escala logarítmica* para medir X no eixo vertical. A propriedade de uma escala logarítmica é a de que o mesmo aumento *proporcional* nesta variável é representado pela mesma distância vertical na escala. Portanto, o comportamento de uma variável como X que aumenta pelo mesmo aumento proporcional (3%) a cada ano agora é representado por uma reta. A Figura A2.1(b) representa o comportamento de X, desta vez usando uma escala logarítmica no eixo vertical. O fato de que a relação é representada por uma reta indica que X está crescendo a uma taxa constante ao longo do tempo. Quanto maior a taxa de crescimento, mais inclinada é a reta.

Em contraste com X, variáveis econômicas como o PIB não crescem a uma taxa constante a cada ano. Sua taxa de crescimento pode ser maior em algumas décadas e menor em outras; uma recessão pode levar a alguns anos

▶ Figura A2.1 (a) Evolução de *X* (utilizando uma escala linear). (b) Evolução de *X* (utilizando uma escala logarítmica).

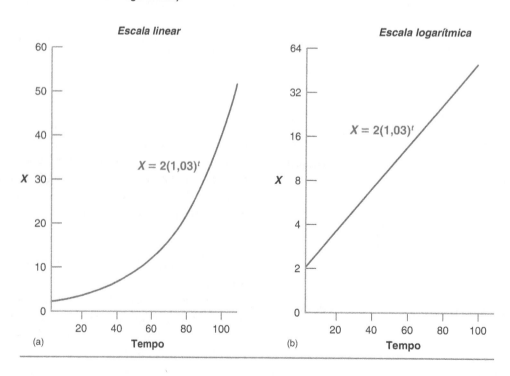

de crescimento negativo. Entretanto, ao examinar a evolução dessas variáveis ao longo do tempo, é frequentemente mais informativo utilizar uma escala logarítmica em vez de uma escala linear. Vejamos o motivo.

A Figura A2.2(a) mostra o PIB real dos Estados Unidos de 1890 a 2011 usando uma escala (linear) padrão. Como o PIB real dos Estados Unidos foi cerca de 51 vezes maior em 2011 que em 1890, o mesmo aumento proporcional do PIB foi 51 vezes maior em 2011 que em 1890. Portanto, a curva que representa a evolução do PIB ao longo do tempo torna-se cada vez mais inclinada. É muito difícil constatar, com base na figura, se a economia dos Estados Unidos está crescendo mais rápido ou mais devagar que há 50 ou 100 anos.

A Figura A2.2(b) mostra o PIB dos Estados Unidos de 1890 a 2011, utilizando agora uma escala logarítmica. Se a taxa de crescimento do PIB fosse a mesma a cada ano — portanto, o aumento proporcional do PIB fosse o mesmo a cada ano —, a evolução do PIB seria representada por uma reta — da mesma forma que a evolução de X foi representada por uma reta na Figura A2.1(b). Como a taxa de crescimento do PIB não é constante a cada ano — portanto, o aumento proporcional do PIB não é o mesmo —, a evolução do PIB não é mais representada por uma reta. Ao contrário do que acontece na Figura A2.2(a), o PIB não explode ao longo do tempo, e o gráfico é mais informativo. Aqui estão dois exemplos:

- Se, na Figura A2.2(b), fôssemos traçar uma reta ajustada à curva de 1890 a 1929 e outra reta ajustada à curva de 1950 a 2011 [os dois períodos estão separados na Figura A2.2(b)], as duas retas teriam aproximadamente a mesma inclinação. Isso nos diz que a taxa média de crescimento foi aproximadamente a mesma durante os dois períodos.
- A queda no produto de 1929 a 1933 está muito visível na Figura A2.2(b). (Em contraste, a crise atual parece pequena em relação à Grande Depressão.) O mesmo ocorre com a forte recuperação do produto que se seguiu. Na década de 1950, o produto parece ter voltado à sua antiga reta de tendência. Isso sugere que a Grande Depressão não esteve associada a um nível de produto permanentemente menor.

Observe, em ambos os casos, que não poderíamos ter derivado essas conclusões examinando a Figura A2.2(a), mas podemos derivá-las examinando a Figura A2.2(b). Isso mostra a utilidade de usar uma escala logarítmica.

Palavras-chave

- inclinação, 578
- intercepto, 577
- relação linear, 577

▶ **Figura A2.2** (a) PIB dos Estados Unidos desde 1890 (utilizando uma escala linear); (b) PIB dos Estados Unidos desde 1890 (utilizando uma escala logarítmica).

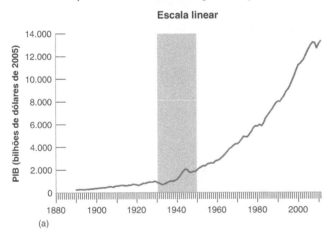
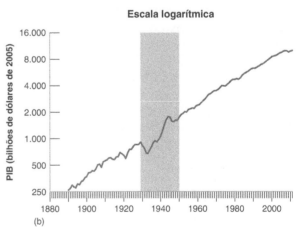

Fonte: 1890-1928: Historical Statistics of the United States, Tabela F1-5, ajustada para o nível para ser consistente com a série pós-1929. 1929-2011: BEA, bilhões de dólares encadeados de 2005. Disponível em: <http://www.bea.gov/national/index.htm#gdp>. Acesso em: 27 set. 2017.

Apêndice 3 Introdução à econometria

Como sabemos que o consumo depende da renda disponível?

Como sabemos o valor da propensão a consumir?

Para responder a essas perguntas e, de modo mais geral, estimar as relações comportamentais e encontrar os valores dos parâmetros relevantes, os economistas usam a *econometria* — conjunto de técnicas estatísticas concebidas para aplicação em economia. A econometria pode se tornar bastante técnica, mas neste apêndice vamos esboçar seus princípios básicos. Faremos isso usando como exemplo a função de consumo apresentada no Capítulo 3 e nos concentraremos em estimar c_1, a propensão a consumir a partir da renda disponível.

Variações no consumo e variações na renda disponível

A propensão a consumir nos diz quanto o consumo varia para uma dada variação na renda disponível. O primeiro passo natural é simplesmente traçar um gráfico das variações no consumo *versus* as variações na renda disponível e observar com que se parece a relação entre ambas. Pode-se ver isso na Figura A3.1.

O eixo vertical na Figura A3.1 mede a variação anual no consumo menos a variação média anual no consumo para cada ano de 1970 a 2014. Mais precisamente: seja C_t o consumo do ano t. Seja ΔC_t a representação de $C_t - C_{t-1}$, a variação no consumo do ano $t-1$ para o ano t. Seja $\overline{\Delta C}$ a variação média anual no consumo desde 1970. A variável medida no eixo vertical é obtida por $\Delta C_t - \overline{\Delta C}$. Um valor positivo da variável representa um aumento no consumo acima da média, enquanto um valor negativo representa um aumento no consumo abaixo da média.

De modo semelhante, o eixo horizontal mede a variação anual na renda disponível menos a variação média anual na renda disponível desde 1970, $\Delta Y_{Dt} - \overline{\Delta Y_D}$.

Cada quadrado no gráfico mostra os desvios da variação no consumo e da renda disponível em relação às respectivas médias para um dado ano entre 1970 e 2014. Por exemplo, em 2014, a variação no consumo foi maior que a média em US$ 107 bilhões, e a variação na renda disponível foi maior que a média em US$ 123 bilhões. (Para nossos objetivos, não é importante saber a que ano se refere cada quadrado, apenas com o que se parece o conjunto de pontos no diagrama. Portanto, com exceção de 2014, não indicamos os anos na Figura A3.1.)

A Figura A3.1 sugere duas conclusões principais:

- A primeira, de que há uma clara relação positiva entre as variações no consumo e as variações na renda disponível. A maioria dos pontos situa-se nos quadrantes superior direito e inferior esquerdo da figura. Quando a renda disponível aumenta mais que a média, o consumo normalmente também aumenta mais que a média. E quando a renda disponível aumenta menos que a média, assim também o faz o consumo.

- A segunda, de que a relação entre as duas variáveis é boa, mas não perfeita. Em particular, alguns pontos situam-se no quadrante superior esquerdo: estes correspondem aos anos em que variações na renda disponível abaixo da média estiveram associadas a variações no consumo acima da média.

A econometria nos permite expressar essas duas conclusões de modo mais preciso e obter uma estimativa da

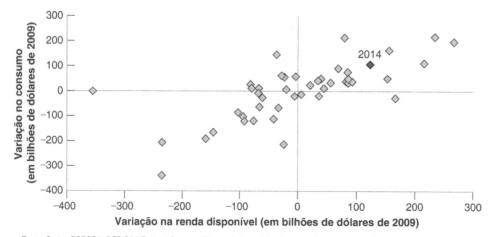

▶ **Figura A3.1** Variações no consumo *versus* variações na renda disponível, 1970-2011.

Há uma clara relação positiva entre as variações no consumo e as variações na renda disponível.

Fonte: Series PCECCA, DSPIC96 Federal Reserve Economic Data (FRED). Disponível em: <http://research.stlouisfed.org/fred2/>. Acesso em: 27 set. 2017.

propensão a consumir. Usando um software econométrico, podemos encontrar a reta que se ajusta melhor à nuvem de pontos da Figura A3.1. Esse processo de ajuste da reta é chamado **mínimos quadrados ordinários (MQO)**.[1] A equação estimada correspondente à reta é chamada de **regressão**, e a reta em si é chamada de **reta de regressão**.

Em nosso caso, a equação estimada é dada por:

$$(\Delta C_t - \overline{\Delta C}) = 0{,}66(\Delta Y_{Dt} - \overline{\Delta Y_D}) + \text{residual}$$
$$\bar{R}^2 = 0{,}51 \qquad (A3.1)$$

A reta de regressão correspondente a essa equação estimada é mostrada na Figura A3.2. A Equação A3.1 apresenta dois números importantes (os pacotes econométricos oferecem mais informações que as apresentadas anteriormente; uma listagem típica, com explicações adicionais, é dada no quadro Foco "Guia para entender resultados econométricos"):

* O primeiro número importante é a propensão a consumir estimada. A equação nos diz que um aumento na renda disponível de US$ 1 bilhão acima do normal normalmente está associado a um aumento no consumo de US$ 0,66 bilhão acima do normal. Em outras palavras, a propensão a consumir estimada é de 0,66. É positiva, porém menor que 1.

* O segundo número importante é $\bar{R}^2$, que é uma medida da precisão do ajuste da reta de regressão: após estimar o efeito da renda disponível sobre o consumo, podemos decompor a variação do consumo de cada ano na parcela que é devida à variação da renda disponível — o primeiro termo da direita na Equação A3.1 — e no resto, que é chamado de **resíduo**. Por exemplo, o resíduo para 2014 é indicado na Figura A3.2 pela distância vertical entre o ponto que representa 2014 e a reta de regressão.

Se todos os pontos na Figura A3.2 estivessem exatamente sobre a reta estimada, todos os resíduos seriam iguais a zero; todas as variações no consumo seriam explicadas por variações na renda disponível. Contudo, como se pode ver, não é esse o caso. $\bar{R}^2$ é a estatística que nos dá uma medida da precisão do ajuste da reta. $\bar{R}^2$ está sempre entre 0 e 1. Um valor igual a 1 implicaria que a relação entre as duas variáveis é perfeita, que todos os pontos estão exatamente sobre a reta de regressão. Um valor igual a zero implicaria que o computador não enxerga nenhuma relação entre as duas variáveis. O valor de $\bar{R}^2$ de 0,51 na Equação A3.1 é alto, mas não muito. Ele confirma a mensagem da Figura A3.2: variações na renda disponível claramente afetam o consumo, mas ainda assim há uma boa parte da variação no consumo que não pode ser explicada pelas variações na renda disponível.

Correlação *versus* causalidade

O que determinamos até aqui é que consumo e renda disponível normalmente caminham juntos. Mais formalmente, vimos que há uma **correlação** positiva entre

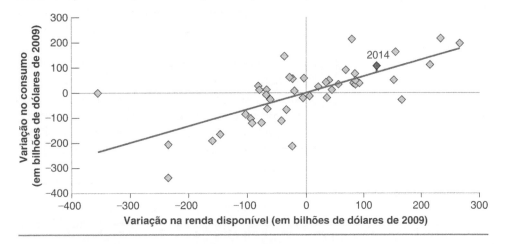

▶ **Figura A3.2** Variações no consumo e variações na renda disponível: a reta de regressão.
A reta de regressão é a que melhor se ajusta à dispersão dos pontos.

---

1 O termo *mínimos quadrados* vem do fato de que a reta tem a propriedade de minimizar a soma dos quadrados das distâncias dos pontos à reta — portanto, nos oferece os "mínimos" "quadrados". A palavra *ordinários* significa que este é o método mais simples utilizado na econometria.

582 Macroeconomia

FOCO

Guia para entender resultados econométricos

Em suas leituras, você pode se deparar com resultados estimados usando econometria. Aqui está um guia que reproduz de forma ligeiramente simplificada, porém fiel, o resultado fornecido pelo computador para a Equação A3.1:

$\bar{R}^2$ é uma medida de ajuste. Quanto mais próxima de 1, melhor é o ajuste da reta de regressão. Um valor de 0,51 indica que grande parte, mas não a totalidade, do movimento da variável dependente pode ser explicada pelos movimentos das variáveis independentes.

O período de estimação inclui todos os anos de 1970 a 2014. Há, portanto, 45 **observações válidas** usadas na regressão. **Graus de liberdade** correspondem ao número de observações menos o número de parâmetros a serem estimados. Existe um parâmetro estimado aqui: o coeficiente de DYD. Portanto, há $45 - 1 = 44$ graus de liberdade. Uma regra simples é que a quantidade de observações deve ser no mínimo igual à quantidade de parâmetros a serem estimados, preferencialmente muito maior; dito de outra forma, os graus de liberdade precisam ser positivos; quanto mais graus de liberdade, melhor.

A variável que estamos tentando explicar é denominada **variável dependente**. Aqui, a variável dependente é DC — a variação anual do consumo menos sua média.

Variável dependente DC — Estimação por mínimos quadrados
Dados anuais de 1970 a 2014
Observações válidas: 45
Graus de liberdade: 44
$\bar{R}^2$: 0,51

Variável	Coeficiente	Estatística t
DYD	0,66	6,7

As variáveis que usamos para explicar a variável dependente são chamadas **variáveis independentes**. Aqui há apenas uma variável independente, DYD — a variação anual da renda disponível menos sua média.

Para cada variável independente, o computador fornece um coeficiente estimado, bem como uma **estatística t**. A estatística t associada a cada coeficiente estimado indica o grau de confiabilidade de que o coeficiente verdadeiro é diferente de zero. Uma estatística t acima de 2 indica que podemos estar pelo menos 95% certos de que o coeficiente verdadeiro é diferente de zero. Uma estatística t de 6,7, como a do coeficiente associado à renda disponível, é tão elevada que podemos estar quase completamente certos (mais de 99,99% certos) de que o verdadeiro coeficiente é diferente de zero.

variações anuais no consumo e variações anuais na renda disponível. E interpretamos essa relação como mostrando **causalidade** — que um aumento na renda disponível causa um aumento no consumo.

Precisamos pensar novamente sobre essa interpretação. Uma relação positiva entre consumo e renda disponível pode refletir o efeito da renda disponível sobre o consumo. Mas também poderia refletir o efeito do consumo sobre a renda disponível. Na realidade, o modelo que desenvolvemos no Capítulo 3 nos diz que, se por qualquer razão os consumidores decidirem gastar mais, então o produto, a renda e, por sua vez, a renda disponível aumentarão. Se parte da relação entre consumo e renda disponível se origina do efeito do consumo sobre a renda disponível, então não é correto interpretar a Equação A3.1 como indicativa do efeito da renda disponível sobre o consumo.

Um exemplo vem a calhar aqui. Suponhamos que o consumo não dependa da renda disponível, de modo que o verdadeiro valor de c_1 seja zero. (Isto não é muito realista, mas deixará a questão mais clara.) Assim, representemos a função de consumo como uma reta horizontal (uma reta com inclinação zero) na Figura A3.3. A seguir, vamos assumir que a renda disponível seja igual a Y_D, de modo que a combinação inicial de consumo e renda disponível seja dada pelo ponto A.

Suponhamos agora que, em virtude de um aumento de confiança, os consumidores aumentem seu consumo, deslocando a reta de consumo para cima. Se a demanda afetar o produto, então a renda e, por sua vez, a renda disponível aumentarão, de modo que a nova combinação de consumo e renda disponível será dada, digamos, pelo ponto B. Se, em vez disso, os consumidores se tornarem mais pessimistas, a reta de consumo se deslocará para baixo, bem como o produto, levando a uma combinação de consumo e renda disponível dada pelo ponto D.

Se examinarmos a economia descrita nos dois parágrafos anteriores, observamos os pontos A, B e D. Se, como fizemos antes, desenharmos a reta que melhor se ajusta a esses pontos, estimaremos uma reta positivamente inclinada, como CC', e assim estimaremos um valor positivo para a propensão a consumir, c_1. Lembramos, entretanto, que o verdadeiro valor de c_1 é zero. Então, por que obtivemos uma resposta errada — um valor positivo para c_1 — se o seu verdadeiro valor é zero? Porque interpretamos a relação positiva entre renda disponível e consumo como indicativa do efeito da renda disponível sobre o consumo quando, na verdade, a relação reflete o efeito do consumo sobre a renda disponível.

Há aqui uma importante lição: *a diferença entre correlação e causalidade*. O fato de que duas variáveis se movem juntas não implica que variações na primeira variável causem variações na segunda. Talvez a causalidade ocorra no sentido oposto: movimentos na segunda variável causem movimentos na primeira. Ou então — como é provavelmente o caso aqui —, talvez a causalidade ocorra nos dois sentidos: a renda disponível afeta o consumo, *e* o consumo afeta a renda disponível.

Existe uma saída para o problema correlação *versus* causalidade? Se estivermos interessados — e estamos — no efeito da renda disponível sobre o consumo, poderemos ainda aprender sobre ele com base nos dados? A resposta: sim, mas somente utilizando mais informações.

▶ **Figura A3.3 Regressão enganosa.**
A relação entre renda disponível e consumo decorre do efeito do consumo sobre a renda, e não do efeito da renda sobre o consumo.

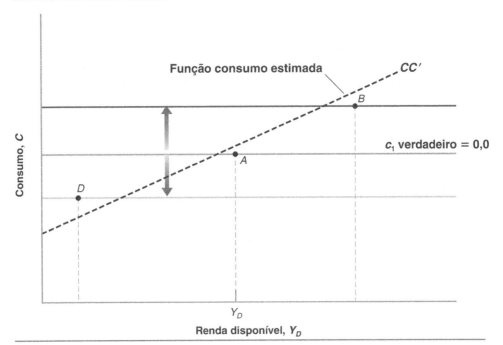

Vamos supor que *sabemos* que uma variação específica da renda disponível não foi causada por uma variação no consumo. Então, examinando a reação do consumo a *esta* variação na renda disponível, poderíamos aprender como o consumo reage à renda disponível; poderíamos estimar a propensão a consumir.

Essa resposta pareceria simplesmente supor a ausência do problema. Como podemos afirmar que uma variação na renda disponível não se deve a uma variação no consumo? Na realidade, às vezes, podemos. Suponhamos, por exemplo, que o governo aumente significativamente os gastos com defesa, levando a um aumento na demanda e, por sua vez, a um aumento no produto. Nesse caso, se observarmos aumentos tanto na renda disponível quanto no consumo, poderemos supor com segurança que a variação no consumo reflete o efeito da renda disponível sobre o consumo, e, portanto, estimar a propensão a consumir.

Esse exemplo sugere uma estratégia geral:

- Encontre variáveis exógenas — isto é, variáveis que afetam a renda disponível, mas que não são, por sua vez, afetadas por ela.
- Examine a variação no consumo em resposta não a todas as variações na renda disponível — como fizemos em nossa regressão anterior —, mas em resposta às variações na renda disponível que podem ser explicadas por variações nessas variáveis exógenas.

Com essa estratégia, podemos estar confiantes de que o que estamos estimando é o efeito da renda disponível sobre o consumo, e não o inverso.

O problema de encontrar essas variáveis exógenas é conhecido na econometria como **problema de identificação**. Essas variáveis exógenas, quando podem ser encontradas, são chamadas de **instrumentos**. Métodos de estimação baseados no uso de tais instrumentos são chamados **métodos de variáveis instrumentais**.

Se a Equação A3.1 for estimada usando-se um método de variáveis instrumentais — as variações nos gastos do governo com defesas atuais e passadas como os instrumentos — em vez dos mínimos quadrados ordinários, como fizemos anteriormente, a equação estimada será

$$(\Delta C_t - \overline{\Delta C}) = 0{,}58 \, (\Delta Y_{Dt} - \overline{\Delta Y_D})$$

Note-se que o coeficiente da renda disponível, 0,58, é menor que o coeficiente de 0,66 da Equação A3.1. Essa redução na propensão a consumir estimada é exatamente o que esperaríamos. Nossa estimativa anterior na Equação A3.1 refletiu não apenas o efeito da renda disponível sobre o consumo, mas também o efeito do consumo de volta sobre a renda disponível. O uso de instrumentos elimina esse segundo efeito, motivo pelo qual encontramos um efeito estimado menor da renda disponível sobre o consumo.

Esta breve introdução à econometria não substitui um curso de econometria, mas proporciona uma ideia de como os economistas utilizam os dados para estimar relações e parâmetros e para identificar relações causais entre variáveis econômicas.

Palavras-chave

causalidade, 582

correlação, 581

estatística t, 582

graus de liberdade, 582

instrumentos, 584

métodos de variáveis instrumentais, 584

mínimos quadrados ordinários (MQO), 581

observações válidas, 582

problema de identificação, 584

regressão, 581

resíduo $\overline{R}^2$, 581

reta de regressão, 581

variáveis independentes, 582

variável dependente, 582

Glossário

abertura dos mercados de bens Oportunidade para que as pessoas e as empresas escolham entre bens domésticos e estrangeiros.

abertura dos mercados financeiros Oportunidade para os investidores escolherem entre ativos financeiros domésticos ou estrangeiros.

ação Ativo financeiro emitido por uma empresa que se compromete a realizar uma sequência de pagamentos, chamados dividendos, no futuro.

acima da linha, abaixo da linha No balanço de pagamentos, os itens das transações correntes estão acima da linha traçada para separá-los dos itens das contas capital e financeira, que se situam abaixo da linha.

Acordo Norte-Americano de Livre Comércio (*North American Free Trade Agreement — Nafta*) Acordo assinado por Estados Unidos, Canadá e México segundo o qual os três países concordam em transformar a América do Norte em uma zona de livre comércio.

acordos de extensão Acordos para estender o resultado das negociações entre um conjunto de sindicatos e empresas a todas as empresas em determinado setor.

acumulação de capital Aumento no estoque de capital.

adiamento (*backloading*) Uma política sofre adiamento quando sua implementação é deixada para o futuro, em vez de ocorrer presente.

afrouxamento de crédito Medidas de política monetária destinadas a aumentar a oferta de crédito pelos bancos.

afrouxamento quantitativo Compras de ativos do Banco Central no limite inferior zero, levando a um aumento no balanço do Banco Central.

agências de classificação de risco Empresas que avaliam a solvência de vários títulos de dívida e emitentes de dívida.

ancoradas Expectativas de inflação são consideradas ancoradas quando não respondem à inflação real.

ano-base Ao calcular o PIB real por meio da avaliação de quantidades em anos diferentes usando um dado conjunto de preços, o ano ao qual este dado conjunto de preços corresponde.

aperto monetário *Veja* contração monetária.

apreciação (nominal) Aumento no preço da moeda nacional em termos de uma moeda estrangeira. Corresponde a um aumento na taxa de câmbio E, conforme definida neste livro.

apreciação real Aumento no preço relativo dos bens domésticos em termos dos bens estrangeiros. Aumento na taxa de câmbio real.

apropriabilidade (dos resultados de pesquisa) Extensão em que as empresas se beneficiam dos resultados de suas atividades de pesquisa e desenvolvimento.

arbitragem Proposição segundo a qual as taxas de retorno esperadas de dois ativos financeiros devem ser iguais. Também chamada *arbitragem com risco*, para distingui-la da *arbitragem sem risco*, segundo a qual as taxas de retorno efetivas de dois ativos financeiros devem ser iguais.

área do euro Conjunto de países que compartilham o euro como moeda comum.

área monetária ótima Propriedades de uma área monetária comum necessárias para ela funcionar sem problemas.

armadilha da liquidez Caso em que as taxas nominais de juros são iguais a zero e a política monetária não pode, portanto, diminuí-las.

armadilha de deflação Situação de um país sujeito a uma espiral de deflação.

armadilha malthusiana Caso de uma economia em que o aumento na produtividade acarreta redução na mortalidade e um aumento populacional, deixando inalterada a renda por pessoa.

atividade bancária limitada (*narrow banking*) Restrições sobre os bancos que os obrigariam a ter apenas títulos públicos de curto prazo.

ativos tóxicos Ativos não recuperáveis, de hipotecas *subprime* a empréstimos insolventes.

atrelamento Taxa de câmbio com a qual um país se compromete sob um sistema de taxa de câmbio fixa.

atrelamento rígido Regime de taxa de câmbio fixa, com forte compromisso do Banco Central para assim mantê-la.

austeridade fiscal Redução nas despesas públicas ou aumento nos impostos, visando à redução do déficit orçamentário.

aversão ao risco Uma pessoa é avessa ao risco se prefere receber dada quantia com certeza em vez de uma quantia incerta com o mesmo valor esperado.

balanço de pagamentos Conjunto de contas que resume as transações de um país com o resto do mundo.

Banco Central Europeu (BCE) Banco Central, sediado em Frankfurt, responsável pela formulação da política monetária na área do euro.

Basileia II, Basileia III Acordos internacionais que trazem recomendações sobre a regulamentação do setor bancário.

bens comercializáveis Bens que competem com os bens estrangeiros nos mercados doméstico e estrangeiro.

bens duráveis Bens que podem ser armazenados e que têm uma vida média de pelo menos três anos.

bens finais Bens usados diretamente para consumo ou investimento (em oposição a produtos intermediários usados no processo de produção).

bens intermediários Bens utilizados na produção de bens finais.

bens não duráveis Mercadorias que podem ser armazenadas, mas têm uma vida média inferior a três anos.

bolha especulativa racional Aumento nos preços das ações com base na expectativa racional de aumentos adicionais de preços no futuro.

bônus do tesouro (*T-bond*) Título do governo dos Estados Unidos com vencimento de dez anos ou mais.

bracket creep (arrastamento das faixas de tributação) Aumento na alíquota tributária marginal com que os indivíduos se defrontam à medida que sua renda nominal sobe e as faixas de tributação permanecem inalteradas em termos nominais.

capital humano Conjunto de habilidades possuídas pelos trabalhadores em uma economia.

causalidade Relação entre causa e efeito.

choques Movimentos dos fatores que afetam a demanda e/ou a oferta agregada.

ciclo político Flutuações na atividade econômica causadas pela manipulação da economia para ganho eleitoral.

ciclos econômicos *Veja* flutuações do produto.

classificação de um título Avaliação de um título com base em seu risco de inadimplência.

coeficiente de endividamento *Veja* razão dívida-PIB.

coeficiente de Okun O efeito de uma variação na taxa de crescimento do produto sobre a variação na taxa de desemprego.

coeficiente de reservas Razão entre as reservas dos bancos e os depósitos à vista.

coincidência divina A proposição de que, se a inflação permanecer estável, é um sinal de que o produto é igual ao produto potencial.

colateral Ativo prometido a fim de se obter um empréstimo. Em caso de inadimplência, os ativos vão para quem concedeu o empréstimo.

combinação de políticas *Veja* combinação de políticas monetária e fiscal.

combinação de políticas monetária e fiscal Combinação das políticas monetárias e fiscais em vigor em determinado momento.

comitê cambial Sistema de taxa de câmbio em que: (1) o Banco Central está preparado para comprar ou vender moeda estrangeira à taxa de câmbio oficial; (2) o Banco Central não pode participar de operações de mercado aberto, isto é, comprar ou vender títulos públicos.

compras do governo Nas contas nacionais, a soma das compras de bens pelo governo mais a remuneração dos funcionários públicos.

compressão das importações Queda nas importações proveniente de uma queda na demanda doméstica.

condição da paridade de juros *Veja* relação da paridade descoberta de juros.

condição de equilíbrio Condição em que a oferta é igual à demanda.

condição Marshall-Lerner Condição sob a qual uma depreciação real leva a um aumento nas exportações líquidas.

conjunto de dados de painel Conjunto de dados que fornecem os valores de uma ou mais variáveis para muitos indivíduos ou muitas empresas ao longo de determinado período.

consolidação fiscal *Veja* contração fiscal.

consumo (C) Bens e serviços adquiridos pelos consumidores.

consumo de capital fixo Depreciação do capital.

contas capital e financeira Contas que mostram as transações financeiras de um país com o resto do mundo.

contas de renda e produto nacional (CRPN) Sistema de contas usado para descrever a evolução da soma, da composição e da distribuição do produto agregado.

contas nacionais *Veja* contas de renda e produto nacional.

contração fiscal Política destinada a reduzir o déficit orçamentário por meio de uma redução nos gastos do governo ou de um aumento nos impostos. Também chamada *consolidação fiscal*.

contração monetária Mudança na política monetária que leva a um aumento na taxa de juros. Também chamada *aperto monetário*.

contratações Funcionários recentemente contratados pelas empresas.

controle ótimo Controle de um sistema (uma máquina, um foguete, uma economia) por meio de métodos matemáticos.

controles de capital Restrições aos ativos estrangeiros que os residentes de um país podem reter e aos ativos domésticos que os estrangeiros podem reter.

convergência Tendência de países com produto por pessoa menor de crescer mais rápido, levando a uma convergência do produto por pessoa entre países.

coordenação (de políticas macroeconômicas entre dois países) Formulação conjunta de políticas macroeconômicas para melhorar a situação econômica de dois países.

correlação Medida do modo como duas variáveis movimentam-se em conjunto. Uma correlação positiva indica que as duas variáveis tendem a se mover na mesma direção. Uma correlação negativa indica que elas tendem a se mover em direções opostas. Uma correlação nula indica que não há relação aparente entre as duas variáveis.

corrida bancária Tentativa dos depositantes de retirar simultaneamente seus fundos em um banco.

corte de cabelo Redução no valor nominal da dívida.

cotas Restrições às quantidades de bens que podem ser importados.

credibilidade Grau em que as pessoas e os mercados acreditam que uma política econômica anunciada será de fato implementada e seguida por completo.

créditos hipotecários *subprime* Financiamentos hipotecários com alto risco de inadimplência por parte daquele que tomou o empréstimo.

credores hipotecários Instituições que fazem empréstimos hipotecários.

crescimento Aumento contínuo no produto agregado ao longo do tempo.

crescimento balanceado Situação em que o produto, o capital e o trabalho efetivo crescem à mesma taxa.

crescimento da produtividade total dos fatores (PTF) A taxa de progresso tecnológico.

crescimento do PIB Taxa de crescimento do PIB real no ano t; é igual a $(Y_t - Y_{t-1})/Y_{t-1}$.

crítica de Lucas Proposição apresentada por Robert Lucas de que as relações existentes entre variáveis econômicas podem mudar com as alterações na política econômica. Um exemplo é o *trade-off* aparente entre inflação e desemprego, que pode desaparecer se os formuladores de política econômica tentarem explorá-lo.

Current Population Survey — CPS Ampla pesquisa mensal em domicílios dos Estados Unidos utilizada em particular para calcular a taxa de desemprego.

curto prazo Período que se estende por no máximo alguns poucos anos.

curva de Phillips Curva que mostra a relação entre os movimentos da inflação e o desemprego. A curva de Phillips original mostrava a relação entre as taxas de inflação e de desemprego. A curva de Phillips modificada mostra a relação entre (1) a variação na taxa de inflação e (2) a taxa de desemprego.

curva de Phillips aceleracionista *Veja* curva de Phillips modificada.

curva de Phillips aumentada pelas expectativas *Veja* curva de Phillips modificada.

curva de Phillips modificada Curva que mostra a variação na taxa da inflação contra a taxa de desemprego. Também chamada *curva de Phillips aumentada pelas expectativas* ou *curva de Phillips aceleracionista*.

curva de rendimento Relação entre rendimento e vencimento para títulos com diferentes datas de vencimento. Também chamada *estrutura a termo das taxas de juros*.

curva IS Curva negativamente inclinada que relaciona o produto à taxa de juros. A curva correspondente à relação IS, a condição de equilíbrio no mercado de bens.

curva J Curva que retrata a deterioração inicial da balança comercial causada por uma depreciação real, seguida por uma melhora na balança comercial.

curva LM Curva positivamente inclinada que relaciona a taxa de juros ao produto. Corresponde à relação *LM*, a condição de equilíbrio para os mercados financeiros.

custo de aluguel do capital *Veja* custo de uso do capital.

custo de menu O custo de mudar um preço.

custo de uso do capital Custo de utilizar o capital por um ano, ou por dado período. Soma da taxa real de juros e da taxa de depreciação. Também chamado *custo de aluguel do capital*.

custo de vida Preço médio de uma cesta de consumo.

custos de sola de sapato Custos de ir ao banco para retirar dinheiro de uma conta-corrente.

Glossário 587

debaixo d´água (*underwater*) Um empréstimo está debaixo d'água quando seu valor é maior que o valor da garantia à qual corresponde. Por exemplo, uma hipoteca está debaixo d'água quando seu valor excede o preço do imóvel correspondente.

Decreto Americano de Recuperação e Reinvestimento (*American Recovery and Reinvestment Act — ARRA*) Programa de estímulo fiscal introduzido em fevereiro de 2009 pela administração dos Estados Unidos.

déficit ajustado pela inflação Medida econômica correta do déficit orçamentário: soma do déficit primário e dos pagamentos de juros reais.

déficit ciclicamente ajustado Medida de qual seria o déficit público sob as regras de tributação e gasto existentes se o produto estivesse em seu nível natural. Também chamado *déficit de pleno emprego*, *déficit da metade do ciclo*, *déficit com emprego padronizado* ou *déficit estrutural*.

déficit com emprego padronizado *Veja* déficit ciclicamente ajustado.

déficit comercial Saldo comercial negativo, isto é, importações que excedem as exportações.

déficit da metade do ciclo *Veja* déficit ciclicamente ajustado.

déficit das contas capital e financeira O saldo negativo das contas capital e financeira.

déficit de pleno emprego *Veja* déficit ciclicamente ajustado.

déficit de transações correntes Saldo negativo de transações correntes.

déficit estrutural *Veja* déficit ciclicamente ajustado.

déficit oficial A diferença entre despesas públicas, incluindo pagamentos de juros nominais e receitas públicas.

déficit orçamentário Excesso de gastos do governo em relação a suas receitas.

déficit primário Gastos do governo, excluindo-se os pagamentos de juros da dívida, menos as receitas do governo. (O negativo do *superávit primário*.)

déficits gêmeos Déficits orçamentário e comercial que caracterizaram os Estados Unidos desde a década de 1980.

deflação Inflação negativa.

deflator do PIB Razão entre o PIB nominal e o PIB real; medida do nível de preços total. Fornece o preço médio dos bens finais produzidos na economia.

demanda agregada Demanda total por bens e serviços produzidos em um determinado país.

demanda doméstica por bens Soma de consumo, investimento e gastos do governo.

demanda efetiva Sinônimo de *demanda agregada*.

demanda por bens domésticos Demanda por bens domésticos por parte de pessoas, empresas e governos, tanto do país quanto do exterior. Igual à demanda doméstica por bens somada às exportações líquidas.

demissionários Trabalhadores que deixam seus empregos em busca de alternativas melhores.

demissões Trabalhadores que perdem o emprego temporária ou permanentemente.

Departamento de Orçamento do Congresso (*Congressional Budget Office — CBO*) Departamento do Congresso dos Estados Unidos encarregado de elaborar e publicar as projeções orçamentárias.

depósito à vista Conta bancária que permite aos depositantes emitir cheques ou receber dinheiro à vista até um montante igual ao saldo da conta.

depreciação (nominal) Redução no valor da moeda nacional em termos de uma moeda estrangeira. Corresponde a uma redução na taxa de câmbio E, conforme definida no livro.

depreciação real Redução nos preços relativos dos bens domésticos em termos dos bens estrangeiros. Queda na taxa de câmbio real.

desemprego tecnológico Desemprego causado pelo progresso tecnológico.

desligamentos Trabalhadores que deixam ou perdem seus empregos.

destruição criativa Proposição de que o crescimento cria e destrói empregos simultaneamente.

desvalorização Redução na taxa de câmbio (E) em um sistema de câmbio fixo.

difusão temporal das decisões sobre salários e preços O fato de que diferentes salários são ajustados em diferentes momentos, tornando impossível atingir uma redução sincronizada da inflação salarial nominal.

dinâmica Movimento de uma ou mais variáveis econômicas ao longo do tempo.

direitos de propriedade Direitos legais concedidos aos donos de propriedades.

discrepância estatística Diferença entre dois números que deveriam ser iguais resultante de diferenças nas fontes ou nos métodos utilizados para o cálculo de cada um deles.

dividendos Parte dos lucros de uma empresa paga aos acionistas a cada período.

divisa Moeda estrangeira; todas as moedas que não a nacional de um dado país.

dolarização Uso do dólar para transações domésticas em um país que não os Estados Unidos.

dominância fiscal Situação em que a política monetária fica subordinada à política fiscal. Por exemplo, quando o Banco Central emite moeda para financiar o déficit.

duração do desemprego Período durante o qual um trabalhador fica desempregado.

econometria Métodos estatísticos aplicados à economia.

economia subterrânea Parte da atividade econômica de um país que não é medida pelas estatísticas oficiais, seja porque a atividade é ilegal, seja porque as pessoas e as empresas procuram evitar pagar impostos.

economistas do lado da oferta Um grupo de economistas da década de 1980 que acreditava que reduções de impostos aumentariam a atividade econômica o suficiente para elevar as receitas de impostos.

emprestador em última instância Caso um banco solvente não possa se financiar, ele pode tomar empréstimo do Banco Central, que atua como emprestador em última instância.

envolvimento do setor privado Uma redução no valor da dívida detida pelo setor privado em caso de reescalonamento ou reestruturação da dívida.

equação comportamental Equação que capta algum aspecto do comportamento.

equilíbrio Igualdade entre demanda e oferta.

equilíbrio no mercado de bens Condição em que a oferta de bens é igual à demanda por bens.

equivalência ricardiana Proposição de que nem os déficits do governo nem a dívida pública têm efeito sobre a atividade econômica. Também chamada *proposição de Ricardo-Barro*.

escala logarítmica Escala em que o mesmo aumento proporcional é representado pela mesma distância na escala, de modo que uma variável que cresça a uma taxa constante seja representada por uma linha reta.

espiral de deflação Mecanismo por meio do qual a deflação aumenta a taxa de juros real, o que, por sua vez, leva a uma menor atividade e a maior deflação, maior aumento da taxa de juros real etc.

estabilizador automático O fato de que uma queda no produto leva, sob determinadas regras de tributação e gasto, a um aumento no déficit orçamentário. O aumento no déficit orçamentário, por sua vez, eleva a demanda, e, portanto, estabiliza o produto.

estado da tecnologia Grau de desenvolvimento tecnológico de um país ou setor.

estado estacionário Em uma economia sem progresso tecnológico, estado em que o produto e o capital por trabalhador não estão mais se movimentando. Em uma economia com progresso tecnológico, estado em que o produto e o capital por trabalhador efetivo não estão mais se movimentando.

estagflação Combinação de estagnação e inflação.

estatística *t* Estatística associada a um coeficiente estimado em uma regressão, que indica o grau de confiança de que o coeficiente verdadeiro difere de zero.

estoque Variável que pode ser expressa como uma quantidade em um ponto no tempo (riqueza, por exemplo).

estrutura a termo das taxas de juros *Veja* curva de rendimento.

euro Moeda europeia que substituiu as moedas nacionais de 11 países em 2002 e atualmente é utilizada em 15 países.

expansão Período de crescimento positivo do PIB.

expansão fiscal Aumento nos gastos do governo ou redução nos impostos, que leva a um aumento no déficit orçamentário.

expansão monetária Mudança na política monetária que leva a uma redução na taxa de juros.

expectativas adaptativas Método retrospectivo de formação de expectativas pelo ajuste com base nos erros passados.

expectativas racionais Formação de expectativas com base em previsões racionais, em vez de simples extrapolações do passado.

exportações (*X*) Compras de bens e serviços domésticos por estrangeiros.

exportações líquidas Diferença entre exportações e importações. Também chamadas *saldo comercial*.

fator de desconto Valor atual de um dólar (ou qualquer outra moeda nacional) em algum instante no futuro.

Federal Reserve Bank (Fed) O Banco Central norte-americano.

ferramentas macroprudenciais Instrumentos usados para regular o sistema financeiro, como razões LTV ou requisitos de razão de capital.

fertilidade da pesquisa Grau em que os gastos com pesquisa e desenvolvimento se traduzem em novas ideias e novos produtos.

financiamento direto Financiamento nos mercados com emissão de títulos ou ações.

financiamento externo Financiamento de empresas por meio de fundos externos (em oposição a lucros retidos).

financiamento interno Financiamento das empresas por meio de fundos internos (lucros retidos).

financiamento monetário Financiamento de déficit orçamentário por meio da criação de moeda.

financiamento no atacado Financiamento por meio do qual se emitem dívidas de curto prazo em vez de depósitos.

financiamento por dívida Financiamento baseado em empréstimos ou na emissão de títulos.

financiamento por participação acionária Financiamento baseado na emissão de ações ordinárias.

flutuação A taxa de câmbio é flutuante quando determinada pelo mercado de câmbio, sem intervenção do Banco Central.

flutuações do produto Movimentos do produto em torno de sua tendência. Também chamadas *ciclos econômicos*.

fluxo Variável que pode ser expressa como uma quantidade por unidade de tempo (como a renda).

fluxo de caixa Fluxo líquido de dinheiro que uma empresa recebe.

fluxos líquidos de capital Fluxos de capital do resto do mundo para a economia doméstica menos fluxos de capital da economia doméstica para o resto do mundo.

fora da força de trabalho Pessoas em idade ativa que não estão trabalhando (na economia de mercado) nem procurando um emprego.

força das taxas compostas Os grandes efeitos do crescimento sustentado no nível de uma variável.

fronteira tecnológica Estado de conhecimento tecnológico.

função consumo Função que relaciona o consumo a seus determinantes.

função de produção Relação entre a quantidade de produto e dos insumos utilizados na produção.

função de produção agregada Relação entre as quantidades de produto agregado e de insumos utilizados na produção.

função de produção Cobb-Douglas Função de produção que dá o produto como uma média geométrica ponderada do trabalho e do capital.

fundo fiduciário da Previdência Social (*Social Security trust fund*) Fundos acumulados pelo sistema de Previdência Social dos Estados Unidos como resultado de superávits no passado.

Fundo Monetário Internacional (FMI) A principal organização econômica internacional. Publica o relatório *World Economic Outlook* anualmente e a revista *International Financial Statistics* (*IFS*) mensalmente.

fundos do mercado monetário Instituições financeiras que recebem fundos das pessoas e os utilizam para comprar ativos financeiros de curto prazo.

G20 Grupo de 20 países, representando cerca de 85% da produção mundial, que se reuniu regularmente durante a crise e tem atuado como um fórum para a coordenação de políticas econômicas.

gasto autônomo Componente da demanda por bens que não depende do nível de produto.

gasto privado agregado Soma de todos os gastos não governamentais. Também chamado *gasto privado*.

gastos do governo (*G*) Bens e serviços comprados pelos governos federal, estadual e municipal.

Grande Moderação Período desde meados da década de 1980 até meados da década de 2000 quando as volatilidades do produto e da inflação declinaram.

graus de liberdade Número de observações válidas em uma regressão menos o número de parâmetros a serem estimados.

guerras por desgaste Quando ambas as partes de um conflito mantêm suas posições, esperando que a outra parte ceda.

hiato do produto A diferença entre produto efetivo e produto potencial.

hiperinflação Inflação muito elevada.

hipótese das expectativas Hipótese de que os investidores são neutros com relação ao risco, o que implica que os retornos esperados em todos os ativos financeiros devem ser iguais.

identidade Equação válida por definição, representada pelo símbolo ≡.

ilusão monetária Proposição de que as pessoas cometem erros sistemáticos na avaliação de mudanças nominais *versus* mudanças reais.

importações (*IM*) Compra de bens e serviços estrangeiros por consumidores, empresas e governo domésticos.

impostos indiretos Impostos sobre bens e serviços. Nos Estados Unidos, basicamente impostos sobre as vendas.

inclinação Em uma relação linear entre duas variáveis, o montante pelo qual a primeira variável aumenta quando a segunda aumenta em uma unidade.

inconsistência temporal Na teoria dos jogos, o incentivo para que um jogador se desvie de seu curso de ação previamente anunciado uma vez que o outro jogador já tenha se movido.

indexação de salários Regra segundo a qual os salários são aumentados automaticamente em resposta ao aumento dos preços.

Índice de Preços ao Consumidor (IPC) Custo de determinada lista de bens e serviços consumidos por um morador urbano típico.

inflação Aumento sustentado no nível geral de preços.

insolvência Incapacidade de um devedor, seja uma empresa, uma pessoa ou o governo, pagar sua dívida.

instalações Nas contas nacionais: fábricas, edifícios comerciais e hotéis.

instinto animal Termo introduzido por Keynes para se referir a variações nos investimentos que não poderiam ser explicadas por mudanças nas variáveis correntes.

instrumentos Em econometria, as variáveis exógenas que permitem solucionar o problema da identificação.

interações estratégicas Ambiente em que as ações de um jogador dependem das ações dos outros jogadores e também as afetam.

intercepto Em uma relação linear entre duas variáveis, o valor da primeira quando a segunda é igual a zero.

intermediário financeiro Instituição financeira que recebe recursos de pessoas, empresas ou outras instituições financeiras e os utiliza para fazer empréstimos ou comprar ativos financeiros.

intervalo de confiança Ao estimar o efeito dinâmico de uma variável sobre outra, o intervalo de valores em que podemos estar confiantes de que ali se encontra o verdadeiro efeito dinâmico.

investimento (*I*) Compra de novas casas e apartamentos pelas pessoas e de novos bens de capital (máquinas e instalações) pelas empresas.

investimento em equipamentos e softwares Aquisição de máquinas e softwares por empresas.

investimento em estoques Diferença entre produção e vendas.

investimento estrangeiro direto Aquisição de empresas existentes ou implementação de novas empresas por investidores estrangeiros.

investimento financeiro Compra de ativos financeiros.

investimento fixo Compra de equipamentos e instalações (em oposição a investimento em estoque).

investimento fixo bruto privado interno Nas contas de renda e produto nacional, a soma do investimento residencial com o não residencial.

investimento não residencial Compra de novos bens de capital pelas empresas: instalações e equipamentos duráveis do produtor.

investimento residencial Aquisição de novos imóveis pelas pessoas.

jogadores Os participantes de um jogo. Dependendo do contexto, os jogadores podem ser pessoas, empresas, governos e assim por diante.

jogo Interações estratégicas entre os jogadores.

juros líquidos Nas contas nacionais, os juros pagos pelas empresas menos os juros por elas recebidos, mais os juros recebidos do resto do mundo menos os juros pagos ao resto do mundo.

lei de Okun Relação entre o crescimento do PIB e a variação na taxa de desemprego.

letras do Tesouro (*T-bills*) Título do governo dos Estados Unidos com vencimento de até um ano.

limite inferior zero A menor taxa de juros que o Banco Central pode atingir antes de tornar mais atrativo manter moeda que manter títulos.

liquidez Um ativo será líquido se puder ser vendido rapidamente. Uma instituição financeira será líquida se puder vender seus ativos rapidamente.

longo prazo Período que se estende por décadas.

lucratividade O valor presente descontado esperado dos lucros.

lucros das empresas e transferências corporativas Nas contas nacionais, as receitas menos os custos das empresas (incluindo pagamentos de juros) e menos a depreciação.

M1 Soma de papel-moeda, cheques de viagem e depósitos à vista — ativos que podem ser utilizados diretamente nas transações. Também chamada de *moeda restrita*.

margem Razão entre o preço e o custo de produção.

mecanismo de propagação Efeitos dinâmicos de um choque sobre o produto e seus componentes.

médio prazo Período de tempo entre o curto e o longo prazo.

mercado interbancário (*federal funds market*) Mercado dos Estados Unidos no qual os bancos com excesso de reservas ao final do dia emprestam aos bancos com reservas insuficientes.

meta de inflação flexível Forma de conduzir a política monetária para retornar a inflação à meta ao longo do tempo.

métodos de variáveis instrumentais Em econometria, métodos de estimação que utilizam instrumentos para estimar relações causais entre variáveis diferentes.

minidesvalorizações cambiais Mecanismo cambial que permite a variação nas taxas de câmbio ao longo do tempo de acordo com uma fórmula previamente especificada.

mínimos quadrados ordinários Método estatístico para encontrar a relação com o melhor ajuste entre duas ou mais variáveis.

modelo Mundell-Fleming Modelo de equilíbrio simultâneo nos mercados de bens e financeiros para uma economia aberta.

modelos de ciclo econômico real (*real business cycle — RBC*) Modelos econômicos que supõem que o produto esteja sempre em seu nível natural. Portanto, todas as flutuações do produto são movimentos do nível natural do produto, em oposição aos movimentos para longe do seu nível natural.

modelos de crescimento endógeno Modelos nos quais a acumulação de capital físico e de capital humano pode sustentar o crescimento mesmo na ausência de progresso tecnológico.

modismo Período no qual, por moda ou excesso de otimismo, os investidores financeiros estão dispostos a pagar por uma ação mais que seu valor fundamental.

moeda Ativos financeiros que podem ser utilizados diretamente para adquirir bens.

moeda comum A moeda utilizada nos países-membros de uma área de moeda comum.

moeda de alta potência *Veja* moeda do Banco Central.

moeda do Banco Central Moeda emitida pelo Banco Central. Também conhecida como base monetária e moeda de alta potência.

monetarismo, monetaristas Grupo de economistas da década de 1960, liderados por Milton Friedman, que argumentaram que a política monetária exercia grande efeito sobre a atividade econômica.

monetização da dívida Impressão de dinheiro para financiar um déficit.

mudança estrutural Mudança na estrutura econômica da economia, normalmente associada ao crescimento.

multiplicador Razão entre a variação de uma variável endógena e a variação de uma variável exógena (por exemplo, a razão entre a variação do produto e a dos gastos autônomos).

multiplicador fiscal Tamanho do efeito das despesas públicas sobre o produto.

negociação coletiva Negociação sobre salários entre empresas e sindicatos.

nível de desemprego Número de pessoas que não estão trabalhando, mas procuram um emprego.

nível de emprego Número de pessoas empregadas.

nível de preços Nível geral de preços de uma economia.

nível de regra de ouro do capital Nível de capital que maximiza o consumo no estado estacionário.

nota do tesouro (*T-note*) Título do governo dos Estados Unidos com vencimento de um a dez anos.

nova teoria do crescimento Desenvolvimentos recentes da teoria do crescimento que exploram os determinantes do progresso tecnológico e o papel dos rendimentos crescentes de escala no crescimento.

novo-clássicos Grupo de economistas que interpretam as flutuações como efeitos de choques em mercados competitivos com preços e salários totalmente flexíveis.

novo-keynesianos Grupo de economistas que acreditam na importância da rigidez nominal para as flutuações e exploram o papel das imperfeições de mercado para explicar as flutuações.

número-índice Um número, como o deflator do PIB, que não tem nível natural e é, portanto, fixado em algum valor (em geral 1 ou 100) em dado período.

observação válida Observação para a qual os valores de todas as variáveis consideradas estão disponíveis para uma regressão.

operação contracionista de mercado aberto Operação de mercado aberto em que o Banco Central vende títulos para reduzir a oferta de moeda.

operação de mercado aberto Compra ou venda de títulos públicos pelo Banco Central com a finalidade de aumentar ou diminuir a oferta de moeda.

operação expansionista de mercado aberto Operação de mercado aberto em que o Banco Central compra títulos para aumentar a oferta de moeda.

orçamento equilibrado Orçamento em que os impostos são iguais aos gastos do governo.

Organização dos Países Exportadores de Petróleo (Opep) Conjunto de países produtores de petróleo que há muito atua como um cartel de produção.

Organização para Cooperação e Desenvolvimento Econômico (OCDE) Organização internacional que coleta e estuda dados econômicos de muitos países. A maioria dos países ricos do mundo pertence à OCDE.

Pacto de Estabilidade e Crescimento (PEC) Conjunto de regras que regem gastos públicos, déficits e dívida na União Europeia.

padrão de vida PIB real por pessoa.

padrão-ouro Sistema em que um país fixava o preço de sua moeda em termos do ouro e se dispunha a trocar ouro por moeda na paridade declarada.

pagamento de renda de fatores para o resto do mundo Em determinado país, a renda recebida pelo capital estrangeiro e pelos residentes estrangeiros.

pagamentos de cupom Pagamentos antes do vencimento de um título com cupom.

papel-moeda Moeda e notas.

parada súbita Súbita redução na disposição dos investidores estrangeiros de deter a dívida de determinado país.

paradoxo da poupança Resultado em que uma tentativa das pessoas de poupar mais pode levar tanto ao declínio do produto quanto a uma poupança inalterada.

paradoxo de Easterlin Proposição de que uma renda mais elevada em um país não está associada a níveis mais elevados de felicidade.

parâmetro Coeficiente de uma equação comportamental.

paridade central Valor de referência da taxa de câmbio em torno do qual se permite que a taxa de câmbio varie em um sistema de taxa de câmbio fixa. É o ponto central da banda.

paridade do poder de compra (PPC) Método de ajuste empregado para permitir comparações internacionais do PIB.

passeio aleatório Trajetória de uma variável cujas mudanças ao longo do tempo são imprevisíveis.

passeio aleatório do consumo Proposição de que as mudanças no consumo seriam imprevisíveis se os consumidores tivessem boa capacidade de previsão.

patente Direito legal concedido a uma pessoa ou empresa para excluir qualquer outro da produção ou utilização de um novo produto ou técnica por certo período.

pesquisa e desenvolvimento (P&D) Gastos destinados a descobrir e desenvolver novas ideias e produtos.

PIB ajustado pela inflação *Veja* PIB real.

PIB em dólares *Veja* PIB nominal.

PIB em dólares constantes *Veja* PIB real.

PIB em dólares correntes *Veja* PIB nominal.

PIB em dólares encadeados (de 2009) *Veja* PIB real.

PIB em termos de bens *Veja* PIB real.

PIB nominal Soma das quantidades de bens finais produzidos em uma economia multiplicada por seu preço atual. Também

conhecido como *PIB em dólares* ou *PIB em dólares correntes*.

PIB real Medida do produto agregado. Soma das quantidades produzidas em uma economia multiplicadas por seus preços em um ano-base. Também conhecido como *PIB em termos de bens*, *PIB em dólares constantes*, *PIB ajustado pela inflação*. A medida atual do PIB real nos Estados Unidos é chamada *PIB em dólares encadeados (de 2000)*.

PIB real em dólares encadeados (de 2000) *Veja* PIB real.

PIB real por pessoa Proporção do PIB real para a população.

PNB *Veja* Produto Nacional Bruto.

poder aquisitivo Renda em termos de bens.

poder de negociação Força relativa de cada lado em uma negociação ou disputa.

política fiscal Escolha do governo sobre impostos e gastos.

política monetária convencional Uso de taxa de política monetária como principal instrumento para afetar a atividade econômica.

política monetária não convencional Medidas de política monetária utilizadas para aumentar a atividade econômica quando a taxa básica atingiu o limite inferior zero.

pontos-base Um ponto-base representa um centésimo de uma porcentagem. Um aumento de 100 pontos-base na taxa de juros significa um aumento de 1% na taxa de juros.

população civil disponível em idade ativa Número de pessoas potencialmente disponíveis para o emprego civil.

porto seguro Um país considerado seguro por parte dos investidores financeiros.

poupança Soma da poupança privada e pública, representada por *S*.

poupança privada (S) Poupança do setor privado. É o valor da renda disponível dos consumidores menos seu consumo.

poupança pública Poupança pelo governo; igual às receitas do governo menos seus gastos. Também chamada *superávit orçamentário*. (Um déficit orçamentário representa despoupança pública.)

precificação hedônica Enfoque para o cálculo do PIB real que trata os bens como provedores de um conjunto de características, cada qual com um preço implícito.

preço ex-dividendo O preço da ação imediatamente após o pagamento do dividendo.

preços de queima de estoque Preços dos ativos muito baixos, o que reflete a necessidade dos vendedores de vender e a ausência de compradores suficientes, por conta das restrições no curto prazo.

preferência pela liquidez Termo introduzido por Keynes para representar a demanda por moeda.

prêmio a termo Diferença entre a taxa de juros de um título de longo prazo e a taxa de juros de um título de curto prazo.

prêmio de risco Diferença entre a taxa de juros paga por um dado título e a paga por um título com classificação mais elevada.

prêmio de risco das ações Prêmio de risco exigido pelos investidores para reter ações em vez de títulos de curto prazo.

prêmio de risco sobre títulos Taxa de juros adicional que um título deve pagar refletindo seu risco de inadimplência.

problema de identificação Em econometria, o problema de descobrir se a correlação entre as variáveis X e Y indica uma relação causal de X para Y, de Y para X, ou ambas. Resolvemos esse problema encontrando variáveis exógenas, denominadas instrumentos, que afetam X e não afetam Y diretamente, ou afetam Y e não afetam X diretamente.

produtividade do trabalho Razão entre o produto e o número de trabalhadores.

produto agregado Montante total produzido em uma economia.

produto interno bruto (PIB) Medida do produto agregado nas contas de renda nacional. (O valor de mercado dos bens e serviços produzidos por trabalho e instalações localizados em um país.)

produto interno bruto (PIB) [*versus* produto nacional bruto (PNB)] Produto interno bruto mede o valor agregado doméstico. Produto nacional bruto mede o valor agregado por fatores domésticos de produção.

produto nacional bruto (PNB) Medida do produto agregado nas contas de renda nacional. (O valor de mercado dos bens e serviços produzidos por trabalho e instalações ofertados pelos residentes de um país.)

produto nacional líquido (PNL) Produto nacional bruto menos a depreciação do capital.

produto por pessoa O produto interno bruto de um país dividido por sua população.

produto potencial Nível de produto associado à taxa de desemprego igual à taxa de desemprego natural.

Programa de Alívio de Ativos Problemáticos (*Troubled Asset Relief Program — TARP*) Programa introduzido em outubro de 2008 pela administração dos EUA cujo objetivo era comprar ativos tóxicos e, mais tarde, prover capital a bancos e outras instituições financeiras em apuros.

programas de liquidez Formas específicas em que um Banco Central pode conceder empréstimo a instituições financeiras.

progresso tecnológico Melhora no estado da tecnologia.

progresso tecnológico enviesado para a qualificação Proposição de que as novas máquinas e os novos métodos de produção requerem trabalhadores mais qualificados que no passado.

propensão a consumir (c_1) O efeito sobre o consumo de um dólar adicional de renda disponível.

propensão a poupar Efeito sobre a poupança de uma unidade monetária adicional de renda disponível (igual a 1 menos a propensão a consumir).

proposição de Ricardo-Barro *Veja* equivalência ricardiana.

proteção ao emprego Conjunto de regulamentações que determinam as condições em que uma empresa pode demitir um trabalhador.

provisão de liquidez A provisão de liquidez aos bancos pelo Banco Central.

q de Tobin Razão entre o valor do estoque de capital, calculado somando-se o valor na bolsa de valores das empresas e o de sua dívida, e o custo de reposição do capital.

QE1, QE2, QE3 A primeira, a segunda e a terceira instâncias de política monetária não convencional nos Estados Unidos durante o período de crise financeira.

R^2 Medida de ajuste de uma regressão, entre zero e um. R^2 igual a zero implica que não há relação aparente entre as variáveis consideradas. R^2 igual a 1 implica que o ajuste é perfeito: todos os resíduos são iguais a zero.

razão de alavancagem Razão entre os ativos do banco e seu capital (o inverso da razão de capital).

razão de capital Razão entre o capital de um banco e seus ativos.

razão dívida-PIB Razão entre a dívida e o produto interno bruto. Também chamada simplesmente *coeficiente de endividamento*.

razão LTV [*loan-to-value*] ou quota de financiamento Razão do empréstimo que as pessoas podem tomar em proporção ao valor do imóvel que adquirem.

recebimentos de renda de fatores do resto do mundo Em um país, a renda recebida pelo capital do país no exterior ou pelos residentes do país no exterior.

recessão Período de crescimento negativo do PIB. Em geral, refere-se a pelo menos dois trimestres consecutivos de crescimento negativo do PIB.

reescalonamento da dívida Reescalonamento de pagamentos de juros ou de principal, normalmente para reduzir pagamentos correntes.

reestruturação da dívida Redução no valor da dívida por meio de uma redução no valor do principal ou nos pagamentos de juros.

regime de metas de inflação Condução da política monetária para atingir uma dada taxa de inflação ao longo do tempo.

regra da taxa de juros Uma regra de política monetária em que a taxa de juros é ajustada em resposta ao produto e à inflação.

regra de *pay-as-you-go* ou PAYGO Uma regra orçamentária que exige que qualquer novo gasto seja financiado por receitas adicionais.

regra de Taylor Regra sugerida por John Taylor a fim de orientar o Banco Central sobre como ajustar a taxa de juros nominal em resposta a desvios tanto da inflação em relação à sua meta quanto da taxa de desemprego em relação à sua taxa natural.

regressão Resultado dos mínimos quadrados ordinários. Fornece a equação correspondente à relação estimada entre variáveis, com informações sobre o grau de ajuste e a importância relativa das diferentes variáveis.

relação da paridade descoberta de juros Relação de arbitragem que afirma que os títulos domésticos e estrangeiros devem ter a mesma taxa de retorno esperada, expressa em termos de uma moeda comum.

relação de fixação de preços Relação entre o preço escolhido pelas empresas, o salário nominal e a margem.

relação de fixação de salários Relação entre o salário escolhido pelos fixadores de salários, o nível de preços e a taxa de desemprego.

relação IS Condição de equilíbrio que afirma que a demanda por bens deve ser igual à oferta ou, de maneira equivalente, que o investimento deve ser igual à poupança. Condição de equilíbrio no mercado de bens.

relação linear Relação entre duas variáveis tal que o aumento de uma unidade em uma variável sempre leve a um aumento de n unidades em outra variável.

remuneração dos empregados Nas contas nacionais, a soma de salários e ordenados e de adicionais a esses salários e ordenados.

renda Fluxo de receita proveniente de trabalho, aluguéis, juros e dividendos.

renda de proprietários Nas contas nacionais, a renda proveniente de empresas individuais, sociedades unipessoais e cooperativas isentas de impostos.

renda disponível Renda que sobra depois que os consumidores receberam transferências do governo e pagaram seus impostos.

renda nacional Em determinado país, a renda originada da produção de bens e serviços ofertados pelos residentes desse país.

renda pessoal A renda efetivamente recebida pelas pessoas.

renda pessoal de aluguel Nas contas nacionais, a renda proveniente do aluguel de uma propriedade menos a depreciação dessa mesma propriedade.

renda pessoal disponível Renda pessoal menos os pagamentos de impostos. A renda disponível para os consumidores após receberem transferências e pagarem impostos.

rendimento Razão entre o pagamento do cupom e o valor do título.

rendimento até o vencimento Taxa de juros constante que torna o preço de um título de n anos igual ao valor presente dos pagamentos futuros. Também chamado *taxa de juros de n anos*.

rendimento corrente Razão entre o pagamento de cupom e o preço de um título com cupom.

rendimentos decrescentes do capital A propriedade de que aumentos no capital levam a aumentos cada vez menores no produto à medida que o nível de capital se eleva.

rendimentos decrescentes do trabalho A propriedade de que aumentos no trabalho levam a aumentos cada vez menores no produto à medida que o nível de trabalho aumenta.

reserva de mão de obra A decisão das empresas de manter mão de obra excedente em resposta a uma queda nas vendas.

reservas bancárias Moeda do Banco Central retida pelos bancos. Diferença entre o que os bancos recebem dos depositantes e o que emprestam às empresas ou mantêm sob a forma de títulos.

reservas cambiais Ativos estrangeiros em posse do Banco Central.

resíduo Diferença entre o valor efetivo de uma variável e o valor implícito pela reta de regressão. Pequenos resíduos indicam um bom ajuste.

resíduo de Solow Excesso do crescimento efetivo do produto sobre o que pode ser atribuído ao crescimento do capital e do trabalho.

restrição orçamentária do governo Restrição orçamentária com que o governo se depara. A restrição implica que o excesso de gasto em relação às receitas deve ser financiado por empréstimos, o que provoca um aumento na dívida.

reta de regressão Reta com melhor ajuste correspondente à equação obtida por meio do uso dos mínimos quadrados ordinários.

retornos constantes de escala Proposição de que um aumento (ou uma redução) proporcional em todos os insumos leva ao mesmo aumento (ou redução) proporcional no produto.

revalorização Aumento na taxa de câmbio (E) em um sistema de taxa de câmbio fixa.

rigidez do mercado de trabalho Restrições à capacidade de as empresas ajustarem seu nível de emprego.

rigidez nominal Ajuste lento dos salários nominais e dos preços a alterações na atividade econômica.

riqueza *Veja* riqueza financeira.

riqueza financeira Valor de todos os ativos financeiros de uma pessoa menos seus passivos financeiros. Às vezes chamada abreviadamente de *riqueza*.

riqueza humana Componente da riqueza proveniente da renda do trabalho.

riqueza imobiliária Valor do estoque residencial.

riqueza não humana Os componentes financeiro e imobiliário da riqueza.

riqueza total Soma da riqueza humana e não humana.

salário de reserva Salário que tornaria o trabalhador indiferente entre trabalhar ou ficar desempregado.

saldo comercial Diferença entre exportações e importações. Também chamada *exportações líquidas*.

saldo das contas capital e financeira A diferença entre o que um país toma emprestado do resto do mundo e o que empresta ao resto do mundo.

saldo em transações correntes A soma de exportações líquidas, renda líquida e transferências líquidas do resto do mundo.

securitização Emissão de títulos baseados em uma carteira subjacente de ativos, como hipotecas ou papéis comerciais.

seguro de depósitos Seguro fornecido pelo governo dos Estados Unidos que protege cada depositante até o montante de US$ 100.000 por conta.

seguro-desemprego Benefícios pagos pelo Estado aos desempregados.

senhoriagem Receitas obtidas com a criação de moeda.

série geométrica Sequência matemática na qual a razão entre um termo e o termo precedente é constante. Sequência matemática da forma $1 + c + c^2 + ... + c^n$.

serviços Mercadorias que não podem ser armazenadas e, portanto, devem ser consumidas no local e no momento da compra.

síntese neoclássica Consenso na macroeconomia, desenvolvido no início da década de 1950, baseado na integração das ideias de Keynes com as ideias de economistas que o precederam.

sintonia fina Política macroeconômica com o objetivo de alcançar determinada meta com precisão, como desemprego constante ou crescimento do produto constante.

sistema bancário na sombra O conjunto de instituições financeiras não bancárias, dos veículos estruturados de investimento (SIVs) a fundos de *hedge*.

sistema de capitalização da Previdência Social Sistema de aposentadoria no qual as contribuições dos trabalhadores atuais são investidas em ativos financeiros, com as rendas (principal e juros) devolvidas aos trabalhadores quando se aposentam.

sistema de repartição da Previdência Social Sistema de aposentadoria em que as contribuições dos trabalhadores atuais são usadas para pagar os benefícios aos aposentados.

Sistema Monetário Europeu (SME) Série de regras que implementou bandas de taxas de câmbio bilateral entre países-membros na Europa e operou de 1979 a aproximadamente 1982.

spread Diferença entre a taxa de juros de um título com risco e a taxa de juros de um título seguro.

suavização tributária Princípio que consiste em manter as alíquotas de impostos aproximadamente constantes, de modo que o governo registre grandes déficits quando seus gastos são excepcionalmente altos e pequenos superávits no restante do tempo.

superávit comercial Saldo comercial positivo; exportações que excedem as importações.

superávit das contas capital e financeira Saldo positivo das contas capital e financeira. O país toma emprestado mais do que empresta para o resto do mundo. Um superávit das contas capital e financeira corresponde a um déficit das transações correntes.

superávit de transações correntes Saldo positivo de transações correntes.

superávit orçamentário *Veja* poupança pública.

superávit primário Receitas do governo menos gastos do governo, excluindo-se os pagamentos de juros sobre a dívida.

tarifas Impostos sobre bens importados.

taxa básica Taxa de juros fixada pelo Banco Central.

Glossário 593

taxa de câmbio bilateral Taxa de câmbio real entre dois países.

taxa de câmbio fixa Taxa de câmbio entre as moedas de dois ou mais países fixada em determinado nível e ajustada com pouca frequência.

taxa de câmbio multilateral (taxa de câmbio multilateral real) Taxa real de câmbio entre um país e seus parceiros comerciais, calculada como a média ponderada das taxas reais de câmbio bilaterais. Também chamada *taxa de câmbio real ponderada pelo comércio* ou *taxa de câmbio real efetiva*.

taxa de câmbio nominal Preço da moeda nacional em termos de moeda estrangeira. Número de unidades de moeda estrangeira que se pode obter por uma unidade de moeda nacional.

taxa de câmbio real Preço relativo dos bens domésticos em termos dos bens estrangeiros.

taxa de câmbio real efetiva *Veja* taxa de câmbio multilateral.

taxa de crescimento da produtividade total dos fatores *Veja* resíduo de Solow.

taxa de cupom Razão entre o pagamento do cupom e o valor de face de um título com cupom.

taxa de desconto (i) Taxa de juros utilizada para descontar uma sequência de pagamentos futuros. Corresponde à taxa de juros nominal ao descontar pagamentos nominais futuros e à taxa de juros real ao descontar pagamentos reais futuros. (ii) Taxa de juros na qual o Fed empresta aos bancos.

taxa de desemprego Razão entre o número de desempregados e a força de trabalho.

taxa de desemprego não aceleradora da inflação (NAIRU) Taxa de desemprego à qual a inflação nem diminui, nem aumenta. *Veja* taxa natural de desemprego.

taxa de emprego Razão entre o nível de emprego e força de trabalho.

taxa de empréstimo Taxa à qual consumidores e empresas podem contrair empréstimos de uma instituição financeira.

taxa de inflação Taxa em que o nível de preços aumenta ao longo do tempo.

taxa de juros de curto prazo Taxa de juros que incidem sobre títulos de curto prazo (normalmente um ano ou menos).

taxa de juros de longo prazo Taxa de juros que incide sobre títulos de longo prazo.

taxa de juros de *n* anos *Veja* rendimento até o vencimento.

taxa de juros natural Taxa de juros compatível com um nível de demanda por bens igual ao produto potencial.

taxa de juros neutra *Veja* taxa de juros natural.

taxa de juros nominal Taxa de juros em termos de moeda nacional (no caso do Brasil, em termos de reais). Diz quantos reais alguém terá de pagar no futuro por um empréstimo de um real hoje.

taxa de juros wickselliana *Veja* taxa de juros neutra ou natural.

taxa de participação A proporção entre a força de trabalho e a população civil disponível em idade ativa.

taxa de poupança Proporção da renda que é poupada.

taxa do mercado interbancário (*federal funds rate*) Taxa de juros determinada pelo equilíbrio do mercado interbancário nos Estados Unidos. Taxa de juros afetada mais diretamente por mudanças na política monetária.

taxa estrutural de desemprego *Veja* taxa natural de desemprego.

taxa natural de desemprego Taxa de desemprego na qual as decisões sobre preços e salários são consistentes.

taxa real de juros Taxa de juros em termos de bens. Diz quantos bens será preciso pagar no futuro em troca de um empréstimo equivalente a um bem hoje.

teoria do ciclo de vida do consumo Teoria do consumo desenvolvida inicialmente por Franco Modigliani, enfatizando que o horizonte de planejamento dos consumidores é seu tempo de vida.

teoria do ciclo econômico Estudo das flutuações macroeconômicas.

teoria do consumo da renda permanente Teoria do consumo desenvolvida por Milton Friedman que enfatiza que as pessoas tomam decisões de consumo baseadas não na renda atual, mas em sua noção de renda permanente.

teoria do controle ótimo Conjunto de métodos matemáticos utilizados para obter um controle ótimo.

teoria do salário-eficiência Teoria segundo a qual um salário mais alto pode levar trabalhadores a serem mais engajados e mais produtivos.

teoria dos jogos Previsão dos resultados de jogos.

tetos de gastos Limites legislativos sobre gastos públicos.

tigres asiáticos As quatro economias asiáticas: Singapura, Taiwan, Hong Kong e Coreia do Sul.

título Ativo financeiro que promete um fluxo de pagamentos conhecidos durante um período de tempo.

título com cupom Título que promete múltiplos pagamentos antes do vencimento e um pagamento no vencimento.

título com desconto Título que promete um único pagamento no vencimento.

título corporativo Título emitido por uma corporação.

título garantido por crédito hipotecário (*mortgage based security — MBS*) Título baseado em portfólio subjacente de hipotecas.

título indexado Título que promete pagamentos ajustados pela inflação.

título público Título emitido por um governo ou por uma agência governamental.

títulos de dívida colateralizada (*collateralized debt obligation — CDO*) Título baseado em um portfólio subjacente de ativos.

títulos indexados pela inflação Títulos do governo dos Estados Unidos que pagam juros reais (em vez dos nominais).

títulos júnior Títulos pagos após títulos seniores em caso de insolvência.

títulos podres Títulos com risco de inadimplência elevado.

títulos sênior Títulos pagos antes dos títulos júnior em caso de insolvência.

trabalhador desalentado Pessoa que desistiu de procurar emprego.

trabalho efetivo O número de trabalhadores em uma economia multiplicado pelo estado da tecnologia.

trabalho em unidades de eficiência *Veja* trabalho efetivo.

transações correntes No balanço de pagamentos, o resumo dos pagamentos ao resto do mundo feitos e recebidos por um país.

transferências do governo Pagamentos feitos pelo governo a pessoas não resultantes do fornecimento de bens ou serviços. Exemplo: pagamentos da Previdência Social.

transferências líquidas recebidas Nas transações correntes, o valor líquido da ajuda estrangeira recebida menos a ajuda estrangeira fornecida.

transferências pessoais Seguro-desemprego, aposentadoria, benefícios de saúde e outros benefícios pagos pelo Estado.

transformação (*churning*) Conceito de que novos bens tornam obsoletos os antigos, que as novas técnicas de produção tornam obsoletas as antigas técnicas, bem como a qualificação dos trabalhadores, e assim por diante.

tratado de Maastricht Tratado assinado em 1991 que definiu os passos envolvidos na transição para uma moeda comum na União Europeia.

União Europeia Organização política e econômica formada por 25 nações da Europa. Anteriormente chamada Comunidade Europeia.

valor adicionado Valor que uma empresa adiciona no processo de produção, igual ao valor de seu produto menos o valor dos insumos intermediários que utiliza na produção.

valor de face (de um título) Pagamento único no vencimento prometido por um título com desconto.

valor fundamental (de uma ação) Valor presente dos dividendos esperados.

valor presente *Veja* valor presente descontado esperado.

valor presente de desconto esperado O valor de pagamentos correntes e futuros esperados hoje.

valor presente descontado *Veja* valor presente descontado esperado.

valor presente descontado esperado O valor de uma sequência esperada de pagamentos futuros hoje. Também chamado *valor presente descontado* ou *valor presente*.

variação de estoque das empresas Nas contas nacionais, a variação do volume de estoques mantidos pelas empresas.

variável dependente Variável cujo valor é determinado por uma ou mais variáveis.

variável endógena Variável que depende de outras variáveis em um modelo, sendo, portanto, explicada dentro do modelo.

variável exógena Variável não explicada dentro de um modelo, e, portanto, tida como dada.

variável independente Variável tida como dada em uma relação ou em um modelo.

veículo de investimento estruturado (*structured investment vehicle — SIV***)** Intermediários financeiros estabelecidos pelos bancos que tomam emprestado dos investidores, geralmente na forma de dívidas de curto prazo, e investem em títulos.

vencimento Intervalo ao longo do qual um ativo financeiro (em geral um título) promete fazer pagamentos a seu detentor.

vida (de um título) Período de tempo durante o qual um título paga juros que termina com o pagamento do principal.

Índice

A

A Monetary History of the United States (Friedman e Schwartz), 555
A teoria geral do emprego, dos juros e da moeda (Keynes), 63, 95, 552
Abertura
  dos mercados de bens, 386, 386-394
  dos mercados de fatores, 386
  dos mercados financeiros, 386, 394-403
Acemoglu, Daron, 277, 563
Ações, 74, 324, 325
Acordo Norte-americano de Livre Comércio (NAFTA), 386
Acordos de extensão, 181
Acumulação de capital, 231, 236, 238-239, 243, 249-250
  vs. progresso tecnológico, 279-280
Adiamento, 376
Admissões, 149
Afrouxamento de crédito, 542. Ver também Afrouxamento quantitativo
Afrouxamento quantitativo, 542
Afrouxamento quantitativo 1 (QE1), 542
Afrouxamento quantitativo 2 (QE2), 542-543
Afrouxamento quantitativo 3 (QE3), 543
Agências de classificação de risco, 135
Aghion, Philippe, 304, 562-563
Ajuda temporária, 183
Ajuste. *Veja também* Dinâmica de ajuste
  produto de equilíbrio, 60-61, 63, 66-67
Akerlof, George, 561-562
Alavancagem, 134-135
  empréstimos e, 127-129
  escolha da, 126
Alemanha
  crise cambial do SME, 463-464
  spread, 519
  taxa de desemprego, 182 (figura)
  unificação, 449
Ancorado, 199
Aperto monetário, 104
Apreciação
  moeda nacional, 389
  real, 392
Apreciação real, 392
Aproximações, 575-577
Arbitragem
  preços dos títulos e, 319-321
  vs. valor presente, 320
Área do euro, 10
  mapa de, 11
Área monetária comum, 11, 468-470
Área monetária ótima, 468
Argentina
  comitê cambial, 472-473
  moeda dos Estados Unidos, detentores de, 76
Armadilha da liquidez, 85-88
Armadilha de deflação, 200
Armadilha malthusiana, 226
Artigos de notícias, mercado de ações e, 331
Aterrissagem suave, 323
Atividade econômica
  hiperinflação, 522
  mercado de ações e, 328
Ativos
  domésticos vs. estrangeiros, 399-400
  financeiros, 72-73
Ativos domésticos, 399-403
Ativos estrangeiros, 399-403
Ativos tóxicos, 135
Atrelamento
  da moeda, 446-447
  rígido, 471-472

taxa de câmbio, 446-447
Atrelamento rígido, 471-472
Aumann, Robert, 488
Austeridade fiscal, 524
Austrália, 512-513
Áustria, taxa de desemprego em, 182 (figura)
Aversão ao risco, 124

B

Balança comercial, 51, 571
  depreciação, produção e, 419-424
  poupança, investimento e, 426-428
  produto de equilíbrio e, 412-413
Balancete, 79
  Banco Central, 79
Balanço de pagamentos, 396-398
Banco Central
  conquistando credibilidade, 489-491
  equilíbrio, atingindo, 84-85
  moeda, 79-81
Banco Central Europeu (BCE), 10, 470
Banco Central Independente, 490
Bancos
  o que eles fazem, 82-83
  crise financeira mundial, 3-6, 132-139
Bandas, 446-447
Barro, Robert, 557
Base monetária, 84
Basileia II, 547
Basileia III, 547
Bélgica, 182, 449
Bens
  comercializáveis, 387
  demanda doméstica, 409
  demanda por, 52-55
  domésticos vs. estrangeiros, 388-389
  finais, 22
  intermediários, 22
Bens comercializáveis, 387
Bens domésticos, 388-389
  demanda por, 414-415
  vs. bens estrangeiros, 388-389
Bens duráveis, 570
Bens estrangeiros, 386-388
Bens finais, 22
Bens intermediários, 22
Bens não duráveis, 570
Bernanke, Ben, 483, 562
Blinder, Alan, 490, 491, 540
Bloom, Nick, 274
Bolha especulativa, 333-335
Bolhas especulativas racionais, 333-335
Bônus do Tesouro, 319
Botswana, 228
Bureau of Labor Statistics (BLS), 32
Bush, George W., 108

C

Câmbio, 393-394
Canadá, 512-513
Capital
  consumo de, fixo, 569
  custo de aluguel de, 353
  estado estacionário, 242
  físico vs. humano, 255-257
  nível de regra de ouro de, 254
  por trabalhador, 230
  produto e, 236-239, 265-269
  rendimentos decrescentes para, 230
Capital em estado estacionário, 242
Capital físico, 255-257
  ampliando a função de produção, 255-256
  crescimento endógeno, 257

produto e, 255-257
Capital humano, 255
  ampliação da função de produção, 255-256
  crescimento endógeno, 257
  produto e, 255-256
Causalidade, 581-583
Cavallo, Domingo, 472-473
Cesta de consumo, 32
China, 14-16
  crescimento e inflação desde 1990, 15 (tabela)
  mecanismos de crescimento, 278
  progresso tecnológico vs. crescimento, 280-282
Choi, Don, 540
Choques, 209-210
  mercado de trabalho, 180
Choques e políticas financeiras, 131-132
Churchill, Winston, 460
Ciclo político de negócios, 493
Ciclos de negócios, 209
  políticos, 493
Classificações de títulos, 318-319
Cobb, Charles, 251
Coeficiente de endividamento, 511-512
Coeficiente de Okun, 196
Coincidência divina, 534
Combinação de políticas, 483
  Clinton-Greenspan, 111
  monetárias e fiscais, 105-111
Combinação de políticas Clinton-Greenspan, 111
Combinação de políticas monetárias e fiscais, 105-111
Comitês cambiais, 471-473
Composição, 224
Compras do governo, 571-572
Compressão de importações, 424
Computadores, preços de, 26-27
Comunismo, 14, 15
Condição da paridade de juros, 400, 435-439
Condição de equilíbrio, 56
Condição de Marshall-Lerner, 420, 432
Congressional Budget Office (CBO), 525, 526
Conjuntos de dados em painel, 342-343
Consistência temporal e restrições aos formuladores de política econômica, 492
Consolidação fiscal, 102-103, 202-203
  política monetária e produto, 368-371
  relação *IS* e, 364-368
Consols, 315
Consumidores, previsões, 341-346
Consumo, 31-33, 50, 52-54, 341-348
  componente do PIB, 50
  decisões de investimento e, 364-368, 554
  dependente da renda corrente, 343-344
  despesas de consumo pessoal, 570
  determinantes de, 409-410
  do capital fixo, 569
  expectativas e, 343-344, 347-348
  expectativas racionais, 558
  mudanças em, 581-583
  nos Estados Unidos, durante a Segunda Guerra Mundial, 517
  parâmetros que caracterizam a relação entre rendimento disponível e, 53
  por pessoa, 220-221
  problema do estudante universitário, 343-344
  taxa de poupança e, 246-248
  volatilidade, 357-359
Conta capital, 397-398
Contas de renda e produto nacional (contas de renda nacional), 22, 555, 568-573
Contas nacionais. Veja Contas de renda e produto nacional
Contração fiscal, 102
Contração monetária, 104

596 Macroeconomia

nos Estados Unidos, 444-446
Contrato com os Estados Unidos da América, 483, 484 (figura)
Controles de capital, 386, 547
Convergência do produto por pessoa, 224-226
Coordenação das políticas, 419
Coordenação das políticas macroeconômicas, 419
Coreia do Norte, instituições em, 278
Coreia do Sul, instituições em, 277
Correlação, 581-583
Corridas bancárias, 83, 128-129
Corte de cabelo, 521
Cotas, 385
Credibilidade
    conquista de, 489-492
    de programa de redução do déficit, 375
Crescimento, 217, 228-233
    acumulação de capital vs. progresso tecnológico, 279-280
    através de milênios, 226
    em países ricos desde 1950, 221-226
    endógenos, modelos de, 257
    entre países ricos, 221-226, 279-280
    equilibrado, 268
    felicidade e, 222-223
    fontes de, 231-233
    função de produção agregada, 228-229
    importância das instituições para, 275-279
    moeda, 532-534
    países da OCDE, 226-228
    pós-Segunda Guerra Mundial, na França, 243
    produtividade, 9-10
    produto por trabalhador e capital por trabalhador, 230
    retornos de escala e rendimentos de fatores, 229-230
Crescimento da produtividade, baixo, 9-10
Crescimento do produto, 6
Crescimento endógeno, 257
Crescimento equilibrado, 268
Crescimento monetário, 532-534
Crescimento stalinista, 244
Crise econômica, 3-6
    do problema imobiliário à crise financeira, 132-139
    economia novo-clássica e teoria dos modelos dos ciclos de negócios reais, 560
    lições de, 564-565
    nova teoria do crescimento, 562-563
    novo-keynesiana, 561-562
    síntese das teorias, 563-564
Crítica de Lucas, 557
CRPN. Veja Conta de renda e produto nacional
Cupons, título com, 318
Current Population Survey (CPS), 28, 149, 150, 299, 342
Curto prazo, 36
Curva de Phillips, 35-36, 170, 173-177, 192-194, 193, 555-556
    crítica de Friedman, 177
    deflação e, 185-186
    expectativas racionais e, 557-558
    inflação e, 35-36, 182-185
    mutações, 173-177
    taxa natural de desemprego e, 177-179
    trade-off aparente e seu desaparecimento, 173-177
Curva de Phillips aceleracionista, 176
Curva de Phillips aumentada pelas expectativas, 176
Curva de Phillips modificada, 176
Curva de rendimento, 317
    interpretação, 323
    limite inferior zero, decolagem, e, 324
Curva *IS*
    derivação, 98
    deslocamentos de, 98-100
    expectativas e, 368-371
    feito do aumento de impostos, 102-104
Curva J, 424-426
Curva *LM*
    derivação, 101-102
    deslocamentos de, 100

efeito do aumento de impostos, 102-104
Custo de menu, 561
Custo de uso, 353
Custo de vida, 31
Custo do aluguel, 353
Custo sombra, 353
Custos de sola de sapato, 537

D

Debaixo d'água, 133
Decisões
    expectativas e, 364-368
    investimento, 350
Decisões de investimento, 350
Decisões salariais, difusão temporal das, 559
Decreto Norte-Americano de Recuperação e Reinvestimento, 138-139
Déficit(s). Veja também Déficit orçamentário
    aritmética de, 506-507
    ciclicamente ajustado, 515-516
    comércio, 415, 425-426
    conta de capital, 397
    guerras e, 516-518
    medição de, 507-508
    nos Estados Unidos durante a Segunda Guerra Mundial, 517
    Pacto de Estabilidade e Crescimento europeu, 483, 496-498
Déficit ajustado pela inflação, 506
Déficit ciclicamente ajustado, 515-516
Déficit com emprego padronizado, 515
Déficit comercial, 51, 415
Déficit da conta de capital, 397
Déficit da metade do ciclo, 515
Déficit de pleno emprego, 515
Déficit em transação corrente, 397
Déficit estrutural, 515
Déficit orçamentário, 64. Veja também Déficit(s)
    na Irlanda, 372-374
    nos Estados Unidos, 524-525
Déficit primário, 508
Deflação, 31, 33
    limite inferior zero e, 123
    na Grande Depressão, 201
    relação da curva de Phillips e, 185-186
Deflator do Produto Interno Bruto (PIB), 31
Delors, Jacques, 469
Demanda, 49. Veja também Demanda agregada
    doméstica, aumentos em, 414-415
    estrangeira, aumentos em, 415-417
Demanda agregada, 552
Demanda de bens domésticos, 409
Demanda de dinheiro. Veja Demanda por moeda
Demanda doméstica, aumentos de, 409, 414-415
Demanda efetiva, 552
Demanda estrangeira, aumentos, 415-417
Demanda por bens, 52-55
Demanda por moeda, 72-76, 82-85, 554
    crescimento e inflação M1, 533 (figura)
    derivação, 74-76
    taxa de juros e, 76-81
Demanda por moeda bancária, 82
Demanda por moeda do Banco Central, 83-84
Demanda por reservas, 83-84
Demissões, 149
    custos de, 180-181
Depósitos à vista, 73, 82, 128-129
Depósitos, demanda, 128-129
Depreciação
    balança comercial, produto e, 419-424
    estoque de capital, 349
    moeda nacional, 389
    real, 392, 420-421
Depreciação real, 392
Depressão. Veja Grande Depressão
Desemprego, 27
    destruição de empregos, transformação e perdas de remuneração, 297-298
    duração média do, 150
    felicidade e, 30

inflação e, 191, 488-489
movimentos em, 151-154
na Europa, 12-13, 180-181
produto e, 287-290
salários, preços e, 157
salários reais de equilíbrio e, 161-162
seguro, 158
tecnológico, 291
visão dos economistas, 29-31
Desemprego tecnológico, 291
Desgaste, guerras por, 495
Designação fora da força de trabalho, 28
Desigualdade. Veja também Desigualdade salarial
    e o 1% superior, 302-304
    tecnologia, educação e, 301-302
Desigualdade salarial
    aumento em, 299-301
    e o 1% superior, 302-304
Desligamentos, 149
Destruição criativa, 296, 563
Destruição de empregos, 297-298
Desvalorização, 389
    argumento a favor e contra, 459-461
Determinação de preço, função de produção, 159
Determinação salarial, 154-159
    desemprego e preços, 157-158
    negociação, 155
    nível de preços esperado, 157-158
    salários-eficiência, 156
    seguro-desemprego, 158
    taxa de desemprego, 158
Diamond, Doug, 564
Diamond, Peter, 562
Difusão temporal das decisões sobre salários e preços, 559
Diminuição do emprego, em relação ao produto, 113
Dinamarca, taxa de desemprego em, 182 (figura)
Dinâmica do ajuste, 61
Direitos de propriedade, proteção de, 275-279
Discrepância estatística, 397
Dispositivo disciplinar, desemprego como, 162
Distorções tributárias, 518, 537-538
Dívida
    aritmética de, 506-507
    pagamento, 509-511
    riscos de alta, 518-525
Dividendos, 325
Dolarização, 471-472
Dominância fiscal, 521
Dornbusch, Rudiger, 559
Douglas, Paul, 251
Dybvig, Philip, 564

E

Easterlin, Richard, 222
Econometria, 60, 580-584
Economia aberta
    efeitos da política monetária, 441
    modelo *IS-LM* em, 442 (figura)
    política fiscal em, 441-446
    relação *IS* em, 408-412
Economia de mercado, 16
Economia do desenvolvimento, 228
Economic Outlook da OCDE, 20
Economic Report of the President, 19
Educação
    salários relativos por, 298
    tecnologia, desigualdade, e, 301-302
Eficiência salarial, 156, 562
    Henry Ford e, 156
El Salvador, 76
Eleitores, formuladores de políticas e, 492-494
Emendas, orçamento equilibrado, 483
Employment Outlook da OCDE, 20
Empregados, remuneração de, 569
Emprego, 27
Emprestador em última instância, 544
Empréstimo e alavancagem, 127-129
Empréstimos, 83
Empréstimos hipotecários, 133

Índice 597

EMS. Veja Sistema Monetário Europeu
Envolvimento do setor privado, 521
Equação comportamental, 52
Equador, 76
Equilíbrio
  em mercados financeiros, 101, 435-439
  mercado de fundos federais e taxa dos fundos federais, 85
  no curto e médio prazos, 458-459
  no mercado de bens, 55, 433-435
Equilíbrio de curto prazo, 197, 209
Equilíbrio de médio prazo, 197, 209
  dinâmica e, 197-202
Equilíbrio geral estocástico dinâmico, 564
Equipamento e software, 570
Equivalência Ricardiana, 514-515
Escalas logarítmicas, 217, 578-579
Espanha
  crise do SME, 463
  spreads de títulos, 519
  taxa de desemprego, 12 (figura), 182 (figura)
Espirais de dívida e limite inferior zero, 199-202
Espiral de deflação, 200
Estabilização da dívida, 510-511
Estabilizador automático, 516
Estado estacionário (da economia), 242
  função de produção Cobb-Douglas e, 251
Estados Unidos, 6-10
  ajuste do PIB ao PNB, 568-569
  aumento dos preços da habitação, 334-335
  composição por países das exportações e importações em 2014, 394 (tabela)
  consumo durante a Segunda Guerra Mundial, 517
  contração monetária e expansão fiscal, 444-446
  crescimento, desemprego e inflação 1990-2015, 7 (tabela)
  déficit orçamentário, 524-525
  desemprego, 29
  direitos de propriedade em, 276
  emprego, desemprego e para fora da força de trabalho (1996-2014), 149 (figura)
  estatísticas econômicas, 19
  inflação em, 171 (figura), 173-174
  orçamento equilibrado, 483
  Previdência Social, 249-250
  produto por pessoa desde 1950, 222 (tabela)
  produto por trabalhador e progresso tecnológico, 280 (tabela)
  razões exportações/PIB desde 1960, 387 (figura)
  recessão de 2001, 107-109
  redução do déficit em, 494-495
  taxa de desemprego 1948-2014, 152 (figura)
  taxa de poupança, 236
  taxa natural de desemprego, 183
  taxas de juros nominais e reais, 122-123, 403 (figura)
  U.S. Department of Commerce, 19
Estagflação, 207, 556
Estatística, econômica, 19
Estoques, 51, 55, 60
  de negócios, mudanças, 571
Estrutura a termo das taxas de juros, 317
Estruturas, 570
Euro, 10-14
  benefícios de, 13-14
  conversão para, 448-449
  história de, 469-470
  Pacto de Estabilidade e Crescimento, 483, 496-498
Europa
  crescimento ao longo de dois milênios, 226
  desemprego, 12-13, 180-182
  negociação coletiva, 155
  spreads de títulos, 519
Europa Central, 16
Expansão do produto, 372-374
Expansão fiscal, 103
  nos Estados Unidos, 444-446
Expansão monetária, 104
  mercado de ações e, 329

resposta do produto para, 485 (figura)
Expansões, 26
Expectativas, 347-348
  decisões e, 364-368
  estáticas, 350, 362-363, 371
  papel de, 199
  política e, 487-492
  política monetária, produto, e, 368-371
  redução do déficit, produção, e, 372-378
  sobre o futuro, papel de, 374-378
Expectativas adaptativas, 371
Expectativas estáticas, 353, 362-363, 371
Expectativas inflacionárias, 199
Expectativas racionais, 370, 371
  crítica de, 556-560
  curva de Phillips e, 557-558
  integração de, 558-560
Exportações, 51, 386-388, 571
  da China, 14
  determinantes de, 410
  superiores ao PIB, 388
Exportações líquidas, 49, 571

F

Facilidades de liquidez, 138
Fator de desconto, 312
Fator de mercado, abertura em, 386
Federal Reserve Bank (Fed), 72. Veja também Banco Central
Federal Reserve Bank of St. Louis, 19
Federal Reserve Board. Veja também Banco Central
  incerteza, 486
  moeda, 76
  moeda em circulação, 76
  reação negativa a, 491
Federal Reserve Economic Database (FRED), 19
Feldstein, Martin, 250
Ferramentas macroprudenciais, 544-547, 565
Finanças, 521-524
Finanças de capital próprio, 325
Finanças diretas, 125
Financiamento por dívida, 324
Finlândia, taxa de desemprego, 182 (figura)
Fischer, Stanley, 559
Fleming, Marcus, 433, 444
Flutuação, 461
Flutuações do produto, 209
Fluxo, 74
Fluxo de caixa vs. rentabilidade, 355
Fluxos de capital próprio, 435-437
Fluxos líquidos de capital, 397
Fora da força de trabalho, 148
Força das taxas compostas, 224
Força de trabalho, 148
  taxa de desemprego e, 27-30
Ford, Henry, 156
Formuladores de políticas macroeconômicas
  base de conhecimentos, 484-485
  incerteza e, 486-487
  jogos que eles jogam, 492-494, 494-495
  restrições em, 486-487, 492
França
  acumulação de capital e crescimento após Segunda Guerra Mundial, 243
  produto por pessoa desde 1950, 222 (tabela)
  produto por trabalhador e progresso tecnológico, 280 (tabela)
  taxa de desemprego, 182 (figura)
  unificação alemã, taxas de juros e EMS, 449
Friedman, Milton, 177, 341, 487, 554-556
Fronteira tecnológica, 275
Função consumo, 52, 62-63
Função de produção, 159
  agregada, 228-229
  Cobb-Douglas, 251
  determinação de preços, 159
  estendendo a, 255-256
  progresso tecnológico e, 263-265
Função de produção agregada, 228-229

Função de produção Cobb-Douglas, 251
Funções, 577-578
Fundo fiduciário, 250
Fundo Monetário Internacional (FMI), 20
Fundos do mercado monetário, 72-74

G

G20, 417-418
Gali, Jordi, 563, 564
Garantia, 138
  Títulos de dívida colateralizada (CDOs), 135
Garber, Peter, 333
Gasto autônomo, 56, 59 (figura)
Gasto privado, 366
Gasto privado agregado, 366
Gastos
  autônomos, 56
  privados agregados, 366
Gastos com consumo, 329-330
Gastos do governo, 51, 55
  como razão ao PIB, 108-109 (figura)
  determinantes de, 409-410
  diminuição de, 372-374
  efeitos de aumento em, 441-442
  escolha do nível de produto, 65
  mais impostos, política fiscal descrita por, 55
  nas contas de renda nacionais, 572-573
Gastos pessoais de consumo, 570
Gertler, Mark, 562
Gestão, inovação e imitação, 275
Getty, J. Paul, 74
Global Financial Stability Report (GFSR), 20
Goffe, Bill, 20
Goldin, Claudia, 301
Governo, papel na escolha do produto, 65-66
Grã-Bretanha. Veja também Reino Unido
  retorno ao padrão-ouro, 460
Gráfico, equilíbrio, 57-60. Veja também Equilíbrio
Grande Depressão, 564-565
  deflação em, 201
  Keynes e, 552
  taxa de emprego natural e, 185-186
  temores de, 62-63
  visão dos monetaristas, 555
Grande Moderação, 530
Grécia
  razão dívida-PIB, 504
  taxa de desemprego, 182 (figura)
Greenspan, Alan, 107, 111
Griliches, Zvi, 272
Guerras e déficits, 516-518
Guiné Equatorial, 228

H

Hall, Robert, 559
Hansen, Alvin, 89, 554
Harsanyi, John, 488
Hiato do produto, 194
Hicks, John, 89, 554
Hiperinflação(ões), 522
  financiamento monetário e, 523-524
Hipotecas subprime, 132-134
Hipótese das expectativas, 320
Historical Statistics of the United States, Colonial Times to 1970, 20
Holanda, 181-182.
Holanda,
  bolha das tulipas, 333
Holmström, Bengt, 564, 564-565
Hong Kong, 545-546
Howitt, Peter, 563

I

Identidade, 52
Iliquidez, 127-129
Ilusão monetária, 538
Importações, 51, 386-388, 571
  determinantes de, 410
Impostos, 54
  controle governamental do produto, 65-66

598 Macroeconomia

correntes vs. futuros, 508-511
efeito sobre curva *IS*, 99-100, 102-104
indiretos, 569
nas contas de renda nacional, 572-573
Impostos indiretos, 569
Inadimplência, 521
Incapacidade, trabalhadores, 183
Incerteza multiplicativa, 486
Inconsistência temporal, 489, 558
Indexação salarial, 184
Índia, 16
Índice de Preços no Consumidor (IPC), 31-32
Índice Nikkei, 332
Índices de ações, 325
Índices de preços, 31-32
Índices encadeados, 44-45
Inflação, 33. Veja também Deflação; hiperinflação(ões)
benefícios de, 540-541
China, 14, 15 (tabela)
contabilidade, 507-508
crescimento de moeda e, 532-534
curva de Phillips e, 35-36, 182-185
custos de, 536-539
desemprego e, 7 (tabela), 173-177, 191, 488-489
esperada, 119-123, 171-173
Lei de Okun, 34
mudança de categoria, 33
nos Estados Unidos, 7 (tabela), 171 (figura), 173-174
produto de médio prazo e, 197, 199
União Europeia, 10 (quadro), 11
visão dos economistas sobre, 33
Inflação pura, 33
Início da recessão de 2000. Veja Recessão de 2001
Insolvência, 127
Instinto animal, 371
Instituições, progresso tecnológico e crescimento, 275-279
Instrumentos, 584
Interações estratégicas, 488
Intermediários financeiros, 82
papéis de, 125-129, 134-136
Intervalo de confiança, 112
Investimento, 50-51, 54-55, 74, 349-357, 554
acumulação de capital e, 238-239
China, 14, 16
decisões de consumo e, 357-359, 364-365
dependente das vendas, 96
determinantes de, 409-410
igualando a poupança, 64
lucro atual vs. esperado, 353-355
lucro e vendas, 356-357
mercado de ações e, 351-352
mercado de bens, 96
nominal, 74-76
nos Estados Unidos durante a Segunda Guerra Mundial, 517
poupança, balança comercial e, 426-428
poupança e saldo em conta corrente, 426-428
redução do déficit e, 110
taxas de juros e, 96
volatilidade, 357-359
Investimento direto estrangeiro, 547
Investimento em estoque, 51, 96
Investimento financeiro, 50, 74
Investimento fixo, 50
Investimento fixo bruto interno privado, 570
Investimento não residencial, 50, 570
Investimento residencial, 50, 571
Irlanda
desemprego, 181-182
redução do déficit em, 372-374
taxa de desemprego, 182 (figura)
Israel, 472
Itália
spreads de títulos, 519
taxa de desemprego, 182 (figura)

J

Japão
negociação coletiva, 155

produto por pessoa desde 1950, 222 (tabela)
produto por trabalhador e progresso tecnológico, 280 (tabela)
Jogadores, 488
Jorgenson, Dale, 554
Juros líquidos, 569

K

Katz, Larry F., 301
Keynes, John Maynard, 63, 65, 95, 460, 552, 555
Keynesianos, 555
novos, 561-562
Klein, Lawrence, 554, 555
Krugman, Paul, 244
Kuwait, PIB vs. PNB, 398-399
Kuznets, Simon, 21
Kydland, Finn, 488, 558

L

Lado do produto, contas nacionais, 570-572
Lamont, Owen, 355
Lehman Brothers, 4, 62-63
Lei de Cumprimento do Orçamento de 1990, 498
Lei de Okun, 34
através do tempo e de países, 195-196
Lerner, Abba, 420
Leste europeu, 210
Letras do Tesouro (*T-bills*), 80, 318
Limite inferior zero, 85, 324
deflação e, 123
espirais de dívida e, 199-202
taxas de juros e, 8-9, 123
Liquidez, 127-129
Longo prazo, 37
Lucas, Robert, 257, 371, 557, 562
Lucro
corporativo, 569
corrente vs. esperado, 353-355
investimento e expectativas de, 349
valor presente esperado dos lucros sob expectativas estáticas, 362-363
vendas, e 356-357
Lucro corrente vs. lucro esperado, 353-355
Lucros das empresas, 569
Luxemburgo, 182

M

M1, 533
Macroeconomia
desenvolvimentos, até à crise de 2009, 560-564
nova teoria do crescimento, 562-563
Maddison, Angus, 20
Malthus, Robert, 226
Mania das tulipas, 333
Mankiw, N. Gregory, 562
Mao Tse-tung, 278
Margem, 160
Marshall, Alfred, 420
Mate a fera de fome, 494
Mavrody, Sergei, 333
Mecanismos de propagação, 210
choques e, 209-210
Médio prazo, 37
taxas de câmbio flexíveis vs. fixas, 457-461
Menem, Carlos, 472
Mercado de ações
atividade econômica e, 328
aumento dos gastos com consumo e, 329-330
expansão monetária e, 329
funcionando bem, 328
investimento e o, 351
Mercado de bens
abertura do, 386, 386-394
bens nacionais vs. estrangeiros, 388-389
equilíbrio em, 55-65, 412-413, 433-435
exportações e importações, 386-388
relação *IS* e, 95-100, 408-412
reunindo mercados financeiros e, 439-441
Mercado de fundos federais, 85
Mercado de trabalho

considerações gerais, 147-151
fixação de salários e preços, 168-169
instituições, 13
Mercados financeiros
abertura em, 386, 394-403
ativos domésticos vs. ativos estrangeiros, 399-400
balanço de pagamentos, 396-398
conta de capital, 397
demanda por moeda, 72-76
determinação da taxa de juros, 76-88
equilíbrio em, 85, 435-439
mercado e taxa de fundos federais, 85
oferta e demanda por moeda dos bancos centrais, 83-85
política monetária e operações de mercado aberto, 79-81
relação *LM* e, 100-105
reunir os mercados de bens e, 439-441
taxas de câmbio e taxas de juros, 401-403
títulos domésticos vs. títulos estrangeiros, 435-439
transações correntes, 396-397
Meta de inflação, 530, 532-534
da meta de moeda para, 532-536
Métodos de variáveis instrumentais, 584
México, depreciação do peso nos anos 1990, 421
Milho híbrido, 272-273
Minidesvalorização, 446-447
Mínimos quadrados ordinários (MQO), 581
Mobilidade de capital, 453-455
Modelo *IS-LM*, 89, 102-104, 554
dinâmica, 111-114
extensão, 130-132
para economia aberta, 441
política e atividade monetária, 104
política fiscal e taxa de juros, 102-104
Modelo *IS-LM-PC*, 192-194
Modelo MPS, 554
Modelo Mundell-Fleming, 433
Modelos dos ciclos econômicos reais (RBC), 560
Modelos macroeconométricos, 554-555
Modigliani, Franco, 341, 487, 554, 554
Modismos (preços das ações), 334
Moeda, 72
áreas de moeda comum, 468-470
atrelamento, 446-447
doméstica, apreciação e depreciação de, 389
Estados Unidos, detentores de, 76
Moeda de alta potência, 84
Moeda dos Estados Unidos, detentores de, 76
Moeda real, 100-101
Monetaristas, 555-556
Monetização da dívida, 524
Mortensen, Dale, 562
Mudança de categoria, 33, 538
Mudança estrutural, 296
Multiplicador(es)
em equações algébricas, 57
fiscal, 377
Multiplicadores fiscais, 377
Mundell, Robert, 433, 444, 468

N

Nash, John, 488
National Basketball Association (NBA), 495
National Bureau of Economic Research (NBER), 107
National Economic Trends, 19
National Income and Product Accounts of the United States, 19
Negociação, sequestros e, 488
Negociação coletiva, 154
Nível das transações, 73
Nível de capital da regra de ouro, 247-248, 254
Nível de preço, 31
esperado, 157
relação de ajuste de preços, 160-161, 291-292
Notas do Tesouro, 319
Nova teoria do crescimento, 562-563
Nova Zelândia, 512-513
Número índice, 31

O

OCDE. Veja Organização para Cooperação e Desenvolvimento Econômico
Oferta. Veja Oferta de moeda
Oferta de moeda, 77-79, 83-85
Okun, Arthur, 34
Operações de mercado aberto, 79
   política monetária e, 79-81
Operações de mercado aberto contracionistas, 79
Operações de mercado aberto expansionista, 79
Orçamento equilibrado, 56-57, 483
Organização dos Países Exportadores de Petróleo (OPEP), 204
Organização para Cooperação e Desenvolvimento Econômico (OCDE), 19
   crescimento, 226-228
   razão entre exportações e PIB, 387
   taxas de inflação em, 536, 537 (tabela)

P

Pacto de Estabilidade e Crescimento (PEC), 483, 496-498
Padrão de vida, 217-221
   aumento, desde 1950, 221-222
Padrão-ouro, retorno da Grã-Bretanha ao, 460
Pagamento, dívida, 509-511
Pagamentos
   saldo de, 396-398
   taxas de juros constantes e, 314-315
Pagamentos de cupons, 318
Pagamentos de renda de fatores para o resto do mundo, 569
Países africanos
   crescimento econômico, 17
   produto por pessoa, 227-228
Países asiáticos, produto por pessoa em, 227
Países periféricos do euro, desaparecimento de déficits de conta em, 423-424
Panel Study of Income Dynamics (PSID), 342
Paradoxo da poupança, 65, 66-67
Paradoxo de Easterlin, 222
Paridade coberta de juros, 400
Paridade descoberta de juros, 400
Paridade do poder de compra (PPC), 14, 219-221
   construção de, 220-221
Passeio aleatório, 328
Passeio aleatório do consumo, 559
Patentes, 273
Perdas de remuneração, 297-298
Período de Bretton Woods, 456, 467
Perry, Rick, 483
Pesquisa biogenética, 272-274
Pesquisa e desenvolvimento (P&D), 271
Phelps, Edmund, 163, 178, 555
Phillips, A. W., 170
PIB de produto agregado, 22-25
   determinantes do nível de, 36-37
PIB em dólares, 24, 25
PIB nominal, 24-25, 31
PIB real, 24-25, 31
   cálculo, 24, 26-27
   construção de, 44-45
PIB real em dólares encadeados (2009), 25
PIB real por pessoa, 26
PIB. Veja Produto Interno Bruto
Piketty, Thomas, 303
Pirâmide MMM, 333
Pissarides, Christopher, 562
Planejamento central, 16
PNB. Veja produto nacional bruto
Poder de negociação, 155, 181
Política econômica
   expectativas e, 487-402
   incerteza e, 484-487
   papel da, 556
   política e, 492-499
   teoria da, 560
Política fiscal, 55, 138-139, 417-419, 504
   combinada com taxa de câmbio, 421-423
   efeitos na economia aberta, 441-446

equivalência Ricardiana, 514-515
restrição orçamentária do governo, 506-513
restrições, 496
reunião do G20, 417-418
riscos de dívida alta, 518-525
sob taxas de câmbio fixas, 446-448
taxa de juros e, 102-104
vs. política monetária, 555
Política macroeconômica
   expectativas e, 487-492
   política e, 492-499
Política monetária, 368-371
   convencional, 542
   e estabilidade financeira, 544-547
   efeitos de curto e médio prazo, 209
   efeitos na economia aberta, 441-442
   expectativas, produto e, 368-371
   formulação de, 532-536
   limites de, 138
   não convencional, 138, 542-543
   operações de mercado aberto e, 79-81
   taxa de juros e, 104
   vs. política fiscal, 555
Política monetária convencional, 542
Política monetária não convencional, 138, 542-543
Política, política macroeconômica e, 492-499
População civil disponível em idade ativa, 147
População civil, não institucional, 147-148
População prisional, 183
Portugal, 182, 463-464
Poupança, 74
   aposentadoria, 346
   investimento, balança comercial e, 426-428
   investimento igual, 64
   paradoxo de, 65, 66-67
   Previdência Social e, 249-250
   privada, 64
   pública, 64
Poupança de aposentadoria, 346
Poupança privada, 64
Poupança pública, 64
PPP. Veja Paridade do poder de compra
Práticas de gestão e progresso tecnológico, 274
Precificação hedônica, 27
Preço ex-dividendo, 326
Preço relativo, 24
Preços. Veja também preços específicos
   salários, desemprego e, 157
Preços da habitação, 132-134
   Razões LTV máximas 545-547
Preços das ações
   bolhas e modismos, 332-335
   como valores presentes, 325-328
   de 2007 a 2010, 5
   movimentos em, 325-330
Preços do petróleo, mudanças em, 204-209
Preços e rendimentos dos títulos, 80, 316-324
Preferência de liquidez, 553
Prêmio de capital próprio, 326
Prêmio de risco, 124-125, 318
Prescott, Edward, 488, 558, 560
Previdência Social, 249-250
Problema de identificação, 584
Processo de pesquisa, 271
   fertilidade de, 271-272
Processo de transformação, 296-297
Produção, 31, 32, 49. Veja também Produto
Produtividade
   produto, desemprego e, 287-290
   taxa natural de desemprego e, 291-296
Produtividade do trabalho, 159
Produto, 6-7. Veja também Produto agregado; produto de equilíbrio; capital de produto em estado estacionário e, 236-239, 255-257, 265-269
   China, 14, 15 (tabela)
   choques financeiros e, 131-132
   depreciação, balança comercial e, 419-424
   determinação, 97-100
   dinâmica, 61, 111-114
   investimento e, 238-239
   PIB e, 22

política monetária, expectativas e, 368-371
produtividade, desemprego e, 287-290
redução do déficit e, 372-378
taxa de juros e, 97-100
taxa de poupança e, 243-248, 251-254
Produto de equilíbrio
   balança comercial e, 412-413
   determinação de, 55-64
   equações algébricas, 56
   no mercado de bens, 55, 433-435
   representações gráficas, 57-59
   tempo para produto se ajustar, 60-61, 66
Produto em estado estacionário, 242
   taxa de poupança e, 251-252, 269-270
Produto Interno Bruto (PIB), 568-569
   composição de, 50-51
   contas de renda e produto nacional (CRPN), 568-574
   exportações que superam o, 388
   nível vs. taxa de crescimento, 26
   nominal e real, 24-25
   nos Estados Unidos, 24, 25 (figura), 26 (figura), 218 (figura), 579 (figura)
   para PNB, 568-569
   precificação hedônica e, 27
   produção e renda, 22-23
   razão dívida/PIB, 510-511
   vs. PNB, no Kuwait, 398-399
Produto Nacional Bruto (PNB), 22, 568-569
Produto nacional líquido (PNN), 569
Produto por hora trabalhada, 221
Produto por pessoa, 217-221
   ao longo de milênios, 226
   convergência de, 224-226
   em países da OCDE, 226-228
   em países ricos, 221, 221-226
   entre países, 226-228
Produto por trabalhador, 221, 230
Produto potencial, 194
Programa de Resgate de Ativos Problemáticos (TARP), 138
Progressão geométrica, 60, 314, 575
Progresso tecnológico
   construindo uma medida de, 285-286
   crescimento e, 231, 263
   determinantes de, 270-275
   enviesado para a qualificação, 300
   função de produção e, 263-265
   instituições e, 275-279
   modelos dos ciclos econômicos reais e, 560
   PIB real e variações de mercado, 26
   produto, capital e, 265-269
   taxa de poupança e, 269-270
   transformação, desigualdade e, 296-304
   vs. acumulação de capital, 279-280
Progresso tecnológico enviesado para qualificação, 300
Propensão a poupar, 65
Propensão marginal a consumir, 53
Propensão para consumir, 53
Proposição de Ricardo-Barro, 514
Proteção ao emprego, 159, 180-181
Provisão de liquidez, 129, 544

Q

q de Tobin, 351-352
Queima de estoque, 128
Quênia, direitos de propriedade em, 276

R

Razão das reservas, 84
Razão de alavancagem, 126
Razão de capital, 126
Razão LTV, 545-546
Recessão de 2001, 107-109
Recessões, 26
   membros do mercado do euro e, 13
   recessão de 2001, 107-109
Recursos da internet, dados macroeconômicos, 20
Redução do déficit, 372-378, 494-495

600 Macroeconomia

Reescalonamento da dívida, 521
Reestruturação da dívida, 521
Reforma da Previdência Social, 249-250
Regime flexível de metas de inflação, 535
Regimes cambiais, escolhendo entre, 468-473
Regra de PAYGO, 499
Regra de taxa de juros, 530, 535-536
Regra de Taylor, 535
Regras fiscais da área do euro, história, 496-498
Regressão, 581
Reino Unido
    coeficiente de endividamento após Segunda Guerra Mundial, 512-513
    desemprego, 180-182
    padrão-ouro, 460
    produto por pessoa desde 1950, 222 (tabela)
    produto por trabalhador e progresso tecnológico, 280 (tabela)
    taxa de desemprego, 182 (figura)
    taxas de juros nominais e reais, 403 (figura)
Relação de fixação de salário, 160, 168-169, 291-292
Relação de oferta agregada, 557
Relação IS
    em economia aberta, 408-412
    expectativas e, 364-368
    mercado de bens e, 64, 95-100
    relações LM e, 102-104
    sob taxas de câmbio fixas, 458, 478
Relação linear, 53
Relação LM e mercados financeiros, 100-105
Relação trabalho-oferta, 168-169
Remuneração dos empregados, 569
Renda, 49
    consumo e renda corrente, 347-348
    contas de renda e produto nacional, 568-572
    determinantes de, 409-410
    disponível, 52
    PIB como soma de, 24
    real, 100-101
    riqueza, moeda e, 74
Renda de lucro, 23
Renda disponível, 52
    mudanças em, 581-583
    parâmetros que caracterizam a relação entre consumo e, 53
Renda do capital, 23
Renda do proprietário, 569
Renda do trabalho, 23
Renda nominal, 74-76
Renda pessoal, 570
Renda pessoal de aluguel, 569
Renda pessoal disponível, 570
Renda real, 100-101
Rendimento até o vencimento, 317
Rendimento corrente, 318
Rendimento do trabalho, decrescentes, 230
Rendimento dos fatores, 229-230
Rendimentos do capital, decrescentes, 230
Rentabilidade vs. fluxo de caixa, 355
Reserva de mão de obra, 196
Reservas, 82
    demanda por, 84
Reservas cambiais, 453
Resíduo, 581
    de Solow, 285
Resíduo de Solow, 286
Restrições bancárias, 129
Restrições orçamentárias do governo, 506-513
Resultados de pesquisa, apropriabilidade de, 272-274
Reta de regressão, 176, 581
Retornos constantes de escala, 229
Retornos de escala, constantes, 229
Ricardo, David, 514
Rigidez do mercado de trabalho, 13, 179
Rigidez nominal, 561
Riqueza
    na forma de títulos, 73
    renda, dinheiro e, 73
    tipos de, 342
Riqueza financeira, 74, 342
Riqueza humana, 342

Riqueza imobiliária, 342
Riqueza não humana, 342
Riqueza total, 342
Risco, 124-125
    de inadimplência, 521
    preços das ações e, 332-335
    títulos e, 317, 322-323
Risco de inadimplência, 317, 519-521
Romer, Paul, 257, 562
Roubini, Nouriel, 20, 564
Rússia
    moeda dos EUA, detentores de, 76
    Pirâmide MMM, 333

S

Salário reserva, 155
Salários reais, 33
    equilíbrio, 161-162
    taxa natural do desemprego e, 292-293
Salários, reais, 161-163, 292-293
Salários-mínimos, 181
Saldo da conta de capital, 397
Saldo de renda, 396
Saldo em transação corrente, 397
Samuelson, Paul, 170, 553
Sargent, Thomas, 371, 557
Schelling, Tom, 488
Schumpeter, Joseph, 296, 563
Schwartz, Anna, 555
Securitização, 135
Seguro
    depósito, 83
    desemprego, 180-181
Seguro de depósito, 83, 129
Selten, Reinhard, 488
Senhoriagem, 522, 540
Sequestros e negociações, 488
Serviços, 570
Shafir, Eldar, 538
Shiller, Robert, 334
Shleifer, Andrei, 563, 564
Síntese neoclássica, 553-556
Sintonia fina, 487
Sistema de repartição da Previdência Social, 249
Sistema de repartição, 249
Sistema Monetário Europeu (SME), 447
    crise cambial, 463-464
    unificação alemã e, 449
Sites, para questões macroeconômicas, 19
Solow, Robert M., 170, 228, 285-286, 554
Solvência, 127
Spread, 519
Standard & Poor's (S&P), 318
Standard & Poor's 500 (S&P 500), 325
Statistical Abstract of the United States, 19
Stone, Richard, 21
Strauss-Kahn, Dominique, 417
Suécia, 182, 463
Superávit
    da conta capital, 397
    orçamentário, 64
Superávit comercial, 51
Superávit de conta de capital, 397
Superávit em transação corrente, 397
Superávit orçamentário, 64
Superávit primário, 508
Survey of Current Business, 19

T

Tarifas, 385
Taxa básica, 130
Taxa de câmbio. Veja também Taxa de câmbio real
    atrelamento, 446-447
    bilateral, 393-394
    combinada com políticas fiscais, 421-423
    fixa, 389, 447-448, 458, 461-464
    flexível, 464-467
    história, 456
    multilateral, 393-394
    nominal, 389-393
    para a frente, 400

    PIB por pessoa, 217-219
    taxa de juros e, 401-403
    volatilidade de 466-467
Taxa de câmbio futura, 400
Taxa de câmbio real, 389-393, 478-479
    e taxas de juros reais domésticas e estrangeiras, 478-479
Taxa de câmbio real dos EUA, 393-394
Taxa de crescimento, progresso tecnológico e, 263-282
Taxa de cupom, 318
Taxa de desconto, 312
Taxa de desemprego, 6, 27-30, 148, 158. Veja também Taxa natural de desemprego
    1996-2014, 153 (figura)
    cálculo, 28
    estrutural, 163
    EUA, 1960-2014, 29 (figura)
    força de trabalho e, 27-28
    natural, 160-163
    salários e, 157
    vs. crescimento de produto nos EUA, 1960-2014, 34 (figura)
Taxa de Desemprego Não Aceleradora da Inflação (NAIRU), 179
Taxa de emprego, 151
Taxa de empréstimo, 130
Taxa de inflação, 7, 31-33
    ótima, 536-542
Taxa(s) de juros, 197
    constante, 314-315
    demanda por moeda e, 83
    determinação de, 76-81
    equilíbrio, 83-88
    investimento dependente, 96
    limite inferior zero e, 8-9, 123
    moeda real, renda real e, 100-101
    nominal e real, 119-123, 315-316
    nula, 315
    oferta monetária e, 83
    política fiscal e, 102-104
    política monetária e, 104
    real, 478-479, 540-541
    riqueza em dinheiro vs. títulos, 73
    sobre títulos, 73
    taxas de câmbio e, 401-403, 453-455, 466-467, 478-479
    unificação alemã e, 449
Taxa de juros de equilíbrio, 77-79
Taxa de juros de Wicksell, 197
Taxa de juros neutra, 197
Taxa de juros no ano n, 321
Taxa de participação, 28, 148
Taxa de poupança, 232, 236
    consumo e, 246-248
    dinâmica do capital e do produto, 240-242
    efeito sobre produto em estado estacionário, 251-252, 269-270
    efeitos dinâmicos de um aumento na, 252-254
    estado estacionário, 242
    Estados Unidos, 249-250, 254
    implicações de alternativas, 240-248
    produto em relação a, 243-248, 251-254
Taxa dos fundos federais, 85, 329
    1999-2002, 108-109 (figura)
Taxa estrutural de desemprego, 163
Taxa natural de desemprego, 162
    curva de Phillips e, 177-179
    entre países, 179
    Estados Unidos, 183
    preços do petróleo e, 204-205, 209
    produtividade e, 291-296
    relação de fixação de preços, 160-161
    relação de fixação de salários, 160
    salários reais de equilíbrio e desemprego, 161-162
    variações ao longo do tempo, 179, 182, 183
Taxa natural de juros, 197
Taxas de câmbio bilaterais, 393-394
Taxas de câmbio fixas, 389, 446-450
    mobilidade de capital e, 453-455
    política fiscal sob, 447-448
    relação IS em, 458, 478

Taxas de câmbio multilaterais, 393-394
Taxas de câmbio nominais, 389-393
Taxas de juros nominais, 119-123, 315-316, 339-340
Taxas de juros nula, 315
Taxas de juros reais, 119-123, 315-316, 339-340, 478-479. Veja também Taxa(s) de juros
    negativas, 540-541
    taxa de câmbio real e, 478-479
    valor presente descontado esperado, 339-340
Taylor, John, 559
Tea Party, 483
Tecnologia
    difusão de nova, 272-273
    estado da, 229, 264
    hibridização do milho, 272-273
    produto em relação a, 229
Teoria do consumo da renda permanente, 341
Teoria do consumo do ciclo de vida, 341
Teoria do controle ótimo, 487, 558
Teoria do crescimento, 554
Teoria dos ciclos econômicos, 552
    real, 560-561
Teoria dos jogos, 487, 558
Teoria econômica novo-clássica, 560-561
Teoria econômica novo-keynesiana, 561-562
Tetos de gastos, 499
Thaler, Richard, 564
The Economist, 19
The World Economy: A Millennial Perspective, 20
Tirole, Jean, 564, 565
Título garantido por créditos hipotecários (Mortgage based security — MBS), 135
Títulos, 73, 79-80
    compra de, brasileiros, 401-402
    detenção de riqueza em forma de, 72-73
    domésticos vs. estrangeiros, 435-439
    fluxos de fundos, 435-437
    taxa de juros, 73
Títulos brasileiros, compra, 401-402
Títulos com desconto, 318
Títulos domésticos vs. títulos estrangeiros, 435-439
Títulos estrangeiros vs. títulos domésticos, 435-439

Títulos indexados, 319
Títulos júnior, 135
Títulos podres, 318
Títulos privados, 318
Títulos públicos, 318
Títulos sêniores, 135
Tobin, James, 351, 554
Trabalhadores
    desalentados, 28, 151
    fluxos de, 148-151
    poder de negociação, 155
    produto e capital por, 230
Trabalhadores desalentados, 28, 151
Trabalho efetivo, 264
Trabalho em unidades de eficiência, 264
Trabalho, rendimentos decrescentes do, 230
Transação corrente, 396-397
    taxas de câmbio e, 466
Transações abaixo da linha, 396
Transações acima da linha, 396
Transferências corporativas, 569
Transferências do governo, 51
Transferências líquidas recebidas, 397
Tratado de Maastricht, 469-470, 496
Tversky, Amos, 538

U

UE27. Veja União Europeia
União Europeia (UE), 10-14
    desempenho econômico, 12-13
    desemprego, 12-13
    Pacto de Estabilidade e Crescimento, 483, 496-498
    produto 1990-2015, 10 (tabela)
União Monetária Europeia (UME), 469
União Soviética, 244
Unidades de eficiência, mão de obra, 264

V

Valor agregado, PIB como soma de, 23
Valor de face, 318
Valor fundamental de ações, 332

Valor presente descontado esperado, 339-340
Valor(es) presente(s), 312-316
    derivando, 339-340
    dos lucros esperados, 349-350, 362-363
    preços das ações como, 324-331
    preços dos títulos como, 319
    taxas de juro nominais vs. reais e, 315-316
    utilização de, 312-316
Valores descontados, presentes esperados, 312-316, 339-340
Valores presentes descontados esperados, 312-316, 339-340
Valorizações, 389
Van Reenen, John, 274
Variabilidade da inflação, 539
Variações cambiais sob taxas de câmbio flexível, 464-467
Variações nos estoques de empresas, 571
Variáveis
    endógenas, 54
    exógenas, 54
Variáveis endógenas, 54
Variáveis exógenas, 54
Veículos de investimento estruturado (SIV), 134
Vencimento, título, 316-317
Vendas
    investimento dependente de, 96
    lucro e, 356-357
Vendas no varejo, 357
Venti, Steven, 346
Volatilidade
    de consumo e investimento, 357-359
    taxa de câmbio, 466-467

W

Wise, David, 346
Woodford, Michael, 563-564
World Economy Outlook (WEO), 20

Y

Yellen, Janet, 561
Yeltsin, Boris, 333, 462

Símbolos usados neste livro

Símbolo	Termo correspondente	Inserido no capítulo
$(\ )^d$	O sobrescrito d significa demanda	
$(\ )^e$	O sobrescrito e significa esperado	
A	Gasto privado agregado	16
	Também: produtividade do trabalho/estados da tecnologia	7, 12
α	Efeito da taxa de desemprego sobre a taxa de inflação, dada a inflação esperada	8
B	Dívida pública	22
C	Consumo	3
CU	Papel-moeda	4
c	Proporção de moeda mantida sob a forma de papel-moeda	4
c_0	Consumo quando a renda disponível é igual a zero	3
c_1	Propensão a consumir	3
D	Depósitos à vista	4
	Também: dividendo real de uma ação	14
$\$D$	Dividendo nominal de uma ação	14
δ	Taxa de depreciação	11
E	Taxa nominal de câmbio (preço da moeda estrangeira em termos da moeda nacional)	17
$\bar{E}$	Taxa nominal de câmbio fixa	19
E^e	Taxa de câmbio futura esperada	17
ε	Taxa de câmbio real	17
G	Gastos do governo	3
g_A	Taxa de crescimento do progresso tecnológico	12
g_K	Taxa de crescimento do capital	12
g_N	Taxa de crescimento populacional	12
g, g_y	Taxa de crescimento do produto	8
H	Moeda de alta potência/Base monetária/moeda do Banco Central	4
	Também: Capital humano	11
I	Investimento fixo	3
IM	Importações	3
i	Taxa nominal de juros	4
i_1	Taxa nominal de juros de um ano	14
i_2	Taxa nominal de juros de dois anos	14
i^*	Taxa nominal de juros externa	17
	Também: meta de taxa de juros para o Banco Central	
K	Estoque de capital	10
L	Força de trabalho	2

Símbolo	Termo correspondente	Inserido no capítulo
M	Estoque de moeda (nominal)	4
M^d	Demanda por moeda (nominal)	4
M^s	Oferta de moeda (nominal)	4
m	Margem de preços sobre salários	7
N	Emprego	2
N_n	Nível natural de emprego	9
NI	Pagamentos líquidos do resto do mundo	
NX	Exportações líquidas	18
P	Deflator do PIB/IPC/nível de preços	2
P^*	Nível de preços externo	17
π	Inflação	2
Π	Lucro por unidade de capital	15
Q	Preço real da ação	14
$\$Q$	Preço nominal da ação	14
R	Reservas bancárias	4
r	Taxa real de juros	6
S	Poupança privada	3
s	Taxa de poupança privada	11
T	Impostos líquidos (impostos pagos pelos consumidores menos transferências)	3
Tr	Transferências do governo	22
θ	Proporção de reservas dos bancos	4
U	Desemprego	2
u	Taxa de desemprego	2
u_n	Taxa natural de desemprego	7
V	Valor presente de uma sequência de pagamentos reais z	14
$\$V$	Valor presente de uma sequência de pagamentos nominais $\$z$	14
W	Salário nominal	7
Y	PIB real/produto/oferta de bens	2
$\$Y$	PIB nominal	2
Y_D	Renda disponível	3
Y_L	Renda do trabalho	15
Y_n	Nível natural de produto	9
Y^*	Produto externo	18
X	Exportações	3
Z	Demanda por bens	3
z	Fatores que afetam o salário, dado o desemprego	7
	Também: pagamento real	14
$\$Z$	Pagamento nominal	14